国家重点档案专项资金资助项目

抗日战争档案汇编

江西抗战抚恤档案汇编

1

江西省档案馆 编

中華書局

图书在版编目（CIP）数据

江西抗战抚恤档案汇编 / 江西省档案馆编. —北京：中华书局，2025.5.—（抗日战争档案汇编）. —ISBN 978-7-101-17072-6

Ⅰ. K265.063；D693.66

中国国家版本馆CIP数据核字第2025ZE5419号

书　　名	江西抗战抚恤档案汇编（全三册）
编　　者	江西省档案馆
丛 书 名	抗日战争档案汇编
策划编辑	许旭虹
责任编辑	李晓燕　高　原
装帧设计	许丽娟
责任印制	管　斌
出版发行	中华书局 （北京市丰台区太平桥西里38号 100073） http://www.zhbc.com.cn E-mail:zhbc@zhbc.com.cn
图文制版	北京禾风雅艺文化发展有限公司
印　　刷	天津艺嘉印刷科技有限公司
版　　次	2025年5月第1版 2025年5月第1次印刷
规　　格	开本889×1194毫米　1/16 印张85.5
国际书号	ISBN 978-7-101-17072-6
定　　价	1800.00元

抗日战争档案汇编编纂出版工作组织机构

编纂出版工作领导小组

组　长　陆国强

副组长　王绍忠　付　华　魏洪涛　刘鲤生

编纂委员会

主　任　陆国强

副主任　王绍忠

顾　问　杨冬权　李明华

成　员（按姓氏笔画为序排列）

于学蕴　于晓南　于晶霞　马忠魁　马俊凡　马振犊

王　放　王文铸　王建军　卢琼华　田洪文　田富祥

史晨鸣　代年云　白明标　白晓军　吉洪武　刘　钊

刘玉峰　刘灿河　刘忠平　刘新华　汤俊峰　孙　敏

苏东亮　杜　梅　李宁波　李宗春　吴卫东　何素君

张　军　张明决　陈念芜　陈艳霞　卓兆水　岳文莉

郑惠姿　赵有宁　查全洁　施亚雄　祝　云　徐春阳

郭树峰　唐仁勇　唐润明　黄凤平　黄远良　黄菊艳

梅　佳　龚建海　常建宏　韩　林　程潜龙　焦东华

童　鹿　蔡纪万　谭荣鹏　黎富文

编纂出版工作领导小组办公室

主　任　常建宏

副主任　孙秋浦　石　勇

成　员（按姓氏笔画为序排列）

李　宁　沈　岚　贾　坤

江西省抗日战争档案汇编编纂工作组织机构

主　任　聂文胜　廖　涛

副主任　谭荣鹏　邓东燕

委　员　梁小平　魏宇星　李丽萍　肖　飞　邝卓一

阎利娟　邓辉晖　胡亚楠　叶修斌　程石英

《江西抗战抚恤档案汇编》编委会

总序

为深入贯彻落实习近平总书记「让历史说话，用史实发言，深入开展中国人民抗日战争研究」的重要指示精神，国家档案局根据《全国档案事业发展「十三五」规划纲要》和《「十三五」时期国家重点档案保护与开发工作总体规划》的有关安排，决定全面系统地整理全国各级综合档案馆馆藏抗战档案，编纂出版《抗日战争档案汇编》（以下简称《汇编》）。

中国人民抗日战争是近代以来中国反抗外敌入侵第一次取得完全胜利的民族解放战争，开辟了中华民族伟大复兴的光明前景。这一伟大胜利，也是中国人民为世界反法西斯战争胜利、维护世界和平作出的重大贡献。加强中国人民抗日战争研究，具有重要的历史意义和现实意义。

全国各级档案馆保存的抗战档案，数量众多，内容丰富，全面记录了中国人民抗日战争的艰辛历程，是研究抗战历史的珍贵史料。一直以来，全国各级档案馆十分重视抗战档案的开发利用，陆续出版公布了一大批抗战档案，对揭露日本帝国主义侵华罪行，讴歌中华儿女勠力同心、不屈不挠抗击侵略的伟大壮举，弘扬伟大的抗战精神，引导正确的历史认知，发挥了积极作用。特别是国家档案局组织有关方面共同努力和积极推动，「南京大屠杀档案」被联合国教科文组织评选为「世界记忆遗产」，列入《世界记忆名录》，捍卫了历史真相，在国际上产生了广泛而深远的影响。

全国各级档案馆馆藏抗战档案开发利用工作虽然取得了一定的成果，但是，在档案信息资源开发的系统性和深入性方面仍显不足。正如习近平总书记所指出的：「同中国人民抗日战争的历史地位和历史意义相比，同这场战争对中华民族和世界的影响相比，我们的抗战研究还远远不够，要继续进行深入系统的研究。」「抗战研究要深入，就要更多通过档案、资料、事实、当事人证词等各种人证、物证来说话。要加强资料收集和整理这一基础性工作，全面整理我国各地抗战档案、照片、资料、实物等……」

国家档案局组织编纂《汇编》，对全国各级档案馆馆藏抗战档案进行深入系统地开发，是档案部门贯彻落实习近平总书记重要指示精神，推动深入开展中国人民抗日战争研究的一项重要举措。本书的编纂力图准确把握中国人民抗日战争的历史进程、主流和本质，用详实的档案全面反映一九三一年九一八事变后十四年抗战的全过程，反映中国共产党在抗日战争中的中流砥柱作用以及中国人民抗日战争在世界反法西斯战争中的重要地位，反映国共两党「兄弟阋于墙，外御其侮」进行合作抗战、共同捍卫民族尊严的历史，反映各民族、各阶层及海外华侨共同参与抗战的壮举，展现中国人民抗日战争的伟大意义，以历史档案揭露日本侵华暴行，揭示日本军国主义反人类、反和平的实质。

编纂《汇编》是一项浩繁而艰巨的系统工程。为保证这项工作的有序推进，国家档案局制订了总体规划和详细的实施方案，明确了指导思想、工作步骤和编纂要求。为保证编纂成果的科学性、准确性和严肃性，国家档案局组织专家对选题进行全面论证，对编纂成果进行严格审核。

各级档案馆高度重视并积极参与到《汇编》工作之中，通过全面清理馆藏抗战档案，将政治、军事、外交、经济、文化、宣传、教育等多个领域涉及抗战的内容列入选材范围。入选档案包括公文、电报、传单、文告、日记、照片、图表等多种类型。在编纂过程中，坚持实事求是的原则和科学严谨的态度，对所收录的每一件档案都仔细鉴定、甄别与考证，维护档案文献的真实性，彰显档案文献的权威性。同时，以《汇编》编纂工作为契机，以项目谋发展，用实干育人才，带动国家重点档案保护与开发，夯实档案馆基础业务，提高档案人员的业务水平，促进档案馆各项事业的发展。

守护历史，传承文明，是档案部门的重要责任。我们相信，编纂出版《汇编》，对于记录抗战历史，弘扬抗战精神，发挥档案留史存鉴、资政育人的作用，更好地服务于新时代中国特色社会主义文化建设，都具有极其重要的意义。

抗日战争档案汇编编纂委员会

编辑说明

江西是中国抗日战争的重要战场之一。从一九三八年六月，日军攻占马当要塞，到一九四五年八月，日本宣布无条件投降，江西境内先后进行了长江要塞马当保卫战、南浔会战、南昌会战、上高会战、浙赣会战、湘粤赣边区作战、赣江追击战等大规模抗击日寇的战役，基本守住了相对稳定的对日作战线、相持线，始终没有全境沦陷，为支撑东南抗战，保卫西南大后方，坚持全国持久抗战，直至最后胜利做出了重要贡献。

在这场艰苦卓绝的全民抗战中，江西贡献了一百零三万兵员，全省人口减少近二百四十万人。其中，五十余万人惨遭日军屠杀，近一百万人在极端艰苦的战争环境中或不幸丧生或流离失所。日军制造了湖口空袭惨案、九江岷山惨案、新建西山惨案等系列惨案，罪行累累，令人发指。这些铁一般的数字与惨案是无数军民的惨痛记忆与血泪控诉。为铭记历史，以史为鉴，珍爱和平，江西省档案馆从馆藏民国档案中选录了抗战抚恤相关档案三百余件，编纂出版《江西抗战抚恤档案汇编》。

全书共三册，所选档案时间跨度为一九三八年至一九四八年，内容分为抚恤规则条例、请恤救济补助、伤亡抚恤调查三部分，反映了抗战期间以及胜利后民国江西省政府及有关机构开展抚恤工作的情况。每部分分别按照文件形成时间先后排序，一般以发文时间为准，少数无发文时间的采用收文时间，并加以注明。档案所载时间不完整或不准确的，作了补充或订正。档案时间只有年份和月份的，排在该月末；只有年份的，排在该年末。

全书选用档案均为本馆馆藏原件全文影印，未作删节；如有缺页，为档案自身原缺。档案中原标题完整或基本符合要求的使用原标题，原标题有明显缺陷的进行了修改或重拟，无标题的加拟标题。标题中的机构名称使用机构全称或规范简称，历史地名沿用当时名称。

全书使用规范的简化字，对标题中的繁体字等予以径改。限于篇幅，本书不作注释。

由于编者水平有限，本书难免有疏漏之处，敬请专家和读者指正。

编 者

总目录

二、请恤救济补助

第二册

二、请恤救济补助（续）

第三册

二、请恤救济补助（续）

三、伤亡抚恤调查

本册目录

二、请恤救济补助

一、抚恤规则条例

江西省政府关于奉令抄发《国民政府军事委员会抚恤委员会组织条例》致省水利局的训令
（一九三八年七月二十日）

001

江西省政府訓令

事由	擬辦	批示	備考
奉軍委會訓令為制定撫卹委員會組織條例等因除分令外令仰知照由		存	

附件

訓令 字第 號

廿七年七月廿三

收文 字第3720號

002

江西省政府訓令

秘壹/
中華民國廿七年七月廿日發
2605號

令水利局

案奉

軍事委員會本年六月三十日辦視字第二四七號訓令開：

「查自抗戰軍事發動以來，全國將士上下一心，喋血浴戰，所有傷亡，亟應從事撫卹，用慰忠魂，除令飭限期成立撫卹委員會切實辦理並呈報國府及分令外，茲制定該會組織條例隨令公佈，仰即轉飭所屬一体知照。此令。」

等因，附軍事委員會撫卹委員會組織條例一份。奉此，除分令外，合行抄

003

發原件，令仰該局即便知照

此令。

計抄發軍事委員會撫卹委員會組織一份

004

中華民國二十七年七月　日

熊式輝

校對凌慕韓

國民政府軍事委員會撫卹委員會組織條例

第一條　國民政府軍事委員會為優卹傷亡官兵並救濟其遺族起見特設撫卹委員會（以下簡稱本會）

第二條　本會直隸於國民政府軍事委員會

第三條　本會設主任委員一人副主任委員二人委員十三——十九人秘書副官及雇員若干組織之除銓叙廳長軍醫署長軍需署長為當然委員外餘額由委員長選派

第四條　主任委員綜轄本會一切事宜副主任委員輔助主任委員處理一切事宜委員參加會議審議本會一切重要案件

第五條　本會設置辦公室及一二三處每處各設若干科分掌業務

第六條　辦公室掌管左列業務

006

一、關於本會之文書收發管理印信會計庶務及其他事項

二、關於撫卹事務之改進設計事項

第七條 第一處掌管左列業務

一、關於陸海空軍死亡官兵撫卹褒揚特卹國葬公葬子女入學公祭建立紀念碑塔等事項

二、關於陸海空軍負傷官兵撫卹轉院糾紛處理等事項

三、關於陸海空軍傷亡官兵撫卹登記統計及檔案保管等事項

四、關於現行法規之解釋及修改事項

五、關於各國撫卹章制之調查研究事項

第八條 第二處掌管左列業務

一、關於決定及審核傷等事項

二、關於覆驗傷殘事項

007 4

第九條 第三處掌管左列業務

一、關於卹金領發事項

二、關於帳籍及報銷事項

第十條 辦公室設秘書一人副官及雇員各若干人承各長之命掌理辦公室一切事宜

第十一條 各處設處長一人科長科員及雇員各若干人

第十二條 處長承主任委員及副主任委員之命掌理處內一切事宜

第十三條 科長承處長之命辦理科內一切事項

第十四條 科員書記司書各承長官之命辦理一切事務

第十五條 本會系統及編制如附表

第十六條 本會辦事細則另定之

第十七條 本條例如有未盡事宜得呈請修正之

第十八條 本條例自軍事委員會公佈之日施行

附二：军事委员会抚恤委员会系统表

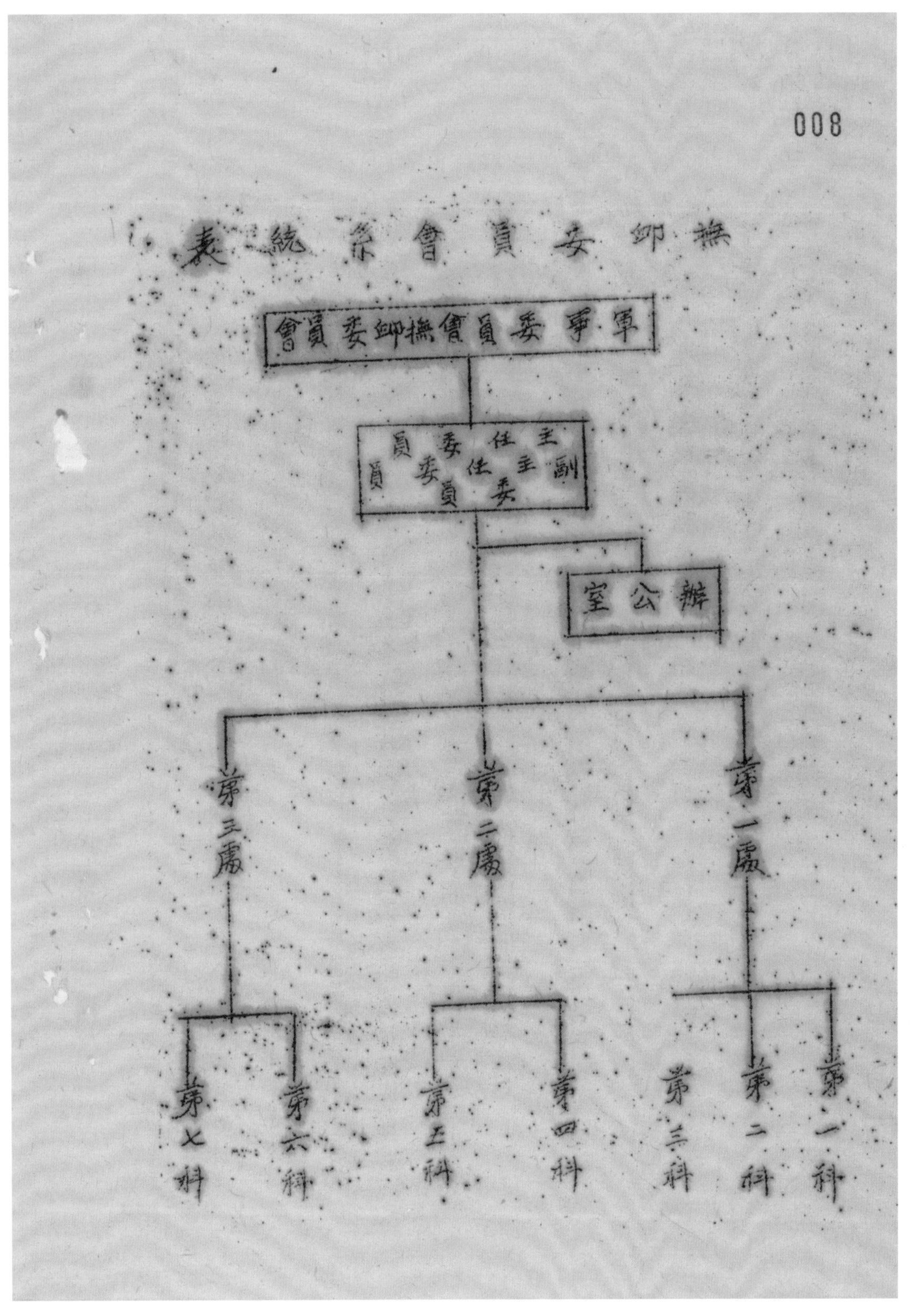

軍事委員會撫卹委員會編制表

職別		階級	員額	備攷
主任委員		上將	一	
副主任委員		中(上)將	二	
委員		中(上)(少)將	一三—一九	
辦公室	秘書	同上(中)校	一	
	副官	中校	一	
		少(上尉)校	三	
	書記	同上(中)尉	二	
	司書	同少(准)尉	二	
第　處	處長	少(中)將	一	
	第　科 科長	上(中)校	一	

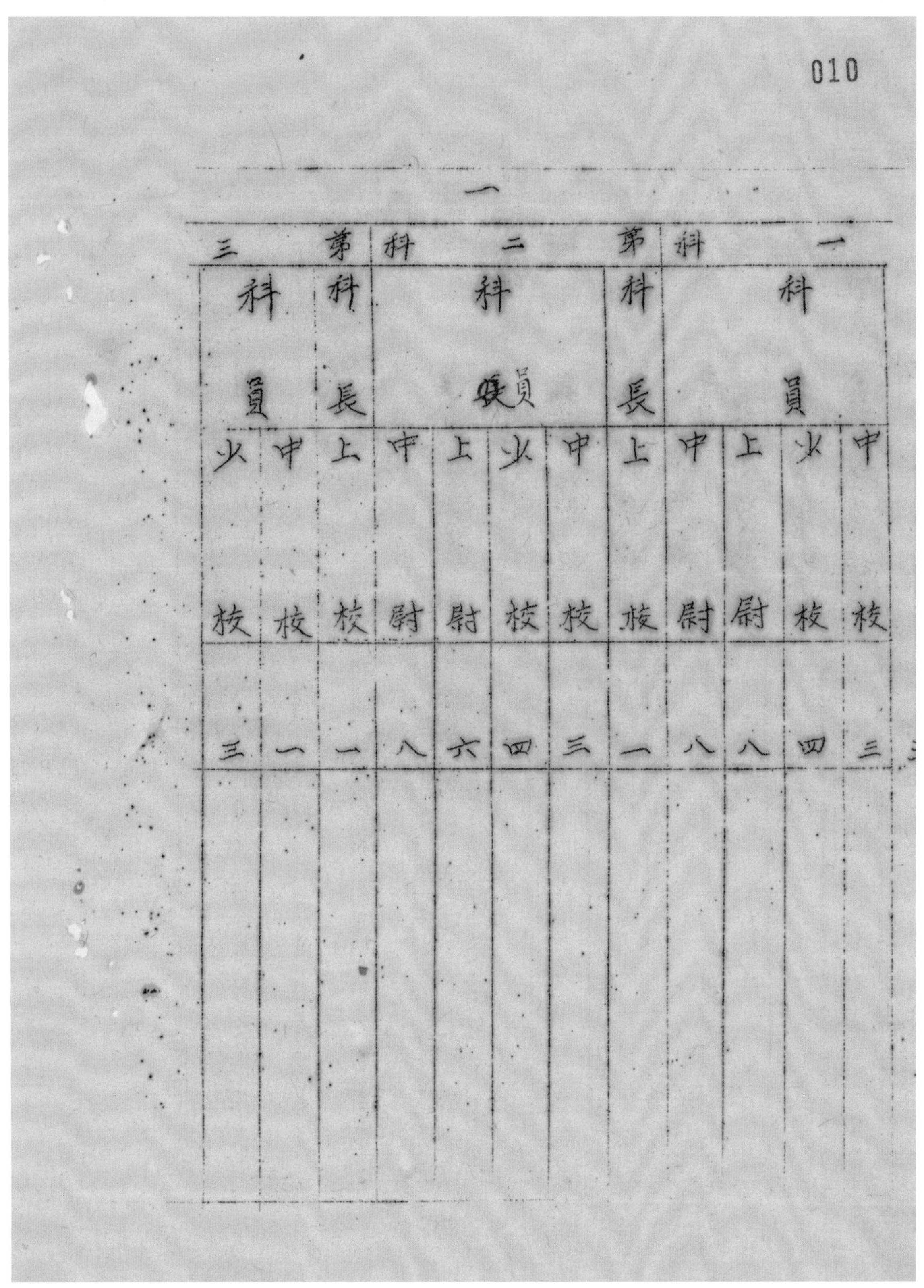

010

一

科別	職別	階級	員額	備考
第一科	科員	中校	三	
		少校	四	
		上尉	八	
		中尉	八	
	科長	上校	一	
第二科	科員	中校	三	
		少校	四	
		上尉	六	
		中尉	八	
	科長	上校	一	
第三	科員	中校	一	
		少校	三	

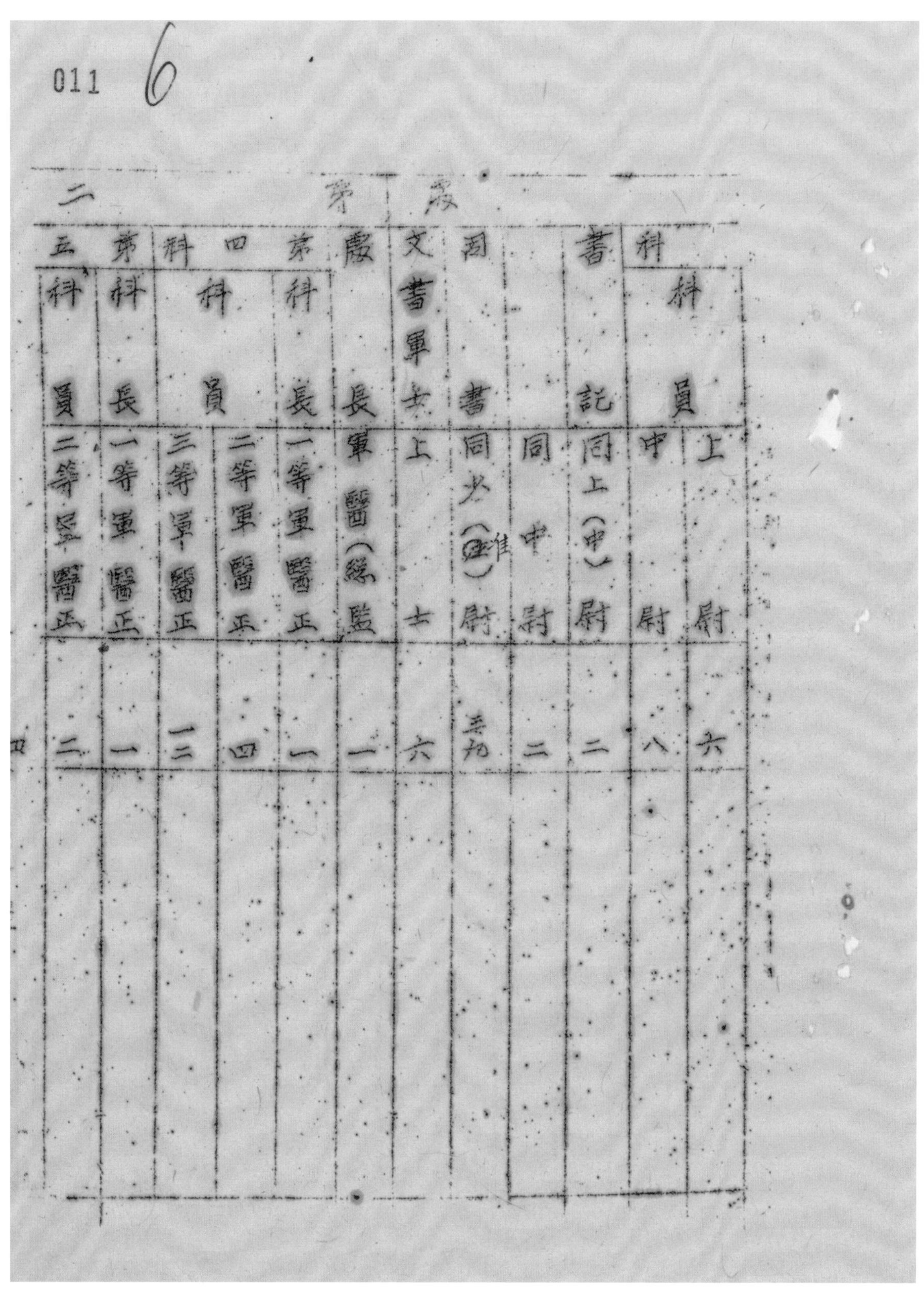

第二處			
文書科	科員	上尉	六
		中尉	八
	書記	同上（中）尉	二
		同中尉	二
	司書	同少（准）尉	卅九
	文書軍士	上士	六
處	長	軍醫（總監	一
第四科	科長	一等軍醫正	一
	科員	二等軍醫正	四
		三等軍醫正	三
第五科	科長	一等軍醫正	一
	科員	二等軍醫正	二

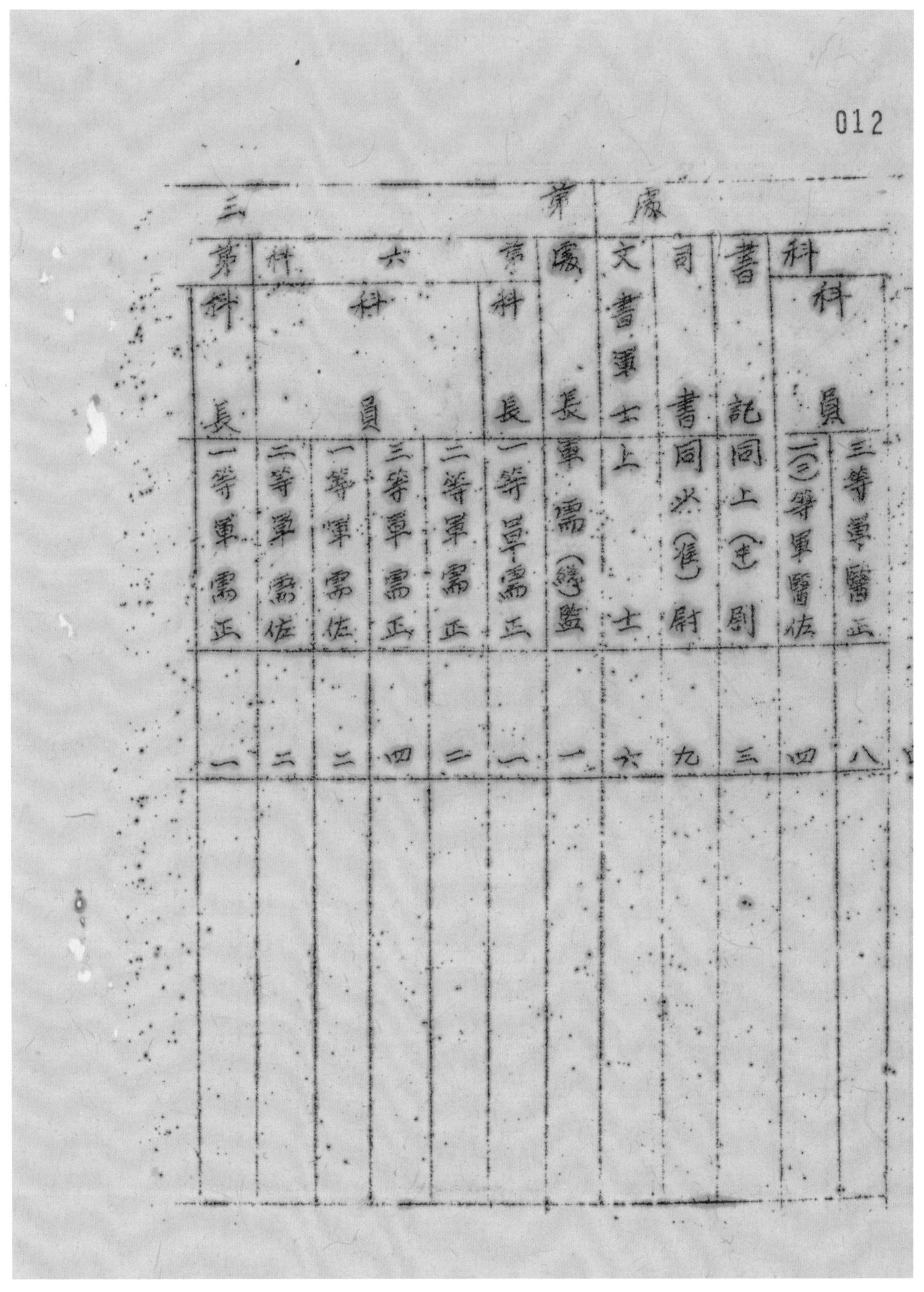

012

處						第三					
科		書記	司書	文書軍士	處	第	第六科				第
科員					長	科長	科員				科長
三等軍醫正	一(三)等軍醫佐	同上(主)尉	同少(准)尉	上士	軍需(總)監	一等軍需正	二等軍需正	三等軍需正	一等軍需佐	二等軍需佐	一等軍需正
八	四	三	九	六	一	一	二	四	二	二	一

013 7

總計	處						
	司書		書記	七科 科員			
官佐	同少（准）尉	同中尉	同上（中）尉	二等軍需佐	一等軍需佐	三等軍需正	二等軍需正
二三一一二七	六	二	三	四	六	四	二

附

一、第三兩處之職員由銓敍廳及軍醫署原有主管各科全部撥編其不足者再行補充各科原管業務亦由本委員會繼續辦理

二、本表各科之員額係依現時狀況設置將來如戰事延長卽需激增時得再呈請增加必要之人員

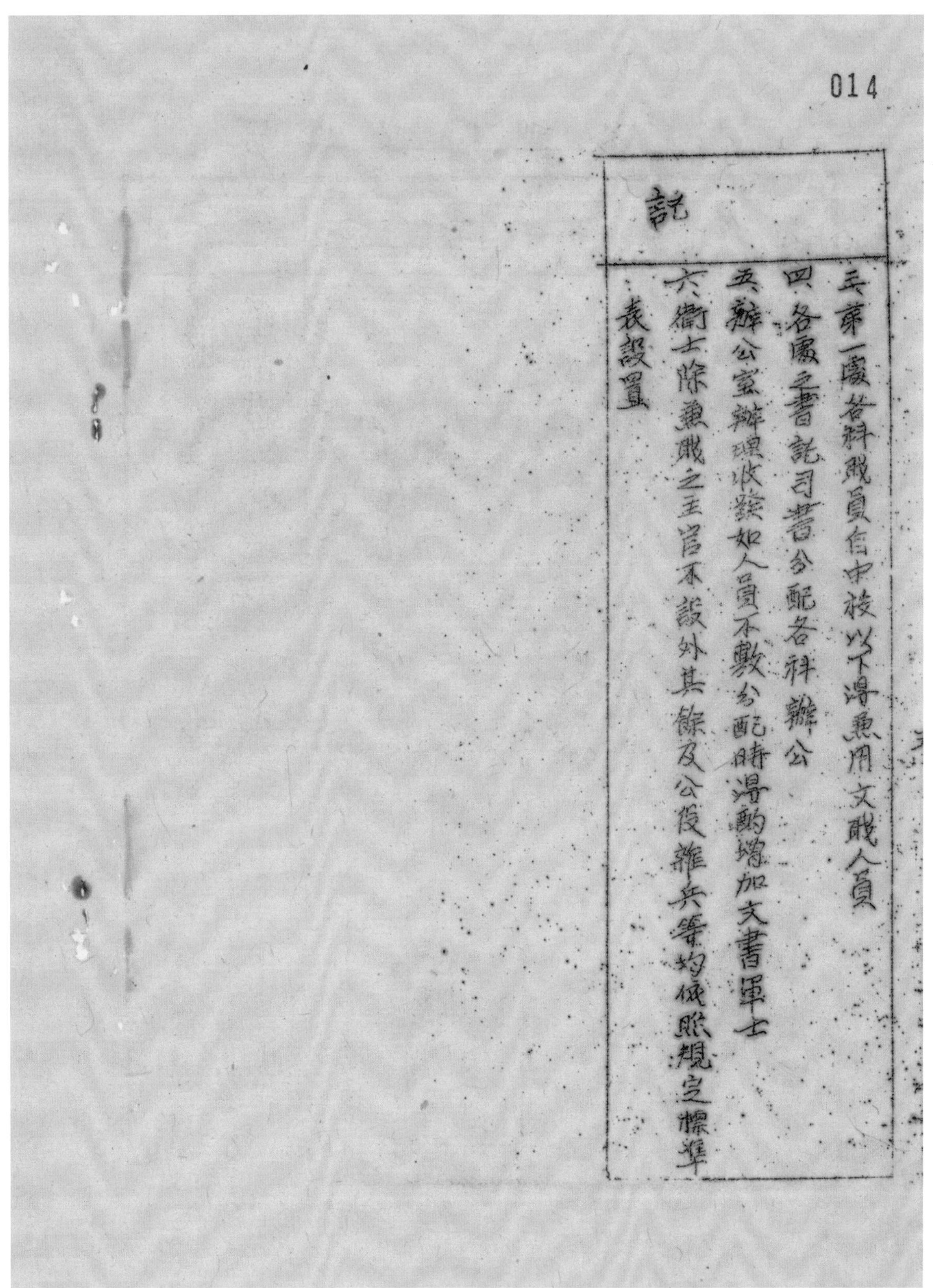

014

記

三、第一處各科職員自中校以下得兼用文職人員

四、各處之書記司書分配各科辦公

五、辦公室辦理收發如人員不敷分配時得酌增加文書軍士

六、衛士除兼職之主官不設外其餘及公役雜兵等均依照規定之標準表設置

江西省政府、江西省水利局等关于奉令转饬《战时雇员公役因公伤亡给恤暂行标准》的训令
（一九三八年八月）

江西省政府致省水利局的训令（一九三八年八月六日）

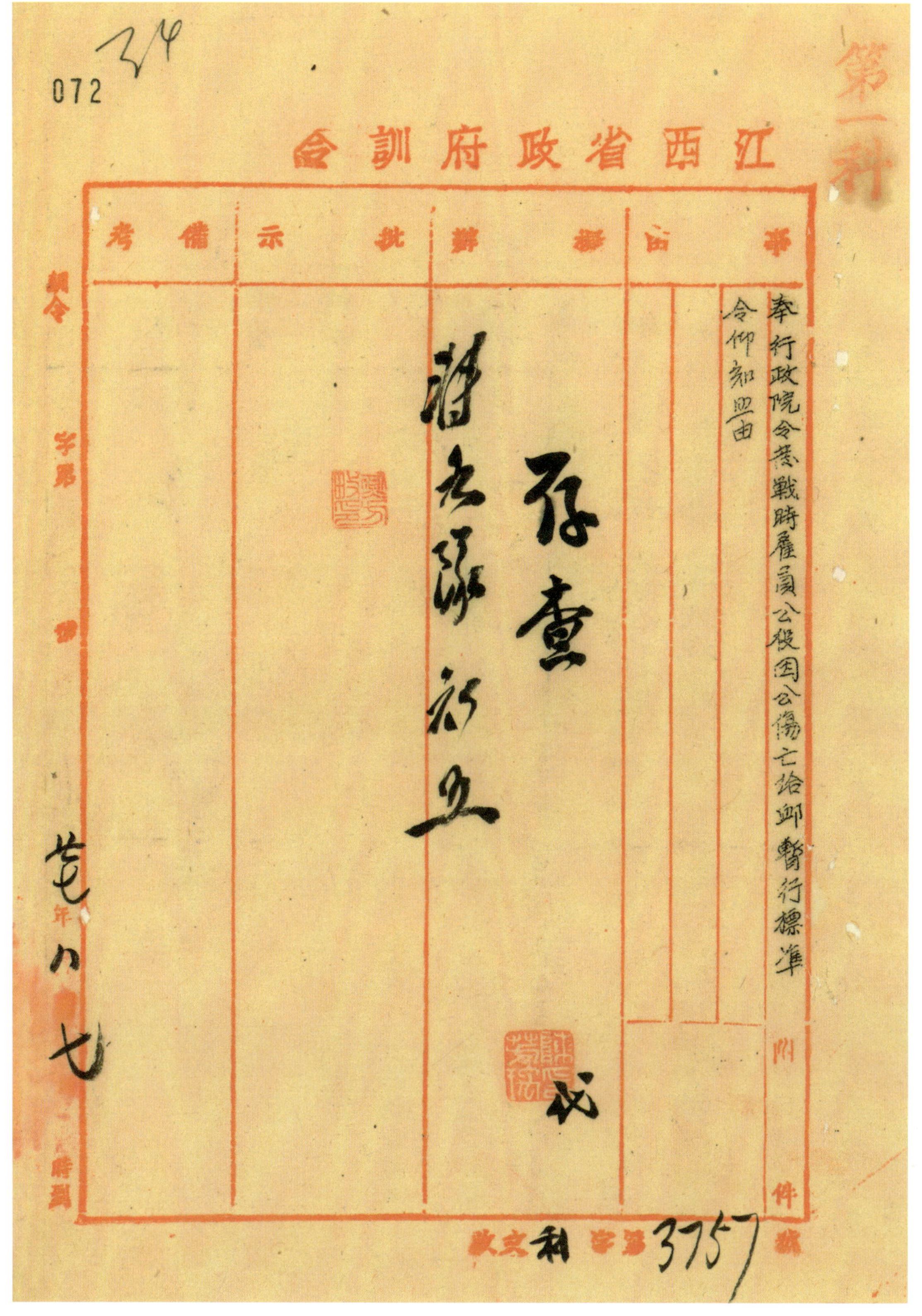
072

江西省政府訓令

事由：奉行政院令發戰時雇員公役因公傷亡給卹暫行標準令仰知照由

存查

蔣孟瑛 行之

073

江西省政府訓令

秘叁5 廿七年八月六日發

令水利局

案奉

行政院訓令開：

「案准國民政府文官處二十七年七月一日渝字第一八二三號公函開：

『奉

主席交下考試院二十七年六月二十一日育字第八四七號呈爲據銓敘部呈拟戰時雇員公役因公傷亡給卹暫行標準，并聲明本標準至抗戰終了即行廢止等情，轉呈鑒核施行一案，奉

諭：「准予備案。」並飭告國防最高會議，及由處通函各機關知照。』等因，除分函外，相應抄同

074

原件，函達查照，轉行知照」等由；准此，除分行外，合行抄發原附件，令仰知照」

等因；計抄發考試院原呈一件、戰時雇員公役因公傷亡給卹暫行標準一份。奉此，除報告第一零九六次省務會議，並分行外，合行抄發原抄呈及暫行標準，令仰知照，並轉飭所屬一體知照。

此令。

計抄附原抄呈一件、戰時雇員公役因公傷亡給卹暫行標準一份。

075

中華民國二十七年八月　日

校對黃元吉

076 36

抄原呈

案據銓叙部呈称「查公務員卹金條例僅規定文官司法官警官及長警之傷亡，得依本條例給卹，関於各機関雇員公役因公傷亡，究應如何撫卹，向無明文規定，值此抗戰時期戰區各機関中雇員公役常有因公傷亡情事，若照向例予以駁復，殊無以資鼓勵，如准由各機関自行撫卹，款銷復感困難，似非另擬撫卹办法，不足以資救濟而示体卹，業经商得財政部同意，擬具戰時雇員公役給卹暫行標準，請轉呈核准公布施行，并声明本標準至抗戰終了，即行廢止」等情，經核所擬，似屬可行，理合檢同原賫標準一份，備文呈請核准公布施行，實為公便

謹呈

國民政府

計附呈戰時雇員公役給卹暫行標準一份

考試院院長戴傳賢

副院長鈕永建代

戰時雇員公役因公傷亡給卹暫行標準

一、抗戰期間各機關雇員公役因公傷亡依左列標準給卹。

(甲)雇員公役在辦公場所或因公出差遭遇意外事變，以致受傷殘廢或心神喪失，不能服務者，得按其最後薪資給予十個月薪資之一次卹傷費，其受傷未達殘廢或心神喪失程度者，得酌給一個月至三個月之一次醫藥費。

(乙)雇員公役在辦公場所或因公出差遭遇意外事變以致死亡者，得按其最後薪資給予十四個月薪資之一次撫卹費

二、雇員公役卹金得在各機關原有經費內按照前項標準支給，但原服務機關裁撤或經費困難者，得由其上級機關支給，均作正報銷。

江西省水利局致整理南州水利工程处、各工程队和测量队的训令（一九三八年八月十日）

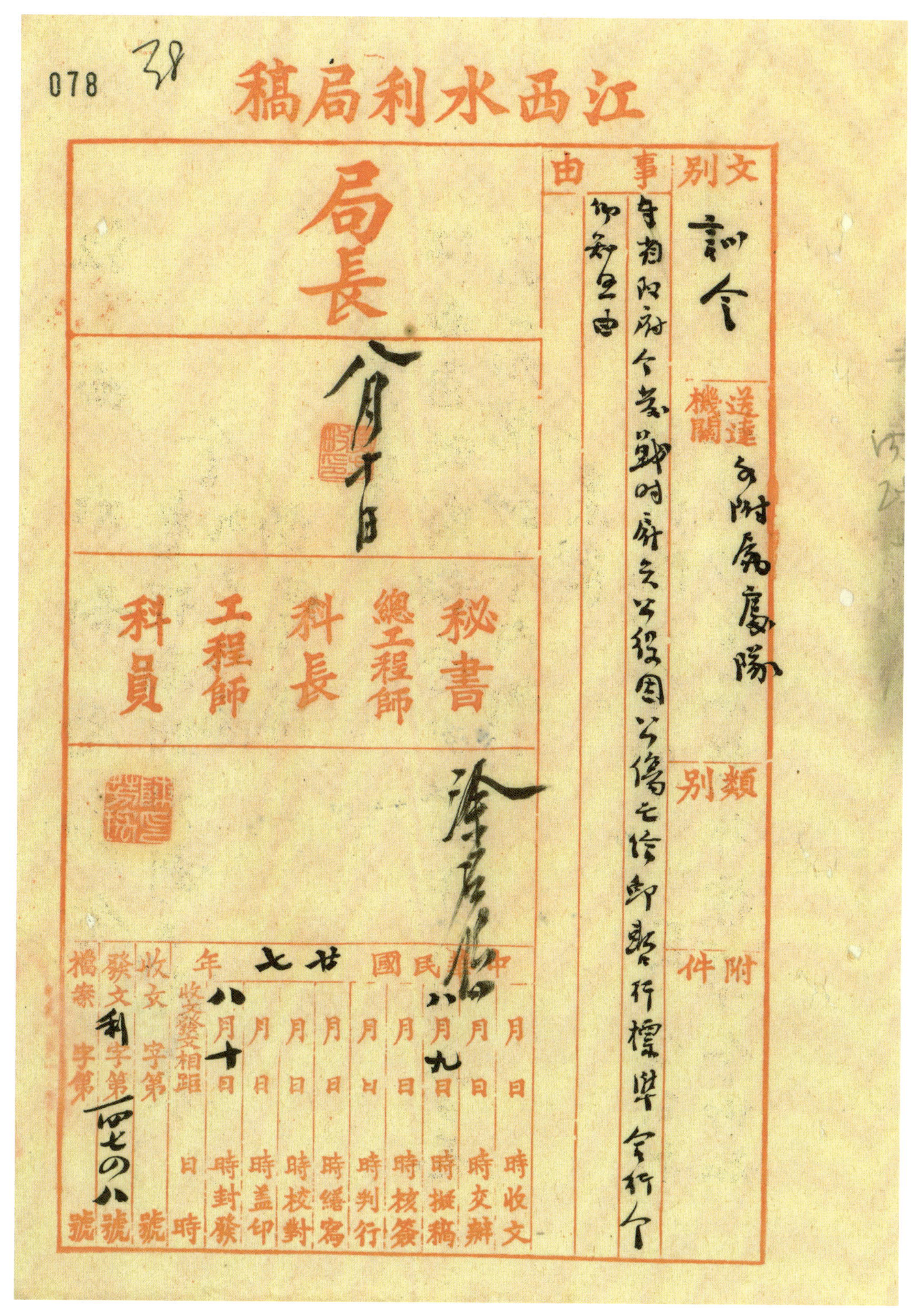

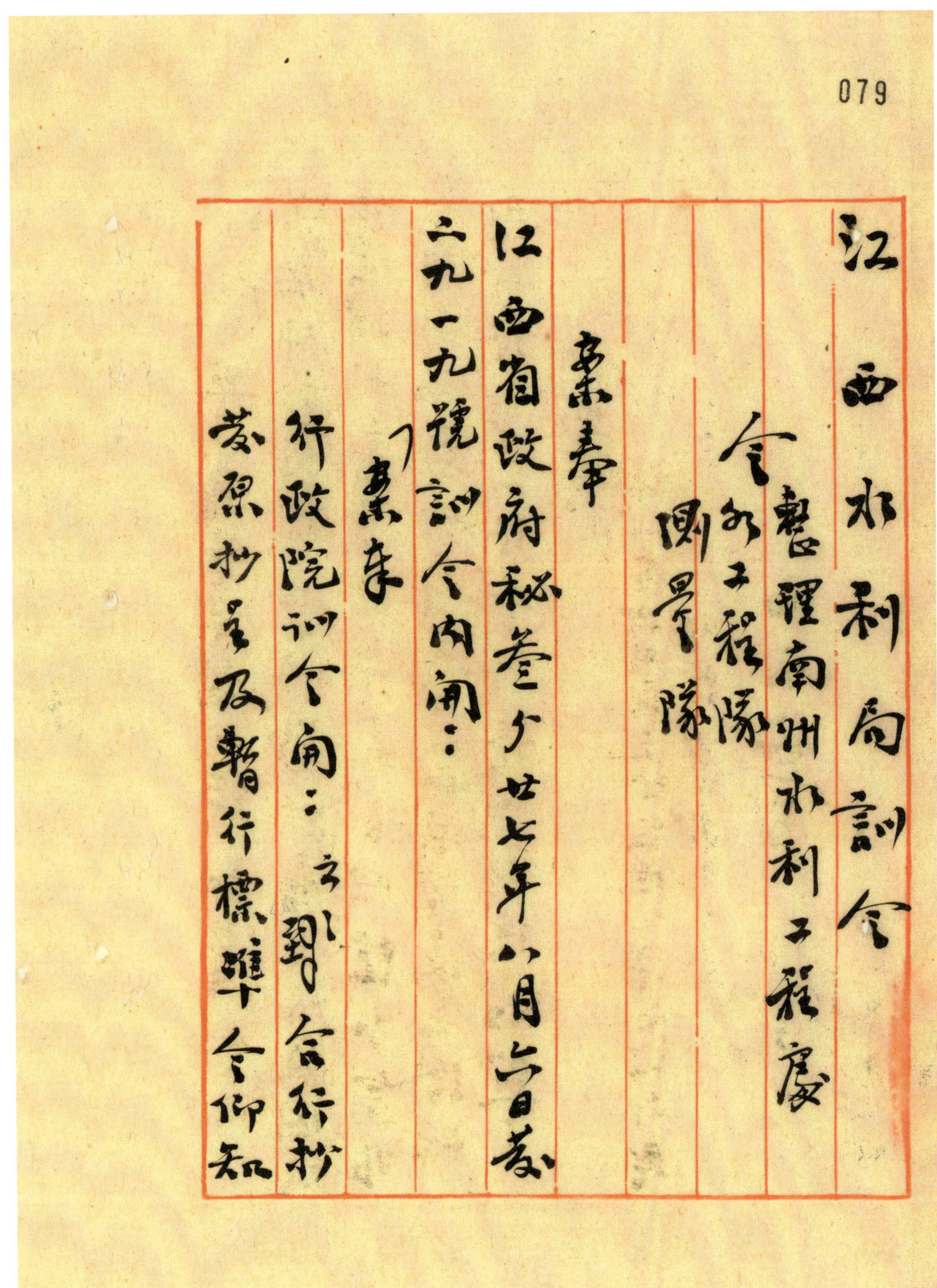
079

江西水利局訓令

令整理南州水利工程處
各工程隊
測量隊

案奉
江西省政府秘卷字廿七年八月六日發
二九一九號訓令內開：
「案奉
行政院訓令開：「文」到，合行抄
發原抄呈及暫行標準，令仰知

080 39

照並轉飭所屬一体知照此令
等因；计抄发原呈一件，战时雇员公役因公
伤亡给卹暂行标准一份，奉此，除分令外，
合行抄发战时雇员公役因公伤亡给卹
暂行标准一份，令仰该〇即便知照！

此令

计抄发战时雇员公役因公伤亡给卹暂
行标准一份

局长 [illegible]

081

中華民國廿七年八月九日

監印燕鳴

校對龍世熙

江西省政府关于奉令发布抗战伤亡人员从优核恤标准致省水利局的训令（一九三八年八月十四日）

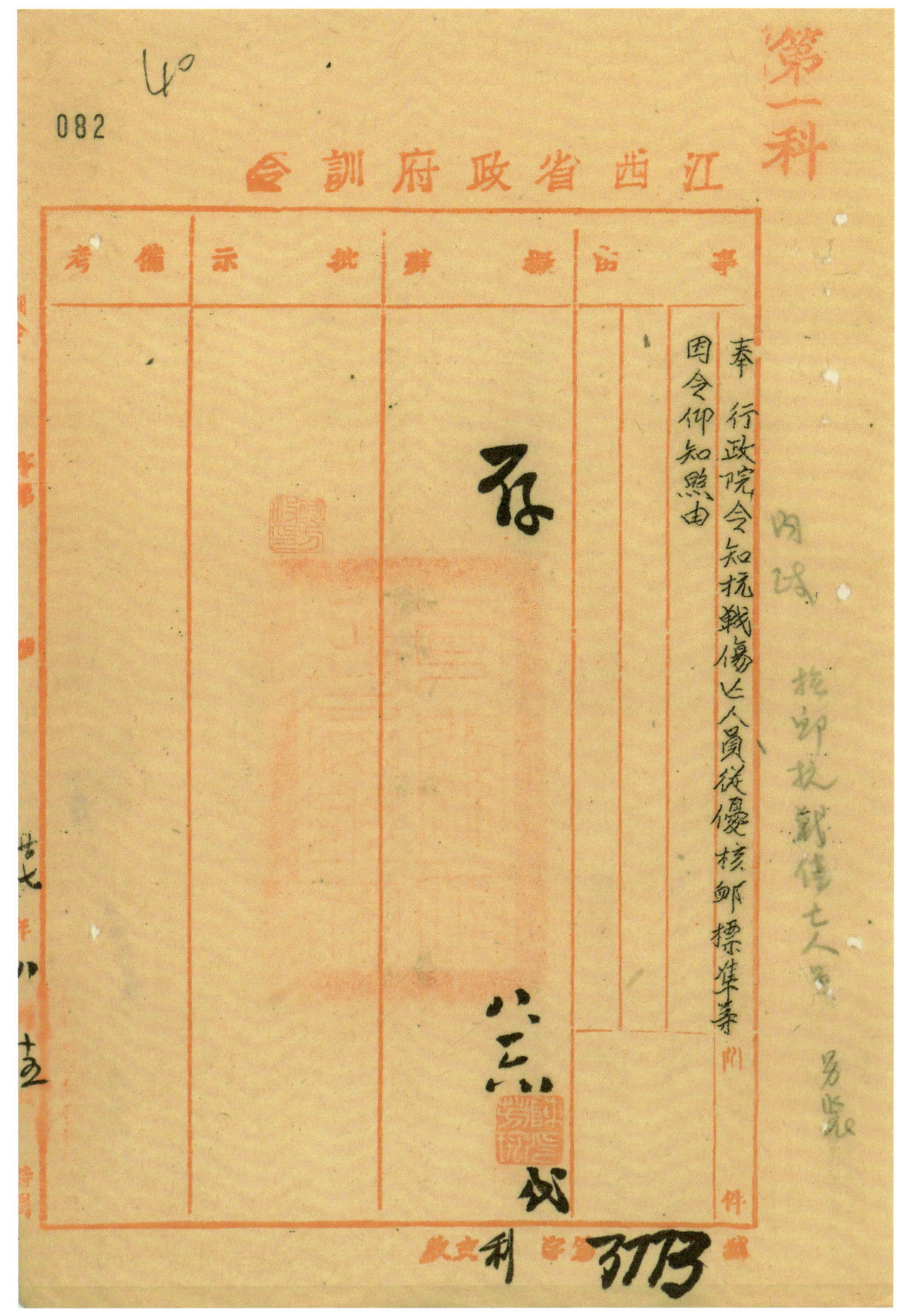
082

第一科

江西省政府訓令

事由	擬辦	批示	備考
奉 行政院令知抗戰傷亡人員從優核卹標準等因令仰知照由	存		

附件

利字第3173號

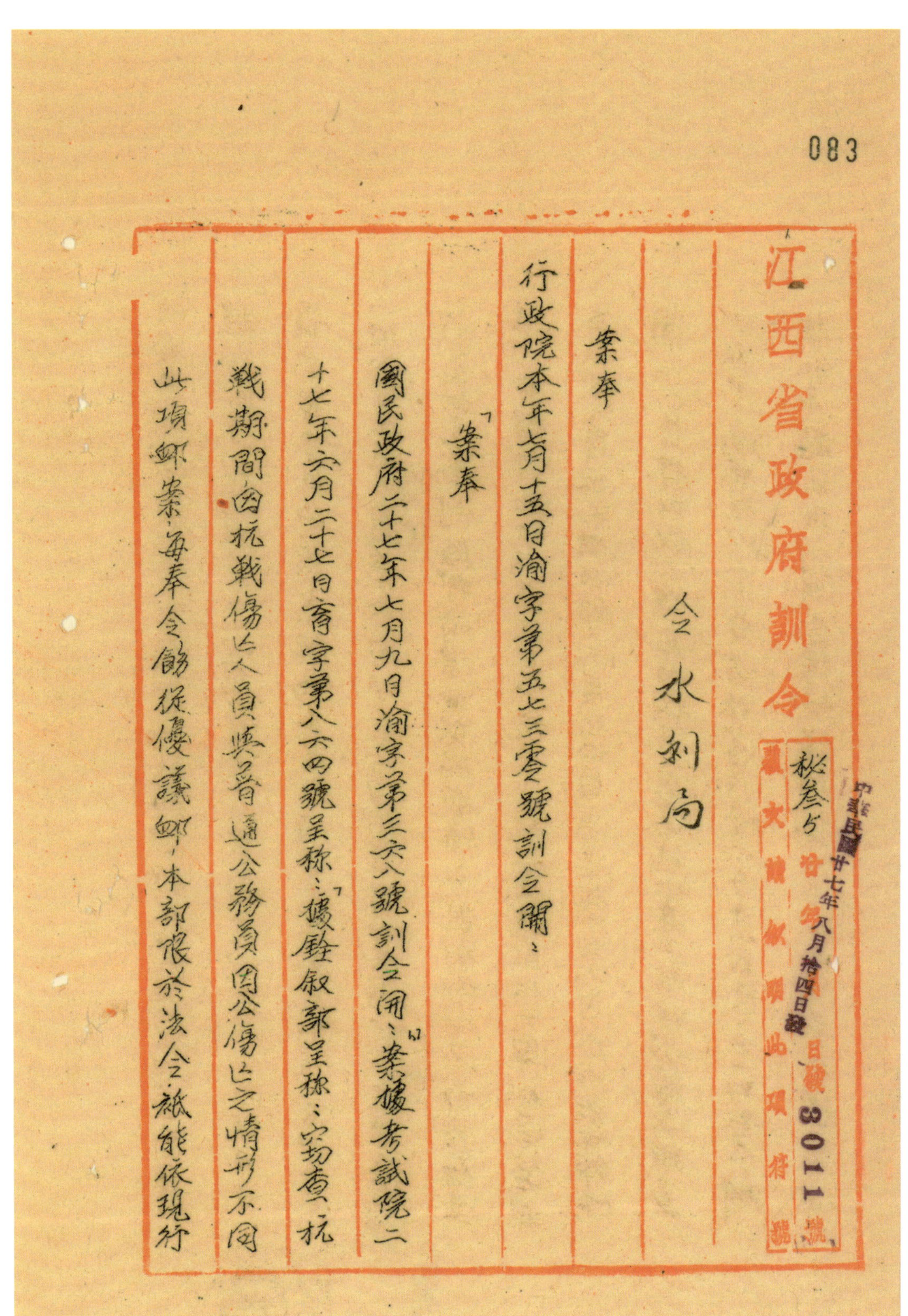

083

江西省政府訓令

秘叁5字第3011號
中華民國廿七年八月拾四日發
覆文請叙明此項符號

令水利局

案奉

行政院本年七月十五日渝字第五七三零號訓令開：

「案奉

國民政府二十七年七月九日渝字第三六八號訓令開：「案據考試院二十七年六月二十七日育字第八六四號呈稱：「據銓叙部呈稱：「窃查抗戰期間因抗戰傷亡人員與普通公務員因公傷亡之情形不同，此項卹案，每奉令飭從優議卹，本部限於法令，祇能依現行

084　41

公務員卹金条例按普通因公傷亡辦理，雖欲從優核卹，而苦無依據，似非另訂標準，不足以資審核而昭激勸。茲擬抗戰人員，經中央最高軍事机關核定，認為合於抗戰守土獎勵条例第一条第三（因公守土死亡者）第六（因守土受傷殘廢者）兩款之規定，應依公務員卹金条例給卹者，得按現職級俸分別加叙，以憑計算卹金。其加叙標準如下：㈠委任十六級至十級人員得加叙六級；㈡委任九級至五級人員得加叙五級；㈢委任四級至薦任一級人員得加叙四級；㈣簡任人員得加叙三級，如加叙至最高級不及三級時，得按其級差加叙之；㈤特任以上人員得按其月俸四分之一或二分之一加叙之。嗣後如奉國民政府特令從優議卹人員，亦擬比照前項標準办

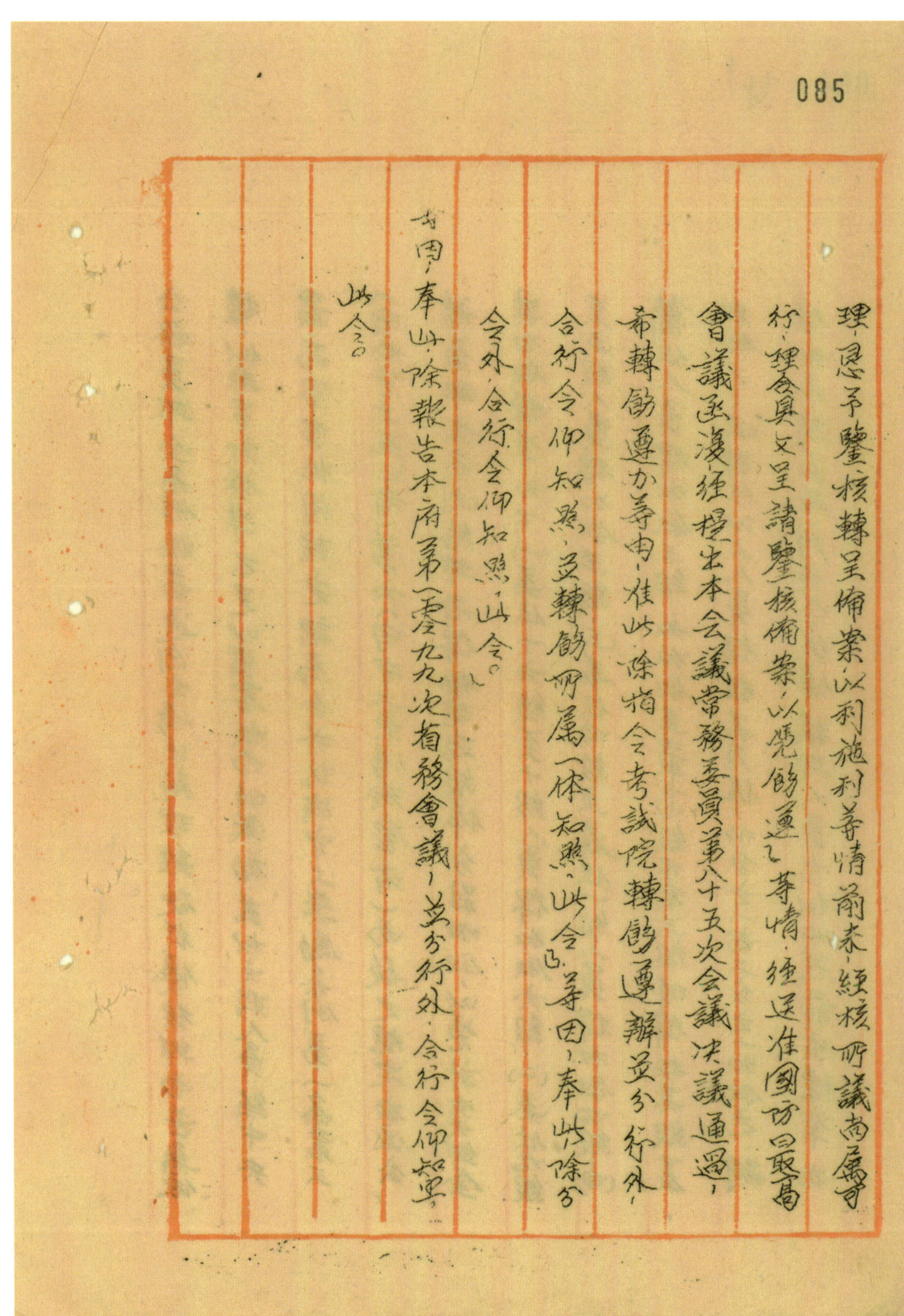

085

理，懇予鑒核轉呈備案，以利施行等情前來，經核所議尚屬可行，理合具文呈請鑒核備案，以憑飭遵。等情，經送准國防最高會議函復，經提出本會議常務委員第八十五次會議決議通過，希轉飭遵辦等由，准此，除指令考試院轉飭遵辦並分行外，合行令仰知照，並轉飭所屬一體知照，此令。等因，奉此，除分令外，合行令仰知照。此令。

等因，奉此，除報告本府第一零九九次省務會議，並分行外，合行令仰知照，此令。

中華民國二十七年八月　日

王希武譯

校對黃元吉

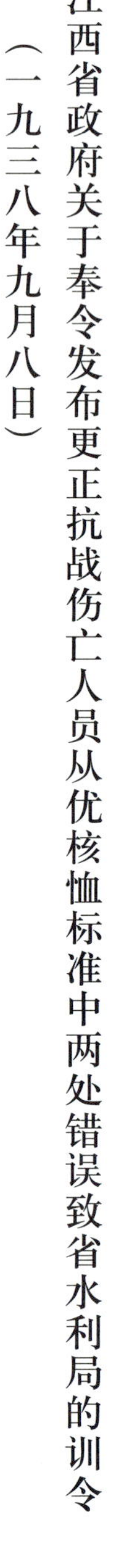

江西省政府关于奉令发布更正抗战伤亡人员从优核恤标准中两处错误致省水利局的训令（一九三八年九月八日）

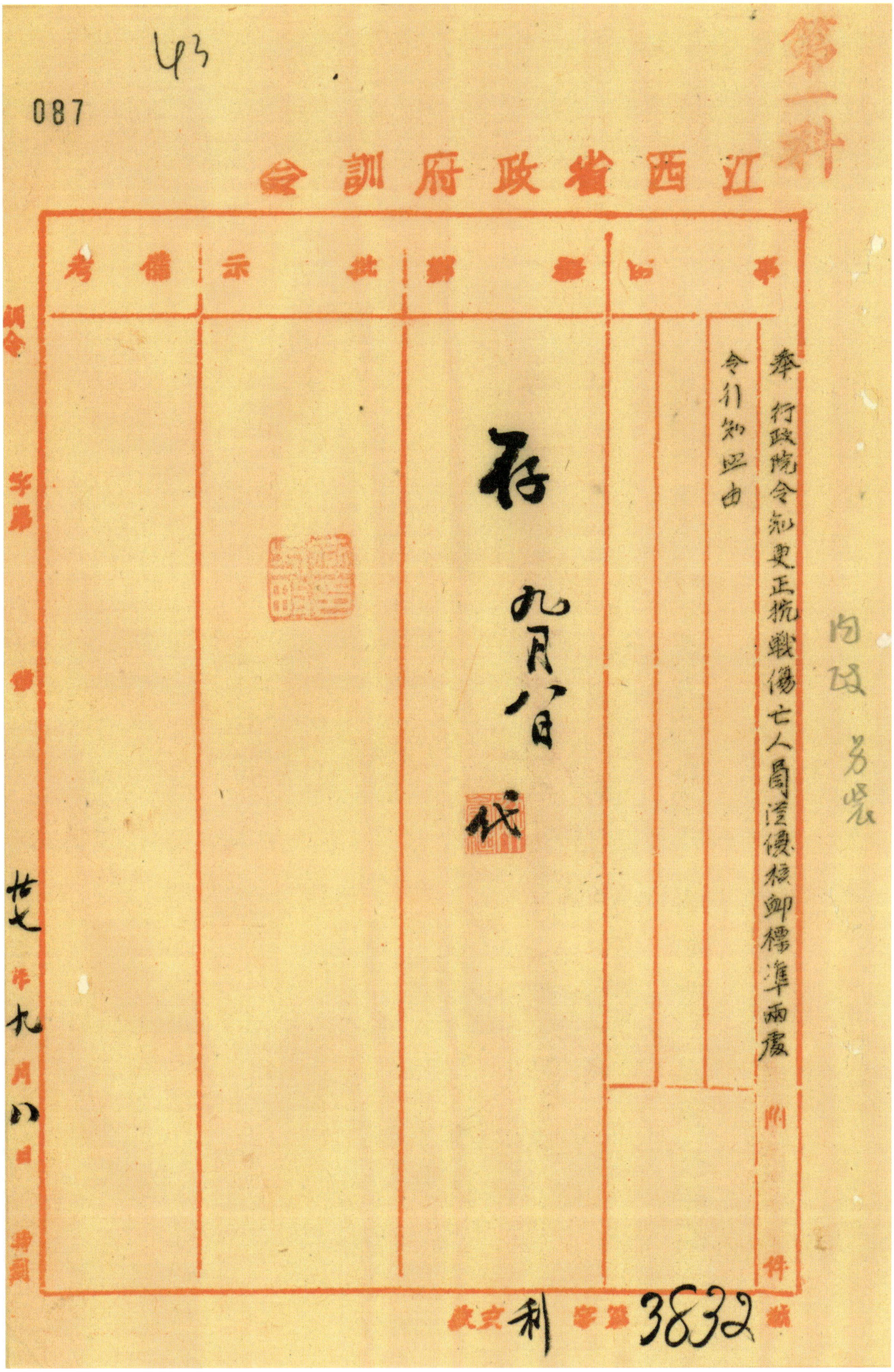

087

43

第一科

江西省政府训令

事由	批办	批示	备考
奉行政院令知更正抗战伤亡人员从优核恤标准两处令仰知照由		存 九月八日	
附件			

训令 字第 号

廿七年九月八日封发

收文利字第3832号

江西省政府訓令

秘叁字 民國廿七年九月八日發 第8340號

令水利局

案奉

行政院本年八月十日渝字第六三七四號訓令開：

「案准國民政府文官處二十七年八月五日渝字第二二零七號公函開：『案准銓叙部二十七年八月三日育字第九九四號函開：「查本年七月十三日國民政府公布部所擬抗戰傷亡文職人員從優核䘏標準一案，其中『戰地守土獎勵條例』誤為『抗戰守土獎勵條例』，又『因守土死亡者』句內因字下多一公字，係

089 64

當日繕寫錯誤，相應函達，即希查照更正」。等由，准此，查
抗戰傷亡文職人員從優核卹一案，前經國民政府于本年七
月九日渝字第三六八號訓令飭知在案。茲准前由，經即轉
陳，奉
主席諭：准予更正。等因，除函復並分函外，相應
函達查照，並轉飭知照」。等由，准此，除通令知照外，合行
令仰知照」。
等因；奉此，除轉告本府第一一零六次省務會議，並分行外，合行
令仰知照。
此令。

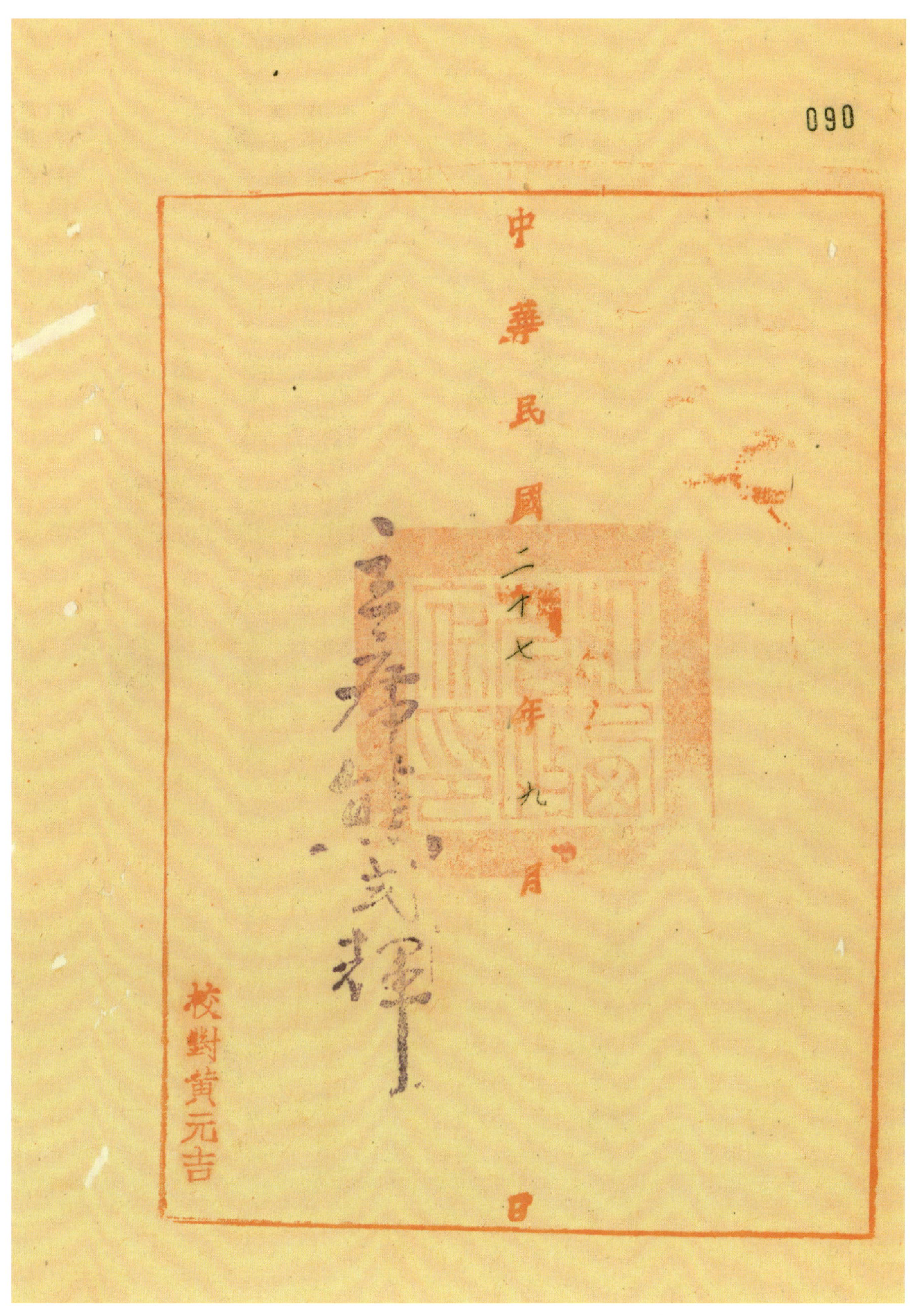

090

中華民國二十七年九月　日

校對黃元吉

江西省政府关于各防空情报所监视队哨员兵及防护团员遇因公殉职一律照《陆军抚恤条例》办理致省建设厅的训令

（一九三八年十一月五日）

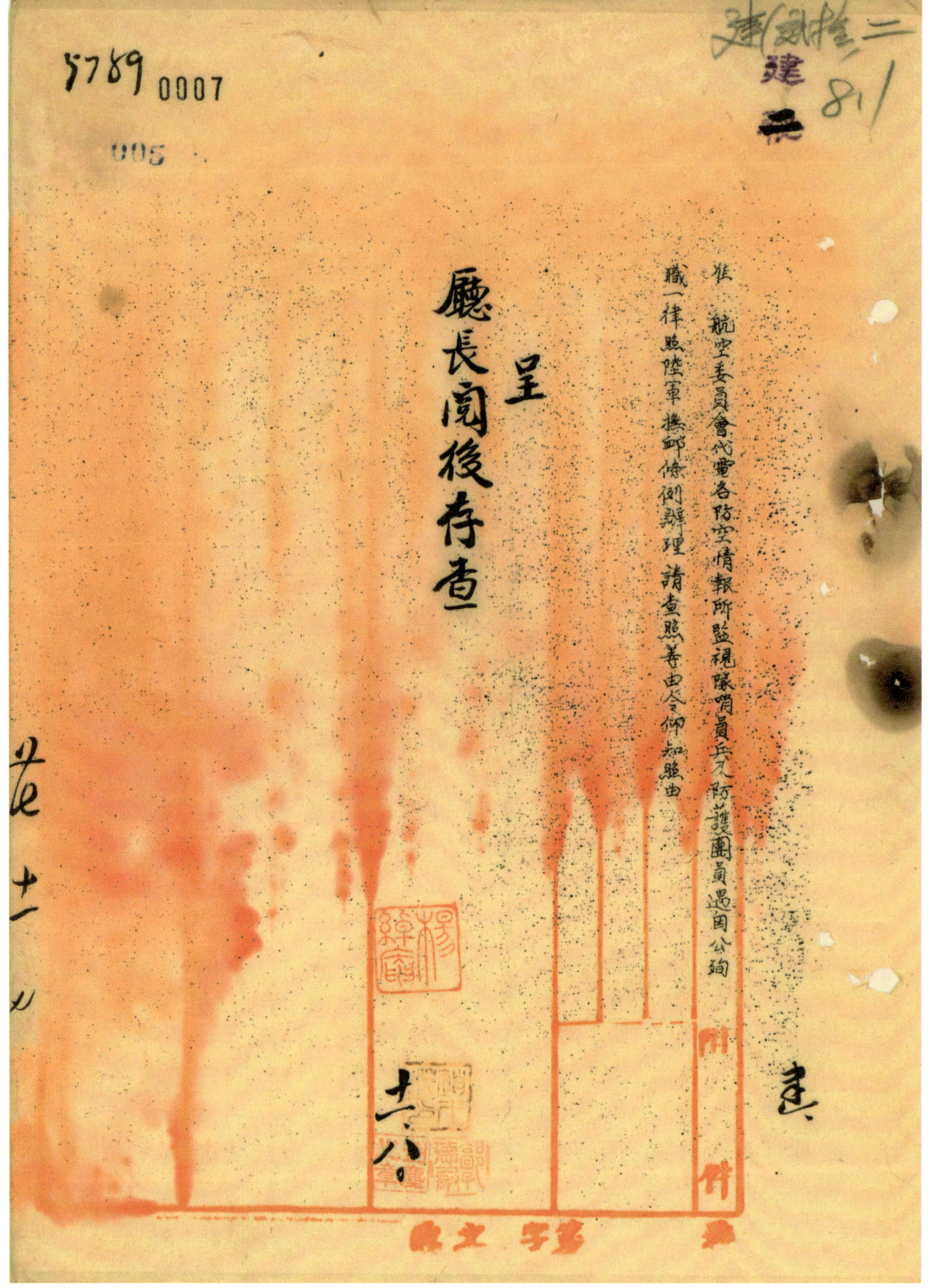

5789 0007

005

建二

建

准航空委员会代电各防空情报所监视队哨员兵及防护团员遇因公殉职一律照陆军抚恤条例办理请查照等由令仰知照由

呈

厅长阅后存查

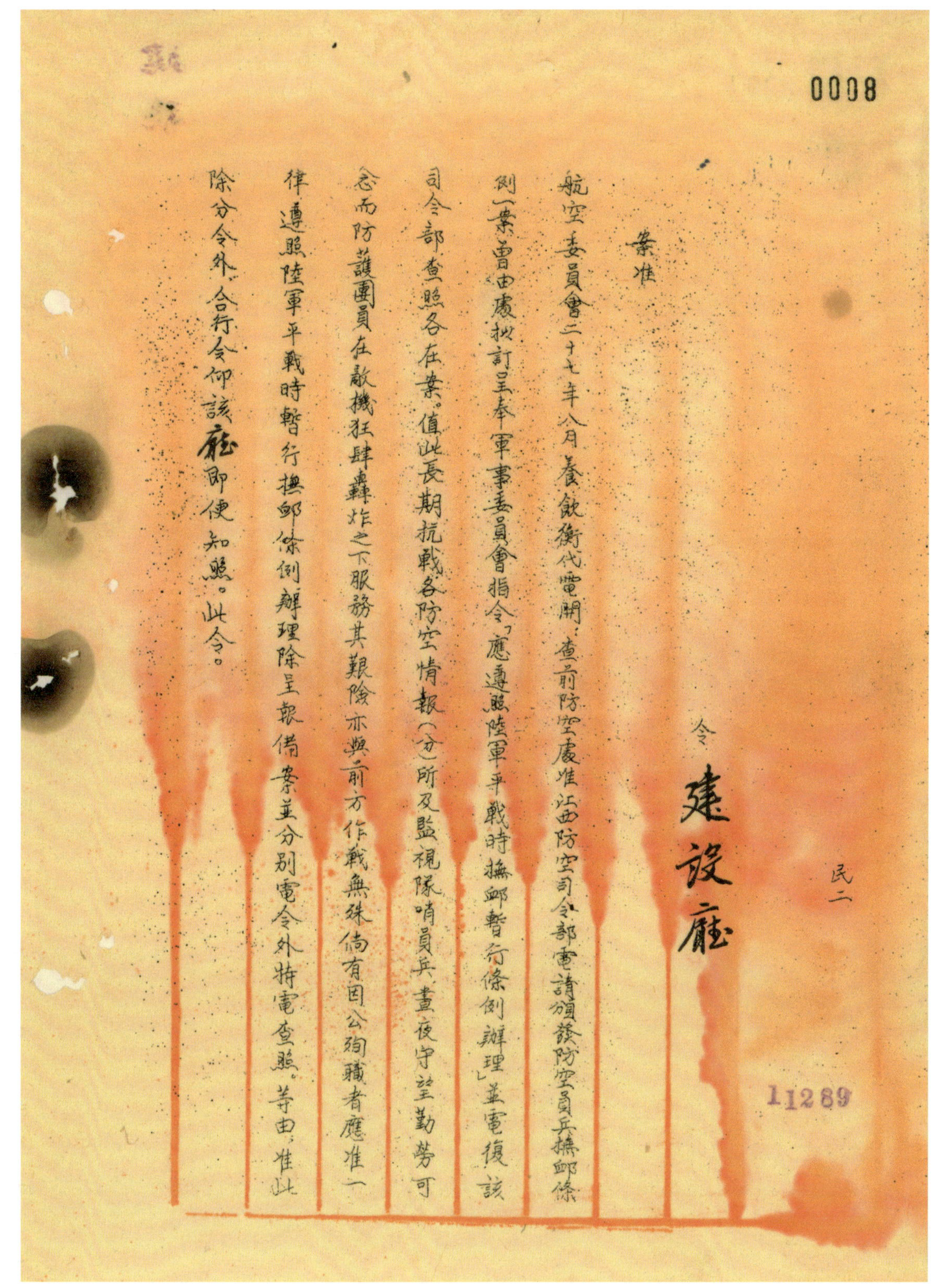

民二

0008

令建設廳

案准

航空委員會二十七年八月養飲衡代電開：「查前防空處准江西防空司令部電請頒發防空員兵撫卹條例，業曾由處擬訂呈奉軍事委員會指令：『應遵照陸軍平戰時撫卹暫行條例辦理』，並電復該司令部查照各在案。值此長期抗戰，各防空情報（分）所及監視隊哨員兵，晝夜守望，勤勞可念，而防護團員在敵機狂肆轟炸之下服務，其艱險亦與前方作戰無殊，倘有因公殉職者，應准一律遵照陸軍平戰時暫行撫卹條例辦理。除呈報備案並分別電令外，特電查照。」等由，准此，除分令外，合行令仰該廳即便知照。此令。

11289

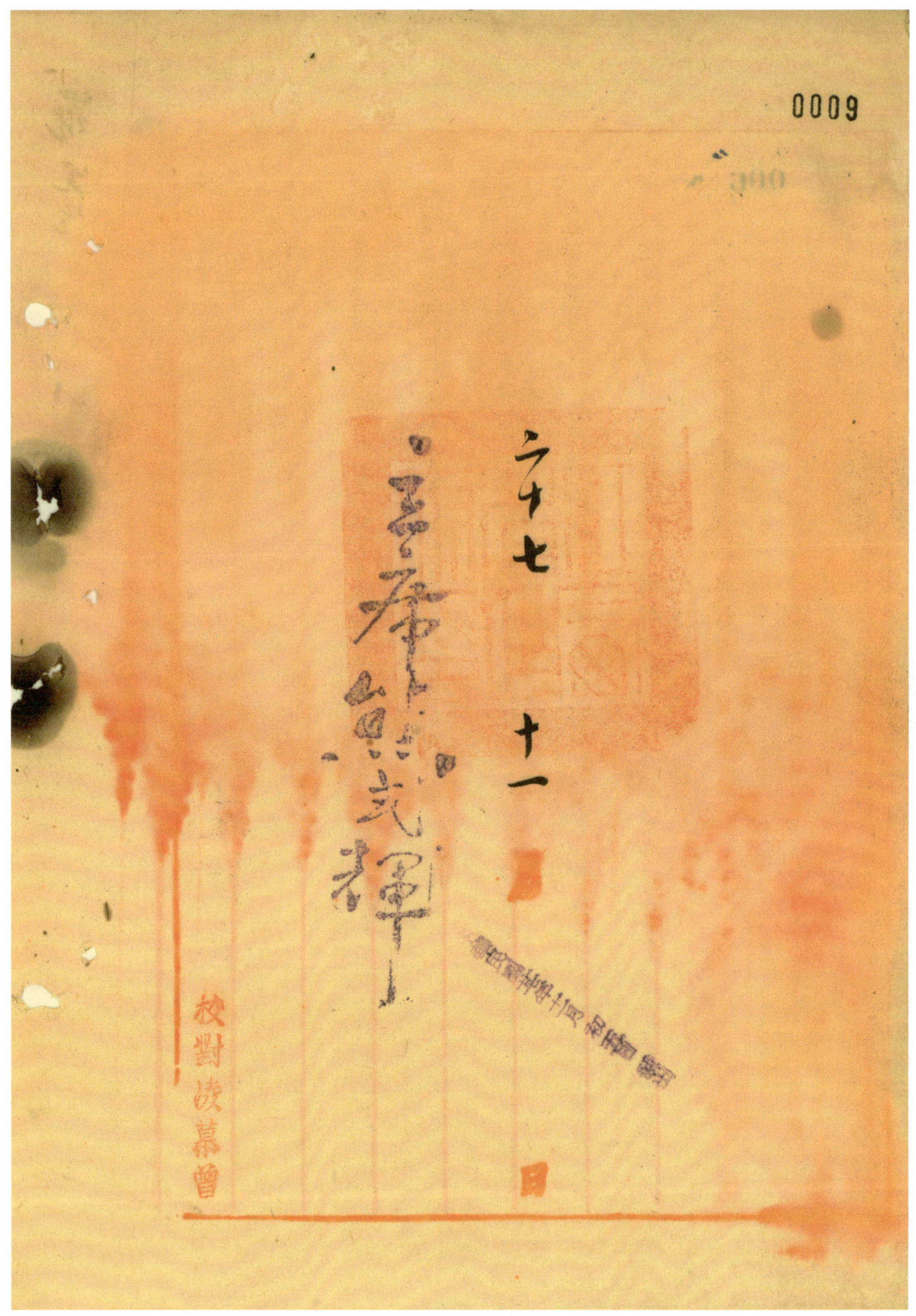

0009

主席熊式輝

二十七 十一 日

校對 凌慕曾

江西省政府关于抄送《修正国民政府军事委员会抚恤委员会组织条例》致省垦务处的训令
（一九三八年十二月八日）

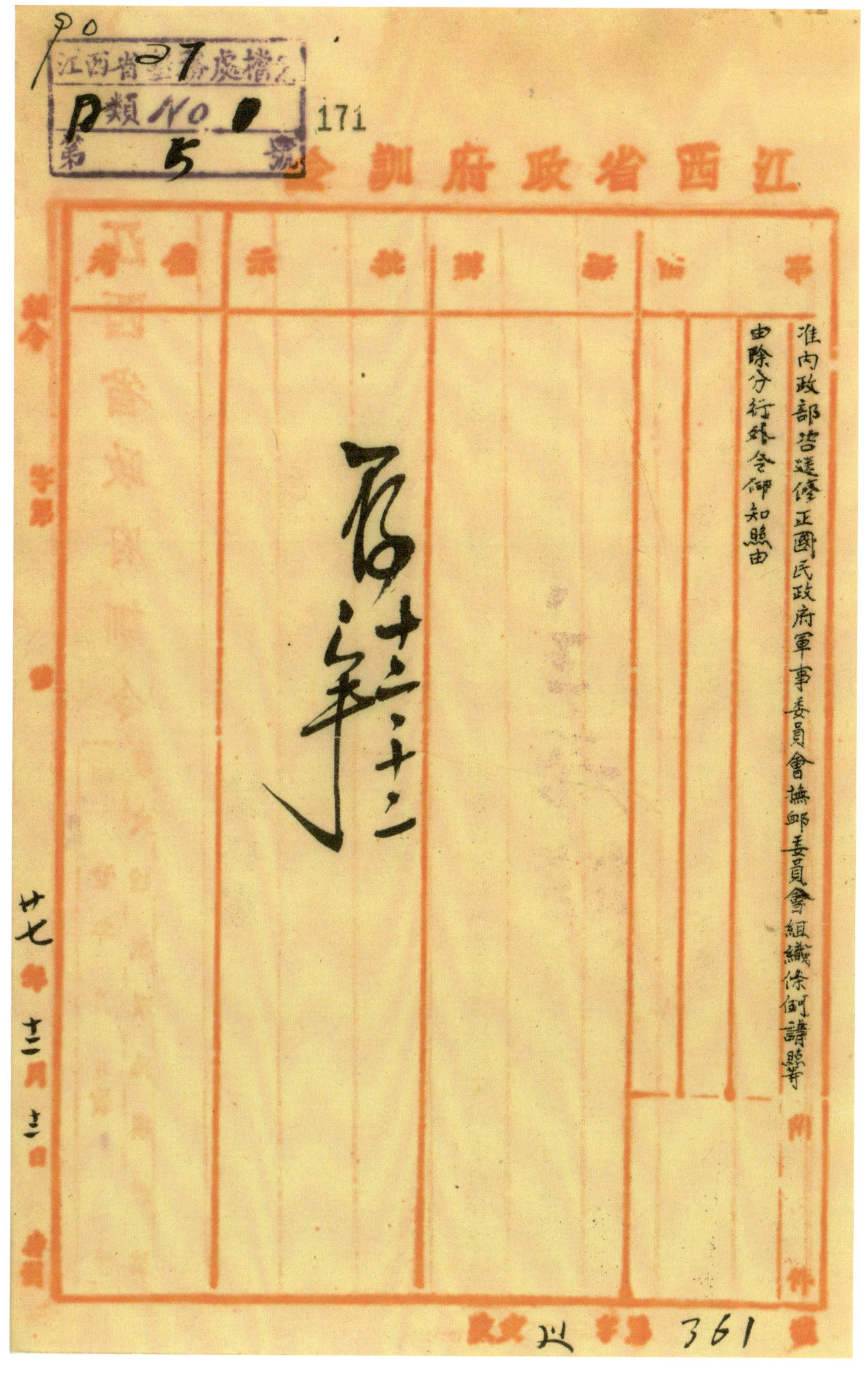

江西省政府訓令

准内政部咨送修正國民政府軍事委員會撫卹委員會組織條例請

由除分行外令仰知照由

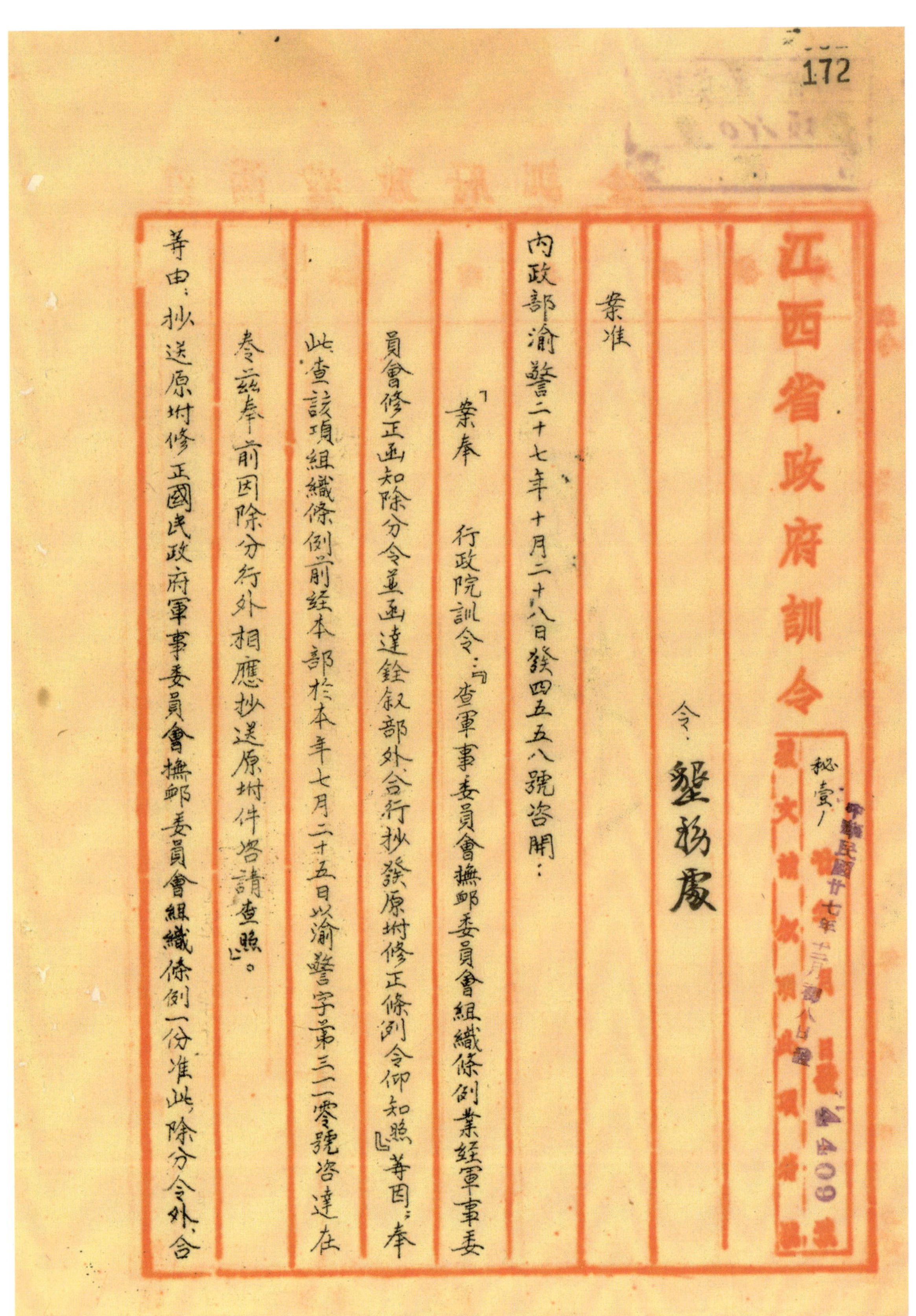

172

江西省政府訓令

秘壹/

中華民國廿七年十二月廿八日發

字第4409號

令：警務處

案准

內政部渝警二十七年十月二十八日發四五五八號咨開：

「案奉 行政院訓令：『查軍事委員會撫卹委員會組織條例業經軍事委員會修正函知除分令並函達銓叙部外合行抄發原附修正條例令仰知照』等因，奉此查該項組織條例前經本部於本年七月二十五日以渝警字第三一零號咨達在卷茲奉前因除分行外相應抄送原附件咨請查照」。

等由；抄送原附修正國民政府軍事委員會撫卹委員會組織條例一份准此，除分令外，合

91

173

行抄發原件令仰該處節便知照。

此令。

計抄發修正國民政府軍事委員會撫卹委員會組織條例一份

174

中華民國二十七年十二月　日

主席 熊式輝

校對惲仰霈

修正國民政府軍事委員會撫卹委員會組織條例

第一條　國民政府軍事委員會為優卹傷亡官兵並救濟其遺族起見特設撫卹委員會（以下簡稱本會）

第二條　本會直隸於國民政府軍事委員會

第三條　本會設主任委員一人副主任委員二人委員十三——十九人秘書副官及僱員若干組織之除銓敘廳長軍醫署長軍需署長為當然委員外餘額由委員長選派

第四條　主任委員統轄本會一切事宜副主任委員輔助主任委員處理一切事宜委員參加會議審議一切重要案件

第五條　本會設置辦公廳辦公廳設主任一人承主任委員之命副主任委員之指導督率各組處辦理本會一切事務

第六條　本會設置總務組及第一、二、三處每處各設若干科分掌業務

176

第七條 總務組掌理左列業務

一、關於本會之文書收發管理印信會計庶務及其他事項

二、關於撫卹事務之改進設計事項

第八條 第一處掌管左列業務

一、關於陸海空軍死亡官兵撫卹褒揚特卹國葬公葬子女入学公祭建立紀念碑塔等事項

二、關於陸海空軍負傷官兵撫卹轉院糾紛處理等事項

三、關於陸海空軍傷亡官兵撫卹登記統計及檔案保管等事項

四、關於現行法規之解釋及修改事項

五、關於各國撫卹章制之調查研究事項

第九條 第二處掌管左列業務

一、關於決定及審核傷殘等事項

二、關於覆驗傷殘事項

第十條　第三處掌管左列業務

一、關於卹金領發事項

二、關於帳籍及報銷事項

第十一條　總務組設組長一人秘書一人組員及僱員各若干人承各長官之命掌理總務組一切事宜

第十二條　各處設處長一人處員一人科長科員及僱員各若干人

第十三條　處長承主任委員及副主任委員之命及辦公廳主任之指導掌理處內一切事宜

第十四條　處員承處長之命辦理處內一切事項

第十五條　科長承處長之命辦理科內一切事項

第十六條　科員書記司書各承長官之命辦理一切事務

第十七條 本會系統及編制如附表

第十八條 本會辦事細則另定之

第十九條 本條例如有未盡事宜得呈請修正之

第二十條 本條例自軍事委員會公佈之日施行

江西省政府关于奉令抄发抚恤抗战伤亡文职人员审核程序致省水利局的训令（一九三八年十二月三十一日）

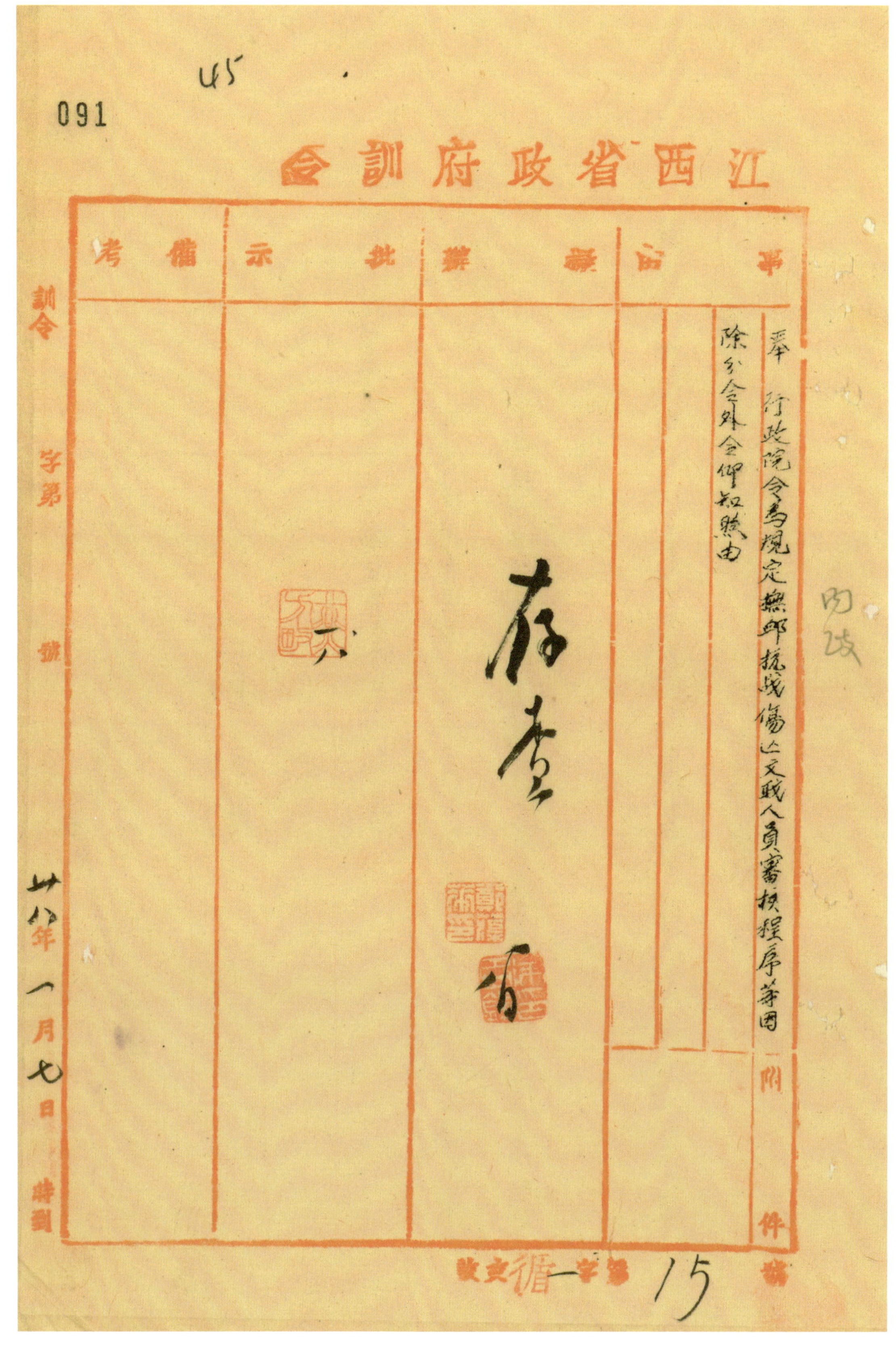
091

江西省政府訓令

事由	擬辦	批示	備考
奉行政院令為規定撫卹抗戰傷亡文職人員審核程序等因除分令外令仰知照由	存查		

附件

訓令　字第　號

廿八年一月七日　時到

收文循一字第15號

092

江西省政府訓令

秘壹（二）字第 6639 號
中華民國廿七年十二月廿一日發

令水利局

案奉

行政院廿七年十二月二十四日渝字第九六八三號訓令開：

「案准軍事委員會二十七年十月二十六日公函規定撫卹抗戰傷亡文職人員審核程序，自應照辦。除通飭外，合行抄發原件，令仰知照，並轉飭所屬一体知照。此令。」

等因，附抄發原函一件。奉此，除分令外，合行抄發原附件，令仰該局即便知照。

此令。

計抄發原函一件

093

中華民國　　年　　月　　日

校對譚權達

附：原函

抄原函

案准考試院二十七年七月二十八日育字第九六五號公函略開奉　國民政府本年七月九日渝字第三六八號訓令核定文職人員抗戰傷亡優䘏標準轉飭遵辦等因查本標準所稱文職人員係指公務員䘏金條例第二條規定之文官法官警官等應由銓敘部核給䘏金之人員而言此項人員如因抗戰守土以致傷亡是否合於戰地守土獎勵條例第一條第三第六兩款規定依上項呈准辦法須由貴會核定後再送交銓敘部辦理事關審核程序函請查照等由查傷亡人員所任職級及服務機關之現行法令與撫䘏均有關係自應仍由主管部先行審核再呈候核定茲擬定審核程序如下(1)凡因戰地守土傷亡之文職人員如由直屬機關及地方政府呈報主管部者(文官警官呈內政部法官呈司法行政部)即由主管部擬办呈核(2)如係軍事長官直接呈報者仍交主管部擬办呈核(3)以上案件經本會核定後再交銓敘部核䘏以上除函復並分函外相應函請查照核办為荷此致

095
行政院

第十九集团军总司令部关于奉令抄发修正《优待出征抗敌军人家属条例》致江西省游击总指挥部的代电（一九三九年二月四日）

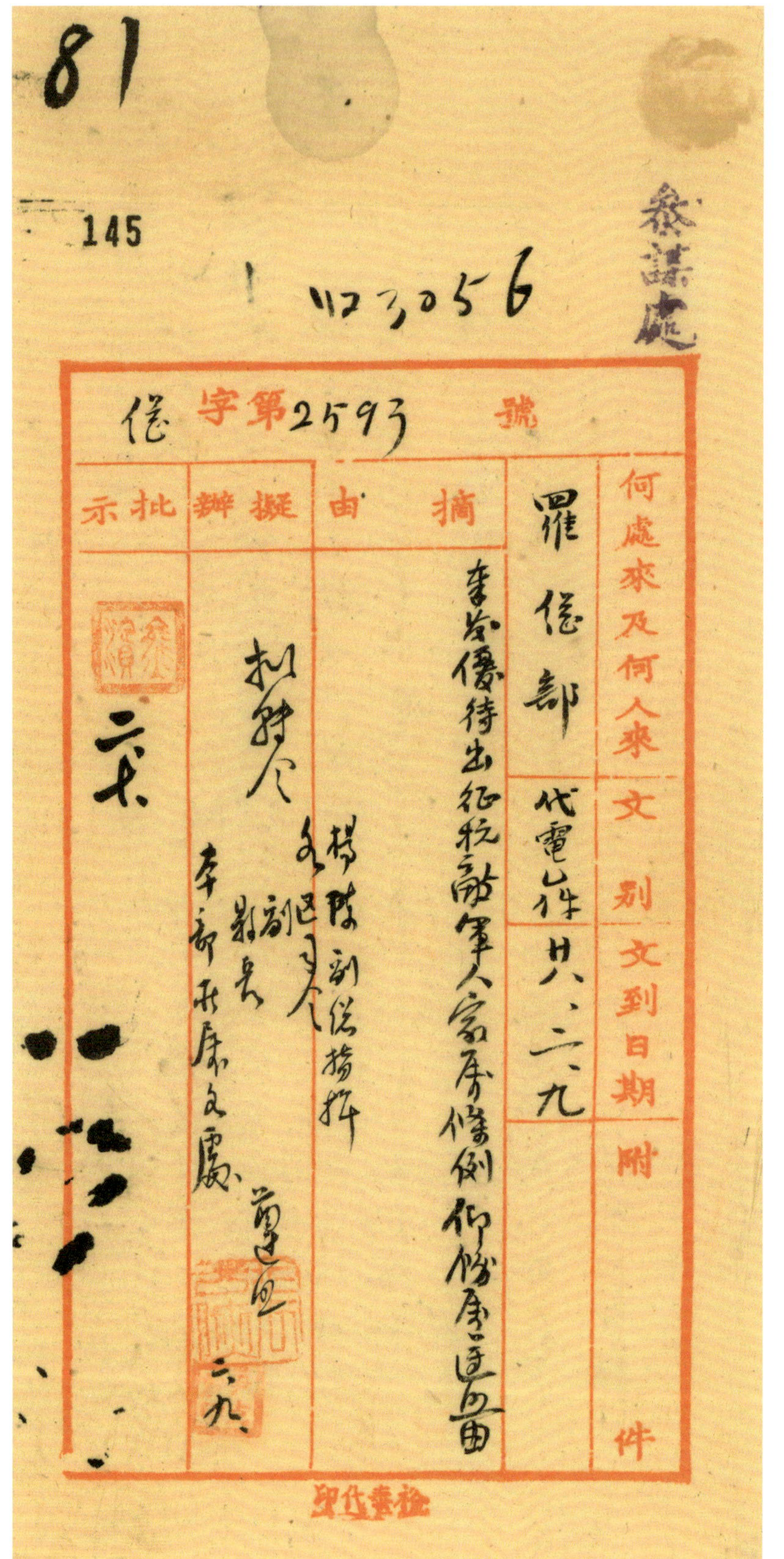

81

145

參謀處

總字第2593號

何處來及何人來	文別	文到日期	附件
羅總部	代電一件	廿八、二、九	

摘由：奉發優待出征抗敵軍人家屬條例仰飭屬遵照由

擬辦：擬存 送陸副總指揮 參謀長 本部參考文處

批示：二、十

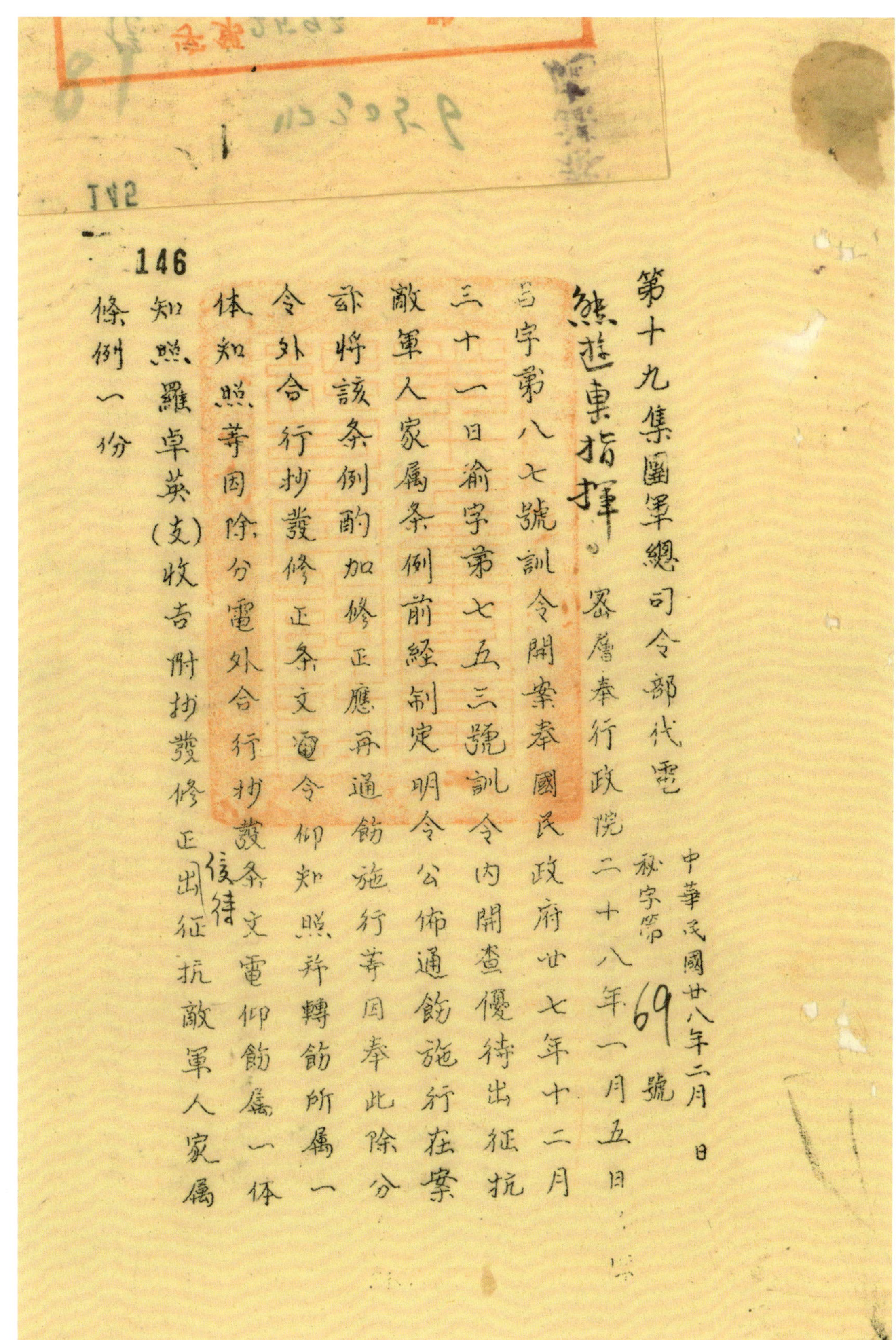

146

第十九集團軍總司令部代電

中華民國廿八年二月　日
秘字第69號

熊進東指揮。密。奉行政院二十八年一月五日呂字第八七號訓令開：案奉國民政府廿七年十二月三十一日渝字第七五三號訓令內開：查優待出征抗敵軍人家屬条例前經制定明令公佈通飭施行在案，茲將該条例酌加修正，應再通飭施行，等因。奉此，除分令外，合行抄發修正条文，通令仰知照，並轉飭所屬一体知照，等因。除分電外，合行抄發条文，電仰飭屬一体知照。羅卓英（支）收吉。附抄發修正優待出征抗敵軍人家屬條例一份

附：优待出征抗敌军人家属条例

優待出征抗敵軍人家屬條例

二十七年十二月三十一日修正公佈

第一條 出征抗敵軍人家屬，應由所在地之縣市政府及自治團体或法團依本條例之規定予以優待。

第二條 本條例所稱之出征抗敵軍人家屬，以直接參與作戰軍人軍屬之配偶，及其直系血親屬為限。

第三條 對於出征抗敵軍人家屬之優待事宜，由各縣市政府組織出征抗敵軍人家屬優待委員會辦理之，以各縣市長為主任委員，各自治團体或法團之負責人及當地公正之人為委員。

第四條 前條優待委員會對於本縣市出征抗敵軍人

之家屬狀況，應詳加調查，列具表冊。

第五條　出征抗敵軍人家屬除担負法定賦稅外，得減免各項臨時捐款。

第六條　出征抗敵軍人家屬得免服勞役，並儘先享受一切公益設施。

第七條　出征抗敵軍人家屬，有左列情形之一者，得由保長甲長或逕向優待委員會請求救濟。

一、生活不能維持者。

二、疾病無力治療者。

三、死亡不能埋葬者。

四、子女無力教養者。

五、遭遇意外災害者。

第八條　優待委員會于前條請求應迅速查明，酌予金錢物品或其他之救濟。

第九條　出征抗敵軍人，在應徵召前所負之債務無力清償者，得展至服役期滿後第二年内清償之，在服役期内，其家屬賴以維持生活之助產，債權人不得請求強制執行。

第十條　出征抗敵軍人或其家屬承租耕作之地或自住之房屋，在服役期内出租人不得收回或改租與他人。

第十一條　出征抗敵軍人因作戰陣亡或受重傷致成殘廢時，除依法令呈請撫卹及褒揚外，其家屬得繼續享受本條例所規定之優待，至其子女成年為止，無子女者，至其配偶死亡為止，無配偶及子女者，至直系血親屬死亡為止。

第十二條　關於救濟所需經費，得由優待委員會按地方情形，酌量捐募，負責保管，不足時由縣市政府籌集，呈由省政府核准施行。

第十三條 出征抗敵軍人或其家屬經褫奪公權者，不得享受本條例之優待。

第十四條 假冒出征抗敵軍人家屬，希圖規避勞役減少担負或請求救濟者，應依法懲罰之。

第十五條 各縣市政府辦理本條例所規定事項，應按月列表，報由省政府彙報內政部軍政部查核。

第十六條 本條例施行細則，由省政府定之，並報內政部軍政部備案。

第十七條 直隸於行政院之市辦理優待抗敵軍人家屬事項，準用本條例之規定。

第十八條 本條例自公佈日施行。

第九战区前敌总司令部、江西省游击总指挥部等关于抄发《人民守土伤亡抚恤实施办法》的代电（一九三九年六月）

第九战区前敌总司令部致江西省游击总指挥部的代电（一九三九年六月十七日）

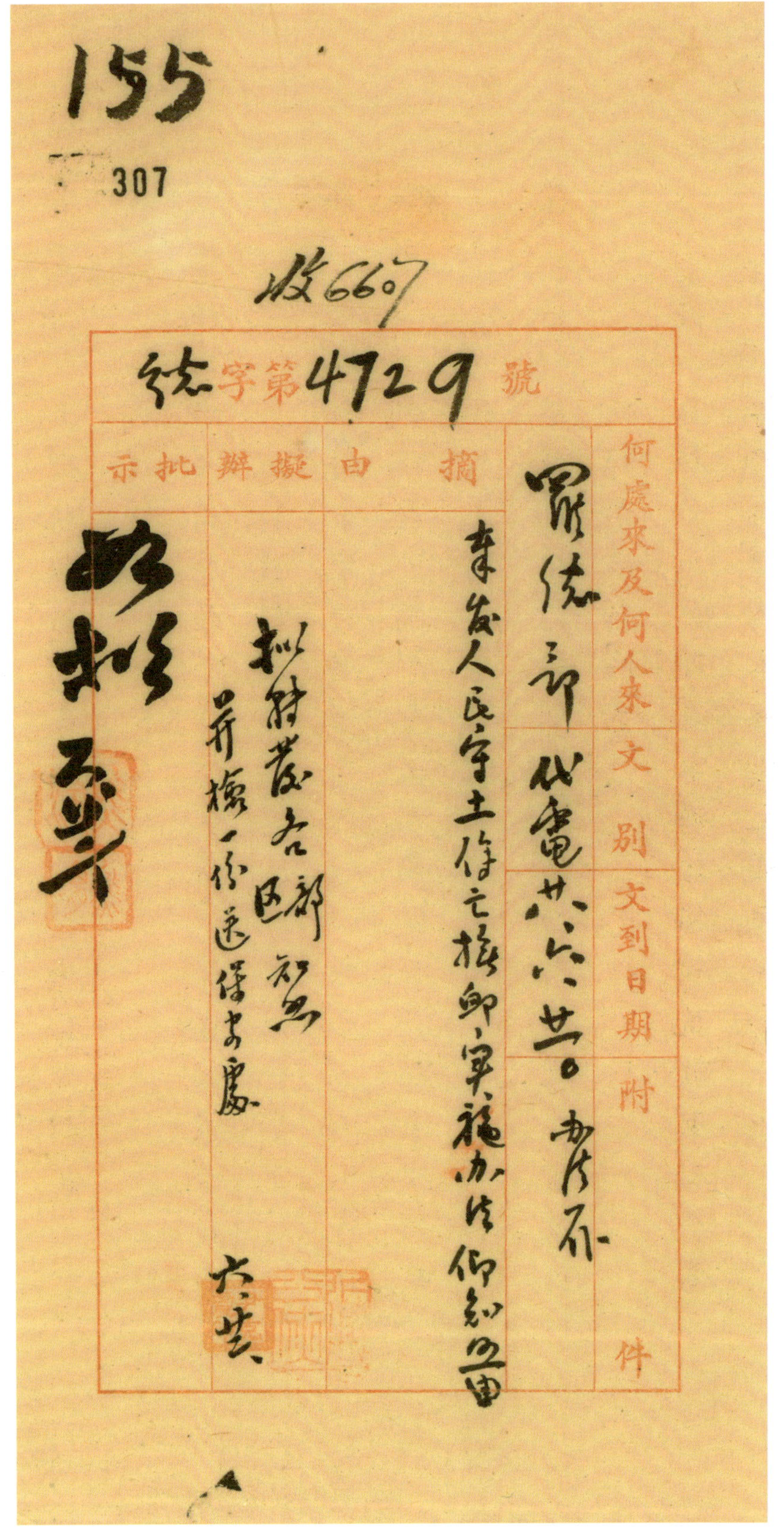

155

307

收6607

統字第4729號

何處來及何人來文	文別	文到日期	附件
羅總部	代電		

摘由：奉發人民守土傷亡撫卹實施辦法仰知照由

擬辦：抄發各區部知照并擬一份送保安處 六、廿

批示：如擬

308

第九戰區前敵總司令部快郵代電　　務字第856號

江西省修水縣指揮：案奉軍事委員會擬一甲渝字第三五三一號訓令開：案准行政院二十七年十月十四日渝字第八二八六號公函開：人民守土傷亡撫卹實施辦法業經本院制定公布，除通飭施行并呈報國民政府備案外，相應抄同該辦法，函達查照。等由，計抄發人民守土傷亡撫卹實施辦法一份。准此，除分令外，合行抄發該辦法，令仰知照，并轉飭所屬一体知照。此令。等因。特抄同原辦法隨電附發，希即知照，并轉飭所屬知照。羅卓英（篠）役杓。附發人民守土傷亡撫卹實施辦法一份。

中華民國二十八年六月　日

附：人民守土伤亡抚恤实施办法

156

309

人民守土傷亡撫卹實施辦法

第一條 本辦法依戰地守土奬勵條例制定之。

第二條 凡人民及一切人民武裝抗敵組織（包括壯丁隊義勇壯丁隊常備隊別動隊、便衣隊義勇軍防護團人民自衛軍及其他一切人民武裝抗敵組織）之份子因守土而傷亡者其撫卹依本辦法之規定辦理。

第三條 凡合於戰地守土奬勵條例第一條第三第六兩款之規定而有左列情形之一者應予以撫卹。

一、參加抗敵戰鬥臨陣傷亡者

二、擾亂敵人後方及偵查敵人行動因而傷亡者

三、協助軍隊工作並執行軍隊命令因而傷亡者

四、保衛村鎮抗拒敵人因而傷亡者

五、因其他抗敵行動而傷亡者

310

第四條　因前條各款原因受傷或亡故者依照左列規定撫卹之

一、亡故者除給予其遺族八十元之一次卹金外並給與每年五十元之年撫金

二、受一等傷者除給與七十元之一次卹金外並給與每年四十元之年撫金

三、受二等傷者除給與六十元之一次卹金外並給與每年三十五元之年撫金

四、受三等傷者除給與四十元之一次卹金外並給與每年三十元之年撫金

前項二三四各款所稱傷等按照陸軍平戰時撫卹暫行條例第十三條之規定擬定之

凡領導民眾守土抗敵具有特殊勛勞而傷亡得專案呈請從優議卹

157

311

第五條　依前條第一項第三款第四款規定領受一次卹金後三個月以內發現其傷勢加至較重傷者得依同條同項第二款或第三款之規定加給年撫金

第六條　依第四條第一項第二款至第四款規定領受卹金及年撫金後發現其傷勢減輕或痊癒者自發現之日起其年撫金得改依同條第三款或第四款之規定給與或停止之

第七條　依第四條第一項第三款規定給與卹金核定後未逾四個月因傷發而死亡或依同條同項第二款規定給與卹金核定後未逾六個月因傷發而死亡者自死亡之日起改依同條同項第一款之規定給與遺族年撫金

第八條　年撫金之給與期限如左

一、第四條第一項第一款之情形其遺族年撫金給與以十年為止

二、第四條第一項第二款至第四款之情形以五年為一期期滿後得呈請繼續給與未逾五年而亡故其子女未成年者得續給遺族五年年撫金

第九條　應受年撫金之遺族其順序如左

一、死亡者之妻及子女（再醮或出嫁者不在內下倣此）

二、妻及子女俱無者給其父母

三、父母俱無者給其祖父母及孫

四、上列遺族俱無者給其未成年之胞弟妹

同一順序有二人以上時應按人數自行平均分配之

第十條　人民守土傷亡撫卹由當地自治人員及受撫卹人親屬或同事人以上或當地人民十人以上之聯署填具請卹事實表（附式一）聲請該管縣市政府詳查確實呈請省政府審核轉咨內政部核定轉呈行政

院核准行之

在院轄市則呈請市政府轉咨内政部核定轉呈核准

第十一條　省政府根據前條決定填發撫卹令經由原呈請機關送達卹金受領人卹金受領人應呈驗撫卹令取具保結向該管縣市政府請領卹金及年撫金

在院轄市則由市政府填發撫卹令其卹金則由市財政局請領之

第十二條　撫卹令（附式二）分為存根備查撫卹令及通知書四聯省政府於填發撫卹令時應將存根留查備查一聯送達審計機關核查一通知書一聯發交財政廳轉發卹金受領人所在地之縣市政府候卹金受領人請領時與撫卹令核對無訛即行發給除通知書存縣留查外應冊報省政府核轉審計機關查核

在院轄市則由市政府填發通知書於財政局

314

第十三條　人民守土傷亡撫卹金由省庫支付一次卹金財政廳於轉發卹金通知書之同時即將應發金額一併附發其發給年撫金者財政廳應於每年一月至三月七月至九月兩期彙發縣市政府轉發在院轄市由市庫支給即由市財政局直接發給之

第十四條　本辦法所未規定者得參照陸軍平戰時撫卹暫行條例辦理

第十五條　本辦法自公布之日施行

附式一

戰地守土人民請卹事實表

姓名	
年齡	
籍貫	
職業	
現住地	
家族名稱	祖父母（存或歿）；父 年 岁；母 年 岁；弟妹妻 年 歲；子女 年 歲
加入之抗敵組織及抗敵情形	
傷亡情况	負傷地點 年月日；死亡地點 年月日；負傷原因；死亡原因；負傷現狀
撫卹金領受人	本人簽名蓋章或捺指紋；遺族 姓名（簽名蓋章或捺指紋）；與受卹者親屬關係
代為申請	姓名（簽名蓋章或捺指紋） 身份或關係；姓名（簽名蓋章或捺指紋） 身份或關係

民國 年 月 日填

159

315

請	人	縣政府調查結果及意見	省政府核定	備考
			依據之法規及條款	
			給卹種類	
			撫卹金數額	
		縣縣長	給卹期間	

附記：一、代為声請人欄以上各欄除負傷等第應由鑑定醫生填註外均由代為声請人填寫

二、縣政府調查結果及省政府核定兩欄由縣政府及省政府分別填寫

三、負傷者不填死亡一欄死者不填負傷一欄

四、撫卹金受領人如為本人時遺族欄不填

五、身份或関係一欄填「自治人員」或「親属及同事」

160

316

附式二

存根

省政府人民守土傷亡撫卹存根　字第　號

茲有　籍隸　省　縣市　鄉鎮區　保　甲

現年　歲因守土　依人民守土傷亡撫卹實施辦法第四條第

款之規定給予一次卹金　元撫金每年　元（終身或若干年）除

填發撫卹令及備查通知書外此存

中華民國　年　月　日

字第　號　此聯存省政府

備查

省政府人民守土傷亡撫卹備查　字第　號

茲有　籍隸　省　縣市　鄉鎮區　保　甲

現年　歲因守土　依人民守土傷亡撫卹實施辦法第四條第

款之規定給予一次卹金　元年撫金每年　元（終身或若干年）除

發給撫卹令及填存根通知書外相應填送備查

甲　一次卹金

乙　年撫金

民國　年　月　日領訖　民國　年　月　日領訖

民國　年　月　日領訖　民國　年　月　日領訖

民國　年　月　日領訖　民國　年　月　日領訖

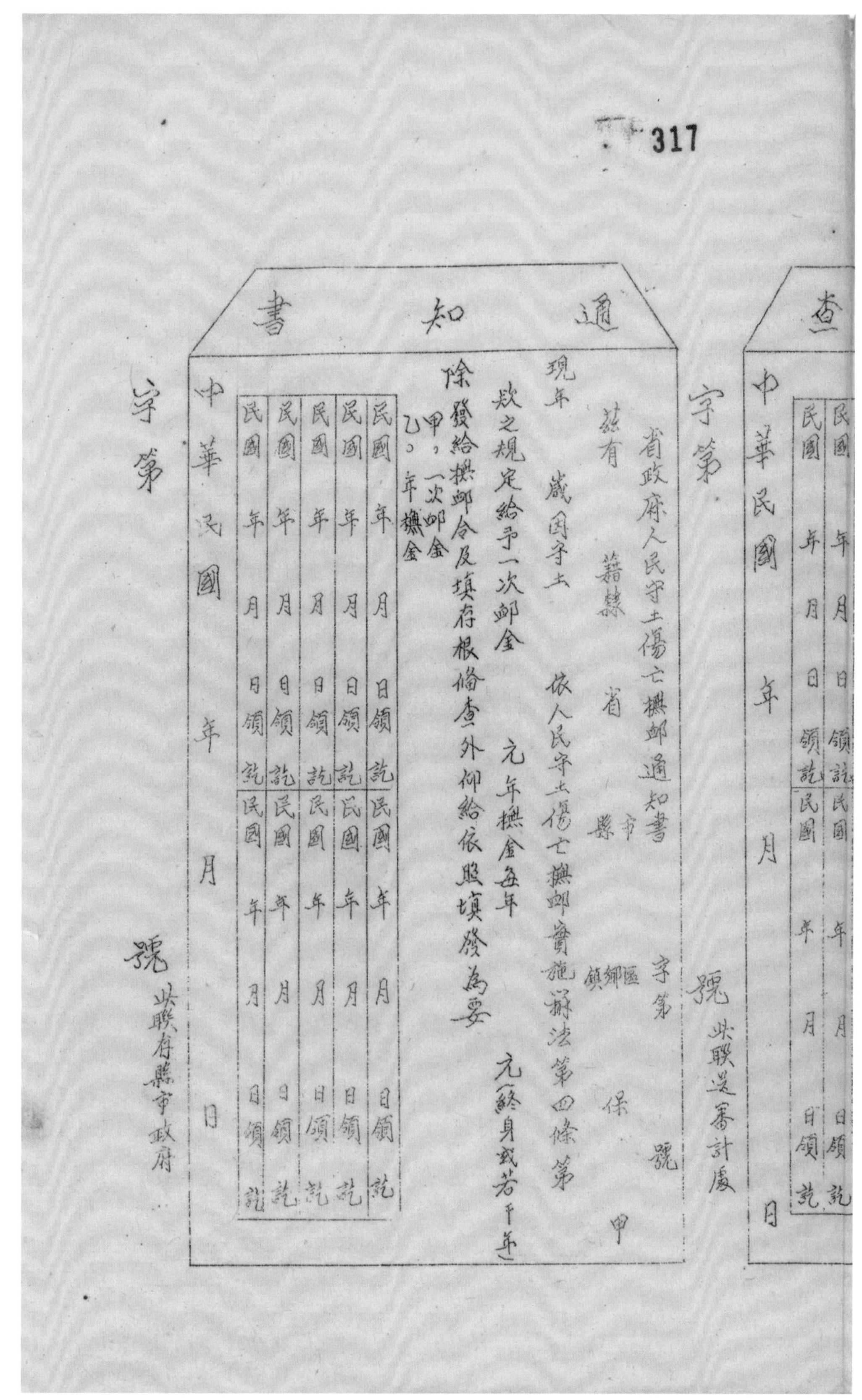

查

中華民國　年　月　日

民國　年　月　日領訖	民國　年　月　日領訖
民國　年　月　日領訖	民國　年　月　日領訖

字第　　號　此聯送審計處

通知書

省政府人民守土傷亡撫卹通知書　字第　　號

茲有　　籍隸　　省　　縣市　　區鄉鎮　　保　　甲

現年　　歲因守土　　依人民守土傷亡撫卹實施辦法第四條第

款之規定給予一次卹金　　元年撫金每年　　元（終身或若干年）

除發給撫卹令及填存根備查外仰給依照填發為要

甲，一次卹金

乙。年撫金

民國　年　月　日領訖	民國　年　月　日領訖
民國　年　月　日領訖	民國　年　月　日領訖
民國　年　月　日領訖	民國　年　月　日領訖
民國　年　月　日領訖	民國　年　月　日領訖
民國　年　月　日領訖	民國　年　月　日領訖

中華民國　年　月　日

字第　　號　此聯存縣市政府

317-1

撫卹令

省政府人民守土傷亡撫卹令　字第　號　接通知書

茲有　籍隸　省　縣市　區鎮鄉　保　甲

現年　歲因守土　依人民守土傷亡撫卹實施辦法第四條第

款之規定給予一次卹金　元年撫金每年　元（終身或若干

年）除填存根備查及通知書外仰持令向　市縣政府具領勿誤為

要此令。

甲、一次卹金　元民國　年　月　日領訖

乙、年撫金

民國　年　月　日領訖	民國　年　月　日領訖
民國　年　月　日領訖	民國　年　月　日領訖
民國　年　月　日領訖	民國　年　月　日領訖
民國　年　月　日領訖	民國　年　月　日領訖
民國　年　月　日領訖	民國　年　月　日領訖

右令　收執

省政府主席

財政廳長

中華民國　年　月　日

附記：

一、一次卹金於接到撫卹令後三個月内向該管縣市政府領取

二、年撫金於每年一月至三月及七月至九月分期向該管縣市政府領取

三、撫卹令受領人領得撫卹金後應於領訖字樣上簽名蓋圖章或捺指紋

四、一次卹金於具領後即將撫卹令繳存縣市政府年撫金具領後撫卹令仍由撫卹令受領人保存至最後一次年撫金領訖再繳存縣市政府

江西省游击总指挥部致杨、陈、钟所属各团各区司令部的代电（一九三九年六月二十九日）

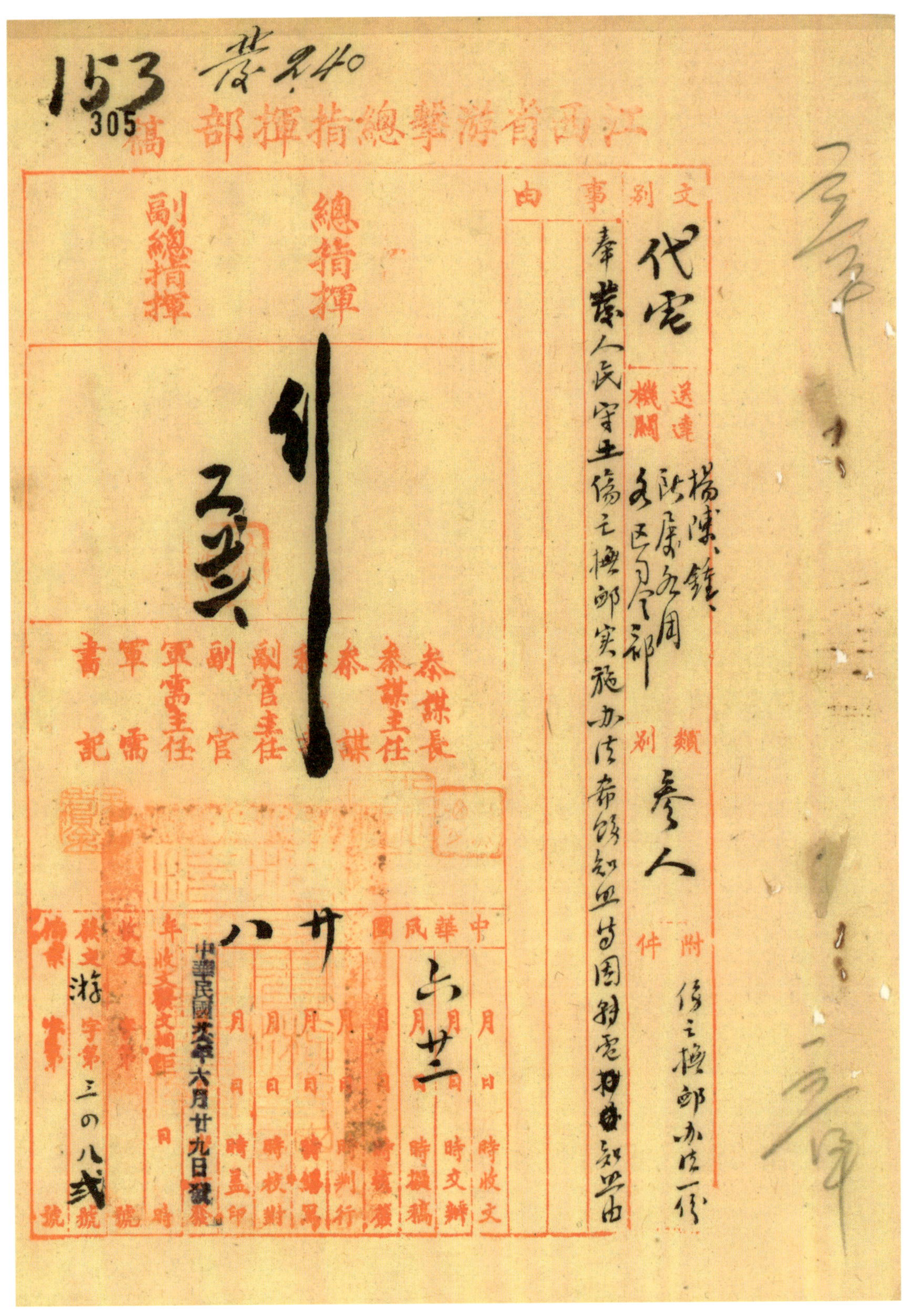

江西省游擊總指揮部稿

文別：代電

事由：奉崇人民守土傷亡撫卹實施辦法希飭知並翻印轉知由

送達機關：楊、陳、鍾所屬各團各區司令部

類別：參人

附件：傷亡撫卹辦法一份

總指揮　副總指揮

參謀長　參謀主任　參謀　副官主任　副官　軍需主任　軍需　書記

中華民國廿八年六月廿九日發

游字第三〇八弍號

306

令
政府、各團
機關、縣、鎮、
各區司令

衡代電 附總參人字第　號

案奉軍事委員會梅一甲渝字第三五三一號訓令開：「[illegible] [illegible]并轉飭所屬知照」等因，附發人民守土傷亡撫卹實施辦法一份。奉此，除分電外，合行抄發原辦法，電仰知照并轉飭所屬知照為要。日 寓永

附發人民守土傷亡撫卹實施辦法一份

江西省政府关于奉令在抗战两周年之际恳切慰问各地先后阵亡将士家属并制定抚恤补充办法致省水利局的代电（一九三九年八月十八日）

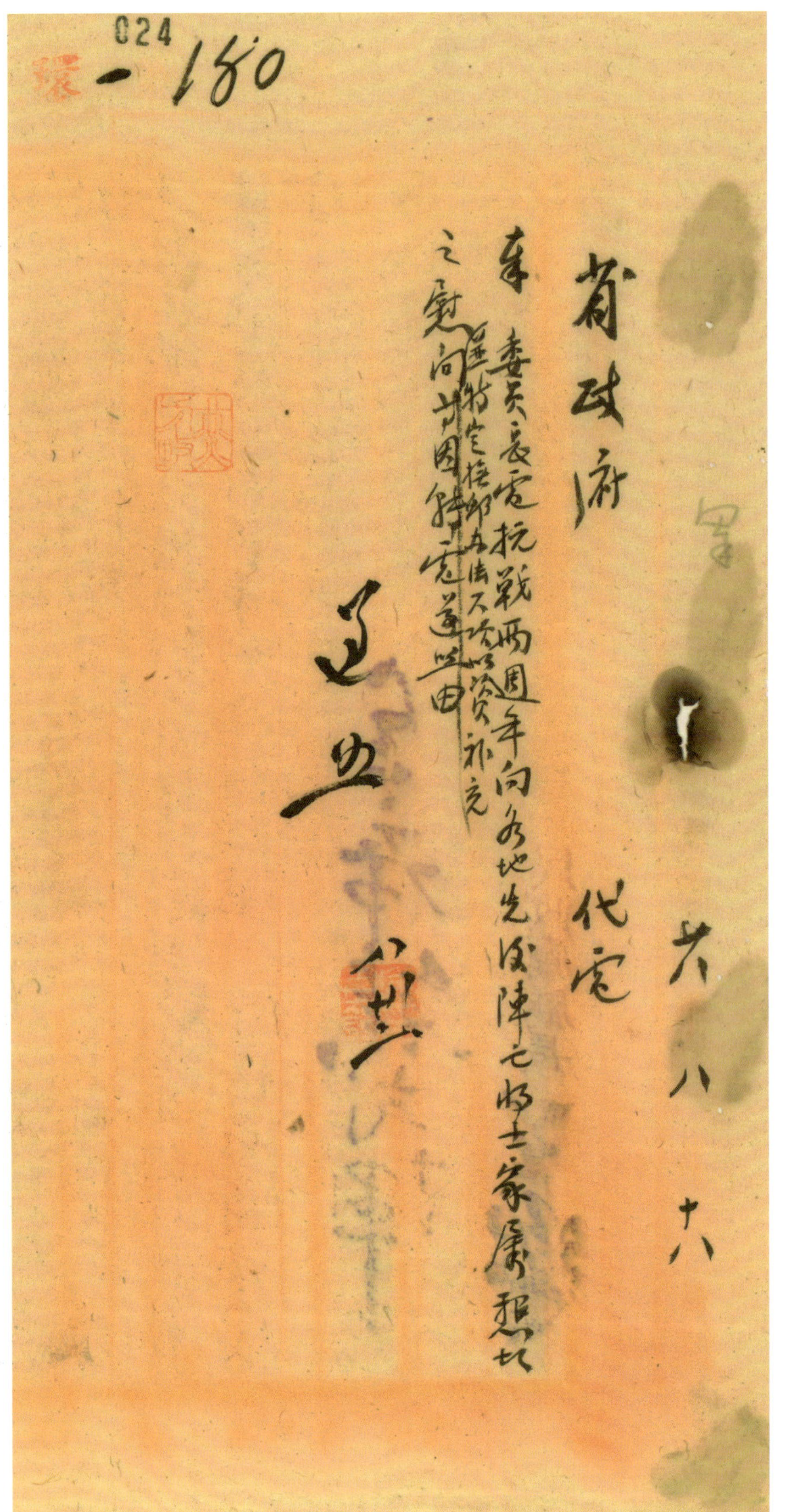
省政府代电

奉委员长电抗战两周年向各地先后阵亡将士家属恳切之慰问

025

江西省政府代電 3437

民國二十八年八月　日

水利局：

業奉委員長蔣陽侍秘渝電開：「今日為抗戰兩週年紀念之日，中正謹以至誠至敬之意，向我各地前後方將士之家屬致最深摯懇切之慰問。兩年以來，賴我陣亡將士奮其舍生取義之大仁大勇，已將敵寇速戰速決之迷夢根本粉碎，中華民族不可侮辱、滅亡之精神已由我陣亡將士之犧牲而照耀于世界，充塞於天地，最後勝利之基礎已由我陣亡將士之生命而奠定。我陣亡將士塗肝腦于疆場，拚敵寇以同盡，實為保全我五千年祖宗之遺留之基業而死，為保障我四萬萬五千萬同胞之生存而死。總理所謂『我死則國生』之遺訓，我陣亡將士實皆均無愧。陣亡將士之軀體且已寂滅，而其英勇壯烈之精神則已蔚為神聖之國魂，深植於我民族無

026

世子孫心靈之中，永受芳馨，崇敬之報，決無磨滅消失之時。抑我陣亡將士所以致此偉大之成就，必其平日父母教訓，以忠孝相策勵，或其妻室同心以大義相敦勉，涵養有素，根器早成，用能臨難益奮，視死如歸。故諸將士之忠烈，不僅增光國史，實亦榮及厥家，此又中正與全國同胞所爲對吾家屬更致無限之欽敬者也。迴憶去歲抗戰二周年紀念之時，中正即向我陣亡將士家屬特申慰唁，謂諸將士未竟之志，由中正及全國同胞誓必繼承努力以完成之；其遺族之父母妻子，亦即中正與全國同胞之共同親屬，皆應盡其侍養扶持之責任。今神聖抗戰更閱一年，殉職將士之家屬更視去歲爲增多，中正後死有身，應盡之職責，亦愈感其深鉅。關于前者志事之發揚，率領舉國軍民堅忍奮鬥，最後勝利之光輝日益接近，吾人誓奮群力，竟此一簣之功，期慰陣亡各將士赫赫之靈。關于後者親族之事畜，則中正更時刻之懸念，亟督飭主管機關協導處理，務臻周詳，以期稍減吾家屬顛沛流離之痛苦。惟是此次抗戰地區廣大，陣亡將

14

027

士之籍貫遍及全國各省，調查困難，疏漏難免，加以若干家屬或因處淪陷區中，消息間阻，救卹無從，每念及此，輒覺有若干遺族饑寒慘苦之情況現于心目之間，尤增無限之哀痛。茲特于前項撫卹法規訂定程序之外，由中正特定四項辦法，以資補充：（一）凡各部隊長官對于所屬陣亡官兵，務須隨時申報事實及其籍貫、住居、親屬情形，迅速請卹，不得積壓。如所存冊籍中對其親屬情況不明者，應即行文其原籍政府詳查具報，不得因其缺略任意延置，以免遺漏。（二）各級地方政府凡奉核定應發當地陣亡將士家屬之卹金，無論財政如何困難，此款必須隨到隨發，不得以任何理由藉詞推延，否則一經查出或經家屬告發時，定予嚴懲不貸。並准各家屬隨時將此事實陳報本會撫卹委員會申請速發。（三）各家屬如確知其子弟陣亡而尚未得核定卹金領狀者，准逕陳報本會撫卹委員會，移文各原屬部隊長官查報請卹。（四）如有家屬不甚通曉文字或不諳請卹及領款

二

028

手續者，各當地保甲長或士紳或教育人員亦有知聞，應即自動為之協助辦理，或代為優待出征軍人家屬辦法由各地方熱心有力人士將予設法維持其生計，並應作為本委員長在一月皓侍秘電告全國士紳教育界人士書之補充事項，認真推行。倘地方政府及保甲人員有故意侵吞各家屬應領卹款者，一經查出，無論款目多寡，即置重典。（五）凡家屬在淪陷區域，暫時為行政力量所不及，救卹者當地保甲及救卹者當地保甲及鄰里同胞，應念先烈為保國衛民而死，對于忠裔，將宜愛護，或公同醵集物資，周其生活，或輪流出動，助其耕作，俾免凍餒。將來驅除暴敵，收復領土之後，除由政府查明照章補卹家屬外，並准該家屬呈報保甲長及鄰里救助情形，另由政府給奬，以彰風義。（六）凡中央黨政軍各機關派往前後方視察與接闊之文武人員，每至一地，應即訪查各該地陣亡將士之遺族，生活領卹曾否照章領得，規定優待法令地方政府及人士能否切實遵行，將其實情詳報本委員長查核。中央各原派

15 029

機關並應以此列為考查人員勤惰功過考成之一。以上六端雖系簡括，要為執行撫卹規章之有效辦法，亦即中央各級軍政長官及全國同胞義無可辭之職責。切望一致遵行，認真助理，聊補中心愧對家先烈遺族之缺憾，而使所有陣亡將士之親屬皆老有所終，幼有所長，孤寡得所，茲養無虧，上慰在天之英灵，並勵疆場之士氣，想象各陣亡將士之親愛家屬亦必能相勉艰难，益自刻勵，激發後昆，繼志報國，以儲芳烈，于茲垂千秋而無盡也。謹布拳拳，惟冀鑒諸。等因奉此，除分電外，特電達照辦理。熊式輝、儉吉保二人印

江西省政府关于抄发《战时公务员因公受伤核给医药费暂行办法》致省建设厅的训令（一九三九年十月二十八日）

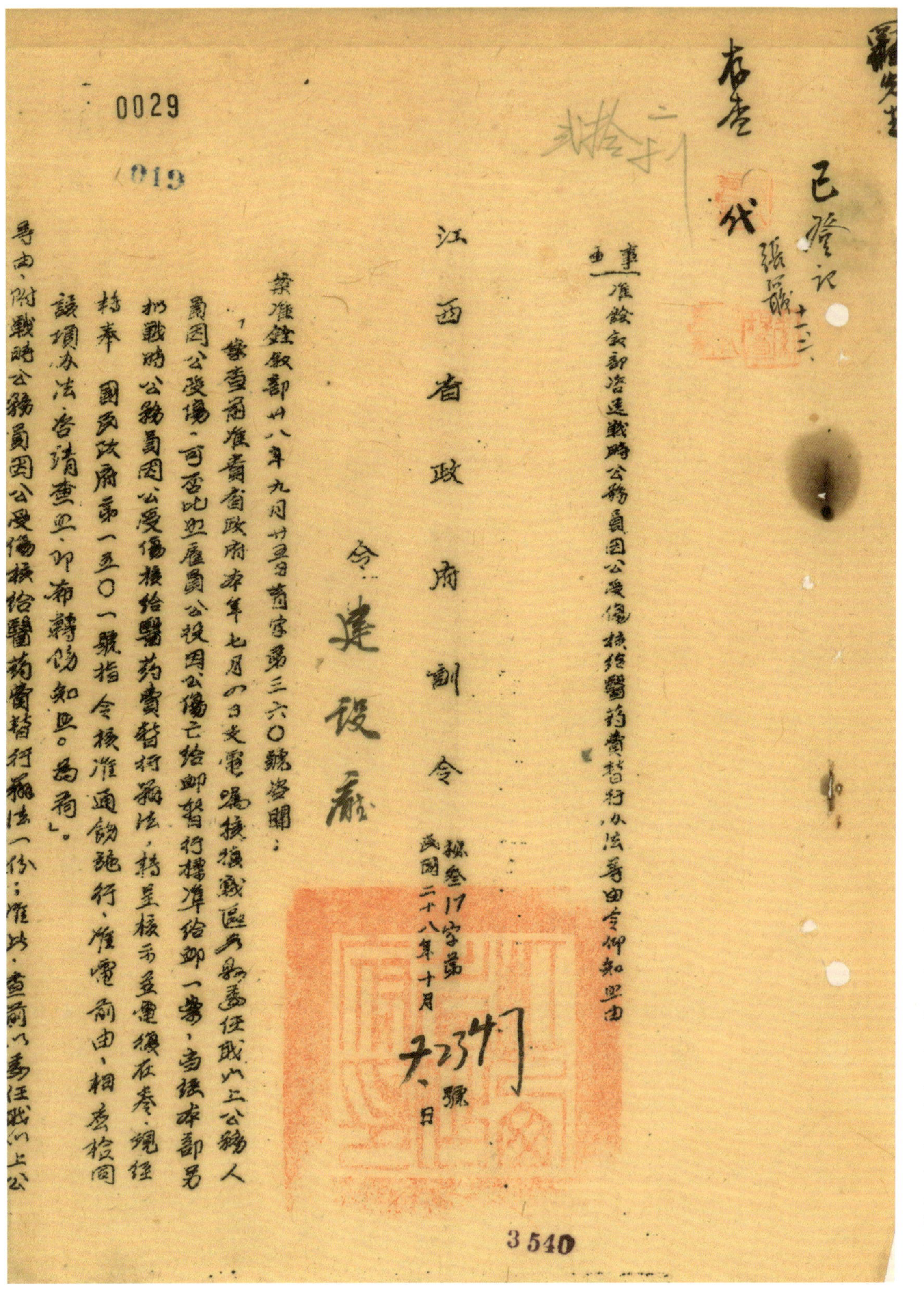

0029

事由：准铨叙部咨送战时公务员因公受伤核给医药费暂行办法等由令仰知照由

江西省政府训令 秘叁17字第 号 民国二十八年十月 日

令建设厅

案准铨叙部廿八年九月廿五日书字第三六〇号咨开：「案查前准贵省政府本年七月四日支电，嘱核拟战区县长荐任职以上公务人员因公受伤，可否比照雇员公役因公伤亡给卹暂行标准给卹一案，当经本部另拟战时公务员因公受伤核给医药费暂行办法，转呈核示并电复在案。现经奉国民政府第一五〇一号指令核准通饬施行，准电前由，相应检同该项办法，咨请查照，即希转饬知照。为荷」。等由，附战时公务员因公受伤核给医药费暂行办法一份；准此，查前以荐任职以上公

3540

0030

務員因公受傷，依照公務員卹金條例，並無醫藥費之規定，可否比照雇員公役因公傷亡給卹暫行標準給卹。當經電請核復在案。茲准前由，除分行外，合行照抄辦法，令仰知照

此令。

計抄發戰時公務員因公受傷核給醫藥費暫行辦法一份。

主席 熊式輝

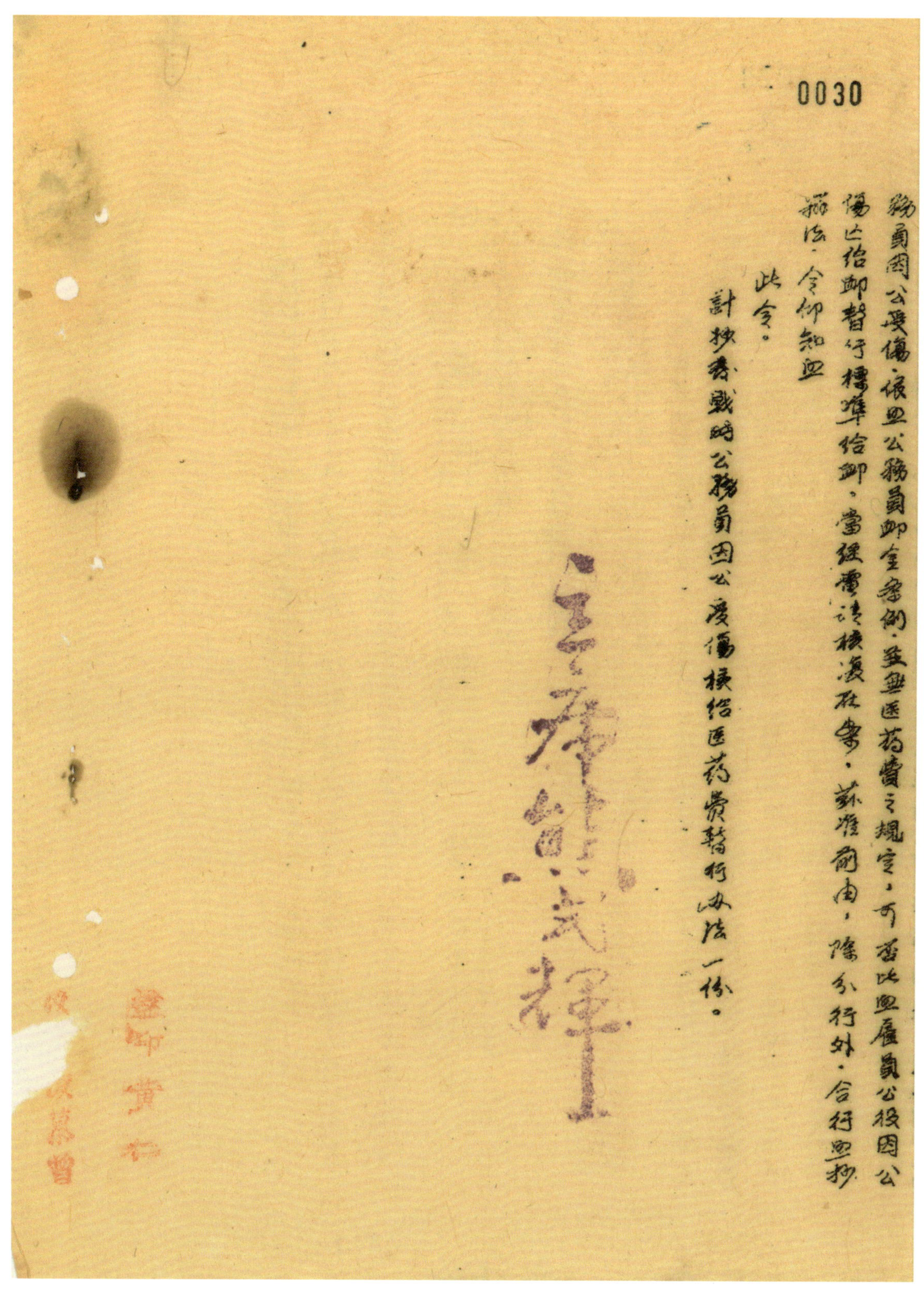

監印 黄[illegible]

校 [illegible]慕曾

附：战时公务员因公受伤核给医药费暂行办法

戰時公務員因公受傷核給醫藥費暫行辦法

一、公務員因公受傷未達殘廢程度除已退職者應依公務員卹金條例第五條給卹外其毋須退職者得由服務機關長官按其受傷輕重依照左列規定酌給一次醫藥費

(甲)薦任以上人員得按其一個月俸額內酌給之

(乙)委任人員得按其二個月俸額內酌給之

(丙)長警得按其三個月薪額內酌給之

(丁)聘任及派充人員可援照公務員卹金條例給予卹金者得按其月俸數目比照簡薦委任人員酌給

二、前項醫藥費得在各機關原有經費內按照前項辦法支給但原服務機關裁撤或經費困難者得由其上級機關支給均作正報銷

三、前項醫藥費須各該機關長官發給後其受領人如為文官警官及長警應報由內政部核轉銓敘部備案如為司法官及法警應報由司法行政部核轉銓敘部備案

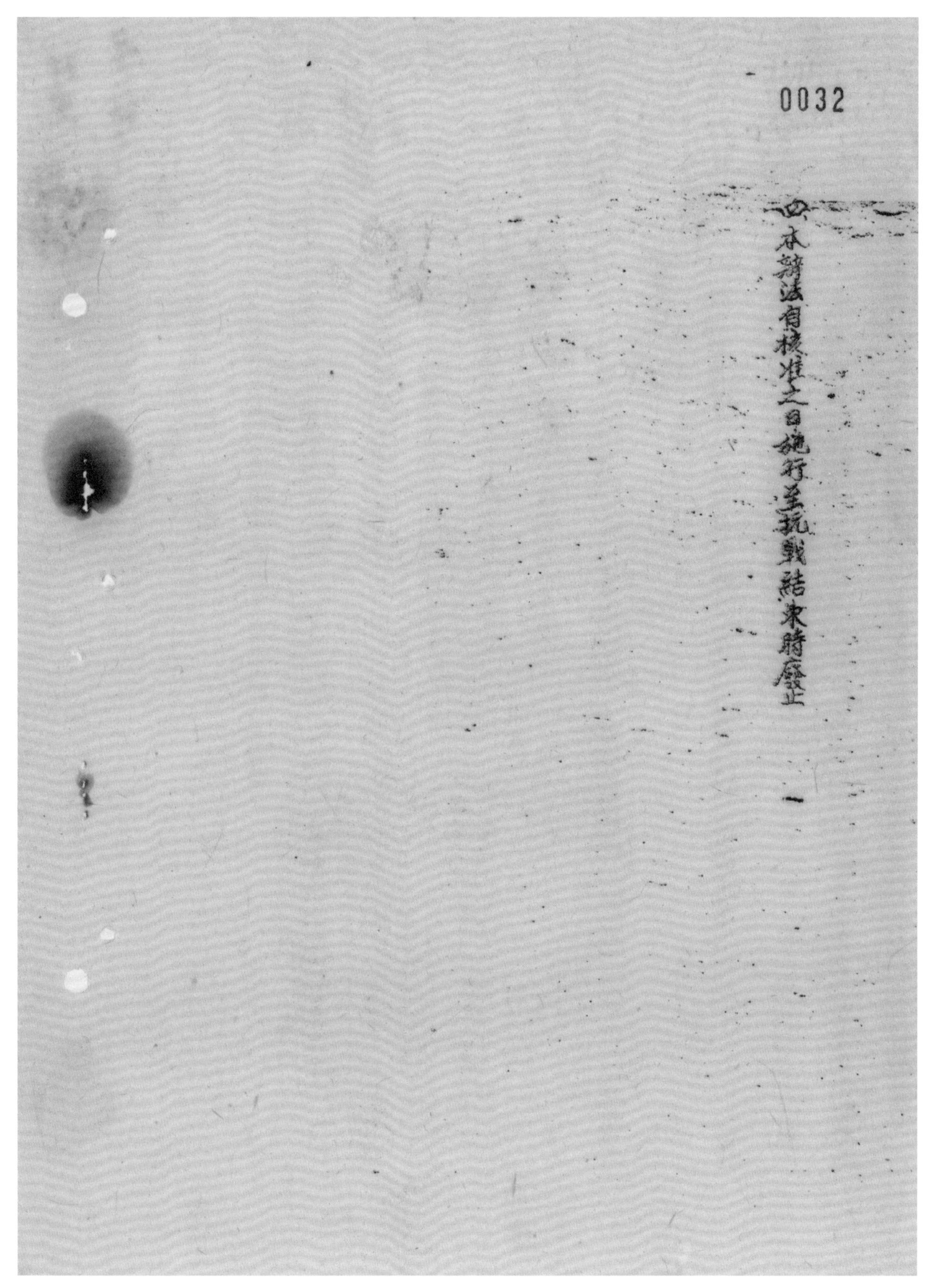

0032

四、本辦法自核准之日施行至抗戰結束時廢止

江西省政府关于奉令抄发《征训补充壮丁抚恤及埋葬费暂行办法》致省政府秘书处的训令（一九三九年十月三十日）

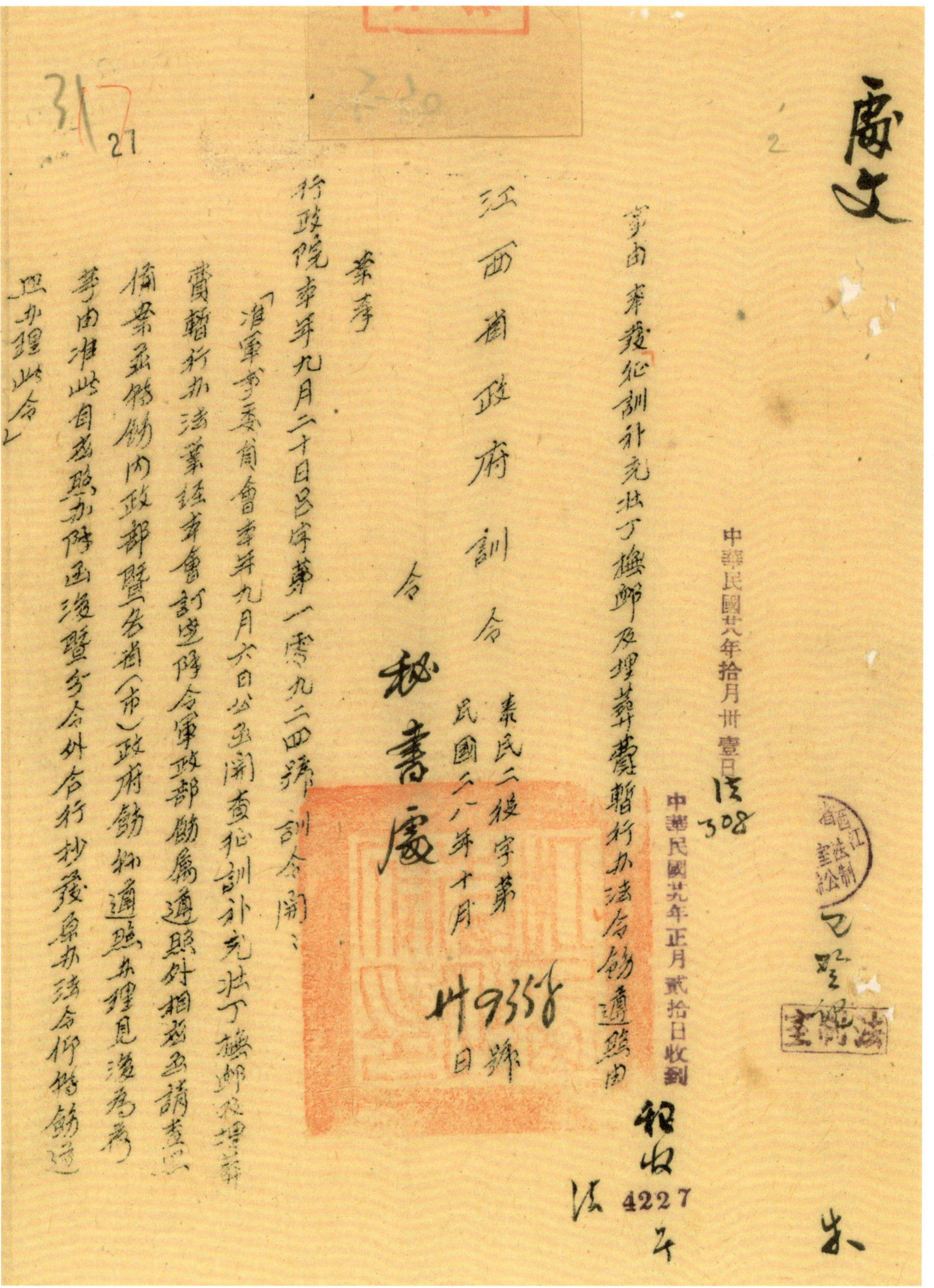
廣文

事由：奉發征訓補充壯丁撫卹及埋葬費暫行辦法令飭遵照由

中華民國廿八年拾月卅壹日 法308

中華民國廿九年正月貳拾日收到

江西省政府訓令 秦民二役字第 號 民國二八年十月 日

令 秘書處

案奉

行政院本年九月二十日呂字第一〇九二四號訓令開：

「准軍事委員會本年九月六日公函開：查征訓補充壯丁撫卹及埋葬費暫行辦法業經本會訂定，除令軍政部飭屬遵照外，相應函請查照備案，并轉飭內政部暨各省（市）政府飭屬一體遵照，如埋葬費須另行核撥，亦由准此，自應照辦，除函復暨分令外，合行抄發原辦法，令仰轉飭遵照辦理。此令。」

秘書處 卅9358

收 4227

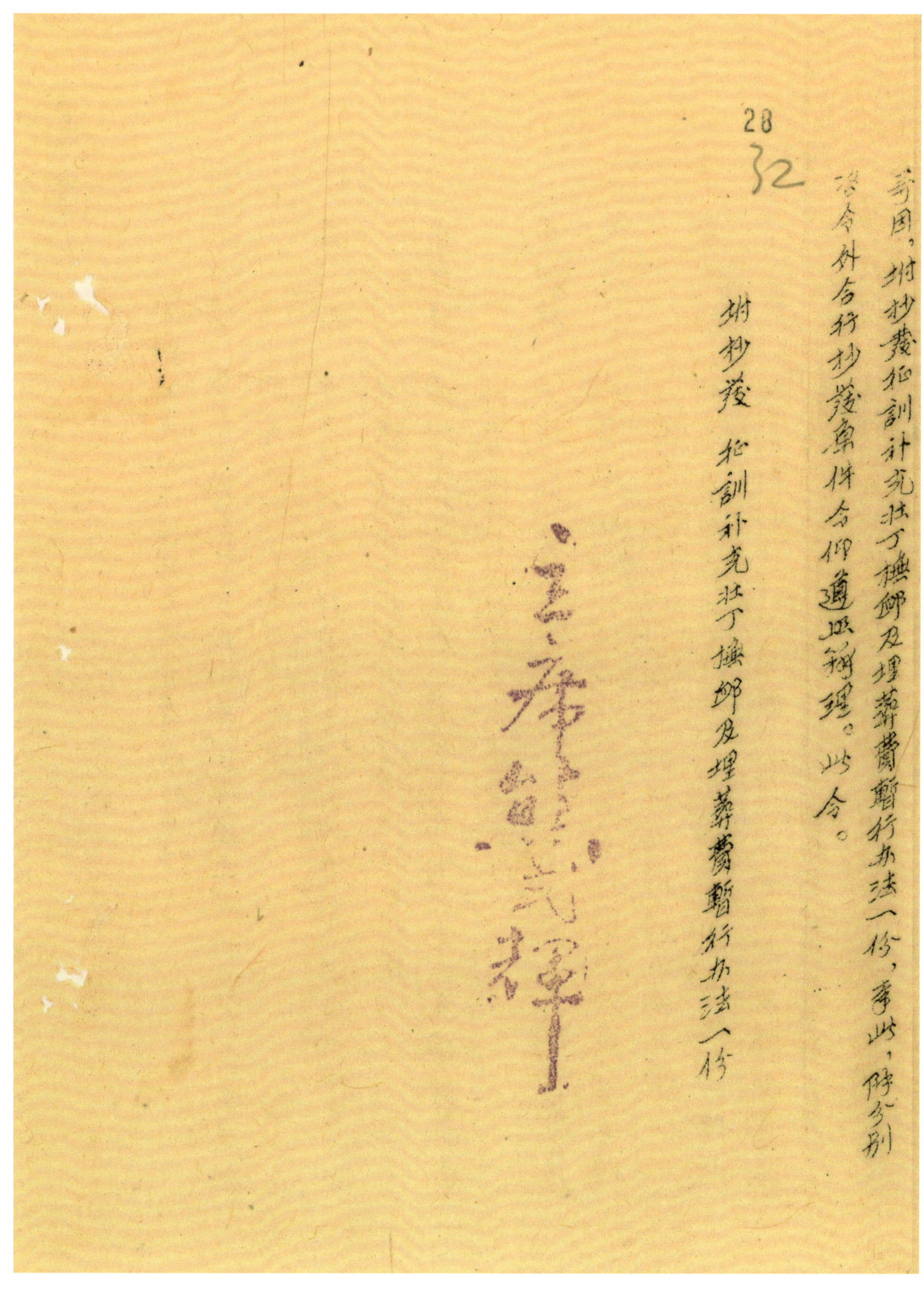

28

32

等因，附抄發征訓補充壯丁撫卹及埋葬費暫行辦法一份，奉此，除分別

呈令外合行抄發原件令仰遵照辦理。此令。

附抄發 征訓補充壯丁撫卹及埋葬費暫行辦法一份

主席[illegible]

附：征训补充壮丁抚恤及埋葬费暂行办法

33 18 29

徵訓補充壯丁撫卹及埋葬費暫行办法

第一條　各省市縣應征壯丁在徵集訓練補充期間遇有負傷或死亡，其撫卹依本办法办理

第二條　本办法設有軍師團管區或已核准成立相等之徵兵機關省區均適用之，但另有規定者得從其規定

第三條　應徵之壯丁在集合以前遇有負傷或死亡，其撫卹應由該管地方行政機關自行規定办理

第四條　應征之壯丁在已集合尚未入營之前遇有負傷或死亡，依陸軍最低階級給與埋葬費或送醫院治療，其手續由征兵機關办理，但遇有特殊情形時不在此限

第五條　壯丁入營後在新兵教育期間遇有負傷或死亡，按其等級依陸軍平戰時撫卹暫行條例給與六次卹金及埋葬費、

第六條　凡服國民兵役之壯丁戰時奉命徵調參部或一部份轉入

34

30

常備兵役時其撫卹應自奉令動員轉入常備兵役之日起依照陸軍平戰時撫卹暫行條例核卹

第七條　凡因徵訓壯丁之訓練及接隊人員遇有負傷或死亡應各依其身分性質適用各原有之撫卹法令規定辦理如左

1、補充兵訓練處或部隊派遣軍官

2、徵兵機關派遣軍官

3、各省市縣保安團隊或外警隊派遣官佐

第八條　本辦法第五六七各條依陸軍平戰時撫卹暫行條例撫卹之官兵一律照平時例給卹（各作戰部隊補充旅團及派遣軍官不在此限）

但被敵机炸轟或毒氣傷亡者應照戰時例辦理

第九條　本辦法自核准之日施行

江西省政府关于奉令规定各县办理战时抚恤事项列为县政绩考核主要项目致省建设厅的训令

（一九三九年十一月十一日）

事由：奉軍事委員會令為規定各縣办理战時撫卹事項列為縣政考績主要項目令仰遵照等因令仰遵照由

江西省政府訓令

民一字第9927號

民國二十八年十一月十一日發

令建設廳

案奉

國民政府軍事委員會二十八年十月十一日撫一甲渝字第八一七七號訓令開：

「查抗战以來，我忠勇將士，喋血沙場，犧牲壯烈，撫卹忠裔，固有常典，而办理手續，事貴精詳，各縣政府對於遺族之調查，卹令之轉給，卹金之墊發，遺族之優待諸務，責重事繁，其能認真办理者实多，而推諉延宕敷衍塞責者在所難免，影響於抗戰前途及士氣人心者至鉅，自應詳加考核，以資勸懲。茲規定嗣後各縣办理戰時礦郵事項，列為縣政考績主要項目之一，以專責成而重郵政，除分別通令外，合行令仰遵照並轉飭所屬一体遵照！此令」

等因，奉此，除通令外，合行令仰該處遵照。此令。

主席 [illegible]

江西省政府关于人民守土伤亡抚恤案件月报表请按内政部表样式按月填报致省国防工事工程处的训令

（一九四〇年一月十六日）

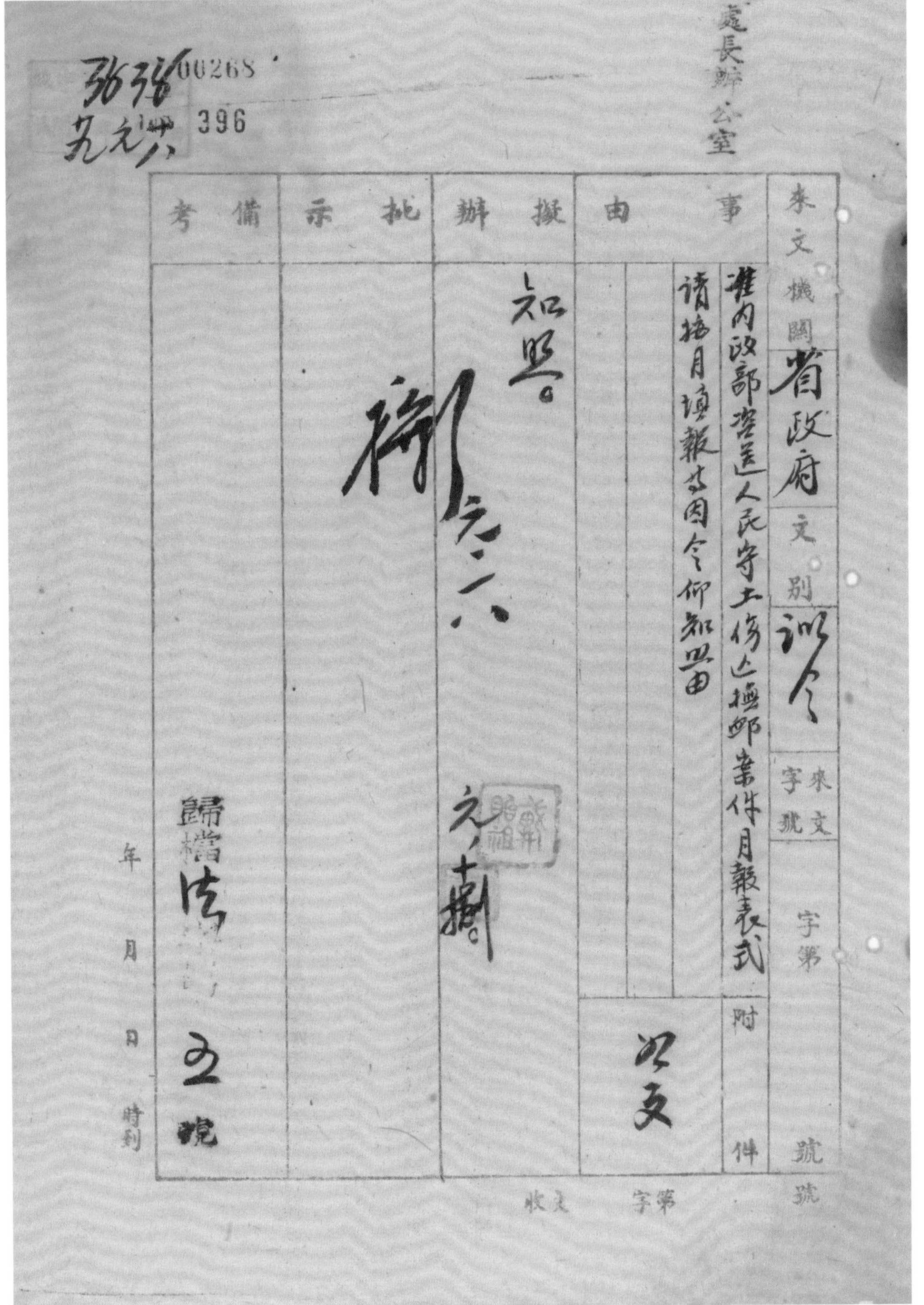
处长办公室

00268

396

来文机关	省政府
文别	训令
来文字号	字第 号
事由	准内政部咨送人民守土伤亡抚恤案件月报表式请按月填报具由令仰知照由
附件	如文
拟办	知照
批示	
备考	归档

年 月 日 时到

收文 字第 号

00269

397

事由：准　內政部咨送人民守土傷亡撫卹案件月報表式請按月填報等由令仰知照由

江西省政府訓令

民二字第0291號
民國二十九年一月
中華民國二十九年一月十六日發出

令國防工事工程處

案准

內政部二十八年十一月三十日渝禮字第六一五號咨開：「查本部前以人民守土傷亡撫卹實施辦法第十條條文業奉修改規定請卹手續由各省市政府核准辦理轉咨本部備案，當於二十八年八月十九日以警字第三零五號咨文咨請查照按月造具清冊彙咨本部備案以資考核在案。茲為便於查核統計起見，爰經制定月報表式，除分行外，相應檢同表式一份，咨請貴省政府查照按月填報，如無此類案件亦請專案咨明，以便稽考為荷」等由，附送月報表式一份，准此。查修正人民守土傷亡撫卹實施辦法第十條及第十

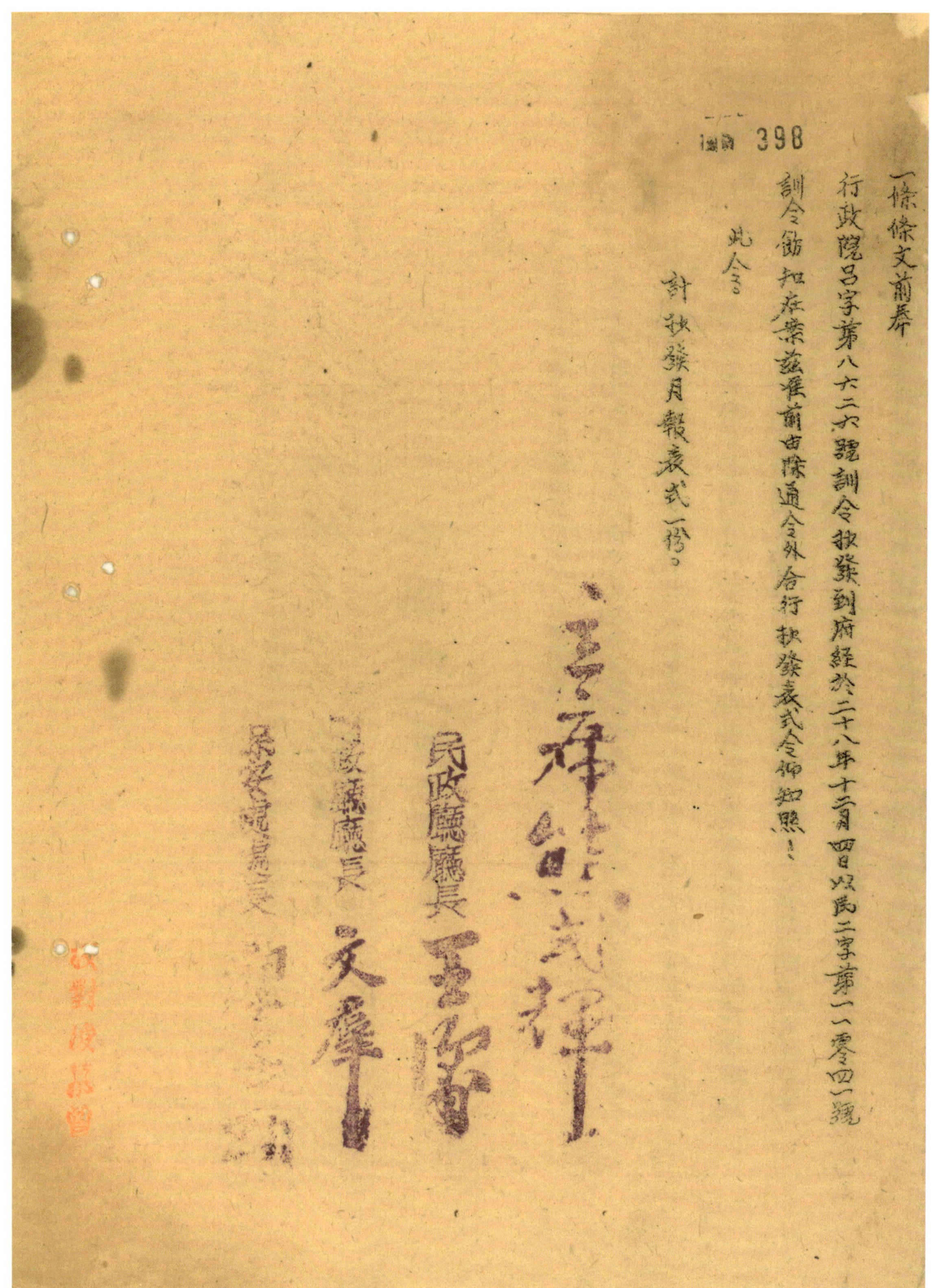

398

一條條文前奉

行政院呂字第八六二六號訓令抄發到府經於二十八年十二月四日以民二字第一一零四一號

訓令飭知在案茲准前由除通令外合行抄發表式令仰知照！！

此令。

計抄發月報表式一份。

主席 熊式輝

民政廳廳長 王次甫

財政廳廳長 文羣

保安處處長 [illegible]

附：人民守土伤亡抚恤案件月报表样式

399　　06270

省
市　人民守土傷亡撫卹案件月報表

民國　年　月　填

姓名	年齡	籍貫	職務及抗敵守土經過情形	亡傷及傷等	卹金受領人	卹金種類及數額	給卹期限	備考

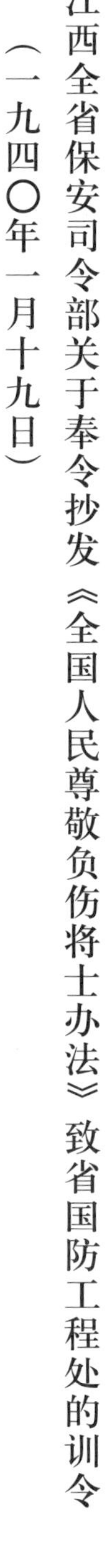

江西全省保安司令部关于奉令抄发《全国人民尊敬负伤将士办法》致省国防工程处的训令

（一九四〇年一月十九日）

處長辦
事由　全國人民尊敬負傷將士辦法
來文機關　保安司令部
類別　訓令一件
來文字號
附件　辦法
擬辦　遵照辦理
批示
備考
歸檔

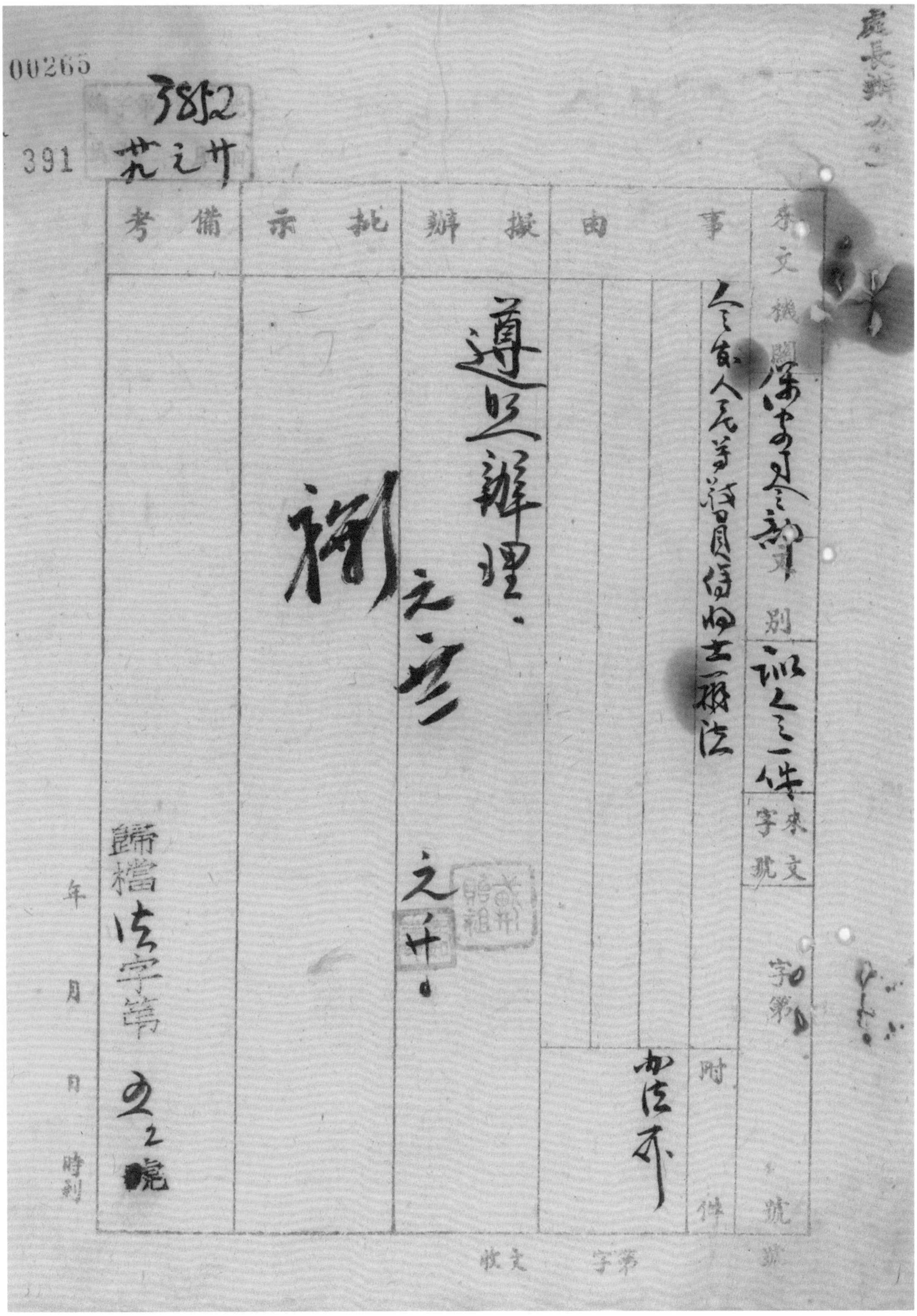

江西全省保安司令部訓令

部秘字第 343 號

中華民國廿九年一月 日

廿九年正月拾九日發

令 國防工程處

案奉

軍事委員會办㓗渝字第九九五號訓令開：「據政治部二十八年十月十七日治書巴字第一零九三號呈送「全國人民向負傷將士行敬礼办法」草案，請鑒核函令施行等情，據此經酌予修正，並改訂為「全國人民尊敬負傷將士办法」，除通令遵照並呈請 國防最高委員會列入國民精神總動員委員會綱領內暨分行中央党部、行政院外，合亟檢發該項办法，令仰轉飭所屬一体知照，此令。」等因，附發全國人民尊敬負傷將士办法一份，奉此，除分令外，合行抄發原件，令仰該處知照并飭知照！

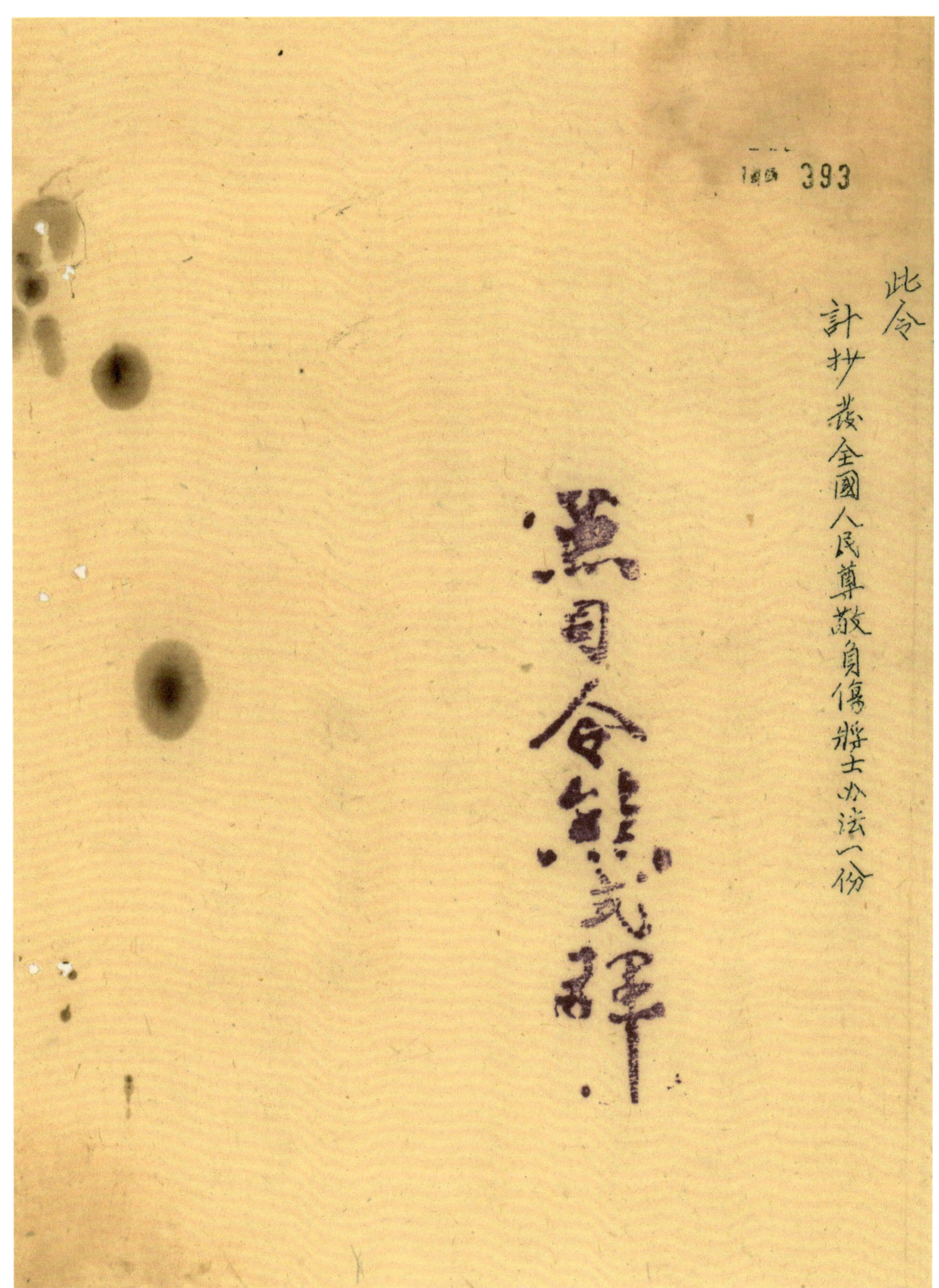

此令

计抄发全国人民尊敬负伤将士办法一份

总司令熊式辉

全國人民尊敬負傷將士辦法

（一）凡遇大隊負傷將士集体行動，或扛架隊運輸時，應自動佇立讓路，向負傷者注目，表示闵切尊敬之態度。

（二）凡在途中或車船上，遇負傷將士因傷病痛苦，發生困難時，應儘量扶助或安慰之。

（三）凡與負傷將士接近之際，應以和藹親熱之態度，摯誠相待，不得有厭惡或廻避等情。

（四）公私机関及社会人士應絕對尊重負傷將士之人格，亦不可稍存利用心理。

（五）各地公共場所及公用事業，應各視力之所及，酌訂優待負傷將士办法，以示優異。

（六）各地慈善团体及各法团每遇國慶或重要紀念日，對附近医院之負傷將士，酌量派人慰问，或增送物品。

395

（七）前項各机关团体及民众，凡遇附近医院，有負傷將士傷愈出院仍赴前綫工作時，應予以热烈之歡送及宣傳。

江西省政府关于规定破坏公铁路伤亡民工给恤办法致各行政区督察专员公署、各县政府的训令
（一九四〇年一月三十一日）

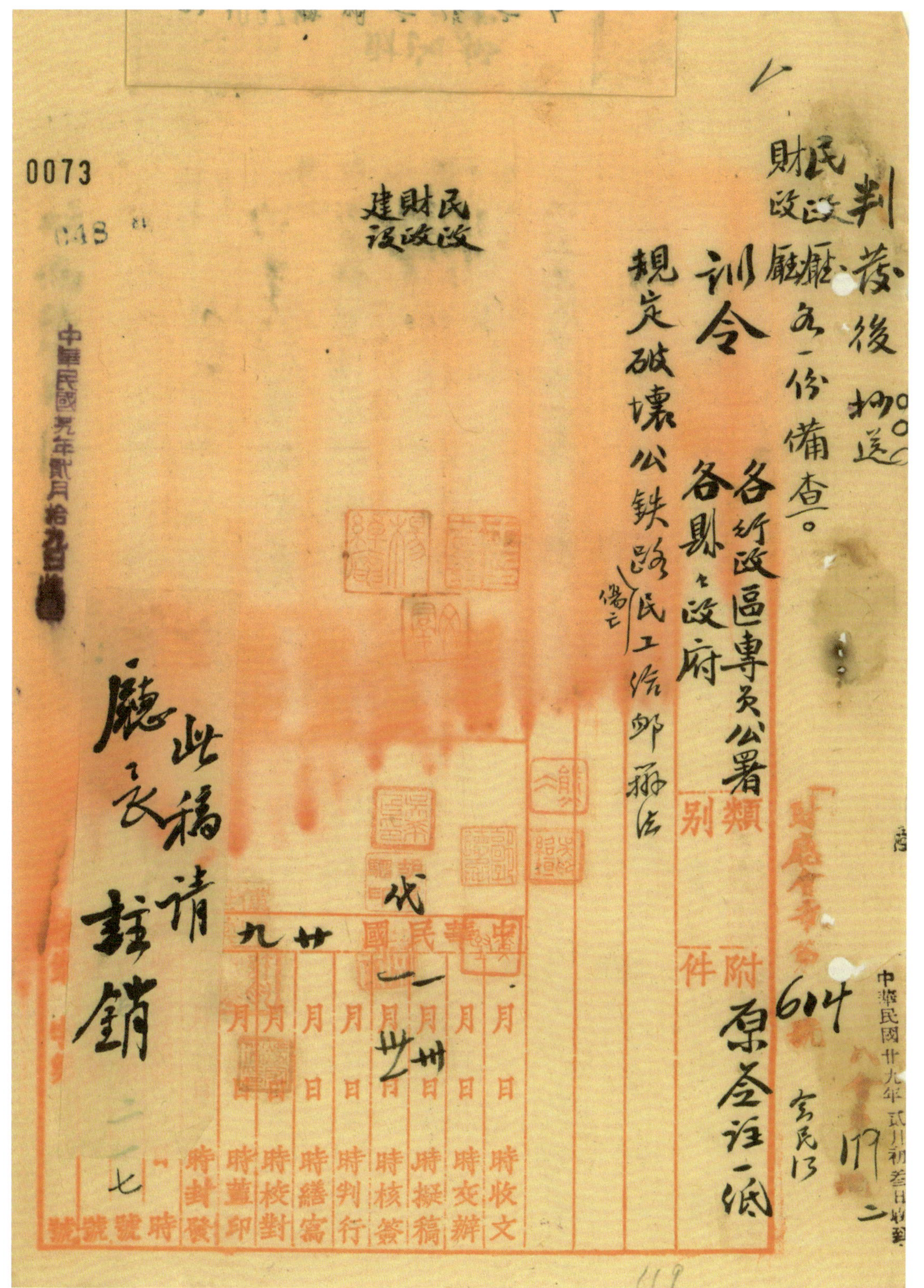

0073

民政 財政 建設

判發後抄送

民政廳、財政廳各一份備查。

訓令 各行政區專員公署

各縣政府

規定破壞公鉄路傷亡民工給卹辦法

類別 財廳會字第614號

附件 原簽註一紙

此稿請

廳長註銷

中華民國廿九年貳月初叁日收到

江西省政府训令

泰民财建二字第　　号

令各行政区督察专员公署
各县政府

查本省破坏公铁路伤亡民工，各县政府纷纷呈请核给恤金，亟应规定此项给恤办法，以免公文往返，致稽时日。兹就本府办理此类案件成例，规定如次：

一、凡被征破坏公铁路伤亡民工，由该管县政府开具事实呈经本府核明属实者，分别（查核）给予恤金。其已给恤金者，应报请本府备案。

二、破坏公铁路死亡民工，（由该管县政府）给予其遗族一次恤金國幣五十元；傷者由該管縣政府視傷勢之輕重酌擬給予卹金數額呈請本府核定，但最多不得超過國幣四十元。

三、此項傷亡卹金均在各該縣地方非常概算預備費項下開支；各屬游擊戰區縣份，則由省預備費項下開支。

四、各縣被敵破壞公鉄路傷亡民工，如有未經給予卹金者，應即切實查明依照前項規定列表呈請以憑核辦。

以上各節，除分行外，合行令仰知照。

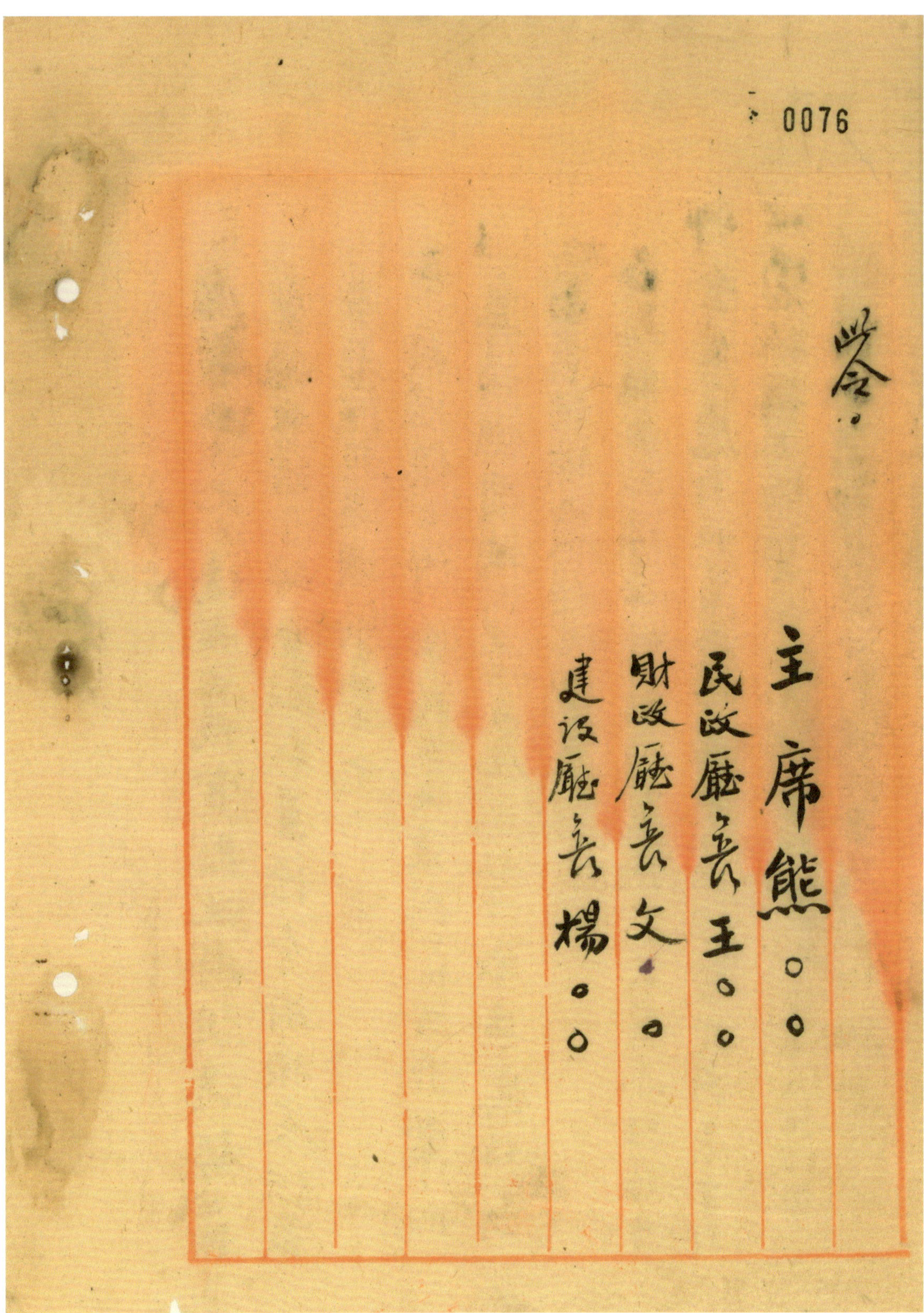
0076

签。

主席熊〇〇
民政厅长王〇〇
财政厅长文〇
建设厅长杨〇〇

附：江西省破坏公铁路或修筑公路伤亡民工请恤事实表

江西省破壞公铁路或修築公路傷亡民工請卹事實表

民國 年 月 日填

姓名	年齡	籍貫	職業	現住地

家族名稱	
祖父 祖母	
父 年 歲	母 年 歲
弟妹 年 歲	妻 年 歲
子 女 年 歲	

加入破壞公铁路或修築公路之名稱及事實

傷亡情況					
負傷	年月日	地点	原因	負傷現狀	
亡死	年月日	地点	原因		

撫卹金受領人		
本人	簽名蓋章或捺指紋	
遺族	姓名 簽名蓋章或捺指紋	與受卹者關係

代為聲請人		
姓名 簽名蓋章或捺指紋	身份或關係	

保證人				
商號	店主姓名	保证人	職務	地址

縣政府調查結果及意見
○○縣長

省政府核定

備注

0077

江西省政府及秘书处为抄发及更正《战时征雇汽车损失补偿及司机伤亡抚恤暂行办法》内容的训令（一九四〇年九月至一九四一年一月）

江西省政府致省政府秘书处的训令（一九四〇年九月二十日）

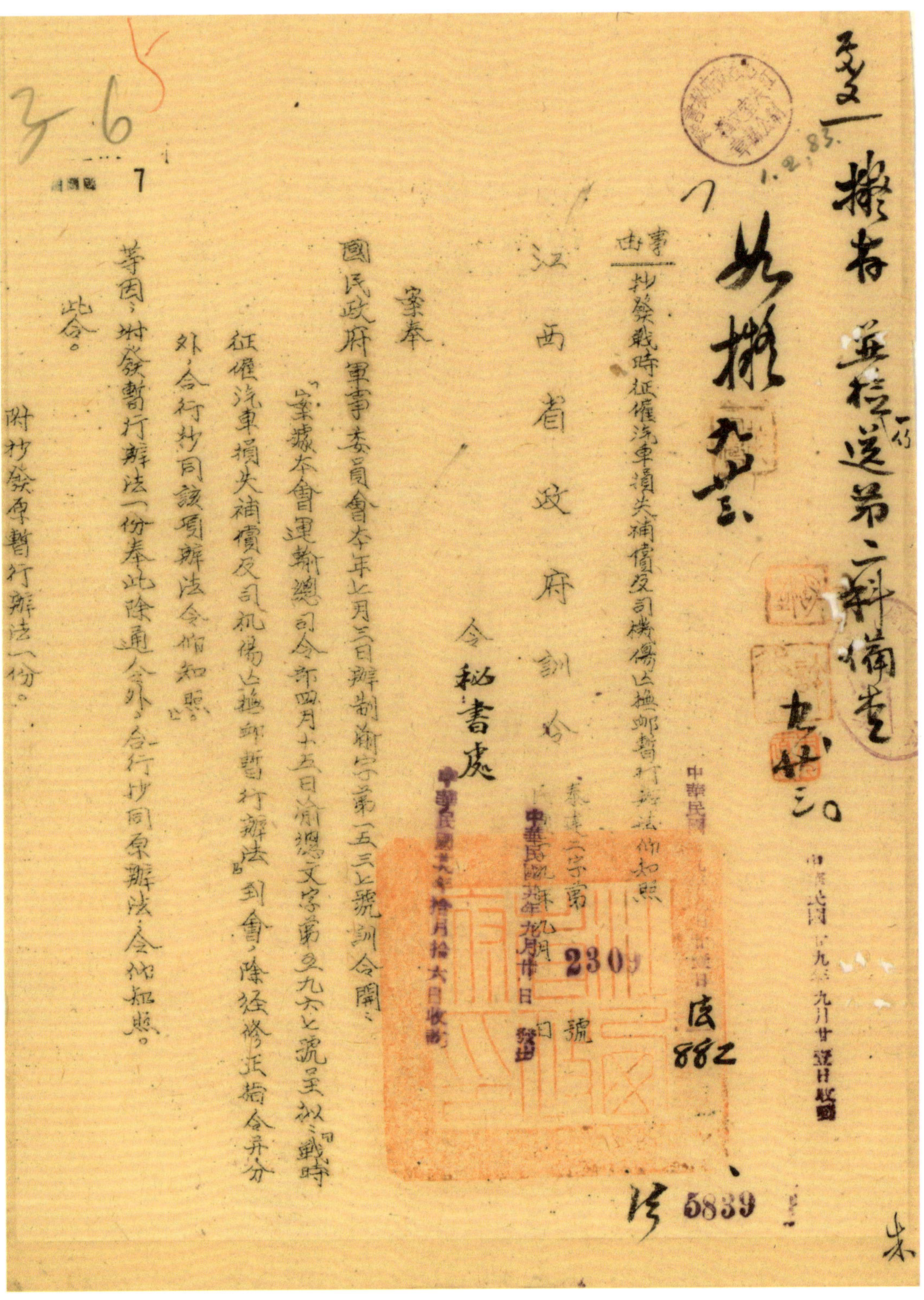

事由：抄發戰時征僱汽車損失補償及司機傷亡撫卹暫行辦法仰知照

江西省政府訓令 秦建二字第 號

令秘書處

案奉

國民政府軍事委員會本年七月三日辦制輸字第一五三七號訓令開：

"案據本會運輸總司令部四月十五日渝總文字第五九六七號呈擬《戰時征僱汽車損失補償及司機傷亡撫卹暫行辦法》到會，除經修正指令并分外，合行抄同該項辦法，令仰知照。"

等因，附發暫行辦法一份。奉此，除通令外，合行抄同原辦法，令仰知照。

此令。

附抄發原暫行辦法一份。

8

席熊式輝

建設廳廳長 楊綽菴

附：战时征雇汽车损失补偿及司机伤亡抚恤暂行办法

戰時征僱汽車損失補償及司機傷亡撫卹暫行辦法

二十九年七月三日軍事委員會辦制渝字第附號指令核准

第一條　戰時征僱汽車損失補償及司機助手傷亡之撫卹悉依本辦法行之。

第二條　凡僱用之汽車應由車主於受僱時將車號廠牌年份引擎號碼噸位汽缸數購入價額地點時期司機助手姓名列表（如附表第（一））呈報僱用之軍事機關部隊以便查考但所報購入價額不寔或過高時得由僱用之機關部隊比照其他同等購入價額核定之。

第三條　凡僱用汽車之機關部隊於接收汽車時應詳細驗明車身機件依左列之規定分別等級註明於報告表備考欄內：

(1)凡車齡一年至二年之汽車其機件輪胎車箱完好者列為甲等；

(2)凡車齡二年至四年之汽車其機件輪胎車箱曾經修理者列為乙等；

(3)凡車齡五年以上之汽車其機件輪胎車箱經數度修理者列為丙等。

（附註）車齡以出廠之年份起算。

10

第四條　凡僱用之汽車被敵方機槍等炸壞或焚毀者由車主將被炸壞情形列表（如附表第二）呈報原僱之軍事機關部隊證明依第五第六條之規定給予修理費或補償費。前項之損壞報告必須押車官兵之簽證如無押車官兵者由當地軍警機關出具證明書。

第五條　凡僱用之汽車被敵炸壞機件或輪胎車箱之一部份者由車主送廠修理取具修理證明書及車據列表（如附表第三）呈請僱用之軍事機關部隊查明給予全部修理費用。

第六條　凡僱用之汽車被敵全部炸毀無法修理或因情勢轉變交通隔斷無法駛回焚毀者得由車主取具切實證明列表（如附表第二）呈請僱用之軍事機關部隊查明依左列之規定給予折舊費。

(1) 屬於甲等照核定購買價額給予補償費三分之二

(2) 屬於乙等照核定購買價額給予補償費二分之一

(3)属於丙等照核定購買價額給予補償費三分之一

第七條　凡僱用之汽車開赴前方如遇情勢轉變交通隔斷应由押車官兵督飭司機助手設法駛回後方其无法駛回後方者应由司機助手將該車緊要機件拆卸帶回後方并將車身焚毁由車主取具切實証明呈請給予補償費如該司機助手將全部汽車棄資敵者除量予處分該司機助手外概不給予補償費。

第八條　凡僱用之汽車如因司機逃避或駕駛不慎及其他原因而被損壞者概不給予修理費及補償費。

第九條　凡僱用汽車之司機或助手被敵炸彈傷亡者得由車主列表（如附表第四第六）報告僱用之軍事機関部隊查明依左列之規定給予養傷費或撫卹金由各該僱用之軍事機関部隊自行支報。

(1)属於被敵炸彈輕傷之司機或助手由僱用之軍事機関或部隊立

即送交後方軍医院医治在十日以內全愈者給予養傷費十元在廿日以內全愈者給予養傷費二十元在三十日以內全愈者給予養傷費三十元。

(2)關於被敵炸彈重傷之司機或助手由僱用之軍事機關部隊送交後方軍医院医治在四十日以內全愈者給予養傷費四十元在五十日以內全愈者給予養傷費六十元在六十日以內全愈者給予養傷費七十元。

(3)關於被敵炸彈受傷之司機或助手經医治結果而殘廢至終身不能從行業務者得由車主填具治療及殘廢証明書（如附表第五）呈請僱用之軍事機關部隊查明一次給予卹金屬於司機者給予二百五十元屬於助手者給予一百五十元并得送入各省殘廢軍民工廠。

(4)關於被敵炸彈受傷死亡及被炸當時死亡者得由車主填具死亡證書表（如附表第六）呈請僱用之軍事機關部隊查明除給予喪葬費五十元外屬於司機者一次給予撫卹金三百元屬於助手者一次給予撫卹金二百元

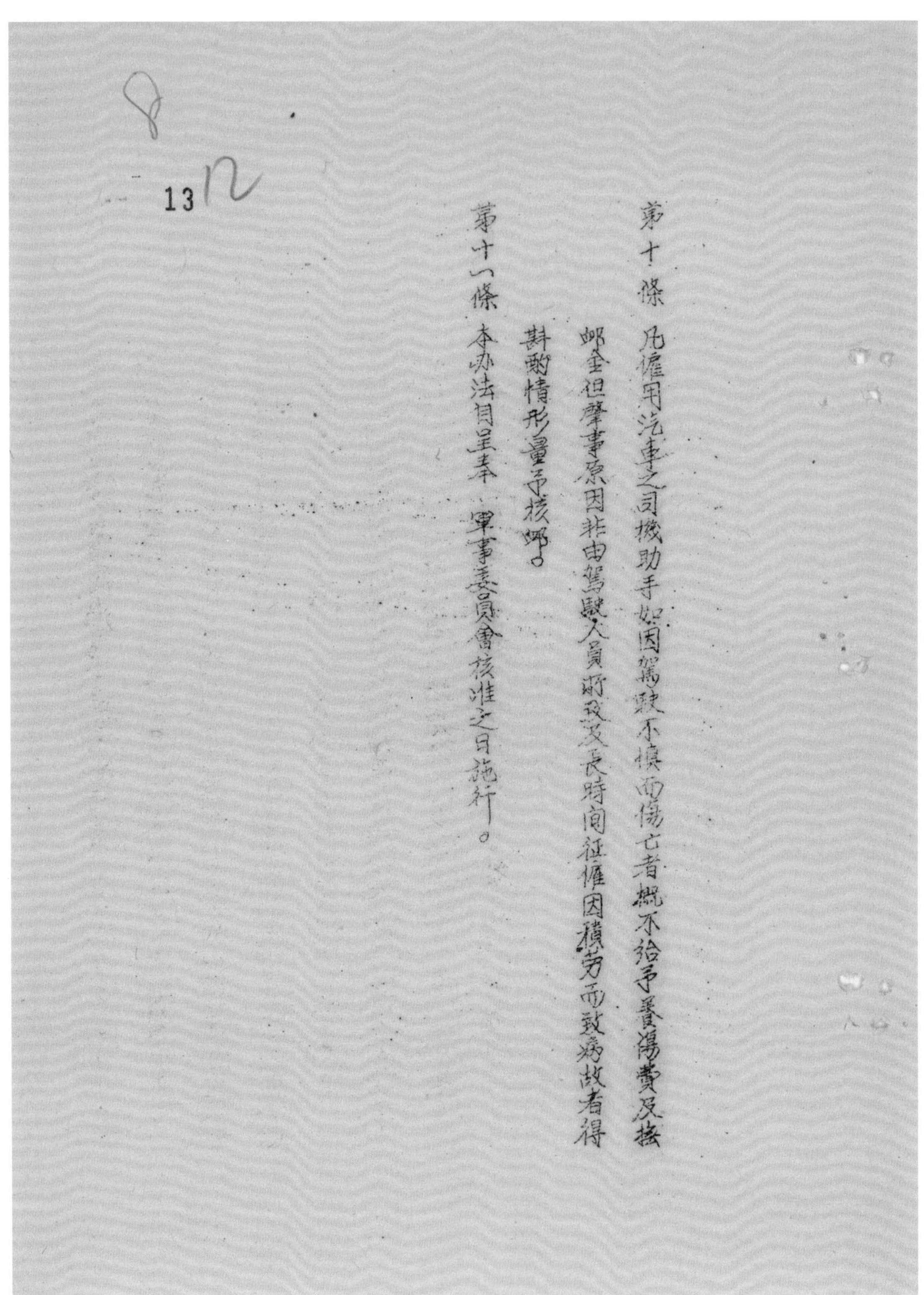

第十條　凡僱用汽車之司機助手如因駕駛不慎而傷亡者概不給予醫藥費及撫卹金但肇事原因非由駕駛人員所致及長時間征僱因積勞而致病故者得斟酌情形量予核卹。

第十一條　本辦法自呈奉軍事委員會核准之日施行。

174

13 14

（附表第一）

受僱汽車報告表

公司名稱	公司住址	公司經理	車號	種類	廠牌	年份	噸位	引擎號碼	購買日期	購買地點	購買實價	司機姓名	助手姓名	僱用期內	僱用日期	附註

民國　　年　　月　　日呈（公司蓋章）

16 15 15

(附表第二)

受僱汽車損壞報告表

受僱公司	公司姓名	
	公司住址	
	車主姓名	(簽名蓋章)
	司機姓名	(簽名蓋章)
	助手姓名	(簽名蓋章)
受僱汽車	車號	
	種類	
	廠牌	
	年份	
	噸位	
	引擎號碼	
購買日期		
購買價款		
損壞原因		
損壞詳情		
損壞地點		
損壞時日		
證明人		
僱用機關		

附註：證明人為押運軍官或士兵如無押運官兵則由當地軍隊或軍警機關證明之

民國　年　月　日呈（公司蓋章）

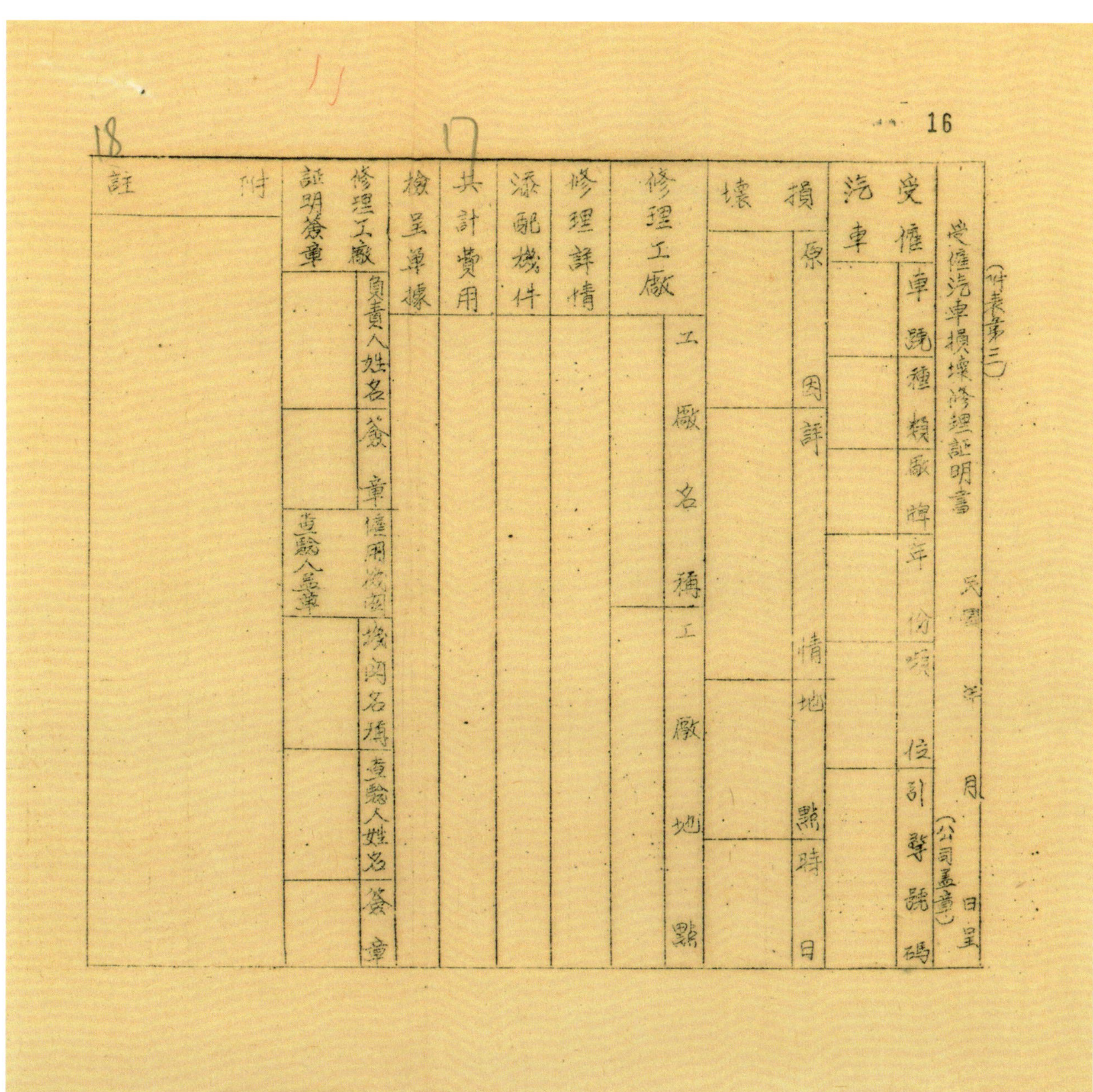

（付表第三）

受僱汽車損壞修理證明書

民國　　年　　月　　日呈（公司盖章）

受僱汽車	車號種類	
	廠牌	
	年份噸位	
	引擎號碼	
損壞原因詳情	地點時日	
修理工廠	工廠名稱	
	工廠地點	
修理詳情		
添配機件		
共計費用		
檢呈單據		
修理工廠證明簽章	負責人姓名簽章	
僱用機關查驗人簽章	機關名稱	
	查驗人姓名簽章	
附註		

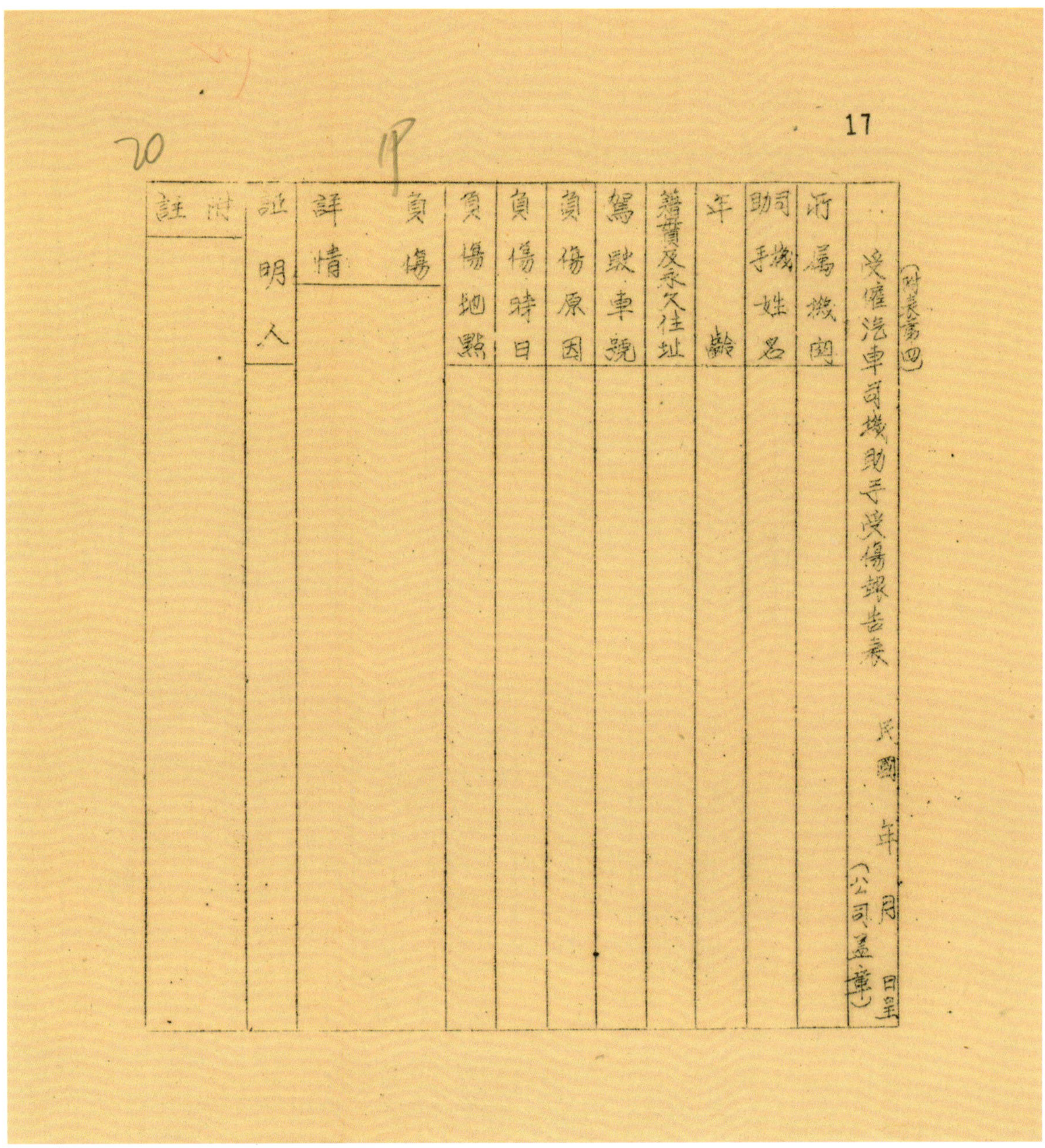

（附表第四）

受僱汽車司機助手受傷報告表

民國　年　月　日呈（公司蓋章）

所屬機關	司機助手姓名	年齡	籍貫及永久住址	駕駛車號	負傷原因	負傷時日	負傷地點	負傷詳情	證明人	附註

22　21

（附表第五）

受僱汽車司機或助手受傷治療及送發証明書

民國　　年　　月　　日

（醫院蓋章）

送院醫治之機關或部隊名稱

醫治人
- 所屬公司名稱
- 駕駛車號
- 醫治人姓名
- 年齡
- 籍貫
- 司機或助手

負傷
- 負傷詳情
- 地點
- 時日

治療
- 治療情況
- 治療結果
- 入院時日
- 出院日期
- 出院月日
- 醫生証明簽章

附註

24 23 19

（附表第六）

受僱汽車司機助手因公死亡報告表 民國　年　月　日呈（公司蓋章）

所屬公司	
司機助手姓名	
年齡	
籍貫	
永久住址	
遺族名稱 祖父 祖母	年歲（存或歿）
遺族名稱 父 母	年歲（存或歿）
遺族名稱 兄弟 姊妹	年歲
遺族名稱 妻 子女	年歲
出身	
履歷	
死亡原因	
死亡時日	
死亡地點	
遺族領卹人姓名及住址	
證明人	
附註	當時死亡者由汽車宮兵或當地軍警機關證明因傷醫治無效而死亡者由醫院證明

江西省政府致省政府秘书处的训令（一九四一年一月二十四日）

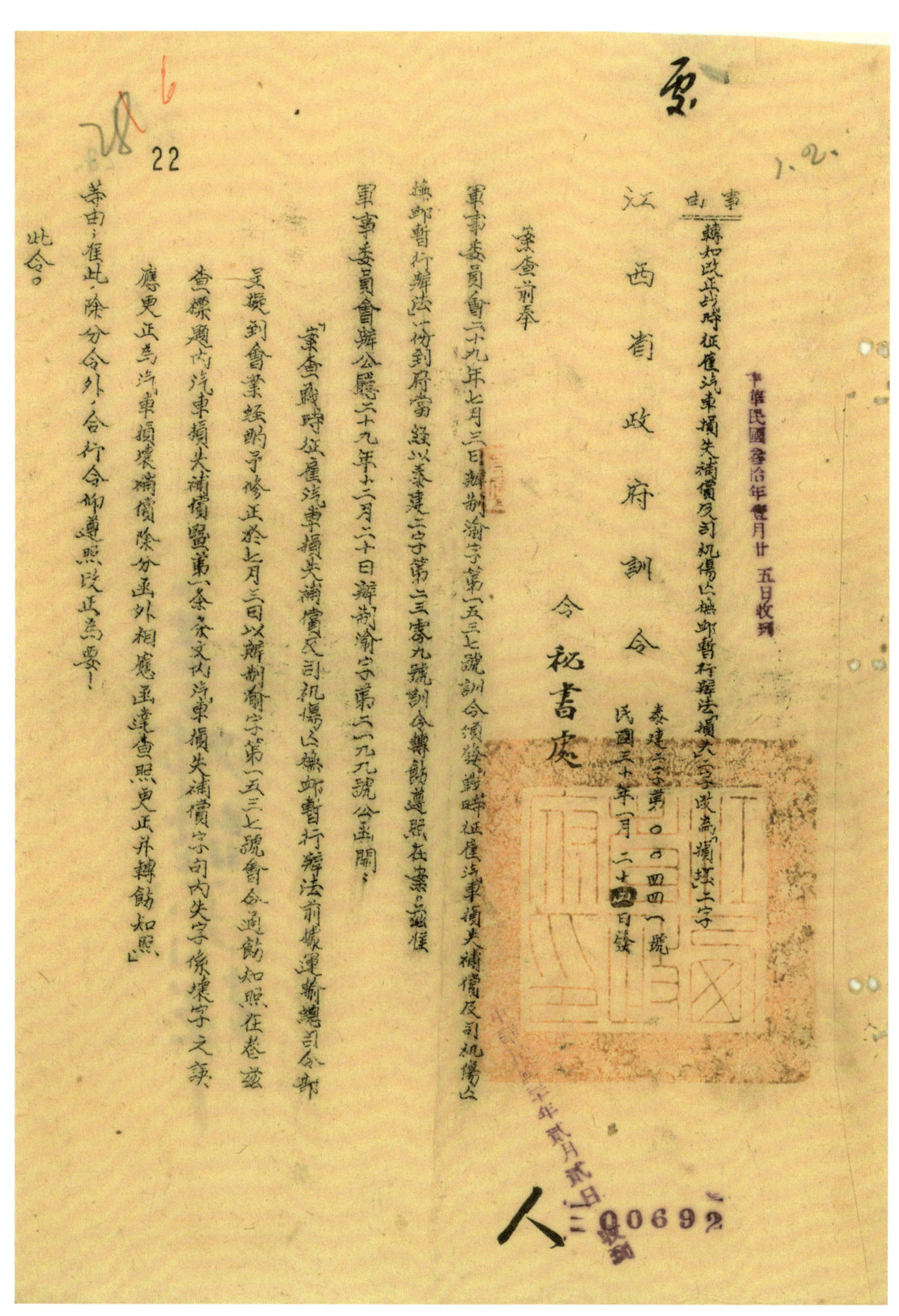

事由：轉知改正战時征雇汽車損失補償及司机傷亡撫卹暫行辦法「損失」二字改為「損壞」二字

中華民國叁拾年壹月廿五日收到

江西省政府訓令 泰建二字第〇〇四四一號

民國三十年一月二十四日發

令秘書處

案查前奉

軍事委員會二十九年七月三日辦制渝字第一五三七號訓令頒發「戰時征雇汽車損失補償及司机傷亡撫卹暫行辦法」一份到府，當經以泰建二字第二三零九號訓令轉飭遵照在案。茲准

軍事委員會辦公廳二十九年十二月二十日辦制渝字第二一九九號公函開：

「案查『戰時征雇汽車損失補償及司机傷亡撫卹暫行辦法』前據運輸總司令部呈擬到會，業經酌予修正，於七月三日以辦制渝字第一五三七號會令通飭知照在卷。茲查標題內『汽車損失補償』暨第一条条文內『汽車損失補償』字句內『失』字係『壞』字之誤，應更正為『汽車損壞補償』，除分函外，相應函達查照更正并轉飭知照。」

等由；准此，除分令外，合行令仰遵照改正為要！

此令。

23

主席熊式輝

江西全省保安司令部关于倡导推行《国民优待抗战军人家属公约》致省国防工事工程处的代电
（一九四一年三月一日）

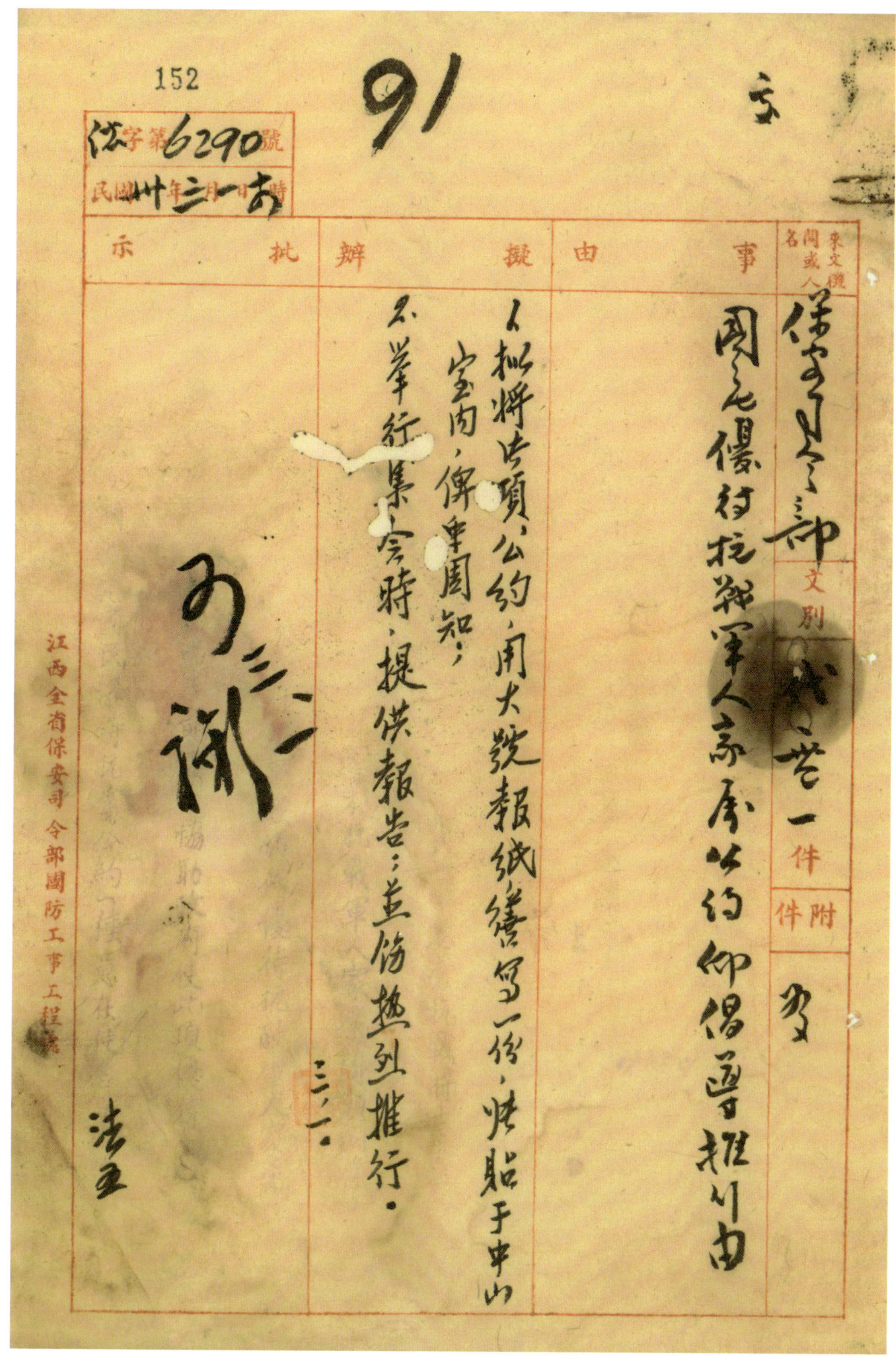

152

91

字第6290號

民國卅年三月一日

來文機關或人名	事由	擬辦	批示
保安司令部	國民優待抗戰軍人家屬公約仰倡導推行由	已將此項公約用大號報紙繕寫一份，張貼于中山室內，俾眾周知；并於舉行集會時，提供報告，並飭據以推行。 三、一	可 三、二
文別：代電			
件：一件			

江西全省保安司令部國防工事工程處

153

92

事由 國民優待抗戰軍人家屬公約仰倡導推行由

江西全省保安司令部代電 部秘字第 號

中華民國三十年二月廿八日

國防工程處

案准江西省政府秦民一役字第零二七三一號公函開案准社會部社福字第（1061）號公函開案准全國慰勞抗戰將士委員會總會慰字第二七七五號代電開本會鑒於抗戰軍人家屬問題關係兵役推行及前方士氣至為重大政府雖早經頒佈優待抗敵軍人家屬條例并已切實施行但社會方面尚未能盡力協助政府使此項優待工作益加普遍深入本會爰特擬定國民優待抗屬公約一種意在使各界同胞人人認為優待抗屬乃自身應盡之義務隨時隨地切實履行進而

中華民國叁拾年叁月壹日 發

803

造成社會優待抗屬之風氣不僅使抗屬本身得到幫助與慰安同
時足以鼓勵應徵壯丁激勵前方士氣茲謹擬訂該項公約拾份敬希通
令所屬隨時隨地以身作則倡導推行毋任感荷等由并附件准此除分
函外相應檢附該公約一份函請查照飭屬倡導推行為荷等由附送公約
一份准此除通令所屬各機關遵照并飭縣將前項公約翻印廣為張貼暨
分函外相應檢同原公約函請貴部查照并希飭屬推行為荷等由附抄
送原公約一份准此除分行外合行抄發原件仰即遵照并飭屬熱烈推行
以利役政江西全省保安司令部東秘附公約一份

附：国民优待抗战军人家属公约

155 93

國民優待抗戰軍人家屬公約

一 要切實遵行政府頒佈的優待「抗屬」條例
二 「抗屬」有困難、要盡力幫助解決
三 「抗屬」有災患、要儘量設法救濟
四 要扶持和慰問「抗屬」的疾病
五 「抗屬」有喪事要賻助
六 「抗屬」有婚嫁喜慶要致賀
七 每逢年節、要給「抗屬」送禮
八 「一切社會公共福利事業、要讓「抗屬」儘先享受優待的權利
九 要盡力幫助「抗屬」做工、種田和收獲
十 隨時隨地尊敬「抗屬」

全國慰勞總會訂製

江西省政府关于修订通过《江西省公路处员工恤金暂行规则》致省建设厅的训令（一九四一年五月八日）

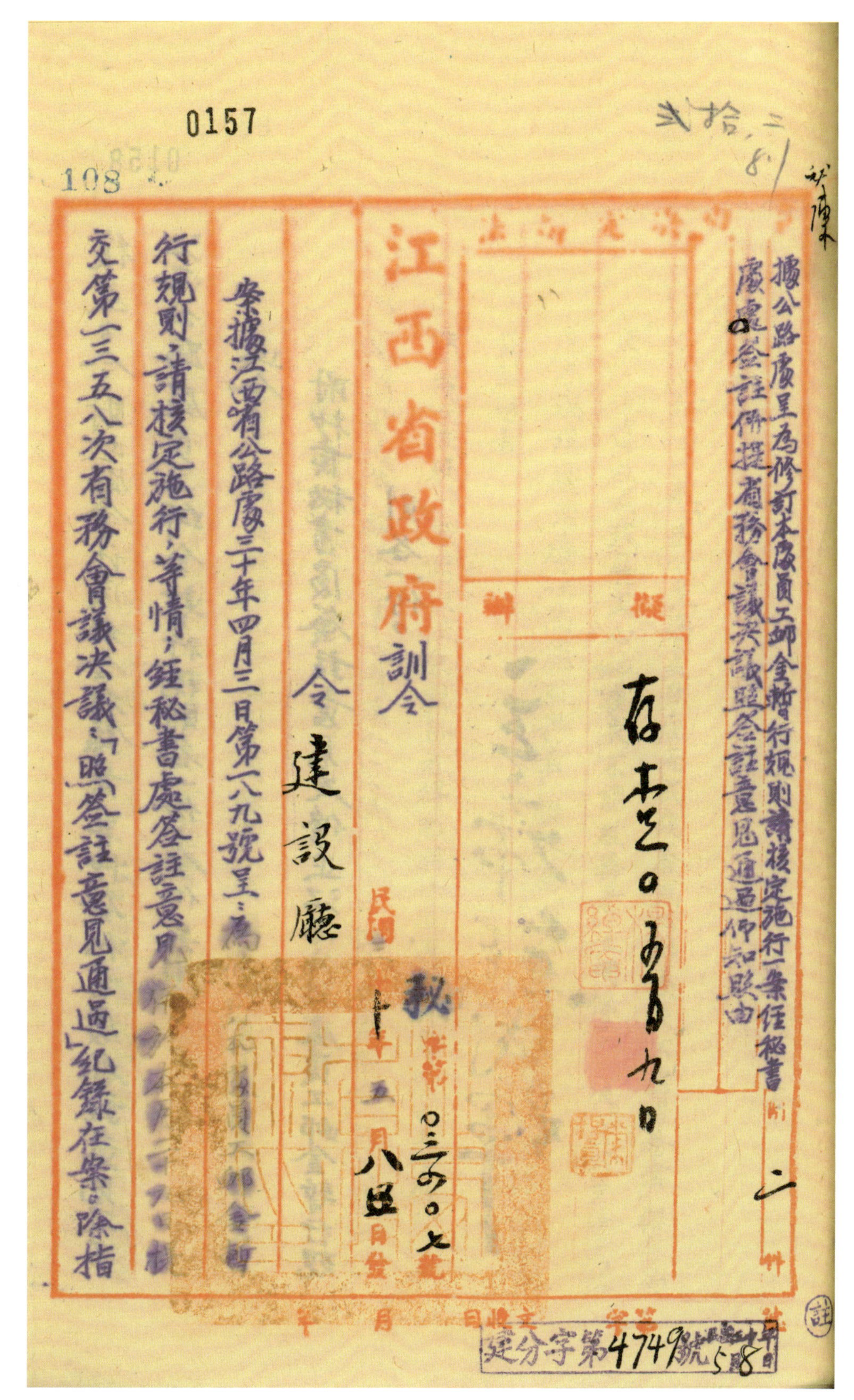

0157

據公路處呈為修訂本處員工卹金暫行規則請核定施行一案經秘書處簽註併提省務會議決議照簽註意見通過仰知照由

江西省政府訓令

令建設廳

案據江西省公路處三十年四月三日第一八九號呈：為……行規則，請核定施行，等情；經秘書處簽註意見……交第一三五八次省務會議決議：「照簽註意見通過」紀錄在案。除指

民國三十年五月八日發

秘字第〇三六〇七號

建分字第4749號

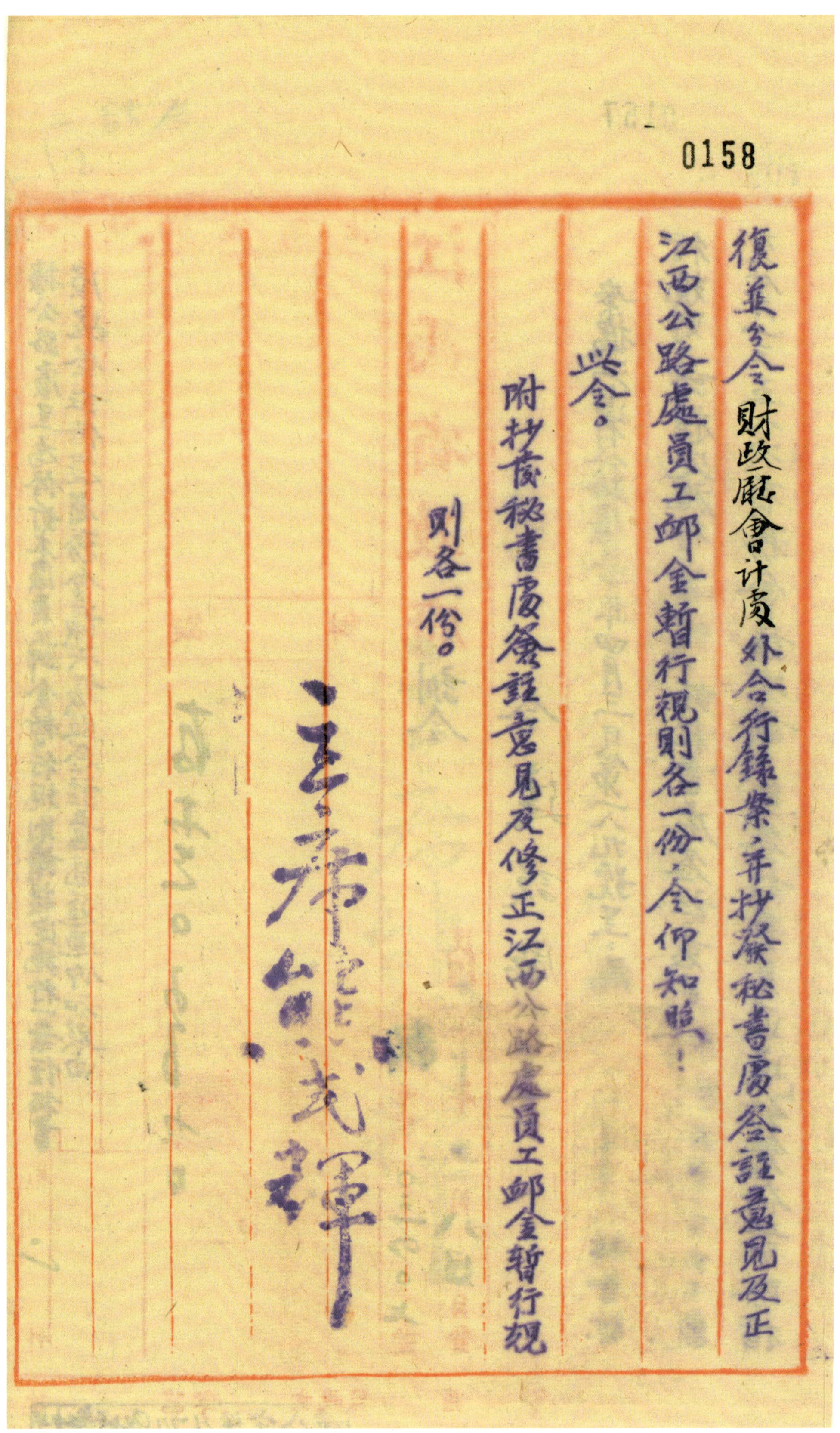

0158

復蓋令 財政廳會计處外合行錄案，并抄發秘書處签註意見及正江西公路處員工卹金暫行規則各一份，令仰知照！

此令。

附抄發秘書處簽註意見及修正江西公路處員工卹金暫行規則各一份。

主席 熊式輝

（一）第二條內「凡在本處服務受有薪餉工資之員司工匠警役」句下擬加「均屬之」三字

（二）第四條第一款「因公受傷或致病而成殘廢或心神喪失不能服務者」擬改為「因公受傷致成殘廢或心神喪失不能服務者」又同條第二項「因公受傷或致病而成殘廢治療後尚能服務者」擬改為「因公受傷致成殘廢治療後尚能服務者」

（三）第六條後段「如不能担任原職務者得酌調他項適合其身體之工作仍支給原額薪餉工資」擬改為第二項並於該項「如不能担任原職務者」句上增加「前項受郵員工」句

（四）第七條第一項「或致病」三字擬删又同條第二項擬改為「員工輕微傷害概由本處醫務所給予免費藥品不另支給醫藥費」

（五）第八條第一項及第二項擬併為一条改為「依前条受醫藥費後在一年內因傷

勢增劇以致殘廢或心神喪失終身不能服務或致殘廢後尚能從事輕便工作者得再按情形分別依第五條或第六條給予卹傷費」

（六）第九條內「所稱殘廢以具有左列情事之一者為準」擬改為「稱殘廢者謂左列各傷害」

（七）第十條第一項內之「致病」擬刪又全条第一款「致病或以致死亡」擬改為「或致死亡」

（八）第十一條第一項內「有左列各款之一給予喪葬費及遺族一次卹金」擬改為「有左列各款情形之一者除給予喪葬費外並給與遺族一次卹金」又同條第一款擬改為「因公受傷致死亡者」第二款「員工」二字刪去。

（九）第十二條「員工因公受傷或致病死亡者」句擬改為「員工因公受傷致死亡者」

（十）第十四條第一項擬改為「員工死亡除依前二條酌給喪葬費外並照左列規定給與遺族一次卹金」又同條第二款內「不得給予」句擬改為「不給卹金」

(十一)第十六條內之「或致病」三字擬刪

除修改上述各點外其餘尚無不合擬請提會决定當否乞

示二

秘書處簽　四二十三、

附二：江西公路处员工恤金暂行规则

江西公路處員工卹金暫行規則 三十年四月二十九日第一三五八次省務會議通過

第一條 本處員工之給卹除法令另有規定外依照本規則行之

第二條 前條所稱員工謂經本處聘任委派或僱用凡在本處服務支有薪餉工資之員司工匠警役均屬之。（以下簡稱員工）

第三條 卹金分左列四種：

（一）卹傷費

（二）醫藥費

（三）喪葬費

（四）遺族卹金

第四條 本處員工有左列各款之一經查明屬實者給予卹傷費

（一）因公受傷成殘廢或心神喪失不能服務者。

（二）因公受傷致成殘廢治療後尚能服務者。

第五條　合於第四條第一款者按其最後薪資數目依照核給卹金標準表二級之規定分別給予卹傷費。

第六條　合於第四條第二款者按其最後薪資數目依照核給卹金標準表四級之規定分別給予卹傷費。

前項受卹員工如不能担任原職務者得酌調他項適合其身体之工作仍支給原額薪餉之資。

第七條　員工因公受傷須經醫生施行手術或須住院醫治而未達殘廢或心神喪失程度者依照下列之規定給予一次醫藥費。

（一）經二個月以上治愈者給予三個月之薪資。

（二）經一個月以上治愈者給予二個月之薪資。

（三）經十五日以上治愈者給予一個月之薪資。

員工輕微傷害概由本處醫務所給予免費藥品不得支給醫藥費。

第八條　依前條之醫藥費發給後在八年內因傷勢增劇以致殘廢或心神喪失終身不能服務或致殘廢後尚能從事輕便工作者得再按情形分別依第五條或第六條給予卹傷費

第九條　本規則所稱心神喪失係指瘋癲白癡等不能治愈者而言稱殘廢者謂左列各傷害。

(一) 毀敗視能

(二) 毀敗聽能

(三) 毀敗語能

(四) 毀敗一肢以上機能

(五) 毀敗其他重要機能

前項因公殘廢或心神喪失應繳驗經官廳認可之醫生診斷書及原服務處所主官人之證明書

二

0165

第十條　本規定所稱因公受傷死亡以具有左列情事之一者為準

(一)因執行職務所生之危險受傷或致死亡

(二)因出差遇險受傷罹病或死亡

(三)在辦公突遇意外危險以致受傷或死亡

第十一條　本處員工有左列各款情形之一者除給予喪葬費外並給與遺族一次卹金

(一)因公受傷致死亡者

(二)在職病故者

第十二條　員工因公受傷致死亡者酌給喪葬費乙百至弍百元

第十三條　員工在職病故者酌給喪葬費五十元至一百元

第十四條　員工死亡除依前二條酌給喪葬費外並照左列規定給與遺族

一次卹金

(一)合於第十條第一款者按該員工最後薪資數目依照核給卹金標準表一級之規定分別給與　其服務未滿規定年資者得按其在職時六個月薪資限度内酌給卹金

(二)合於第十一條第二款者按該員工最後薪資數目依照核給卹金標準表三級之規定分別給與其服務未滿規定年資者不得給卹金

第十五條　本規則所稱年資係指員工服務年數計算年資如有曾經調辭職或請長假而後再度服務者以前在本處服務月數得一併計入

第十六條　員工因公受傷在診治調攝時期得仍支給其原薪餉工資

第十七條　員工服務明知危險奮不顧身因而殞命或受傷致成殘廢或心神喪失者依照核給卹金標準表其應得之卹金額加倍

三

給與服務未滿規定年資者按其在職時十二個月薪資限度內酌給卹金

第十八條　本處員工合於本規則第五條第六條第七條第八條各條之規定請領卹金時應填具第一號員工卹金聲請書檢同經官廳認可之醫生診斷書及服務處所主管人之證明書各種證件呈處核辦

第十九條　員工死亡合於第十二條第十三條第十四條各條之規定應由死亡者之遺族領卹填具第一號員工遺族卹金聲請書連同各項證明文件並覓具殷實商號或現充本處職員二人所出具保結呈處核辦

第二十條　員工死亡如無遺族得由本處酌給喪葬費代為葬殮不另給卹金如其遺族住居遠方一時不能到達籌辦棺殮即由本處先行酌墊棺殮費代為棺殮俟其遺族領卹時在卹金內如數扣

除歸墊

第廿一條　邮金不得朦混冒領倘經發覺此種情弊除追繳所發邮金外並依法懲處

第二十二條　凡適合法令規定受邮人即應遵照現行法令聲請邮金不得適用本規則之規定重受本恩之給與

第二十三條　本規則自呈奉　江西省政府核准之日施行

附核恤邮金標準表

第一號第二號聲請書

員工傷病證明書式　保結式

0169

115

江西公路處核給卹金標準表

級別＼服務年資＼薪餉工資	二十五年以上	二十年以上二十五年未滿	十五年以上二十年未滿	十年以上十五年未滿	七年以上十年未滿	五年以上七年未滿	三年以上五年未滿	一年以上三年未滿
一級	二十四個月	二十一個月	十八個月	十五個月	十二個月	十個月	九個月	八個月
二級	二十一個月	十八個月	十五個月	十二個月	十個月	九個月	八個月	七個月
三級	十八個月	十五個月	十二個月	十個月	九個月	八個月	七個月	六個月
四級	十五個月	十二個月	十個月	九個月	八個月	七個月	六個月	五個月

附則：表内所列薪資数目以員工最末一個月所得之薪資計算。日給者以三十日為一個月。

江西公路處員工卹金聲請書（第一號）

因公受傷或致病者				受傷或致病情況					依據條款	卹金額	證件		
姓名	職別	服務年數	每月薪資數目	日期	地點	原因	傷痕	病狀			醫院証明書	歷次診療書	員工證明書

主管人員簽註

處長批示

江西公路處員工卹金聲請書（第一號）

因公受傷或致病者				受傷或致病情況					依據條款	卹金額	憑證		
姓名	職別	服務年數	每月薪資數目	日期	地點	原因	傷痕	病狀			醫院証明書	歷次診療書	員工證明書

主管人員簽註

處長批示

中華民國　　年　　月　　日聲請者

注意

(一)本表依江西公路處郵金規則第四第七條製定員工因公受傷或致病請郵時用之

(二)傷痕或病狀應詳細填註並檢同官廳認可之醫生診斷書及原服務處所主管人之證明書

(三)受傷者填傷痕致病者填病狀分別註明。

0172

117

江西公路處員工遺族卹金聲請書（第二號）

請卹者員工遺族	姓名	
	年齡	
	籍貫	
	住址	
	職業	
	與死者之關係	
死亡者	姓名	
	職務	
	性別	
	服務年數	
	每月薪資數目	
死亡狀況	原因	
	月日	
	地點	
依據條款		
卹金額	遺族卹金	
	喪葬費	
證件	醫院證明書	
	其他證明書	
	員工證明書	

0173

主管人員簽註

處長批示

中華民國　　年　　月　　日請邺者

注意

(一)本表依江西公路處邺金規則第十一條製定員工遺族請邺時用之

(二)遺族之順序(一)配偶(二)子女(三)孫及孫女(四)父母(五)祖父母(六)同父弟妹。

(三)員工服務年月應詳細填明並繳驗証明文件或證明書

員工傷病證明書

領卹人						受傷或致病情況			
所屬部門	職務	姓名	年齡籍貫	服務年數	日期	地點	原因	傷痕	病狀

右列領卹人受傷致病情況確屬實在並無虛偽特出具證明書以資證明。

證明人所屬部門

職務

姓名　（蓋章）

中華民國　年　月　日

（説明）（一）此書式由領邺人所屬部門之直接主管人填註負責證明。

（二）如領邺人係因受傷請邺即將致病二字塗去致病請邺則將受傷二字塗去

0176

119

保結式

具保結人　　　　今向

江西公路處保得　　　　確係已故　　　　之遺族請領卹金並無朦混

情事依照規章實領得國幣　　元　　角　　分所領屬實倘有朦混冒領

等情弊具保人願負追繳及賠償之責所保是實須至保結者

中華民國　　　　年　　　　月　　　　日

具保結人（舖保）牌號　　　　營業

地址　　　　蓋戳

（人保）職務　　　　姓名　　　　蓋章

江西省政府关于奉令颁发省市县动员委员会人员抚恤办法致省动员委员会的公函（一九四二年三月十六日）

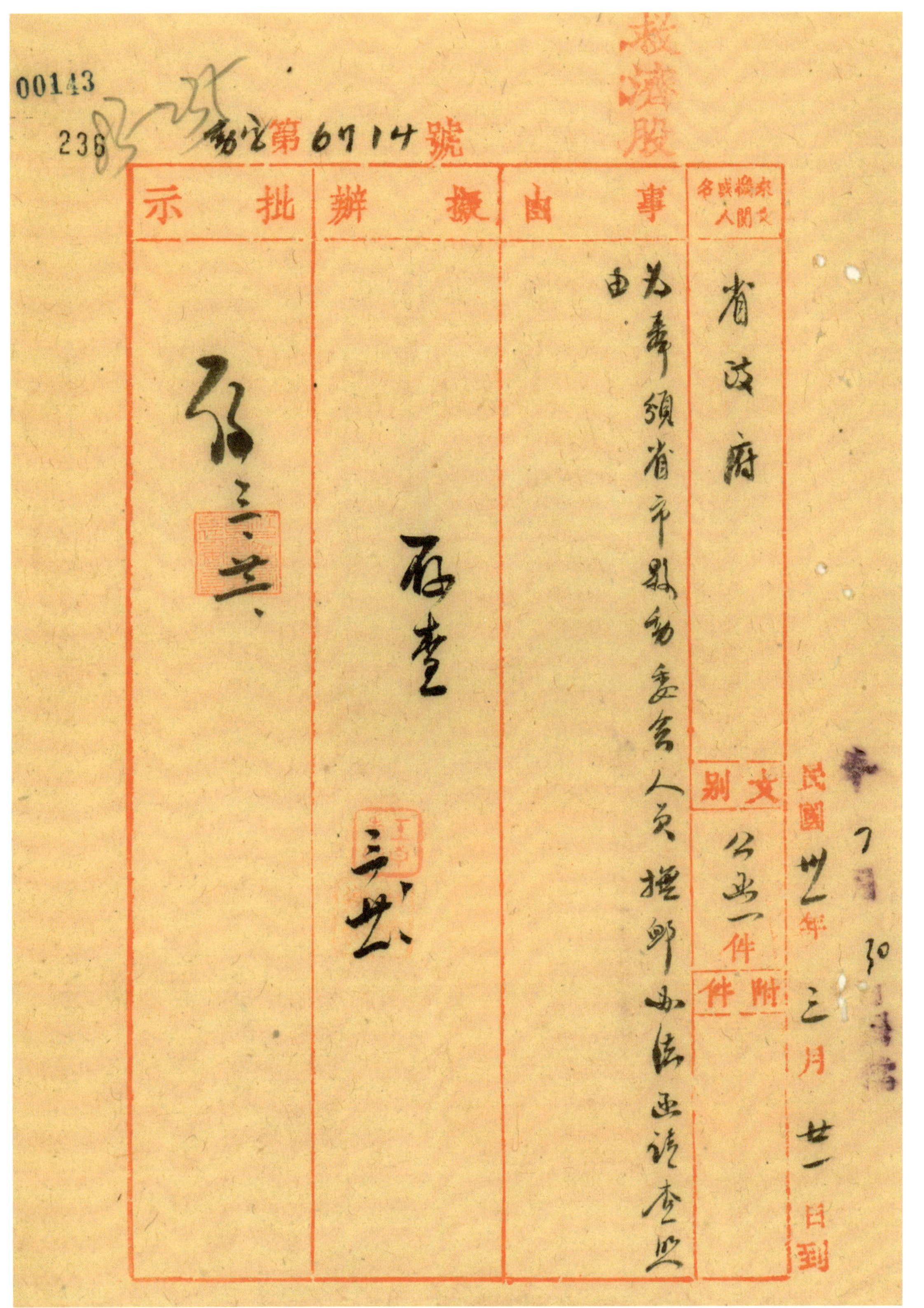

00143

236

第6714號

來文機關或人名	事由	擬辦	批示
省政府	為奉頒省市縣動委會人員撫卹辦法函請查照由	存查	存

文別：公函

附件：一件

民國卅一年三月廿一日到

事由：為本府省市縣動員委員會人員撫卹辦法函請查照由

江西省政府公函

[illegible]字第（二二九）號

中華民國卅二年叁月貳拾日發文

案奉

行政院三十二年二月十九日順捌字第九二四號訓令開：

「准軍事委員會三十一年十二月三十一日撫（一）布渝字第三九七二九號公函開：「案據本會撫卹委員會轉呈銓敘部三十年十月育卹字第三八〇三號公函以綏遠省五原縣第四區動員委員會幹事丁立本擊匪受傷請撫卹一案，查各省（市）縣動員委員會係國防最高委員會規定由當地黨政軍民各團体聯合組成，其人員亦係由各有關機關調派及少數延聘，專任者遇有傷亡，除有本職者應照本職請卹外，其餘專任人員暫准比照陸軍撫卹暫行條例第二十八條戰時各軍准備人員例給與，但書卹金并規定

238

辦法如下（一）各省市縣動員委員會黨、政、軍調用人員均仍依其本身職務照黨、政、軍各種法令規定撫卹（二）省（市）動員委員會專任人員無職比照陸軍階級如下：省（市）動員委員會處長、設計委員及書記長比照少校，幹事比上尉；縣動員委員會處長、設計委員及書記長比照上尉，幹事照中尉，士兵照陸軍士兵最低級（三）依照上例規定撫卹之人員以合於戰地守土獎勵條例第一條各款規定而傷亡者為限，其不合上例規定者均給與一次卹金為止（四）本辦法於抗戰軍事結束之日起即行廢止。以上除批示外，相應函請查照，並轉飭各省市政府遵照」等由，除呈請國民政府備案並令知內政部、軍政部外，合行令仰遵照，並轉飭所屬一體遵照。此令。」

等因。奉此，除報告第一四三七次省務會議並分令暨分函外，相應函請查照為荷。

此致

江西省動員委員會

主席 曹浩森

江西省政府关于准送《各部队因特殊情形无法请恤官兵调查抚恤办法》致省政府秘书处的训令
（一九四二年三月二十二日）

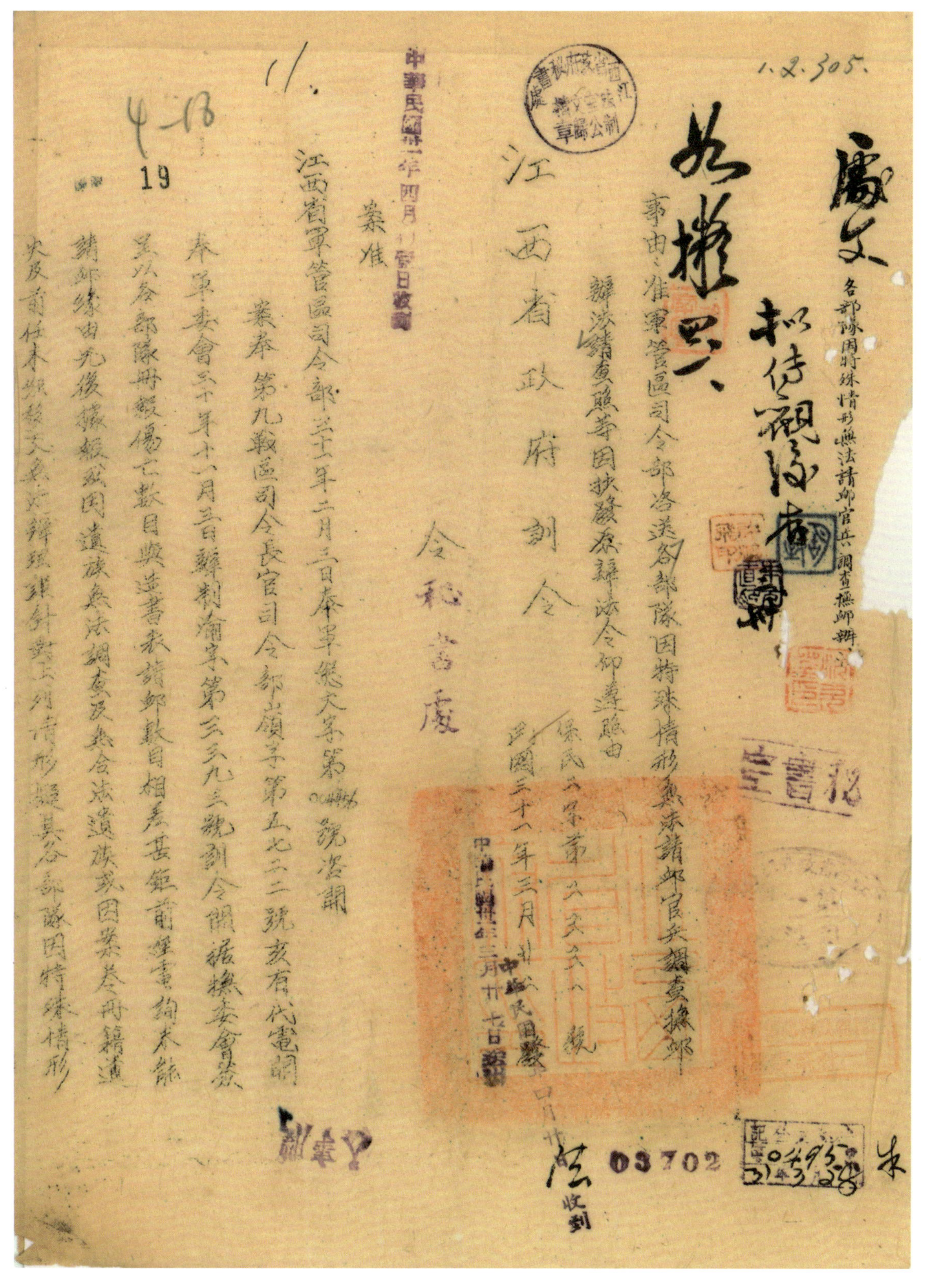

各部隊因特殊情形無法請卹官兵調查撫卹辦

事由：准軍管區司令部咨送各部隊因特殊情形無法請卹官兵調查撫卹辦法請查照等因抄發原辦法令仰遵照由

江西省政府訓令

保民八字第六六六八號

民國三十一年三月廿二日

令秘書處

案准

江西省軍管區司令部三十一年二月三日奉軍懲文字第00466號咨開：

案奉第九戰區司令長官司令部岩犢字第五七二二號亥有代電開：

奉軍委會三十年十一月三日辦制瀚字第三三九三號訓令開：據撫委會簽呈以各部隊冊報傷亡數目與造書表請卹數目相差甚鉅，前經電飭查明未能請卹緣由，先後據報或因遺族無法調查及無合法遺族，或因案卷冊籍遺失及前任未照發文無從稽考。針對上列情形，擬具各部隊因特殊情形

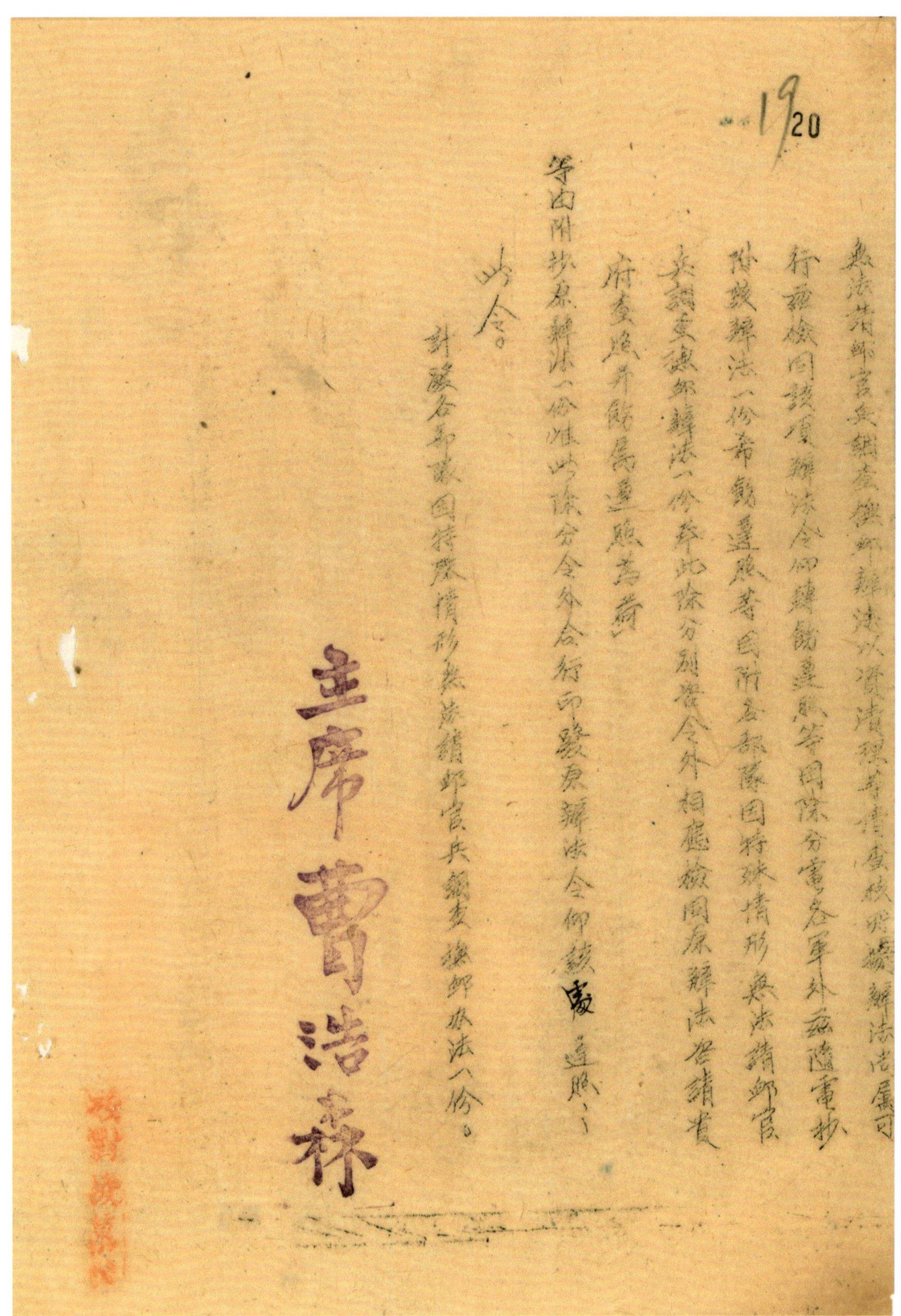

1920

無法請郵官兵調查撫卹辦法以資清理等情查核所擬辦法尚屬可
行兹檢同該項辦法令仰轉飭遵照等因除分電各軍外兹隨電抄
附該辦法一份希飭遵照等由除分令各部隊因特殊情形無法請郵官
兵調查撫卹辦法一份奉此除分別登令外相應檢同原辦法咨請貴
府查照并飭屬遵照為荷
等由附抄原辦法一份准此除分令外合行印發原辦法令仰該處遵照
此令。
計發各部隊因特殊情形無法請郵官兵調查撫卹辦法一份。

主席 曹浩森

校對 沈[illegible]

附：各部队因特殊情形无法请恤官兵调查抚恤办法

20 12

21

各部隊因特殊情形無法請卹官兵調查撫卹辦法

三十年十一月　日軍事委員會[illegible]號代電核准

一、抗戰傷亡官兵應由各部隊撫卹事務委員會負責迅速依例請卹，對於冊籍案卷並妥為保存，不得有散失損毀情事，並遵照法令規定切實辦理如下：

1、各部隊平時應將官兵家屬姓名住址查明登記。

2、新兵入伍應隨時查明其實姓名字以更妥。

3、各部隊主官遇有更易時應將卹案列入交代。

二、自三十年以前傷亡卹案如有因特殊情形無法請卹者，其調查撫卹均得照本辦法辦理（本条所稱之卹案，統自三十一年起限於五年內辦清，但淪陷戰區得自收復之日起算）。

三、各省（市）縣政府於依照戶口普查条例主辦戶口普查時，對於出征軍人家屬應依撫卹行政系統及業務聯繫辦法第九条及第十条第一項總調查報告之規定，並其現役軍人戶籍調查表送各系辦撫卹機構登記保查。上項出征軍人雖已陣亡，其遺族持有足以證明之任何文件時，應由原調查之地方政府轉請核卹。

四、在戶口普查尚未舉辦地方，對於陣亡之出征軍人，其遺族持有足以證明之任何文件者，應由地方政府先依下列之調查。

甲、城區由警察局於調查戶口時辦查。

乙、鄉鎮由保甲長辦理調查。

五、各部隊應通知各該兵家屬或其親友代為調查。

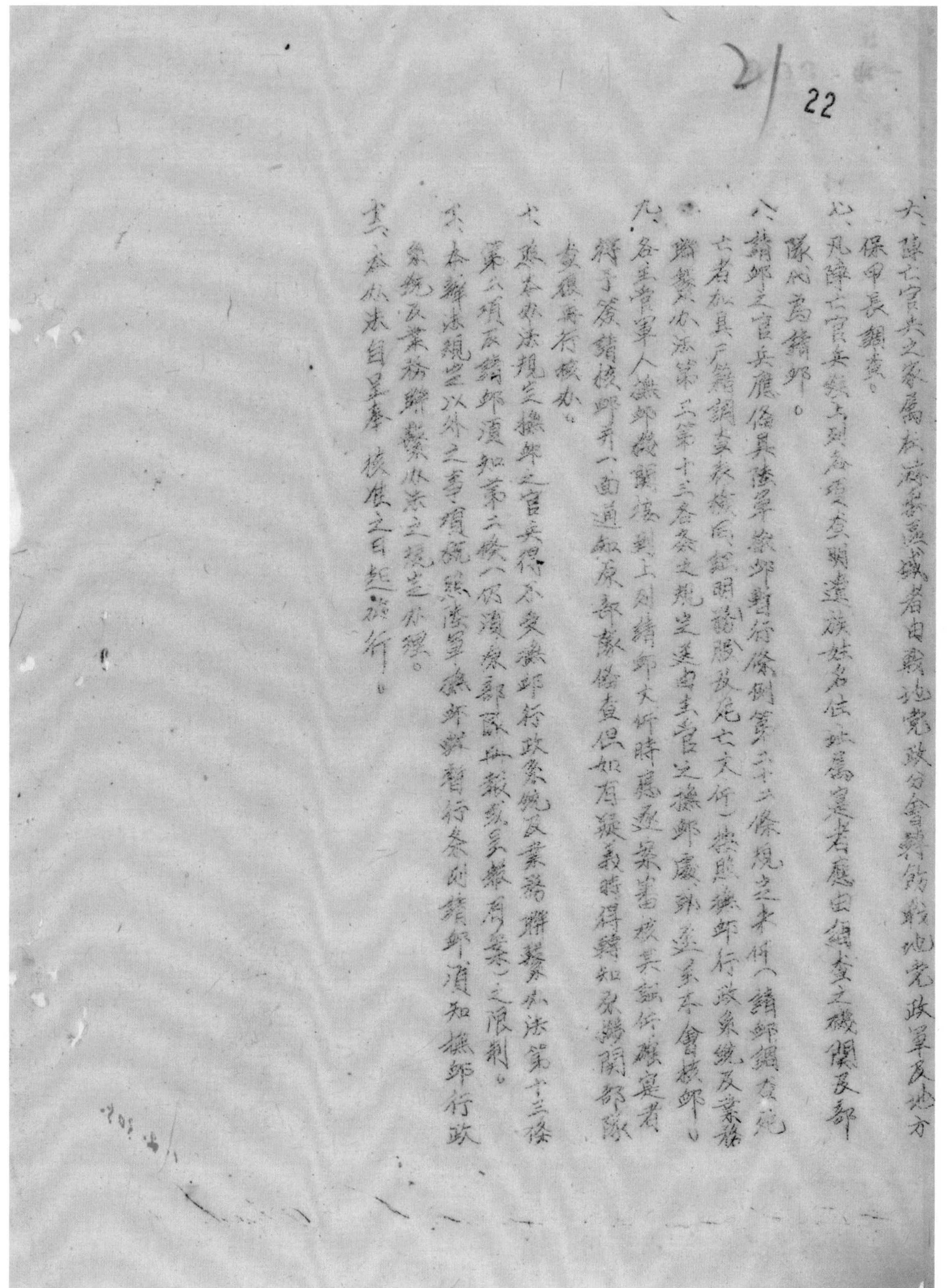

六、陣亡官兵之家屬爲在淪陷區域者，由戰地党政分會轉飭戰地党政軍及地方保甲長轉發。

七、凡陣亡官兵其上列各項查明遺族姓名住址屬實者，應由編查之機關及部隊代爲請卹。

八、請卹之官兵應備具陸軍撫卹暫行條例第二十五條規定之書件（請卹調查表、殘廢證明書或死亡文件），按照撫卹行政系統及業務聯繫辦法第五、第十三各條之規定，送由主管之撫卹處、站逐級呈本會核卹。

九、各主管軍人撫卹機關接到上列請卹文件時，應逐案審核其證件，確實者得予發給核卹，並一面通知原部隊備查，但如有疑義時得轉知原機關部隊查復再行核辦。

十、依本辦法規定撫卹之官兵，得不受撫卹行政系統及業務聯繫辦法第十三條第六項及請卹須知第二條（仍須原部隊出具或呈報有案）之限制。

十一、本辦法規定以外之事項，概照陸軍撫卹暫行條例、請卹須知、撫卹行政系統及業務聯繫辦法之規定辦理。

十二、本辦法自呈奉核准之日起施行。

江西省建设厅关于奉令抄发修正后的《战时乡镇保甲长暨联保主任因公伤亡给恤暂行标准》致省水利局的训令（一九四三年四月十四日）

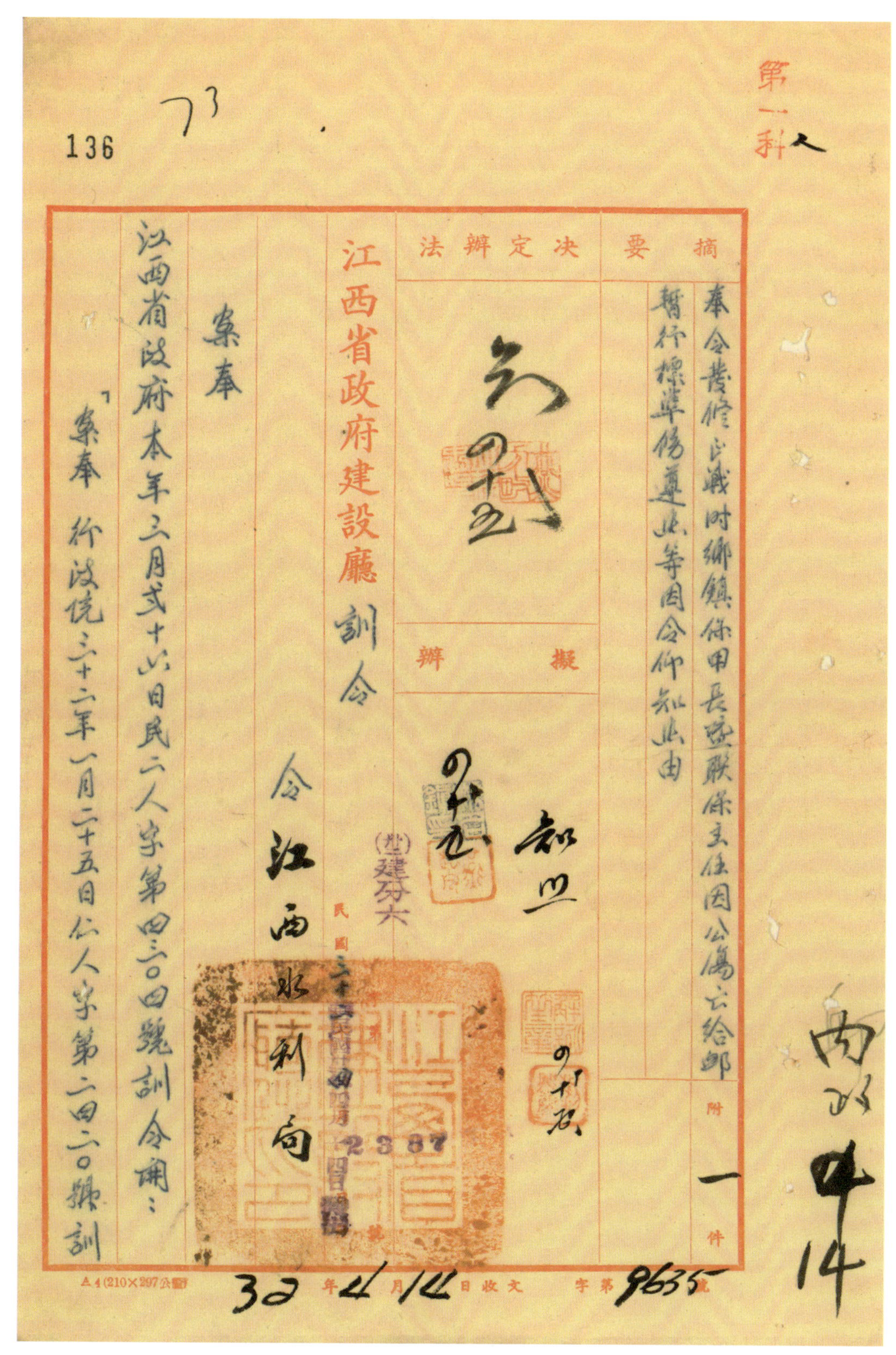

136

第一科

摘要：奉令發修正戰時鄉鎮保甲長暨聯保主任因公傷亡給卹暫行標準仰遵照等因令仰知照由

附件：一

江西省政府建設廳訓令 （卅二）建分六

令江西水利局

案奉

江西省政府本年三月式十六日民二人字第四三〇四號訓令開：

「案奉行政院三十二年一月二十五日仁人字第二四二〇號訓

32年4月14日收文 字第9635號

137

令開：「案奉　國民政府三十二年一月十三日渝文字第四八號訓令開：

『據考試院三十二年一月五日秘文字第一號呈稱：案查戰時鄉鎮保甲長暨聯保主任因公傷亡給卹暫行標準，前經銓敘部擬訂呈由本院核明呈奉鈞府核准，於二十八年十二月五日以渝字第六九二號訓令通飭施行在案。茲據銓敘部呈稱：准行政院三十一年五月順人字第一〇〇一〇號公函，以據福建省政府代電，非常時期鄉鎮保甲長因公傷亡撫卹費額過低，可否予以增加，以資補救。同年六月並准內政部渝禮字第一五〇一號函，同前由。查近來各地物價高漲，戰時鄉鎮保甲長卹金確為適應事實之要，需經將該項給卹標準予以修正，將卹金數額

74

138

酌量增加，並分別咨准內政、財政兩部，並見於其修正戰時鄉鎮保甲長暨聯保主任因公傷亡給卹暫行標準草案，檢呈鑒核，轉呈核准施行等情。據此，當經本院彙案審核，酌予修訂，理合繕具該項草案，具文呈請鑒核備准，通飭施行等情。據此，應准照案修正通飭施行，除指令並分行外，合行抄發原附修正標準，令仰知照，並轉飭所屬一體知照。」等因。奉此，合行抄發原附修正標準，令仰遵照，並轉行遵照。此令。」等因。計抄發修正戰時鄉鎮保甲長暨聯保主任因公傷亡給卹暫行標準一份。奉此，除報告第一五三九次省務會議並通令外，合行抄發原附修正標準，令仰遵照，並轉飭所屬一體遵照。」

A4(210×297公厘)

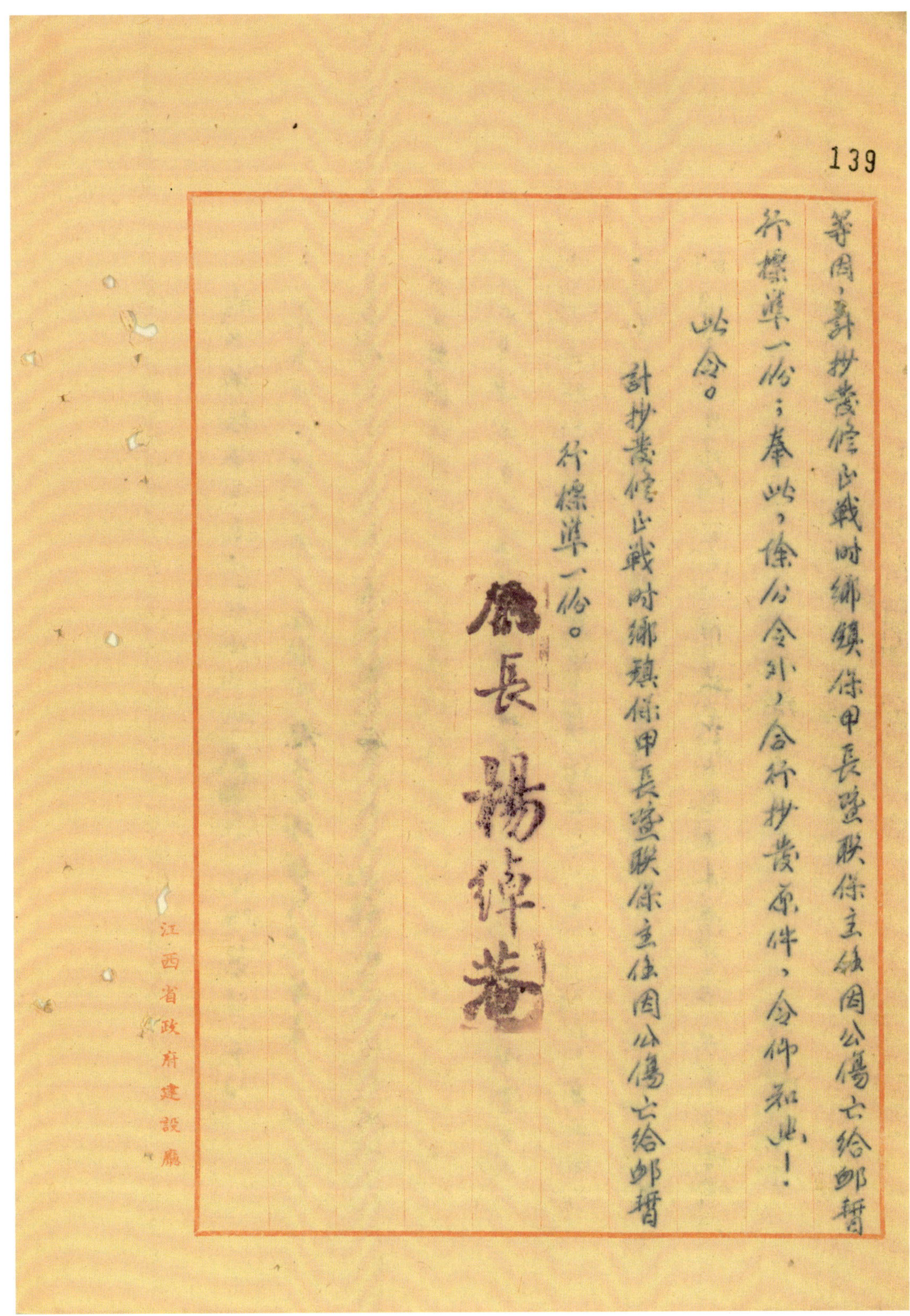

139

等因，並抄發修正戰時鄉鎮保甲長暨聯保主任因公傷亡給䘏暫行標準一份；奉此，除分令外，合行抄發原件，令仰知照！

此令。

計抄發修正戰時鄉鎮保甲長暨聯保主任因公傷亡給䘏暫行標準一份。

廳長 楊綽菴

江西省政府建設廳

附：战时乡镇保甲长暨联保主任因公伤亡给恤暂行标准

戰時鄉鎮保甲長暨聯保主任因公傷亡給卹暫行標準

一、戰時各省市縣鄉鎮保甲長暨聯保主任因公傷亡之給卹其係選舉或委用係合于人民守土傷亡撫卹實施辦法者應照其規定辦理外悉依本標準行之

二、因公出差遭遇意外事變或因執行職務以致受傷成為殘廢或心神喪失不能服務者鄉鎮長聯保主任得酌給一百五十元至三百元保長得酌給一百二十元至二百四十元甲長得酌給九十元至一百八十元之一次卹傷費其未達殘廢或心神喪失程度者鄉鎮長聯保主任得酌給六十元至一百六十元保長得酌給四十五元至九十元甲長得酌給三十元至九十元之一次醫藥費

141

三、因公出差遭遇意外事故或因執行職務以致死亡者鄉鎮長暨保主任得酌給三百元至六百元保長得酌給二百四十元至四百八十元甲長得酌給一百八十元至三百六十元之一次撫卹費

四、鄉鎮公所及保辦公處專任佐治人員之傷亡股主任得比照保長給卹幹事及事務員得比照甲長給卹

五、傷亡人員經省市政府核定追予給卹者其卹金得由縣市政府在撫卹費項下支給

六、本標準適用範圍以在戰區内者為限其在非戰區地方遇敵機轟炸因執行職務以致傷亡者得參照本標準辦理

七、本標準自核准日施行

江西省政府关于奉令抄发《战时雇员公役给恤办法》致省垦务处的训令（一九四三年八月六日）

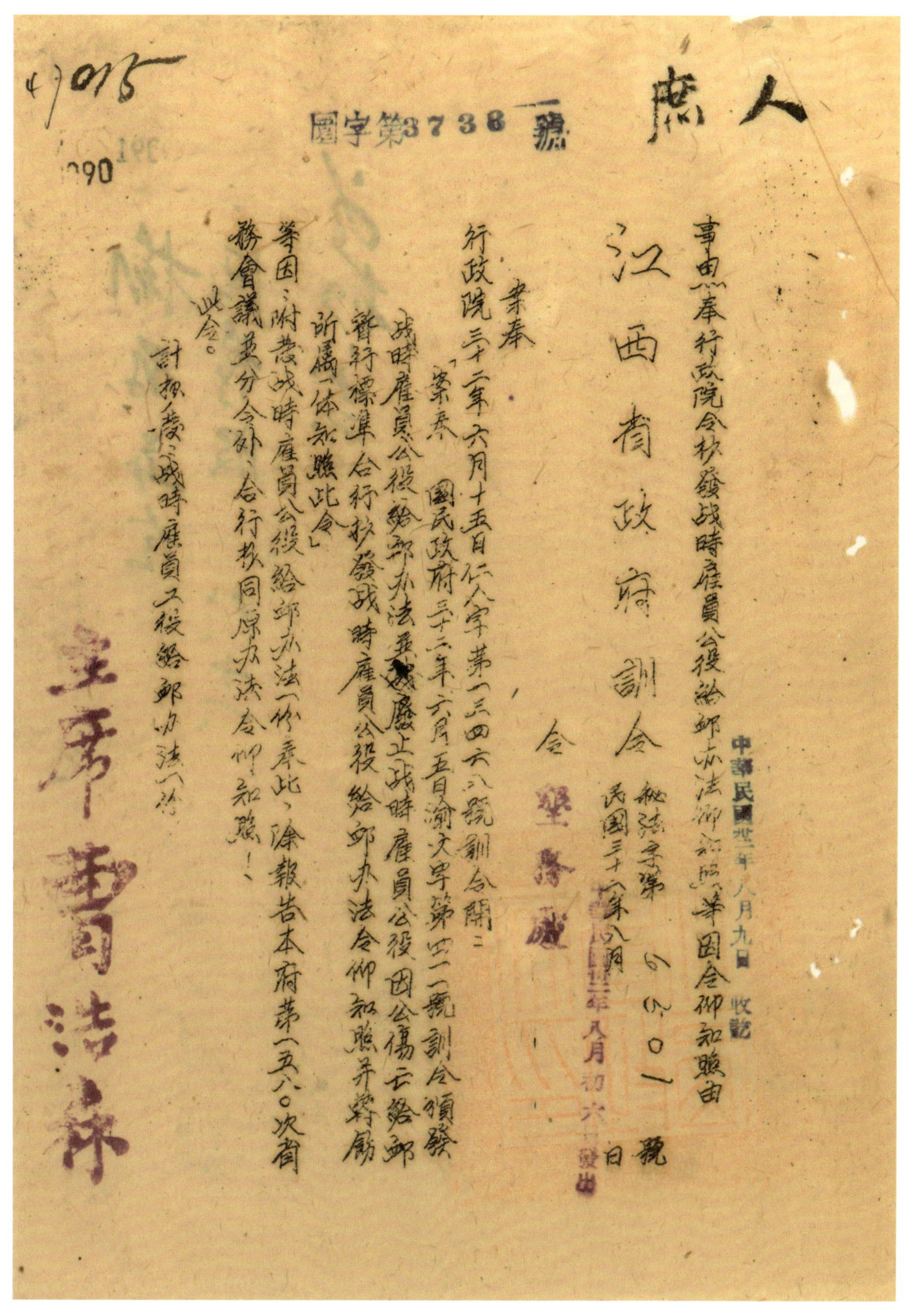

國字第3738號

江西省政府訓令　秘法字第6501號

民國三十二年八月　日

令墾務處

事由：為奉行政院令抄發戰時雇員公役給卹辦法仰知照，等因令仰知照由

案奉

行政院三十二年六月十五日仁八字第一三四六八號訓令開：

「案奉

國民政府三十二年六月五日渝文字第七二一號訓令：『頒發戰時雇員公役給卹辦法，並廢止戰時雇員公役因公傷亡給卹暫行標準。』合行抄發戰時雇員公役給卹辦法，令仰知照，並轉飭所屬一體知照。此令。」

等因；附發戰時雇員公役給卹辦法一份。奉此，除報告本府第一五八〇次省務會議並分令外，合行抄同原辦法，令仰知照！

此令。

計抄發戰時雇員公役給卹辦法一份

主席　曹浩森

中華民國卅二年八月九日收記

民國卅二年八月初六日發出

附：战时雇员公役给恤办法

戰時雇員公役給卹辦法

一、抗戰期間各機關雇員公役因公傷亡或在職病故得依左列標準給卹。

甲、雇員公役在辦公場所或因公出差遭遇意外事変以致受傷殘廢或心神喪失不能服務者得按其最後薪資給予十個月薪資之一次卹傷費其受傷未達殘廢或心神喪失程度者得酌給二個月至四個月薪資之一次醫藥費

乙、雇員公役在辦公場所或因公出差遭遇意外事変以致死亡者得按其最後薪資給予十四個月薪資之一次撫卹費

丙、雇員公役在職病故得按其最後薪資給予四個月薪資之一次撫卹費

前項雇員公役之卹傷費醫藥費及撫卹費除照前項規定給與外並應按現任員役之待遇比例增給之

二、雇員公役卹金得在各機關原有經費內支給但原服務機關裁撤或經費困難者得由其上級機關支給均作正報銷

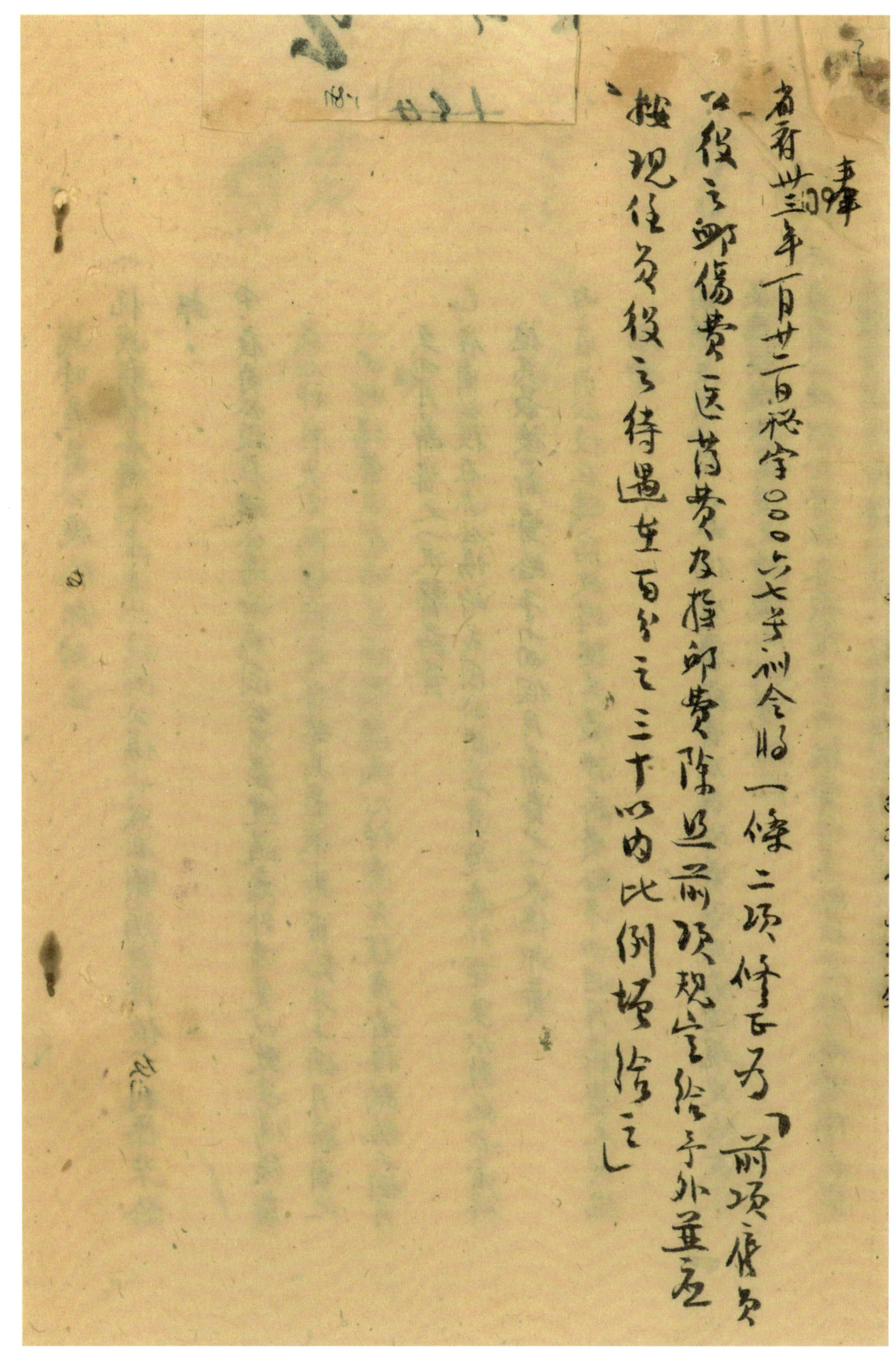

奉

省府卅三年一月廿二日秘字〇〇〇六七號訓令將一條二項修正為「前項傷員

公役之卹傷費醫藥費及撫卹費除照前項規定給予外並應

按現任員役之待遇在百分之三十以內比例增給之」

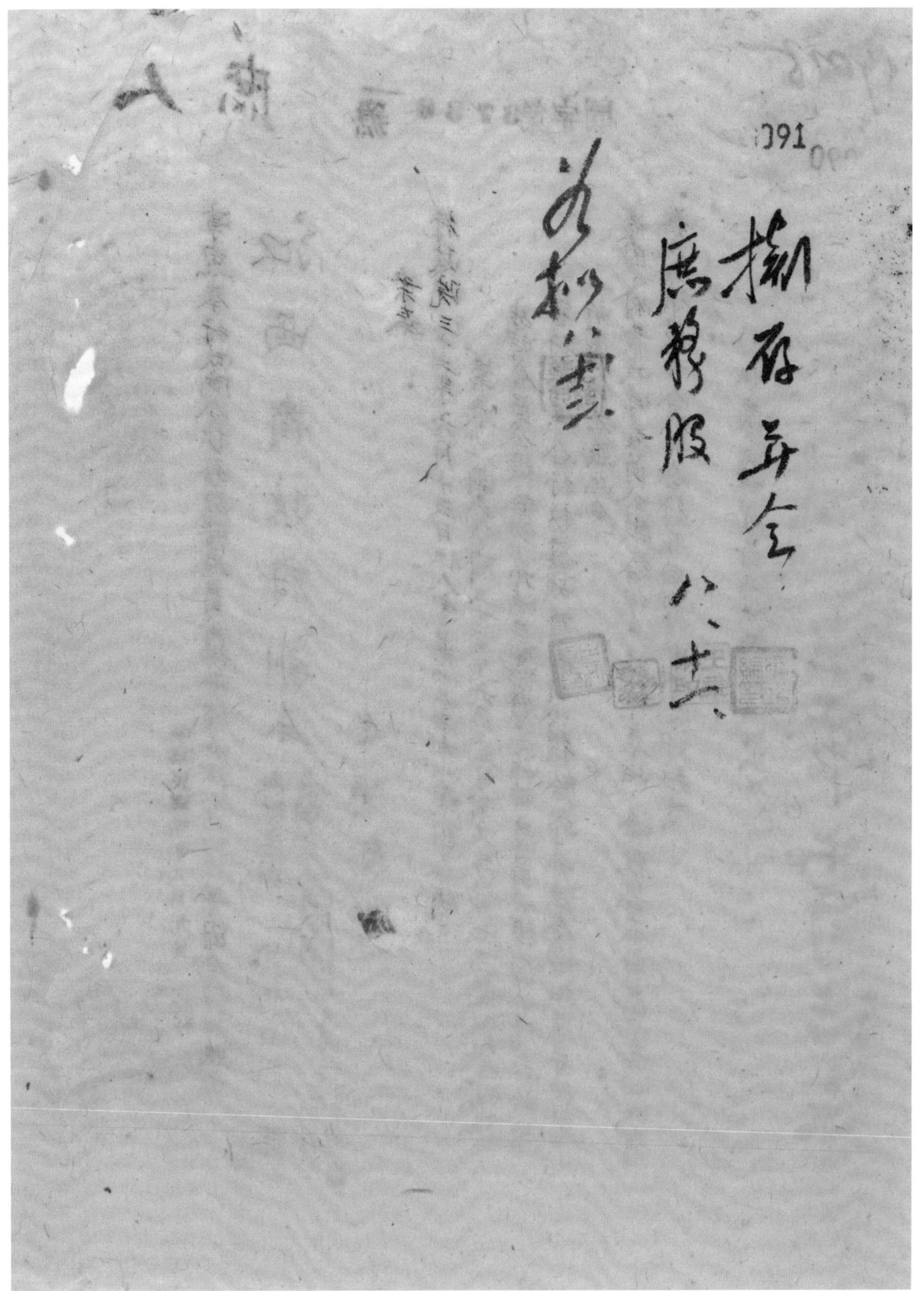
0391
拟存并令
应将照
八十
呈科长

江西邮政管理局关于奉令代发军恤事宜的通令（一九四四年七月四日）

江西郵政管理局財字通令第六九八號　代發軍卹款字第八號

為奉令關於代發軍卹如因給卹期滿其原卹令撤銷者郵局可憑領卹人所持之執照及領據核驗付款令仰知照由

案奉

郵政儲金匯業局三十三年六月二日渝匯字第一一五二號通代電內開：

「查按照　郵局辦理代發軍卹金事務細則（附儲匯局三十二年五月廿四日渝匯字第五一六號通代電附件三、本局三十二年七月六日財字通令第二二六號之附件五）第十六條及第十七條之規定，領卹人到郵局領取卹款時，除呈繳卹金領據外，並應交驗卹金給與令，倘缺少令據中之任何一種，郵局均得拒絕付款，茲准　軍事委員會撫卹委員會三十三年五月十六日公函撫二五渝字第四一四九三號內開：「據各省撫卹處電稱，以給卹期滿卹令已

撤銷者，領卹人持同批示及領據前往郵局取款，以免
卹令給於規程拒絶付款等情，相應函請　貴局轉飭
所屬各局知照，在章程未修改以前，如遇有給卹期滿
卹令已撤銷者，可憑發支付通知書撫卹机關之批
示及領據暨領卹人名章付款等由，准此自可照辦。
令行電仰知照，並轉飭所屬各局一體遵照辦理爲要
等因，奉此，自應照辦。關於上述郵局辦理代發軍人卹金章
則，在未奉修訂辦法以前，如遇有因給卹期滿，其原卹令已
撤銷者，可憑發支付通知書、撫卹機關之批示及卹金領
據、請領卹金保證書暨領卹人名章核驗付款，仰即知照。
此令。

局長李進祿
財務幫辦倪金德代行

中華民國三十三年七月四日自贛縣發

军事委员会抚恤委员会驻赣抚恤处关于奉令颁发《恤金领据及支付通知书遗失领恤人兑取恤款办法》致江西邮政管理局的代电（一九四四年十二月二十八日）

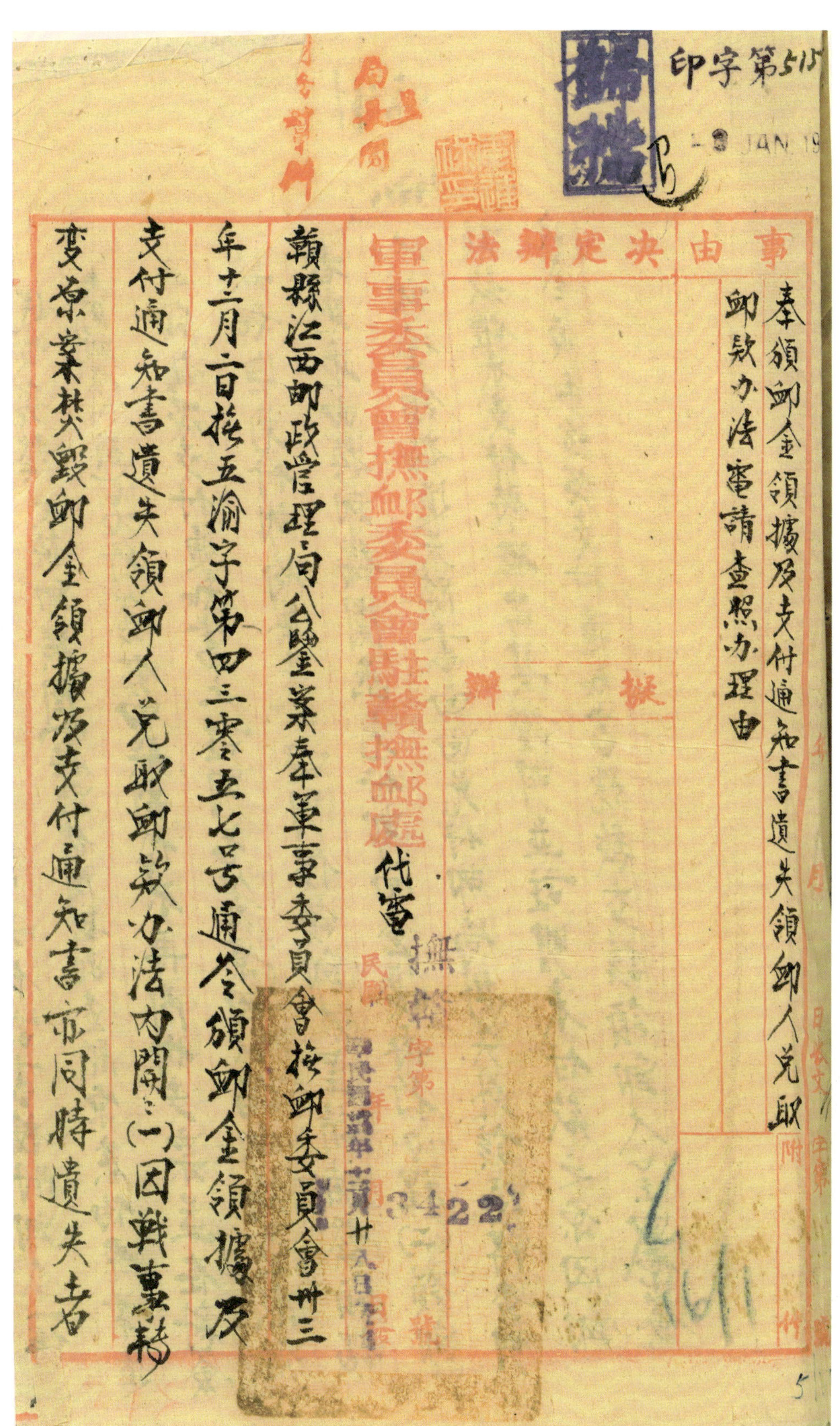

印字第515

事由：奉頒卹金領據及支付通知書遺失領卹人兌取卹款辦法電請查照辦理由

擬辦

決定辦法

軍事委員會撫卹委員會駐贛撫卹處代電

贛縣江西郵政管理局公鑒：案奉軍事委員會撫卹委員會卅三年十二月二日撫五渝字第四三零五七〇號通令頒卹金領據及支付通知書遺失領卹人兌取卹款辦法，內開：（一）因戰事轉變，原案焚毀卹金領據及支付通知書，而同時遺失者應由兌付郵局出具未付款之證明並註明原因交由該領郵人持同該項證明另備具保證書檢附郵令一併呈送原簽發之接郵機關（接郵機關可即查照原案倘原案遺失則根據郵令加戳）另行簽發四聯副份不再開付支票並在新簽之領據及支付通知書上註明另簽原因以備郵局查照付款如系兌付郵局掛失之證明僅領郵人呈請補發領據者則應由接郵機關函兌付郵局查復再行辦理（二）領郵人郵金領據遺失除書面向兌付郵局掛失外該局得查明該款確未支付時應出具證明並註明未付款之原因郵款金額年份及支付通知書號數交該領郵人呈由原簽

發之控郵機關（即各駐省控郵處）補發副領據註明補發之原因發給領郵人持向指定郵局兌取郵款郵局證明即併原案存查不予發還如領郵人僅申請補發領據而無兌付郵局之證明者照第一條末段規定辦理（三）在呈請補發副領據期間如領郵人出後覓原據仍持往兌付郵局取款時因已掛失該局得予拒絕付款以免冒領或重領（四）兌付郵款之郵局支付通知書遺失者應呈請其上級郵局轉請原簽發之控郵机関查照原案補簽副頁直發交該局以憑付款該局並應負責通知領郵人領取郵款等因奉此相應函請查照辦理並轉飭知照為

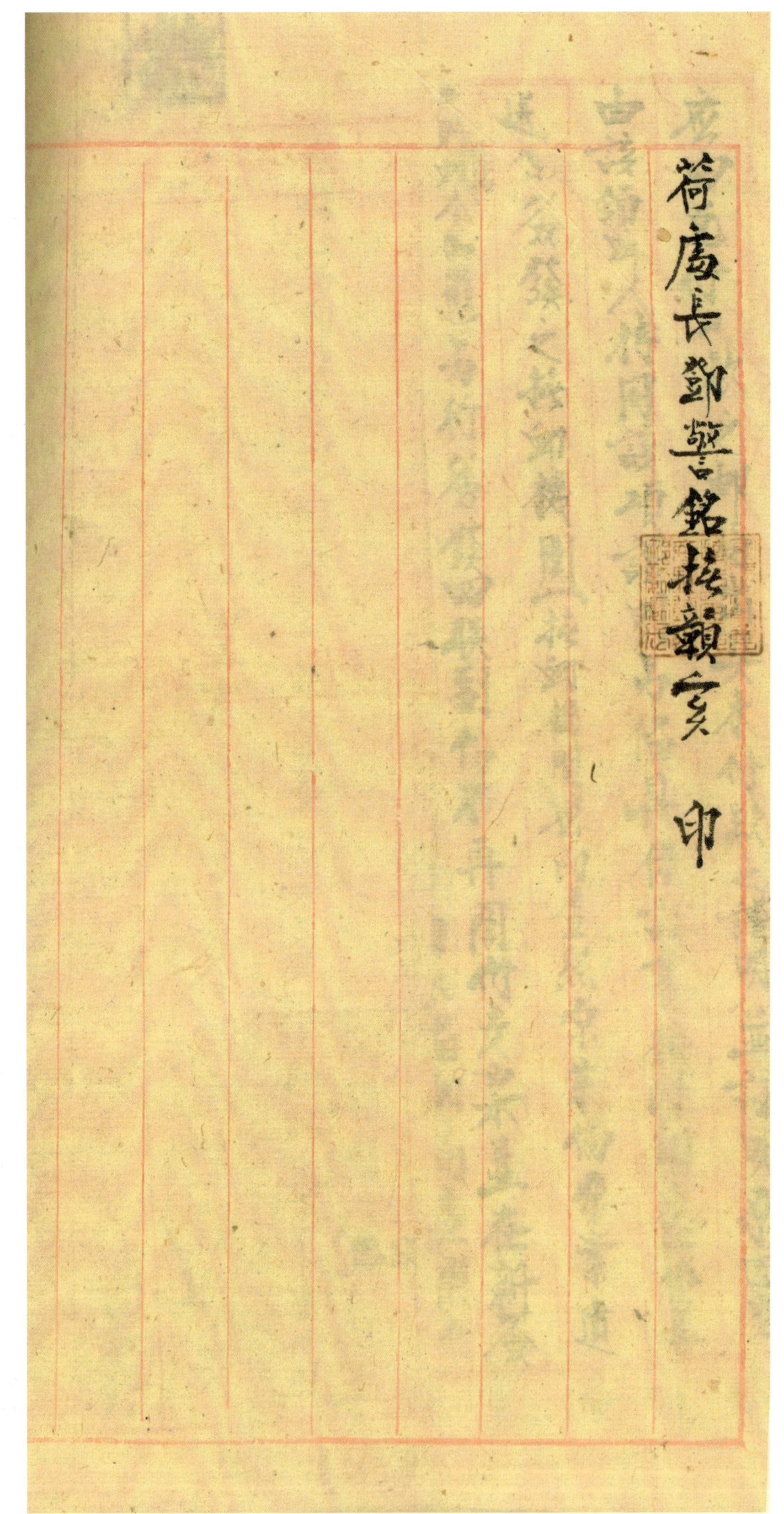
荷處長鄧警銘核額 亥 印

军事委员会抚恤委员会驻赣抚恤处关于按照退役粮俸标准比例增加伤亡官兵恤金并加发公粮致江西邮政管理局的代电（一九四五年七月）

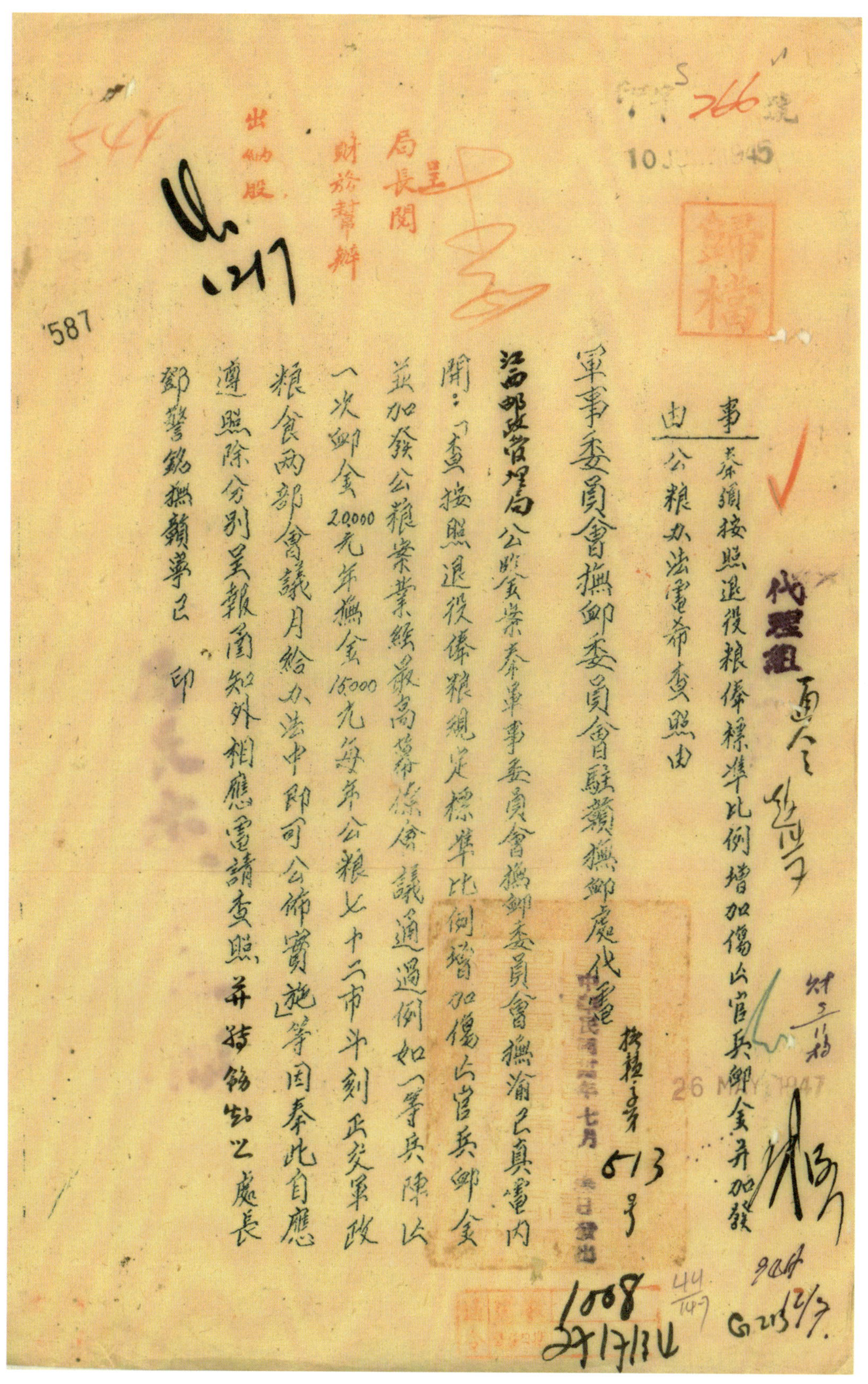

事由：奉頒按照退役粮俸標準比例增加傷亡官兵卹金並加發公粮辦法電希查照由

軍事委員會撫卹委員會駐贛撫卹處代電

江西郵政管理局公鑒：案奉軍事委員會撫卹委員會撫渝乙真電內開：「查按照退役俸粮規定標準比例增加傷亡官兵卹金並加發公粮案，業經最高幕僚會議通過，例如一等兵陣亡一次卹金20000元，年撫金15000元，每年公粮七十二市斗，刻正交軍政、粮食兩部會議月給辦法中，即可公佈實施」等因。奉此，自應遵照，除分別呈報蘭知外，相應電請查照，並轉飭知照。處長鄧警銘撫贛事乙印

中華民國卅四年七月　日發出

江西省政府关于废止抚恤业务变通办法致抚恤委员会驻赣抚恤处的指令、致省军管区司令部暨全省保安司令部的公函以及致省民政厅、财政厅、各专员公署、各县政府的训令（一九四六年三月四日）

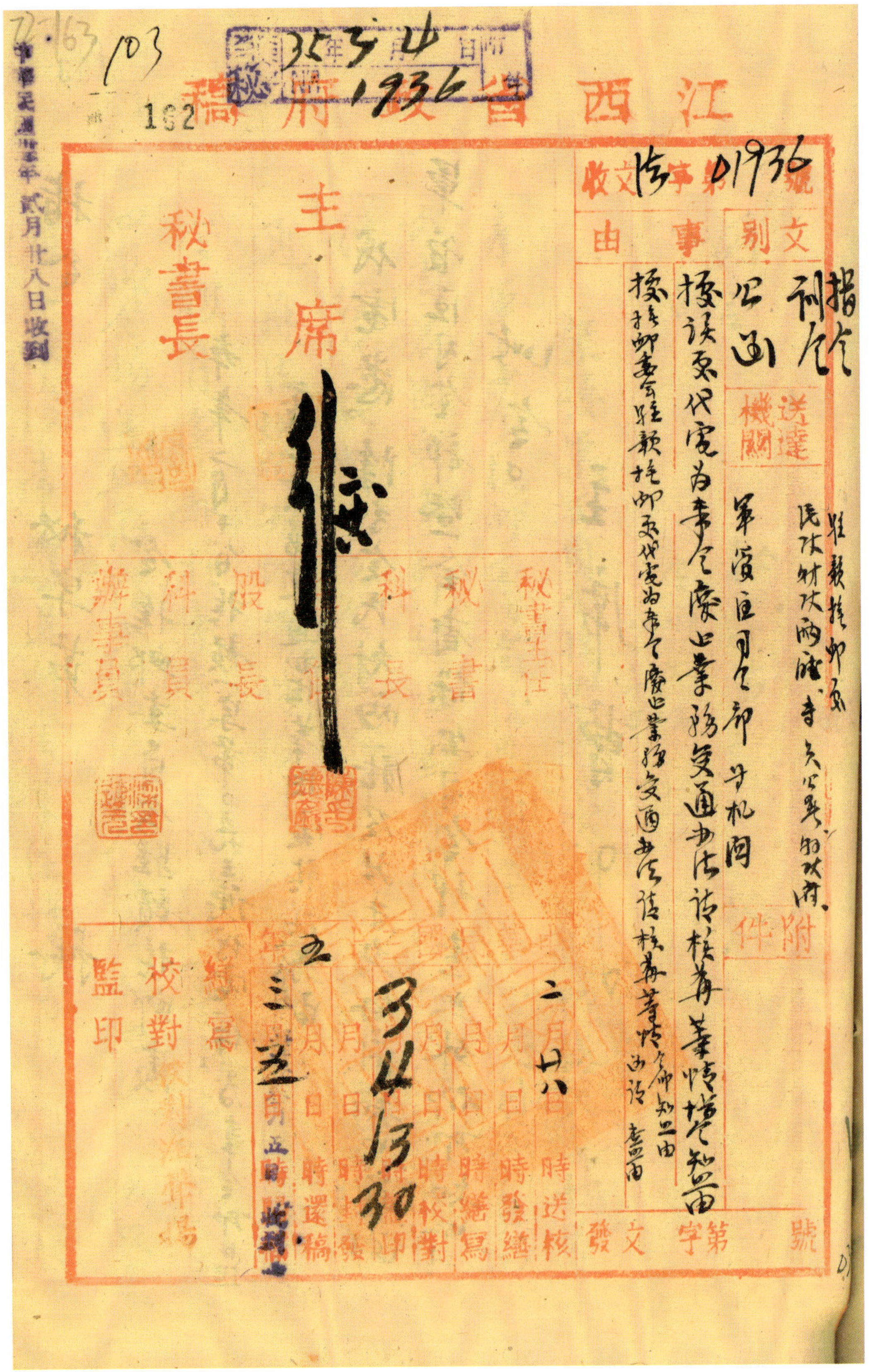

指令

秘字第　　號

令接郵委員會駐贛接郵處

本年十月十一日接贛一字第〇五九三號代電一件，為奉令即日起

廢止業務交通辦法等因電請核備由

代電悉。除分令民財兩廳及各專署縣府知照並函

軍管區司令部暨全省保安司令部查照外仰即知照！

此令。

主席曹〇

訓令
公函　秘字第　　號

令　民政廳
　　財政廳
　　各專員公署
　　各縣政府

案據軍事委員會撫卹委員會駐贛撫卹處代電稱：為奉軍委會撫卹委員會撫崇渝字第4791號訓令，以東南各省前因戰爭郵路阻塞期間，撫卹文件寄遞困難，經訂定撫卹委員會駐東南各省撫卹處業務完通辦法，規定例印案件授權各該處先行填發卹令，按月彙報在案。本年十月廿九日以撫一崇渝字第四〇一四號令飭遵照辦理在案。現敵人投降，各地順利接收，交通已恢復常態，且卹金業經增加，為防止冒濫起

特發一五一號

見上項辦法應自令到日起即予廢止仰遵照等因從

寬請核辦、等情、到府、除指復並分令民政廳財政廳及各專員外合行

令仰該廳所知照。此令。

分行各縣政府知照外相應函請

查照。為荷。此致

江西省軍管區司令部

江西全省保安司令部

主席 曹○○

江西省政府秘书处、省财政厅为抄发军事委员会抚恤委员会委托邮政机关发给恤金办法及修正办法的片

（一九四六年四月）

江西省政府秘书处致省财政厅的片（一九四六年四月十五日）

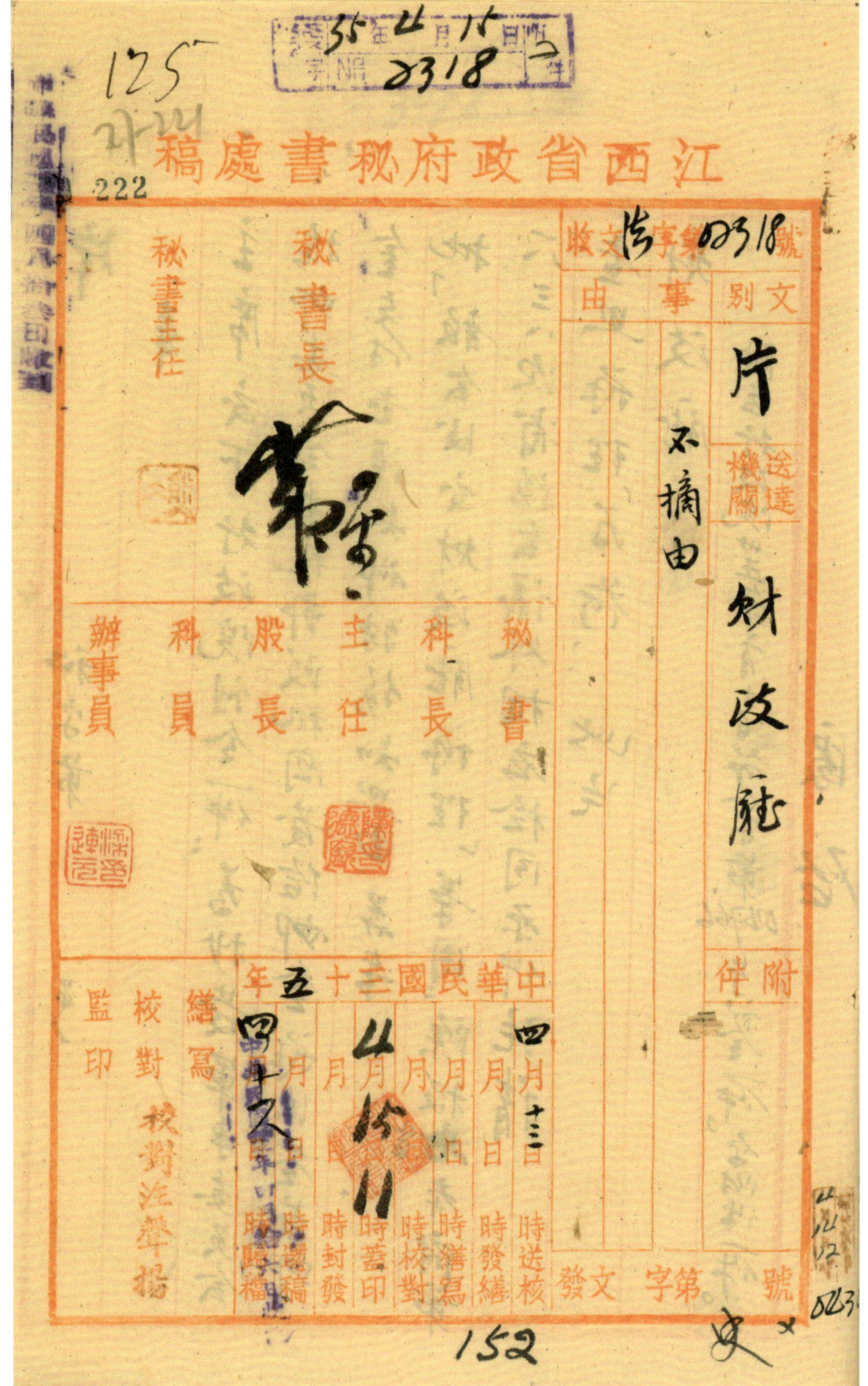

片

秘字第　　号

奉

主席交下行政院訓令一件，為抄發軍事委員會撫卹委員會委托郵政機關發給卹金辦法暨簽發卹金支付書須知仰轉飭知照由等

批「報會改交財政廳辦理」等因，除報告

八三八次省務會議外相應檢同原件片請

查照辦理為荷！此片

財政廳

附送行政院卅五年十月十日節人字第02766号訓令一件。原附件一件。

處　啓

江西省政府秘书处致省财政厅的片（一九四六年四月十五日）

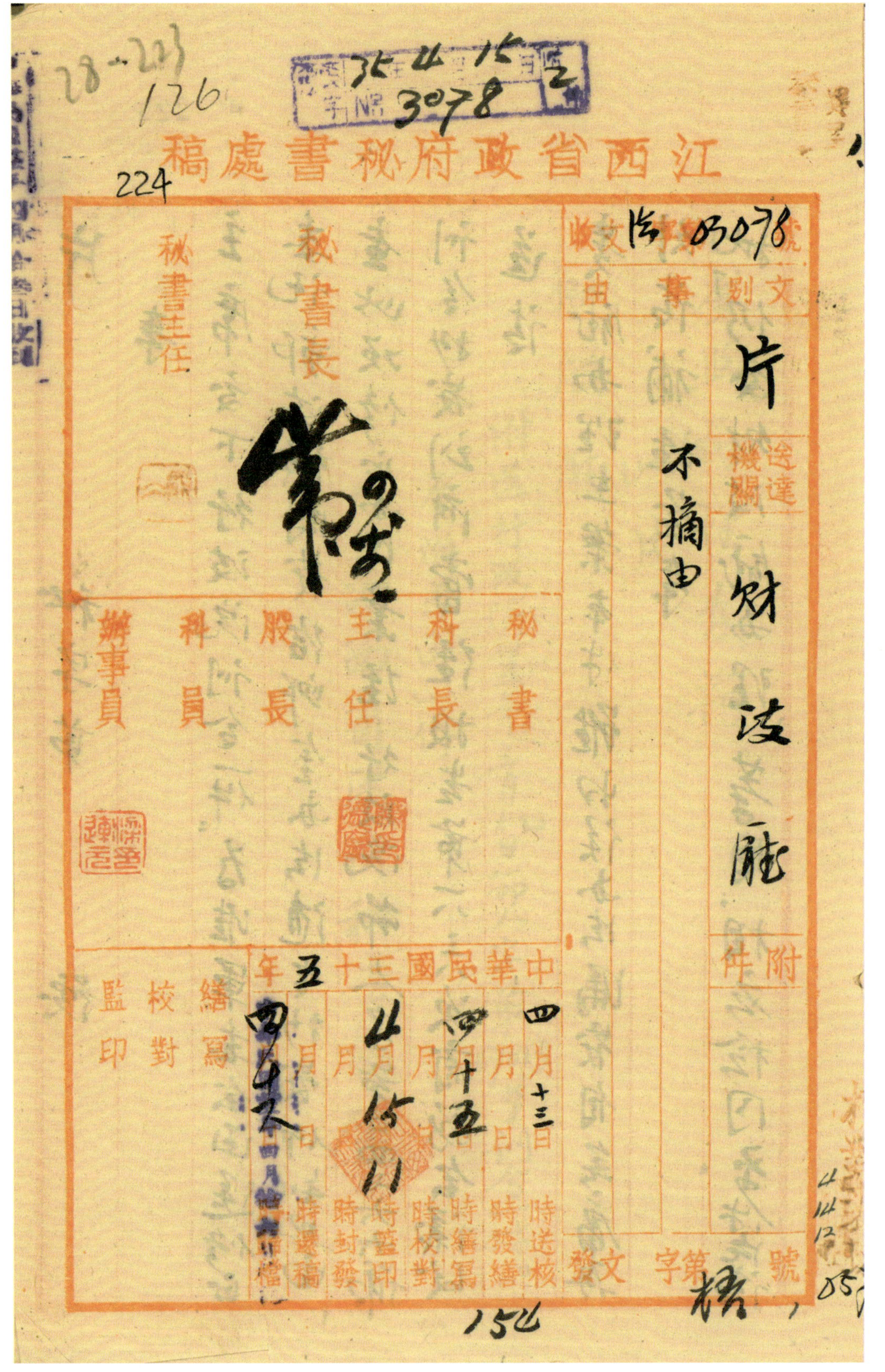

江西省政府秘書處稿

收文 字第 03078 號

文別：片

送達機關：財政廳

事由：不摘由

附件

秘書長

秘書主任

秘書　科長　主任　股長　科員　辦事員

繕寫　校對　監印

中華民國三十五年

四月十三日 時送核

四月十五日 時發繕

月 日 時繕寫

月 日 時校對

4月15日 11時蓋印

月 日 時封發

四月十六日 時還稿

發文 字第 號

片

事　　　　　　　　秘字第　　號

主席交下行政院訓令一件，為准軍委會函送修正
委託郵政機關發給郵金辦法通令抄發仰知照由
查此項修正辦法業經　行政院節人字第〇四七六六號
訓令抄發到府，當經報告第一八三八次府務會議決
送請
貴廳辦理在案。本件雖因該辦法漏發自無庸再
另行請補，經簽奉
批：「仍交財政廳辦理」。等因。相應檢同函件送請

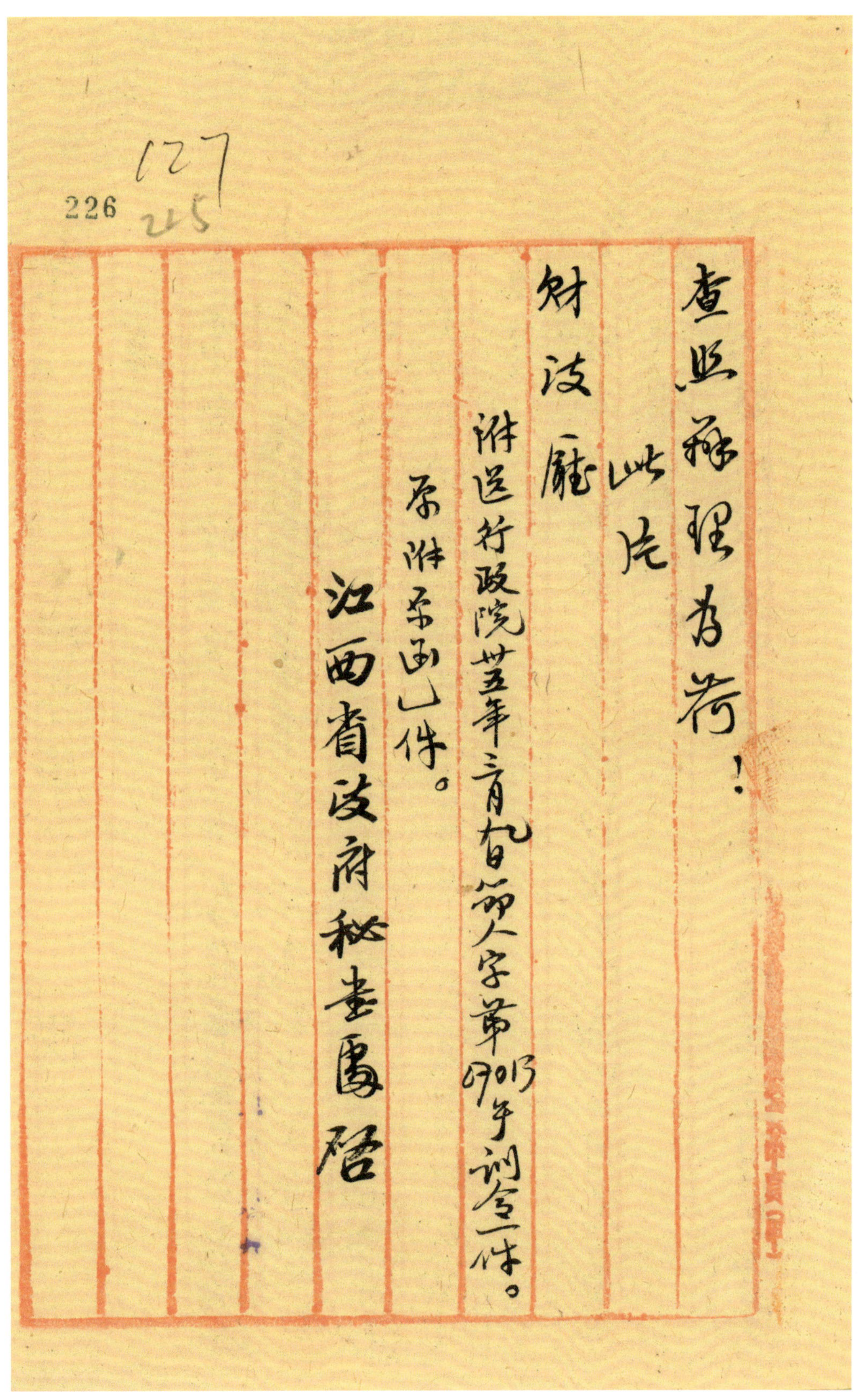

226

127

225

查照办理为荷！

此复

财政厅

附送行政院卅五年三月廿九日节人字第09013号训令一件。

原附来函一件。

江西省政府秘书处启

江西省政府关于发《革命抗战功勋子女就学免费补助条例》致省立各中等以上学校的训令
（一九四七年六月十六日）

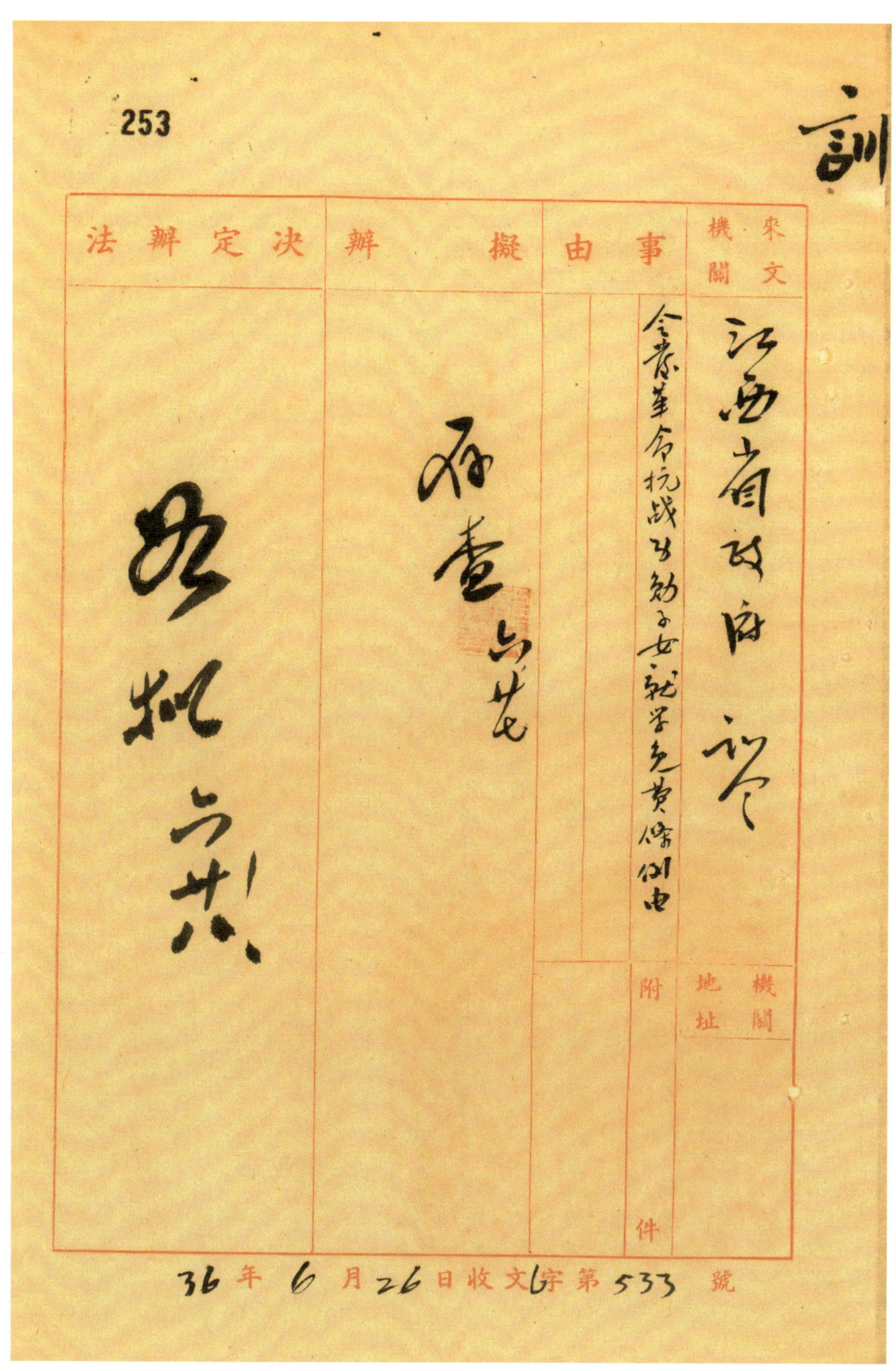
253

訓

來文機關	事由	擬辦	決定辦法
江西省政府訓令	令發革命抗戰功勳子女就學免費條例由	存查 六.廿	如擬 六.廿八
機關地址	附件		

36年6月26日收文6字第533號

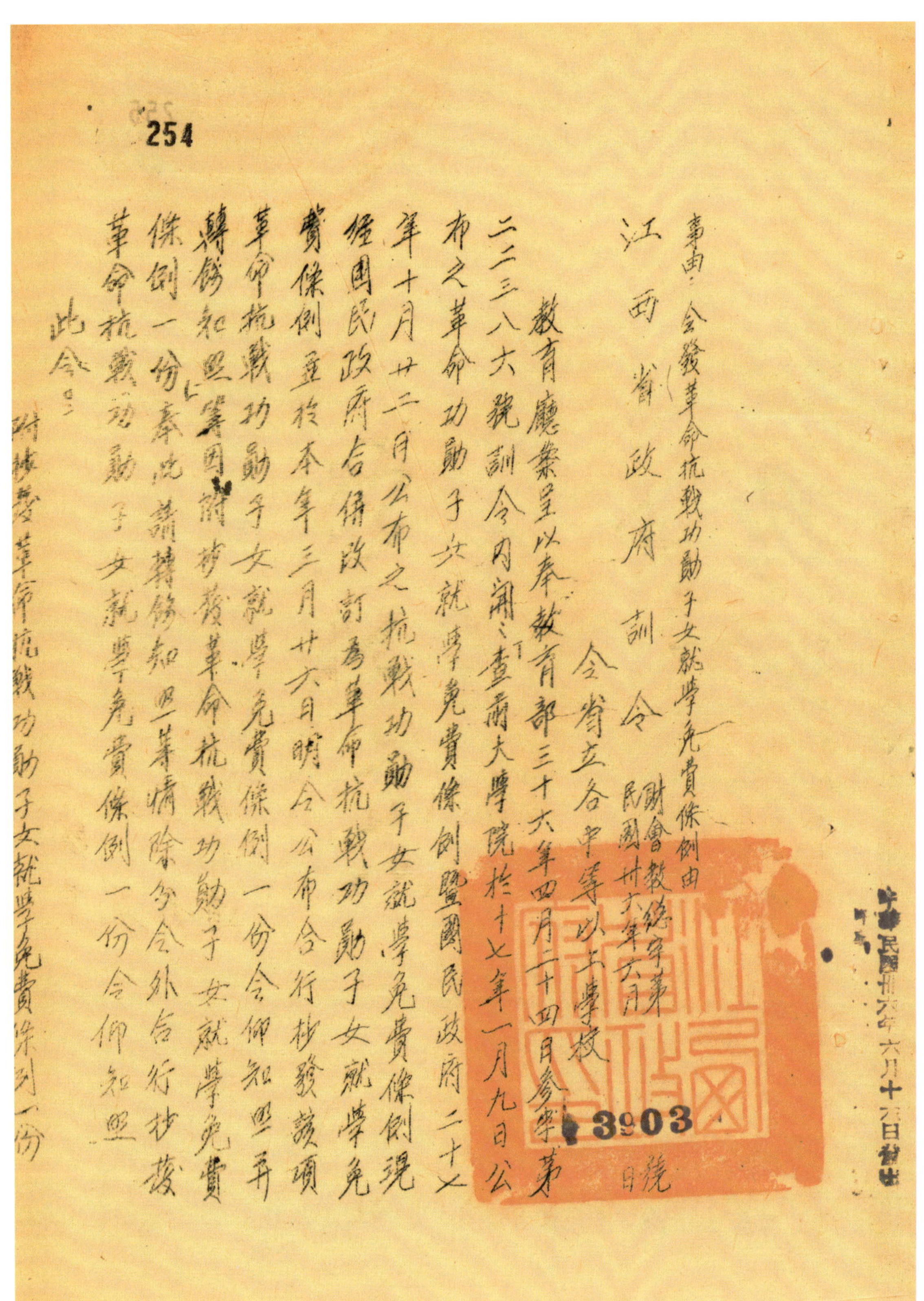

事由：令發革命抗戰功勳子女就學免費條例由

中華民國卅六年六月十六日發出

財會教總字第　號
民國卅六年六月　日

江西省政府訓令

令省立各中等以上學校

教育廳案呈以奉教育部三十六年四月二十四日參字第二二三八六號訓令內開：「查前大學院於十七年一月九日公布之革命功勳子女就學免費條例暨國民政府二十七年十月廿二日公布之抗戰功勳子女就學免費條例現經國民政府合併改訂為革命抗戰功勳子女就學免費條例，並於本年三月廿六日明令公布，合行抄發該項條例一份，令仰知照，並轉飭知照」等因，附抄發革命抗戰功勳子女就學免費條例一份。奉此，請轉飭知照。等情。除分令外，合行抄發革命抗戰功勳子女就學免費條例一份，令仰知照。

此令。

附抄發革命抗戰功勳子女就學免費條例一份

255

主　席王陵基
財政廳長洪軌
會計長李鄴
教育廳長周邦道

附：革命抗战功勋子女就学免费补助条例

256

革命抗戰功勳子女就學免費補助條例

國民政府公佈（三六、三、二六）

第一條　本條例所稱之革命抗戰功勳子女以左列人員之子女。

一、從事革命工作有勳勞於國家依法令給予撫卹或恤助者。

二、從事抗戰工作依法令給予撫卹者。

第二條　革命或抗戰功勳子女已入各級公立學校肄業困難無力負擔費用者得按其經濟情況分別給予左列各種之待遇。

甲、免學費實驗費講義費並補助在校時膳宿制服書籍等費全部。

乙、免學費實驗費講義費並補助在校時膳宿費全部。

丙、免學費實驗費講義費並補助在校時膳宿費半數。

丁、免學費實驗費及講義費。

前項各種費數額不得超過肄業學校所定一般

學生之各項費用數額。

第三條　前條各種待遇之核定應以功勳人員或其子女之經濟情況為標準。

第四條　功勳人員或其子女之經濟情況變遷時其已決定之待遇及種別得變更或停止之。

第五條　已核准之待遇有左列情形之一時得撤銷之：

一、功勳人員本身背叛中華民國經判決確定者。

二、功勳人員之子女經受開除學籍處分或喪失中華民國國籍者。

第六條　應免之學費雜費及講義費由各校于應列收入數內照數扣列，應補助之膳宿制服書籍等費由各校專案報由主管教育行政機關在教育經費內專項列支。

第七條　請求免費待遇時應填具申請書四份黏附第一條所定資格之証件、本人二寸半身照片四張，報由學校呈請主管教育行政機關轉送核定。

第八條　免費待遇之核定在國立學校由教育部組織革命抗戰功勳子女就學免費補助審查委員會辦理在省立或市立或院轄市市立學校由省市政府組織審查委員會核定轉報教育部備案在縣市立學校由縣市政府組織審查委員會核定報省教育廳備案。
前項審查委員會組織規程及審查細則由教育部定之

第九條　本條例自公布日施行

国民革命军遗族学校关于一九四七年秋招收遗族子女入学致江西省政府的公函（一九四七年九月六日）

中華民國卅六年九月十二日收到

事由：為函送本校招生章則等件希查照办理並希將辦理情形隨時見告由

擬辦：抄印刊公告

批示：可　遂　九、十二、

國民革命軍遺族學校公函　自教字第　號

中華民國卅六年九月六日發出

逕啓者查本校創設於民國十八年專收先烈遺族授以基本學科與必要之生活技能並培養其刻苦耐勞之習性教養兼施學藝並重先後畢業於本校學生有升轉各大

2

學或專科學校者，有就業工農各界及供職政府各機關者，均有優良成績表現，深得各方好評，殊引為慰。正期力謀擴充，俾我遺孤皆有就學機會，不意於二十六年七七事變抗日戰起，當以時機緊迫，乃於不得已情形下暫告停辦。迨者抗戰勝利，國土重光，環顧校區，除校舍尚存外，其餘所有一切設備均全部毀損，無一留存。惟本校仰体先烈遺志，軫念遺孤痛苦，故於國家財政萬分困難之際，仍決定設法復校。現已籌備就緒，訂於本年秋季開學，先行招收初中、小學生三百名。為公允計，特按照國防部撫卹處遺族分佈狀況比例分配全國各省（市）辦理，人數在十人以上者招考，不足

3

十人者擬保送制所有招致及保送學生均以所在省(市)籍貫優先錄取人數不足時再以寄籍貴省者遞補之茲特檢同有關章則表格等送請查照惠予轉飭教育廳辦理務請於期内護送來京入學事關遺族教育至希予以協助並希將辦理情形隨時見告為荷此致

江西省政府

附招生簡章八十份 報考申請書五十份

体格檢查表二份 請照式複印應用

保送遺族生入學條例一份

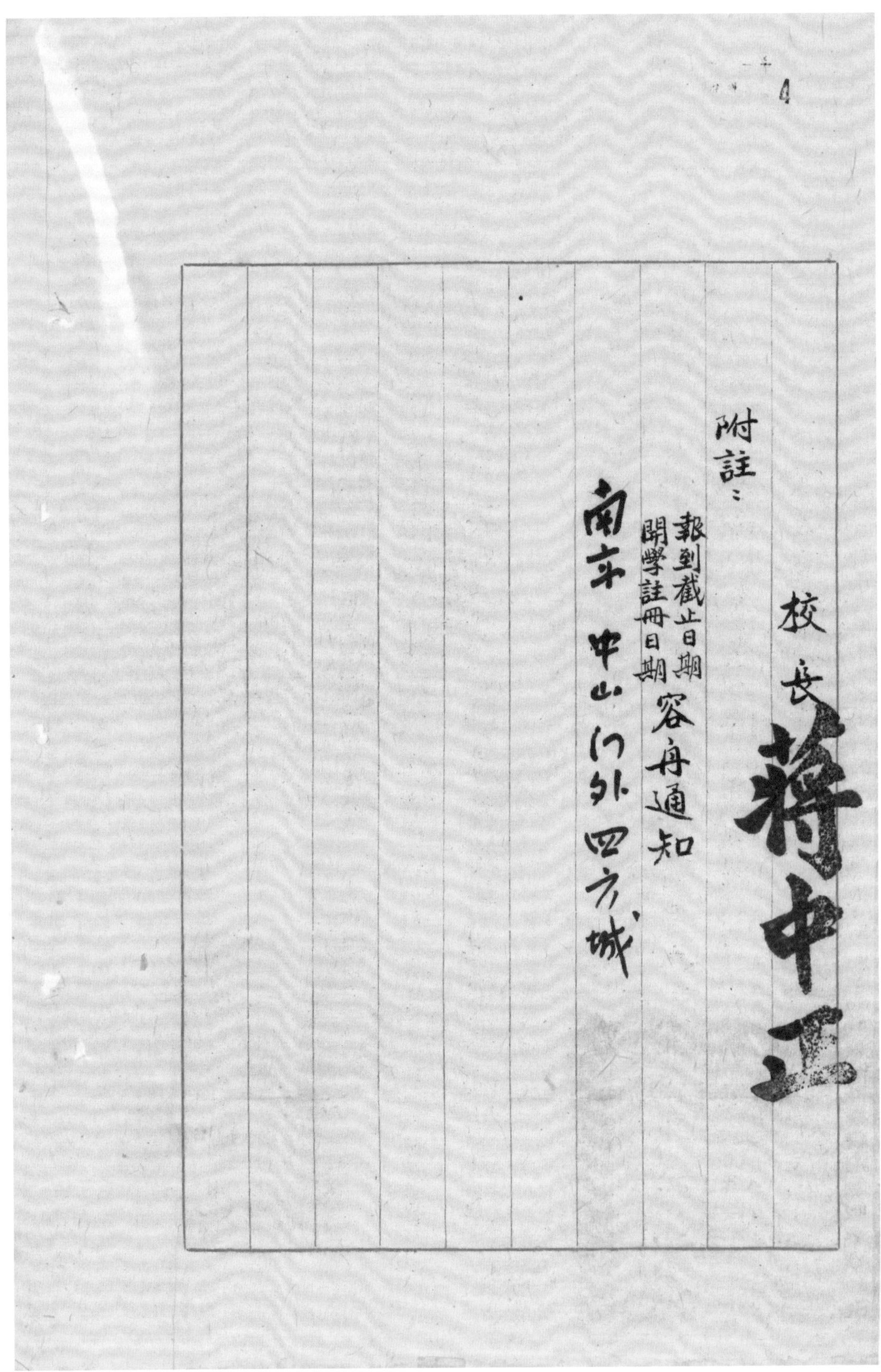

校长 蒋中正

附註：
報到截止日期
開學註冊日期 容再通知

南京 中山门外四方城

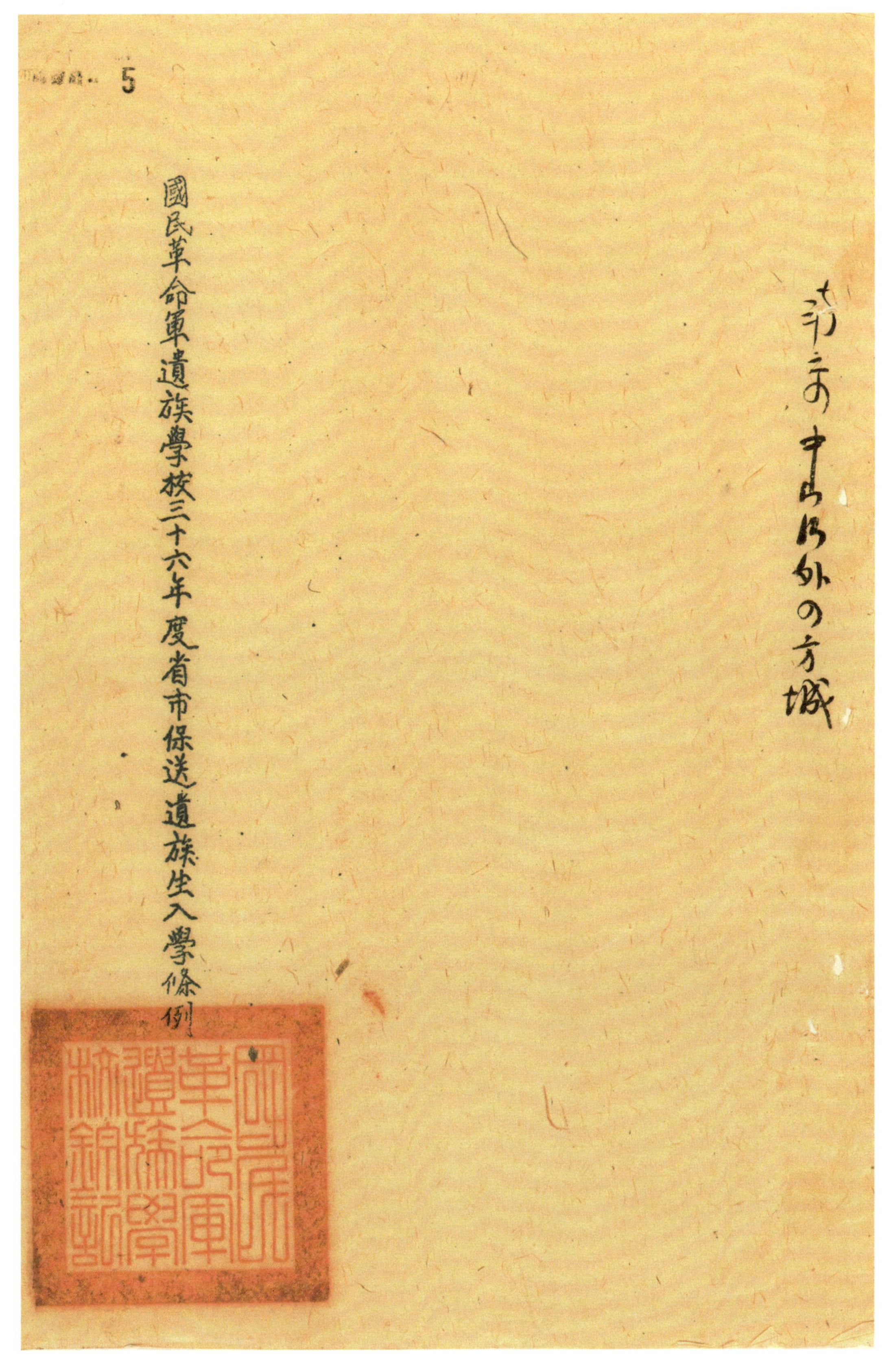

5

國民革命軍遺族學校三十六年度省市保送遺族生入學條例

國民革命軍遺族學校三十六年度省市保送遺族生入學條例

一、各省及各特別市按遺族分配比例十人以下者稱為保送省市採取保送制，得依照本條例之規定辦理保送遺族生入學手續。

二、各特別市及各保送省保送遺族生入學時應注意之各點及應辦之手續分述於后：

（甲）應注意之各點：

1、須依照本校招生簡章之規定切實審核遺族身份即撫卹令等證明文件及學歷證明書（遺族係指直系子女而非兄弟等旁系親屬）

2、須依照本校所指定之招收各年級名額保送之，不得任意更改，以免影響本校所定之額次，茲將江西省應招收之各年級遺族生名額列表於后：

省別	各年級招收名額			總額	備註
	初中一	初中二	初中三		
江西	6	2	1	9	

3、保送生暫不收同等學力者

(乙)應辦之手續：

1、各保送省市即應依照本條例第二條(甲)款第二項規定之(見附表)年級及名額辦理招考保送生之一切事宜

2、各保送省市保送遺族生時除須審核遺族身份及學歷證件外，尤應舉行嚴格考試評定成績取錄以資慎重，俾使保送生之程度劃一。

3、各特别市及各保送省須按本校規定報到日期之前將已取錄之各生名冊、年級、遺族生簡畧履歷就寄本校並派員護送來校報到編級後入學，至護送用費須由各省市自行担負。

4、各保送省市除派員護送來校外，更應發給各保送生保送入學證明文件，以憑來校報到。

5、報到手續、報到時各生除應持各保送單位之證明書外

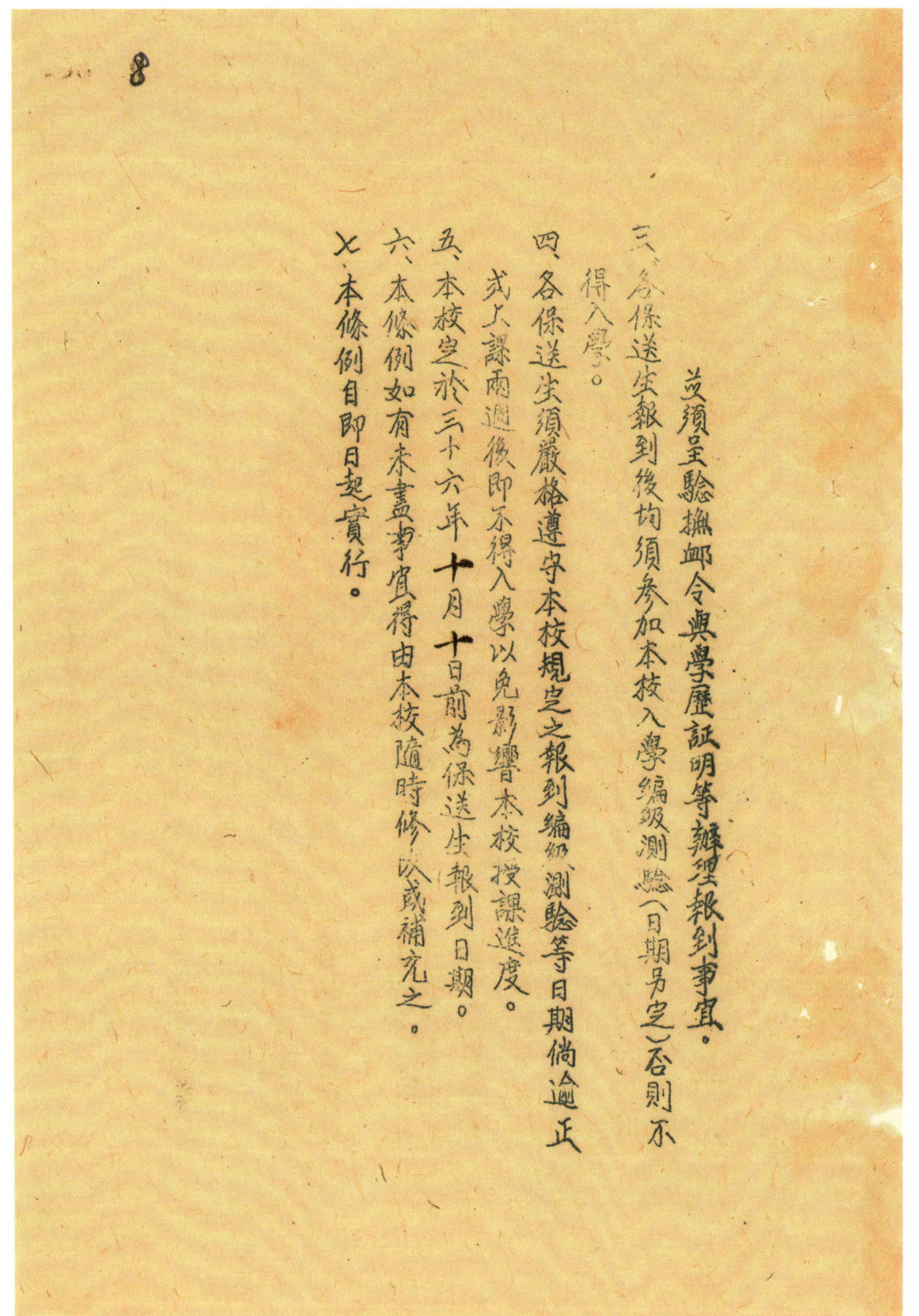

8

並須呈驗撫卹令與學歷証明等辦理報到事宜。

三、各保送生報到後均須參加本校入學編級測驗（日期另定）否則不得入學。

四、各保送生須嚴格遵守本校規定之報到編級、測驗等日期倘逾正式上課兩週後即不得入學以免影響本校授課進度。

五、本校定於三十六年十月十日前為保送生報到日期。

六、本條例如有未盡事宜得由本校隨時修正或補充之。

七、本條例自即日起實行。

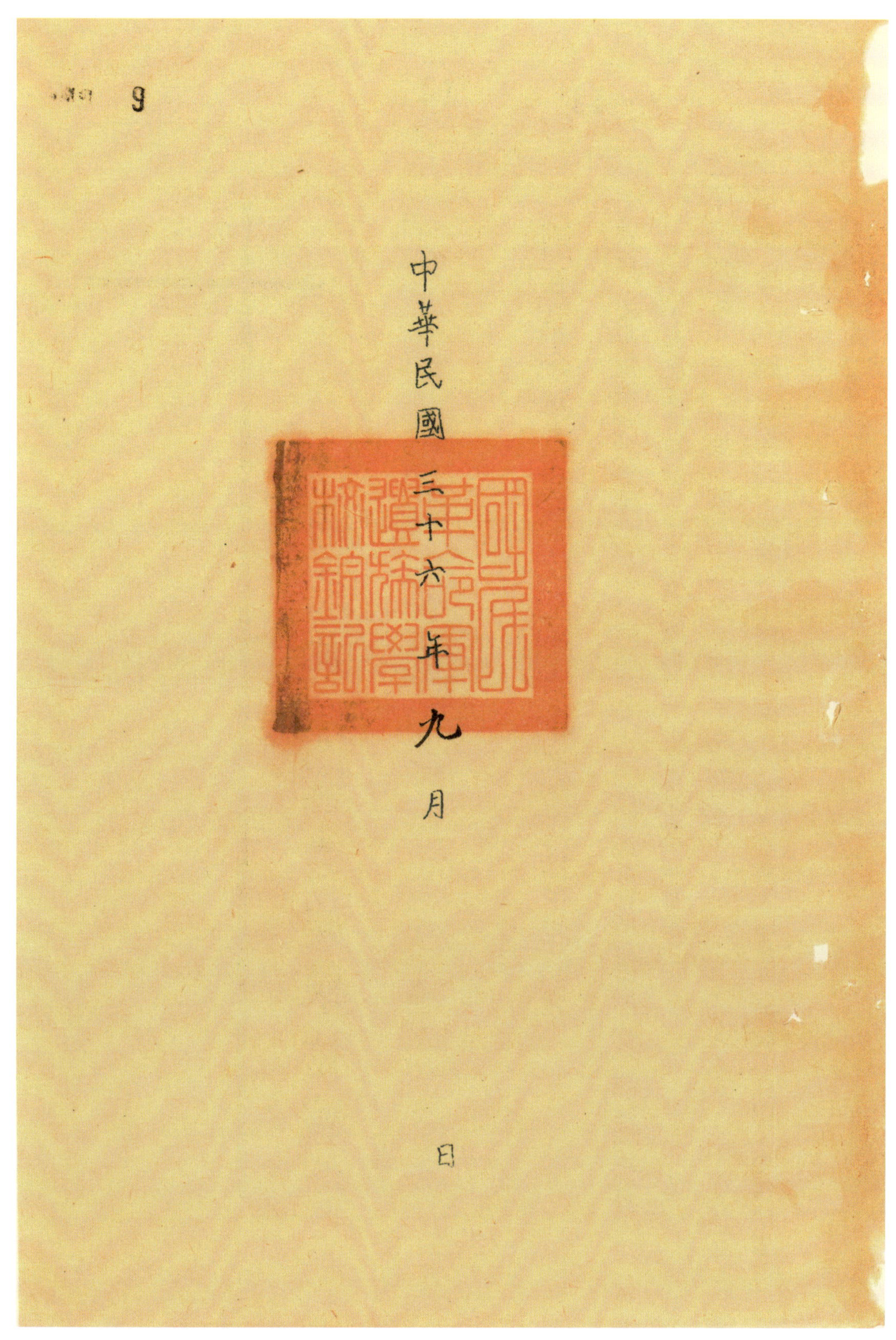

9

中華民國三十六年九月　　日

國民革命軍遺族學校鈐記

附二：国民革命军遗族学校一九四七年度复校招生简章

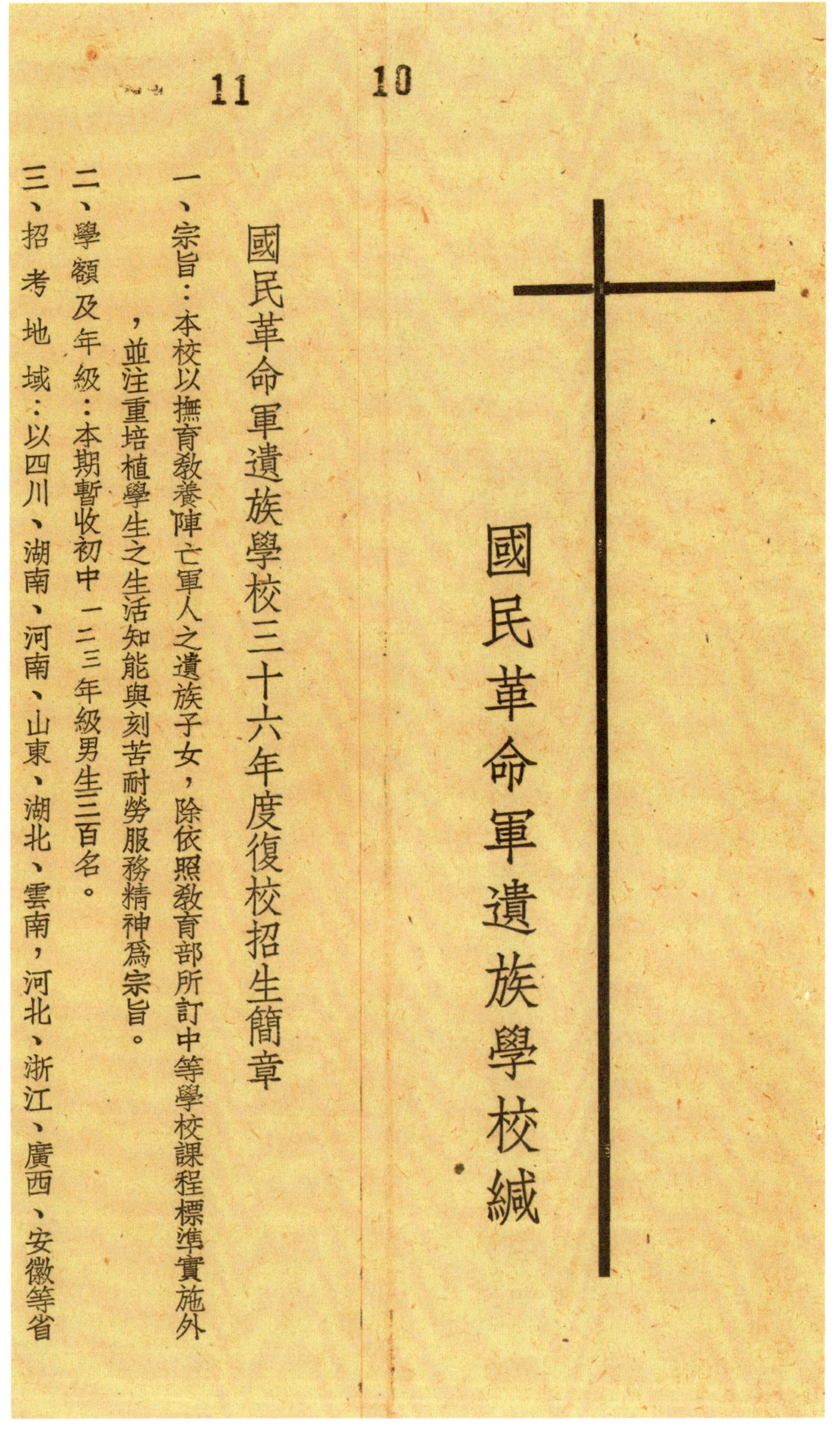

10

国民革命軍遺族學校緘

11

國民革命軍遺族學校三十六年度復校招生簡章

一、宗旨：本校以撫育教養陣亡軍人之遺族子女，除依照教育部所訂中等學校課程標準實施外，並注重培植學生之生活知能與刻苦耐勞服務精神爲宗旨。

二、學額及年級：本期暫收初中一二三年級男生三百名。

三、招考地域：以四川、湖南、河南、山東、湖北、雲南，河北、浙江、廣西、安徽等省爲單位，考場設各省省會，其他各省市用保送生辦法。

四、投考資格：凡中華民國陣亡軍人之遺族子女、家境清寒、體格健全、思想純正、無不良嗜好、年齡自十二足歲至十八足歲（本期暫收男生）並持有撫卹令確爲遺族者，方准申請報名投考，惟投考初中一年級者，須有高小畢業證書，初中二三年級插班生者，須有一二年級肄業成績單及轉學證明書，至同等學力投考者其取錄額，只佔總學額十分之一。

五、報名手續：凡具有上列資格之各生，得向居住地之省(市)政府教育廳(局)辦理申請報考手續。

1.證件審核：向報名處領取報名投考申請書，逐項填寫清楚後，連同國防部撫卹令及學歷證明書一併呈驗審核。

2.體格檢驗：經審核合格後，即行發給體格檢查表，至指定醫院檢驗體格。（院名、地址、日期、由各省(市)教育廳(局)自行規定公佈之）

3.換取准考證：經醫師驗明體格確係健全後，攜該證明書，並已審核合格之申請書，及最近二寸半身脫帽像片三張（背後書名，考取與否概不退還），至報名處換取准考證。

六、待遇：入學後，食宿、制服、書籍及課業用品等，均由本校供給。

七、報名日期時間及地點：由各省（市）教育廳（局）自行規定。

甲、日期時間：

乙、地　點：

八、報名截止日期：定於　月　日　時爲報名截止日期。

九、考　試　日　期：定於九月廿七八日全國同時舉行。

地　點：

十、考試科目及時間：

日別	時間	第一日 初中一	第一日 初中二	第一日 初中三	第二日 初中一	第二日 初中二三
上午	8:30—10:00	國文	國文	國文	口試	
上午	10:15—11:45	算術	算學	代數	口試	
下午	1:30—3:30	常識	英語	英語		口試
下午	3:45—5:15		公民 史地 博物	公民 史地 化學		口試

附註：初中一年級常識包括公民、史地、自然。

十一、報到截止日期：

十二、開學註册日期：

十三、本 校 地 址：南京中山門外四方城

附三：国民革命军遗族学校学生报名投考申请书

招考省份 12

國民革命軍遺族學校學生報名投考申請書

字第　　號　　年　　月　　日

學生姓名		乳名		年齡		籍貫	省　市縣	已未婚
現在通訊處			永久通訊處					
肄畢業學校	年級　投考　年級　學期　生							
已否領到撫卹給與令	號碼　字　號							
遺族證明書	件	號碼		頒發機關	年　月　日			
學歷證明書	件			頒發學校	年　月　日			
陣亡者姓名		年齡		籍貫	省　市縣	與學生關係		
陣亡時部隊番號				主管長官				
陣亡戰役				職級				
陣亡時間	年　月　日			地點				
現在學生家長姓名		年齡		職業		與學生關係		
現有家屬稱謂		親屬稱謂		職業				
在京親友姓名		職業		住址		與學生關係		
現在家庭經濟狀況								
像片	家長通訊處							
	審查意見			體格				
				同等學力				
	備註			請審核人註明上項				

附四：国民革命军遗族学校投考学生体格检查记录

13

国民革命軍遺族學校投考學生体格檢查紀錄

第　考區

投考申請書　　字第　　號				
姓名　　性別　　年齡				
生日　年　月　日　實足年齡　歲　月				
住址				
檢查事項		投考年級		
		年　月　日		
		檢查結果	符號	矯治情形
1	身高			
2	體重			
3	視力			
4	聽力			
5	耳病			
6	沙眼			
7	牙齒			
8	扁桃腺			
9	淋巴腺			
10	營養			
11	皮膚			
12	疝氣			
13	心臟			
14	肺臟			
種痘				
檢查醫師簽名				

江西省政府关于发《革命抗战功勋子女就学免费补助审查委员会组织规程》致省立各专科学校、师范学校的训令（一九四七年九月）

259

訓

來文機關	江西省政府 訓令
事由	令發革命抗戰功勳子女就學免費補助審查委員會組織規程由
機關地址	
附件	
擬辦	擬存查 蕭 十六
決定辦法	如擬 十、十四

36年10月13日收文6字第773號

260

事由：令發革命抗戰功勳子女就學免費補助審查委員會組織規程由

江西省政府訓令　財會教總字第　號

民國三十六年九月　日

6115

令省立各專科學校、師範學校、中學、職業學校

教育廳案呈，以奉教育部卅六年五月十二日參字第二五七九二號訓令內開：「查革命抗戰功勳子女就學免費補助條例，前經 國民政府於本年三月二十六日制定公佈，並由本部特發查案依據上項條例制訂之革命抗戰功勳子女就學免費補助審查委員會組織規程，規經呈奉 行政院核准備案，除以部令公佈並令外，合行檢發該項革命抗戰功勳子女就學免費補助審查委員會組織規程一份，並將上項條例兹付之申請書格式，連同附發，仰即知照，並轉飭知照。」等因，附發革命抗戰功勳子女就學免費補

中華民國卅六

261

助审查委员会组织规程及申请书格式各一份，奉此。该财务知照等情，除分令外，合行抄发原件，令仰知照！

此令。

附抄发革命抗战功勋子女就学免费及补助审查委员会组织规程及申请书格式各一份。

主　席　王陵基

财政厅长　洪　轨

会计长　李　鄷

教育厅长　周邦道

262

革命抗戰功勳子女就學免費補助審查委員會組織規程

第一條　本規程依據革命抗戰功勳子女就學免費補助條例第八條第二項之規定訂定之。

第二條　教育部設立教育部革命抗戰功勳子女就學免費補助審查委員會，省或直隸於行政院之市於省市政府所在地設立省或市革命抗戰功勳子女就學免費補助審查委員會，縣或市於縣市政府所在地設立縣或市革命抗戰功勳子女就學免費補助審查委員會。

（以下簡稱審查委員會）

第三條　教育部審查委員會設委員九人至十一人，由教育部部長就有關機關及部內高級職員聘派之，並以教育部部長為主任委員。

第四條　省或直隸於行政院之市審查委員会設委員七人至九人由省市主管教育行政機関長官就有関機関高级職員聘派之並以該省市主管教育行政機関長官為主任委員。

第五條　縣或市審查委員会設委員五人至七人由縣或市主管教育行政機関長官就有関機関高级職員聘派之並以各該縣市教育行政機関長官為主任委員

第六條　審查委員会為常設機関其委員為義務職其協助辦理審查事宜之各職員均分別由教育部省市縣教育行政機関職員兼任之。

第七條　教育部審查委員会辦事細則由教育部訂定之省市審查委員会辦事細則由省市政府擬訂咨請教育

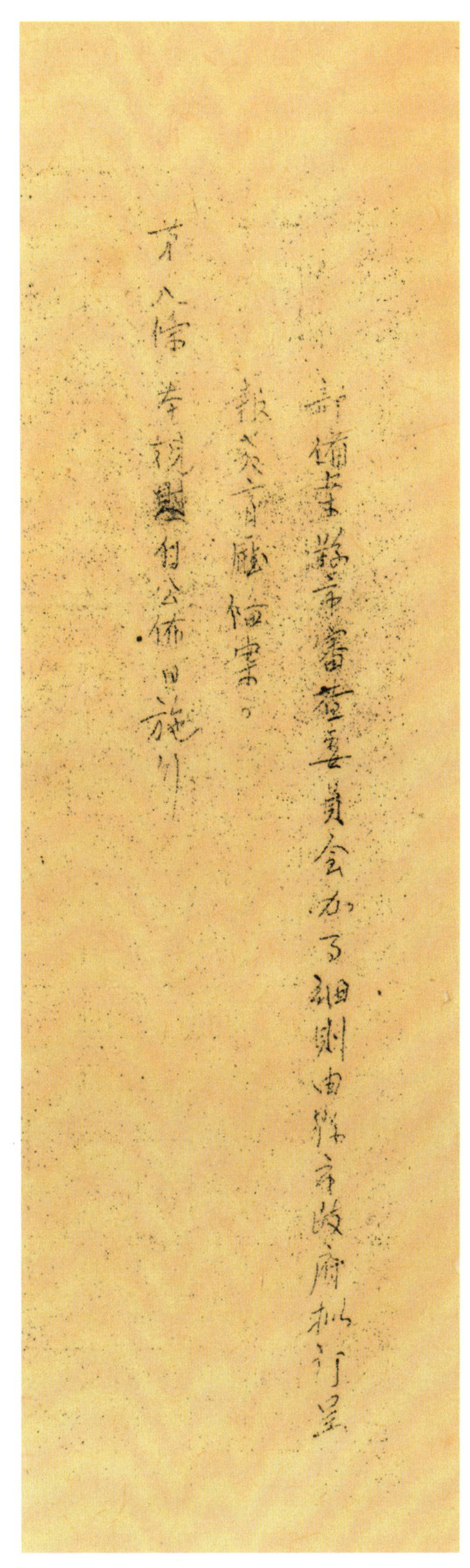

新修志縣市審查委員會辦事細則由縣市政府擬訂呈
報教育廳備案。
第八條　本規則自公布日施行。

263

革命抗戰功勳子女就學免費補助申請書

所在學校名稱________

姓名		性别		籍貫	省　縣	年齡		班别年級	
住址	1.現在				2.永久				
家屬狀况			家庭經濟狀况（有無產業每月收入詳數）						
本學期請求了免費時日									
證件									
請求免費類及補助數額		審查意見				核定給予待遇			

家長（或親屬）________簽名蓋章

____年____月____日

保證人二人

1.______（職業______住址______簽名蓋章

2.______（職業______住址______簽名蓋章

所在學校校長________簽名蓋章

注意事項　一、證件應附呈部頒給予令或訓書

二、保證人資格（甲）家庭所在地鄉鎮保甲長（乙）該生學校訓導人員或教員但有下列情形之一者不得爲保證人 1.直屬長官 2.直系親屬 3.所在學校之長

三、本申請書填寫四份報由學校呈請主管教育行政機關核定

江西省政府为发《革命抗战功勋子女就学免费补助条例审查细则》致省立各中等以上学校的训令（一九四八年四月二十九日）

0058

事由：令發革命抗戰功勳子女就學免費補助條例審查細則由

江西省政府訓令　財教字第　　號

中華民國三十七年四月　日

令省立各中等以上學校

教育廳案呈准教育部卅七年一月十五日參學字第零五二八零號訓令內開：「查革命抗戰功勳子女就學免費補助條例及革命抗戰功勳子女就學免費審查委員會組織規程暨申請書式樣業經本部於上年四月廿四日以參字第二三八六號及五月十八日參字第二五七九二號訓令先後頒發在案。茲制定革命抗戰功勳子女就學免費補助條例審查細則，公佈施行。前於民國卅三年四月三日頒佈之抗戰功勳子女就學免費給予規則，並予廢止。除分行外，合行檢發該項審查細則一份，令仰遵照，並轉飭知照。」等因，附發革命抗戰

02355

0059

功勋子女就学免费补助条例审查细则十份，希即转饬知照等
情，除分令外，合行抄发原件，令仰知照！
此令。
附发革命抗战功勋子女就学免费补助条例审查细则一份。

主席 熊式辉
财政厅长 文群
教育厅长 周邦道

0060

革命抗戰功勳子女就學免費補助條例審查細則

第一條　本細則依革命抗戰功勳子女就學免費補助條例（以下簡稱本條例）第八條之規定制之

第二條　本條例所稱功勳子女指功勳人員之婚生子女或養子女而言

第三條　本條例第一條所定資格之証件為有效期間之卹亡給獎令獎卹金証書或撫助金證書

前項有效証件以由國防部或前軍事委員會銓敘部及中國之民党中央執行委員會核給者為限。

第四條　本條例第二條所列各項待遇應先由所在學校根據學生所提各種証件家庭經濟狀況及在校生活情形依同條

例第三條之規定嚴加審查並擬定項別後呈報各該主管教育行政機關核定依同條例第四條變更或停止待遇者亦同。

第五條　本條例第三條規定應免之膳費以公費生之膳費數額為準，制服書籍等補助費由學校就所在地經濟情形擬定數額呈報各該主管教育行政機關核定

第六條　請求免費之學生應於學校每學期開始後三個月內辦理申請手續，一經核定免費及補助準予發至畢業為止，如轉學或升學作為他校新生時應再持有效證件報由學校轉呈主管教育行政機關重行申請

第七條　本細則自公佈之日施行

二、请恤救济补助

江西省教育厅关于奉令征集抗战殉国官兵、行政人员及地方民众事实以备核恤致省立工业专科学校的训令
（一九三八年七月三十日）

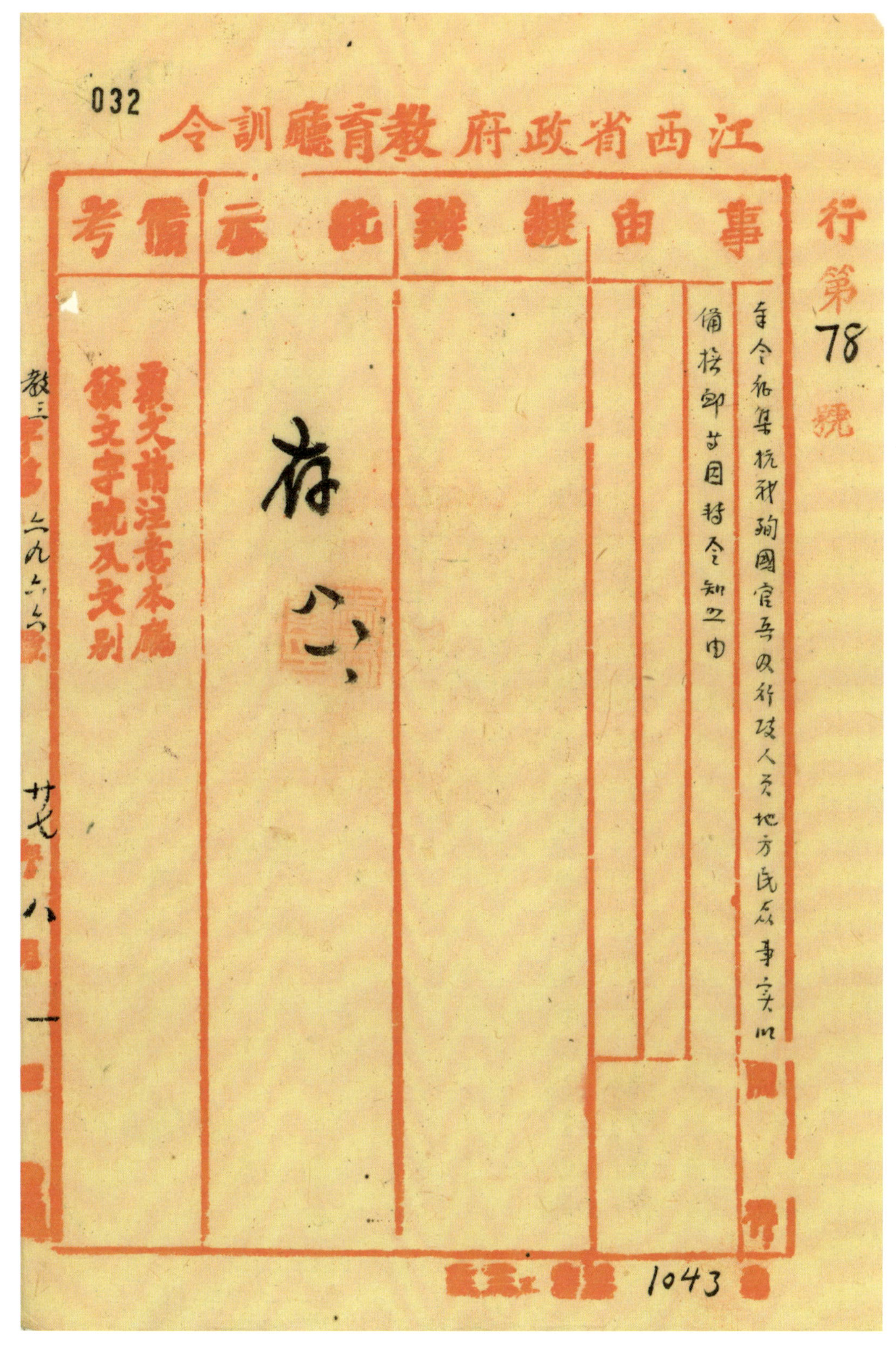
032
江西省政府教育廳訓令
行第78號
事由：奉令征集抗戰殉國官兵及行政人員地方民眾事實以備核卹由
擬辦：
批示：存
備考：覆文請注意本廳發文字號及文別
教三字第二九六八號
廿七年八月一日
1043

033

江西省政府教育廳訓令 教三

令工業專科學校

案奉

省政府秘叁字第二五九乂號訓令內開：

「案奉

委座麻侍秘鄂電開：查抗戰迄今已閱一年，我各路前綫將士英勇殺敵，粉身碎骨，成仁報國者以數十萬計，即各級地方行政人員臨難不避、捐軀殉職者，及各地民衆同胞投袂赴義，因而死難者，亦所在皆有。其間慷慨效命，孑身奮鬥，抗節不屈，垂死高呼，種種可泣可歌之事蹟，皆為我民族偉大精神之表

6966

現凡足以炳耀世界昭示來茲除對各殉國忠烈之家屬另電慰念外其壯烈犧牲事實應即由各部隊長官及各省市政府分別負責調查詳加徵集隨時呈報軍事委員會以備撫卹而便褒揚俾克精慰英靈光昭史冊以為我民族世世子孫之欽式至所企盼。等因；奉此，自應遵辦除分行外合行令仰該廳遵照並轉飭所屬一体遵照。此令。」

等因；奉此，除分令外，合行令仰遵照。此令。

035

中華民國　程時煃　月　日

中華民國廿七年七月叁拾日發

江西省政府、江西省公路处和铨叙部关于饶宗鲁因公殉难家属请恤的来往文书（一九三九年二月至五月）

江西公路处致省政府的呈（一九三九年二月十一日）

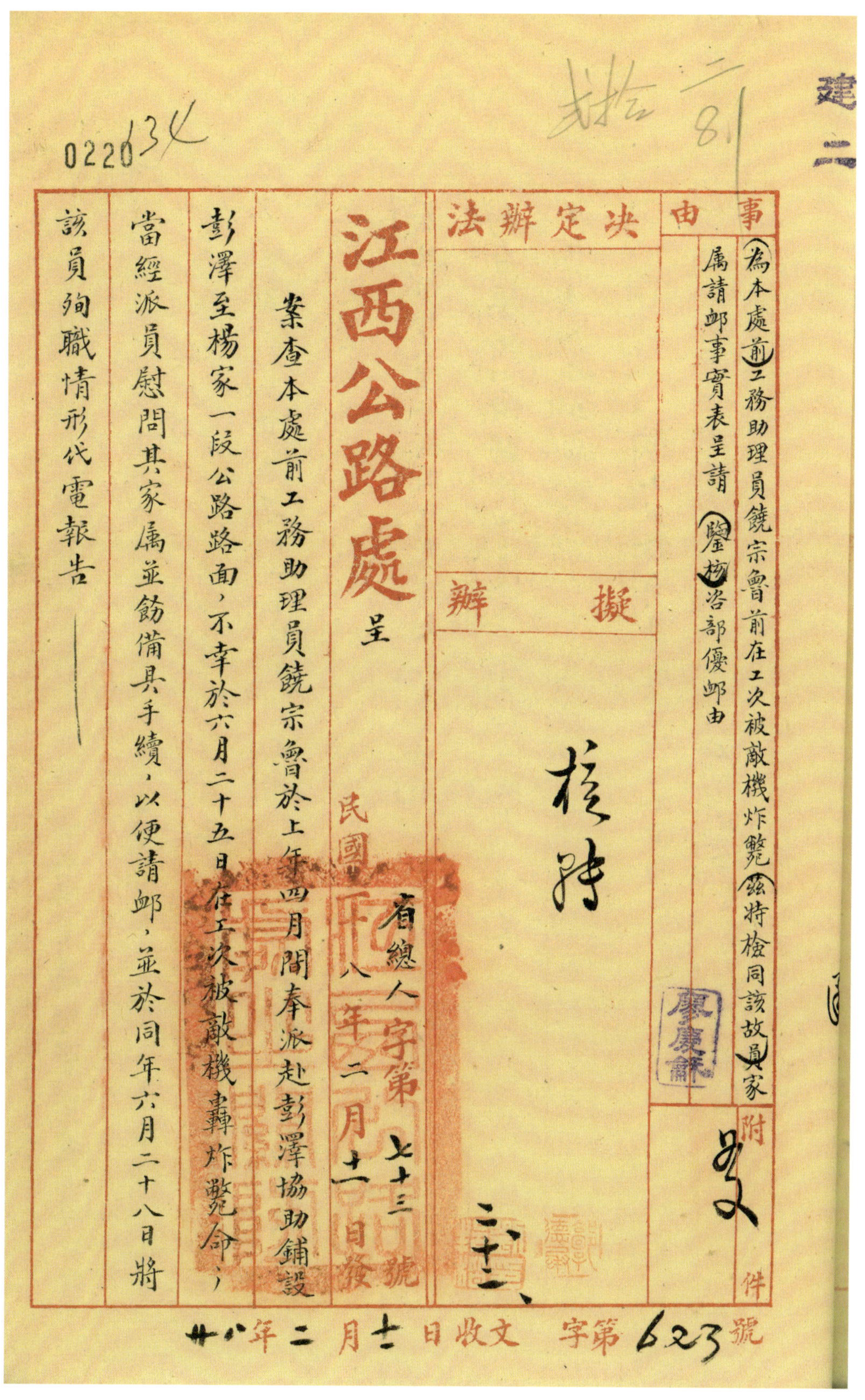

建二

0220 134

事由：為本處前工務助理員饒宗魯前在工次被敵機炸斃，茲特檢同該故員家屬請卹事實表呈請鑒核，咨部優卹由

附件

擬辦

決定辦法：核轉

江西公路處呈

民國廿八年二月十一日發　省總人字第七十三號

案查本處前工務助理員饒宗魯於上年四月間奉派赴彭澤協助鋪設彭澤至楊家一段公路路面，不幸於六月二十五日在工次被敵機轟炸斃命，當經派員慰問其家屬並飭備具手續，以便請卹，並於同年六月二十八日將該員殉職情形代電報告

廿八年二月十一日收文　字第623號

鈞府鑒核各在卷。茲據該故員家屬饒陶氏填具請卹事實表，請予優卹前來，經核尚無不合。復查該故員在處服務四載，卓著成績；此次不避艱危，以身殉職，情實堪憫，應請按照公務員卹金條例第七、第八、各條暨行政院二十七年七月十五日渝字第五七三零號通令為抗戰傷亡人員從優核卹一案之規定，轉咨銓叙部從優給卹，以示矜恤，而昭激勸。除批示外，理合檢同原表備文呈請

鈞府鑒核，俯賜轉請優卹，實為公便！謹呈

江西省政府主席熊

附呈公務員請卹事實表五份

江西公路處處長譚炳訓

0222 35

公務員遺族請卹事實表

各款遺族

款別	姓名	年齡	籍貫	與死亡者之關係
第一款	饒陶氏	二十六歲	江西新建	配偶
第二款	饒繼文 饒梅秀	二歲 一歲	仝上	子 女
第三款	饒繩堅	七歲	仝上	弟
第四款	饒許衡 饒鄒氏	五十七歲 五十一歲	仝上	父 母
第五款	饒蓮氏	七十六歲	仝上	祖母
第六款				

現住所：南昌市大士院二十八號附三號或江西省陸地測量局饒衆轉

死亡公務員

姓名	性別	年齡	死亡年月日
饒宗壽	男	二十八歲	民國二十七年六月二十五日

歷任職務

職關名稱	官職	起訖年月
新建縣山建成小學校	教員	自民國二十年八月起二十六年七月止
江西公路處	工務助理員	自民國二十六年六月起至二十七年六月止

0223

死亡時之職務	江西公路處工務助理員
合計年數	六年以上
死亡時之月俸	月支法幣三十八元
死亡原因摘要	奉派赴彭澤督修至馬壋公路橋樑被敵機炸斃
卹條款	依修正公務員卹金條例第七條第八條及第九條第二款暨行政院二十七年七月十五日為抗戰傷亡人員從優核卹渝字第五七三〇號通令規定
證件	原委令被敵機炸燬無從檢送
備考	

中華民國　年　月

江西省政府致铨叙部的咨（一九三九年二月二十三日）

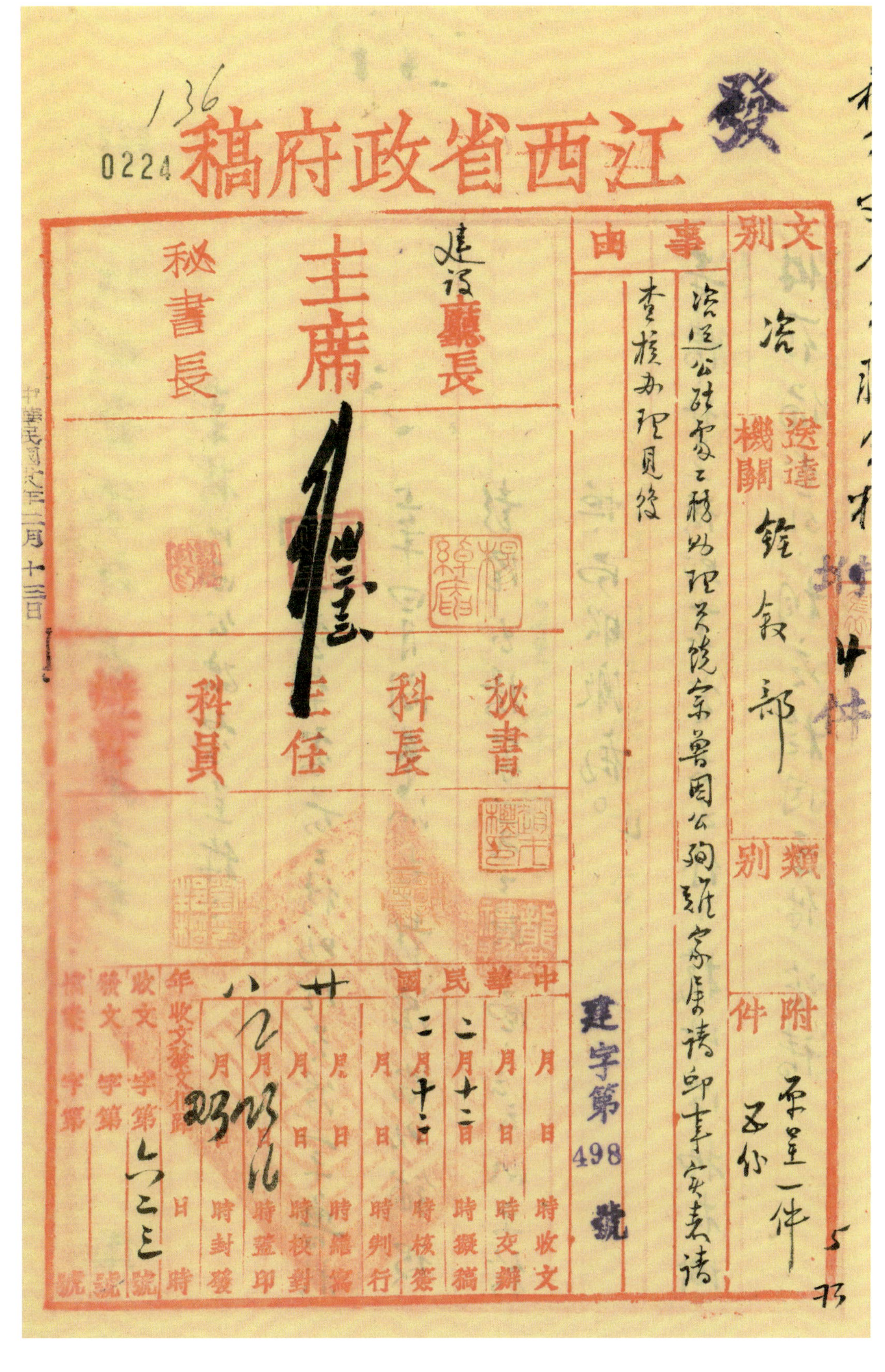
136

0224

江西省政府稿

發

文别：咨

送達機關：銓敘部

類别：

附件：原呈一件 各份

事由：咨送公路處工程助理員饒宗魯因公殉職家屬請卹事實表請 查核辦理見復

建設廳長

主席

秘書長

秘書　科長　主任　科員

中華民國　年　月　日

二月十二日收文　二月十二日交辦　二月十二日擬稿　核簽　判行　繕寫　校對　蓋印　封發

建字第498號

八 廿

收文　字第　號

發文　字第　號

檔案　字第　號

中華民國廿八年二月廿三日

江西省政府咨　建字第　号

案据江西公路处呈称：

「案查本处前工务助理员饶宗鲁，於

本年四月间奉派赴彭泽协助铺设

彭泽至杨家一段工路，遇害，云云。以示矜

恤，而昭激劝。」

等情，计呈请恤事实表五份。据此，除抽存壹

份存备查外，相应检同原件，咨请

貴部查核辦理見復爲荷。此咨

銓敘部

計咨送公務員請卹事實表四份。

主席熊〇〇

0227

中華民國　　年　　月　　日

繕寫　朱
校對
監印

铨叙部致江西省政府的咨（一九三九年四月八日）

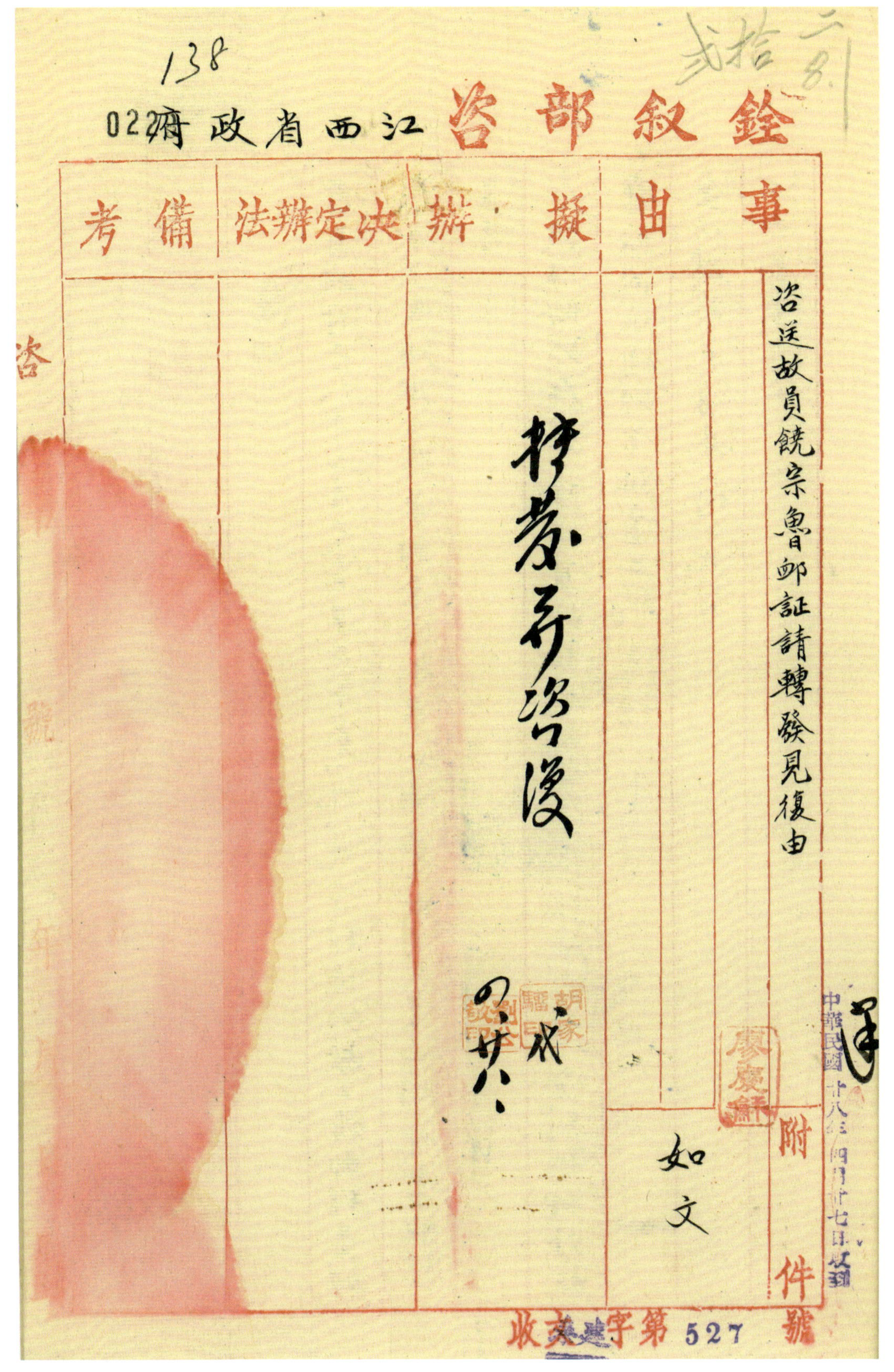
138

贰拾 二 8

铨叙部咨 江西省政府 022

事由	擬辦	決定辦法	備考
咨送故員饒宗魯卹証請轉發見復由	擬簽發咨復 四廿八		

附件 如文

中華民國廿八年四月廿七日收到

收文建字第527號

0229

铨叙部

案准

贵省政府二十八年二月二十四日建二字第四九八号咨请抚卹故工务助理员饒宗鲁一案，核与公务员卹金条例第七条第一款及第八条相符，当经转

呈奉

令核准给卹在案。除填具卹证通知备查暨备核各联分别办理外，相应检同该项卹金证书二联，送请

查收转发见复为荷。此咨

江西省政府。

1899

139

~~138~~

0230

計附送地﨑全郵字第二三一〇一四八八號郵証共二聯

部長 劉永建

0231

中華民國二十八年四月八日

監印鈕織華
校對羅樂昆

江西省政府致省公路处的训令及致铨叙部的咨（一九三九年五月七日）

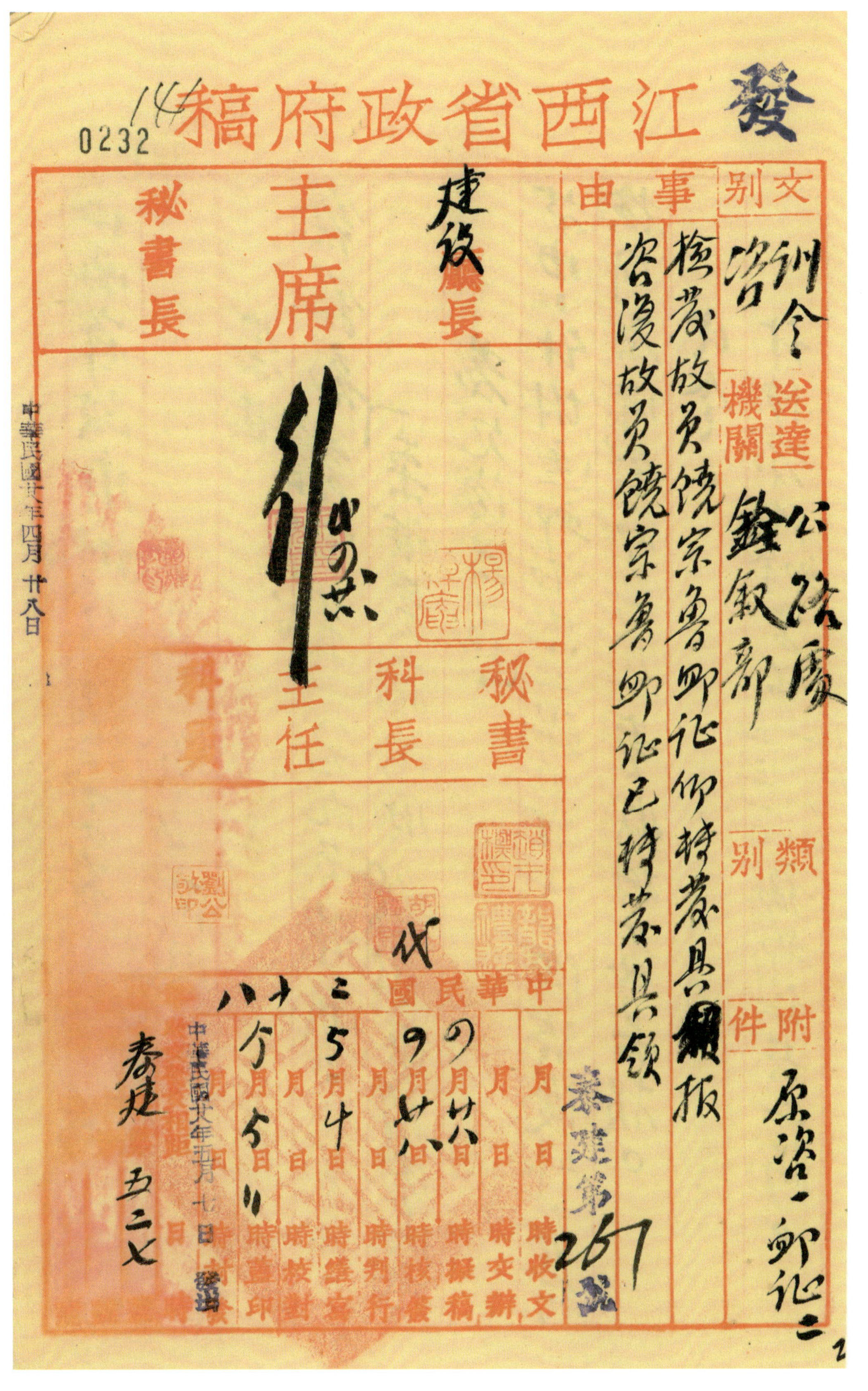
發

0232 14

江西省政府稿

文别	训令 咨
送達機關	公路處 銓叙部
類别	
附件	原咨一郵记二

事由：檢發故員饒宗魯郵证仰持發具領報 咨復故員饒宗魯郵证已轉發具領

建設廳長

主席

秘書長

秘書　科長　主任　科員

中華民國 年 月 日 時收文 ／ 時交辦 ／ 時擬稿 ／ 時核簽 ／ 時判行 ／ 時繕寫 ／ 時校對 ／ 時蓋印 ／ 時封發

秦建第 2617 號

秦建 五二七

中華民國廿八年四月廿八日

中華民國廿八年五月七日

0233

江西省政府训令 建二字第 号

令公路处

案准

铨叙部本年七月八日审字第一八九九号密函：

案准贵省政府组三函送请查收转发兑复存查等由，计附送邮汇共二联，准此。除咨复外，合行检同原件，令仰该处查收转发具报。

此令。

计转发地金邮字第二三一〇/一〇八八号邮汇共二联。

校對

0234 142

主席熊〇〇

代理建設廳廳長楊〇〇

江西省政府咨　建二字第　　号

案准

貴部二十八年四月八日肯字第一八九九号咨，以咨送故員饒宗魯卹金證書二聯，屬轉發見復等由，過府。除將原送證書令發公路處轉發具領外，相應咨復，希煩查照為荷。此咨

銓敍部。

江西省政府公文中頁

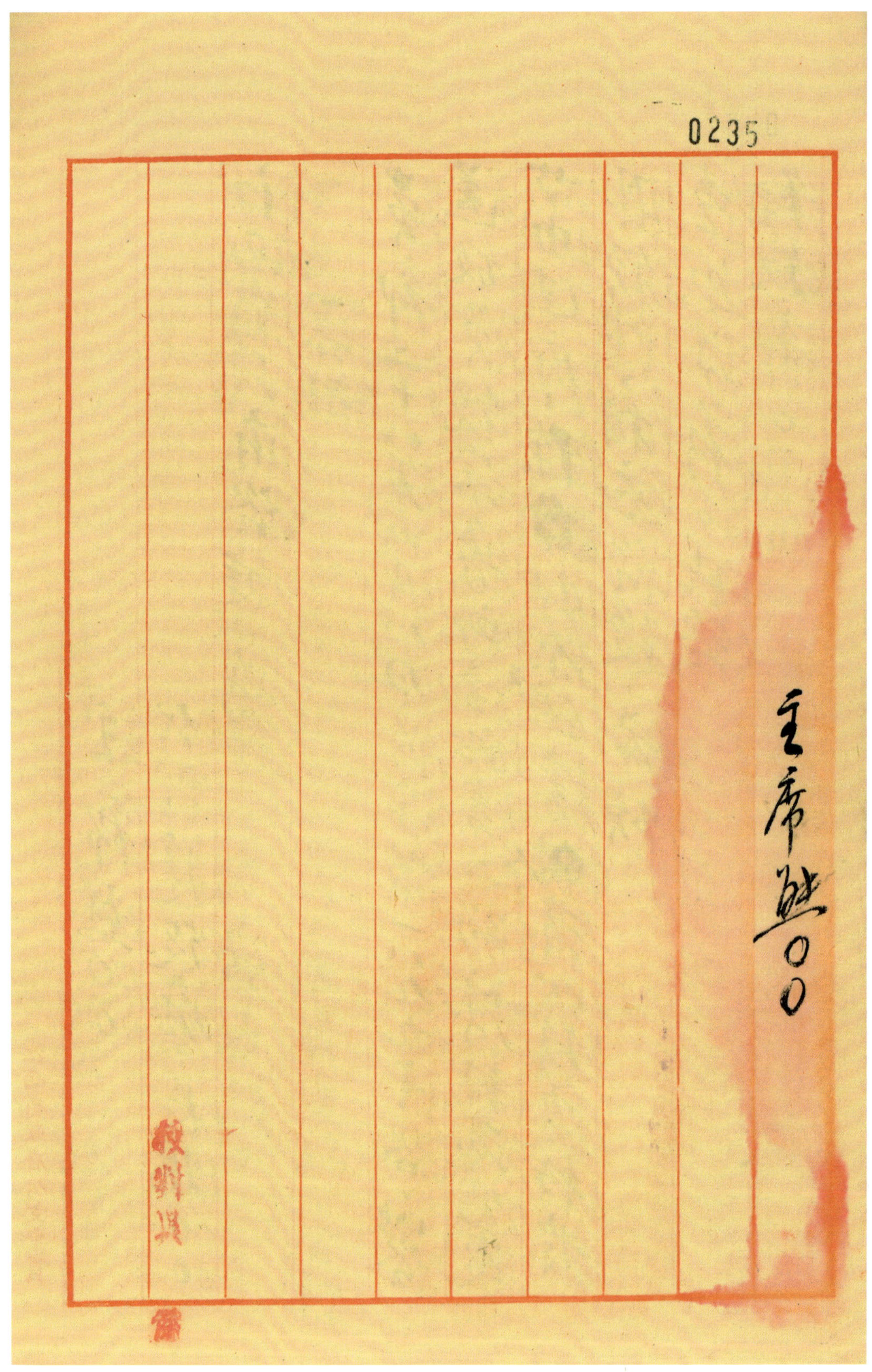
0235

主席熊○○

校對員

江西省公路处致省政府的呈（一九三九年五月十二日）

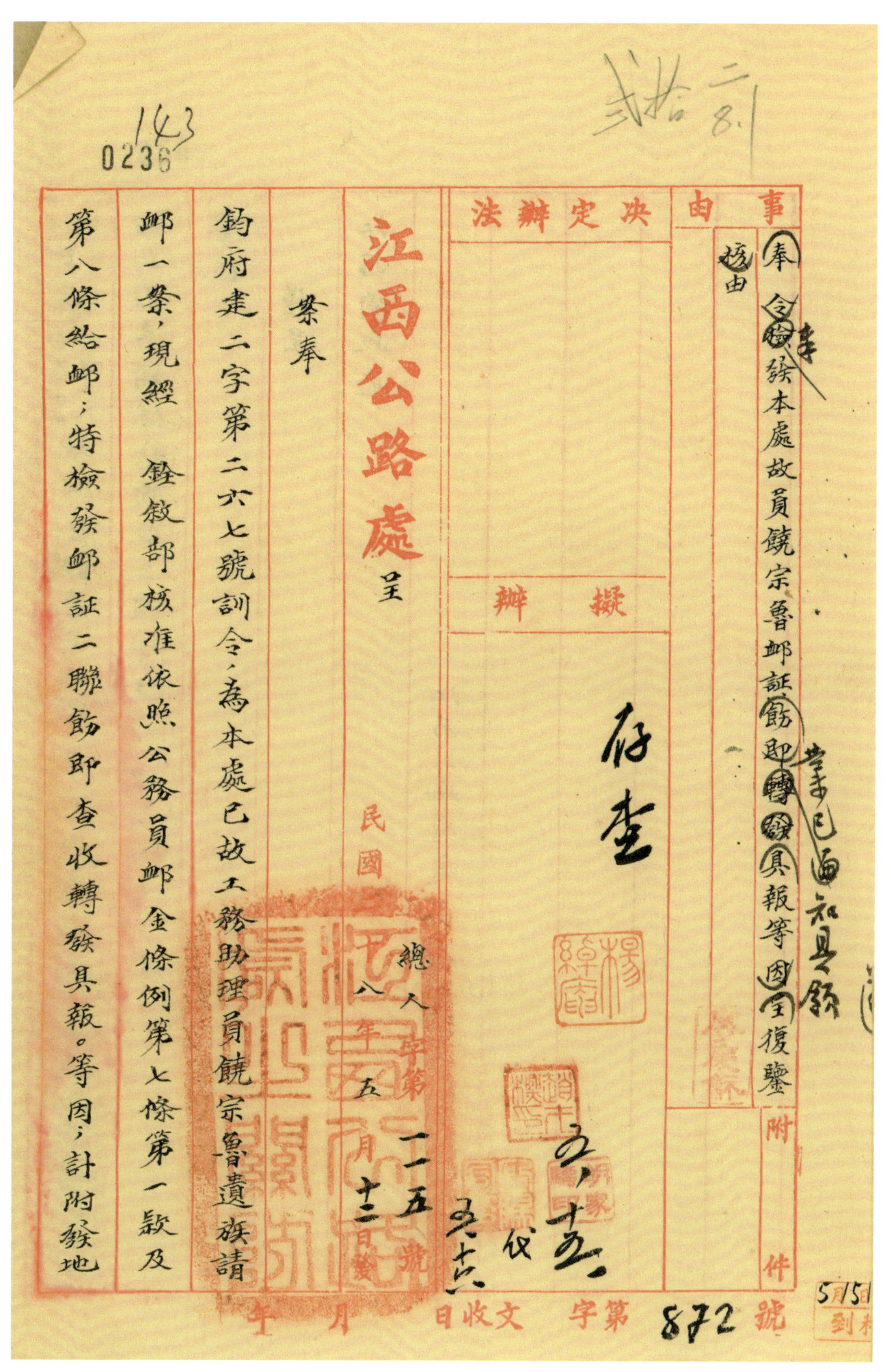

事由：奉令檢發本處故員饒宗魯卹証飭即轉發具報等因呈復鑒核由

決定辦法

擬辦

存查

江西公路處呈

案奉

鈞府建二字第二六七號訓令，為本處已故工務助理員饒宗魯遺族請卹一案，現經銓敘部核准依照公務員卹金條例第七條第一款及第八條給卹；特檢發卹証二聯，飭即查收轉發具報。等因；計附發地

民國二八年五月十二日發　總人字第一一一五號

附件

年　月　日收文　字第872號

金恤字第二三一〇一四八八號卹金証書共二聯，奉此，自應遵辦。除通知該受卹人饒陶氏備具領保結領取上項卹証外，理合備文呈復

鑒核！

謹呈

江西省政府

江西公路處處長譚炳訓

江西省政府和进贤县政府关于拨付奉令破坏公铁路伤亡民工恤金的来往文书（一九三九年五月至一九四〇年二月）

进贤县政府致江西省政府的呈（一九三九年五月十八日）

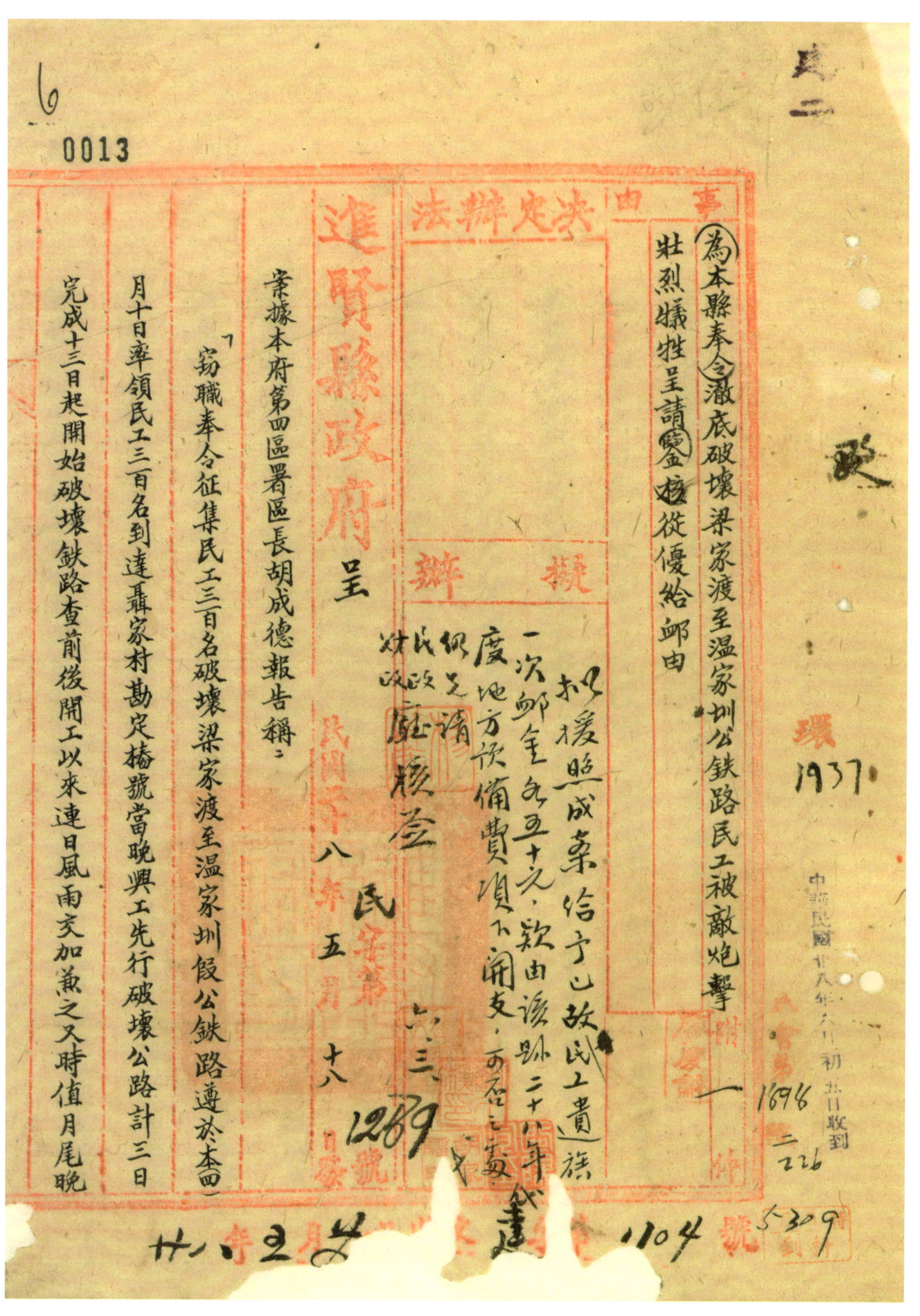

事由：為本縣奉令澈底破壞梁家渡至温家圳公鉄路民工被敵炮擊壯烈犧牲呈請鑒核從優給卹由

擬辦：擬援照成案給予已故民工費遊旗一次卹金五十元，款由該縣二十八年度地方預備費項下開支，可否之處，請核示。

進賢縣政府　呈　民國二十八年五月十八日

案據本府第四區署區長胡成德報告稱：「竊職奉令征集民工三百名破壞梁家渡至温家圳段公鉄路，遵於本（四）月十日率領民工三百名到達聶家村，勘定樁號，當晚興工，先行破壞公路，計三日完成；十三日起開始破壞鉄路，查前後開工以來，連日風雨交加，兼之又時值月尾，晚間無法施工民工為求安全咸願白日冒雨工作日昨上午十一時民工正努力施工之際不知緣何被敵方發現目標機槍大砲同時發放查職區破壞公鉄路均在各區之前以故敵方發砲時第九五九六兩橋號（即五八三至五八四公里之間）均先後落彈民工智識簡單紛紛逃避無法指揮亦無從查點人數職避至聶村靜候消息迨至受傷民工逃出時職始稍知傷亡情況惟斯時民工以及附近居民均逃避一空兼之砲聲未停無力前往搬運乃將逃出之重傷二名抬至高橋同時商得七九師駐高橋衛生隊郭醫長同意以五十元之犒賞派遣担架五幅由保隊附李遇春帶領落彈地點搬運迨至本日上午七時據李遇春回高橋報稱職到達時見一七九師駐羅坊張村哨兵告知中彈民工甚多除生傷逃出外死者已由該師當地衛生隊掩埋因與担架兵回頭等語職

0015

目睹受傷民工之淒慘悲痛無狀，除詳查傷亡額數與姓名另文呈報外，理合將肇事情形報請鈞長鑒核。」

旋又據該區長四月三十日呈稱：

「查本區奉令破壞溫梁段公鉄路之民工被敵炮擊經過情形呈報在案，茲調查得實在受傷十六名，被炸死亡六名，除傷者送醫診治容後補報外，理合先將已死者姓名年齡保別列成一表呈報鈞長鑒核，伏乞轉請予以撫卹，俾生死咸安，實為德便。」

各等情據此，查本縣奉令澈底破壞溫梁段公鉄路，正值敵我隔撫河對峙之時，梁家渡附近為最前綫，該民工等參預此項工作致遭敵炮襲擊，死傷作壯烈之犧牲，殊堪憫惻；前據該區長呈報到府，當經電飭將死者妥為安埋，傷者送

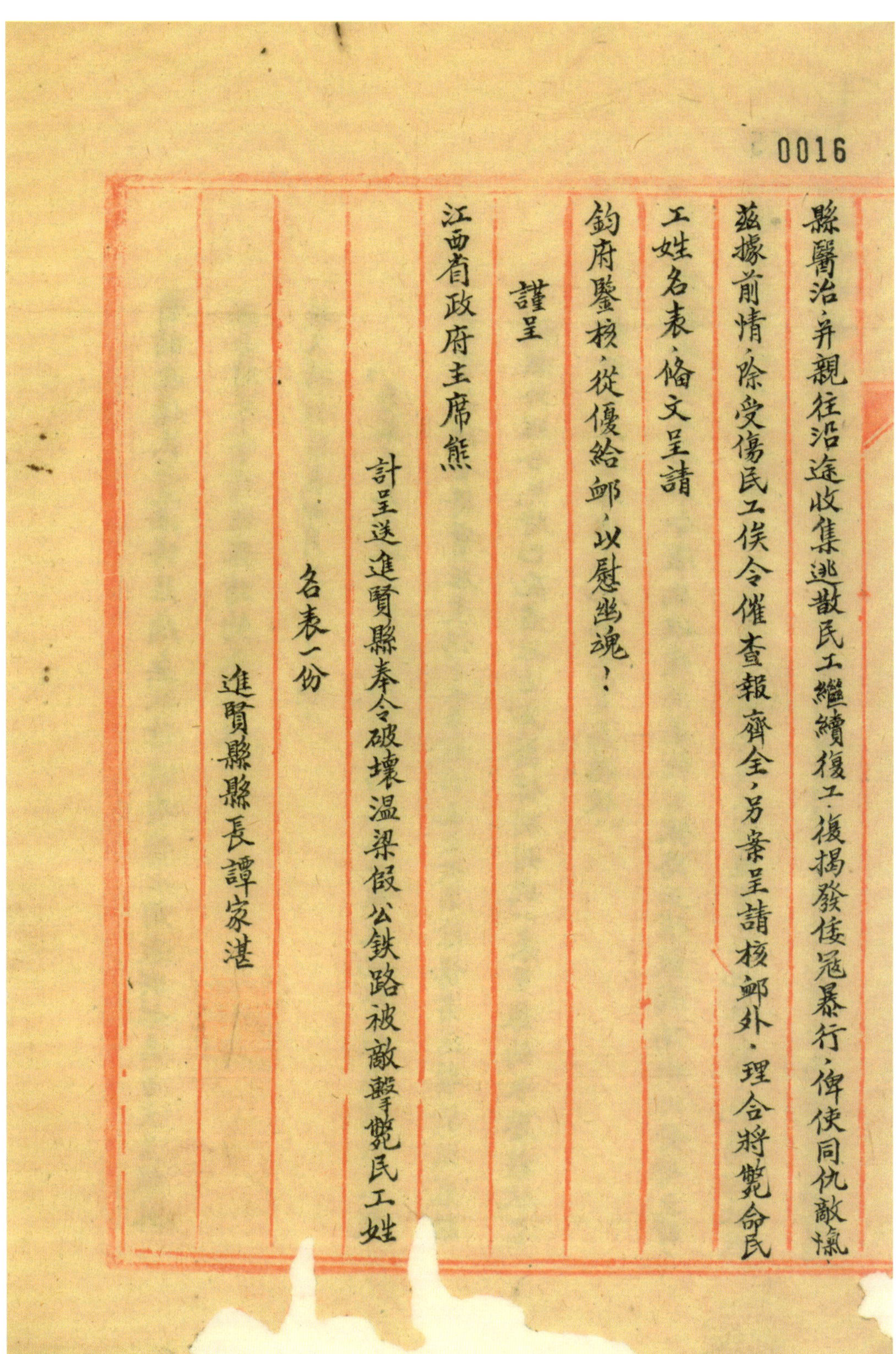

0016

縣屬治，并親往沿途收集逃散民工繼續復工，復揭發倭寇暴行，俾使同仇敵愾

茲據前情，除受傷民工俟令催查報齊全，另案呈請核卹外，理合將斃命民工姓名表，備文呈請

鈞府鑒核，從優給卹，以慰幽魂！

謹呈

江西省政府主席熊

計呈送進賢縣奉令破壞溫梁假公鉄路被敵轟斃民工姓名表一份

進賢縣縣長譚家湛

附：进贤县奉令破坏温梁段公铁路被敌击毙民工姓名表

8

0017

進賢縣奉令破壞温梁段公鉄路被敵擊斃民工姓名表

區別	保別	姓名	年齡	死亡月日
第四區	第七保	楊敎文	五十	二十八年四月二十五日
同	第九保	楊福德	四二	同上
同	第十六保	譚詩春	三二	同上
同	第十九保	胡恩喜	四一	同上
同	第二十四保	姜癸水	四九	同上
同	第三十保	何金仁	二九	同上

共計六名

进贤县政府致江西省政府的呈（一九三九年七月二日）

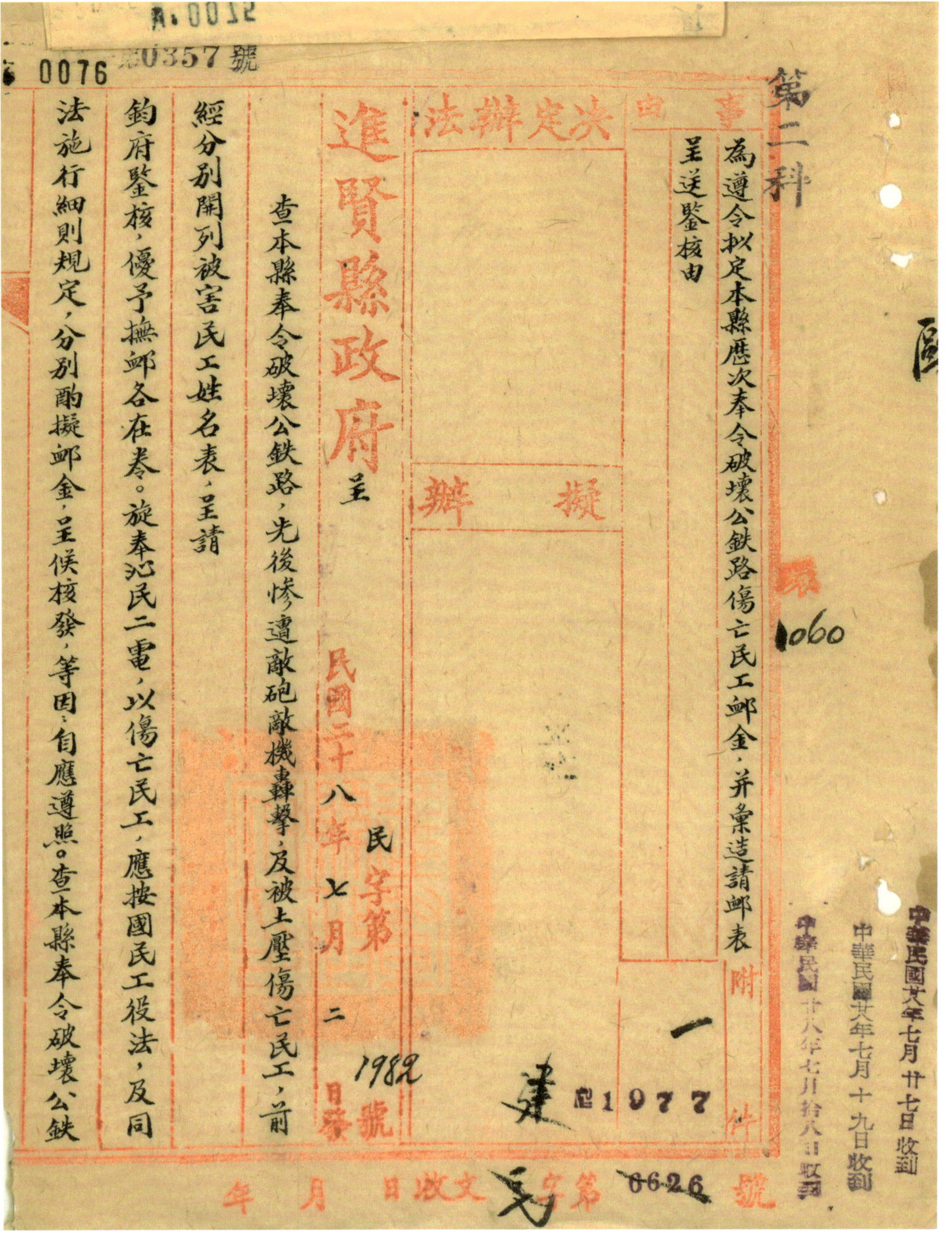

第二科

事由：為遵令拟定本縣歷次奉令破壞公鉄路傷亡民工卹金，并彙造請卹表呈送鑒核由

附件：一

進賢縣政府呈　民字第　號　民國二十八年七月二日

查本縣奉令破壞公鉄路，先後慘遭敵砲敵機轟擊，及被土壓傷亡民工，前經分別開列被害民工姓名表，呈請鈞府鑒核，優予撫卹各在案。旋奉沁民二電，以傷亡民工，應按國民工役法，及同法施行細則規定，分別酌擬卹金，呈候核發，等因。自應遵照。查本縣奉令破壞公鉄

中華民國廿八年七月廿七日收到

中華民國廿八年七月十九日收到

中華民國二十八年七月拾八日收到

0077

路之時，即已接近最前線，該民工等，不避艱險，晝夜工作，致不幸作壮烈之犧牲，殊堪憫悼！且此項破壞公鉄路工程，關係抗戰，至爲綦重，自非與平時所服普通工役可比，應懇從優撫卹，以慰幽魂，而資激勸！兹分别拟定卹金於次：（一）被敵機敵砲轟擊致死者，給予遺族一次卹金一百元，重傷者，給予一次傷卹金五十元。輕傷者，給予一次傷卹金三十元。（二）被倒土壓斃者，給予遺族一次卹金八十元，重傷者，給予一次傷卹金四十元，輕傷者給予一次傷卹金二十元。是否有當？理合將歷次傷亡民工，彙造請卹表，備文呈請

鈞府鑒核示遵！并乞迅將核定卹金發給下縣，以便轉飭具領。

謹呈

江西省政府主席熊

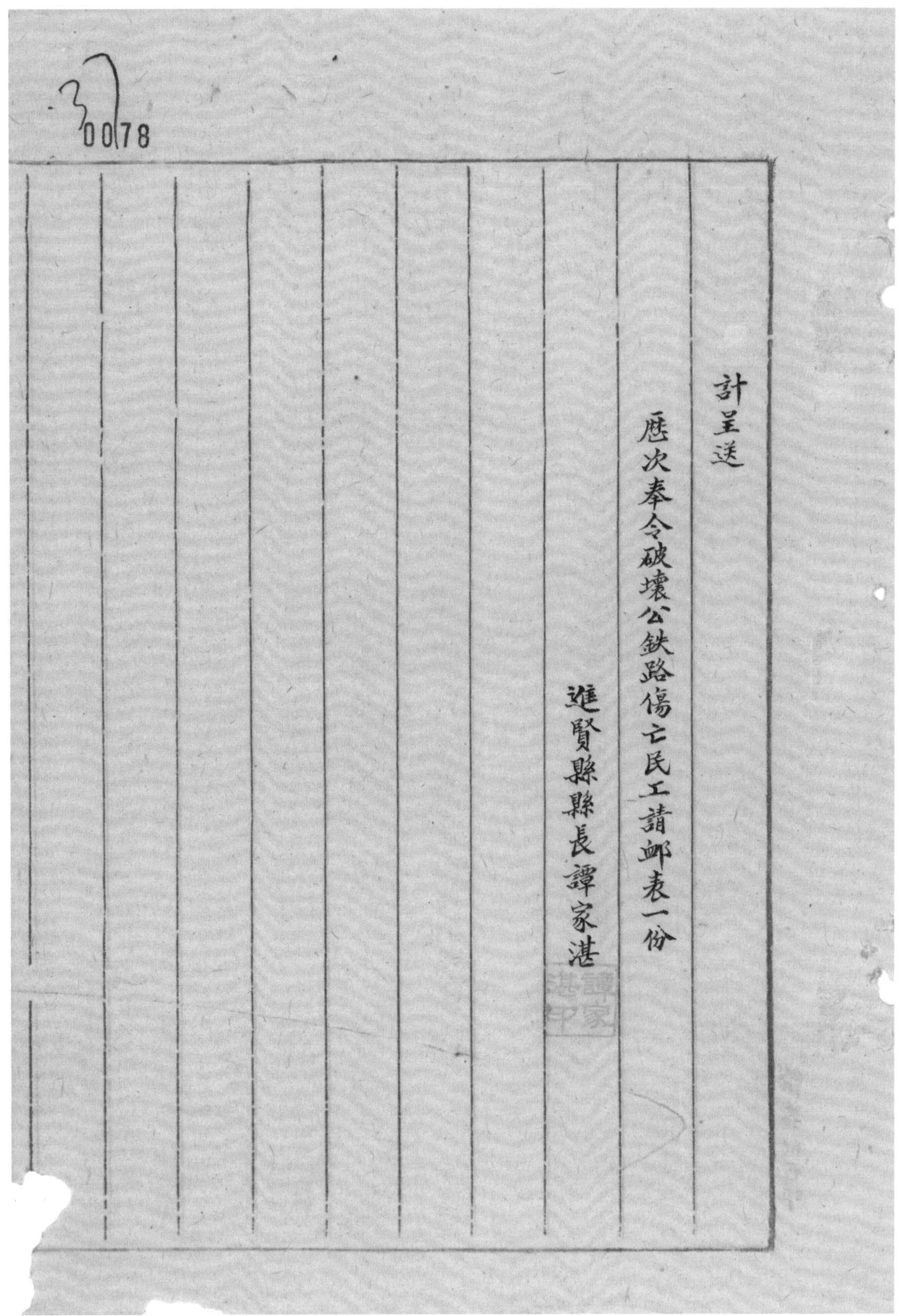

0078

計呈送

歷次奉令破壞公鉄路傷亡民工請卹表一份

進賢縣縣長譚家湛

譚家湛印

附：进贤县奉令破坏公铁路先后被敌机敌炮轰击及土压伤亡民工请恤表

進賢縣奉令破壞公鉄路先後被敵機敵砲轟擊及土壓傷亡民工請卹表

二十八年七月二日

民工姓名	年齡	籍貫住址	死亡或輕重傷等	受害情形及日期	請卹金額	備攷
楊赦女	五〇	進賢第四區第七保	死亡	破壞温家圳至梁家渡公鉄路不幸於二十八年四月十五日被敵砲轟擊當場斃命	一次卹金一百元	被害詳情經于本年五月十七日列表呈報在案
楊福德	四二	進賢第四區第九保	仝	仝	仝	仝
譚詩春	三二	進賢第四區十六保	仝	仝	仝	仝
胡恩喜	四一	進賢第四區十九保	仝	仝	仝	仝
姜癸水	四九	進賢第四區二十四保	仝	仝	仝	仝
何金仁	二九	進賢第四區三十保	仝	仝	仝	仝
熊早發	四八	進賢第四區三六保	重傷	奉令破壞温梁段公鉄路於四月十五日被敵砲突擊受傷	一次傷卹金五十元	被受傷詳情經六月八日列表補報在案
范寬得	四五	進賢第四區四五保	仝	仝	仝	仝

0080

馬土力	四九	進賢第四區四十保	重傷	奉令破壞温渠段公鉄路於四月十五日被敵砲矢擊受傷	一次傷卹金五十元	被受傷詳情經六月八日列表補報在案
趙同才（父名誤非）	三七	進賢第四區四七保	仝	仝	仝	仝
周大蟬	二三	進賢第四區第七保	輕傷	仝	一次傷卹金三十元	仝
李金根	二二	進賢第四區第二五保	仝	仝	仝	仝
趙加會	四二	進賢第四區四七保	仝	仝	仝	仝
曾火榮	一八	進賢第一區七五保	死亡	奉令破坯傅樂溪至縣城鉄路不幸於本年五月十六日被敵机两架投彈四枚并用机槍掃射当即斃命	一次卹金一百元	被害詳情於五月二十二日呈報在案
梅盛元	四五	進賢第一區七六保	仝	仝	仝	仝
熊連科	三二	進賢第一區七七保	仝	仝	仝	仝
梅子均	四五	進賢第一區七二保	仝	仝	仝	仝
江水則	四一	進賢第一區七三保	重傷	五月十六日被敵机轟炸及机槍掃射受傷	一次傷卹金五十元	仝

榮崑璠石印

39
0081

曾禾俚 二〇	進賢第一區七五保	重傷	五月十六日被敵机轟炸及机槍掃射受傷	一次傷卹金五十元	被害詳情於五月二十二日呈報在案
梅助發 四八	進賢第一區七八保	輕傷	仝	一次傷卹金三十元	仝
宋海俚	進賢第一區四九保	死亡	奉令破坯鉄路於本年五月十七日被倒土壓斃	一次卹金八十元	被害詳情於五月二十五日呈報在案
宋加喜	仝	重傷	五月十七日被鉄路土倒下壓傷傷勢頗重	一次傷卹金四十元	仝

江西省政府致进贤县政府的指令（一九三九年七月十五日）

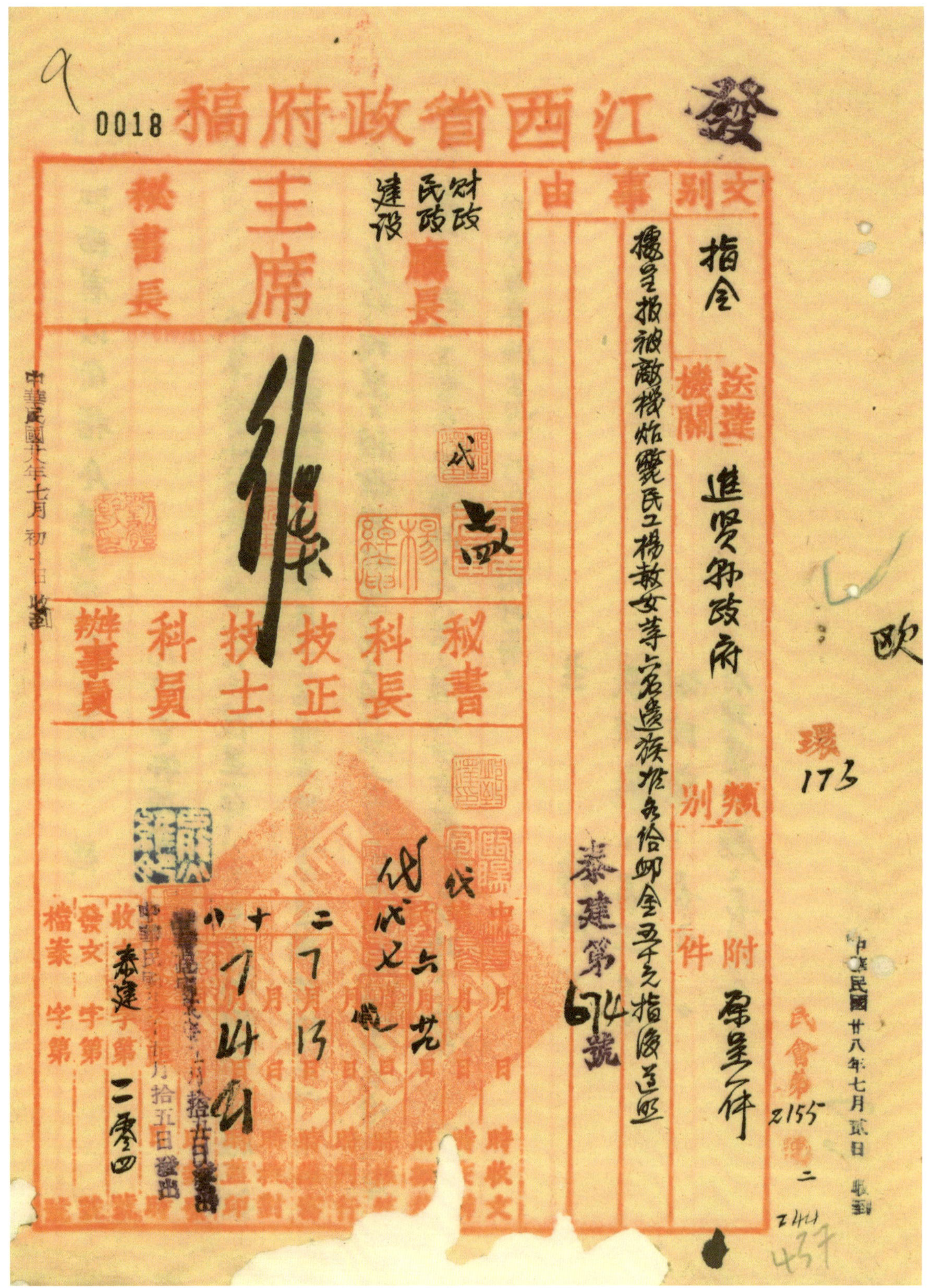
0018 江西省政府稿 發

文别：指令

事由：據呈報被敵機炸斃民工楊赦安等六名遺族准予給卹金五千元指復遵照

送達機關：進賢縣政府

附件：原呈乙件

主席 秘書長 財政 民政 建設 廳長

秘書 科長 技正 技士 科員 辦事員

泰建第6㕘號

環173

中華民國廿八年七月貳日 收到

民會第2155號

0019

江西省政府指令　泰民財建字第　　號

令進賢縣政府

本年五月十八日民字第一二八九號呈一件：為奉令破壞梁家渡公鐵路被敵機炸斃民工六名，繕具姓名表，呈請從優給卹由。

呈件均悉。被敵機炸斃民工楊救女等六名遺族，准予各給卹金五十元，共計三百元，在該縣二十八年度縣地方預備費項下開支，仰即照發給具領呈報。此令。附件存。

主　席　熊〇〇

民政廳廳長　王〇〇

財政廳廳長　文〇

代理建設廳廳長　楊〇〇

进贤县政府致江西省政府的呈（一九三九年八月四日）

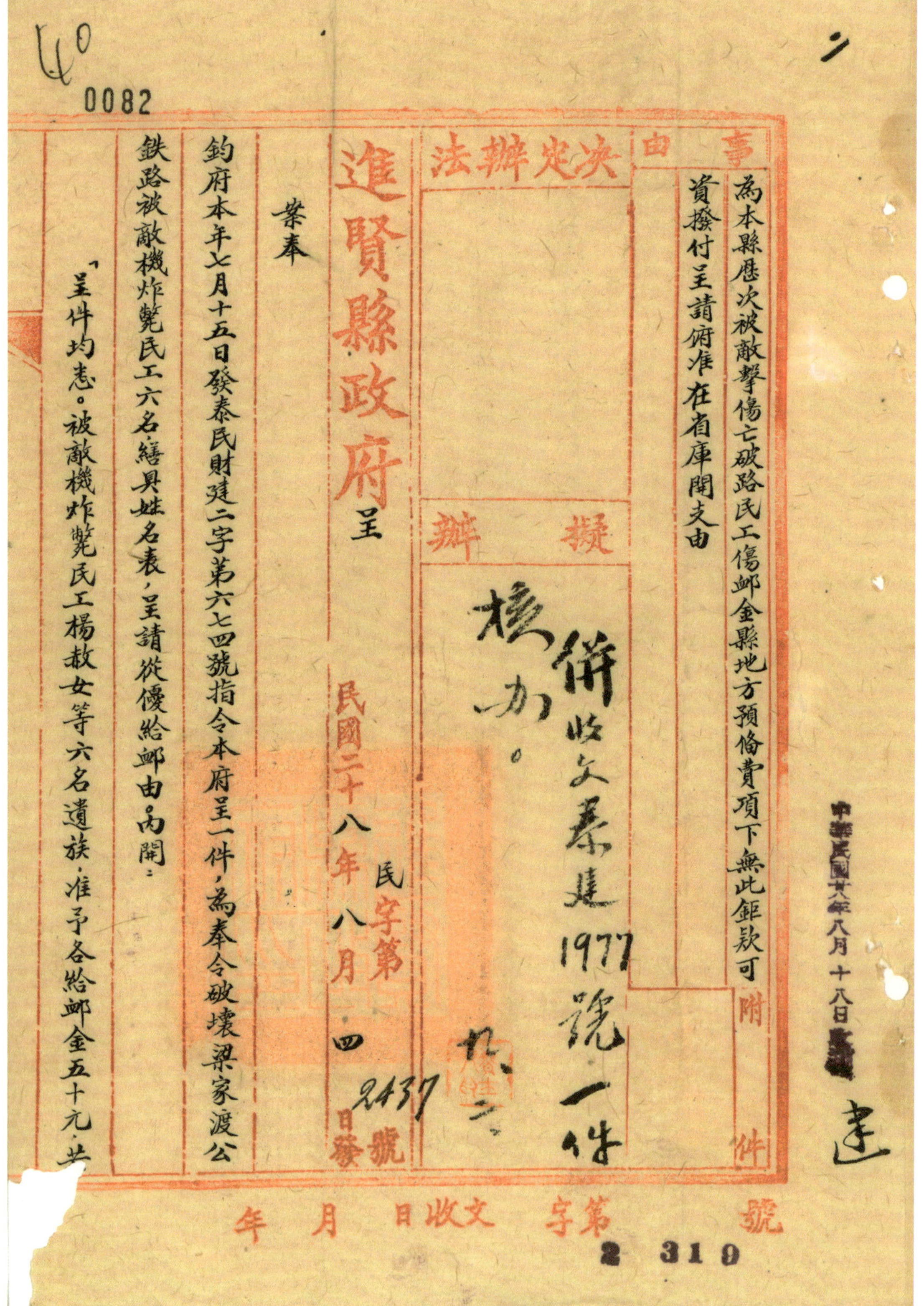

0082

事由：為本縣歷次被敵擊傷亡破路民工傷卹金縣地方預備費項下無此鉅款可資撥付呈請俯准在省庫開支由

附件

擬辦：檢併。收文泰建1977號一件 九、六

決定辦法

進賢縣政府呈

民國二十八年八月四日發 民字第2437號

案奉

鈞府本年七月十五日發泰民財建二字第六七四號指令本府呈一件，為奉令破壞梁家渡公鐵路被敵機炸斃民工六名，繕具姓名表，呈請從優給卹由內開：

「呈件均悉。被敵機炸斃民工楊赦女等六名遺族，准予各給卹金五十元，共

中華民國二十八年八月十八日 收 建

年 月 日收文 字第 號

2 319

0083

計三百元，在該縣二十八年度縣地方預備費項下開支，仰即遵照轉給具領可也。此

令。附件存。」

等因。奉此，查本縣奉令各次破壞公鉄路，被敵機敵砲轟擊傷亡民工，當經分別呈報請邺

，嗣奉

鈞府沁民二電，飭遵照國民工役法，及同法施行細則規定，分別酌擬邺金，呈候核發，等

因，下縣，遵經將歷次傷亡民工擬定邺金，彙造請邺表，於七月一日呈核在案。伏查國民

工役法施行細則第十五條規定，此項邺金，由縣政府酌擬，遞呈該管省政府核定，列入省

預算，由省庫開支等語。復查本縣被敵擊傷亡破路民工，不僅該楊赦女等六名，實共

有二十一名之多，倘此項邺金在縣地方預備費項下開支，實無此鉅欵，以資撥付。奉令前

因，理合備文呈請

0084

鈞府鑒核，俯准將本府前擬歷次被敵擊傷亡民工卹金，在省庫開支，一併發下，以便轉給具領，實為公便！

謹呈

江西省政府主席熊

進賢縣縣長譚家湛

进贤县政府致江西省政府的代电（一九三九年十月十三日）

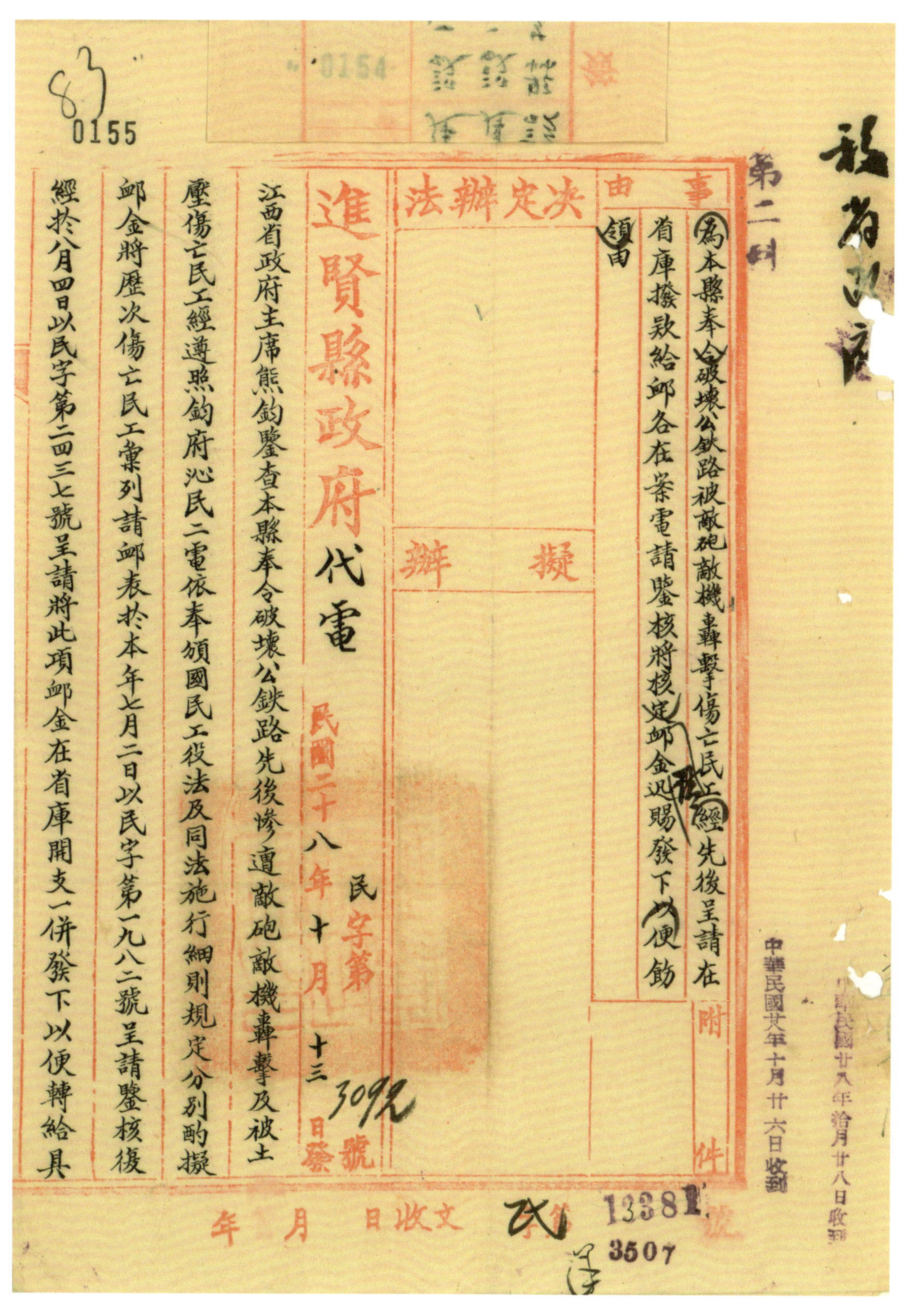

0155

事由：為本縣奉令破壞公鉄路被敵砲敵機轟擊傷亡民工經先後呈請在省庫撥款給卹各在案電請鑒核將核定卹金迅賜發下以便飭領由

擬辦

決定辦法

附件

進賢縣政府代電

民國二十八年十月十三日發
民字第3092號

江西省政府主席熊鈞鑒：查本縣奉令破壞公鉄路先後慘遭敵砲敵機轟擊及被土壓傷亡民工經遵照鈞府沁民二電依奉頒國民工役法及同法施行細則規定分別酌擬卹金將歷次傷亡民工彙列請卹表於本年七月二日以民字第一九八二號呈請鑒核復經於八月四日以民字第二四三七號呈請將此項卹金在省庫開支一併發下以便轉給具

中華民國廿八年十月廿六日收到

中華民國廿八年拾月廿八日收到

年　月　日收文　民字第1338號

3507

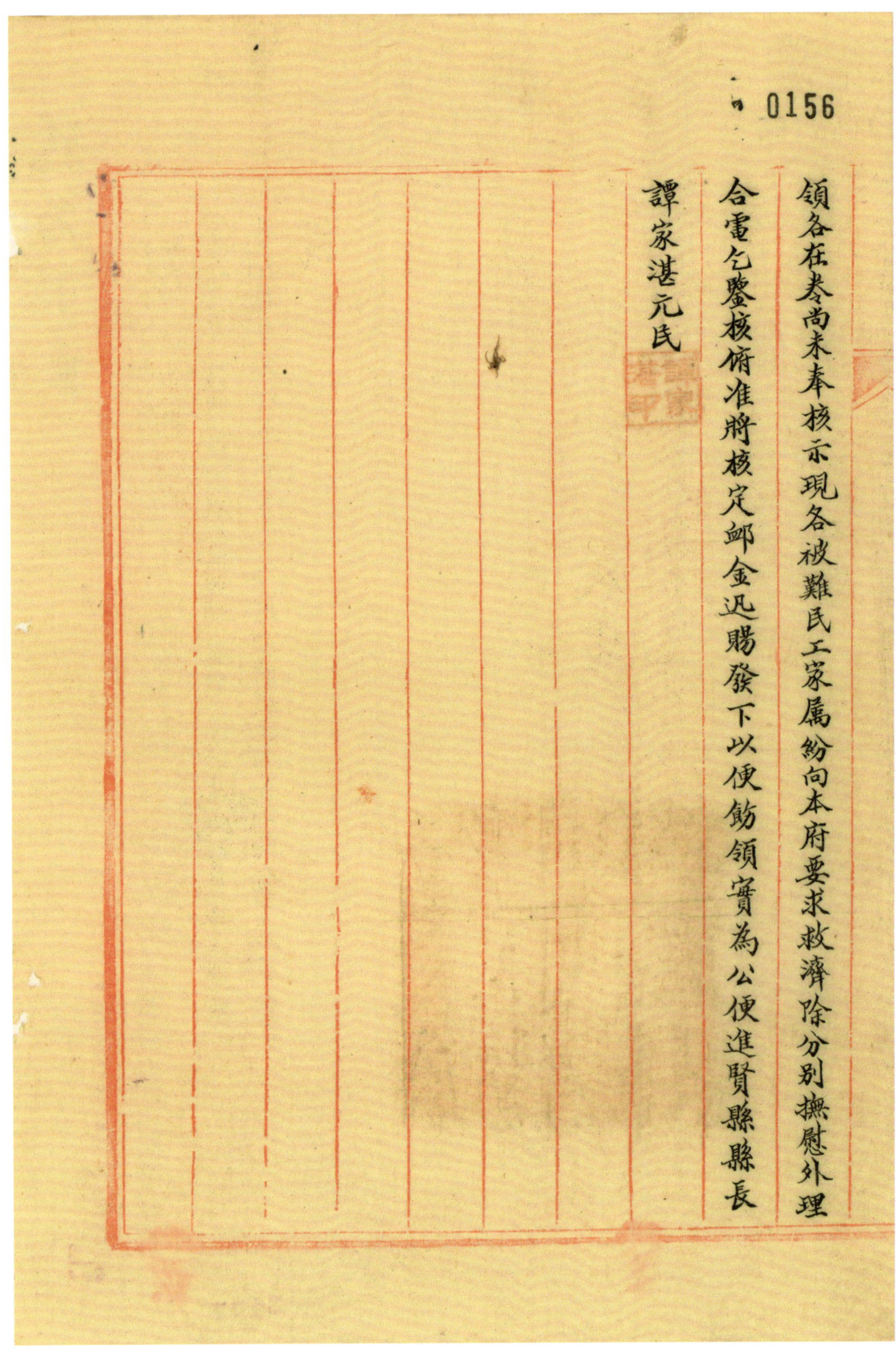
0156

領各在案尚未奉核示現各被難民工家屬紛向本府要求救濟除分別撫慰外理合電乞鑒核俯准將核定卹金迅賜發下以便飭領實為公便進賢縣縣長譚家湛元氏

进贤县政府致江西省政府的代电（一九四〇年二月二十六日）

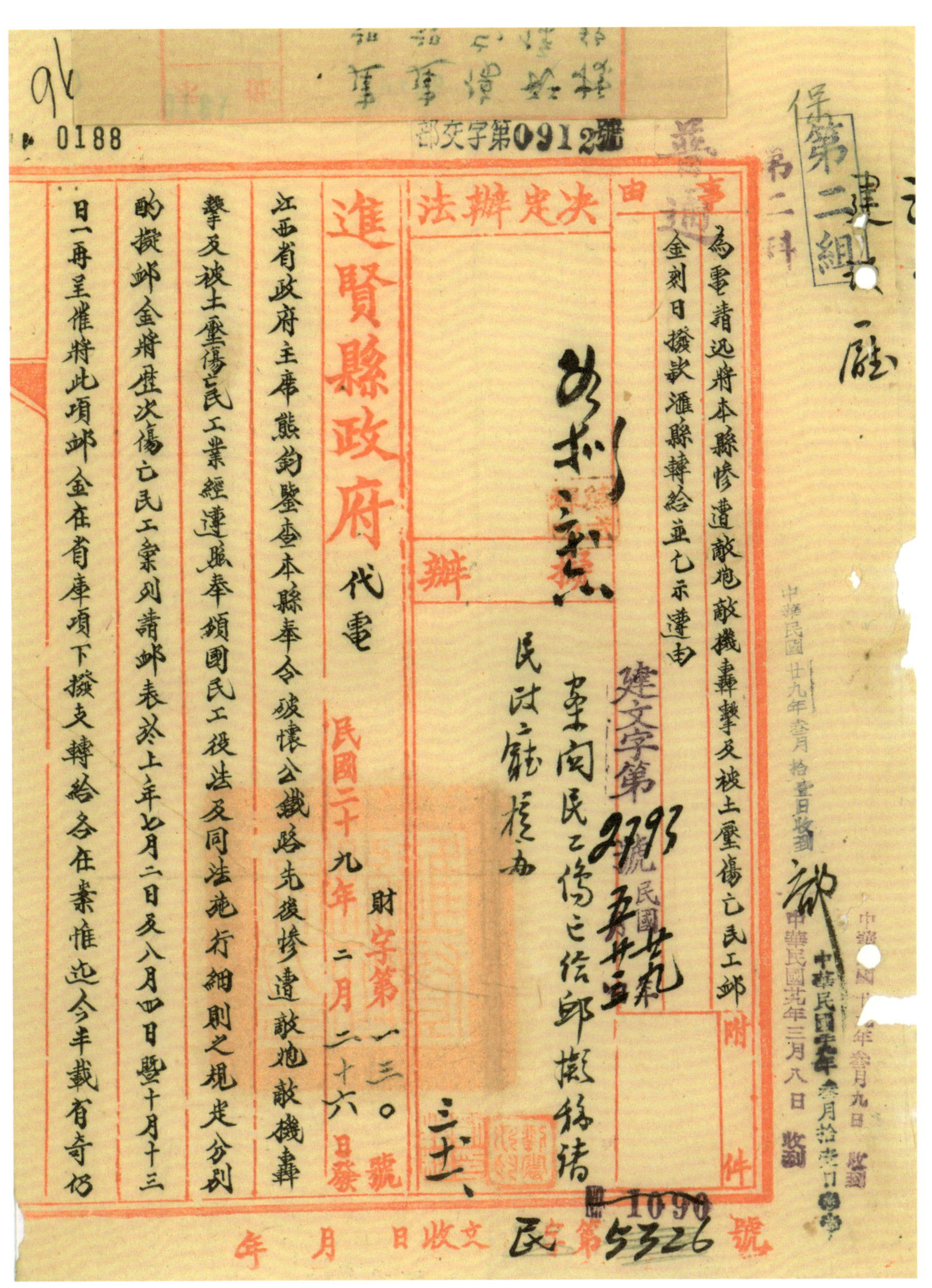

事由：為電請迅將本縣慘遭敵炮敵機轟擊及被土壘傷亡民工䘏金剋日撥款滙縣轉給並乞示遵由

進賢縣政府代電

江西省政府主席熊鈞鑒：查本縣奉令破壞公鐵路先後慘遭敵炮敵機轟擊及被土壘傷亡民工業經遵照奉頒國民工役法及同法施行細則之規定分別酌擬䘏金冊，歷次傷亡民工案列請䘏表於上年七月二日及八月四日暨十月十三日一再呈催將此項䘏金在省庫項下撥支轉給各在案。惟迄今半載有奇，仍

民國二十九年二月二十六日發　財字第一三〇號

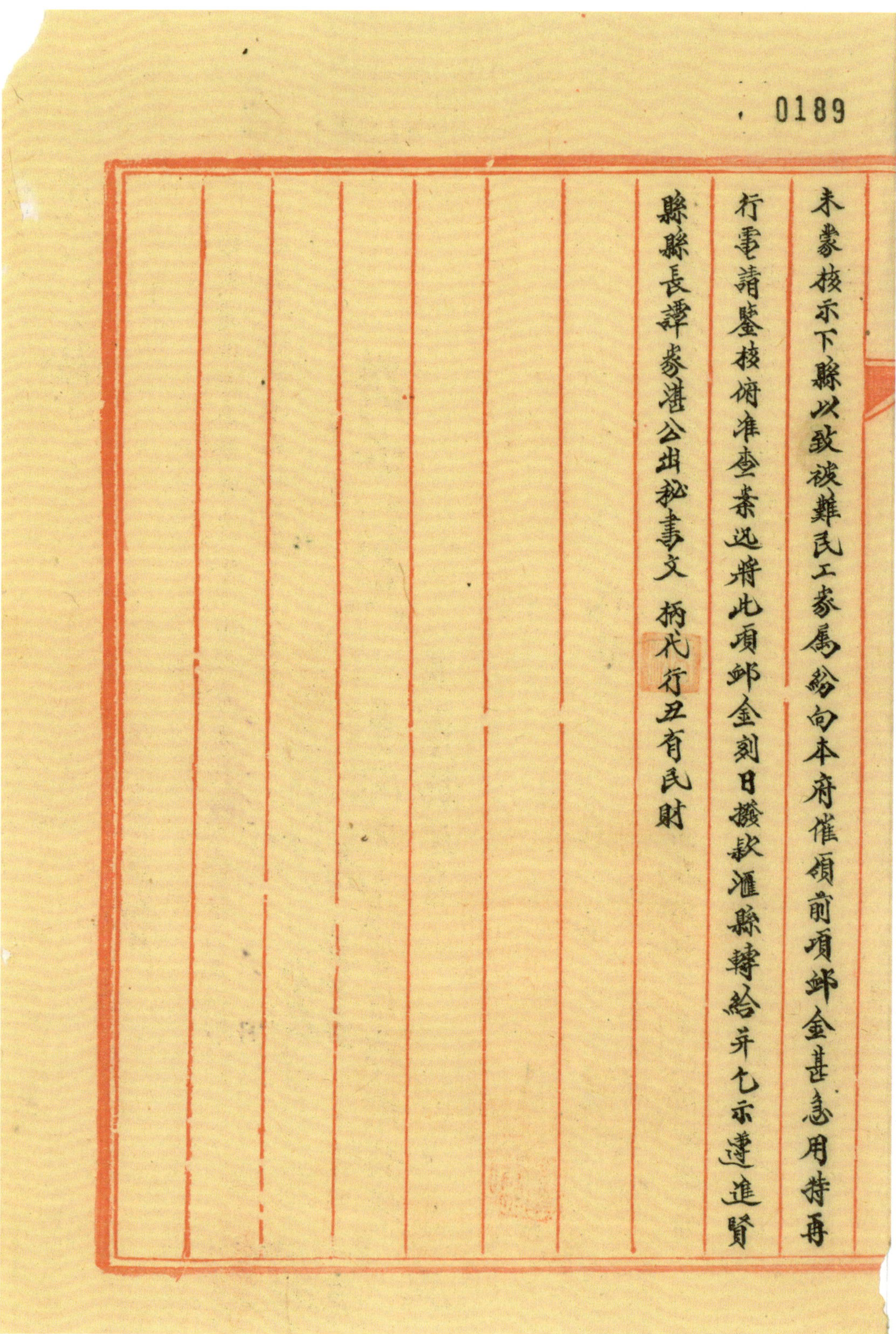

0189

未蒙核示下縣以致被難民工家屬紛向本府催領前項卹金甚急用特再行電請鑒核俯准查案迅將此項卹金剋日撥款滙縣轉給并乞示遵進賢縣縣長譚嵾湛公出秘書文炳代行丑有民財

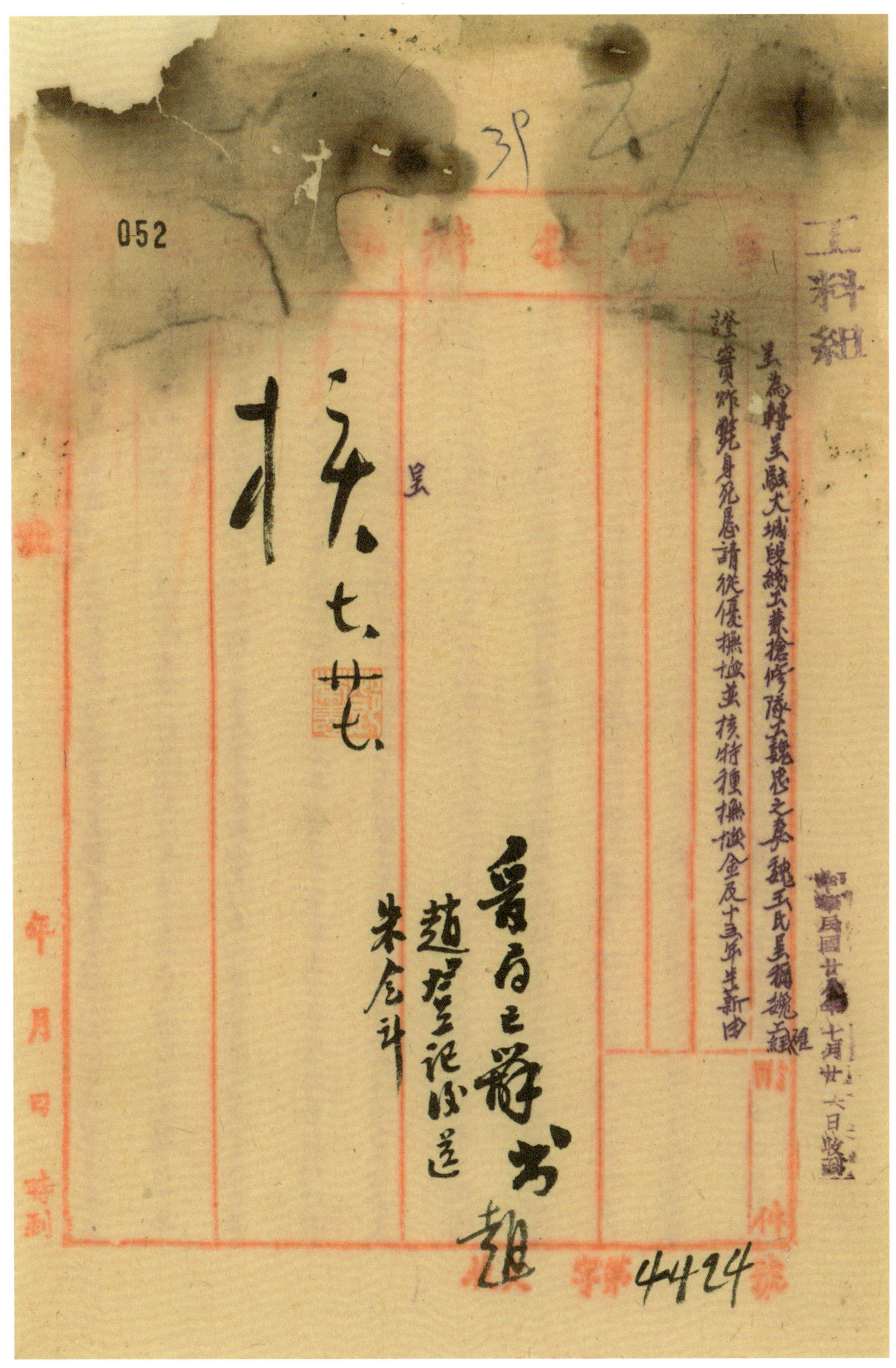

052

工料組

呈為轉呈驗大城段綫工兼搶修隊工魏忠之妻魏王氏呈稱魏忠綫工確證實炸斃身死懇請從優撫恤並核特種撫恤金及十五年半薪由

民國廿八年七月廿六日收到

核 七、廿七

呈

4424

卸高安电报局主任为驻大城段线工兼抢修队工魏忠被炸身亡其妻魏王氏恳请从优抚恤并核发特种抚恤金及十五年半薪致江西省电政管理局的呈（一九三九年七月一日）

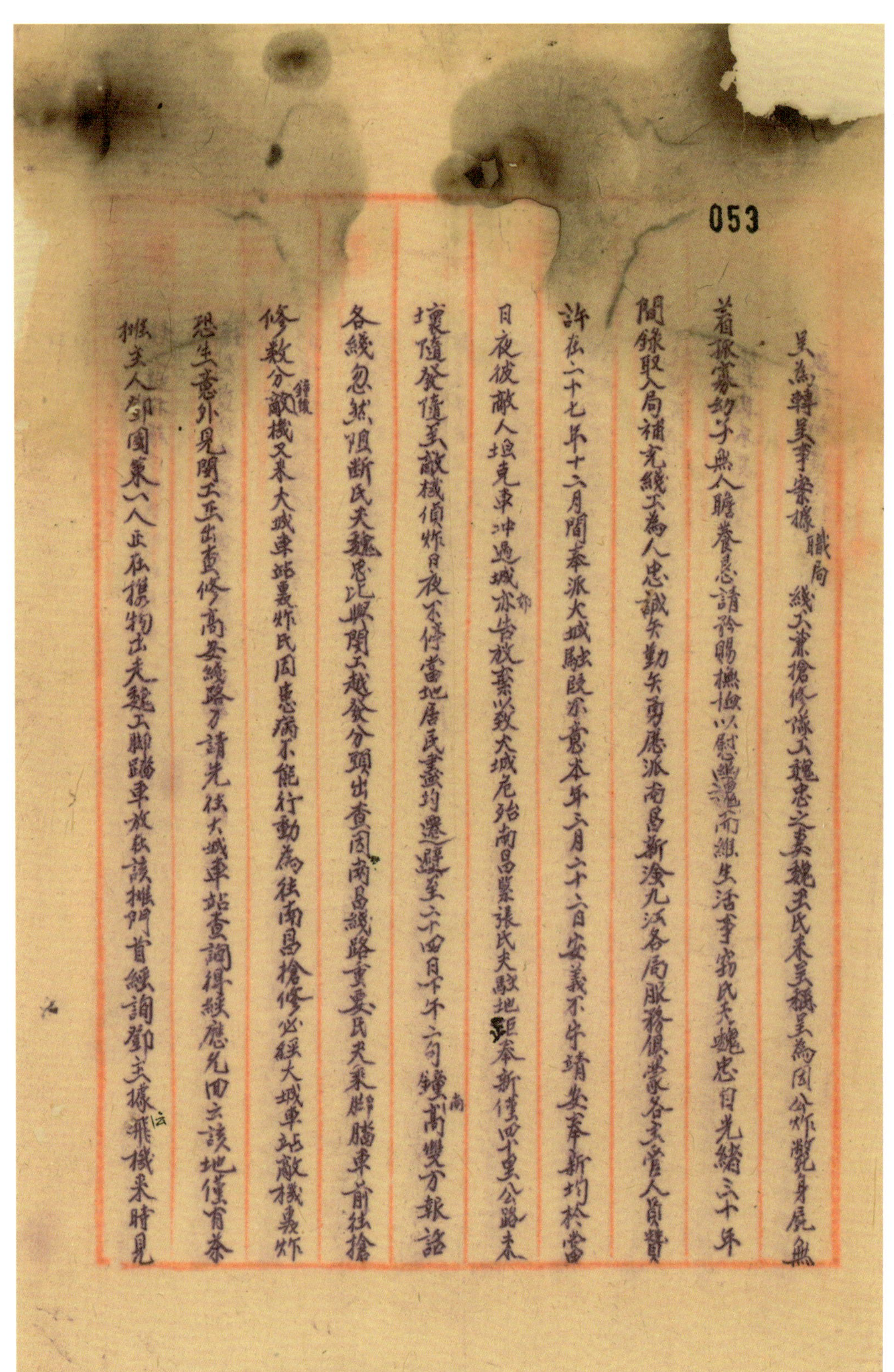

053

呈為轉呈事案據職局線工兼搶修隊工魏忠之妻魏王氏來呈稱呈為因公炸斃身屍無
着孤寡幼子無人贍養懇請撫賜撫恤以慰幽魂而維生活事竊氏夫魏忠自光緒三十年
間錄取入局補充線工為人忠誠矢勤矢勇歷派南昌新淦九江各局服務俱蒙各主管人員讚
許在二十七年十二月間奉派大城駐段不意本年三月二十六日安義不守靖安奉新均於當
日夜彼敵人攻克東沖過城亦告放棄以致大城危殆南昌縣張氏夫駐地距奉新僅四十里公路未
壞隨發隨至敵機偵炸日夜不停當地居民盡均遷避至二十四日下午二句鐘高南豐方報話
各綫忽然阻斷氏夫魏忠比與閔工越發分頭出查因南昌綫路重要氏夫乘腳踏車前往搶
修救分敵機又來大城車站轟炸氏因患病不能行動為往南昌搶修必經大城車站敵機轟炸
恐生意外見閔工正出查修高安綫路乃請先往大城車站查詢得悉應允回去該地僅有恭
搬夫人鄧國東一人正在搬物出走魏工腳踏車放在該棧門首經詢鄧主據飛機來時見

魏工蹬撇後因聞即聞炸聲約十餘響餘均不知即往田間查看見炸多處魏丈並無踪
跡為查修緊要不敢久留即將腳踏車帶回段上往查高要綫路魏工情似失踪又經過情
形業於翌日親身投報鈞座在案五月二十五日氏在上高城外途遇大城鄉間熱人陳芽仔據
云五回家時見飛機來炸大城車站見有兩人先後往田間奔逃即聞炸聲我伏遠地樹下
嗣見炸碎衣肉飛達伏地樹下前面云似此情形氏夫定遭彈炸緣已事隔二月音信無踪
是時大城東站人極稀少陳姓親見二人先後逃避田間氏夫定必衣肉炸碎衣肉飛達遠地
彈勝之烈可想而知生命不存事實可証惟氏夫上有老母下有妻兒衣被金拋身遺物
化然死者已矣生者何堪雖蒙鈞座体念苦衷四月份薪津及借薪仍照發給以維生活
奠其不安出俭効力國家今証事實希望已絕伏悬体念氏夫服務電界二十餘年幸
無隕越遭此慘變捨命為公敬祈轉呈從優撫恤並賜特種撫恤金及十五年半薪俾

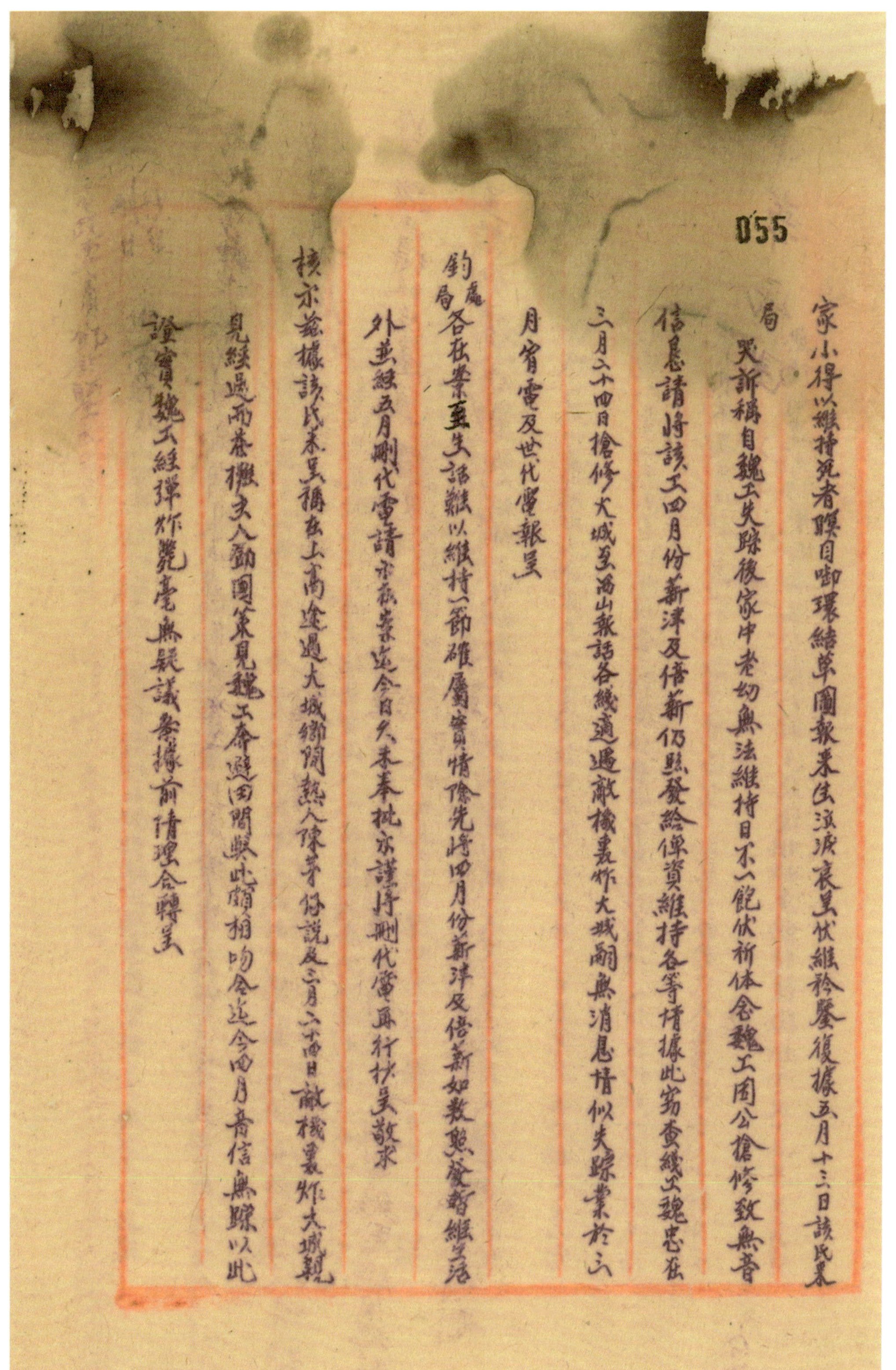

家小得以維持死者瞑目啣環結草圖報來生泣淚哀呈伏維矜鑒復據五月十三日該氏來
局哭訴稱自魏工失踪後家中老幼無法維持日不一飽伏祈体念魏工因公搶修致無音
信息請將該工四月份薪津及倍薪仍照發給俾資維持各等情據此另查綫工魏忠在
三月二十四日搶修大城至涵山報話各綫適遇敵機轟炸大城嗣無消息情似失踪業於三
月宥電及世代電報呈
鈞處/局各在案茲生活難以維持一節雖屬實情除先將四月份薪津及倍薪如數照發暫維生活
外並經五月删代電請示在案迄今日久未奉批示謹將删代電再行抄呈敬求
核示茲據該氏來呈稱在上高途遇大城鄉間熟人陳茅份說及三月二十四日敵機轟炸大城親
見綫遇而來機又入勁園篆見魏工奔避田間與此情相吻合迄今四月音信無踪以此
證實魏工經彈炸斃毫無疑議奉據前情理合轉呈

抄呈 删日 佐電

安電政專員鄧鈞鑒本月十三日前駐大城段綫工兼搶修隊工魏忠之妻魏王氏來局哭訴稱自魏失踪後家中老幼生活無法支持日不一飽懇請俯念魏工因公搶修致無消息將魏工四月份薪及信薪仍照發給以維生活等情謹查綫工魏忠於三月二十四日搶修大城至兩小報話各綫適遇敵機轟炸大城後無消息情似失踪業經三月宥電及世代電報呈鈞處各在案謹據前情查一屬確實該工因搶修失踪情尚堪憫其家小難維生活似應予以維持

擬懇該工得以生還為國効力除先將該工四月份薪津及信薪如數發給暫維生活外理合呈報鈞處俯賜察核是否有當伏乞電令祗遵高安局主任劉魁元叩删

中華民國二十八年五月十五日

056

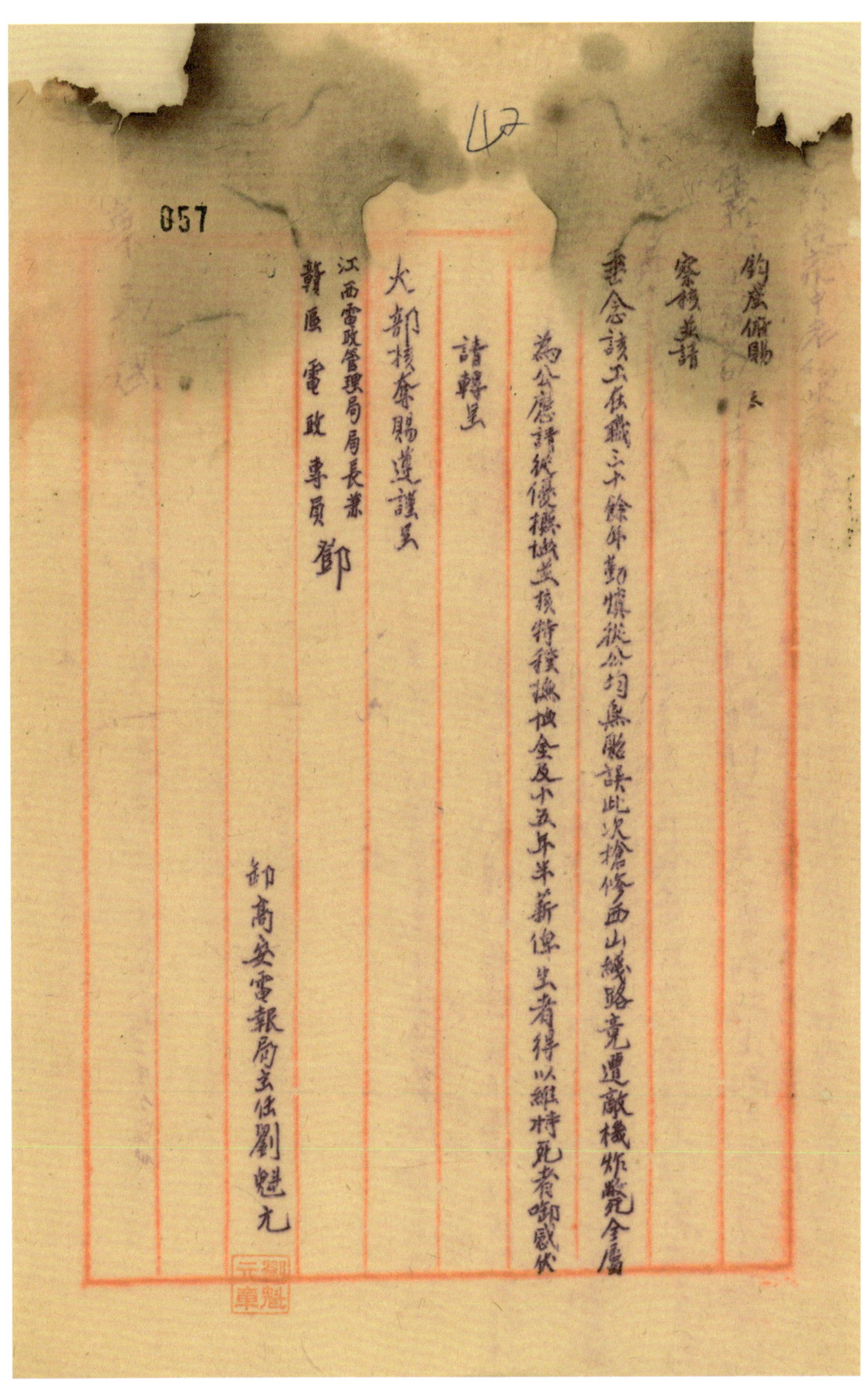
057

42

钧座俯赐之

察核并请

垂念该工在职三十余年勤慎从公，均无贻误，此次抢修西山线路竟遭敌机炸毙，全属

为公，应请从优抚恤，并核特发抚恤金及十五年半薪，俾生者得以维持，死者啣感。伏

请转呈

大部核奋赐遵。谨呈

江西电政管理局局长兼

赣区电政专员郑

职高安电报局主任刘魁元

刘魁元章

058

中華民國二十八

七

日

江西省各界民众抗敌后援会关于职工张博施等十三人因公殉难恳请优予抚恤致省动员委员会的呈（一九三九年七月六日）

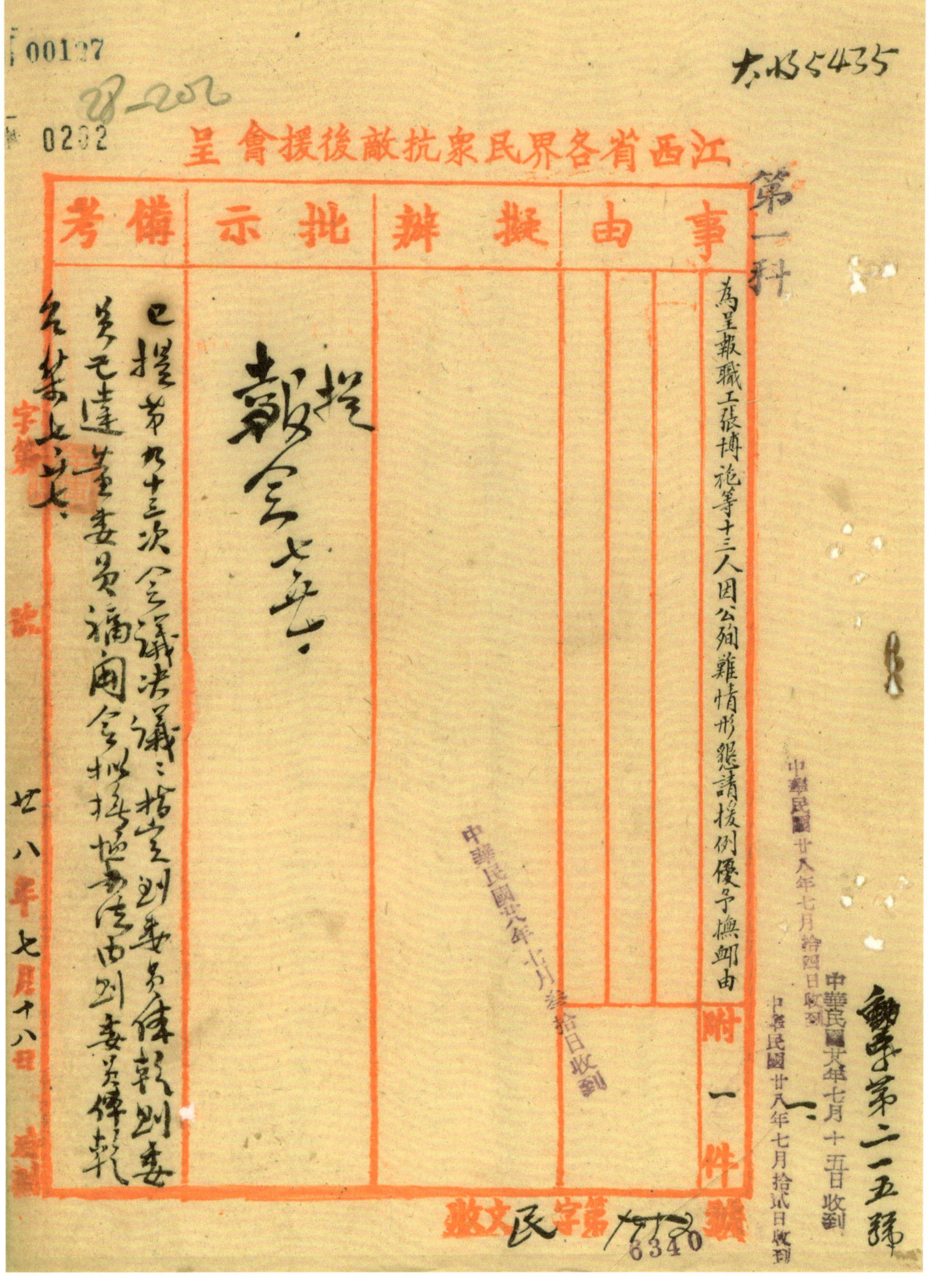

江西省各界民眾抗敵後援會呈

第一科

事由	擬辦	批示	備考
為呈報職工張博施等十三人因公殉難情形懇請援例優予撫卹由			

附件 一

號 民字第 6340

中華民國廿八年七月拾四日收到

中華民國廿八年七月十五日收到

中華民國廿八年七月拾貳日收到

中華民國廿八年七月叁拾日收到

0203

本會感於敵機到處濫炸為慎重保管單據報銷暨重要文卷起見須將單據報銷重要文卷等項分為八箱支配工友八人每人負責一箱如遇警報發出由事務幹事張博施助幹譚贊儒督促工友抬至地下室集於室之一隅以免淩亂而策安全本年六月十四日上午十時許敵機六架濫炸吉市本會所在地落彈三枚會之前後各落一彈因在曠地無甚損失一彈正中地下室之一部該中彈處即本會職工保管單據文卷之處除市民炸死數十人外事務幹事張博施助幹譚贊儒宣傳股幹事潘詠流宣慰第二團第二大隊隊長熊心哲辦理前任交代事務助幹張紀祖暨工友余鶴林余芳奎萬清泉孫禮才姚明輝淦長繼熊芝誨羅守先等十三人悉數因公殉難情況至慘事務幹事張博施僅剩一頭助幹譚贊儒胸部絲狀幹事潘詠流女性身懷有孕腹破腸出工友余鶴林余芳奎萬清泉炸成粉碎迄難尋覓屍身餘則斷肢殘體血肉模糊目不忍睹本會即於當日趕辦掩埋規定

職員殯埋費每人五十元工友殯埋費每人三十元復經第九次常會通過一律發給六個月生活費以作本會撫卹金惟殉難職工家屬頗多貧苦本會區區撫卹金僅足用於死者身上父母妻兒生計斷絶紛紛請求救濟本會以撫卹因公殉難政府定有明文當茲長期抗戰之時優予撫卹死者尤足以勵來茲理合造具殉難人員調查表一份呈請

鈞會鑒核體念死者確係因公殉難准予按照因公殉難人員撫卹條例分别優予撫卹以慰死者而勵來兹

謹呈

江西省動員委員會

附呈殉難人員調查表一份

江西省各界民衆抗敵後援會常務委員董福開

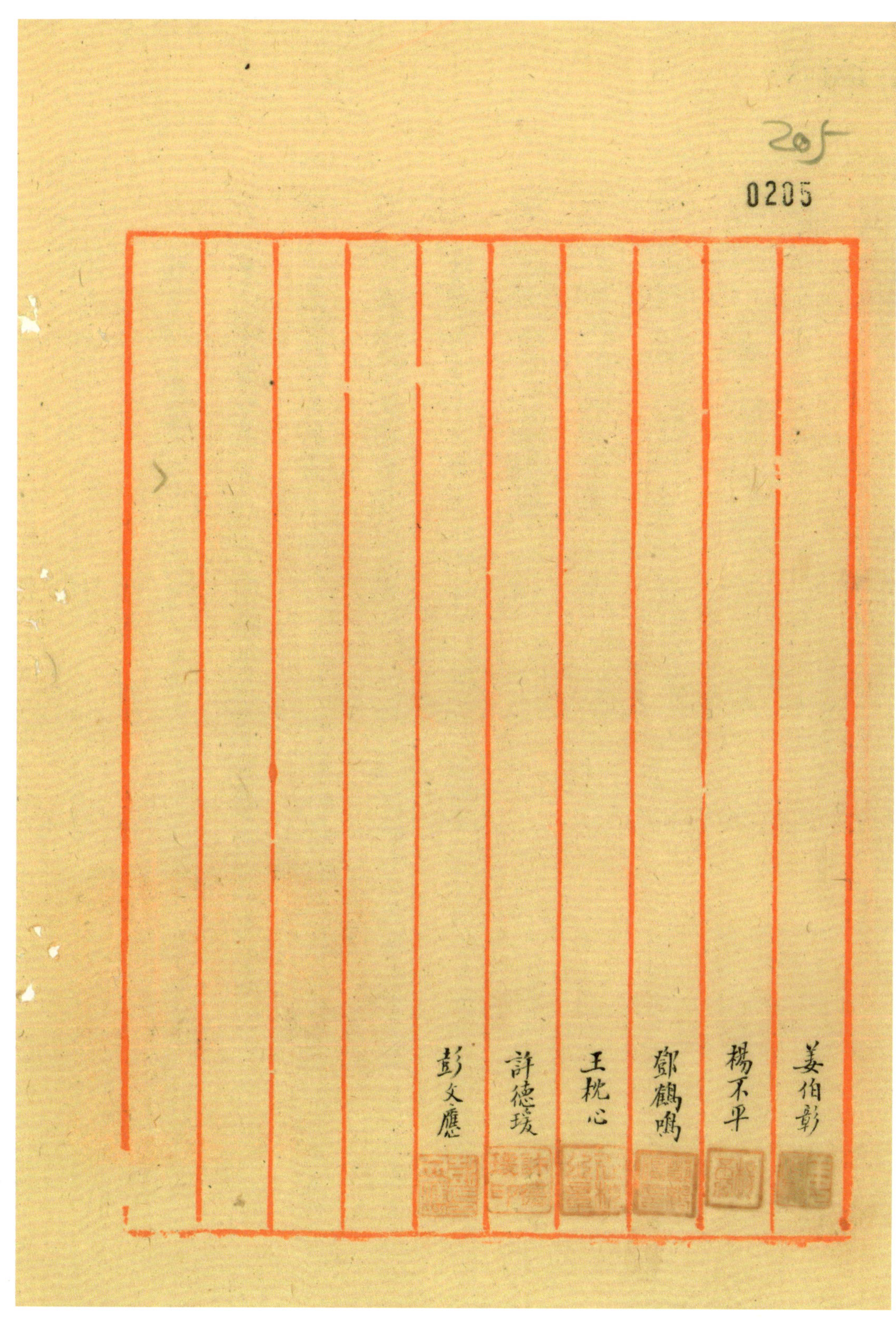
205

0205

姜伯彰
楊不平
鄧鶴鳴
王枕心
許德瑗
彭文應

附：江西省各界民众抗敌后援会被难人员调查表

江西省各界民衆抗敵後援會被難人員調查表

姓名	性别	年齡	籍貫	是否党員及其党証號碼	服務機關與其職務	每月所得生活費	同時殉難家屬	家庭負責	備考
張博施	男	四六	安義	黨員	省後援會總務股事務幹事	四十元	伊兄張某一家數口同時殉難	負担甚重	黨証炸燬無法查明號碼
譚贊儒	男	三六	九江	黨員	省後援會總務股事務助幹	三十元		一家數口負担甚重	仝上
潘詠流	女	二七	鄱陽	黨員	省後援會宣傳股幹事	四十元	伊夫范覺甸及幼子幼女同時殉難	尚留老姑幼子家境蕭條	仝上
張紀祖	男	二四	臨川	黨員	省後援會帮辦會計	三十元		家境清貧	仝上
熊心哲	男	二五	新建	黨員	省後援會宣慰二團三大隊隊長	四十元		家境清貧	仝上
余鶴林	男	二三	安義		省後援會工友	十元		家境貧苦	
余芳奎	男	二一	安義		仝上	十元		仝上	
萬金泉	男	二四	南昌		仝上	十元		仝上	

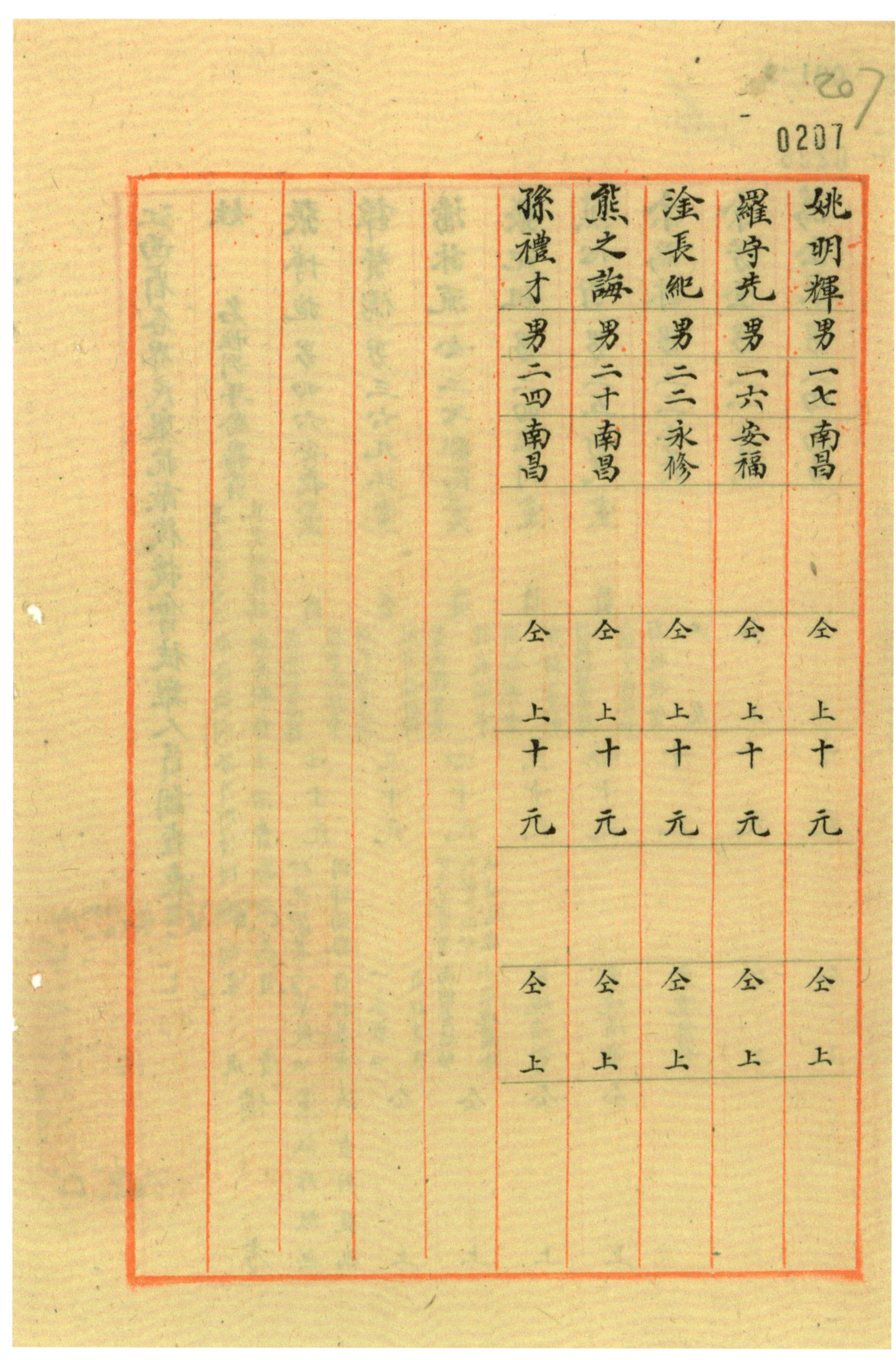

姚明輝	男	一七	南昌		仝上	十元	仝上
羅守先	男	一六	安福		仝上	十元	仝上
塗長紀	男	二二	永修		仝上	十元	仝上
熊之誨	男	二十	南昌		仝上	十元	仝上
孫禮才	男	二四	南昌		仝上	十元	仝上

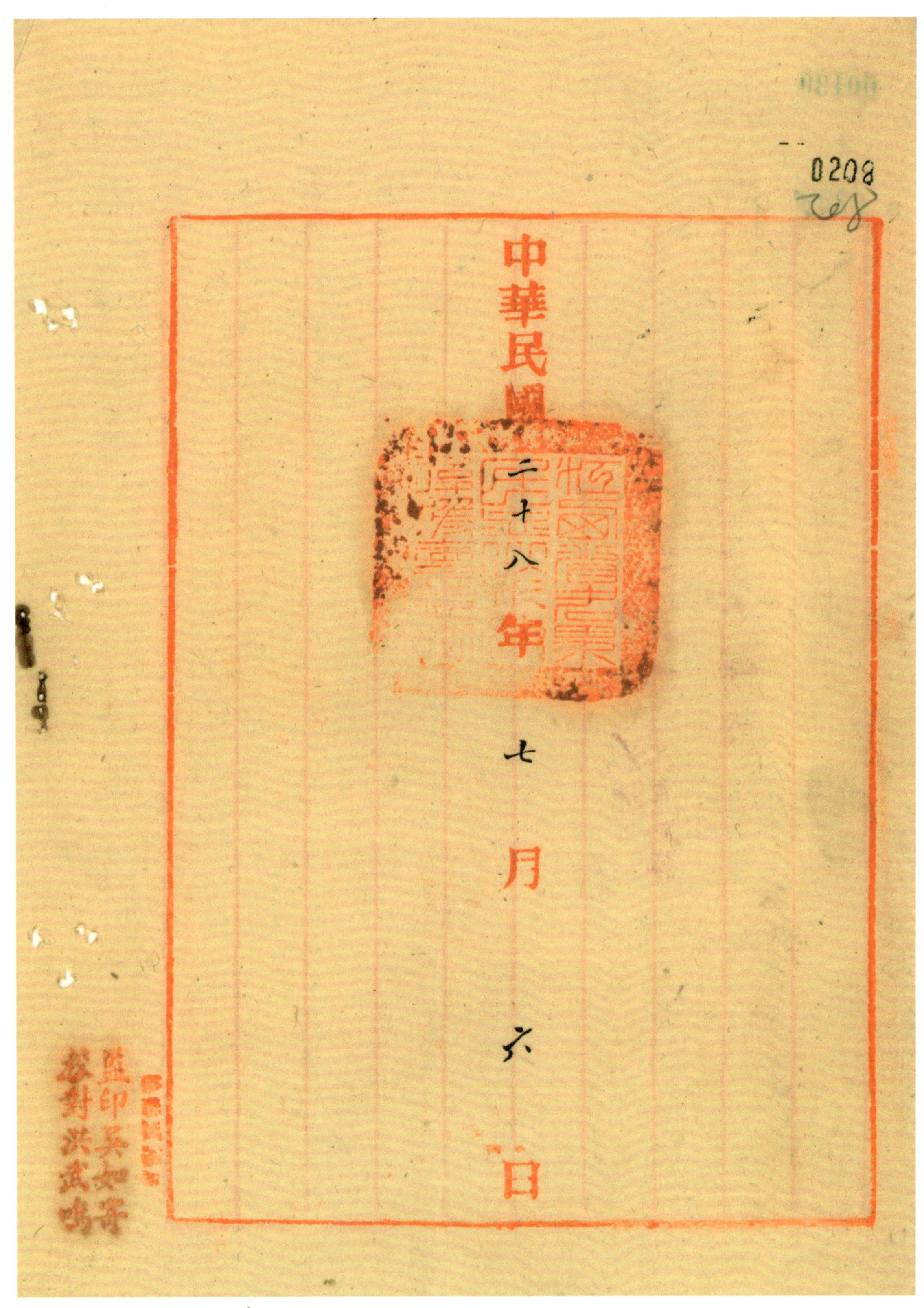
0208
中華民國二十八年七月六日
監印吳如寄
校對洪武鳴

江西省政府、江西全省保安司令部和瑞昌县政府等关于瑞武路破路民工伤亡抚恤的来往文书（一九三九年十月至一九四〇年十二月）

岷山钟石磐致江西省民政厅的电（一九三九年十月二十七日）

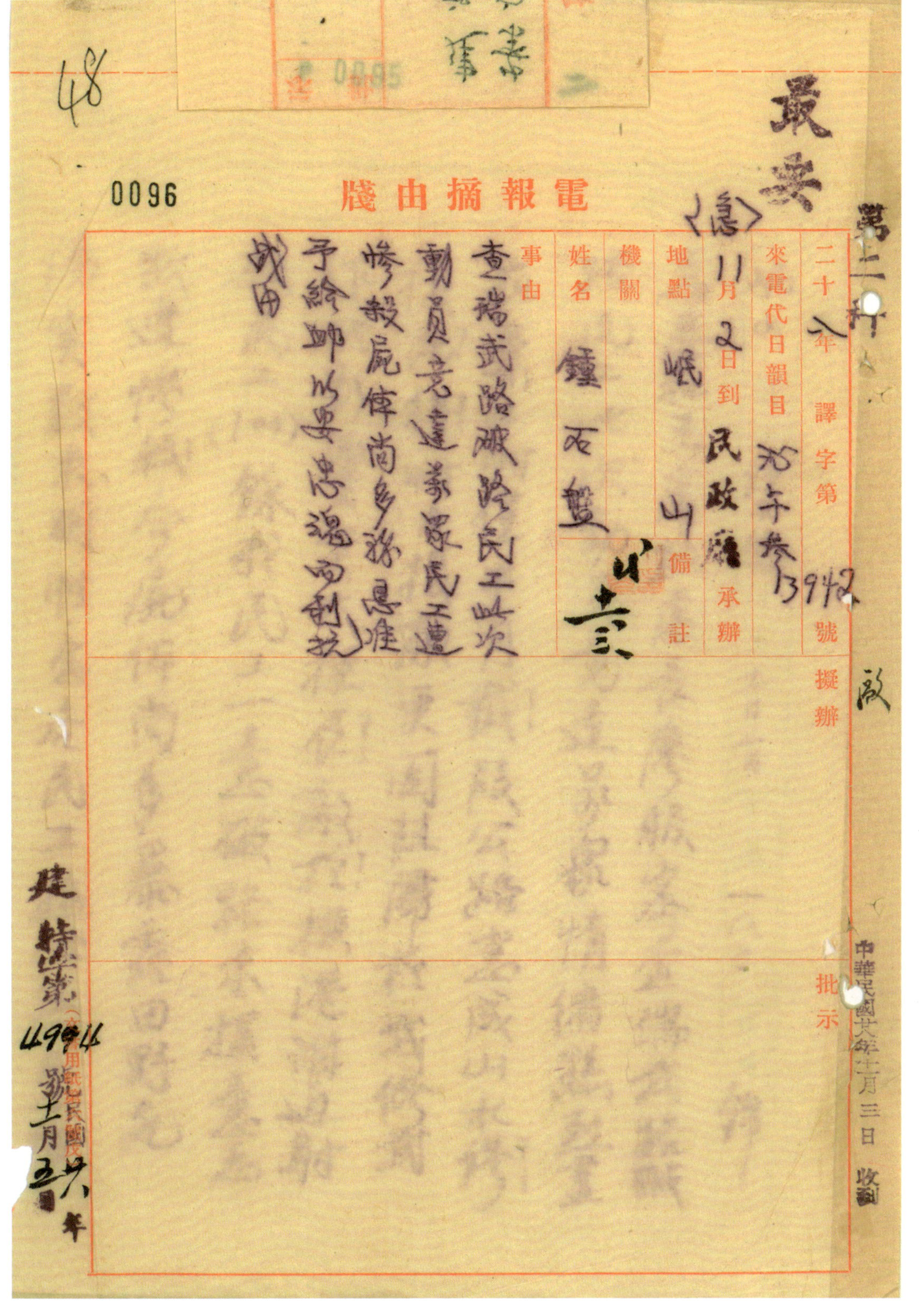
最要

0096

電報摘由牋

二十八年譯字第 13942 號	
來電代日韻目	艹午
11月2日到	民政廳
地點	岷山
機關	
姓名	鍾石盤
事由	查瑞武路破路民工此次動員竟達萬眾民工遭慘殺屍傳尚多務懇准予給卹以安忠魂而勵抗戰由
備註	
承辦	
擬辦	
批示	

中華民國廿八年十一月三日收到

49

0097

第　號

地址	姓名	月日	字數	譯者
峽山	鍾元豐	十一月二日	一八〇	錦

電文

急泰和主席熊處長廖服密查瑞武路破路民工此次動員竟達萬家情緒熱烈盡瘁兼工时僅半月截段公路悉成山水修復既御时日援敵更因阻滯於我修武作戰影響實大捷後敵於橫港附近射殺民工（100）餘我民工一意破路未擇意志致遭慘殺今屍体尚多暴露田野死傷實數未明惟念民工熱心為身後

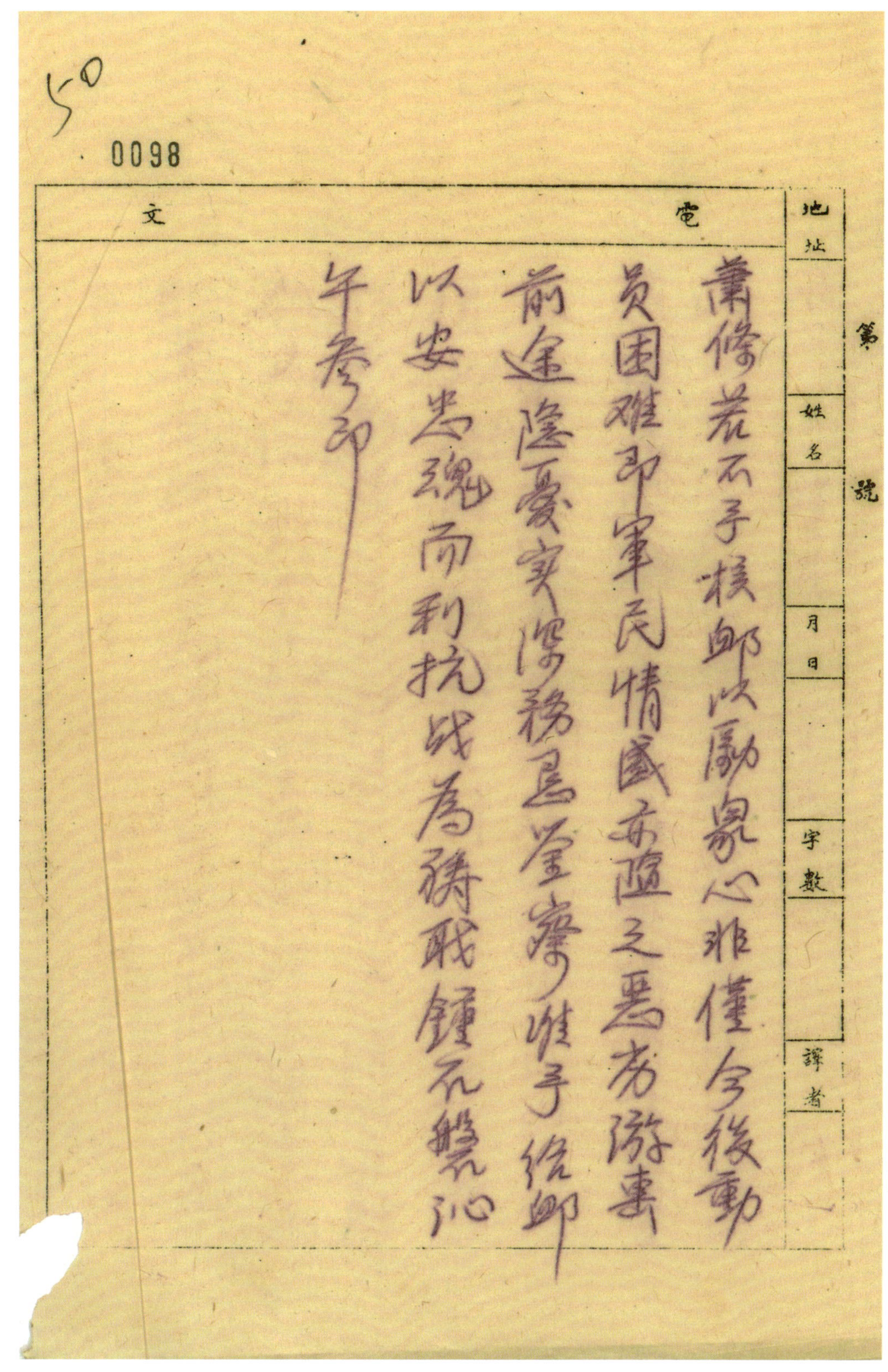

地址　姓名　月日　字數　譯者　第　號

電文

蕭偉若石手擬卹以勵衆心非僅今後動員困難即軍民情感亦隨之惡劣影響前途隱憂實深務懇垂察准予給卹以安忠魂而利抗戰為禱職鍾元繫沁午參印

江西全省保安司令部致省政府的代电（一九三九年十一月四日）

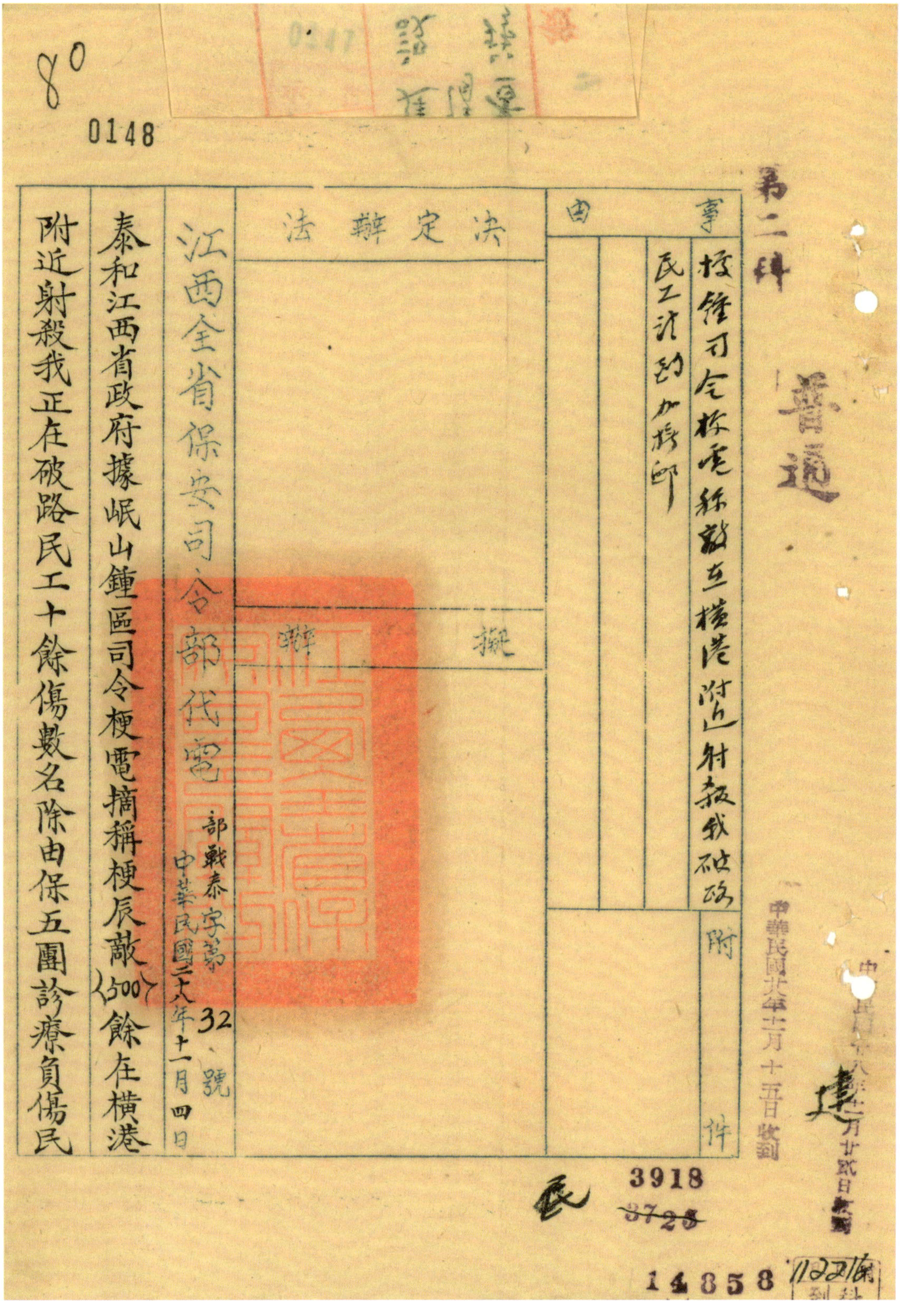

80

0148

第二科

普通

事由：據鍾司令梗電稱敵在橫港附近射殺我破路民工請酌加撫卹

附件

決定辦法

擬辦

中華民國廿八年十一月十五日收到

江西全省保安司令部代電

部戰泰字第32號

中華民國二十八年十一月四日

泰和江西省政府據岷山鍾區司令梗電摘稱梗辰敵〈500〉餘在橫港附近射殺我正在破路民工十餘傷數名除由保五團診療負傷民

民 3918 ~~3723~~

14858

0149

工外懇示對罹難民工處理等情除電復外請貴府對罹難民工酌加撫卹為荷江西全省保安司令部文午部戰二

江西省第九区行政督察专员公署致省保安处的呈（一九四〇年三月十九日）

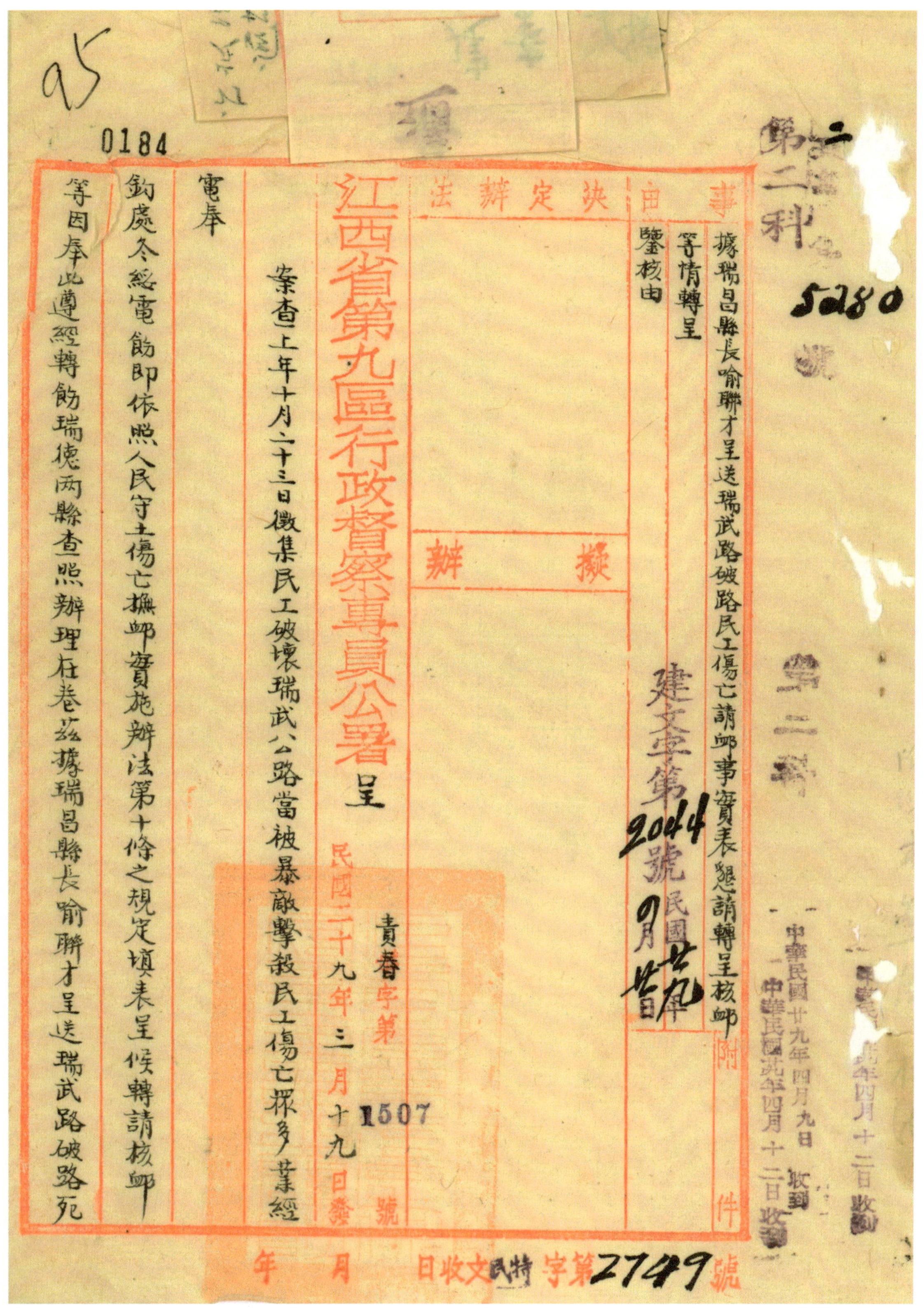
事由：據瑞昌縣長喻聯才呈送瑞武路破路民工傷亡請卹事實表懇請轉呈核卹等情轉呈鑒核由

附件

擬辦

決定辦法

江西省第九區行政督察專員公署呈

民國二十九年三月十九日發

責春字第1507號

案查上年十月二十三日徵集民工破壞瑞武公路當被暴敵擊殺民工傷亡衆多，業經

電奉

鈞處冬總電飭即依照人民守土傷亡撫卹實施辦法第十條之規定填表呈候轉請核卹

等因奉此遵經轉飭瑞德兩縣查照辦理在卷茲據瑞昌縣長喻聯才呈送瑞武路破路死

0185

亡民工蔡龍光等三十六名請卹表各五份一等傷民工溫灿周等四名請卹表各五份二等傷民工葉裕連等十四名請卹表各五份三等傷民工文守仁等三名請卹表五份懇祈鈞署鑒核轉請給卹等情到署除各抽存一份備查外理合備文檢同前項各表一併呈送

鈞處鑒核分別存轉迅予撫卹以慰亡魂而安遺族為實德便！

謹呈

江西省保安處處長廖
副處長熊

附呈送死亡民工蔡龍光等三十六名請卹表各四份
一等傷民工溫灿周等四名請卹表各四份
二等傷民工葉裕連等十四名請卹表各四份
三等傷民工文守仁等三名請卹表各四份

江西省第九區行政督察專員兼司令鍾石磐

鹿鋒印

瑞昌县政府致江西省政府的呈（一九四〇年十月十七日）

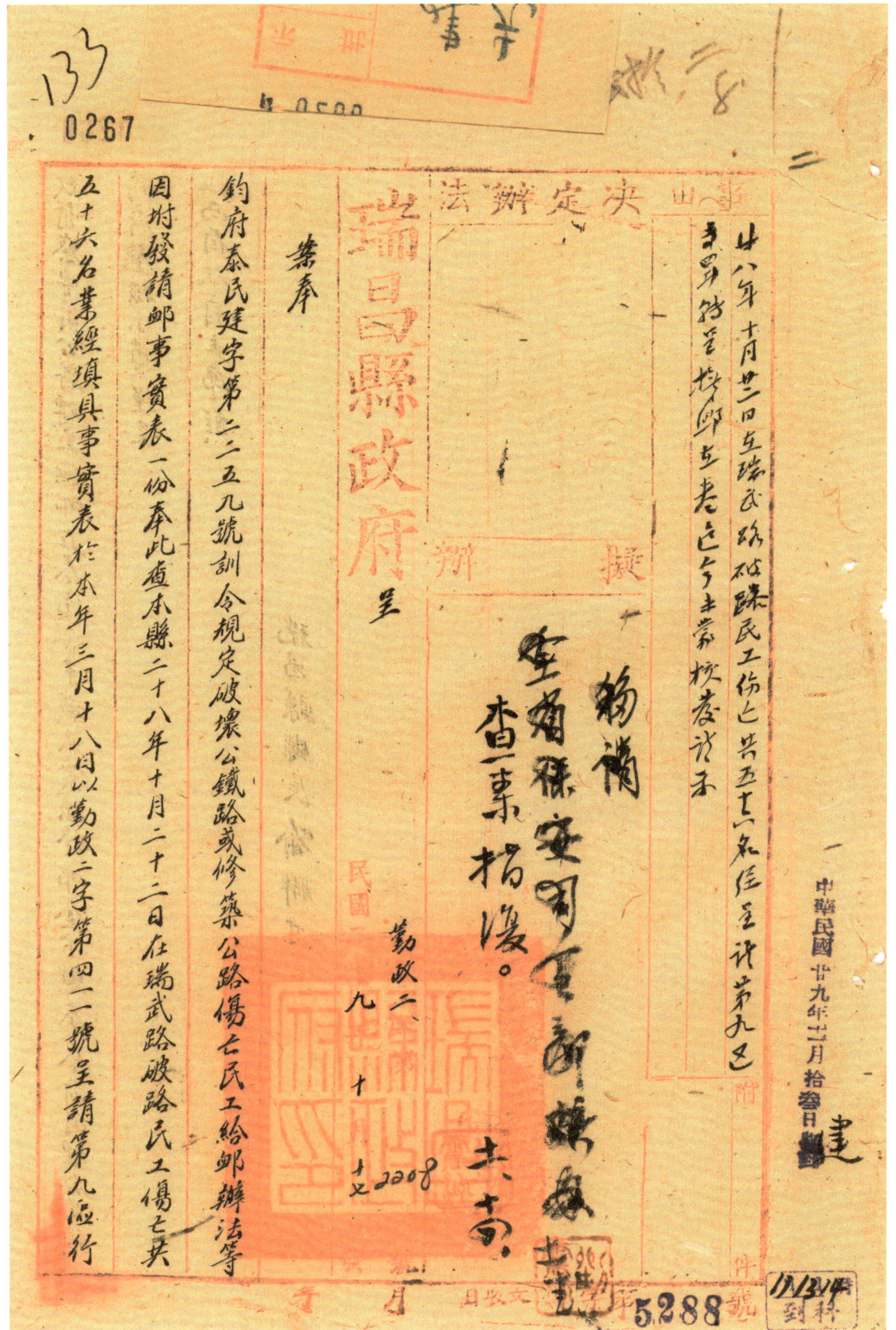
事由：廿八年十月廿二日在瑞武路破路民工傷亡共五十六名經呈請第九區專署轉呈核卹在案迄今未蒙核發請示

瑞昌縣政府 呈 勤政二、九 十 十七 2208

案奉

鈞府泰民建字第二二五九號訓令規定破壞公鐵路或修築公路傷亡民工給卹辦法等因，附發請卹事實表一份，奉此，查本縣二十八年十月二十二日在瑞武路破路民工傷亡共五十六名，業經填具事實表，於本年三月十八日以勤政二字第四一一號呈請第九區行

擬辦：務請專署將該案何日轉部核復查案指復。 十、廿

中華民國廿九年十月拾叁日 建

5288

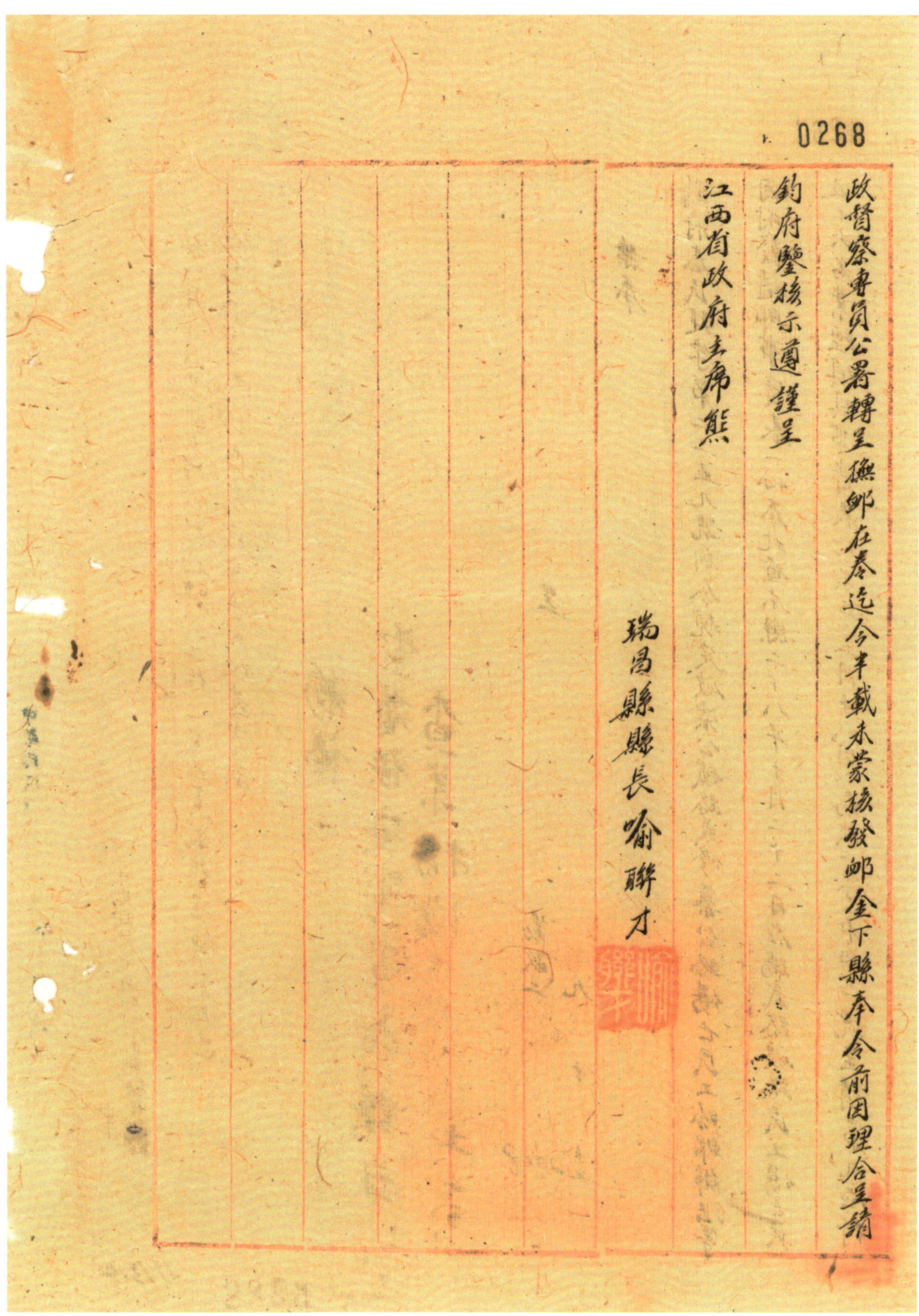
0268

政督察專員公署轉呈撫卹在案迄今半載未蒙核發卹金下縣奉令前因理合呈請

鈞府鑒核示遵。謹呈

江西省政府主席熊

瑞昌縣縣長喻聯才

江西省政府致瑞昌县政府的指令（一九四〇年十二月二十一日）

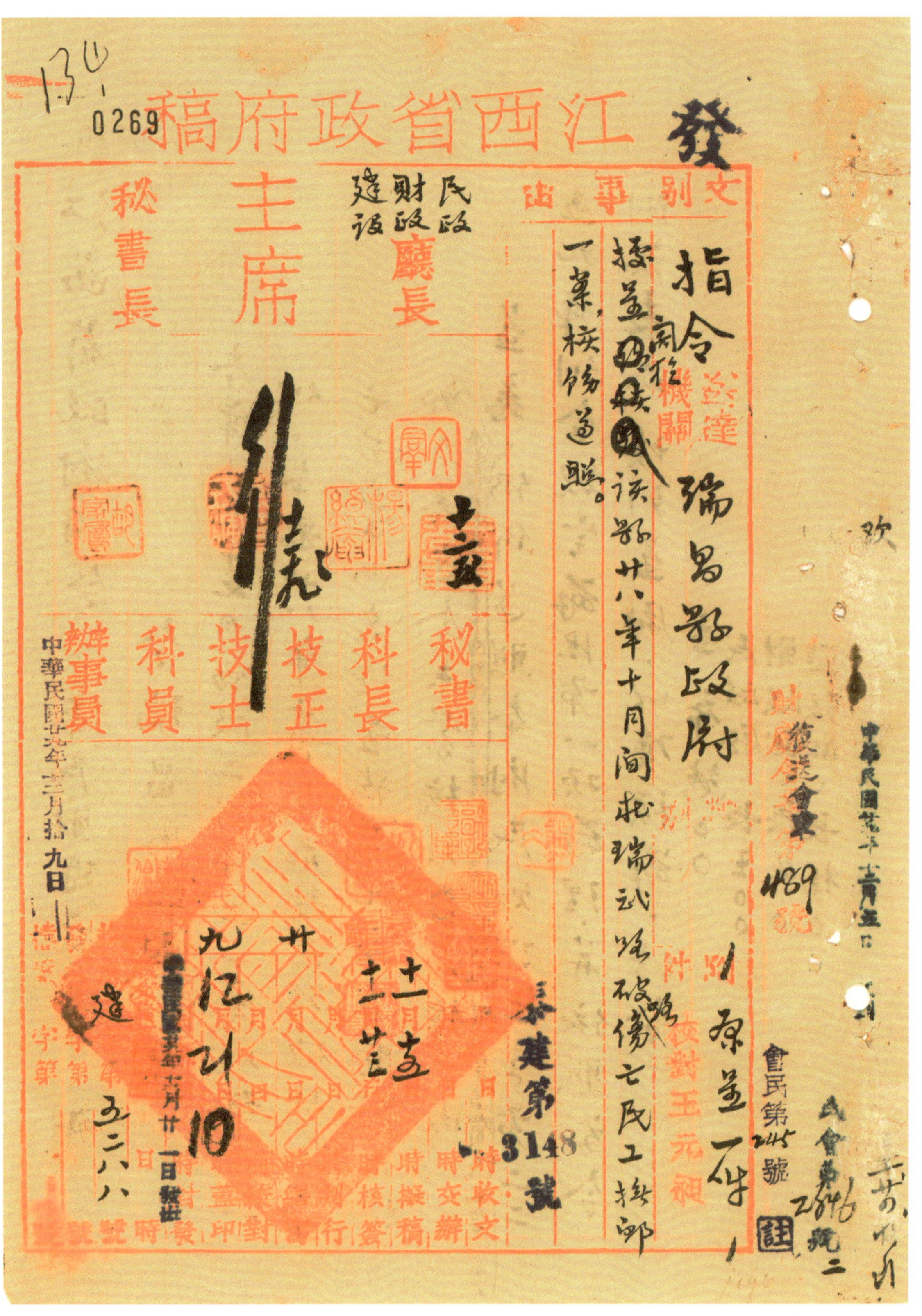
江西省政府稿

發

文别 事由

指令 送達機關 瑞昌縣政府

據呈因敵機襲該縣廿八年十月間批瑞武路破壞傷亡民工撫䘏一案，核飭遵照。

附 原呈一件

江西省政府指令

泰民財建二字第　號

令瑞昌縣政府

本年十月十九日勘政二字第二二零八號呈一件：本縣廿八年十月間敵擾瑞武路破路民工傷亡共五十六名，經呈請第九區專署轉請撫卹，批悉，迄今未蒙核發，請核示由

呈悉。仰遵照本府民財建二字第二三五九號訓令規定辦法第一項辦理，并依照令附發表式，填列呈府，以憑核辦。此令。

主席熊〇〇

民政廳廳長王〇〇

財政廳廳長文〇〇

建設廳廳長楊〇〇

江西省政府和江西省农产物检验所关于技工黄炳炎抚恤费及殓埋费的来往文书（一九四〇年四月至五月）

江西省农产物检验所致省建设厅的呈（一九四〇年四月十九日）

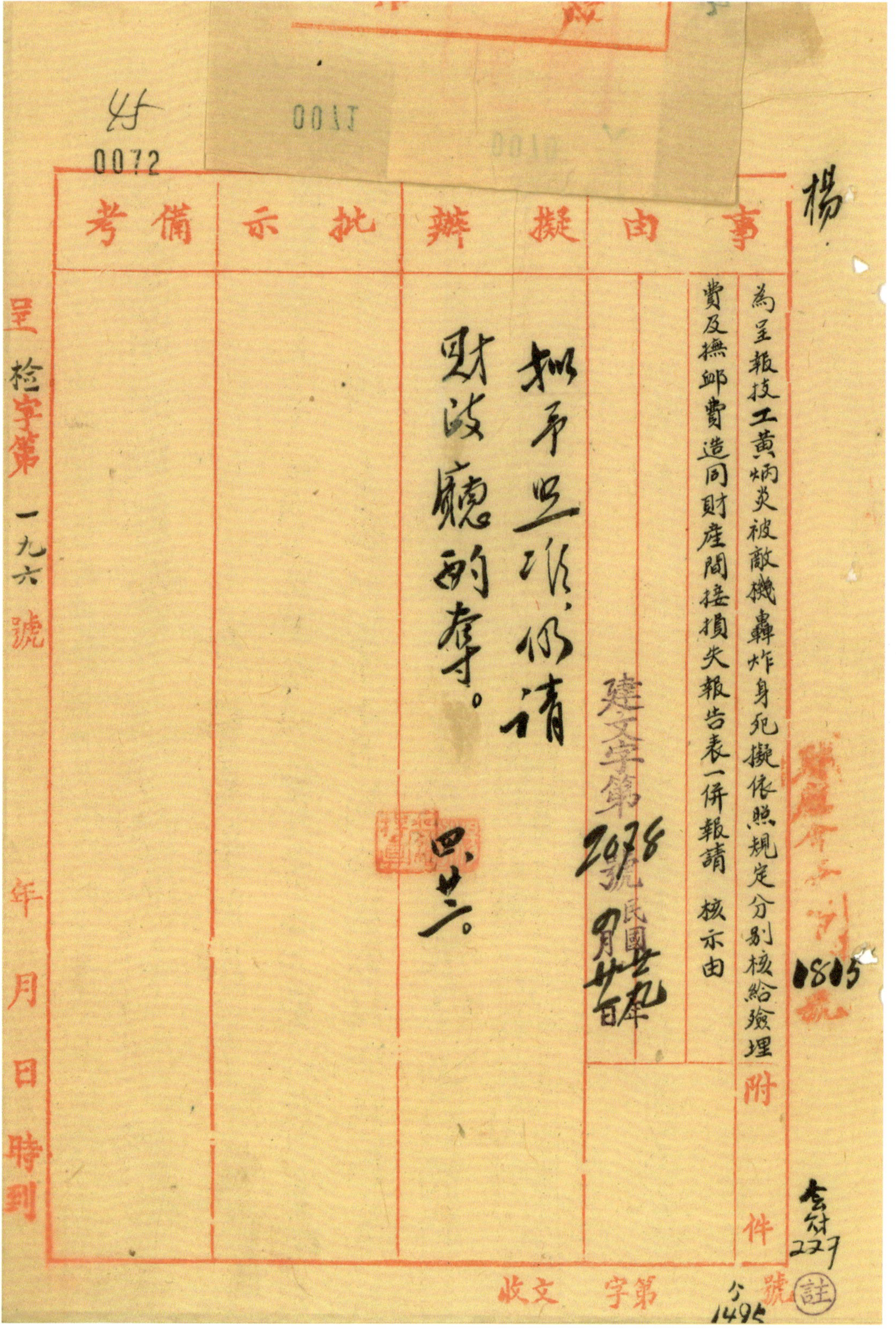

事由	擬辦	批示	備考
為呈報技工黃炳炎被敵機轟炸身死擬依照規定分別核給殮埋費及撫卹費造同財產間接損失報告表一併報請　核示由		擬予照准，咨請財政廳酌奪。四廿六	
附件			

呈檢字第一九六號

建文字第2078號　民國廿九年四月廿日

1815

年　月　日　時到

收文　字第　號

0073

查屬所自遷吉辦公以來為避免空襲起見曾將一部份重要儀器儲藏於神崗山劉氏宗祠本月十六日上午九時許因需用茶驗儀器派遣技工黃炳炎至神崗山劉祠檢取行至古南鎮附近突遇敵機肆炸吉安該技工躲避不及被炸傷重立時身死查該黃炳炎係本省南昌人去春避難來吉在屬所充當技工月給薪貲十三元平日辦事頗稱勤敏家中尚有垂老雙親年輕病婦全賴工貲所入以資事畜此次因公出勤慘遭炸斃不特身後蕭條家徒四壁即老親弱息亦將委填溝壑目擊之餘殊堪憫惻除依照二十八年八月九日　國府頒布公務員雇員公役遭受空襲損害暫行救濟辦法第八條之規定核發殮埋費一百元外並擬依照同法第四條後段及二十七年七月七日　行政院頒布戰時雇員公役因公傷亡給卹暫行標準第一條(乙)項規定按其最後薪貲給予十四個月薪貲之一次撫卹費一百八十二元以示優恤而慰幽魂所有前項殮埋費及撫卹費共

0074

二百八十二元均拟在属所经费内匀支理合造同财产间接损失报告表二份一併具文报

请是否有当仰祈

鉴核示遵

谨呈

江西省政府建设厅厅长杨

计呈送 财产间接损失报告表二份

江西省农产物检验所所长叶声钟

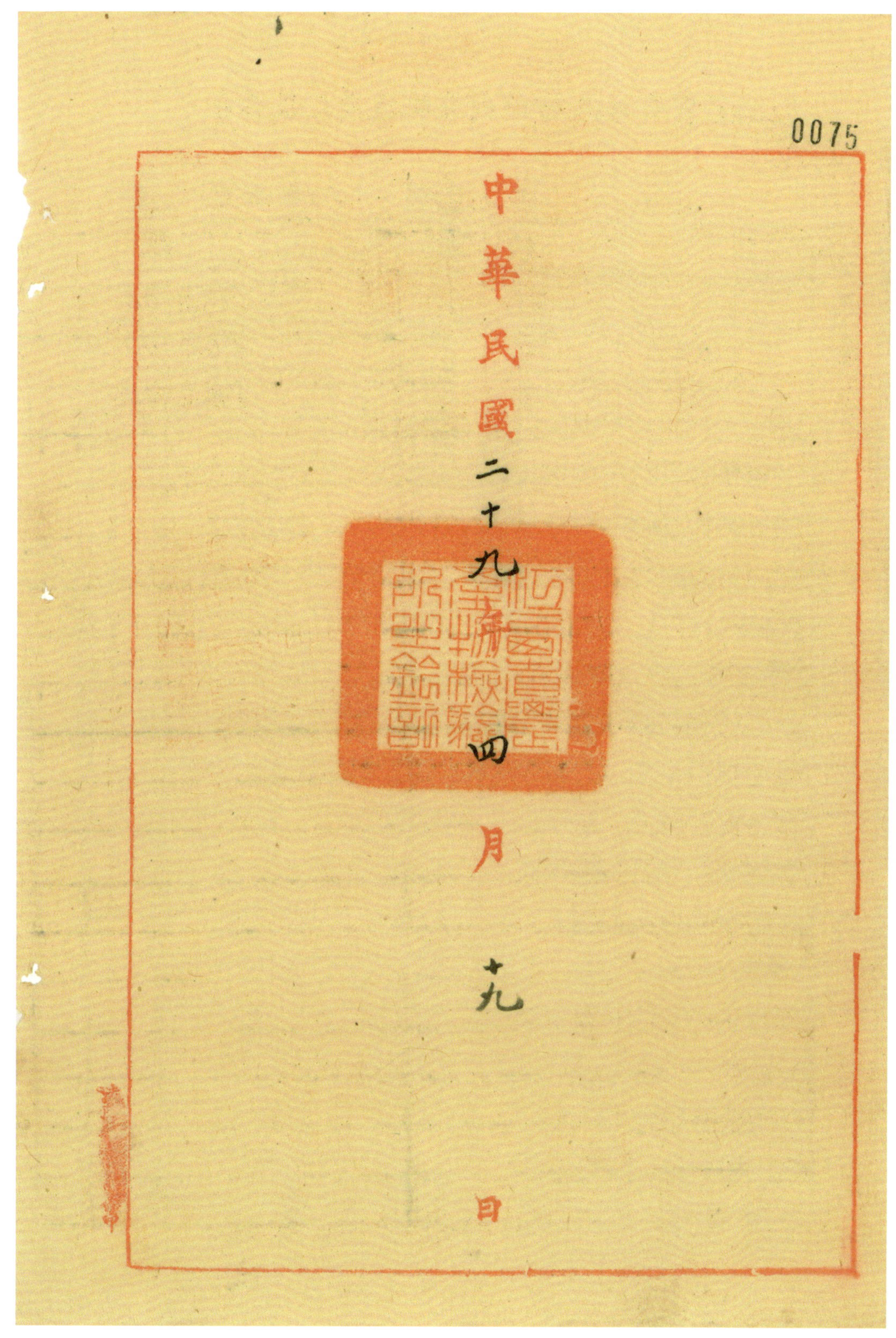

0075

中華民國二十九　四月十九日

附：江西省农产物检验所财产间接损失报告表

江西省農產物檢驗所財產間接損失報告表

0078

填送日期二十九年四月　日

分類	數額	
共計	282	00
殮埋費	100	00
撫卹費	182	00

報告者葉聲鐘

江西省政府致省农产物检验所的指令（一九四〇年五月二十一日）

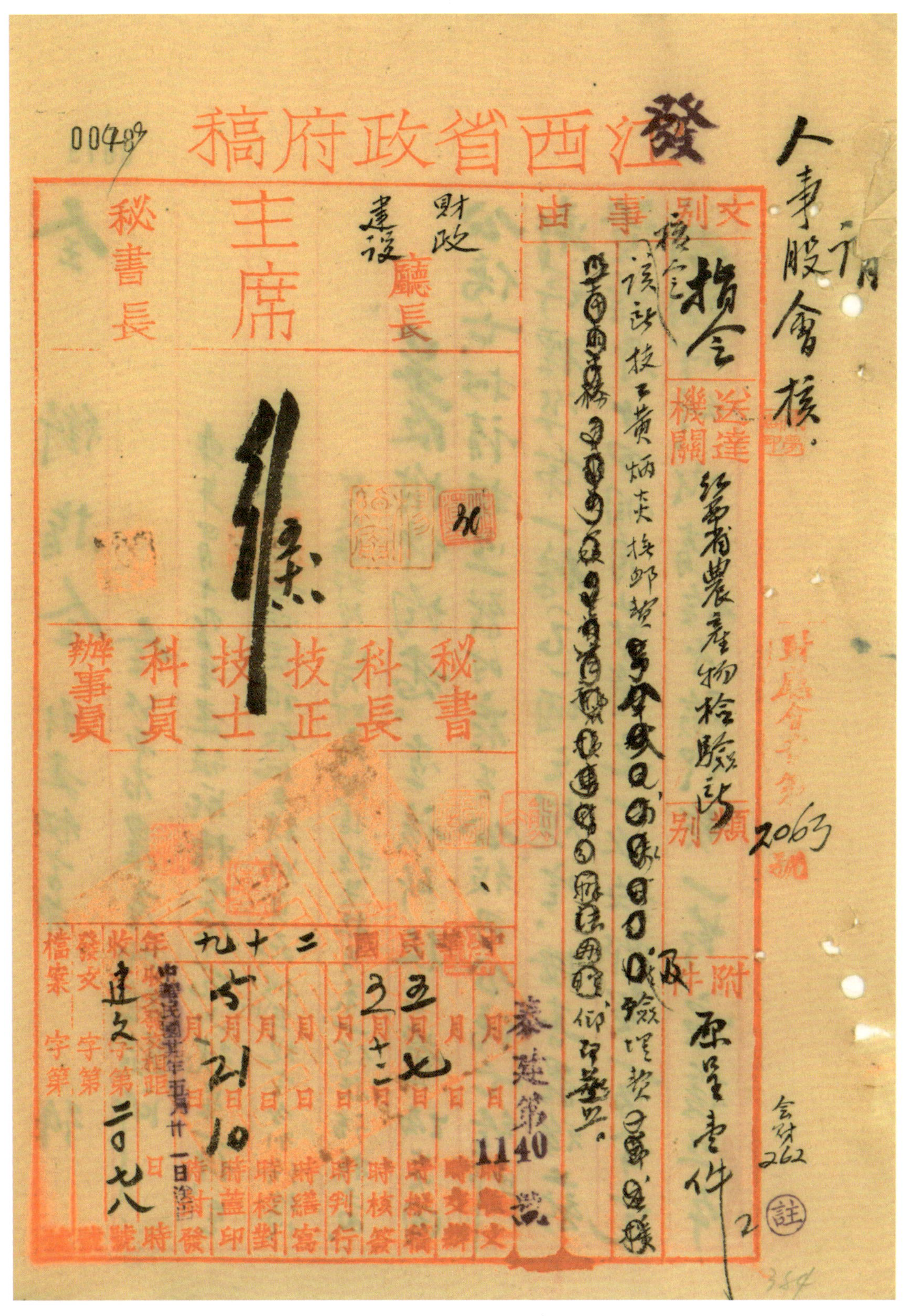

江西省政府稿

文别：指令

送达机关：江西省農產物檢驗所

附件：原呈壹件

主席　秘書長　財政、建設廳長

秘書　科長　技正　技士　科員　辦事員

中華民國二十九年　五月七日　五月十二日　五月21日

收文　字第　號

發文　建字第二〇七八號

全衔指令　財建秘字第　　號

令江西省農產物檢驗所

本年四月十九日呈建設廳檢字第一九六號呈一件，呈報技工黃炳炎被敵機轟炸身死，擬依照規定分別給驗埋費及撫卹費，造同財產損失報告表一併報請核示由。

呈及附件均悉。查該所技工黃炳炎因公傷亡，擬請援照戰時雇員公役因公傷亡給卹暫行標準第一條（乙）項之規定，按其最後薪資給予十四個月薪資之一次撫卹費一百八十六元，尚屬可行。惟請給予驗埋費一節，應援照本省公務員、雇員、公役、遭受空襲損害暫行救濟辦法（本年四月九日第一二六三次省務會議通過）第八條之規定，給予死者殮埋費四十元，以上兩款，均在該所經費內開支，仰即遵照辦理具報為要。

此令。

主席 熊○○

財政廳廳長 文○

建設廳廳長 楊綽○

江西省政府关于民工抚恤案件应列表咨复致省建设厅的训令（一九四〇年四月二十七日）

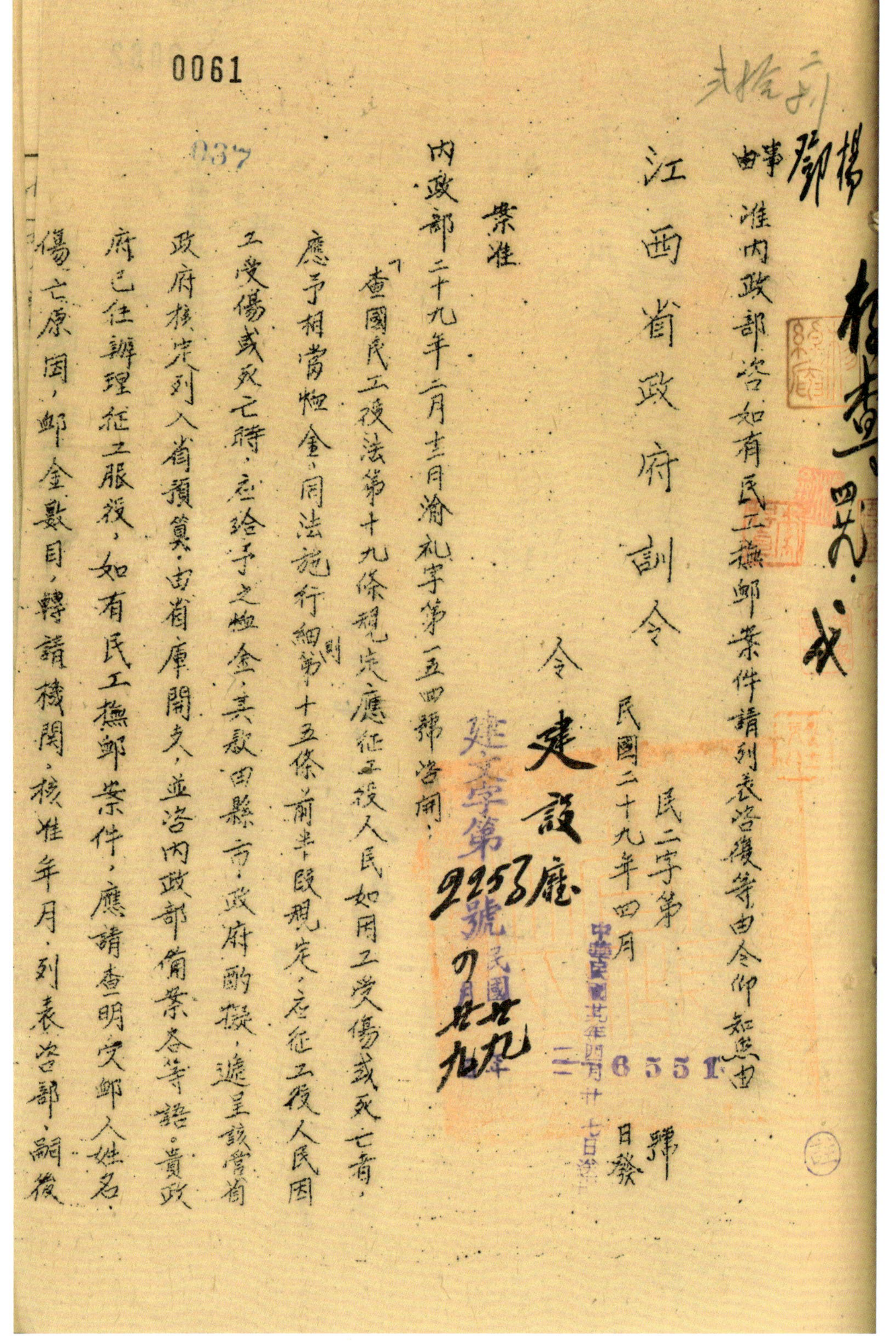

事由：准内政部咨如有民工撫卹案件請列表咨復等由令仰知照由

江西省政府訓令　民二字第　號

民國二十九年四月　日發

令建設廳

案准

内政部二十九年三月十二日渝禮字第一五四號咨開：

「查國民工役法第十九條規定：應徵工役人民如因工受傷或死亡者，應予相當恤金，同法施行細則第十五條前半段規定：應徵工役人民因工受傷或死亡時，應給予之恤金，其款由縣市政府酌擬，遞呈該管省政府核定列入省預算，由省庫開支，並咨内政部備案各等語。貴政府已往辦理征工服役，如有民工撫卹案件，應請查明受卹人姓名、傷亡原因、卹金數目、轉請機關、核准年月，列表咨部，嗣後

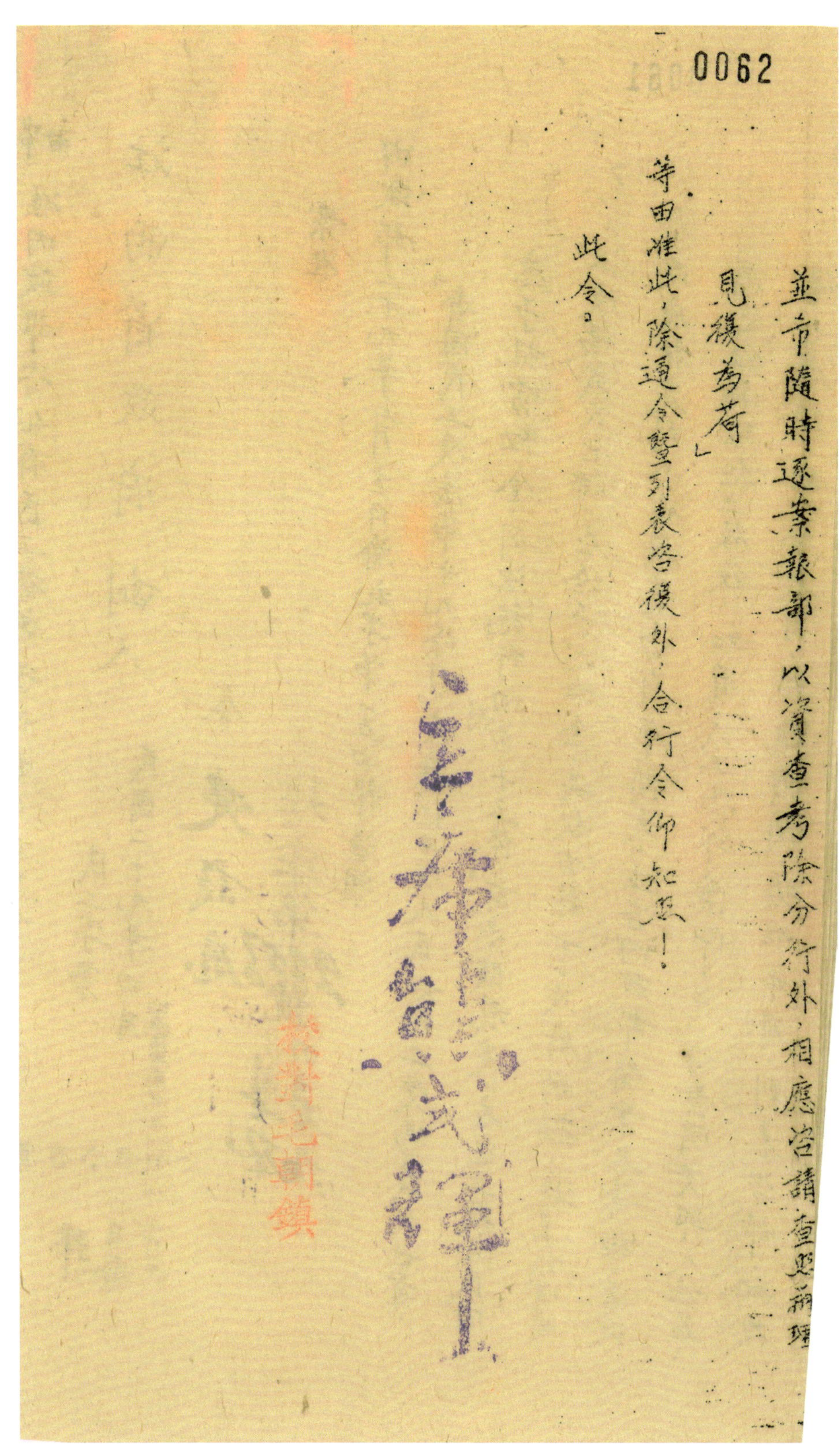
0062

並市隨時逐案報部，以資查考，除分行外，相應咨請查照爲荷，
見復爲荷」

等因；准此，除逕令暨列表咨復外，合行令仰知照！

此令。

主席曾武輝

校對毛朝鎮

行政院、内政部、江西省政府和湖口县政府等关于湖口县陈植楷从优给恤的来往文书（一九四〇年五月至一九四二年六月）

湖口县政府致江西省政府的呈（一九四〇年五月八日）

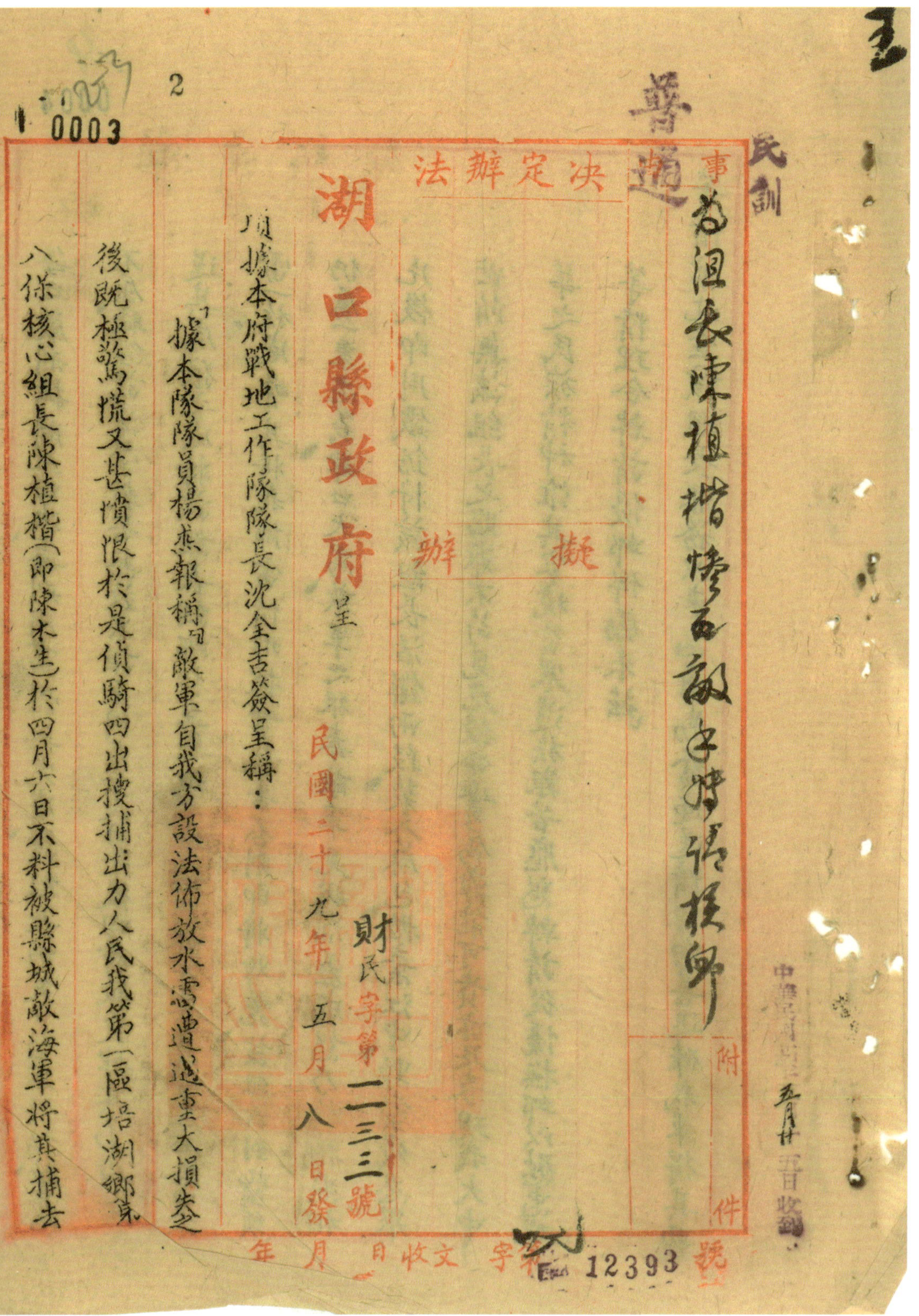
湖口縣政府 呈

財民字第一一三三號

民國二十九年五月八日發

頃據本府戰地工作隊隊長沈全吉簽呈稱：「據本隊隊員楊燕報稱：『敵軍自我方設法佈放水雷遭遇重大損失後，既極驚慌，又甚憤恨，於是偵騎四出，搜捕出力人民。我第一區培湖鄉鄉長陳植楷（即陳木生）於四月六日不料被縣城敵海軍將其捕去每日嚴刑拷問三四次毒刑用盡體無完膚該組長仍矢口堅不供認誓死不屈職經設法營救苦無效果詎至同月二十八日午後四時敵更肆其梟獍產逞其虎狼之威將該組長綑綁抬至縣城之城德門外于其身旁左右各置炸雷一枚威脅其將我佈雷情形據實報告否則即將炸斃該組長到此關頭仍屬一秉忠義肆口大罵敵軍之狠毒敵軍見狀惱羞成怒乃於拍照相片後即用鐵鍘將該組長活鍘兩段裝入麻包拋棄江中野蠻殘忍舉世所無該組長之臨難不苟見危授命實屬難能可貴亦足表現我大中華之民族精神惟其家境貧寒遺族艱苦應懇轉請從優撫卹以慰忠魂

等情理合轉請優卹俾勵來茲」

等情據此查該組長服務以來忠勇勤奮遞送情報向甚迅確我軍得其助

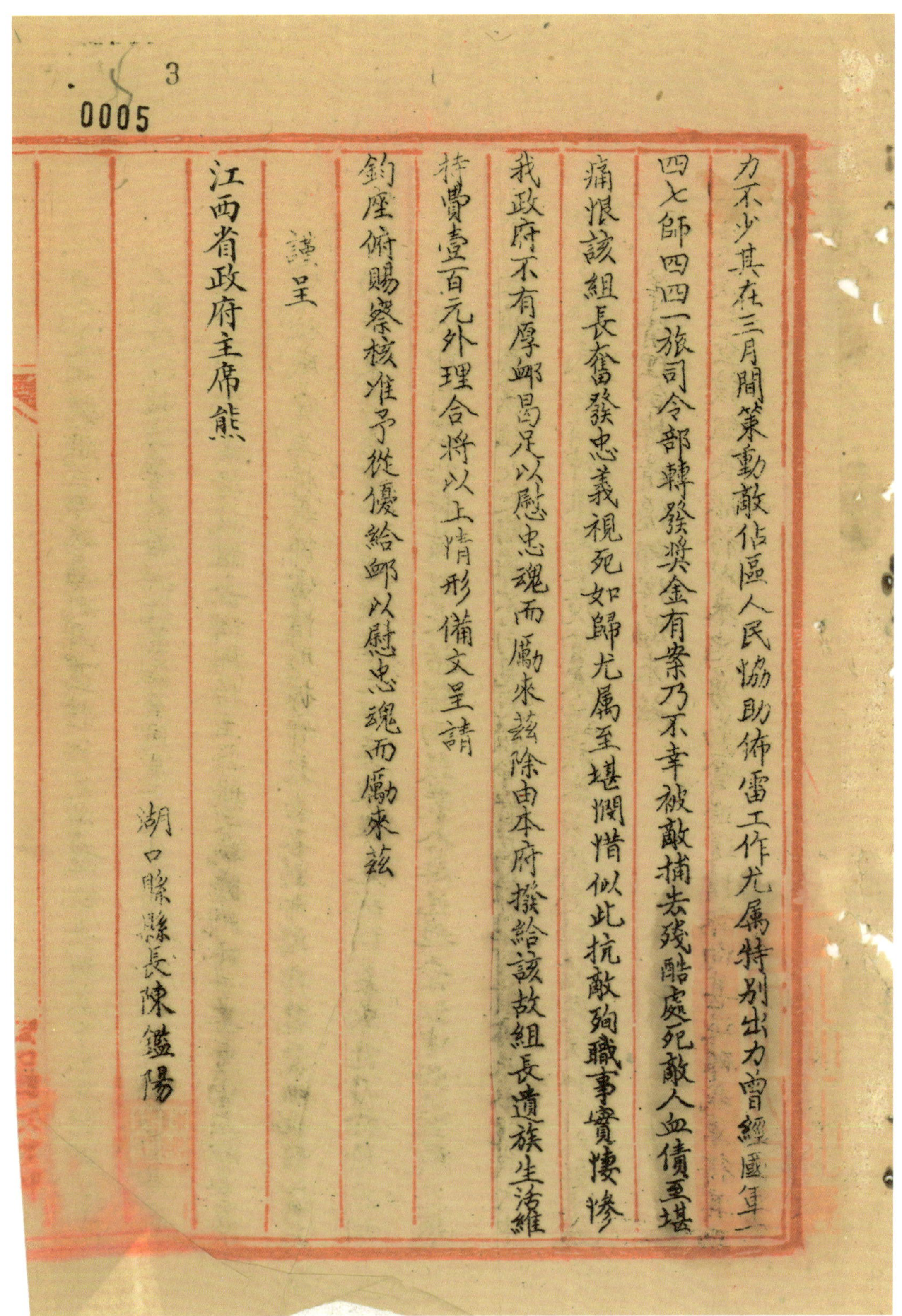

3
0005

力不少其在三月間策動敵佔區人民協助佈雷工作尤屬特別出力曾經國軍一四七師四四一旅司令部轉發奬金有案乃不幸被敵捕去殘酷處死敵人血債至堪痛恨該組長奮發忠義視死如歸尤屬至堪惘惜似此抗敵殉職事實悽慘我政府不有厚卹曷足以慰忠魂而勵來茲除由本府撥給該故組長遺族生活維持費壹百元外理合將以上情形備文呈請

鈞座俯賜察核准予從優給卹以慰忠魂而勵來茲

謹呈

江西省政府主席熊

湖口縣縣長陳鑑陽

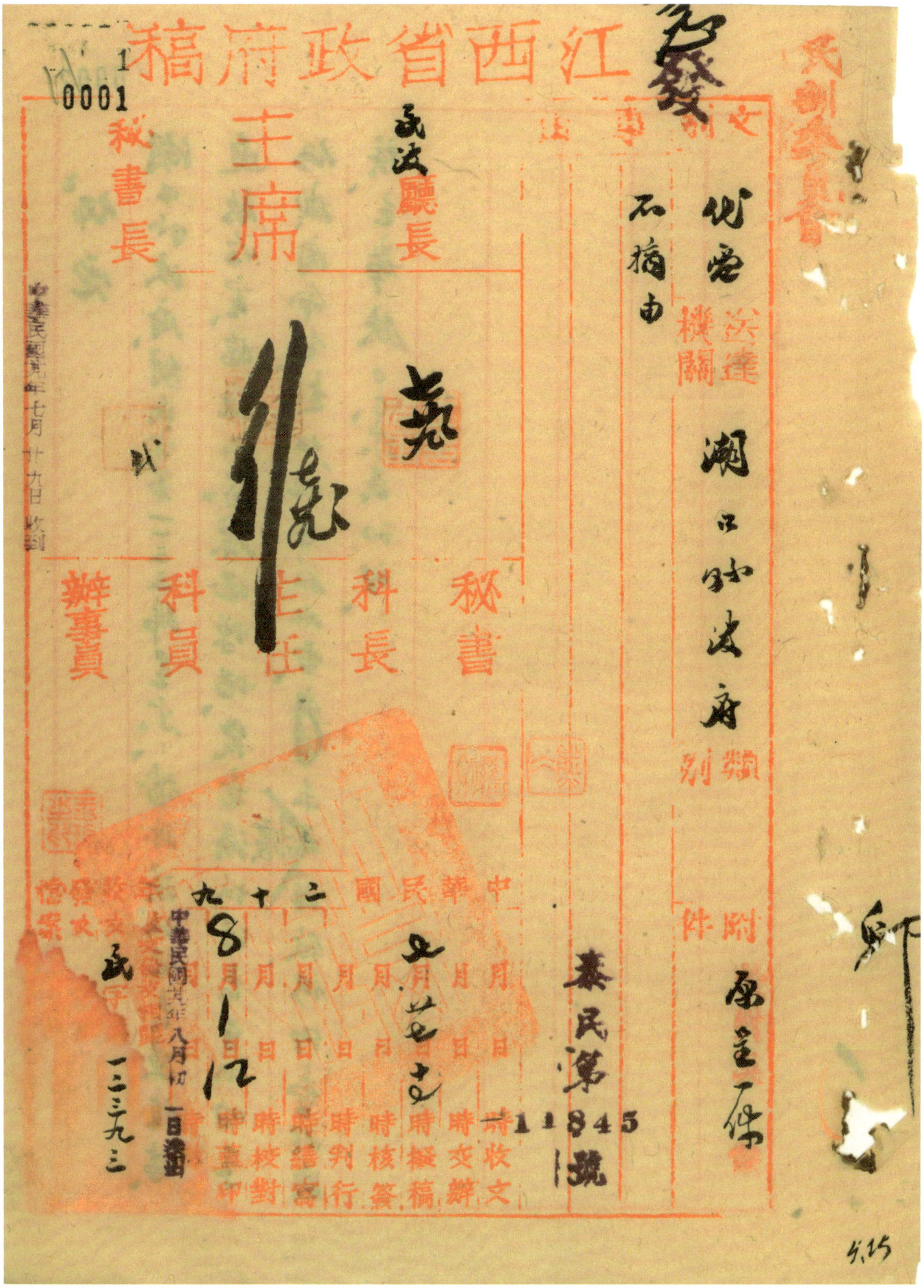

江西省政府致湖口县政府的代电（一九四〇年八月一日）

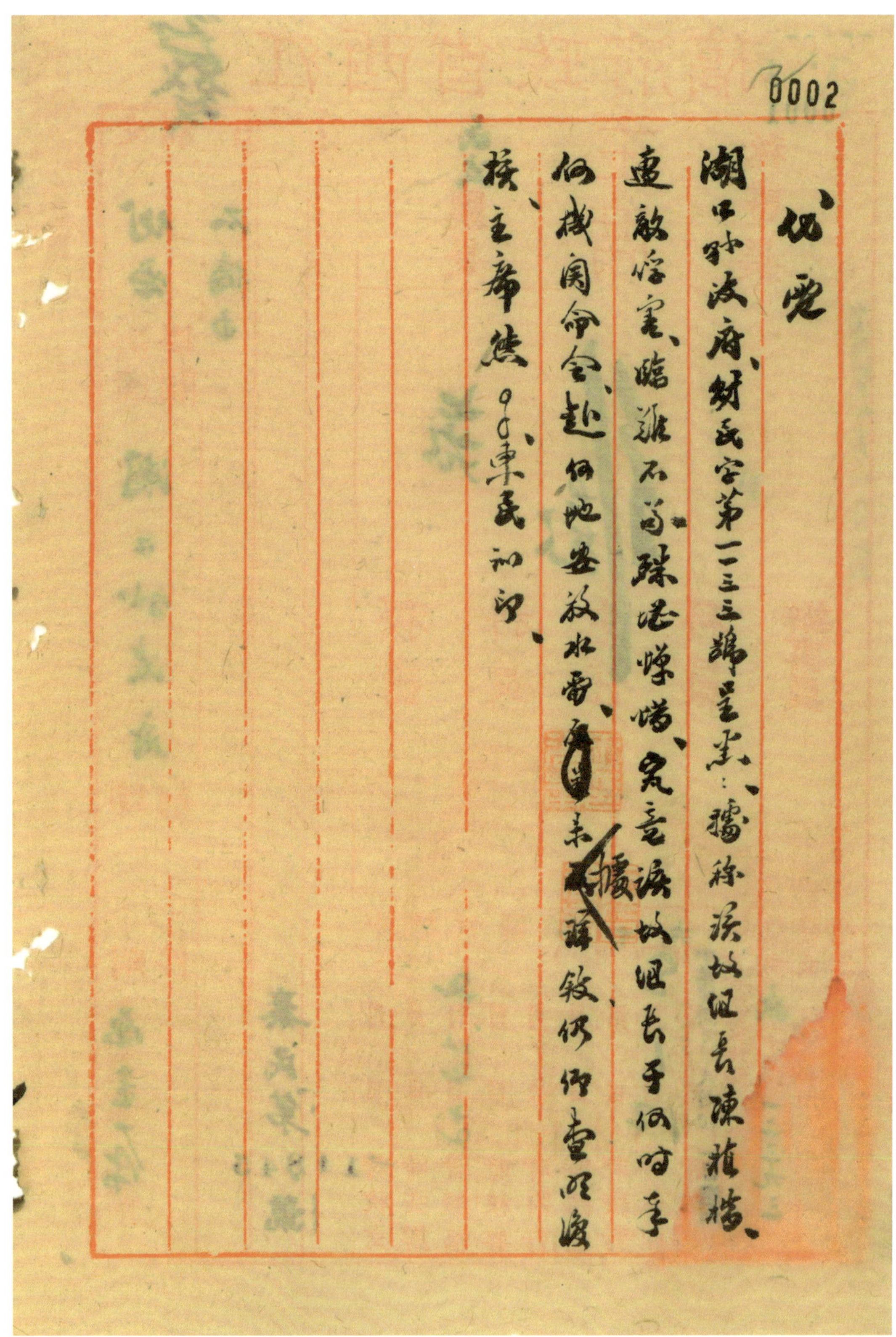

0002

代電

湖口縣政府、財民字第一一三三號呈悉。據稱該組長陳雅楷、遭敵慘害、臨難不苟、殊堪悼惜。究竟該組長于何時奉何機關命令、赴何地安放水雷、因何爆炸、詳敘、併仰查明復核。主席熊。9.8 東民初印。

湖口县政府致江西省政府和江西省民政厅的代电（一九四〇年九月二十一日）

0012

范

民訓

普通

事由：查復故組長陳植楷遭敵俘害經過，請優給卹

決定辦法

擬辦

湖口縣政府代電

江西省政府主席熊、民政廳廳長王鈞鑒：案奉鈞府秦民字第二八四五號東民訓代電開：「財民字第二三三號呈悉。據稱該故組長陳植楷遭敵俘害，臨難不苟，殊堪悼惜。究竟該故組長於何時奉何機關命令赴何地安放水雷，未據詳敘，仍仰查明復核。」等因。奉此。查本年二月間駐縣國軍第一四七師四四一旅以奉令在本縣靠近長江一帶佈放水雷，籌令本府派員協助。當時本縣靠近長

游民字第三六二號

民國二九年九月二十一日發

中華民國廿九年十月三日收到

附件

25641

0013

江地方均為敵佔區域乃令派本縣敵佔區之培湖鄉第八保核心組長陳植楷等先行引導鄱佈雷官潛入敵佔區長江沿岸察看地情經覓定上石鐘岩（鄱陽湖滙入長江之口上二里許）大石頭湖面為佈雷地點（該處離我警戒線已二十餘里距縣城僅二里許）旋復令陳植楷等打通運雷路綫秘密策動當地淪陷區民衆搬運水雷至大石頭附近於二月二十日晚引導我軍佈雷人員潛至大石頭並征雇熟悉水道之漁船多隻裝載水雷至湖心佈放是晚佈雷七十餘隻至三月十二日復在該處佈雷四十餘隻先後炸燬敵艦四艘汽划十餘隻斃敵軍官數百人此兩次佈雷工作得力於陳植楷之協助甚大軍事長官曾發給奬金以示鼓勵惟以其協助佈雷特别出力致被敵軍偵覺捕去慘殺身後蕭條至堪矜憫雖近奉第三戰區司令長官及陸軍第二十一軍軍長令以該故組長協助我軍佈雷出力致遭逮捕竟能臨難不苟以身殉職特各贈給該遺族生活費壹百元

0014

以示體卹無如撫養遺族非此二百元所克有濟奉電前因理合將該故組長陳植楷協助佈雷出力詳情代電呈報鈞座鑒核懇乞俯念該員因協助抗戰出力致遭慘殺煢煢遺族撫養無人准予從優給卹以慰忠魂湖口縣縣長陳鑑陽叩申號將民印

江西省政府致湖口县政府的代电（一九四〇年十月二十日）

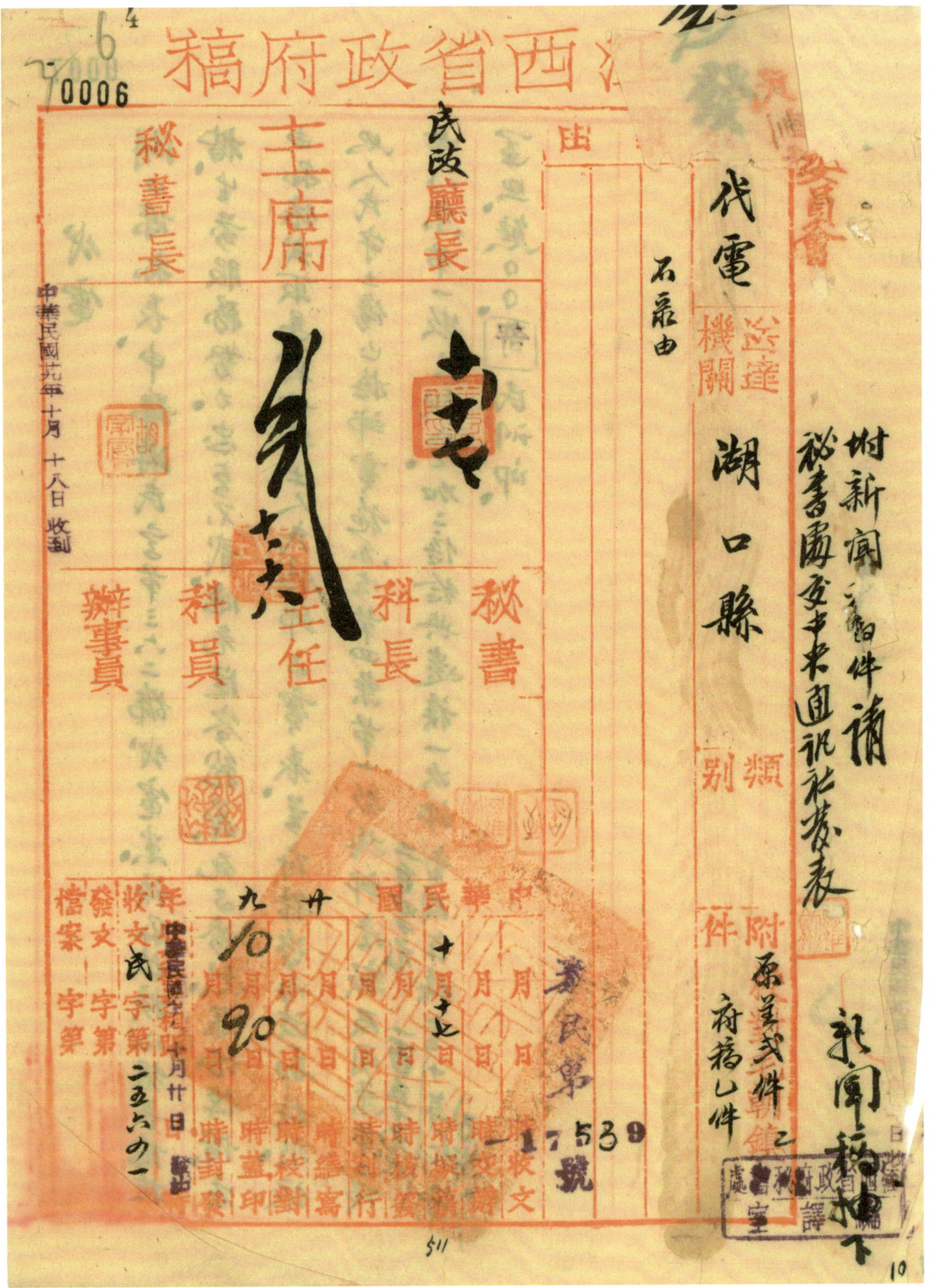
江西省政府稿

主席　秘書長　民政廳長

秘書　科長　主任　科員　辦事員

代電

送達機關　湖口縣

中華民國廿九年十月十八日收到

民字第二五六〇一

府稿乙件

代電

湖口陳縣長申鑄游民字第三六二號代電悉。該縣故核心組長陳植楷，生前服務努力，忠貞不貳，臨危從容就義，死事慘烈，深堪悼惜。應由縣依式取具戰地守土人民請卹事實表，呈府轉咨內政部核准，依照人民守土傷亡撫卹實施辦法第四條第一款撫卹金額及同條第二項第八條第一款之規定加二倍給與遺族一次卹金（二百四十元）及年撫金（一百五十元）十年，仰即遵照。熊〇〇〔印〕民訓印。

方斟

附：湖口县政府原呈

據湖口縣政府先後呈以第一區培湖鄉第八保核心組長陳植楷，於本年二月間，引導國軍第一〇七師四四一旅鄧佈雷官，潛入敵後之鄱陽湖大石頭湖面，覓定佈雷地點，打通運雷路線，策動淪陷區民衆，搬運水雷至大石頭附近。同（二）月廿二日晚，復導其佈雷人員，及徵雇熟悉水道之漁船，密運水雷七十餘枚，至湖心佈放；三月十二日，又在該處佈雷四十餘枚。計先後炸燬敵艦四艘，汽划十餘隻，斃敵官兵數百人。惟以其協助佈雷，特別努力，致被敵偵悉捕去，嚴刑逼供其佈雷情形。該組長陳被敵於其身旁各置水雷一枚，動以威脅，仍一秉忠貞，堅不吐實，而且神氣益壯，破口罵敵。寇狼狽之餘，惱羞成怒，乃於柏思段將該組長用錢鋸活鋸兩段，裝入蔴包，拋擲江中。又後據經　第三戰區司令長官、第廿一軍之

0010

長暨該縣政府各照給予遺族生活費一百元，暨資維持外，並以該組長家境蕭條，殉職後榮之遺族，撫養無人，請予從優給卹，以慰忠魂等情。查該敵佔區內之核心組織，原以襲敵擾敵困敵為目的，作深入敵後，工作至艱。該故組長陳植楷，能先後發動當地民眾，祗雇漁船，協助我軍，佈放水雷，炸燬敵艦四艘，汽划十餘隻，斃敵數百人，誠屬服務努力，有功抗戰。而於被敵偵捕後，雖受毒刑之拷問，水雷之威脅，依然神色自如，嚴守機密，痛罵敵人，從容就義，較之前方戰士慷慨赴死，尤為難能可貴。允宜破格優卹，俾酬死者之忠貞，安生者之生活，勵敵後民眾殺敵之熱忱。擬即飭縣依式取具戰地守土人民請卹事實表，并府咨請 內政部核准依照人民守土傷亡撫卹實施辦法第四條第一款撫卹金額，及同條第三項、

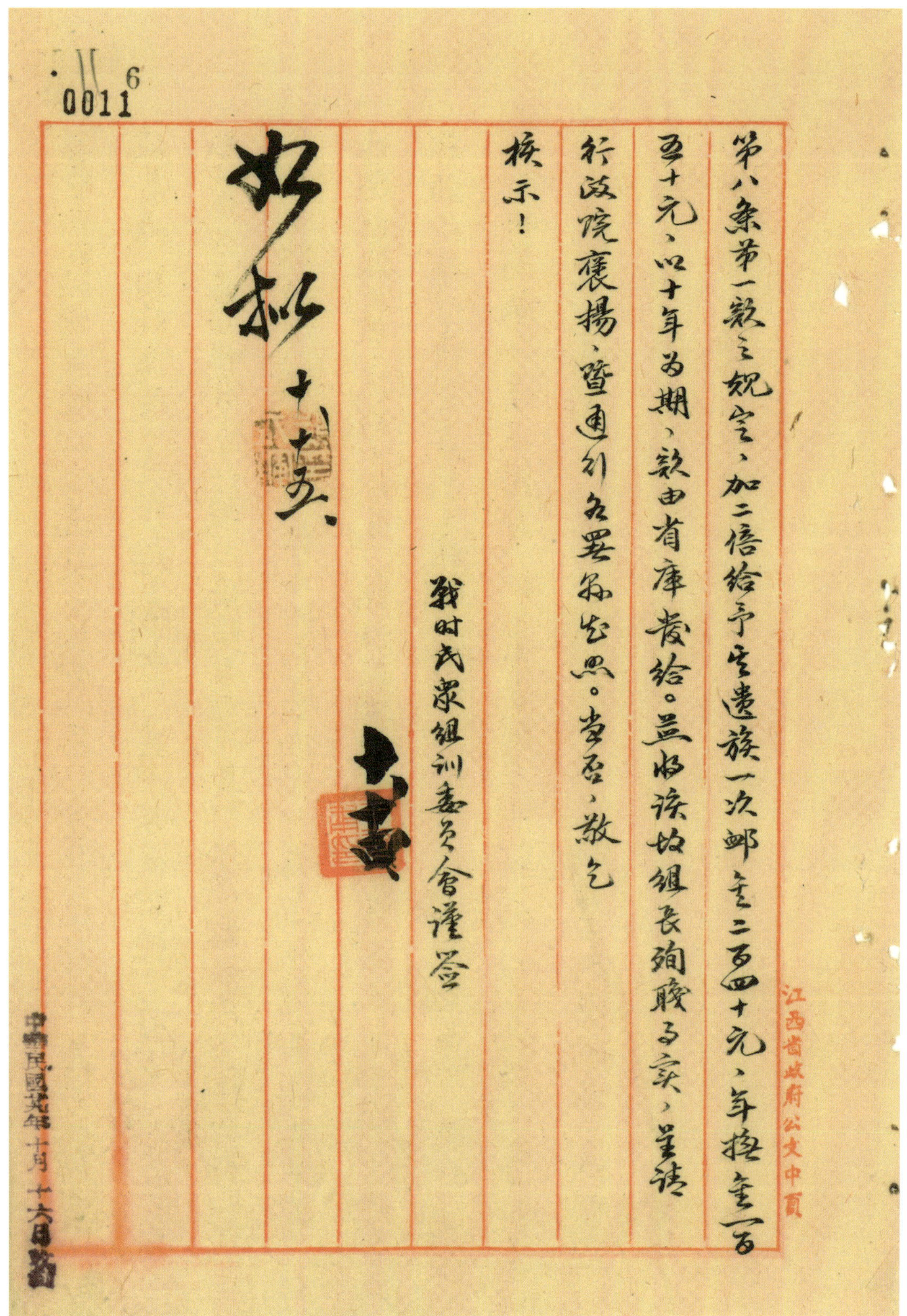

0011 6

第八条第一款之规定，加二倍给予生遗族一次卹金二百四十元，年抚金一百五十元，以十年为期，款由省库发给。并将该姑组长殉职事实，呈请行政院褒扬，暨通令各县一体知照。当否，敬乞

核示！

战时民众组训委员会谨签

如拟

中华民国卅年十月十六日

江西省政府公文中頁

湖口县政府致江西省政府的代电（一九四〇年十二月十一日）

湖口縣政府 代電

游民字第六一五號

江西省政府主席熊鈞鑒案奉鈞府泰民字第〈17539〉號咨民訓代電開申號游民字第〈366〉號代電悉該縣故核心組長陳植楷生前服務努力忠貞不貳臨危從容就義死事慘烈深堪悼惜應由縣依式取具戰地守土人民請卹事實表呈府轉咨内政部核准依照人民守土傷亡撫卹實施辦法第四條第一款撫卹金額及同條第二項第八條第一款之規定加二倍給與遺族一次卹金二百四十元及年撫金一百五十元以十年為期仰即遵照等因奉此遵經依式取具戰地守土人民請卹事實表電呈㕘核并乞示遵湖口縣縣長陳鑑陽叩戌真游民印附呈戰地守土人民請卹事實表三份

0023

中華民國二十九　十二　九　日

附：战地守土人民请恤事实表三份

14

24

戰地守土人民請卹事實表

姓名	陳植楷
年齡	三十六歲
籍貫	湖口縣
職業	商
現住地	
家族名稱	祖父陳老四（歿） 祖母陳劉氏（歿） 父陳蘊山 歿 母陳董氏 六十歲 妻陳饒氏三十五歲 女陳妹內 八歲
加入之抗敵組織及抗敵情形	本縣自前年縣城被敵佔踞後即將淪陷區各保改為核心組織陳植楷被委為第一區涪湖鄉第八保核心組長對於供給我方情報以及組織陷區民眾服務異常努力本年二月間協助國軍佈放水雷炸燬敵艦該組長特別出力臨難不苟以身殉職

傷亡情況			
負傷	地點		
	年月日		
	原因		
	等第		
	負傷現狀		
死亡	地點	湖口縣西門城郊	
	年月日	二十九年三月十八日	
	原因	本年二月間協助國軍第一四七師在湖口佈放水雷炸燬敵艦被敵偵獲致遭鎗死	

遺族	
姓名	陳饒氏
與受卹者親屬關係	夫妻

撫卹金受領人	
本人	

代為聲	姓名	簽名蓋章或捺指紋	身份或關係
	陳植楠		兄弟

民國二十九年十一月 日填

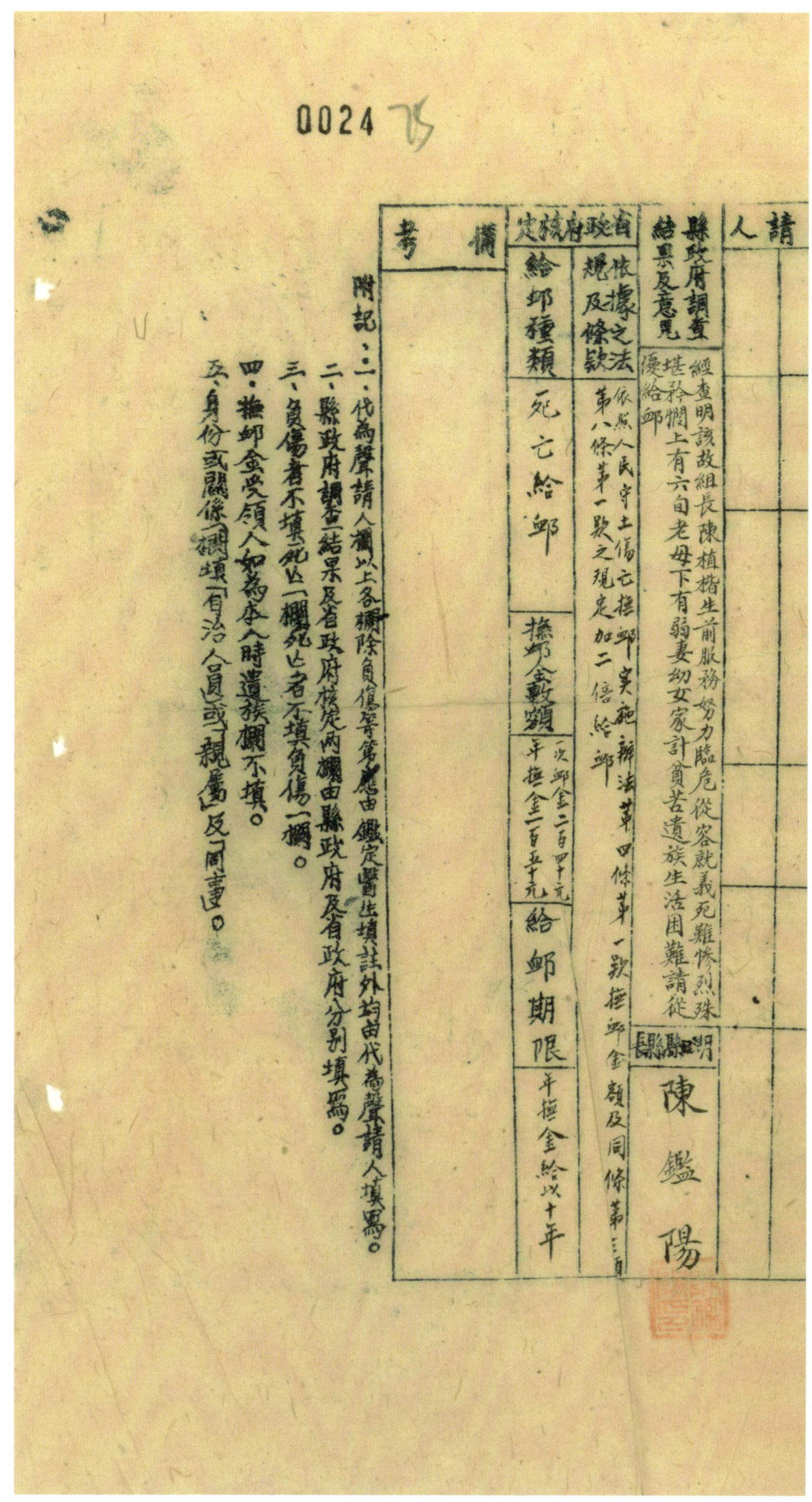

0024 75

請人

縣政府調查結果及意見：經查明該故組長陳植楷生前服務努力，臨危從容，就義死難，慘烈殊堪矜憫。上有六旬老母，下有弱妻幼女，家計貧苦，遺族生活困難，請從優給卹。

明證縣長：陳鑑陽

省政府核定

依據之法規及條款	依照人民守土傷亡撫卹實施辦法第四條第一款撫卹金額及同條第三項第八條第一款之規定加二倍給卹
給卹種類	死亡給卹
撫卹金數額	一次卹金二百四十元 年撫金一百五十元
給卹期限	年撫金給以十年

備考

附記：一、代為聲請人欄以上各欄除負傷等第應由鑑定醫生填註外，均由代為聲請人填寫。

二、縣政府調查結果及省政府核定兩欄由縣政府及省政府分別填寫。

三、負傷者不填「死亡」欄，死亡者不填「負傷」欄。

四、撫卹金受領人如為本人時，遺族欄不填。

五、身份或關係欄填「自治人員」或「親屬」及「同事」。

行政院致江西省政府的训令（一九四〇年十二月十二日）

事由：獎卹湖口縣陳植楷由

行政院訓令

令江西省政府

准軍事委員會廿九年十一月三十日撫一布渝字七〇〇三八號公函開，

「案據第三戰區司令長官顧祝同六月文尊人字第五七五二號代電請表揚並優卹湖口縣政府戰地工作隊第一區培湖鄉第八保核心組長陳植楷被敵慘害一案經飭據內政部核覆似可依照戰地守土獎勵條例第二條第三、六、七各款從優獎卹等情查該陳植楷協助國軍敷設水雷使敵蒙重大損失遇難不屈慘遭殺害死事壯烈核與戰地守土獎勵條例第一條第三款『因守土死亡者』之規定尚屬相符已

附

中華民國廿九年十二月拾貳日發

陽拾字 25176

中華民國廿九年十二月廿七日收文 民字 43043 號

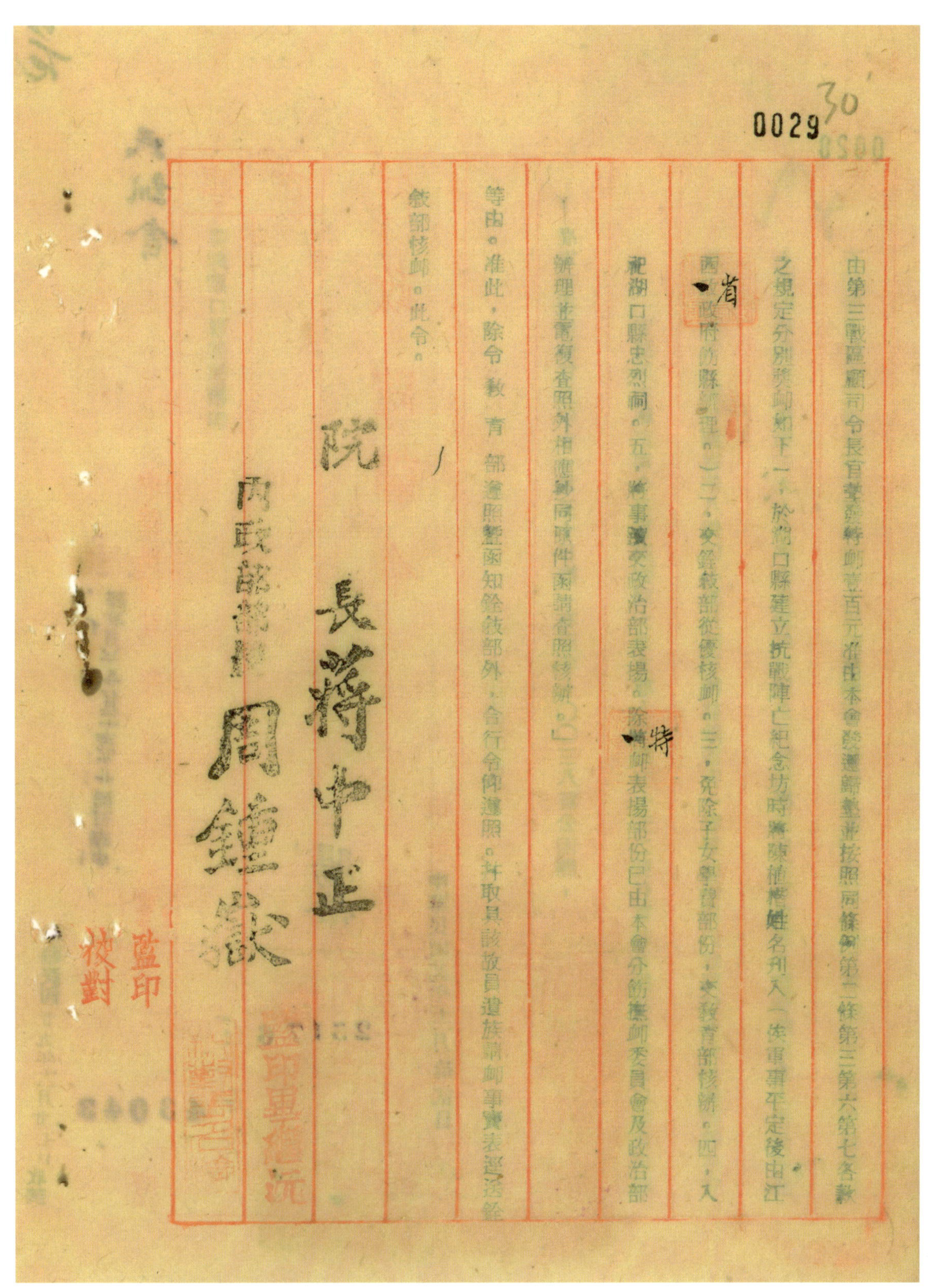

0029

由第三戰區顧司令長官發給特卹壹百元，並由本會發還歸葬費，並按照同條例第二條第三第六第七各款之規定分別獎卹如下：一、於湖口縣建立抗戰陣亡紀念坊時，應將陳植楷姓名列入（俟軍事平定後由江西省政府飭縣辦理。）二、交銓敘部從優核卹。三、免除子女學費部份，交教育部核辦。四、入祀湖口縣忠烈祠。五、特事蹟交政治部表揚。除特卹表揚部份已由本會分飭撫卹委員會及政治部辦理並電復查照外，相應錄同原件函請查照核辦。」

等由。准此，除令教育部查照暨函知銓敘部外，合行令仰遵照。并取具該故員遺族請卹事實表送銓敘部核卹。此令。

院長 蔣中正

內政部部長 周鍾嶽

監印 校對

江西省政府致内政部的咨及致湖口县政府的指令（一九四一年一月八日）

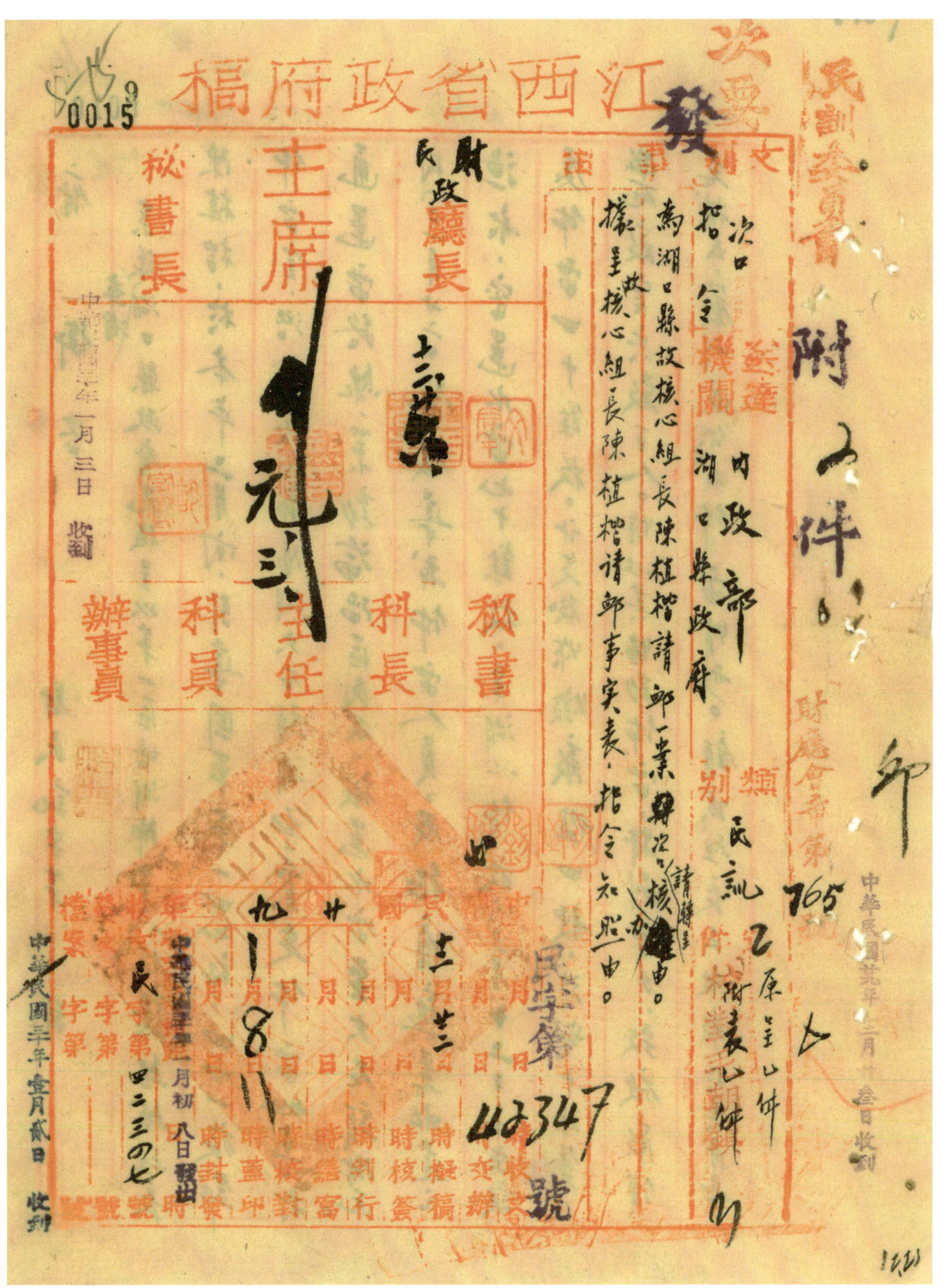

江西省政府稿

主席　秘書長　財政廳長　民政廳長

秘書　科長　主任　科員　辦事員

文別：咨、指令

送達機關：內政部、湖口縣政府

事由：為湖口縣故核心組長陳植楷請卹一案，轉咨請核由。據呈故核心組長陳植楷請卹事實表，指令知照由。

附件：原呈附表

類別：民

10

0016

府銜洽　　　　財民訓字第　　號

業據(本省)湖口縣政府先後呈以第一區培湖鄉第八保核心組織組長陳植楷，於本年二月間，引導國軍第一四七師四四一旅鄧佈雷官，潛入敵後之鄱陽湖大石頭湖面，覓定佈雷地點，打通運雷路線，並勸諭鄉區民衆，搬運水雷至大石頭附近。同(三)月廿二日晚，復導我佈雷人員，及征雇熟悉水道之漁船，密運水雷七十餘枚，至湖心佈放；三月十二日，又在該處佈雷四十餘枚。計先後炸燬敵艦四艘，汽划十餘隻，斃敵官兵數百人。惟以其協助佈雷，特別努力，致被敵偵悉，捕去，嚴刑逼供我佈雷情形。顧該組長雖被敵於其身旁各置水雷一枚，歸舒威勇，仍一秉忠貞，誓不吐實，而且神氣益壯，破口萬敵。寇狠狽之餘，惱羞成怒，乃於拍照後將該組長用鐵錨活錨兩段，裝入麻包，拋擲江中。事後吳經第三戰區司令長官、第廿一軍軍長、既卒縣政府各贈給其遺族生活費一百元，暫資維持。無如該組長家境蕭條，殉職後遺孤遺族，撫養乏人，請予從優給卹，以慰忠魂等情；等來。查江西省游擊第區五分處民眾組訓辦法第七條第一款規定，由縣政府指派戰地工作諦之員，潛入敵人後方，協同該管區鄉（鎮）人員，以秘密結社方式，將當地愛國份子五十人至十五人，編為核心組織，設組長一人，並誓之受經常工作，以襲擾敵、擾敵用敵為目的，惟深處敵後，工作至艱。該故組長陳植楷，能先後發動當地民眾，征雇漁船，協助我軍，佈放水雷，炸燬敵艦四艘，汽划十餘隻，擊斃敵數百人，誠屬服務努力，有功抗戰。而於被敵偵捕後，

0018

至受毒刑之拷问，水雷之威胁，依然神色自如，严守机密，痛骂敌人，从容就义，较之前方战士慷慨赴死，尤为难能可贵。先宜破格优卹，俾酬死者之忠贞，安生者之生活，励敌后民众杀敌之热忱。据呈前情，相应检送原赍战地守土人民请卹事实表，咨请贵部查照，依照人民守土伤亡抚卹实施办法第四条第一款抚卹金额，及同条第三项，第八条第一款之规定，转呈行政院核准加二倍给予该故核心组长陈植楷遗族一次卹金二百四十元，年抚金一百五十元，以十年为期，并通令褒扬为荷！

11
0019

此咨
内政部
计核送战地守土人民请邺事实表式份
主席熊○○
民讯字第　号
府衔指令
令湖口县政府
本年十二月九日[illegible]第26151号代电一件：呈送该县故核心组长陈桂楷请邺事实表，乞核示由。
代电暨附件均悉。候转咨内政部转呈行政院核准后，再行令饬遵照。仰即知照！

江西省政府公文用笺

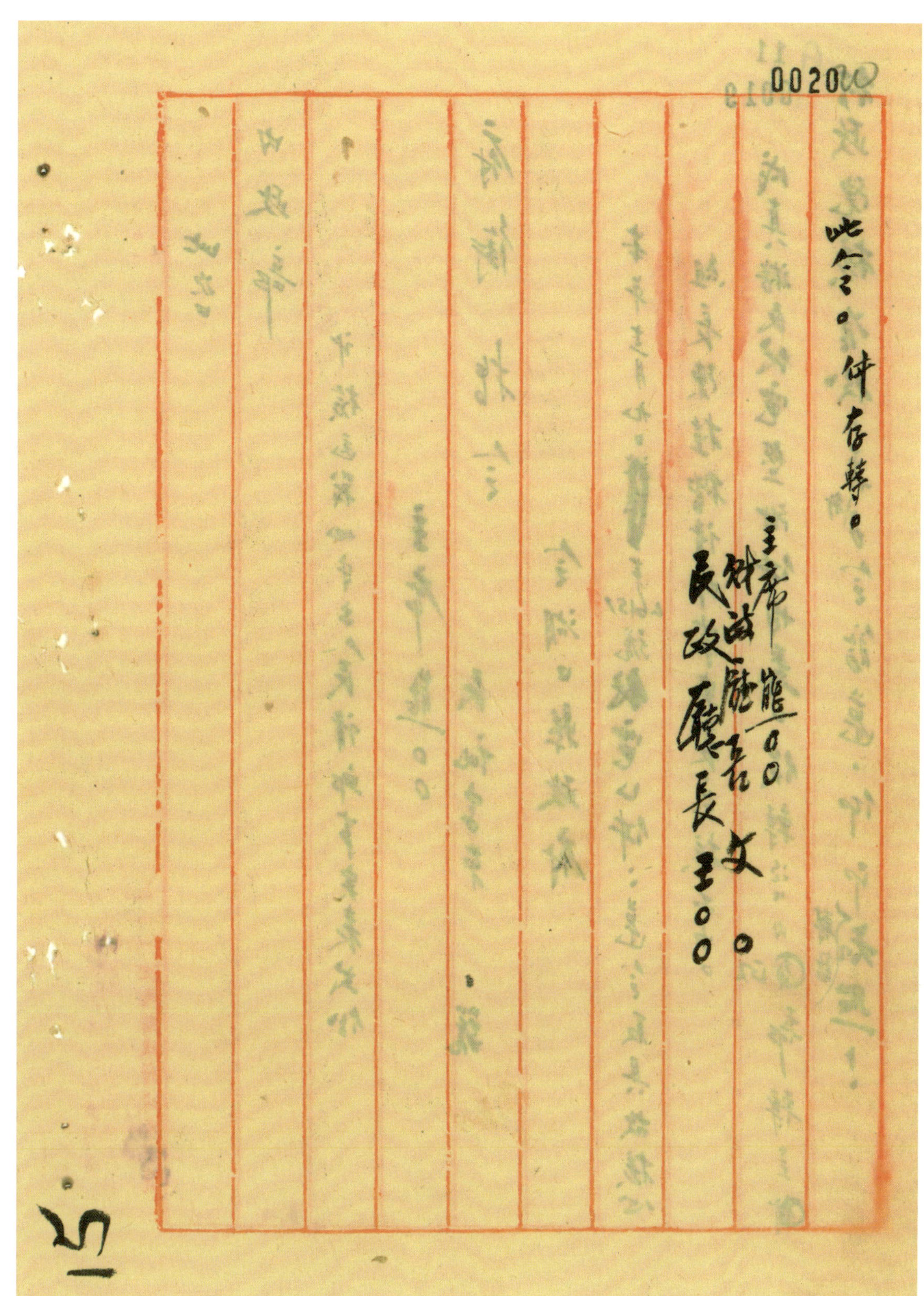

此令。件存轉。

主席熊〇〇
秘書長文〇〇
民政廳長王〇〇

江西省政府致内政部的咨（一九四一年一月十七日）

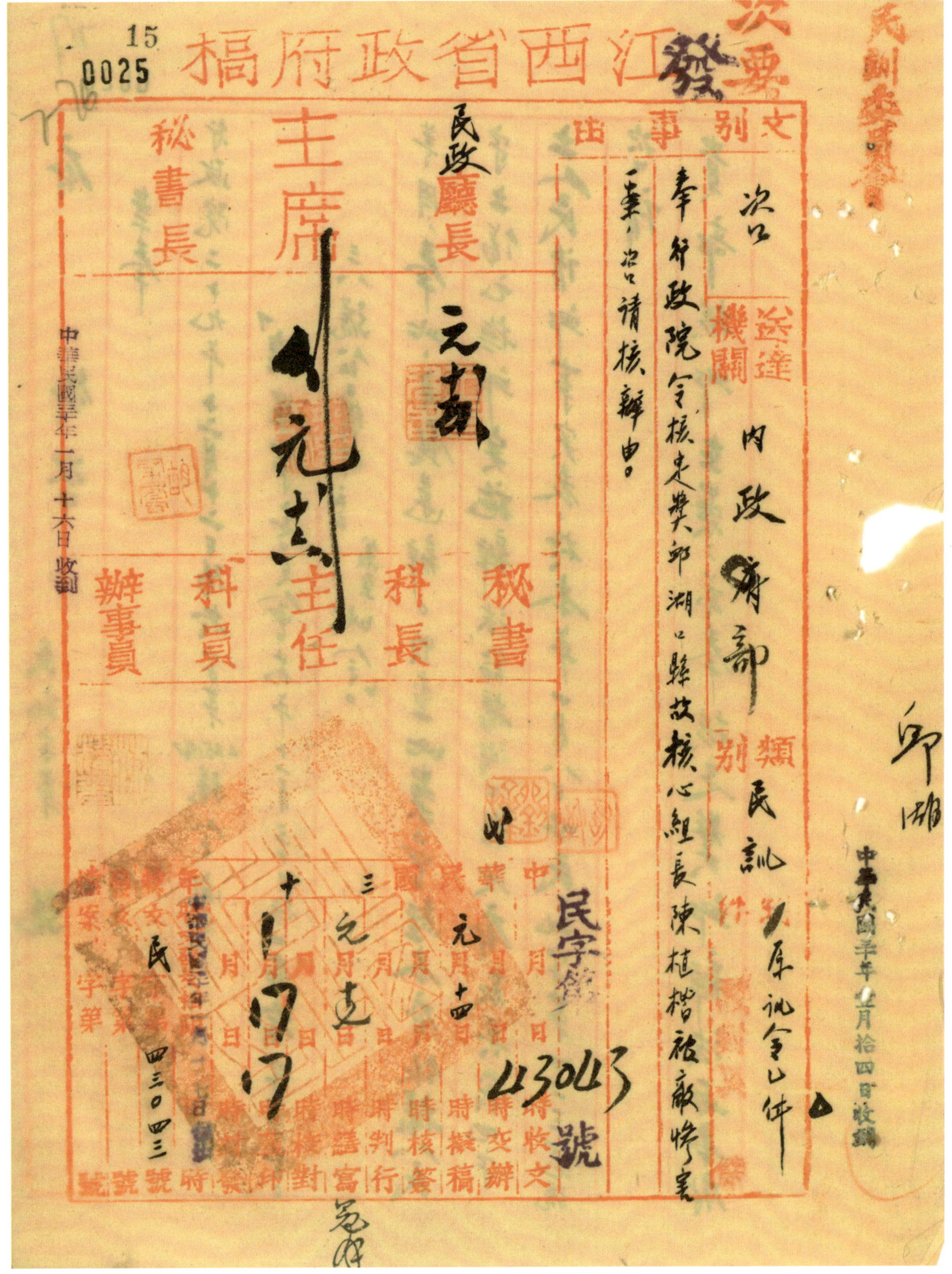
江西省政府稿
0025
文别 咨
送达机关 内政部
类别 民 训 字第 号
事由 奉行政院令核定奖䘏湖口县故核心组长陈植楷被敌惨害一案，咨请核办由。

府銜咨　　民訓字第　　號

案奉

行政院二十九年十二月十二日陽哲字第〈25167〉號令開：

「准軍事委員會元年十一月三十日撫一布渝字第七〇

三八號公函開：云云。等由，此令。」

等因。奉此，自應遵辦。惟查此案曾經本府依據人民

守土傷亡撫卹實施辦法，飭據湖口縣政府取具戰地守

土人民請卹事實表，於本年一月八日以民訓字第四二三四七號

咨請

貴部核卹在案。茲奉核定獎卹辦法，為本府

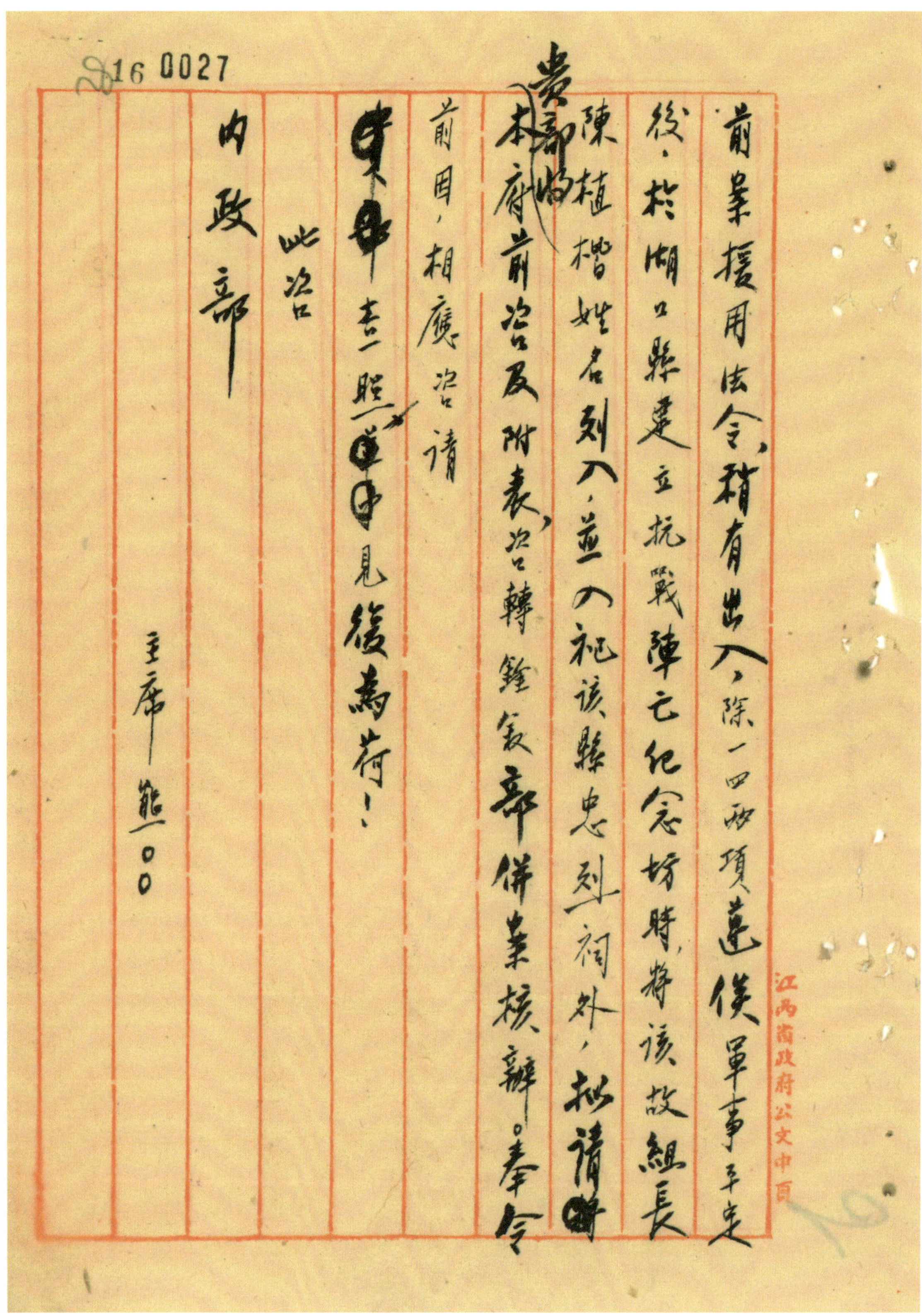

前案援用法令，稍有出入，除一四兩項遵俟軍事平定後，於湖口縣建立抗戰陣亡紀念坊時，將該故組長陳植楷姓名列入，並入祀該縣忠烈祠外，擬請貴部將本府前咨及附表咨轉銓敘部併案核辦。奉令前因，相應咨請查照，並希見復為荷！

此咨

內政部

主席 熊〇〇

内政部致江西省政府的咨（一九四一年二月二十一日）

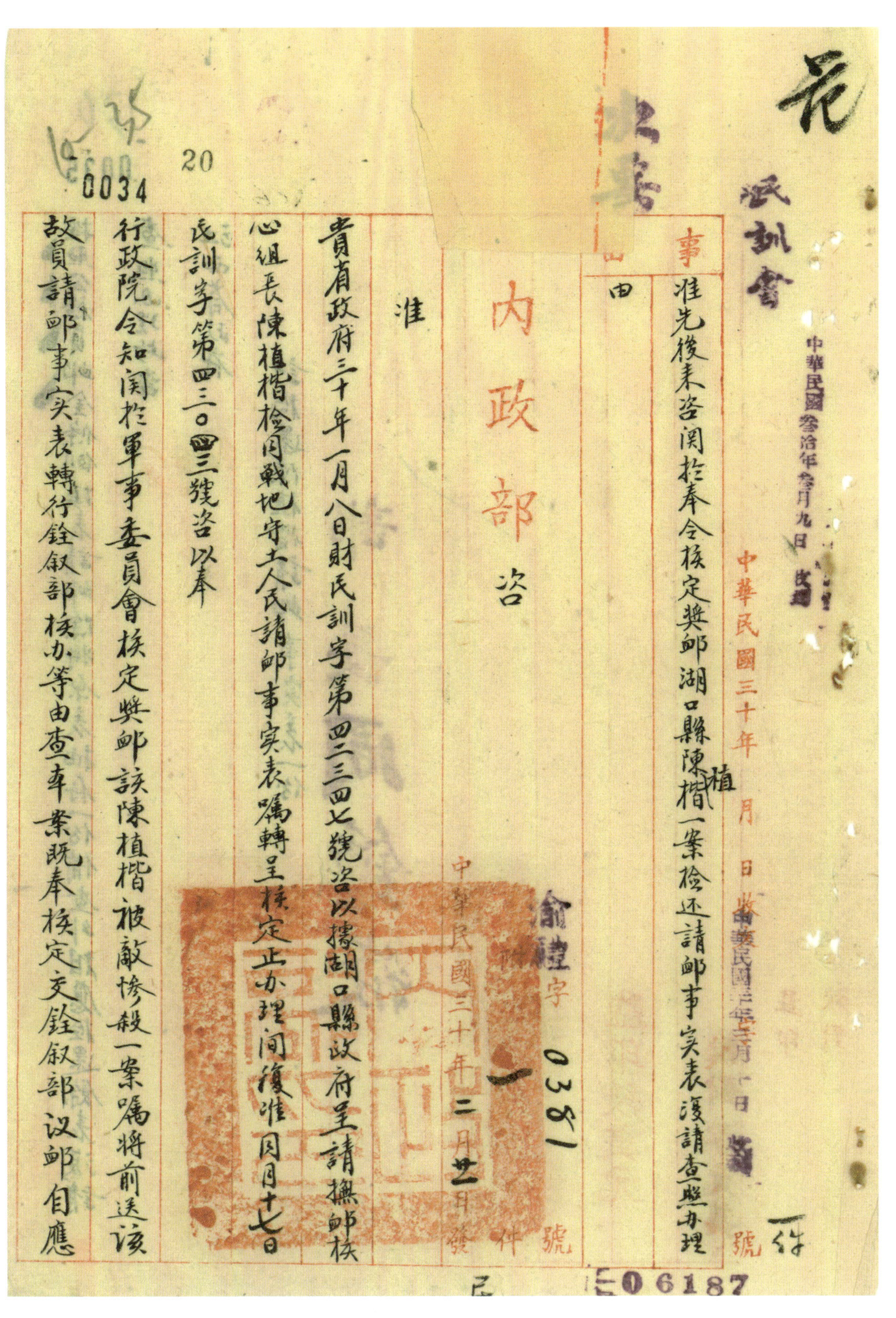

事由：准先後来咨関於奉令核定奬卹湖口縣陳植楷一案檢还請卹事实表復請查照办理

中華民國三十年　月　日

內政部咨

准

貴省政府三十年一月八日財民訓字第四二三四七號咨以據湖口縣政府呈請撫卹核心組長陳植楷因戰地守土人民請卹事実表囑轉呈核定正办理间復准同月十七日民訓字第四三〇四三號咨以奉

行政院令知関於軍事委員會核定奬卹該陳植楷被敵惨殺一案囑將前送該故員請卹事実表轉行銓叙部核办等由查本案既奉核定交銓叙部议卹自應

渝禮字0381號

中華民國三十年二月廿一日發

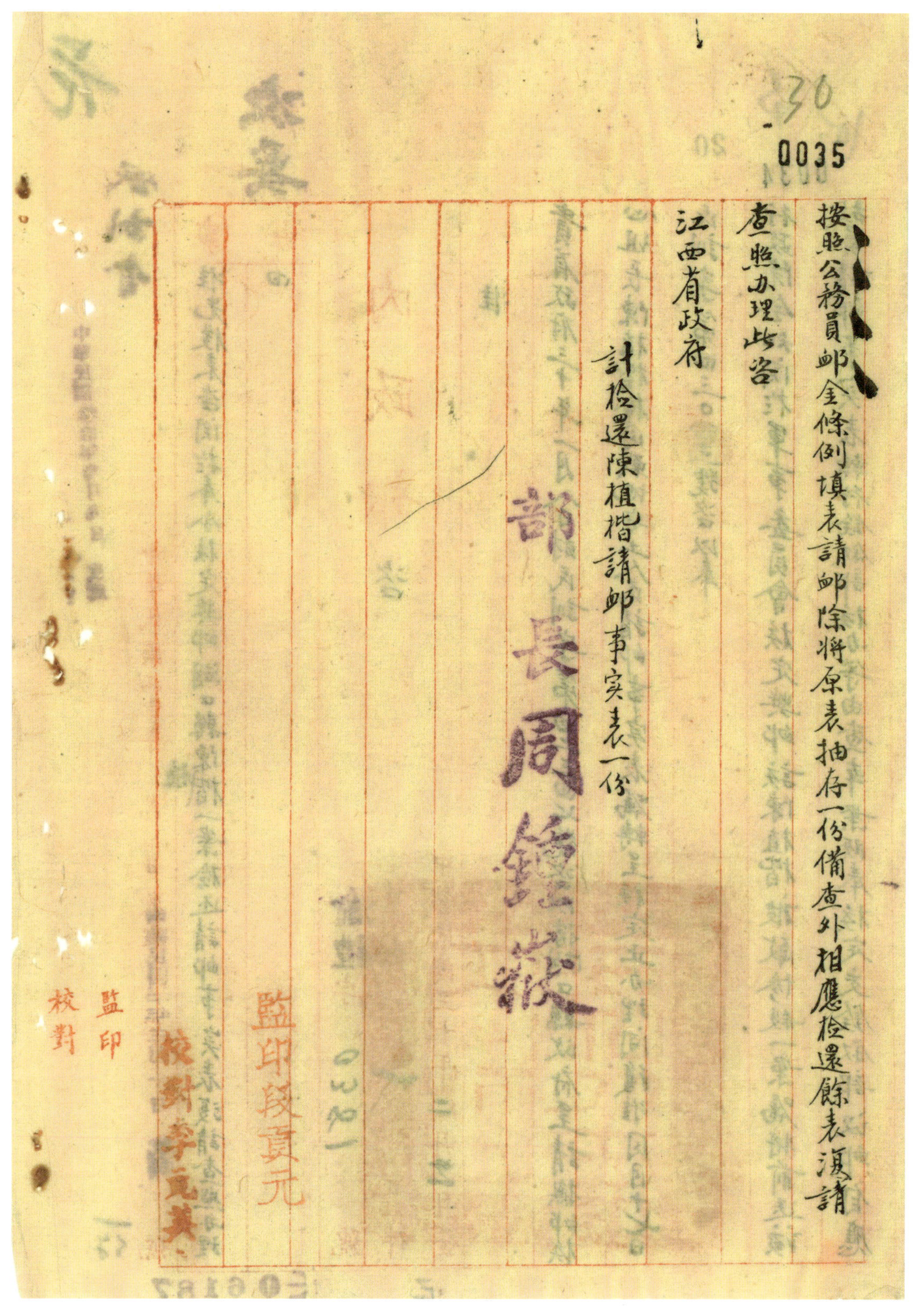

0035

按照公務員卹金條例填表請卹除將原表抽存一份備查外相應檢還餘表復請

查照辦理此咨

江西省政府

計檢還陳植楷請卹事實表一份

部長周鐘嶽

監印 段夏元

校對 李竟英

江西省政府致内政部的咨（一九四一年三月十七日）

江西省政府稿

0030

司文（二）

速發

文別：咨

送達機關：內政部

事由：查咨核送湖口縣故核心組長陳植楷請卹事實表一案，咨復查照核辦由。

類別：民

附件：原咨

0031

府銜咨

民訓字第　　號

案准本年二月廿一日渝訓字〈0381〉號咨開：

「准貴省府本年一月八日財民訓字第四二三〇七號咨以云云

敘至『相應檢送譯表復請查照辦理』

等由；准此。查本省為適應戰時需要，特於游擊戰區各縣之敵後區內，每保設立核心組織兩組，由縣政府指派當地工作隊員，暨深入敵人後方，協同該管區鄉（鎮）人員，用秘密結社方式，將當地愛國份子，不分年齡性別，以十人至十五人編為一組，設組長一人，負責主持一切，以為安敵後維護地方政權，破壞敵人陰謀之中心力量。核心組長既未定官階，亦不支領薪俸，並每月僅給西津貼四元，似非公務員所應得。准咨以廣該故核心組長陳植楷被敵慘殺殉難，應按照公務員卹金條例填表請卹一節，殊感困難。擬請准依照人民守土傷亡撫卹實施辦法第四條第一款撫卹金額及同條第三項第八條第一款之規定，加二倍給予該故核心組長陳植楷遺族一次卹金二百四十元，年撫金一百五十元，以十年為期，藉慰忠烈而勵來茲。准咨前由，相應檢送該務本責職地守土人民請卹事實表，咨後貴部查照[illegible]咨轉銓敘部核辦為荷！

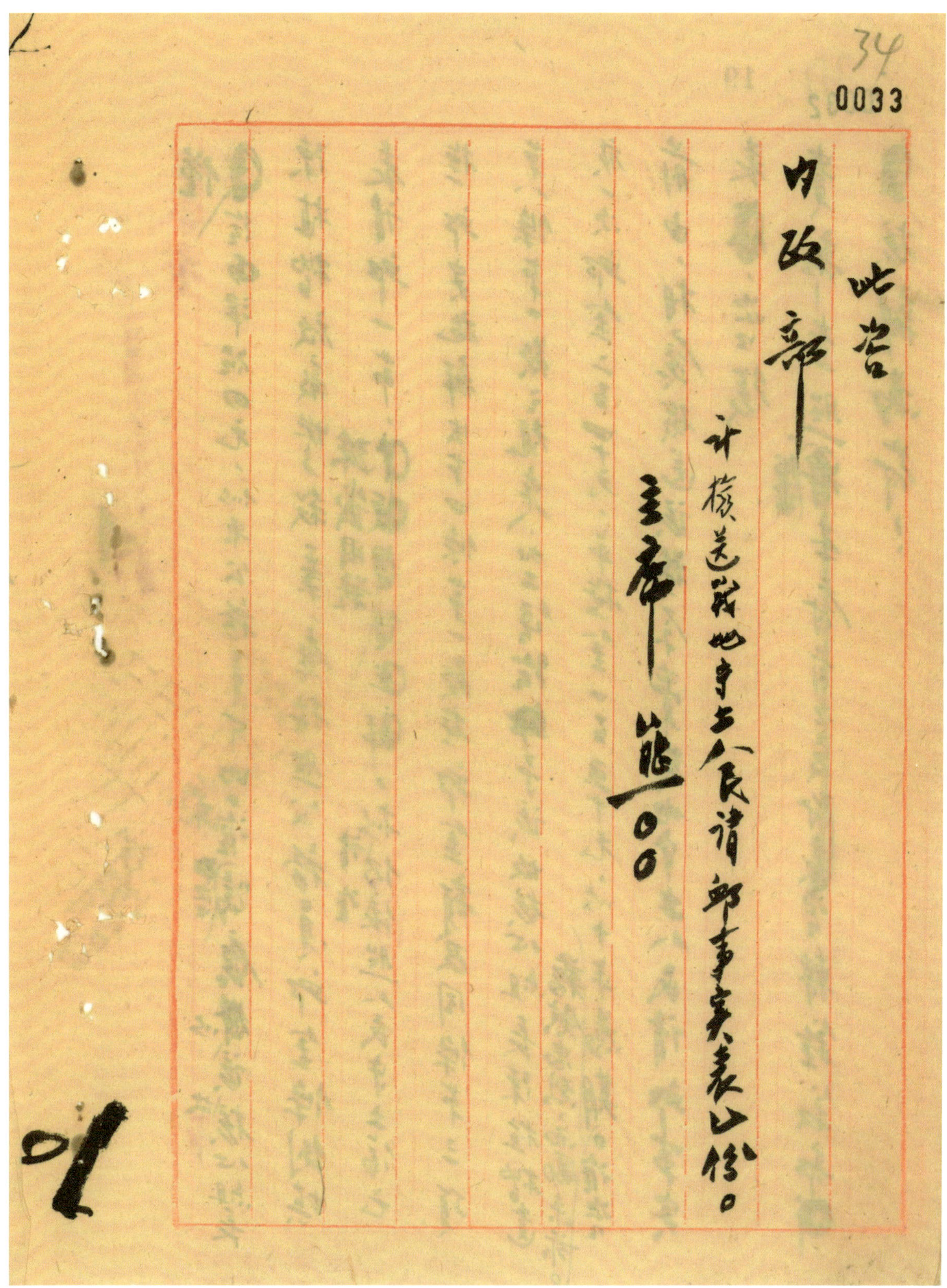

34
0033

此咨

內政部

計檢送該地方士人民請卹事實表乙份。

主席 熊〇〇

内政部致江西省政府的咨（一九四一年四月二十一日）

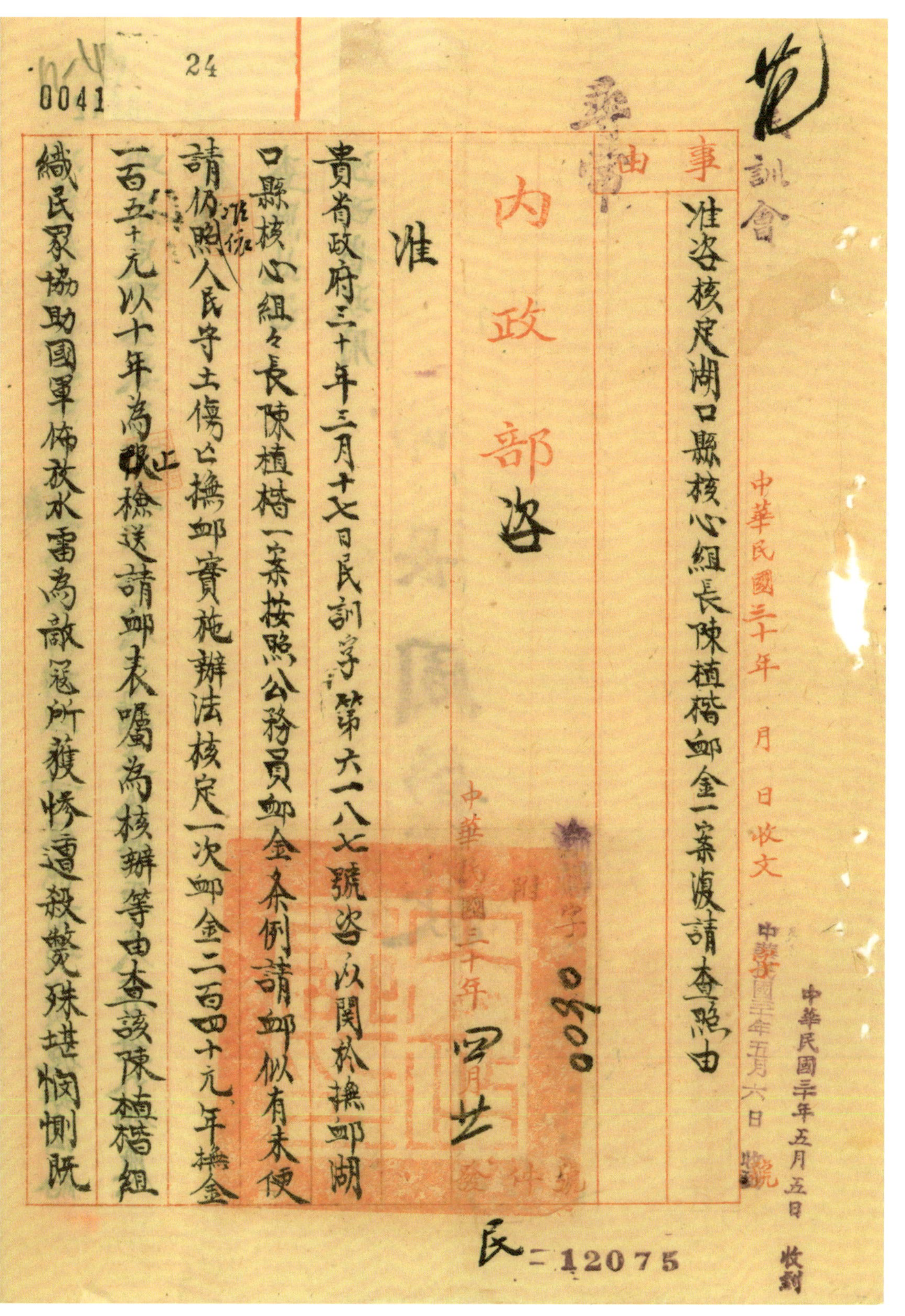

事由：准咨核定湖口縣核心組長陳植椿卹金一案復請查照由

内政部咨

准

貴省政府三十年三月十七日民訓字第六一八七號咨以關於撫卹湖口縣核心組々長陳植椿一案按照公務員卹金條例請卹似有未便請仍照人民守土傷亡撫卹實施辦法核定一次卹金二百四十元年撫金一百五十元以十年為限檢送請卹表囑為核辦等由查該陳植椿組織民衆協助國軍佈放水雷為敵寇所獲慘遭殺戮殊堪憫惻既

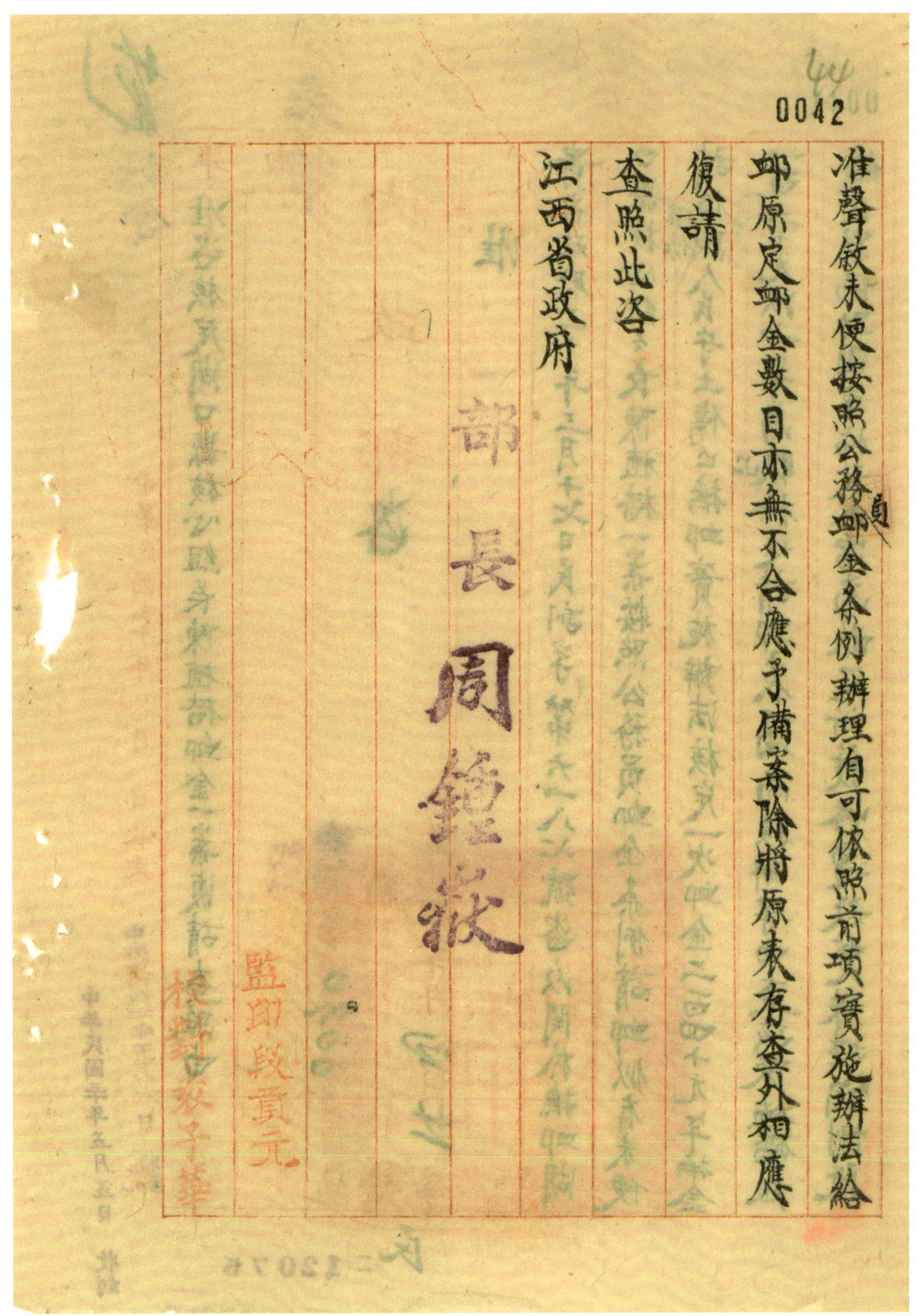
0042

准声叙未便按照公务员卹金条例办理，自可依照前项实施办法给卹，原定卹金数目亦无不合，应予备案。除将原表存查外，相应复请

查照，此咨

江西省政府

部长 周钟嶽

监印 段贡元

校对 袁子华

江西省政府致湖口县政府、各署县的训令（一九四一年八月二日）

22

0037

江西省政府稿

主席

秘書長

財政廳長

民政廳長

本件仍歸陳植楷接卸卷請官秀室注意

訓令

湖口縣政府

各署縣

撫卹令已由通知，請核印發照會政府

為奬卹談县核心組織故組長陳植楷並頒發卹亡給與令令仰遵照由。

為奬卹湖口縣核心組織故組長陳植楷一案，令仰廣為宣揚，藉旌忠烈而勵來茲由。

機關類別 民訓

附件 內政部諮一件又卷一冊 卹令一本

中華民國三十年七月廿九日收到

中華民國三十年七月廿貳日收到

民字第 12075 號

會章第 2633 號

0038

府衙訓令 財民訓字第　　師

令 湖口縣政府

令　各署縣（湖口縣除外）

案查該縣撫卹組織故組長陳植楷被敵慘殺一案，前據該縣呈報並植其

據湖口縣政府卅九年五月八日及同年九月廿一日先後呈報：

請卹事實表

「本縣第一區培湖鄉第八保撫卹組長陳植楷（以下畫卷、聯本會簽呈引箋畢 （引文二）

等情前來

請予從優給卹，以慰忠魂」

查前據

等情。比以該故組長協助國軍抗戰有功，及被敵捕

嚴懲中心需知，前予以帳憶空花

獲被須容就義，委屬應與

撫卹實施辦法第四條第一款及第八條第一款之規定，加二倍核定該撫

發一次撫卹金二百四十元，年撫金一百五十元，結滿十年為止。此令

按照人民守土傷亡
給予撫卹
員

自忘然優議卹

任

受畫本刑

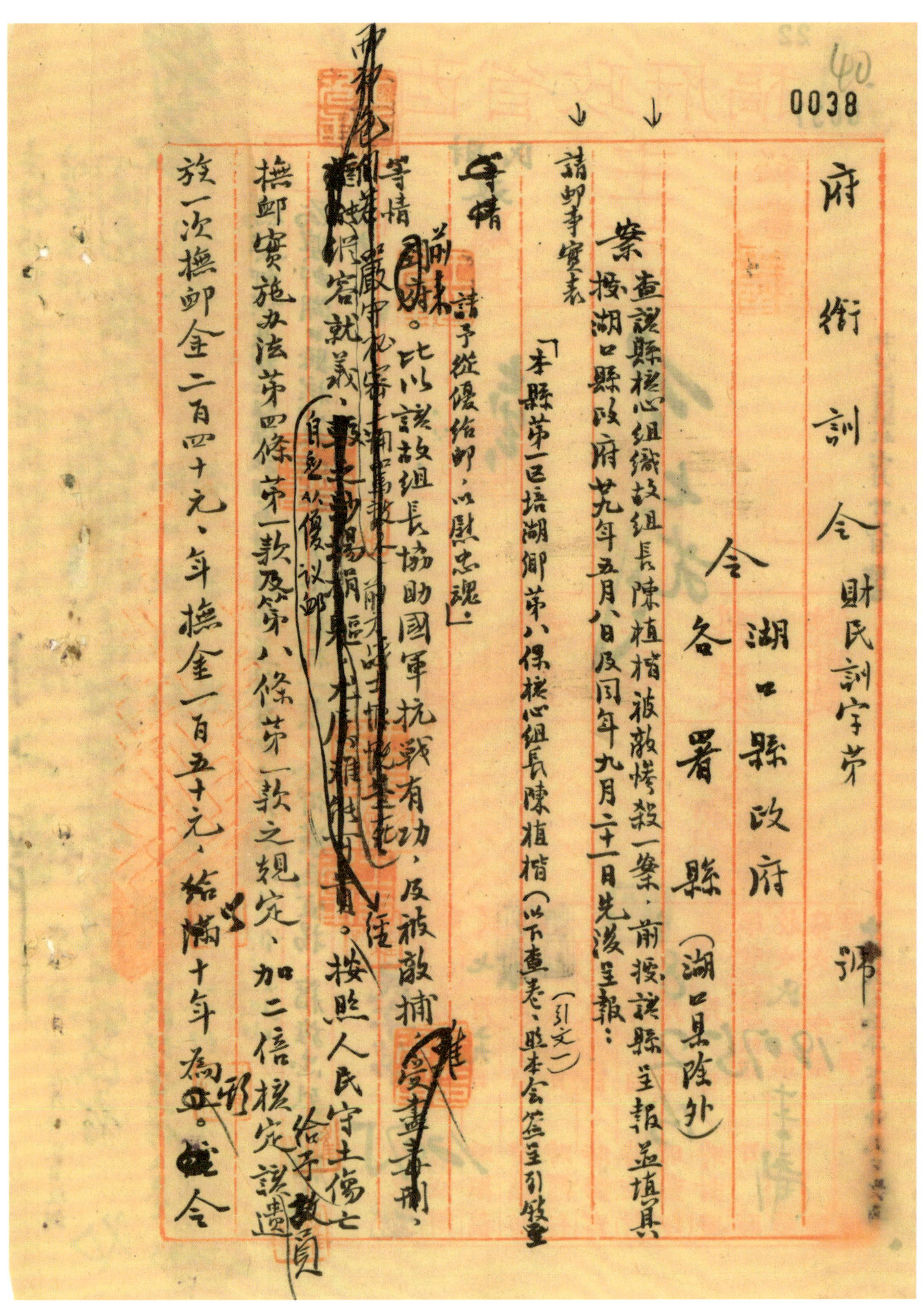

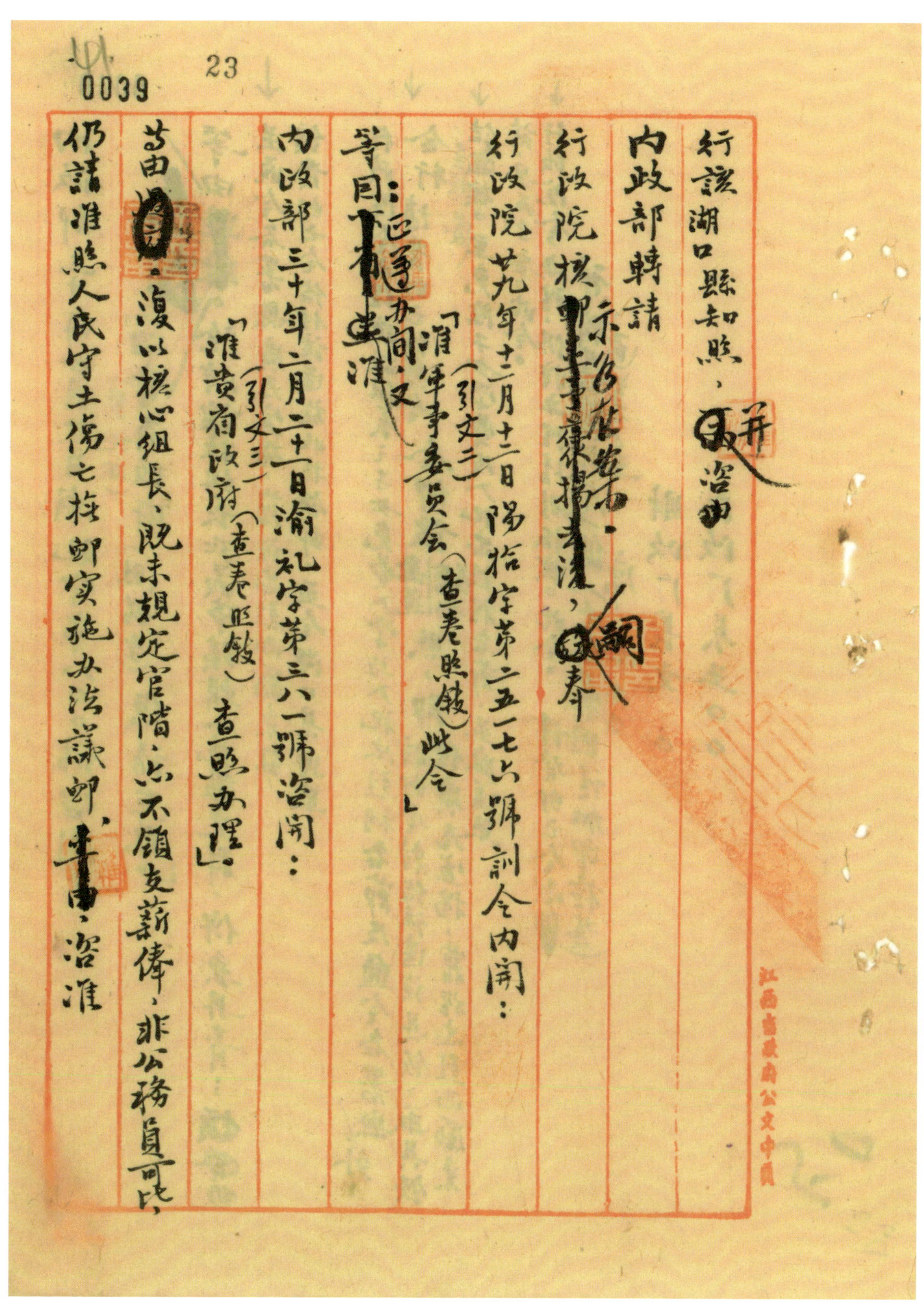
23

0039

行該湖口縣知照，并咨由

内政部轉請

行政院核[illegible]示，[illegible]，奉

行政院廿九年十二月十二日陽粘字第二五一七六號訓令内開：

「准軍事委員會（引文二）（查卷照錄）此令」

等因；正辦間，又准

内政部三十年二月二十一日渝礼字第三八一號咨開：

「准貴省政府（引文三）（查卷照錄）查照办理」

等由。復以核心組長，既未規定官階，亦不領支薪俸，非公務員可比，

仍請准照人民守土傷亡撫卹實施办法議卹，[illegible]咨准

江西省政府公文用箋

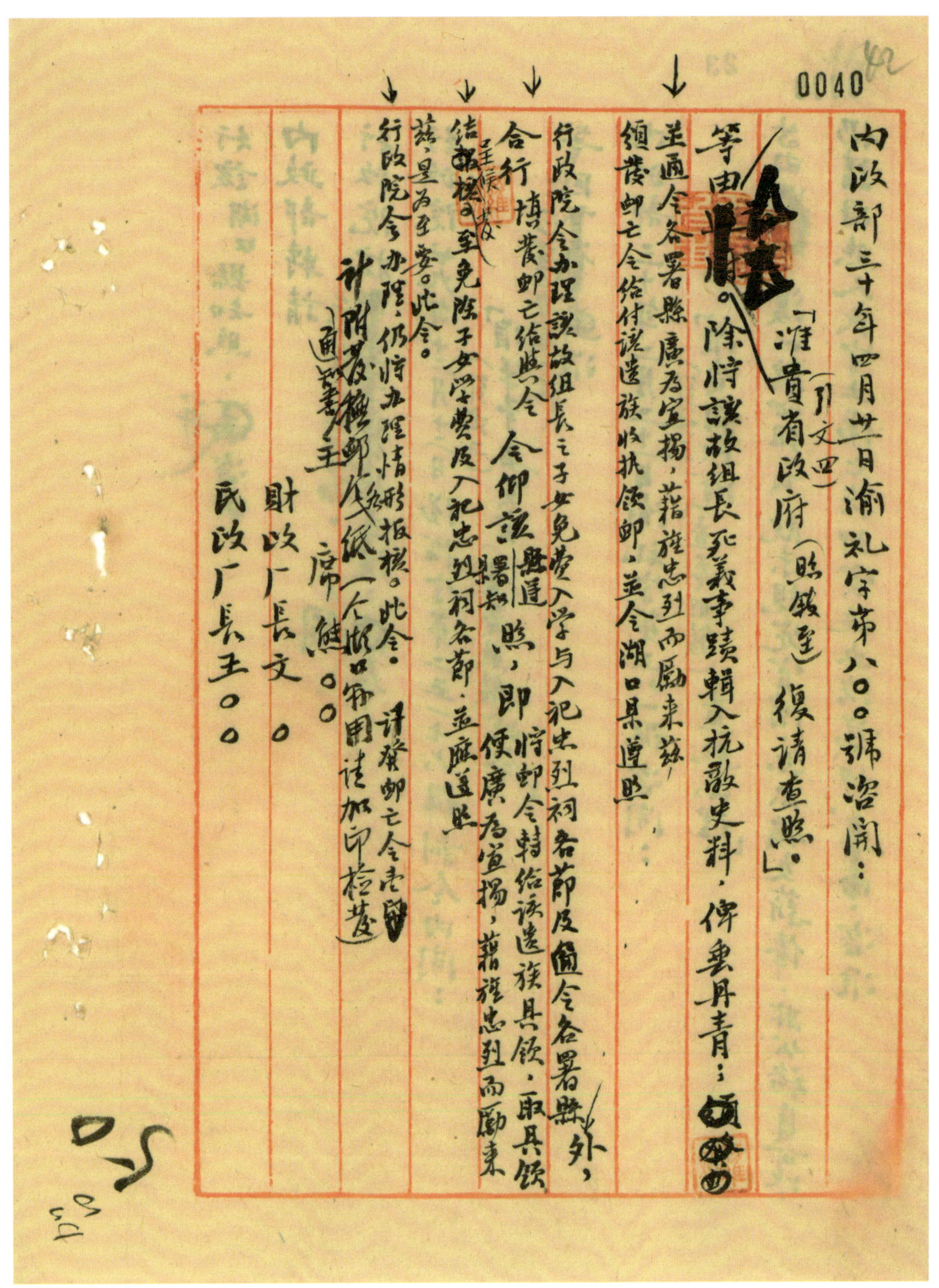
0040

内政部三十年四月廿一日渝礼字第八〇〇號咨開：

「准貴省政府（照錄至）（引文四）復請查照。」

等由。准此。除將該故組長死義事蹟輯入抗敵史料，俾垂丹青；頒發

並通令各署縣廣為宣揚，藉旌忠烈而勵來茲，

頒發卹亡令給付該遺族收執領卹，並令湖口縣遵照

行政院令辦理該故組長之子女免費入學與入祀忠烈祠各節及通令各署縣外，

合行檢發卹亡給與令，令仰該署縣遵照，即將卹令轉給該遺族具領，取具領

結報核。至免除子女學費及入祀忠烈祠各節，並應遵照

辦，是為至要。此令。

行政院令辦理，仍將辦理情形報核。此令。

計附發撫卹令一紙

主席 熊〇〇

財政廳長 文〇

民政廳長 王〇〇

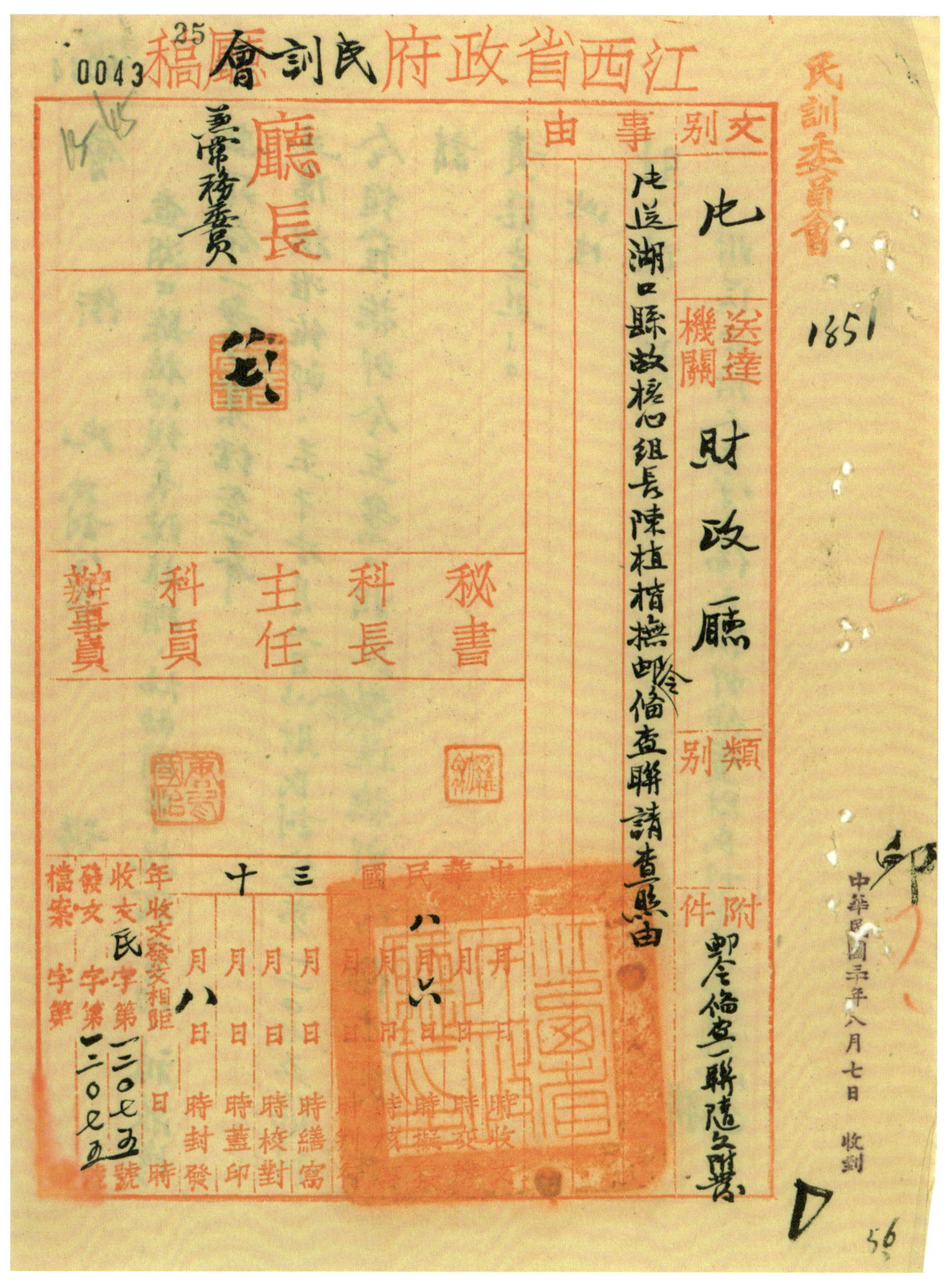
江西省政府民訓會稿
文別：片
送達機關：財政廳
事由：片送湖口縣政核心組長陳植楠撫卹令備查聯請查照由
附件：卹令備查一聯隨文附
兼常務委員
中華民國三十年八月八日
收文民字第一三〇七五號
發文字第一三〇七五號
中華民國三十年八月七日收到

江西省政府民训会致省财政厅的片（一九四一年八月八日）

0044

會銜代電　民訓字第　　號

查湖口縣核心組長陳植楷，協助國軍抗戰有功，被敵慘殺殞命一案，業經簽奉

主席核准給邮、並于本月二日以財民訓字第一三〇七五號訓令領發撫邮令在案。相應檢送撫邮令備查聯，請

貴廳查照！

此致

財政廳

附送本府人民守土傷亡撫邮備查財民訓字第壹號壹聯

26
0045 67

兼常務委員王〇〇

江西省政府致湖口县政府的训令（一九四二年六月五日）

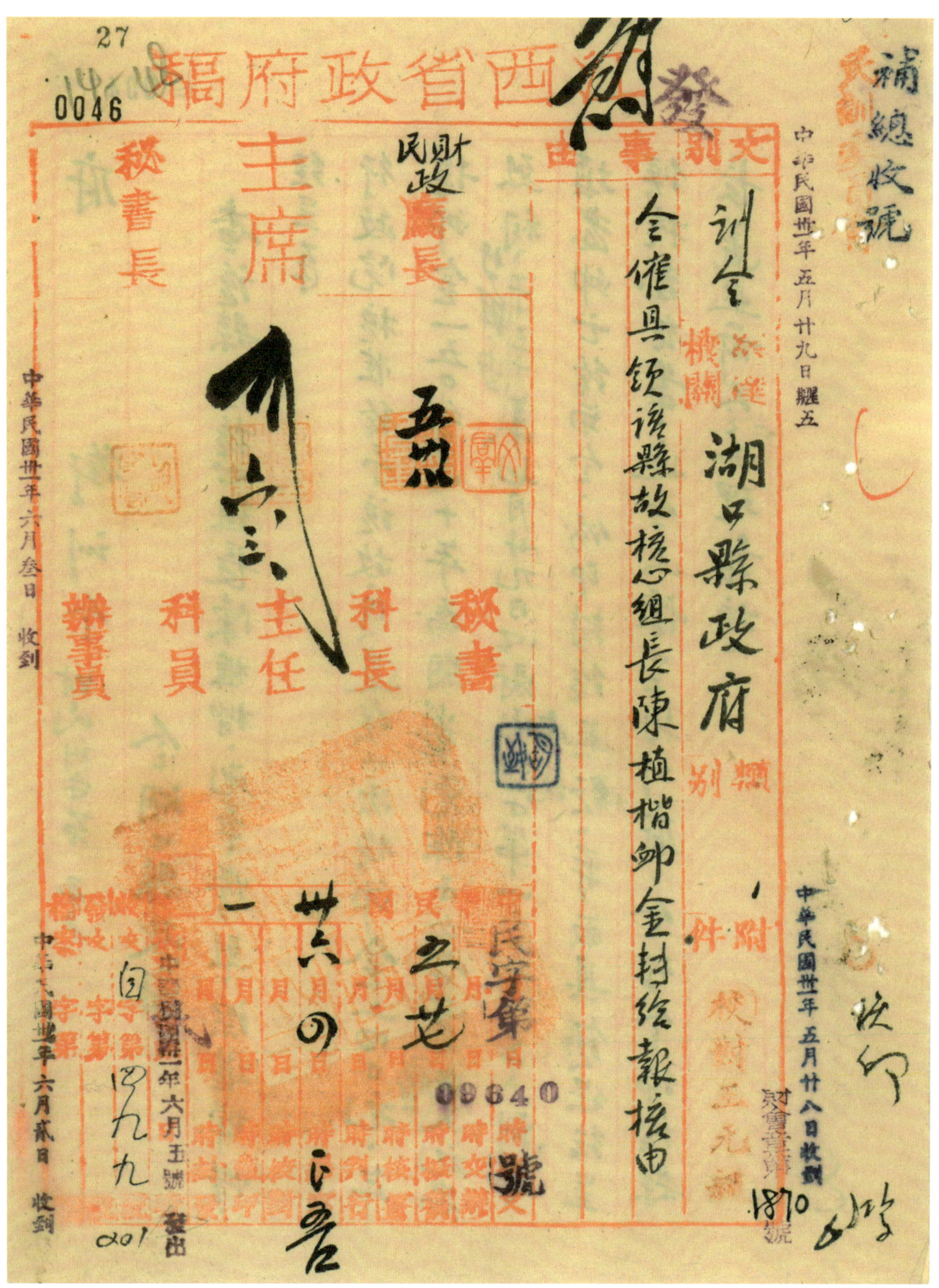
江西省政府稿

文别：训令

机关：湖口县政府

事由：令催具领该县故核心组长陈植楷卹金封给报核由

主席　秘书长　财政厅长

秘书　科长　主任　科员　办事员

府

銜訓令　財民訓字第　　號

令湖口縣政府

查該縣故核心組長陳植楷，死事慘烈，深堪悼惜，

經呈奉

行政院核准給予該故員遺族一次撫卹金二四〇元，年

撫卹金一五〇元，以十年為期，並免除子女學費，准入祀忠

烈祠，等因，當於三十二年七月廿九日以財民訓字第一二〇七五號訓令

填發卹亡給與令，俟印封給具收執領，並取具領保結呈

候核發在案。迄今未據呈繳到府，令行令仰該縣

長遵照前令辦理報核。

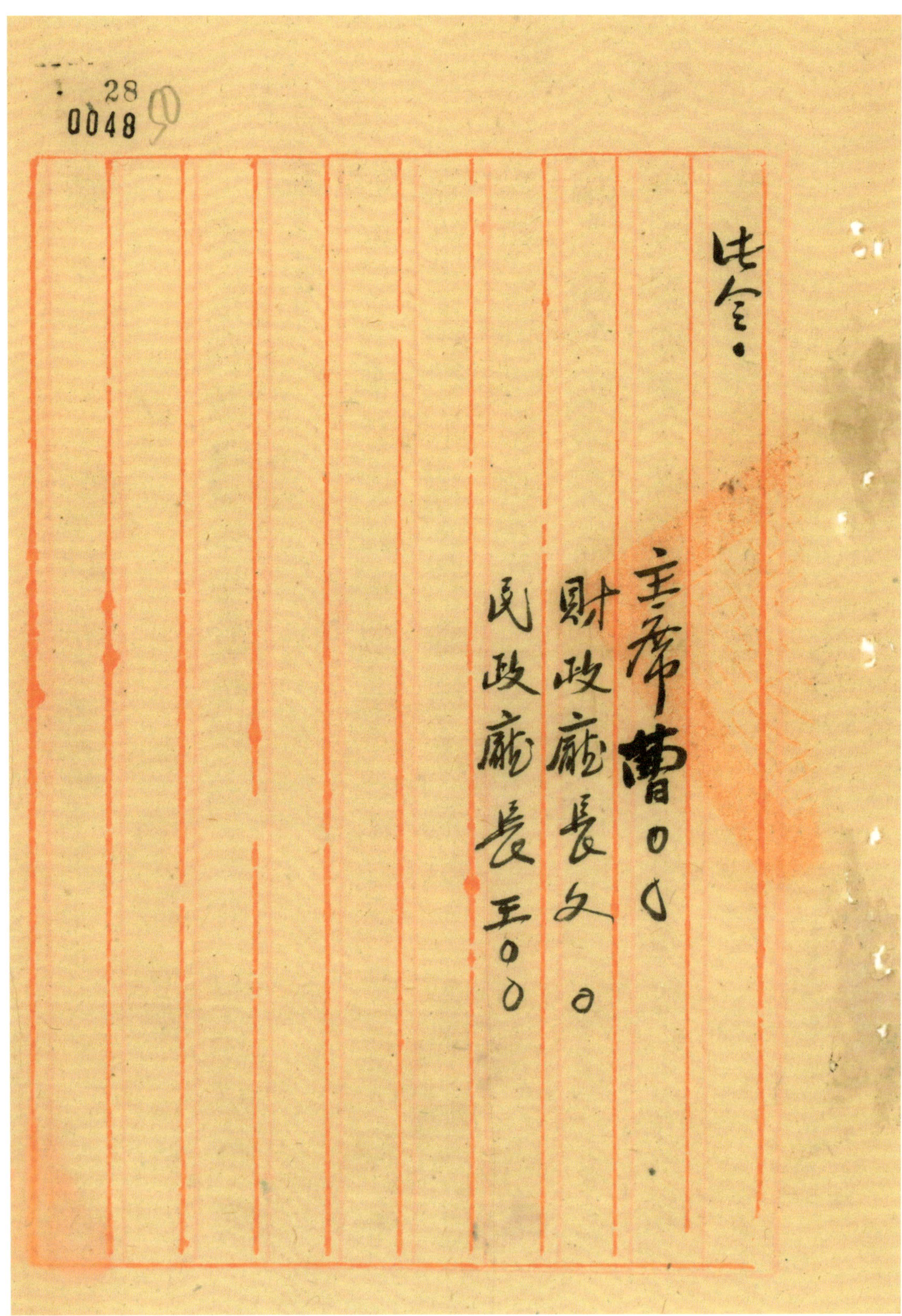

此令。

主席 曹〇〇
财政厅长 文〇〇
民政厅长 王〇〇

江西省政府、江西省公路处关于抢修鹰赣公路被敌机轰炸伤亡官兵请恤的来往文书（一九四〇年六月至七月）

江西省公路处致省政府的呈（一九四〇年六月十五日）

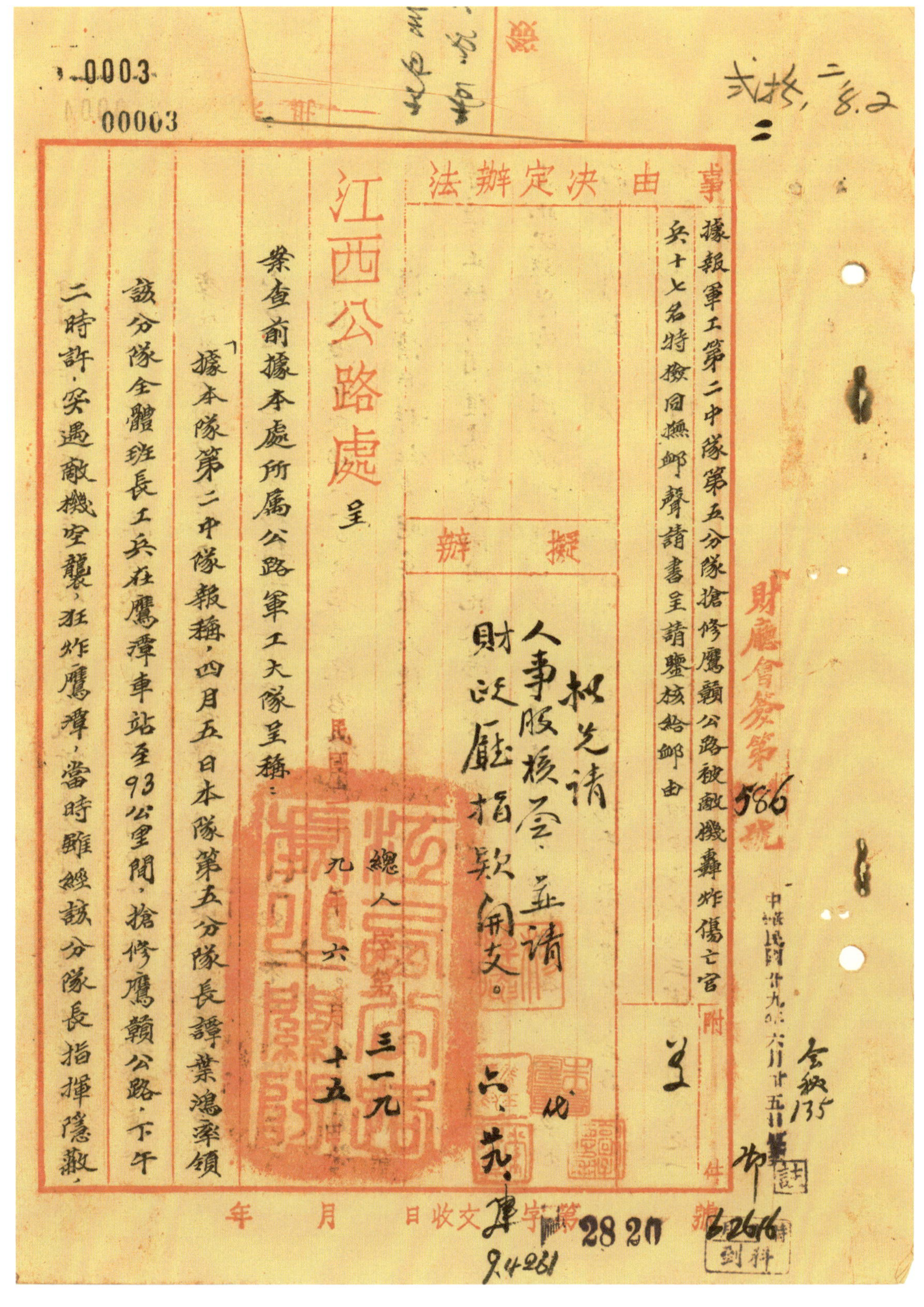

事由：據報軍工第二中隊第五分隊搶修鷹贛公路被敵機轟炸傷亡官兵十七名特檢同撫卹聲請書呈請鑒核給卹由

決定辦法

擬辦：擬先請人事股核簽，並請財政廳指款開支。

財廳會發第586號

江西公路處 呈

民國二十九年六月十五日 總人三一九

案查前據本處所屬公路軍工大隊呈稱：

「據本隊第二中隊報稱，四月五日本隊第五分隊長譚業鴻率領該分隊全體班長工兵在鷹潭車站至93公里間，搶修鷹贛公路，下午二時許，突遇敵機空襲，狂炸鷹潭，當時雖經該分隊長指揮隱蔽，但因工作地點接近交通路綫，且敵機所投之彈又多懸空爆炸，以致傷亡慘重，是役該分隊殉職士兵計有班長劉西林、士兵朱興海、譚葉金、李生榮等四名，受傷者計有分隊長譚葉鴻、工兵宋在學等十三名，現已分別將死者暫為棺殮，受傷者分送河口軍政部第六重傷醫院及鷹潭軍政部一一〇兵站醫院治療，應請轉呈備案。等情；除飭將傷亡情形詳細查明具報，以便轉呈核卹外，理合呈請鑒核。」

等情；正核辦間，復據該隊檢同此次傷亡官兵撫卹聲請書呈請議卹。前來，查此次該隊官兵因公被炸，傷亡慘重，情實堪憫，自應優予撫卹，以示矜恤，而資救濟，茲查此次受傷官兵計有分隊長譚葉鴻、工兵宋在學等十三名，擬援照戰時雇員公役因公傷亡給卹暫行標準（甲）項之規定各發給三個月薪資之一

0005

00004

次醫藥費；其殉職士兵劉西林等四名，除按照上項給卹暫行標準（乙）項之規定給予各遺族十四個月薪資之一次撫卹費外，並依照

鈞府頒發之「江西省公務員雇員公役遭受空襲損害暫行救濟辦法」第八款之規定各給予理葬肆拾元。計共應發醫藥費陸佰陸拾元，撫卹費玖佰陸拾陸元，又理葬費壹佰陸拾元，總計壹仟柒佰捌拾陸元。擬請

鈞府准予賜撥下處，俾便轉發具領。理合檢同原聲請書備文呈請

鑒核，伏祈賜准施行，實為公便！

謹呈

江西省政府

附呈撫卹聲請書拾柒份

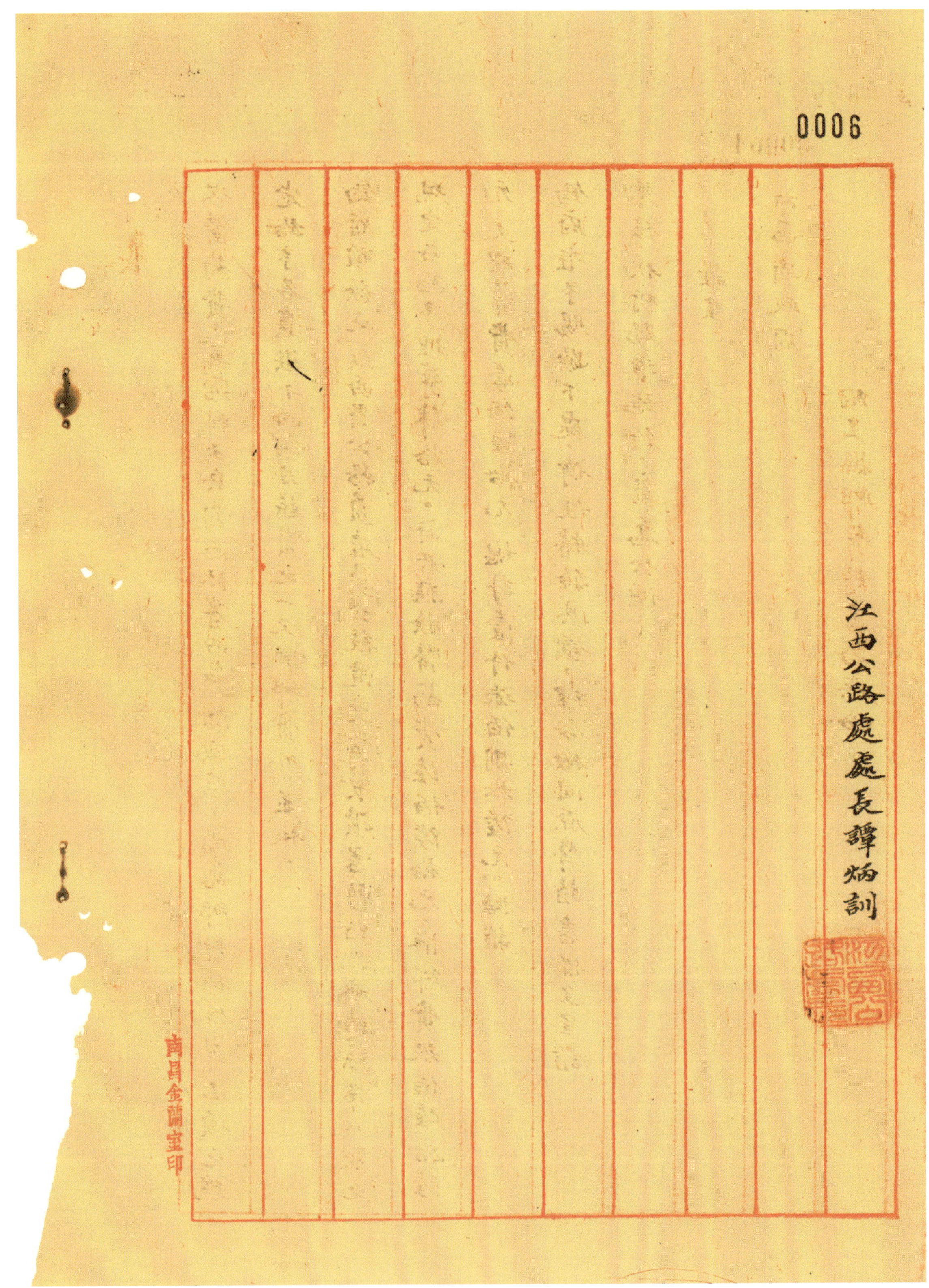

0006

江西公路處處長譚炳訓

南昌金蘭宝印

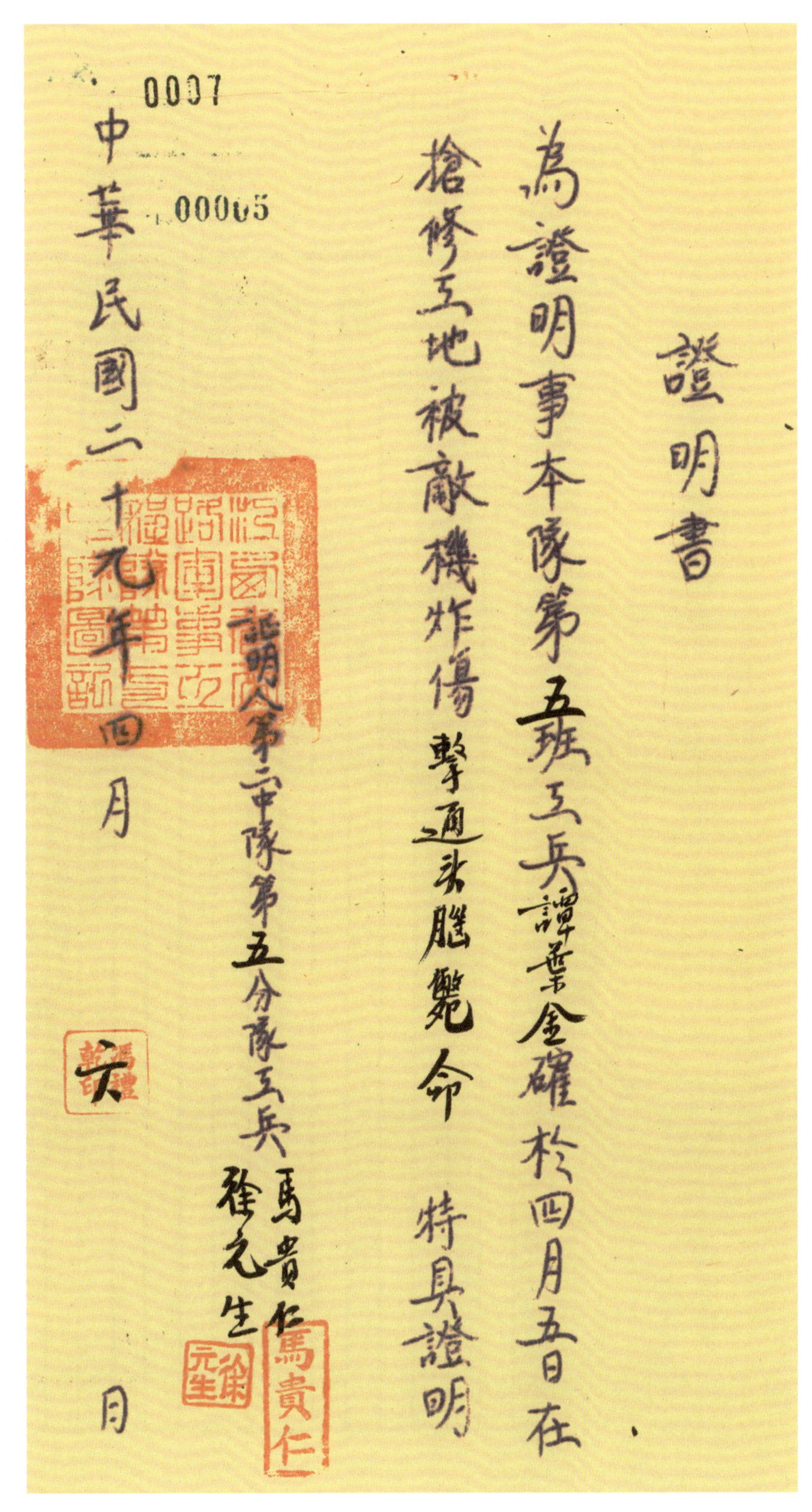

0007

00065

證明書

為證明事本隊第五班工兵譚葉金確於四月五日在搶修工地被敵機炸傷擊過頭腦斃命　特具證明

證明人第二中隊第五分隊工兵馬貴仁
徐元生

中華民國二十九年四月　月

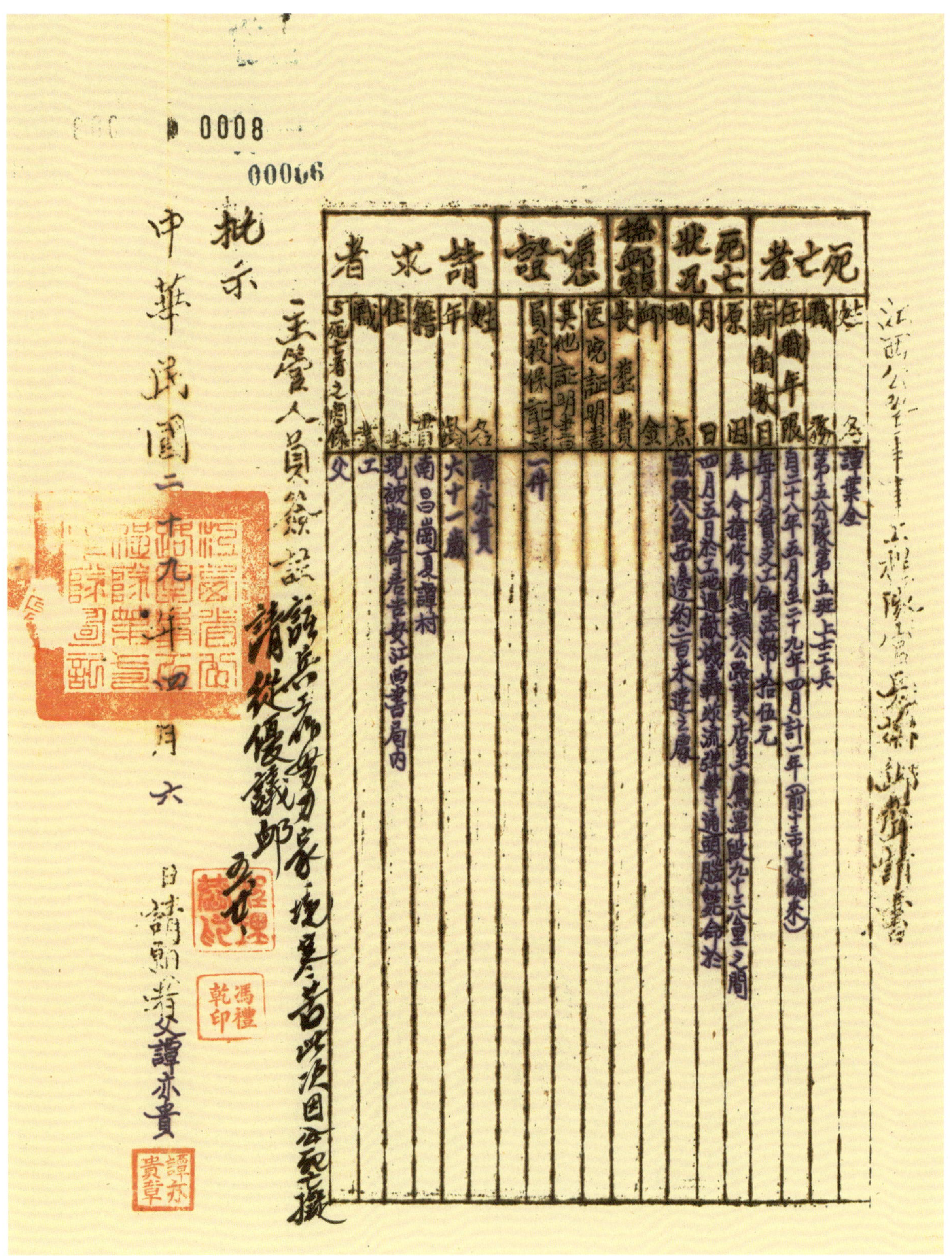

江西公路[illegible]聲請書

死亡者	姓名	譚葉金
	職務	第五分隊第五班上士工兵
	任職年限	自二十八年五月至二十九年四月計一年（前十三市政編來）
	薪餉數目	每月實支工餉法幣拾伍元
死亡狀況	原因	奉令搶修鷹贛公路貴溪店至鷹潭段九十三公里之間
	月日	四月五日於工地遇敵機轟炸，被流彈擊中頭腦斃命於
	地點	贛興公路西邊約三百米達之處
撫卹金額	卹金	
	喪葬費	
憑證	醫院證明書	
	其他證明書	
	員役保證書	一件
請求者	姓名	譚亦貴
	年齡	六十一歲
	籍貫	南昌崗夏譚村
	住址	現被難寄居吉安江西書局內
	職業	工
	與死亡者之關係	父

主管人員簽證：該兵工務努力，家境異常苦，此次因公死亡，擬請從優議卹。

批示

中華民國二十九年五月六日

請卹者 父譚亦貴

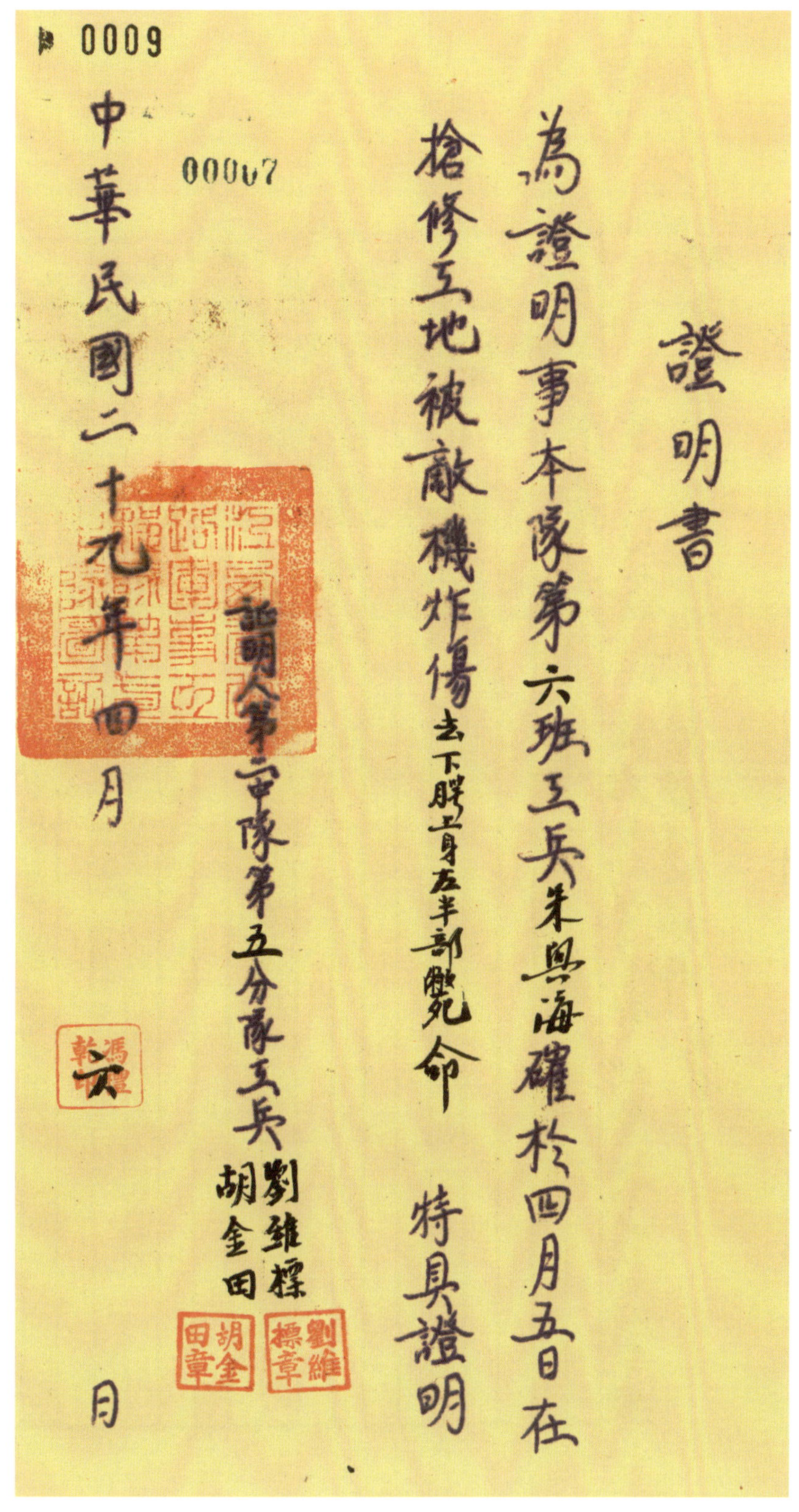

0009

00007

證明書

為證明事本隊第六班工兵朱與海確於四月五日在

搶修工地被敵機炸傷去下膊上身左半部斃命 特具證明

證明人第三中隊第五分隊工兵 劉維標 胡金田

中華民國二十九年四月 日

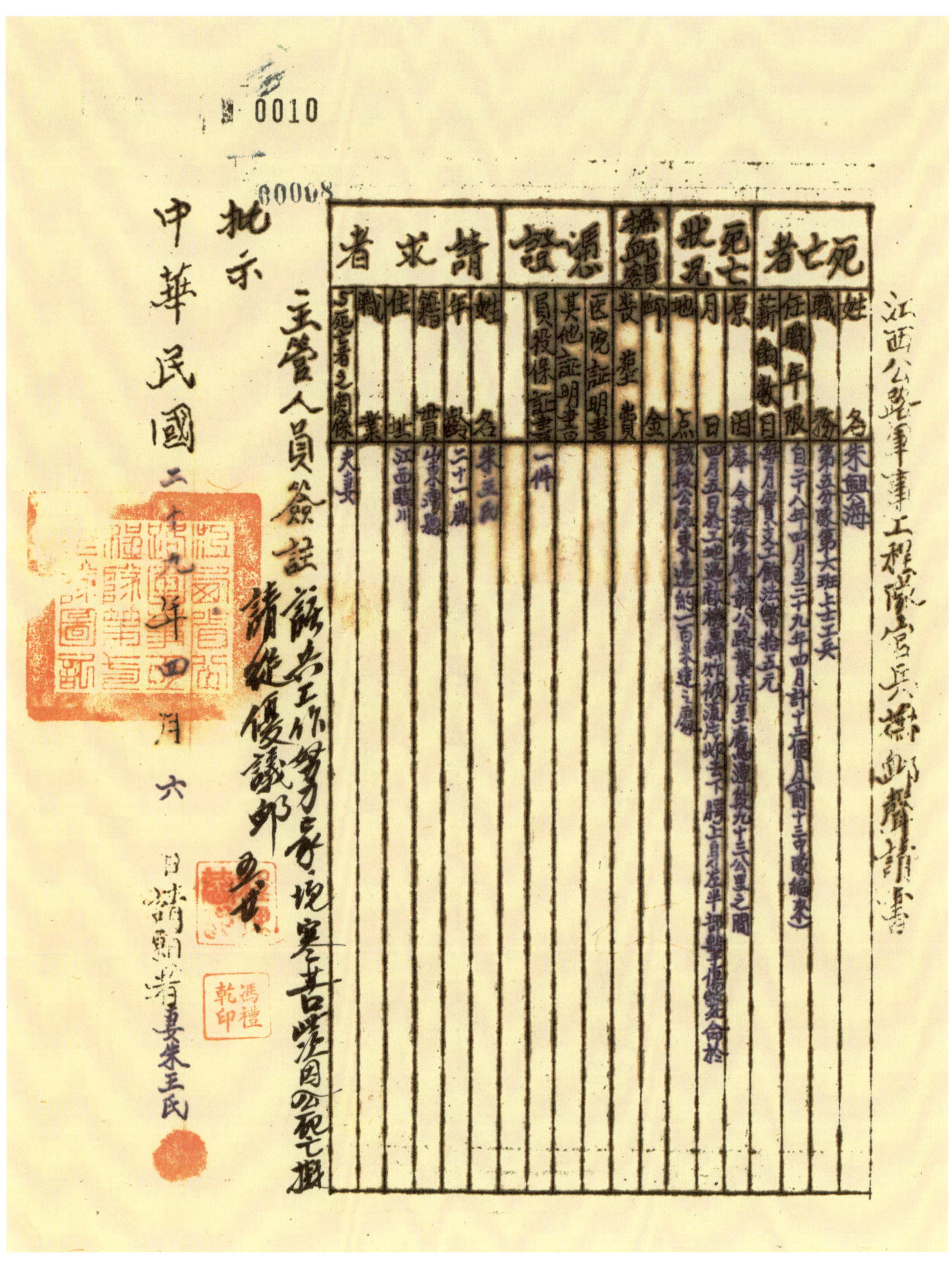

0010

00008

江西公路軍事工程隊官兵撫卹聲請書

死亡者	姓名	朱鳳海
	職務	第五分隊第六班上士工兵
	任職年限	自二十八年四月至二十九年四月計十三個月（前十三中隊編來）
	薪餉數目	每月實支工餉法幣拾五元
死亡狀況	原因	奉令搶修鷹潭公路鷹潭店至鷹潭段九十三公里之間
	月日	四月五日在工地遇敵機轟炸被流彈炸去下腰上身左半部致傷重斃命於
	地點	該段公路東邊約一百米達之處
撫卹費	喪葬費	
	卹金	
憑證	醫院證明書	
	其他證明書	
	員役保證書	一件
請求者	姓名	朱王氏
	年齡	二十一歲
	籍貫	山東[illegible]縣
	住址	江西臨川
	職業	
	與死亡者之關係	夫妻

主管人員簽證 該兵工作努力，家境寒苦，因公死亡，擬請從優議卹 王氏

批示

中華民國二十九年四月六日 聲請者 妻朱王氏

馮禮乾印

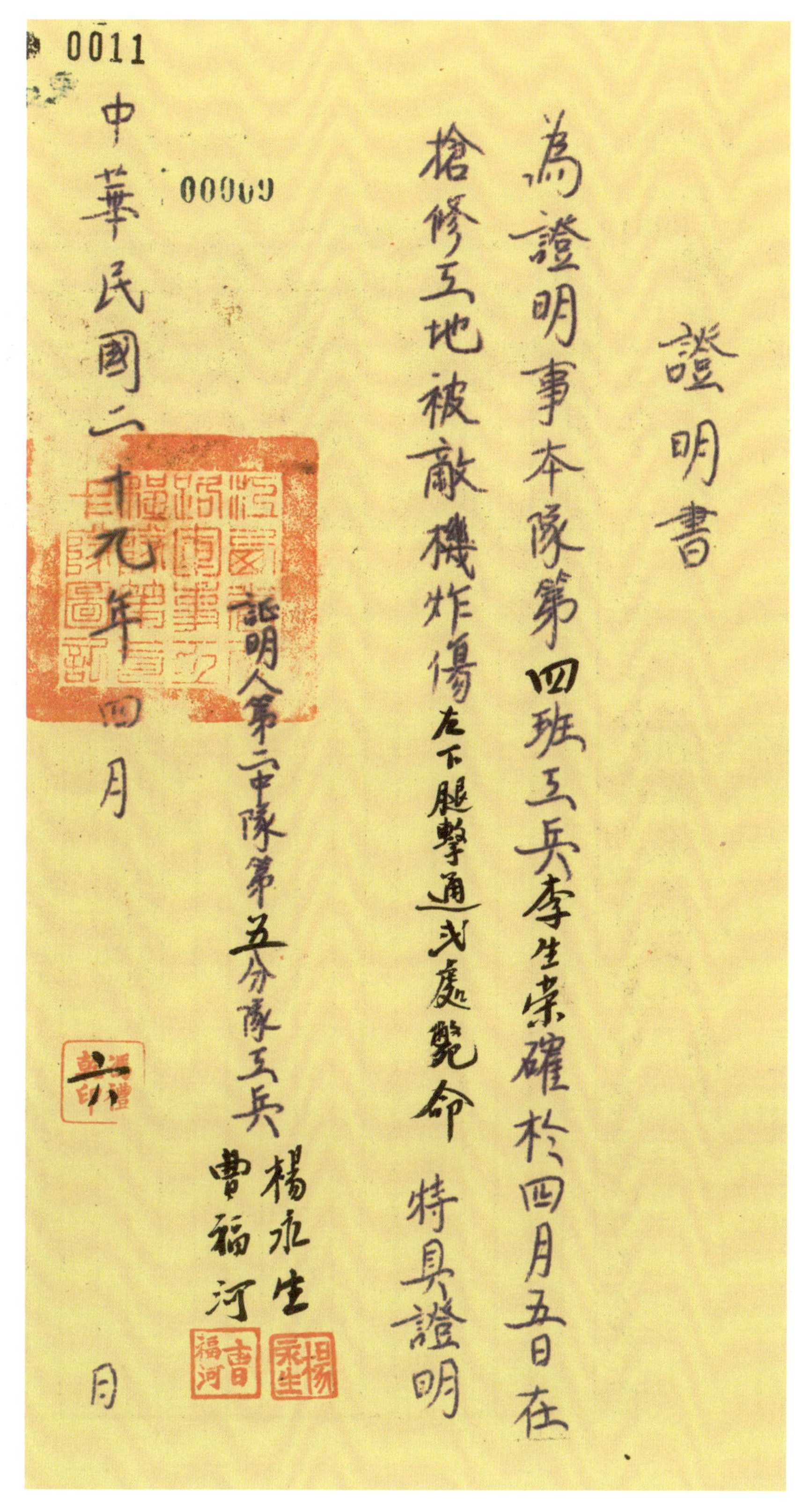

0011

00009

證明書

為證明事本隊第四班工兵李生棠確於四月五日在搶修工地被敵機炸傷左下腿擊通戕處斃命 特具證明

證明人第二中隊第五分隊工兵 楊永生 曹福河

中華民國二十九年四月

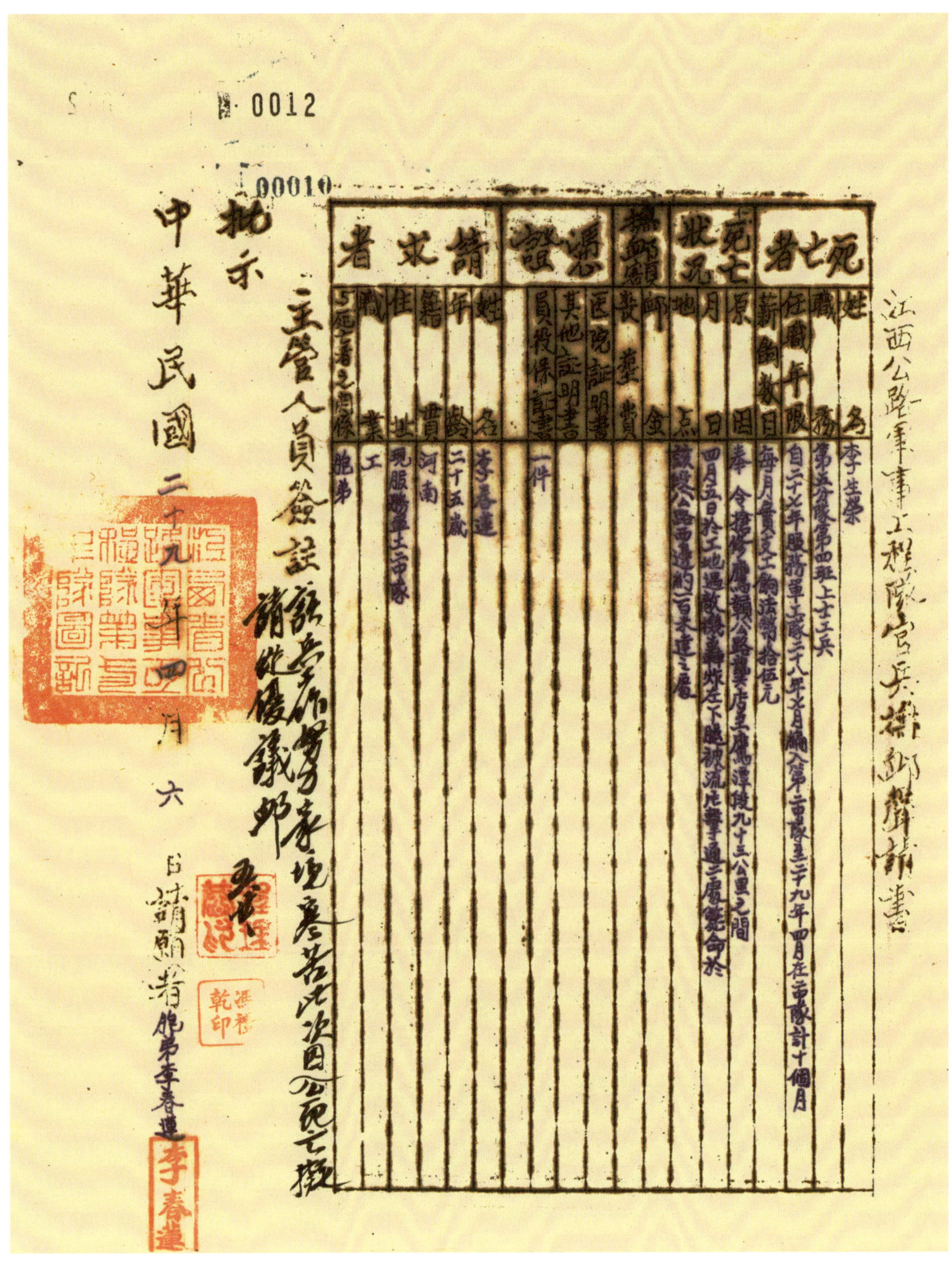

S　　0012

00010

江西公路军事工程队官兵抚卹声请书

死亡者	姓名	李子荣
	职务	第五分队第四班上士工兵
	任职年限	自二十七年服务军工队二十八年七月编入第十二队至二十九年四月在十二队计十个月
	薪饷数目	每月实支工饷法币拾伍元
死亡状况	原因	奉令抢修赣粤公路黄婆店至唐乌潭陂九十三公里之间
	月日	四月五日於工地遇敌机轰炸左下腿被流弹击中通二处伤毙命於
	地点	该段公路西边约二百米远之处
抚卹已领	卹金	
	丧葬费	
凭证	医院证明书	
	其他证明书	
	员役保证书	一件
请求者	姓名	李春达
	年龄	二十五岁
	籍贯	河南
	住址	现服务第十二中队
	职业	工
	与死亡者之关系	胞弟

主管人员签注　该李作勇李境彦苦此次因公死亡拟请从优议卹

批示

中华民国二十九年四月六日　具请者　胞弟李春达

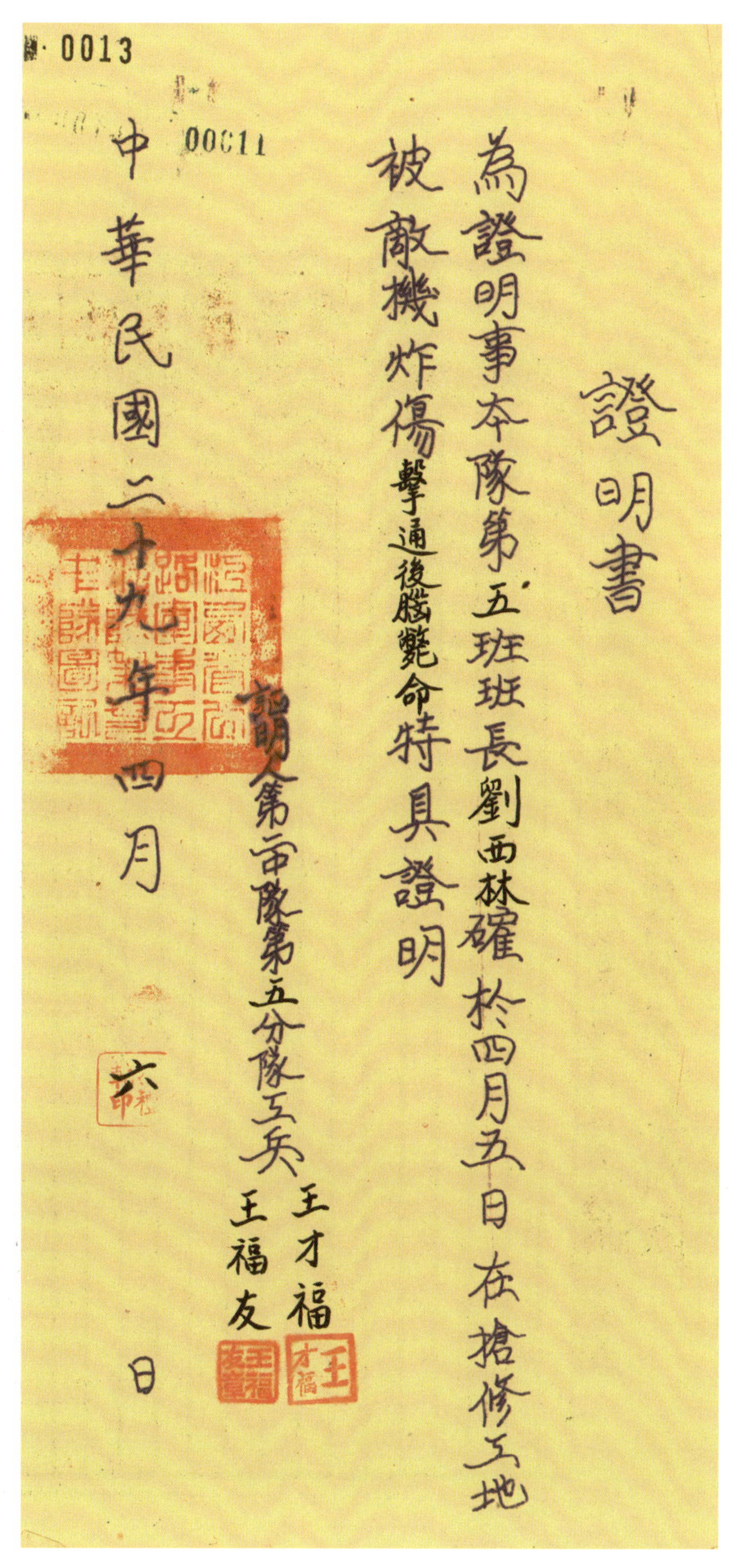

0013

00011

證明書

為證明事本隊第五班班長劉西林確於四月五日在搶修工地被敵機炸傷轟通後腦斃命特具證明

證明人第二中隊第五分隊工兵 王才福 王福友

中華民國二十九年四月 日

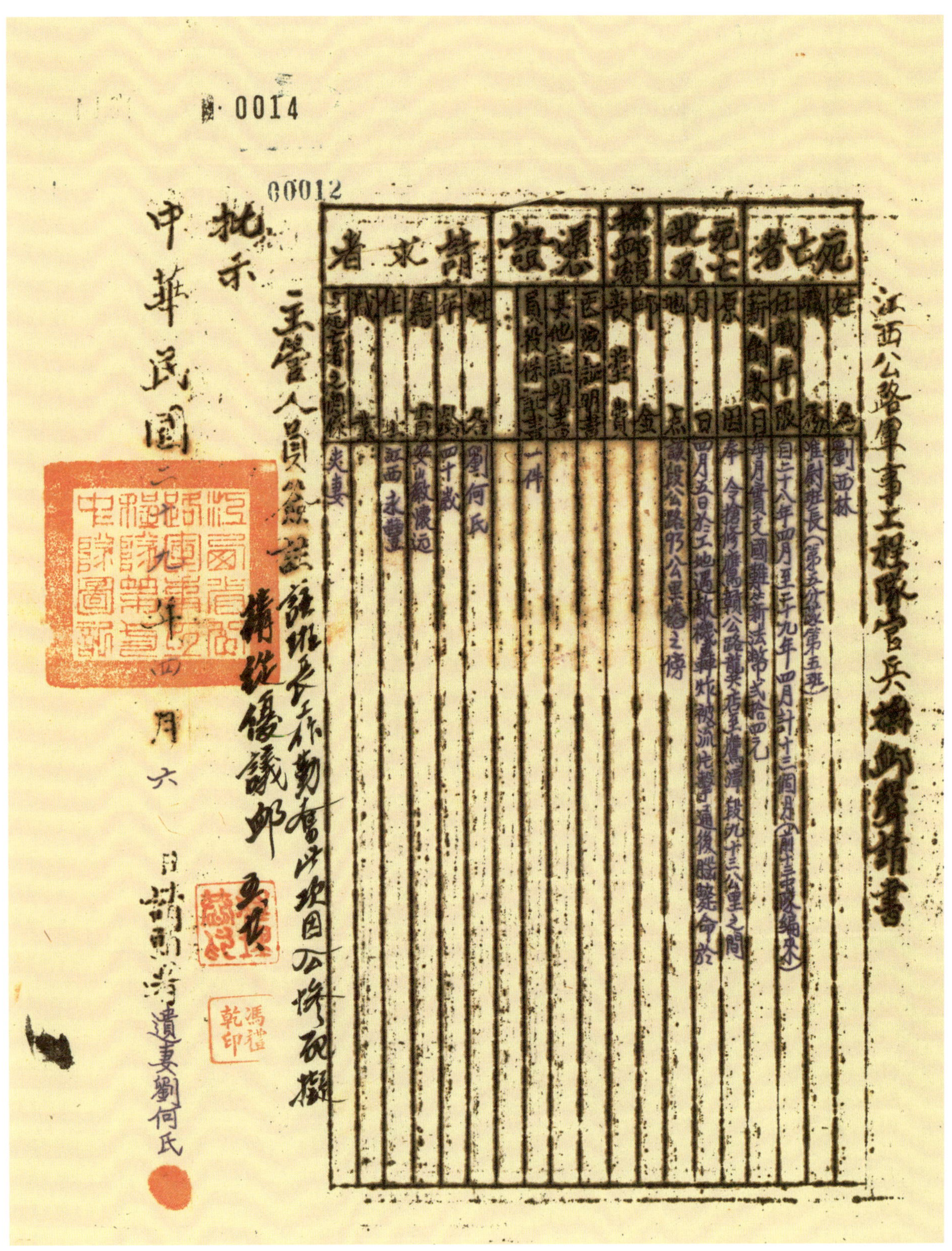

0014

00012

江西公路軍事工程隊官兵撫卹聲請書

死亡者	姓名	劉西林
	職務	准尉班長（第五分隊第五班）
	任職年限	自二十八年四月至二十九年四月計十三個月（前十三中隊編來）
	薪餉數目	每月實支國幣新法幣式拾四元
死亡狀況	原因	奉令搶修鷹贛公路龍虎店至鷹潭段九十三公里之間
	月日	四月五日於工地遇敵機轟炸被流彈擊中通後腦斃命於
	地點	該段公路93公里橋之傍
撫卹費額	卹金	
	殮葬費	
憑證	醫院證明書	
	其他證明書	
	員役保證書	一件
請求者	姓名	劉何氏
	年齡	四十歲
	籍貫	安徽懷遠
	住址	江西永豐
	職業	
	與死亡者之關係	夫妻

主管人員意見 該班長工作勤奮此次因公陣亡擬請從優議卹 五長

批示

中華民國二十九年四月六日 請卹者遺妻劉何氏

馮禮乾印

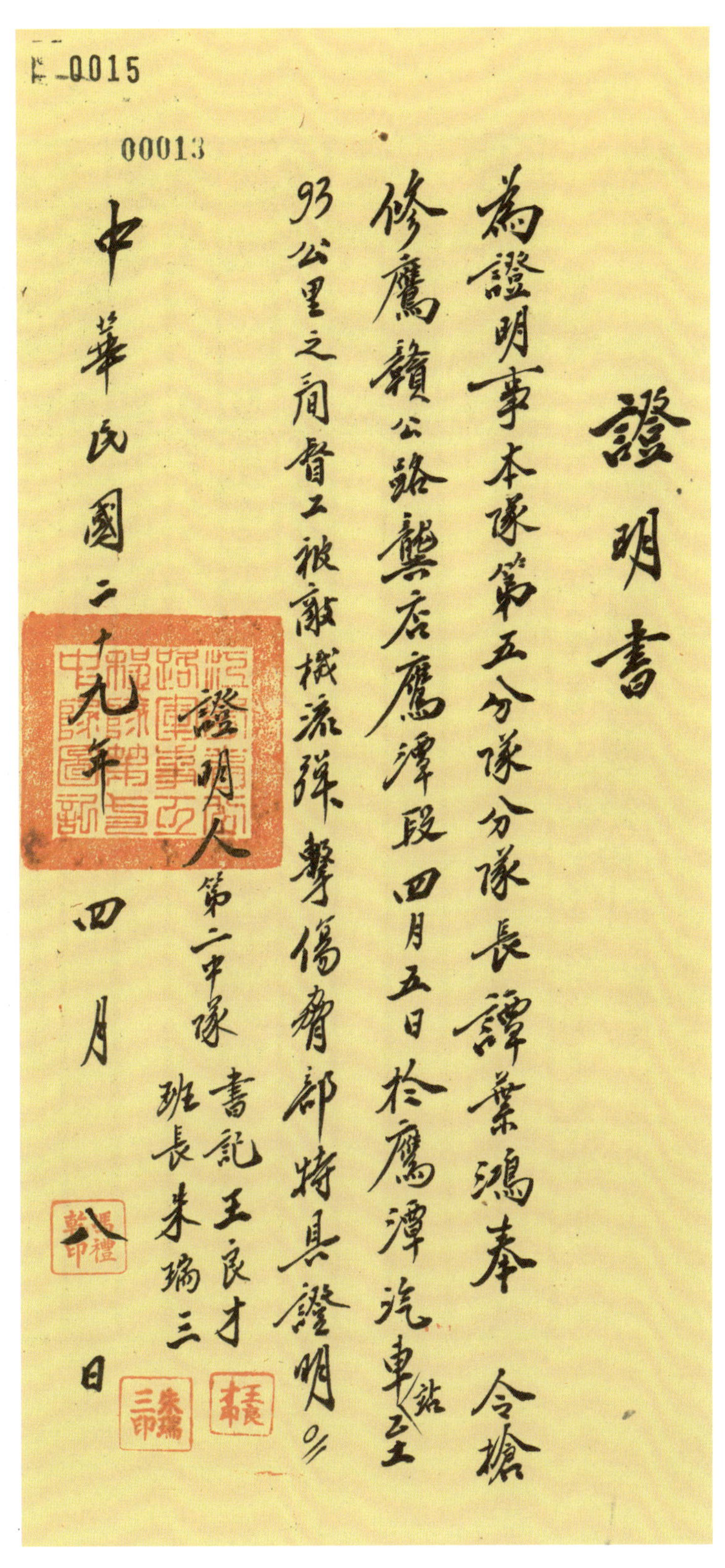

-0015

00013

證明書

為證明事本隊第五分隊分隊長譚葉鴻奉 令搶修鷹贛公路龔店鷹潭段四月五日於鷹潭汽車站至93公里之間督工被敵機流彈擊傷脅部特具證明〃

證明人
第二中隊 書記王良才
班長朱瑞三

中華民國二十九年四月八日

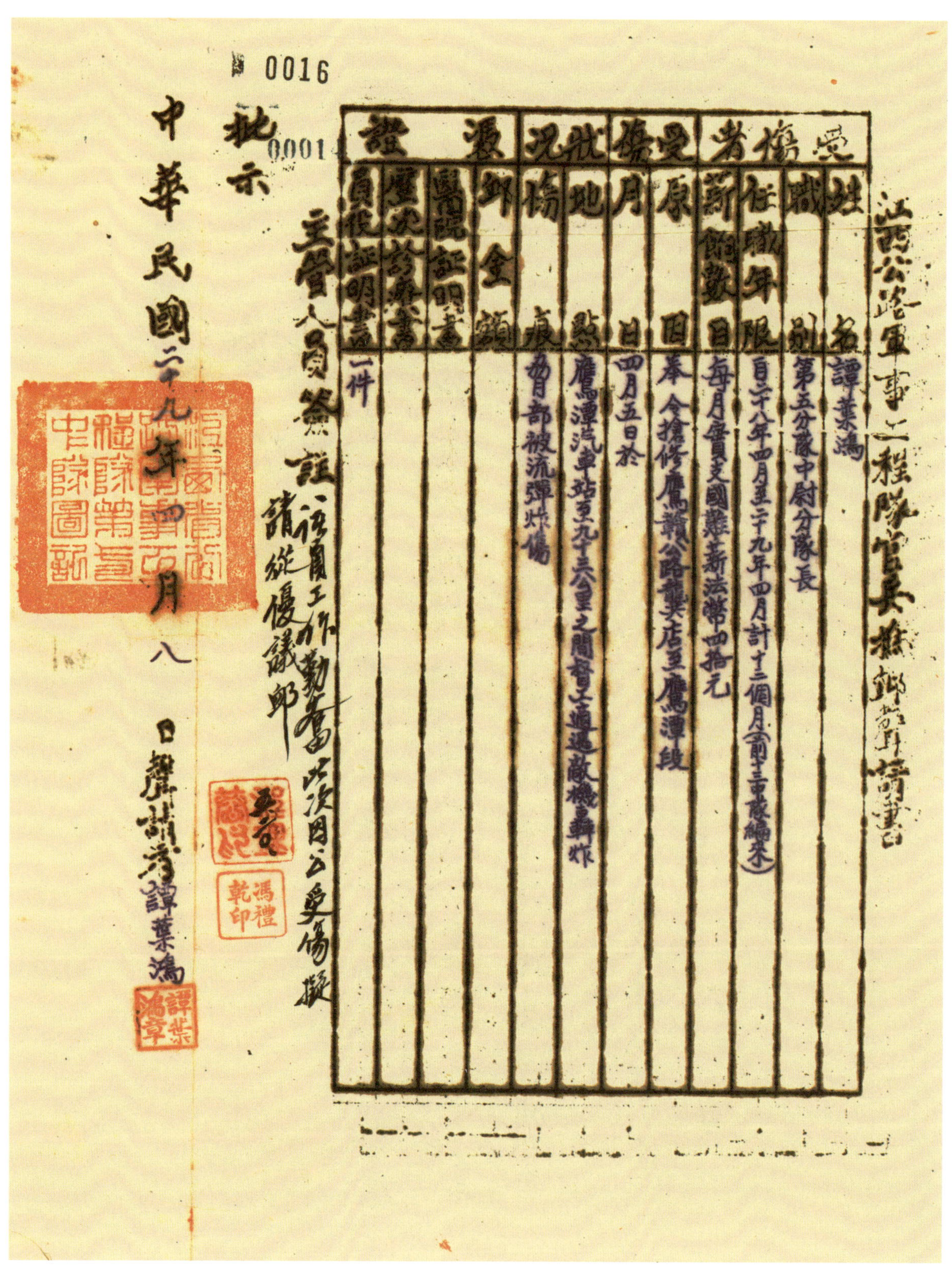

0016

0001

江西公路軍事工程隊官兵撫卹報請書

受傷者				受傷狀況				憑證			
姓名	職別	任職年限	薪餉數目	原因	月日	地點	傷痕	請卹金額	醫院證明書	屢次勞績書	負傷證明書
譚葉鴻	第五分隊中尉分隊長	自二十八年四月至二十九年四月計十三個月（前十三中隊編來）	每月實支國難薪法幣四拾元	奉令搶修鷹贛公路龍美店至鷹潭段	四月五日於	鷹潭汽車站至九十三公里之間督工適遇敵機轟炸	頭目部被流彈炸傷				一件

主管人員簽註：一、該員工作勤奮，此次因公受傷，擬請從優議卹

馮禮乾印

批示

中華民國二十九年四月八日 具報請者 譚葉鴻

譚葉鴻章

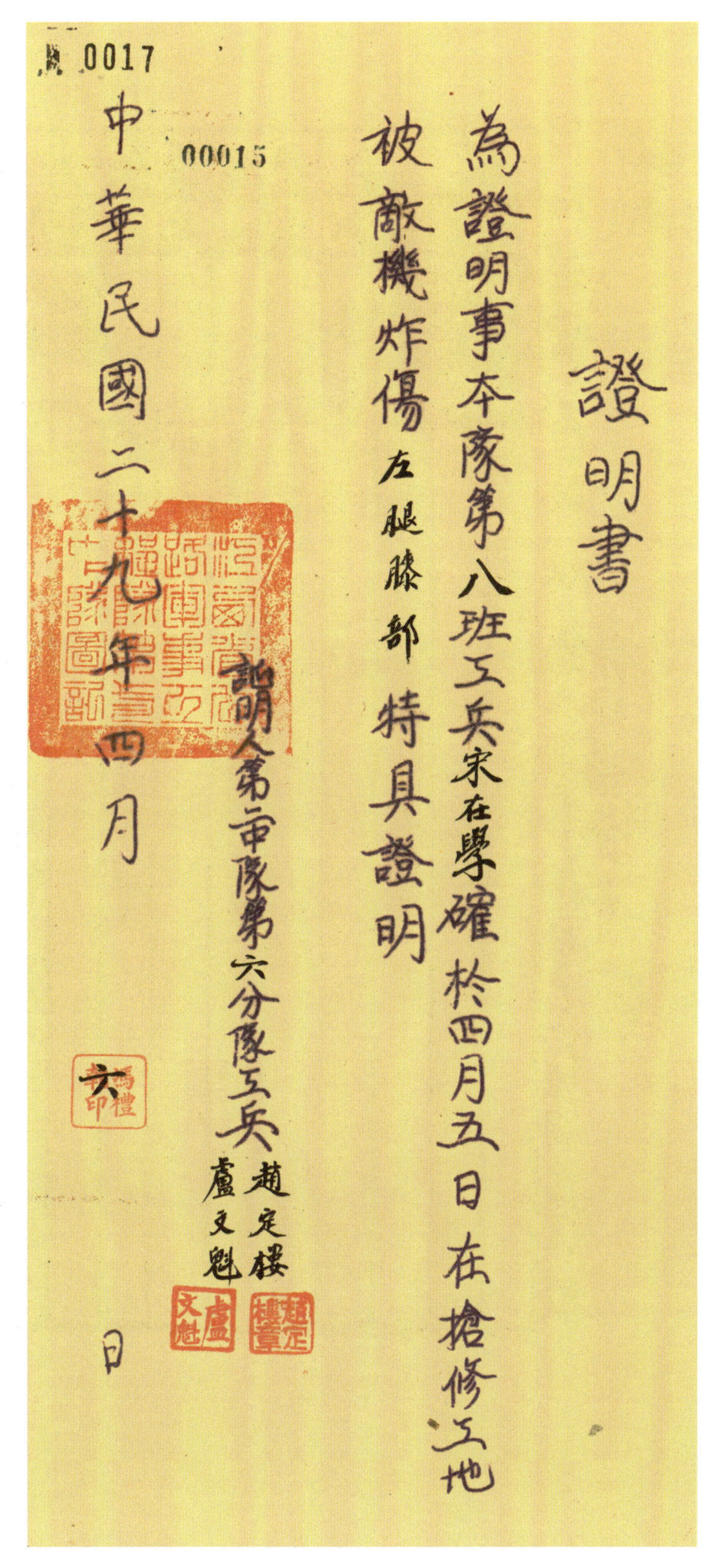

0017

00015

證明書

為證明事本隊第八班工兵宋在學確於四月五日在搶修工地被敵機炸傷左腿膝部 特具證明

證明人第二中隊第六分隊工兵 趙定樓 盧文魁

趙定樓章 盧文魁

中華民國二十九年四月 日

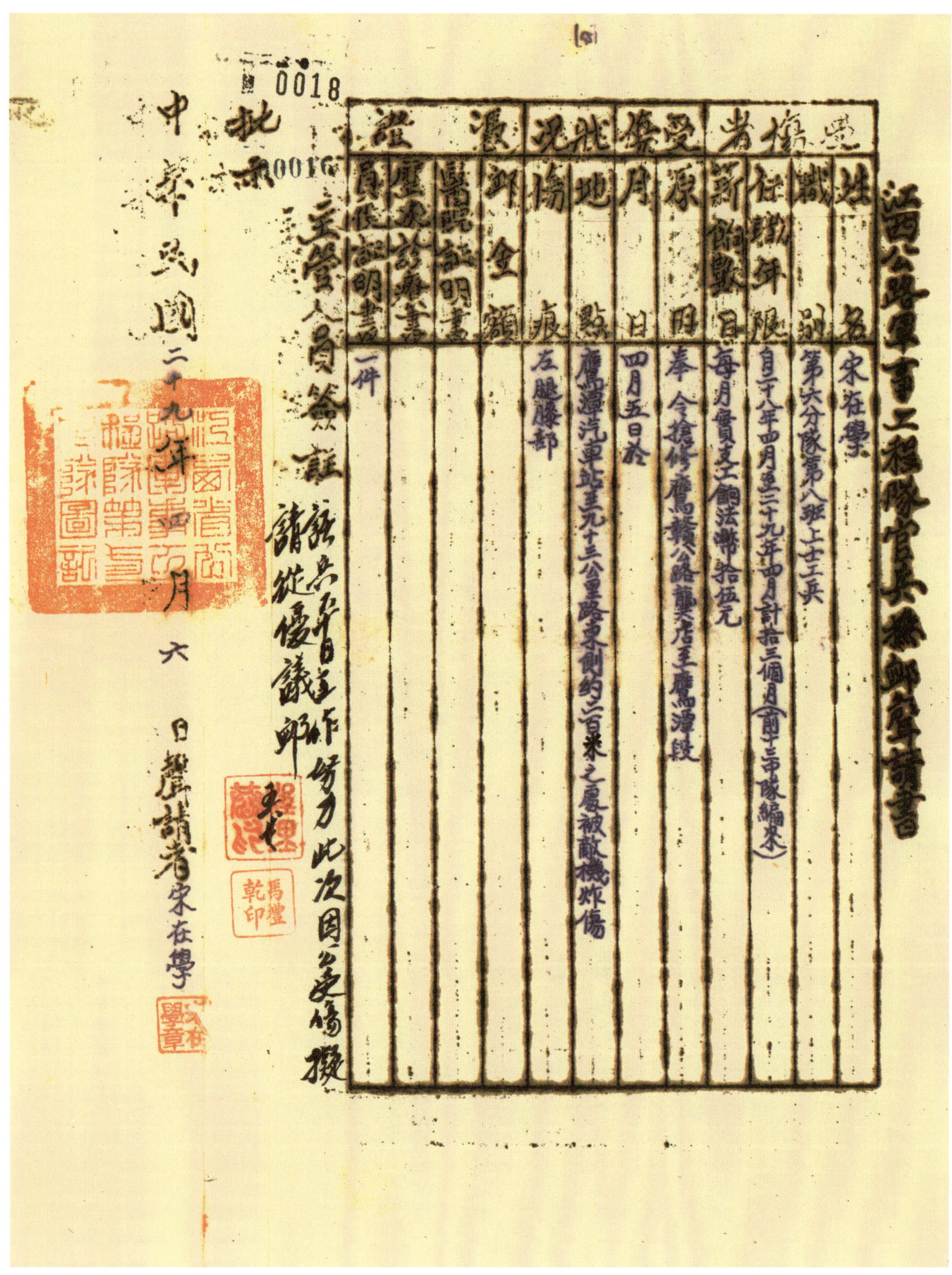

江西公路處第十三工程隊官兵撫卹聲請書

受撫者				受傷			狀況	證憑			
姓名	職別	任職年限	薪餉數目	原因	月日	地點	傷痕	卹金額	醫院證明書	連隊診療書	負傷證明書
宋在學	第六分隊第八班上士工兵	自二十八年四月至二十九年四月計拾三個月（前十三中隊編來）	每月實支工餉法幣拾伍元	奉令搶修鷹贛公路龍大店至鷹潭段	四月五日於	鷹潭汽車站至九十三公里路東側約二百米之處被敵機炸傷	左腿膝部				一件

主管人員簽註：該兵平日工作努力，此次因公受傷，擬請從優議卹。秉士

批示

中華民國二十九年四月六日　聲請者宋在學

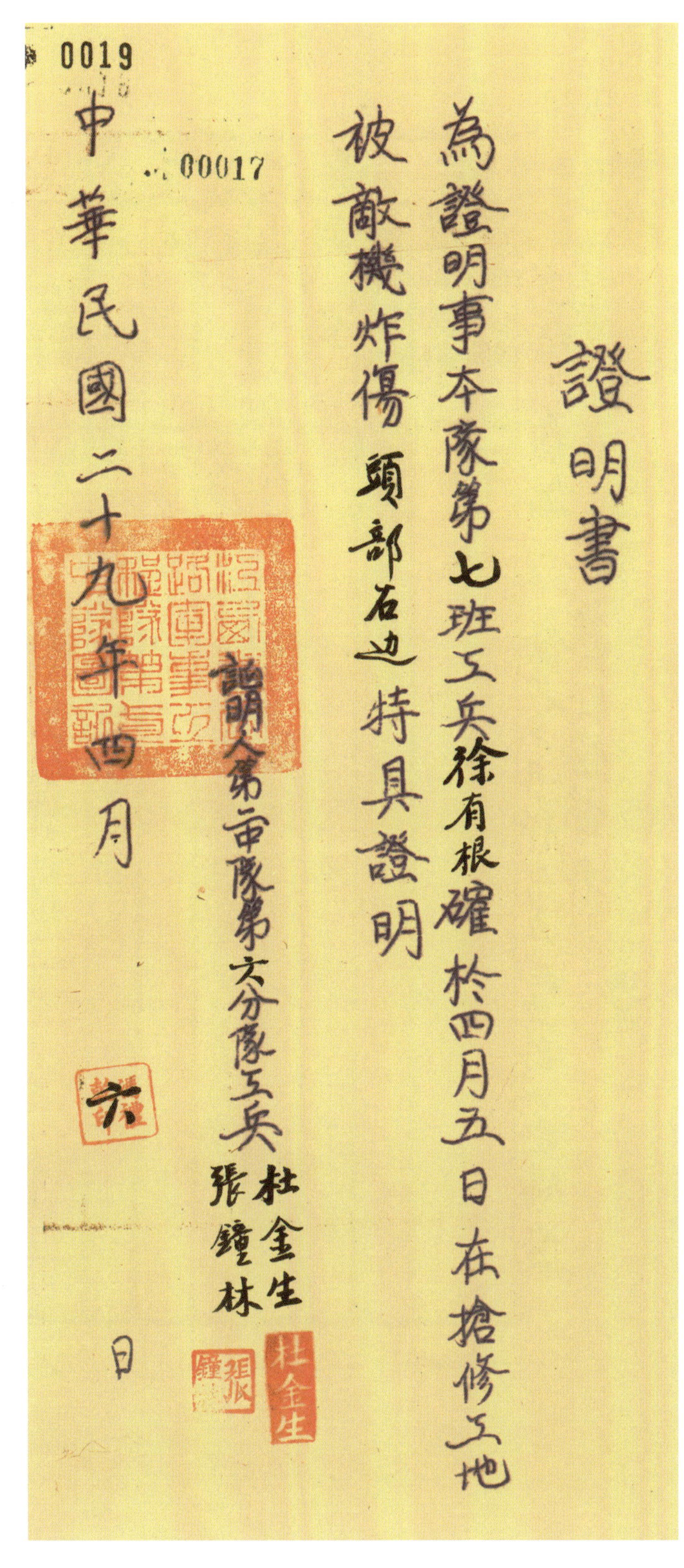
0019

00017

證明書

為證明事本隊第七班工兵徐有根確於四月五日在搶修工地被敵機炸傷頭部右边特具證明

證明人第一中隊第六分隊工兵 杜金生 張鐘林

中華民國二十九年四月六日

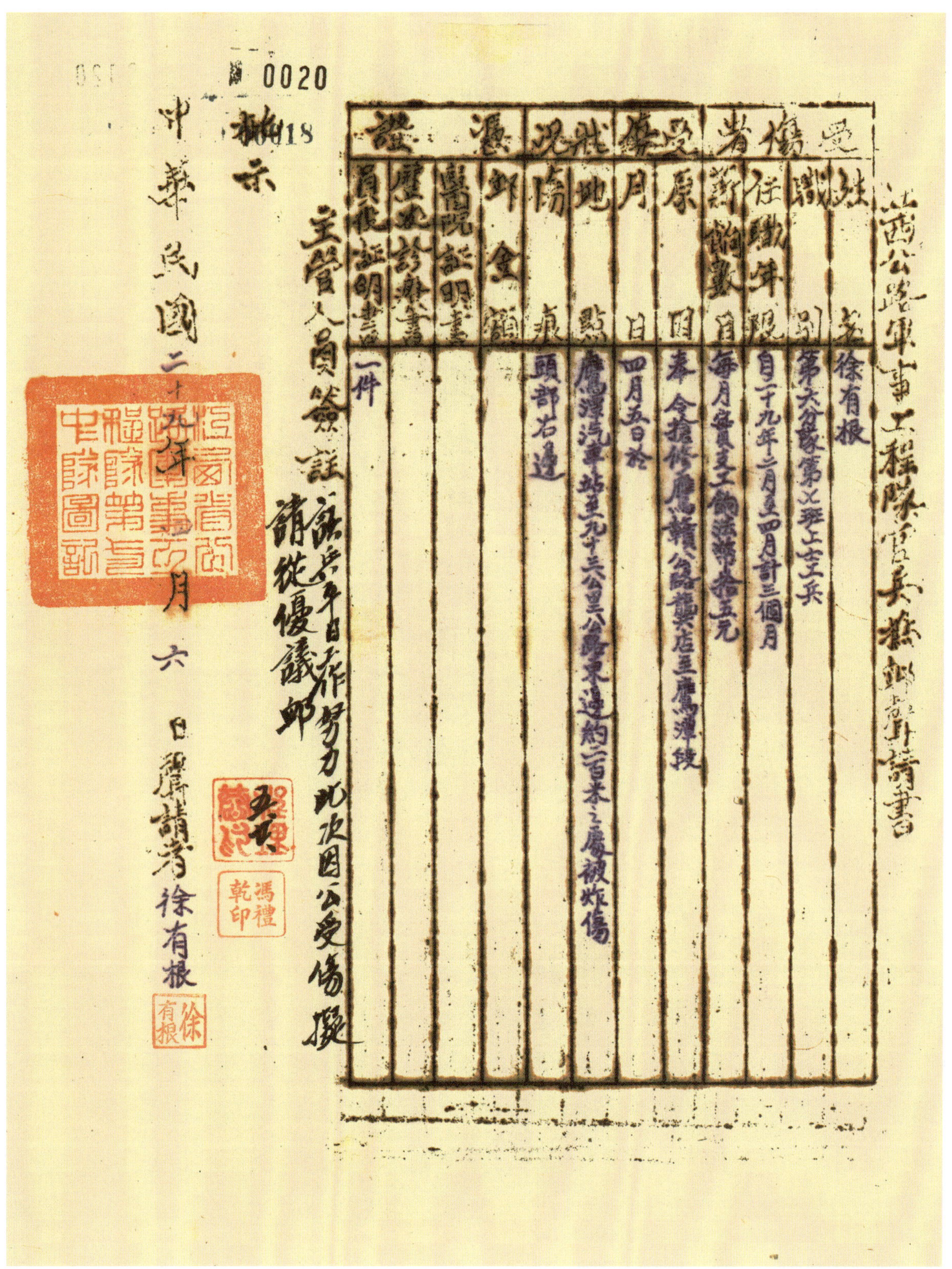

0020
0018

江西公路軍事工程隊官兵撫卹申請書

受傷者				受傷狀況				憑證			
姓名	職別	任職年限	薪餉數目	原因	月日	地點	傷痕	卹金額	醫院證明書	醫生診斷書	負傷證明書
徐有根	第六分隊第〤班上士工兵	自二十九年二月至四月計三個月	每月每員支工餉法幣拾五元	奉令搶修鷹贛公路龍興店至鷹潭段	四月五日於	鷹潭汽車站至九十三公里八公路東邊約二百米之處被炸傷	頭部右邊				一件

主管人員簽註：該兵平日工作努力，此次因公受傷，擬請從優議卹

批示

中華民國二十九年五月六日 具請者 徐有根

馮禮乾印

徐有根

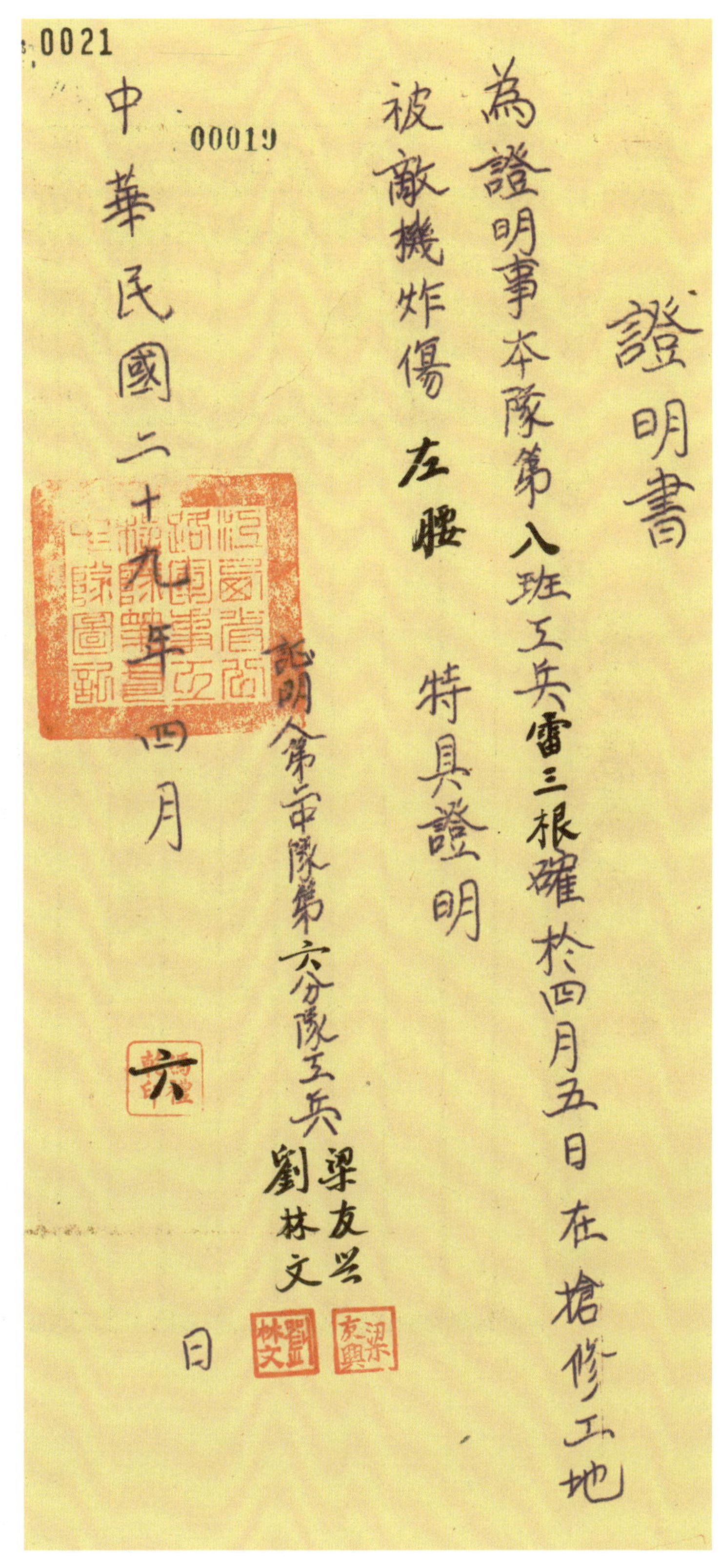

0021

00019

證明書

為證明事本隊第八班工兵雷三根確於四月五日在搶修工地

被敵機炸傷左腰　特具證明

證明人第六中隊第六分隊工兵　梁友兴　劉林文

中華民國二十九年四月　日

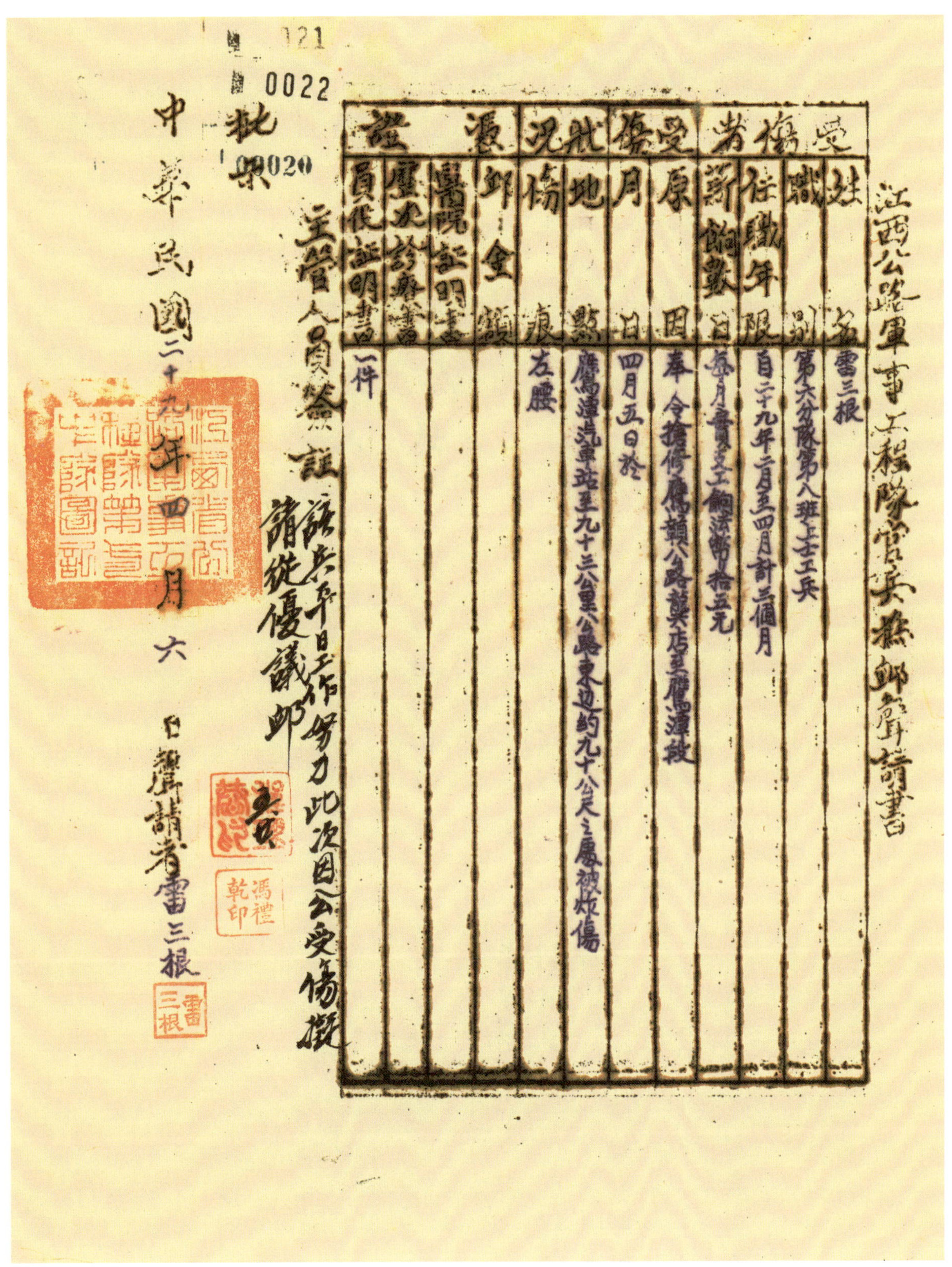

021

0022

00020

江西公路軍事工程隊官兵撫卹請書

受傷者				受傷狀況				證憑			
姓名	職別	任職年限	薪餉數目	原因	月日	地點	傷痕	卹金額	醫院證明書	處方診療書	員役證明書
雷三根	第六分隊第八班上士工兵	自二十九年二月至四月計三個月	每月實支工餉法幣拾五元	奉令搶修鷹頓公路冀店至鷹潭段	四月五日於	鷹潭汽車站至九十三公里公路東邊約九十公尺之處被炸傷	左腰				一件

主管人員簽註：該兵平日工作努力，此次因公受傷，擬請從優議卹。秉

馮禮乾印

批示

中華民國二十九年四月六日

具請者雷三根

雷三根

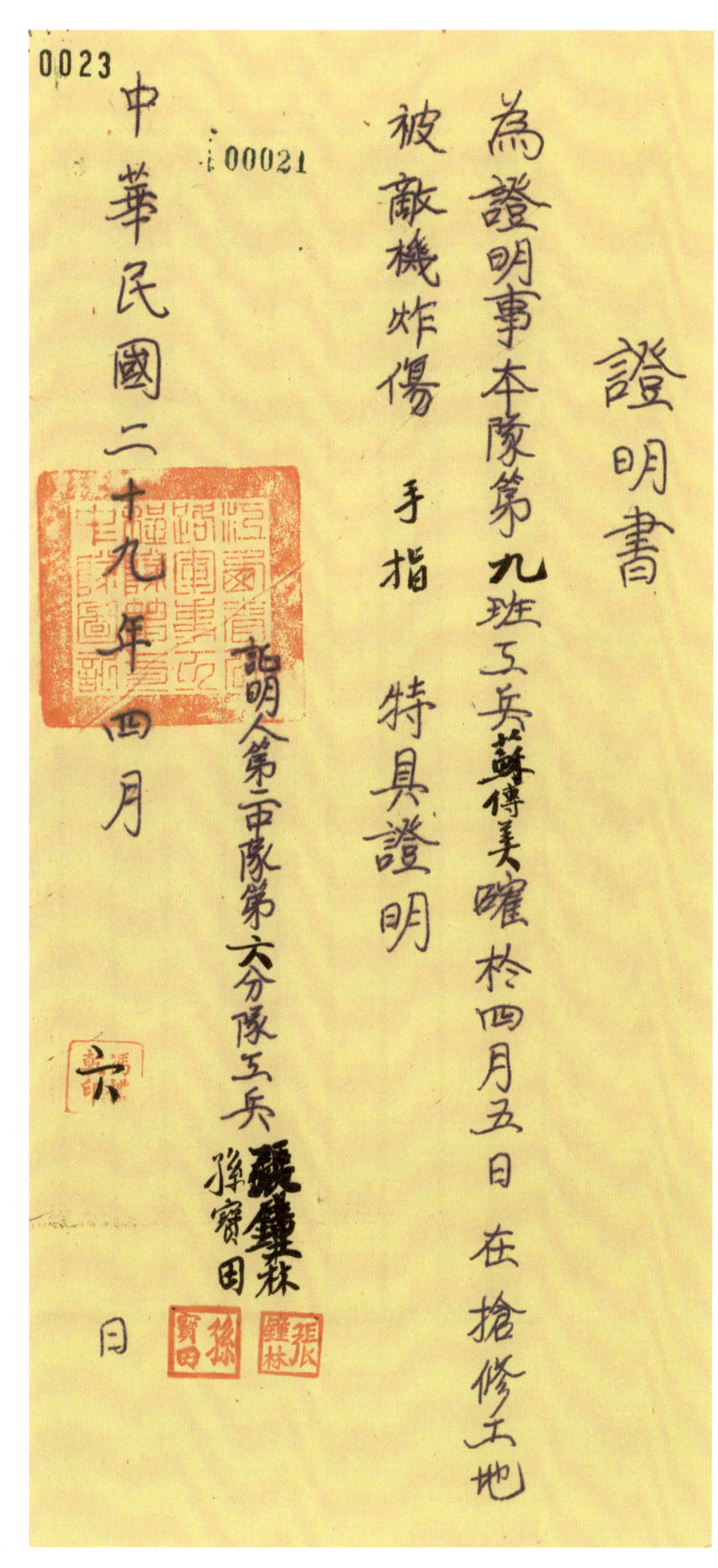

0023

00021

證明書

為證明事本隊第九班工兵蘇傳美曜於四月五日在搶修工地

被敵機炸傷　手指　特具證明

證明人第二中隊第六分隊工兵張鍾林

孫寶田

中華民國二十九年四月　六日

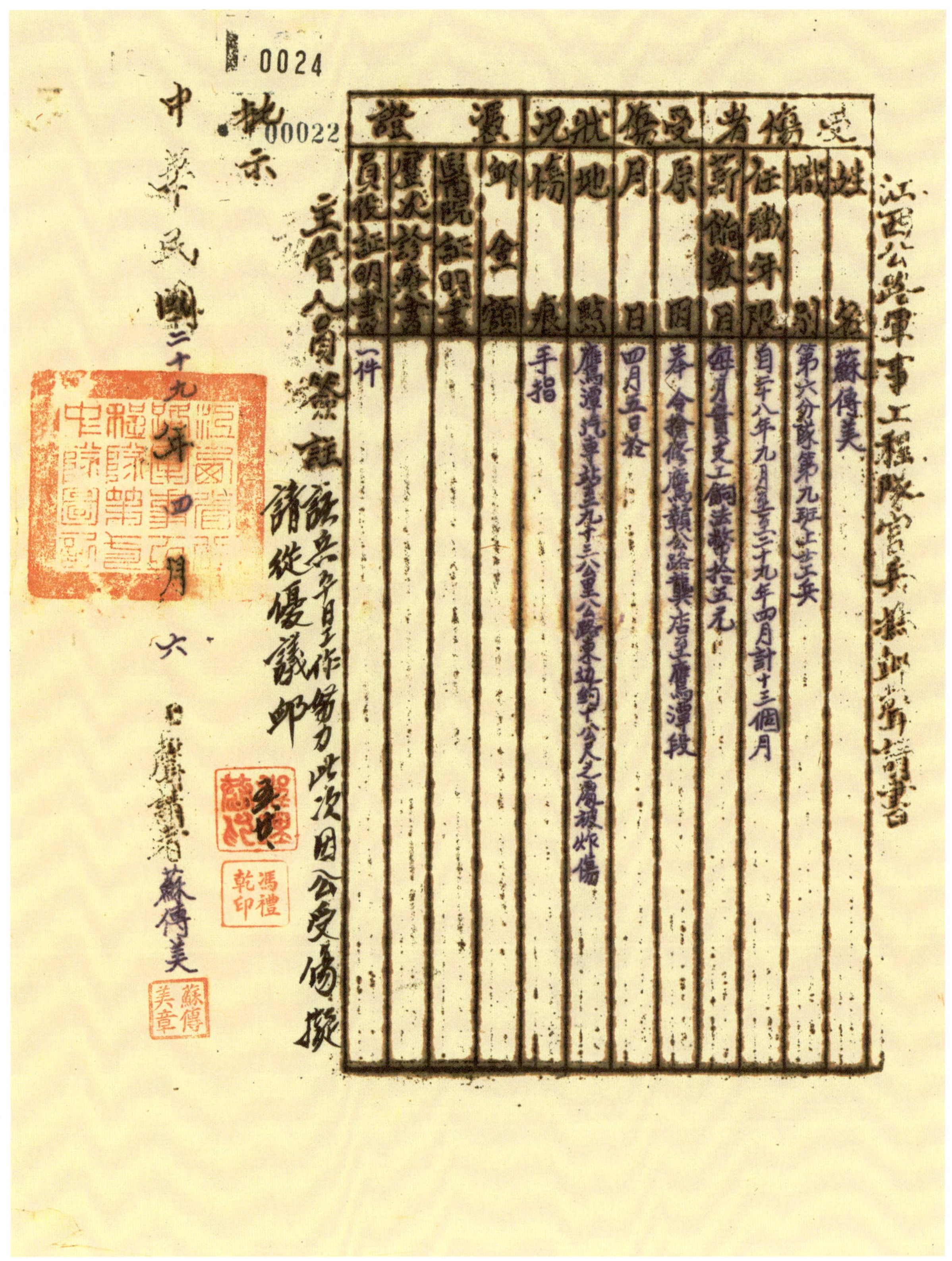

0024

00022

江西公路軍事工程隊官兵撫卹申請書

受傷者	姓名	蘇傳美
	職別	第六分隊第九班上等工兵
	任職年限	自二十八年九月至二十九年四月計十三個月
	薪餉數目	每月實支工餉法幣拾五元
受傷狀況	原因	奉令搶修鷹贛公路龔集店至鷹潭段
	月日	四月五日於
	地點	鷹潭汽車站至九十三公里公路東邊約十公尺之處被炸傷
	傷痕	手指
證	郵金額	
	醫院證明書	
	遺囑及繼承書	
	員役證明書	一件

主管人員簽註　該兵平日工作努力，此次因公受傷，擬請從優議卹。

批示

中華民國二十九年四月六日　具請者　蘇傳美

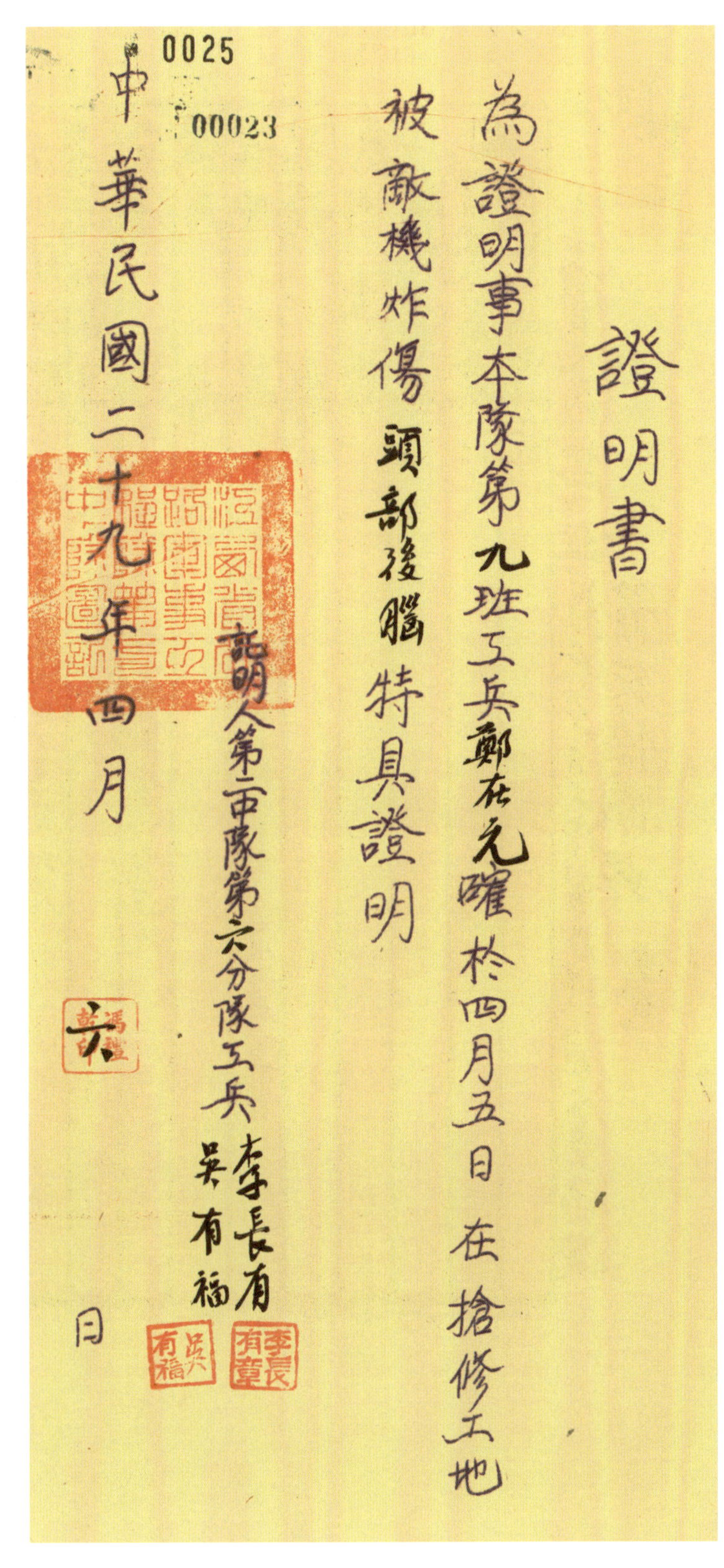

0025

00023

證明書

為證明事本隊第九班工兵鄭在元曜於四月五日在搶修工地

被敵機炸傷頭部後腦特具證明

證明人第二中隊第六分隊工兵 李長有 吳有福

中華民國二十九年四月　日

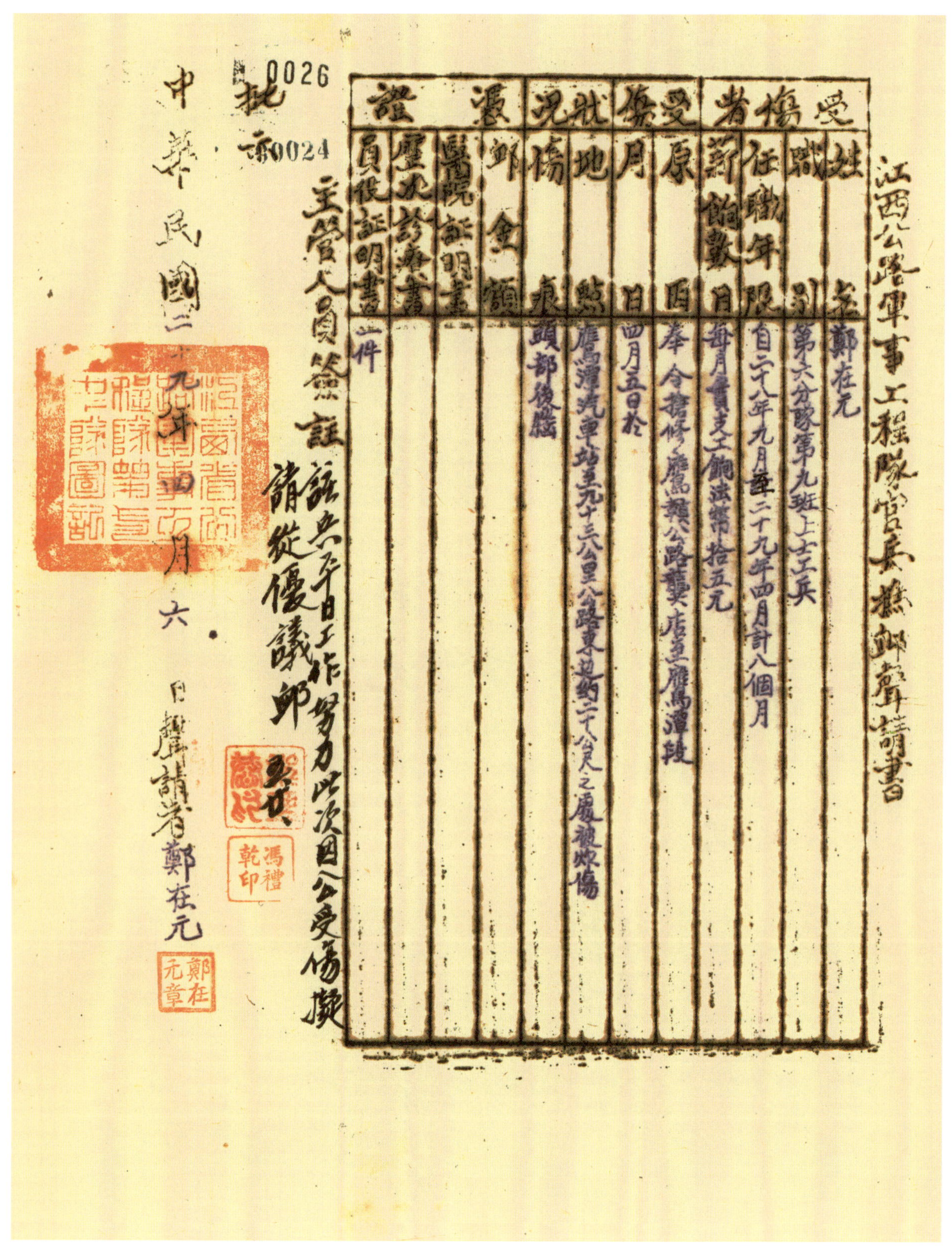

江西公路軍事工程隊官長撫卹申請書

受傷者				受傷狀況				憑證			
姓名	職別	任職年限	薪餉數目	原因	月日	地點	傷痕	卹金額	醫院證明書	屢次診療書	員役證明書
鄭在元	第六分隊第九班上士工兵	自二十八年九月至二十九年四月計八個月	每月實支工餉法幣拾五元	奉令搶修雁鳥灘公路龔實店至雁鳥灘段	四月五日於	雁鳥灘汽車站至九十三公里八公路東邊約二十公尺之處被炸傷	頭部後腦				一件

主管人員簽註：該兵平日工作努力，此次因公受傷，擬請從優議卹。

馮禮乾印

批示 0026 0024

中華民國二十九年四月六日

具請者 鄭在元

鄭在元章

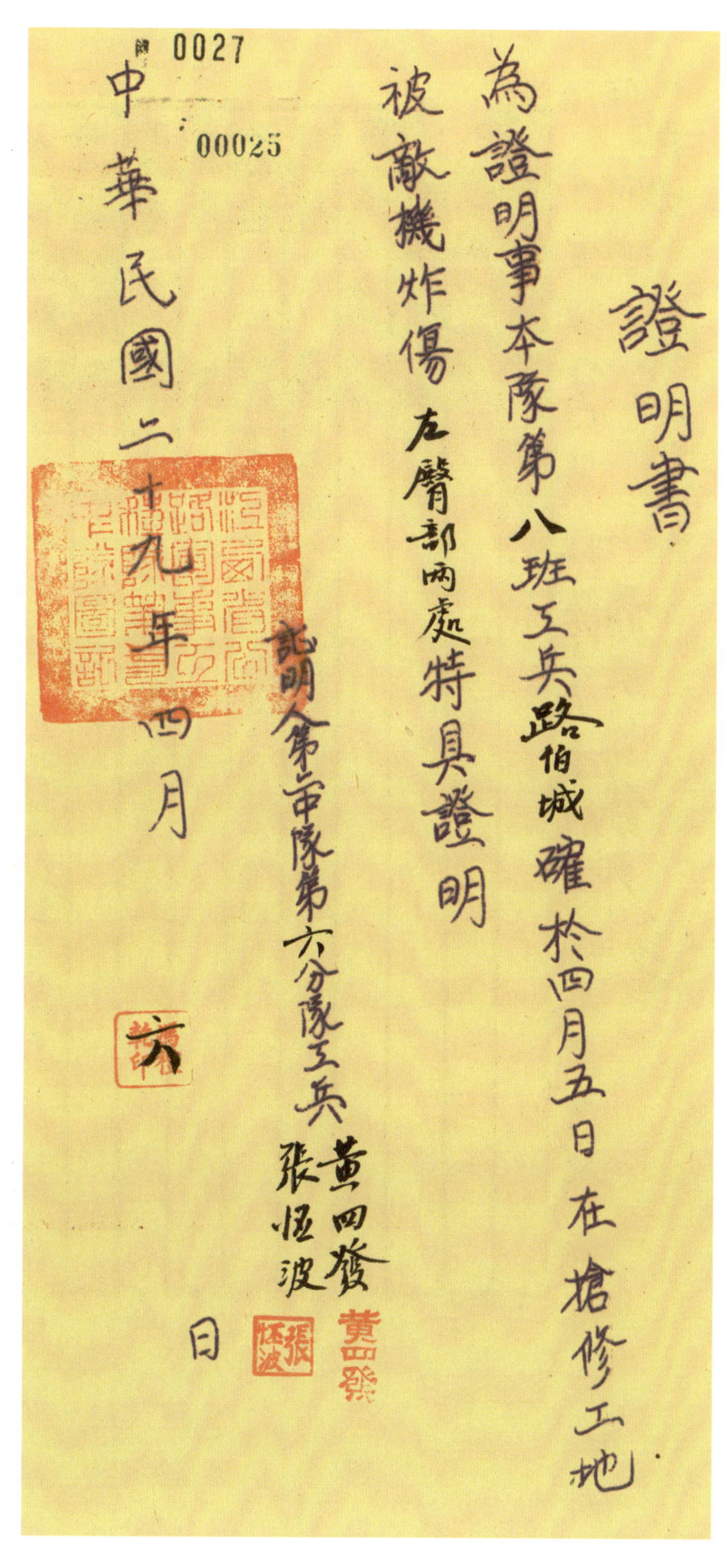

0027

00025

證明書

為證明事本隊第八班工兵路伯城確於四月五日在搶修工地被敵機炸傷左臂部兩處特具證明

證明人第六中隊第六分隊工兵 黃四發 張恆波

中華民國二十九年四月六日

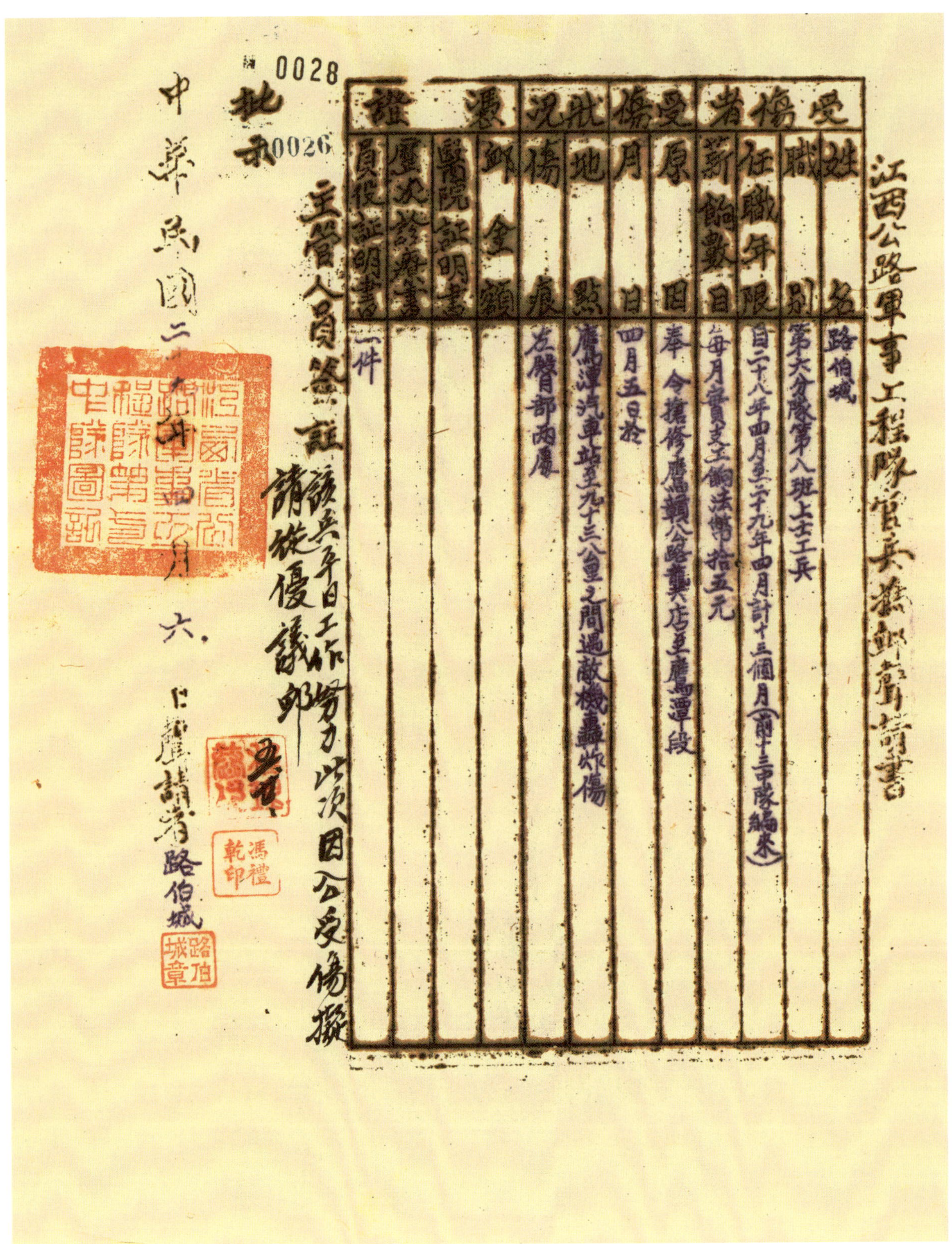

0028

批示 0026

江西公路軍事工程隊官兵撫卹聲請書

受傷者				受傷狀況				憑證			
姓名	職別	任職年限	薪餉數目	原因	月日	地點	傷痕	卹金額	醫院證明書	屢次診療書	員役證明書
路伯城	第六分隊第八班上士工兵	自二十八年四月至二十九年四月計十三個月（前十三中隊編來）	每月實支工餉法幣拾五元	奉令搶修鷹贛公路龔大店至鷹潭段	四月五日於	鷹潭汽車站至九十三公里之間遇敵機轟炸傷	左臂骨部兩處				一件

主管人員簽證

該兵平日工作努力，此次因公受傷，擬請從優議卹

馮禮乾印

聲請者 路伯城

路伯城章

中華民國二十九年五月六日

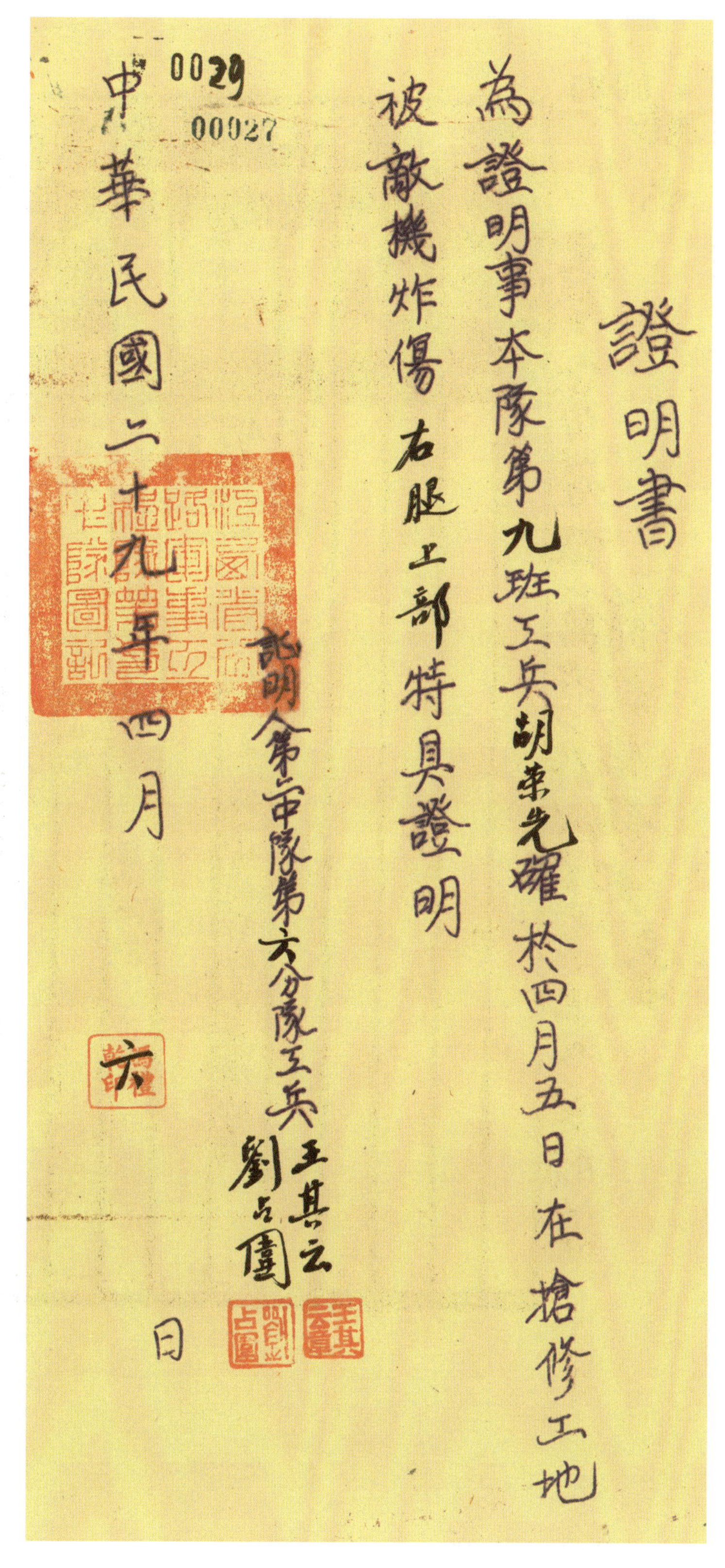

0029

00027

證明書

為證明事本隊第九班工兵胡秉先確於四月五日在搶修工地被敵機炸傷右腿上部特具證明

證明人第六中隊第六分隊工兵 王其云 劉占園

中華民國二十九年四月 日

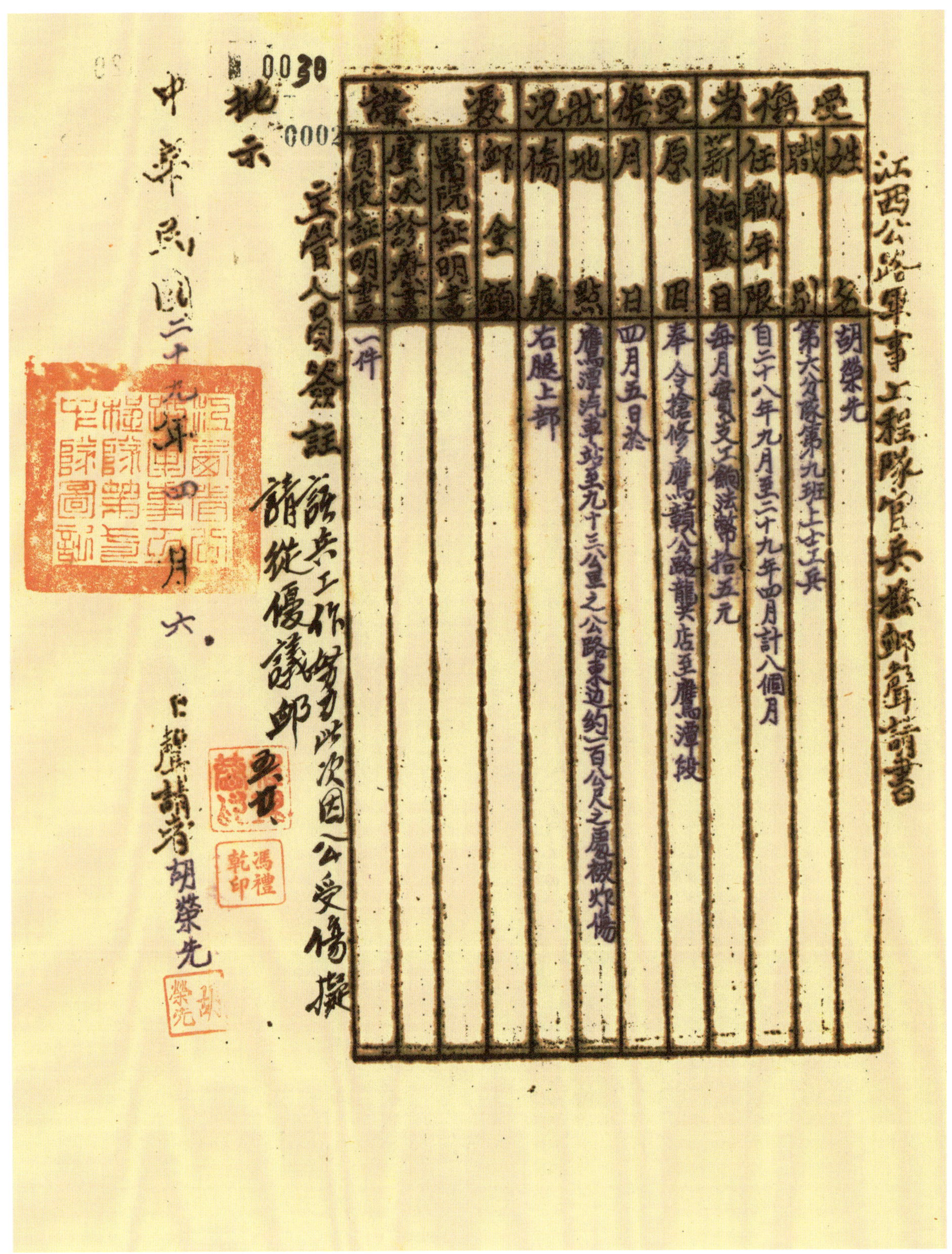

0030

0002

江西公路軍事工程隊官兵撫卹聲請書

受撫者	姓名	胡榮先
	職別	第六分隊第九班上士工兵
	任職年限	自二十八年九月至二十九年四月計八個月
	薪餉數目	每月每員支工餉法幣拾五元
受傷狀況	原因	奉令搶修鷹贛公路龍頭店至鷹潭段
	月日	四月五日於
	地點	鷹潭汽車站至九十三公里之公路東邊約一百公尺之處被炸傷
	傷痕	右腿上部
憑證	卹金額	
	醫院證明書	
	屢次診療書	
	員役證明書	一件

主管人員簽註：該兵工作努力，此次因公受傷，擬請從優議卹。馮禮乾印

批示

中華民國二十九年四月六日

聲請者　胡榮先（胡榮先印）

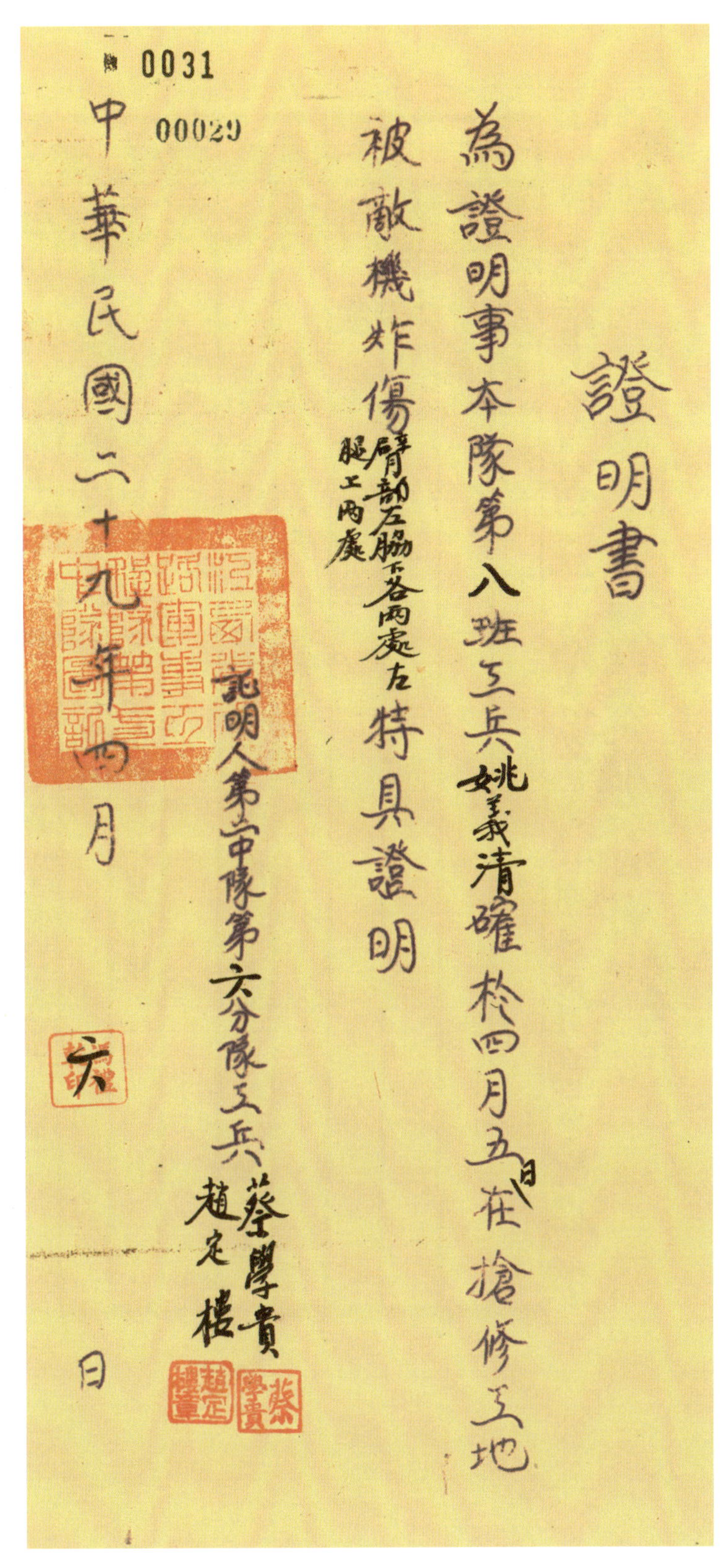

0031

00029

證明書

為證明事本隊第八班工兵姚義清確於四月五日在搶修工地被敵機炸傷臂部左脇下各兩處左腿上兩處特具證明

證明人第十一中隊第六分隊工兵蔡學貴
趙定樓

中華民國二十九年四月　日

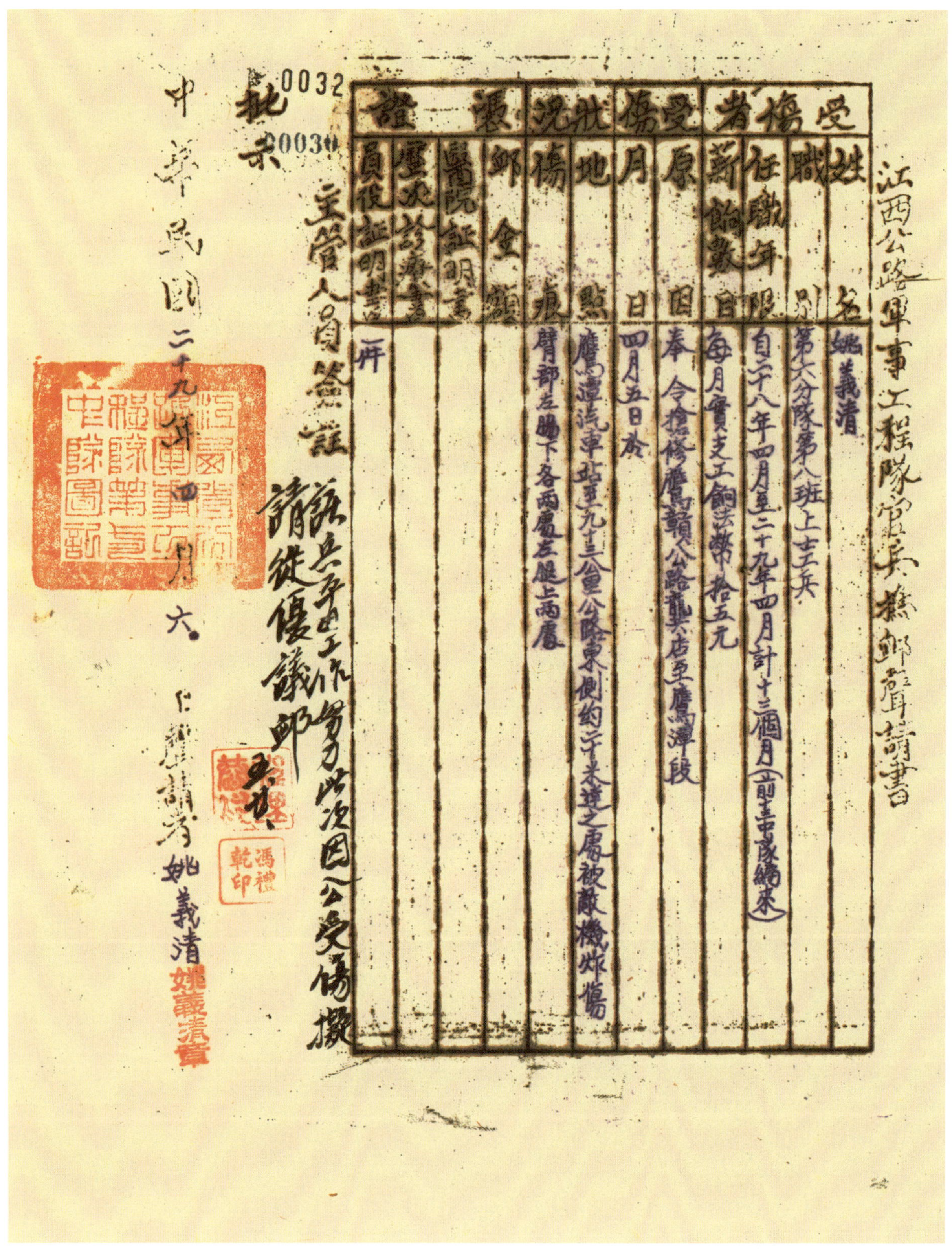

江西公路軍事工程隊官兵撫卹請書

受傷者	
姓名	姚義清
職別	第六分隊第八班上士工兵
任職年限	自二十八年四月至二十九年四月計十三個月（前由十中隊編來）
薪餉數目	每月實支工餉法幣拾五元
受傷狀況	
原因	奉令搶修鷹贛公路龍興店至鷹潭段
月日	四月五日於
地點	鷹潭汽車站至九十三公里公路東側約三千米達之處被敵機炸傷
傷痕	臂部左脇下各兩處左腿上兩處
憑證	
卹金額	
醫院證明書	
歷次診療書	
員役證明書	一冊

0032

主管人員簽註 該兵平日工作努力此次因公受傷擬請從優議卹 吴杖 馮禮乾印

批示 00030

中華民國二十九年四月六日

具請者 姚義清 姚義清章

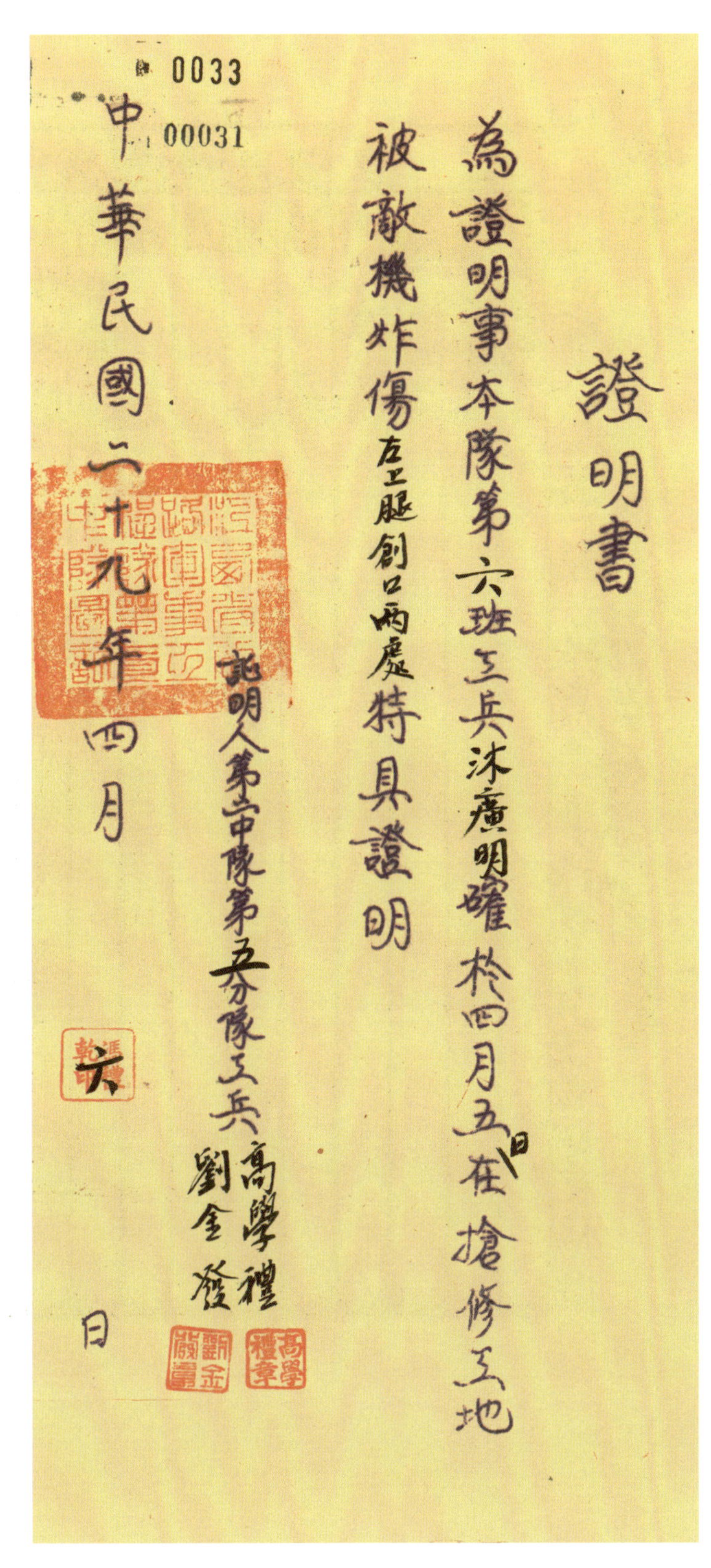

0033

00031

證明書

為證明事本隊第六班工兵沐廣明確於四月五日在搶修工地

被敵機炸傷左上腿創口兩處特具證明

証明人第六中隊第五分隊工兵高學禮

劉金發

中華民國二十九年四月　日

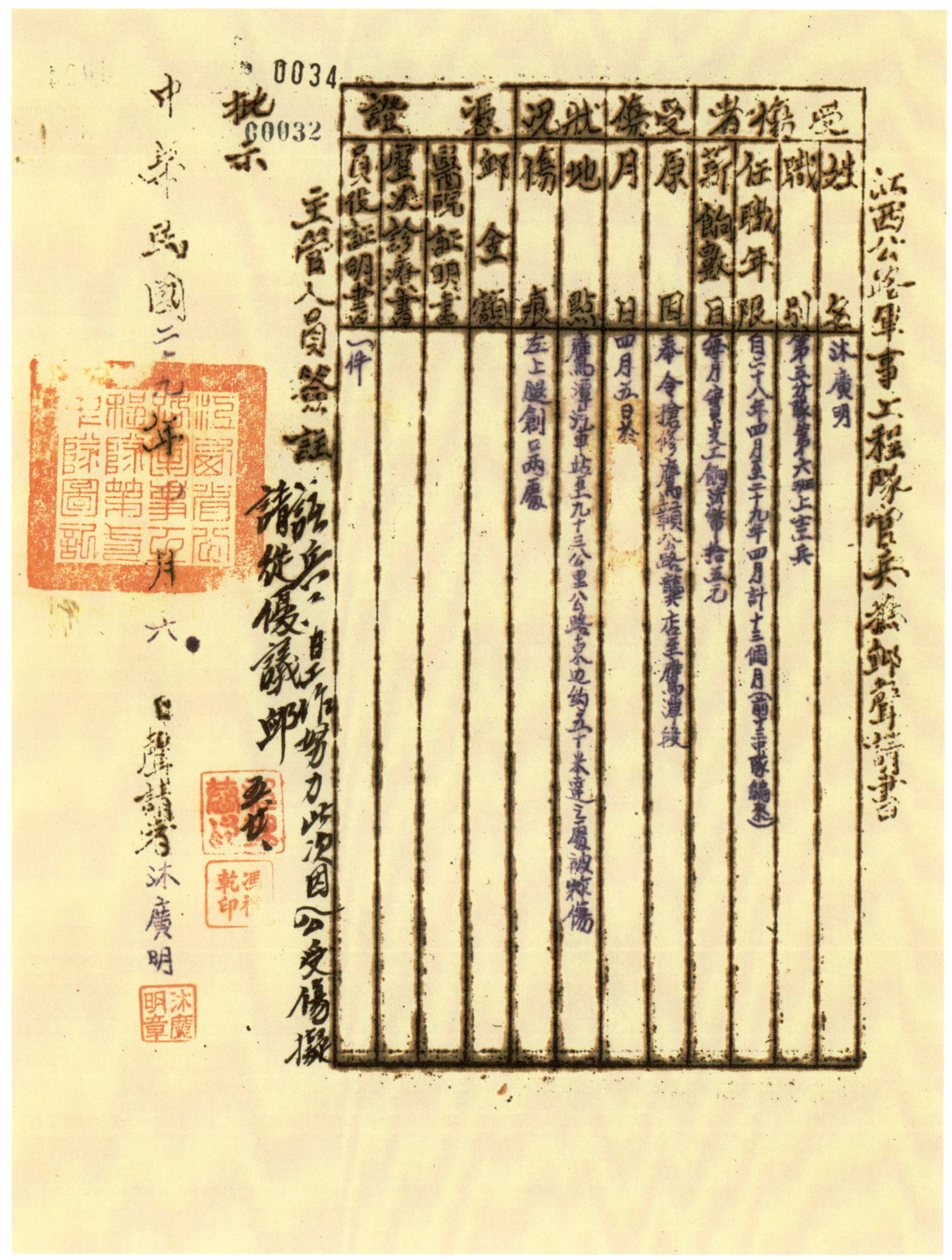
0034
00032

江西公路軍事工程隊官兵卹郵覈請書

受卹者				受傷狀況				卹金額	憑證		
姓名	職別	任職年限	薪餉數目	原因	月日	地點	傷痕	卹金額	醫院證明書	置診療書	員役證明書
沐廣明	第五分隊第十六班上等工兵	自二十八年四月至二十九年四月計十三個月（前十五隊編來）	每月實支工餉法幣拾五元	奉令搶修鷹潭公路贛東店至鷹潭段	四月五日[illegible]	鷹潭至沆東站至九十三公里公路東北邊約五十米達之處被炸傷	左上腿創口兩處				一件

主管人員簽註

該兵在工作甚努力此次因公受傷擬請從優議卹。五班

批示

中華民國二十九年五月六日

具請者 沐廣明

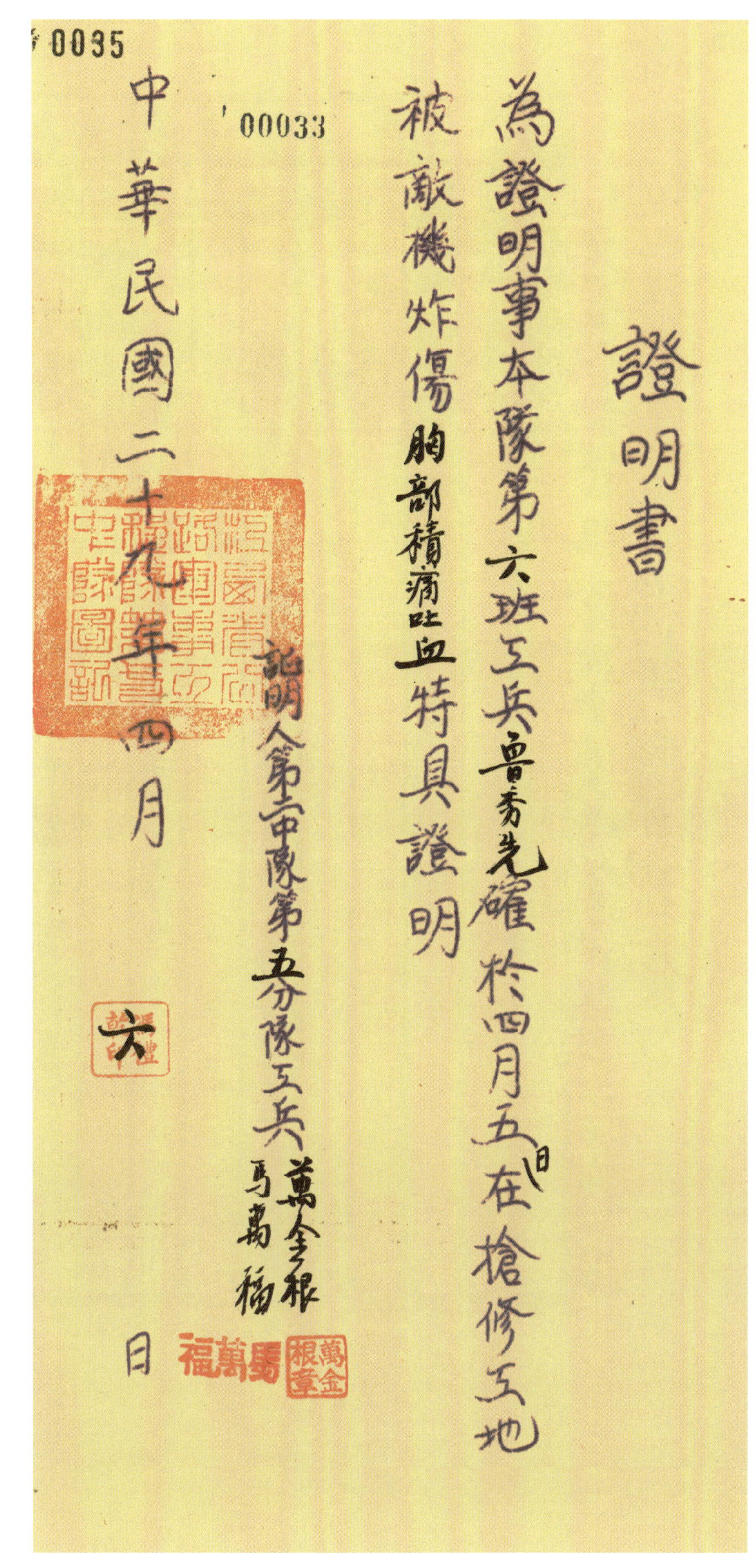
0035

00033

證明書

為證明事本隊第六班工兵曾秀光確於四月五日在搶修工地被敵機炸傷胸部積痛吐血特具證明

證明人第六中隊第五分隊工兵萬金根
馬萬福

萬金根章　馬萬福

中華民國二十九年四月　日

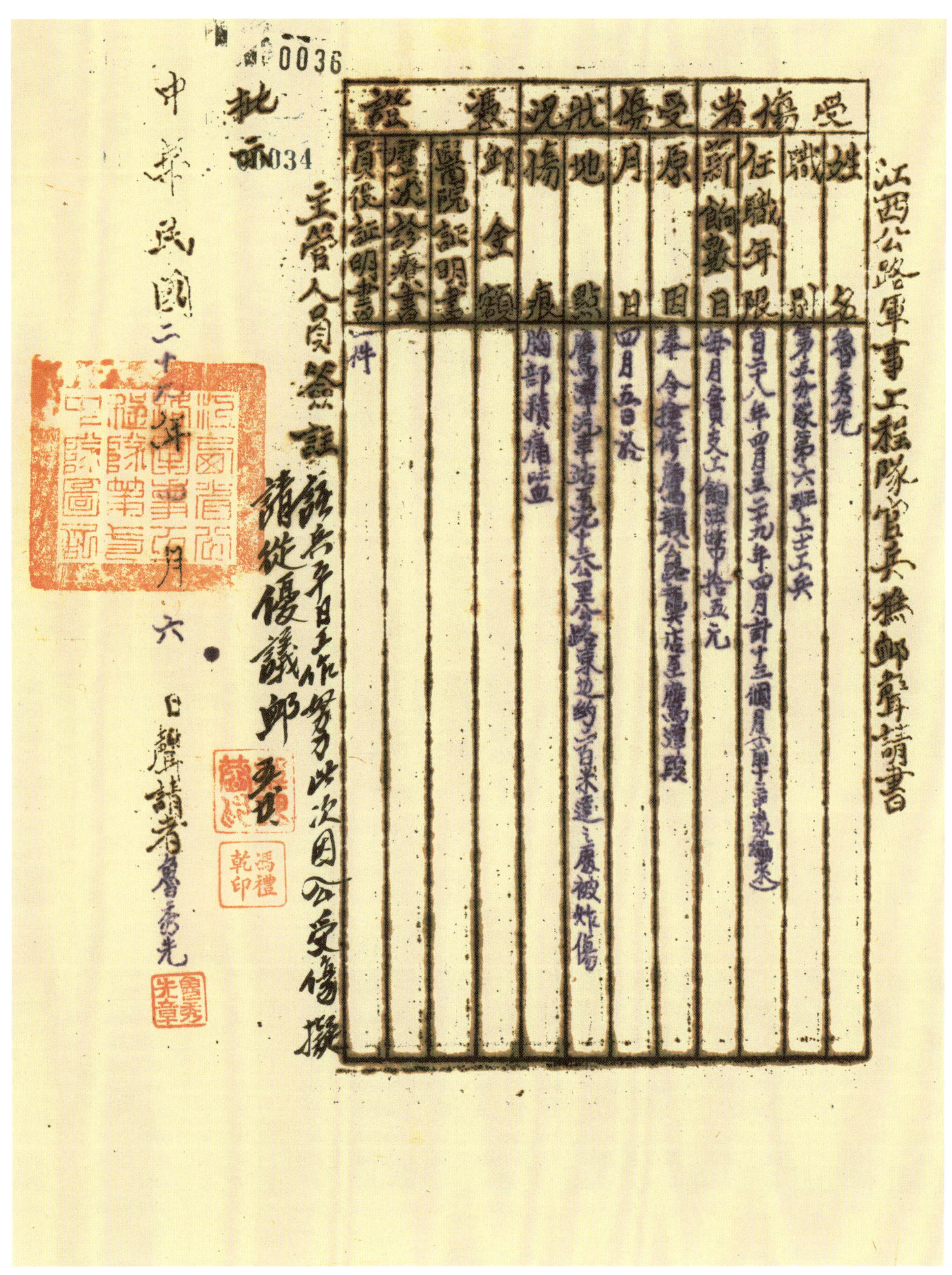

0036

批示

0034

江西公路軍事工程隊官兵撫卹費請書

受傷者	
姓名	魯秀先
職別	第五分隊第六班上士工兵
任職年限	自二十八年四月至二十九年四月計十三個月（[illegible]）
薪餉數目	每月實支工餉法幣拾五元
受傷狀況	
原因	奉令搶修鷹贛公路[illegible]至鷹潭段
月日	四月五日於
地點	鷹潭車站至九十六公里公路東邊約二百米遠之處被炸傷
傷痕	胸部積痛甚
卹金額	
憑證	
醫院證明書	
傷狀診療書	
員役證明書	一件

主管人員簽註　該兵平日工作努力此次因公受傷擬請從優議卹　吳[illegible]

馮禮乾印

中華民國二十九年五月六日　聲請者魯秀先

魯秀先章

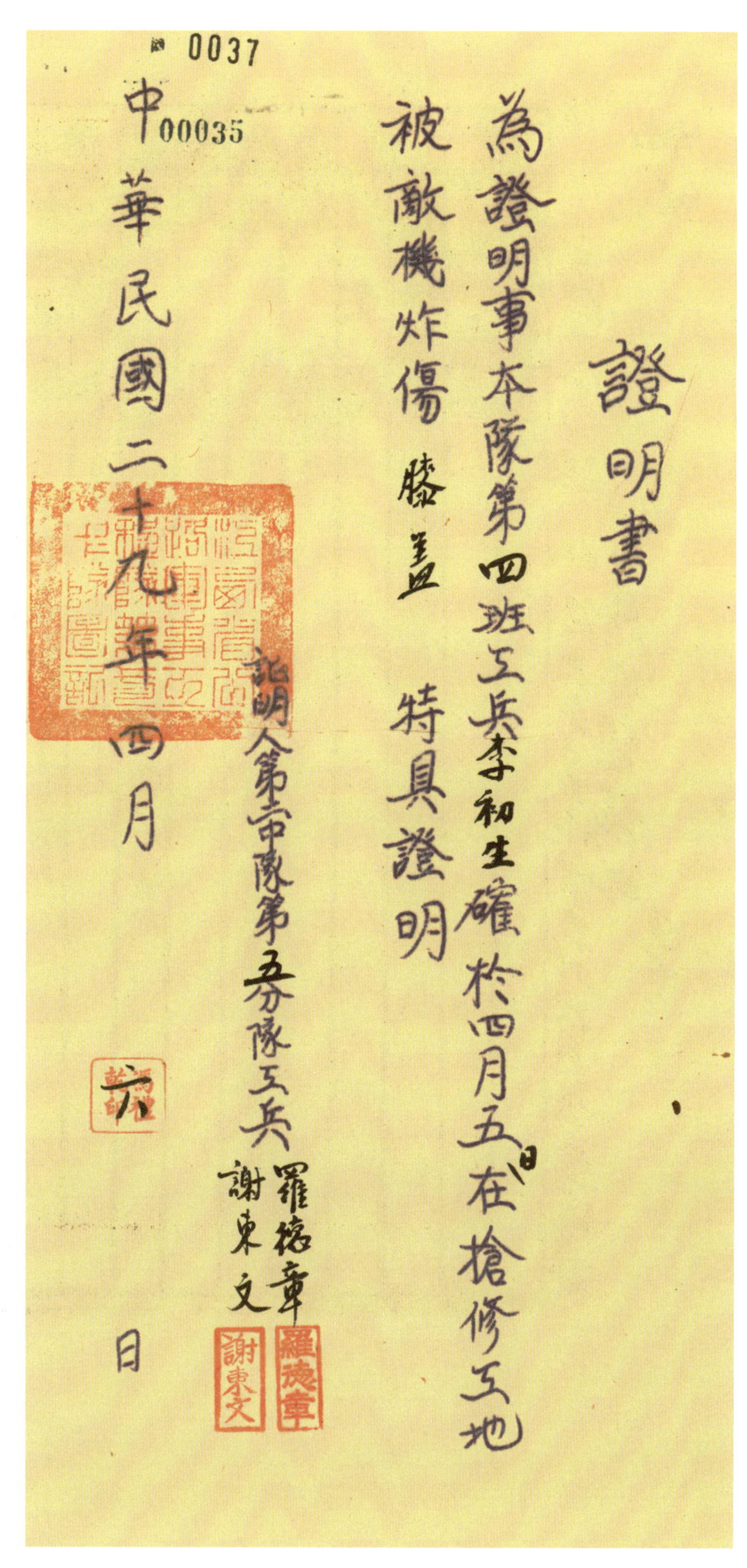

0037

00035

證明書

為證明事本隊第四班工兵李和生確於四月五日在搶修工地被敵機炸傷膝蓋特具證明

證明人第六中隊第五分隊工兵 羅德章 謝東文

羅德章

謝東文

中華民國二十九年四月六日

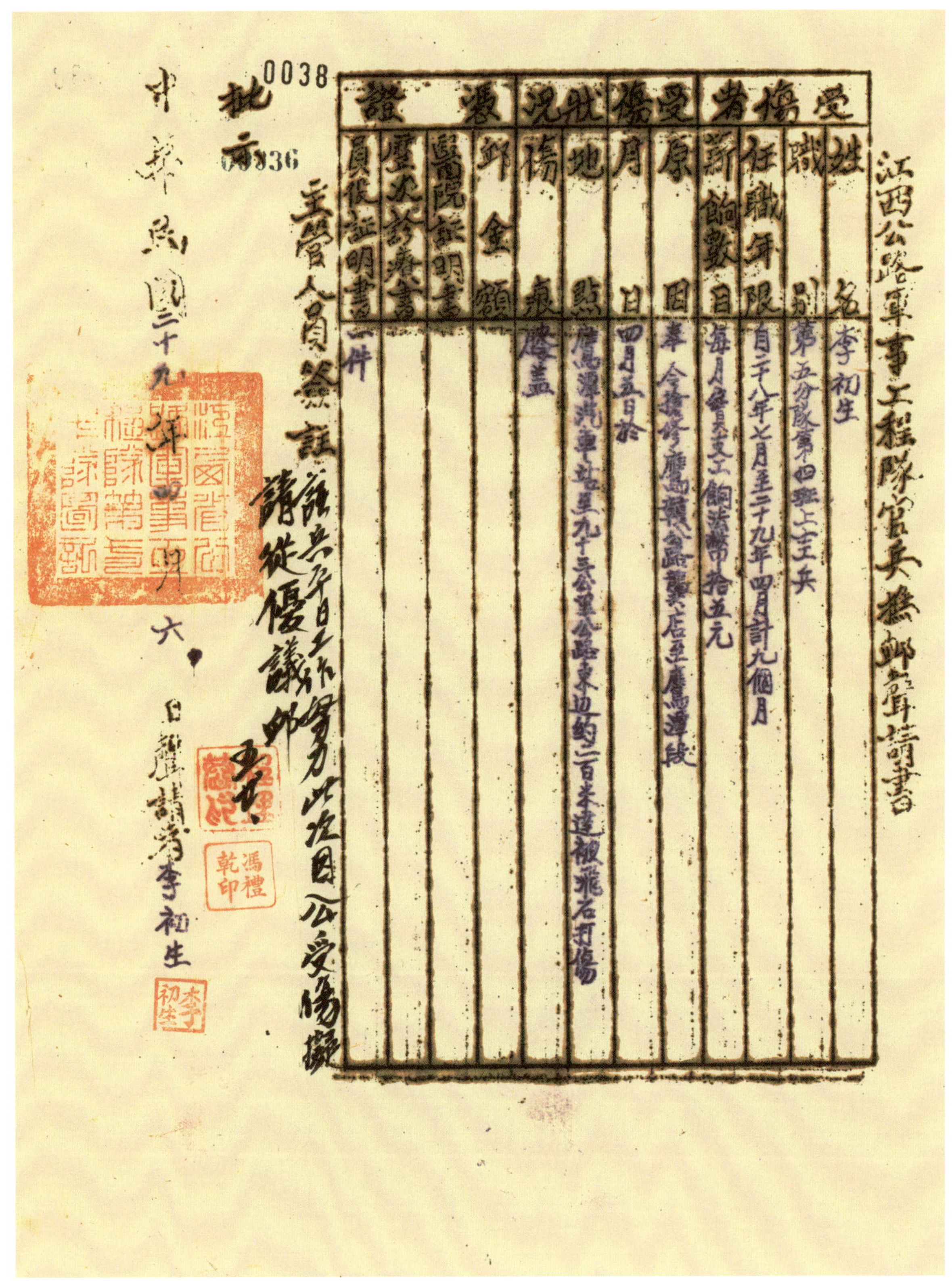

0038

江西公路軍事工程隊官兵撫卹申請書

受傷者	
姓名	李初生
職別	第五分隊第四班上等兵
任職年限	自二十八年七月至二十九年四月計九個月
薪餉數目	每月發支工餉法幣拾五元

受傷狀況	
原因	奉令搶修鷹貴公路[illegible]店至鷹潭段
月日	四月五日於
地點	鷹潭汽車站至九十五公里公路東邊約二百米遠被飛石打傷
傷況	膝蓋
卹金額	

證憑	
醫院證明書	
屢次診療書	
員役證明書	壹件

主管人員簽註

該兵平日工作努力，此次因公受傷，擬請從優議卹。王英

馮禮乾印

批示

0036

中華民國二十九年五月六日

具請者 李初生

李初生

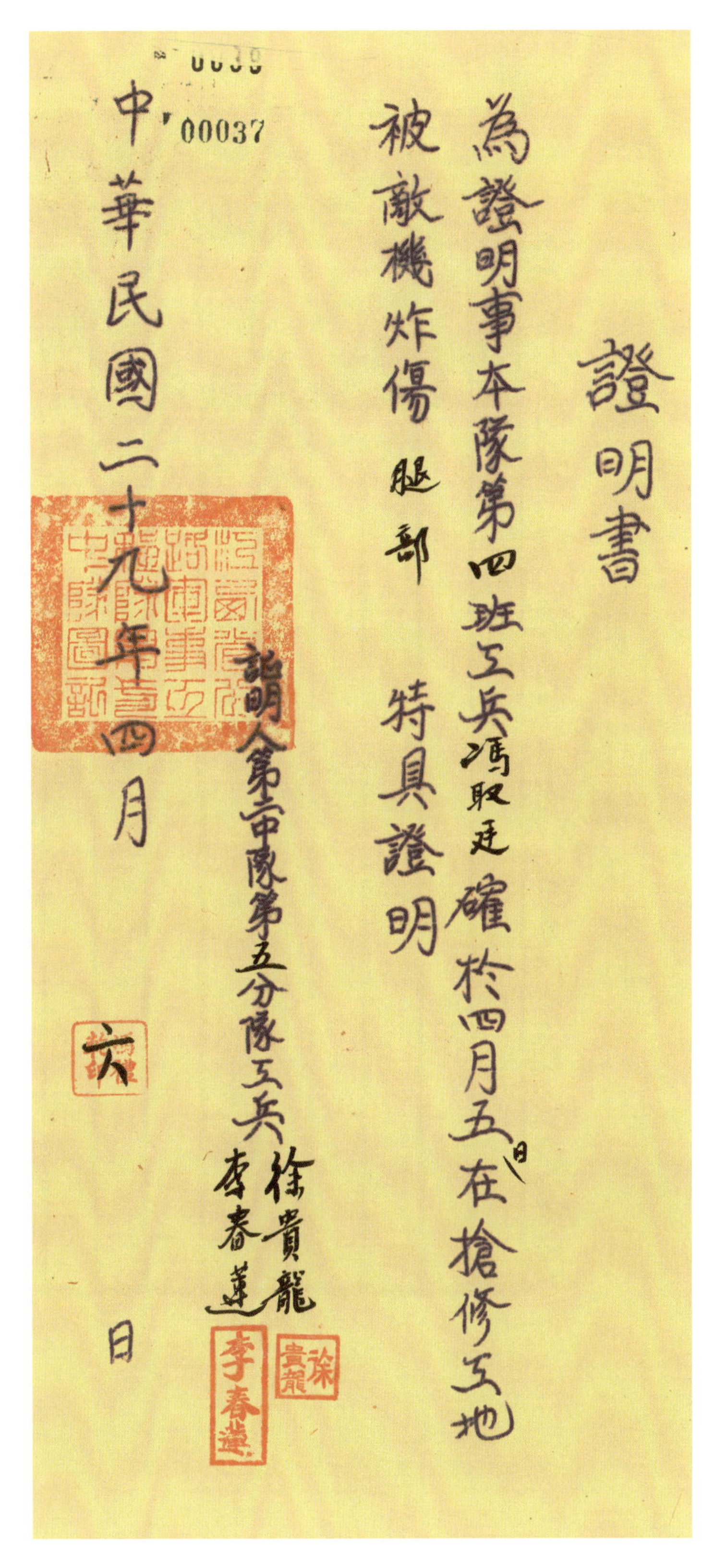

00037

證明書

為證明事本隊第四班工兵馮取廷確於四月五日在搶修工地被敵機炸傷腿部 特具證明

證明人第三中隊第五分隊工兵 徐貴龍 李春蓮

中華民國二十九年四月 日

六

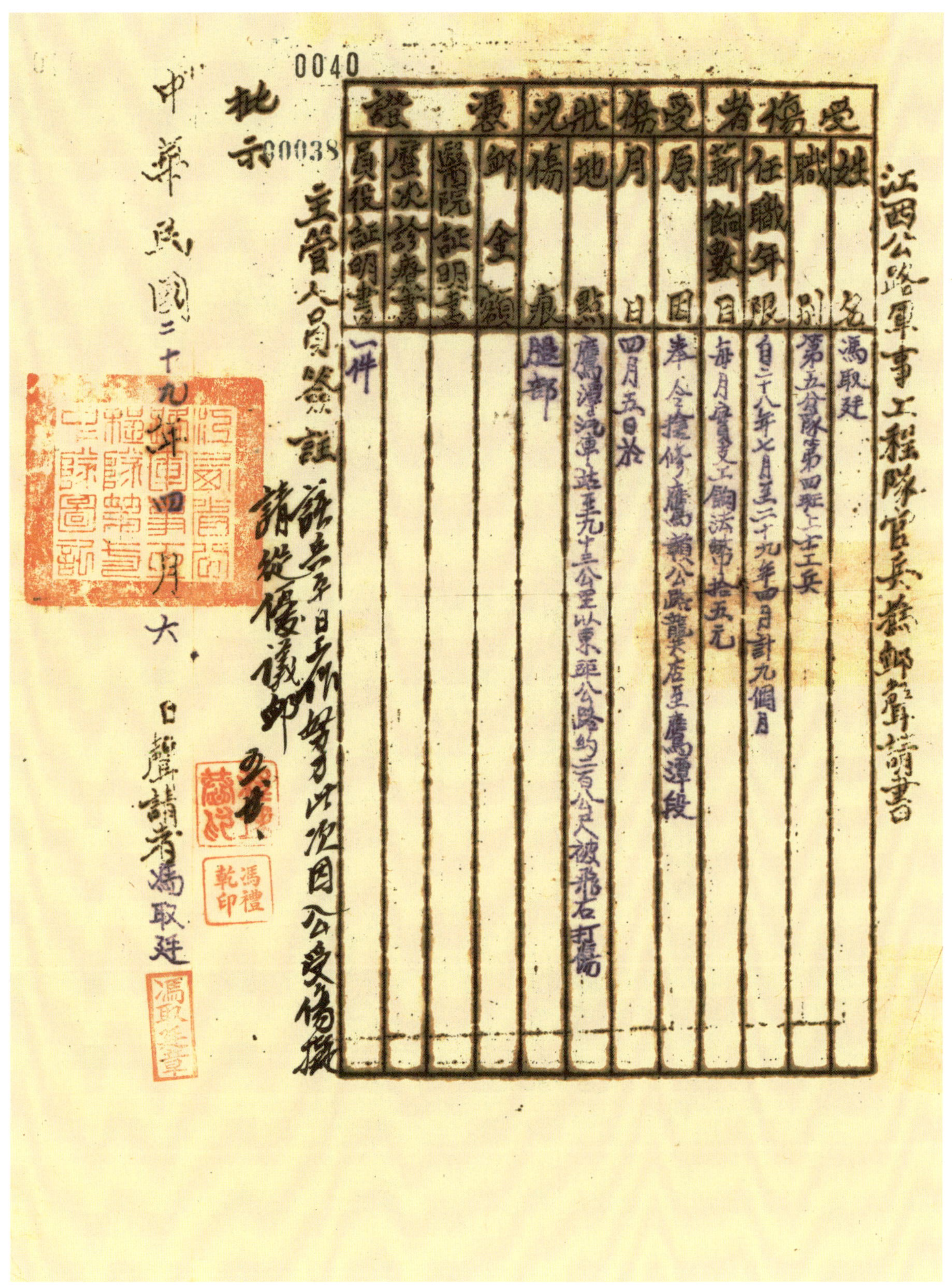

0040

江西公路軍事工程隊官兵撫卹聲請書

受傷者	姓名	馮取廷
	職別	第五分隊第四班上士工兵
	任職年限	自二十八年七月至二十九年四月計九個月
	薪餉數目	每月實支工餉法幣拾五元
受傷	原因	奉令搶修鷹潭賴公廟龍虎店至鷹潭段
	月日	四月五日於
狀況	地點	鷹潭汽車站至九十三公里以東距公路約二百公尺被飛石打傷
	傷痕	腿部
憑證	卹金額	
	醫院證明書	
	歷次診療書	
	員役證明書	一件

主管人員簽註 該兵平日工作努力此次因公受傷擬請從優議卹

批示

00038

中華民國二十九年四月六日

聲請者 馮取廷

馮禮乾印

馮取廷章

江西省政府致省公路处的指令（一九四〇年七月二十三日）

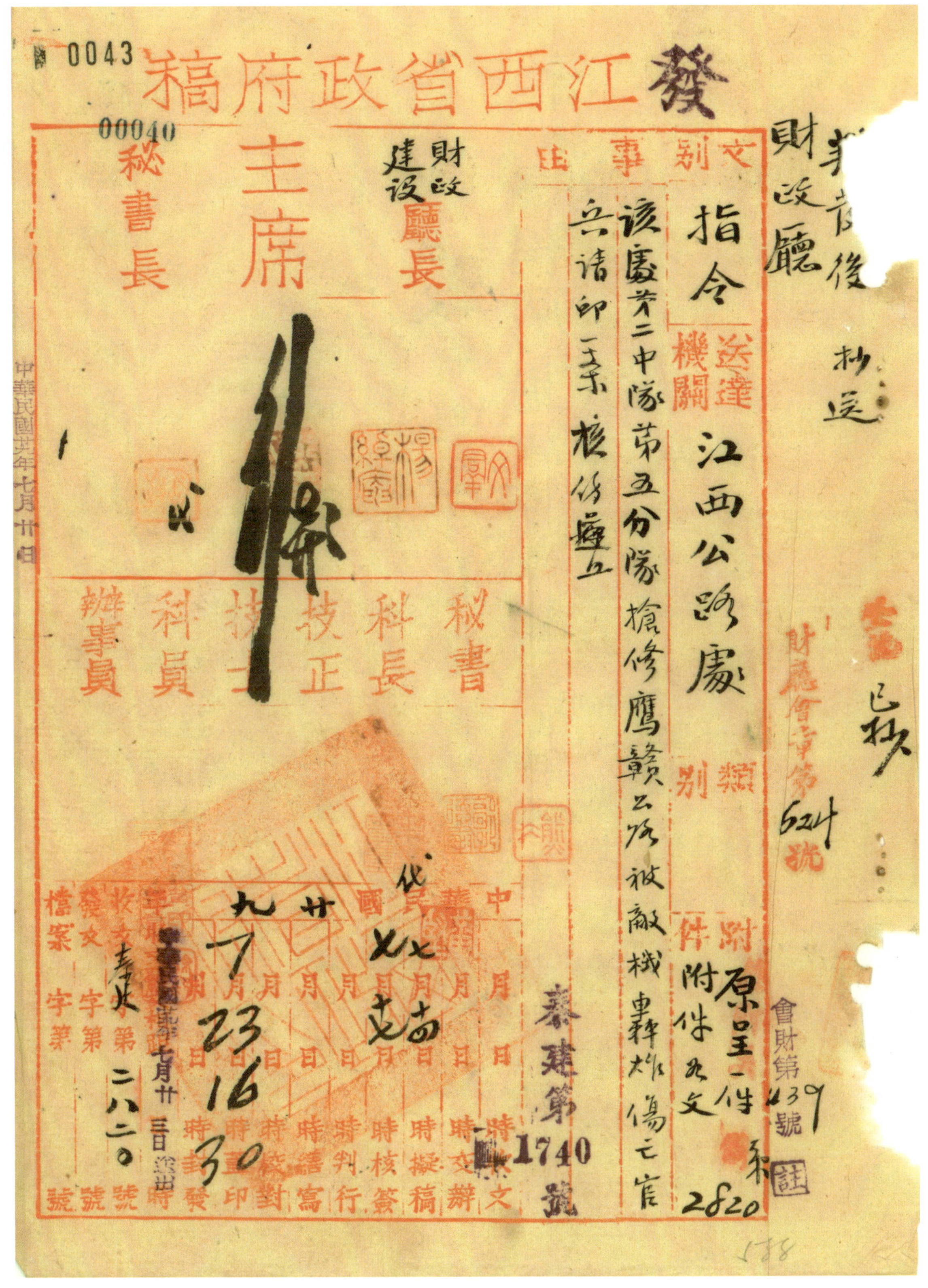

0043

江西省政府稿 發

00040

文別：指令

事由：該處第二中隊第五分隊搶修鷹贛公路被敵機轟炸傷亡官兵請卹一案核係照准

送達機關：江西公路處

類別

附件：附原呈一件 附件九文

秘書長

主席

財政 建設 廳長

秘書 科長 技正 技士 科員 辦事員

財建第1740號

中華民國 年 月 日

收文 字第 號

發文 字第 號

檔案 字第 號

財政廳

秘書後 抄送

財廳會字第624號

會財第4397號

註

中華民國廿九年七月廿三日發出

0044

江西省政府指令　泰財建二字第　號

令江西公路處

二十九年六月十五日總人字第三一九號呈一件：爲據報軍工第二中隊第五分隊搶修鷹贛公路被敵機轟炸傷亡官兵十七名，檢同撫卹聲請書請核給卹金由

呈件均悉。該處軍工第二中隊第五分隊搶修鷹贛公路被敵機轟炸傷亡官兵十七名，應依照該處員工撫卹規程給卹，仰即分别擬呈核。至死亡士兵，應每名埋葬費各給國幣四十元，此款准在二十九年度預算所列軍警撫卹

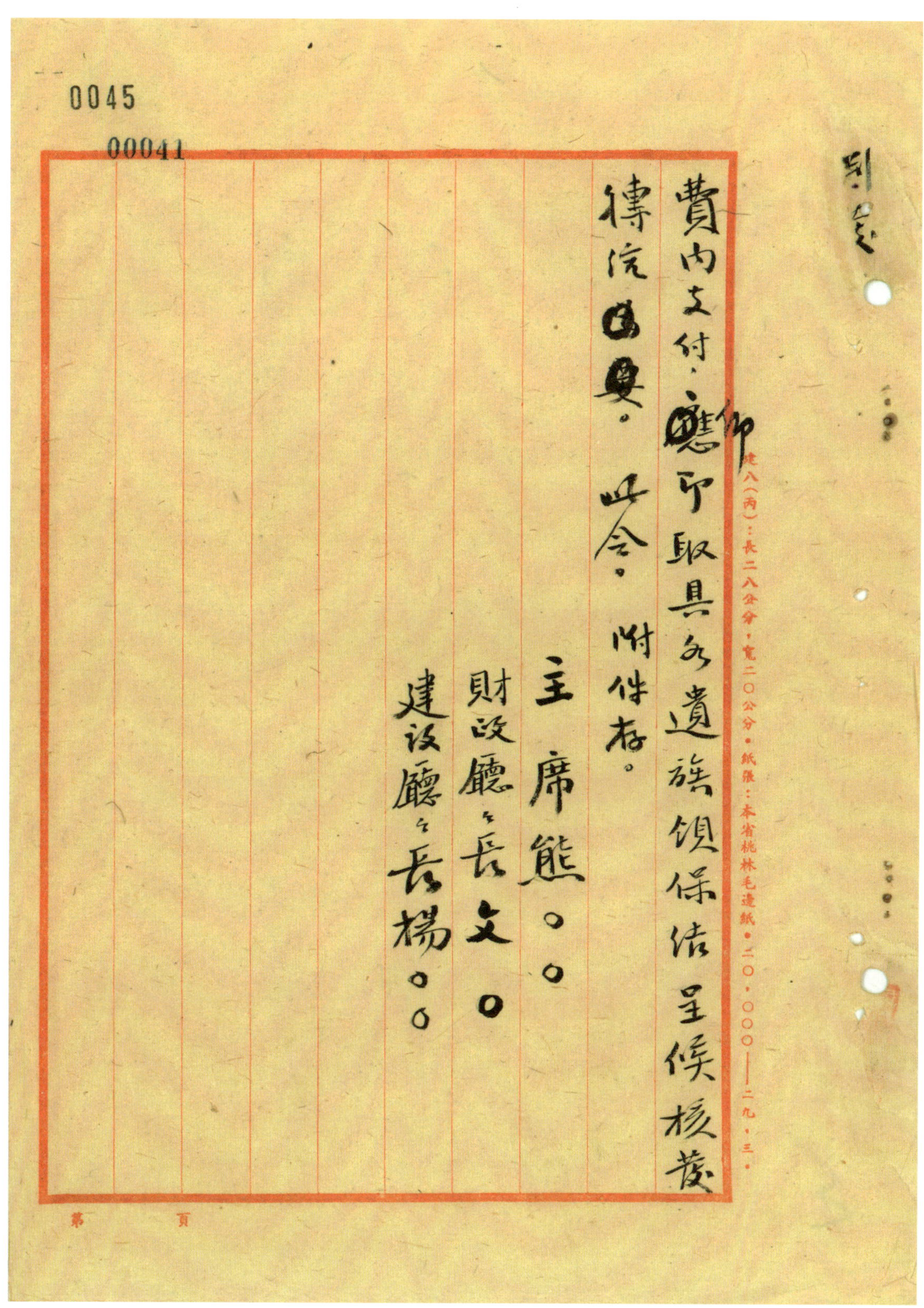
0045
00041

費內支付，仰即取具各遺族領保結呈候核發
轉院函要。此令。附件存。

主席熊〇〇
財政廳廳長文〇
建設廳廳長楊〇〇

建八（丙）：長二八公分，寬二〇公分。紙張：本省桃林毛邊紙。二〇，〇〇〇——二九．三。

第　　頁

江西省政府和宜丰县政府关于修筑及破坏公路伤亡民工领恤姓名表的来往文书（一九四〇年十月至十二月）

宜丰县政府致江西省政府的呈（一九四〇年十月）

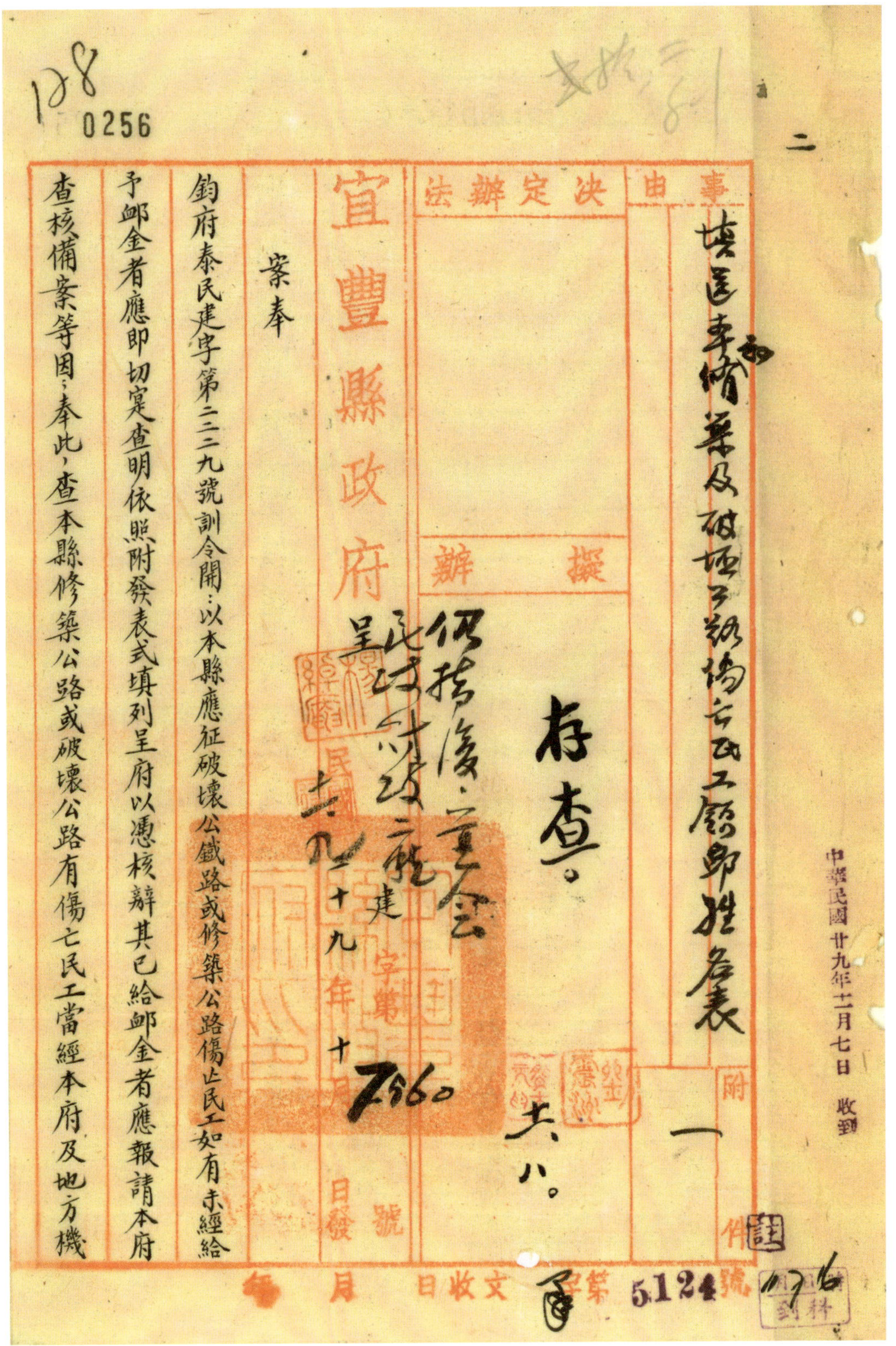

0256

事由：填送本縣修築及破壞公路傷亡民工領卹姓名表

擬辦

決定辦法：存查。

宜豐縣政府呈 民建字第 號 中華民國廿九年十月 日發

案奉

鈞府泰民建字第二三二九號訓令開：以本縣應征破壞公鐵路或修築公路傷亡民工如有未經給予卹金者應即切實查明依照附發表式填列呈府以憑核辦其已給卹金者應報請本府查核備案等因，奉此，查本縣修築公路或破壞公路有傷亡民工當經本府及地方機

附件：一

中華民國廿九年十二月七日收到

收文 第5124號

關派員查明傷亡情况由縣抗敵後援會籌款發給䘏金在案共計一十九名遵即查填列

表送請

察核備案

謹呈

江西省政府主席熊

附呈本縣修築及破壞公路傷亡民工領䘏姓名表一份

宜豐縣縣長張芳蓀

附：宜丰县修筑及破坏公路伤亡民工领恤姓名清册

0258

宜豐縣修築及破壞公路傷亡民工領卹姓名清册

宜豐縣修築及破壞公路傷亡民工領卹姓名清册

姓名	區鄉鎮保甲	領取卹金或藥費	金額	領款年月	備註
劉佑桂		藥費	$61.49	二十七年六月三十日	
劉維拱	三區五保聯三十七保	卹金	$40.0	二十七年十二月一日	
劉細忠	三十九保保甲	仝	$60.0	二十七年七月二十八日	
劉修林	四區十四保	藥費	$20.00	二十七年十二月三十日	
李宋崇	二區二十二保	卹金	$40.00	二十七年九月十九日	
伍許生	二區四十二保	仝	$40.00	仝	
劉朱生	四區一保聯四保	仝	$40.00	二十七年九月十七日	
熊苟	二區三保	仝	$40.00	仝	

0260

傅遠全	一區七十四保	仝	$40.00	二十七年九月二十三日
梅厲生	二區	藥費	$40.00	二十七年十月四日
鄒翰香	一區四十四保	卹金	$40.00	二十七年十月二十九日
漆森林	一區七十一保	仝	$40.00	仝
熊淦光	仝	仝	$40.00	仝
鍾賜田	一區續興鄉五保	仝	$40.00	二十八年七月十四日
陶普昭	一區續興鄉二保	仝	$40.00	仝
張明生	一區漢庫鄉	藥費	$50.00	仝
鄒壽林	四區龍岡鄉六保	仝	$50.00	二十八年七月二十七日
鄒鼎興	四區龍岡鄉	卹金	$40.00	二十八年八月三日

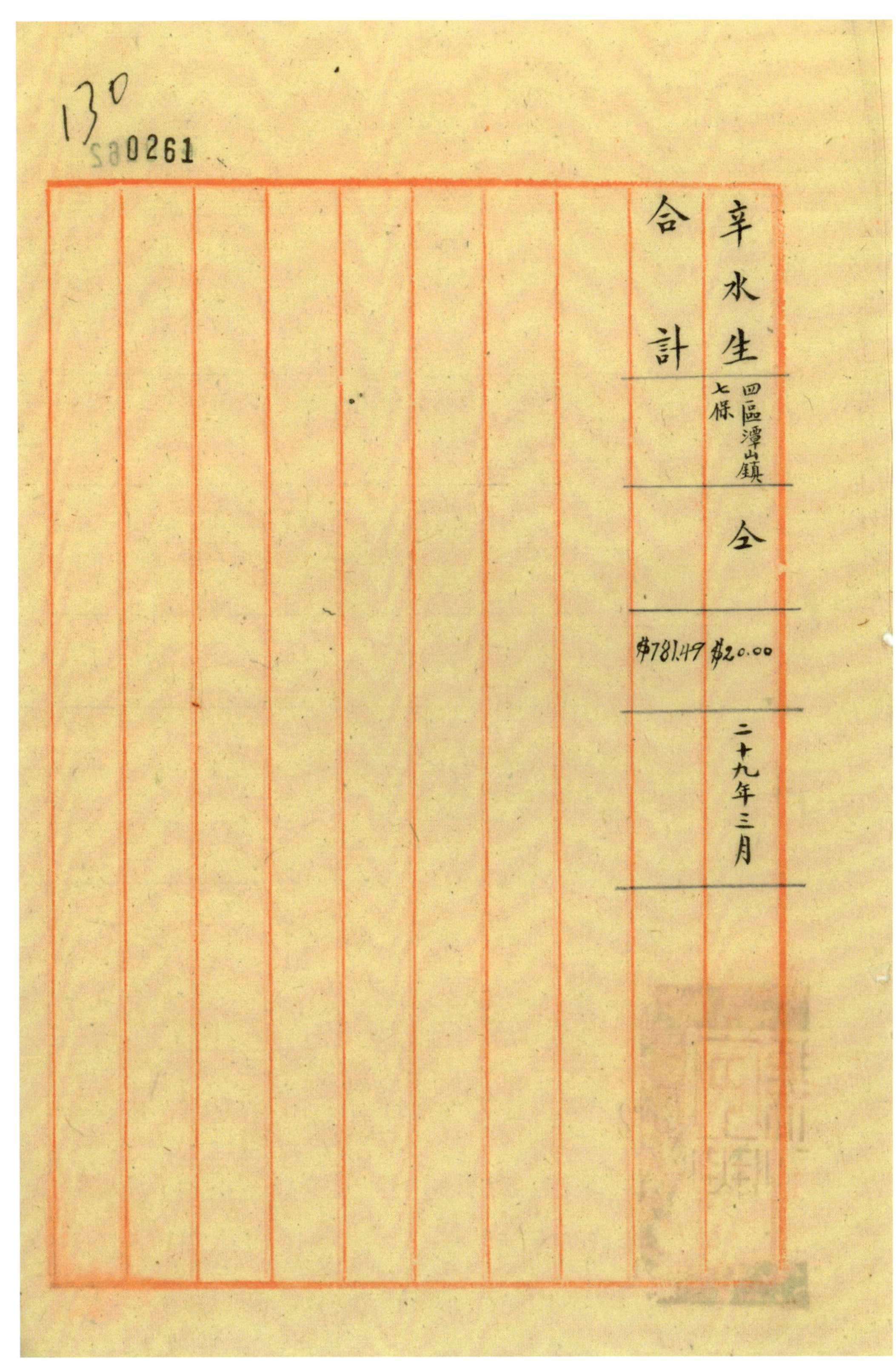
130
S0261

辛水生 四區潭山鎮七保 仝 $20.00 二十九年三月

合計 $781.49

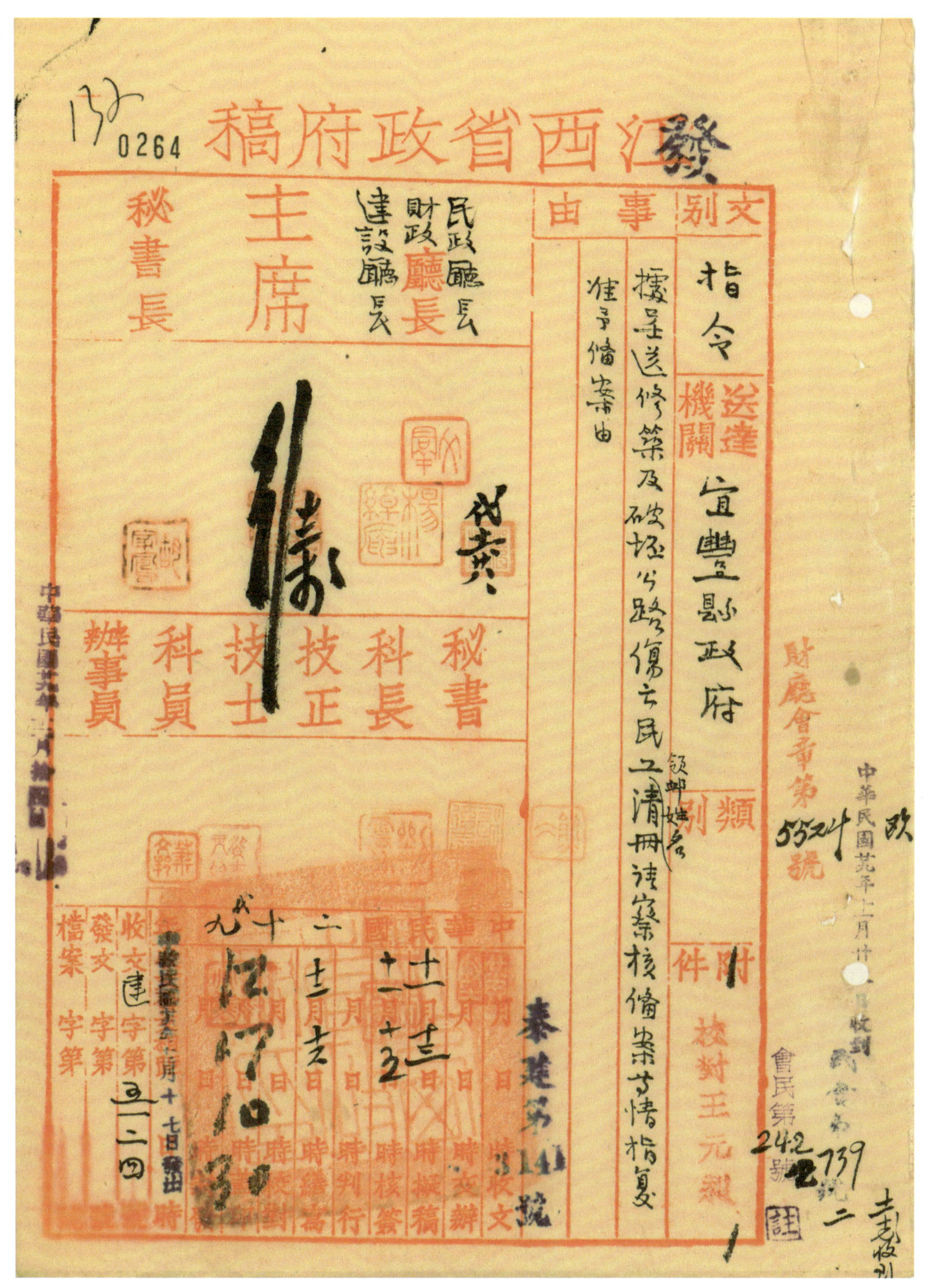

江西省政府致宜丰县政府的指令（一九四〇年十二月十七日）

0265

江西省政府指令 赤民財建二字第　　號

令宜豐縣政府

二十九年十月　日建字第七五六〇號呈一件：為本縣修築及破壞公路傷亡民工醫藥費已由縣抗敵後援會籌款發給造具清冊請核備由

呈（暨清冊均）悉。准予備案！

此令。件存。

主　席　熊〇〇

民政廳廳長　王〇〇

財政廳廳長　文〇

建設廳廳長　楊〇〇

乙

江西省政府和江西省第九区行政督察专员公署关于宋豈凡房屋等被敌烧毁恳予救济的来往文书（一九四〇年十月至十一月）

江西省第九区行政督察专员公署致省政府的呈（一九四〇年十月二十六日）

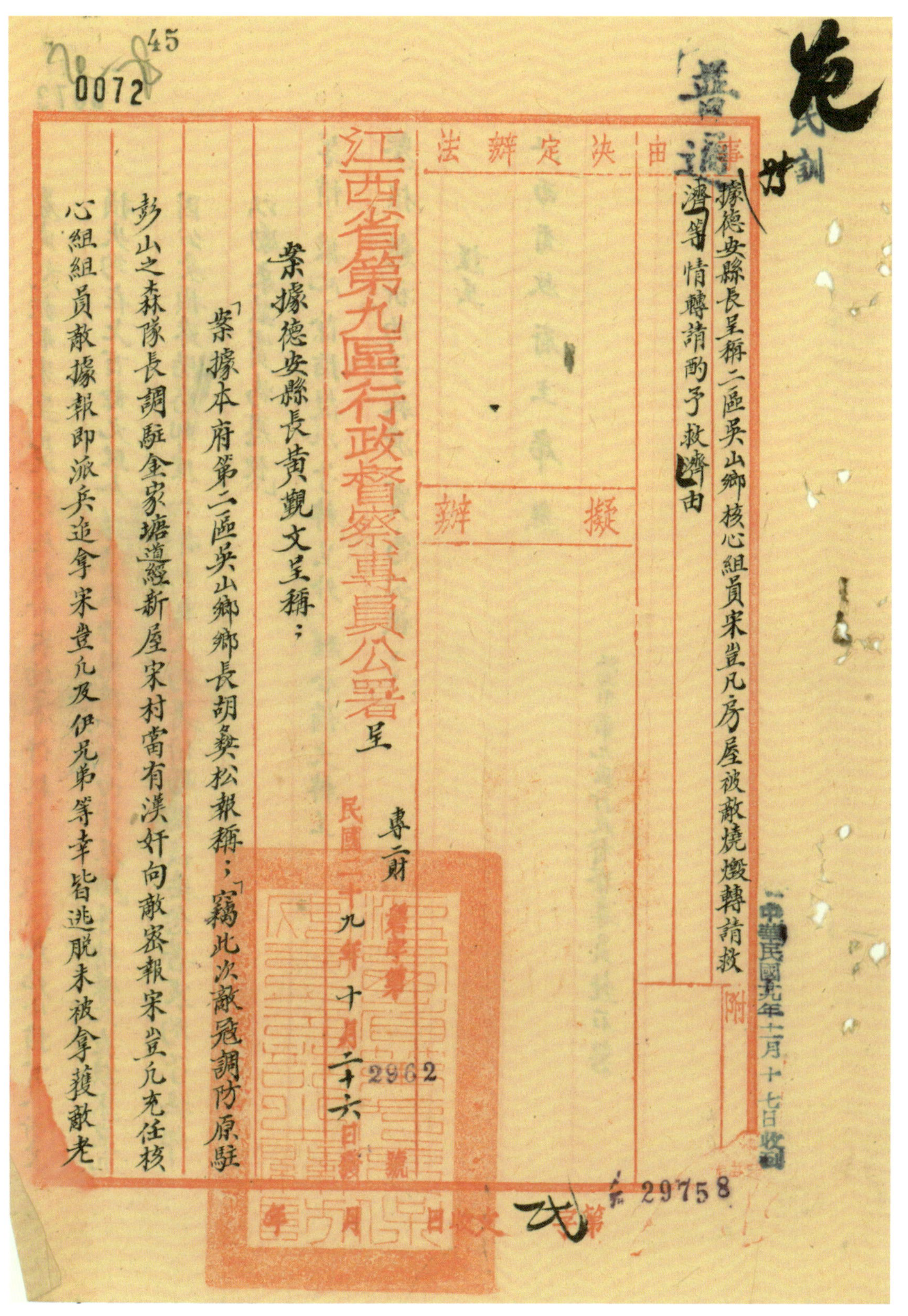

0072

江西省第九區行政督察專員公署 呈

專一財

民國二十九年十月二十六日 2962 號

事由：據德安縣長呈稱二區吳山鄉核心組員宋豈凡房屋被敵燒燬轉請救濟等情轉請酌予救濟由

擬辦

決定辦法

附

中華民國廿九年十一月十七日收到

第 29758 號

案據德安縣長黃覲文呈稱：

「案據本府第二區吳山鄉鄉長胡奐松報稱：「竊此次敵寇調防，原駐彭山之森隊長調駐金家塘，道經新屋宋村，當有漢奸向敵密報宋豈凡充任核心組組員，敵據報即派兵追拿宋豈凡及伊兄弟等，幸皆逃脫，未被拿獲。敵老

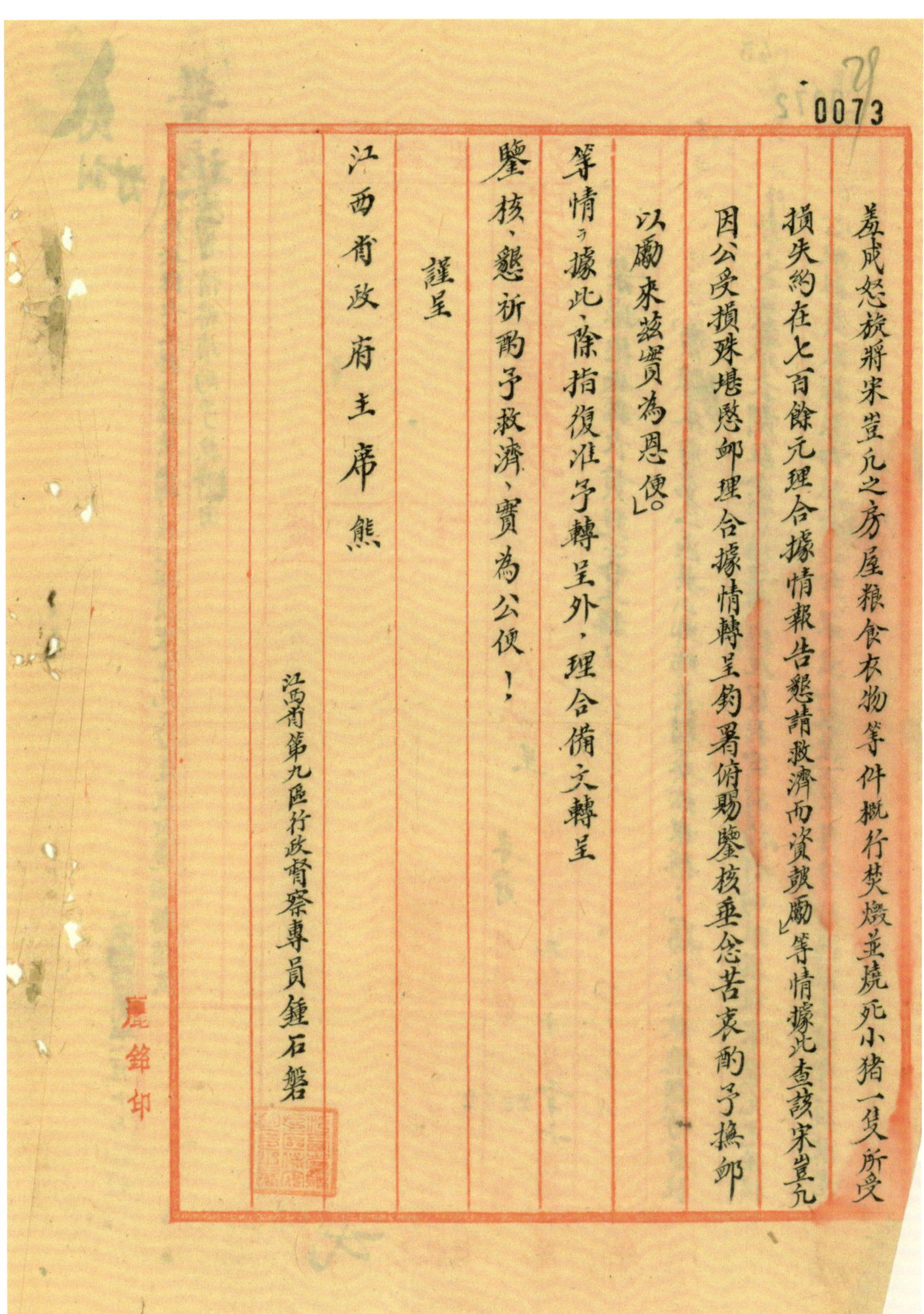

0073

羞成怒旋將宋豈凡之房屋粮食衣物等件概行焚燬並燒死小猪一隻所受

損失約在七百餘元理合據情報告懇請救濟而資鼓勵」等情據此查該宋豈凡

因公受損殊堪憫卹理合據情轉呈鈞署俯賜鑒核垂念苦衷酌予撫卹

以勵來茲實為恩便」

等情。據此，除指復准予轉呈外，理合備文轉呈

鑒核，懇祈酌予救濟，實為公便！

謹呈

江西省政府主席熊

江西省第九區行政督察專員鍾石磐

鹿銘印

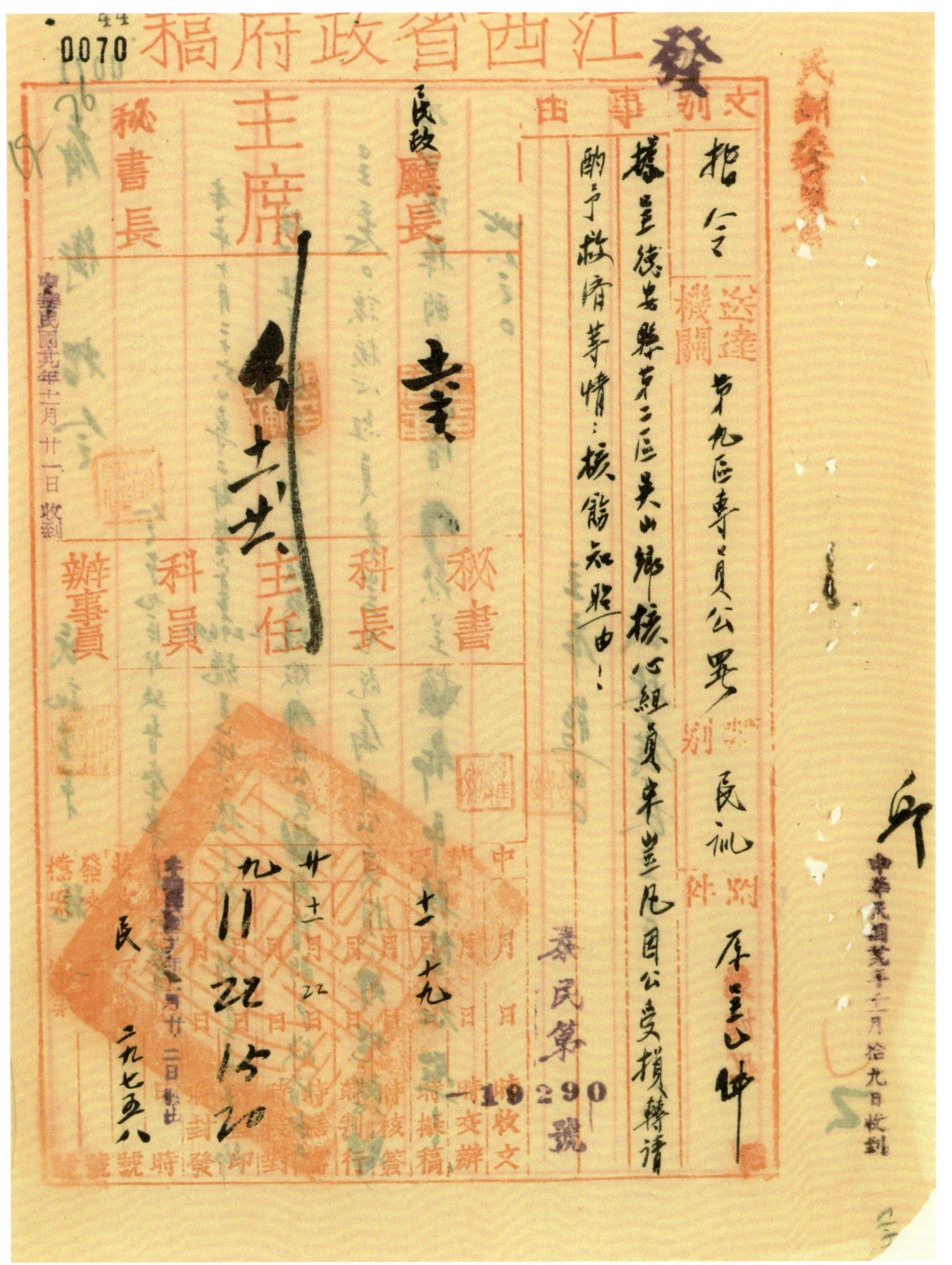

江西省政府稿

指令

第九区专员公署

民训

据呈送安县第二区吴山乡核心组员朱崇凡因公受损，转请酌予救济等情，核饬知照由

江西省政府致省第九区行政督察专员公署的指令（一九四〇年十一月二十二日）

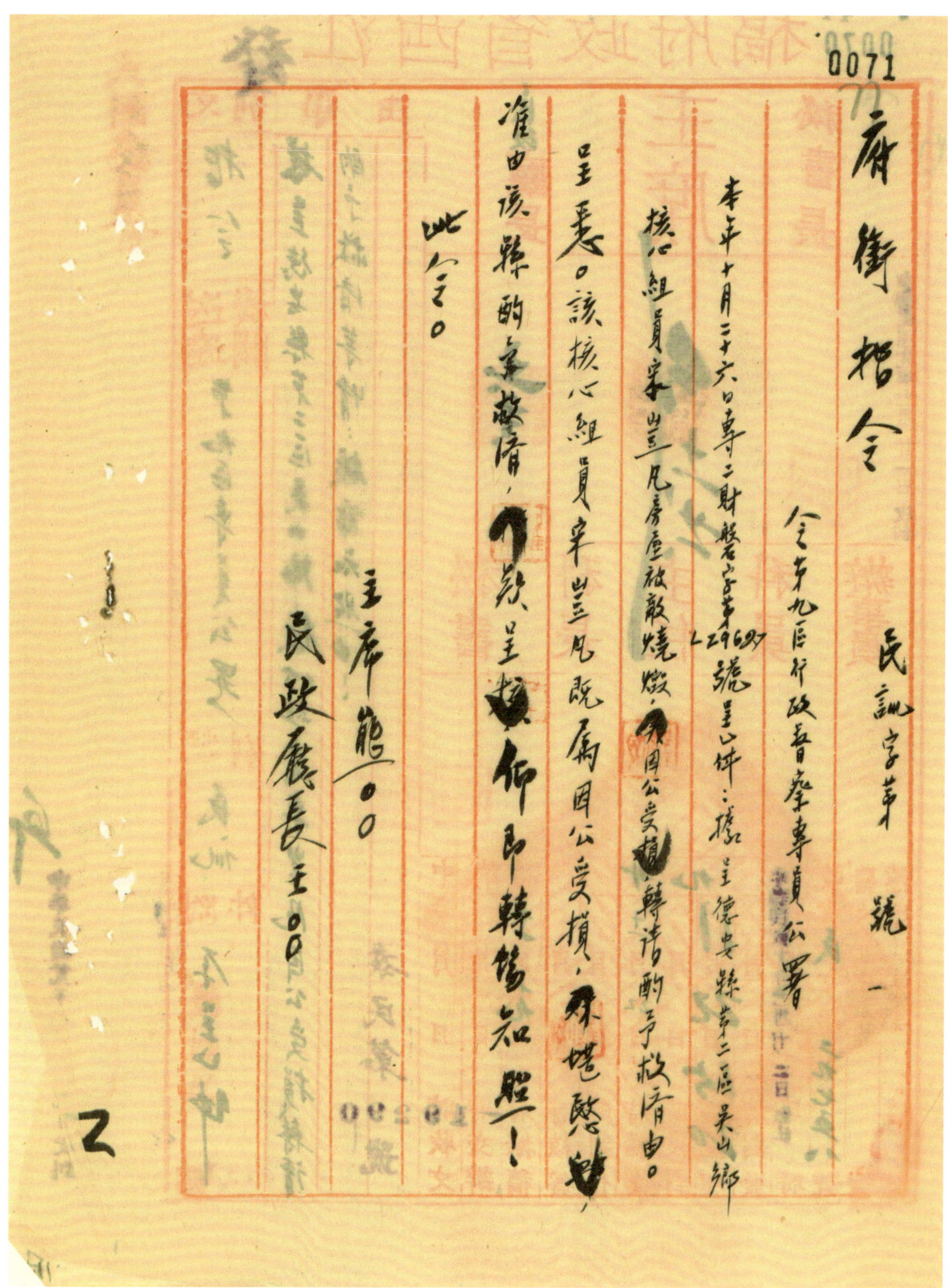

0071

府衔指令

民训字第　　号

令第九区行政督察专员公署

本年十月二十六日专二财督字第L29637号呈一件：据呈德安县第二区吴山乡核心组员宋豈凡房屋被敌烧毁，因公受损，转请酌予救济由。

呈悉。该核心组员宋豈凡既属因公受损，殊堪悯恤，准由该县酌予救济，仰即转饬知照！

此令。

主席 熊〇〇

民政厅长 王〇〇

江西省工商管理处与江西省政府、江西省建设厅等关于吉安电厂陈秉章因公殒命请求抚恤事宜的来往文书

（一九四〇年十一月至一九四一年二月）

江西省工商管理处致省建设厅的呈（一九四〇年十一月二十八日）

57

0091

初呈室

核

杨

事由：據吉安電廠電請催發陳秉章撫卹一案轉乞核示

决定辦法

擬辦

附件

江西省工商管理處呈

案據吉安電廠十一月㮣代電稱：

「案查本廠外線領班陳秉章因公殞命，應給遺族撫卹各費一案，經於本年九月三日以電字第一一一八號代電呈請核示在卷，迄久未蒙批示。兹據陳秉章遺族來廠面稱經濟困難，請求發給卹金，以

民國二十九年十一月二十八日

建文字第6985號

民國廿九年十一月廿九日

收文 字第 號

三（文）

0092

維生活等語。謹電陳懇迅賜核示，俾便給領！」

等情；查本案前據該廠呈請到處，當以該陳秉章因公殞命，身後蕭條，情殊可憫，經擬照工廠法第九章第四十五條第三款之規定，從優撫卹，以慰幽魂，於本年九月九日以信字第一四二二五號呈請

核示，並指復在卷。據電前情，核屬實在。爲再備文呈懇

鈞廳迅賜查案核示，俾便飭遵！

謹呈

江西省政府建設廳廳長楊。

代理江西省工商管理處處長李炳奎

陈秉章遗属致江西省建设厅的呈（一九四〇年十二月四日）

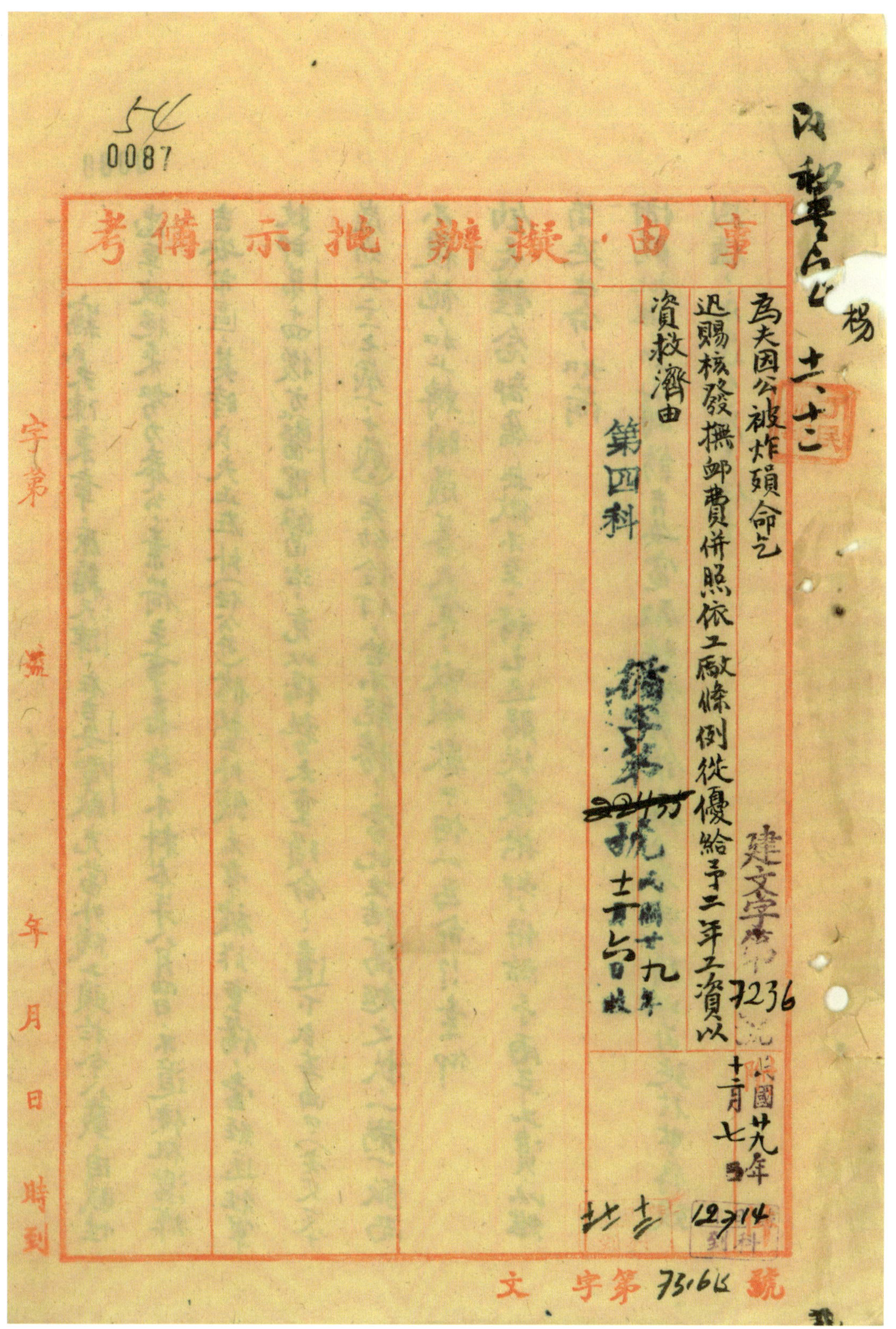

0087

事由	擬辦	批示	備考
為夫国公被炸殞命乞迅賜核發撫卹費併照依工廠條例從優給予二年工資以資救濟由			

建文字第7236號
民國廿九年十二月七日

第四科

文　字第73162號

0088

竊氏夫陳秉章原籍天津，在吉安電廠充當外綫工頭於今八載，因賦性忠直，故從來努力奉公，素荷主事嘉許，不料本年八月四日，不道倭机濫炸吉安市區，其時氏夫正在外（任公井）修整外綫，不幸被炸重傷，當經送往軍政部第十四後方醫院醫治，竟以傷勢太重殞命！遺下氏等四口（老父七十歲幼女二三七歲、十歲）老幼伶仃，苦不能勝！當此生活高超之秋，一粥一飯尚不獲飽，加上轉瞬歲暮天寒，嗷嗷欸口，何以為命！？素仰鈞長體念部屬，無微不至，務乞迅賜從優撫卹，併給予兩年工資，以維苟延生命，如荷俯賜批准，即乞轉飭吉安電廠轉知具領，俾氏等四人得以苟延於世，存殁感德，永遠勿忘！佈乞

55

0089

批示祇遵。呈

謹呈

江西省建設廳廳長楊

未亡人陳朱氏謹呈

現住吉安市皂角樹二十一號

0090

中華民國二十九年十二月四日

江西省工商管理处致省建设厅的呈（一九四一年一月二十四日）

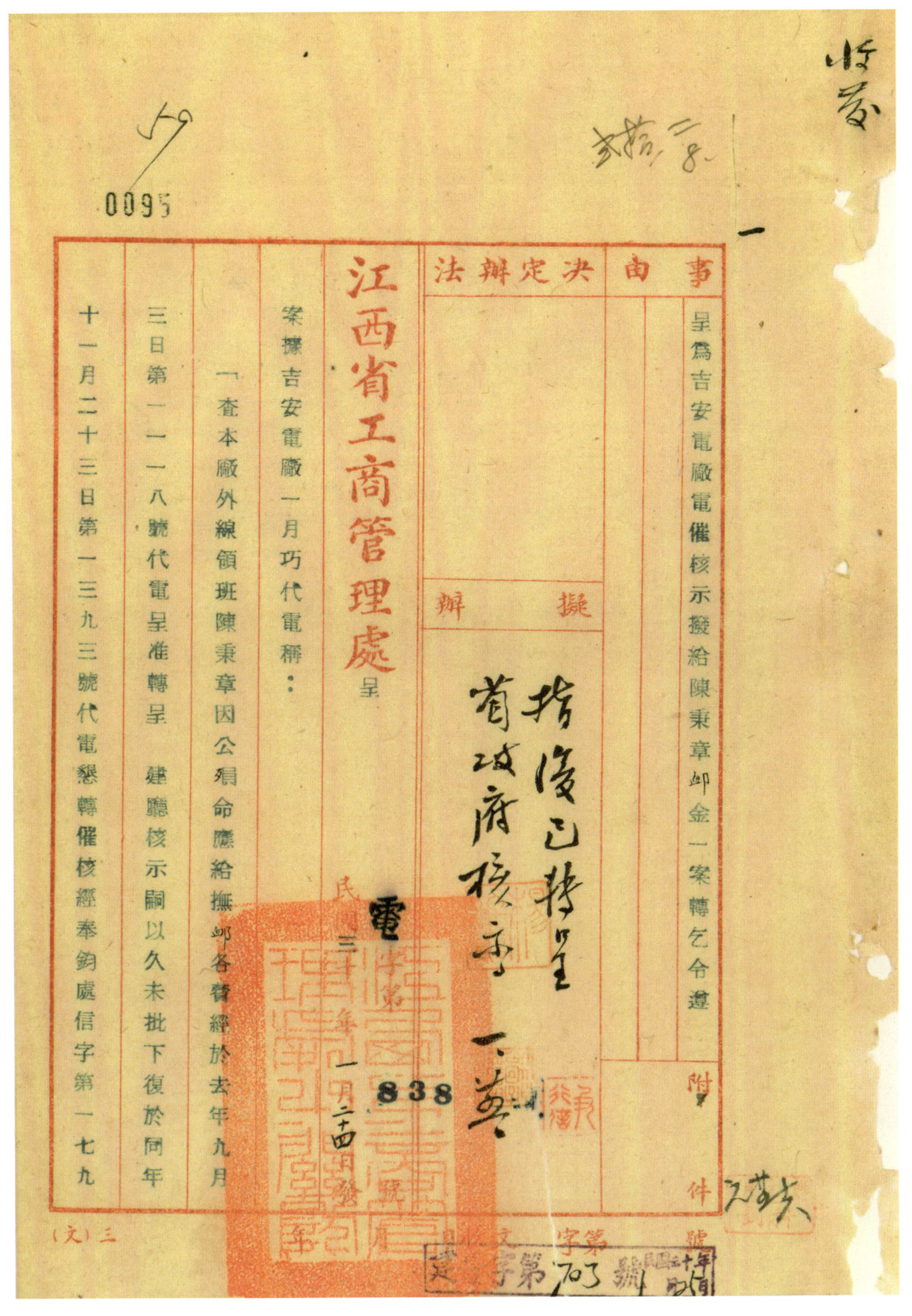

收發

0095

事由：呈為吉安電廠電催核示撥給陳秉章卹金一案轉乞令遵

決定辦法：

擬辦：指復已轉呈省政府核示　一　英

江西省工商管理處呈

案據吉安電廠一月巧代電稱：

「查本廠外線領班陳秉章因公殞命應給撫卹各費經於去年九月三日第一一一八號代電呈准轉呈建廳核示嗣以久未批下復於同年十一月二十三日第一三九三號代電懇轉催核經奉鈞處信字第一七九

民國三十年一月二十四日發

電字第838號

（文）三

0096

四六號函飭知業已再催各在卷迄今爲時又將兩月仍未批示陳秉章之妻朱孝貞以生活窘困來廠泣求速發救濟謹再電懇轉請　建廳迅賜核示以恤孤嫠而慰幽魂。」

等情。查本案前據該廠電催核轉到處，經於上年十一月二十八日以信字第一七九四四號呈請

鈞廳迅賜查案核示在卷。據電前情，核屬實在。此項卹金，究應如何撥給，以昭矜恤之處，爲再備文呈懇

指令飭遵！

謹呈

江西省政府建設廳廳長楊

60

0097

代理江西省工商管理處處長李炳奎

江西省建设厅致省政府的签呈（一九四一年一月三十一日）

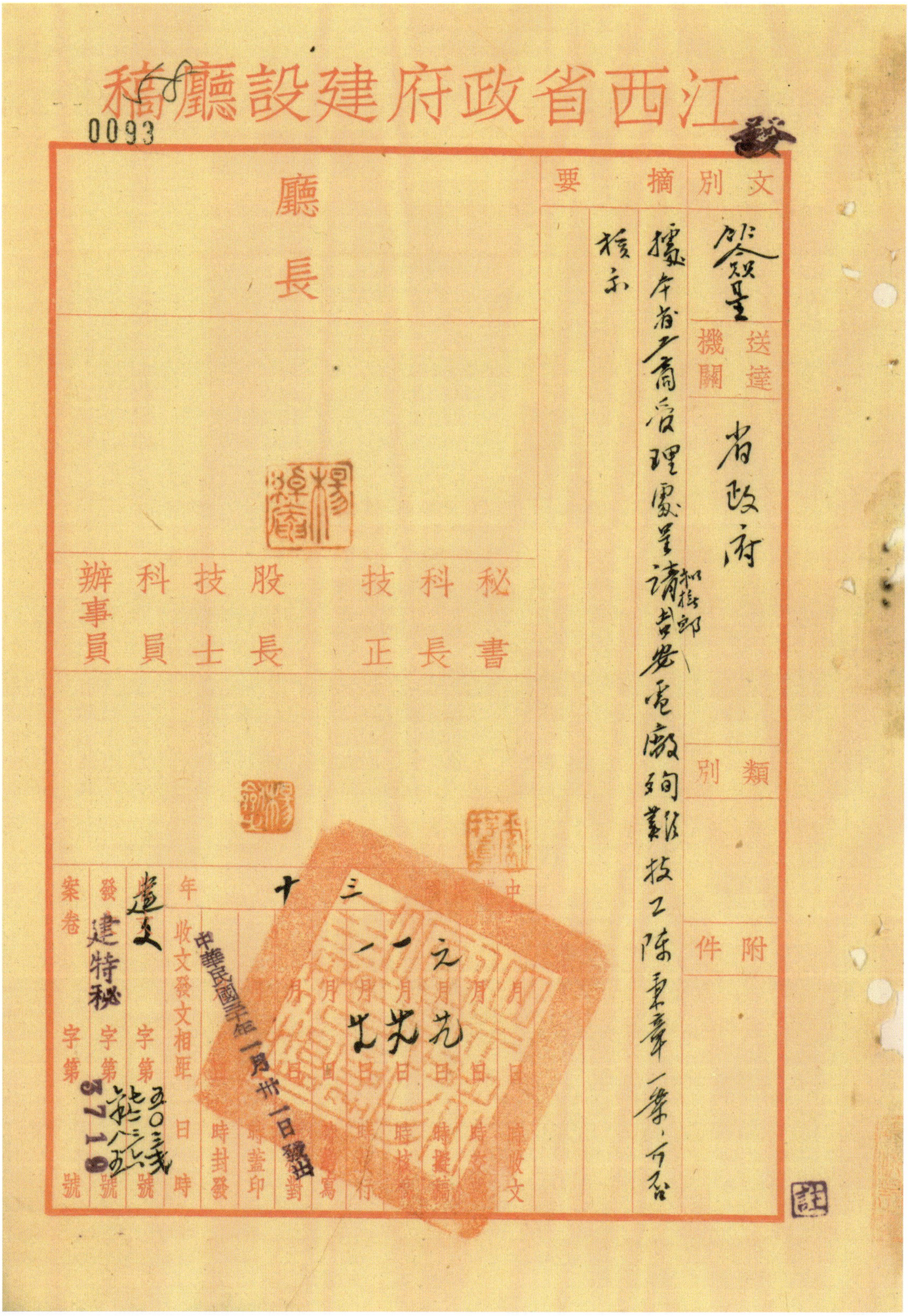

江西省政府建設廳稿

0093

文別	簽呈
送達機關	省政府
摘要	據本省工商管理處呈請知照經濟部嘉獎電廠殉難技工陳秉章一案，可否核示

廳長

秘書　科長　技正　股長　技士　科員　辦事員

中華民國三十年一月卅一日發出

建特秘字第5719號

簽呈

案據本省工商管理處處長李咸奮呈稱：

「案據吉安電廠二十九年八月支代電，請乞抄示以示祗遵。」

等情。前來，查該處所呈，擬據工廠法第九章第四五條第三款之規定辦理，尚屬相符，擬准予給照，是否有當？理合具文簽請

鑒核示遵。謹呈

江西省政府主席熊

「全銜」楊〇〇

江西省政府建設廳

0102

簽呈

三十年一月三十一日 建特秘第3719號

案據本省工商管理處處長李炳奎呈稱：

"案據吉安電廠二十九年八月支代電以同月四日敵機空襲吉安之時，該廠外線工友領班陳秉章在外工作，躲避不及，在下文山路蕭家巷口被彈片炸傷頭部腰腿等一十八處，傷勢甚重，當由紅卍字會抬送新運救護醫藥隊療治，報請鑒核前來，經即去電慰問，並飭該廠派員赴隊隨時照料、盡力救護各在卷。嗣據該廠同月皓代電稱：該陳秉章因傷勢過重醫治無效，於十九日殞命，身後蕭條，遺有孤寡，情殊可憫，請予從優撫卹到處。當以該故工友服務有年，平日工作勤奮，臨難不避艱險，卒以身殉，殊屬難得，似非從優撫卹，不足以慰幽魂，而勵來茲。經飭按照工廠法第九章第

中華民國卅年正月卅壹日收到

43

法制室登記 第0102號 30年2月1日

1.397

0103

四十五條第三款規定，酌擬給卹數目，呈候核奪去後，茲據該廠呈復，按照上項條文規定，擬給埋葬費五十元，遺族撫卹費三百元，二年之平均工資每月五十二元，計合一千二百四十八元，總共一千五百九十八元。惟按條文所載，除埋葬費與撫卹費得一次給予外，其二年之工資如何給予，條文中未有規定，是否一次給予，抑按月或每年年終給予之處，請核示等情，所擬給卹數目，擬與工廠法原條文規定相符，即按之前南昌市電燈整理處線路工友金陸義敷設電線，觸電受傷，因公殞命，呈准前南昌市政府撫卹辦法，亦屬脗合。該工友死難更為慘然，殊堪憫惻，可否援案如擬給卹，並將上項埋葬費、撫卹費以及二年之工資計共國幣一千五百九十八元，一次給其遺族，以示矜卹，等情前來，查該處所呈，擬按照工廠法第九章第四十五條第三款之規定辦理，尚屬

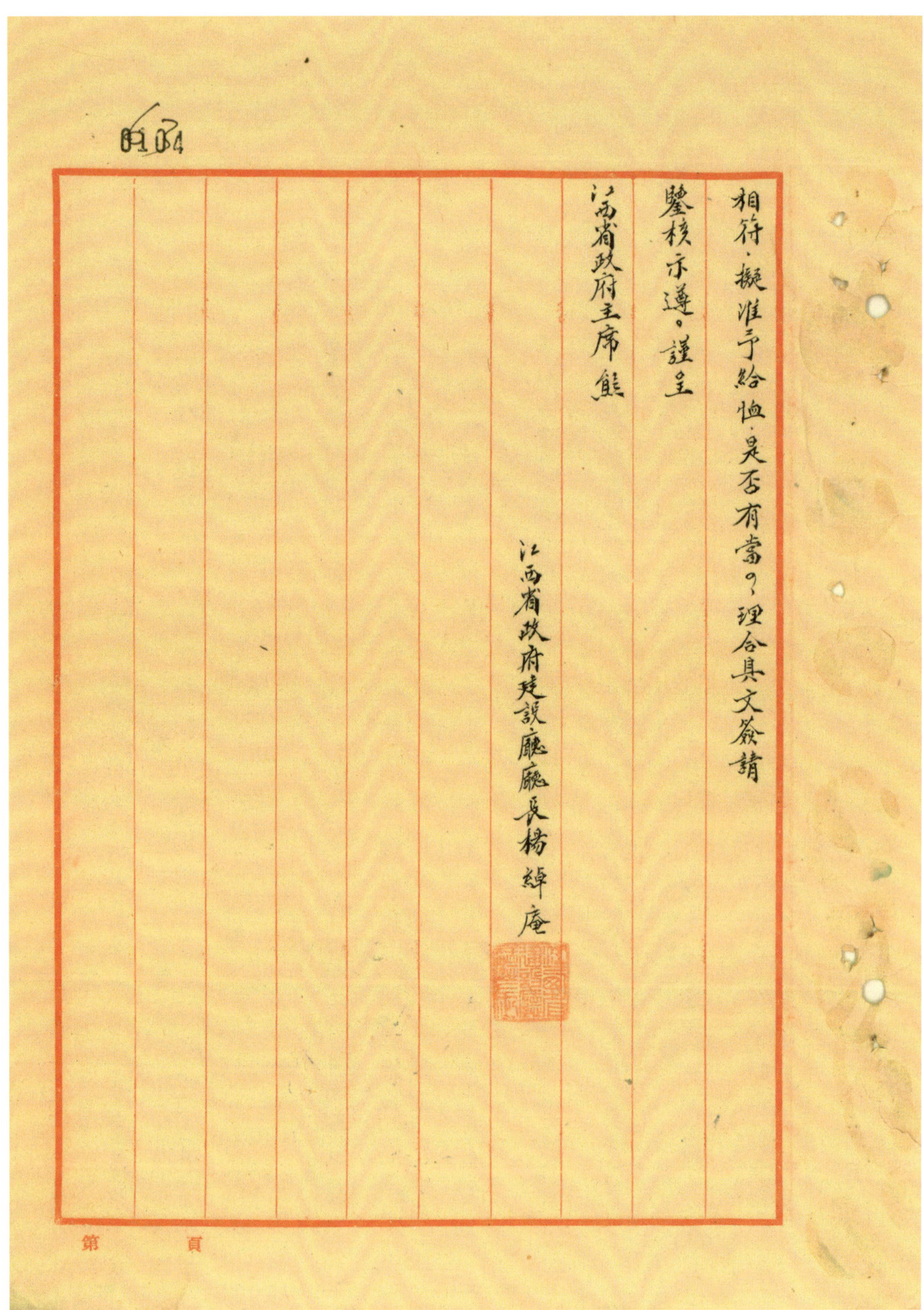

相符，擬准予給恤，是否有當？理合具文，簽請

鑒核示遵。謹呈

江西省政府主席熊

江西省政府建設廳廳長楊綽庵

江西省建设厅致省工商管理处的指令（一九四一年二月一日）

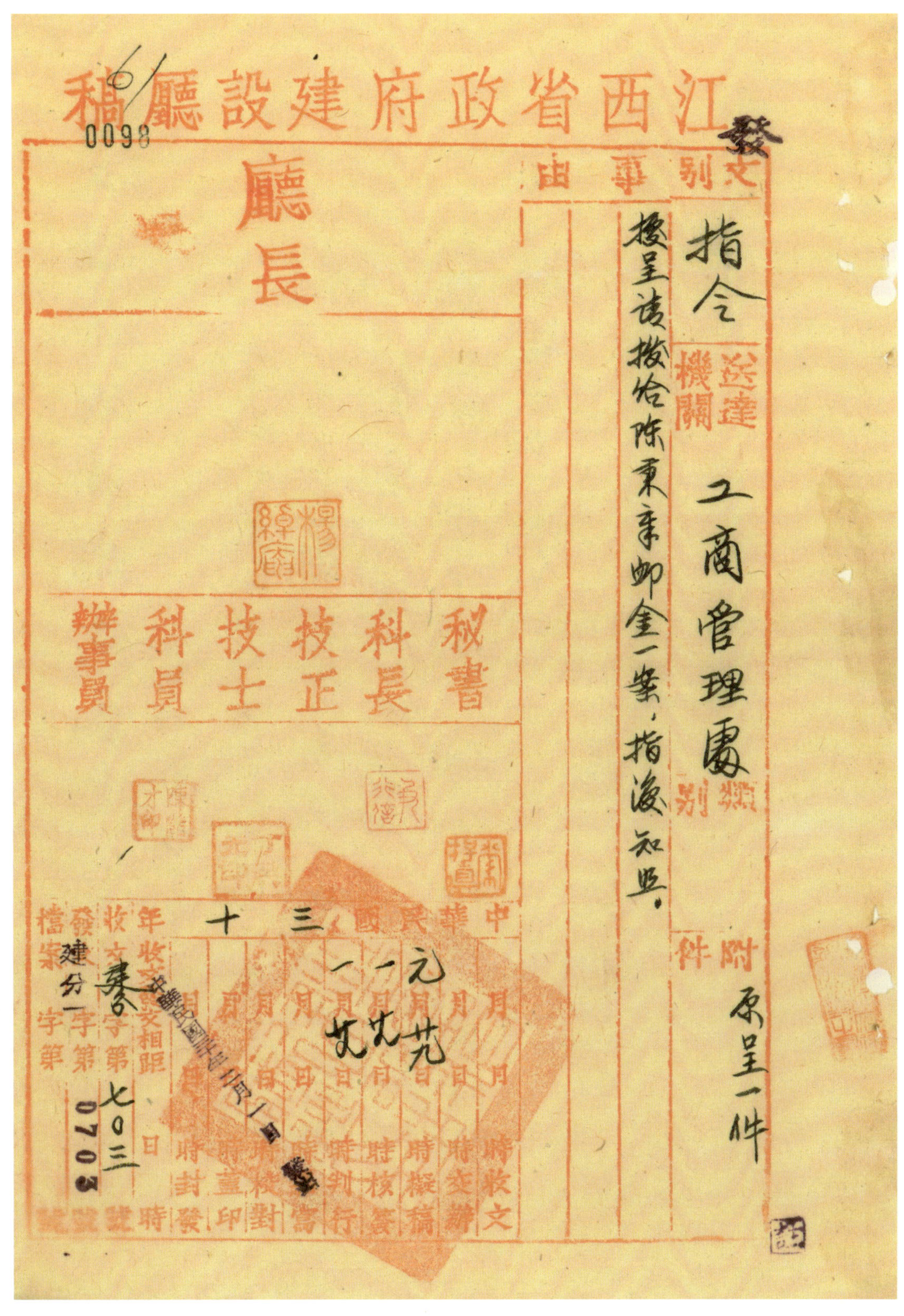
江西省政府建設廳稿

0098

文别　指令

事由　據呈請撥給陳秉彝卹金一案，指復知照。

送達機關　工商管理處

附件　原呈一件

廳長

秘書　科長　技正　技士　科員　辦事員

中華民國三十年一月廿九日收文
一月廿九日擬稿
一月廿九日判行

發文建分一字第七〇三號

0099

江西省政府建設廳指令　泰建一字第　號

令工商管理處

三十年一月二十四日電字第八三八號呈一件。呈為吉安電廠電信核示撥給陳秉彝卹金一案，乞指令飭遵由。

呈悉。已轉呈省府核示，俟奉到後，再行飭遵，仰即轉飭知照！此令。

廳長楊〇〇

江西省建设厅致省工商管理处的训令（一九四一年二月十一日）

江西省政府建設廳稿

0105

文別	訓令
送達機關	工商處
摘要	據呈為吉安電廠外線録班陳秉章請恤一案，令仰遵照。
類別	
附件	

廳長 楊綽庵

秘書 科長 技正 股長 技士 科員 辦事員

中華民國三十年 二月八日收文 二月八日文辦 二月八日擬稿 月日核稿 月日核行 月日繕寫 月日校對 月日蓋印 月日封發

收文自字第二六五號
發文建秘字第五六七號
案卷建分秘字第1152號

中華民國三十年二月十一日發出

1152

0106

江西省政府建設廳訓令　秘字第　號

令江西省工商管理處

案查前據該處呈為吉安電廠外綫領班陳秉章因公殞命請卹一案，經呈准

省政府依照工廠法第九章第四十五條第三款之規定，對於死亡之工人，除給與五十元之喪葬費外，准予一次給與其遺族撫恤費三百元及二年之平均工資，仰即轉飭遵照辦理。

此令。

廳長　楊綽

江西省政府建設廳

江西省政府、江西省建设厅和江西省水利局关于彭希陶被炸殉难发给恤金及殓埋费的来往文书（一九四一年四月至一九四三年五月）

江西省水利局致省建设厅的呈（一九四一年四月八日）

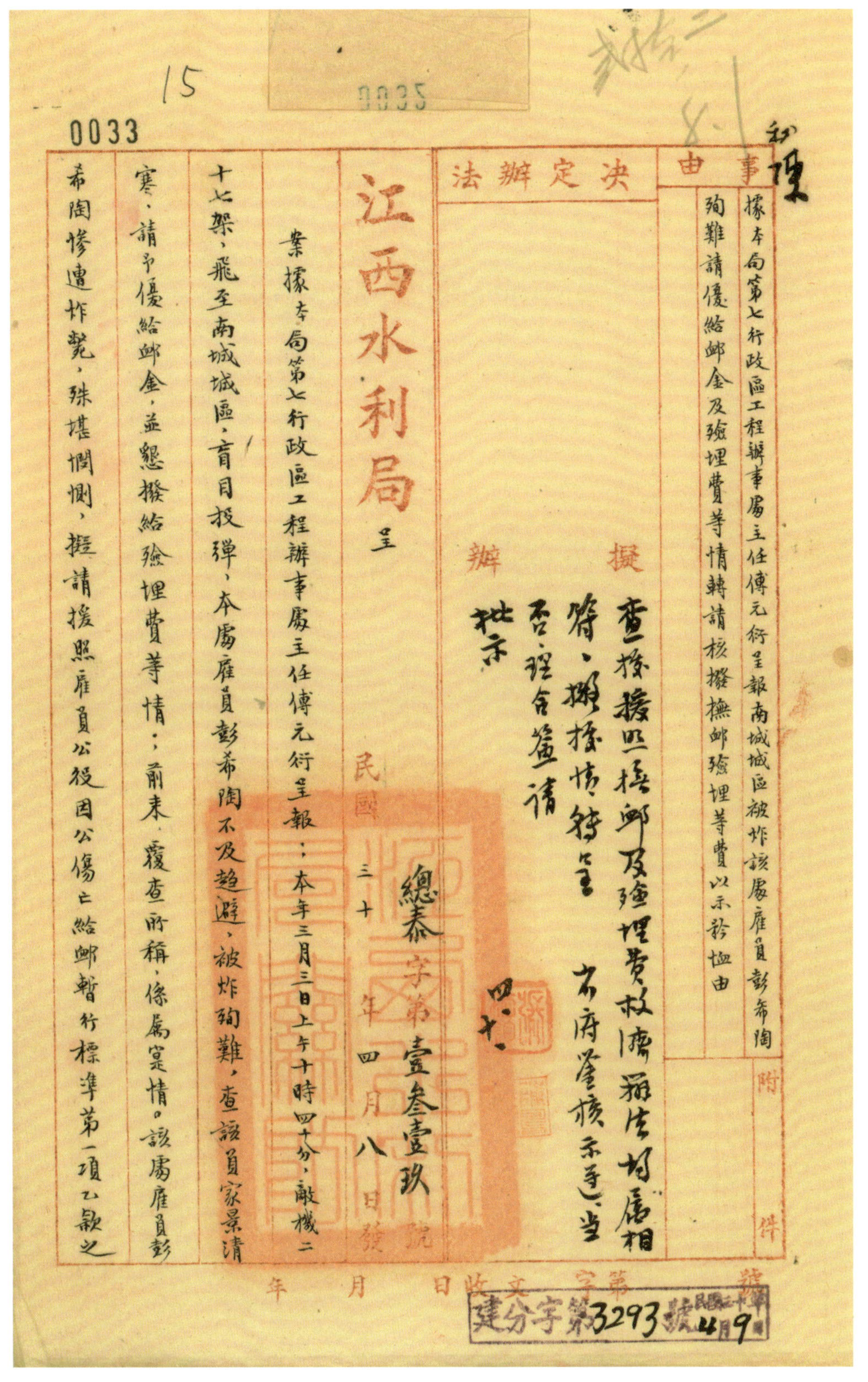

事由：據本局第七行政區工程辦事處主任傅元衍呈報南城城區被炸該處雇員彭希陶殉難請優給邺金及殮埋費等情轉請核撥撫邺殮埋等費以示矜恤由

擬辦：查核撥照條邺及殮埋費數額均屬相符，擬據情轉呈 省府鑒核示遵。當否，理合簽請 批示 四、十

江西水利局 呈

案據本局第七行政區工程辦事處主任傅元衍呈報：「本年三月三日上午十時四十分，敵機二十七架，飛至南城城區，盲目投彈，本處雇員彭希陶不及趨避，被炸殉難，查該員家景清寒，請予優給邺金，並懇撥給殮埋費等情」；前來。覆查所稱，係屬實情。該處雇員彭希陶慘遭炸斃，殊堪憫惻，擬請援照雇員公役因公傷亡給邺暫行標準第一項乙款之

民國三十年四月八日發 總泰字第壹叁壹玖號

收文 建分字第3293號 民國三十年4月9

0034

規定，以該雇員最後月支薪給四十元計，給予十四個月薪資之一次撫卹費伍百陸拾元。又該雇員家屬，委係清貧，無力殮埋，並請援照江西省公務員雇員公役遭受空襲損害暫行救濟辦法第四條之規定，核給殮埋費壹百元，以示矜恤。惟本局經費，異常支絀，經常支出，已感不足，此項撫卹及救濟費，寔在無從支給。擬照前項標準暨辦法內所定，請由

鈞廳核撥轉發。所有請撥撫卹等費緣由，理合具文呈請

鑒察，轉呈

省政府核辦，寔為公便。謹呈

江西省政府建設廳廳長楊

江西水利局局長燕方畋

江西省建设厅致省政府的签呈（一九四一年五月二十二日）

16

江西省政府建設廳稿

0035

發

文別	簽呈
送達機關	省政府
類別	
附件	呈一件

摘要：據水利局呈以雇員彭希陶被炸殉難，請准給予一次卹金及殮埋費等情，簽請鑒核由。宗彥

廳長

秘書　科長　技正　股長　技士　科員　辦事員

中華民國三十年

收文	月	日	時
交辦	月	日	時
擬稿	五月	十六日	十一時
核稿	五月	廿日	時
核行	五月	廿日	時
繕寫	月	日	時
校對	月	日	時
蓋印	月	日	時
封發	月	日	時

年月日收文發文

收文建分字第三三九三號

發文建分秘字第5293號

案卷字第號

中華民國三十年五月廿二日發出

簽呈

建秘字第　　號

案據水利局本年四月八日總秦字第一三一九號呈稱：

「案據本局第七行政區工程辦事處傳之衍呈報：本年三月三日上午十四時四十分敵機二十七架飛至南城城區，盲目投彈，本處雇員彭希陶不及躲避，被炸殉難，云云照原文抄至轉呈核辦」

等情；據此。查該雇員彭希陶，慘遭炸斃，情殊堪憫，所請給予一次卹金及殮埋費一節，經查與戰時雇員工役因公傷亡給卹暫行標準、第一項之規定，及本省公務員雇員公役遭受空襲損害暫行救濟辦法第四條之規定，尚屬相符，可否准

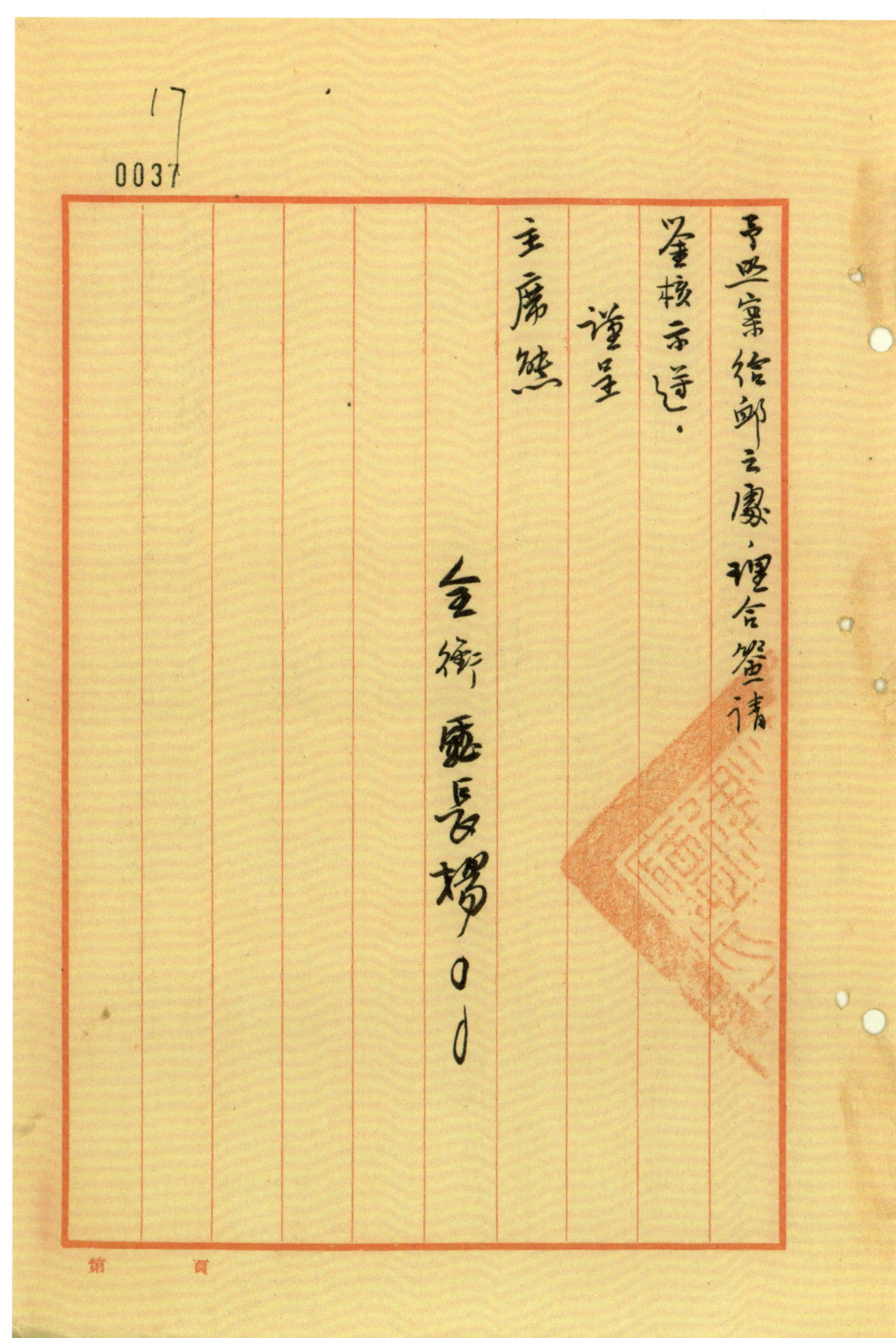

17

0037

等照案給郵之處，理合簽請

鑒核示遵。

謹呈

主席蔣

全銜 處長楊○○

第　　頁

江西省政府致省建设厅的指令（一九四一年六月四日）

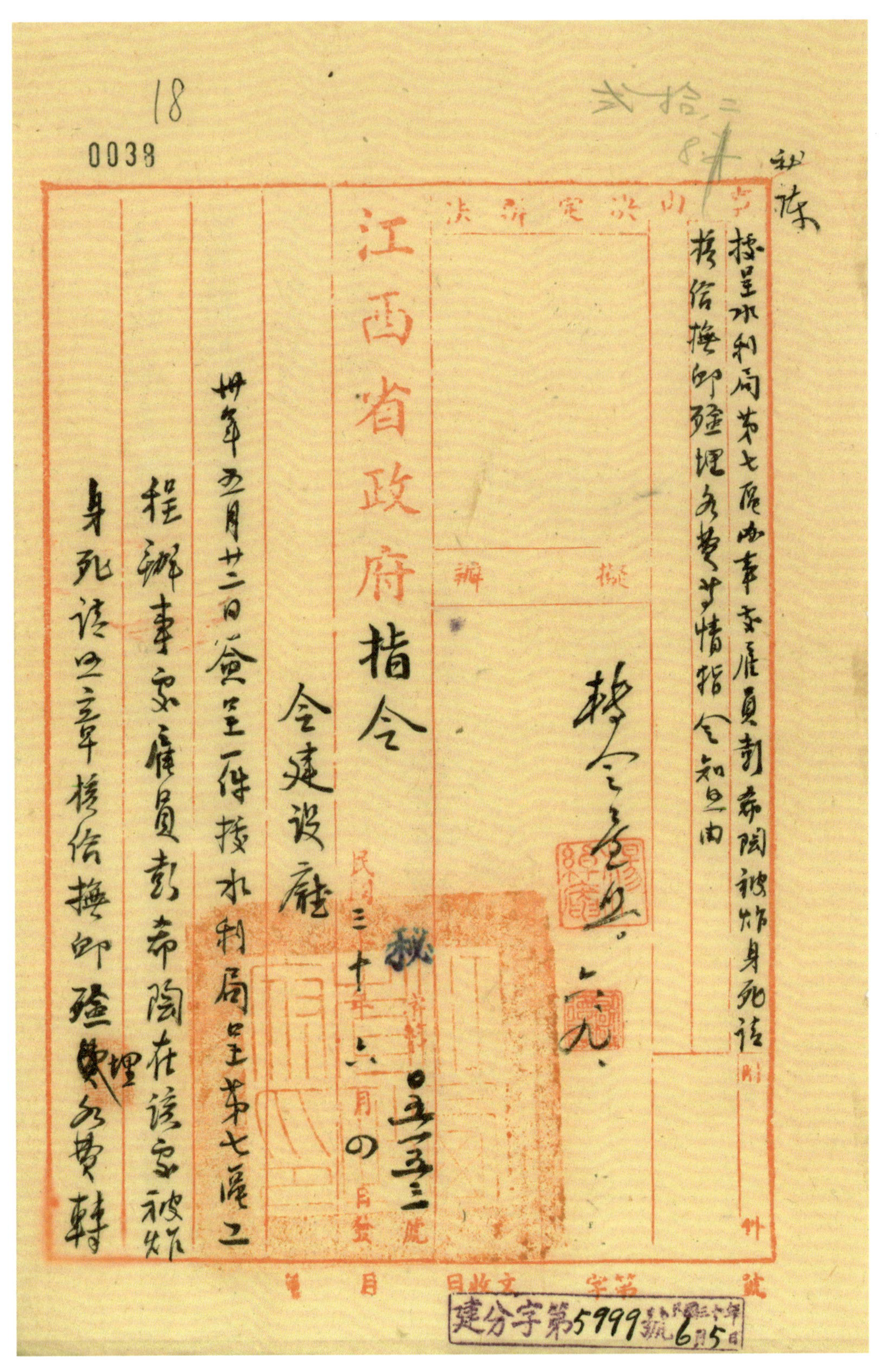

据呈水利局第七区办事处雇员彭希陶被炸身死请核给抚恤殓埋各费等情指令知照由

拟令悉。六．九

江西省政府指令

民国三十年六月四日发

秘字第五一一三号

令建设厅

卅年五月廿二日签呈一件，据水利局呈第七区工程办事处雇员彭希陶在该处被炸身死，请照章核给抚恤殓埋各费转

建分字第5999号 6月5日

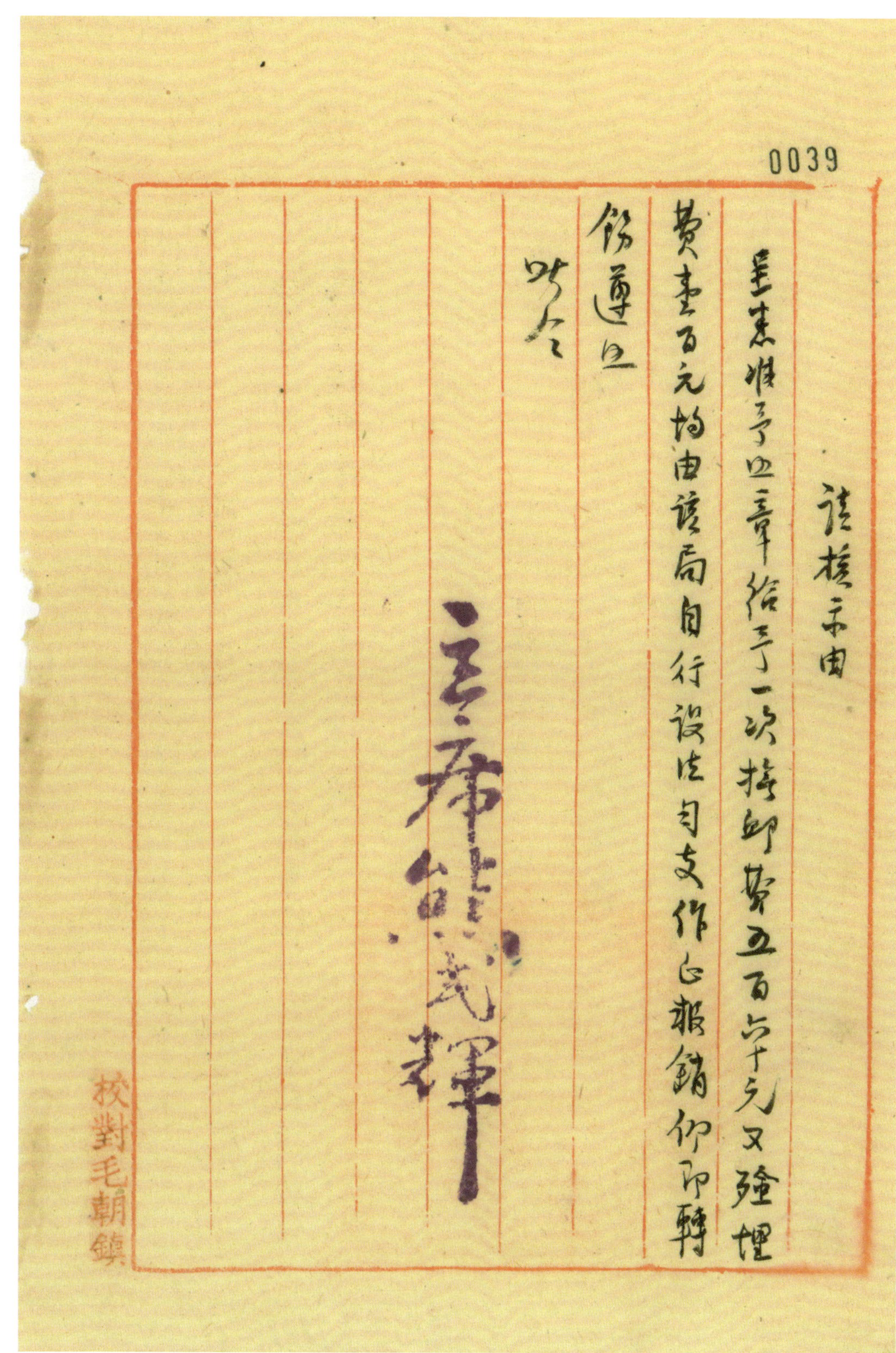
0039

謹核示由

呈來准予照章給予一次撫卹費五百六十元又殮埋費壹百元均由該局自行設法勻支作正報銷仰即轉飭遵照

此令

主席熊式輝

校對毛朝鎮

江西省建设厅致省水利局的训令（一九四一年六月二十一日）

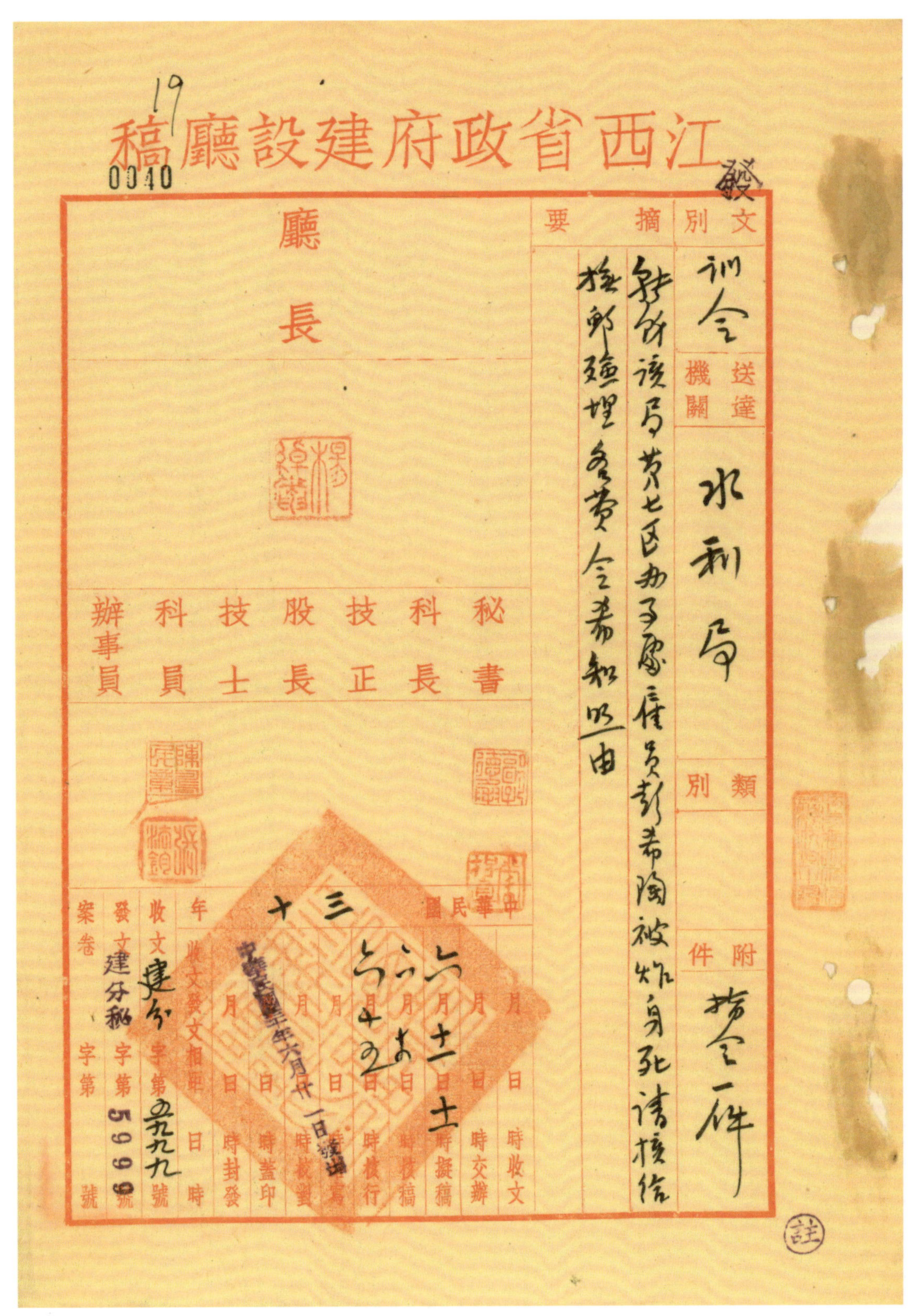
江西省政府建設廳稿

文別	訓令
送達機關	水利局
類別	
附件	指令一件

摘要：轉飭該局贛七區办事處雇員彭希陶被炸身死請核給撫卹殮埋各費令希知照由

廳長

秘書　科長　技正　股長　技士　科員　辦事員

中華民國三十年六月十一日收文、六月十二日擬稿、六月廿一日發出

中華民國卅年六月廿一日發出

發文建分秘字第5999號

0041

江西省政府建設廳訓令

令水利局

案查前據該局本年四月八日總秦字一三一九号呈，以該局第七區行政區工程事務處轉呈南城區防汛僱員彭希陶殉難，請優給卹金及殮埋費，轉核撫卹等情，當經轉呈省政府核示在卷。茲奉本年六月四日秘字零五一五三号指令開：

「呈悉。准予照章給予一次撫卹費五百六十元，又殮埋費壹百元，均由該局自行設法匀支，仍應報

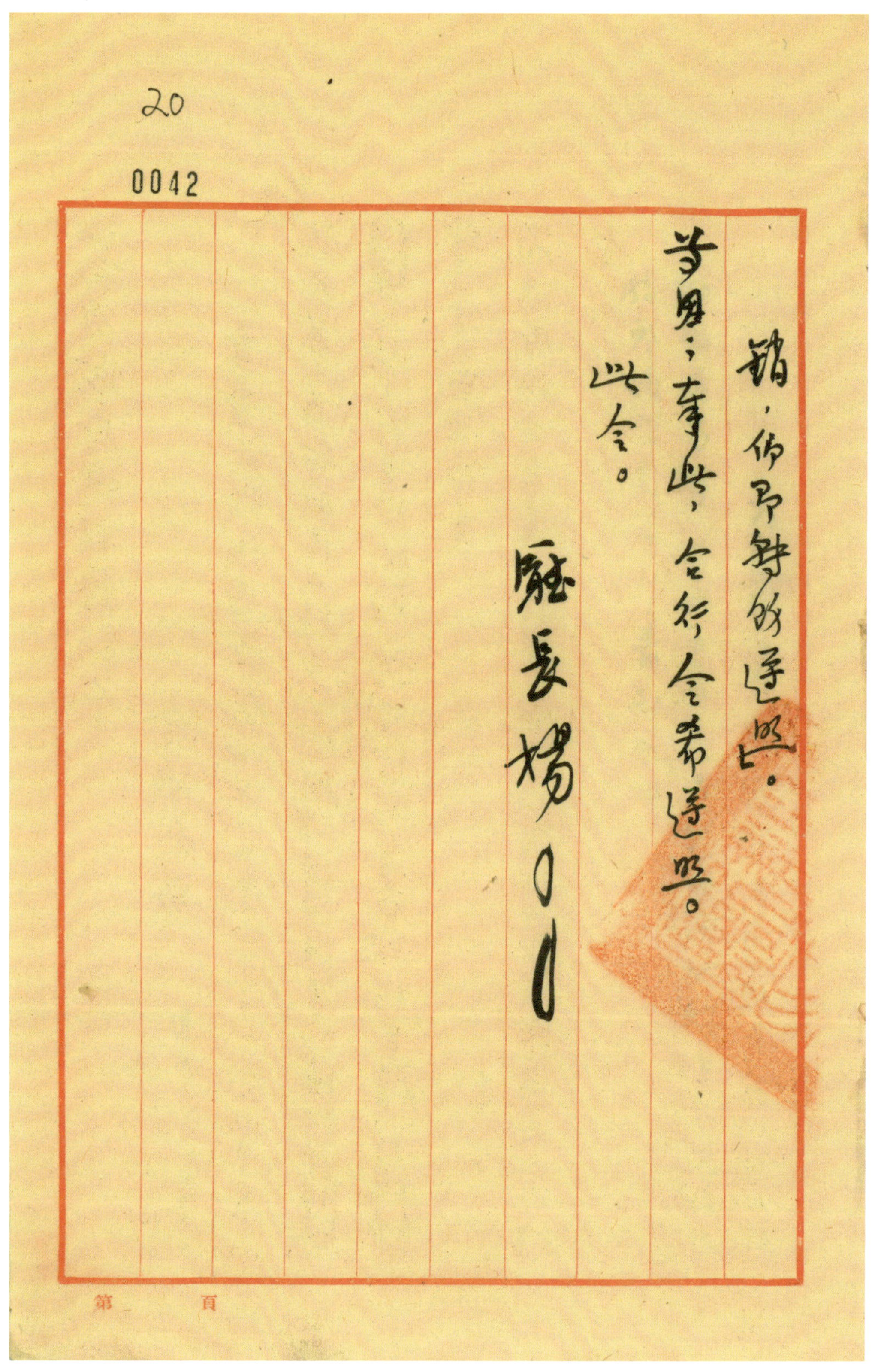

20

0042

錯，仰即轉飭遵照。

等因；奉此，合行令希遵照。

此令。

廳長 楊〇〇

第　頁

江西省水利局致省建设厅的呈（一九四一年七月三日）

贰拾，二
8.1

0043

事由：呈为本局经费竭蹶，异常所有雇员彭希陶邮金及殓埋费实无从设法匀支，拟请仍照暂行标准及救济办法内之规定准予拨发给领由

决定办法

拟办

江西水利局呈

案奉

钧厅建分秘字第五九九九号训令，以本局第七行政区工程办事处雇员彭希陶被炸殉难，请转呈给邮及殓埋费一案，经呈奉省政府准予照章给予一次抚邮费五百六十元，殓埋费一百元，自行设法匀支，作正报销，令希遵照等因；奉

民国三十年七月三日

总秦字第一五二四号

建分字第7190号 民国卅年7月5日

0044

此，本廳遵辦。惟本局各部份經費，一再縮減，竭蹶異常，前項撫卹殮埋費，委實無法匀支。擬請仍援照章須暫行標準，及暫行救濟辦法末段，但原有機關經費困難得呈請另行指撥之規定，懇予撥發。奉令前因，理合具文呈請

鈞廳俯賜鑒察，轉呈

省政府鑒核，准予撥發，以便轉給具領，實為公便。

謹呈

江西省政府建設廳廳長楊

江西水利局局長燕方畋

校對喻林
監印燕卿高

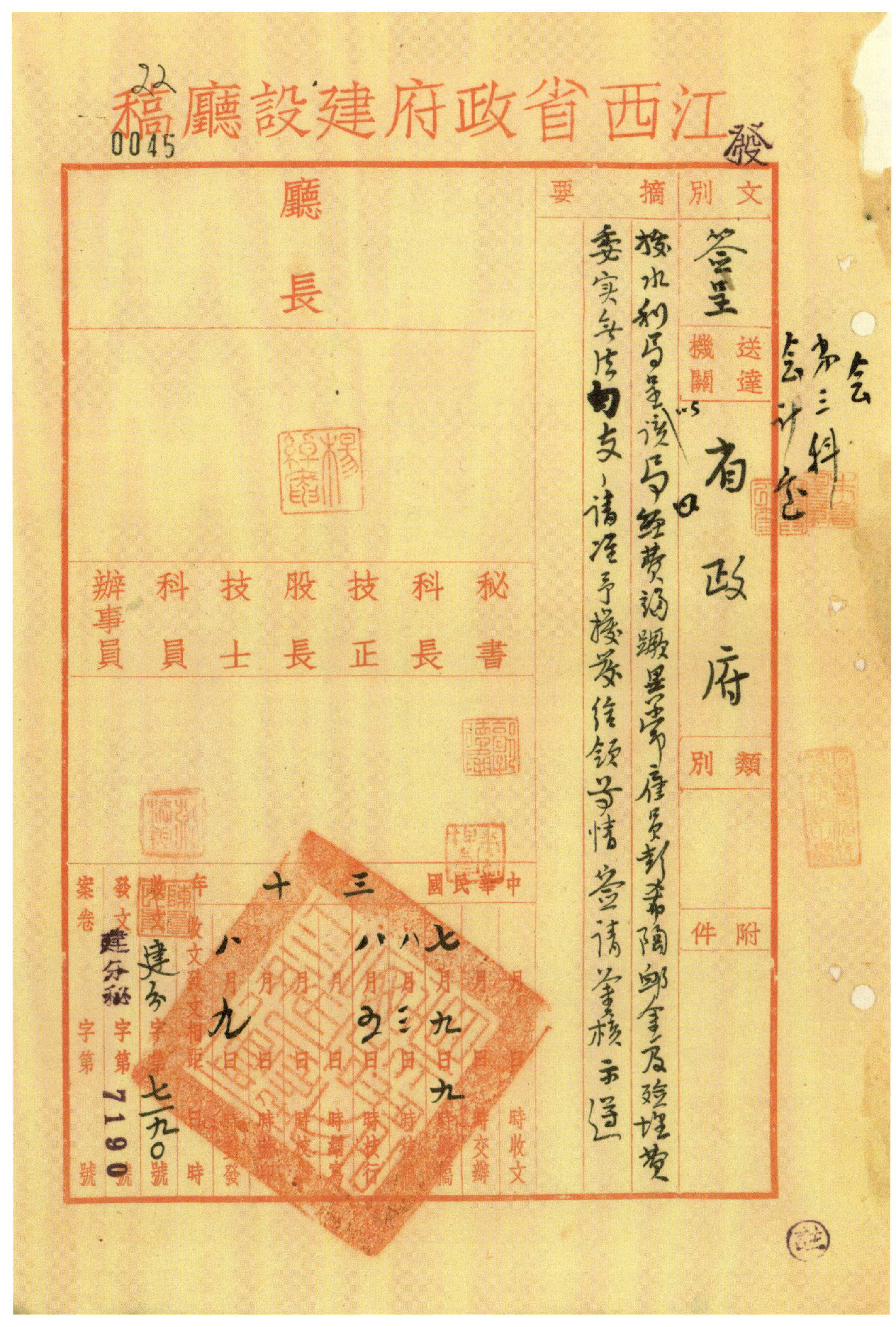

江西省政府建設廳稿　發

0045

文別	簽呈
送達機關	省政府
摘要	據水利局呈請局經費項下撥支前局員彭希陶卹金及殮埋費委實無法開支請准予援案往領等情簽請鑒核示遵
類別	
附件	

廳長

秘書　科長　技正　股長　技士　科員　辦事員

中華民國三十年

七月九日　八月三日　八月九日

發文建分秘字第7190號

江西省建设厅致省政府的签呈（一九四一年八月九日）

0046

签呈

建秘字第　　号

案查前据水利局三十年四月八日总秦字第一三一九号呈，以该局第七区行政区工程办事处雇员彭希陶殉难，请给邮金及殓埋费一案，当经签奉钧府三十年六月四日秘字第零五一三五号指令："呈悉，准予照章给予一次抚恤费五百六十元，又殓埋费一百元，均由该局自行设法匀支，估正指销。仰即转饬遵照。"等因，奉此。业经转饬遵照在卷。兹据呈复，以该局经费短绌异常，雇员彭希陶邮金及殓埋费，委实无法匀支，请准予援案给领，等情。查所称尚属实情，可否准予援案[illegible]

23

0047

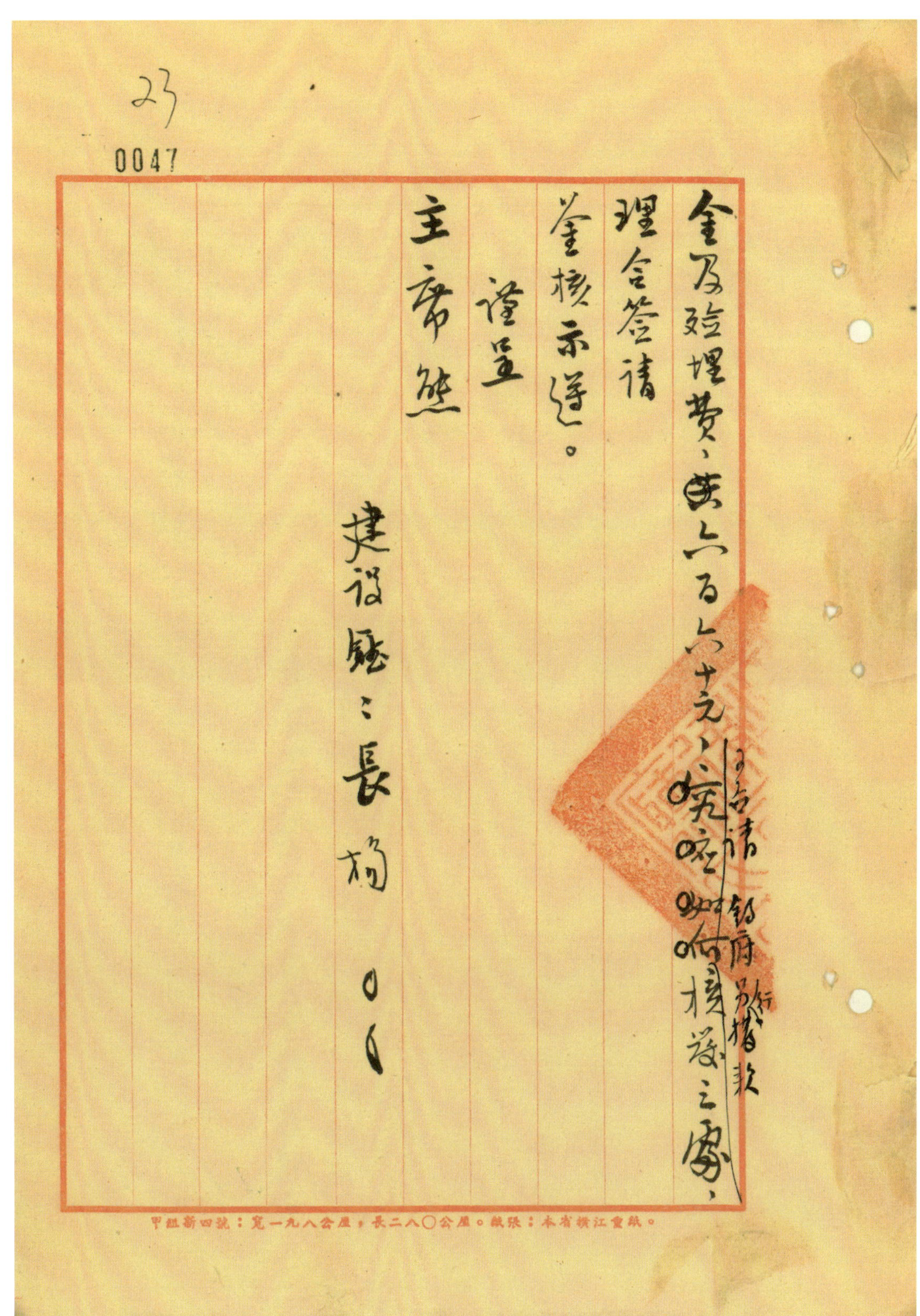

金及殓埋費、共六百六十元、~~究應如何核發之處~~可否請鈞府另行撥款、理合簽請

鑒核示遵。

謹呈

主席熊

建設廳廳長楊○○

甲組新四號：寬一九八公厘，長二八〇公厘。紙張：本省撫江會紙。

江西省水利局致省建设厅的呈（一九四二年二月二十三日）

24

0048

事由：呈爲本局第七行政區工程辦事處雇員彭希陶被炸殉難請卹一案懇請轉呈早日撥發撫卹費及殮埋費以便轉給具領由

附件

決定辦法

擬辦：查此案業已由府令指飭仍由該局自行設法匀支，此件擬存查。二、廿六

江西水利局呈

民國三十一年二月二十三日發 泰總字第二五一一號

查本局第七行政區工程辦事處雇員彭希陶於上年三月三日在南城被炸殉難請卹一案前經本局呈奉

鈞廳建分秘字第五九九九號訓令以奉

省政府指令准予照章給予一次撫卹費五百六十元，又殮埋費一百元，均由本局自行設法匀支作正

年 月 日 建發 2170 字第 號 民國三十一年 2月25日

0049

報銷等因；到局當以本局各部份經費竭蹶異常，前項撫卹及殮埋費，委實無法匀支，即經呈

請仍援照奉頒暫行標準及救濟辦法末段，但原有機關經費困難得呈請另行指撥之規定轉呈准予

撥發在卷。茲據本局第七行政區工程辦事處前主任傅元衍呈，以迭據該雇員親屬陳大坤呈請發

給，以維遺族，轉乞核發等情；前來，理合具文呈請

鈞廳俯賜鑒核轉呈

省政府迅將該項撫卹費及殮埋費，早日撥發，以便轉給具領。

謹呈

江西省政府建設廳廳長楊

江西水利局局長燕方畋

副局長丘蓀忠

校對後監印燕仰[illegible]

江西省政府致省建设厅的指令（一九四二年三月二十日）

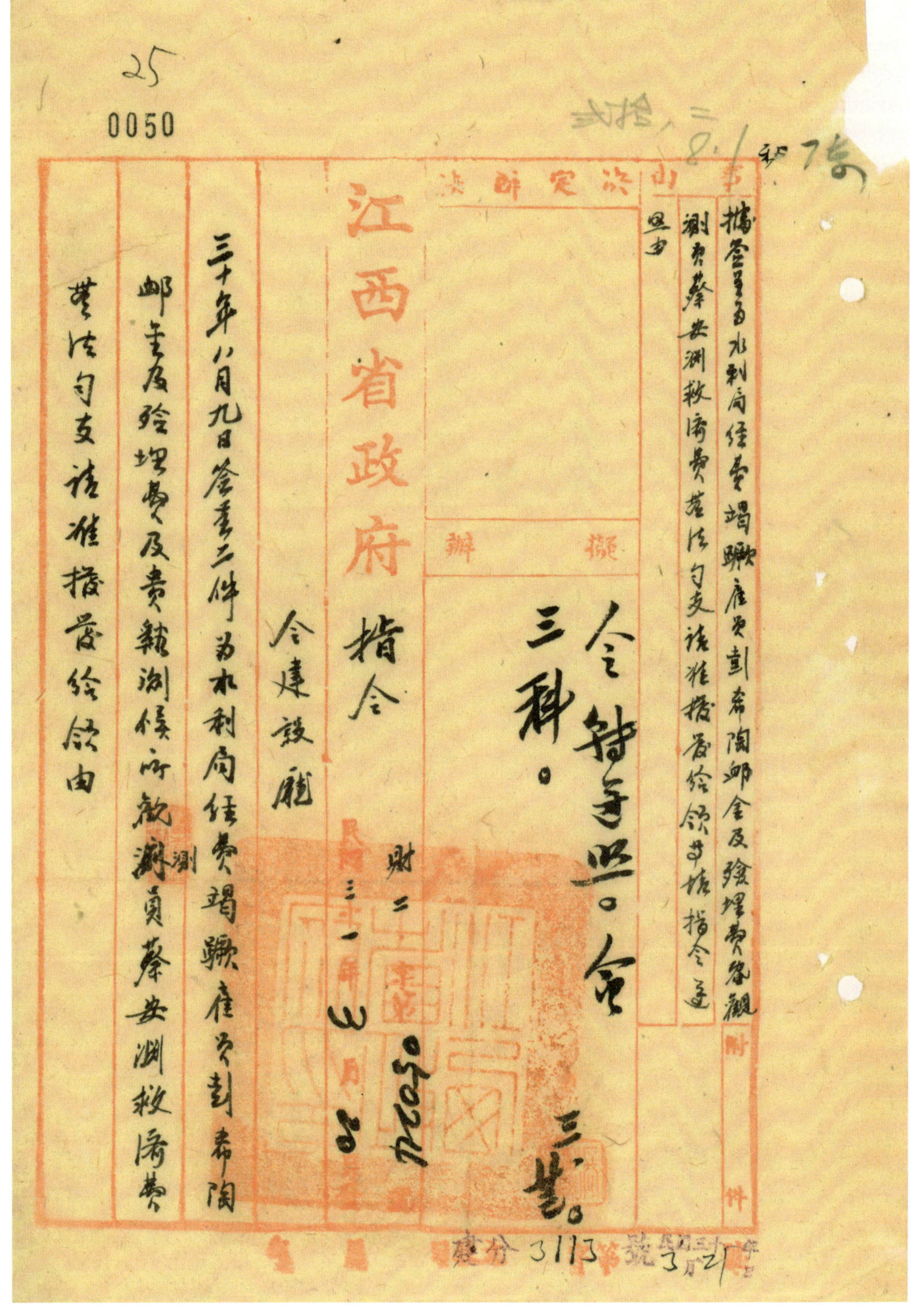

江西省政府指令

令建設廳

三十年八月九日簽呈二件爲水利局經費竭蹶，庫更封希陶邮金及殮埋費及貴籍測候所飭測員蔡安測秋病費並請勻支請准撥發給領由

呈悉。

令

三科。

附二

民國三十一年三月

建分 3113 號

0051

兩簽呈均悉。查水利局三十年度經常費計有五三九六〇元，又有事業費二九六、七六三元，兩共三五〇、七二四元之多。此項第七區工程處雇員封希陶撫卹殮埋費六六〇元及贛縣測候所觀測員宗馥受損救濟費一〇〇元，總計不過七六〇元，以三十五萬餘元之經臨各費，自不至無法勻支此七百餘元之款，應照核定原案，仍由該局自行設法勻支。除函審計部江西省審計處查照外，仰即轉飭遵照！此令。

主席　曹浩森

校對　凌慕

江西省建设厅致省水利局的训令（一九四二年三月三十日）

令

銜訓令　建分秘字第　號

令水利局

查前據該局先後呈以該局經費諸職、雇員彭希陶卹金及殮埋費，及貴屬測候所觀測員蔡安淵救濟費、委實無法勻支、請准轉請撥發給領二案、當經轉請核發在卷。茲奉

江西省政府財二字第五二四號指令開：「兩案呈均悉。查水利局知照，轉飭遵照。此令。」

等因；奉此，合行令仰遵照！此令。

廳長楊

江西省水利局致省建设厅的呈（一九四三年五月二十二日）

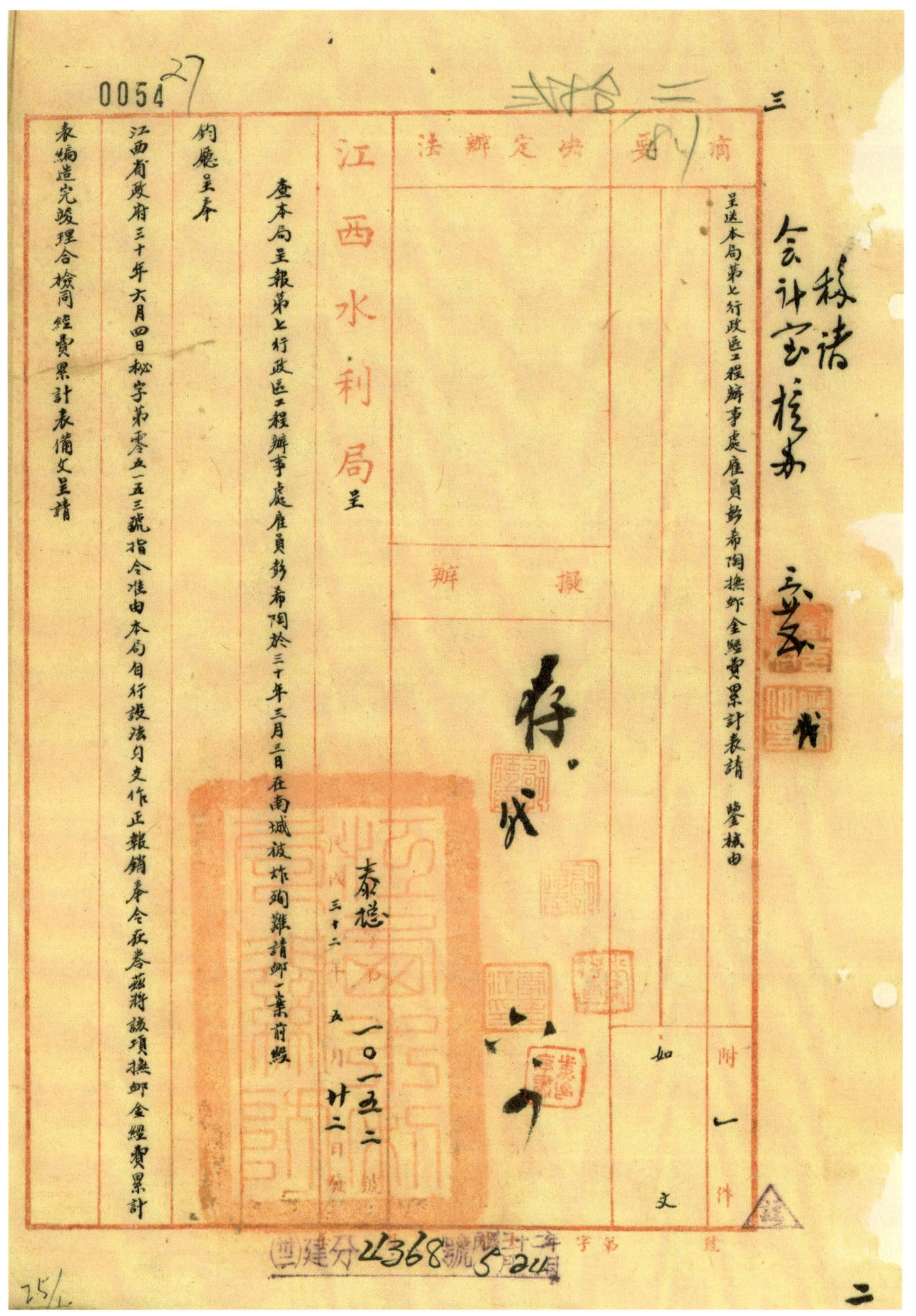

摘要：呈送本局第七行政區工程辦事處雇員彭希陶撫卹金經費累計表請　鑒核由

移請會計室核辦

存

江西水利局呈

查本局呈報第七行政區工程辦事處雇員彭希陶於三十年三月三日在南城被炸殉難請卹一案前經
鈞廳呈奉
江西省政府三十年六月四日秘字第零五一五三號指令准由本局自行設法另支作正報銷奉令在卷茲將該項撫卹金經費累計表編造完竣理合檢同經費累計表備文呈請

民國三十二年五月廿二日發　泰總字第一〇一五二號

附件：如文

（四）建分2368號　5/24

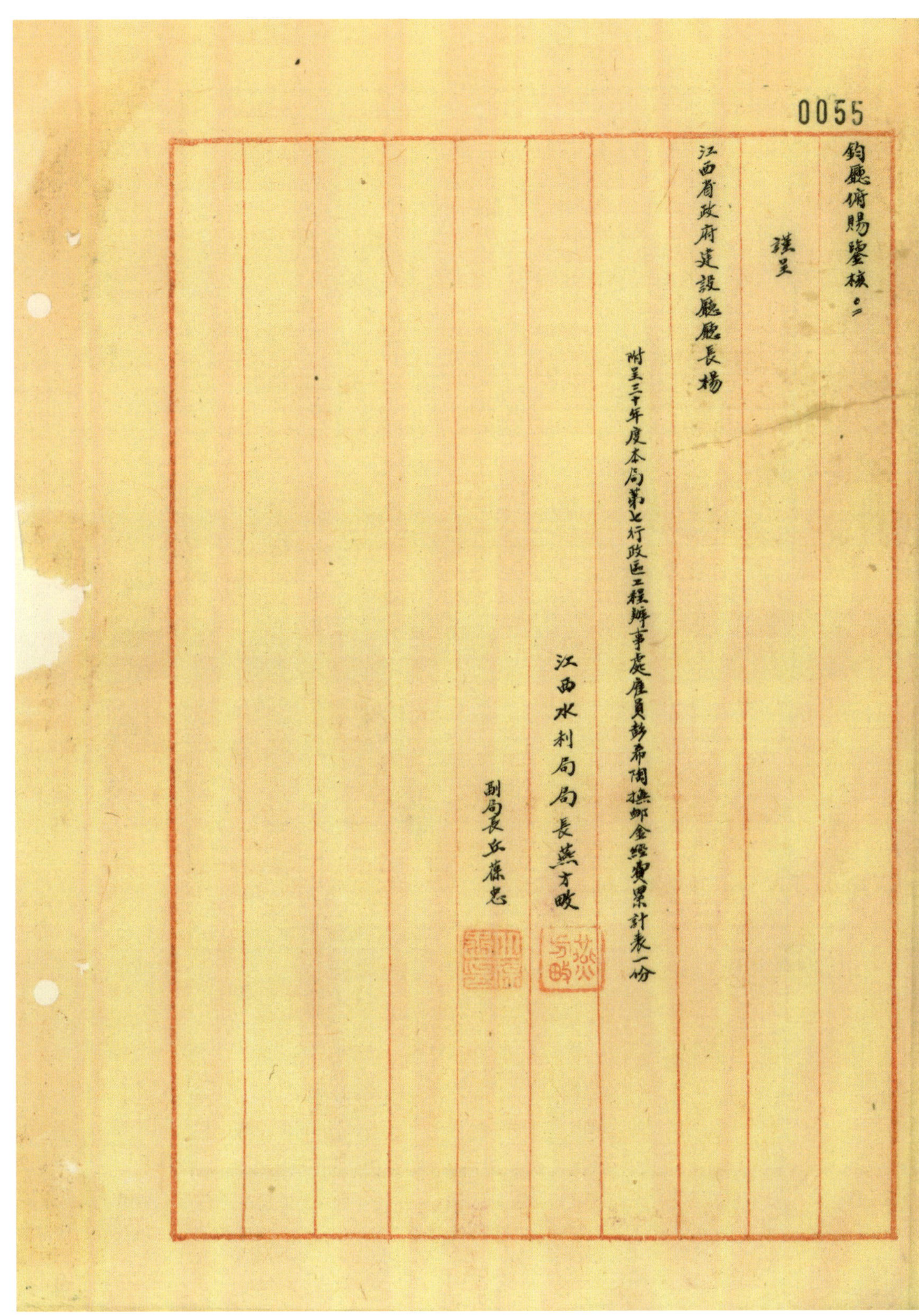
0055

钧厅俯赐鉴核。

谨呈

江西省政府建设厅厅长杨

附呈三十年度本局第七行政区工程办事处雇员彭希陶抚恤金经费累计表一份

江西水利局局长燕方畋

副局长丘藻忠

附：彭希陶抚恤金经费累计表

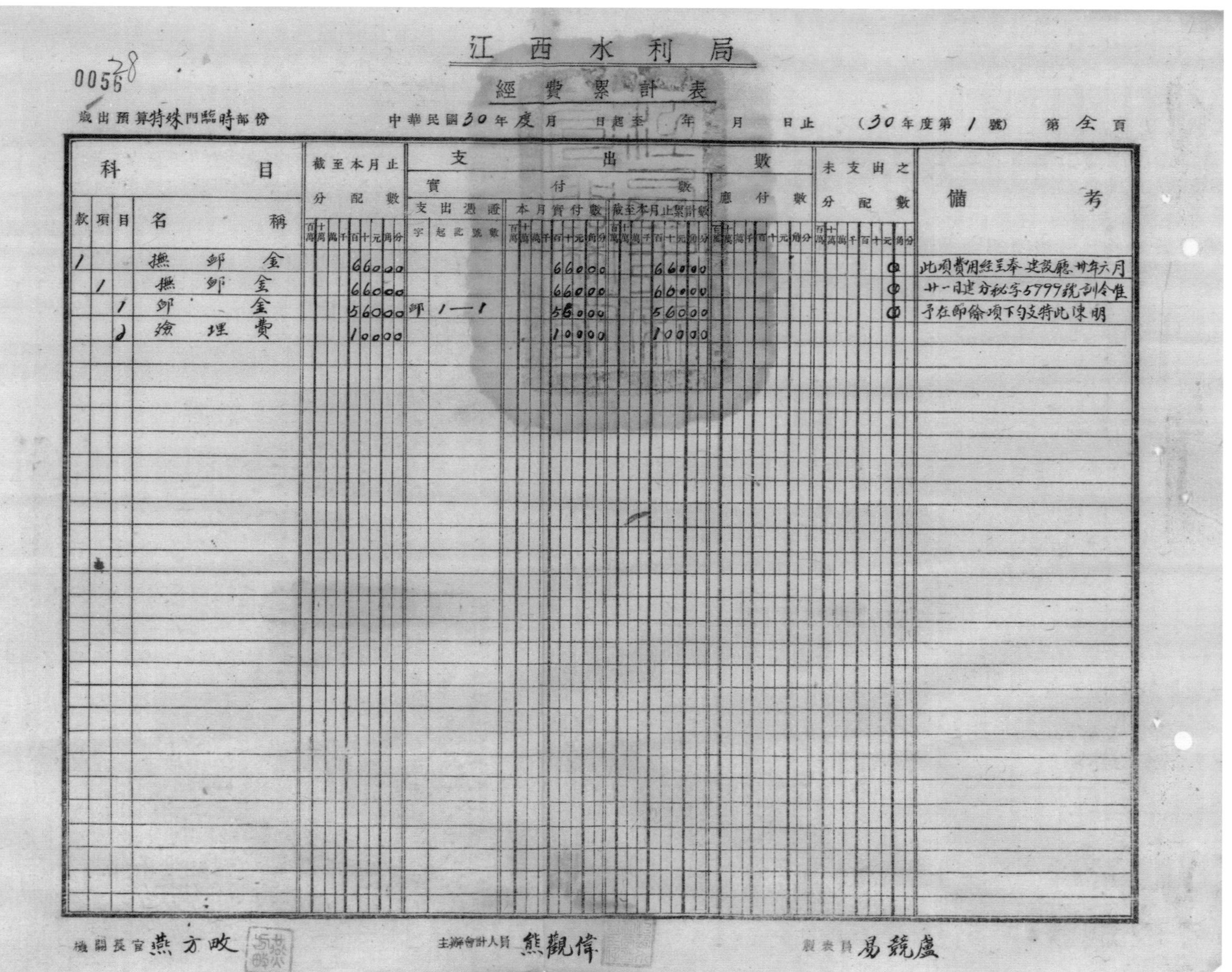

江西水利局

經費累計表

0056

歲出預算特殊門臨時部份　　中華民國30年度　月　日起至　年　月　日止　（30年度第1號）　第全頁

科目 款	項	目	名稱	截至本月止分配數	支出憑證字起訖號數	本月實付數	截至本月止累計數	應付數	未支出之分配數	備考
1			撫卹金	66000		66000	66000		0	此項費用經呈奉建設廳卅年六月
	1		撫卹金	66000		66000	66000		0	廿一日建分秘字5799號訓令准
		1	卹金	56000	卹1—1	56000	56000		0	予在卹餘項下匀支特此陳明
		2	殮埋費	10000		10000	10000			

機關長官 燕方畋　　主辦會計人員 熊觀偉　　製表員 易鏡盧

第九战区司令长官司令部、江西省动员委员会和上高县动员委员会关于拨款救济上高灾民的来往文书（一九四一年四月至五月）

第九战区司令长官司令部致江西省动员委员会的代电（一九四一年四月二十日）

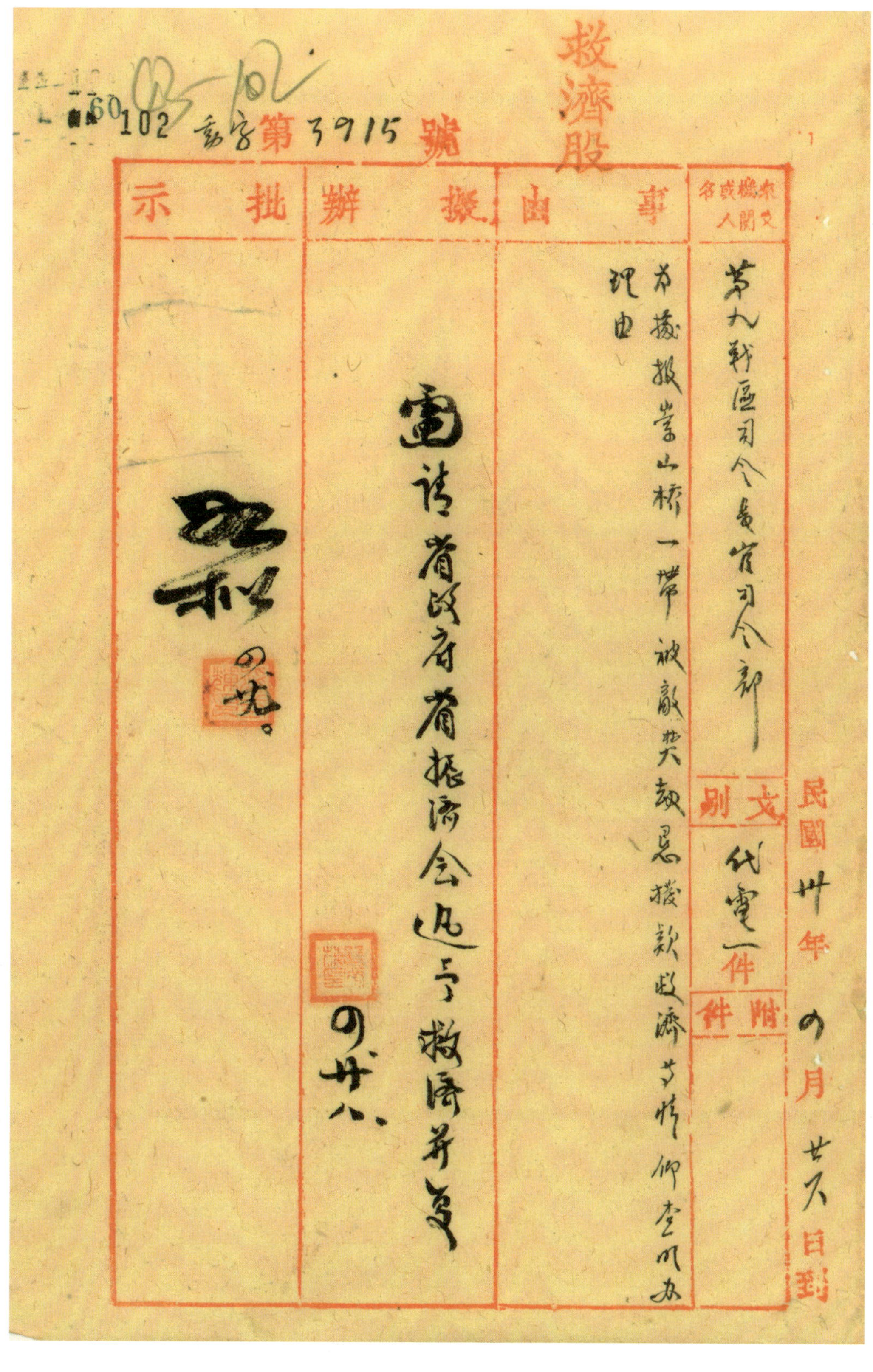

救济股

102 委字第3915号

来文机关或人名：第九战区司令长官司令部

文别：代电

附件：一件

事由：为拨拨崇山桥一带被敌焚劫恳拨款救济等情仰查明办理由

拟办：函请省政府省振济会迅予救济并复 四廿八

批示：如拟 四廿九

民国卅年四月廿八日到

10361

第九戰區司令長官司令部快郵代電

副一字第5203號 共 字 第 （共 頁）

由

摘由：為據報崇山橋一帶被敵焚刼懇撥款救濟等情仰查明辦理

江西省動員委員會：據江西上高縣黨部書記長胡復三等呈，為此次贛北大捷，擊潰敵軍，惟崇山橋堆峯洋一帶縱橫六十華里被敵搶殺，廬舍皆墟，俱成焦土，懇俯念災黎，撥款賑卹等情，合行抄附原代電，希查照辦理。薛岳卯哿際

抄附原代電一件

中華民國三十年四月 日 發

62

104

抄原代电

第九战区长官司令部司令长官薛钧鉴：此次敌寇窜扰两个半师团，分杨公墟、庆华村、前三路，会犯我高安，势甚凶猛，威逼大幸。我司令长官指挥若定，将士英勇效命疆场，浴血鏖战五昼夜，阵阵[illegible]衔烽击溃敌军，大获胜利，功崇党国，砥柱狂澜。虎口实黎，属胜港、卅岽、崇山桥、堆峰、冷水坑、四溪、官桥、墓田下、陂塘、围、凌江一带，纵横六十余里，敌踪所到，抢杀焚掠，房舍皆墟，青骨满山，哀鸿遍野。县城南北，俱成焦土，千家万户灾黎劫后苟复，在此灾情奇重之下，人民无米无衣，无居无饭可吃，无衣可穿，痛苦呻吟，流离转徙，田地荒芜，颗粒毫无收入，万分

公

105

法团等失根据、大有无法维系之势、是以特联名呈请钧长
务恳俯念灾黎、迅予函转中央赈济会增拨巨款赈恤，并
恳转函省府，仿照高安成例、从速划为游击区，以慰吾民同
仇敌忾之愤，不胜屏营待命之至。江西上高县党部书记长胡复
三、上高县动员委员会书记长李毅民、上高县财务委员会主任
委员李继嵩、上高县振济会总干事傅泾川、县商会主席丁树槐、
粮食管理委员会副主任王河清、[illegible]监察委员会干事吴学
轩、县农会干事况洪泰、县教育会干事胡宝琛、总工会干
事游信成。卯灰叩。

江西省动员委员会致上高县动员委员会的训令（一九四一年五月十日）

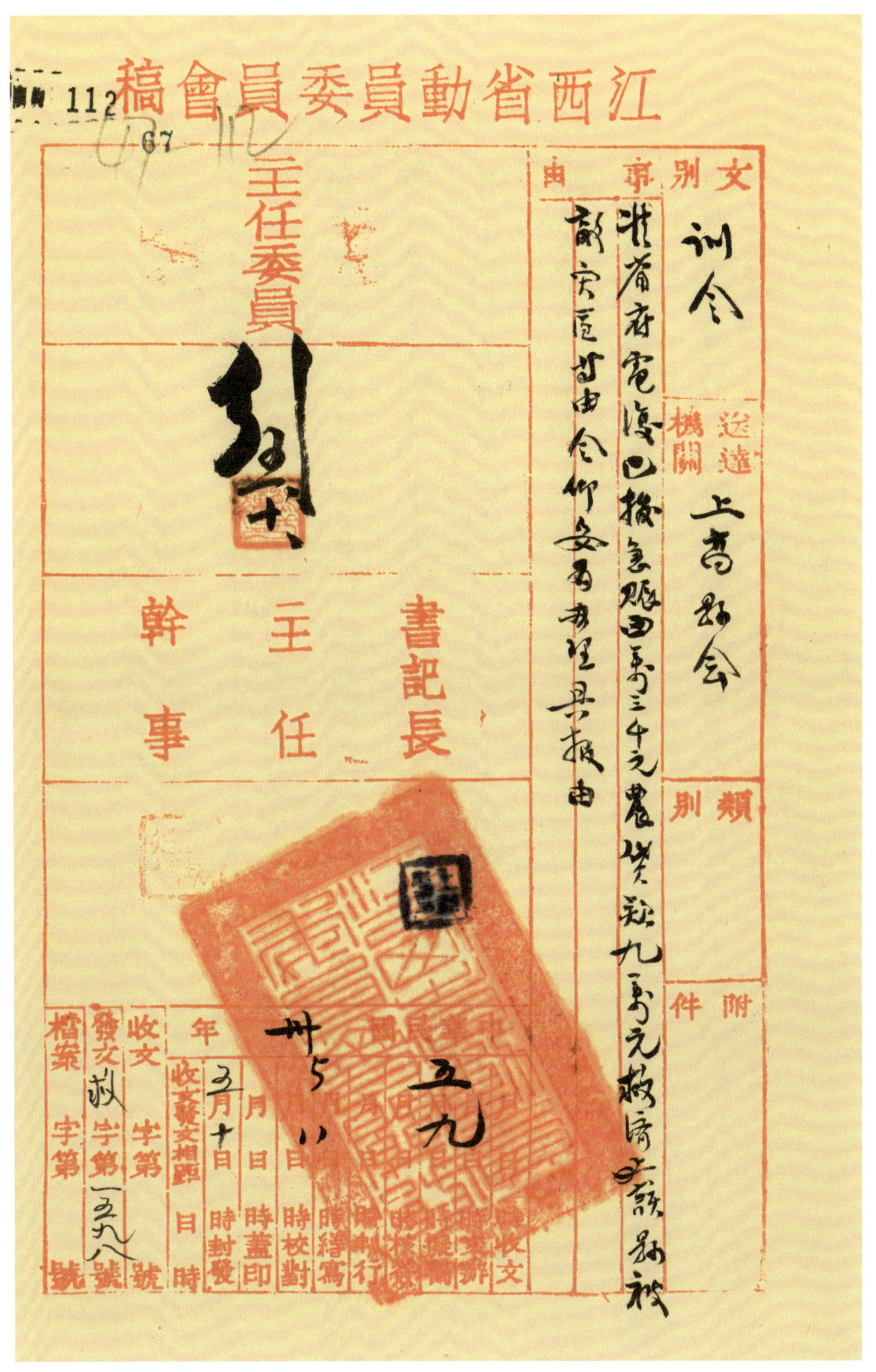

江西省動員委員會稿

文別	訓令
送達機關	上高縣動員會
事由	准省府電復已撥急賑國幣三千元農貸款九萬元救濟上高縣被敵災區等由令仰妥為辦理具報由
類別	
附件	

主任委員 劉

書記長　主任　幹事

中華民國卅年五月九日

收文 字第　號
發文 救 字第一五九八號
檔案 字第　號

收文發文相距 日 時
五月十日

113

训令

救字第　号

令工商救济委员会

案奉

第九战区司令长官司令部副一字第五〇三号卯齐保代电以据该部

秘书室部附（机）顾问郎庆代电呈请拨款救济该部案山桥一带被敌焚毁一案

抄附原代电转请查照办理

等因到会比经电请江西省政府迅予救济兑复去后兹准辰虞民

府代电开「照抄来文」

等由准此除电复第九战区司令部外合行令仰该会即日查有关机关

妥予救济急赈及办理农贷以惠灾黎仍将办理情形具报备查

此令

主任委员 熊〇〇

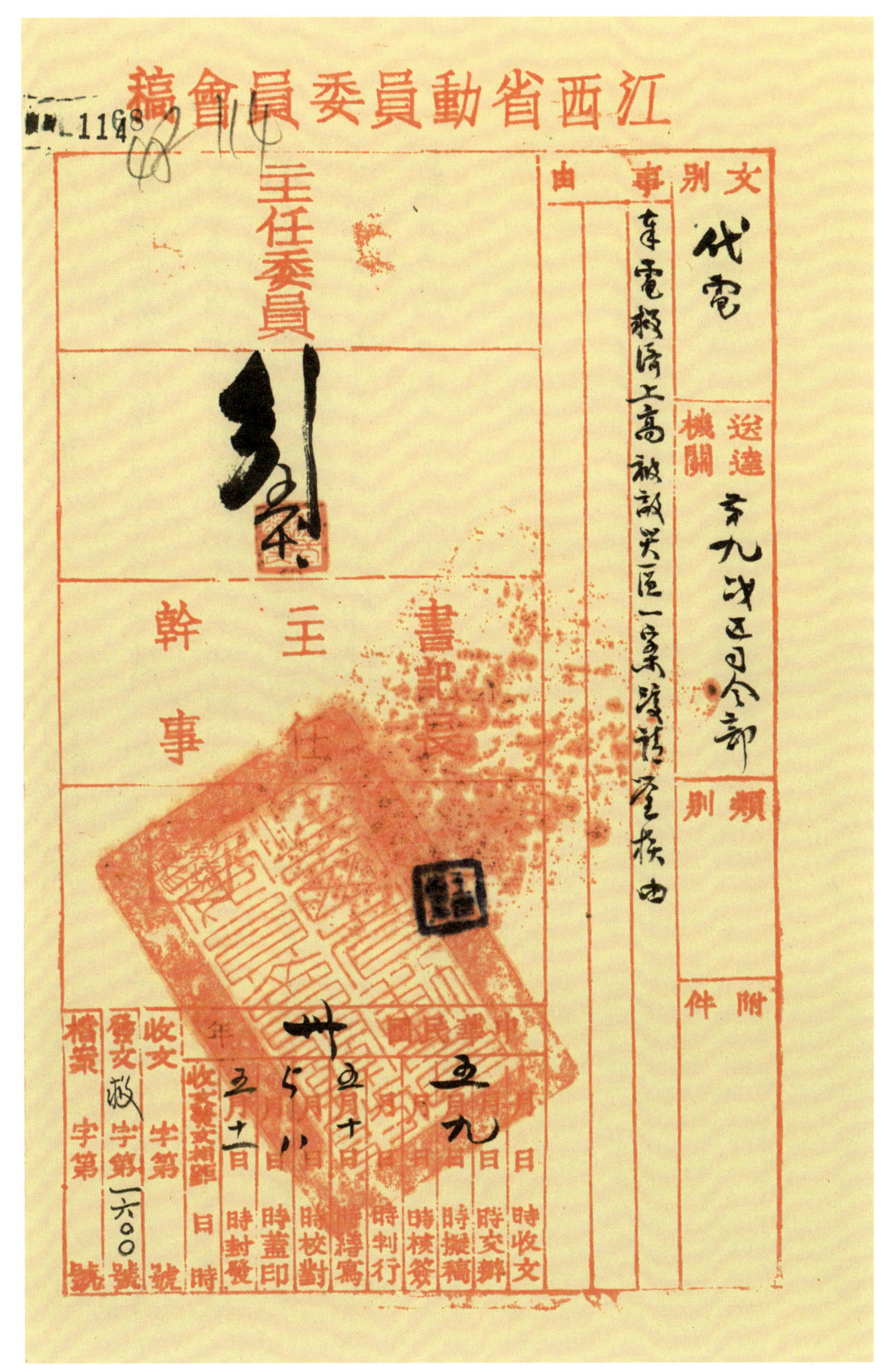

江西省動員委員會稿

1168

文别：代電

事由：奉電救濟工商被敵焚區一案復請鑒核由

送達機關：第九戰區司令部

類别

附件

主任委員

書記長

主任

幹事

中華民國卅年
五月九日收文
五月九日交辦
月日擬稿
月日核發
月日判行
五月十日繕寫
五月八日校對
月日蓋印
五月十一日封發
收文發文相距　日　時

收文　字第　號
發文救字第一六〇〇號
檔案　字第　號

江西省动员委员会致第九战区司令长官司令部的代电（一九四一年五月十一日）

115

代電　救字第　号

長沙市九戰區司令長官薛　副丁字第五二〇三号卯寄係代電奉悉。案經電請江西省政府迅予救濟見復去後，茲准該府虞民濟代電開「照轉悉」等由，准此，除令飭工商科、參議會會同各有關機關妥予辦理以惠災黎外，謹電復請鑒核。江西省參議會議長佳救印

抗日战争档案汇编

江西抗战抚恤档案汇编

2

江西省档案馆 编

中華書局

本册目录

二、请恤救济补助（续）

二、请恤救济补助（续）

江西省政府和九江县政府关于洪化理、洪化刚等因公殒命请予抚恤的来往文书（一九四一年四月至七月）

九江县政府致江西省政府的呈（一九四一年四月三十日）

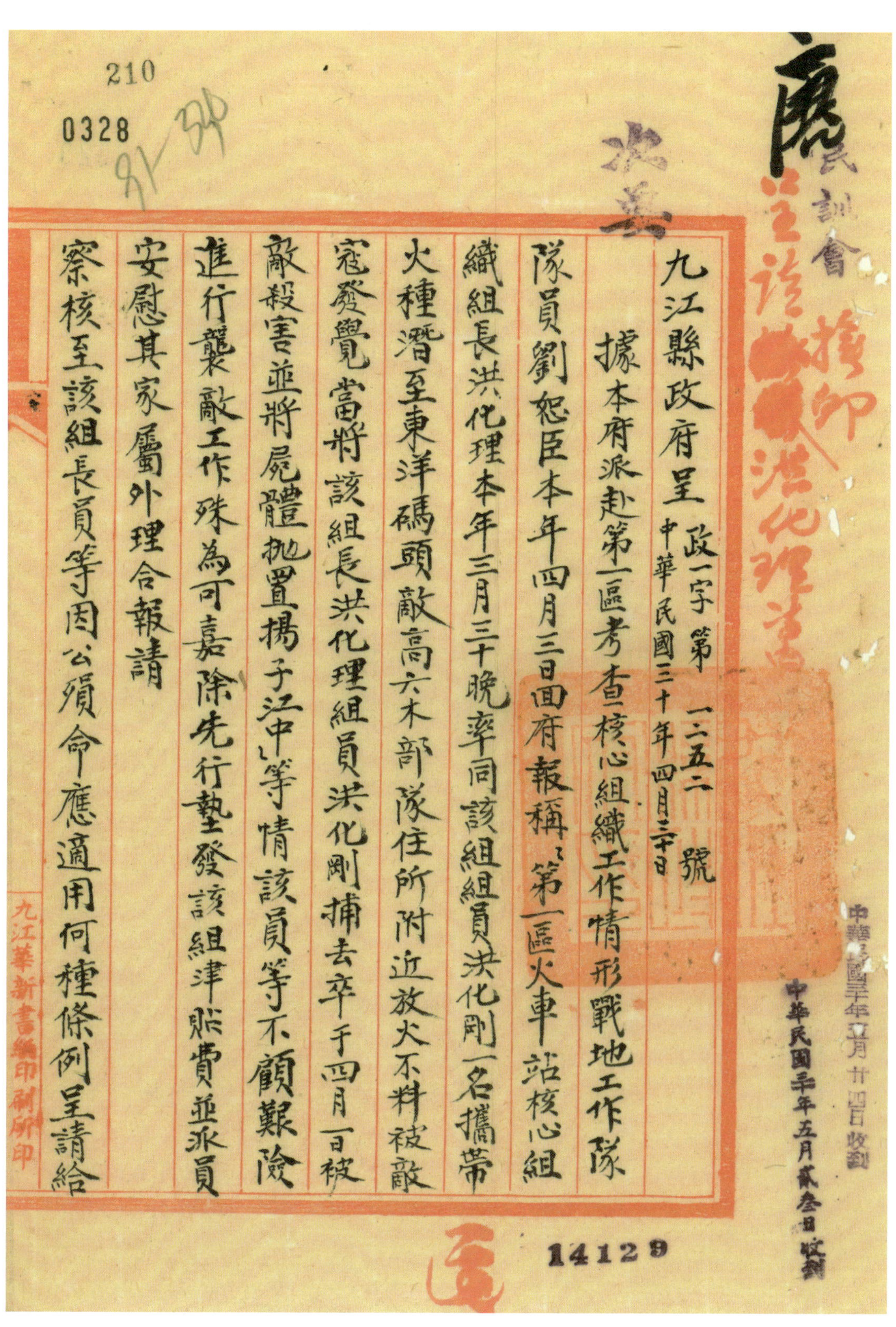

九江縣政府呈　政一字第一二五二號
中華民國三十年四月三十日

據本府派赴第一區考查核心組織工作情形戰地工作隊隊員劉恕臣本年四月三日回府報稱第一區火車站核心組織組長洪化理本年三月三十晚率同該組組員洪化剛一名攜帶火種潛至東洋碼頭敵高六木部隊住所附近放火不料被敵察覺當將該組長洪化理組員洪化剛捕去卒于四月一日被敵殺害並將屍體拋置揚子江中等情該員等不顧艱險進行襲敵工作殊為可嘉除先行墊發該組津貼費並派員安慰其家屬外理合報請

察核至該組長員等因公殞命應適用何種條例呈請給

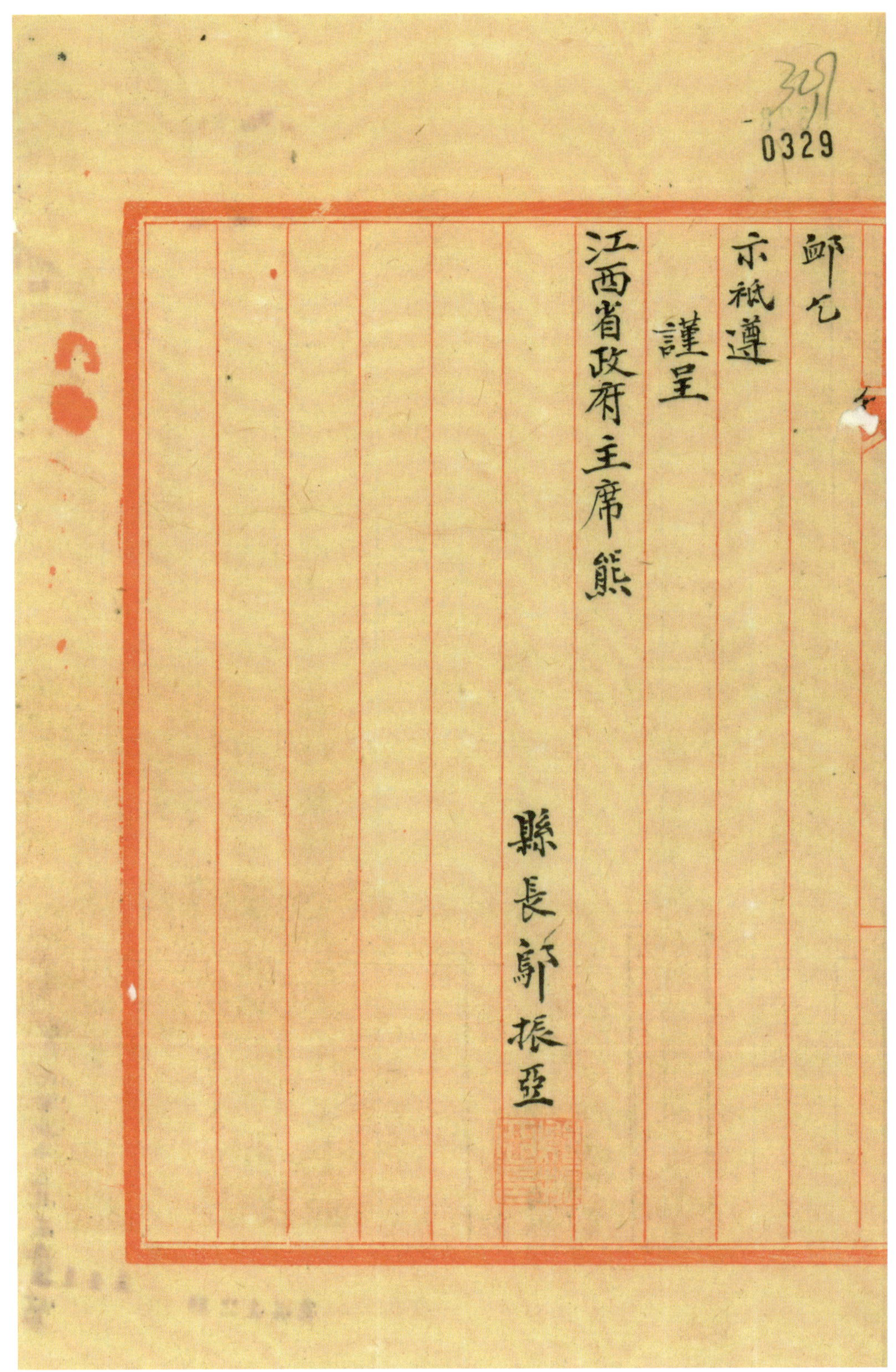

0329

卹乞

示祇遵

謹呈

江西省政府主席熊

縣長鄔振亞

江西省政府致九江县政府的指令（一九四一年七月二十六日）

江西省政府稿

0324

文别：指令

事由：据呈据总组长洪化理廿四公殉命请予抚恤等情指令知照由

受达机关：九江县政府

号：民训

附：原呈文件

主席

秘书长

财政厅长

民政厅长

秘书

科长

主任

科员

办事员

中华民国三十年七月廿四日收到

0325

府銜指令　財民訓字第　　號

令九江縣政府

三十年四月九日政一字第一二三九號呈一件，又同月三十日政一字第一二五一號呈一件，分別呈報核心組長楊道高洪代理組員洪化剛等因公殉命，請予撫卹由。

兩呈均悉。該員等因公遇害，殊堪憫惜。組長洪代理一名，准依陸軍撫卹暫行條例第七條第二款後段，比照同條例第五條第一款及同條例第九條第一款之規定，給予一次撫卹金一百五十元，遺族年撫金八十元，以二十年為期。組員洪化剛一名，准依上列條款，比照上等兵，給予一次撫卹金一百元，遺族年撫金五十元，以二十年為期。組長楊逢高一名，准依前列條例第七條第一款、第八條第一款及第十九條第二款之規定，照上士階級，給予一次撫卹金一百二十元，遺族年撫金七十元，以十年為期。除通令游击戰區各署縣知照外，仰即查遵前列條例第二十二條規定，填具該員生死亡請卹及戶籍調查表呈府，以憑填發卹令給領。此令。

主席熊〇〇

财政厅长文〇

民政厅长王〇〇

交通部邮政总局和江西邮政管理局关于南城局信差周作模因公殒命核发抚恤金的来往文书（一九四一年五月至七月）

江西邮政管理局致交通部邮政总局的呈（一九四一年五月九日）

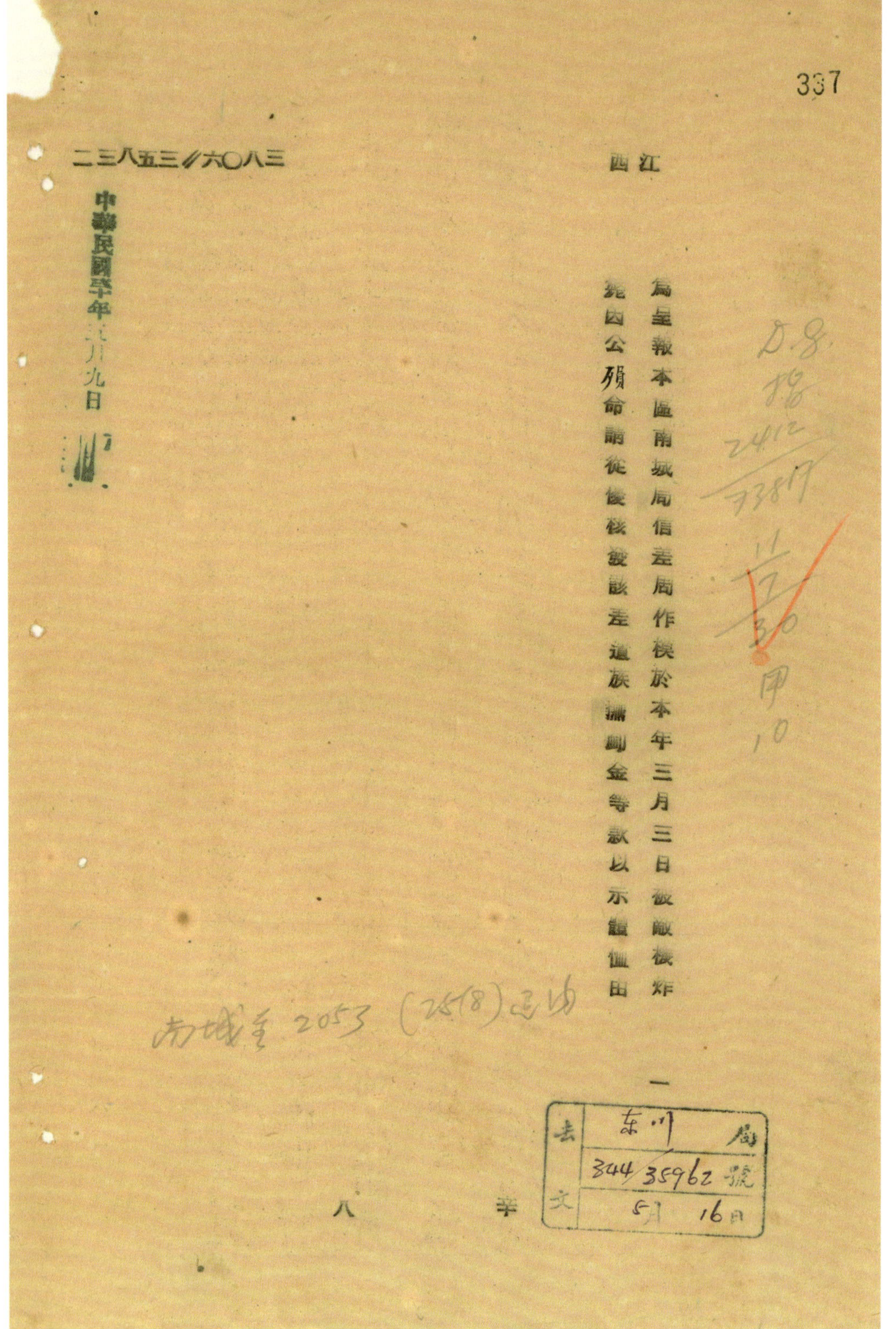

江西

局呈報本區南城局信差周作模於本年三月三日被敵機炸斃因公殞命請從優核發該差遺族撫卹金等款以示體恤由

中華民國卅年五月九日

二三八五三//六〇八三

案據南城二等郵局三十年三月四日第二〇二四號呈節稱：

「竊查三月三日敵機廿七架，空襲南城，死傷慘重，職局四鄰均被投彈，致遭波及，損失頗重。先是上午十時半本市發出空襲警報，旋於十一時繼發緊急警報，不數分鐘，敵機廿七架飛臨上空，彈落如雨，局屋前後左右緊鄰均中彈，斯時因在辦公時間，各員工均在局內，不及疏散，除一部份避入防空室內倖免於難外，信差周作儀因不及趨避，中彈受傷，事後抬至醫院，以傷重不治，於午後三時逝世。防空室傾斜欲圮，幸局屋甚爲堅固，惟各房間板壁明瓦玻璃及局長室棹椅均已完全損壞」

又據該局本年四月十八日第二〇五三號呈稱：

339

「查職局信差周作模於三月三日被炸殉職，業經於第二〇二四號呈文呈報在案。茲據該故差長子周瑞麟來呈，以周差故後，遺下子女幼稚，尚在襁褓，家境蕭條，嗷嗷待哺，懇請從優撫卹等情，理合檢同原呈備文報請鑒核，懇乞從優議卹，以安周差遺族，實爲德便。」

各等情，附原呈一件。據此，查該信差周作模係於民國廿一年三月十六日入局，服務迄今已滿足八年，茲於本年三月三日在辦公時間被敵機炸斃，因公殞命，殊堪悼惜，擬請鈞局從優核發該故差遺族撫卹金等款，以示體恤。理合造具本局第四六二號退職員工報告單一件備文呈報，敬祈

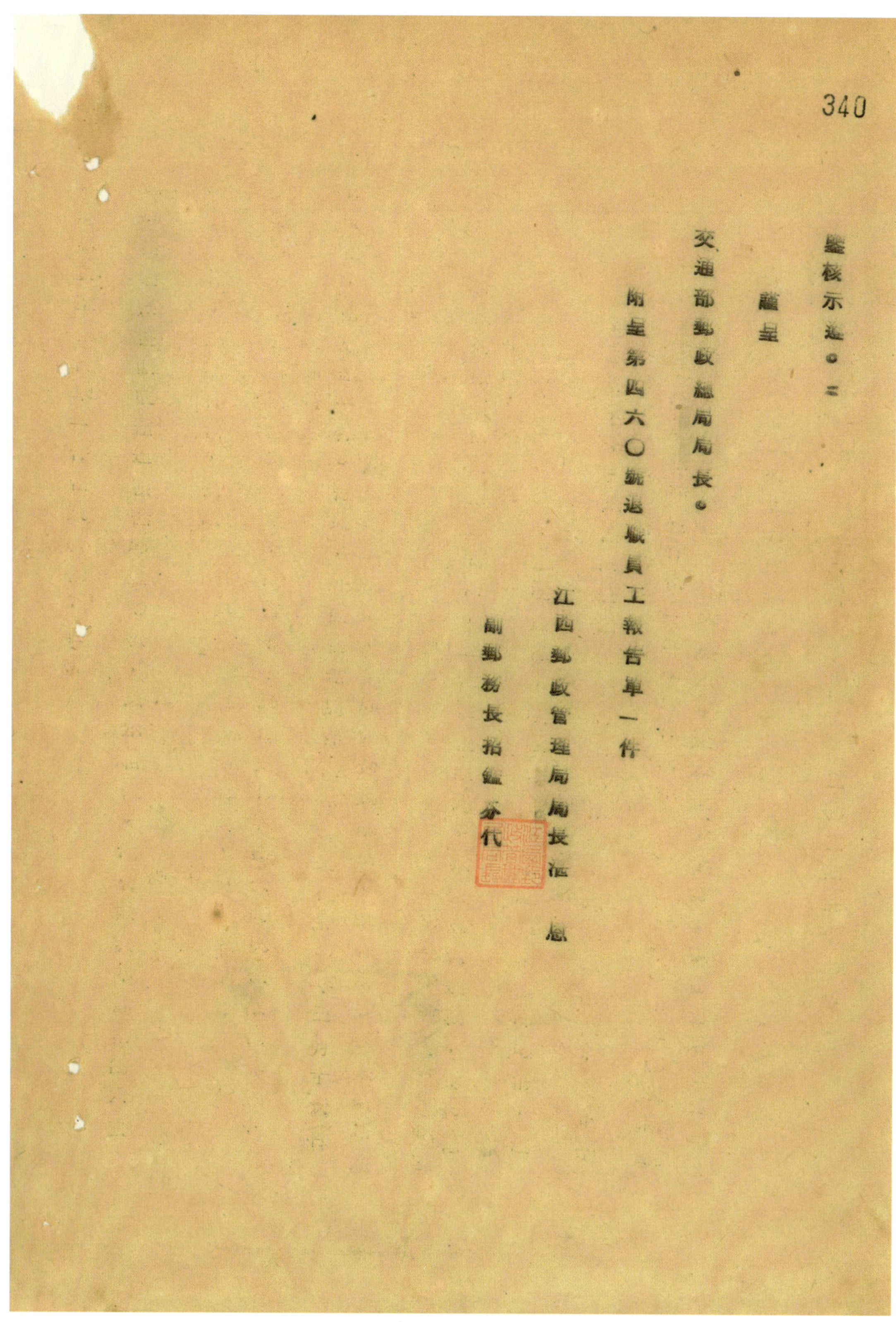

鑒核示遵。

謹呈

交通部郵政總局局長。

附呈第四六〇號退職員工報告單一件

江西郵政管理局局長汪　恩

副郵務長指鉞分代

交通部邮政总局致江西邮政管理局的指令（一九四一年七月二十一日）

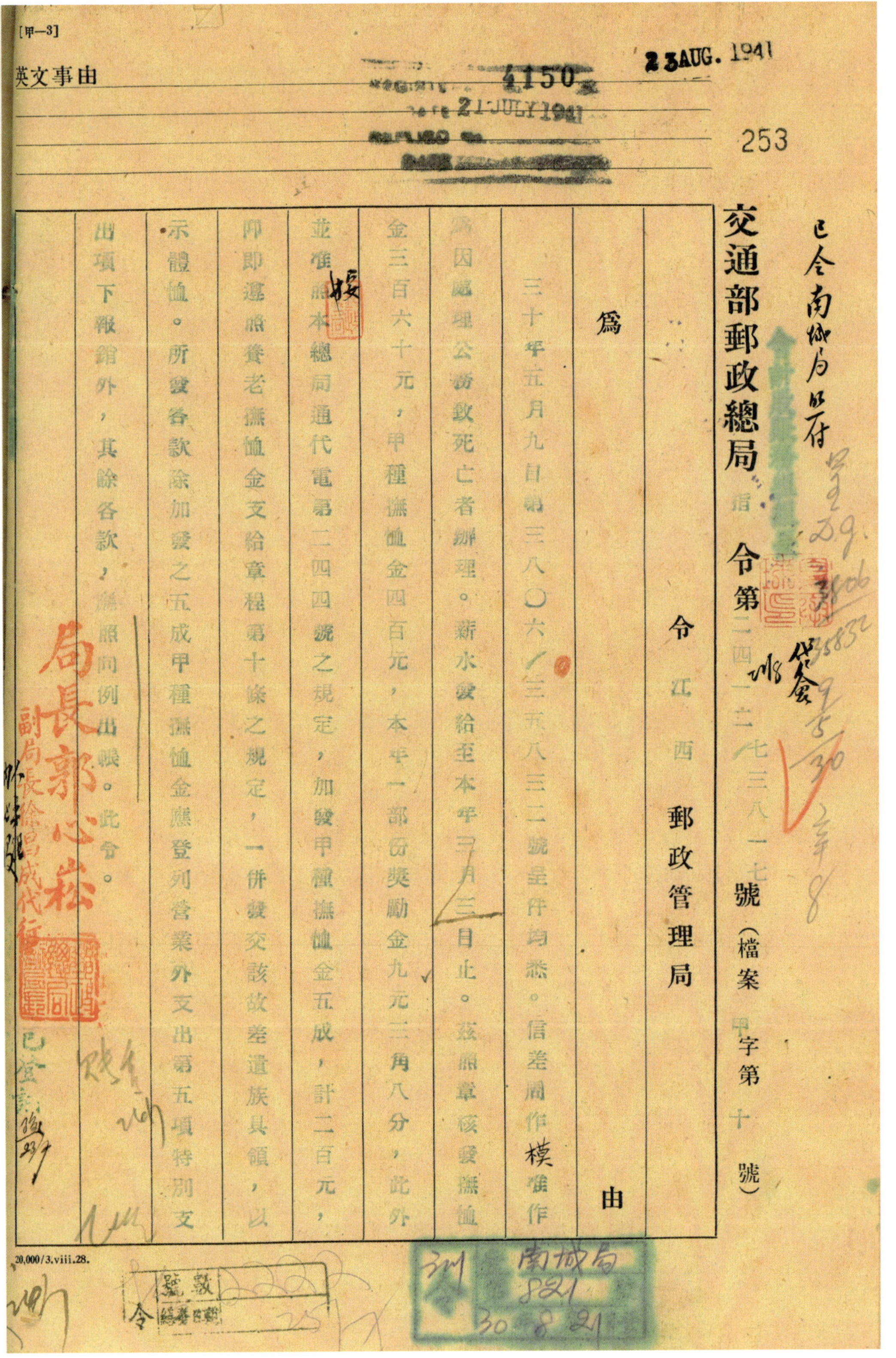

[甲—3]

英文事由

23 AUG. 1941

4150

21 JULY 1941

253

交通部郵政總局指令第二四一二七三八一七號（檔案甲字第十號）

令江西郵政管理局

為

由

三十年五月九日第三八〇六／三五八三二號呈件均悉。信差周作模准作因處理公務致死亡者辦理。薪水發給至本年三月三日止。茲照章核發撫恤金三百六十元，甲種撫恤金四百元，本年一部份獎勵金九元二角八分，此外並准照本總局通代電第二四四號之規定，加發甲種撫恤金五成，計二百元，即遵照養老撫恤金支給章程第十條之規定，一併發交該故差遺族具領，以示體恤。所發各款除加發之五成甲種撫恤金應登列營業外支出第五項特別支出項下報銷外，其餘各款，應照向例出帳。此令。

局長郭心崧

副局長徐鶴成代行

20,000/3.viii.28.

江西省政府和永修县政府关于刘富遇、周绍堂等分别恤奖的来往文书（一九四一年五月至十一月）

永修县政府致江西省政府的呈（一九四一年五月十日）

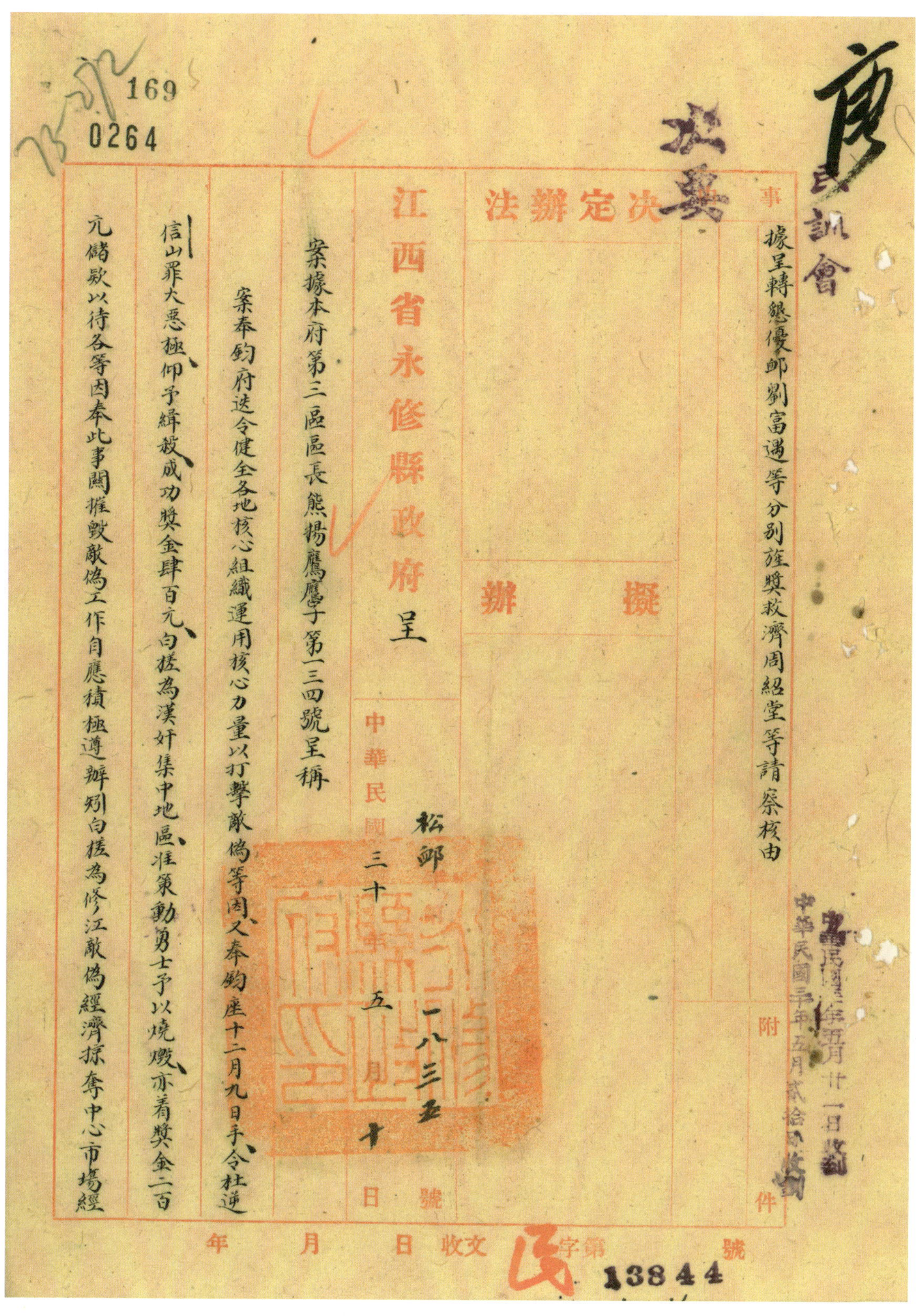

169

0264

江西省永修縣政府　呈

事由：據呈轉懇優卹劉富遇等分別旌獎救濟周紹堂等請察核由

擬辦

決定辦法

中華民國三十年五月十日　松郵一八三五號

案據本府第三區區長熊揚鷹〔鷹〕子第一三四號呈稱：

案奉鈞府迭令健全各地核心組織運用核心力量以打擊敵偽等因，又奉鈞座十二月九日手令：杜逆信山罪大惡極，仰予緝拔，成功獎金肆百元；白槎為漢奸集中地區，准策動勇士予以燒燬，亦着獎金二百元，儲款以待各等因。奉此，事關摧毀敵偽工作，自應積極遵辦。列白槎為修江敵偽經濟掠奪中心市場經

收文　民字第13844號

0265

常駐敵不過十餘人、果有內應則此少數敵軍殲滅實易事故即將白槎核心組織遵 層峯迭令加以嚴格
整理並吸收當地現在敵偽勢圈內之有志青年劉富遇等重新建立最有力之核心力量授以鈞座十二月九
日手令所交之任務及本區自衛隊突擊殲敵時之內應等進行準備以來、行將匝月、一切籌劃頗具端倪、四月
二十三日組長劉富遇、組員李道松、周紹堂、吳傳堯等偷渡潛來雲山本署請示工作機要、並報告槎市近況、
翌日返槎、詎事機不密、竟為奸徒發覺、被偽自警大隊長杜逆信山捕獲非刑拷訊、血肉橫飛組長劉富遇在
張公渡從容就義、組員李道松、吳傳堯在白槎慷慨捐生、周紹棠於敵推赴坑邊活埋時拚命逃脫冒險
浮江到署、組員趙名思等尚在敵押中、（內有義教隊名包作棣君一名）趙正煌、許書廣、及往來聯絡熊兆等
亦均先後潛來本署請求救濟、查劉富遇、李道松、吳傳堯類均有志有為、青年捐軀救國、至堪憫惻、周
紹堂、趙正煌、許書廣、熊兆等因公受累為國犧牲、非予分別旌獎救濟不足以勵來茲、如何之處、伏乞鑒
核指示祇遵、不勝廹切待命之至、

等情、據此、查杜逆信山甘心附敵、無惡不作、人神之所共憤天地之所不容不惟不自知悔悟反而變本加厲以此害群之馬若不予以緝殺將何以慊人心以辨忠奸又何以推行政令且白楂為漢奸集中地區敵偽經濟掠奪中心市場爰是責令三區熊區長設法緝殺予以燒燬並分別懸賞獎金弟月來頗感順利詎料變出意外組長劉富過組員李道松吳傳堯事洩被逮、壯志未售慷慨捐生、周經堂臨刑脫險趙名思等被羈、趙正煌等因公受累、種種諸事蹟據呈前來殊堪痛悼縣長深念該壯士為國捐軀身後蕭條幼兒老母其情可憫其志可嘉若不予以獎䘏將何以勵來茲為此轉懇

鈞府鑒核准予從優撫䘏劉富過等遺族、並懇分別旌獎救濟周經堂等、以慰忠魂而勵來茲、

謹呈

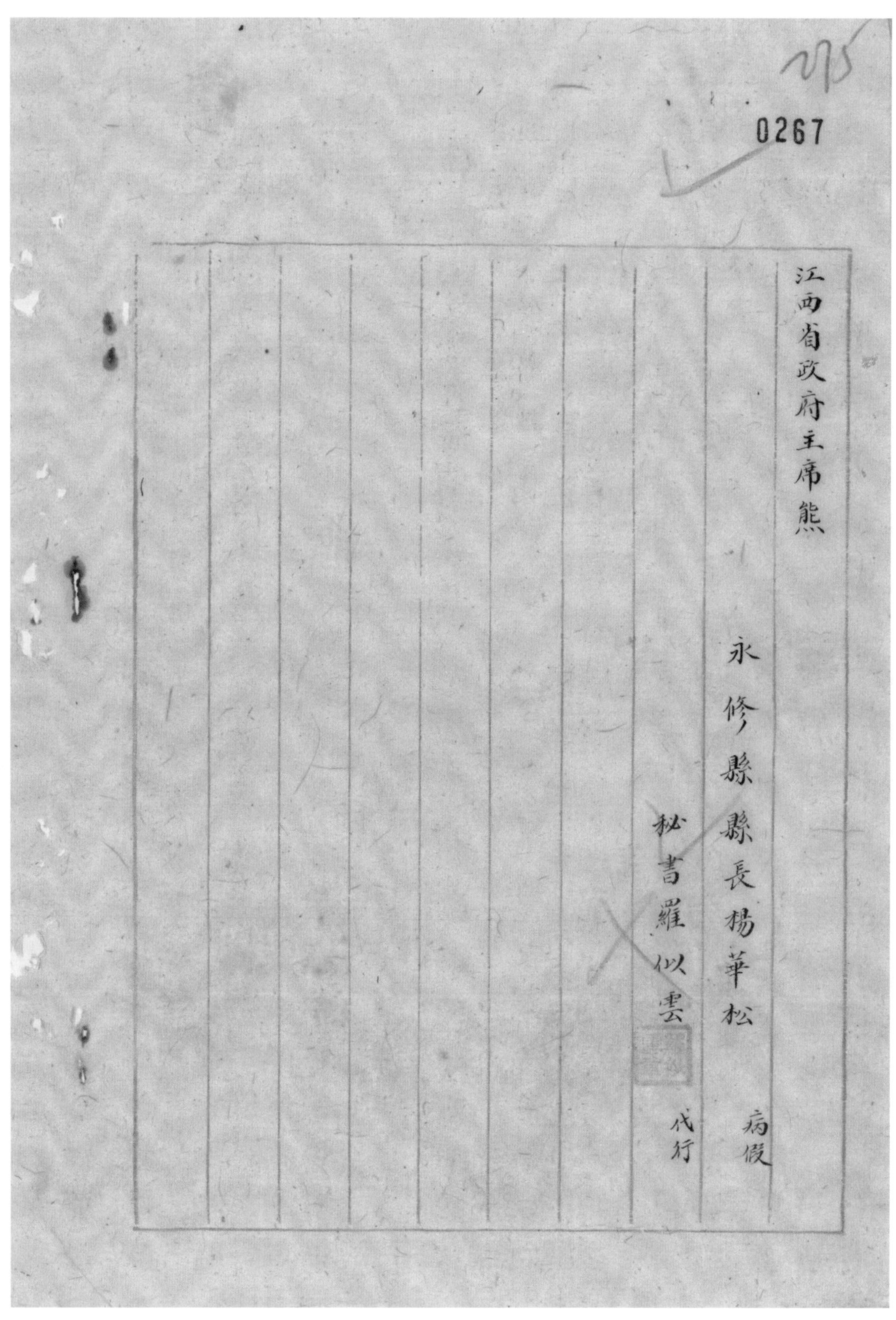
275
0267
江西省政府主席熊
永修縣縣長楊華松 病假
秘書羅似雲 代行

江西省政府致永修县政府的指令（一九四一年七月二十六日）

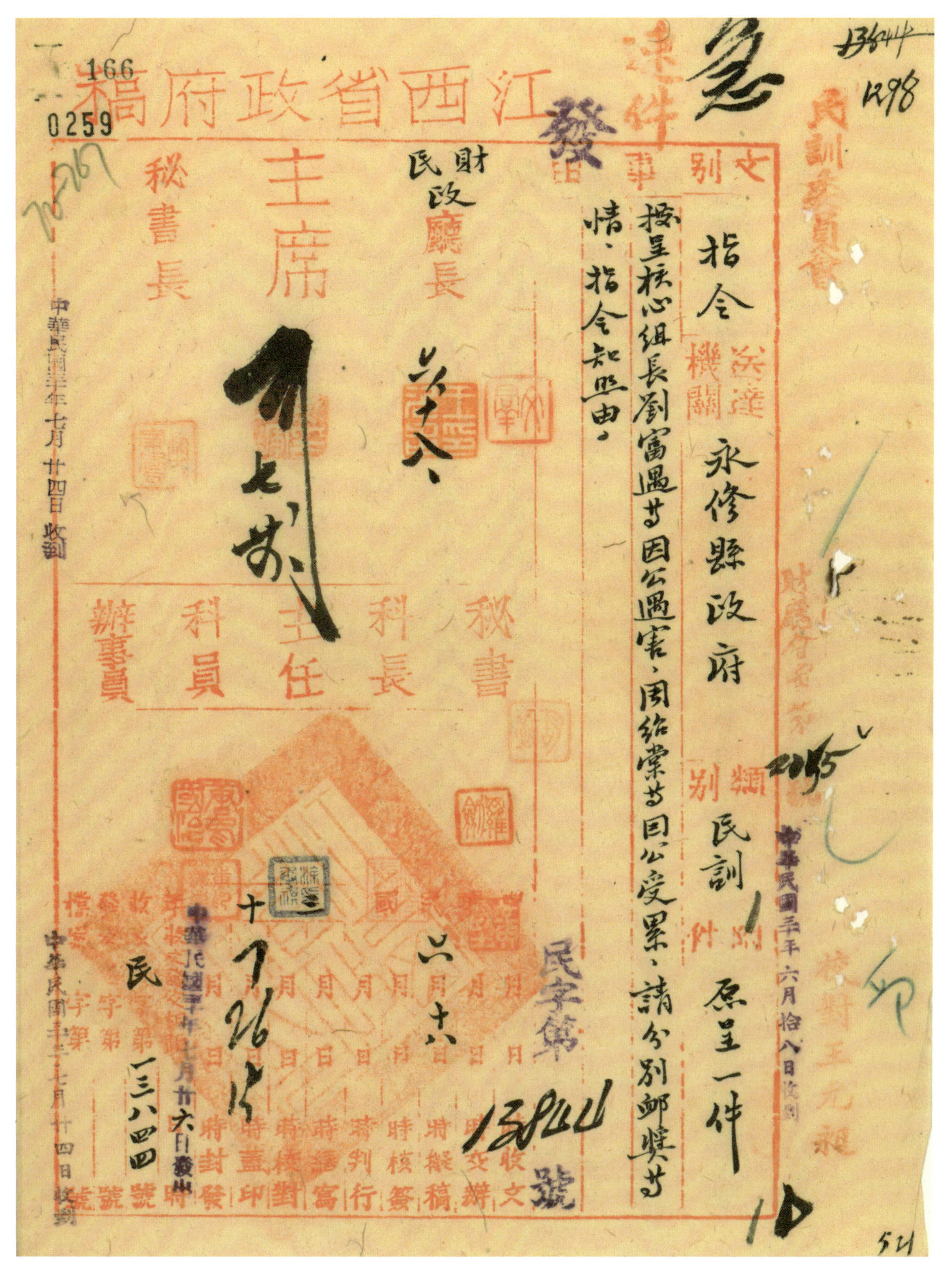

江西省政府稿

急

速件

發

主席

秘書長

財政廳長
民

指令

送達機關　永修縣政府

據呈核心組長劉富遇等因公遇害，周紹棠等因公受累，請分別卹獎等情，指令知照由。

類別　民訓

附件　原呈一件

民字第一三八四四號

秘書　科長　主任　科員　辦事員

府銜指令　財民訓字第　　號

令永修縣政府

三十年五月十日松卹字第一八三五號呈一件，呈報核心組長劉富遇等因公遇害，周紹棠等因公受累，請優予卹獎由。

呈悉。查該員等，或為國捐生，或因公受累，殊堪矜憫。應准依照江西省戰時民眾組訓各級幹部人員及受訓國民獎懲暫行辦法第三、四、五、六、七、十九各條規定，分別卹獎如次：

一、組長劉富遇、組員李道松、吳傳堯等，深入敵區，襲擊敵偽駐點，事洩遇害，應依陸軍撫卹暫行條例第七條第二款後段比照同條例第五條第一款之規定，組長劉富遇一名，照上士階級，給予一次撫卹金一百五十元，遺族年撫金八十元；組員李道松吴俦尧二名，比照上等兵，各給一次撫卹金一百元，遺族年撫金五十元。並依同條例第十九條第一款規定，年撫金均以二十年為期。該縣應即查遵同條例第二十二條規定，填具該員等死亡請卹及户籍調查表（原附表第九表）呈府，以憑核發卹令給領。

二、周紹棠等因公受累，准依前頒獎懲暫行辦法第三至第七條各規定，周紹棠一名獎金一百元，趙正煌許書廣熊兆三名，各獎金六十元。以示補助。即由該縣取具領保結（彙列著獎卹金表），呈候核發。

271

0263

三、被敵羈押之趙名思、包作楝二名，該縣應即設法營救，俾脫險再議。至白槎市既為修江敵偽經濟掠奪中心，駐敵僅十許人，及杜逆信山甚忠附敵各節，應由該縣繼續指揮各核心組織，發動民眾力量，務予撲滅，是為至要！

除通令游擊戰區各署縣外，仰即知照。

此令。

主席熊〇〇

財政廳長文〇

民政廳長王〇〇

永修县政府致江西省政府及省财政厅的呈（一九四一年十一月十一日）

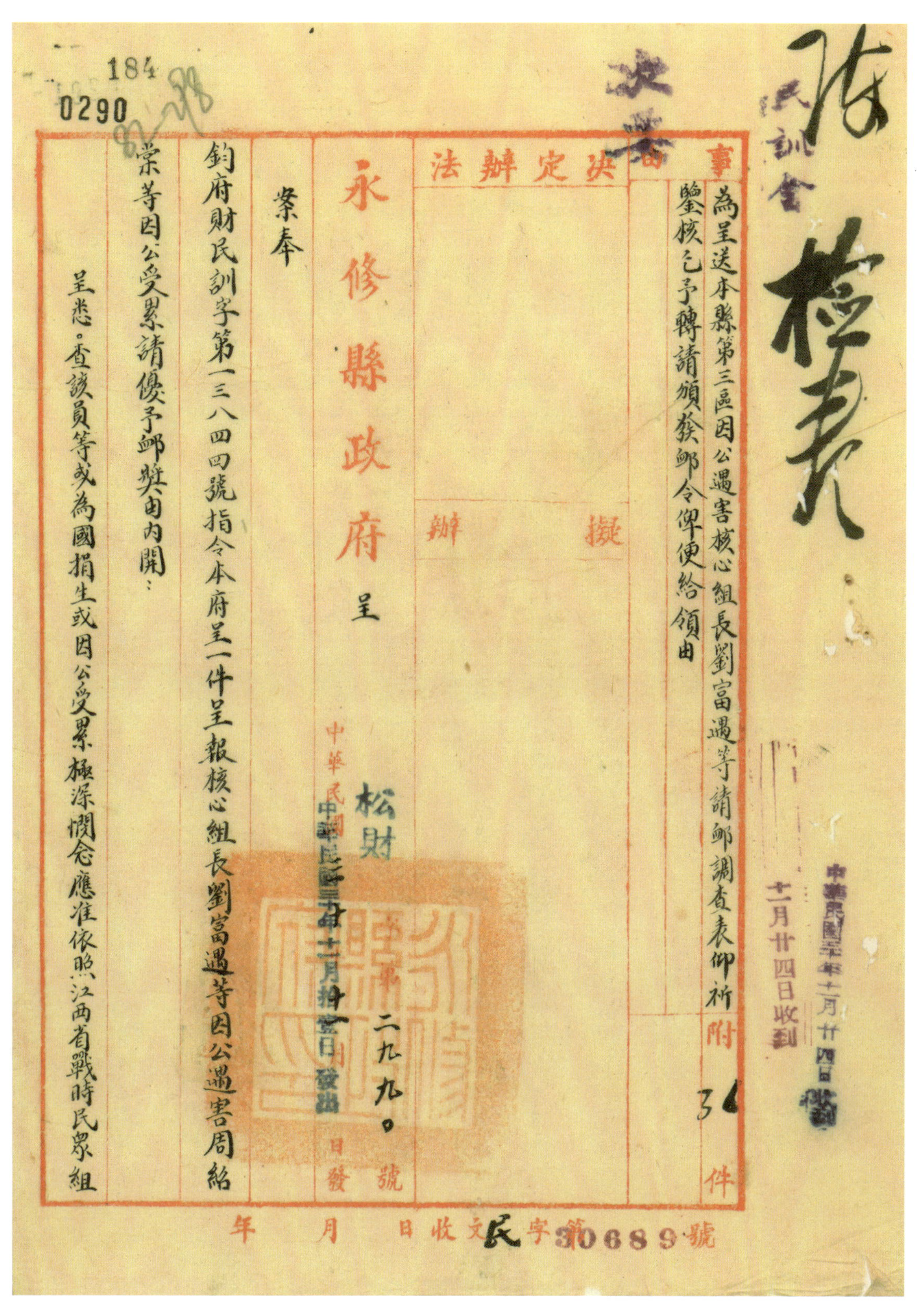
事由：為呈送本縣第三區因公遇害核心組長劉富遇等請卹調查表仰祈鑒核乞予轉請頒發卹令俾便給領由

附件 36

決定辦法

擬辦

永修縣政府 呈

案奉

鈞府財民訓字第一三八四四號指令本府呈一件呈報核心組長劉富遇等因公遇害周紹棠等因公受累請優予卹獎由內開：

呈悉。查該員等或為國捐生或因公受累極深憫念應准依照江西省戰時民衆組

中華民國三十年十一月十一日發出 第二九九〇號

年 月 日收文民字第30689號

訓各級幹部人員及受訓國民獎懲暫行辦法第三四五六七十九各條規定，分別卹獎如次：一、組長劉富遇、組員李道松、吳傳堯等深入敵區襲擊敵偽駐點，事洩遇害，應依陸軍撫卹暫行條例第七條第二款後段比照同條例第五條第一款之規定，組長劉富遇一名照上士階級給予一次卹金一百五十元，遺族年撫金八十元；組員李道松、吳傳堯二名比照上等兵各給一次撫卹金一百元，遺族年撫金五十元，並依同條例第十九條第一款規定，年撫金均以二十年為期。該縣應即查遵同條例第二十二條規定，填具該員等死亡及戶籍調查表（原附第九第十表）呈府，以憑核發卹令給領。二、周紹棠等因公受累，准依前列獎懲暫行辦法第三至第七條各規定，周紹棠一名獎金一百元，趙正煌、許耆賡、熊兆三名各獎金六十元，由該縣取具領保結彙列首稅卹金表呈候核發。三、被敵羈押之趙名思、包作棟二名，該縣應即設法營救，俟脫險再議。至白槎市既為修江敵偽經濟掠奪中心，駐敵僅十許人，及杜逆信山甘心附敵各節，應由該縣

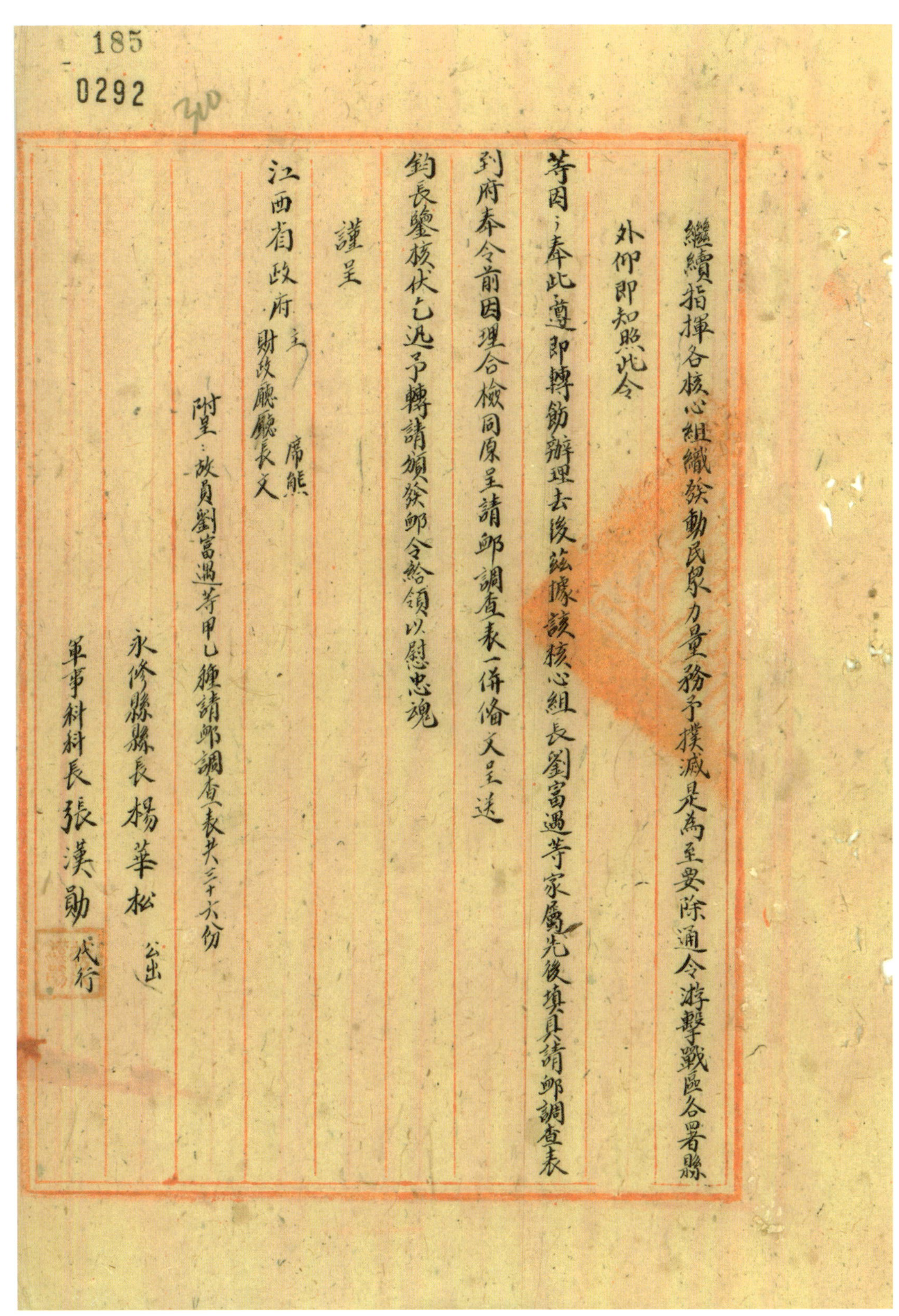

繼續指揮各核心組織發動民衆力量務予撲滅是為至要除通令游擊戰區各署縣
外仰即知照此令
等因；奉此遵即轉飭辦理去後茲據該核心組長劉富遇等家屬先後填具請卹調查表
到府奉令前因理合檢同原呈請卹調查表一併備文呈送
鈞長鑒核伏乞迅予轉請頒發卹令給領以慰忠魂

謹呈

江西省政府主席熊
財政廳廳長文

附呈：故員劉富遇等甲乙種請卹調查表共三十六份

永修縣縣長楊華松 公出
軍事科科長張漢勛 代行

附：故员刘富遇等甲乙种请恤调查表

301

陆军官佐士兵死亡甲种请邮调查表

队号	永修县第三区白槎市核心组
级职	组长 籍贯 永修
姓名	刘富遇 年龄 二四
家族名号	祖父 岁 妻 彭氏 二四岁 祖母 岁 子 岁 父 刘廷英 五九岁 女 金花 殷花 一六岁 母 周氏 五五岁 孙 岁 弟 岁 妹 岁
	永久通讯地址 永修白槎市刘茂和号
官佐任职士兵入伍日期	三十年二月二十四日组织
官佐出身及经历士兵原来职业	江西保安队庐山政治训练班毕业
受伤发病原因并治疗经过	

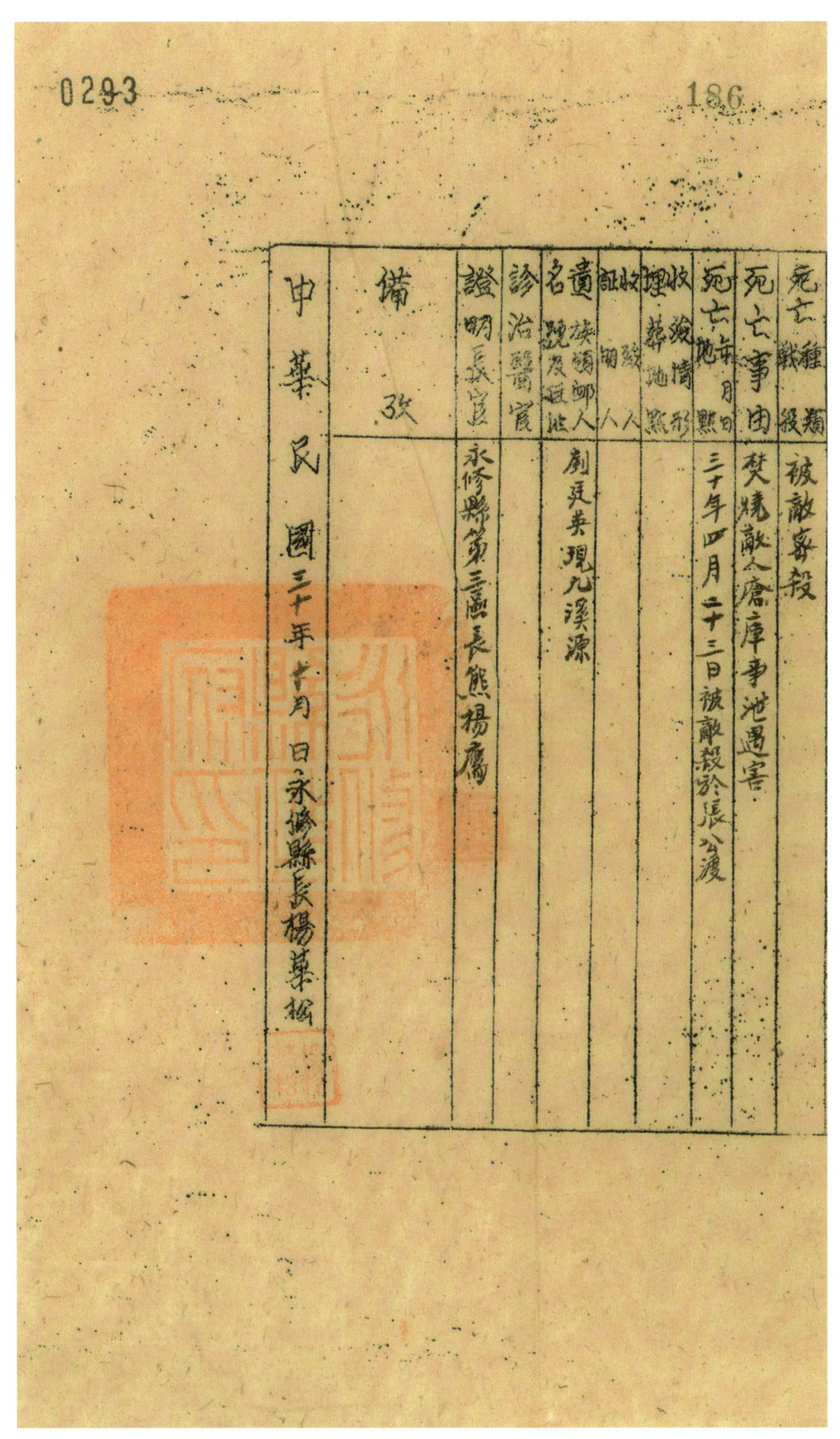

0293　　186

死亡種類 戰殺	被敵殺戮
死亡事由	焚燒敵人倉庫事泄遇害
死亡年月日地點	三十年四月二十三日被敵殺於辰八渡
收殮情形埋葬地點	
收殮證明人	
遺族領卹人名現及通址	劉廷英現九溪源
診治醫官	
證明長官	永修縣第三區長熊楊鷹
備攷	

中華民國三十年十月　日永修縣長楊華掄

江西省政府、江西省动员委员会和江西省赈济会等关于泰和县、分宜县「八七」被炸事宜的来往文书（一九四一年八月至九月）

泰和空袭紧急救济联合办事处致江西省建设厅的公函（一九四一年八月十一日）

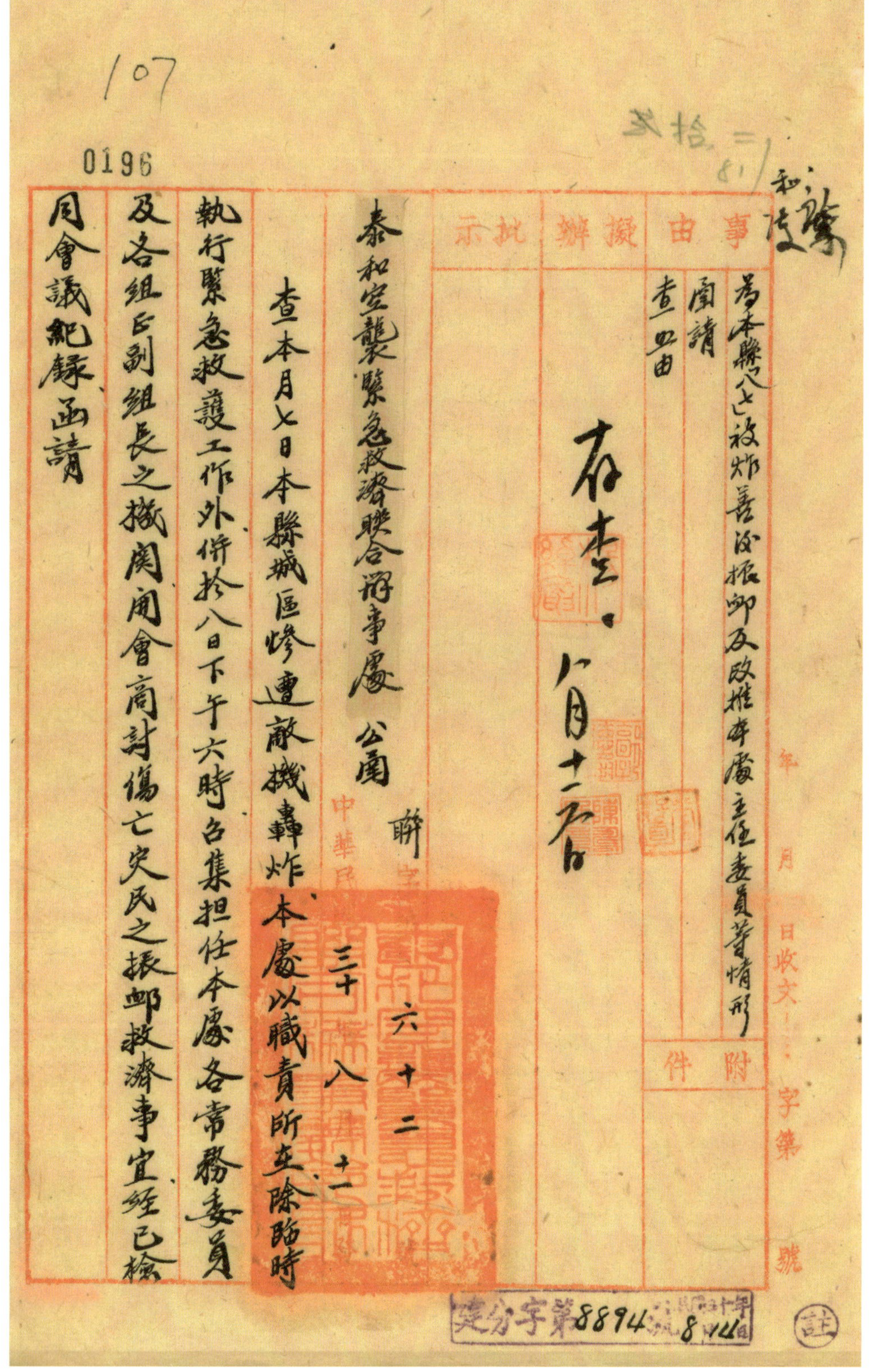

事由：为本县八七被炸善后振恤及改推本处主任委员等情形函请查照由

拟办：存查。八月十二日

泰和空袭紧急救济联合办事处公函　联字第六十二号

查本月七日本县城区惨遭敌机轰炸，本处以职责所在，除临时执行紧急救护工作外，并于八日下午六时召集担任本处各常务委员及各组正副组长之机关开会商讨伤亡灾民之振恤救济事宜，经已检同会议纪录，函请

中华民国三十年八月十一日

建分字第8894号　8.14

0197

查照在案、惟查空襲緊急救濟事屬地方濟政、紹沂 承乏吉泰總站主
任、對於所在地之空襲救濟事宜原奉會令飭參加地方機關協助辦理、
加以緊急措施、責任重大、非有堅強健全之組織、難期工作效率之提高、對
於本處主任委員兼職、紹沂 實屬力有未勝、經已一再堅辭、併將事實
困難情形以及提請改組理由、面請
江西省政府查核有案、此次本縣「八七」被炸慘案發生後、紹沂內怵於
本身職責之重、外鑒於急救工作之難、非所預期、心有未安、益以隕
越是虞、爰於前日出席本處緊急會議之時、再將改組舊案重提、
當經議決准予辭退、改推省警察總隊黃總隊長光斗繼任本處主任
委員、此後本處主持有人、如再遇有空襲災害發生、所需急救工作、

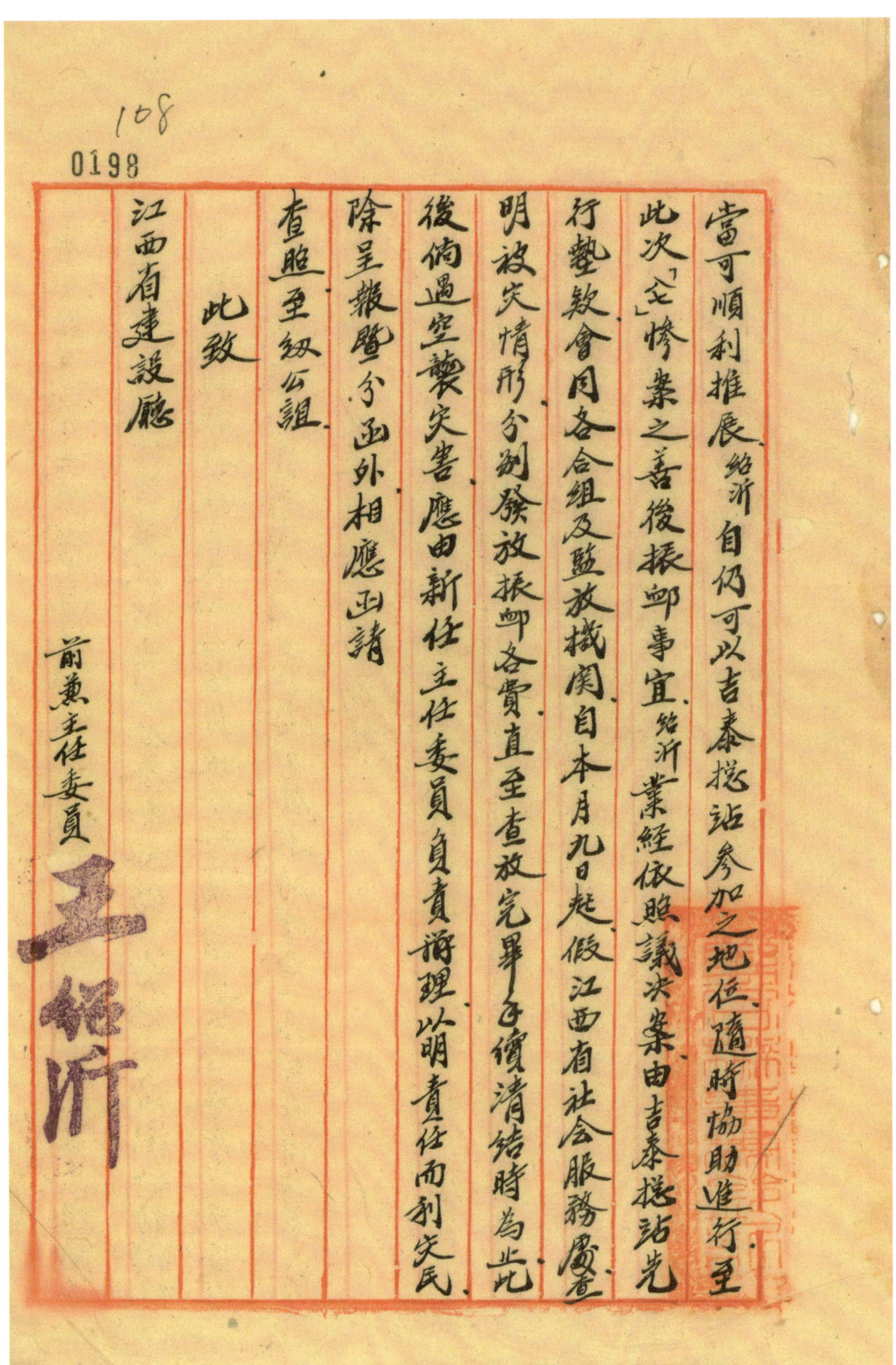

108

0198

當可順利推展，紹沂自仍可以吉泰總站參加之地位，隨時協助進行，至此次「文」慘案之善後振卹事宜，紹沂業經依照議決案由吉泰總站先行墊款，會同各合組及監放機關，自本月九日起，假江西省社會服務處查明被災情形，分別發放振卹，各貫直至查放完畢，手續清結時為止，此後倘遇空襲災害，應由新任主任委員負責辦理，以明責任而利災民，除呈報暨分函外，相應函請

查照至紉公誼

此致

江西省建設廳

前兼主任委員 王紹沂

江西省动员委员会致省政府、省振济会的代电（一九四一年八月二十一日）

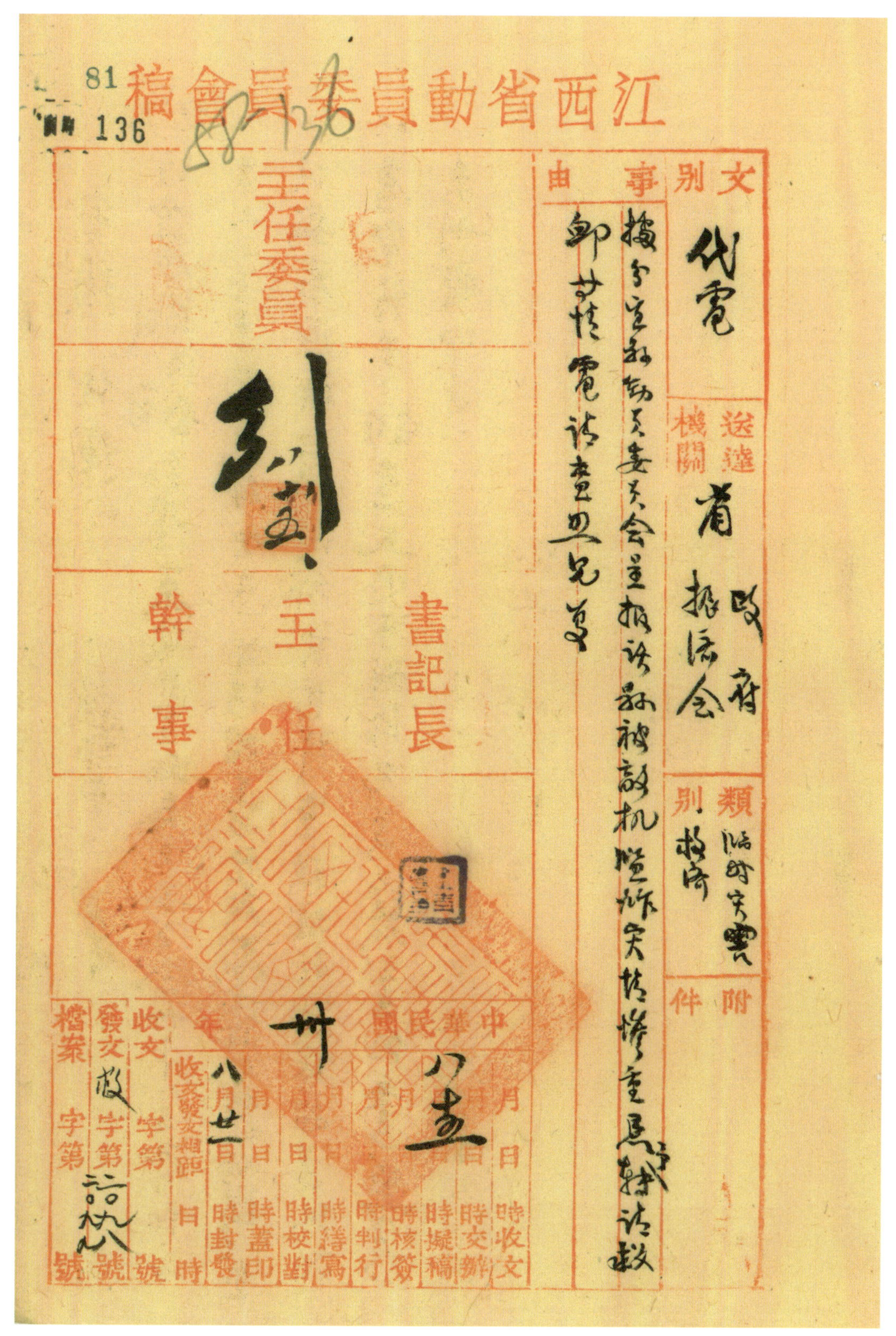

江西省動員委員會稿

81 136

文別：代電

事由：據寧都縣動員委員會呈報該縣被敵機轟炸災情慘重懇請轉請救卹等情電請查照見復

送達機關：省政府 振濟會

類別：臨時 實 政府

附件：

主任委員 劉

書記長

主任

幹事

中華民國 卅 年 八 月 廿一 日

月 日 時收文	月 日 時交辦	月 日 時擬稿	月 日 時核簽	月 日 時判行	月 日 時繕寫	月 日 時校對	月 日 時蓋印	八月廿一日 時封發	收文發文相距 日 時

收文 字第 號

發文 政 字第 二六九八 號

檔案 字第 號

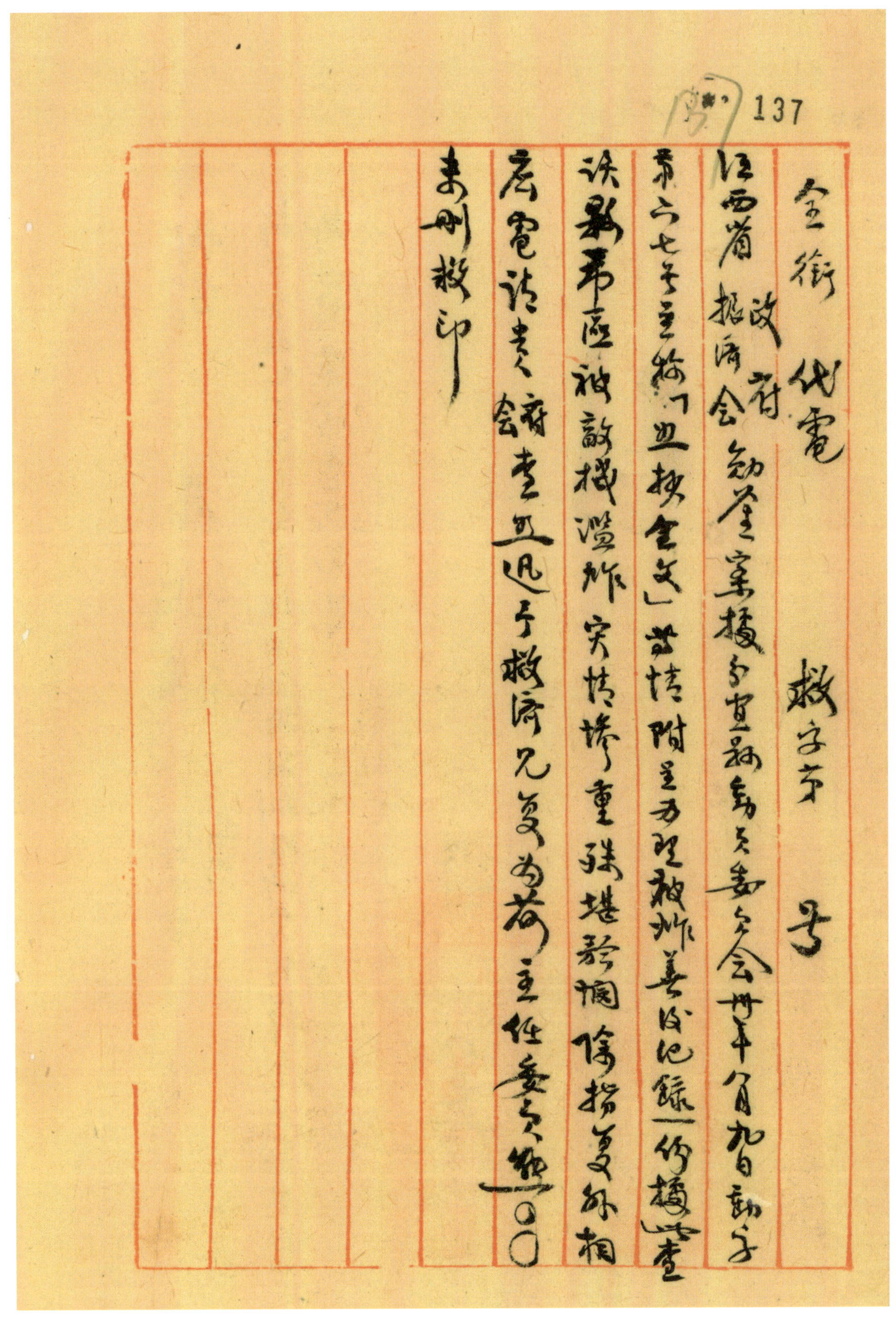

137

全銜代電　救字第　號

江西省政府振濟會勳鑒：案據分宜縣動員委員會卅年八月智動字第六七號呈稱「照抄全文」等情，附呈被炸善後紀錄一份。據查該縣第區被敵機濫炸，實情殊堪矜憫，除指復外，相應電請貴會查核，并迅予救濟見復為荷。主任委員鈕○○

未删　救印

江西省政府致省动员委员会的代电（一九四一年八月）

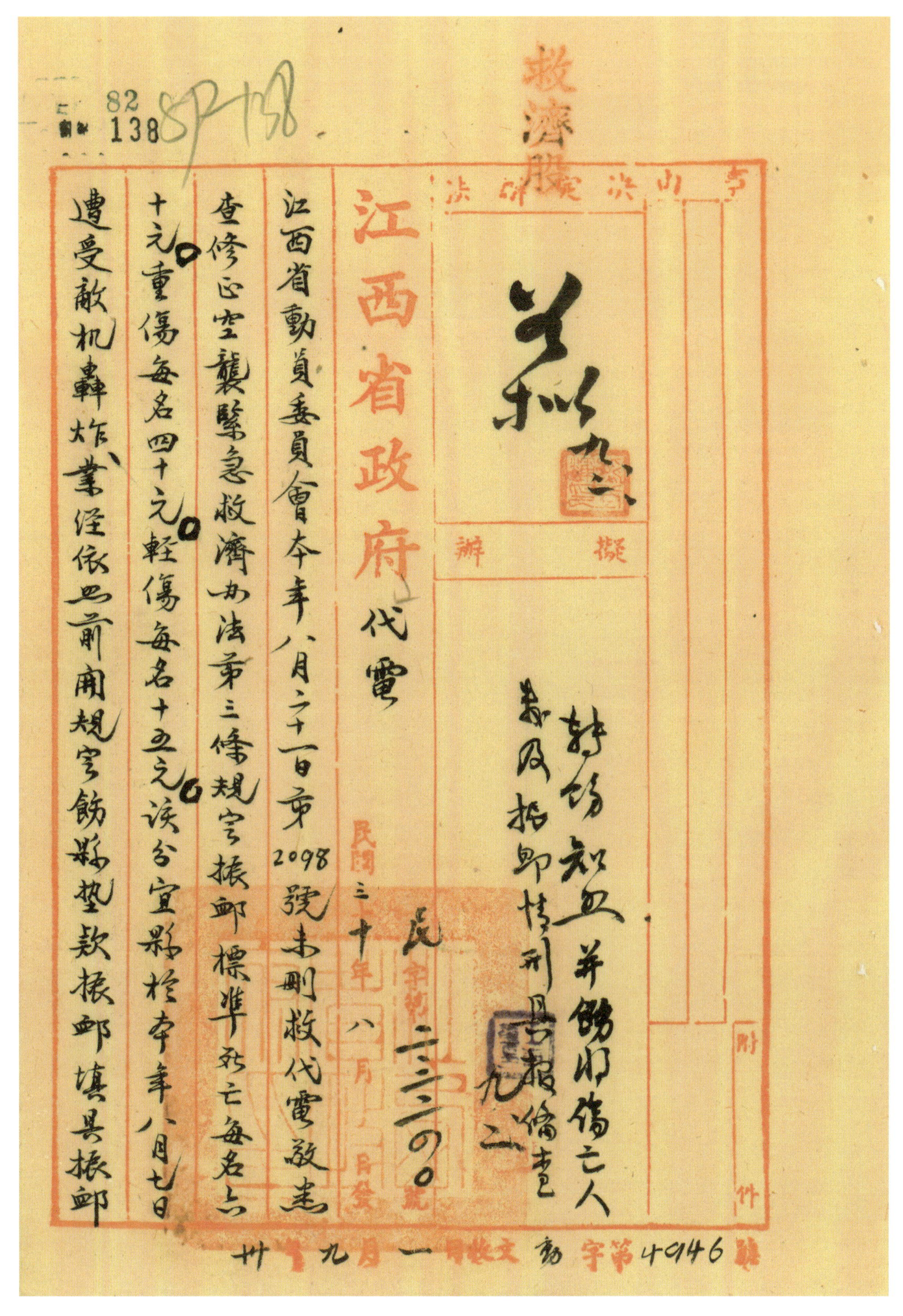
江西省政府代電

江西省動員委員會本年八月二十一日黄2098號未删救代電敬悉。查修正空襲緊急救濟办法第三條規定振卹標準，死亡每名六十元，重傷每名四十元，輕傷每名十五元。該分宜縣於本年八月七日遭受敵机轟炸，業經依照前開規定飭縣墊款振卹，填具振卹

民國三十年八月　日發　字第　號

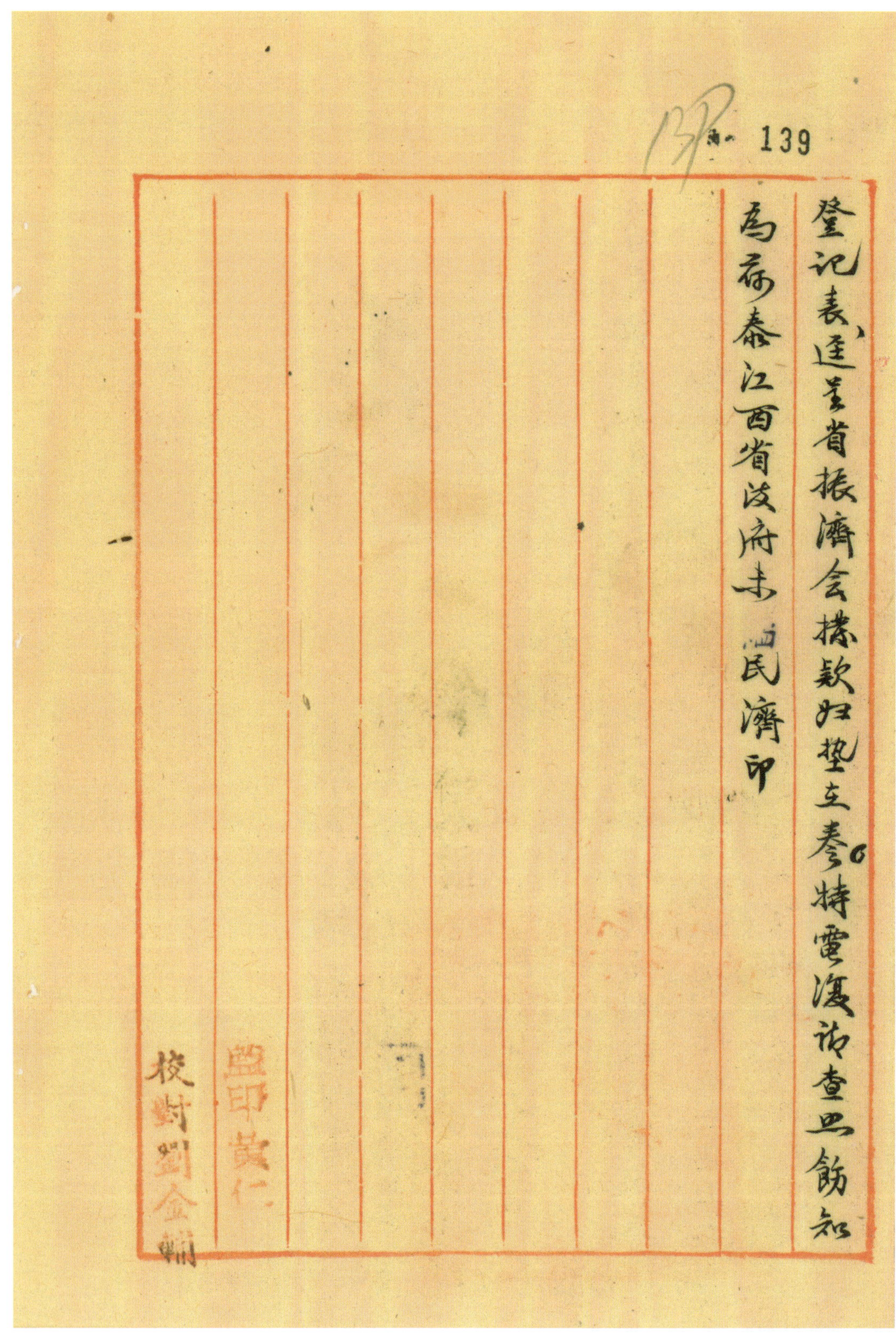
139

登记表、送呈省振济会拨款归垫在案。特电复，请查照饬知

为荷。江西省政府未□民济印

盖印 黄□仁

校对 刘金□

江西省振济会致省动员委员会的代电（一九四一年八月三十一日）

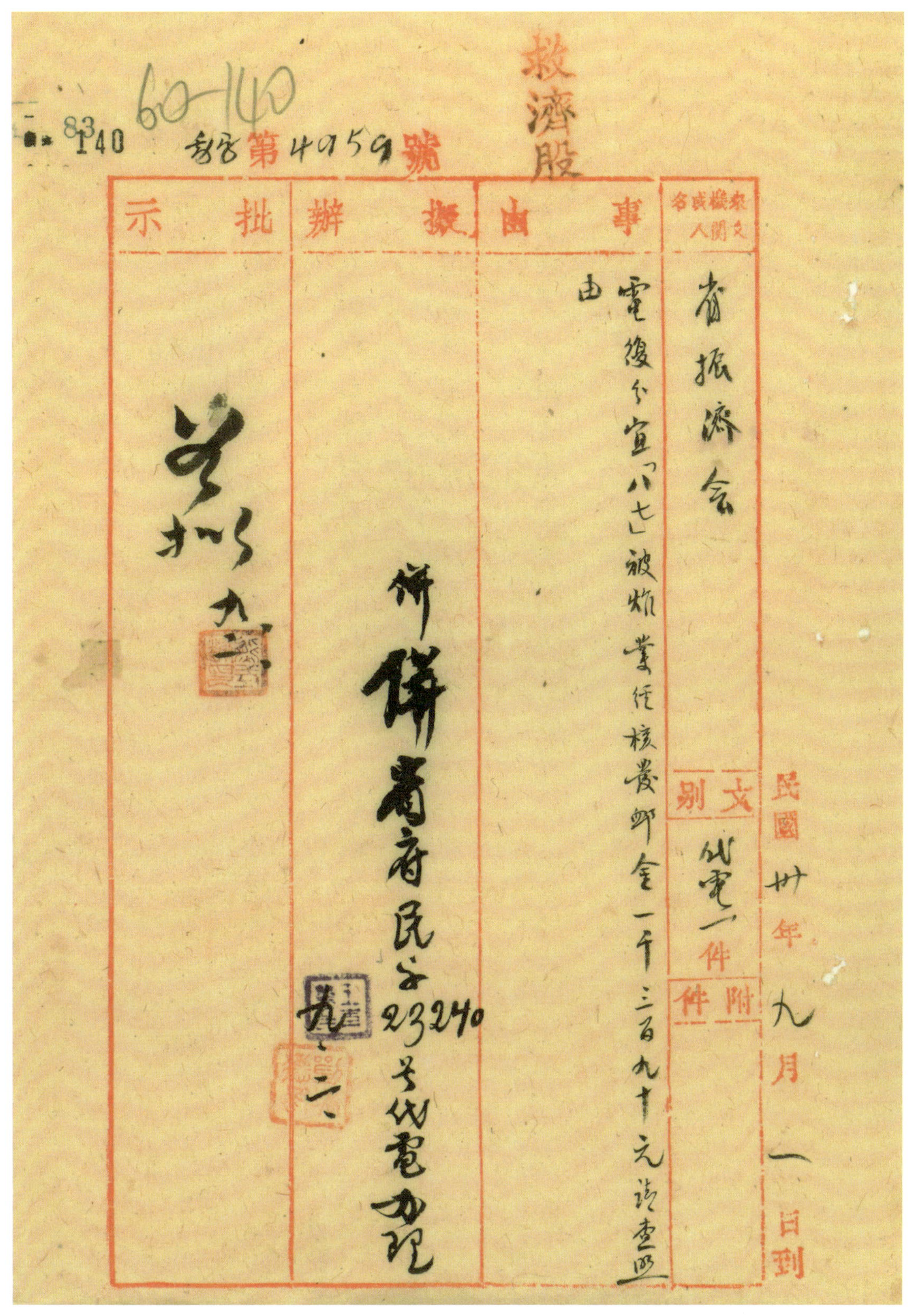

救濟股

140 第4059號

來文機關名人	事由	擬辦	批示
省振濟会	電復令宜「八七」被炸災民經核發郵金一千三百九十元請查照由	併省府民字23240号代電办理 九、二	照擬 九、二

文别：代電一件

附件

民國卅年九月一日到

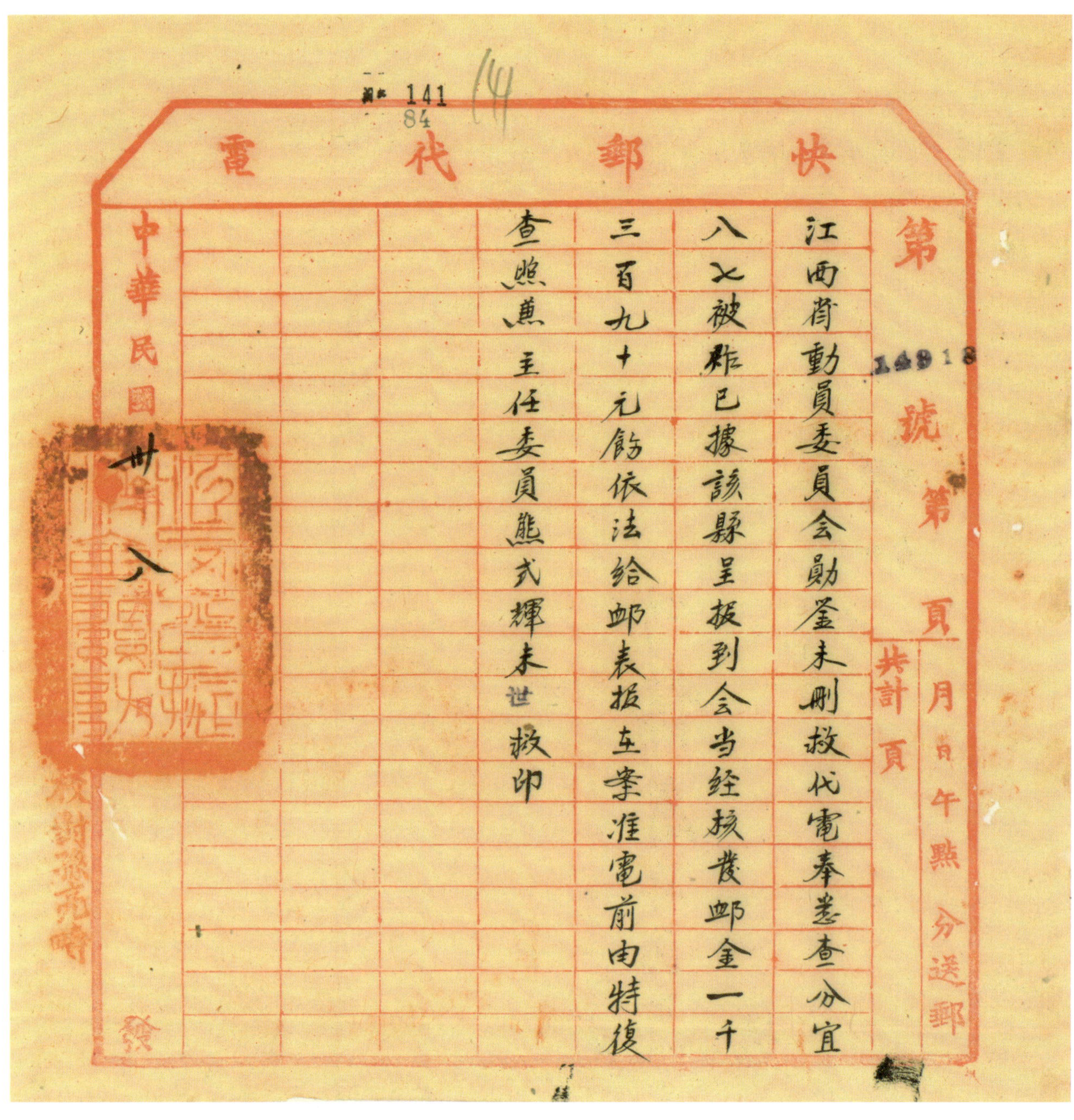

快郵代電

第　號　第　頁

共計　頁

月　日　午　點　分送郵

江西省動員委員会勛鑒：未删救代電奉悉。查分宜八七被难，已據該縣呈报到会，当经核发卹金一千三百九十元，飭依法給卹表报在案。准電前由，特復查照為。主任委員熊式輝。未世救印

中華民國卅　年八

江西省动员委员会致分宜县动员委员会的代电（一九四一年九月九日）

85
142
6-142

江西省動員委員會稿

文别：代電

送達機關：分宜動會

類别：臨時密[illegible]

附件：

事由：准省動會電爲據[illegible]縣八七被炸災[illegible]情形電仰知照並轉[illegible]情形具報由

主任委員：劉

書記長

主任

幹事

中華民國 卅 年

收文	交辦	擬稿	核簽	判行	繕寫	校對	蓋印	封發	收文發文相距
月 日 時	月 日 時	九月三日 時	月 日 時	月 日 時	九月六日 時	九月九日 時	月 日 時	九月九日 時	日 時

收文 字第 號

發文 [illegible]字第三四二號

檔案 字第 號

全銜　代電　賑字第　號

分宜縣動員委員會：案准江西省政府民字第二三〇四號未陽民濟代電節開：查

修正空襲緊急救濟辦法第三條（第三款）迭特電復請查照飭知。同日又准江西省振濟

會未世賑代電以分宜八七被炸難民急待振救，即呈（蓋）一千三百〇九十元，飭依法發即表報

復請查照，各等由。准此。查此案前據該會呈報到會，比經令電省政府籌

撥賑濟會迭予急賑，并以賑字第二三〇四號指令知照各在案。茲准電前由，合行電

仰知照，並將傷亡人數及撥發情形具報備查為要。江西省動員委員會申

江賑印

江西省政府保安处、江西省建设厅关于征用船民李寿山的华丰轮船被炸发给赔偿金及抚恤金的来往文书（一九四一年十月至十二月）

江西省政府保安处致省建设厅的片（一九四一年十月二十九日）

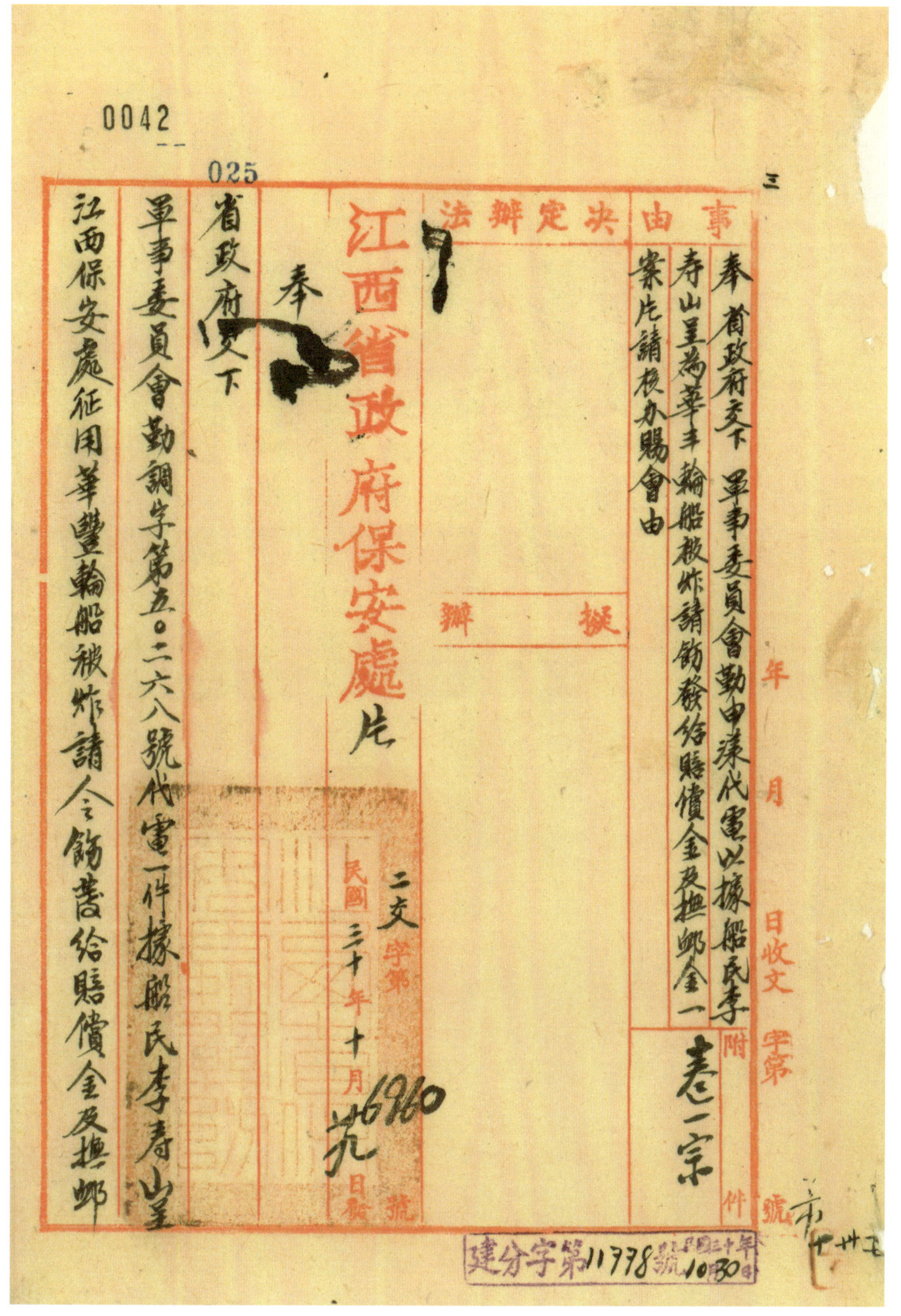
0042

025

事由：奉省政府交下軍事委員會勤申柬代電以據船民李壽山呈為華豐輪船被炸請飭發給賠償金及撫卹金一案片請核办賜會由

附件：卷一宗

年　月　日收文　字第　號

決定辦法

擬辦

江西省政府保安處片

二文字第6960號

民國三十年十月廿九日發

奉

省政府交下

軍事委員會勤調字第五〇二六八號代電一件據船民李壽山呈

江西保安處征用華豐輪船被炸請令飭發給賠償金及撫卹

建分字第11778號　三十年十月30日

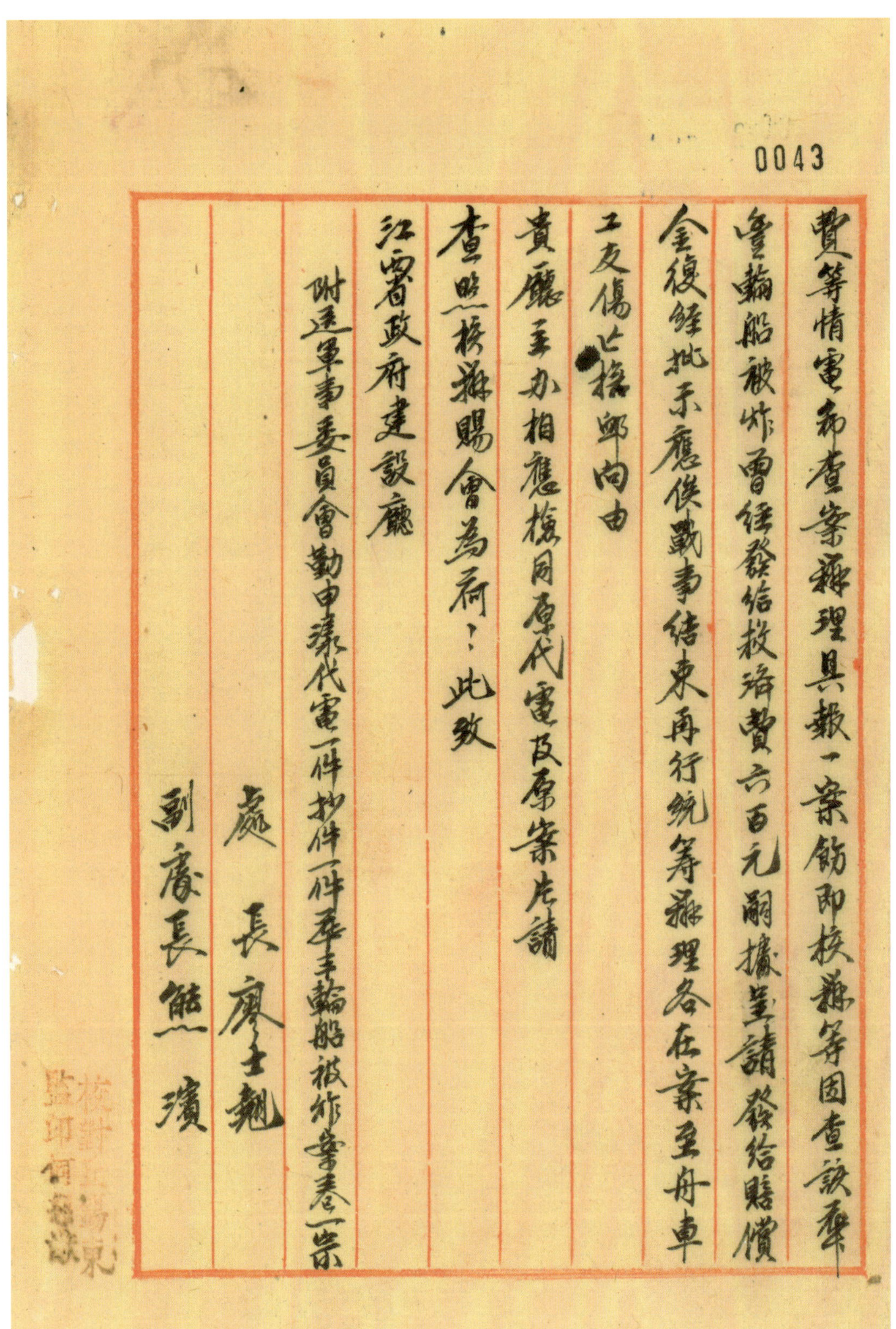
0043

費等情電飭查案辦理具報一案飭即核辦等因查該萍豐輪船被炸曾經發給救濟費六百元嗣據呈請發給賠償金復經批示應俟戰事結束再行統籌辦理各在案至舟車工友傷亡撫卹向由

貴廳主办相應檢同原代電及原案先請

查照核辦賜會為荷！此致

江西省政府建設廳

附送軍事委員會勤申漾代電一件抄件一件萍豐輪船被炸案卷一宗

處長 廖士翹

副處長 熊 濱

江西省建设厅致省政府保安处的片（一九四一年十二月十一日）

江西省政府建設廳稿

0044

026

發

廳長

文別：片

送達機關：保安處

摘要：據誌以奉交軍委會電據船民李壽山為華安輪船被炸要求請領發給賠償金及撫卹金一案囑查照等由函復查照

附件：原件一件附件隨件送還

秘書　科長　技正　股長　技士　科員　辦事員

中華民國三十年十二月十一日　月　日　時收文
十二月十一日　時擬稿
十二月　日　時核稿
十二月十一日　時核行

收文　字第一一七七八號

發文建秘三字第11778號

案卷　字第　號

〇三九

0045

至衛片

案准

建乙三字第　號

貴處本年十月二十九日二处字第六九六零號代電，以奉 省政府交下軍事委員會勤申漾代電，以據船民李壽山呈為華通輪船被炸，請飭發給賠償金及撫卹金一案，囑查照核辦等由，附抄原代電一件、華通輪被炸案卷一宗；准此。查舟車工友傷亡撫卹，本處並未經辦有案，關于該船民李壽山請求給卹一節，似應並照軍事委員會電令轉飭請卹人填具死亡證明書呈府轉呈給卹。准原案函由

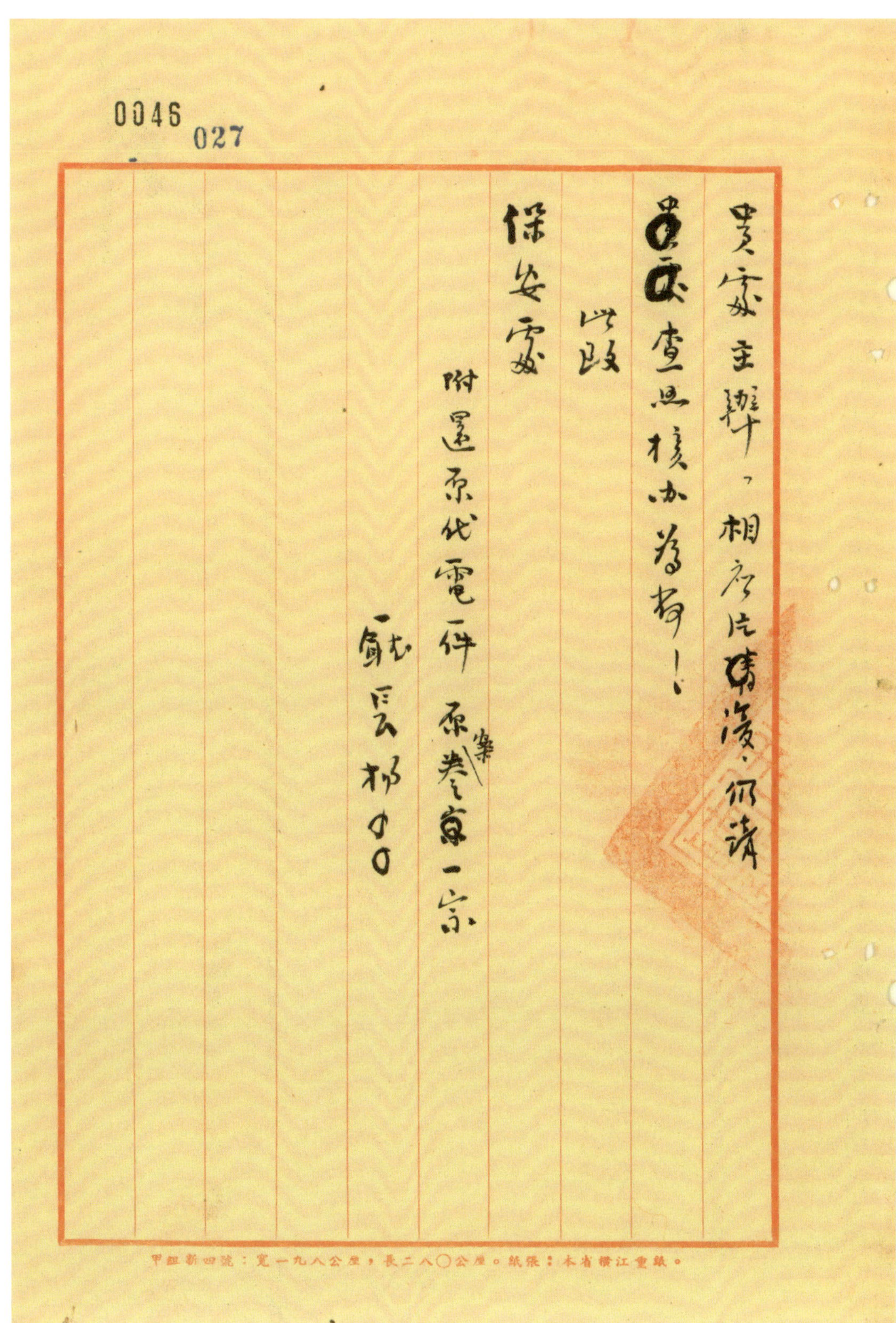

0046
027

貴處主辦，相應片復，仍請

貴處查照核辦爲荷！

此致

保安處

附還原代電一件　原案卷一宗

一處長郝〇〇

甲組新四號：寬一九八公厘，長二八〇公厘。紙張：本省横江重紙。

江西省政府、南昌县政府行署关于胡道清被敌刑讯受伤奖恤事宜的来往文书（一九四二年一月至二月）

南昌县政府行署致江西省政府的呈（一九四二年一月十七日）

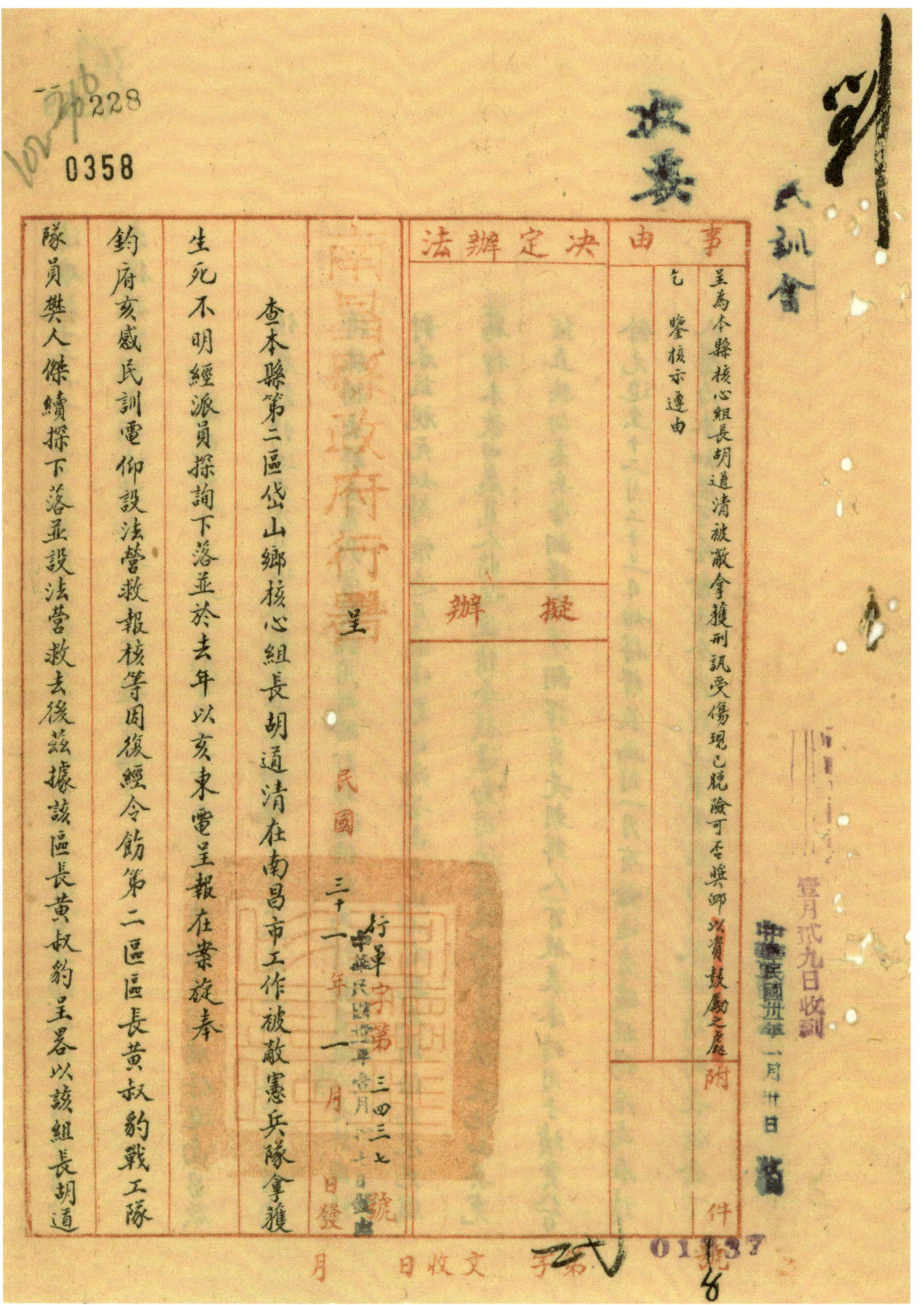

0358

收發

民訓會

事由：呈為本縣核心組長胡道清被敵拿獲刑訊受傷現已脫險可否獎卹以資鼓勵之處乞鑒核示遵由

決定辦法

擬辦

附件

南昌縣政府行署 呈

民國三十一年一月 日發

行平字第三四三七號

查本縣第二區岱山鄉核心組長胡道清在南昌市工作被敵憲兵隊拿獲生死不明經派員探詢下落並於去年以亥東電呈報在案旋奉鈞府亥感民訓電仰設法營救報核等因復經令飭第二區區長黃叔豹戰工隊隊員樊人傑續探下落並設法營救去後茲據該區長黃叔豹呈畧以該組長胡道

壹月貳九日收訓

367

0359

清確於十二月二十三日脱險歸來惟多受重傷尚未醫治毋老子幼狀極可憐等情前
來復據該組長胡適清本年一月三日報告稱：
「竊職於三十年十一月十九日同軍事委員會情報員胡順保進南昌偵
偵察敵情迨至次日適被敵憲兵營翻譯帶警士二名直至六眼井旅館內
將職捕去解至憲兵營質訊用刑酷打勒逼供認為情報員職以身許國絶
對承認視死如歸惟遍身毆傷難堪痛苦南昌城內有親戚關係民衆見職
羈押未放回處覓人暗通説情金錢運動因他認識水警隊隊長他知其寃
誣直接向憲兵營翻譯交涉（翻譯員是朝鮮人）百般哀求暗用手續費八百
餘元迨至十二月二十三日始得釋放幽囚一月有餘遍身鐵棍傷痕尚在請
人醫治未知能可痊愈否令將經過事實臚列以陳仰請鈞長俯念下

情矜憐疾苦殺身成仁未敢後人奈家庭困苦母老子幼事蓄諸費無人維持尚此上陳希為鑒察量加撫恤實為公便」

等情；據此，查該員深入虎口於極危險狀況中能明大義誓死不屈并能堅決保持我方秘密使不絲毫洩露此種精神實堪嘉尚除指覆外理合據情具文呈請鈞長鑒察俯念該員因公致傷及家計艱困情形准予撥款撫奬忠勇以資鼓勵是否可行伏乞

示遵！

謹呈

江西省政府主席熊

南昌縣縣長林錫光

江西省政府致南昌县政府的指令（一九四二年二月二十三日）

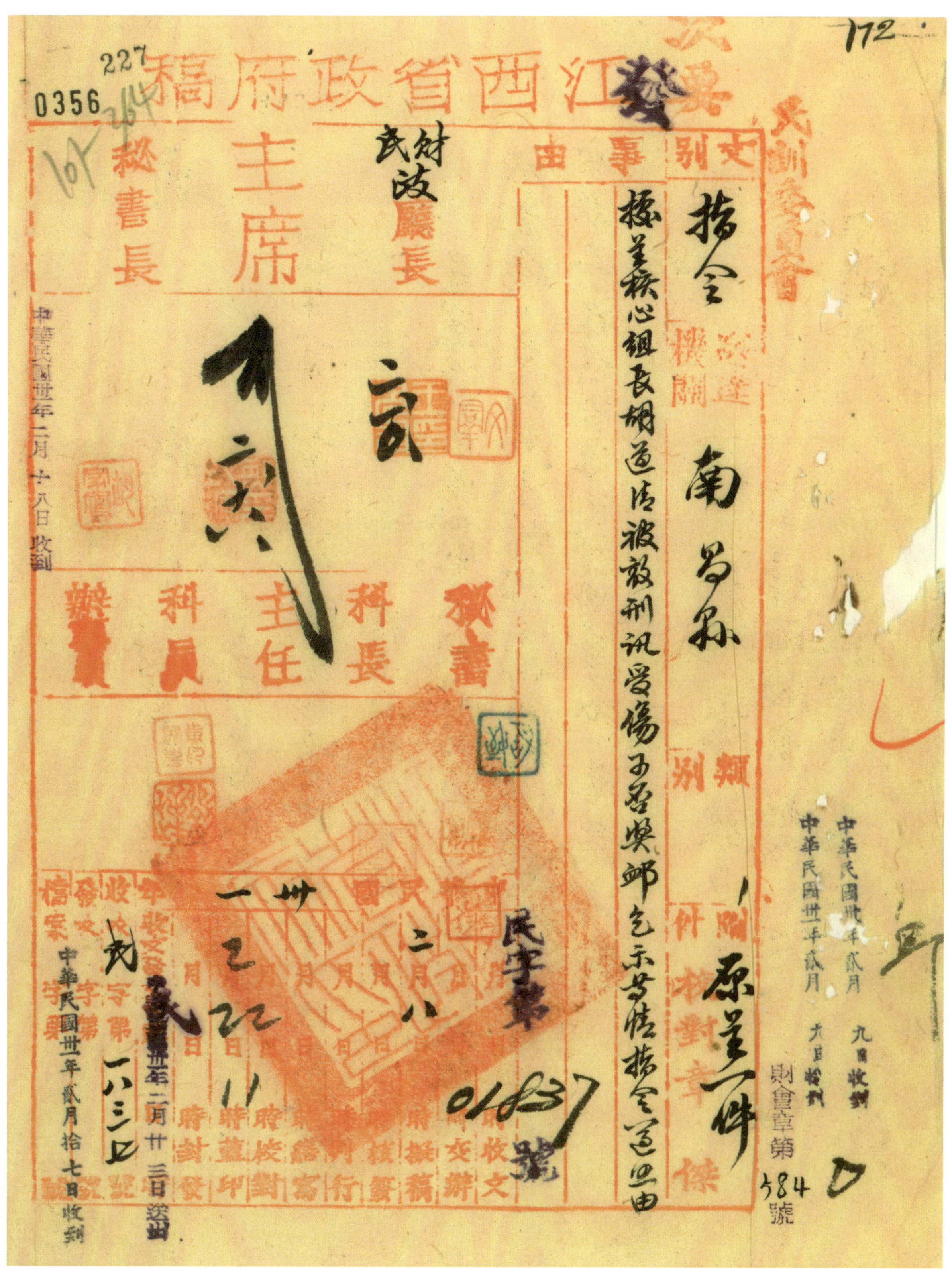

江西省政府稿

0356

227

172

文別：指令

機關：南昌縣

事由：據呈核心組長胡道清被敵刑訊受傷予以奬卹乞示等情指令遵照由

附件：原呈一件

主席

秘書長

財政廳長　民政廳長

中華民國卅一年二月十八日收到

民字第01837號

中華民國卅一年二月廿三日送出

中華民國卅一年貳月拾七日收到

府　衔指令　财民训字第　号

令南昌县政府

卅一年一月十七日呈一件，为本县核心组长胡道清被敌刑讯受伤，可否与恤，乞核示由

呈悉。该县核心组长胡道清因侦察敌情，致被捕刑讯受伤，自应酌予给恤。仰即依照陆军抚恤暂行条例表十一，详填受伤请恤调查表，呈候再核。

此令。

主席 熊〇〇

财政厅长 文〇

民政厅长 王〇〇

江西省政府、永修县政府关于赵慎生因公殒命请予优恤的来往文书（一九四二年一月至二月）

永修县政府致江西省政府的呈（一九四二年一月二十九日）

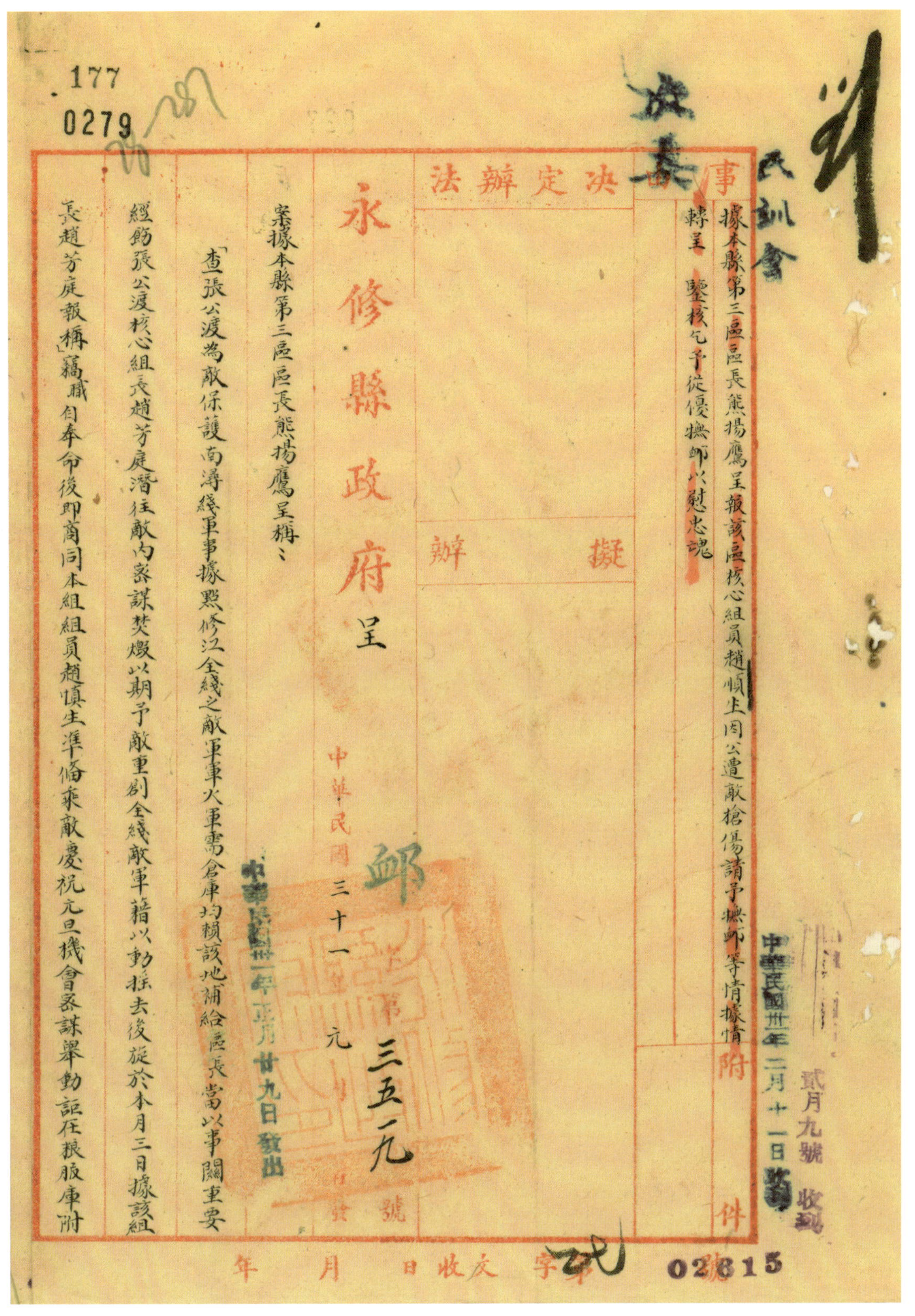

177
0279

民訓會

事由：據本縣第三區區長熊揚鷹呈報該區核心組員趙慎生因公遭敵槍傷請予撫卹等情據情轉呈鑒核乞予從優撫卹以慰忠魂

決定辦法

擬辦

附件

永修縣政府 呈

中華民國三十一年元月 日 第三五一九號

案據本縣第三區區長熊揚鷹呈稱：

「查張公渡為敵保護南潯綫軍事據點，修江全綫之敵軍軍火軍需倉庫均賴該地補給，區長當以事關重要，經飭張公渡核心組長趙芳庭潛往敵內密謀焚燬，以期予敵重創，全綫敵軍藉以動搖。去後，旋於本月三日據該組長趙芳庭報稱：『竊職自奉命後，即商同本組組員趙慎生準備乘敵慶祝元旦機會密謀舉動，詎在根據庫附

中華民國卅一年元月廿九日發出

中華民國卅一年二月十一日

貳月九號 收

年 月 日收文 字第 號 02615

288

0280

近甸圖進行間竟為敵哨兵察覺不幸組員趙慎生被敵槍傷右手腕脉當經職冒死救回卒因傷重殞命」等情

據此查組員趙慎生因公殞命至堪憫惻除指復並撫慰該員家屬外理合備文轉請鈞長察核乞予轉請

層峯優予撫卹藉慰忠魂而勵來茲

等情據此查該組員趙慎生平時深入敵後工作頗為努力此次該員奉命潛赴張公渡密謀活動至遭敵寇槍傷因而殞命情實可憫茲據前情理合備文轉報

鈞長鑒核懇祈俯念該員為國捐生乞予從優撫卹以慰忠魂而昭激勸！

謹呈

江西省政府主席熊

永修縣縣長楊華松

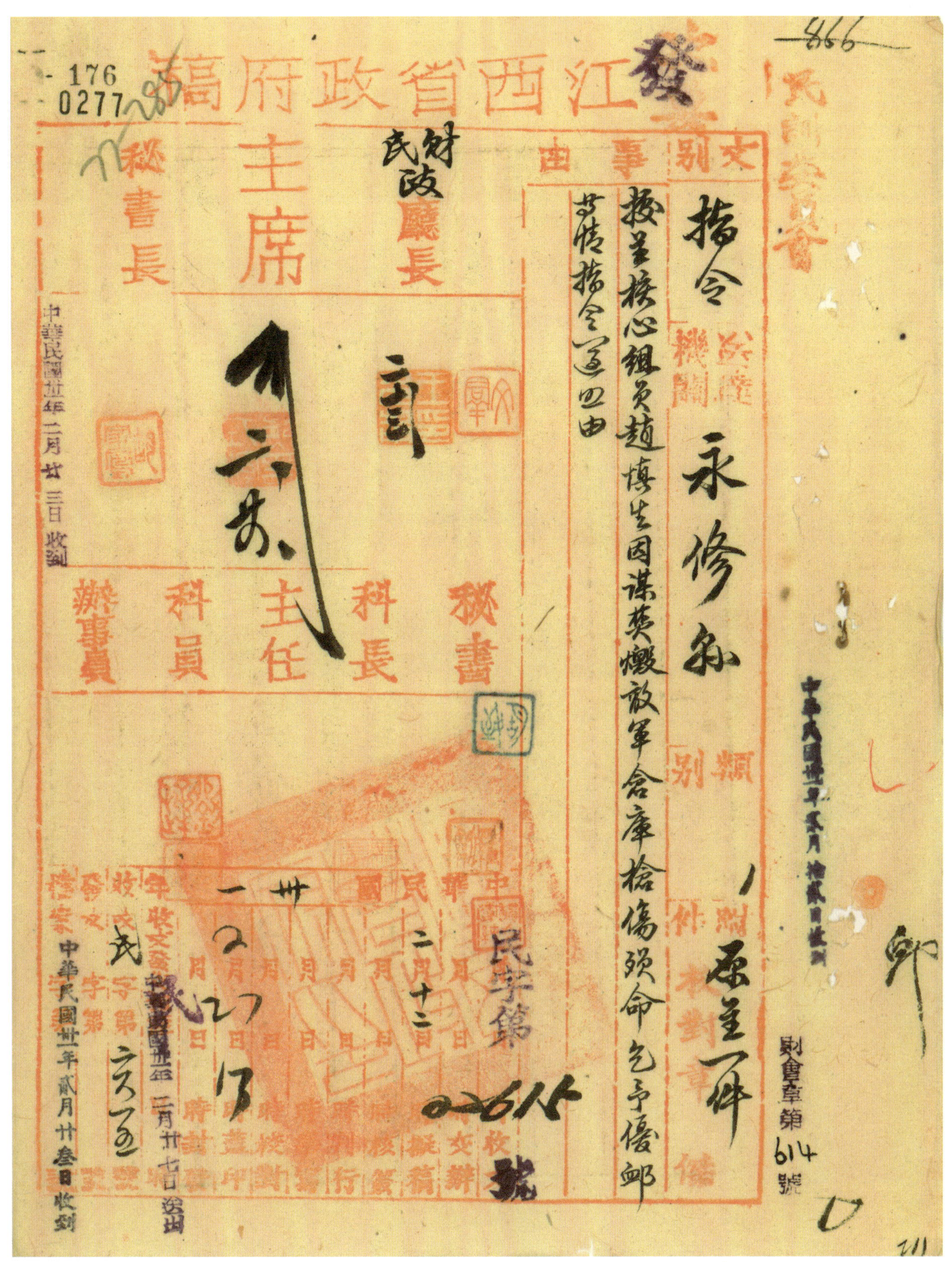

江西省政府稿

文別：指令

事由：據呈據心組員趙博生因謀獎擬救軍倉庫拾傷殞命乞予優卹 呈悉指令遵照由

受文機關：永修縣

附件：原呈一件

主席

秘書長

財政 民政 廳長

秘書　科長　主任　科員　辦事員

中華民國卅一年二月廿三日收到

民字第 號

財會章第614號

江西省政府致永修县政府的指令（一九四二年二月二十七日）

1286

0278

府衔指令　财民恤字第　号

令永修县政府

卅一年一月廿九日呈一件：为第三区核心组员赵慥生因谍焚燬敌军仓库枪伤殒命乞优卹由

呈悉。该核心组员赵慥生因谍焚燬敌军仓库，致被枪伤殒命，殊堪悯惜。准由县依照陆军抚卹暂行条例第二十二条规定，取具陆军官佐士兵死亡请卹调查表及现役军人户籍调查表，呈候核卹。仰即遵照。

此令。

主席　熊○○

财政厅长　文○

民政厅长　王○○

江西省政府关于赣县市区被炸拨付救灾准备金并由省振济会加拨空袭准备金分别振恤事宜致全省商会联合会的代电（一九四二年二月十六日）

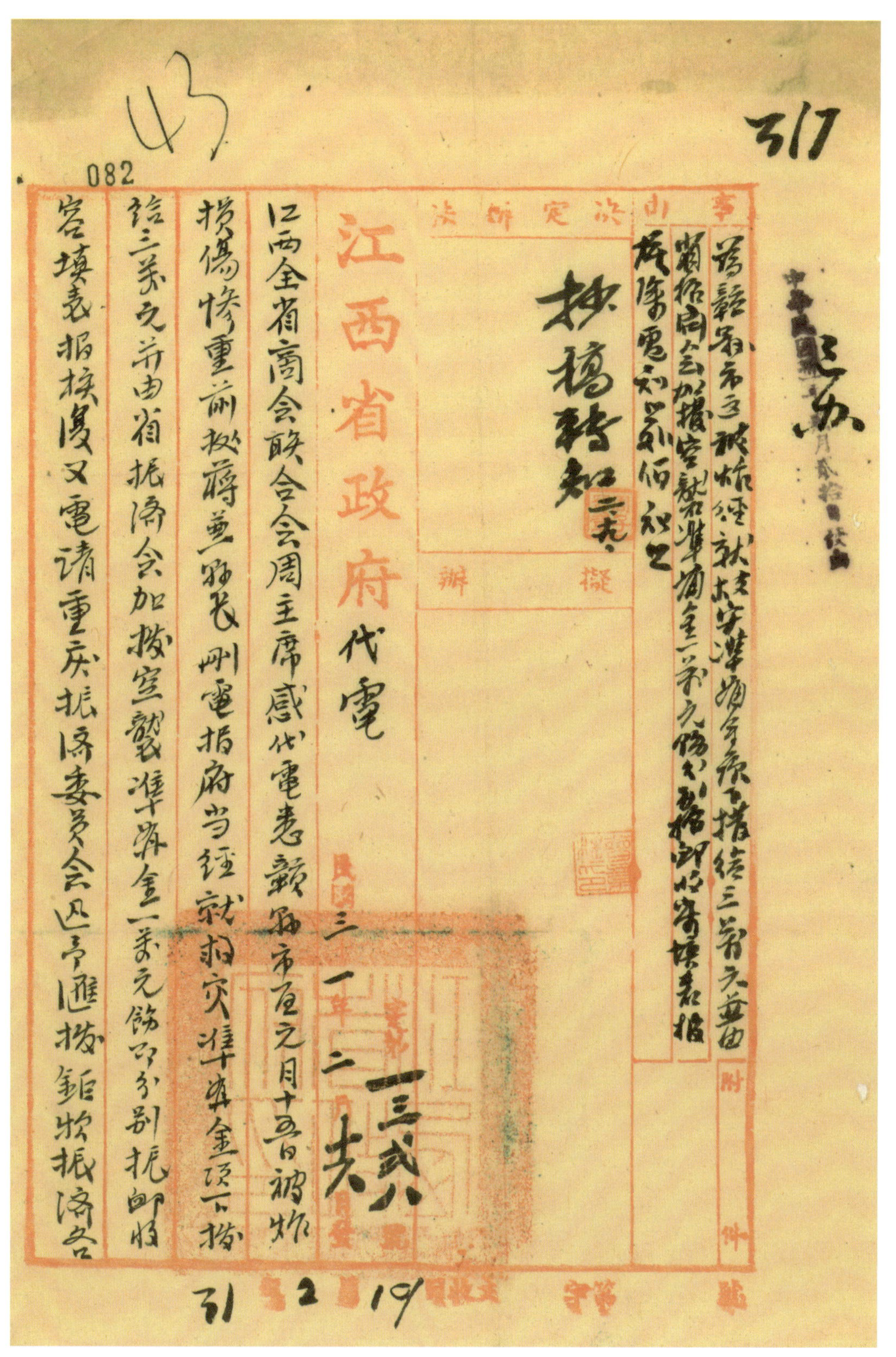

江西省政府代电

江西全省商会联合会周主席感代电悉赣县市区元月十五日被炸损伤惨重前据蒋专员铣删电报府当经就救灾准备金项下拨给三万元并由省振济会加拨空袭准备金一万元饬即分别振恤将容填表报核复又电请重庆振济委员会迅予汇拨钜款振济各

民国三一年二月十六日

083
存案除电赣县商会知照外仰即知照主席熊式辉丑铣民济印

江西省政府、安义县政府关于张光庆因公殒命请予给恤的来往文书（一九四二年四月至五月）

安义县政府致江西省政府的呈（一九四二年四月二日）

事由：為本縣第一區中洲鄉第五十二保核心組員張光慶因公殞命呈請鑒核優卹並乞示遵由

安義縣政府呈

案據本縣第一區區長劉萊元報告稱：

「本區奉令搶購食米經督飭各鄉發動核心組長組員分途辦理均能努力奉行收效極大事因二月二十三日有中洲鄉第五十二保核心組員張光慶奉令前往該保橋頭村負責搶運詎行至中途突遇敵巡查部隊倉卒之間不及逃避當被捕

民國三十一年四月二日

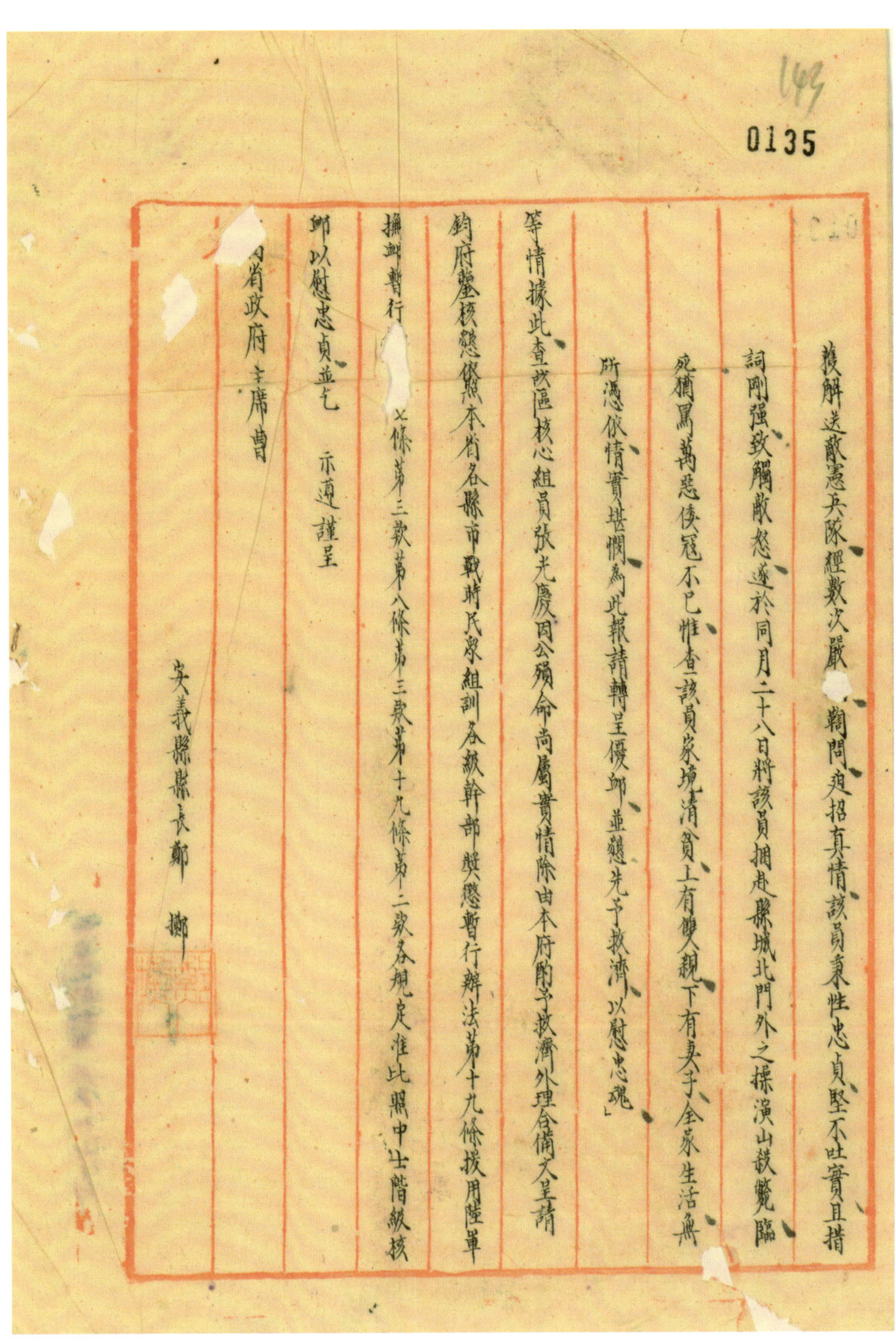

0135

獲解送敵憲兵隊，經數次嚴刑鞫問，迫招真情，該員秉性忠貞，堅不吐實，且措詞剛強，致觸敵怒，遂於同月二十八日將該員捆赴縣城北門外之操演山，毅覽臨死猶罵萬惡倭寇不已。惟查該員家境清貧，上有雙親，下有妻子，全家生活無所憑依，情實堪憫。為此報請轉呈優卹，並懇先予救濟，以慰忠魂」等情。據此，查政區核心組員張光慶因公殞命，尚屬實情，除由本府酌予救濟外，理合備文呈請

鈞府鑒核，懇依照本省各縣市戰時民眾組訓各級幹部獎懲暫行辦法第十九條援用陸軍撫卹暫行[illegible]七條第三款、第八條第三款、第十九條第二款各規定，准比照中士階級核卹，以慰忠貞。並乞 示遵。謹呈

[illegible]省政府主席曹

安義縣縣長鄭　挪

江西省政府致安义县政府的指令（一九四二年五月十六日）

江西省政府稿

文别：指令

事由：据呈稔忠组员张光庆因公殒命请予给恤核饬知照由

机关：安义县政府

主席 秘书长 民财政厅长

中华民国卅一年五月拾五日收到

中华民国卅一年五月三日

财会字第1602号

中华民国卅一年五月十六日發出

0639號

0130

府

衔 指令 財民卹字第　號

令安義縣政府

卅年四月廿日民卹字第三四二九號呈一件：為第一區中洲鄉第五十二保核心組員張光慶因公殞命請予核卹由

呈悉。該組員張光慶奉令深入敵後，負責搶運中途被尹致遭殺斃，殊堪惋惜，准照本省戰時民眾組訓各級幹部人員及受訓國民獎恤暫行辦法第十九條之規，援用陸軍撫卹暫行條例第五條第一款、及第六條前段第十九條第一款戰時陣亡例，并照中士階級，給予一次卹金壹佰二十元，遺族年卹金七十元，以給至二十年為止。仰即填具陸軍官佐士兵死亡

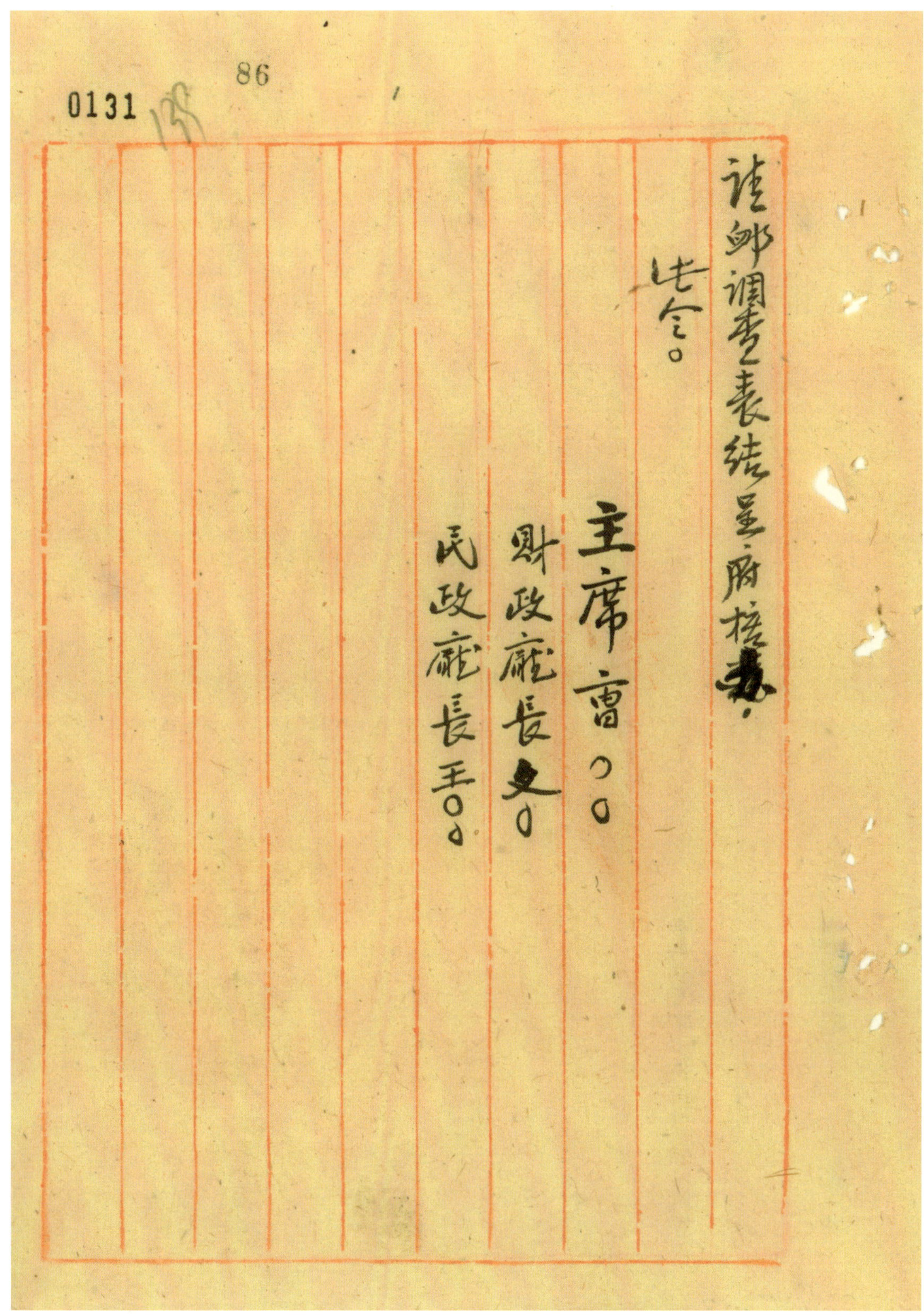
0131 86

請鄉調查表結呈府核示

此令。

主席曾〇〇
財政廳長文〇
民政廳長王〇〇

江西省政府和德安县政府关于王习金因公殒命给予抚恤的来往文书（一九四二年四月至五月）

德安县政府致江西省政府的电（一九四二年四月九日）

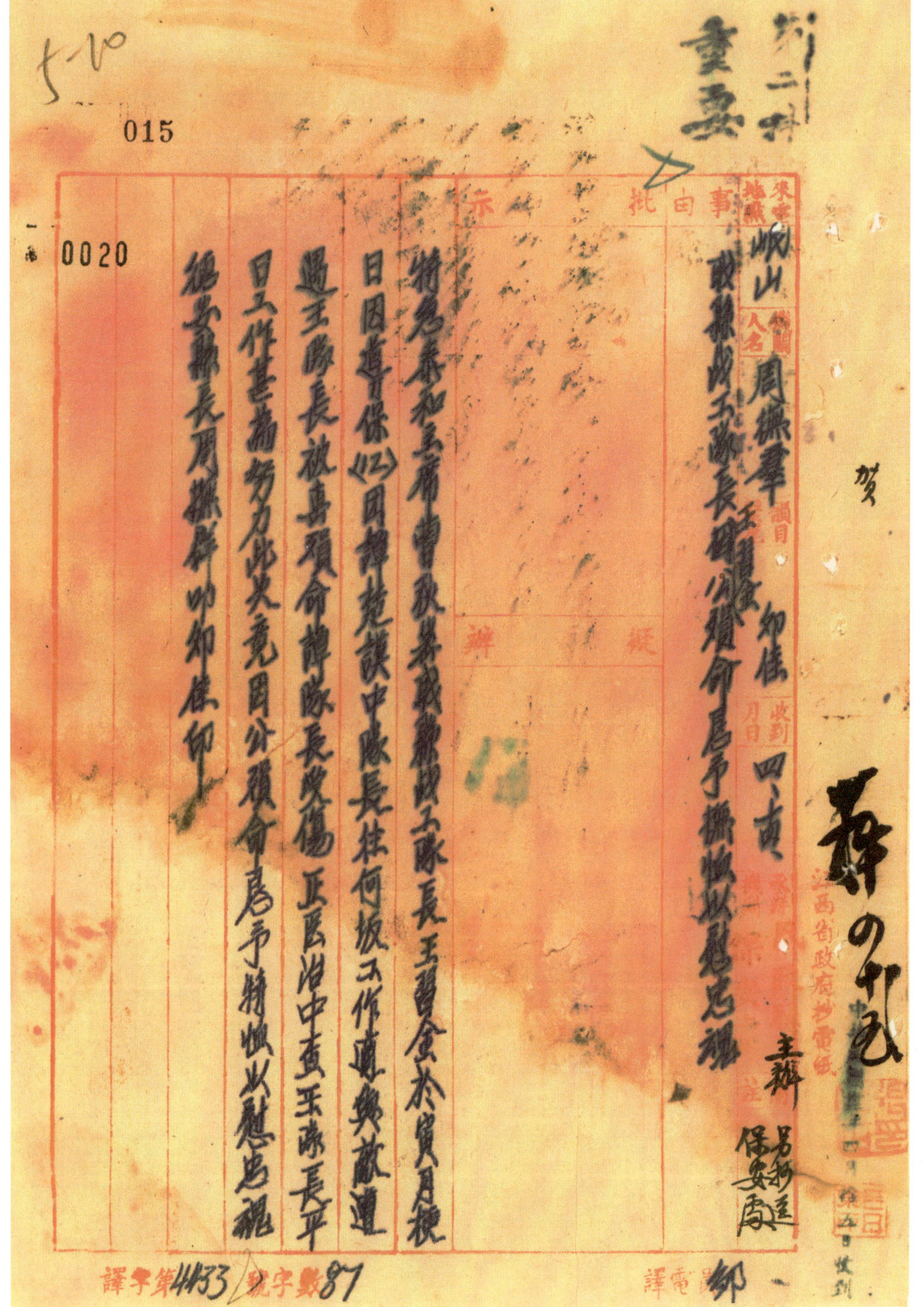

来电地点：岷山　发电机关人名：周操新　韵目：卯佳　收到月日：四、十

事由：政秘战工队长王习金因公殒命恳予抚恤以慰忠魂

特急。泰和主席曹钧鉴：据我县战工队长王习金于寅月梗日因遵保(12)因转范谟中队长往何坂工作，道与敌遭遇，王队长被击殒命，薛队长受伤，正医治中。查王队长平日工作甚为努力，此次竟因公殒命，恳予特恤，以慰忠魂。德安县长周操新叩。卯佳。印。

译字第4133号　字数87

江西省政府致德安县政府的电（一九四二年五月十三日）

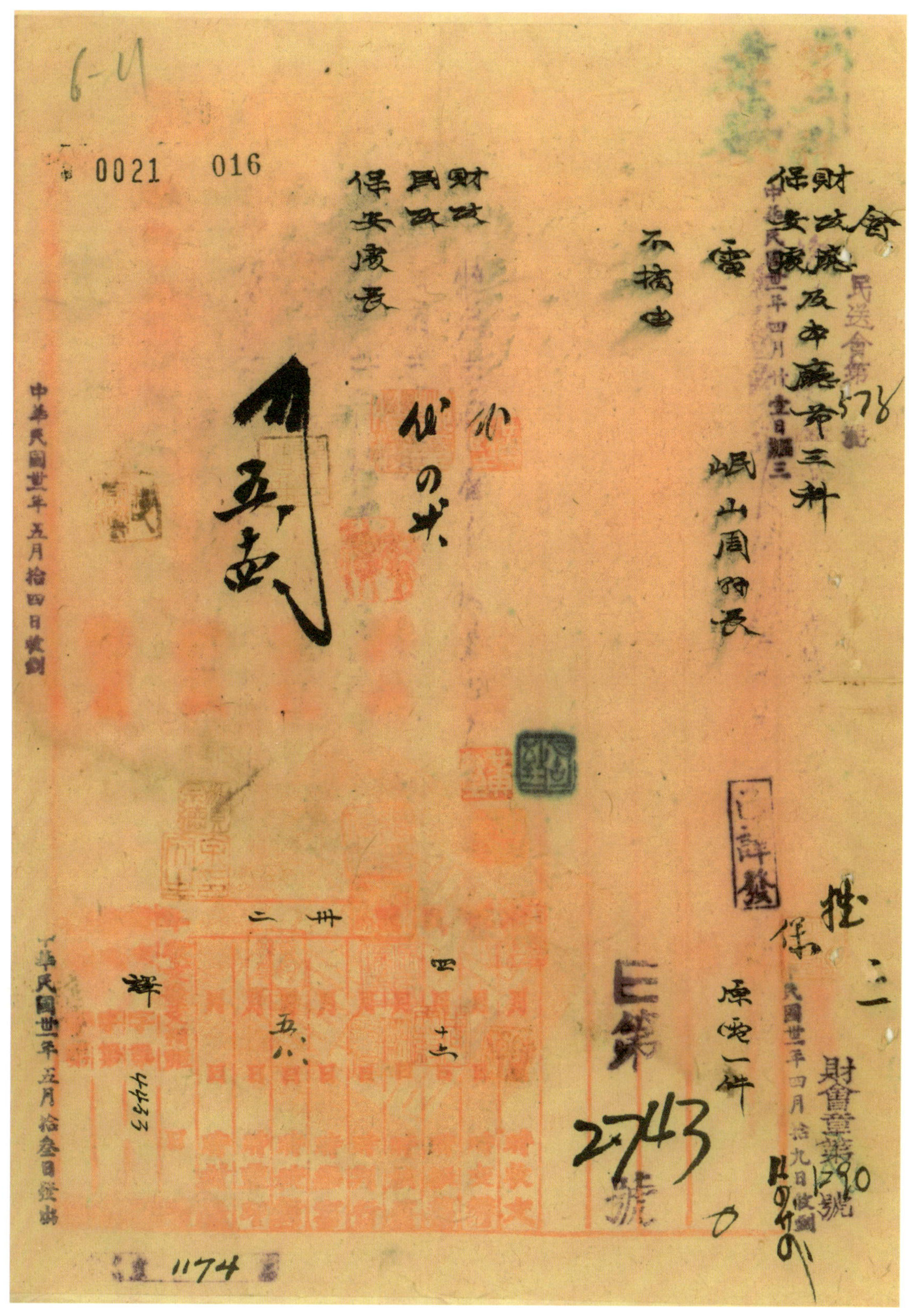

0021 016

財政廳及本廳第三科
保安處

電

不摘由

中華民國卅一年四月廿一日編

岷山周副長

財政
民政
保安處長

中華民國卅一年五月拾四日收到

原電一件

2743號

中華民國卅一年五月拾叁日發出

1174

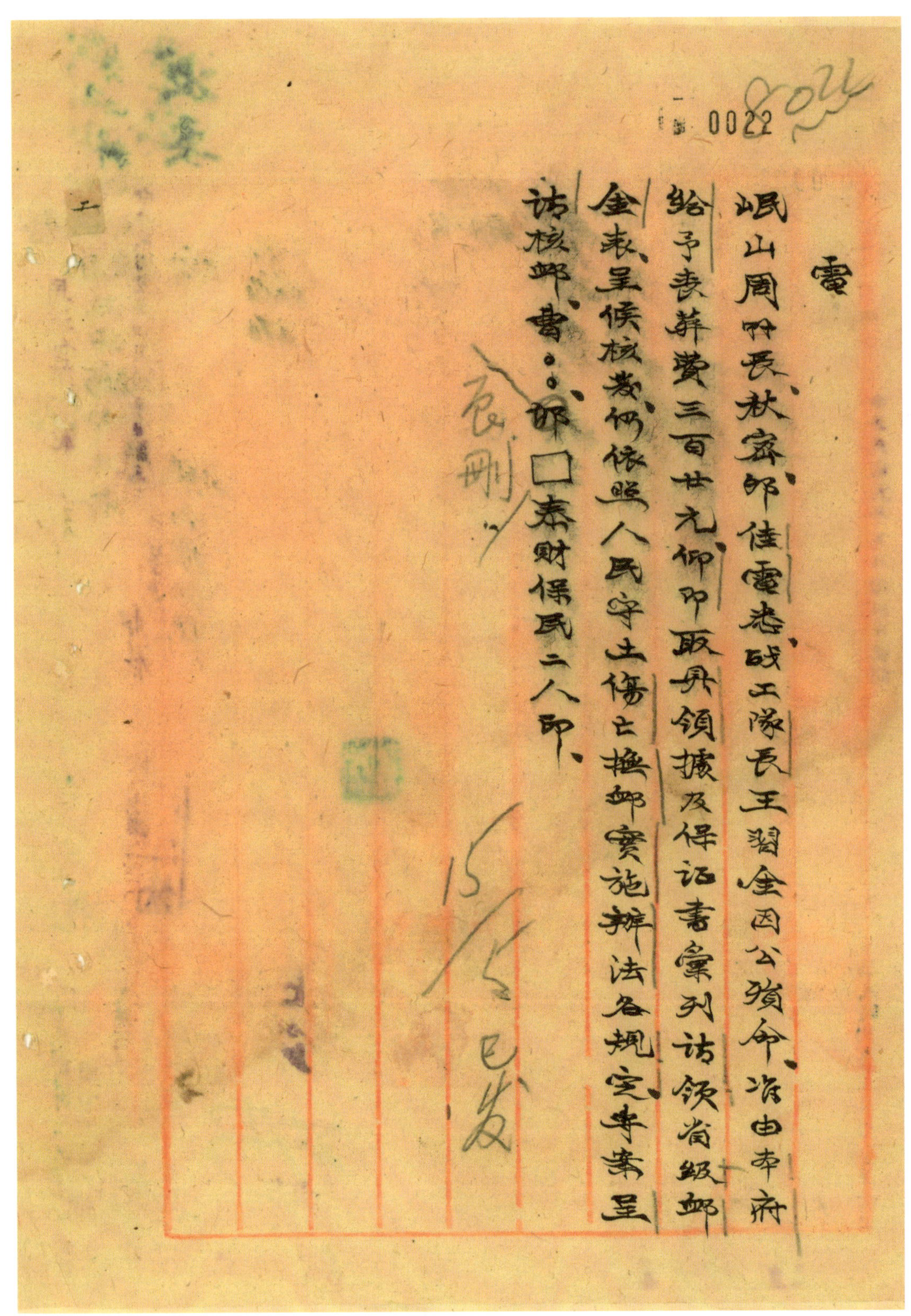

0022

電

岷山周村長秋霖、郎佳電悉、戰工隊長王習金因公殞命、准由本府給予殮葬費三百廿元、仰即取具領據及保證書彙列請領省級郵金表、呈候核發、仍依照人民守土傷亡撫卹實施辦法各規定專案呈請核卹、書。。郎□泰财保民二人印、

江西省政府和湖口县政府关于周植藩因公殒命请予给恤的来往文书（一九四二年四月至六月）

湖口县政府致江西省政府的呈（一九四二年四月二十三日）

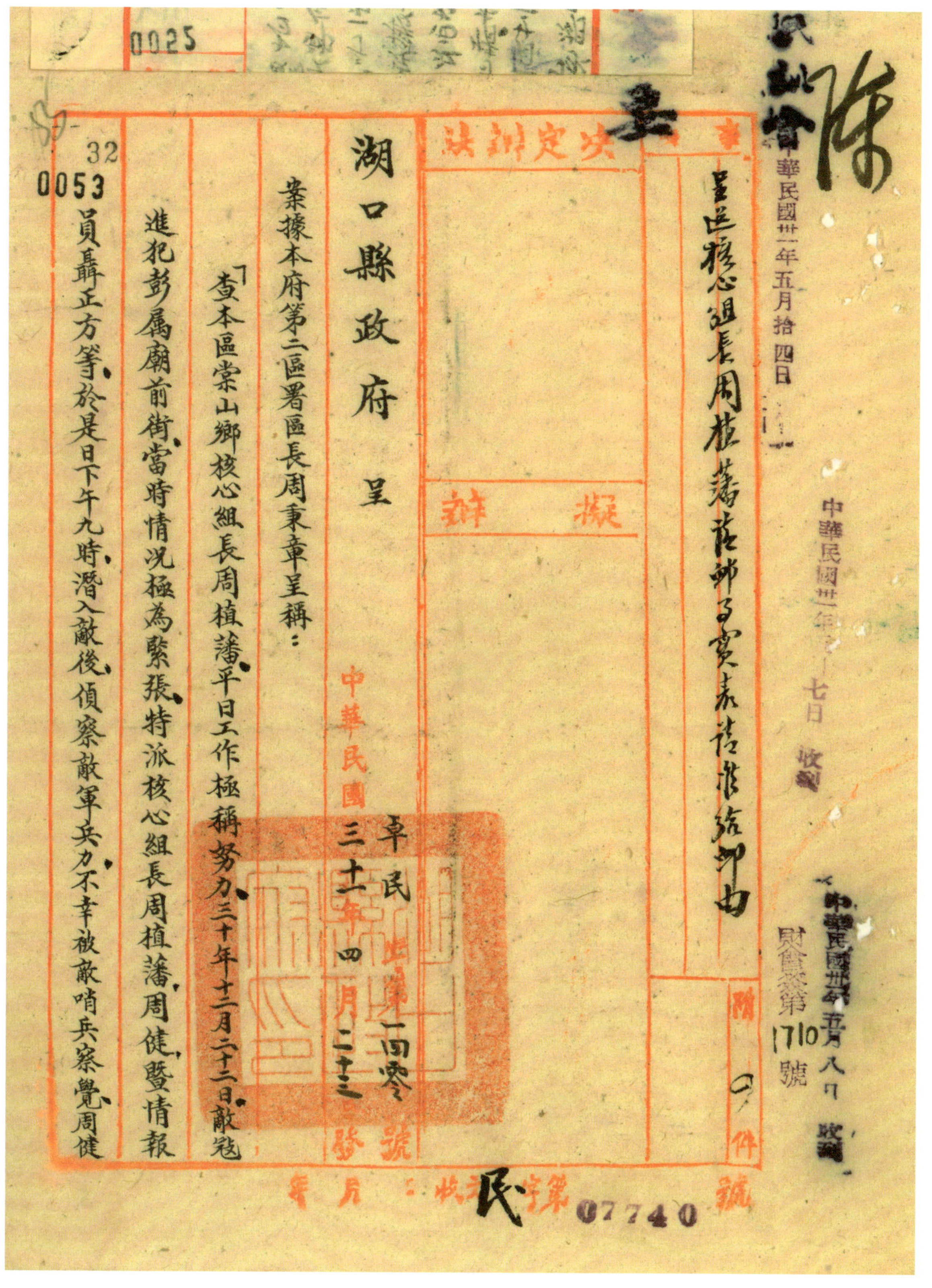
呈送核心組長周植藩殉難事實表請准給卹由

湖口縣政府 呈

中華民國三十一年四月二十三日 辛民字第一四零號 發

案據本府第二區署區長周秉章呈稱：

「查本區崇山鄉核心組長周植藩，平日工作極稱努力。三十年十二月二十二日，敵寇進犯彭屬廟前街，當將情況極為緊張，特派核心組長周植藩、周健暨情報員聶正方等，於是日下午九時潛入敵後，偵察敵軍兵力，不幸被敵哨兵察覺，周健

0054

聶正方乘機脱逃，該周植藩比遭拿獲，當時敵酋田中急勒其引攻我軍陣地，雖拷打至再，該植藩竟誓死不從，敵憤甚，卒將其帶至廟前街附近盛家店上首田塅下用槍擊斃，該組長尚遺有妻子各一，身後蕭條，除一面派員前往慰唁外，理合備文呈報鈞長鑒核，准予據情轉懇層峯從優議卹，以慰忠魂，而彰壯烈。

等情，附請卹事實表五份，據此，經查明該故組長周植藩經常在敵後工作，甚稱努力，上年十二月二十二日彭澤廟前街之役，該組長奉派偵查敵人兵力，致被拿獲，從容就義，殊堪悼惜，核與奉頒人民守土傷亡撫卹實施辦法第三條第二款之規定相符，擬請依照同辦法第四條第一項第一款給予撫卹，以慰忠魂，據呈前情，除事實表抽存一份備查外，理合檢同原表四份，備文呈請

鈞府察核，准予給卹，並乞

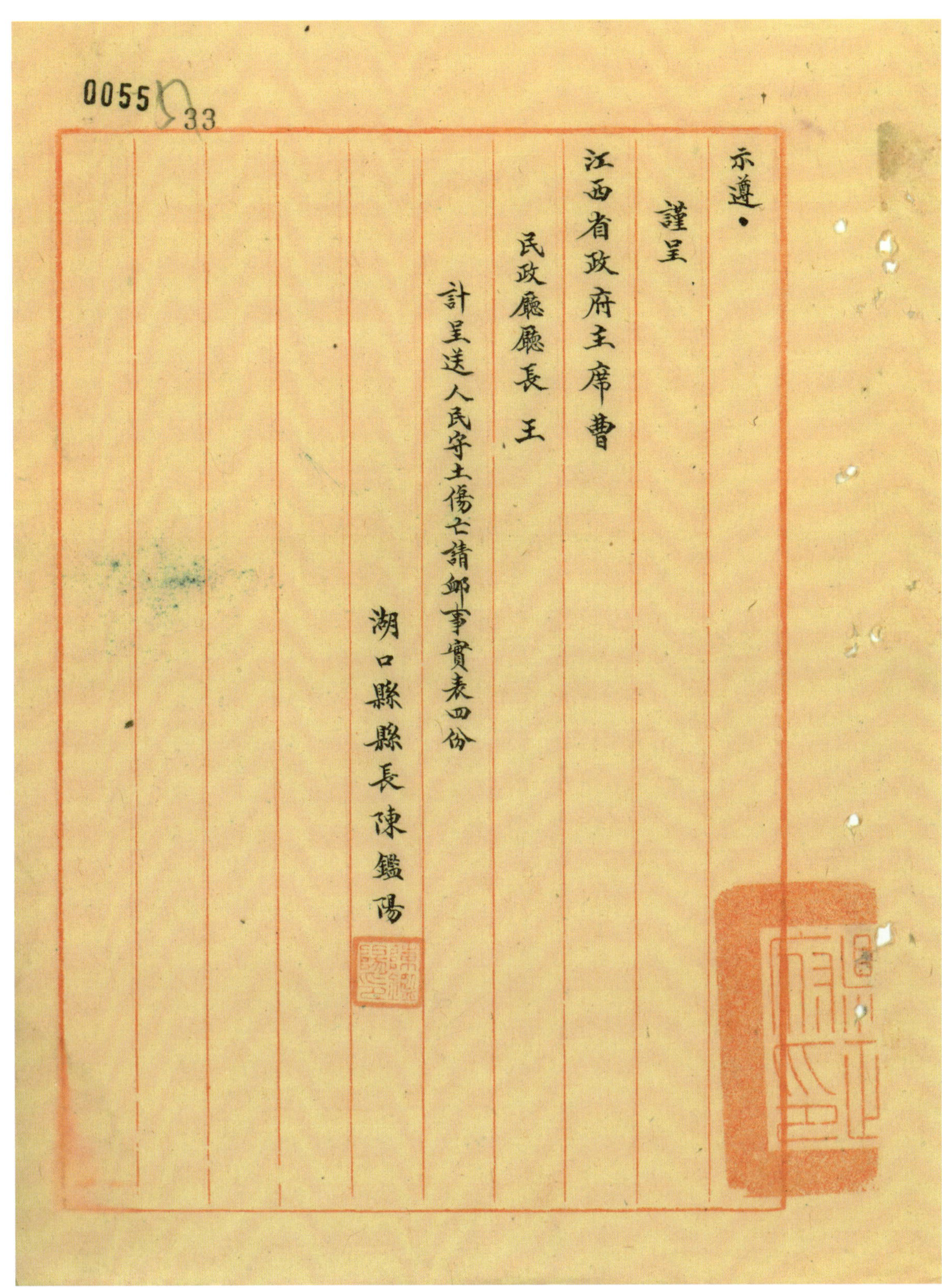
0055
33

示遵。

謹呈

江西省政府主席曹

民政廳廳長王

計呈送人民守土傷亡請卹事實表四份

湖口縣縣長陳鑑陽

附：战地守土人民请恤事实表

戰地守土人民請卹事實表　民國三十一年三月一日填

姓名	周植藩
年齡	四一
籍貫	江西湖口
職業	湖口縣第二區棠山鄉核心組長
現住地	湖口棠山鎮
家族名稱	祖父 歿；祖母 歿；父湞菴年六三歲，母楊氏年六八歲，均歿；弟妹 無；妻李氏年三九歲；子潤泉年十七歲；女 無
加入之抗敵組織及抗敵情形	任湖口縣第二區棠山鄉核心組長，經常在敵後從事偵查敵僞情形，并秘密領導陷區民衆反抗敵人征兵收稅及協助游擊隊破壞敵人交通倉庫防禦工事等
傷亡情狀・負傷地點	
傷亡情狀・負傷年月日	
傷亡情狀・負傷原因	
傷亡情狀・等第	
傷亡情狀・負傷現狀	
傷亡情狀・死亡地點	彭澤廟前街附近戚家店
傷亡情狀・死亡年月日	民國三十年十二月二十二日
傷亡情狀・死亡原因	因敵軍進攻廟前街，奉令前往敵後偵查敵軍兵力，被敵哨兵拿獲，敵酋田中勒令引攻我軍陣地，誓死不從，比遭槍斃

58

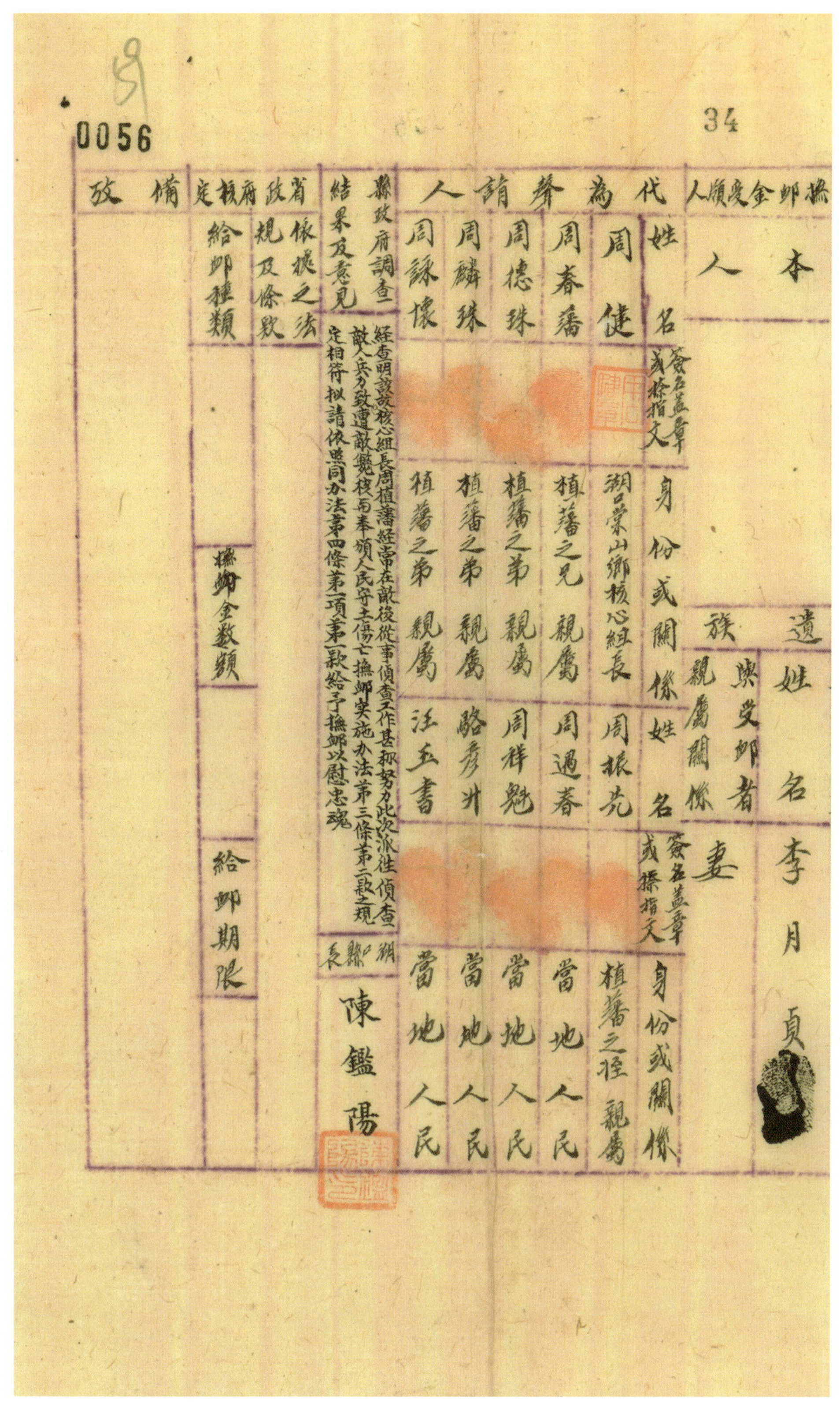

0056　　34

撫卹金受領人		
本人	姓名	李月貞
遺族	與受卹者親屬關係	妻

代為聲請人				
姓名	簽名蓋章或捺指文	身份或關係	姓名	簽名蓋章或捺指文	身份或關係
周健		湖口棠山鄉核心組長	周振先		植藩之侄親屬
周春藩		植藩之兄親屬	周遇春		當地人民
周德珠		植藩之弟親屬	周祥魁		當地人民
周麟珠		植藩之弟親屬	駱彥升		當地人民
周錄懷		植藩之弟親屬	汪玉書		當地人民

縣政府調查結果及意見	經查明該故核心組長周植藩經常在敵後從事偵查工作甚称努力此次派往偵查敵人兵力致遭敵毙核與奉頒人民守土傷亡撫卹實施辦法第三條第二款之規定相符拟請依照同办法第四條第一項第一款給予撫卹以慰忠魂
湖口縣長	陳鑑陽

省政府核定	
依據之法規及條款	
給卹種類	
撫卹金數額	
給卹期限	

備考	

江西省政府民训会签注（一九四二年五月九日）

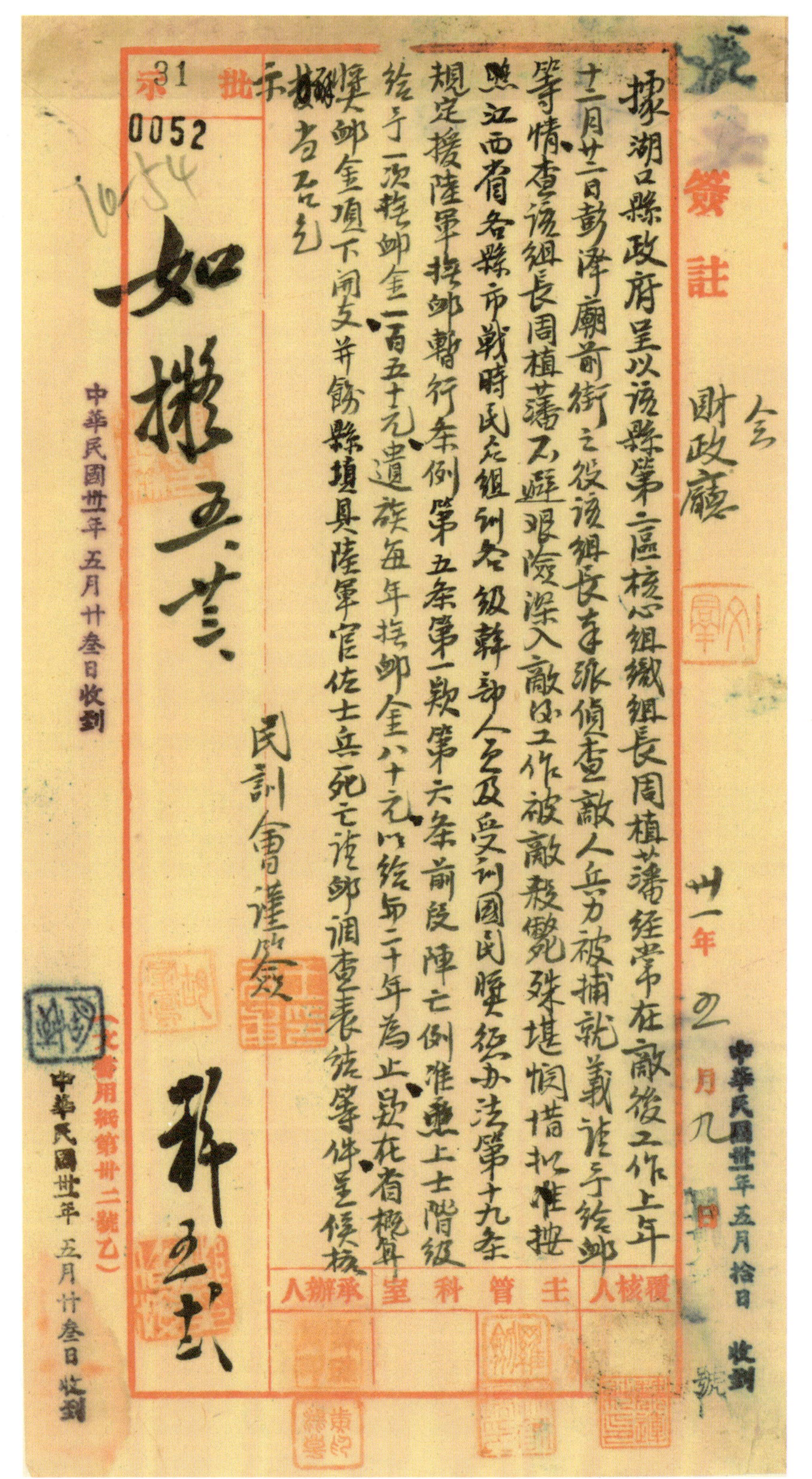

签注

会 财政厅

據湖口縣政府呈以該縣第二區核心組織組長周植藩經常在敵後工作，上年十二月廿二日彭澤廟前街之役，該組長率派偵查敵人兵力被捕就義，請予給卹等情。查該組長周植藩不避艱險，深入敵後工作，被敵殺斃，殊堪憫惜，擬准援照江西省各縣市戰時民眾組訓各級幹部人員及受訓國民暫行組訓辦法第十九條規定，援陸軍撫卹暫行條例第五條第一款第六條前段陣亡例准照上士階級給予一次撫卹金一百五十元，遺族每年撫卹金八十元，以給與二十年為止，款在省概算撫卹金項下開支，並飭縣填具陸軍官佐士兵死亡請卹調查表結等件呈候核擬，當否乞示。

民訓會謹簽

卅一年五月九日

批示

如擬 五、十三

中華民國卅一年五月拾日收到

中華民國卅一年五月廿叁日收到

中華民國卅一年五月廿叁日收到

（文書用紙第卅二號乙）

31 0052

覆核人	主管科室	承辦人

江西省政府致湖口县政府的指令（一九四二年六月六日）

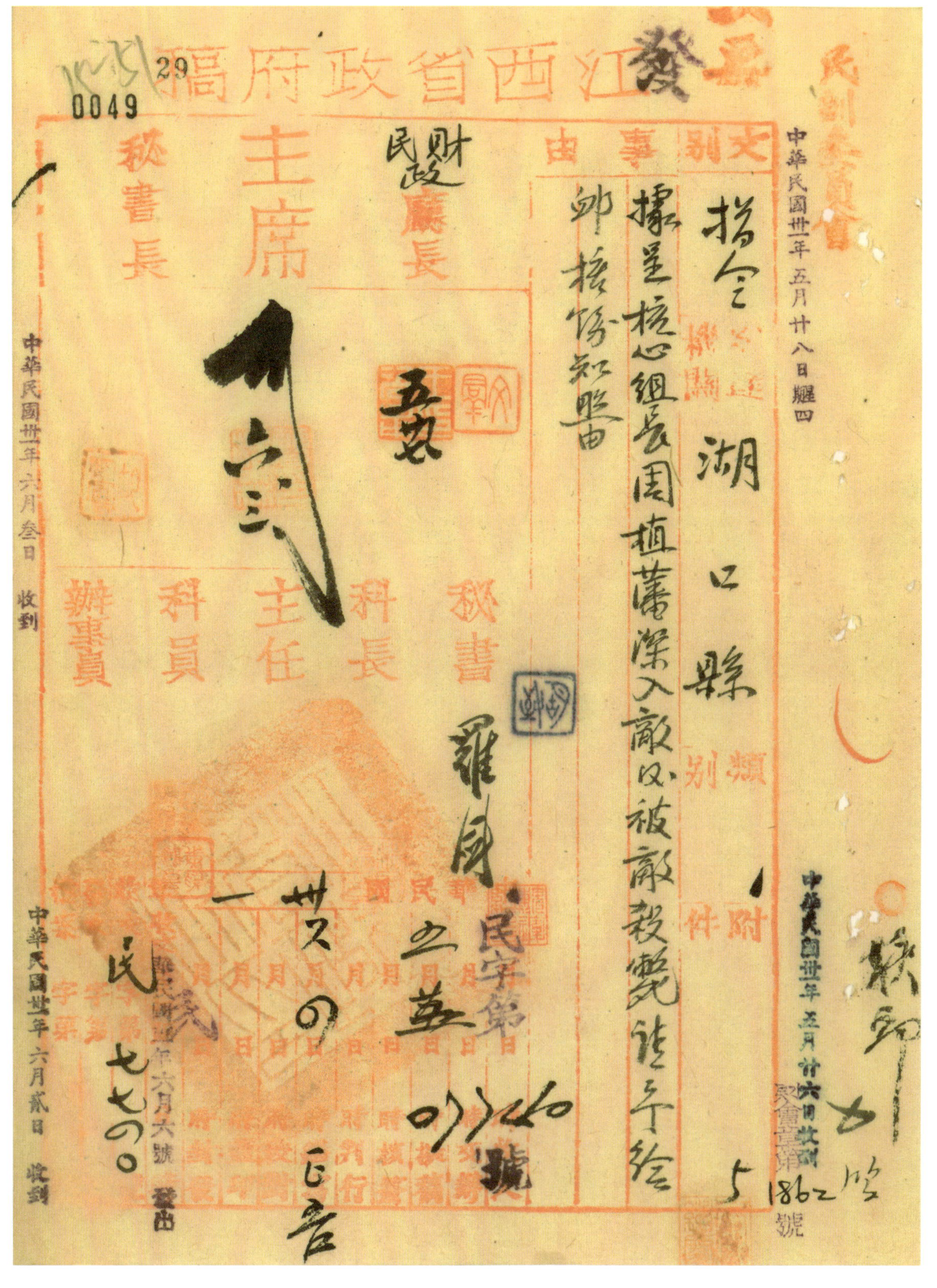

江西省政府稿

0049　29

文别：指令

事由：據呈桂心組長周植藩深入敵以被敵殺斃請予給卹核示知照由

湖口縣

附件

中華民國卅一年五月廿八日擬

主席

秘書長

民財政廳長

秘書　科長　主任　科員　辦事員

羅同

民字第　號

中華民國卅一年六月叁日收到

中華民國卅一年六月貳日收到

中華民國卅一年六月六號發出

152

0050

府

銜指令　財民訓字第　號

令湖口縣政府

三十一年四月廿三日卓民字第一四〇號呈一件：核心組長周植藩深入敵後工作被敵殺斃請予給卹由

呈件均悉。該組長周植藩不避艱險深入敵後工作、被敵殺斃，殊堪憫惜，准援江西省各縣（市）戰時民眾組訓各級幹部人員及受訓國民兵傷亡暫行辦法第十九條規定，援陸軍撫卹暫行條例第五條第一款、第六條前段陣亡例照上士階級給予一次撫卹金壹百五十元、遺族年撫金每年八十元，以二十年為期、仰即填具陸軍官佐士兵死亡請卹調查

表結等件呈候核办。

此令。附件存。

主席 曹〇〇

民政廳長 〇〇

財政廳長 〇〇

江西省政府、安义县政府关于熊府顺因押运军米被敌惨杀请恤的来往文书（一九四二年六月至七月）

安义县政府致江西省政府的呈（一九四二年六月九日）

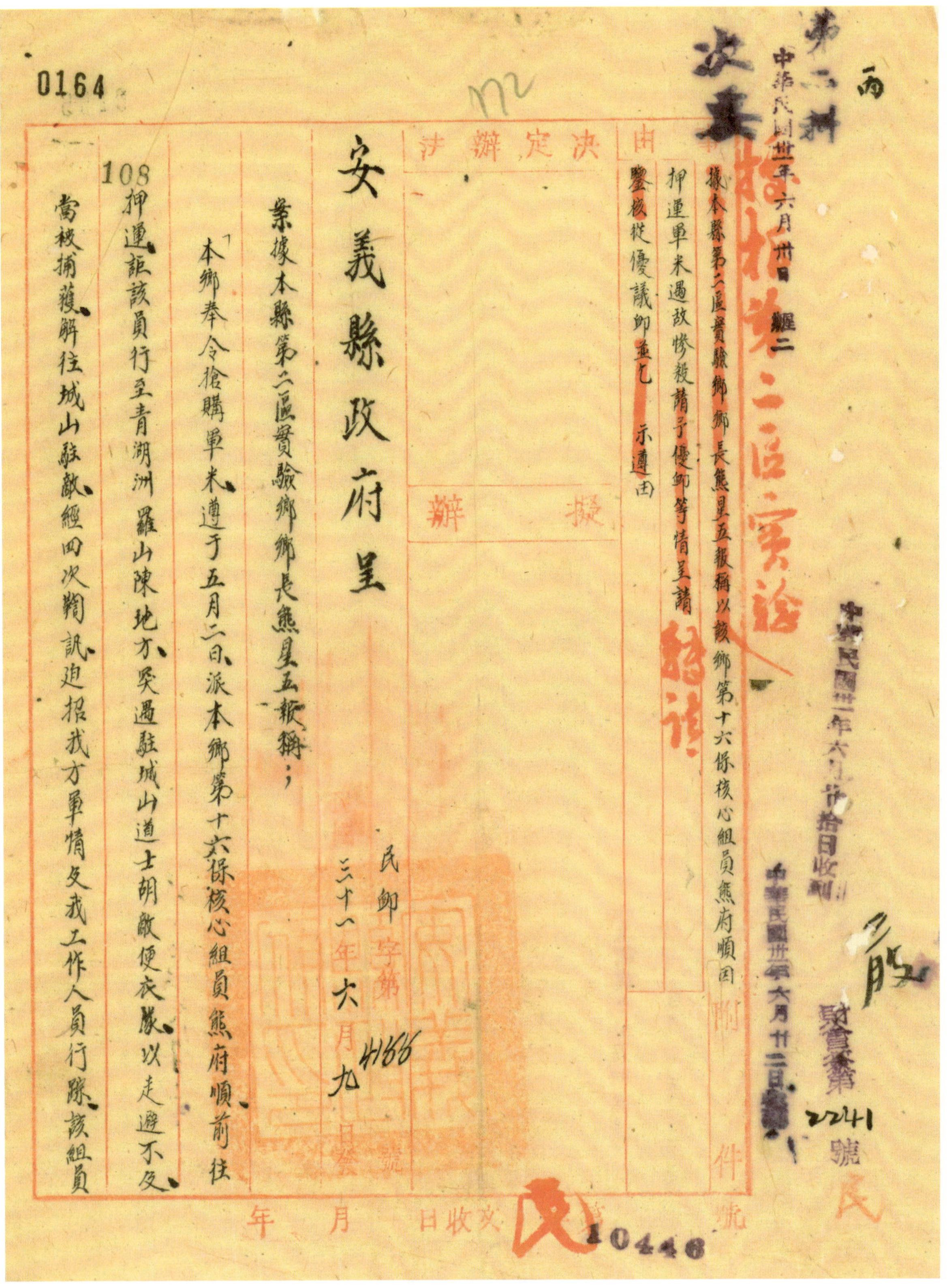

事由：據本縣第二區實驗鄉鄉長熊星五報稱以該鄉第十六保核心組員熊府順因押運軍米遇敵慘殺請予優卹等情呈請鑒核從優議卹並乞示遵由

安義縣政府呈 民卹字第4166號 三十一年六月九日

案據本縣第二區實驗鄉鄉長熊星五報稱：「本鄉奉令搶購軍米，遵于五月二日派本鄉第十六保核心組員熊府順前往押運，詎該員行至青湖洲羅山陳地方，突遇駐城山道士胡敵便衣隊，以走避不及，當被捕獲，解往城山敵營，經四次鞫訊，迫报我方軍情及我工作人員行踪，該組員

173

0165

抱定必死決心、雖身遭極刑、堅不吐露真情、且言辭激昂、致敵老羞成怒、復以燒酒灌鼻用火炙之、旋即斃命、死後屍首亦被埋滅、無從找獲、殊為悲慘、為此報請優卹、則生沒均感公德兩便」

等情到府、查該鄉核心組員熊府順、因押運軍米、遇敵被捕、慘遭刑斃、殊深惋惜、據報前情、除指復外、理合備文呈請

鈞府鑒核、擬准依照各縣市戰時民眾組訓各級幹部獎懲暫行辦法第十九條之規定、援用陸軍撫卹暫行條例核卹、並乞　示遵。

謹呈

江西省政府主席曹

安義縣縣長鄭

江西省政府民训会签注（一九四二年六月二十五日）

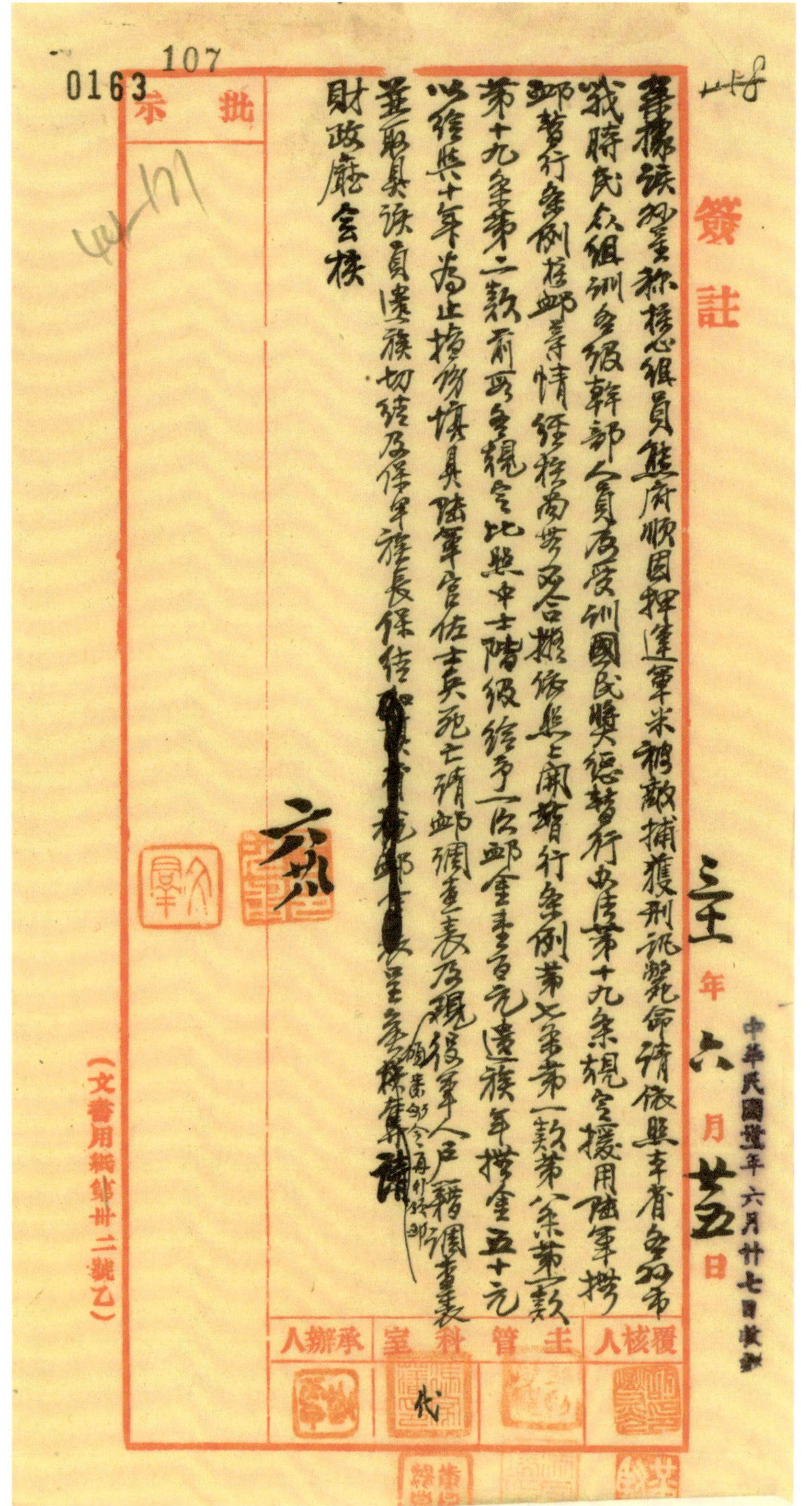

0163　107

批示

簽註

案據該部呈稱該組員熊府順因押運軍米被敵捕獲刑訊斃命，請依照本省各縣市戰時民衆組訓各級幹部人員及受訓國民獎懲暫行辦法第十九條規定，援用陸軍撫卹暫行條例核卹等情。經核尚無不合，擬依照上開暫行條例第七條第一款、第八條第三款、第十九條第二款前段之規定，比照中士階級給予一次卹金一百元，遺族年撫金五十元，以給與十年為止。擬飭填具陸軍官佐士兵死亡請卹調查表及現役軍人戶籍調查表，並取具該員遺族切結及保甲族長保結[illegible]呈[illegible]請

財政廳会核

三十一年六月廿五日

中華民國卅一年六月廿七日收到

覆核人　主管科室　承辦人

（文書用紙第卅二號乙）

江西省政府致安义县政府的指令（一九四二年七月十三日）

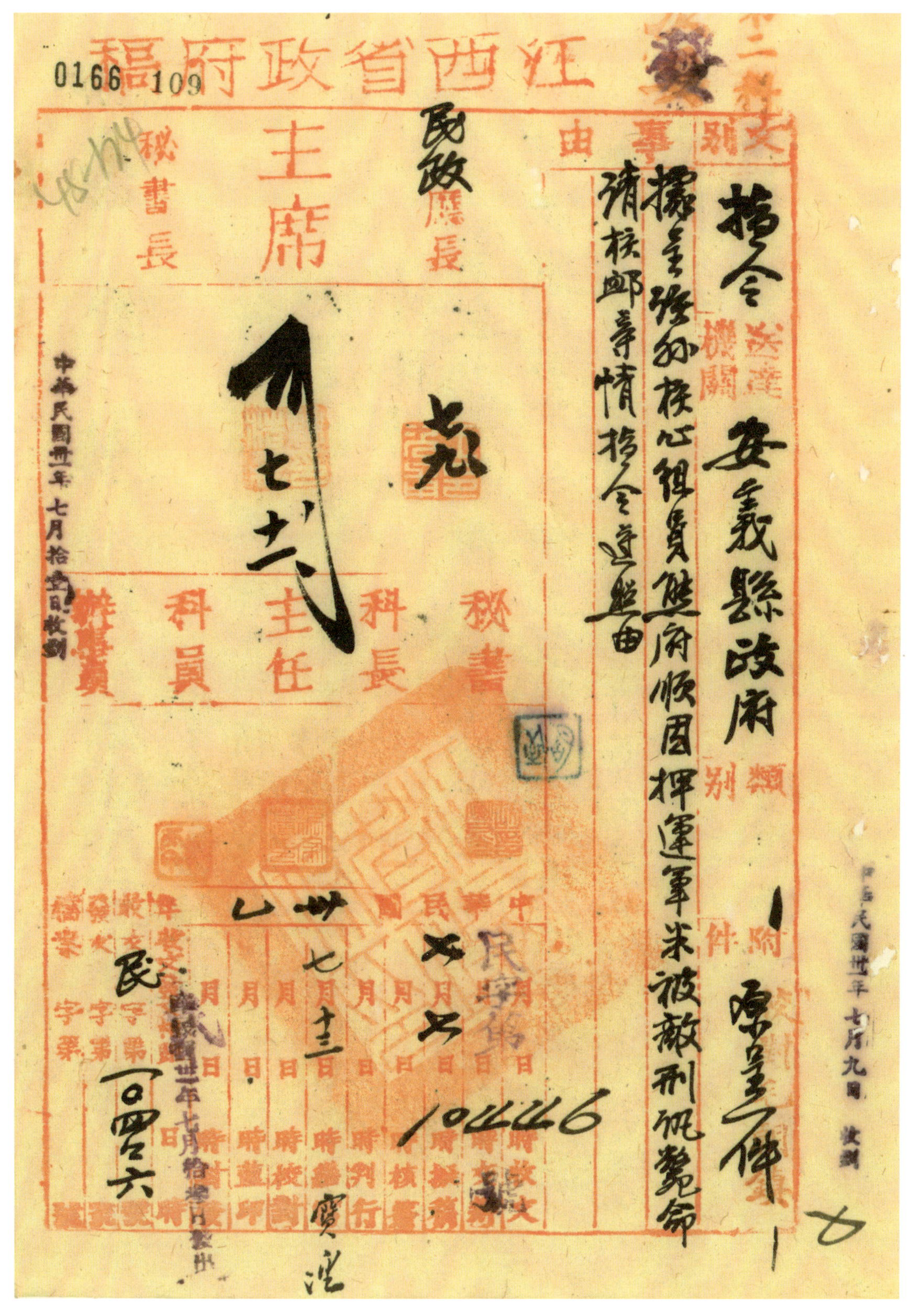
江西省政府稿

0166 109

文别：指令

送达机关：安義縣政府

事由：據呈張孫桉心組員熊其府順因押運軍米被敵刑訊斃命請核郵等情指令遵照由

附件：原呈件

主席

秘書長

廳長：民政

民 可四六

0167

全衔指令

泰財民六字第　號

令安福縣政府

三十年六月九日民卹字第四一八八號呈一件，為該縣指導組員熊甫順因押運軍米被敵刑訊斃命請撫卹由。

呈悉。查該故指導組員熊甫順死事慘烈，准依照江西省各縣(市)戰時民眾組訓各級幹部人員及受訓國民兵傷亡撫卹暫行辦法第十九條規定，援用陸軍撫卹暫行條例第七條第一款、第八條第一款、第十九條第二款前段各規定，比照中士階級給予

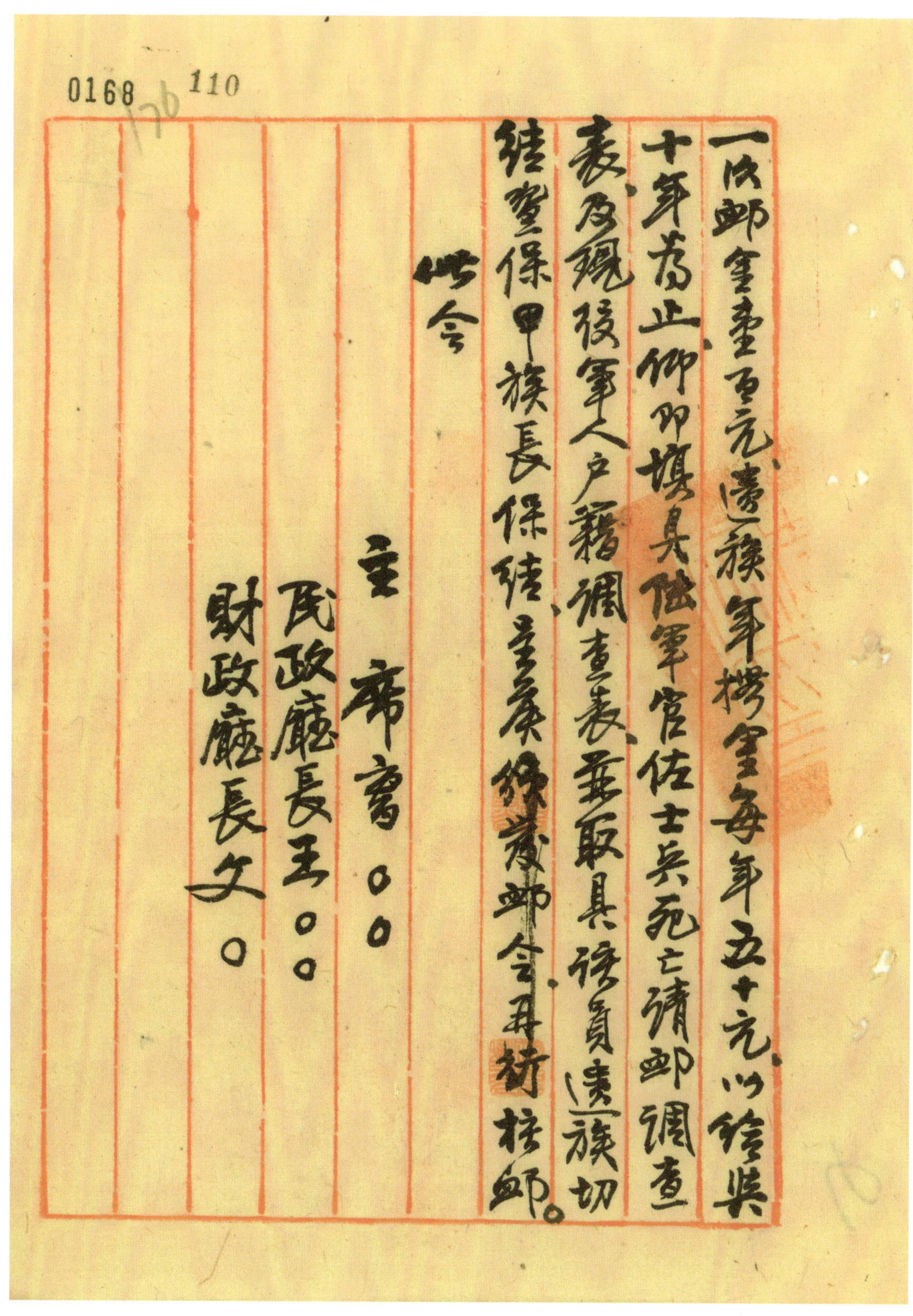
0168 110

一次郵金壹百元、遺族年撫金每年五十元，以給與十年爲止。仰即填具陸軍官佐士兵死亡請卹調查表及現役軍人户籍調查表，並取具該員遺族切結暨保甲族長保結，呈廳核發卹令，再行核卹。

此令。

主席○○

民政廳長王○○

財政廳長文○

江西省政府和彭泽县政府关于欧阳荣祥被敌捕获受伤发给医药费的来往文书（一九四二年六月至十月）

彭泽县政府致江西省政府的呈（一九四二年六月十日）

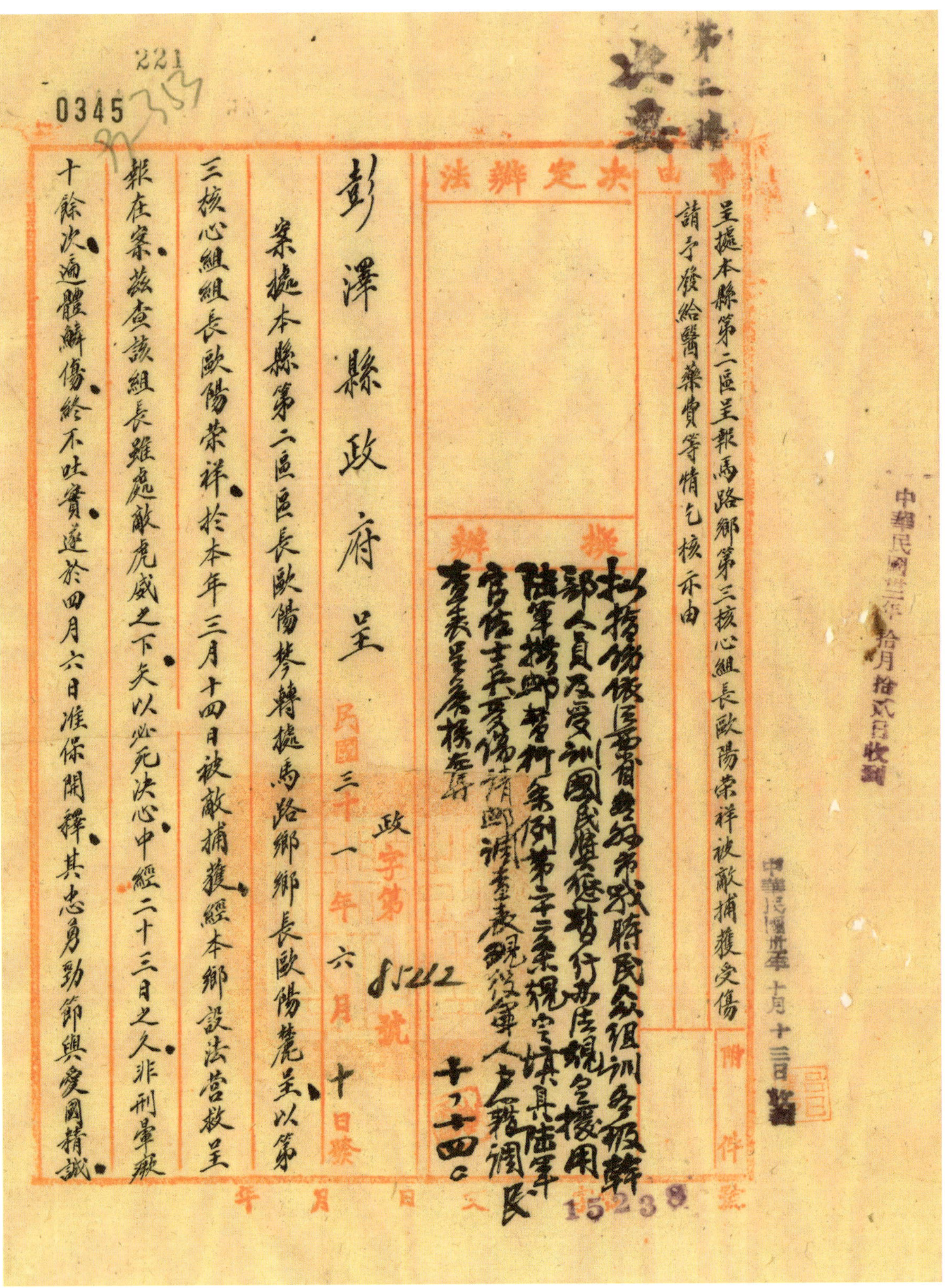
事由：呈據本縣第二區呈報馬路鄉第三核心組長歐陽榮祥被敵捕獲受傷，請予發給醫藥費等情，乞核示由

彭澤縣政府呈

民國三十一年六月十日發 政字第 號

案據本縣第二區區長歐陽琴轉據馬路鄉鄉長歐陽麓呈，以第三核心組組長歐陽榮祥於本年三月十四日被敵捕獲，經本鄉設法營救，呈報在案。茲查該組長雖處敵虎威之下，矢以必死決心，中經二十三日之久，非刑畢嘗，十餘次遍體鱗傷，終不吐實，遂於四月六日准保開釋。其忠勇勁節與愛國精誠

擬辦：擬指飭依照省頒各級戰時民眾組訓各級幹部人員及受訓國民傷亡撫卹暫行辦法規定，援用陸軍撫卹暫行條例第十三條規定，填具陸軍官佐士兵受傷請卹調查表，呈候核奪。十、十四

中華民國卅一年拾月拾貳日收到

殊屬難能而可貴、尤最足以表現着、雖蒙受此次惡化而工作較前更為努力、毫無顧慮及厭心狀態、惟因該組長雖幸得生命安全、然治傷之費已屬不貲、加之家產被敵沒收、嗷嗷數口、其何以為生、為此報請鈞長懇即轉請設法救濟、並酌給治傷費以資鼓勵、而策來茲、等情據此、查該核心組長歐陽榮祥平日對於核心工作頗為努力、此次被敵捕獲、拘留至二十三天之久、雖迭受嚴刑、不為稍屈、卒得脫離險難、返鄉後曾扶病來縣府一次、傷勢尚未痊愈、忠勇勁節、實屬難能可貴、據報前情、理合備文呈請

鈞府俯賜察核、准予從優發給醫藥費、以示體卹、而資激勵、

謹呈

江西省政府主席曹

彭澤縣縣長袁野鶴

江西省政府致彭泽县政府的指令（一九四二年十月二十日）

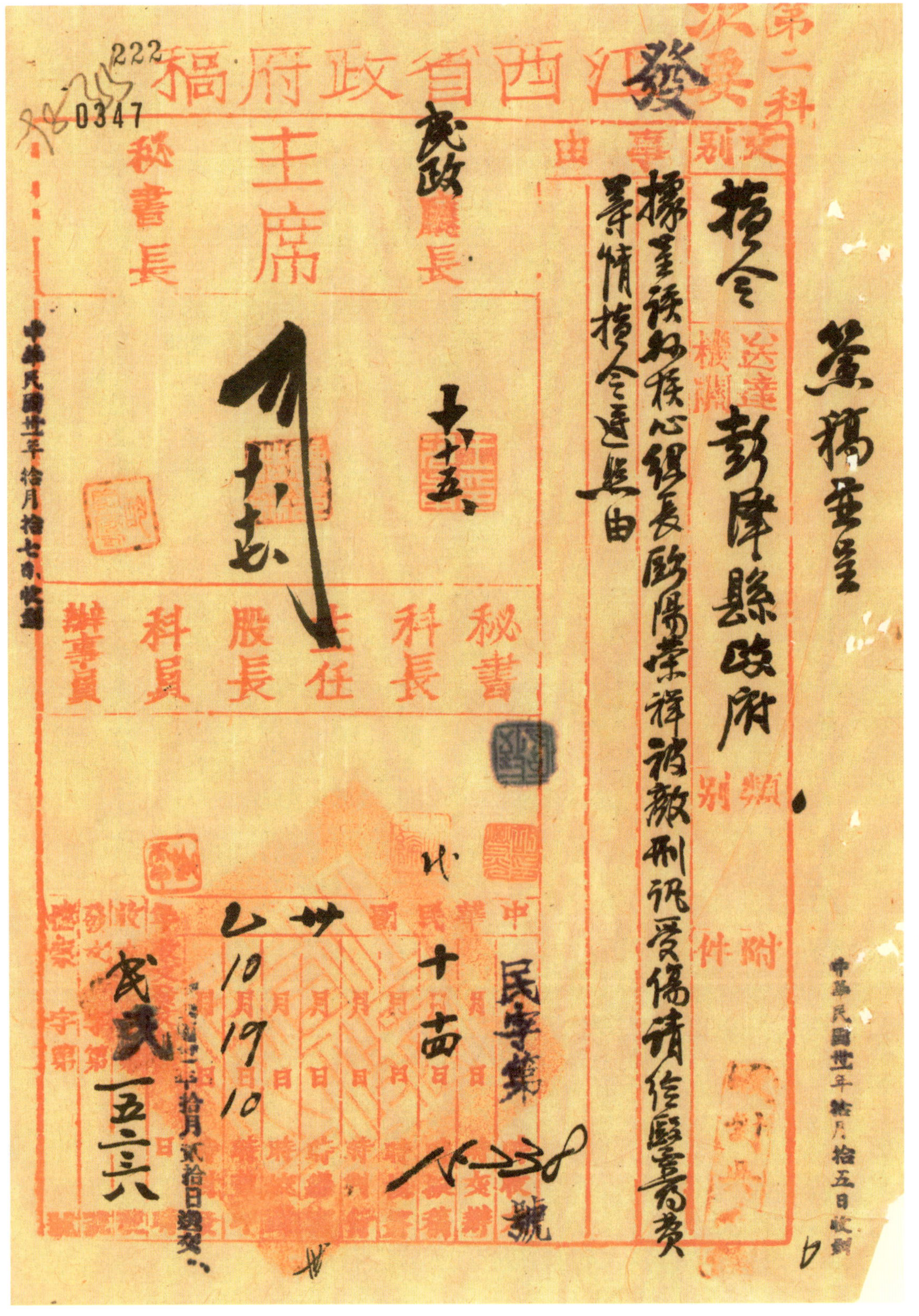

江西省政府稿

第二科

發

文別：指令

送達機關：彭澤縣政府

事由：據呈該縣稅收稽核組長歐陽榮祥被敵刑訊受傷請給醫藥費等情指令遵照由

簽稿 呈

主席

秘書長

廳長

中華民國卅一年拾月拾七日收到

中華民國卅一年拾月拾五日收到

民字第 一五二三八 號

合銜指令 泰民六字第 號

令彭澤縣政府

三十六年六月十日政字第八五四二號呈一件，為據孫核心鎮長歐陽崇祥被敵刑訊受傷請給醫藥費乞核示由

呈表。仰即依照江西省各縣市戰時民眾組訓分級幹部人員及受訓國民服役懲獎暫行辦法規定，援用陸軍撫卹暫行條例第二十二條規定填具陸軍官佐士兵受傷請卹調查表、證明書、現役軍人戶籍調查表、呈候核奪。

此令

0349
223
主席曹〇〇
民政廳長王〇〇
江西省政府公文中頁

中国银行南昌支行蔡谨等关于许懋勋因公被敌机炸毙请予抚恤致其家属的函（一九四二年六月十二日）

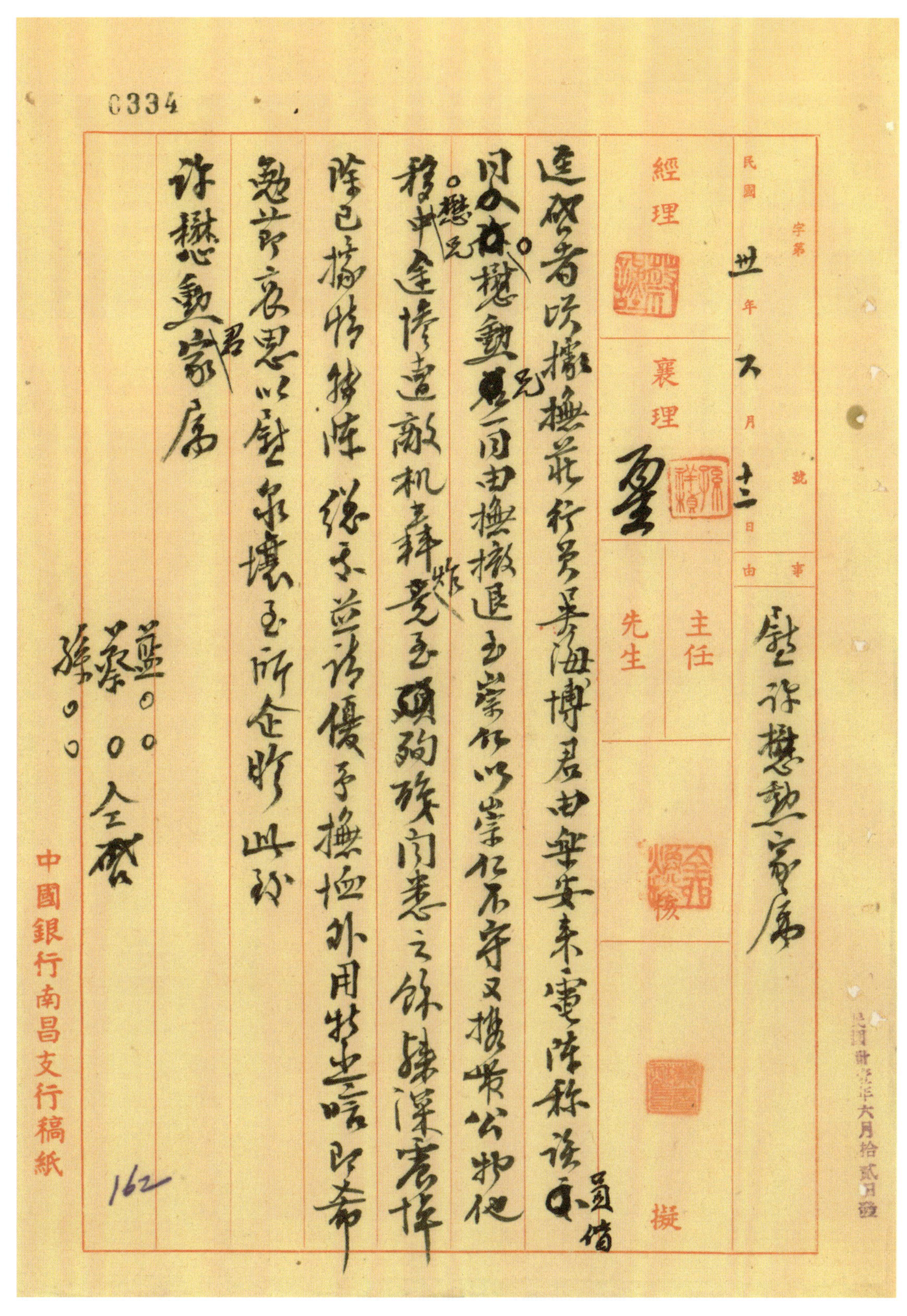
0334

字第　號

民國卅一年六月十二日

事由：致许懋勋家属

經理　襄理　主任先生　擬

迳启者：顷据抚行行员吴海博君由吉安来电陈称：该员偕同懋勋兄于□日由抚撤退至崇仁，以崇仁不守，又携带公物他移，中途遭敌机轰炸，竟至殒殉。闻悉之余，殊深悼惜。除已据情转陈总处请优予抚恤外，用特专函，即希节哀思，以慰泉壤，至所企盼。此致

许懋勋君家属

蔡谨○○
孙○○　仝启

中國銀行南昌支行稿紙

162

江西省政府、安义县政府关于胡应溱因公殒命请予抚恤的来往文书（一九四二年六月至七月）

安义县政府致江西省政府的呈（一九四二年六月二十五日）

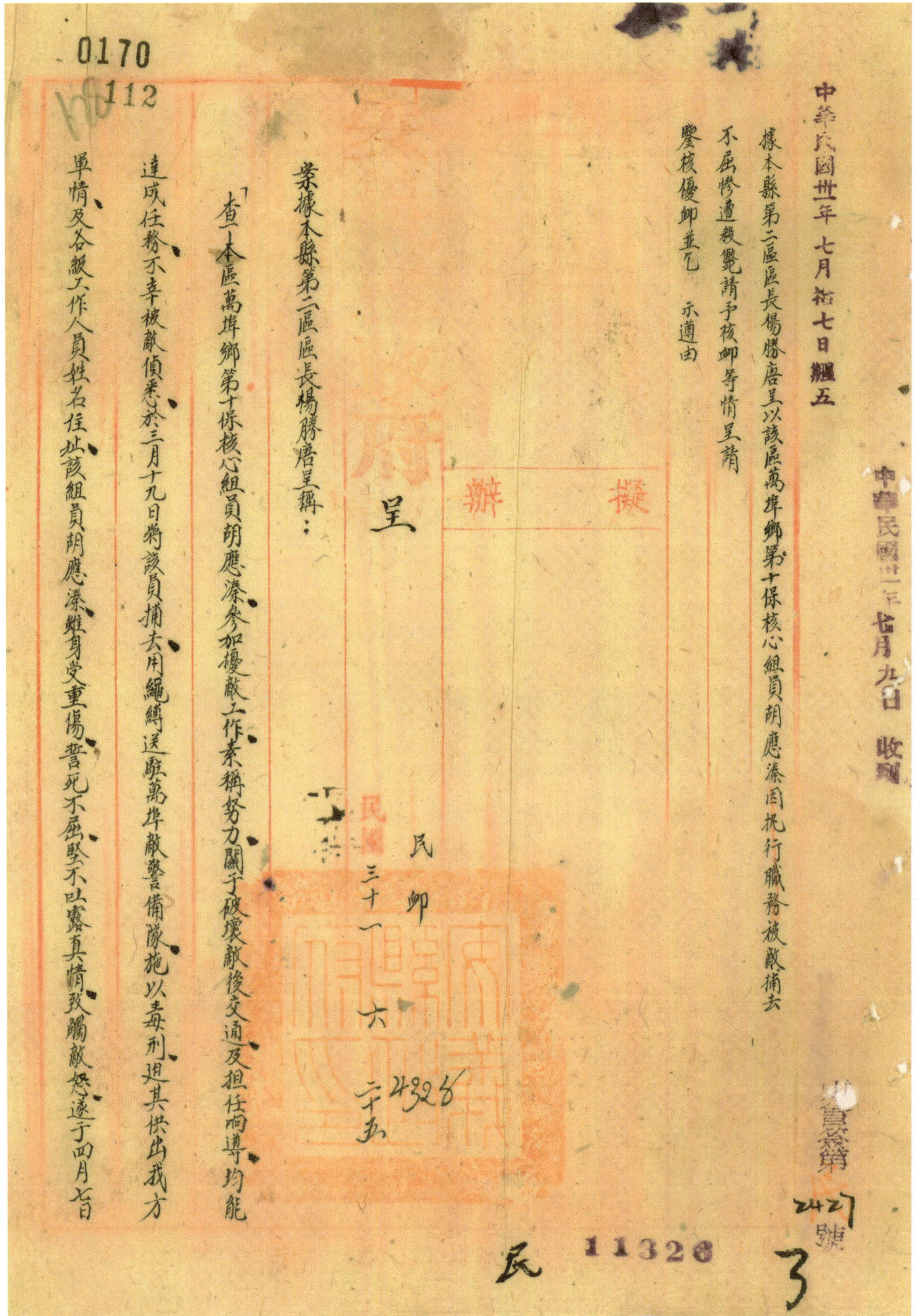
0170
112

中華民國卅一年七月拾七日繕五

據本縣第二區區長楊勝唐呈以該區萬埠鄉第十保核心組員胡應溱因執行職務被敵捕去不屈慘遭殺戮請予核卹等情呈請鑒核優卹並乞示遵由

擬辦

中華民國卅一年七月九日收到

呈

案據本縣第二區區長楊勝唐呈稱：

「查本區萬埠鄉第十保核心組員胡應溱參加擾敵工作素稱努力關于破壞敵後交通及担任嚮導均能達成任務不幸被敵偵悉於三月十九日將該員捕去用繩縛送駐萬埠敵警備隊施以毒刑迫其供出我方軍情及各級工作人員姓名住址該組員胡應溱雖身受重傷誓死不屈堅不吐露真情致觸敵怒遂于四月旨

民卿
三十一 六 二十五
4326

府會字第2427號

民 11326

0171

被敵殺斃，並將頭割拋萬埠河中，身首異處，情狀至慘。復查該員遺有老母妻兒，生活艱迫，除當由該管

鄉長張紹良墊給救濟費貳拾元，及派員前往安慰其遺族外，理合呈請鑒核優卹，

等情前來。查該區萬埠鄉核心組員胡應溱，因執行職務，被敵捕殺，情狀至慘，殊堪憫惻。除指復外，理合備文呈

請

鈞府鑒核，從優議卹，以慰忠魂，並乞　示遵。

謹呈

江西省政府主席曹

安義縣縣長鄭　鄭

江西省政府民训会签注（一九四二年七月十一日）

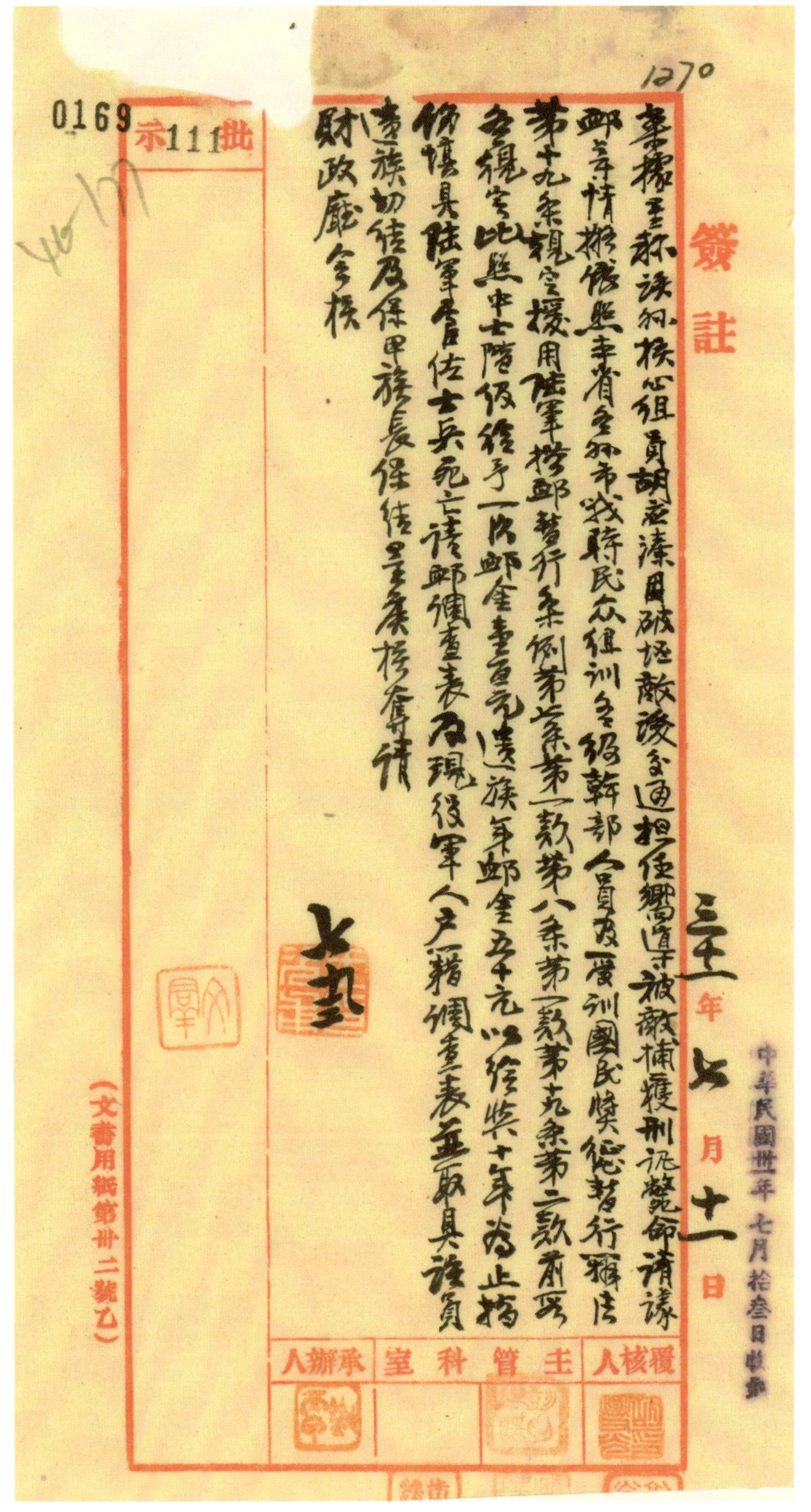

0169

1270

批示 111

簽註

案據吉水縣呈：該縣核心組員胡慈臻因破壞敵後交通担任嚮導，被敵捕獲，刑訊斃命，請援卹等情。據此，核與本省各縣市戰時民衆組訓各級幹部人員及受訓國民獎懲暫行辦法第十九條規定援用陸軍撫卹暫行條例第六條第一款、第八條第一款、第十九條第二款及附表各規定，比照中士階級給予一次卹金壹百元，遺族年卹金五十元，以給與十年爲止。擬飭填具陸軍官佐士兵死亡請卹調查表及現役軍人戶籍調查表，並取具該員遺族切結及保甲族長保結，呈候核奪。請

財政廳會核

三十一年七月十一日

中華民國卅一年七月拾叁日收到

覆核人	主管科室	承辦人

（文書用紙第卅二號乙）

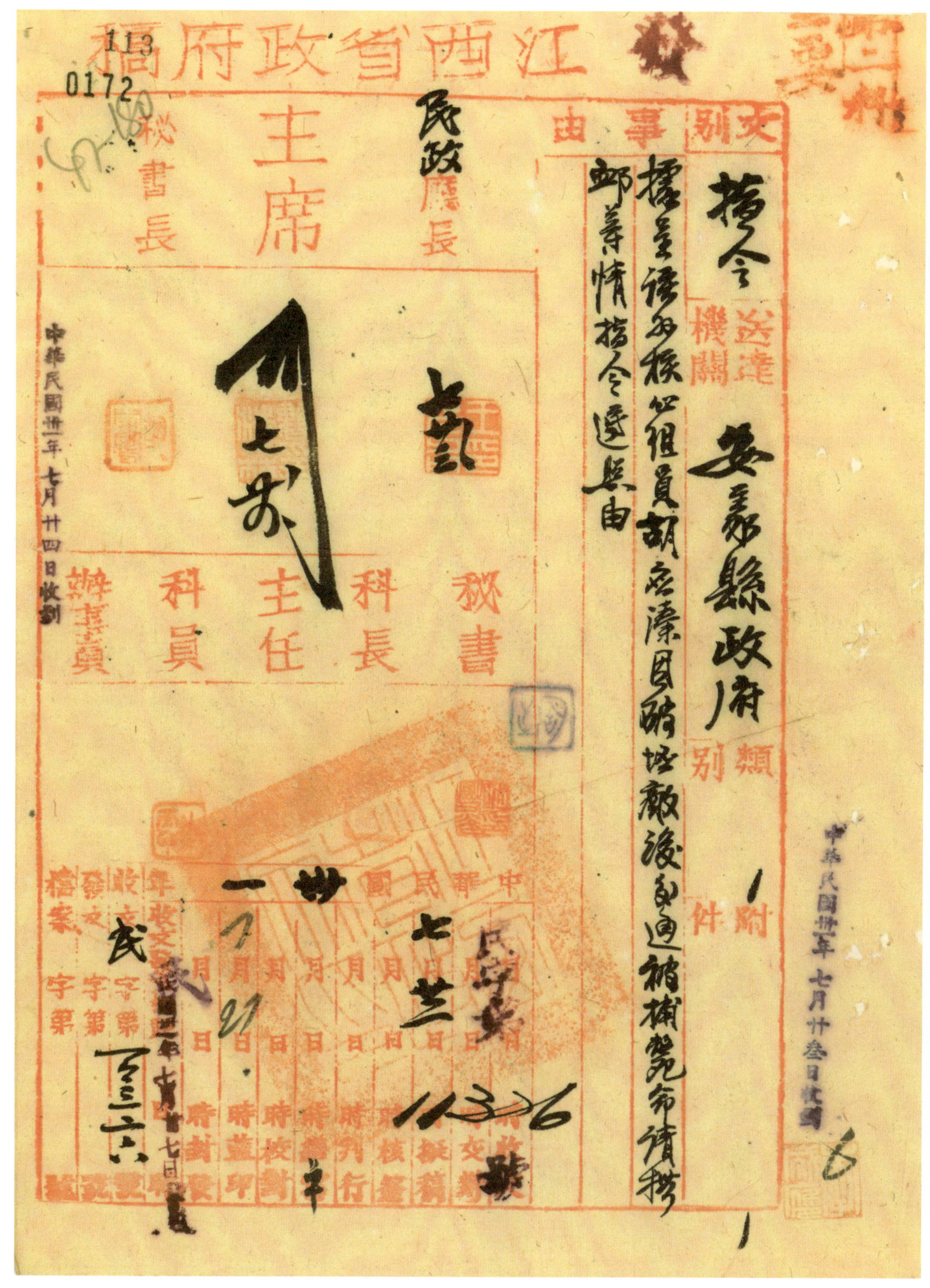

江西省政府稿

文別：指令

送達機關：安義縣政府

事由

主席　民政廳長　秘書長

秘書　科長　主任　科員　辦事員

江西省政府、省民政厅及省财政厅致安义县政府的指令（一九四二年七月二十七日）

會銜指令　泰財民二字第　　號

令安義縣政府

三十一年六月廿五日民郵字第四三二八號呈一件

為該縣核心組員胡座濂因担任嚮導破壞

敵後交通被捕犧牲，請撫卹由

呈悉。據呈該核心組員胡座濂死亡事實，准依

照本省各縣市戰時民眾組訓各級幹部人員及受訓

國民獎卹暫行辦法第十九條規定，援用陸軍撫卹暫行

條例第七條第一款、第八條第一款、第十九條第二款前段

之規定，比照中士階級，給予一次卹金壹百元，遺族撫卹

卹金五千元，以給與十年為止。仰即填具陸軍官佐士兵死亡請卹調查表及現役軍人戶籍調查表，並取具該員遺族切結及保甲長保結，呈候核奪。

此令！

主　席曹○○

民政廳長王○○

財政廳長文○

江西省政府、江西省民政厅、江西省财政厅和安义县政府关于张光燮、熊墨演侦察敌情被捕毙命请予抚恤的来往文书（一九四二年七月至一九四三年四月）

江西省政府、省民政厅及省财政厅致安义县政府的指令（一九四二年七月十四日）

江西省政府稿

0160

主席　秘書長　民政廳長

指令　安義縣政府

據呈保衛核心組長張光燮組員熊墨演偵察敵情被敵捕獲刑訊斃命請核卹等情指令遵照由

附件　呈件

中華民國卅一年七月九日收到

中華民國卅一年七月拾日收到

秘書　科長　主任　科員　辦事員

民字第一〇四四四號

中華民國卅一年七月拾四日發出

全衔指令

奉財民二字第　　號

令安義縣政府

三十一年六月九日民卹字第四一八七號呈乙件為該縣核心組長張光燮組員熊墨溪因偵察敵情被敵捕獲刑訊斃命請核卹由

呈悉。據呈該核心組長張光燮組員熊墨溪死亡事實，准依照江西省各縣（市）戰時民眾組訓各級幹部人員及受訓國民傷亡撫恤暫行辦法援用陸軍撫卹暫行條例第七條第一款第八條第一款第十九條第二款前段之規定，該組長張光燮比照上士階

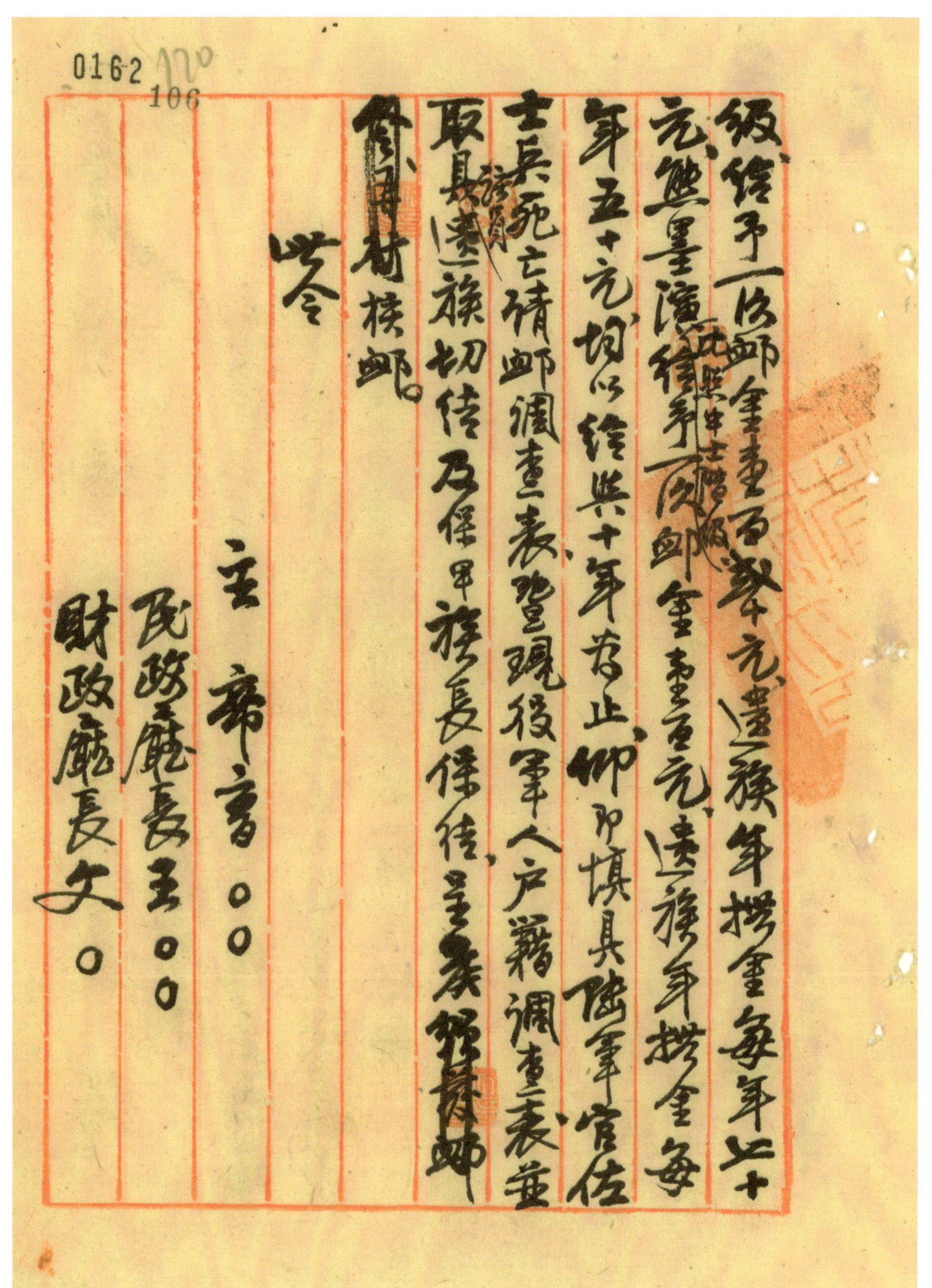

級，給予一次卹金壹百叁拾元，遺族年撫金每年七十元；熊墨演比照中士階級給予一次卹金壹百元，其遺族年撫金每年五十元，均以給與十年為止。仰即填具陸軍官佐士兵死亡請卹調查表、該管現役軍人户籍調查表並取具該員遺族切結及保甲族長保結呈候核辦，會同財核卹。

此令。

主席 熊〇〇

民政廳長 王〇〇

財政廳長 文〇

江西省民政厅致省财政厅的片（一九四三年三月二十五日）

江西省政府民政廳稿

片　財政廳

據安义縣政府呈送該縣核心組長張光奕組夭並呈復該部調查表結該核部等情片請查照由

令

案奉

衔略　民二八字第　　號

省政府交下安義縣政府呈一件為該縣核心組長張光與組員熊墨演因公殉命填具請卹調查表請予核卹一案經核尚無不合准照江西省各縣(市)戰時民眾組訓各級幹部人員及受訓國民獎懲暫行辦法第十九條援用陸軍撫卹暫行條例第七條第一款第八條第一款第十九條第二款前段之規定該組長張光與比照上士階級給予一次卹金一百二十元遺族年撫金每年七十元組員熊墨演比照中士階級給予一次卹金一百元遺族年撫金每年五十元均以給予十年為止除填發卹金給與令及省令指令安義縣政府遵照卹金給與令附記第一次規定經取具正副領據連同原頒卹令呈候核發外相應檢

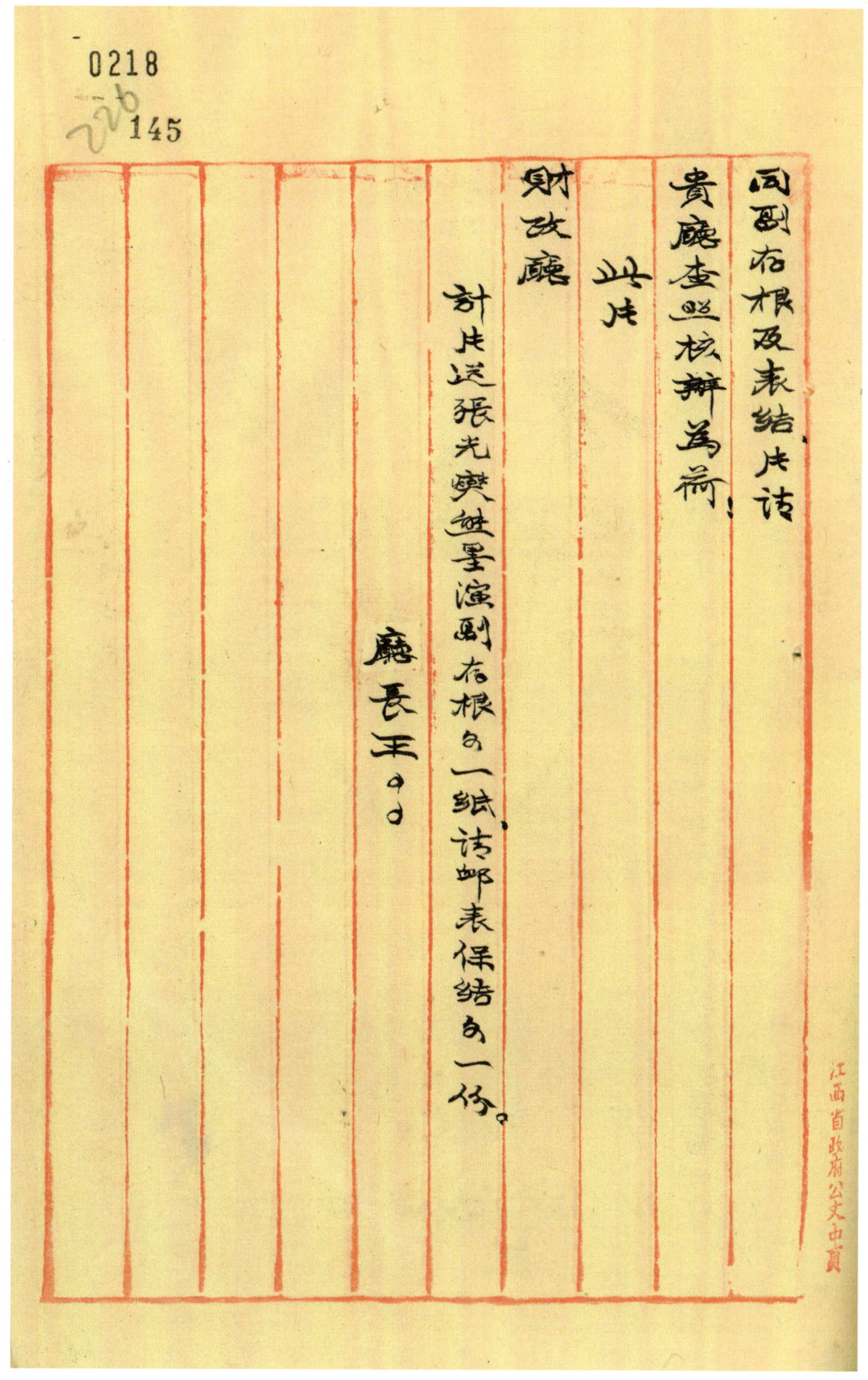

同副存根及表結，併請
貴廳查照核辦爲荷！
此致
財政廳
計附送張光奕遺墨演副存根各一紙、請卹表保結各一份。
廳長王○○

江西省政府、省民政厅及省财政厅致安义县政府的指令（一九四三年四月二十日）

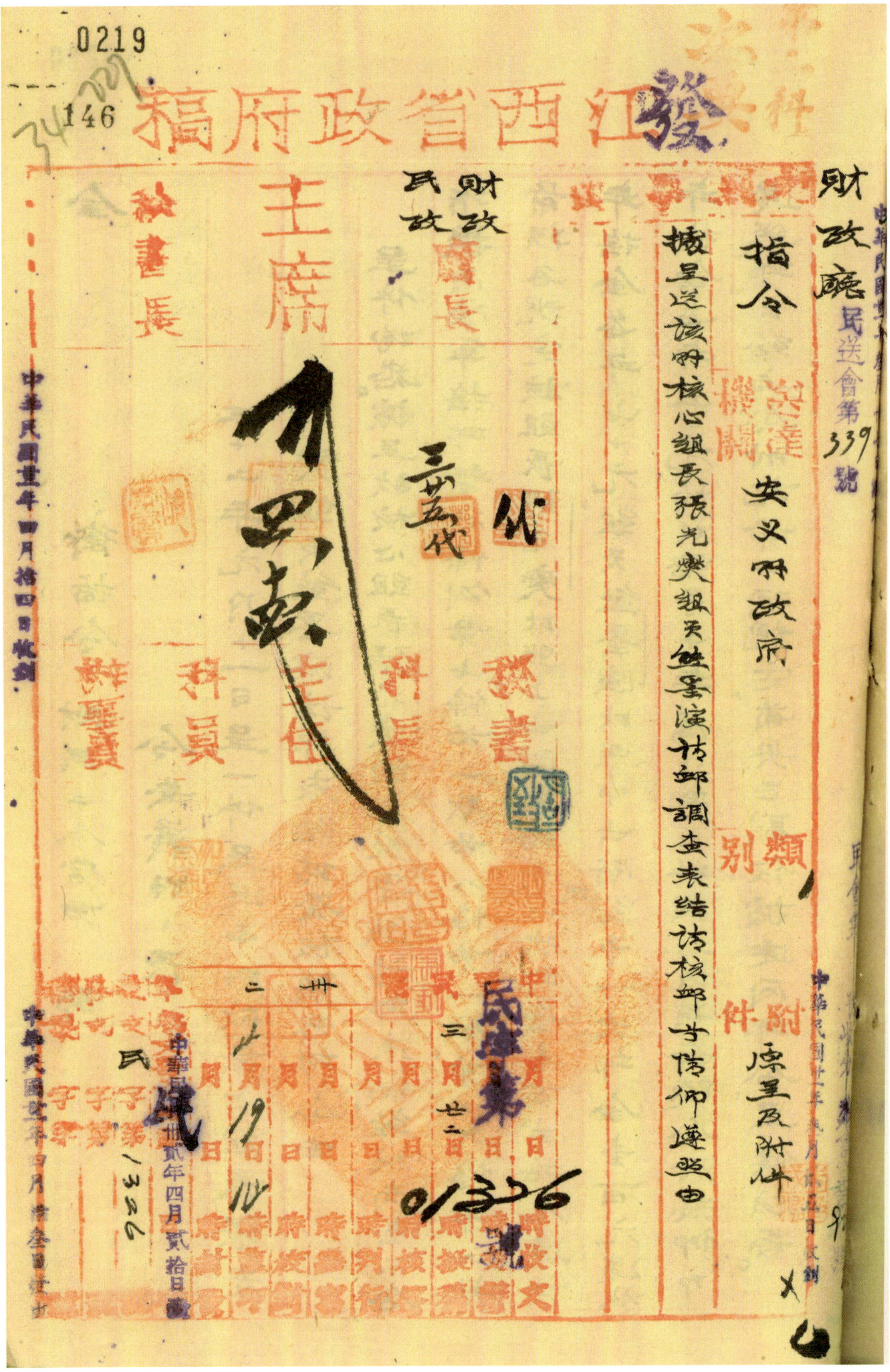

仝

銜指令　財民二八字第　號

令安義縣縣長

三十二年元月十一日呈一件，呈送本縣故核心組長張光燮組員絲墨演請恤表結請予核填發恤令由。

呈件均悉。據呈故核心組長張光燮組員絲墨演請恤表結，經核尚無不合，准援用陸軍撫卹暫行條例第七條第一款、第八條第一款、第十九條第二款前段各規定，核組長張光燮比照上士階級給予一次卹金壹百貳拾元，遺族年撫金每年七十元；組員絲墨演比照中士階級給予一次卹金壹百元，遺族年撫金每年五十元，均以給予十年為止。卹亡給與令及備查隨令附發，仰即遵照卹亡給與令附記第一項規定，備具正副領據，連同卹令呈候核發。

此令。附件存。

計發張光爽卹字第壹叁號卹亡給与令及補查並墨溪卹字第壹肆號卹亡給与令及補查各一紙。

主席曹〇〇

民政廳廳長王〇〇

財政廳廳長文〇

江西省政府和吉安县政府关于梁长连因破坏机场中暑毙命请予抚恤的来往文书（一九四二年七月至十一月）

吉安县政府致江西省政府的代电（一九四二年七月二十八日）

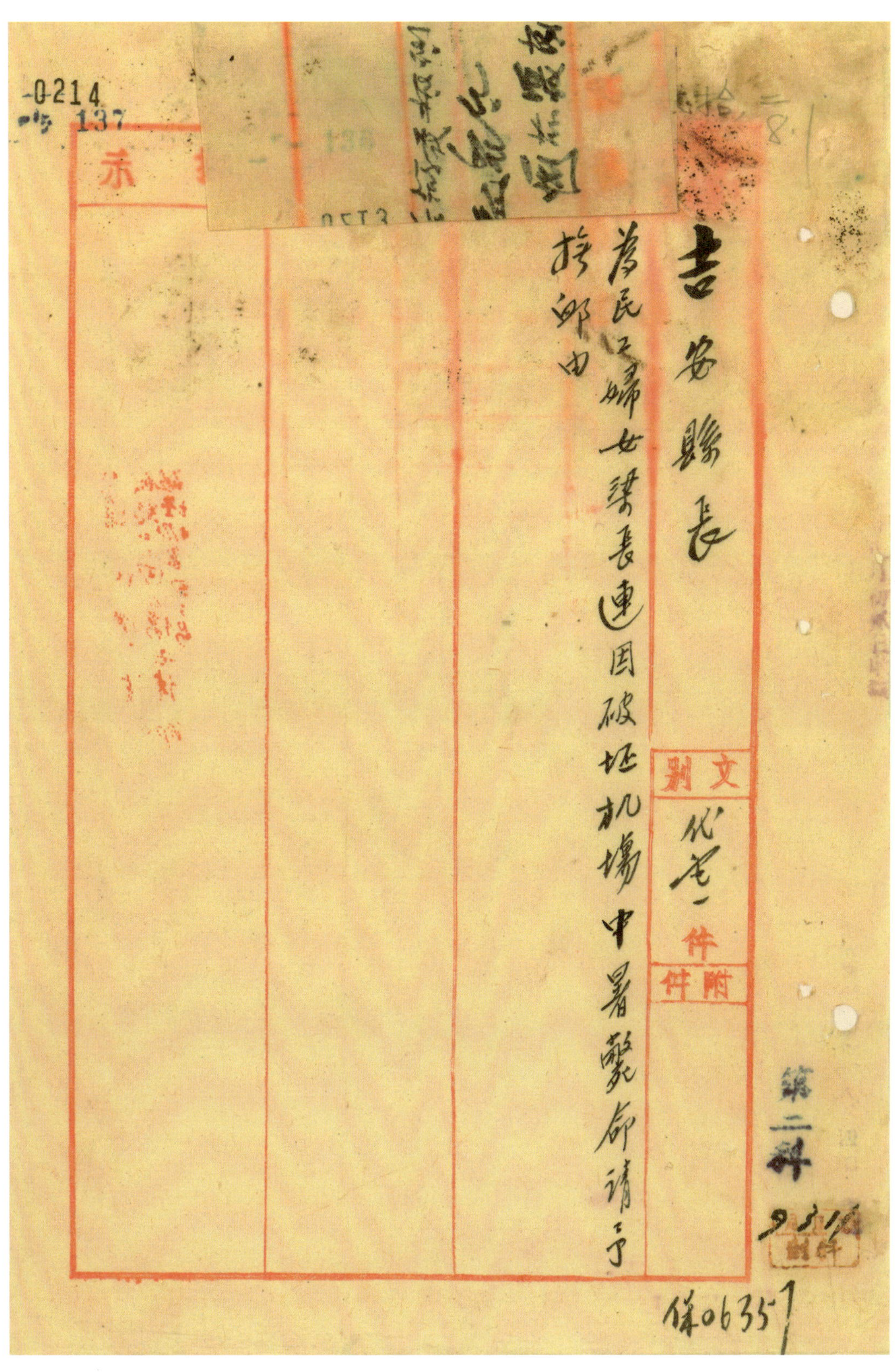

吉安縣長

為民工婦女梁長連因破坏机場中暑斃命請予撫卹由

文別　代電一件

附件

第二科

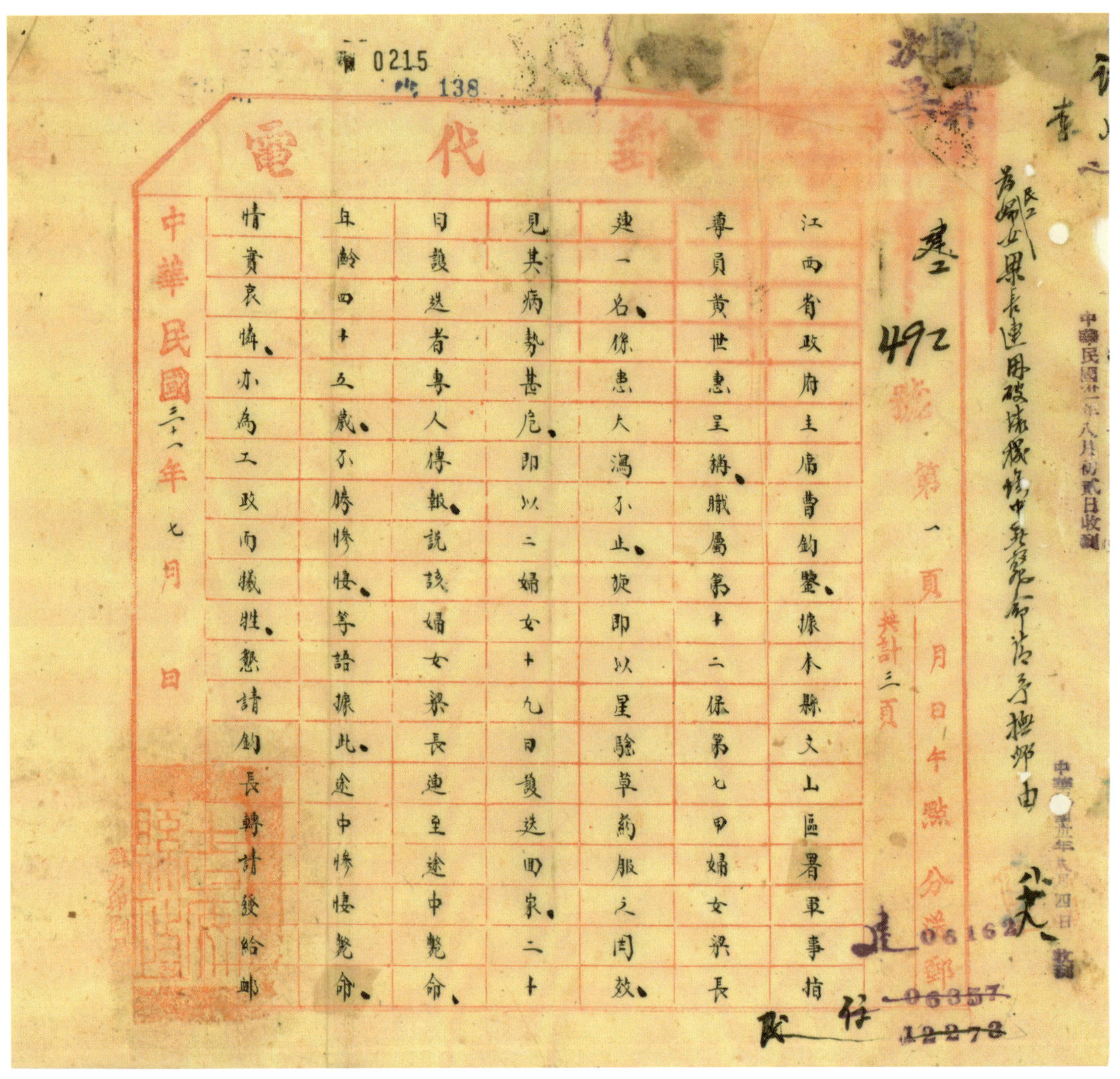

0215

138

郵代電

字492號 第一頁 共計三頁

為婦女梁長連因被派服役中途斃命請予撫卹由

中華民國卅一年八月貳日收到

江西省政府主席曹鈞鑒、據本縣文山區署軍事指導員黄世惠呈稱、職屬第十二保第七甲婦女梁長連一名、係患大瀉不止、旋即以呈驗草藥服之罔效、見其病勢甚危、即以二婦女十九日護送回家、二十日護送者專人傳報、説該婦女梁長連至途中斃命、年齡四十五歲、不勝慘慘、等語據此、途中慘慘斃命、情實哀憐、亦爲工政而犧牲、懇請鈞長轉請發給郵

中華民國三十一年七月 日

0216

139

快郵代電

號　第二頁　共計三頁　月　日　午

金資備掩埋、免死者無葬身之金、免受暴露之慘、死者幸甚、同仁幸甚、等情據此、查該鄉經濟幹事劉鳳銘所稱各節、尚屬實情、理合備文轉請鈞長撫恤下情、懇請速予發給卹金、以資掩埋、實為德便、等情據此、查該民工因破壞機場、致中暑斃命、情有可恤、除已先由本府撥款安葬外、擬請准予援照陣亡士兵撫恤條例、核發撫金、以示矜恤、理合電請鈞長核發

中華民國三十一年七月　日

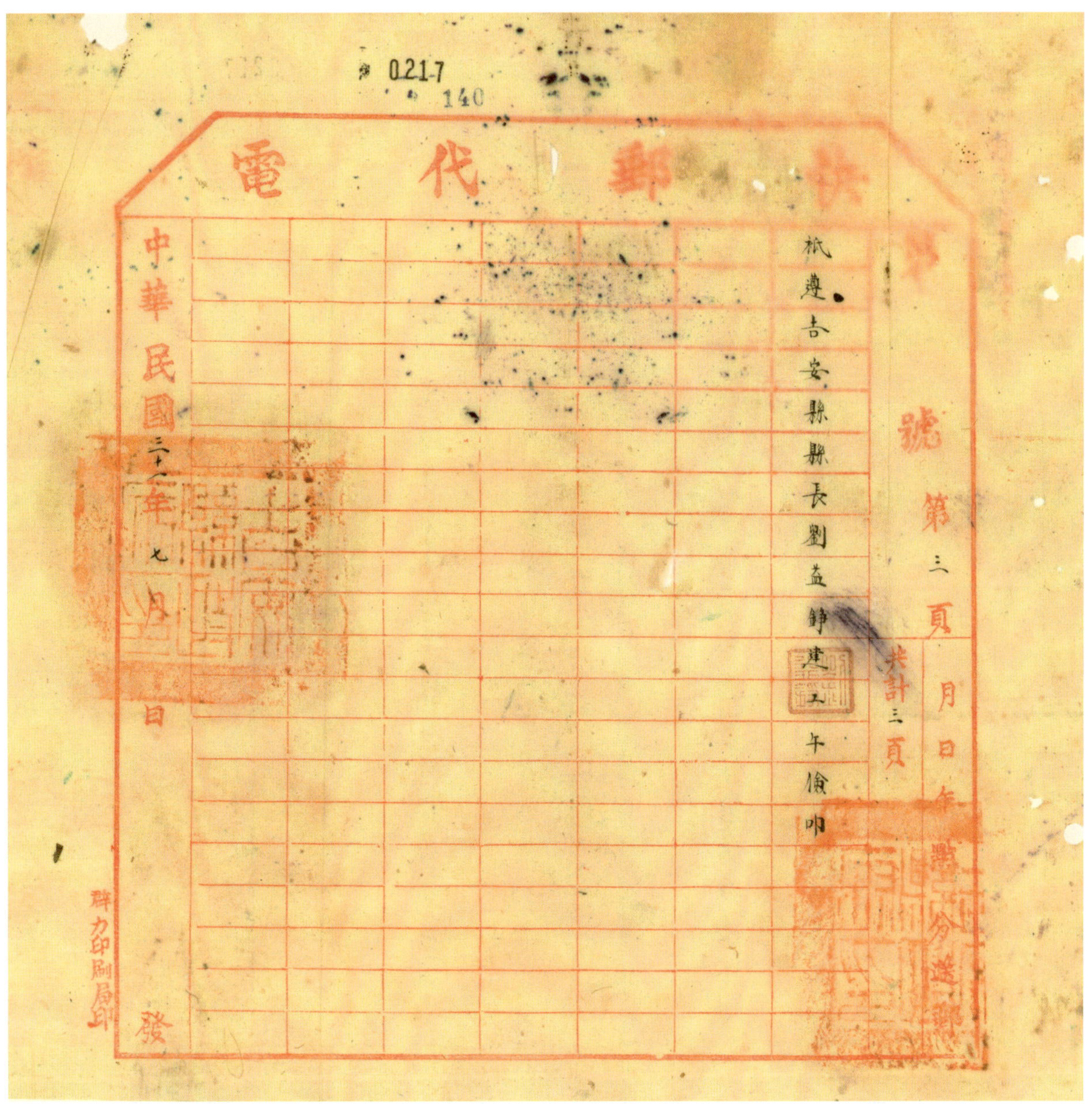

0217
140

快郵代電

號 第三頁

共計三頁

祇遵。吉安縣縣長劉益鈞。建午儉叩。

中華民國三十二年七月日

發

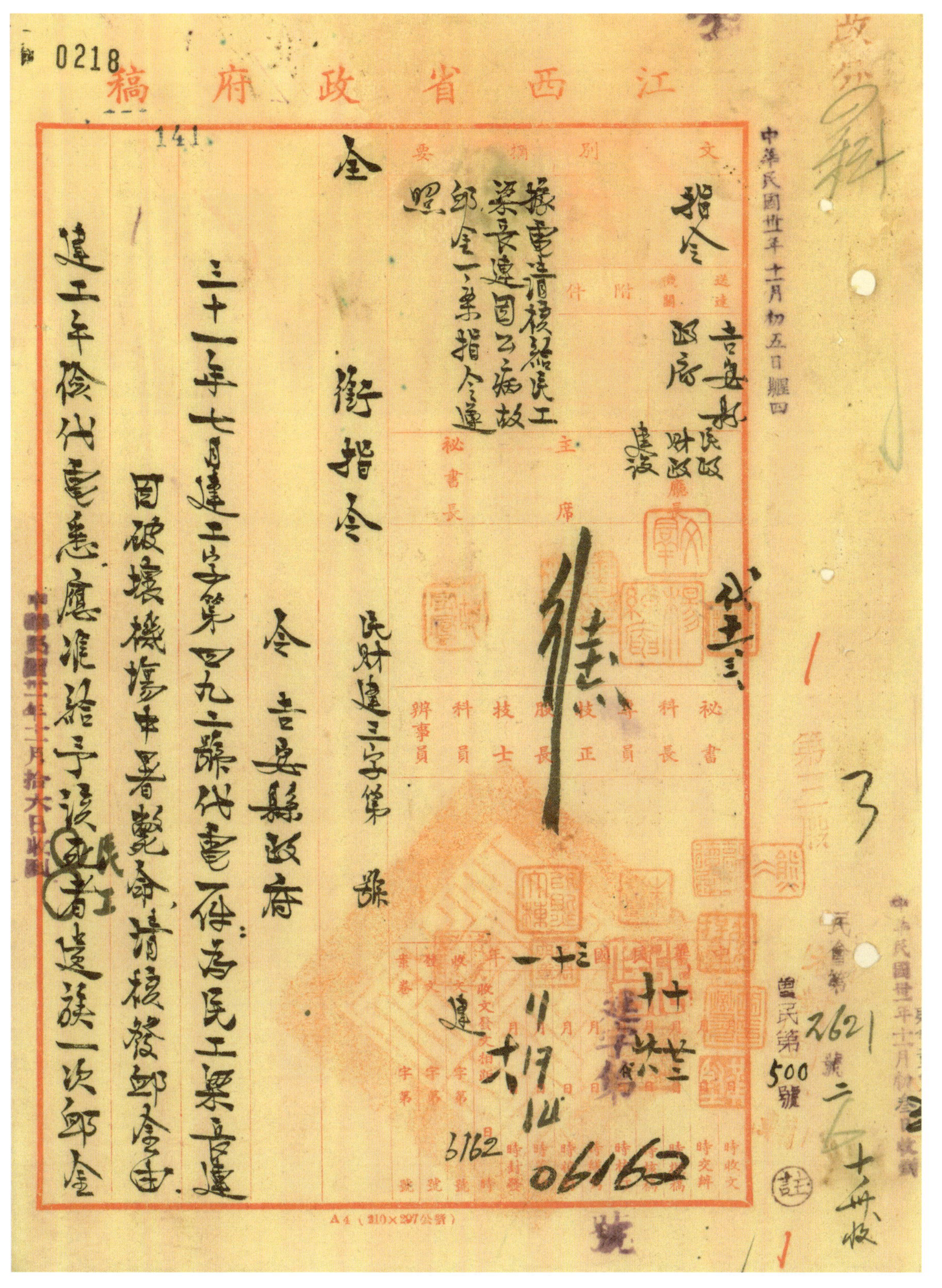
江西省政府稿

指令

吉安縣政府 民政 財政 建設 廳

據電請核發民工梁立達因公病故卹金一案指令遵照

令

銜指令 民財建三字第 號

令吉安縣政府

三十一年七月建工字第四九二號代電一件為民工梁立達

因破壞機場中暑斃命請核發卹金由

建工年[illegible]代電悉應准給予該故民工[illegible]遺族一次卹金

江西省政府致吉安县政府的指令（一九四二年十一月十八日）

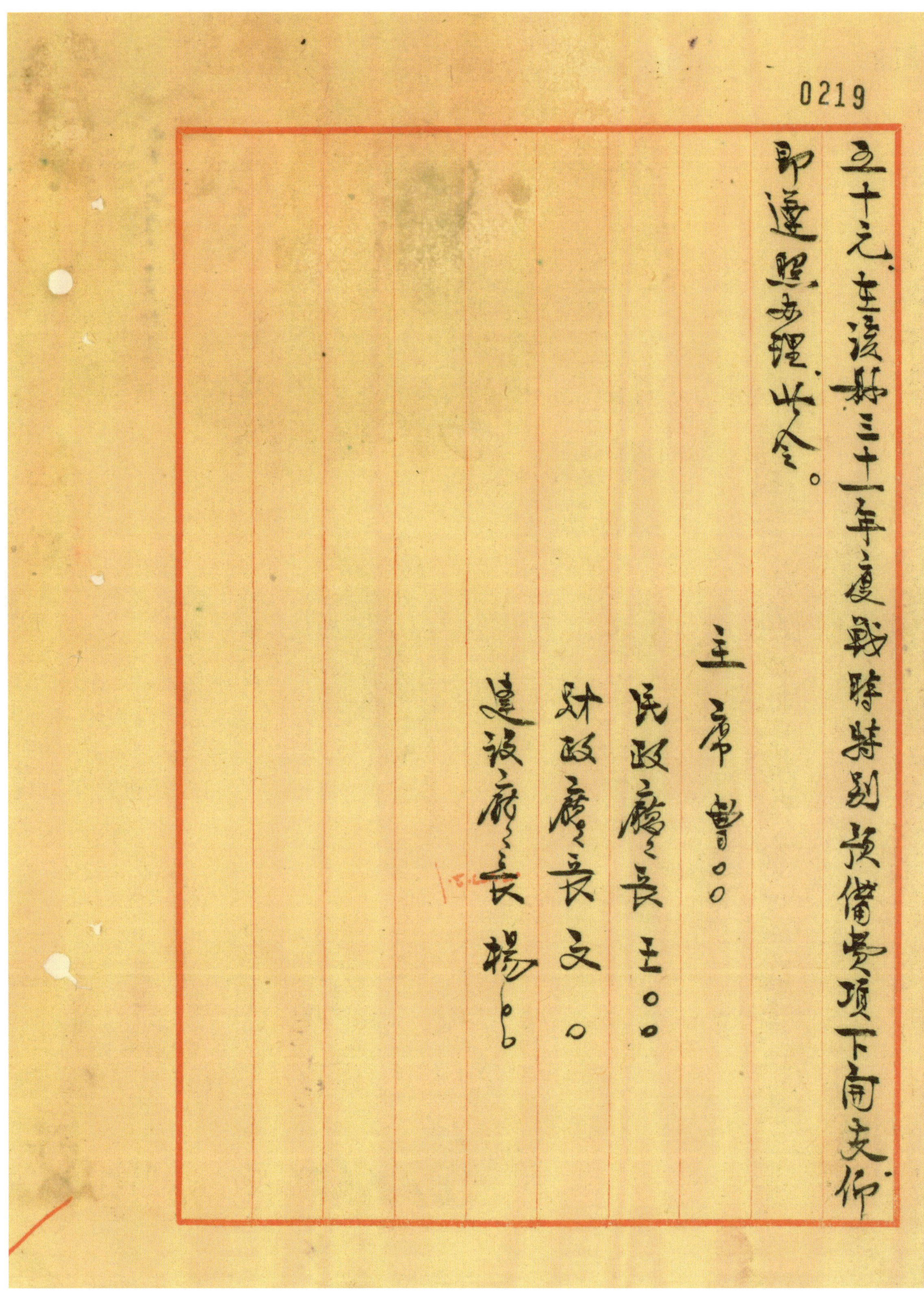

0219

五十元，在该县三十一年度战时特别预备费项下开支，仰即遵照办理。此令。

主席 曹〇〇

民政厅厅长 王〇〇

财政厅厅长 文〇

建设厅厅长 杨〇〇

中国银行总管理处、中国银行南昌支行和中国银行抚庄关于许鸿熙、詹嘉标因公殉职给予抚恤及保寿赔款的来往文书（一九四二年七月至一九四三年三月）

中国银行抚庄致中国银行南昌支行的函（一九四二年七月二十八日）

特字第 2 號　全 頁

中華民國 31 年 7 月 28 日

0128

贛支行鈞鑒查此次贛東戰事發動敝處奉軍政當局命撤退崇
仁旋聞敵有攻崇之訊再由崇退粵郡其經過情形曾經陳報有案
惟許出納員鴻熙行役詹嘉標為搶救庫存及重要公物不幸在崇
境何坎村遇敵機轟炸中彈殉職查該員役此次登陸步行捨
身救公不顧妻子情實可嘉復查該許出納員家有六旬老父
少妻幼子兼其夫人懷妊在身事蓄教養將何以堪再行役詹
嘉標家有妻子兒女三四家境貧寒何以度活為此據情陳報仰
乞
鑒核轉陳從優撫卹以慰泉下是為盼禱敬頌
公綏
撫莊啟

3336

126

2/15

中国银行南昌支行致其总管理处的函（一九四二年八月七日）

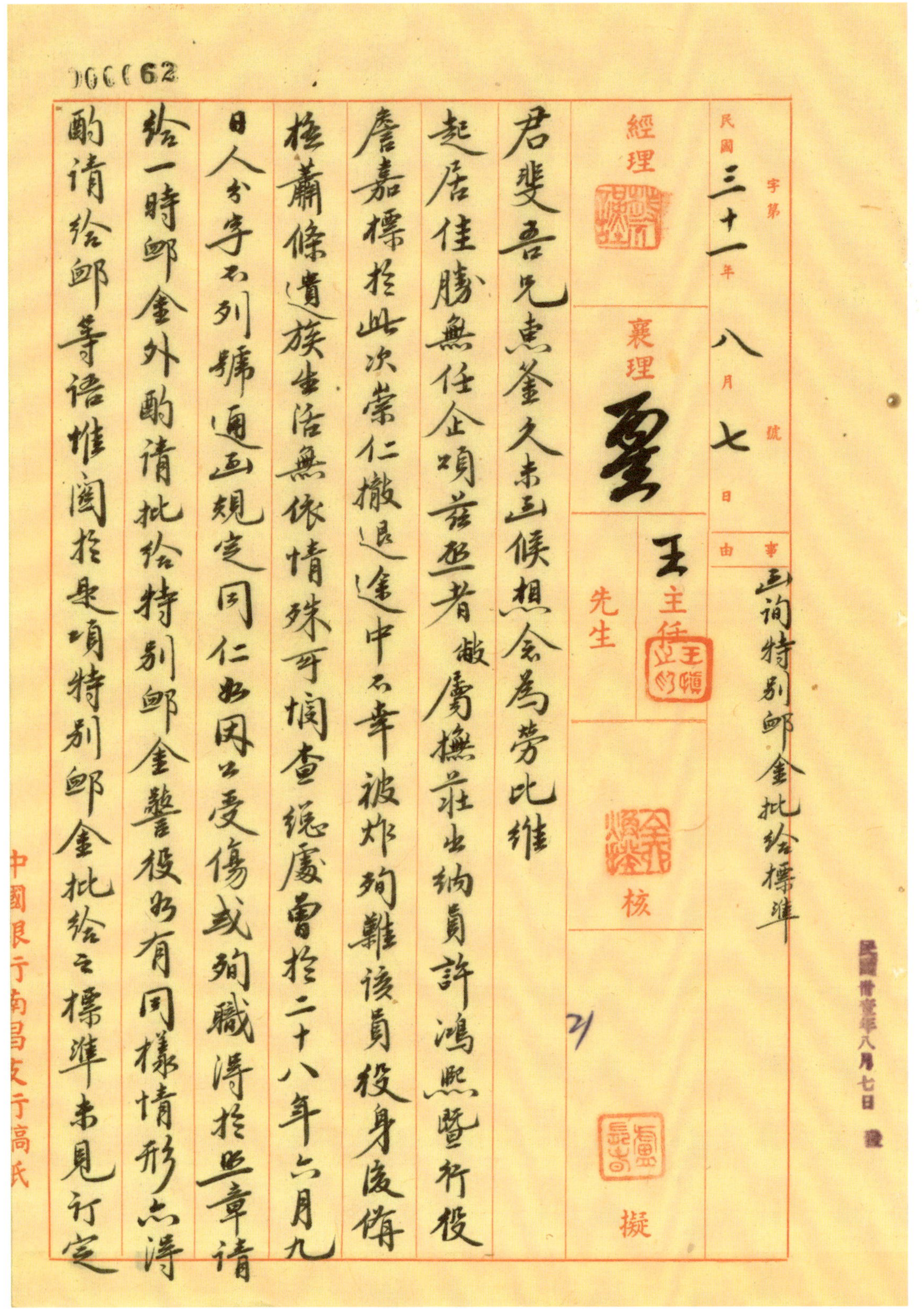

000162

字第　號

民國三十一年八月七日

事由：函詢特别卹金批給標準

經理

襄理

主任 王

核

擬

王　先生

君斐吾兄惠鑒久未函候想念為勞比維
起居佳勝無任企頌茲啟者敝
處撫莊出納員許鴻熙暨行役
詹嘉標於此次崇仁撤退途中不幸被炸殉難該員役身後蕭
條遺族生活無依情殊可憫查總處曾於二十八年六月九
日人分字第[illegible]號通函規定同仁如因公受傷或殉職得於照章請
給一時卹金外酌請批給特别卹金暨役夫有同樣情形亦得
酌請給卹等語惟關於是項特别卹金批給之標準未見訂定

中國銀行南昌支行稿紙

民國卅壹年八月七日發

000063

除已將事實經過函陳　總處請予從優核定外，亦盼　總處過去對於因公殉職之員役其最優撫給卹金數目爲若干，特函奉詢，敬希
賜予分別查明　見示，以備參攷，瀆　神至感，專此順頌
暑綏
弟蔡○○
盧○○　拜啟
仲宣
美揚
逸耕　兄均此候候

中国银行南昌支行致中国银行副总经理贝祖诒的函（一九四二年八月七日）

000026

字第　號

民國三十一年八月七日

事由：為撫莊許出納員詹行役被炸殉職懇請優予撫卹以昭激勵而安英靈事

先送經理核閱

經理　襄理　主任 王　盧先生　核　擬

淞公副座鈞鑒：查撫莊前因贛東軍事關係，奉當地軍政長官命與農民銀行同時撤移崇仁，嗣後以敵軍進襲該縣，倉卒携帶庫款帳冊星夜後退，因道路崎嶇不通公路，加以交通工具缺乏，又適遭山洪爆發，河水驟漲，舟行困難，而其時敵人將臨城下，情勢危迫，該莊出納員許鴻熙及行役詹嘉標為搶救公物，棄離骨肉，相率登岸步行公料，行經崇仁縣屬河坎村，遭受敵機更番狂炸，竟以身殉，遺體置於荒郊，無以為殮，情極悽慘。後顧該員役等上有白頭

中國銀行南昌支行稿紙

民國卅壹年八月七日

000027

老父下有寡婦孤兒一家數口生活無依將來事老撫幼遺孤教養更何堪設想竊念該員役此次重視公物忠貞為行不幸被炸殉職家無長物身後蕭然其情實堪憐憫在此情況之下似宜特加撫卹以昭激勵而安英靈除另由編函陳請 總處分別優予批給特別卹金外為此函懇 我公憫其苦況賜予轉知關係部份從優議卹多多益善俾該故員役之遺族日後得有贍養之資同深感禱敬頌

鈞綏

蔡○○
盧○○ 敬啟

白公總稽核
志公總秘書 均此請安

中国银行总管理处致其南昌支行的函（一九四二年九月八日）

00C275
274

中國銀行總管理處用箋

為發遺撫並殉職出納員許鴻熙儲金及年金事

贛支行台鑒：接計字八號函陳請發遺撫並殉職出納員許鴻熙儲金及年金一節，已悉。查許鴻熙在職時其儲金提存至本年六月份止，計本金拾弍元弍角五分，利息結至六月份止，計柒角正，共計拾弍元玖角五分；又提存年金截至本年上期止，共計捌拾壹元。以上兩款即請

尊處代為發遺，並照付總册調撥户帳。茲隨函附上空白儲金及年金收條各一紙，即希

洽照轉發該故員家屬具領為荷。此致

公綏

附收據兩紙

總管理處啟

中華民國卅一年九月八日　計字第二　號　第　頁

137

中国银行总管理处致其南昌支行的函（一九四二年九月十八日收）

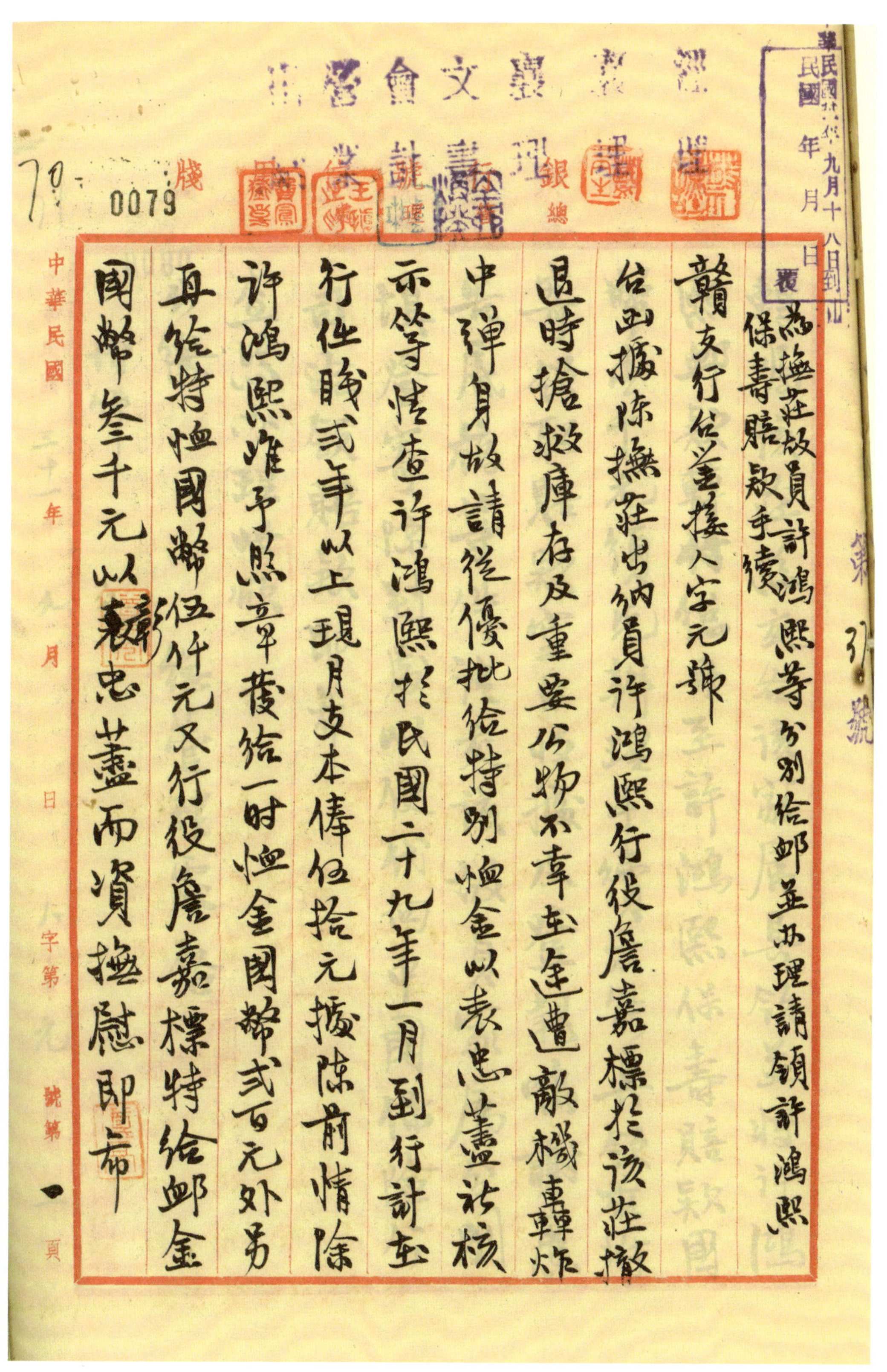

民國卅一年九月十八日到

0079

為撫莊故員許鴻熙等分別給郵並办理請領許鴻熙保壽賠款手續

贛支行台鑒：接人字元號台函，據陳撫莊出納員許鴻熙、行役詹嘉標於該莊撤退時搶救庫存及重要公物，不幸在途遭敵機轟炸中彈身故，請從優批給特別恤金以表忠藎，祈核示等情。查許鴻熙於民國二十九年一月到行，計在行任職弍年以上，現月支本俸伍拾元。據陳前情，除許鴻熙准予照章發給一時恤金國幣弍百元外，另再給特恤國幣伍仟元。又行役詹嘉標特給郵金國幣叁千元，以表忠藎而資撫慰。即希

中華民國三十一年　月　日　字第　號　第一頁

中國銀行號信用箋
總管理處

轉囑該莊照交各該家屬具領並將許鴻熙郵款轉將保冊至許鴻熙保壽賠款國幣壹千元須先辦理手續方能具領茲附寄領取賠款空白收據及登報鳴謝廣告底稿等件請交該故員家屬分別填登寄陳到處以便代向中國保險公司洽領賠款即希

查照辦理爲荷

公便

總管理處啓

附件

中華民國三十一年九月 日

人字第元號 第二頁

校對 印國棟

附一：中国保险股份有限公司医师证明书

72

中國保險股份有限公司
CHINA INSURANCE COMPANY, LIMITED.

總公司上海仁記路十二號
HEAD OFFICE, 12 JINKEE ROAD, SHANGHAI.

0081

醫師證明書
ATTENDING PHYSICIAN'S STATEMENT.

1. 君與已故之保戶相識已有幾時
How long had you known the deceased?

2. 君爲彼診病已有幾時抑爲其常年醫藥顧問
How long had you been his medical attendent or adviser?

3. 彼最後之病君曾否爲其診治
Did you attend him during his last illness?

4. 如經診治則請註明共有幾次及最後一次之日期
If so, how many visits did you make and what was the date of your last visit?

5. 彼所患爲何種病症
What disease was he suffering?

6. 彼患此病已有幾時
How long did he suffer from this disease?

7. 彼因病而足不出戶者已有幾時
For how long was he confined to his home?

8. 在彼末次患病之時或以前曾患有他種雜症否請詳述之
From what other disease did he suffer during or before his last illness? Details.

9. 請述彼最後致死之病狀
What was the immediate cause of his death?

10. 彼身故之日期及地點請註明之
What was the date and place of his death?

11. 彼身故之原因與其習慣上職業上居寓上有無直接或間接之關係
Was there any special cause direct or indirect for the death in the habits, occupation or residence of the deseased?

12. 彼平素喜飲酒否如有則彼之飲量如何請述明之
To what extent did he use the alcoholic beverages?

13. (甲) 彼之年齡若干　　(乙) 身高幾何　　(丙) 體重幾何
(*a*). What was his age?　　Height?　　Weight?

14. 彼身上之胎記疤痕以及其他種種特別標記均請註明之
Describe any birth marks, scars or other marks of identification on the body of the deceased?

立證明書　　醫師今謹證明曾爲
貴公司　字第　　號保單之保戶　　君診治最後一次之病症凡以上所述各項
答語均係眞實詳盡特立此據爲憑

I, the undersigned, hereby declare that I was the doctor who attended the last illness of
who was insured in CHINA INSURANCE COMPANY, LIMITED. under policy No.　　and that the forgoing answers are each and all true to the best of my knowledge and belief.

中華民國　　年　　月　　日具於
Dated at..........this..........day of..........19..........

見證人簽字蓋章　　醫師簽字蓋章
Witness:..........Signature of doctor..........M. D.

154-7. 22-M.S.

附二：拟登报广告底稿

0082

擬登報廣告底稿

鳴謝中國保險公司對於團體保壽賠款迅速

啓者中國保險公司承保中國銀行員生團體保壽凡遇應交被保人之賠款一經報由總行轉函通知立即如數照賠足徵該公司信譽卓著辦事敏捷益可見團體保壽之遺惠效用甚閎敝遺族係承受是項利益之一人特此登報鳴謝

某地中國銀行已故行員〇〇〇遺族〇〇〇謹啓

中国银行南昌支行致其总管理处的函（一九四二年九月二十四日）

人字第一一五號

民國三十一年九月二十四日

事由：為撫莊故員許鴻熙身後蕭條懇再給予特別恤金壹萬五千元以維遺族生計並請領保壽賠款匯下以便轉發具領由

先送經理核閱

經理

襄理

王主任 先生

核

擬

總管理處鈞鑒：案奉人字第之號

鈞函核復撫莊殉職出納員許鴻熙除准予照章發給一時恤金國幣貳百元之外另再給特別恤金國幣五千元之囑轉知該莊照交該家屬具領並將恤款轉付總冊函許鴻熙保壽賠款國幣壹千元之須先辦理手續方能具領附下領取賠款空白收據及登報鳴謝廣告底稿等件囑交該故員家屬分別填登寄陳以便代向中國保險公司洽領賠款等因敬悉仰見 鈞處體念同人遺族生計之至意

206

0196

同深惜。幸遵经就近通知该故员遗族许杨氏洽照去后，兹据来函略称：该员家境素寒，平日全赖薪津度活，生前毫无积蓄，死后白头老父，黄口孤儿，一家数口，倍极萧条。今后日常生计以及子女教养，在在需款，际此物价步涨不已，以此数千元之恤金，仅敷维持半载之生活，将来其父暨寡妇孤儿赡养无依，何堪设想，务恳体恤苦情，赐予再给特别恤金壹万五千元，以维生者生计等情前来。查核所称各节，自系实情。窃念该员此次于抚棠局势危急之下，奋力抢救库存，不幸途中遭敌机轰炸，中弹殉难，尸体弃于荒郊，当时未及入殓。该家属刻以战事好转，拟即派人前往设法寻觅，情极悲惨，兹为特加抚慰，藉以表扬该员为行服务之

0197

精神起見爰再據情陳報
鈞處懇乞憫其苦況再予核給特別恤金國幣壹萬五千元合共
國幣弍萬元以資救濟而安英靈是否有當敬候
鑒酌　示遵又隨函附奉該故員家屬填妥之領取保險賠款收據
一紙連同所登鳴謝廣告報紙一份函祈
洽收代向中國保險公司請領賠款匯下俾便轉發具領至醫師
證明書因該員係被炸身故無從填報並請
查洽轉向該公司說明為禱

中国银行南昌支行致中国银行部经理宋汉章、副总经理贝祖治的函（一九四二年十月二日）

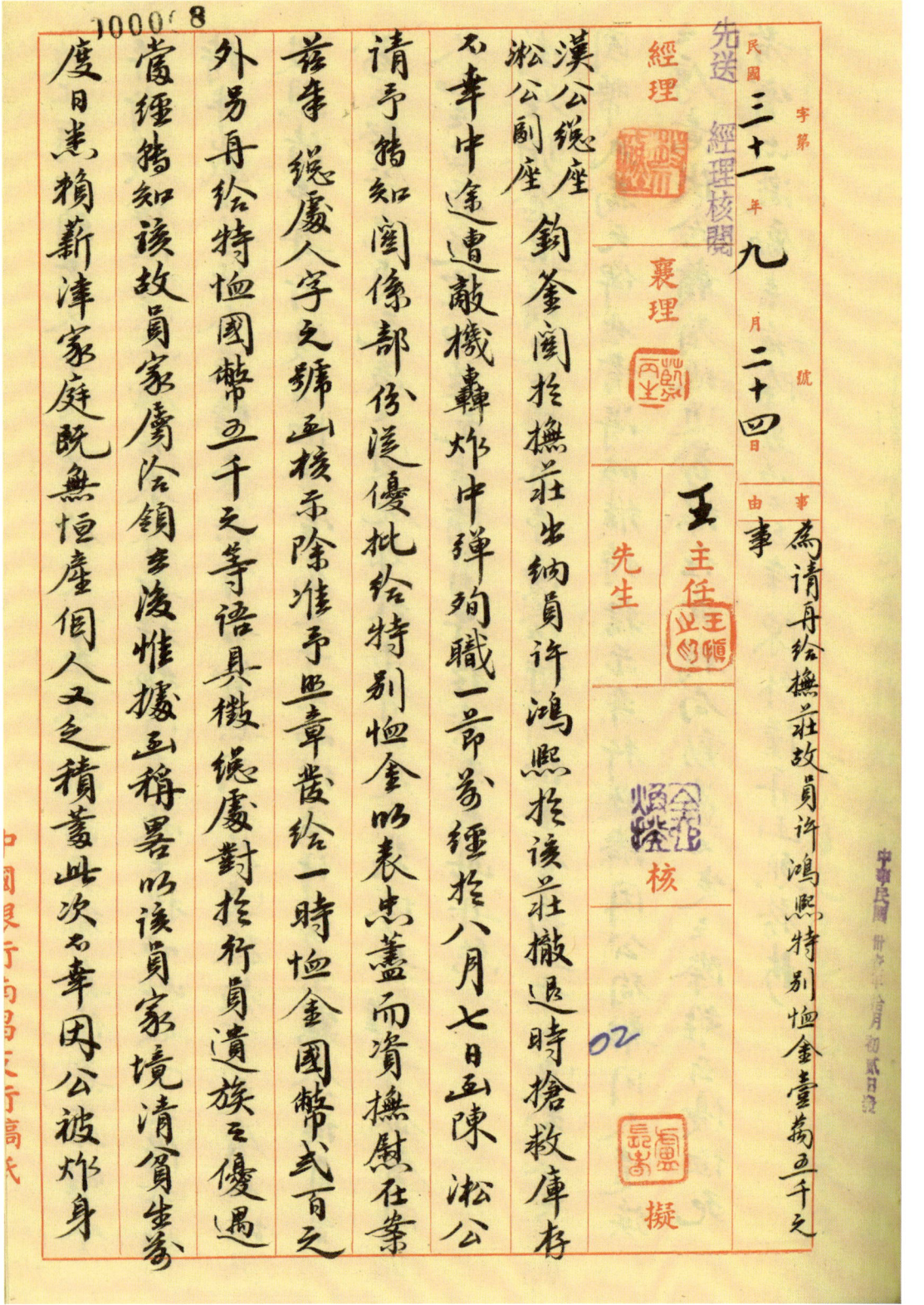

字第 號

民國三十一年九月二十四日

事由：為請再給撫莊故員許鴻熙特別恤金壹萬五千元

經理 先送經理核閲

襄理

主任 王先生

核

擬

漢公總座
淞公副座 鈞鑒：關於撫莊出納員許鴻熙於該莊撤退時搶救庫存不幸中途遭敵機轟炸中彈殉職一節，前經於八月七日函陳
淞公
請予轉知關係部份從優批給特別恤金以表忠藎而資撫慰在案。茲奉
總處人字之號函核示除准予照章發給一時恤金國幣弍百元之外另再給特恤國幣五千元之等語，具徵
總處對於行員遺族之優遇。當經轉知該故員家屬洽領去後，惟據函稱略以該員家境清貧生前度日惟賴薪津，家庭既無恒產，個人又乏積蓄，此次不幸因公被炸身

故上有白頭老父，下遺黃口孤兒，一家數口，流落異鄉，無依無靠。雖承本行優給恤金，然處茲米珠薪桂、物價飛漲之秋，以此數千元僅可維持半載之生活，今後贍養無資，告貸無門，至於遺孤教育，更屬不堪設想，請予再行優給恤金壹萬五千元以維生計、前來。竊念該員生前之堅苦忠貞，死後之遺屍郊外，未有如是之悲慘者。謹等忝屬同人，知之甚深，既誼切於死生，情實孚於素志，為此再懇鈞座俯念其情況之慘，再予優給特別恤金壹萬五千元，連前合共國幣貳萬元，俾生者得以維持，藉示本行救濟因公殉難同人遺族之厚意。伏念贛省地近前線，在茲戰局動盪不定之際，雖云優恤死者，實亦激勵來茲。除另以公函奉陳外，謹再函懇，務祈

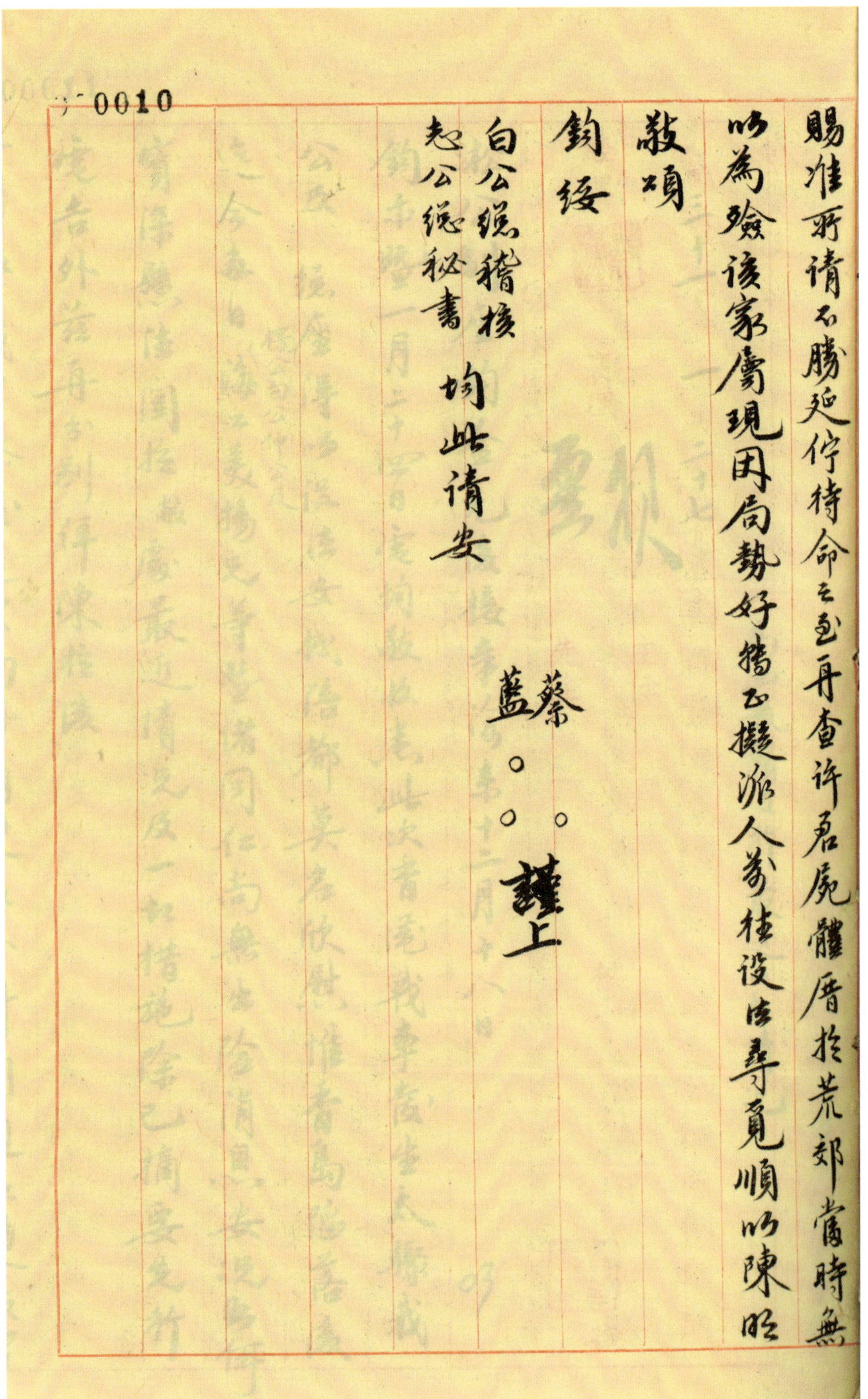
0010

賜准所請，不勝延佇待命之至。再查許君屍體曆於荒郊，當時無以爲殮，該家屬現因局勢好轉，正擬派人前往設法尋覓，順以陳明。

敬頌

鈞綏

白公總稽核

熊公總秘書 均此請安

蔡
藍○○○謹上

中国银行总管理处致其南昌支行的函（一九四二年十月二十八日）

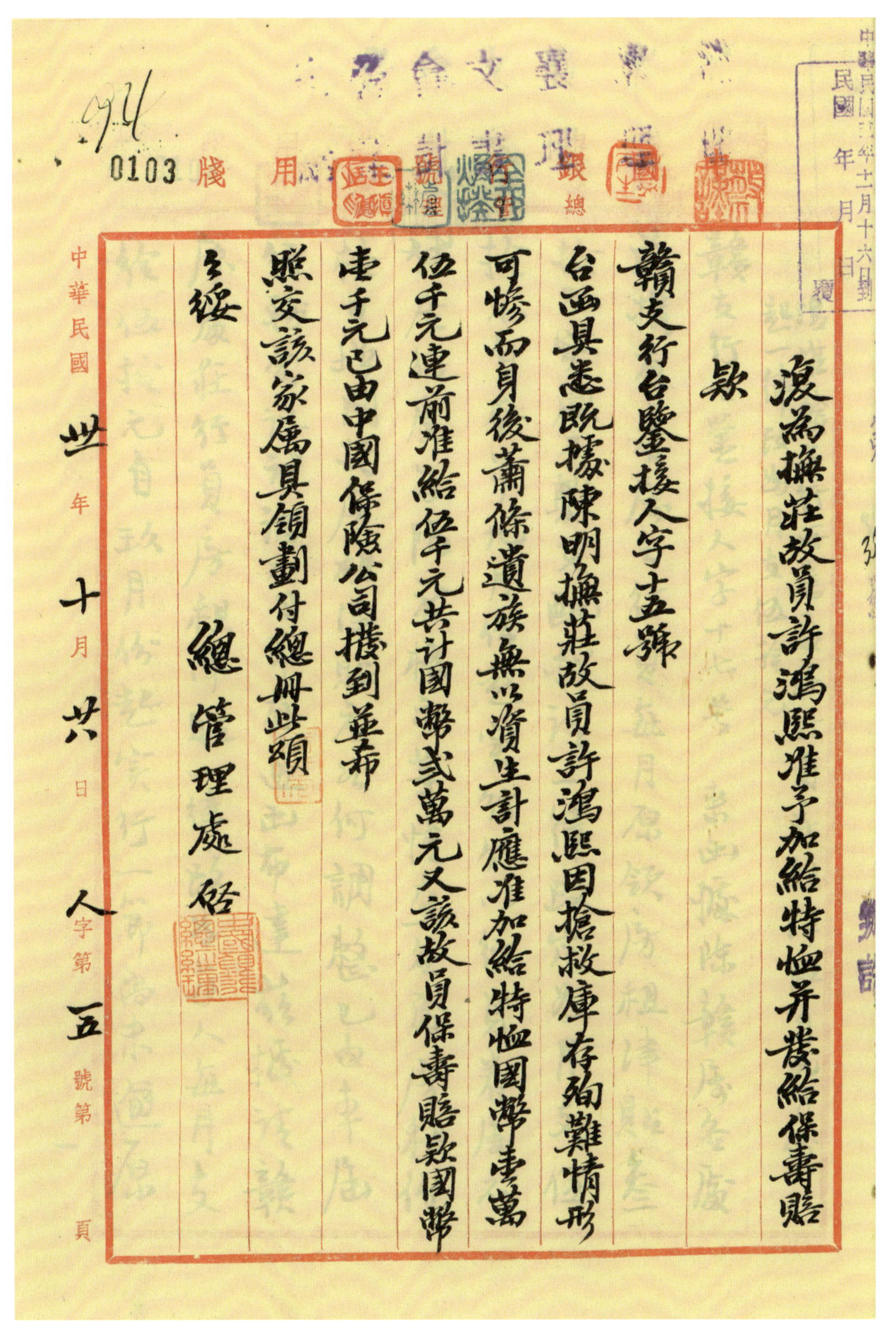

復為撫莊故員許鴻熙准予加給特恤并發給保壽賠款

贛支行台鑒椄人字十五號台函具悉既據陳明撫莊故員許鴻熙因搶救庫存殉難情形可惨而身後蕭條遺族無以資生計應准加給特恤國幣壹萬伍千元連前准給伍千元共計國幣弍萬元又該故員保壽賠款國幣壹千元已由中國保險公司撥到並希照交該家屬具領劃付總册此頌

台綏

總管理處啓

中華民國卅一年十月廿六日

人字第五號第　頁

中国银行南昌支行致中国银行抚庄的函（一九四二年十一月二十三日）

字第 六六 號

民國 三十一 年 十一 月 二十三 日

事由：為故役詹嘉標特别恤金三千元之一款應由尊處以雜費細目出帳由

經理　襄理　主任　盧燾先生　核　擬

撫莊台鑒：

關於發給尊處已故行役詹嘉標特别恤金國幣叁千元之一款，曾經敝六十四號函請先行列付暫記欠款，俟陳奉總處核定付帳辦法後再行函告在案。茲奉總處十一月二十一日電示「行役詹嘉標特别恤金由當地行付給並以雜費細目出帳」等因，合再函達，即希洽照為荷。

中國銀行南昌支行稿紙

176

中国银行总管理处致其南昌支行的函（一九四三年三月六日）

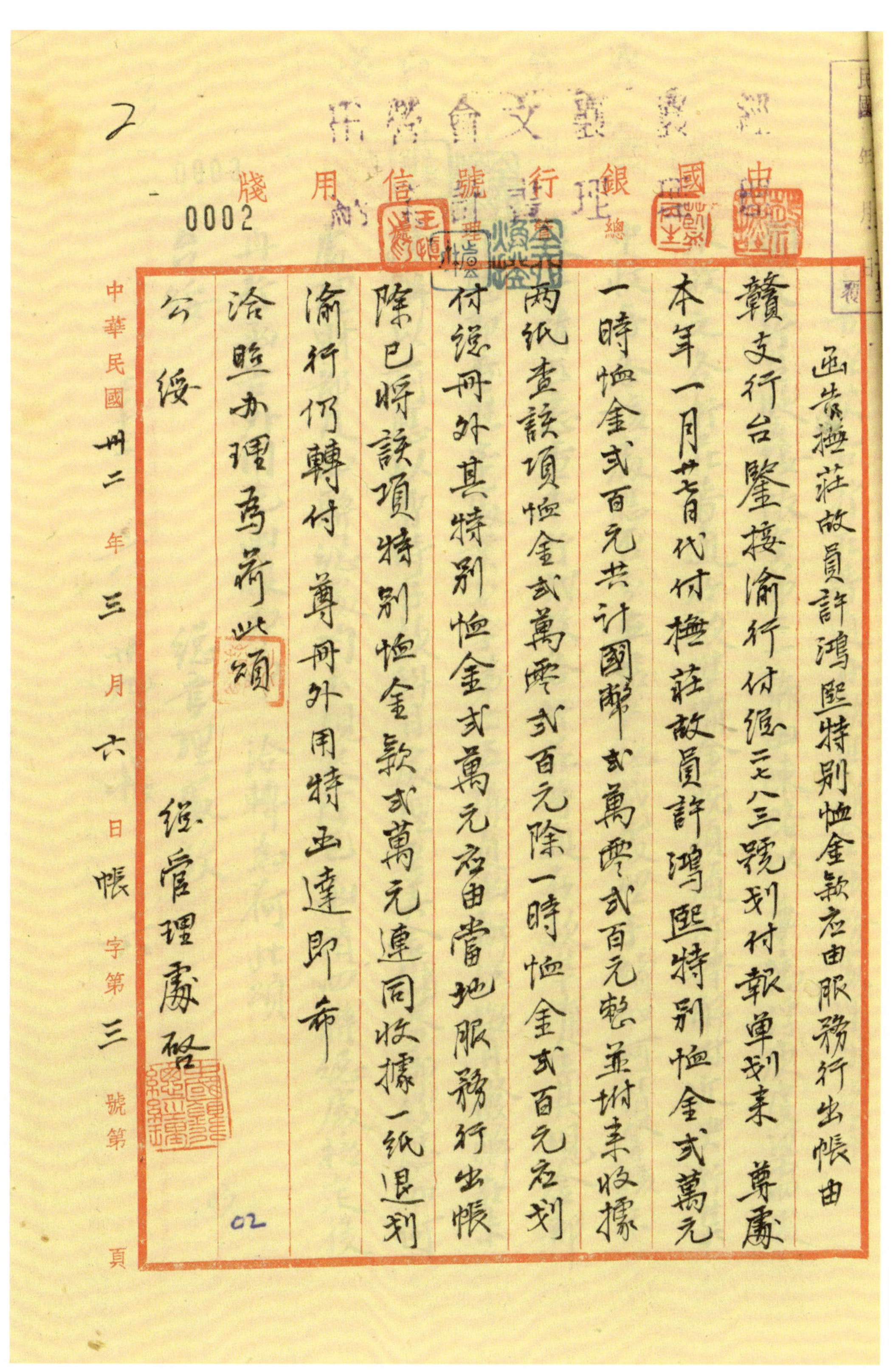

中國銀行總管理處信用牋

0002

函告撫莊故員許鴻熙特別恤金款應由服務行出帳由

贛支行台鑒：接渝行付總二七八三號划付報單，划來尊處本年一月廿七日代付撫莊故員許鴻熙特別恤金貳萬元、一時恤金貳百元，共計國幣貳萬零貳百元整，並附來收據兩紙。查該項恤金貳萬零貳百元，除一時恤金貳百元應划付總冊外，其特別恤金貳萬元應由當地服務行出帳。除已將該項特別恤金款貳萬元連同收據一紙退划渝行仍轉付尊冊外，用特函達，即希洽照辦理為荷。此頌

公綏

總管理處啓

中華民國卅二年三月六日

帳字第三號第　頁

中国银行南昌支行致中国银行抚庄的函（一九四三年三月二十四日）

0152

民国三十二年三月二十二日 字第一六号

事由：为奉总处函告抚庄故员许鸿熙特别恤金款应由服务行出帐由

经理 襄理 主任 卢先生 核 拟

抚庄台鉴：

前接尊三十一年十二月十四日付总一五〇七一号报单，代付故员许鸿熙特别恤金一时恤金及保寿赔款等共计国币弍万壹千弍百元整，当经划由渝行转付总册去后。兹奉总处三月六日帐字三号函示：「查该项恤金弍万另弍百元，除一时恤金弍百元应划付总册外，其特别恤金弍万元应由当地服务行出帐。」已将该项特别恤金款弍万元连同收据一纸退划渝行，仍转付尊册，即希洽照办理。等因。除该款

中国银行南昌支行　　

483

0153

另製報單冲付　大冊外用特函達至希

查照並逕以雜費細目出帳爲荷

特别開支員工福利費

中國銀行南昌支行稿紙

江西省政府和永修县政府关于史法雷被敌杀害请予抚恤的来往文书（一九四二年八月至九月）

永修县政府致江西省政府的呈（一九四二年八月十七日）

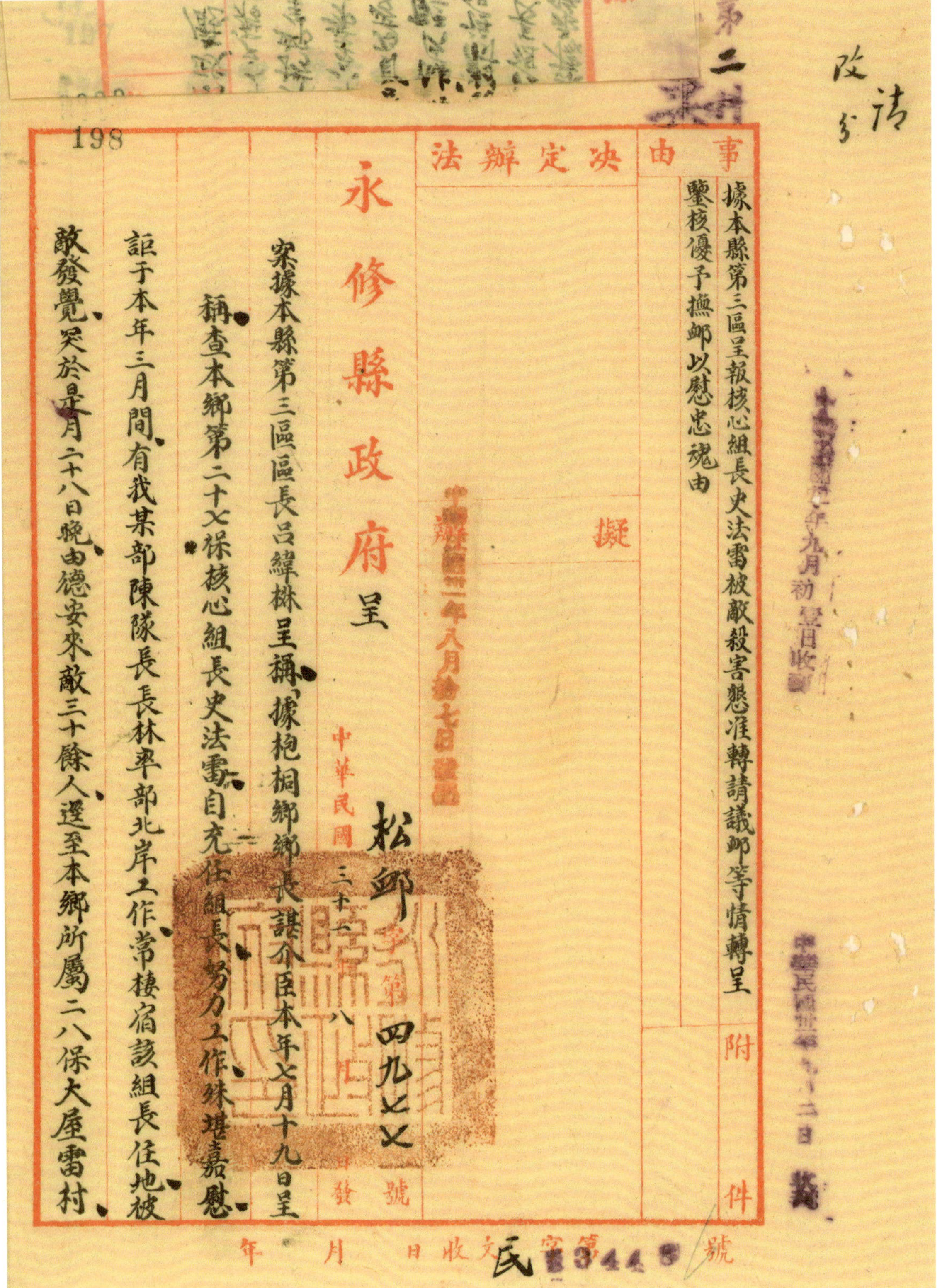

事由：據本縣第三區呈報核心組長史法雷被敵殺害懇准轉請議卹等情轉呈鑒核優予撫卹以慰忠魂由

附件

決定辦法

擬

永修縣政府呈

中華民國三十一年八月　日發　松卹字第四九七七號

案據本縣第三區區長呂緯楙呈稱，據艳桐鄉鄉長諶介臣本年七月十九日呈稱，查本鄉第二十七保核心組長史法雷，自充任組長，努力工作，殊堪嘉慰，詎于本年三月間，有我某部陳隊長長林率部北岸工作，常棲宿該組長住地，被敵發覺，旋於是月二十八日晚由德安來敵三十餘人，逕至本鄉所屬二八保大屋雷村，

年　月　日收文　民字第3448號

318

0310

威逼該村偽甲長雷統海引路至該組長所住之西盤頭吳村、四面包圍、無法趨避、被敵擄去、當時百般威脅、終未供認、翌日晨、即拘解德安縣城、嚴刑斃命、業已呈報、未沐批示、查該組長臨刑不屈、致遭敵慘殺、忠義凜然、殊堪矜憫、茲備前情、續報鈞長鑒核、迅予轉報層峯、優予議卹、以慰忠魂、等情、據此、理合轉請鈞長鑒核、乞予轉請議卹、以勵來茲

等情、據此、查該組長素對工作頗能努力、乃者不幸被敵捕殺、殊深痛惜、茲據前情、理合轉呈

鈞長鑒核、伏乞俯念該員為國犧牲、懇准從優議卹、以慰忠魂、而安遺族、謹呈

江西省政府主席曹

永修縣縣長楊華松

江西省政府民训会签注（一九四二年九月二日）

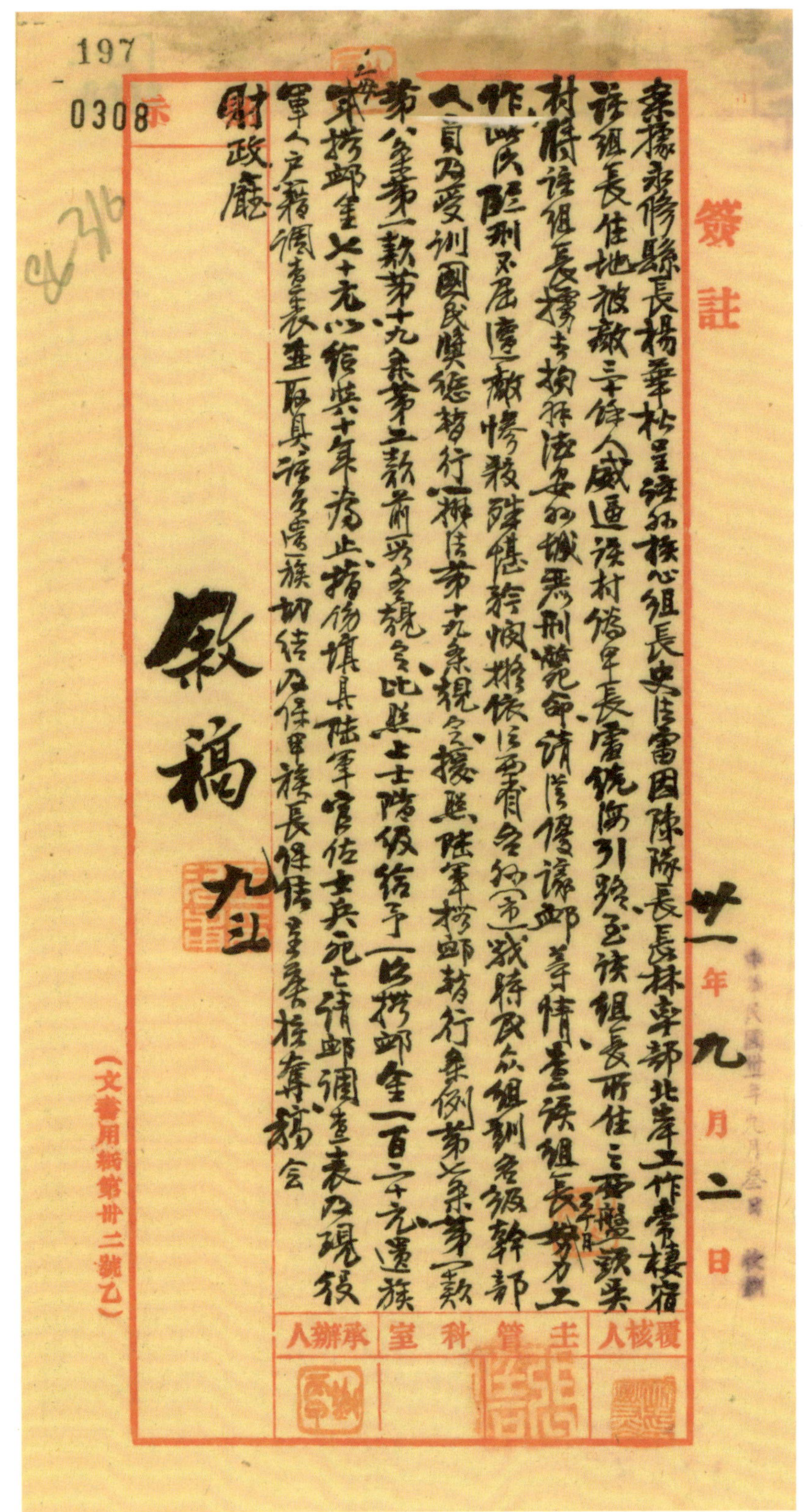
197

0308

簽註

案據永修縣長楊兆松呈請將核心組長吳佳雷因隊隊長長林率部北岸工作，常棲宿該組長住地，被敵三十餘人威逼該村偽保甲長雷鏡海引路至該組長所住之西塘頭吳村，將該組長擄去，拘禁於安義城，慘刑斃命，請從優議卹等情。查該組長努力工作，此次臨刑及屢遭敵慘殺，殊堪矜憫，擬依照江西省各縣（市）戰時民衆組訓各級幹部人員及受訓國民獎懲暫行辦法第十九條規定，援照陸軍撫卹暫行條例第七條第一款、第八條第一款、第十九條第二款前段之規定，比照上士階級給予一次撫卹金一百二十元，遺族年撫卹金七十元，以給與十年為止，請飭填具陸軍官佐士兵死亡請卹調查表及現役軍人户籍調查表，並取具該員遺族切結及保甲族長保結呈候核奪。稿会

財政廳

敘稿

九江

卅一年九月二日

中華民國卅一年九月叁日收

覆核人	主管科室	承辦人

（文書用紙第卅二號乙）

江西省政府致永修县政府的指令（一九四二年九月二十日）

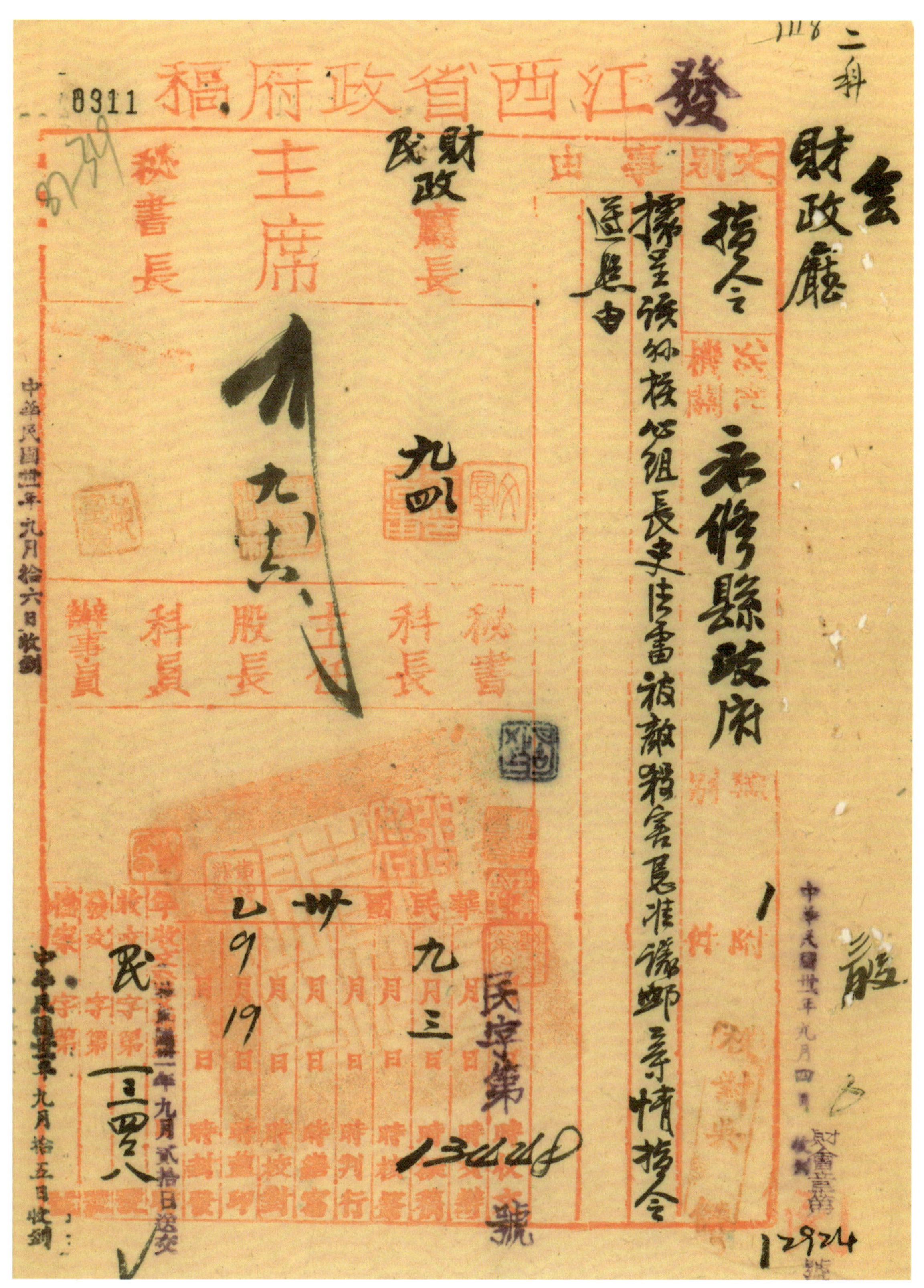

江西省政府發稿

0311

文別：指令

受文機關：永修縣政府

事由：據呈該縣特務組長史法雷被敵殺害懇准議卹等情指令遵照由

附件

財政廳長

主席

秘書長

秘書　科長　主任　股長　科員　辦事員

中華民國卅一年九月　日

民字第　號

0312

仝衔指令　泰财民二字第　号

令永修县政府

三十一年八月十七日松邮字第四九七号呈一件为孩

补指导组长朱彦雷被敌杀害恳准从优议恤请鉴

指由

呈悉。准依江西省各县(市)战时民众组训各级

干部人员及受训国民伤亡暂行办法第十九条规

定，援照陆军抚恤暂行条例第六条第一款第八条

第一款第十九条第二款所列各规定，比照上士阶级

给予一次抚恤金一百二十元，嗣后每年抚恤金七十元，

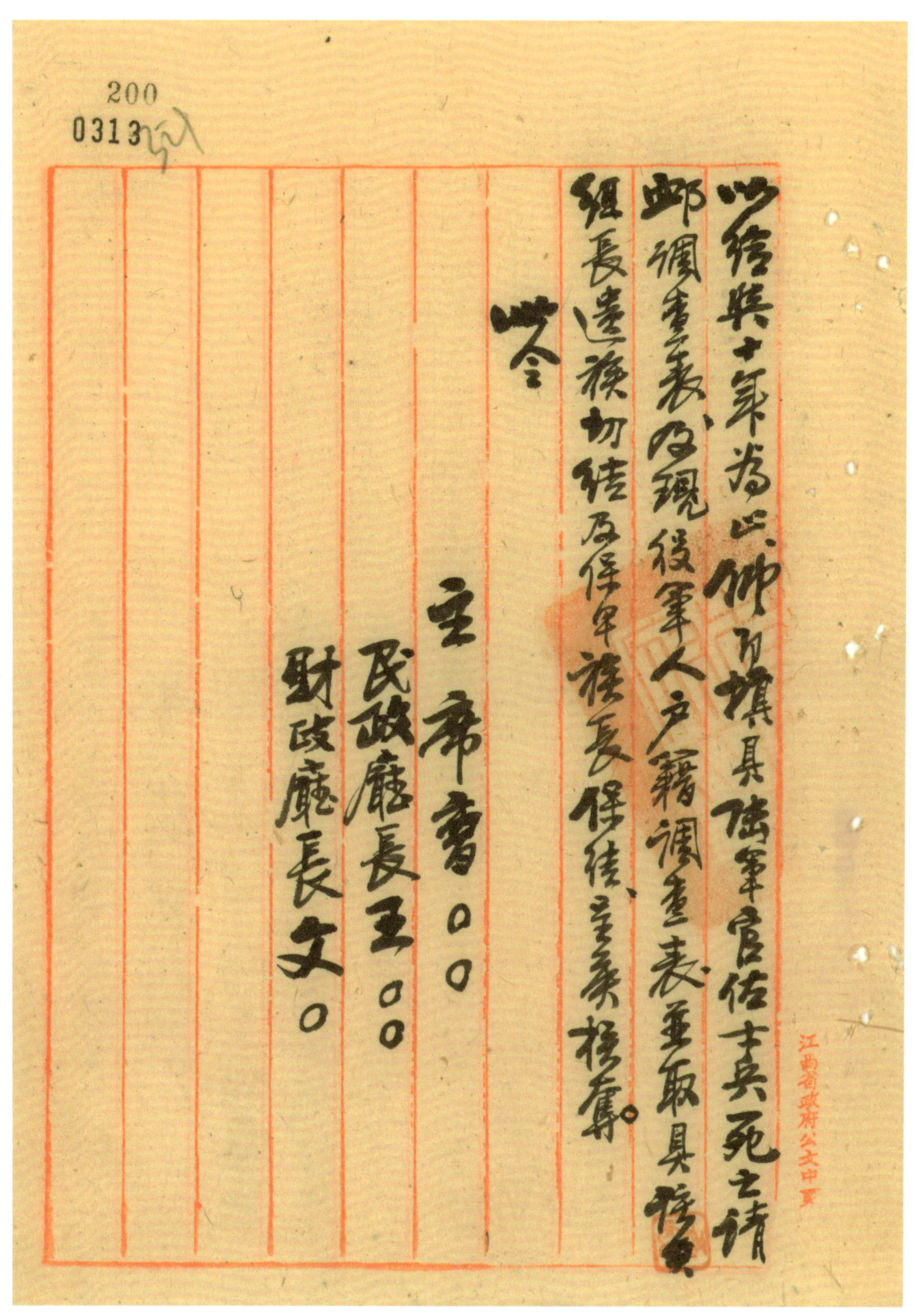
200
0313

以結興十年為止，仰即填具陸軍官佐士兵死亡請卹調查表、及現役軍人戶籍調查表，並取具該員組長遺族切結及保甲族長保結、呈案核奪。

此令

主席曹〇〇
民政廳長王〇〇
財政廳長文〇

江西省政府公文中頁

江西省政府和永修县政府关于高盛松因公殒命抚恤事宜的来往文书（一九四二年八月至九月）

永修县政府致江西省政府的呈（一九四二年八月十九日）

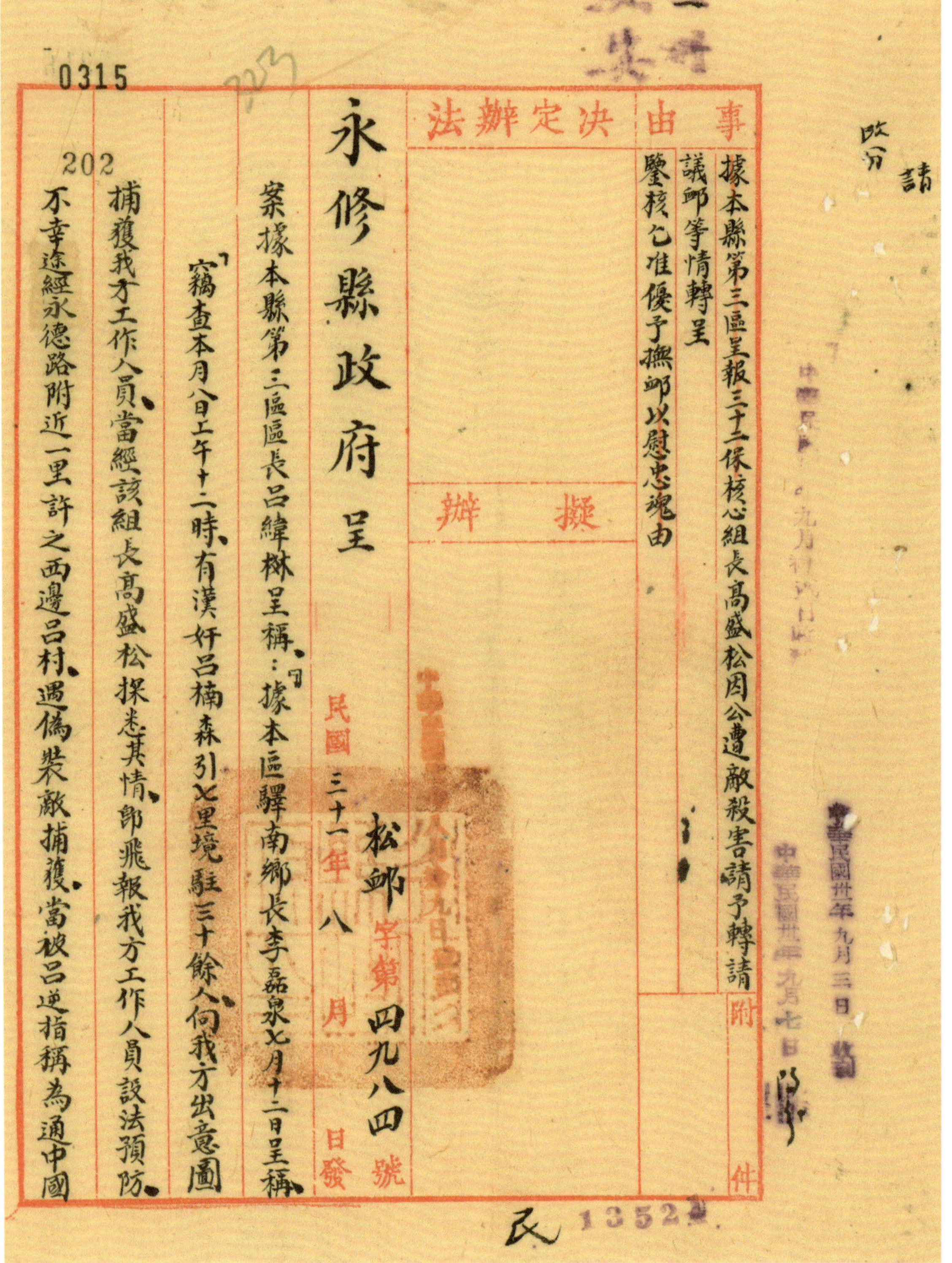
0315

202

事由：據本縣第三區呈報三十二保核心組長高盛松因公遭敵殺害請予轉請議卹等情轉呈鑒核乞准優予撫卹以慰忠魂由

決定辦法

擬辦

附件

永修縣政府呈

松卹字第四九八四號

民國三十一年八月　日發

案據本縣第三區區長呂緯楙呈稱："據本區驛南鄉長李嘉泉七月十二日呈稱：「竊查本月八日上午十二時，有漢奸呂楠森引七里境駐三十餘人向我方出意圖捕獲我方工作人員，當經該組長高盛松探悉其情，即飛報我方工作人員設法預防，不幸途經永德路附近一里許之西邊呂村，遇偽裝敵捕獲，當被呂逆指稱為通中國

中華民國卅一年九月三日

中華民國卅一年九月七日

民 13522

兵者，敵即嚴刑拷問，追究我方工作人員行踪，雖百般威脅，該組長始終不吐一詞，以
致被敵亂刺斃命。查該組長高盛松因公殞命，殊堪憐憫，理合備文呈請鈞長鑒
核，並乞迅予轉報縣府，優予卹金，以慰忠魂，等情。查該核心組長高盛松臨刑不屈，
致遭慘殺，其忠義氣節，殊堪矜憫，茲據前情，理合轉請鈞長鑒核，乞准轉請層峯
從優議卹，以資慰勵。
等情據此。查該組長奉行任務，素獲成效，此次因公被敵捕獲，雖受嚴刑，終不吐實，
似此慷慨就義，深堪矜憫，據呈前情，理合轉呈
鈞長鑒核，伏乞俯念該員為國殞生，懇准依照陸軍撫卹暫行條例議卹，以慰忠魂
而安遺族！

謹呈

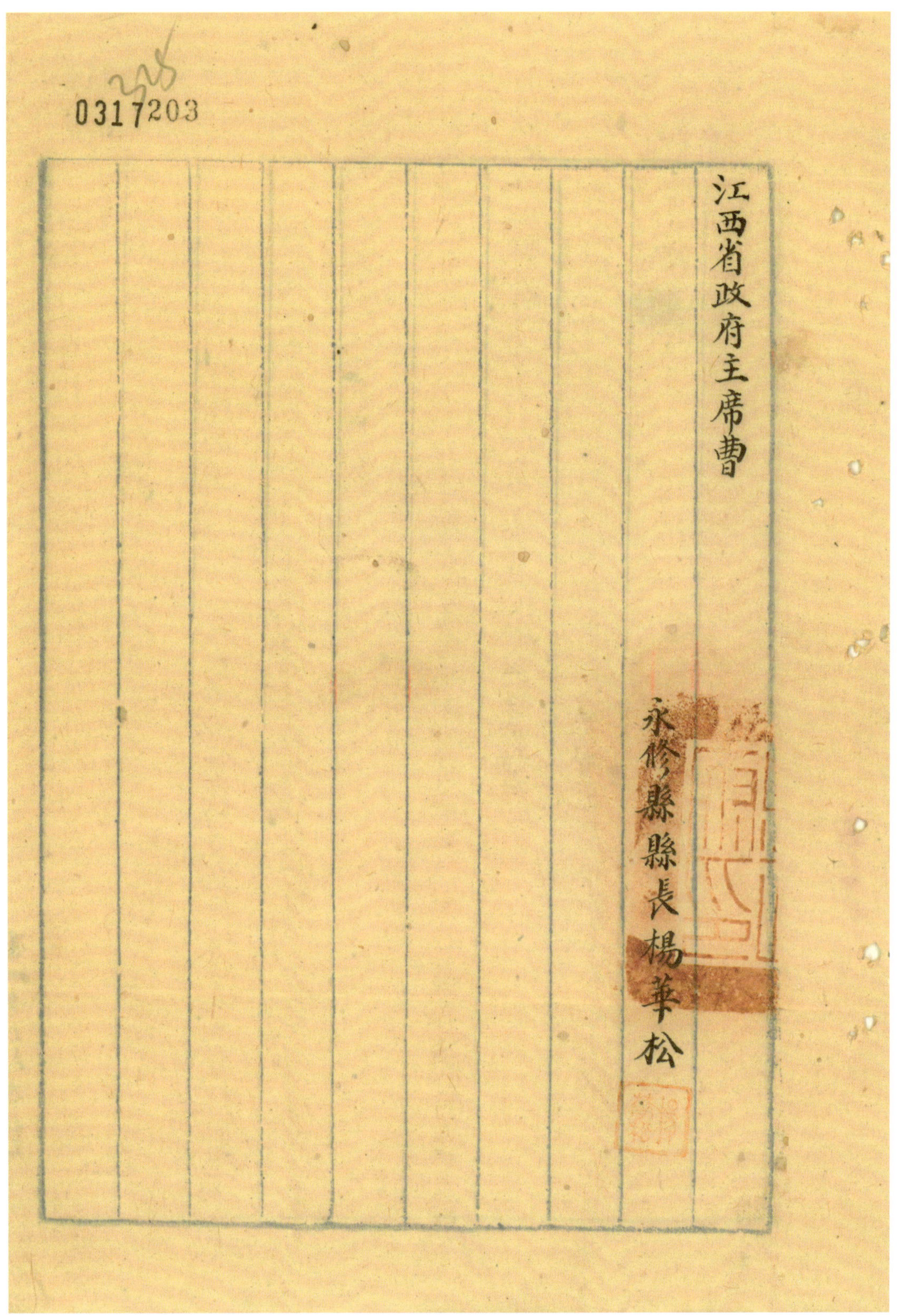
0317203

江西省政府主席曹

永修縣縣長楊華松

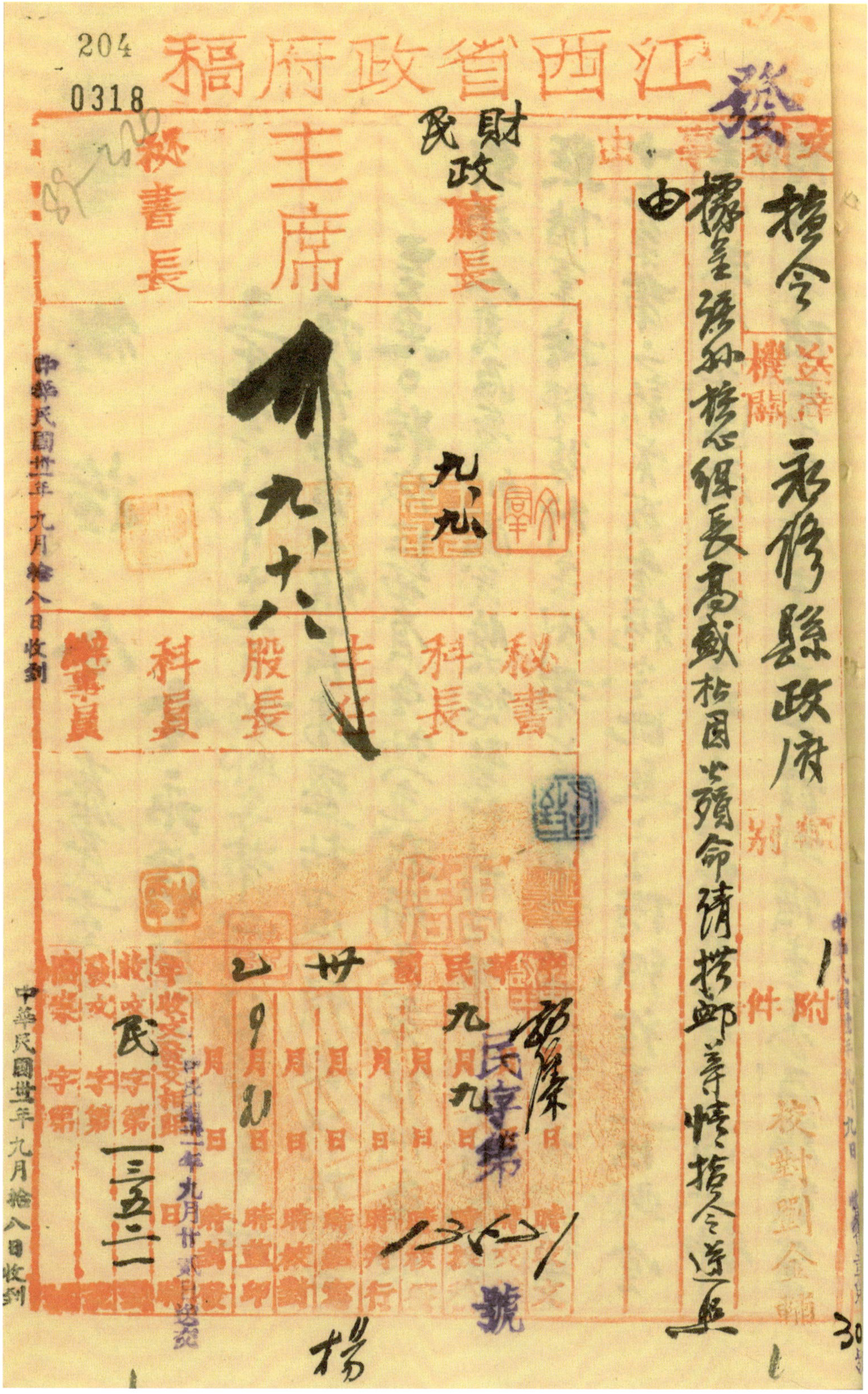

江西省政府稿

文别：指令

受文机关：永修县政府

主席　秘书长　财政、民政厅长

秘书　科长　主任　股长　科员　办事员

江西省政府致永修县政府的指令（一九四二年九月二十二日）

0319

全銜指令

泰民字第　號

令永修縣政府

三十一年十月十九日杉卹字第四九八四號呈併為據鄉保安組長高盛杉因公殞命請核卹由

呈悉。查依江西省各縣(市)戰時民眾組訓各級幹部人員及受訓國民獎懲暫行辦法第十九條規定，援照陸軍撫卹暫行條例第七條第一款、第八條第一款、第十九條第二款前段之規定，比照上士階級，給予一次卹金壹百貳拾元，遺族年撫金七十元，以給與十年為止。仰即填具陸軍官佐士兵死亡請卹調查表及現役軍

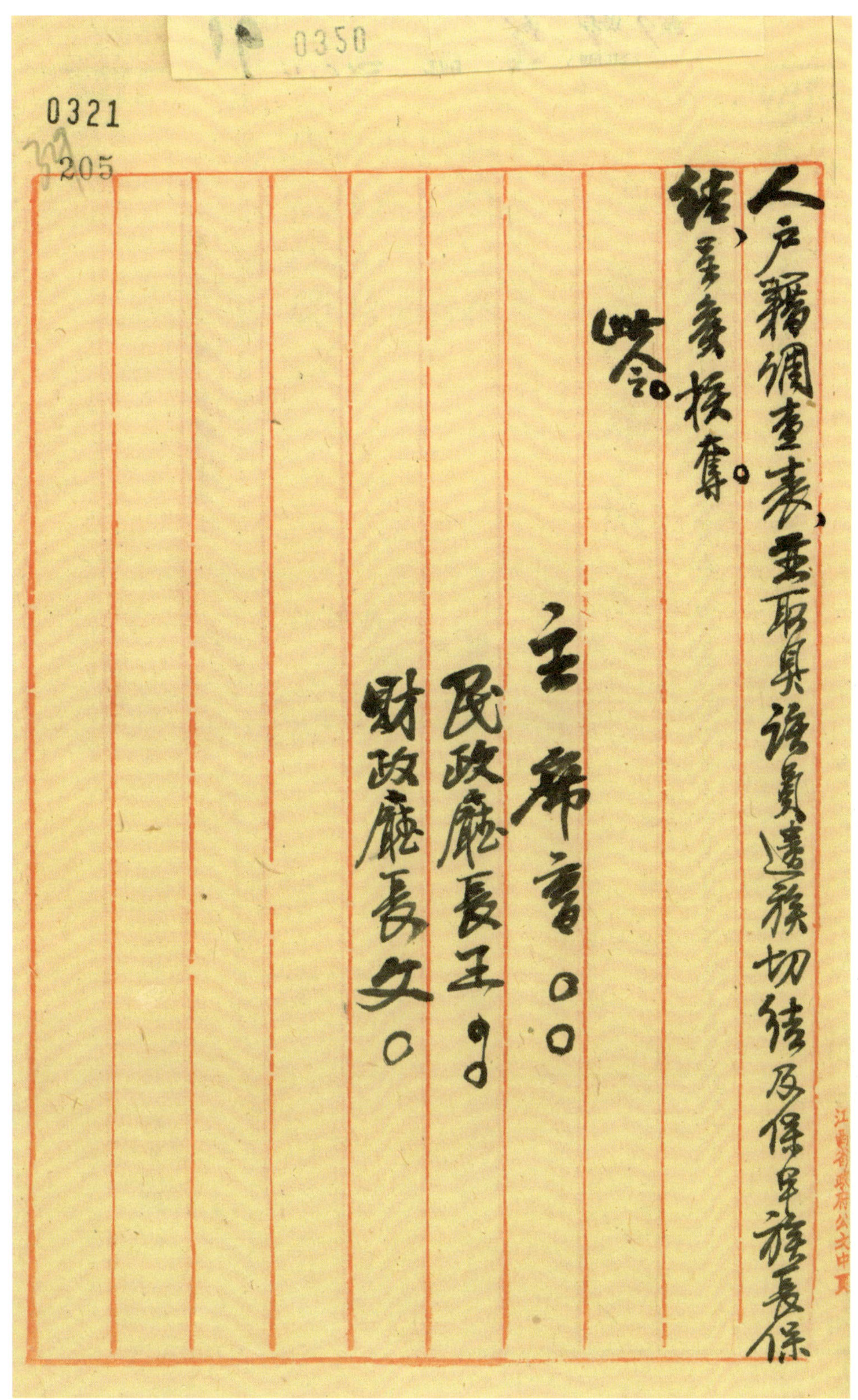
0350
0321
205
人户籍调查表，并取具该员遗族切结及保甲族长保结，等情核夺。此令。
主席曾〇〇
民政厅长王〇〇
财政厅长文〇
江西省政府公文中页

江西省政府和湖口县政府关于周观莲被敌杀害抚恤事宜的来往文书（一九四二年十月至十二月）

湖口县政府致江西省政府及省民政厅的呈（一九四二年十月三十一日）

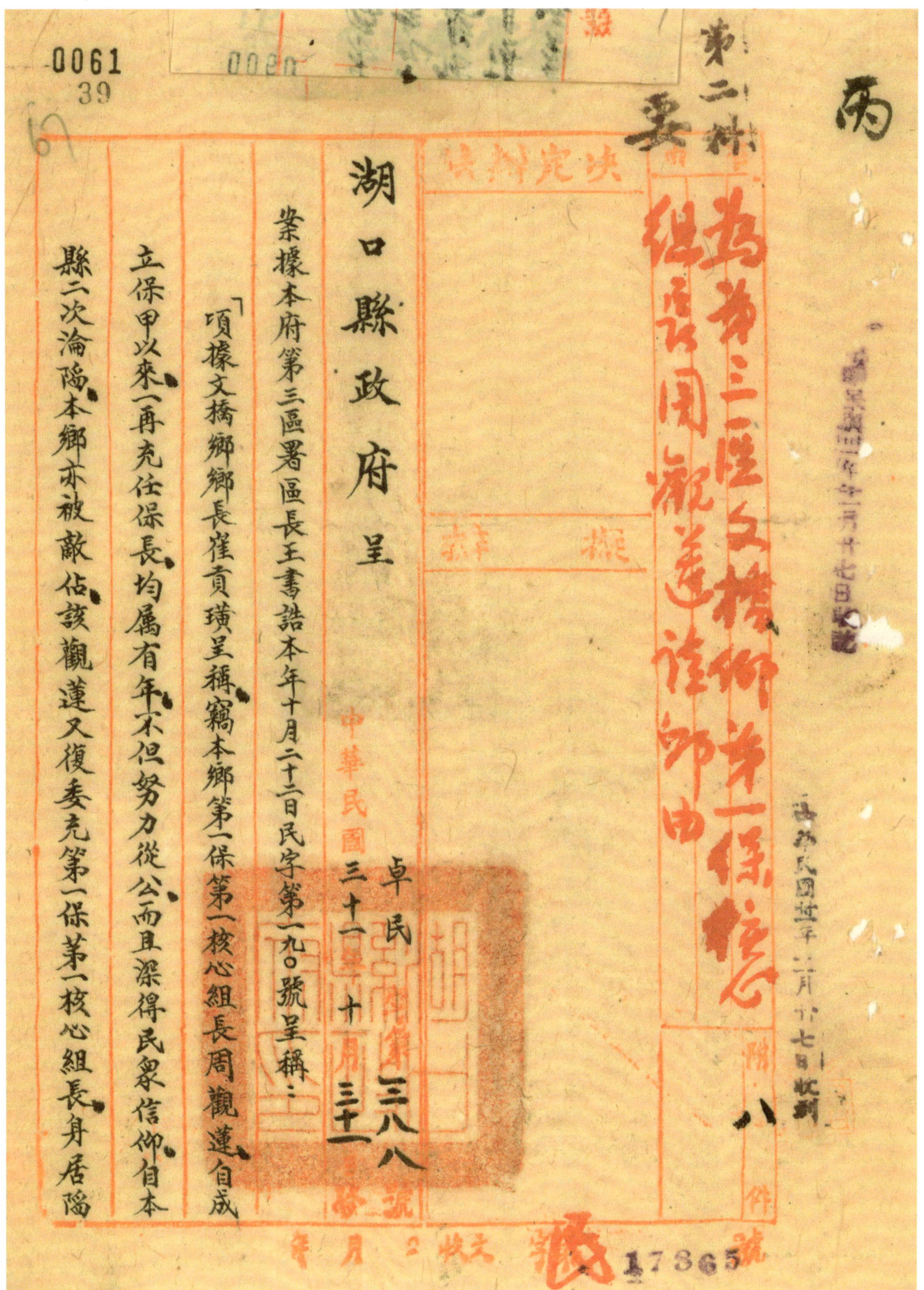
丙

要

第二科

為第三區文橋鄉第一保核心組長周觀蓮遇害請卹由

湖口縣政府 呈

中華民國三十一年十月三十一日

卓民 字第三八八號

案據本府第三區署區長王書諾本年十月二十二日民字第一九〇號呈稱：「頃據文橋鄉鄉長崔貢璜呈稱：竊本鄉第一保第一核心組長周觀蓮自成立保甲以來，一再充任保長，均屬有年，不但努力從公，而且深得民衆信仰。自本縣二次淪陷，本鄉亦被敵佔，該觀蓮又復委充第一保第一核心組長，身居陷

68

0062

區，不避艱險，督導全保民衆，協助抗戰，可為全鄉之表率，併蒙各軍隊之贊許。尤其對於情報更費苦心，敵方之動及其詭秘，無不探悉，有功於抗戰，實非淺鮮。前月突然被敵圍捕，業已呈報在案。茲據同時被捕之本所情報員張慶祥於九月十六日釋回報稱：周觀蓮於昨午在沈仲村紅部慘遭殺害，臨刑之際，慷慨就義。聞之不勝痛絶。該組長既已因公殞命，所遺孤兒寡婦，衣食無依，殊堪憫恤。是以備文呈報鈞長鑒核，予以救濟，并懇轉呈縣府准予請恤，以慰英靈而濟孤寡，實為德便。等情。據此，查所稱各節均屬實在，理合造具戰地守土人民請卹事實表，備文呈賫鈞府察核，并懇轉呈層峯准予撫卹，以慰英靈而勵來茲。」

等情，附呈請卹事實表九份。據此，查故組長周觀蓮經常在文橋偵察敵情，被敵捕獲，

40
0063

慷慨捐牲，殊堪悼念，经派员澈查，确属实在，核与奉颁人民守土伤亡抚卹实施办法第三条第二款之规定相符，拟请依照同办法第四条第一项第一款及第八条第一款，给予抚卹，以慰忠魂，除将原表抽存一份备查并指复外，理合检同原表八份，备文呈请

钧府察核给卹，并乞

示遵。

谨呈

江西省政府主席曹

民政厅厅长王

计呈送人民守土请卹事实表八份

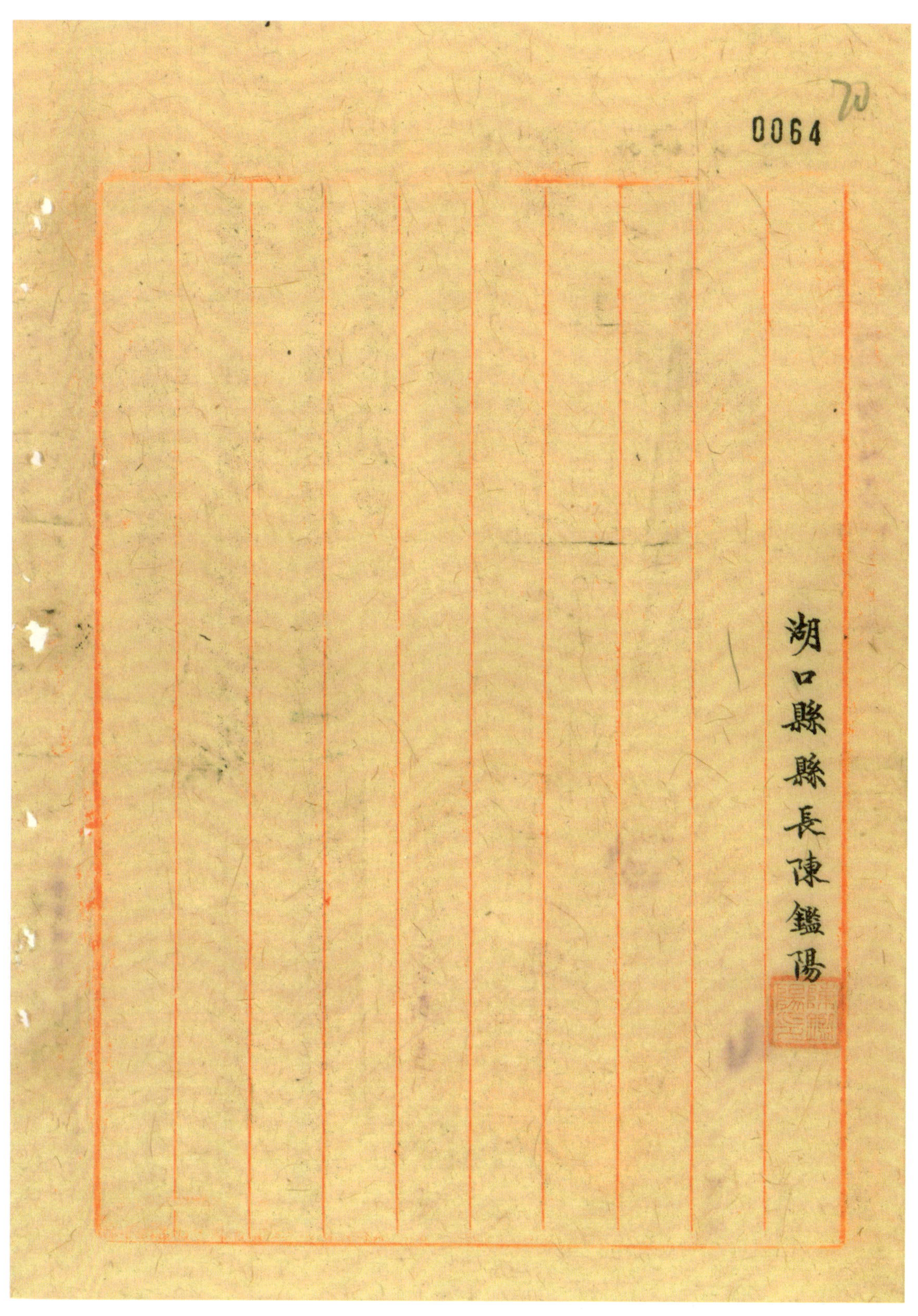
0064

湖口縣縣長陳鑑陽

江西省政府致湖口县政府的指令（一九四二年十二月十一日）

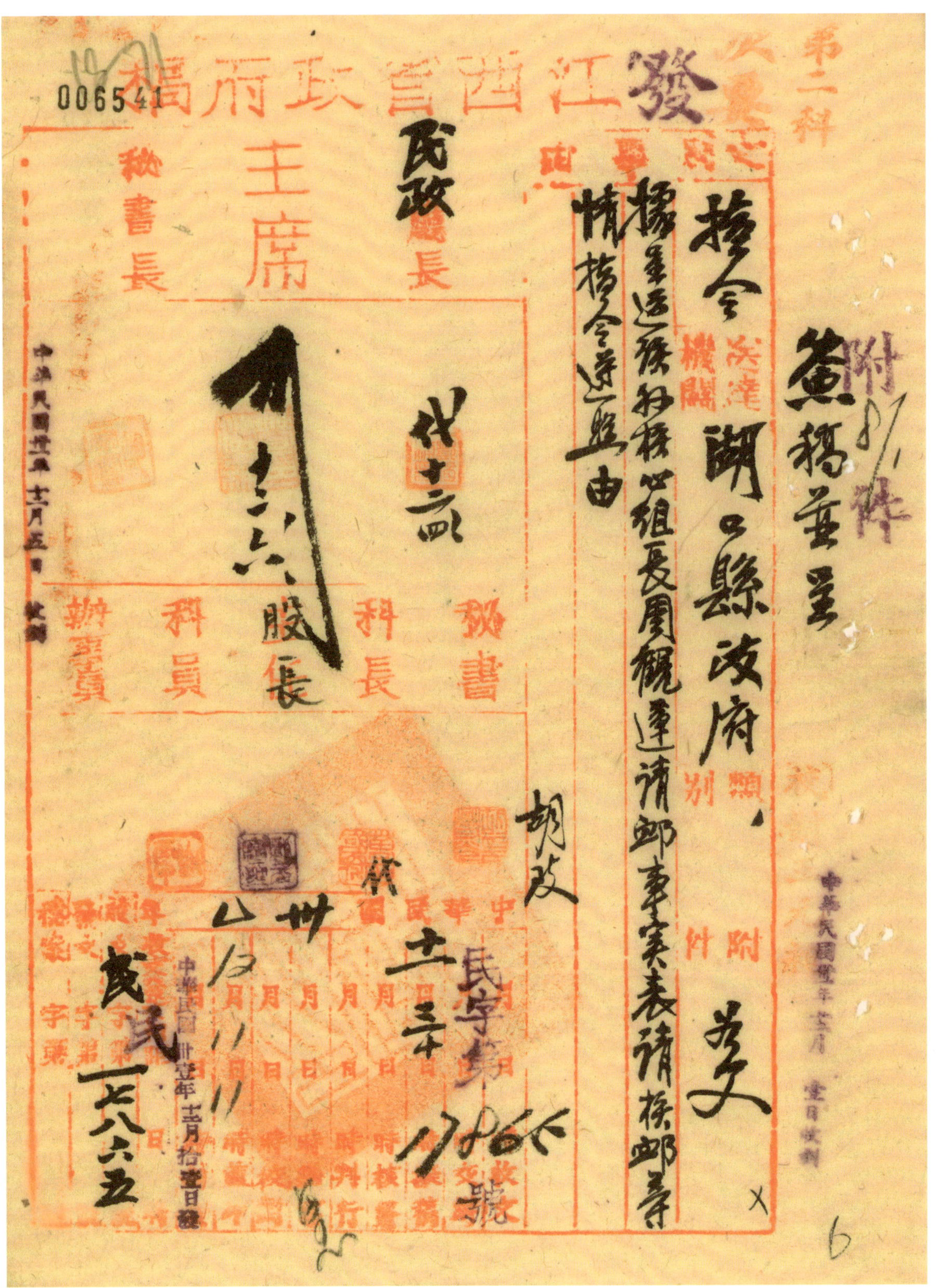

江西省政府稿

發

主席

秘書長

民政廳長

簽稿並呈

指令

湖口縣政府

據呈送殉難抗日組長周觀達請卹事實表請核卹等情指令遵照由

0066

金衛指令

泰民二字第　　號

令湖口縣政府

三十年十月二十日卓民字第三八六號呈併呈送該縣核心組長周觀達戰地人民守土請卹事實表請核卹由

呈表均悉。據呈該縣核心組長周觀達身居陷區，指導民衆協助抗戰，被敵慘害，填具戰地守土人民請卹事實表請核卹等情。經核殊有未合。仰飭照本省各縣市戰時民衆組訓各級幹部及受訓國民傷亡懇暫行撫卹辦法第十九條規定，援用陸軍撫卹暫行条例规定填具阵亡官佐士兵死亡请恤调查表及现役军人户籍调查表呈候核夺。

此令

计发还周观达请恤事实表八份

主席曹〇〇
民政厅长王〇〇

江西省政府与江西省社会处等关于省社会处王鼎九为其弟王贵铮因公殒命给予抚恤的来往文书（一九四二年十一月至一九四三年三月）

江西省社会处王鼎九致江西省政府的呈（一九四二年十一月五日）

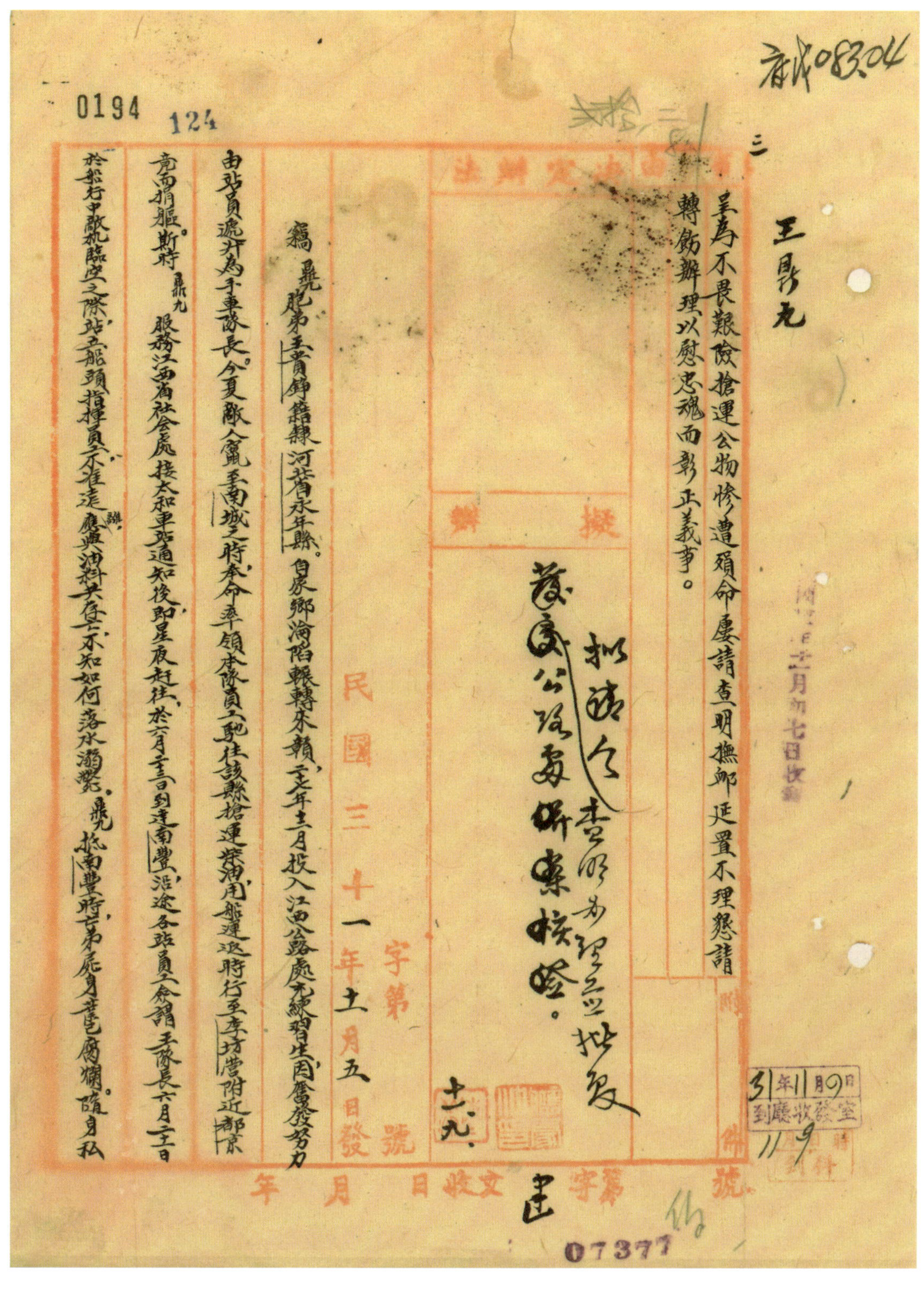
王鼎九

呈為不畏艱險搶運公物慘遭殞命，屢請查明撫卹，延置不理，懇請轉飭辦理，以慰忠魂而彰正義事。

竊鼎九胞弟王貴錚籍隸河南省永年縣。自家鄉淪陷，輾轉來贛，三十年十一月投入江西公路處充練習生，因奮發努力，由站員遞升為卡車隊長。今夏敵人竄至南城之時，奉命率領本隊員工馳往該縣搶運柴油，用船運返，將行至李坊營附近郵泉商而捐軀。斯時鼎九服務江西省社會處，接太和車站通知後，即星夜赶往，於六月三十日到達南豐，沿途各站員工僉謂王隊長六月二十日於船行中敵機臨空之際，站立船頭指揮員工，不准走避，與油料共存亡，不知如何落水溺斃。鼎九抵南豐時，舍弟屍身業已腐爛，隨身私

民國三十一年十一月五日發

0195

有財物一無所有。是時敵騎相距甚近，當地司法機關業遷移，無法報驗。公路處派員草草殮埋。亡弟因公殉職，急公忘私，死狀之慘，同事員工無不悲慟，搶回百餘萬元之公物，為公犧牲，論情論理，主管長官亦應憫惻，從優撫卹，以勵來茲。現時逾四月，置諸不問。鼎九經瀝陳事實先後三次具呈，懇請該管長官發還亡弟生前儲金，并乞查明撫卹，延宕至今，迄未奉發。痛念亡弟含冤莫伸，遺下孤兒寡婦，嗷嗷待哺，勢將餓斃。近又具呈懇求速辦，月餘仍無隻字批復，擱置不理，情實難甘。為此迫不得已，泣懇

鈞座俯察下情，迅令公路處從優撫卹，發還儲金，及應得薪餉，俾生者得以苟延殘喘，死者能以瞑目九泉，則不勝

感德待命之至！

謹呈

江西省政府主席曹

江西省社會處科員王鼎九（印）謹呈

批示寄交江西省社會處第一科

江西省公路处致省政府的呈（一九四三年二月二十日）

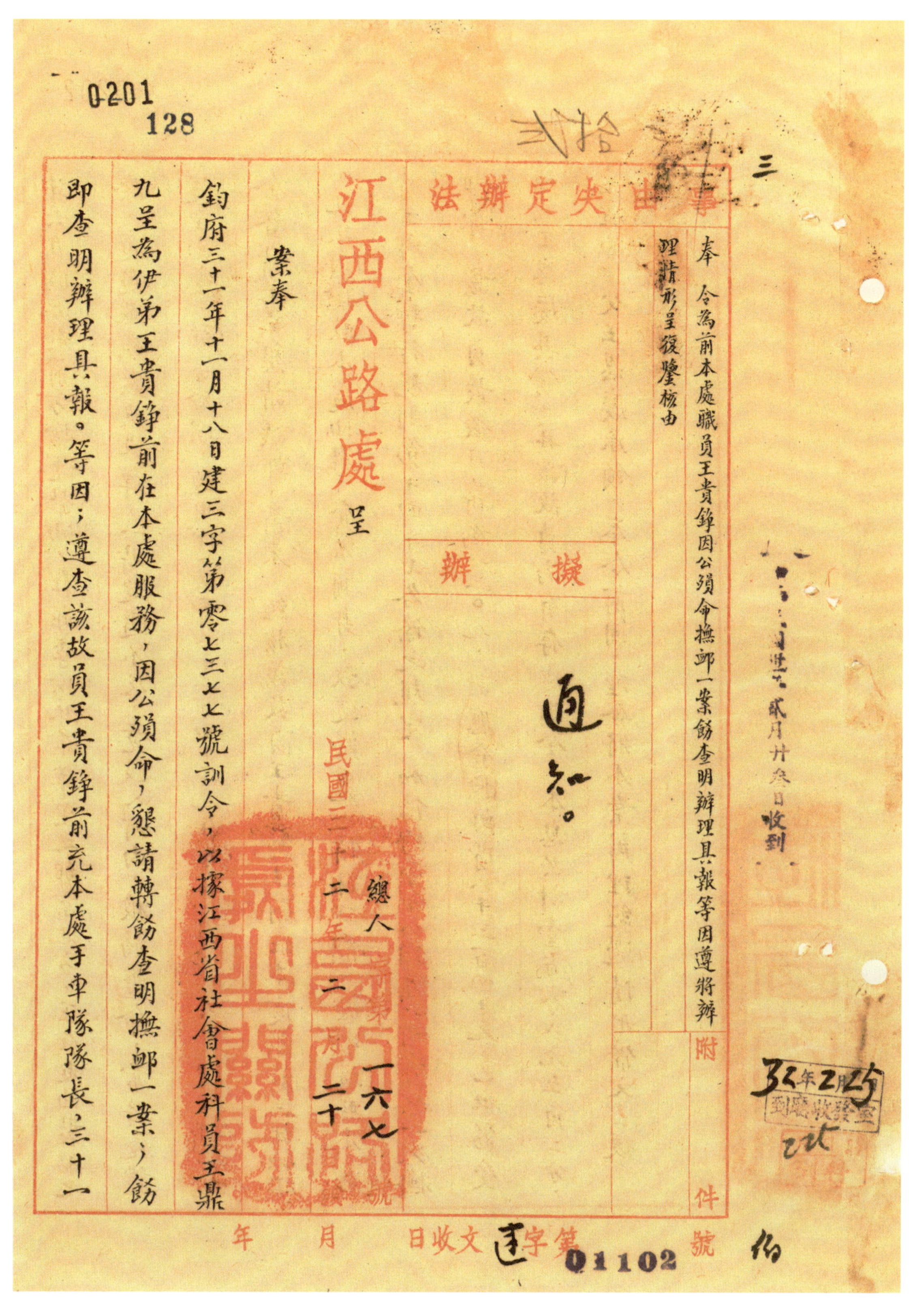

0201
128

事由：奉令為前本處職員王貴錚因公殞命撫䘏一案飭查明辦理具報等因遵將辦理情形呈復鑒核由

附件

擬辦：通知。

三十二年二月廿三日收到

32年2月25 到廳收發室

江西公路處　呈

案奉

鈞府三十一年十一月十八日建三字第零七三七七號訓令，以據江西省社會處科員王鼎九呈為伊弟王貴錚前在本處服務，因公殞命，懇請轉飭查明撫䘏一案，飭即查明辦理具報。等因；遵查該故員王貴錚前充本處手車隊隊長，三十一

民國三十二年二月二十日

總人一六七號

年　月　日收文第　字第01102號

0202

年六月間派赴前方搶運柴油，在距李坊營十華里之都京地方，正在起油裝船之際，適遇敵機盤旋投彈，一時趨避不及，竟投入河内，被溺斃命，當將屍體運至南豐，從厚殮埋，經用埋葬費二千二百四十三元在案。茲據伊父王恩慶備具卹金聲請書，懇請議卹。前來，經核該故員王貴錚生前在本處服務三年以上，此次因搶救本處油料，奮不顧身，致遭溺斃，情殊可憫，應准援照本處員工卹金暫行規則第十四、十七各條之規定，加倍給予十八個月薪資之一次撫卹費，該故員最後月薪為一三〇元，計應發撫卹費二千三百四十元，已批飭受卹人王恩慶具領。再該故員尚有存處儲金，本息共計壹百零八元五角二分，並准由伊父王恩慶承領，奉令前因，理合將本案辦理經過情形備文呈復

鑒核！

0203

129

謹呈

江西省政府

江西公路處處長過守正

副處長陳建東

江西省政府致省社会处王鼎九的通告（一九四三年三月三十日）

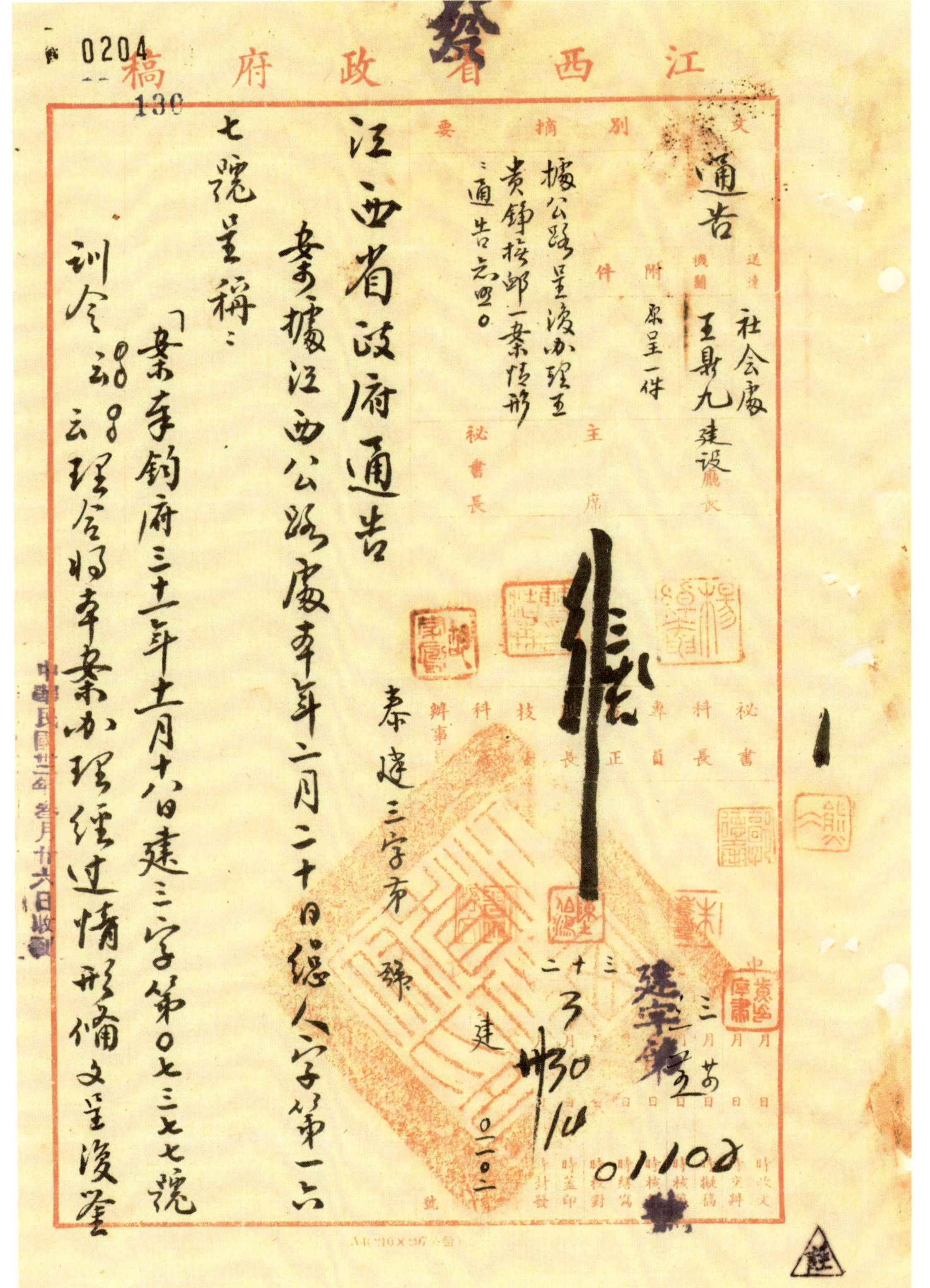
江西省政府稿

通告

送达机关：社会处王鼎九

附件：原呈一件

摘要：据公路呈复办理王贵锺抚䘏一案情形，通告知照。

江西省政府通告

案据江西公路处本年二月二十日总人字第一六七号呈称：

「案奉钧府三十一年十一月十六日建三字第〇七三七七号训令，饬将本案办理经过情形备文呈复签

0205

核」

等情。據此，查此案前據該員呈請到府，當經

飭仰公路處查明辦理具報并批後在案。茲據前情

，合行通告知照。

右通告社會處科員王顯九

主席曾〇〇

建設廳廳長楊〇〇

校對毛朝鎮

中国国民党江西省执行委员会关于酌加党员抚恤恤金致各直属党部的训令（一九四三年五月）

254

事由：为酌加党员抚恤金令仰遵照由

中国国民党江西省执行委员会训令 卅人字第4890号

中华民国卅二年五月 日

令各直属党部

案准

中央抚恤委员会纪字第五〇八号代电开：

"查前据广东省党部呈请对于本党年老党员及已故革命功勋同志遗族，援照行政院第五九七次院会决议改为酌加恤金，当由本会拟定酌加恤金办法，呈奉中央常务委员会第二二二次会议决议如左：（一）为改善革命先烈及抗战伤亡同志遗族战时生活，拟照革命委员会增加恤金办法，所有党员年抚恤金及年抚助金自三十一年份起（按照恤金证书所载数额加一倍发给；（二）一次恤金及一次抚助金核发时酌予比照提高，不适用前项规定。存案奉准，所有党员年抚恤金及年抚助金自三十二年份起（按照证书所载数额加一倍发给，其三十一年六月以前核定尚未加五即裁者，自三十年份起增加百分之五十，仍须先将证书送会，加盖改订戳记，再行依照改订数额加一倍发给；除函财政部查照并转饬各发款机关遵照办理，并分电外，相应电达，即希查照，并分别转饬各受领人知照为荷"

等由，准此，除分行外，合行令仰知照，并分别转知各受领人知照为要！

此令。

主任委员 梁栋

中国国民党江西省执行委员会关于为革命功勋遗族发放恤金及年补助金事宜致各直属党部的训令（一九四三年八月）

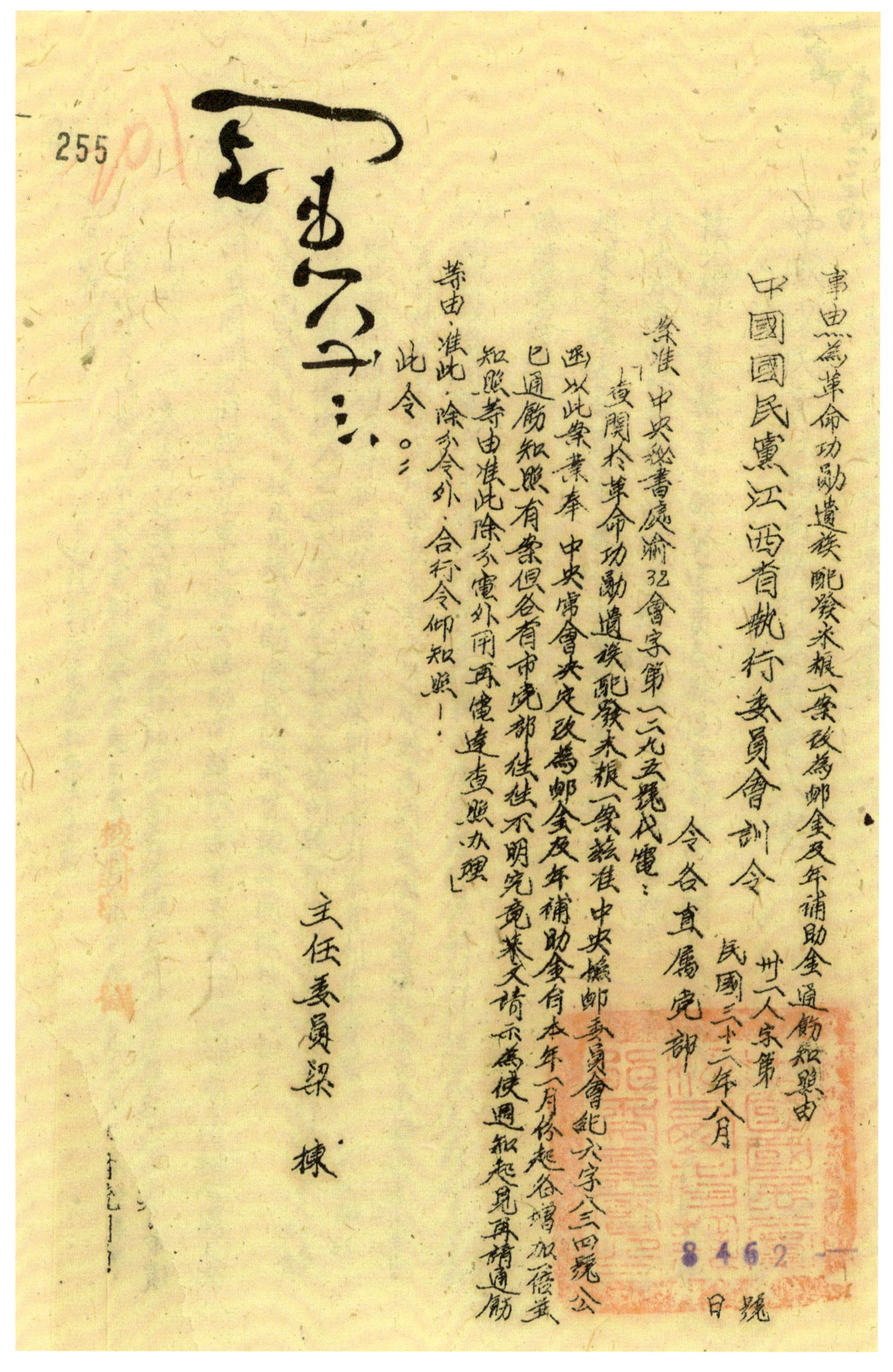

事由：為革命功勳遺族配發米粮一案改為卹金及年補助金通飭知照由

中國國民黨江西省執行委員會訓令　卅八人字第8462號

民國三十二年八月　日

令各直屬黨部

案准　中央秘書處渝32會字第一二九五號代電：「查關於革命功勳遺族配發米粮一案，茲准中央撫卹委員會能六字八三四號公函，以此案業奉　中央常會決定改為卹金及年補助金，自本年一月份起各增加一倍，並已通飭知照有案。但各省市黨部往往不明究竟，兼又請示，為使週知起見，再請通飭知照等由。准此，除分電外，用再電達查照辦理」等由。准此，除分令外，合行令仰知照！

此令。

主任委員　梁　棟

江西省财政厅、南昌县地方税务局和新建县地方税务局等关于章多根因公殒命给予抚恤的来往文书（一九四四年三月至五月）

南昌县地方税务局致江西省财政厅的呈（一九四四年三月二十八日）

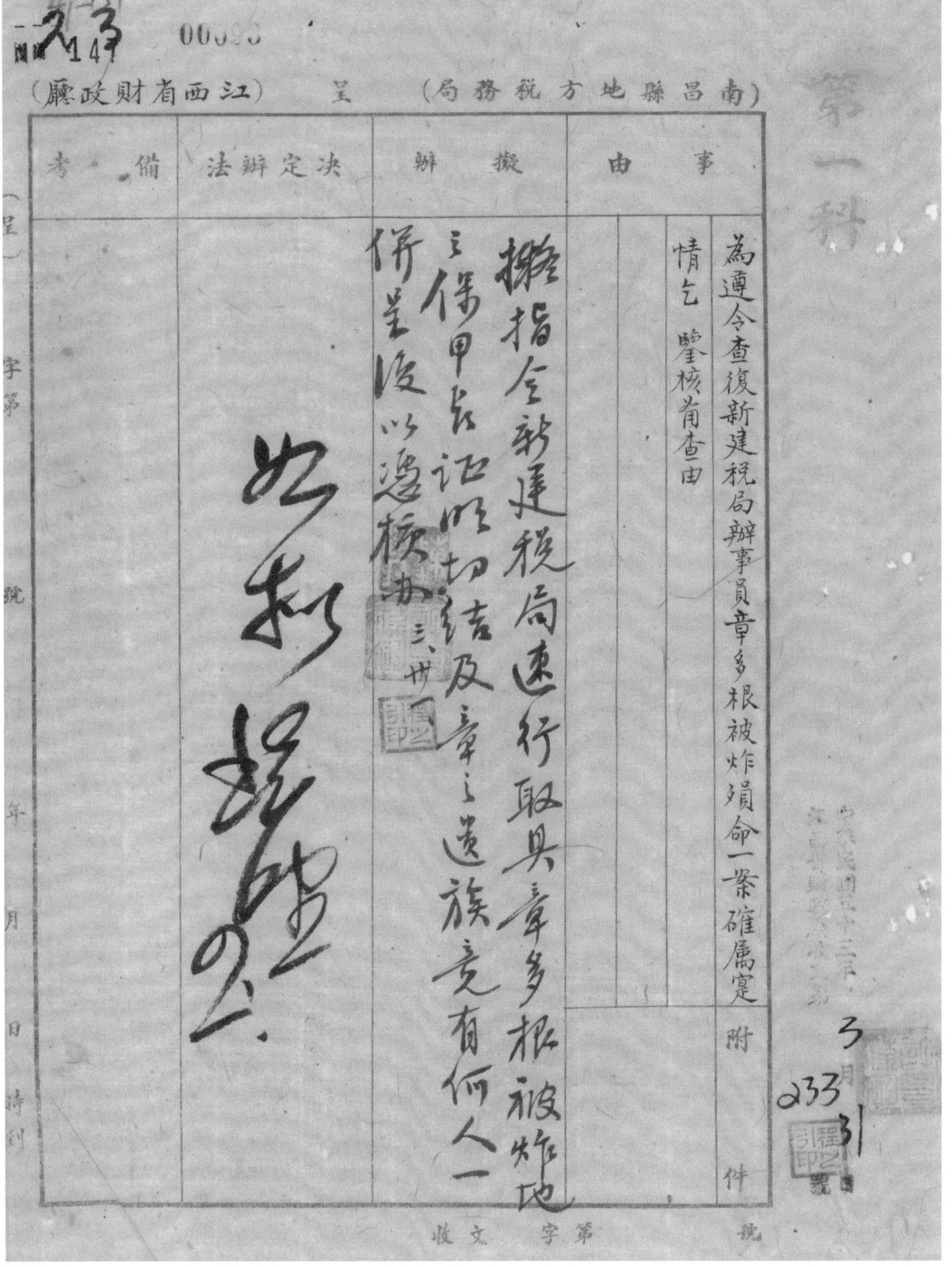

（南昌縣地方稅務局）呈（江西省財政廳）

事由	擬辦	決定辦法	備考
為遵令查復新建稅局辦事員章多根被炸殞命一案確屬實情乞鑒核備查由	擬指令新建稅局速行取具章多根被炸地之保甲長證明切結及章之遺族究有何人一併呈復以憑核辦 三、卅		

收文　字第　號

132

148

南昌縣地方稅務局 呈　秘乙字第　　號

案奉

鈞廳財一字第八〇號訓令內開：

「以據新建縣地方稅務局呈以該局辦事員章多根因公殞命等情，仰該

局長切實查明具復為要，此令。」

等因，奉此，遵即飭派本局第一股長蔡唐前往實地調查，茲據報稱：「奉令前往新建縣樂化區調查一案，查得章多根確被敵機槍掃射，命中腰部斃命，該員屍体現葬於樂化三里崗，所有樂化區長張定瑚及當地人士均所深知，為此報請鑒核」等情，前來，查該員所称各節，尚属实情，奉令前因，理合具文呈覆，仰祈

鑒核備查。

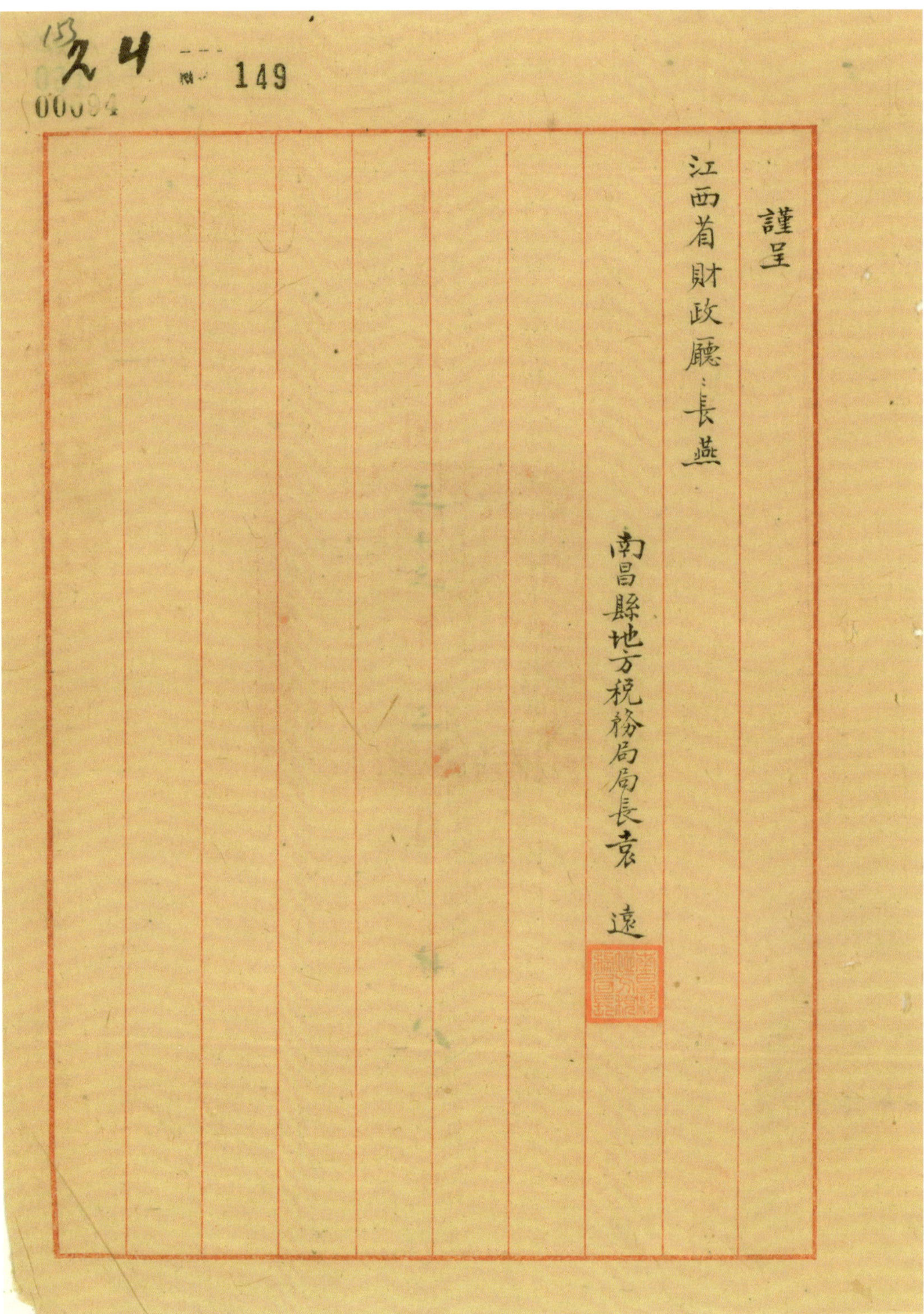

153
24
149
00094

謹呈

江西省財政廳廳長蕭

南昌縣地方稅務局局長袁　遠

150

中華民國三十三年三月廿八日

江西省财政厅致新建县地方税务局的指令（一九四四年四月五日）

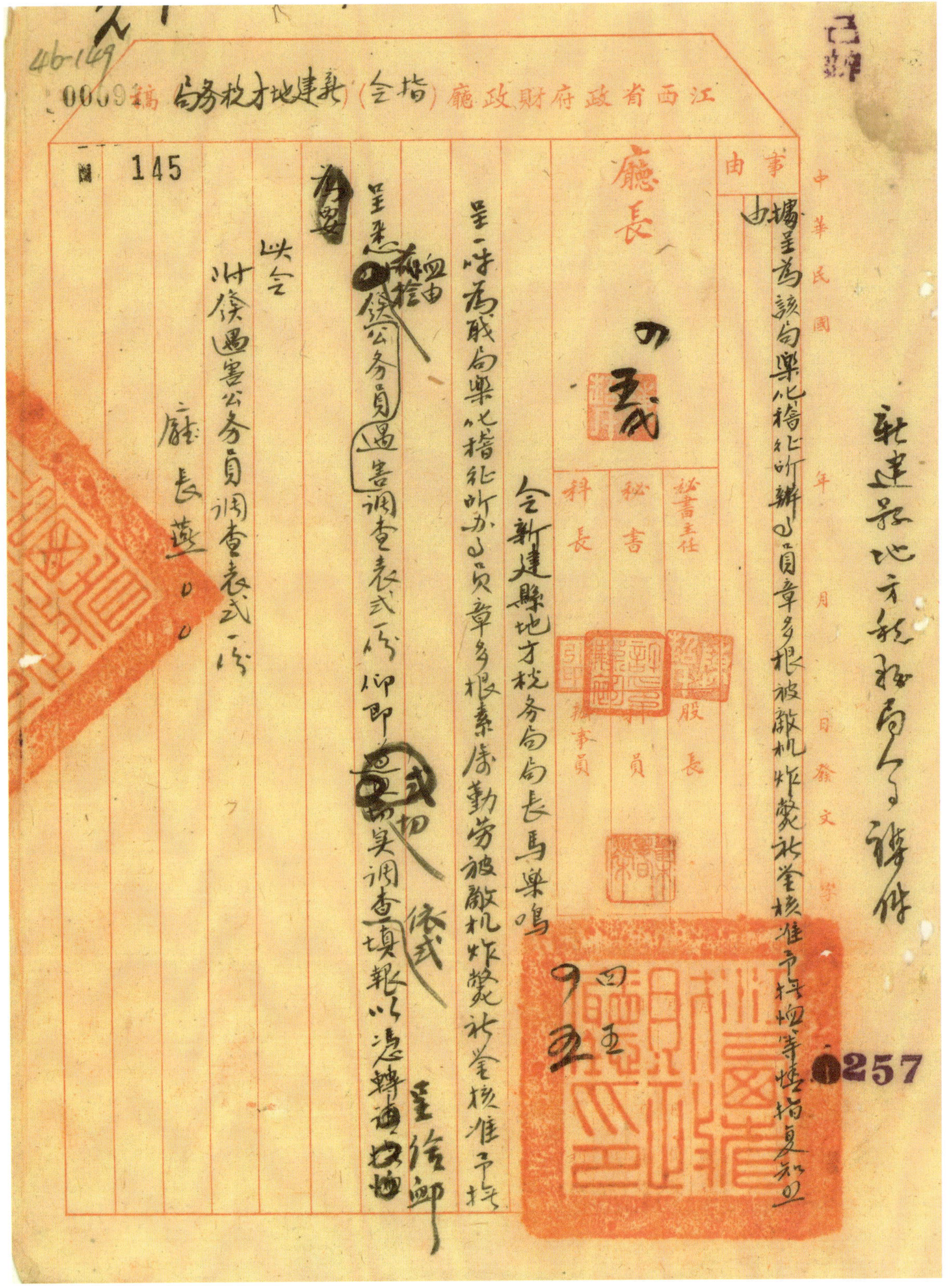

江西省政府財政廳（指令）新建地方稅務局稿 0009

145

事由：據呈為該局樂化稽征所辦事員章多根被敵机炸斃請予核准予撫恤等情指復知照由

廳長

令新建縣地方稅務局局長馬樂鳴

呈一件為職局樂化稽征所辦事員章多根秦庸勤勞被敵机炸斃請予核准予撫……

呈悉。仰即依式填報公務員遇害調查表式一份，仰即遵照調查填報，以憑轉請核辦。

此令

附發公務員遇害調查表式一份

廳長 蕭〇〇

0257

遇害公務員調查表

死亡公務員		遇害地点	見証人	家族調查	其他
姓名			目睹遇害时情形者或鄉保甲長等	一、直系親屬存在者之姓名年齡（父母妻子等） 二、家族狀況 三、通信處	
年齡					
籍貫					
性別					
現住所					

新建县地方税务局致江西省财政厅的呈（一九四四年四月二十八日）

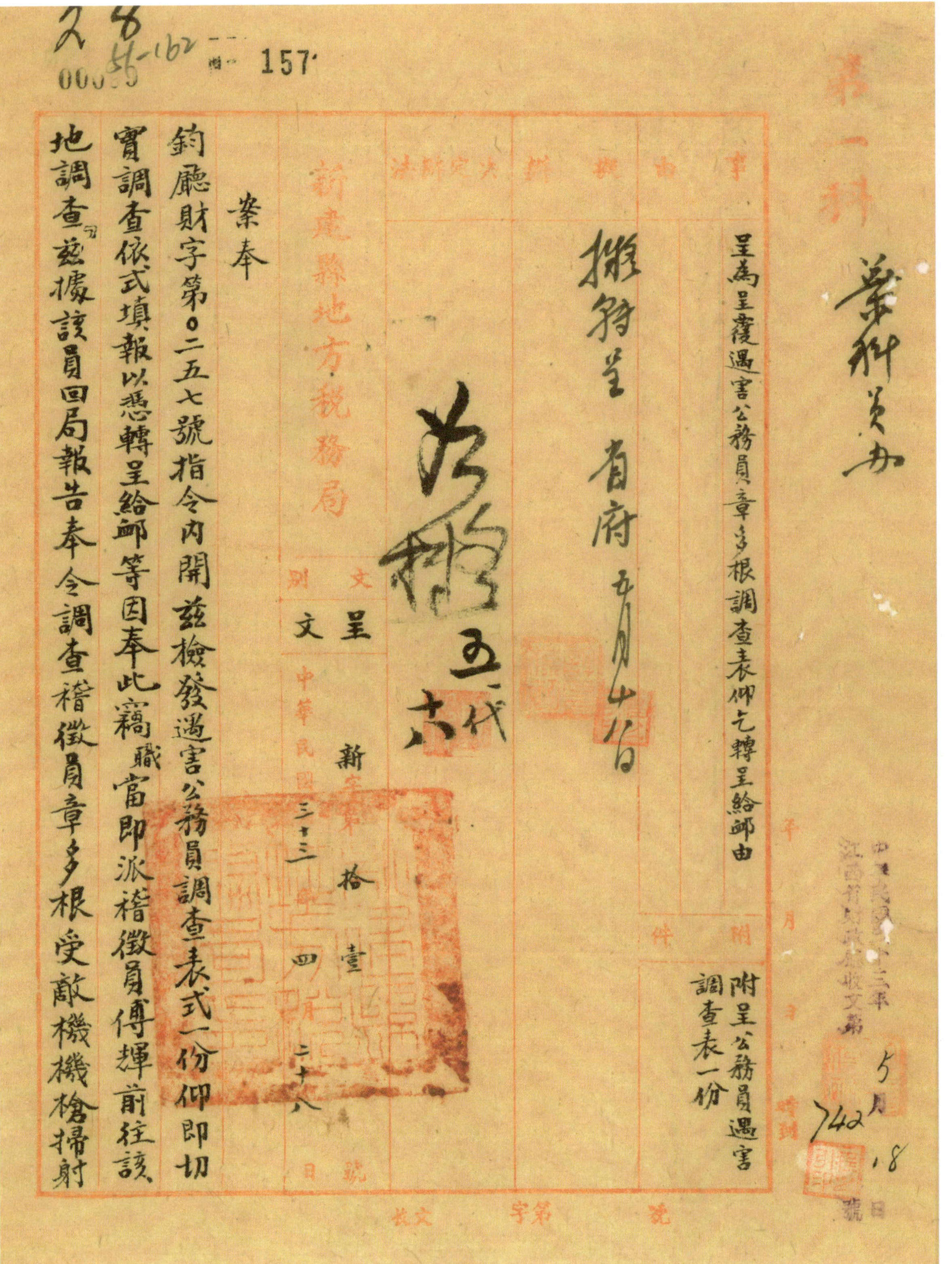

事由：呈為呈覆遇害公務員章多根調查表仰乞轉呈給卹由

附件：附呈公務員遇害調查表一份

撥務呈 省府

新建縣地方稅務局 呈文

中華民國三十三年四月二十八日 新字第拾壹號

案奉
鈞廳財字第○二五七號指令內開茲檢發遇害公務員調查表式一份仰即切實調查依式填報以憑轉呈給卹等因奉此竊職當即派稽徵員傅揮前往該地調查茲據該員回局報告奉令調查稽徵員章多根受敵機機槍掃射

傷害死亡屬實按照表式查明呈覆」等情據此理合檢同遇害公務員調查表一紙備文呈覆仰乞

鈞長鑒核轉呈給卹實為德便

謹呈

江西省政府財政廳廳長燕

新建縣地方稅務局局長馬樂鳴（印）呈

附：遇害公务员调查表

遇害公務員調查表

死亡公務員	
姓名	章多根
年歲	二十
籍貫	南昌
性別	男
現住所	南昌上窰灣街五七號
遇害地點	新建縣樂化區屬之華源村稽征分所
見證人（目睹遇害時情形者或鄉保甲長等）	目睹者本所股員胡承高 樂化保長曹亦富
家族調查	1.直系親屬存在者之姓名年齡（父母妻子等）父宝生四三才 母章陳氏四六才 妻章刘氏十五才 無兄弟 2.家族狀況——備商為生 3.通訊處 南昌市上窰灣五七號
其他	

江西省财政厅致江西省省长的呈（一九四四年五月二十九日）

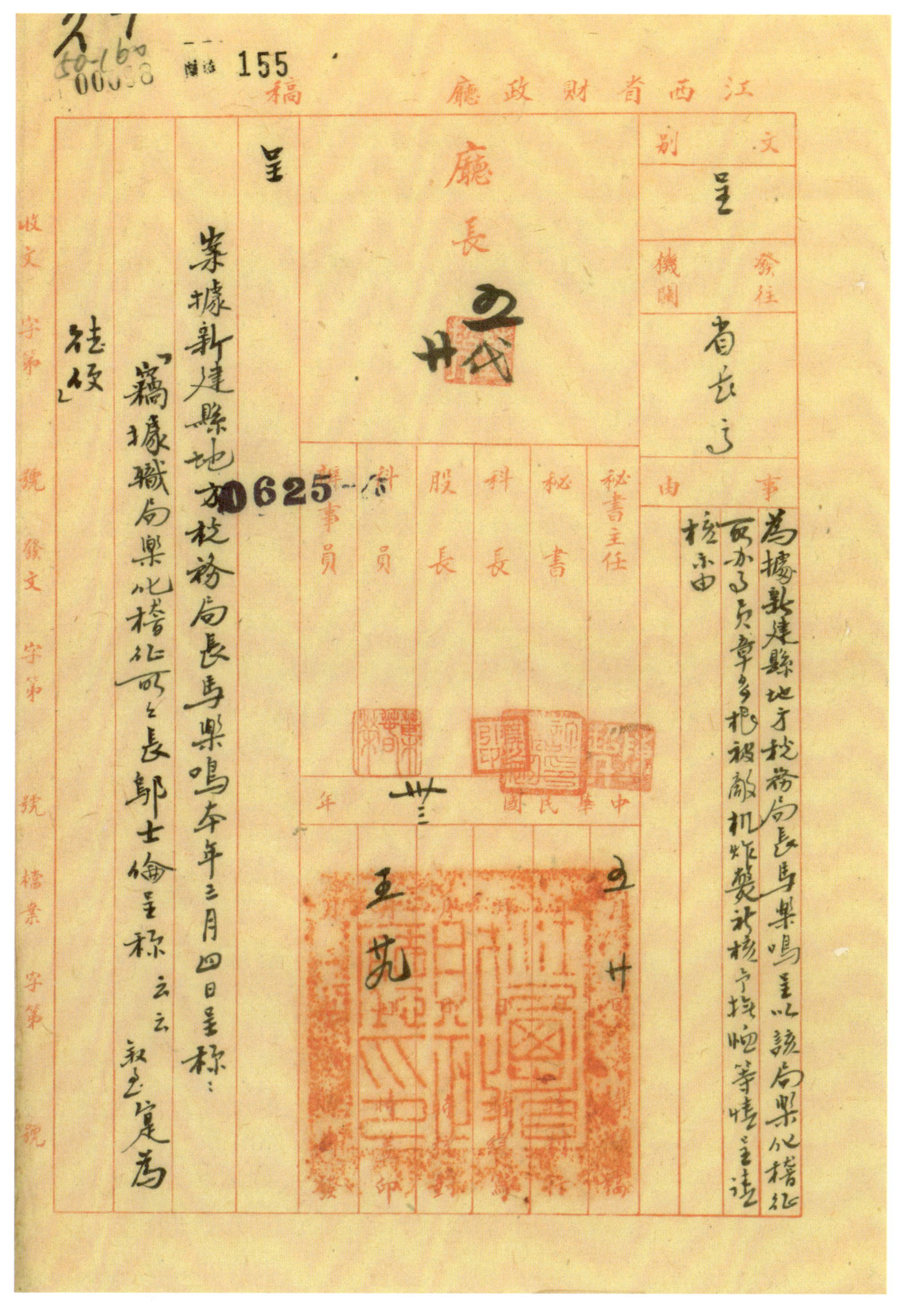

江西省財政廳稿

文別：呈

發往機關：省長

事由：為據新建縣地方稅務局長馬樂鳴呈以該局樂化稽征所分所長章多才被敵机炸斃請核予撫恤等情呈請核示由

廳長

呈

案據新建縣地方稅務局長馬樂鳴本年三月四日呈稱：「竊據職局樂化稽征所分所長鄔士倫呈稱」云云「叙至定為

中華民國　年

161

156

等情據此。本廳當即製發遇害公務員調查表式一份，指令該局長詳填具覆，并訓令南昌縣地方稅務局長袁遠將章多根遇難實在情形詳為查報。旋據袁遠呈復前來，核與該局所報情形均屬相符。茲據該局呈送填具遇害公務員調查表一份，查該章多根被炸身死，核其情形極為可憫，理合將章多根遇害情形據寔轉報，可否按照公務員特种撫恤條例轉請特种撫恤委員會優予撫恤之處，伏候

核示祗遵。

謹呈

省長曹

附抄呈章多根遇害調查表一份

全銜廳長蕭〇〇

江西省政府关于自一九四四年度起阵亡官兵年恤金发放事宜致吉安警备司令部的训令（一九四四年五月六日）

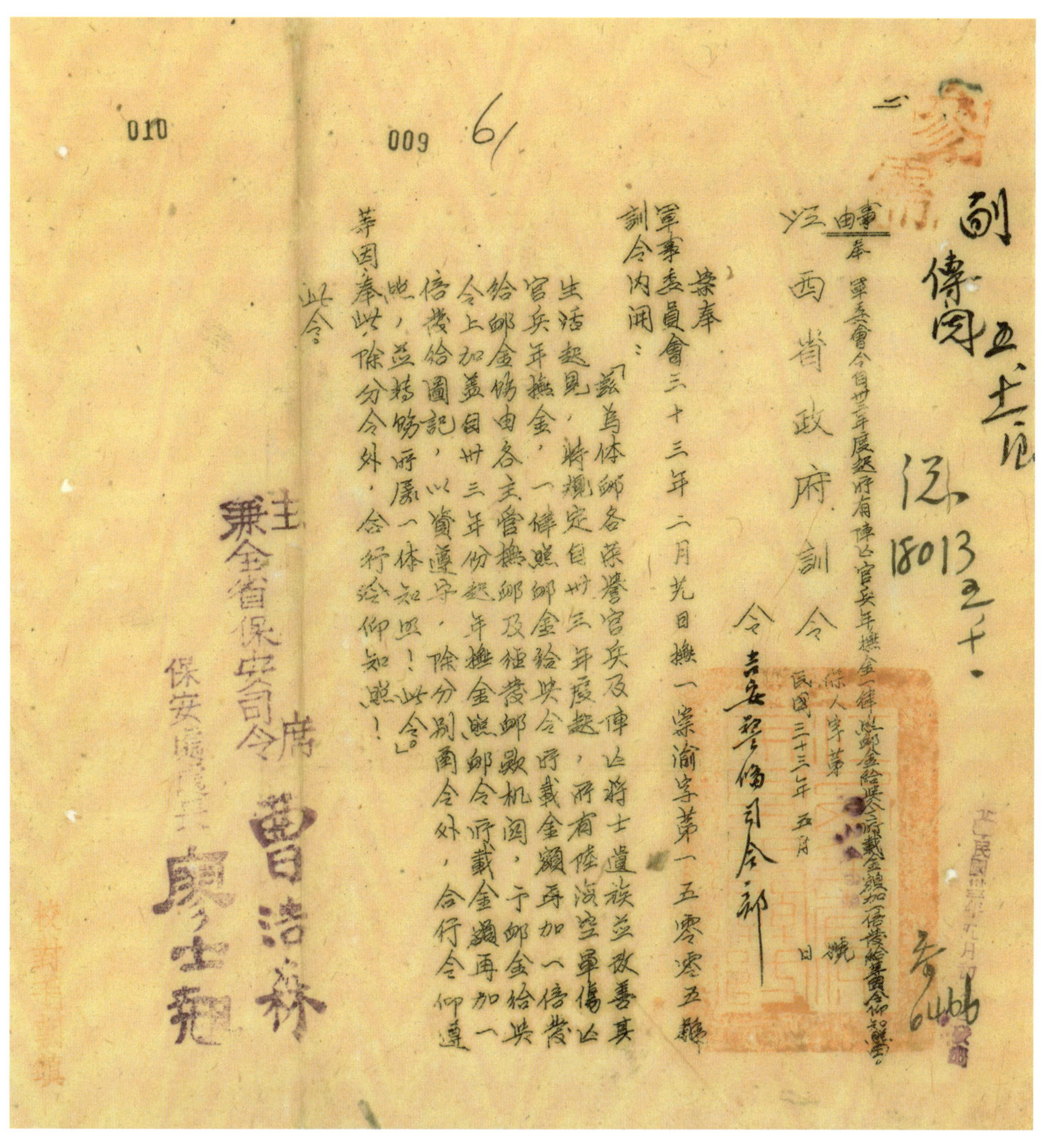

事由：奉軍委會令自卅三年度起所有陣亡官兵年撫金一律照卹金給與令所載金額加一倍發給等因令仰知照由

江西省政府訓令　綜人字第　　號

民國三十三年五月　日

令吉安警備司令部

案奉

軍事委員會三十三年二月廿九日撫一渝字第一五零零五號訓令內開：

「茲為体卹各榮譽官兵及陣亡將士遺族並改善其生活起見，特規定自卅三年度起，所有陸海空軍傷亡官兵年撫金，一律照卹金給與令所載金額再加一倍發給，卹金仍由各主管撫卹及發卹款機關，于卹金給與令上加蓋自卅三年份起年撫金照卹令所載金額再加一倍發給圖記，以資遵守。除分別函令外，合行令仰遵照，並轉飭所屬一体知照！此令。」

等因；奉此，除分令外，合行令仰知照！

此令。

主席兼全省保安司令　曹浩森

保安處處長　廖士翘

军事委员会抚恤委员会驻赣抚恤处关于奉令发放死亡官兵一九四五年元旦遗族抚慰金致江西邮政管理局的代电

（一九四五年七月三日）

事由：為奉頒死亡官兵三十四年元旦遺族撫慰金電希查照由

軍事委員會撫卹委員會駐贛撫卹處代電　撫贛二字第514號　中華民國卅四年七月三日

江西郵政管理局公鑒：案奉軍事委員會撫卹委員會撫二辦辰艳電內開：（一）三十四年元旦遺族撫慰金無論平戰時因公殞命、積勞病故、禦亂陣亡，一律照發；（二）奉准每官佐改發四仟元，士兵式仟元等因。奉此，自應遵辦。委座體念故員兵遺族，特發元旦撫慰金，應由具領人填具保証書，檢同原頒卹令，送本處請領。除分別呈報並函知外，相應電希查照為荷。

處長鄧鎣　撫贛寧已　印

江西全省保安司令部、星子县政府等为县内伤亡官兵请恤事宜的来往文书（一九四五年八月）

星子县政府致江西全省保安司令部的电（一九四五年八月四日）

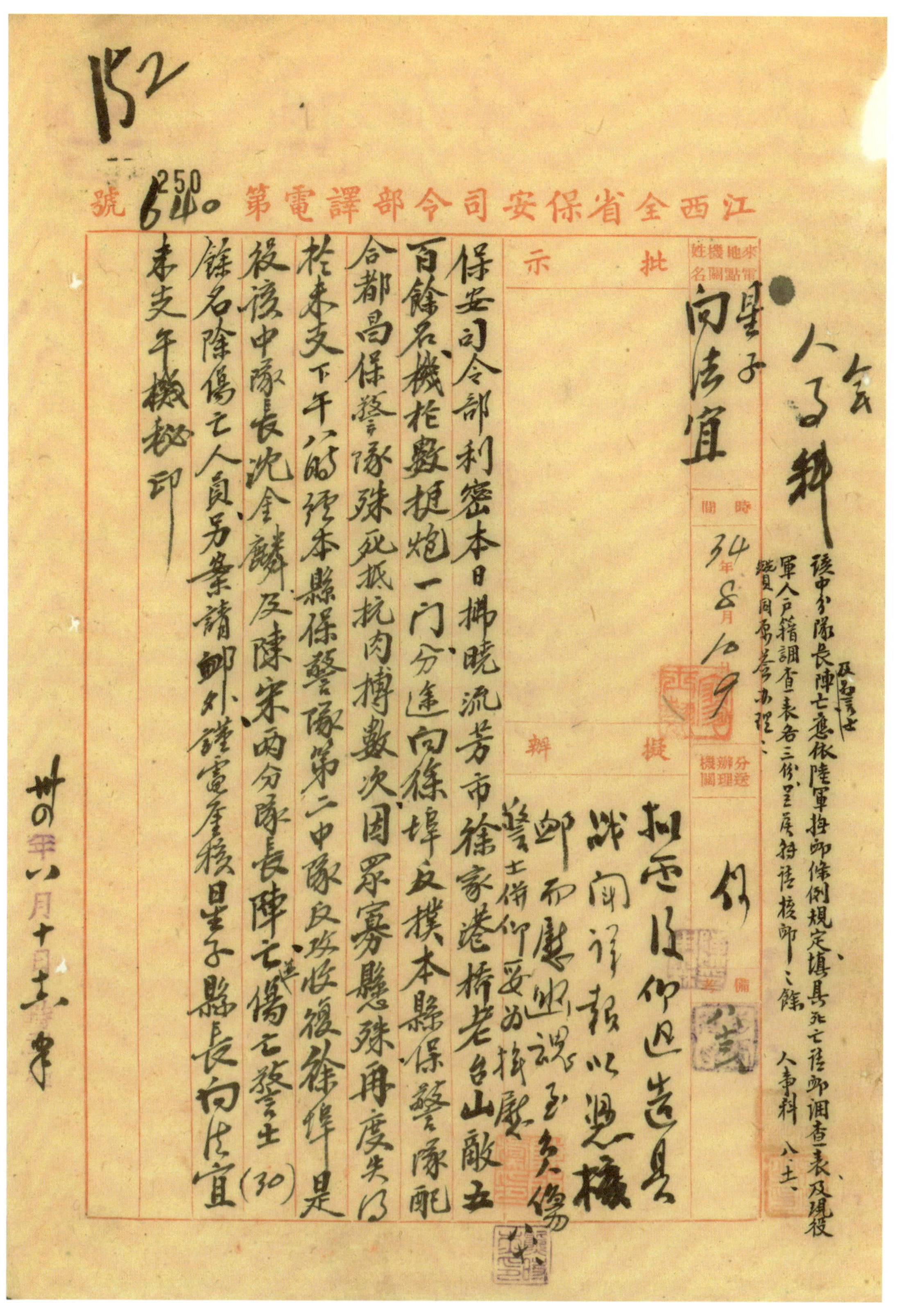

江西全省保安司令部譯電第6240號

來電地點機關姓名：星子 向法宜

時間：34年8月10日

批示

擬辦

分送辦理機關

備考

保安司令部利密：本日拂曉流芳市徐家港橋老台山敵五百餘名，機槍數挺、炮一門分途向條埠反撲，本縣保警隊配合都昌保警隊殊死抵抗，肉搏數次，因眾寡懸殊再度失陷。於未支下午八時經本縣保警隊第二中隊反攻收復條埠，是役該中隊長沈金麟及陳宋兩分隊長陣亡，傷亡警士（30）餘名，除傷亡人員另案請卹外，謹電鑒核。星子縣長向法宜。未支午機秘印。

卅四年八月十日

江西全省保安司令部致星子县政府的电（一九四五年八月十五日）

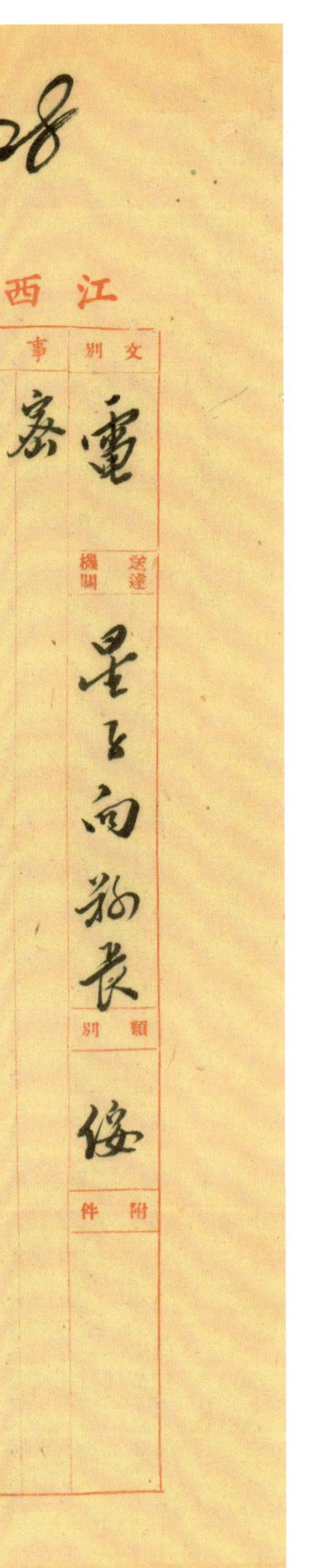

江西全省保安司令部稿

文别：電

事由：密

送達機關：星子县向縣長

電

急、昆明向部長、未支午機秘電悉、〈 〉案仰迅造具戰鬥詳報呈核、並傷亡官兵、應依陸軍撫卹條例規定、填具死亡請卹調查表及現役軍人戶籍調查表各三份、呈候轉請核卹、青曹〇

〇廖〇〇〇未寒〇綏義

江西全省保安司令部和江西省保安第十团关于均村、武索、万安一带各次战役伤亡及损耗给予抚恤并核销的来往文书（一九四五年八月至九月）

江西省保安第十团致全省保安司令部的呈（一九四五年八月三十日）

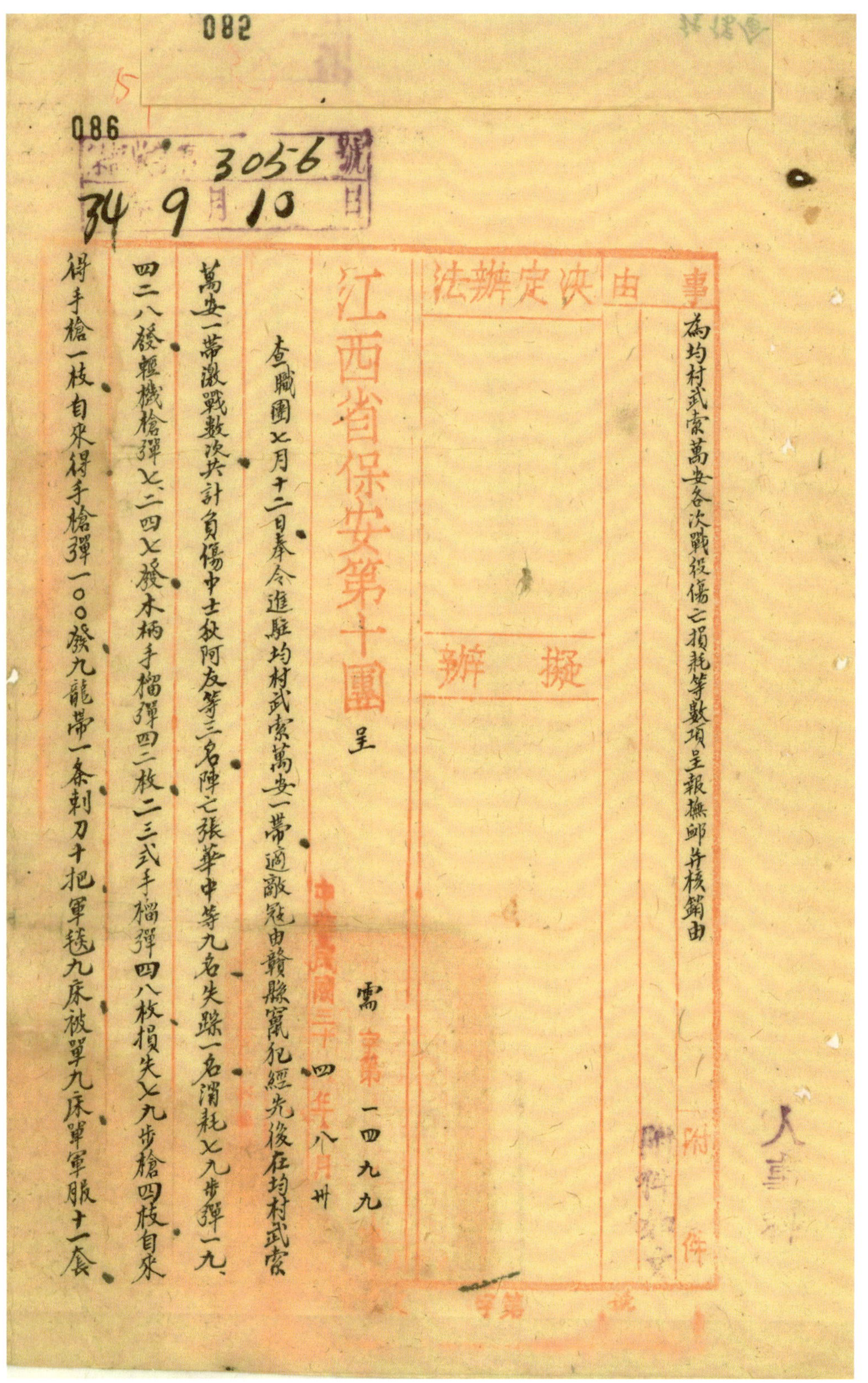
3056
34 9 10

事由：為均村武索萬安各次戰役傷亡損耗等數項呈報撫卹并核銷由

決定辦法

擬辦

附件

江西省保安第十團 呈

中華民國三十四年八月卅 需字第一四九九號

查職團七月十二日奉令進駐均村武索萬安一帶，適敵寇由贛縣竄犯，經先後在均村武索萬安一帶激戰數次，共計負傷中士狄阿友等三名，陣亡張華中等九名，失踪一名，消耗七九步彈一九、四二八發，輕機槍彈七二四七發，木柄手榴彈四二枚，二三式手榴彈四八枚，損失七九步槍四枝，自來得手槍一枝，自來得手槍彈一〇〇發，九龍帶一条，刺刀十把，軍毯九床，被單九床，單軍服十一套

及裝具零件等除戰利品另行呈繳及戰鬥詳報專案呈報外理合將各次戰役傷亡耗損等

項造具清册一份呈請

鑒核伏乞

賜予撫卹并核銷實爲公便！

謹呈○○

兼司令曾

副司令廖

附均村武寧萬安戰役傷亡耗損等項清册一份

江西省保安第十團團長許嘉賓

副團長賀　展

江西全省保安司令部致省保安第十团的指令（一九四五年九月二十九日）

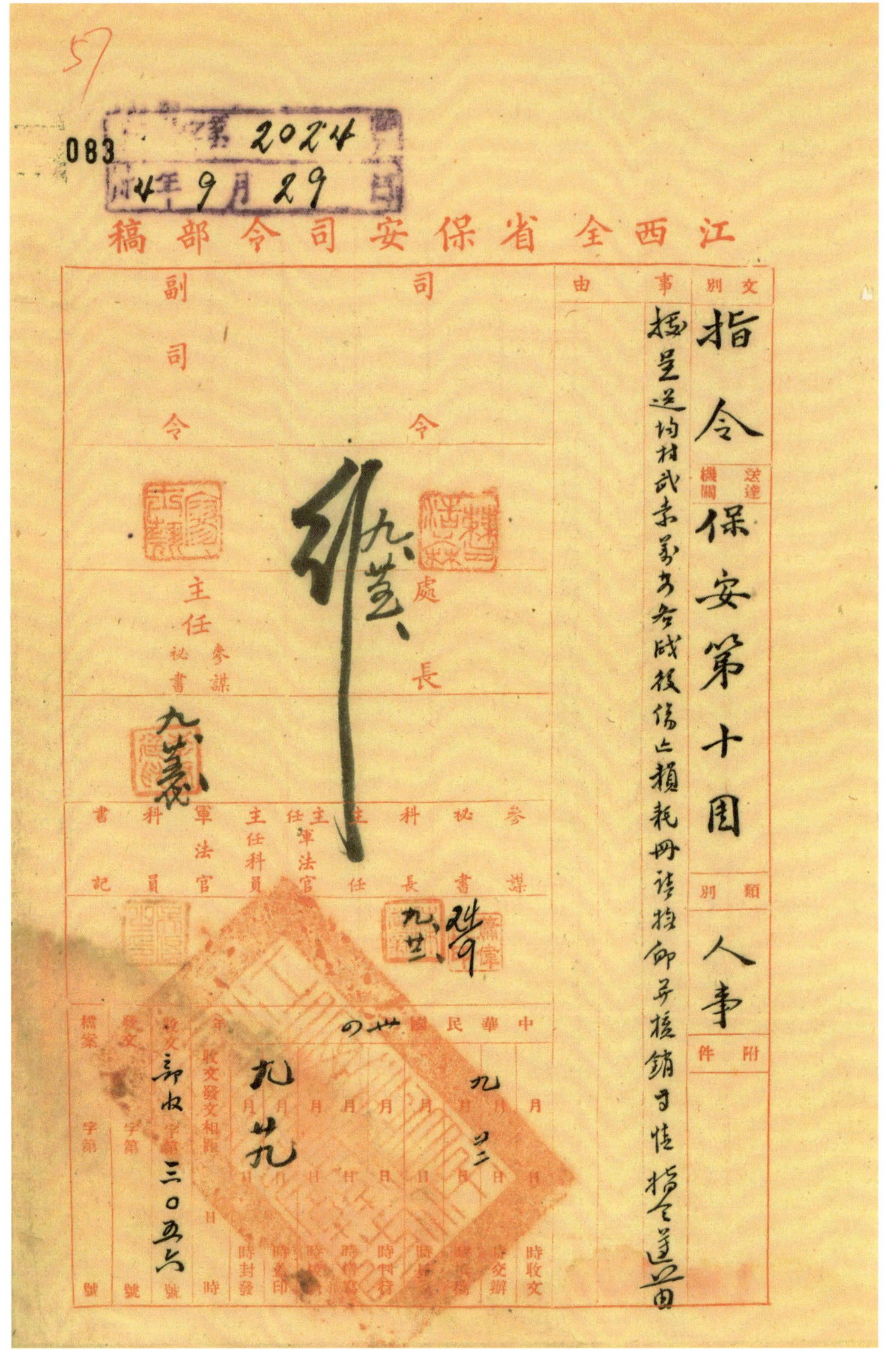
57

083

2024

4年9月29

江西全省保安司令部稿

文別	指令
送達機關	保安第十團
類別	人事
附件	

事由：據呈送均村武東象方各戰役傷亡損耗冊請核備予核銷等情指令遵照由

司令　九、艹

副司令

處長

主任　參謀秘書　九、艹

參謀長　九、艹

中華民國卅四年九月二十九日

發文新收字第三〇五六號

全銜指令　　人字第　　號

令保安第十團團長許嘉賓

卅四年八月卅日需字第一四九九號呈一件，呈送在均村武案萬安各戰役傷亡損耗清冊請撫卹并核銷由

呈冊均悉。受傷士兵，應填具受傷請卹調查表；死亡者，應查明各故兵遺族名號及詳細住址，填具死亡請卹調查表，并通知各該故兵原籍縣府查填現役軍人戶籍調查表各三份，專案呈候核辦卹。損耗彈藥，俟戰鬥詳報送部，再行核定。仰即遵照。此令。冊存

兼司令　曾○○

副司令　廖○○

江西省政府关于奉令制定特种工程征雇民夫伤亡调查表致各区行政督察专员公署、各县政府的训令及致内政部的公函（一九四六年一月十六日）

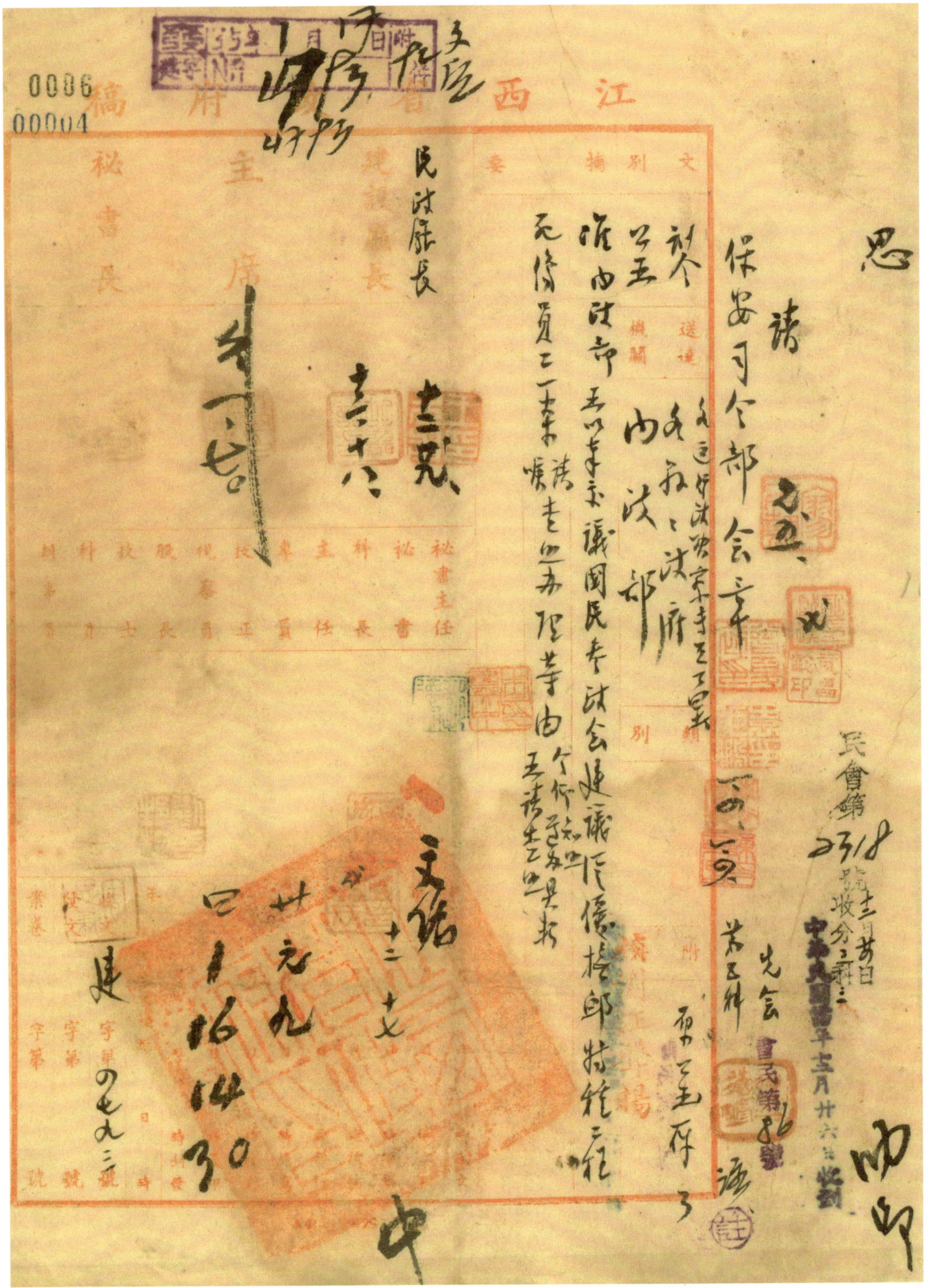

0007

江西省政府訓令　民建三字第　　號

令各區行政督察專員公署
　各縣市政府

案准

內政部三十四年九月二十九日渝禮字第一〇〇七號公函開：

「案奉

行政院交議國民參政會第四屆第一次大會建議二〇〇云云，相應函達，請查照辦理見復爲荷」

等由；准此。查抗戰軍興以來，本省征雇民工修築或破壞飛機場及修築或破壞公鐵路

登構築國防工事等，既以民伕員工傷亡亦在所難免，

本府製定調查表式，除分令各縣外，合行

抄發表式一紙，令仰知照遵照切實查明依式填具四

份，限文到十五日內呈府核轉！

此令。

抄發民伕傷亡調查表式一份。

主席 曹〇〇

民政廳廳長 王〇〇

建設廳廳長 胡〇〇

江西省政府 印

民建三字第 號

事准

0009

貴部三十四年九月二十九日澇經字第一〇〇七號函，以奉交議國民參政會建議從優撫卹特種工程死傷員工一案，囑查照辦理等由；准此，查抗戰軍興以來，本省征僱民工修築或破壞飛機場及修築或破壞公路鐵路、建構築國防工事等，罹死、受傷員工已由本府製定調查表式，通令各縣切實查明依式填報，除俟報齊再行彙案轉報外，相應函復，即請

查照為荷！此致

內政部

主席曹〇〇

江西省政府建設廳

江西省教育厅和江西省立南昌第一中学关于抗战功勋子女黄守中申请免费待遇的来往文书（一九四六年三月至四月）

江西省立南昌第一中学致省教育厅的呈（一九四六年三月八日）

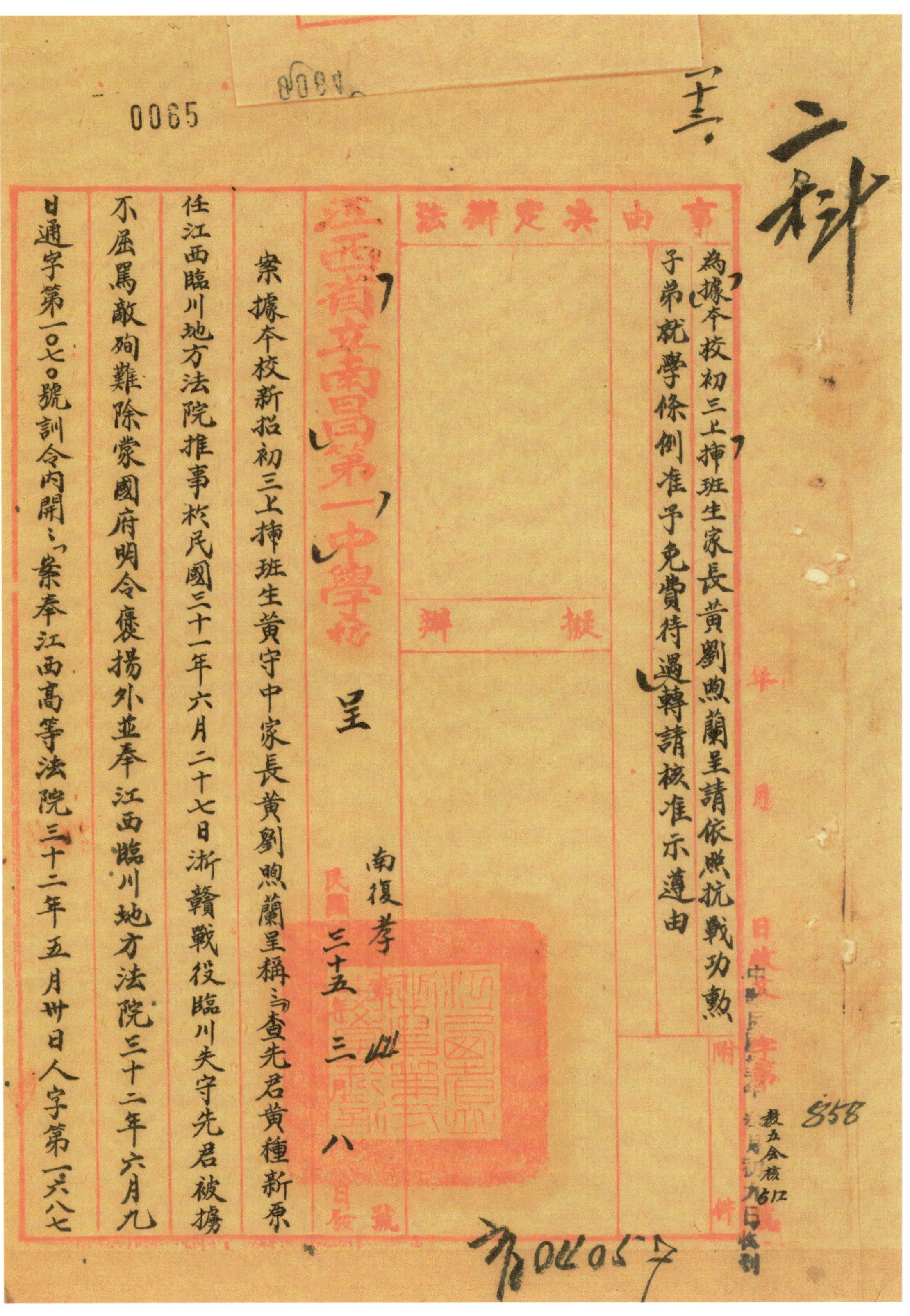

0065

事由：為據本校初三上插班生家長黃劉煦蘭呈請依照抗戰功勳子弟就學條例准予免費待遇轉請核准示遵由

擬辦

江西省立南昌第一中學 呈 南復孝 三十五 三 八

案據本校新招初三上插班生黃守中家長黃劉煦蘭呈稱：「查先君黃種蘄原任江西臨川地方法院推事，於民國三十一年六月二十七日浙贛戰役臨川失守，先君被擄不屈罵敵殉難，除蒙國府明令褒揚外，並奉江西臨川地方法院三十二年六月九日通字第一〇七〇號訓令內開：『案奉江西高等法院三十二年五月廿日人字第一六八七號訓令內開案奉司法行政部卅二年五月四日訓令字第二四二三號訓令內案准行政院秘書處三十二年四月廿日仁人字第八九五六號函開查獎卹江西臨川地方法院推事黃種新一案關於免除子女學費部份經由院飭據教育部呈復應俟該故員子女攷入各地各級公立學校時准依抗戰功勛子女就學免除條例之規定申請免費待遇等語相應函達查照轉知等由准此合行令仰轉飭知照此令等因奉此合行令仰轉飭該故員遺族知照此令等因奉此合行令仰知照此令」等因奉此現學生攷入本校理合檢同原件呈請鈞座轉報教育廳依照抗戰功勛子女就學條例核給甲種公費生待遇仰祈俯允並將附件發還俾便繼續升學實為德便謹呈」等情檢具江西臨川地方法院通字第一〇七〇號訓令一件據此經核尚屬實情擬請依照抗戰功勛子女就學條例核

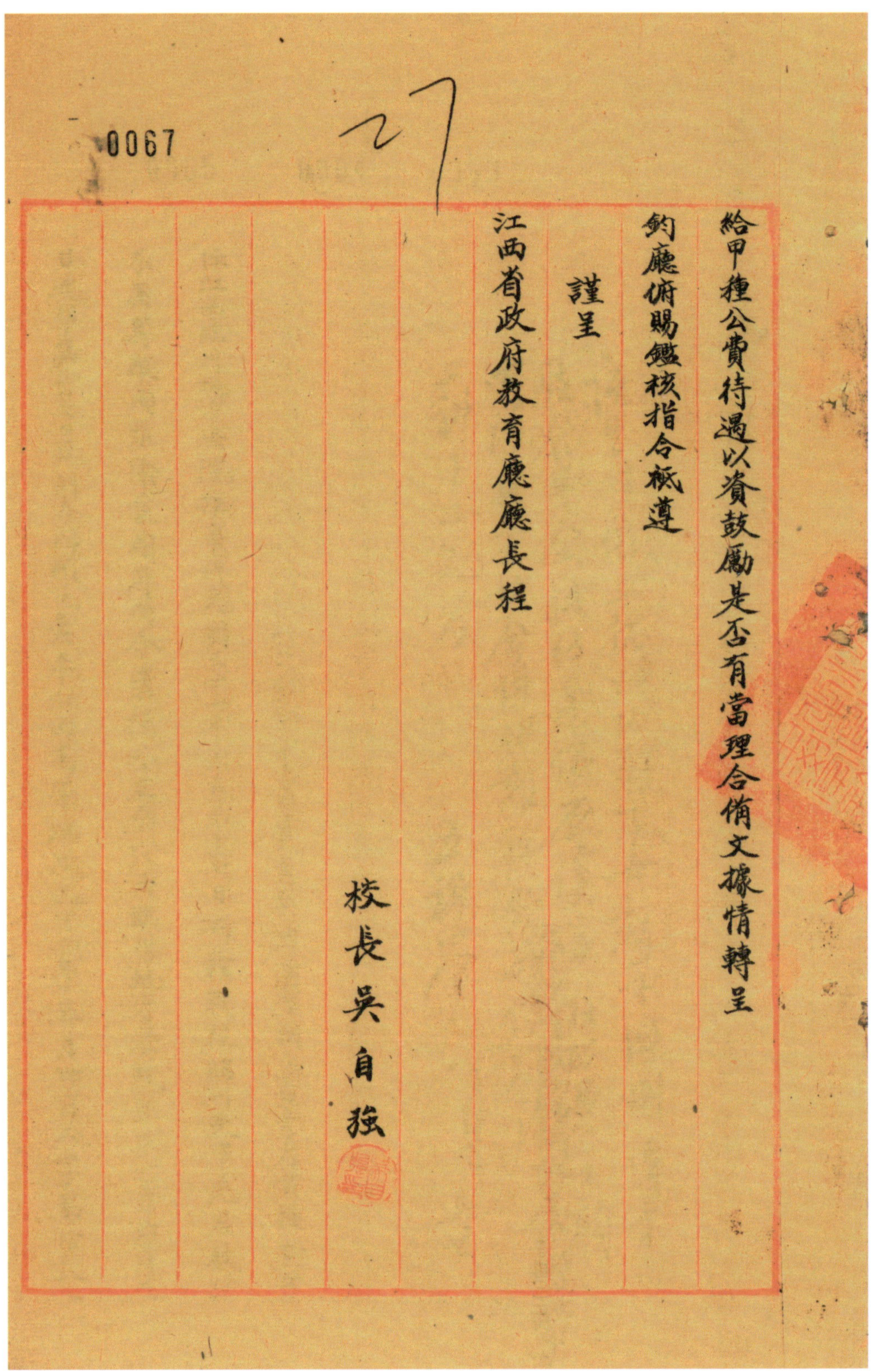
0067
27

給甲種公費待遇以資鼓勵是否有當理合備文據情轉呈

鈞廳俯賜鑑核指令祗遵

謹呈

江西省政府教育廳廳長程

校長吳自强

江西省教育厅致省立南昌第一中学的指令（一九四六年四月二十日）

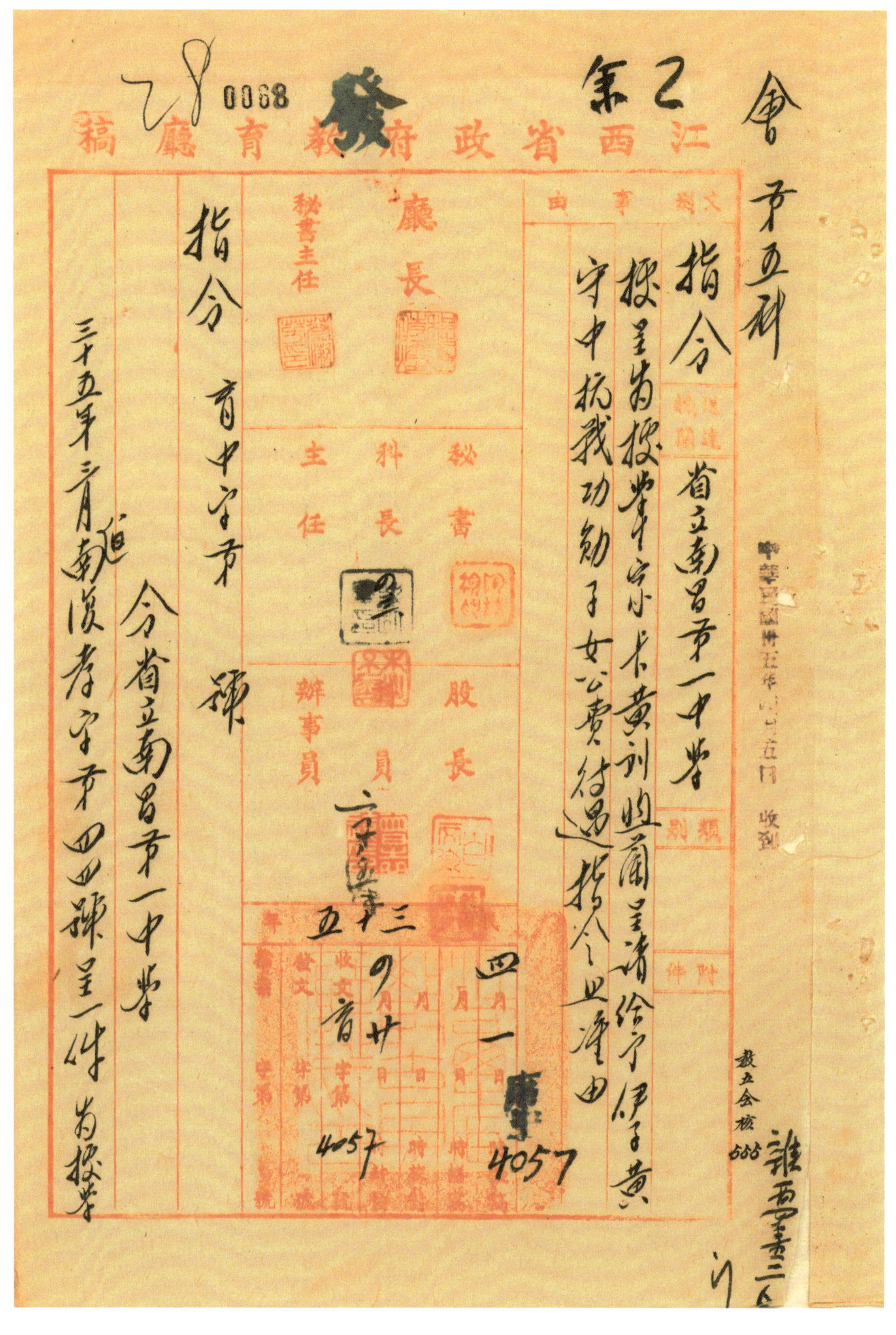
江西省政府教育廳稿

指令

省立南昌第一中學

據呈省撥學校米荒款項呈請給予伊子黃守中抗戰功勳子女公費待遇指令照准由

指令　育中字第　號

令省立南昌第一中學

三十五年三月廿日南復孝字第四四號呈一件，為據學……

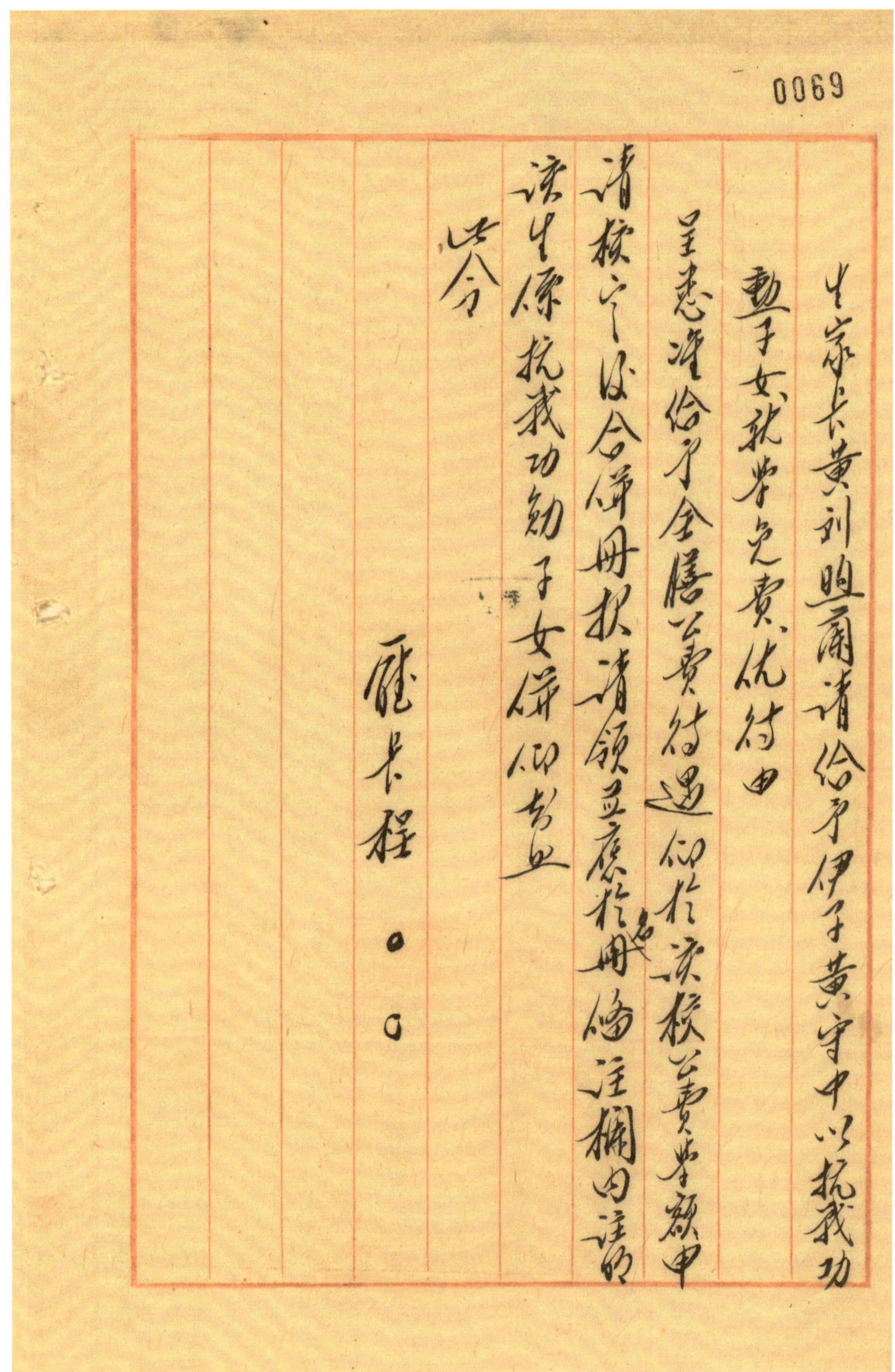

0069

生家长黄利昭呈为请给予伊子黄宇中以抗战功勋子女就学免费优待由

呈悉。准给予全膳公费待遇，仰於该校公费学额申请核定，以凭合并册报请领，并应於名册备注栏内注明该生系抗战功勋子女，并仰知照。此令。

厅长 程〇〇

江西省政府、江西省参议会及萍乡县湘东乡等关于乡民李志清拒敌殒命恳予褒恤的来往文书（一九四六年四月至六月）

萍乡县湘东乡致江西省参议会的呈（一九四六年四月十六日）

00001

0001

事由	擬辦	決定辦法	備考
為拒敵殞命貞烈可風公懇恩予褒恤俾資激勸而慰貞魂由	擬轉省府查明褒恤 五、八	如擬 五、八	

附件

為拒敵殉命貞烈可風公懇恩予褒恤俾資激勸而慰貞魂由緣民等世在萍鄉縣湘東鄉第一保姚家洲居住同保有姚光興其人者世守耕讀上年目睹國勢阽危志切救國原有雙親在堂以忠孝難于兩全遺妻李志清在家侍奉遂投筆從戎出身中央軍校及陸軍大學服務部隊有年現仍任職陸軍大學研究院無异情因民國三十三年倭寇大舉犯萍殘殺不可枚舉而人民家屬十有八九被寇衝散失却聯絡當時烈婦李志清亦與翁姑相失自此晝伏夜出逢人問訊渺無音息至古曆六月初八日意欲往投娘家暫避寇鋒行底下坪洲地方適日寇二次犯境漫山遍野而來斯時前阻河水後有寇兵追逼在千鈞一髮之際烈婦自知全生不得全節于是投河殉命此當日烈婦慷慨捐生之實在情形也此種壯烈事蹟宣揚可以風世道紀載足以光史冊民等居與比鄰而表彰

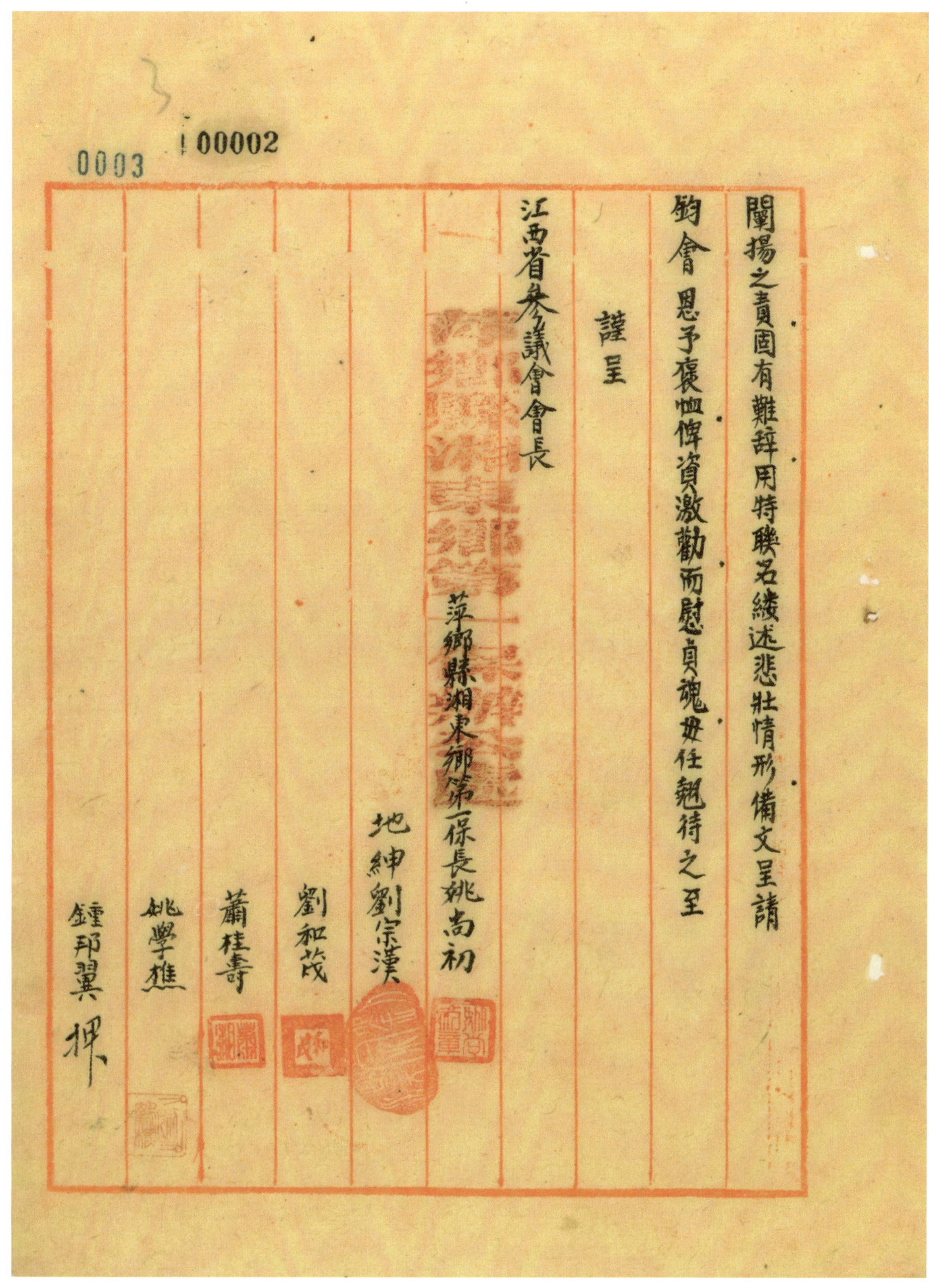

0003

00002

闡揚之責固有難辭用特聯名縷述悲壯情形備文呈請

鈞會恩予褒恤俾資激勸而慰貞魂毋任翹待之至

謹呈

江西省參議會會長

萍鄉縣湘東鄉第一保長姚尚初

地紳劉宗漢

劉和茂

蕭桂壽

姚學進

鍾邦翼 押

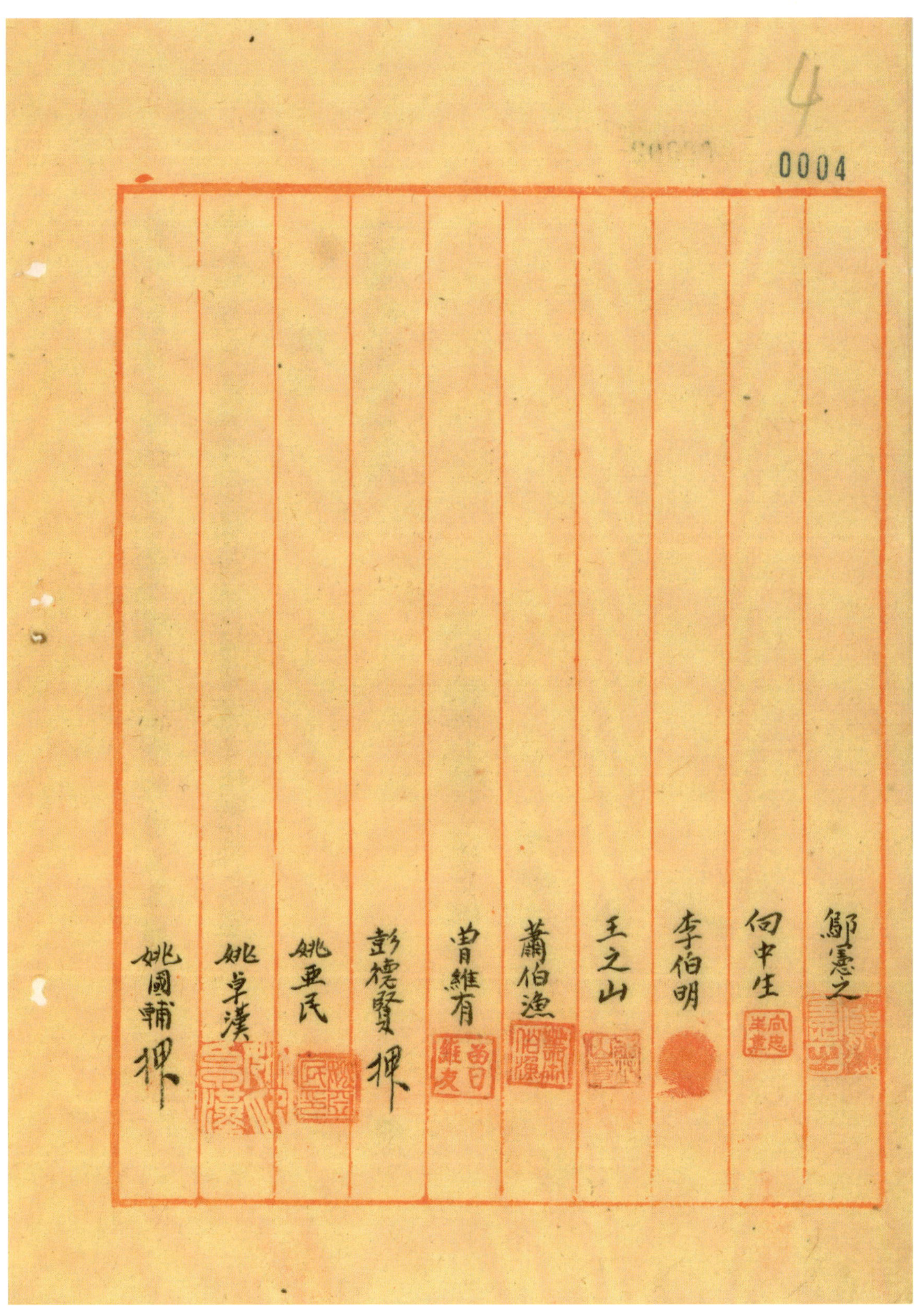

4

0004

鄔憲之

何中生

李伯明

王之山

蕭伯漁

曾維有

彭懷賢 押

姚亞民

姚卓漢

姚國輔 押

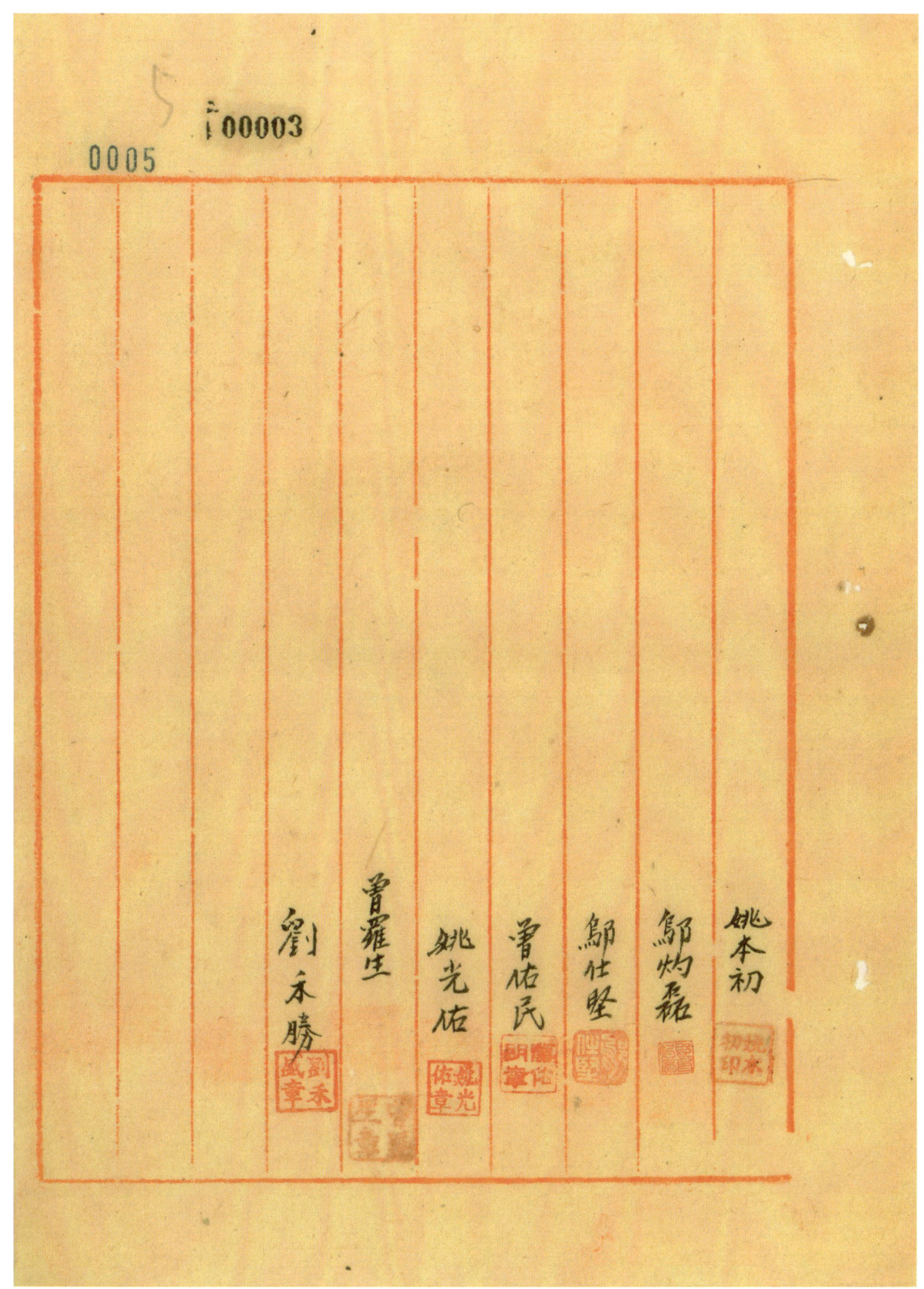
0005
00003
姚本初
鄔灼森
鄔仕堅
曾佑民
姚光佑
曾羅生
劉禾勝

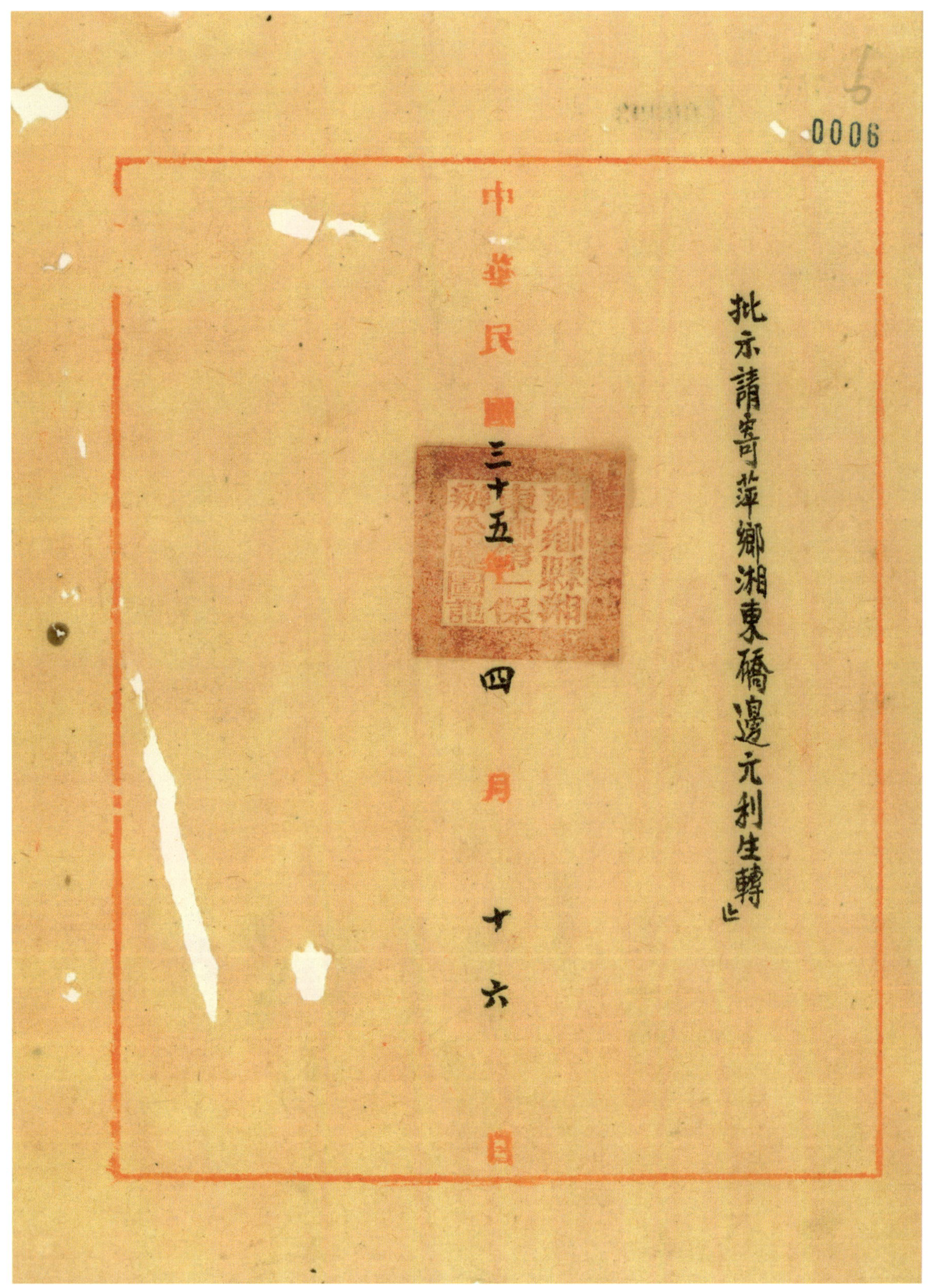
0006

批示请寄萍乡湘东桥边元利生转

萍乡县湘东乡第七保办公处图记

中华民国三十五年四月十六日

江西省参议会致省政府的公函（一九四六年五月二十七日）

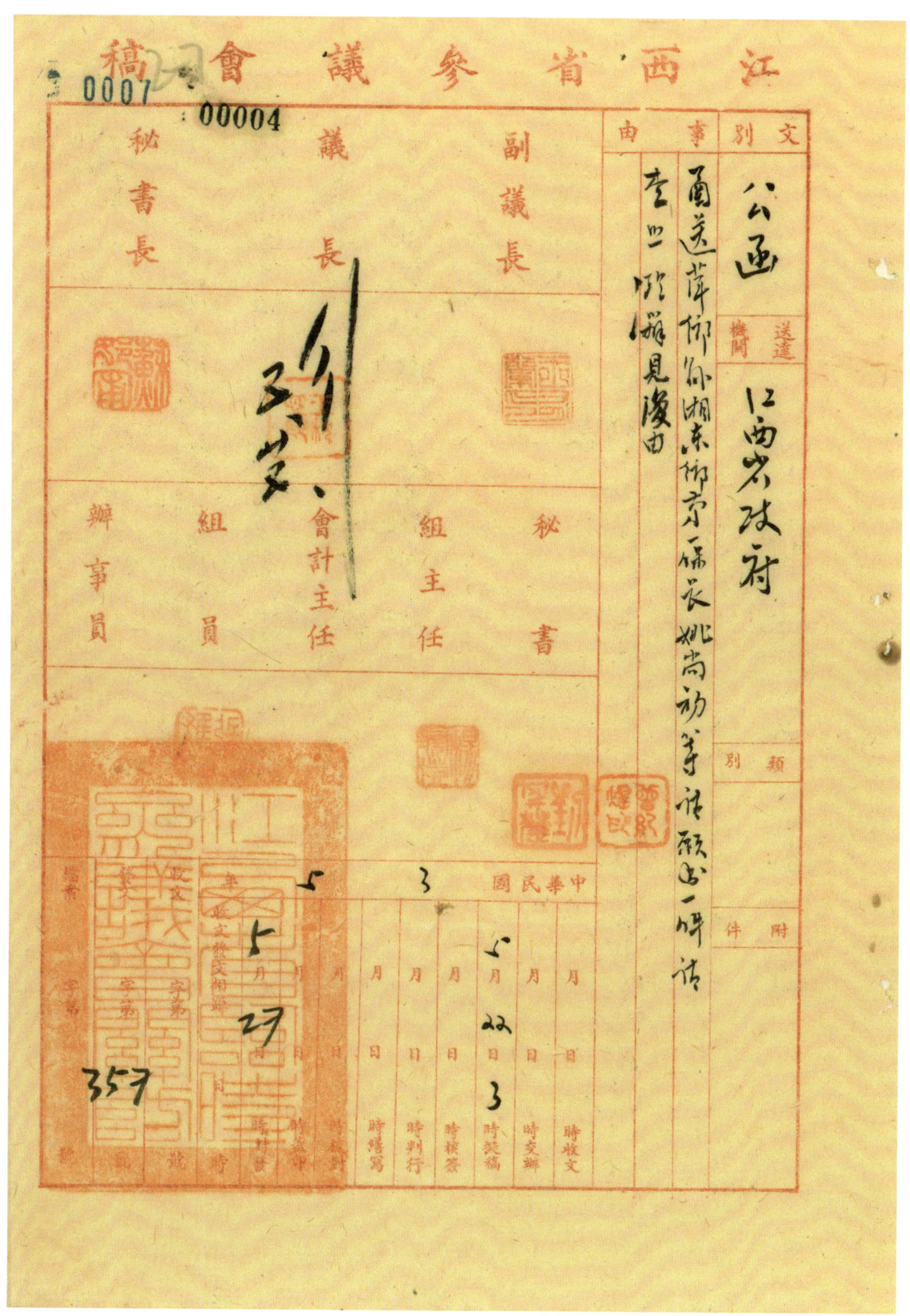

江西省參議會稿

0007

00004

文別：公函

送達機關：江西省政府

事由：函送萍鄉縣湘東鄉第一保保長姚尚勤等請願書一件請查照辦理見復由

中華民國 5 月 22 日 3 時擬稿

5 月 27 日

357

0008

（全　銜）公函　　字第　　號

案據萍鄉縣湘東鄉第一保保長姚尚初等呈送請頒匾額一件，請為抗敵殉命貞烈萬氏公懇恩予褒恤，俾資以慰英魂等情到會。相應檢同原件函請貴府查照辦理見復為荷。

此致

江西省政府

附檢送原請頒匾額一件　併前單送（略）

議　長　王□

副議長　王□

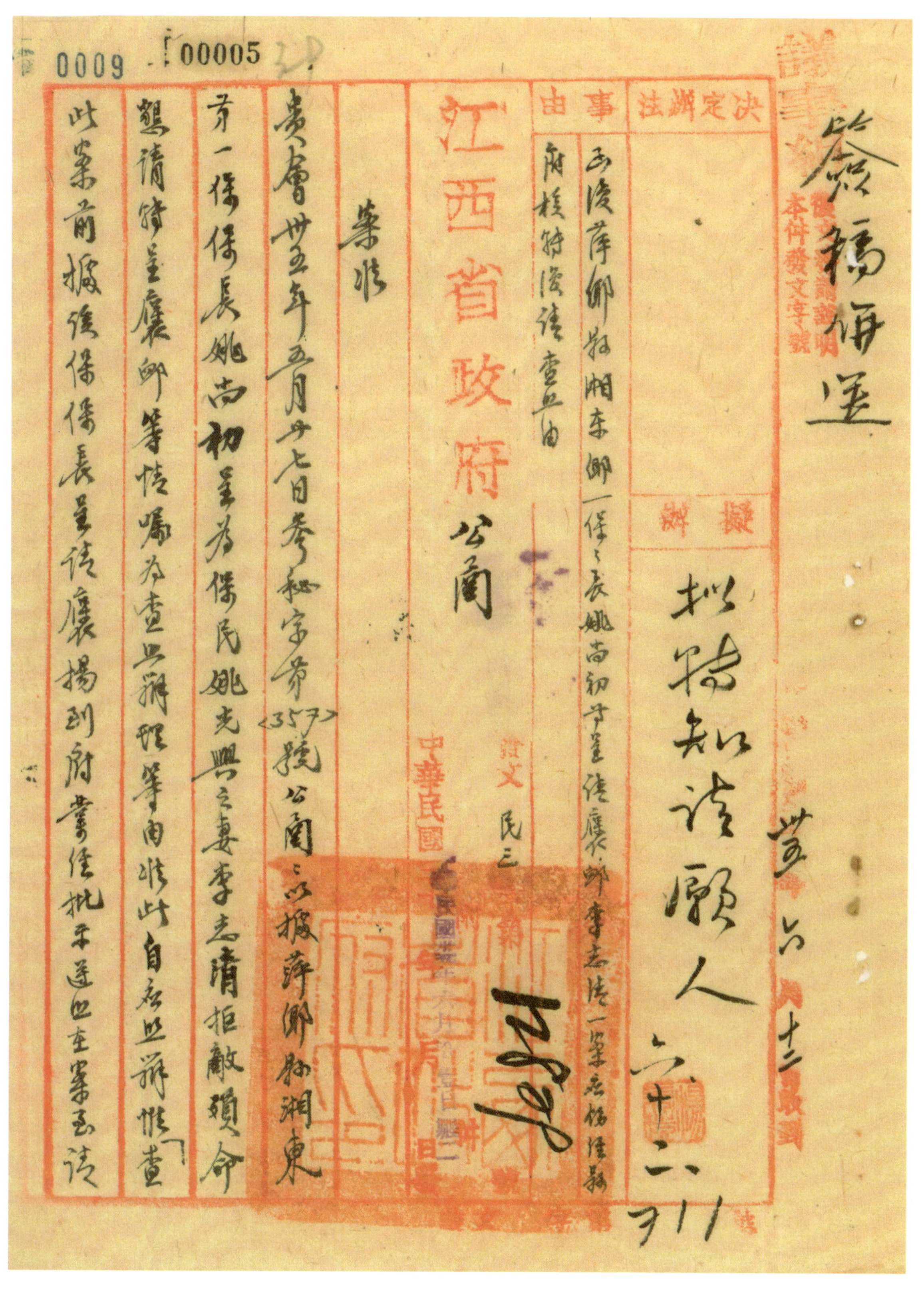

0009 00005

簽稿併呈

本件發文字號

決定辦法

事由：函復萍鄉縣湘東鄉一保保長姚尚初等呈請褒卹李志清一案，應候往縣府核轉後請查照由

擬辦：擬轉知請願人

卅五 六 十二

江西省政府公函

發文 民三

案准

貴會卅五年五月廿七日參秘字第〈357〉號公函，以據萍鄉縣湘東鄉一保保長姚尚初等為保民姚光興之妻李志清拒敵殞命，懇請轉呈褒卹等情，囑為查照辦理等由，准此，自應照辦。惟查此案前據該保保長呈請褒揚到府，業經批示送由查案函請

中華民國卅五年六月十一日

江西省政府致省参议会的公函（一九四六年六月十一日）

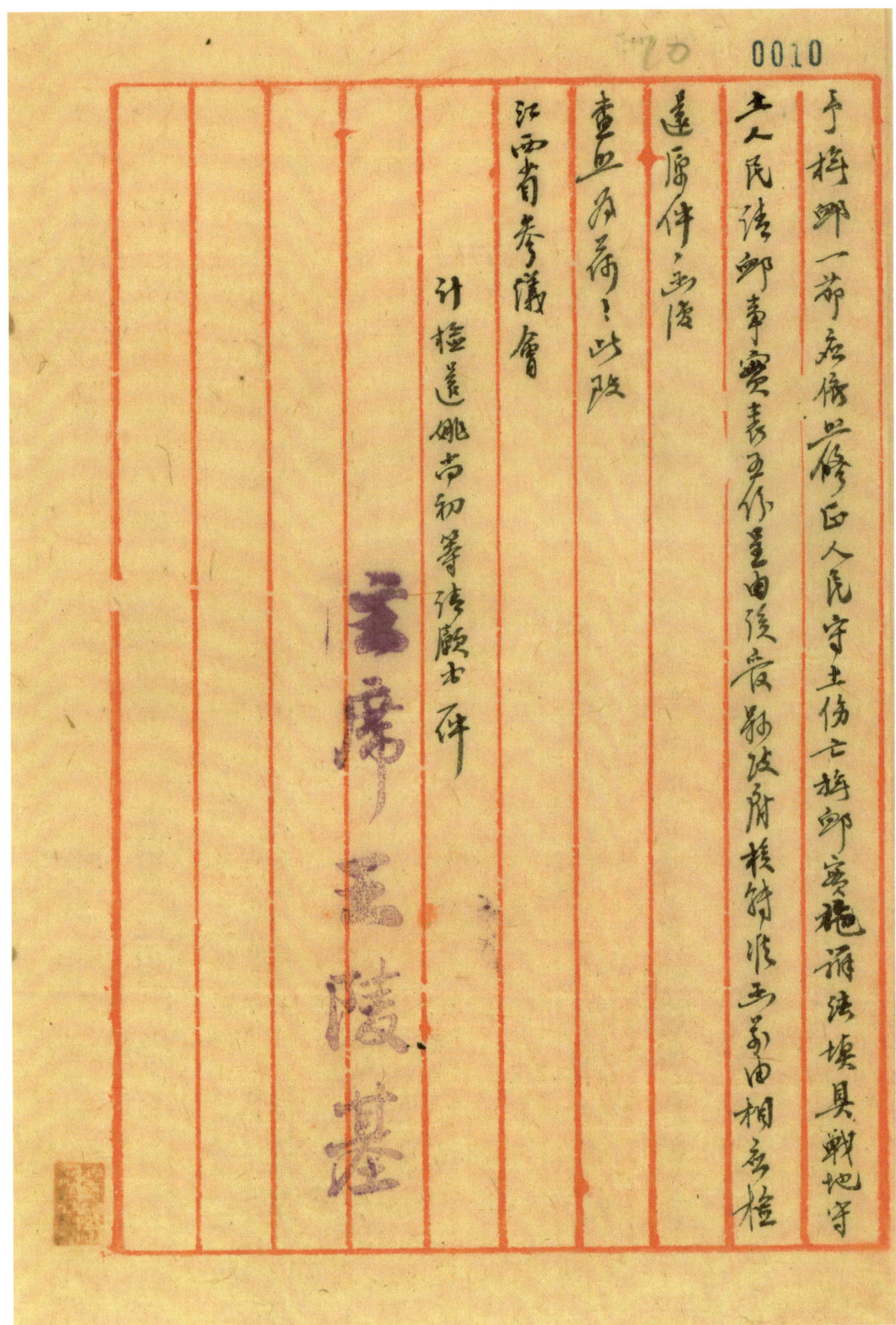

于梓乡一节，应俟修正人民守土伤亡抚恤实施办法填具战地守土人民伤亡事实表五份呈由该县政府核转来处，再由相应检送原件，函请

查照为荷！此致

江西省参议会

计检送姚南初等请愿书件

主席 王陵基

江西省参议会致姚尚初等的笺函（一九四六年六月二十四日）

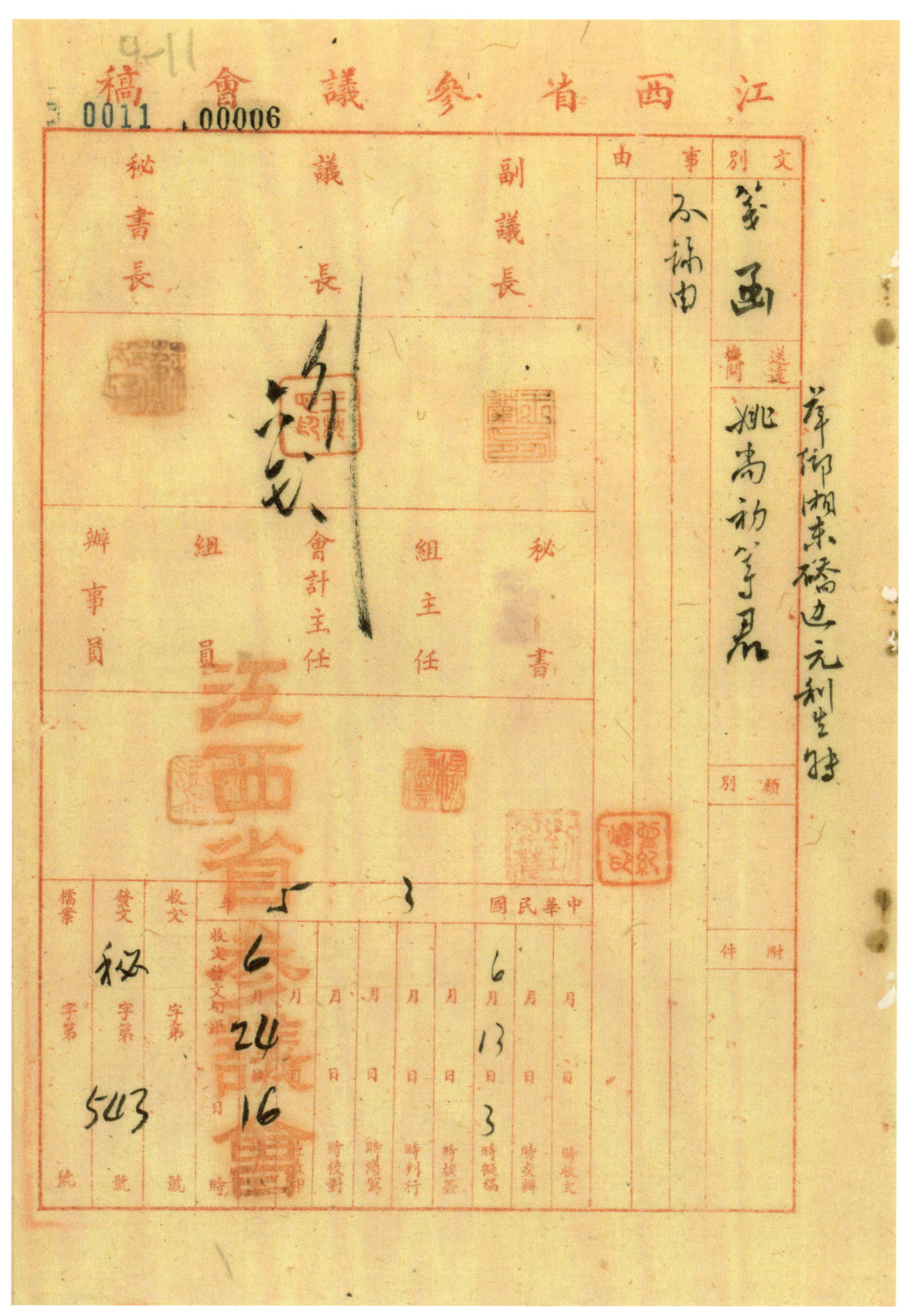
江西省參議會稿
0011 .00006
文別 箋函
事由 不錄由
送達機關 姚尚初等君 萍鄉湘東磻边元利生轉
副議長
議長
秘書長
秘書
組主任
會計主任
組員
辦事員
中華民國 35年6月13日3時擬稿
6月24日16時發文
發文 秘字第543號

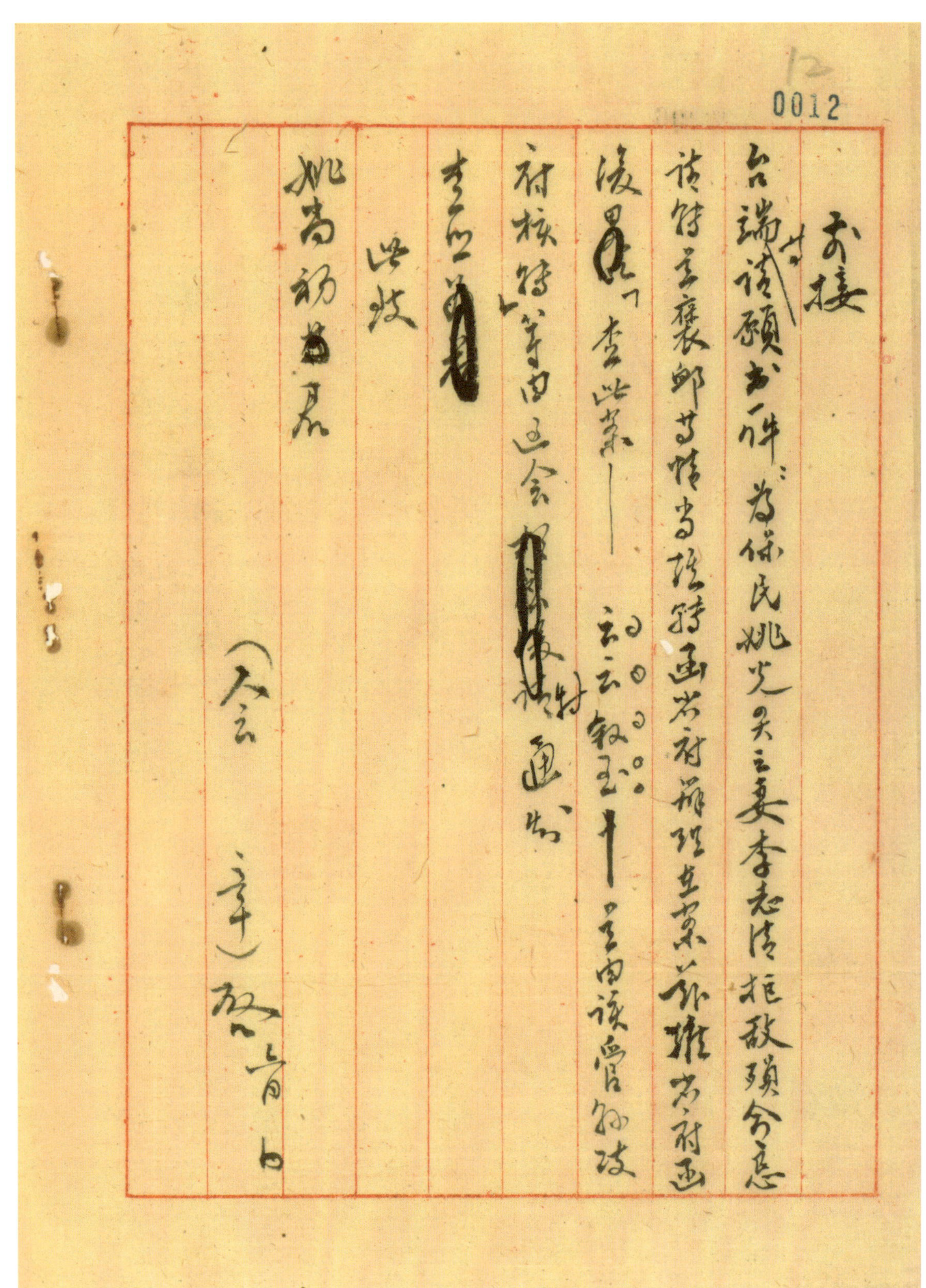

0012

前接
台端請願書一件，為保民姚光明之妻李志清拒敵殞命，懇
請轉呈褒卹等情，當經轉函吉安縣府辦理在案。茲准吉安縣府函
復略開：「查此案……云云」敘至「十一月一日呈由該管鄉政
府核轉」等由，過會特函達
李志清
此致
姚光明君

（全銜） 年 月 日

江西省教育厅和江西省立南昌第一中学关于学生姜庆泰因父亲抗战殉职申请免费就学的来往文书
（一九四六年五月至六月）

江西省立南昌第一中学致省教育厅的呈（一九四六年五月四日）

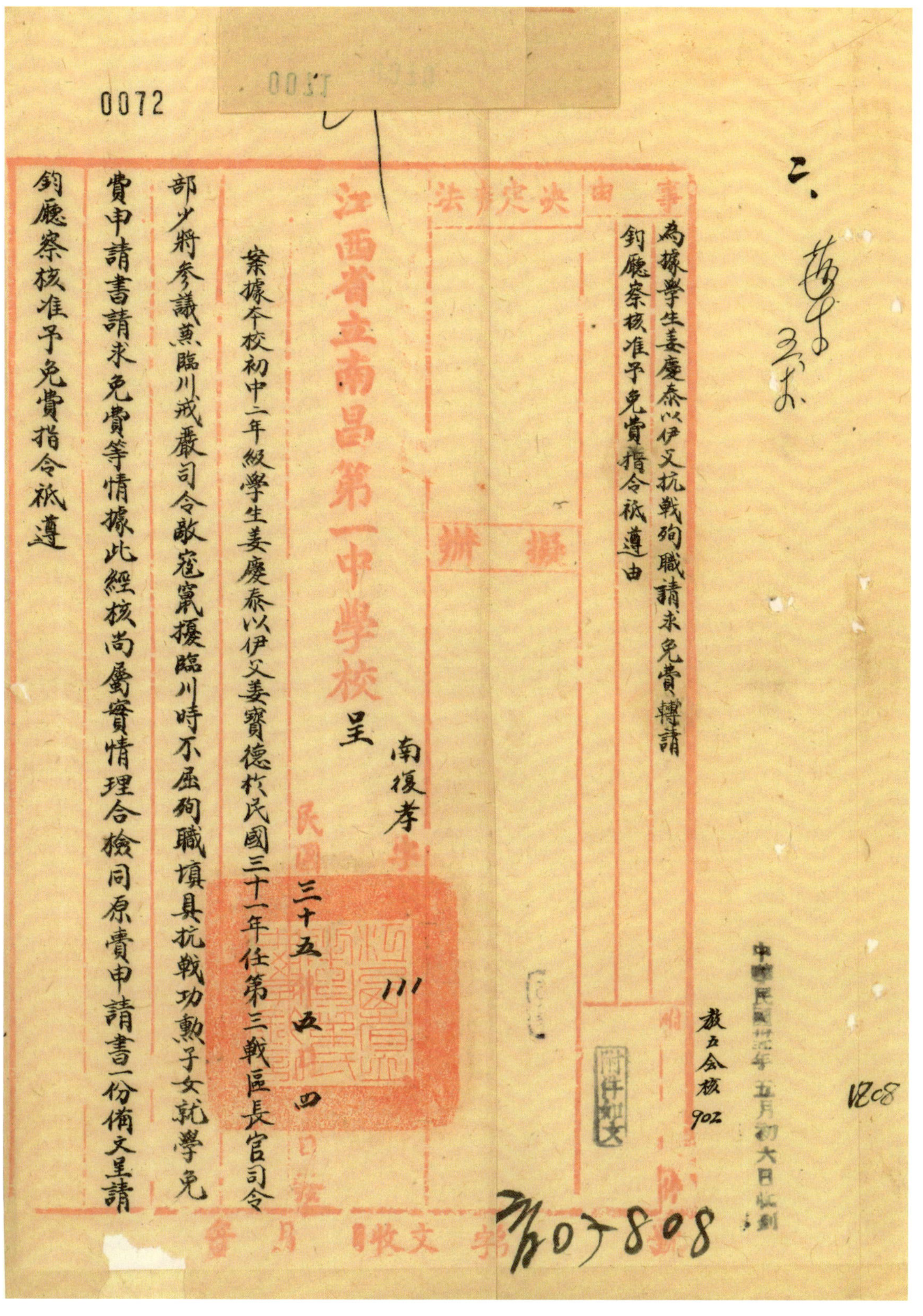
事由：為據學生姜慶泰以伊父抗戰殉職請求免費，轉請鈞廳察核准予免費指令祇遵由

江西省立南昌第一中學校呈　南復孝字第111號　民國三十五年五月四日

案據本校初中二年級學生姜慶泰以伊父姜寶德於民國三十一年任第三戰區長官司令部少將參議兼臨川戒嚴司令，敵寇竄擾臨川時不屈殉職，填具抗戰功勳子女就學免費申請書請求免費等情。據此，經核尚屬實情，理合檢同原費申請書一份備文呈請鈞廳察核准予免費，指令祇遵。

0073

謹呈

江西省政府教育廳廳長程

坿呈姜慶泰免費申請書乙份

校長吳自強

724

抗戰功勛子女就學免費申請書

姓名	姜慶泰	性別	男	年齡	15	住所	現在 郭家巷十二號 永久 遂寧营口
所在學校名	江西省立南昌第一中學校	科年別級	初中二年級			請求免費種類及補助數額	請免校中一切膳學雜費
家屬狀況	上有母下有幼弟					家庭經濟狀況	家無丝毫積蓄全靠親友維持生活
抗敵功勛之事實及時日	先父姜公寶德於民國三十一年六月二日殉職前三戰區司令長官部任少將參議兼臨川戒嚴司令時值臨川四面受敵已圍敵我衆寡懸殊城破遂陣亡於臨川城内						
證件（附呈撫卹金給予令或休戰地守土獎勵條例給獎証）							
家屬署名蓋章	余麗青	親屬人保證署名蓋章	王修敉			所在校長署名蓋章	吴自強

年　月　日填

江西省教育厅致省立南昌第一中学的指令（一九四六年六月八日）

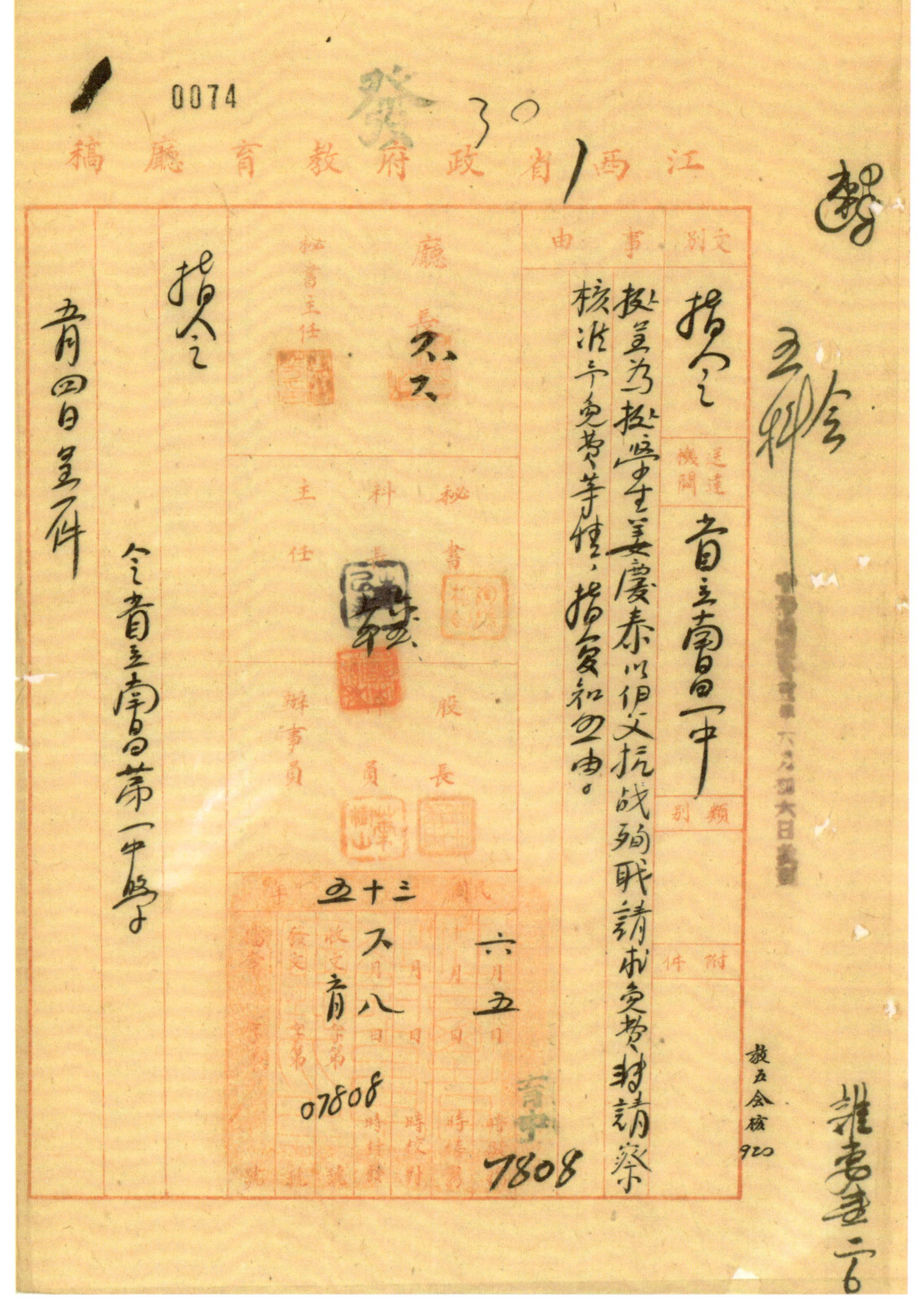

0074

發

江西省政府教育廳稿

文別：指令

事由：據呈為擬收學生姜慶泰以伊父抗战殉職請求免費轉請察核准予免費等情，指复知照由。

送達機關：省立南昌一中

廳長：

秘書主任：

秘書：

科長：

主任：

股長：

科員：

辦事員：

民國三十五年六月五日

指令

令省立南昌第一中學

五月四日呈乙件

為據學生姜慶泰以伊父抗戰殉職請求免費，擬請察核准予免費，指令祇遵由。

呈件均悉。該生既確係抗戰功勳之子，應准給予膳食費全膳待遇，本學期五至七月應領膳食費，可由校編造預算書表名冊專案請領。仰即知照！此令。

件存卷。

廳長程〇〇

军事委员会抚恤委员会驻赣抚恤处关于五月八日招待各界并慰问遗族及荣誉军人致江西省建设厅的公函（一九四六年五月八日）

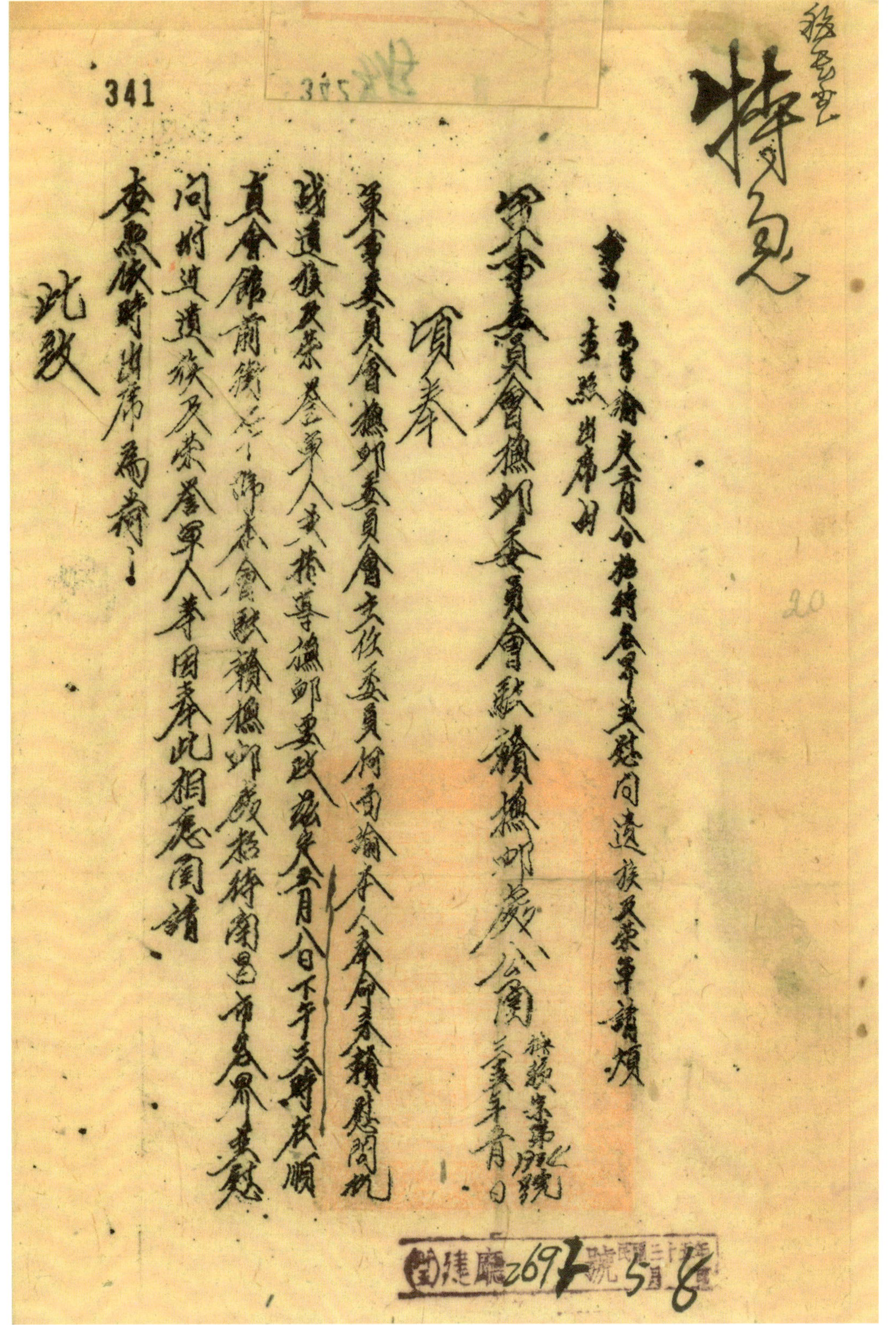

341

特急

事由：為本會定本月八日招待各界並慰問遺族及榮軍，請煩查照出席由

軍事委員會撫卹委員會駐贛撫卹處公函 撫發榮第 號 三十五年五月 日

頃奉

軍事委員會撫卹委員會主任委員何手諭：本人奉命來贛慰問抗戰遺族及榮譽軍人，並督導撫卹要政，茲定本月八日下午三時在順貢會館前贛江小灘本會駐贛撫卹處招待南昌市各界，並慰問將士遺族及榮譽軍人等因。奉此，相應函請查照，依時出席為荷！

此致

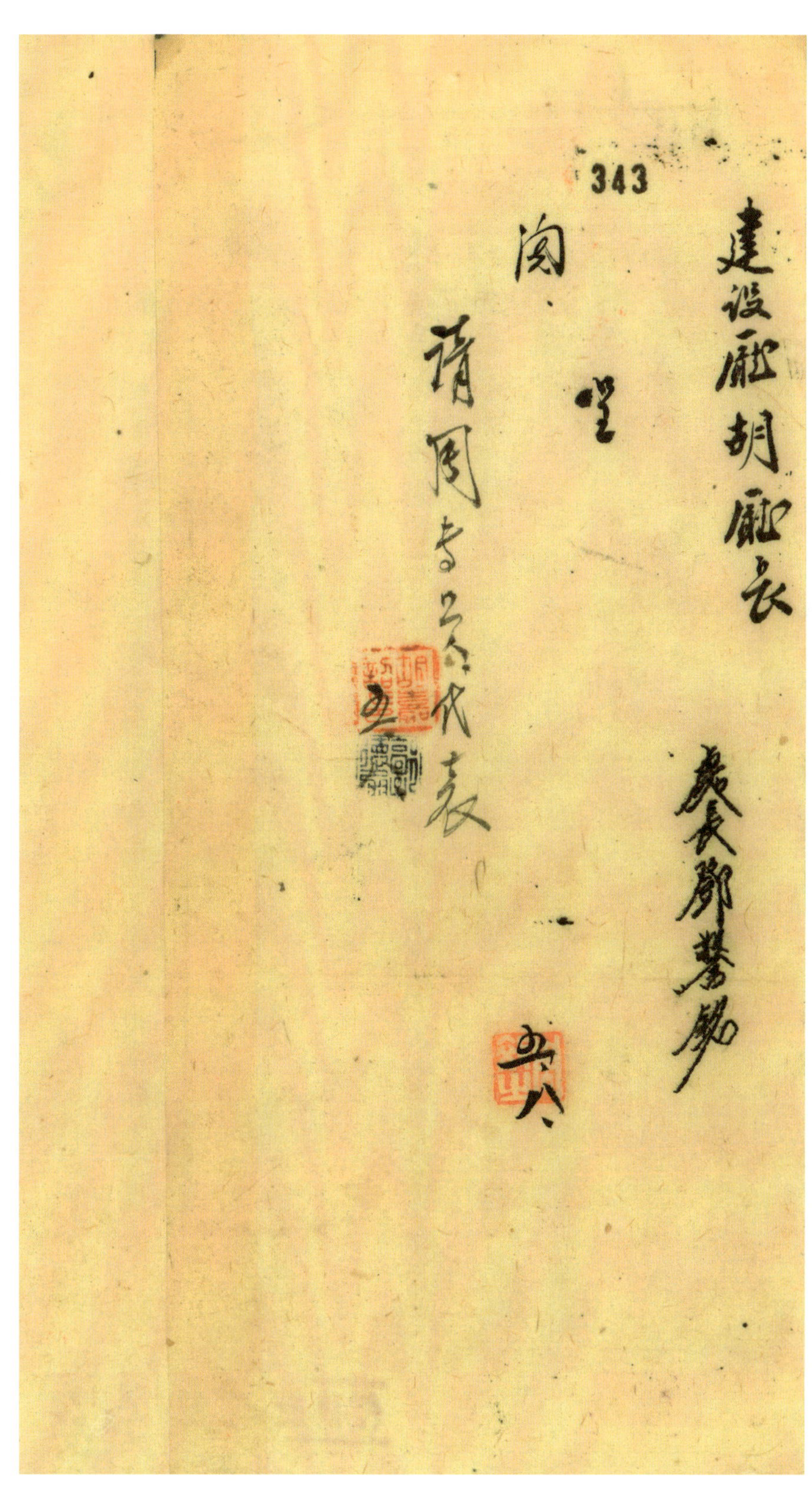
343

建設廳胡廳長

處長鄧慕勳

閱

呈

請周專員代表

五八

江西省政府关于奉令填送《特种工程征雇民夫伤亡调查表》致南昌等六十一县县政府的训令（一九四六年五月九日）

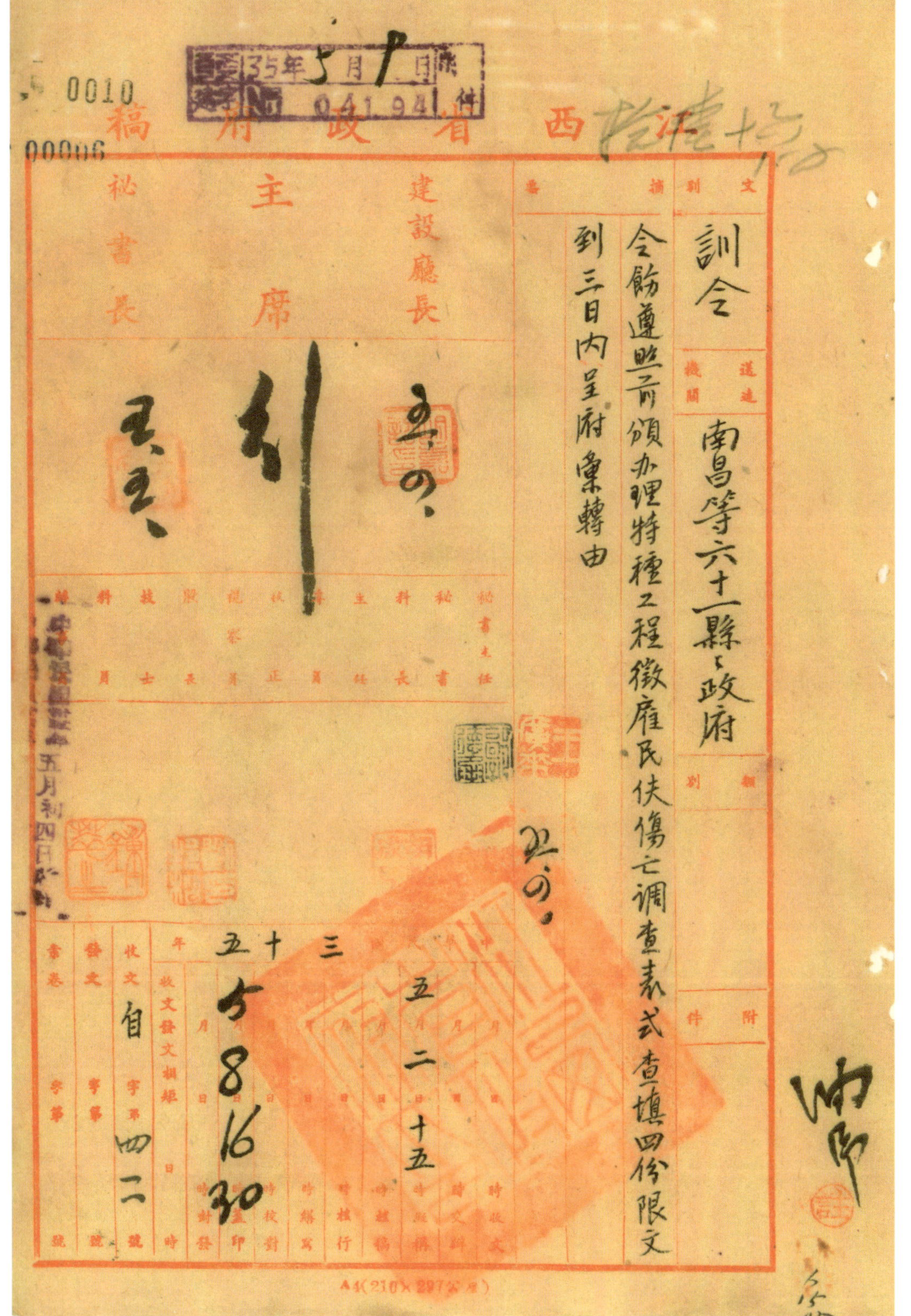
江西省政府稿

文别：训令

送达机关：南昌等六十一县县政府

摘要：令饬遵照前颁办理特种工程征雇民伕伤亡调查表式查填四份，限文到三日内呈府汇转由

分繕

0011

全銜訓令

建四字第　　號

令

南昌、豐城、進賢、新建、高安、新淦、清江、宜春、萍鄉、萬載、上高、宜豐、修水、銅鼓、吉安、吉水、峽江、泰和、遂川、蓮花、安福、贛縣、南康、上猶、大庾、虔南、龍南、定南、浮梁、婺源、德興、鄱陽、都昌、彭澤、湖口、星子、玉山、弋陽、貴谿、餘江、萬年、鉛山、餘干、南城、宜黃、樂安、臨川、東鄉、金谿、黎川、瑞金、雩都、興國、靖安、九江、德安、瑞昌、永修、奉新、安義、武寧縣政府

案查前准內政部函，爲奉

行政院交議國民參政會建議從優撫卹特種工程死亡員工一案，囑查明過去傷亡民工姓名年籍及傷亡情形，列表送部，以便核卹等由，經於三十五年一月十七日以民建三字第零四七九三號訓令，並製發表式，令飭

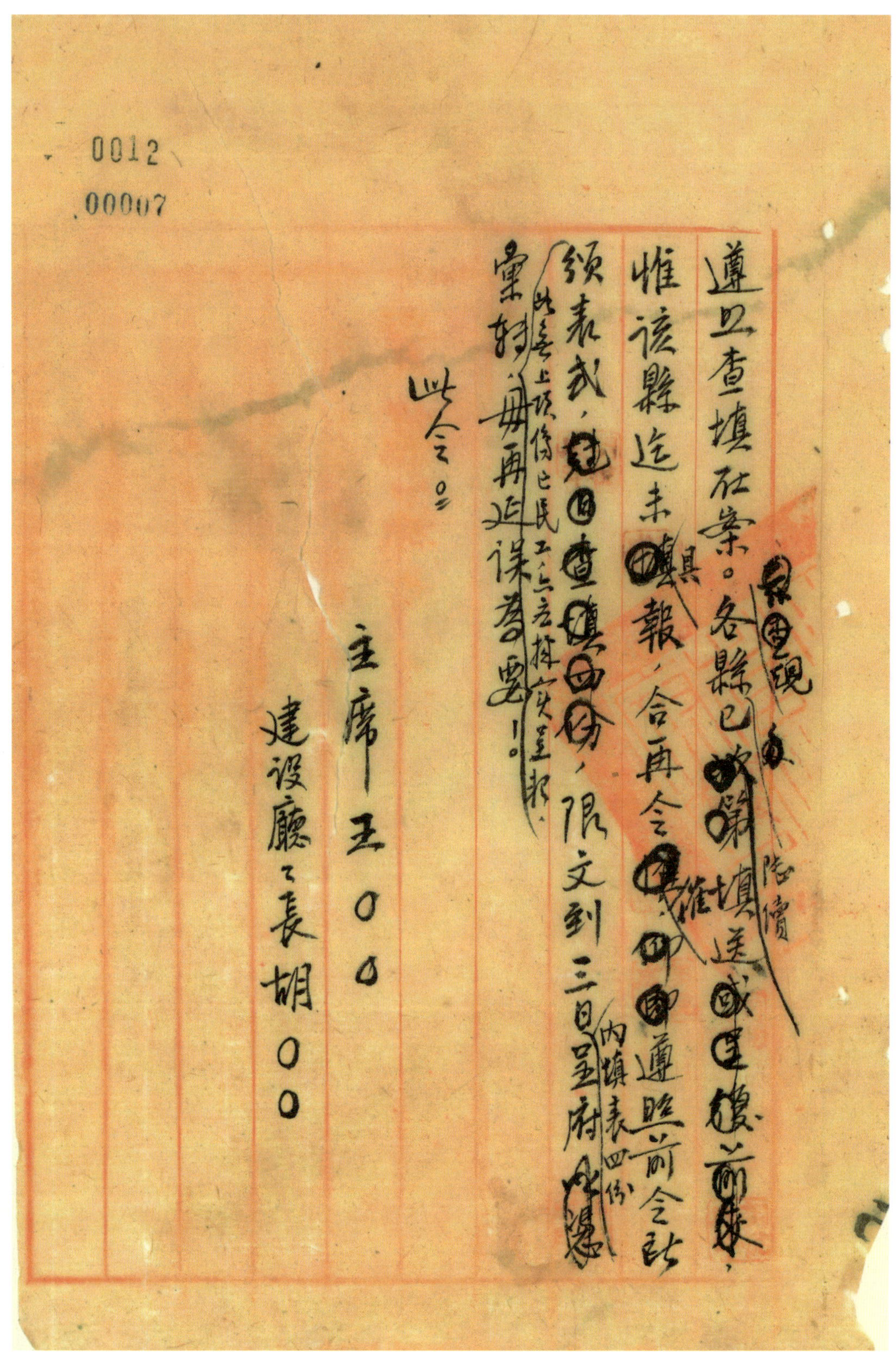

0012
00007

遵照查填在案。各县已将填送陈报、恤请遵照前令颁表式，查填具报，合再令仰该县迅即遵照前令所颁表式，详细查填四份（此系上项伤亡民工之表，抚实呈报），限文到三日呈府汇转，毋再延误为要！

此令。

主席 王〇〇
建设厅厅长 胡〇〇

江西全省保安司令部调查室、江西省教育厅和江西省立南昌师范学校等关于史宏远保送免费就读的来往文书

（一九四六年六月至一九四七年六月）

江西全省保安司令部调查室致省教育厅的公函（一九四六年六月六日）

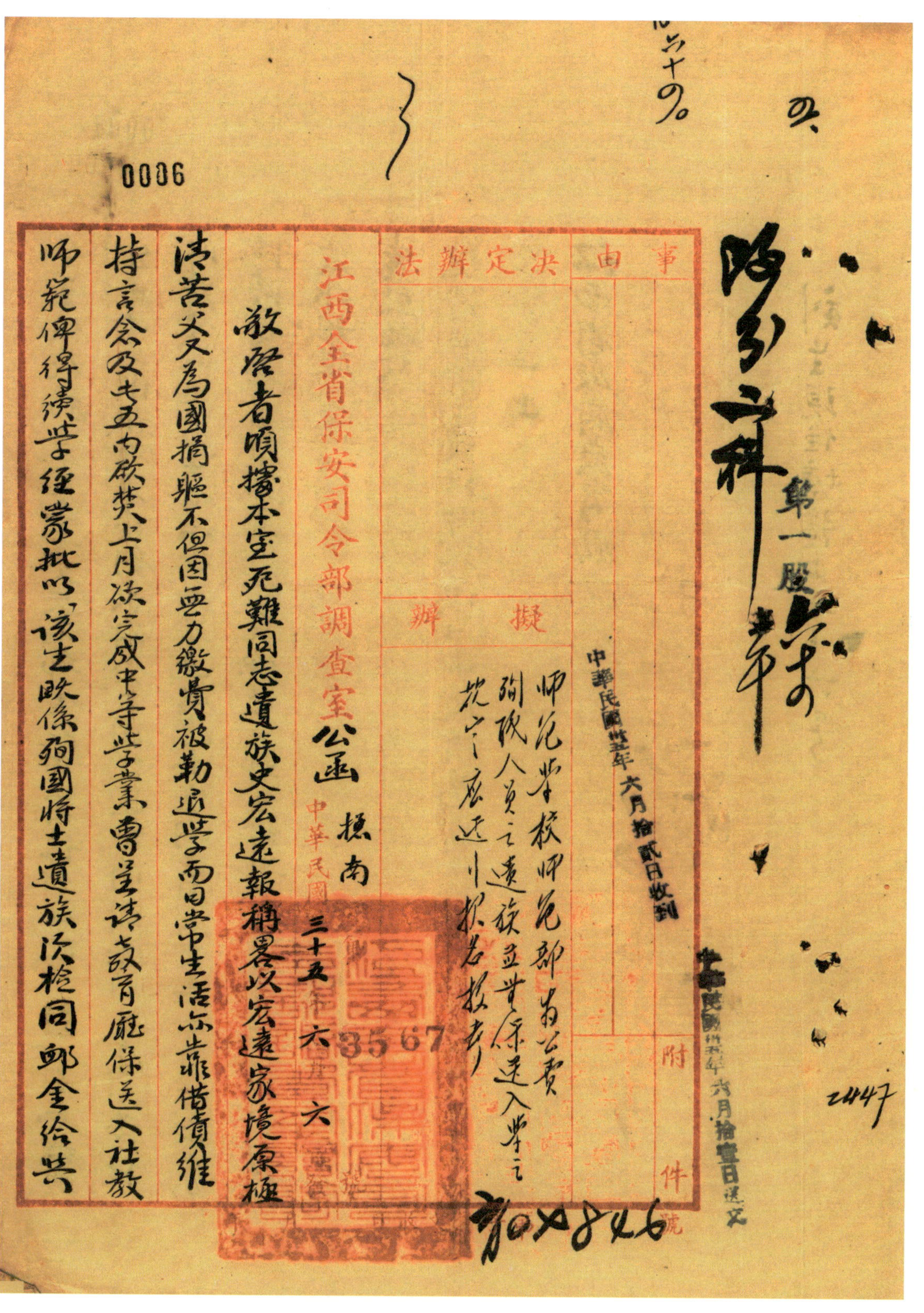

江西全省保安司令部調查室公函　擬南　中華民國三十五年六月六日

事由

決定辦法

擬辦

敬啓者：頃據本室死難同志遺族史宏遠報稱：略以宏遠家境原極清苦，父又為國捐軀，不但因無力繳費被勒退學，而日常生活亦靠借債維持，言念及此，五內欲焚。上月欲完成中等學業，曾呈請教育廳保送入社教師範，俾得續學，經蒙批以"該生既係殉國將士遺族，仰檢同郵金給與

中華民國卅五年六月拾貳日收到

0007

令軍候核轉」云云。查先父史忠卹金既待案請列此項給與令，自無從提出。再四思維，祇有懇求鈞長俯念下困，從速轉函教廳，將宏遠分發社師肄業，以免失學。等語。查史宏遠確係本室殉職同志史忠之遺族，因家境清貧，無力負擔學費，除乃父卹金給與令尚未奉頒，另行請發外，相應函請

查照，敬煩

惠予免費分發社師就讀，以示優待為荷。

此上

江西省政府教育廳

主任 鄧樹勛

劉生現住塘塍上第十六號

江西省教育厅致全省保安司令部的代电（一九四六年七月二日）

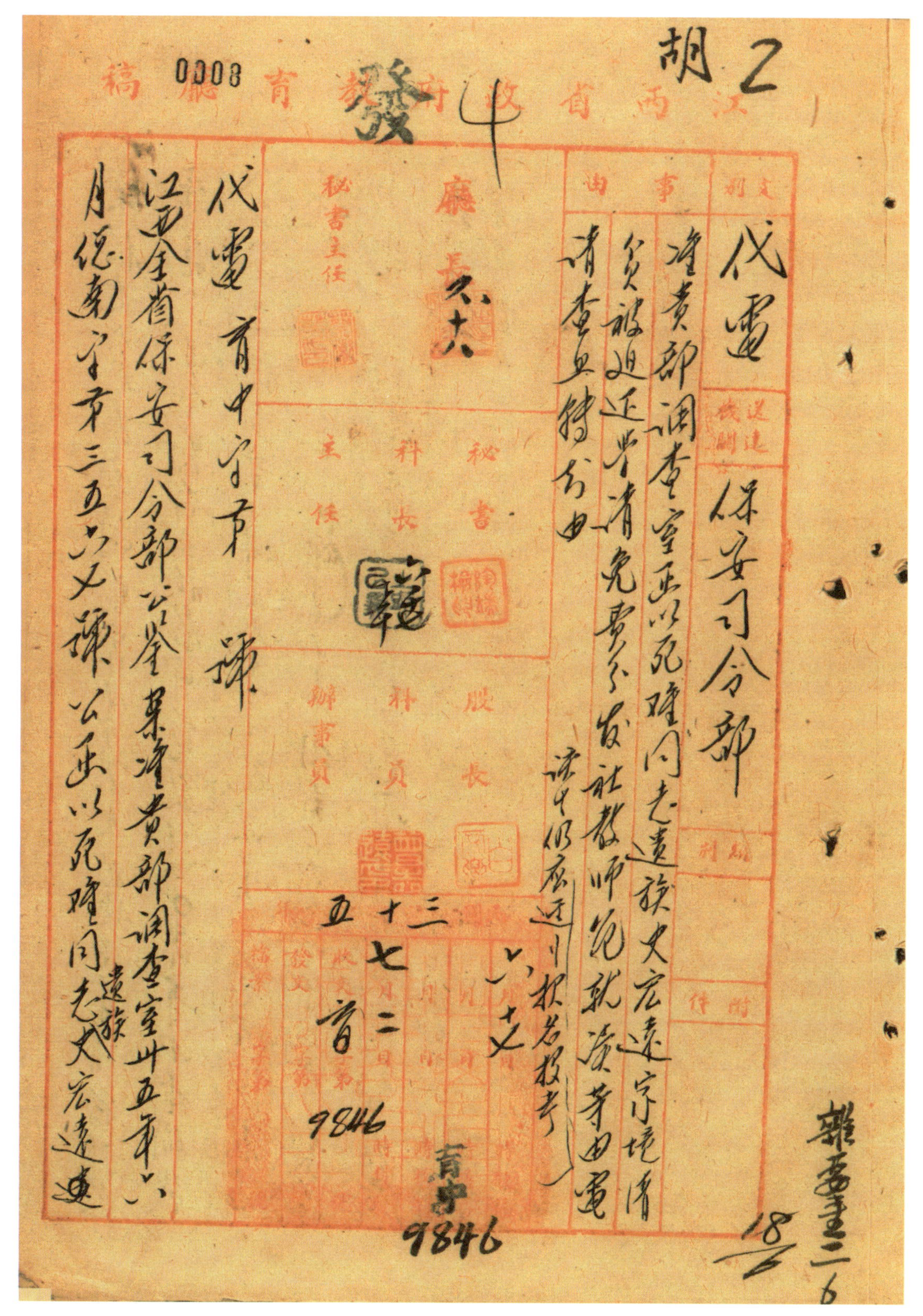

江西省政府教育厅稿

文别：代电

送达机关：保安司令部

事由：准贵部调查室函以死难同志遗族文宏远家境清贫被迫逃学请免费分发社教师范就读等由电请查照核办由

代电　育中字第　号

江西全省保安司令部公鉴：案准贵部调查室卅五年六月保南字第三五六〇号代电，以死难同志遗族文宏远

0009

族。據黃文歆為國捐軀，家境清貧，被迫退學，請轉請教育廳免費分發省立社教師範就讀一案等由。查殉職人員之遺族並無保送入學之規定，該生所應遵章報名投考。又師範學校學生均為公費，該生如考取入學後自可照章享受公費，相應函請查照轉飭為荷。

江西省教育廳已

省中印

江西省立南昌师范学校致省教育厅的呈（一九四七年二月二十七日）

谢 三，三。

72

0183

江西省立南昌師範學校 呈

事由	據本校社教部師一學生史宏遠請以畢業證書送往保安司令部調查案情附收據請轉呈等情轉請核示由
附件	如文
決定辦法	
擬辦	

案據本校社教部師一學生史宏遠報告稱：

竊父史忠於抗戰期間參加敵後工作不幸在漢口被逮入獄卒以苦刑不屈身故敵人震矣漢口隊其詳情均經呈報在案有案可查已送蒙上司准發卹金及遺族子女求學費唯求學費用須檢呈學校證件及繳費單

中華民國卅六年二月廿七日發出

（36）南教社〇三三

育3107

中華民國卅六年 903

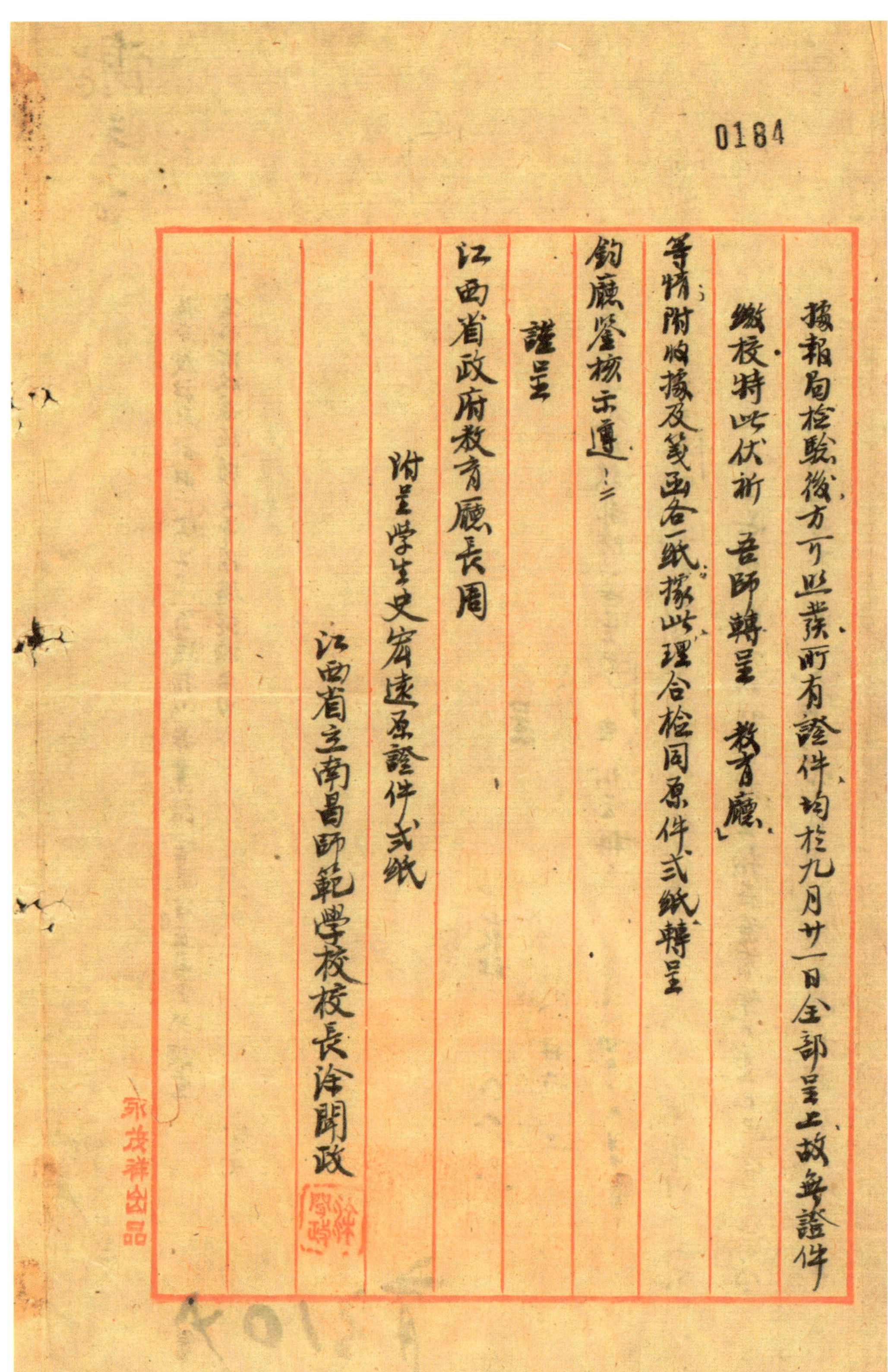

0184

據報局檢驗後方可照發，所有證件均於九月廿一日全部呈上，故無證件繳校，特此伏祈吾師轉呈教育廳」等情，附收據及箋函各一紙。據此，理合檢同原件弍紙，轉呈鈞廳鑒核示遵！

謹呈

江西省政府教育廳長周

附呈學生史甯遠原證件弍紙

江西省立南昌師範學校校長涂開政

江西省教育厅致省立南昌师范学校的指令（一九四七年四月十六日）

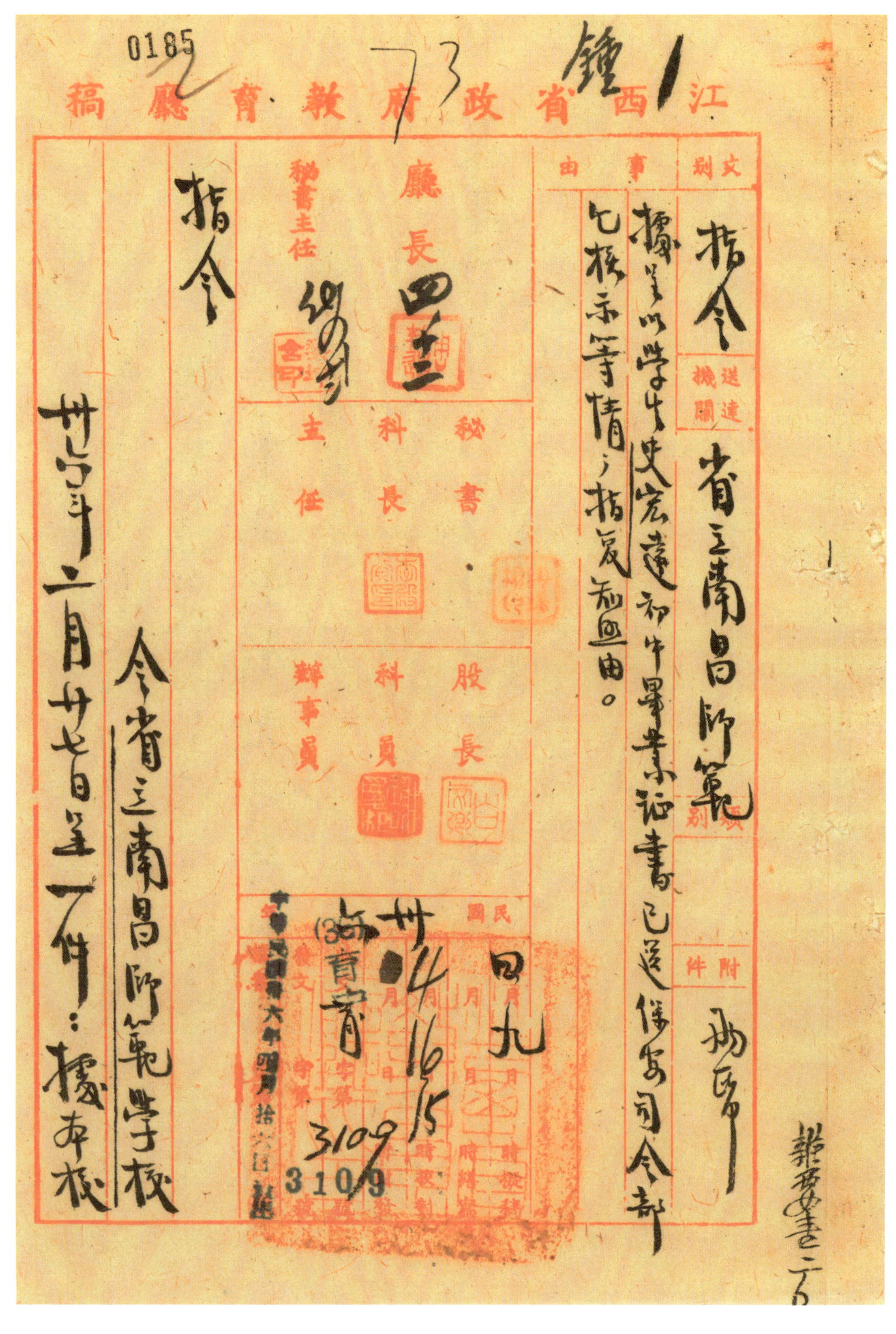

0185

江西省政府教育廳稿

文別：指令

送達機關：省立南昌師範

事由：據呈以學生史宏遠初中畢業証書已送保安司令部乞核示等情，指復知照由。

廳長

秘書主任

秘書　科長　主任

股長　科員　辦事員

指令

令省立南昌師範學校

卅六年三月廿七日呈一件：據本校

中華民國卅六年四月拾六日

3109

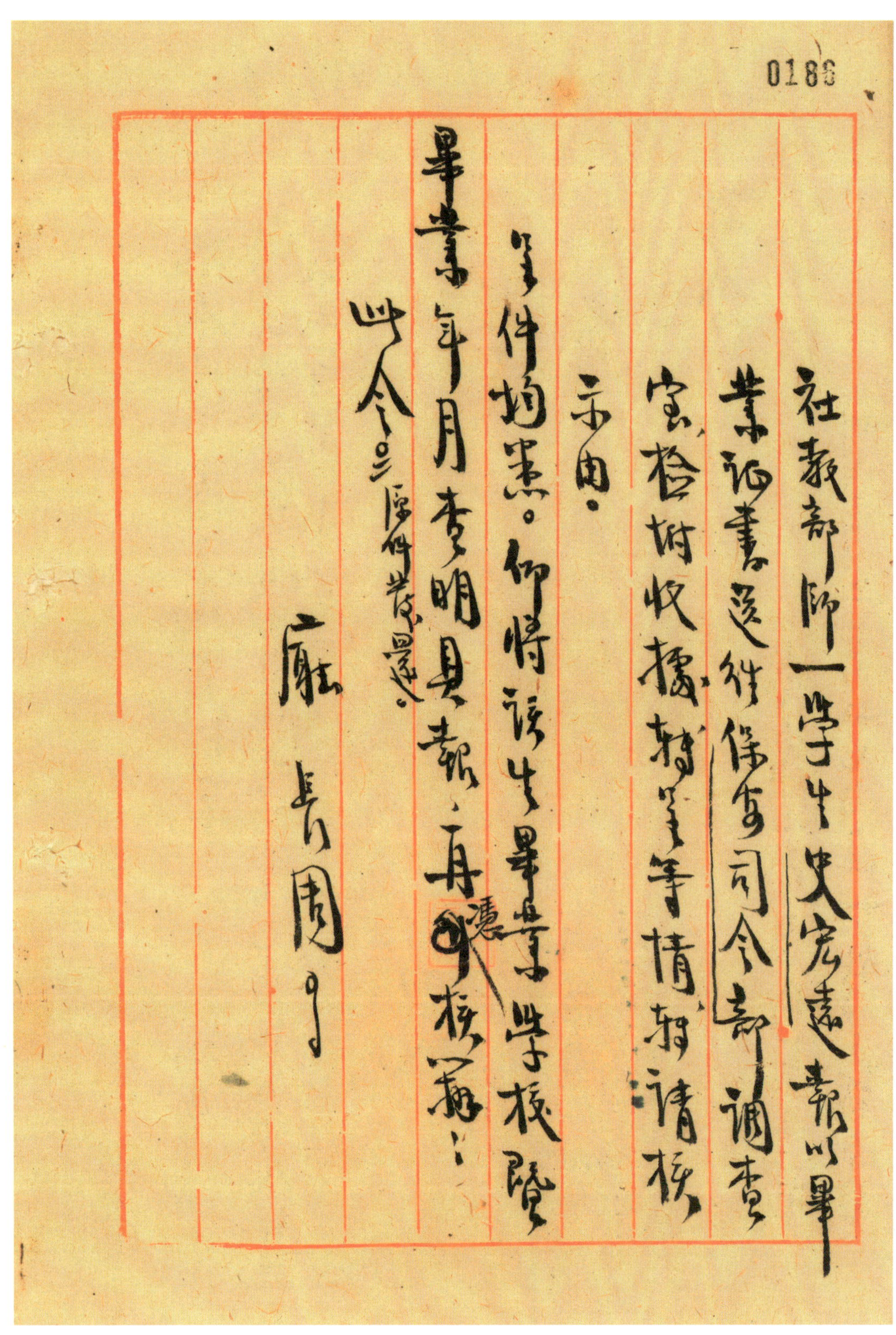

0186

社教部師一學生史宏遠請以畢業証書送往保安司令部調查室，檢附收據轉呈等情請核示由。

呈件均悉。仰將該生畢業學校暨畢業年月查明具報，再憑核辦。此令。三原件發還。

廳長 周

江西省立南昌师范学校致省教育厅的呈（一九四七年五月六日）

0192

75

謝 五、九

事由：呈復社師部師一學生史宏遠畢業証件因申請遺族子女教育補助費爲主單位局無法呈繳由

附件

江西省立南昌師範學校 呈

(36)南総社字第一〇五號

中華民國卅六年五月初六日發出

案奉

鈞廳本年(36)育中字第三一〇九號指令以據本校呈以社師部師一學生史宏遠初中畢業證書已送保安司令部請核示一案飭將該生畢業學校暨畢業年月日查明報核等因奉此自應遵辦當經轉飭該生詳將肄業校名及畢

中華民國卅六年五月初八日收到

2409

文號 第 33441 字

0193

業年月日具報去後茲據復稱：

「竊生因掩護地下工作，乃就讀於偽南昌市立一中，後更名江西省立南昌中學，於三十四年七月畢業於該校初中部，現證件尚在南京軍統局申請遺族子女教育補助費」

等情。查該生於入學試驗時成績確實及格，平時成績亦尚優良。奉令前因，理合呈復

鈞長鑒核！

謹呈

江西省政府教育廳長周

江西省立南昌師範學校校長涂開政

江西省教育厅致省立南昌师范学校的指令（一九四七年六月十一日）

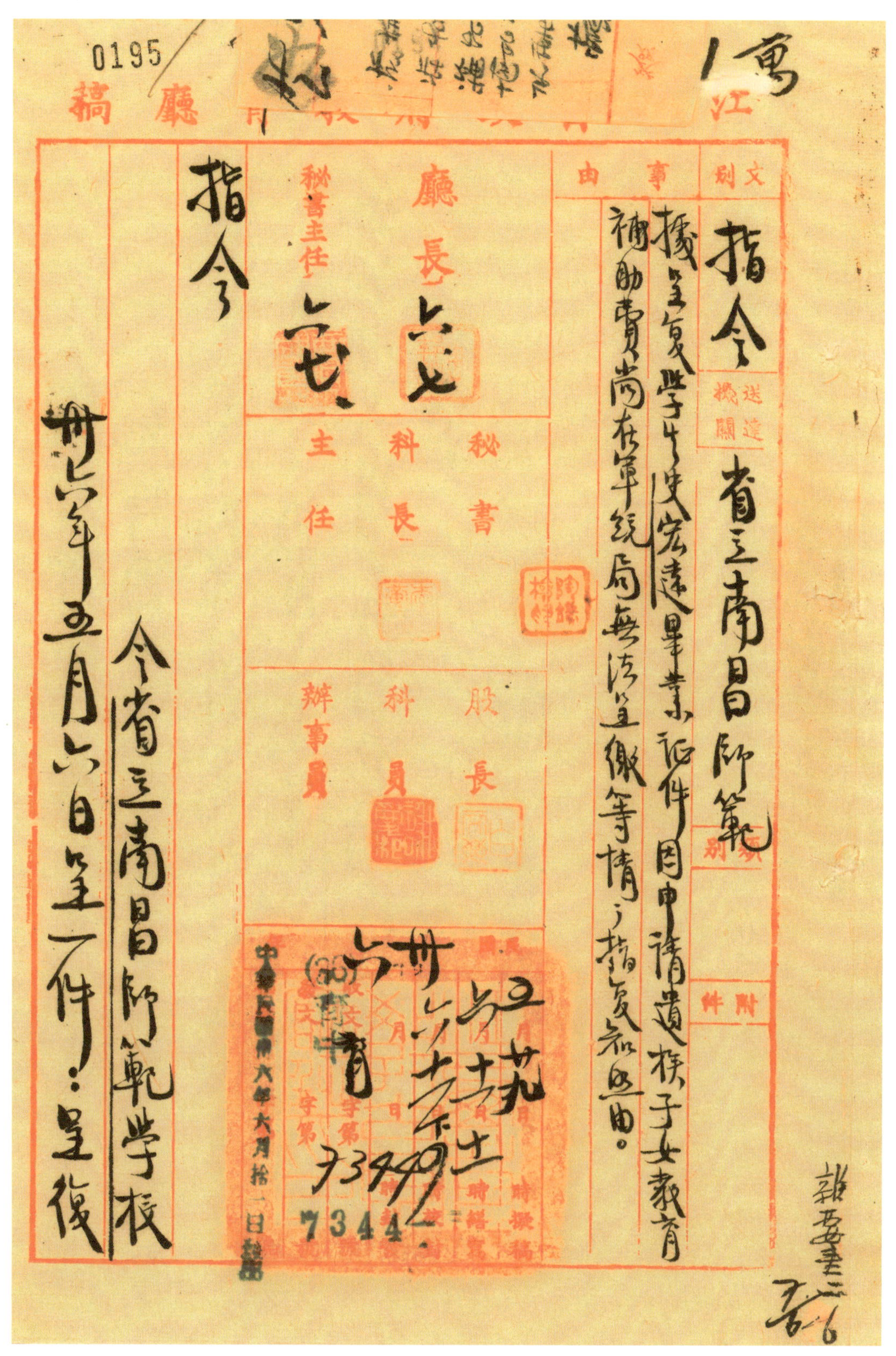

0195

江西省教育廳稿

文別：指令

送達機關：省立南昌師範

事由：據呈爲學生史宏達畢業証件因申請遺族子女教育補助費尚在軍統局無法呈繳等情，指復知照由。

附件

廳長

秘書主任

秘書

科長

主任

股長

科員

辦事員

中華民國卅六年六月拾一日

7344

指令

令省立南昌師範學校

卅六年五月六日呈一件：呈復

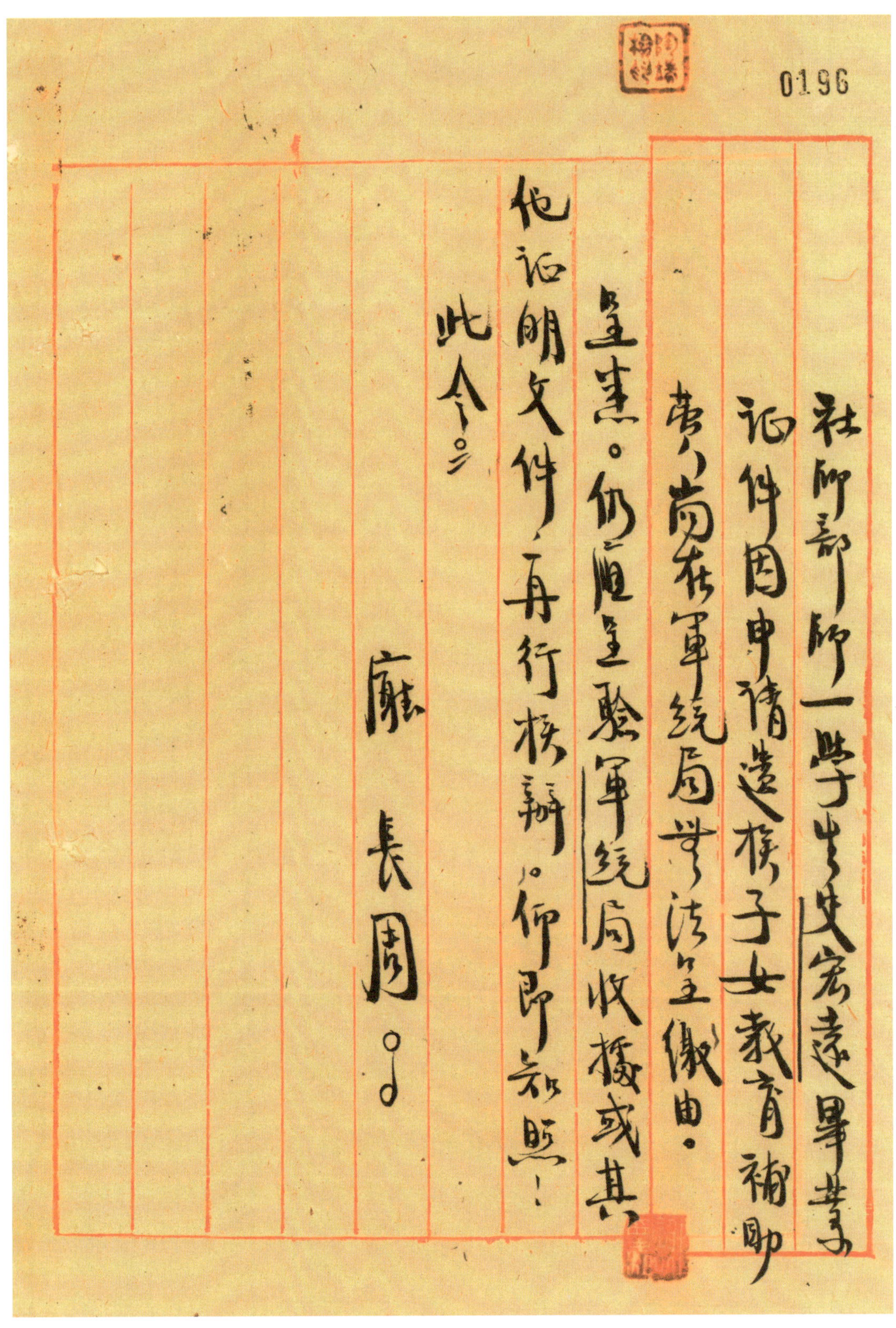

社所部所一學生史宏遠畢業證件因申請遺族子女教育補助費，尚在軍統局簽請呈繳由。呈悉。仍隨呈驗軍統局收據或其他證明文件，再行核辦。仰即知照！

此令。

廳長 周○

江西省会各界纪念七七抗战死难军民追悼大会筹备会关于经费及慰劳费事宜致江西省民政厅的函（一九四六年七月二十四日收）

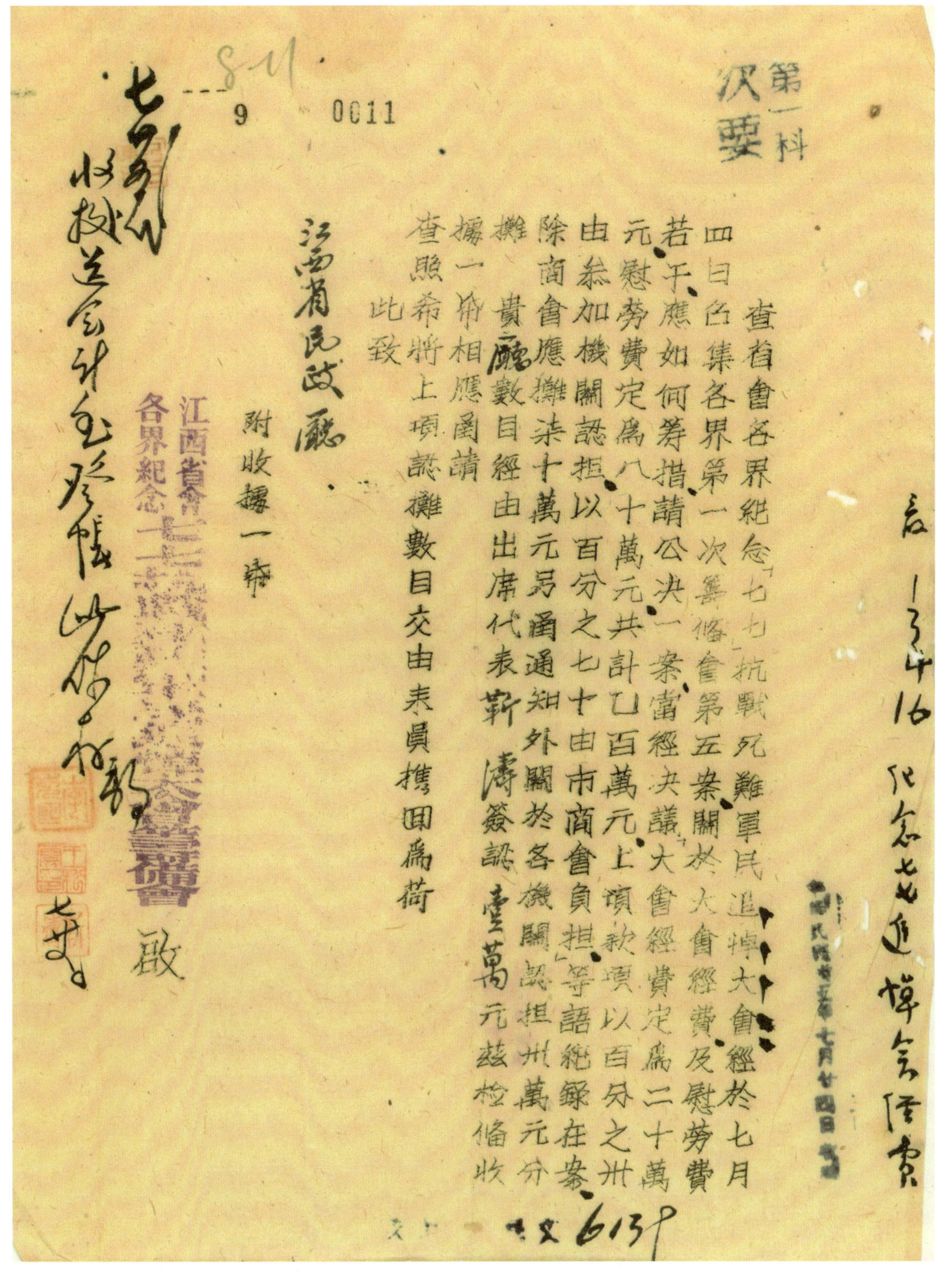

查省會各界紀念「七七」抗戰死難軍民追悼大會經於七月四日召集各界第一次籌備會第五案「關於大會經費及慰勞費若干，應如何籌措請公決」一案，當經決議「大會經費定爲二十萬元，慰勞費定爲八十萬元，共計乙百萬元，上項款項以百分之卅由參加機關認担，以百分之七十由市商會負担」等語紀錄在案。除商會應攤柒十萬元另函通知外，關於各機關認担卅萬元分攤貴廳數目經由出席代表靳濤簽認壹萬元，茲檢備收據一紙，相應函請

查照，希將上項認攤數目交由來員携回爲荷

此致

江西省民政廳

附收據一紙

江西省各界紀念七七抗戰死難軍民追悼大會籌備會 啟

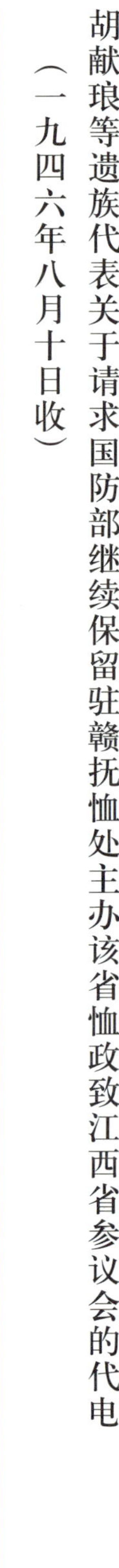

胡献琅等遗族代表关于请求国防部继续保留驻赣抚恤处主办该省恤政致江西省参议会的代电（一九四六年八月十日收）

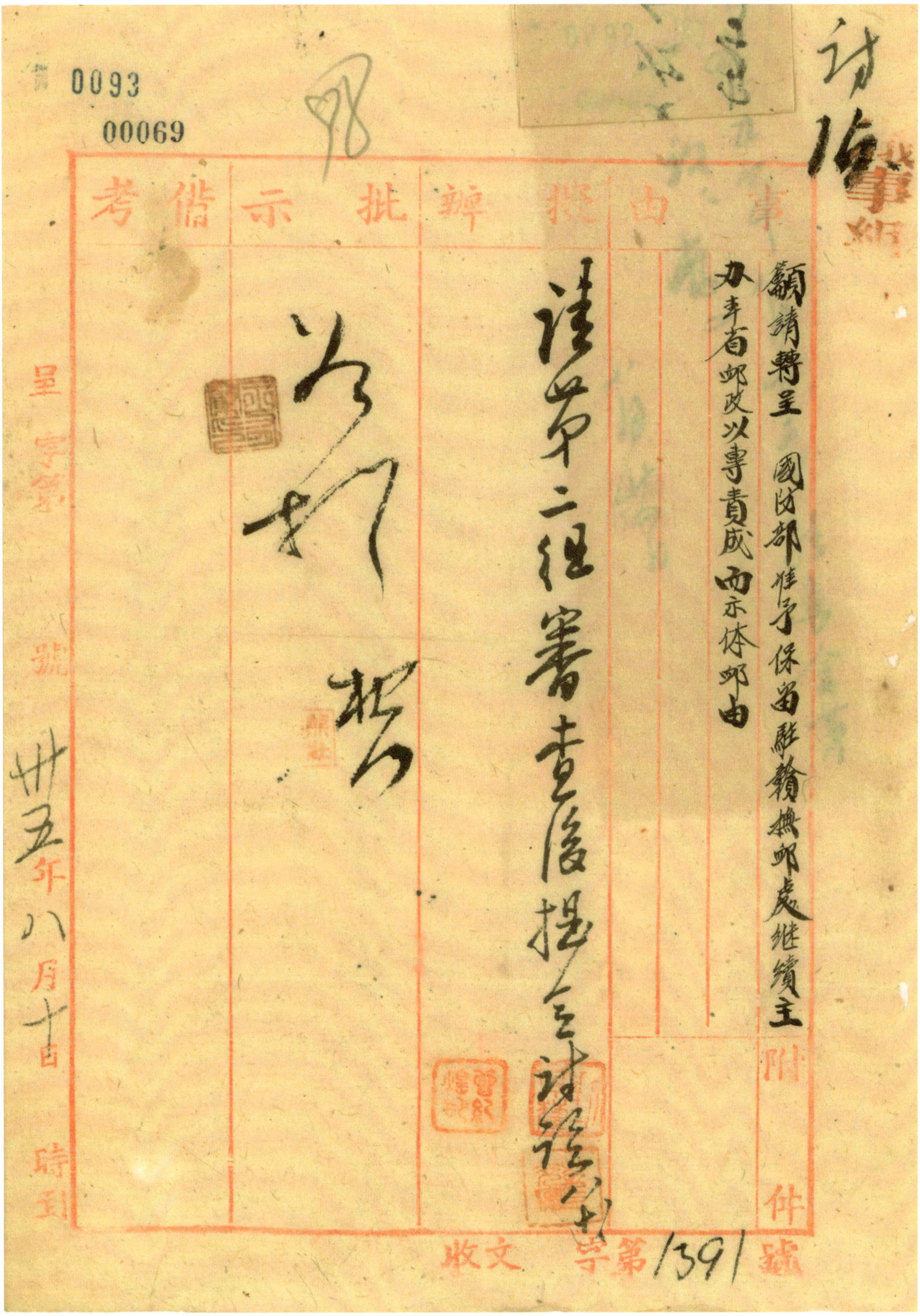

0093

00069

事由：顧請轉呈 國防部准予保留駐贛撫卹處繼續主辦本省卹政以專責成而示体卹由

附件

擬辦：請交第二組審查後提交討論

批示：照擬

備考

呈 字第 號

卅五年八月十日 時到

收文字第1391號

代電

江西省參議會議長王副議長王並轉議員諸公均鑒竊惟抗戰軍興以還有志之士舉惴惴於邦家阽危或則投筆從戎或則請纓殺賊或釋耒以赴干戈之役或捨饘而親弓矢之勞譬作前驅蔚為勁旅以之守土則効死而不辭以之摧堅則裹創而弥勇艱危奮鬥儼同背水之軍壯烈犧牲盡是依田之客其足以感天地泣鬼神轉乾坤振頑懦為何如耶惟是深閨月冷夢縈破鏡之悲薄暮人歸腸斷倚閭之望牽衣黃口未解失怙之哀扶杖白頭時下喪明之淚哀哀煢獨能不傷神耿耿孤忠何甘瞑目我當局有見及此曾於各省遍設駐省撫

鄂處直隸軍事委員會遺族等時沾澤潤藉免飢寒食德銘
心感恩零涕現聞中樞有於短期內裁撤撫鄂機構之議所有
撫鄂業務勢必移併其他機関辦理遯聆之下惶恐莫名蓋
以責有專司繁難立辦事經兼領推諉堪虞如以鄂典常新
籍冊無算駕輕就熟宜無捨枝之難易轍更絃恐有遷延
之誤龍门待鑿鮒涸難蘇簞食時施翳桑立起而况物價
飛騰于無已金融總因以何時受賜從期不啻無形折算
拜嘉有日斯宜捷足先登是以撫鄂機構之將裁實遺族之不幸
伏念河山再造已聞燦爛之花原隰未乾尚有精忠之血鈞會
飢溺関懷忍餒莫敖之鬼痌瘝在抱豈遺趙氏之孤聽砥續

之哀詎能無酸鼻捫胸分鸞之慘痛未免傷懷是用披瀝陳情懇勤呼籲幸乞矜賜轉呈國防部准予保留撫卹機構俾得繼續主辦本省卹政以專責成而示体卹不勝屏營待命之至。

遺族代表胡獻琅 黄游氏 胡周氏 胡劉氏 萬梁氏 胡德貞 孫貴娥

江西省政府和江西省参议会等关于鄱阳抗战阵亡将士遗族请求改善抚恤的来往文书（一九四六年八月至十一月）

鄱阳抗战阵亡将士全体遗族致江西省参议会的呈（一九四六年八月十二日收）

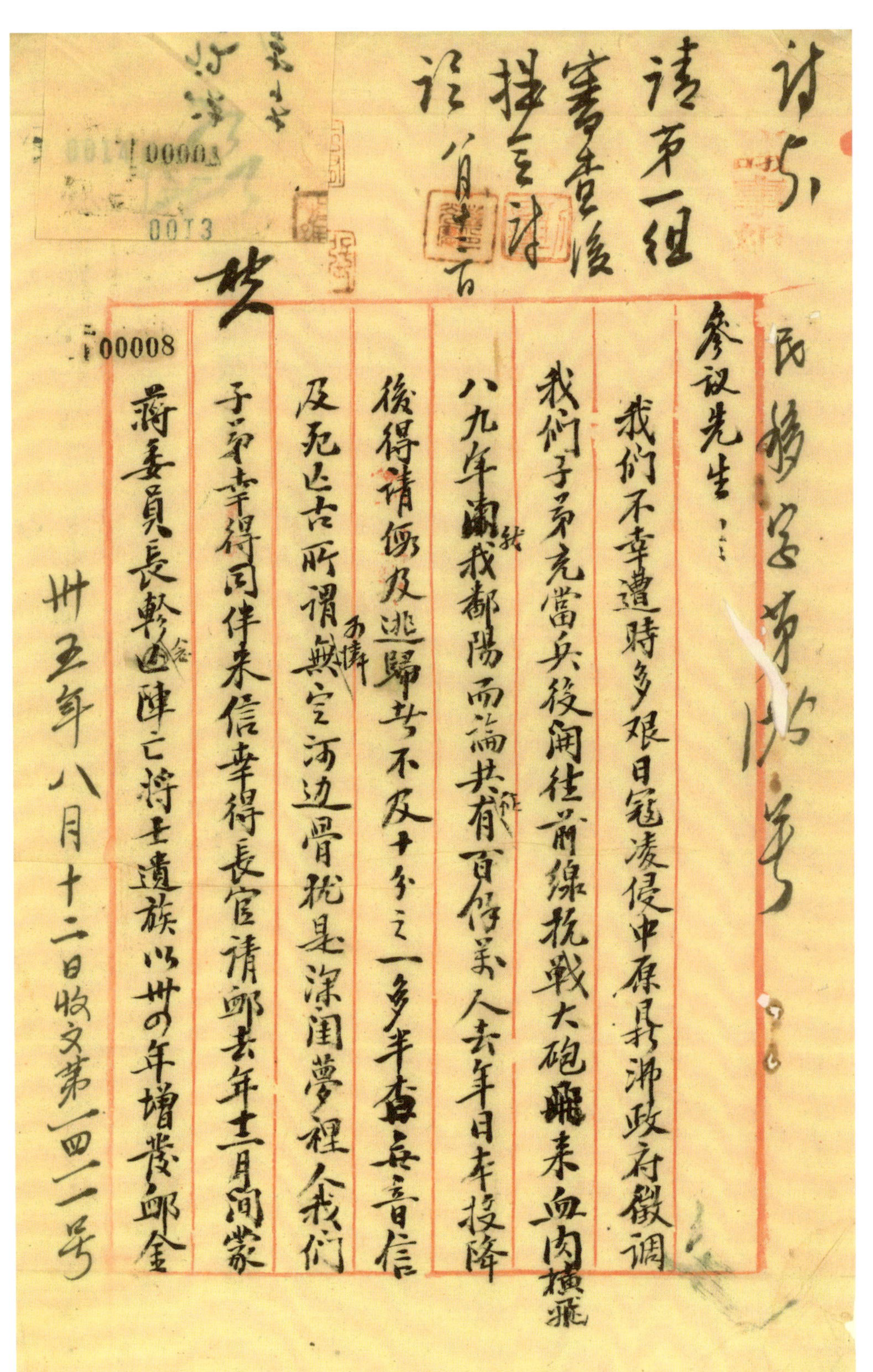

討論

請第一組審查後提會討論 八月十三日

民務字第　號

00008

參議先生：

我們不幸遭時多艱，日寇凌侵中原，縣鄉政府徵調我們子弟充當兵役，開往前線抗戰，大砲飛來，血肉橫飛，八九年間，就我鄱陽而論，共有百餘萬人。去年日本投降後，得請假及逃歸者不及十分之一，多半杳無音信，及死亡，古所謂無定河邊骨，猶是深閨夢裡人，我們子弟幸得同伴來信，幸得長官請卹，去年十二月間蒙蔣委員長軫念陣亡將士遺族，以卅四年增發卹金

卅五年八月十二日收文第一四一一號

不多並撫字發給遺族撫卹公粮每一遺族官兵年

發米七石二斗改發代金並依粮食部十月分各區公

粮代金最高價目六千元（當時本米售四千元）標準發給

我們第二區湘鄂贛每戶四萬三千弍百元均有撫卹令

後遂向各區駐省撫卹支撥並請領撫卹金郵政發撫卹

手續即可領得為我們本駐省撫卹處遲遲不發積

壓已有半年之久尚有多數未發不知用意何在恐司

馬昭之心人皆知之照現時米價而言每担售至

四萬元我们遺族等每一將士实際祇得一担零米有其名而無其实

先生们均来自鄉里民生疾苦均詳知之皆為我们喉舌即為我们代理人請求建议本会代達中央

請求

蔣委員長实行發给公粮由各遺族向各區縣政府請領每年春二月即行散放俾便我们遺族苦命人得受國家軫念实惠如蒙

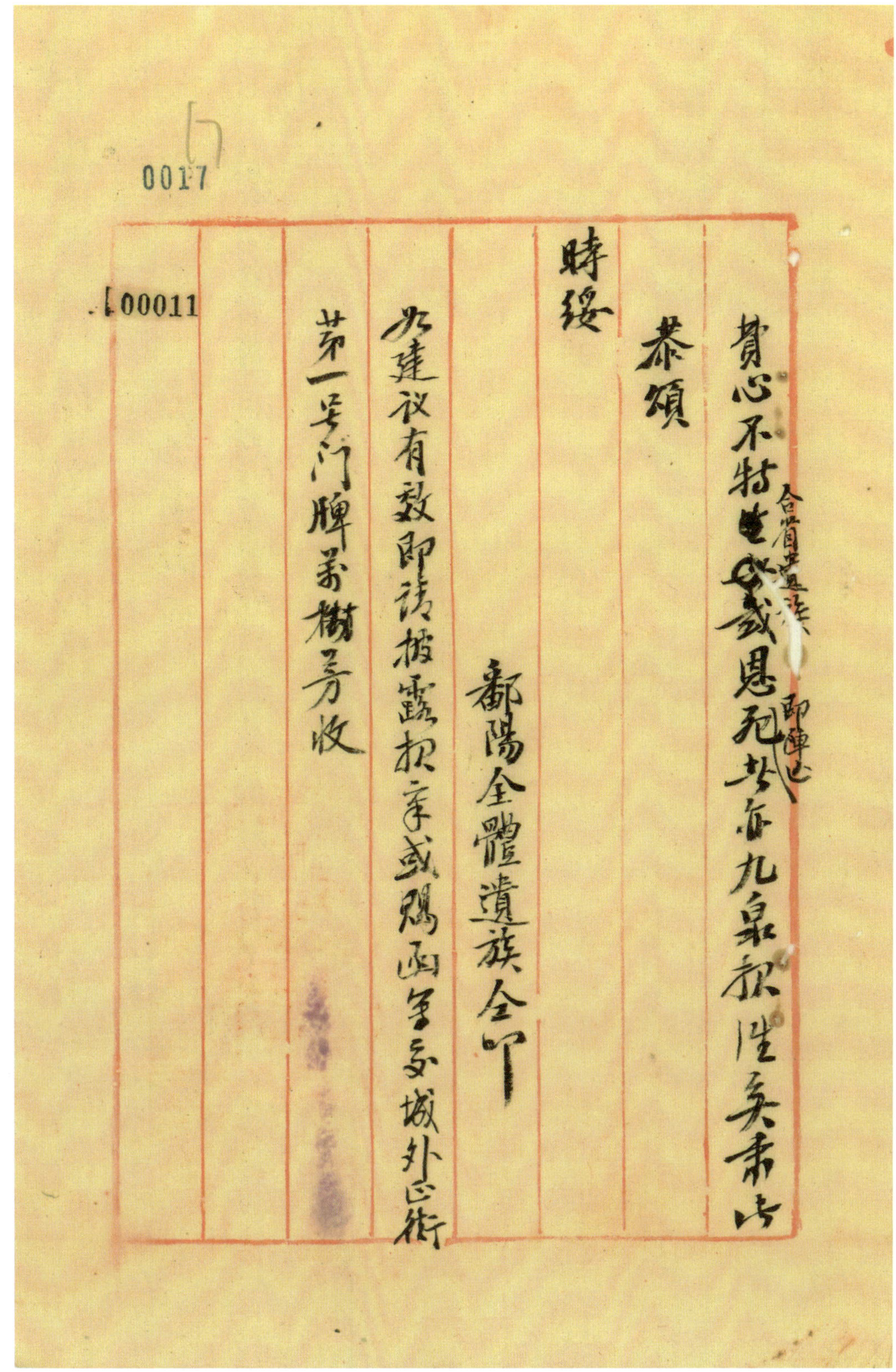

貴心不特生者（合省之遺族）感恩死者（即陣亡）亦九泉銜結矣肅此

恭頌

時綏

鄱陽全體遺族全叩

如建议有效即請披露報章或賜函寄交城外正街

第一号门牌萧樹芳收

江西省参议会致省政府的公函（一九四六年九月二十八日）

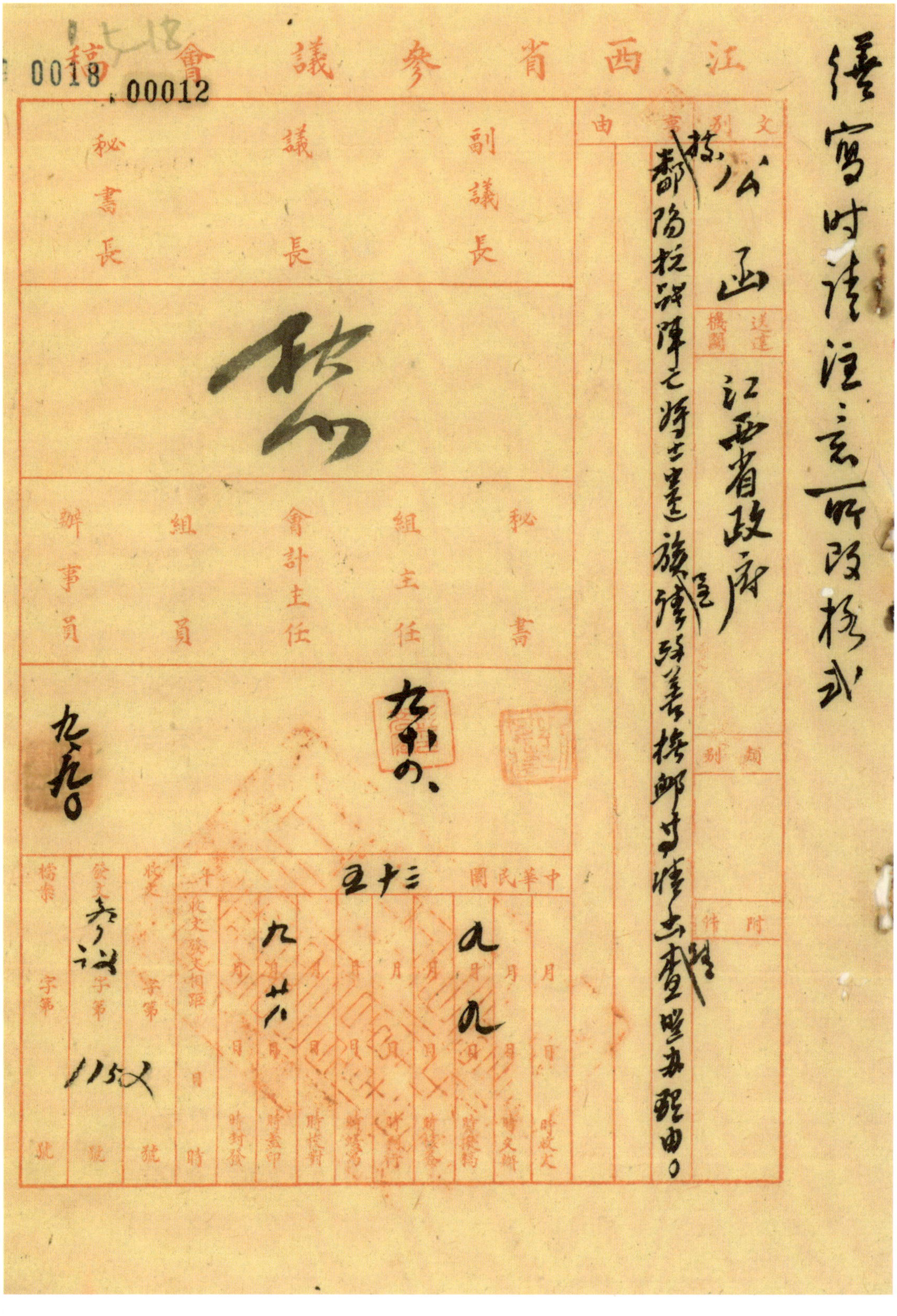

江西省參議會稿

繕寫時請注意所改格式

據鄱陽抗戰陣亡將士全體遺族稱：伯石不幸遭時多故，敵鈕玉方陣亡死者六九，泉報德矣等情前來，經提付本會九月六日駐委會第卅一次會議決：議請省府辦理并請紀錄在卷，相應函請查照辦理為荷。

此致

江西省政府

議長　王枕○

副議長　王有○

江西省政府致省参议会的公函（一九四六年十月十八日）

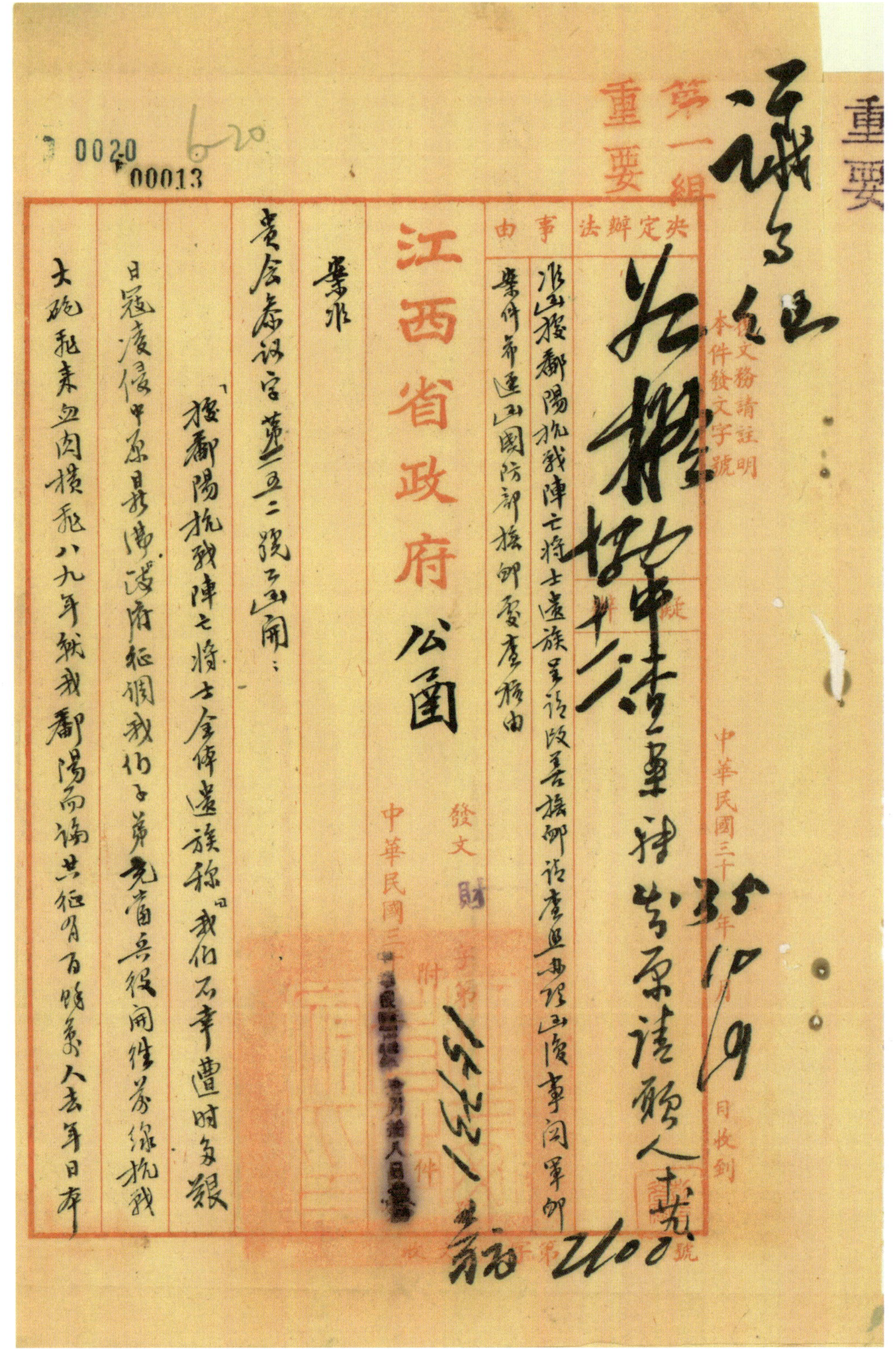

重要
第一組
議事組
0020
00013

決定辦法

事由：准函據鄱陽抗戰陣亡將士遺族呈請改善撫卹請查照辦理函復事關軍部案件希逕函國防部撫卹處查核由

江西省政府公函

案准

貴會參議字第一五二號公函：

「據鄱陽抗戰陣亡將士全體遺族稱：『我們不幸遭時多艱，日寇侵略中原，是時國府征調我們子弟充當兵役，同仇敵愾抗戰，大砲飛來血肉橫飛，八九年就我鄱陽而論，共征有萬餘人，去年日本

0021

投降後的詐偽及逃歸者不及十分之一，多半杳無音信及死亡，古所謂可

憐無定河邊骨，猶是深閨夢裡人，我們子弟幸的因得來信，幸的長官

該部去年十二月間蒙蔣委員長於念陣亡將士遺族，以卅四年度撥發部金

不多，並撥定發給遺族撥部之糧，每一遺族官兵年發米七石二斗，改發代

金，並依糧食部十月分各區之糧代金最高價目六千元（當時本未皆四

千元）標準發給，我們第二區湘鄂贛每戶四萬三千二百元，據省部令著

速向各區縣省撥部要撥，並該縣郵金郵政發郵手續即可領得，我們

本省撥部要遲遲不發，積壓半年之久，尚多未發，不知用意何在，照司

馬昭之心，人皆知之。並現時米價而言，每担值四萬元，我們遺族昔每

一將士實際領得一担只來有實名而無實際，先生的素自仰望民生疾

甚切，详知之，皆为我们喉舌，即为我们代理人，请求速设本会代达中央，请求蒋委员长定期发给口粮，由各遗族向各区政府请领，每年春二月即行散发，俾使我们遗族苦命人得受国家于人生不可资惠，以慰其心，不胜合省遗族感恩，即阵亡死者亦九泉相德矣。等情前来，准据付本会九月六日驻委会第卅一次会议决议，转函省府办理等语纪录在卷，相应函请查照办理为荷。等由准此，查关于军事案件早经移归驻赣抚卹处办理，现该处业已奉令裁撤，所有文卷及一切积案均呈送国防部后方勤务联合指挥司令部抚卹处接管。

贵函，希查照转饬萍乡县政府转饬遗族径函国防部抚卹处查核

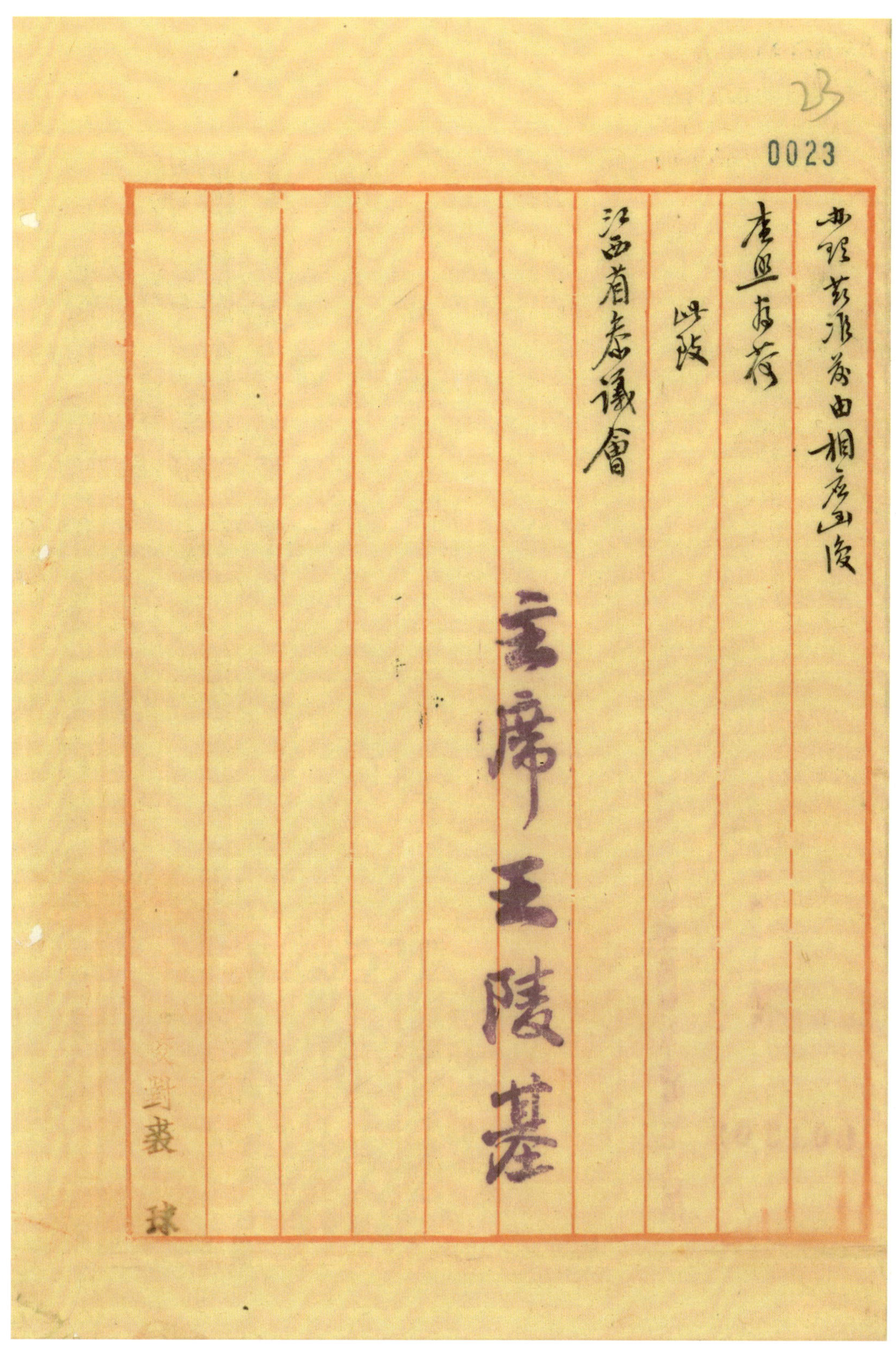

23

0023

辦理兹准前由相應函復

查照爲荷

此致

江西省參議會

主席王陵基

校對裴球

江西省参议会致鄱阳抗战阵亡将士全体遗族的笺函（一九四六年十一月七日）

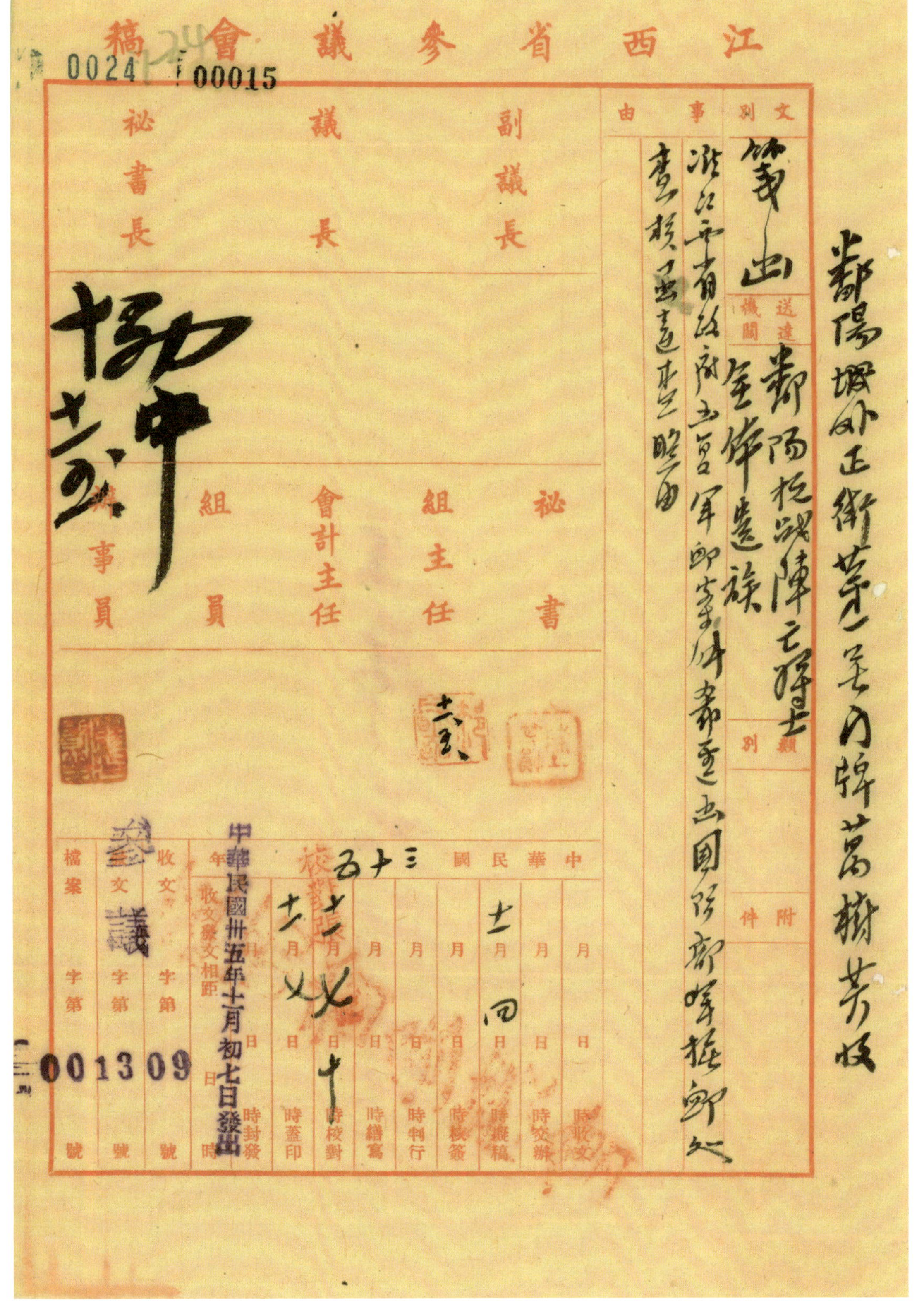
江西省參議會稿

0024　00015

文別：箋函

送達機關：鄱陽抗戰陣亡將士全體遺族

事由

副議長　議長　祕書長

祕書　組主任　會計主任　組員　辦事員

中華民國三十五年　月　日

收文　辦文　擬稿　核簽　判行　繕寫　校對　蓋印　封發

收文　字第　號

發文　字第　號

檔案　字第　號

中華民國卅五年十一月初七日發出

001309

案查前准函以抗战阵亡将士遗族请饬拨邮差遗
之不兹请求改善等语，到会，经本会经委会议决
议转函省政府办理在案，兹准
江西省政府本年十月十六日财字第15331号公函尾开
「查关于军邮案件一节，业已查核办理」
等由，过会，相应函达
查照为荷
鄱阳抗战阵亡将士金傅遗族

劉启

月 日

江西省参议会、江西省教育厅泰和县云峰乡出征阵亡家属刘单戈关于请赏赐刘体仁匾序文的来往文书（一九四六年八月至九月）

泰和县云峰乡出征阵亡家属刘单戈致江西省参议会的呈（一九四六年八月十六日）

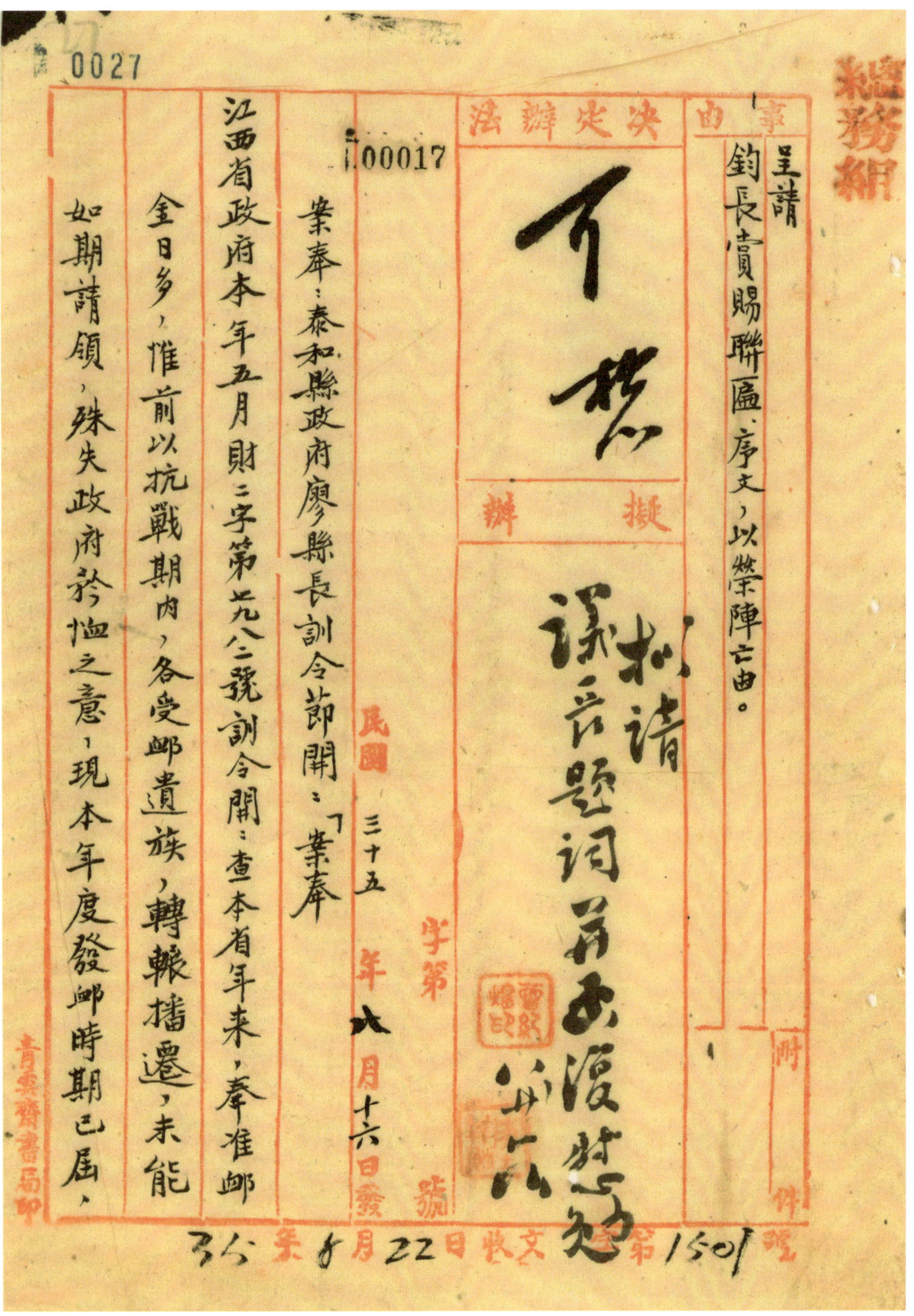

0027

總務組

00017

事由：呈請鈞長賞賜聯匾、序文，以榮陣亡由。

決定辦法：可照

擬辦：擬請議長題詞前來，以資慰勉

附件

案奉：泰和縣政府廖縣長訓令節開：「案奉江西省政府本年五月財二字第七九八二號訓令開：查本省年來，奉准郵金日多，惟前以抗戰期內，各受郵遺族，轉輾播遷，未能如期請領，殊失政府於恤之意，現本年度發郵時期已屆，

民國三十五年八月十六日發 字第 號

青雲齋書局印

35年8月22日收文字第1501號

並已先後奉令，分別增加卹金，倍數發給，務須切實辦理，俾能慰死養生，除分令外，合行令仰該縣長知照，並飭屬一体知照，為要！此令。」等因；奉此。自應遵照，查本縣奉令轉發故傷員兵，劉體仁等二十三名，卹金給與令二十三紙，故員劉體仁卹金證書一紙，准彭前縣長，本年五月財務字第三零號，咨送過府，現發卹時期已屆，上項卹令及卹金證書，即應轉移受卹遺族，即速來府具領，上項卹令，事關慰死養生，毋得延誤，為要！此令。」等因；奉此。自當遵領，查卹金雖屬無多，而　政府仁愛之意，致深且切！在體仁愛國心重，救國心宏，大有敵人一日不滅，此心此志，一日不懈，國土不可侵，父命不及待，既非因壯丁而應征，復非慕官爵而抗父意，未從軍前，其父作客異鄉，父子尚未見面，既從軍後，父母日食為難，去冬伊父，病重無藥，卒辞凡塵，迄今埋塋不能，停柩堂中，何日安厝，今體仁陣亡，父還仙鄉，弟姪失學，其苦難告，母老無依，未婚妻嫁，其結果令人寒心，若幸敵人投降，倭奴亡國，體仁雖死於疆埸，而精神含笑於天壤，父病無藥不為辱，父死不塋非不孝，憶公尔忘私，國尔忘家之句，似默相符合，自茲以還，國基穩定，內外無憂，陣亡員兵，死重泰山，第來日方長，欲鼓勵愛國，勇躍

爭先，必從各地建立紀念碑，敬請

鈞長賞賜聯匾序文，以光譜牒，而榮傷亡，其紀念碑費，

請通令各地自行籌立，鄉鎮保甲，以及各校員生，令其清明

冬至，整隊致祭，殊死者光榮，生者仰慕，國家幸甚！人民

幸甚！

謹呈

江西省參議會議長王

副議長王

泰和縣雲峰鄉出征陣亡家屬劉單戈

附抄錄故員劉体仁卹亡給與令一份

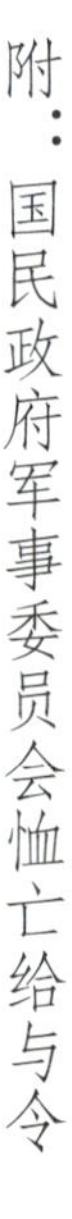

附：国民政府军事委员会恤亡给与令

0026　8-26

00016

贛會撫字第貳叁叁壹號

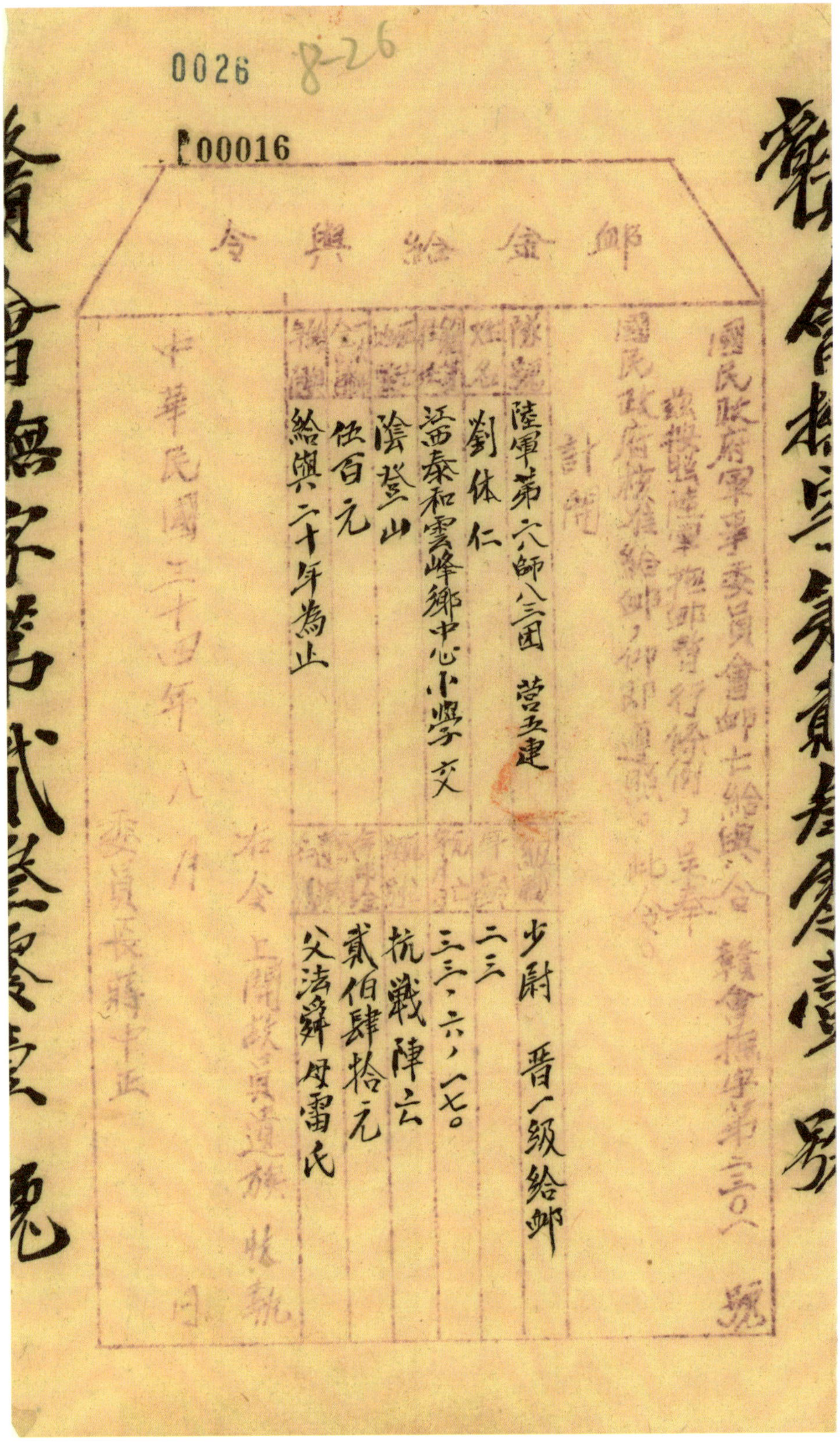

卹金給與令

國民政府軍事委員會卹亡給與令　贛會撫字第二三〇八號

茲據陸軍撫卹暫行條例，呈奉

國民政府核准給卹，仰即遵照。此令。

計開

隊號	姓名	[illegible]	[illegible]	[illegible]	[illegible]
陸軍第六八師八三团　營五連	劉休仁	江西泰和雲峰鄉中心小學交	陰登山	伍百元	給與二十年為止
[illegible]	[illegible]	[illegible]	[illegible]	[illegible]	[illegible]
少尉　晉一級給卹	二三	三三、六、一七。	抗戰陣亡	貳佰肆拾元	父法舜　母雷氏

右令上開故員遺族收執

中華民國三十四年八月　日

委員長蔣中正

泰和县云峰乡出征阵亡家属刘单戈致江西省教育厅的呈（一九四六年八月十六日）

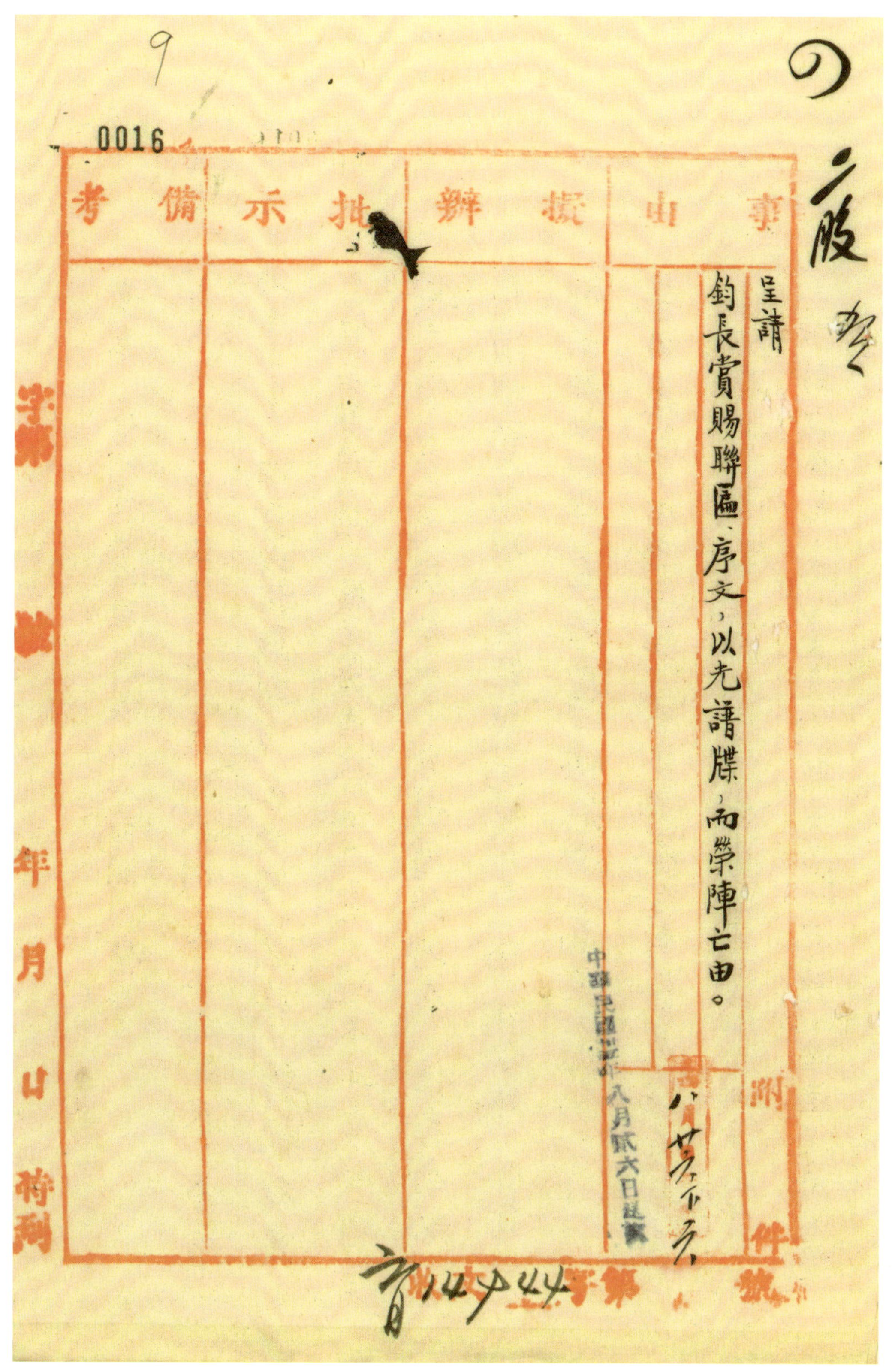
9
0016
事由：呈請鈞長賞賜聯匾、序文，以光譜牒，而榮陣亡由。
擬辦
批示
備考
附件
中華民國卅五年八月廿六日收
八月廿六日
教字第 號
年 月 日 時到

0017

案奉：泰和縣政府廖縣長訓令節開：「案奉
江西省政府本年五月財二字第七九八三號訓令開：查本省年來，奉准
卹金日多，惟前以抗戰期内，各受卹遺族，轉輾播遷，
未能如期請領，殊失政府矜恤之意，現本年度發卹時
期已届，並已先後奉令，分别增加卹金，倍數發給，
務須切實辦理，俾能慰死養生，除分令外，合行令
仰該縣長知照，並飭屬一体知照，為要！此令。
等因：奉此。自應遵照，查本縣奉令轉發故傷員兵，劉
體仁等二十三名，卹金與令二十三紙，故員劉體仁卹金證書一紙
，准彭前縣長，本年五月財移字第三零號，咨送過府，現

10

0018

發卹時期已屆，上項卹令及卹金證書，即應轉移受卹遺族，即速來府具領，上項卹令，事關慰勉養生，毋得延誤，為要！此令。

等因；奉此，自當遵領，查卹金雖屬無多，而　政府仁愛之意，致深且切！在體仁愛國心重，救國心宏，大有敵人一日不滅，此心此志，一日不懈，國土不可侵，父命不及待，既非因壯丁而應征，復非慕官爵而抗父意，未從軍前，其父作客異鄉，父子尚未見面，既從軍後，父母日食為艱，去冬伊父，病重無藥，卒辭凡塵，迄今葬埋不能，停柩堂中，何日安厝，今　體仁陣亡，父還仙鄉，弟姪失學，

0019

其苦難告，毋老無依，未婚妻嫁，其結果令人寒心，若幸敵人投降，倭奴亡國，體仁雖死於疆場，而精神含笑於天壤，父病無藥不為辱，父死不葬非不孝，憶公尔忘私，國尔忘家之句，似默相符合，自茲以還，國基穩定，內外無憂，陣亡員兵，死重泰山，第来日方長，欲鼓勵愛國，勇躍爭先，必從各地建立紀念碑，請

鈞長賞賜聯匾序文，以光諸牒，而榮傷亡，其紀念碑費，請通令各地自行籌立，鄉鎮保甲，以及各校員生，令其清明冬至，整隊致祭，殊死者光榮，生者仰慕，國家幸甚！人民幸甚！

11

0020

謹呈

江西省政府教育廳廳長周

泰和縣雲峰鄉
出征陣亡家屬　劉單文

附抄録故員劉体仁卹亡給與令一份

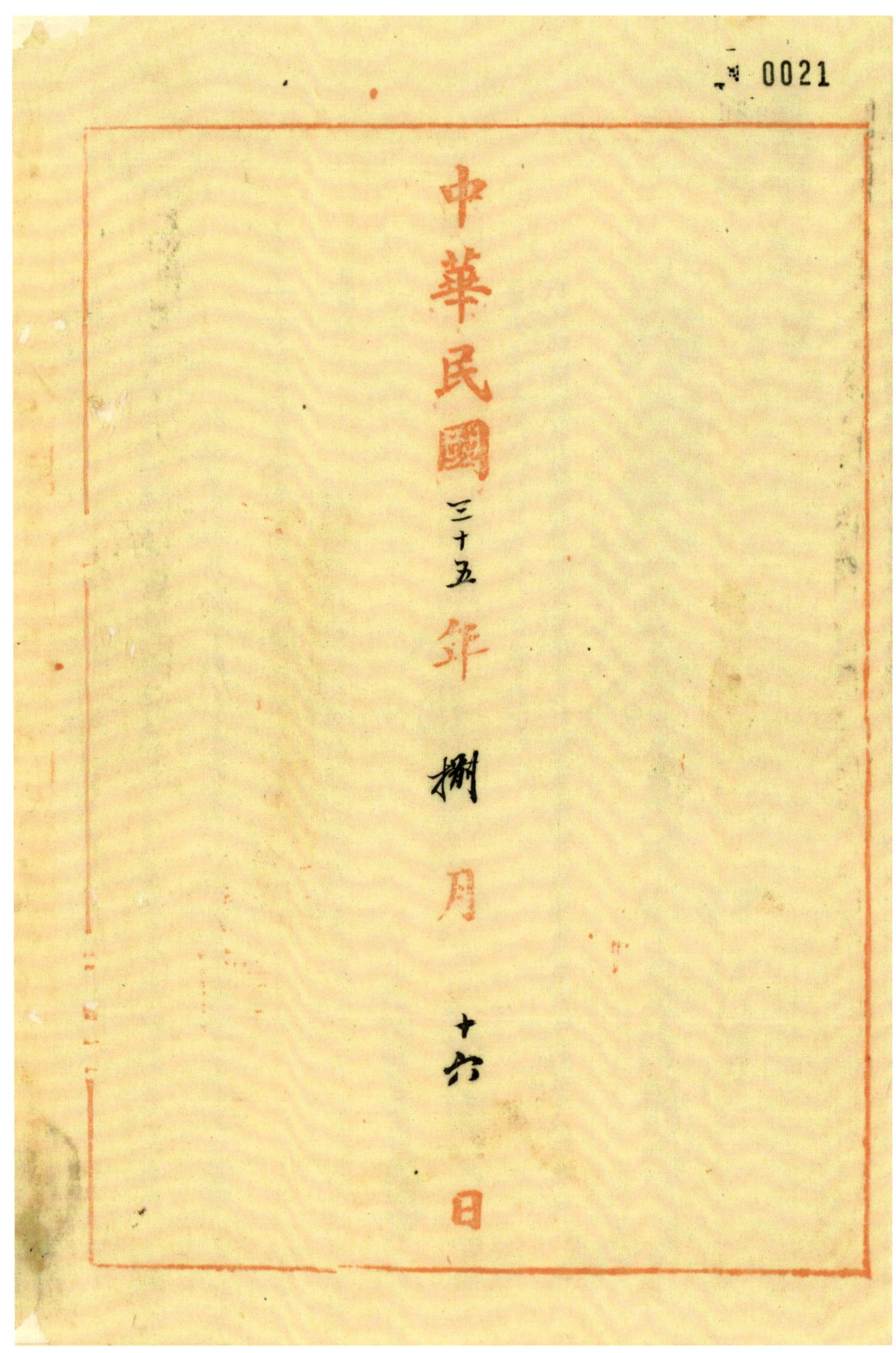
0021

中華民國三十五年捌月十六日

江西省参议会致泰和县云峰乡出征阵亡家属刘单戈的便函（一九四六年九月十四日）

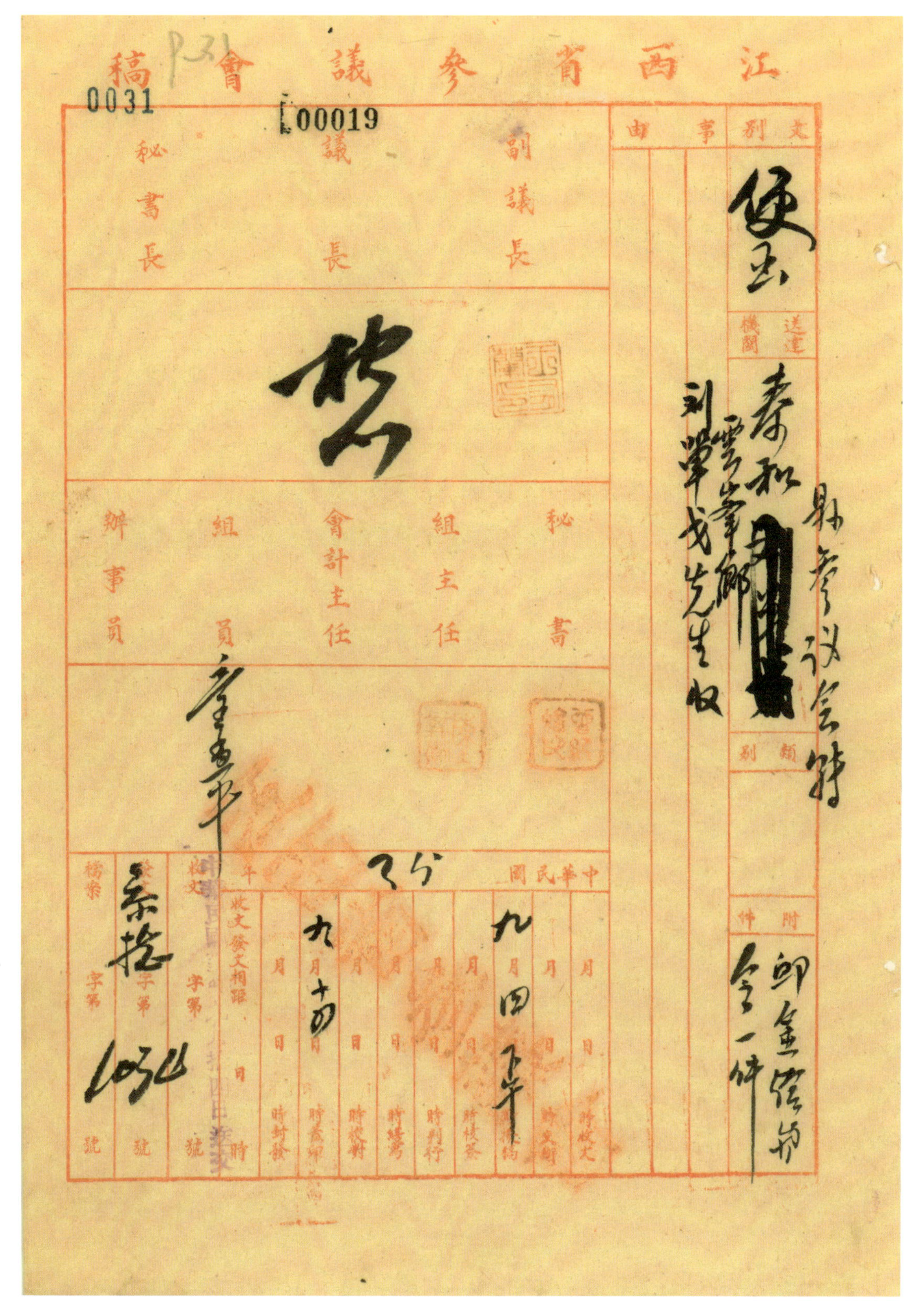

江西省參議會稿

0031　00019

副議長	議長	秘書長

秘書	組主任	會計主任	組員	辦事員

文別：便函

送達機關：泰和雲峰鄉刘單戈先生收　縣參議會轉

附件：郵金……一件

中華民國　年　九月十四日

樵淮道治兄县长勋鉴：

来件以刘故烈士倬仁献身抗倭忠勇殉国嘱题联语序文以光谱牒而荣伤云云由是适会自应先我表烈故烈士生前愤胡骑之纵横痛祖国之沉沦自动献身慷慨赴难执干戈以卫社稷所全豫鲁之间踏裹马革而奋疆场且致汉之伏波宠深图画挥戈以杀敌志决身歼洒碧血而成仁正气磅礴浩然长存求仁得仁死有重于泰山而适父死难葬母老无依堂未残而更酿国难继而家毁

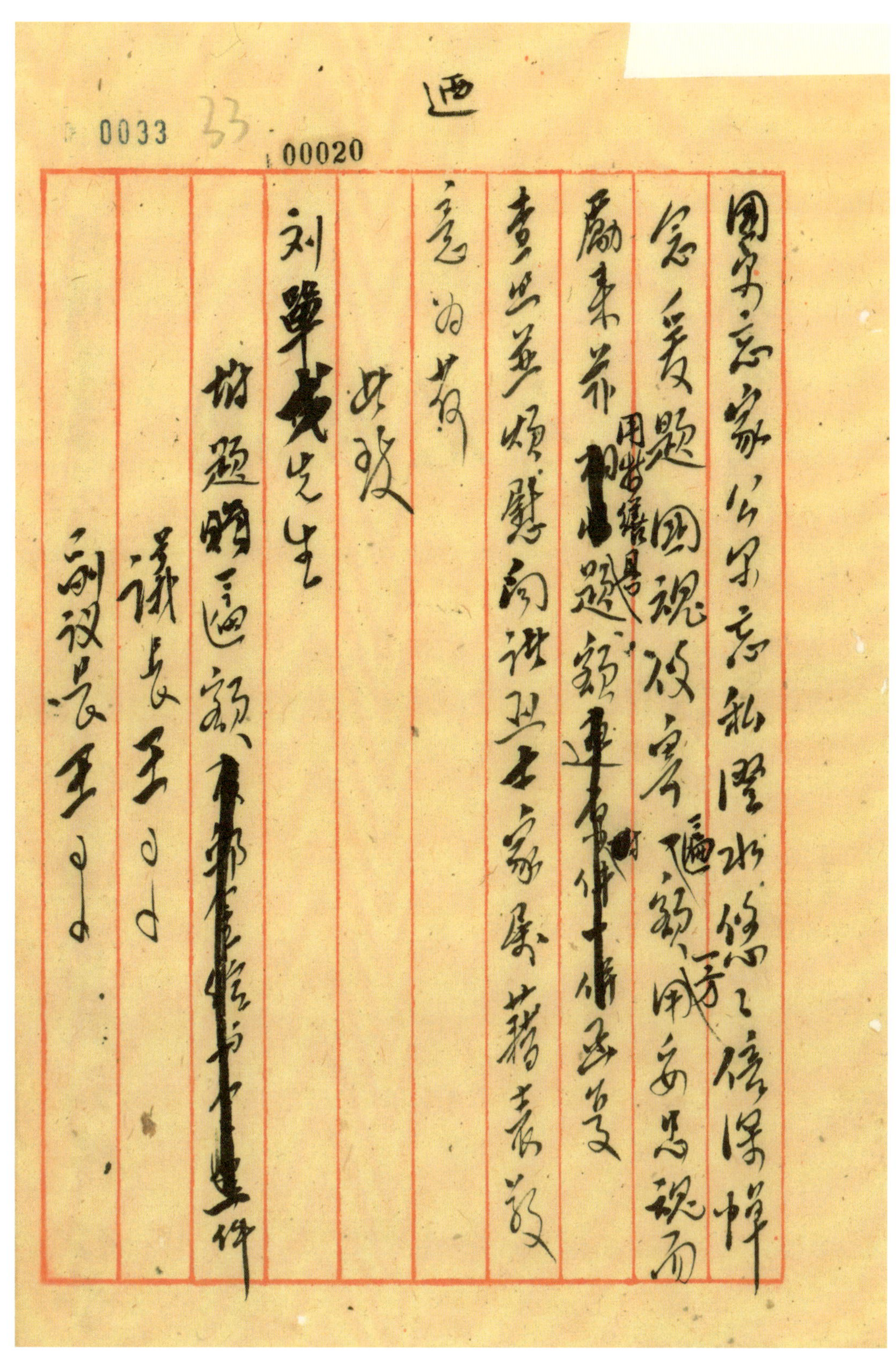

迺

0033 33

00020

国尔忘家，公尔忘私，暨冰修悫之信，深悼

念，爰题"国魂复安"三匾额一方，用安忠魂而

励来兹，用特缮具题额，附函复

查照，并烦转向张烈士家属转表敬

意为荷。

此致

刘华庚先生

附题赠三匾额、一件

议长 王○○

副议长 王○○

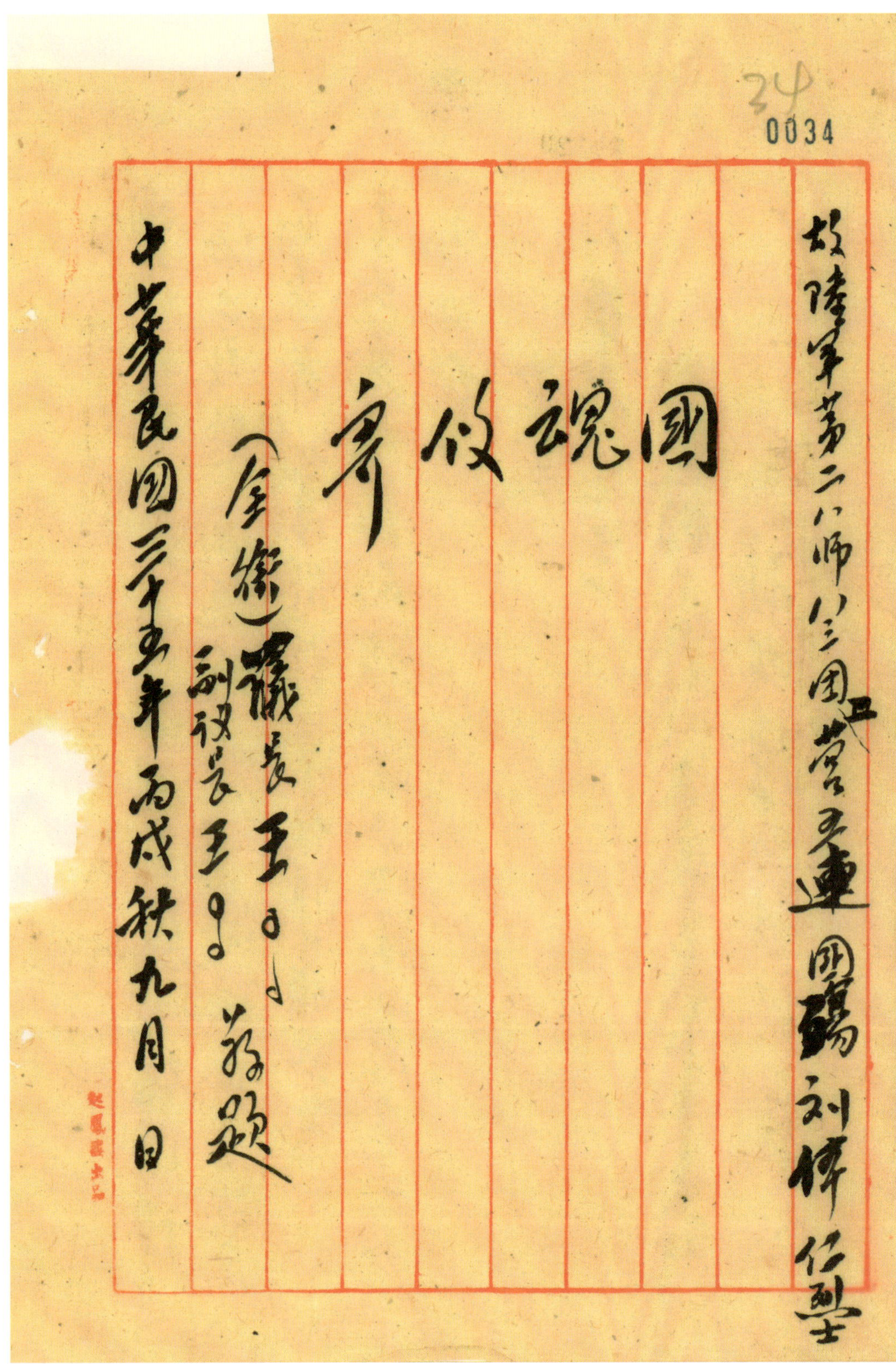

0034

故陸軍第二八師八三團五營五連國殤劉偉仁烈士

國魂攸存

（全銜）議長王〇〇
副議長王〇〇 敬題

中華民國三十五年丙戌秋九月　日

江西省教育厅致泰和县云峰乡出征阵亡家属刘单戈的批（一九四六年九月二十六日）

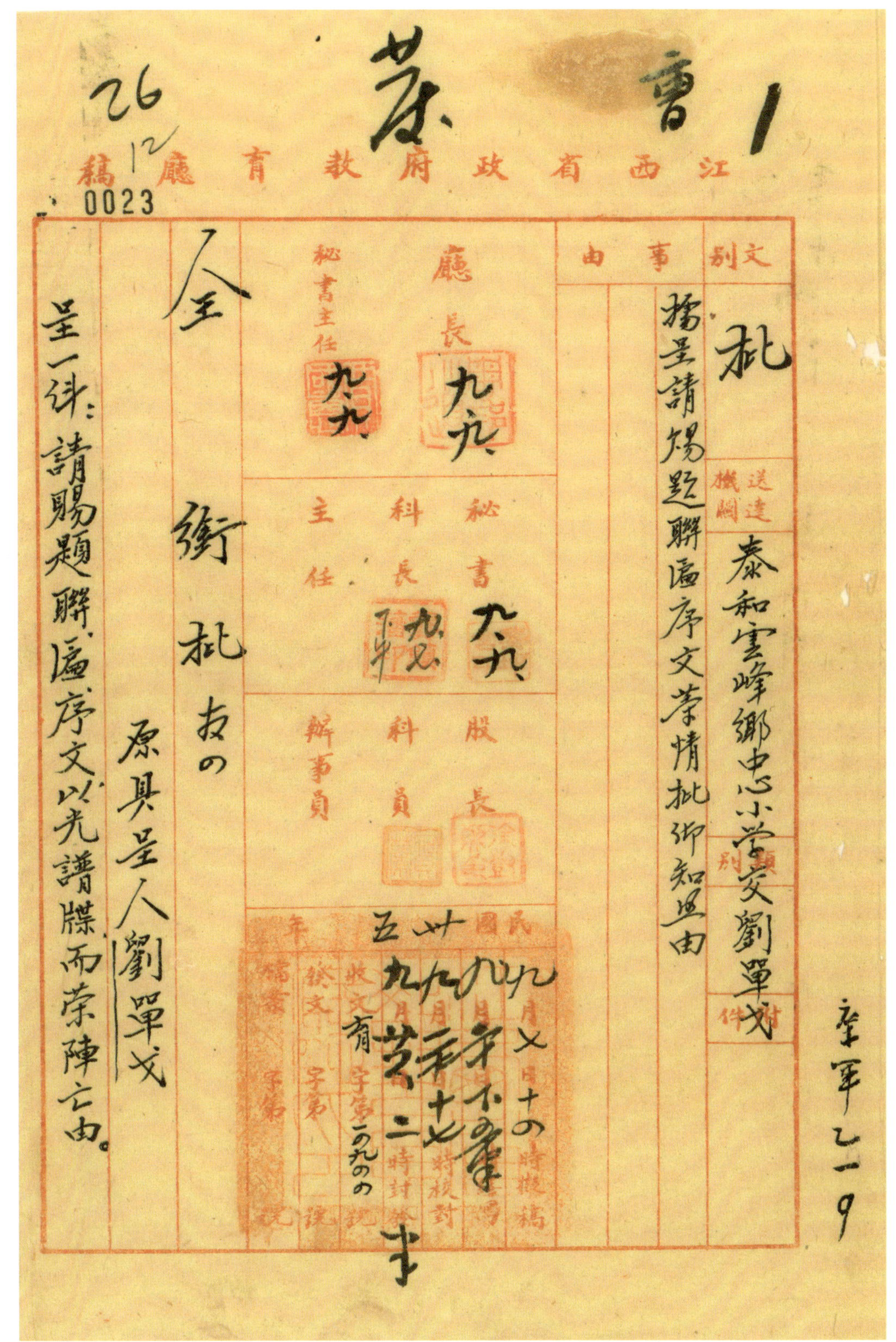

江西省政府教育厅稿

文别：批

事由：據呈請賜題聯匾序文等情批仰知照由

送達機關：泰和雲峰鄉中心小學交劉單戈

全銜批　
原具呈人劉單戈
呈一件：請賜題聯、匾、序文以光譜牒而榮陣亡由。

0024

呈悉。所请仰呈由地方政府转请核办为要，

此批。

国民政府文官处政务局、江西省教育厅、南昌省立南昌第一中学学生温松生兄弟二人等关于请求免费就读的来往文书（一九四六年八月至一九四七年四月）

南昌省立第一中学学生温松生致江西省政府的呈（一九四六年八月二十三日）

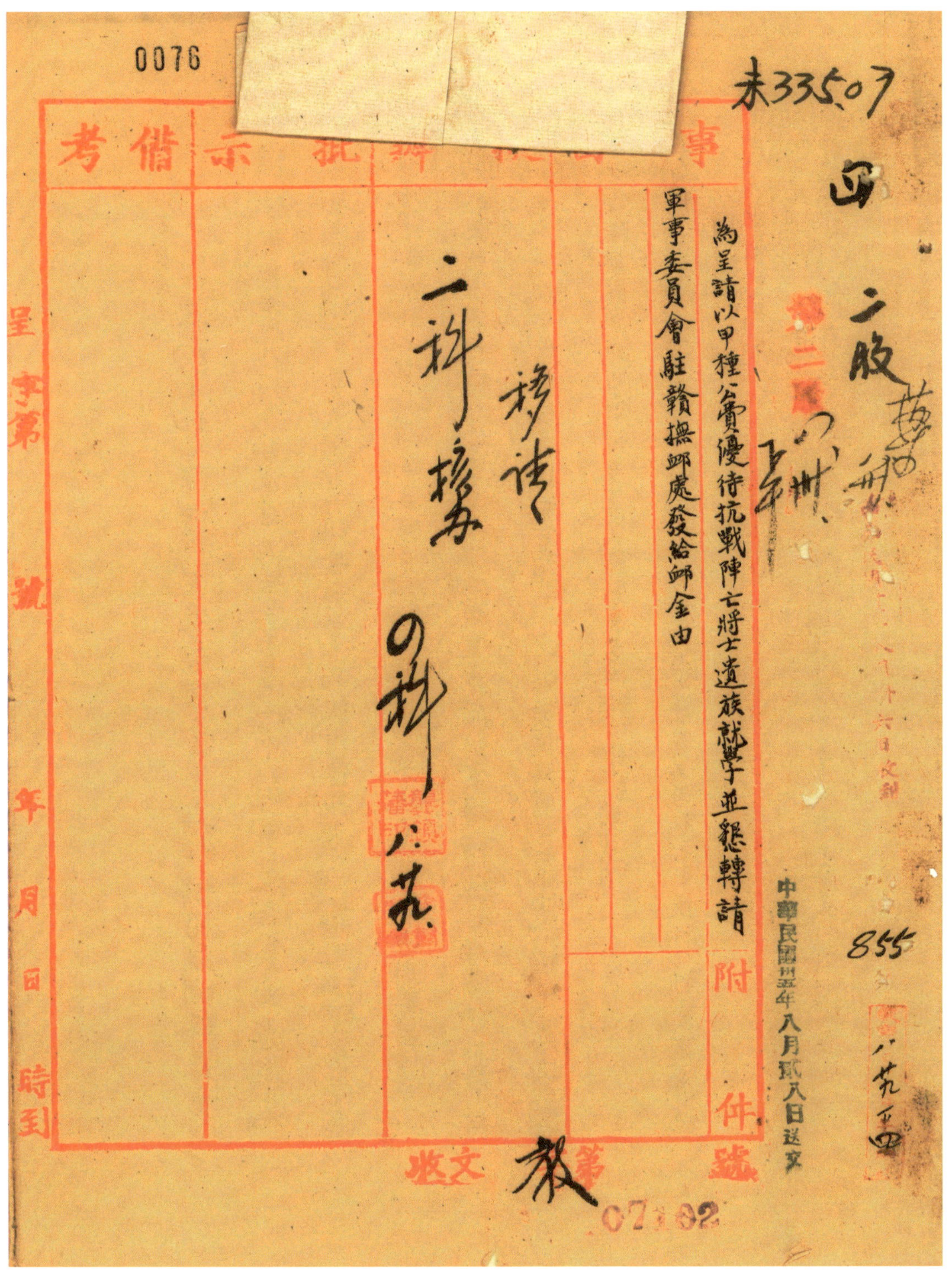

為呈請以甲種公費優待抗戰陣亡將士遺族就學並懇轉請軍事委員會駐贛撫卹處發給卹金由

中華民國卅五年八月貳八日送文

竊自先父温忠實抗日陣亡後，家境蕭條，貧苦益甚，但因感國難嚴重，救亡圖存，責無旁貸，仍不顧家計，求學南昌省立一中，祈他日效忠黨國，繼承先父之事業。數載以來，典賣家產，刻苦求學，未敢稍移初志。竊胞兄温雩生亦求學省立寧都鄉師。惟今國事未寧，金融恐慌之時，米珠薪桂，生活倍覺艱苦。竊兄弟求學費用，家中實是無力負擔。竊雖蒙政府公費優待，但款項微細，不敷校中膳食之用，與校中所繳之費，相差甚鉅。竊近觀報載政府已有明令規定，凡抗戰陣亡將士之遺族在校求學者，得享受全部公費優待，為此懇請

鈞府體卹遺族，為國家為民族遭受重大犧牲，災情嚴重，政府切實救濟，安定災民生計，並懇

鈞府准予竊兄弟全部公費求學，飭令南昌省立一中及省立寧都鄉遵照辦理，

0079

32

使貧苦哭黎，得沾實惠。

再陳者：我政府所發抗戰陣亡將士遺族撫卹金，原為褒揚忠烈，救濟遺族，此款自應按期發給，以達實效。詎料事有出人意料外者，即窮母于本年春初，遵章具文呈奉軍事委員會駐贛撫卹處，請領去歲及本年應有各款撫卹金，再三呈請，未蒙覆示，故懇請

鈞府轉文該處追查，請予發給，以保障遺族享有之權利。不勝迫切待命之至。理合具文

呈請

鈞府鑒核施行，實為恩便。

謹呈

江西省省政府主席

南昌省立第一中學學生温松生 謹呈

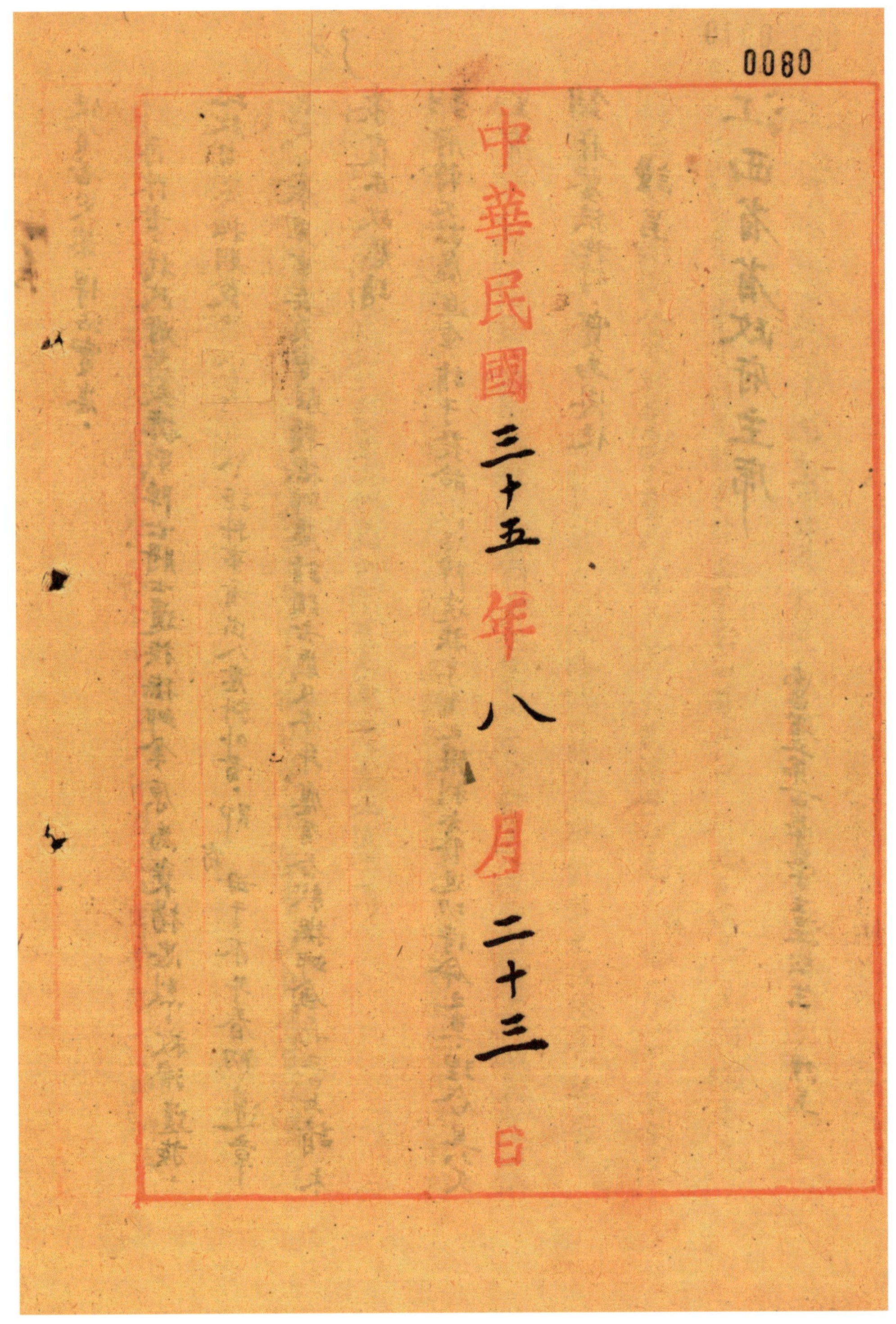

0080

中華民國三十五年八月二十三日

江西省教育厅致温松生的批（一九四六年十月十六日）

0081

江西省政府教育廳稿

文别	批
事由	據呈請核給先第二次全部公費及請發部令一案，批復知照。
送達機關	南昌一中修學生温松生

批

呈一件

具呈人温松生

育中一七九九九三號

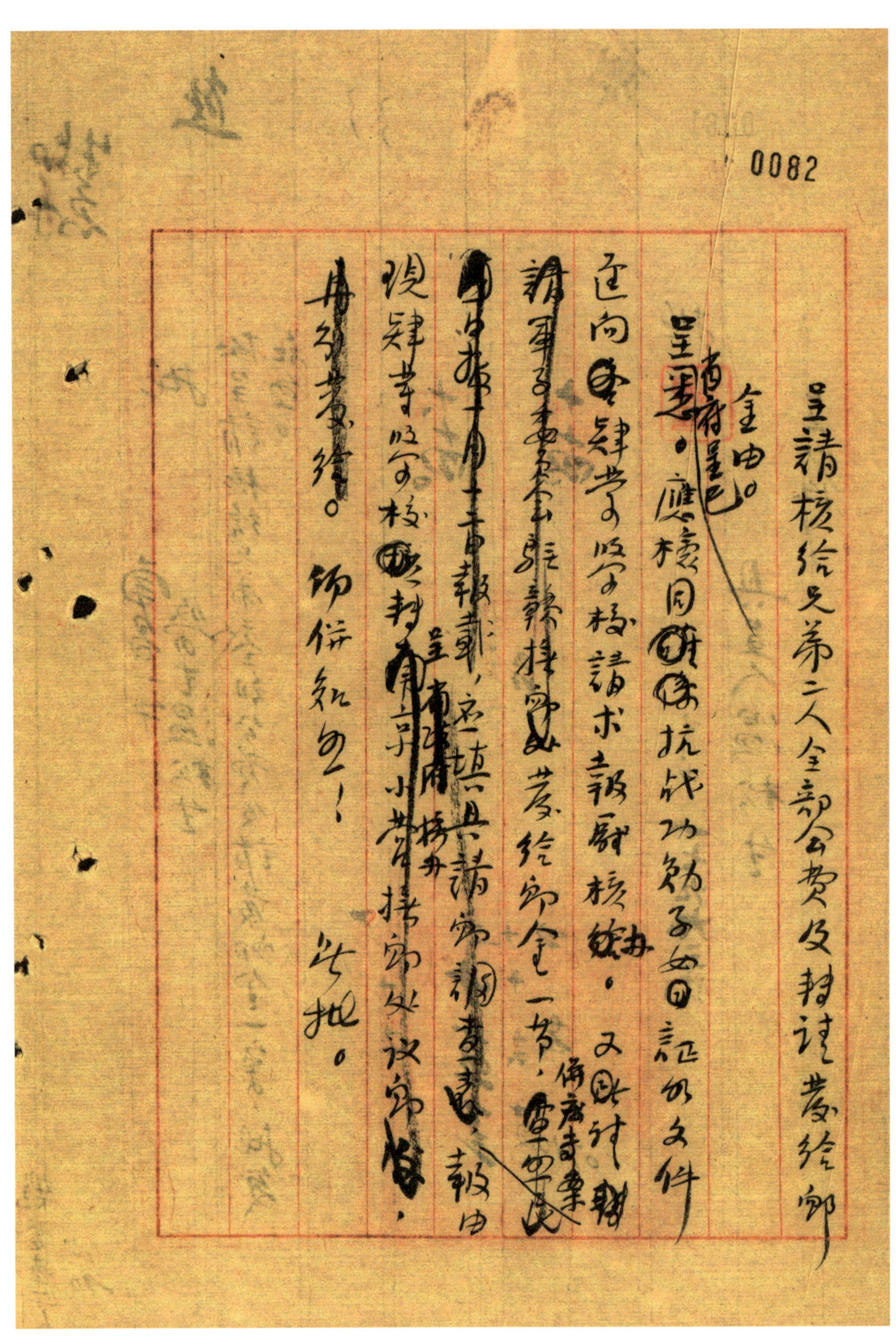

0082

呈请核给兄弟二人全部公费及转请发给部令由。

呈悉。应检同抗战功勋子女证明文件迳向肄业学校请求该校核办。又所请转请发给部令一节……

仰併知照！

此批。

国民政府文官处政务局致江西省教育厅的笺函（一九四七年二月七日）

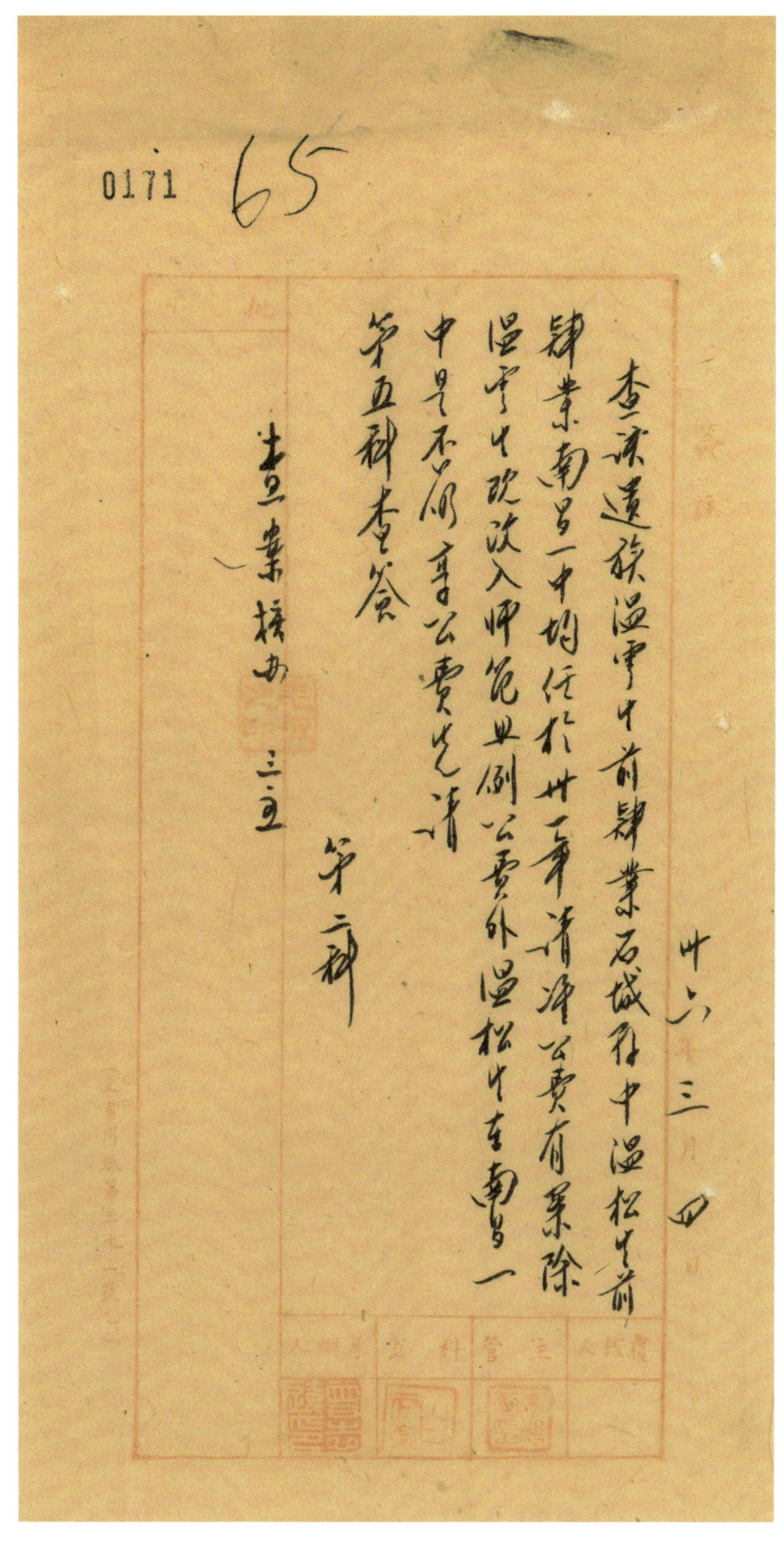
0171 65

卅六年三月四日

查该遗族温雪中前肄业石城县中温松生前肄业南昌一中均经于卅一年请准公费有案除温雪中现改入师范照例公费外温松生在南昌一中是否同享公费免请

第五科查签

第二科

查案核办 三.五

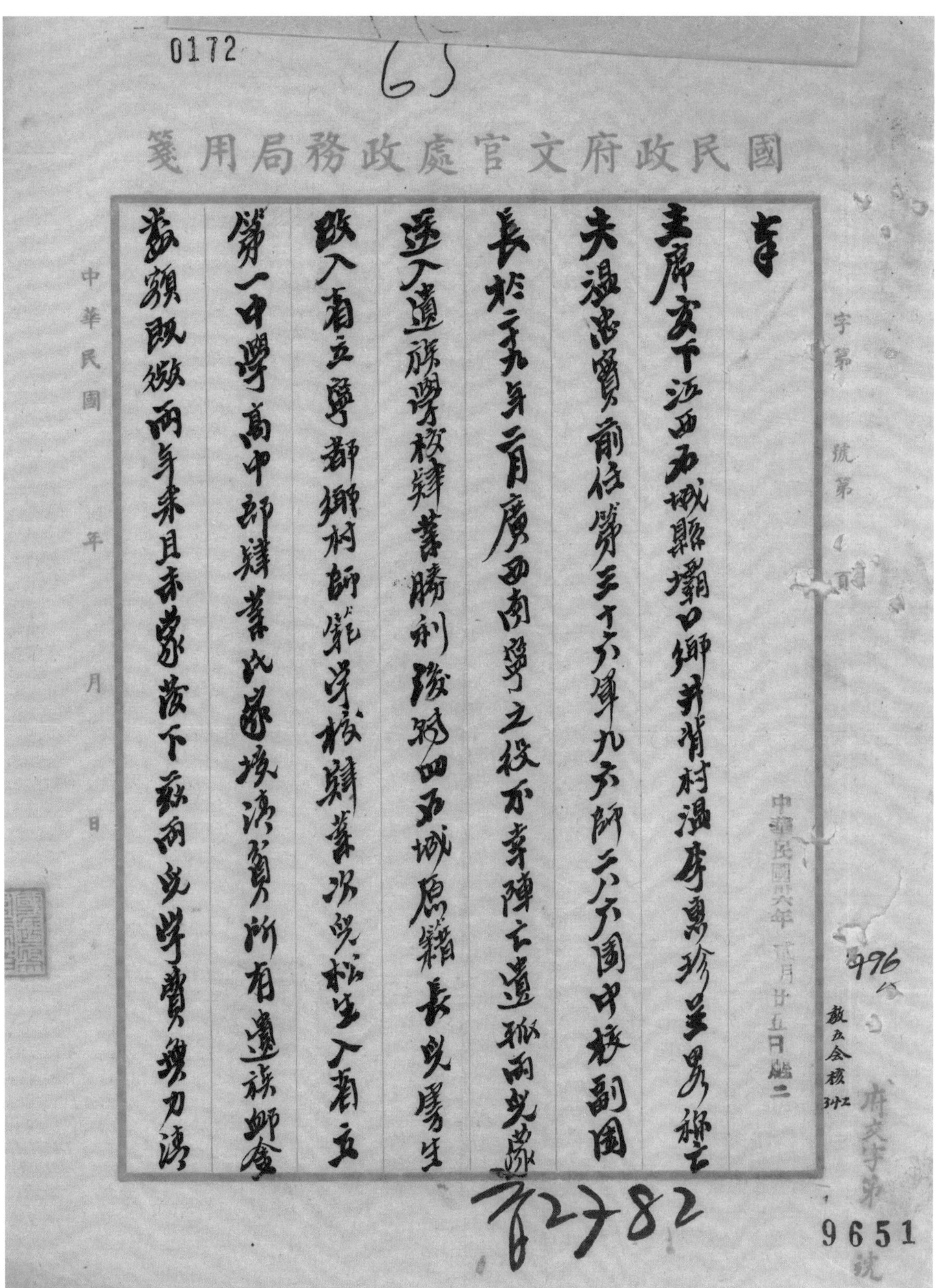
0172 65

國民政府文官處政務局用箋

呈

主席麾下江西石城縣壩口鄉井背村溫彥惠珍呈為稱亡夫溫造寶前任第三十六軍九六師二八六團中校副團長於二十九年二月廣西南寧之役不幸陣亡遺孤兩兒並送入遺族學校肄業勝利後返回石城原籍長兒學生考入省立寧都鄉村師範學校肄業次兒松生入省立第一中學高中部肄業此家境清貧所有遺族卹金發額既微兩年來且未蒙發下致兩兒學費無力清

字第　號第　頁

中華民國　年　月　日

中華民國卅六年貳月廿五日收二

476

教五會核 342

府文字第 9651 號

22782

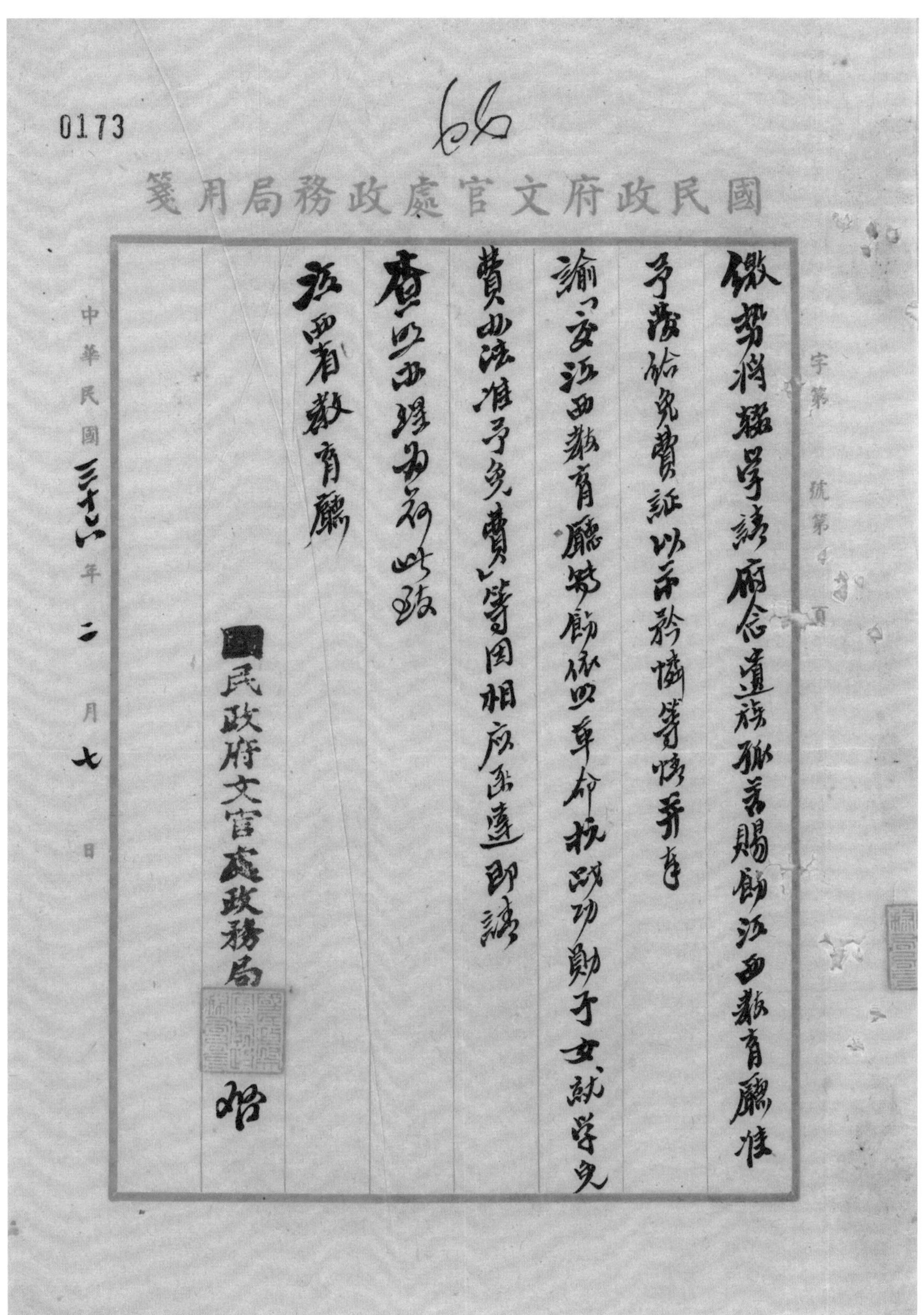

0173

66

國民政府文官處政務局用箋

徵勞將繼學請府念遺族孤苦賜飭江西教育廳准予發給免費證以示矜恤等情并奉

諭：「交江西教育廳特飭依照革命抗戰功勛子女就學免費辦法准予免費」等因相應函達即請

查照辦理爲荷此致

江西省教育廳

國民政府文官處政務局啓

中華民國三十六年二月七日

字第　號第　頁

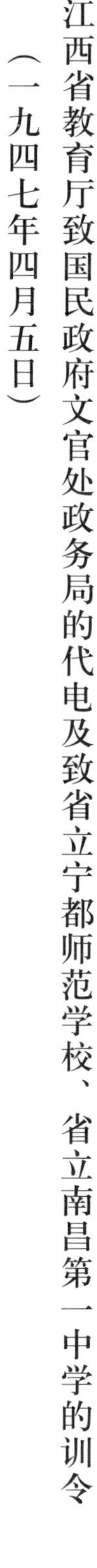

江西省教育厅致国民政府文官处政务局的代电及致省立宁都师范学校、省立南昌第一中学的训令（一九四七年四月五日）

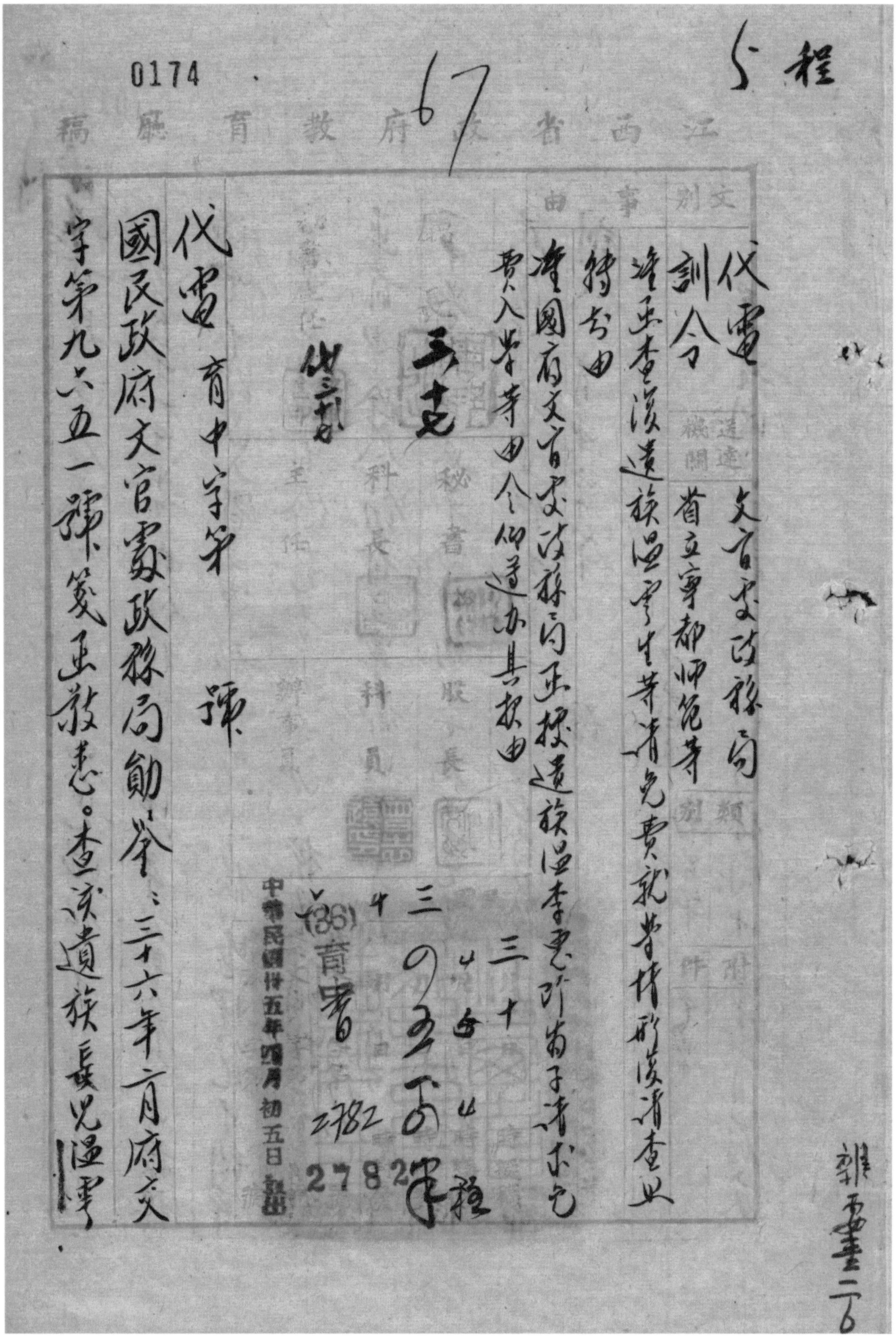

0174

江西省政府教育廳稿

文別：代電 訓令

機關：文官處政務局 省立寧都師範等

事由：據查該遺族溫雲生等請免費就學情形請查照轉飭由

據國府文官處政務局函據遺族溫李惠所有子請求免費入學等由令仰遵照具報由

代電 育中字第 號

國民政府文官處政務局鈞鑒：三十六年育府文字第九六五一號箋函敬悉。查該遺族長兒溫雲

0175

生前肄業石城縣立中學，次兒溫松生前肄業省立南昌第一中學，均經於卅一年請准公費有案。擬將溫雲生改入省立寧都師範學校，查師範生均係公費，亦請省給免費證一節，核與上項規定，准函前由，除令飭省立寧都師範學校及省立南昌第一中學再遵照革命功勳子女就學免費條例辦理外，相應復請查照轉飭爲荷！江西省教育廳寅、育中部

訓令　育中字第　　號

令省立寧都師範學校
　　　南昌第一中學

案准國民政府文官處政務局卅二年二月府交

0176

68

字第九六五一號函開：「奉　主席交下江西省石城縣抗戰陣亡將士遺族溫李惠珍呈一件，以伊夫溫忠實前任第卅六軍九十六師中校副團長，於廿九年南寧之役陣亡，遺孤長子雲生現肄業省立寧都師範學校，次子雲松現肄業省立南昌第一中學，學費無力清繳，請飭江西省教育廳准予發給免費證等情，奉諭交江西省教育廳依照革命功勳子女就學免費條例准予免費等因，請查照辦理」等由。查溫雲生前肄業石城縣立中學，溫雲松前肄業省立南昌第一中學，均經於廿一年請准公費有案。據稱溫雲生現改入省立寧都師範學校，

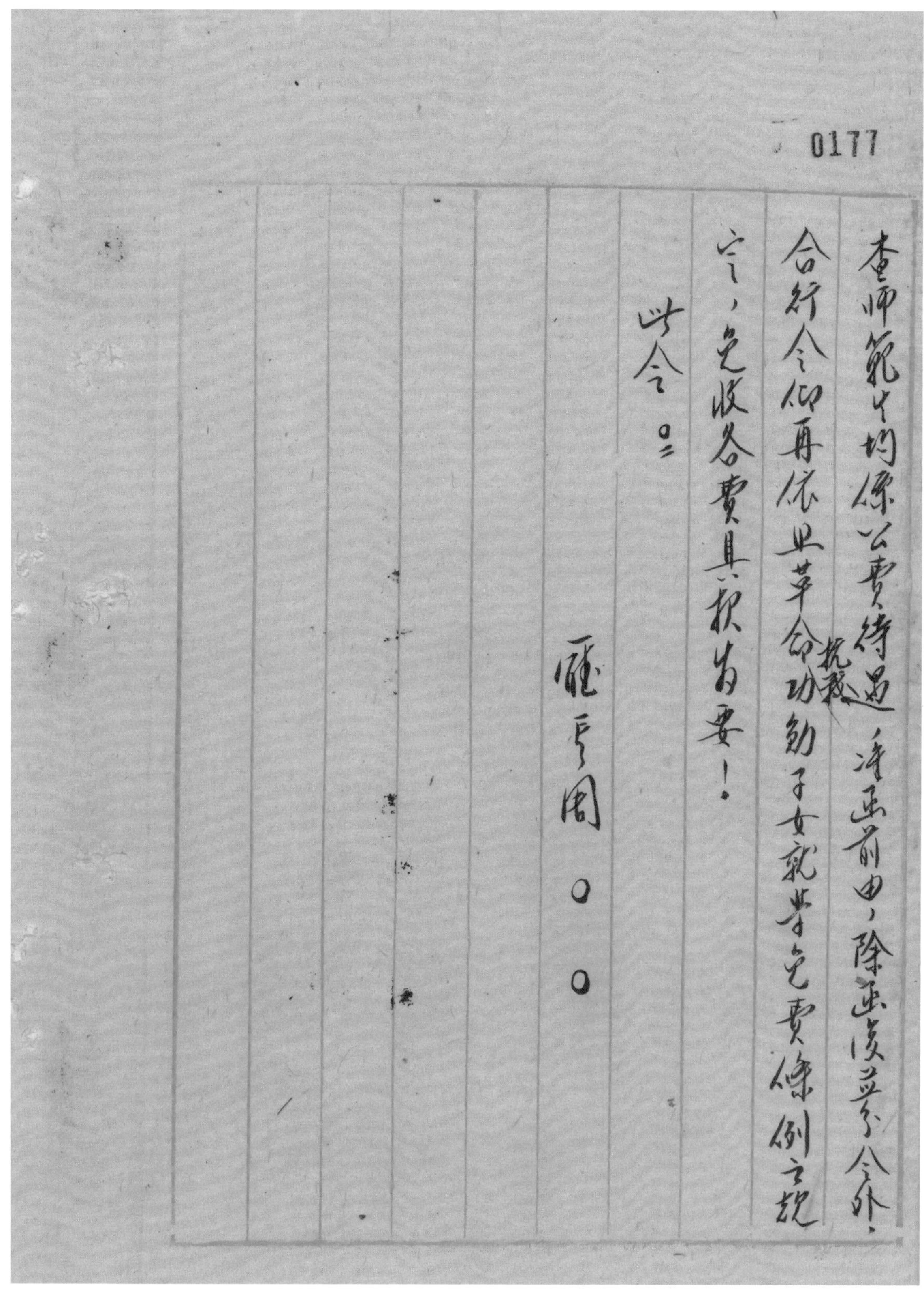
0177

查師範生均係公費待遇，准函前由，除函復並分令外，合行令仰再依照革命抗戰功勳子女就學免費條例之規定，免收各費具報為要！

此令。

廳長 周○○

行政院、江西省政府和江西省建设厅等关于择地试办抗战阵亡将士遗族授田事宜的来往文书（一九四六年九月至一九四七年九月）

行政院致江西省政府的训令（一九四六年九月二十七日）

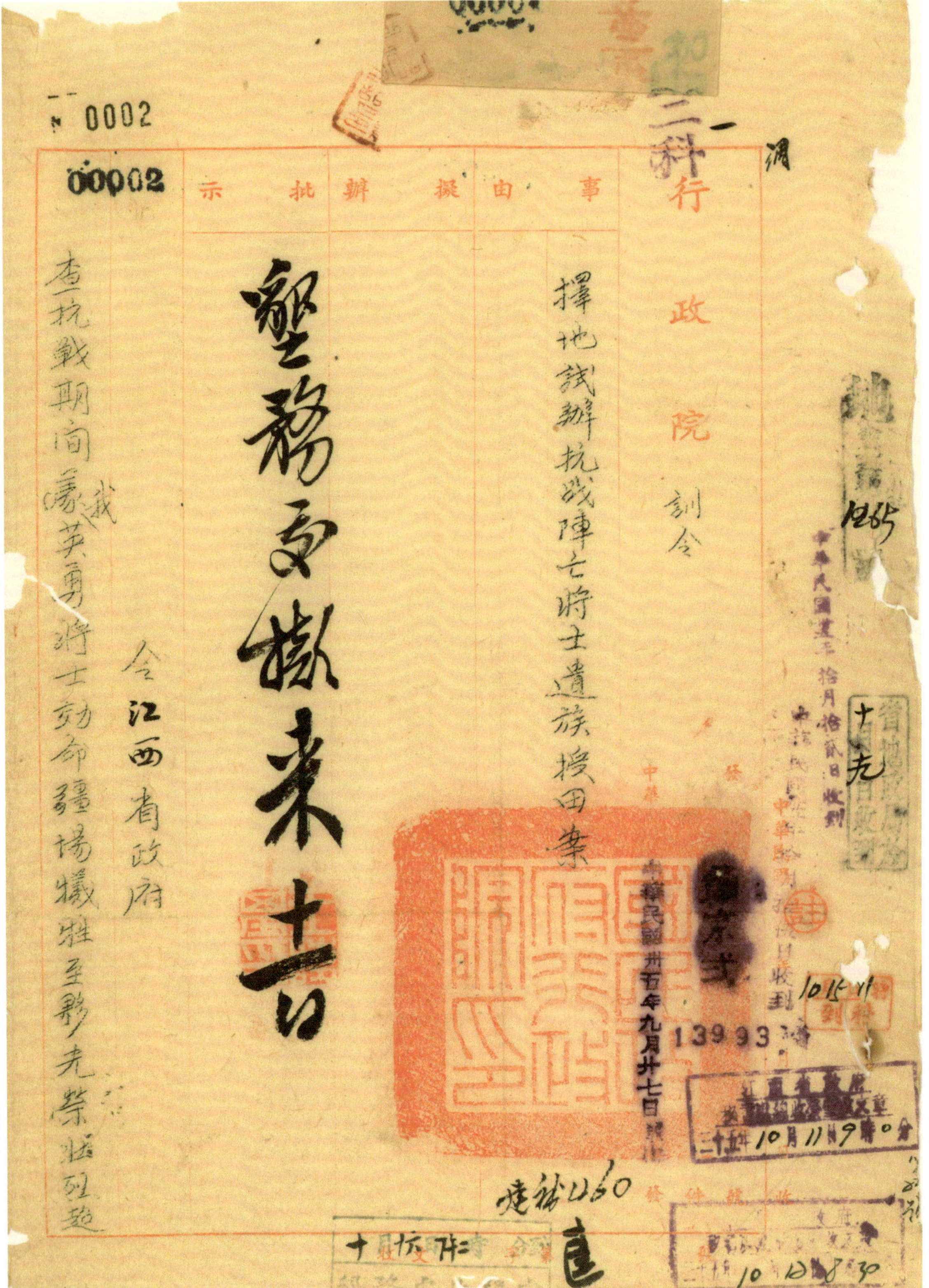

行政院训令

事由：择地试办抗战阵亡将士遗族授田案

令江西省政府

查抗战期间忠勇将士効命疆场牺牲至为光荣壮烈……

中华民国卅五年九月廿七日

0003

適前叉凡在各戰場陣亡册報有案者業經分別予以優卹在案惟念抗戰八年各部隊補充改編之動輒大全國陣亡將士人數既難免查報無遺其遺族之分佈及生活狀況更難有詳明調查念生活之艱困憐老弱之失依允宜設法救濟以示体卹查各省市公有土地亟應普遍施耕施墾以期田野無荒地盡其利茲責成各　省市政府切實調查各該省市公地分佈情形擇地試辦抗戰陣亡將士遺族授田務使耕墾自給老弱有養以補救撫卹之不足一俟辦有成效再為推廣實行除　分令　外　合行令仰遵照此令

院長宋子文

監印

校對

江西省垦务处的签注（一九四六年十月十八日）

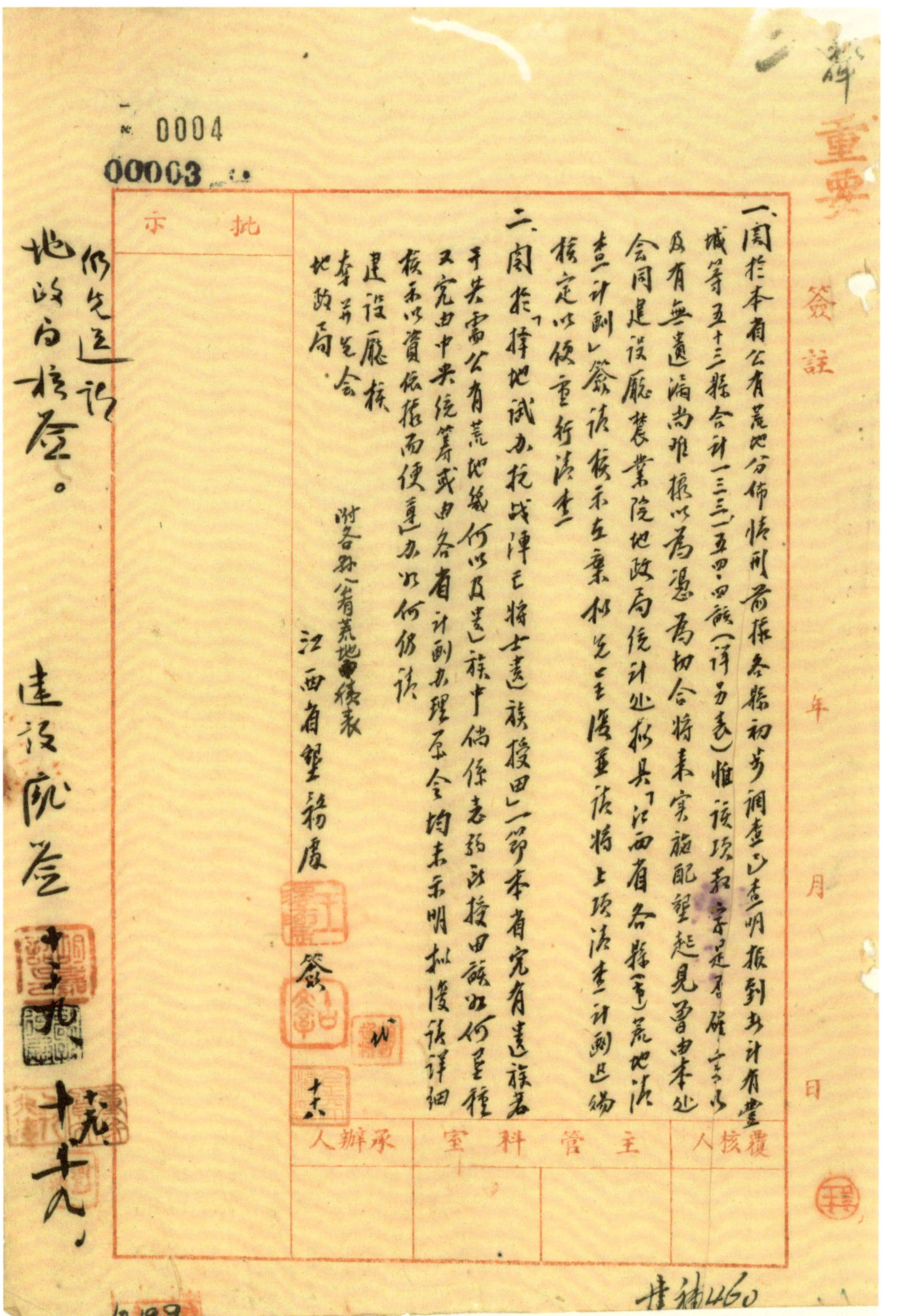

重要

簽註

一、關於本省公有荒地分佈情形前據各縣初步調查」查明振到共計有豐城等五十三縣合計一三三一五四·四畝（詳另表）惟該項數字是否確實以及有無遺漏尚難據以為憑爲切合將來實施配墾起見曾由本處会同建設廳農業院地政局統計処擬具「江西省各縣（市）荒地清查計劃」簽請核示在案擬先予復並請將上項清查計劃迅賜核定以便重行清查」

二、關於「撥地試辦抗戰陣亡將士遺族授田」一節本省究有遺族若干共需公有荒地幾何以及遺族中倘係老弱或授田畝數如何呈種又究由中央統籌或由各省計劃辦理原令均未示明擬復請詳細核示以資依據而便遵辦以何仍請

建設廳核

奪並分会

地政局

附各縣（市）省荒地面積表

江西省墾務處

簽

十六

仍先送請地政局核簽。

建設廳簽

十九

十月十九

承辦人	主管科室	覆核人

江西省地政局的签注（一九四六年十月二十一日）

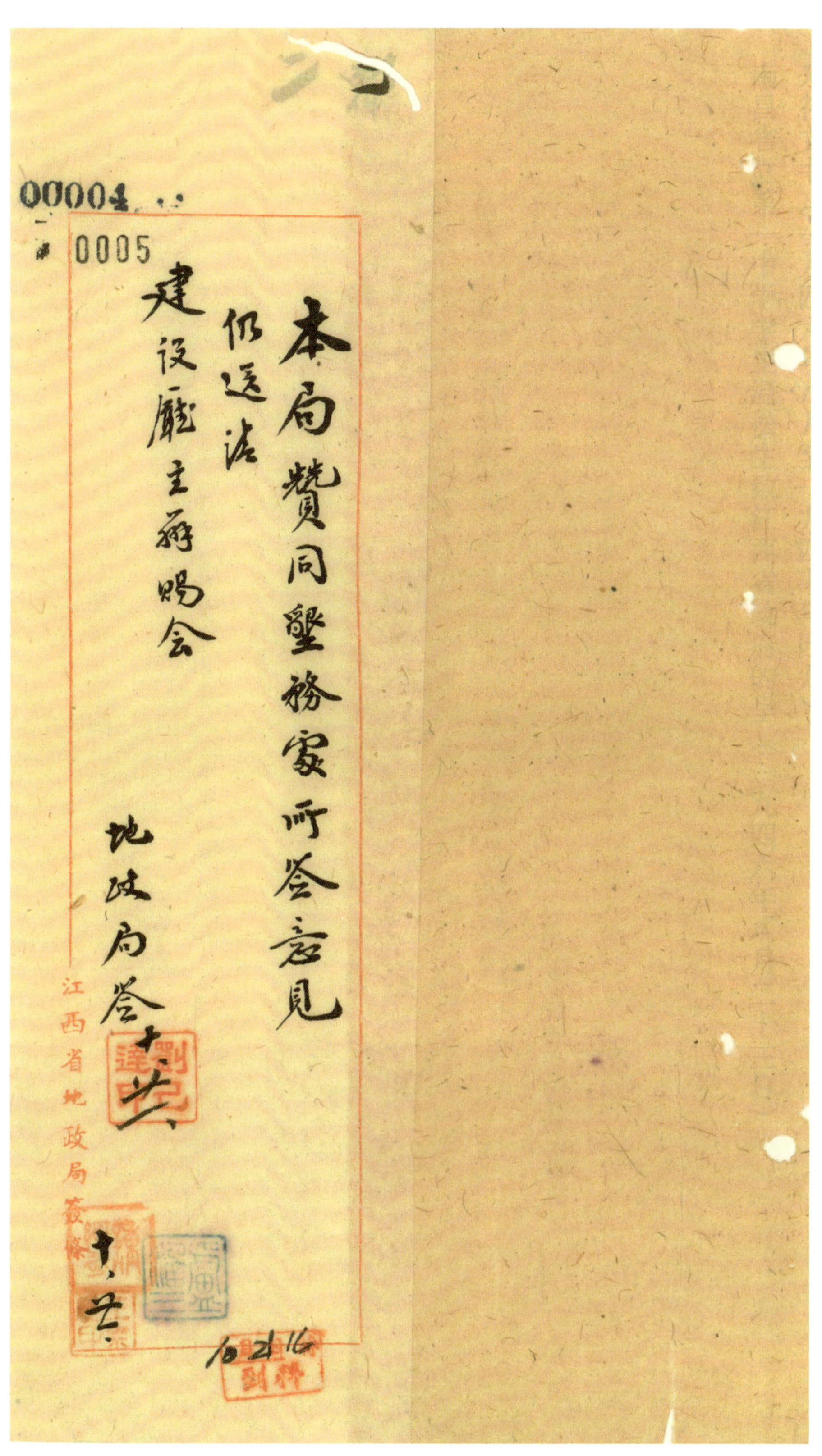
00004

0005

本局贊同墾務處所簽意見
仍送請
建設廳主辦賜會

地政局簽 十、廿一

江西省地政局簽條

十、廿一

10.21.16

江西省建设厅的签注（一九四六年十月二十二日）

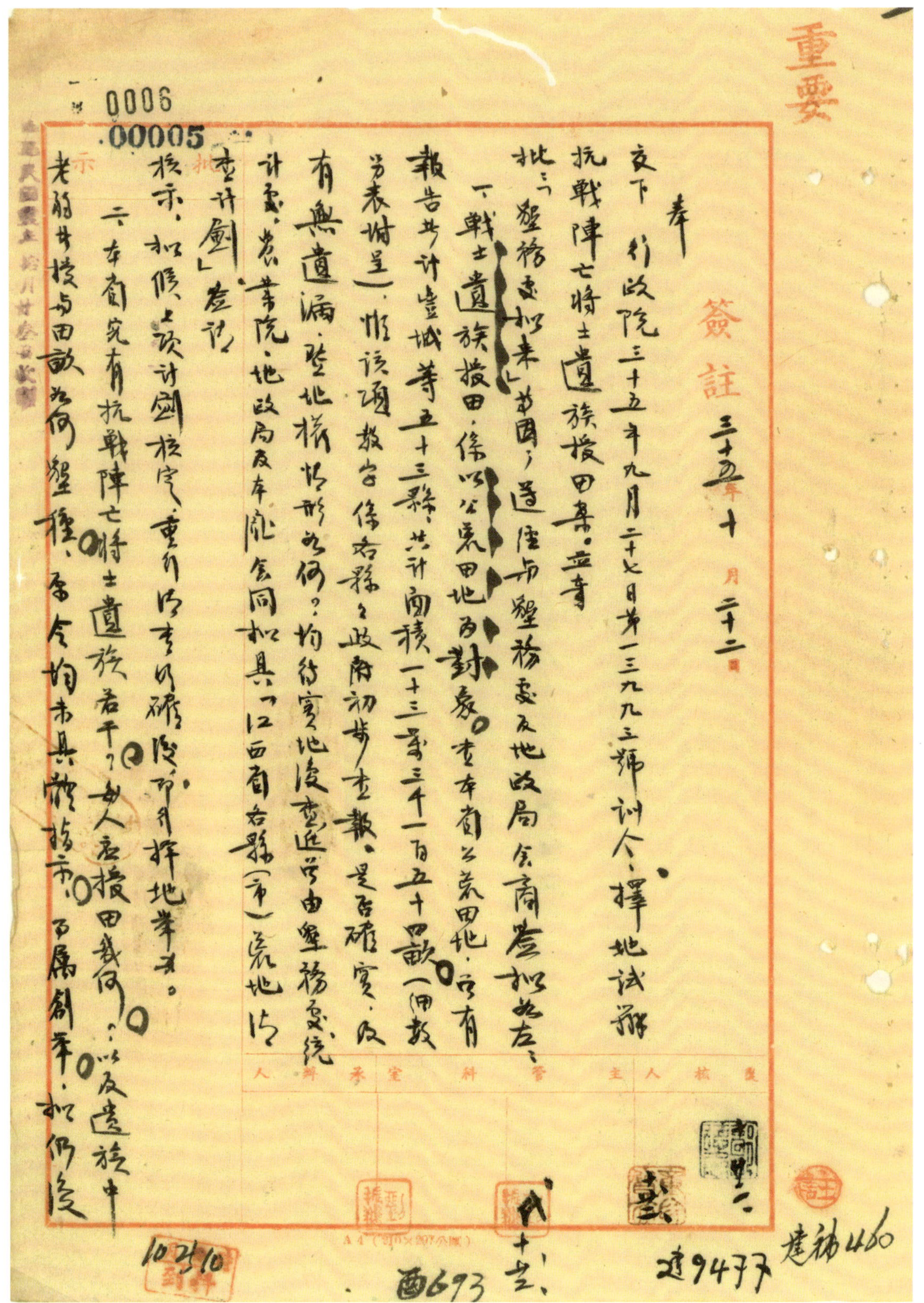
重要

簽註 三十五年十月二十二日

奉

交下行政院三十五年九月二十七日第一三九九三號訓令，擇地試辦抗戰陣亡將士遺族撥田案，並責

批：「三、墾務處擬來」等因。遵經由墾務處及地政局會商簽擬如左：

一、戰士遺族撥田，係以公荒田地為對象。查本省公荒田地，前有報告共計豐城等五十三縣，共計面積一十三萬三千一百五十四畝（冊數另表附呈）。惟該項數字係各縣政府初步查報，是否確實，及有無遺漏，墾地機關將如何？均待實地復查。近者由墾務處統計處、農業院、地政局及本廳會同擬具「江西省各縣（市）荒地清查計劃」簽請核示，擬俟上項計劃核定，重行復查確實後，即行擇地舉辦。

二、本省究有抗戰陣亡將士遺族若干？每人應撥田若干？以及遺族中老弱者撥與田畝，如何墾種？等令均未具體核示，可否應創辦，擬仍俟

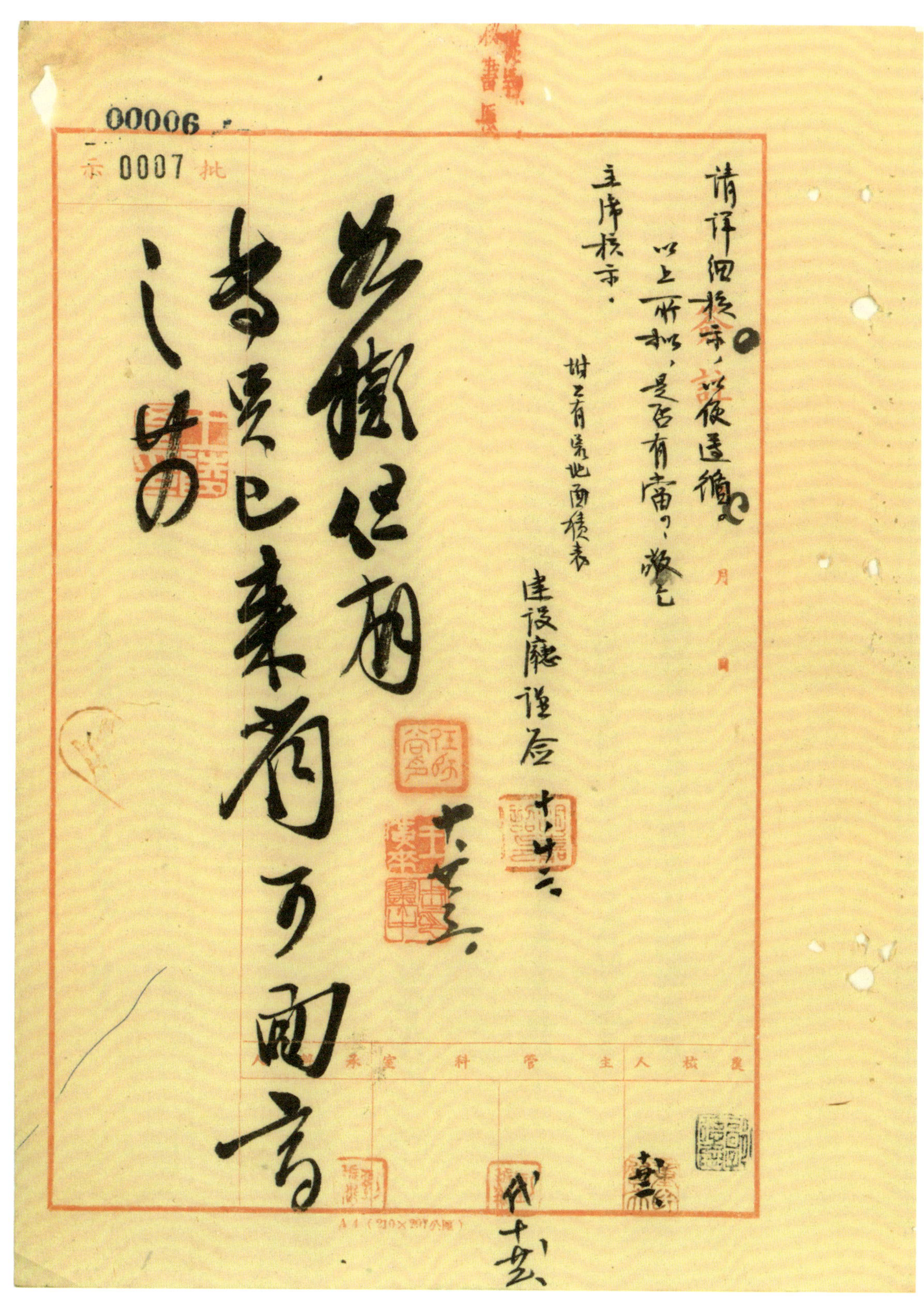
00006

批示 0007

請詳細核示，以便遵循。以上所擬，是否有當，敬乞
主席核示。
附工育處地面積表
建設廳謹簽 十、廿六

如擬任用。告其已來蓉可面商之。
中 十、廿五

附：江西省各县公有荒地面积表

江西省各縣公有荒地面積表

縣別	荒田		荒地	
	熟荒	生荒	熟荒	生荒
豐城	4343（畝）	4458畝	3725（畝）	2904畝
進賢	58〃	69〃	3534〃	3418〃
新建			31〃	
新淦	808〃	4067〃	1017〃	2290〃
清江	2390〃	6316〃	818〃	4764〃
宜春	10〃		30〃	
萍鄉	64〃	204〃	263〃	66〃
分宜	18〃	64〃	121〃	130〃
上高	4413〃	3163〃	1010〃	2405〃

宜豐	3898.5"	2010.7"	889"	1101.4"
新喻	10"	1248"	304"	2428"
高安	1050"	1555"	249"	2443"
永新				1044"
峽江			800"	330"
永豐	376"	152"	341"	989"
遂川	12.5"	6"	156"	2345"
安福				1100"
贛縣	1002.5"		2468"	
龍南				1679"

虔南	337畝		216畝	
大庾	35畝	32畝	88畝	101畝
崇義			19畝	106畝
南康	10畝	4畝	153畝	163.5畝
上猶	4.6畝	10畝	10畝	20.2畝
信豐	109畝	140.5畝	159畝	367畝
安遠	16畝	7畝	28畝	313畝
婺源	183畝	294畝	136畝	370畝
鄱陽	2畝	338畝	94畝	837畝
彭澤				12畝

縣別				
樂平	3畝	6畝	501畝	1,592畝
廣豐			53畝	
横峯	120畝			19畝
弋陽	506畝	1,009畝	103畝	311畝
貴溪	116畝		686畝	1,480畝
餘江	1,336畝	1,587畝	2,613畝	107畝
萬年	60.4畝	96畝	181畝	297畝
南豐	528畝	243畝	4,363畝	49畝
宜黄	27畝	26畝	186畝	78畝
東鄉	1,053.6畝	1,3482畝	1,109.1畝	1,713.1畝

黎川	135畝	755畝	2,160畝	2,229畝
廣昌	94畝	197畝	164.5畝	122畝
石城	70畝	99畝	68畝	267畝
瑞金	4345畝	440畝	109畝	95.8畝
雩都	49畝		152畝	
興國		20畝	30畝	
九江				600畝
德安	590畝	351畝	428畝	510畝
瑞昌		103畝	20畝	740畝
奉新	221畝	548畝	84畝	270畝

0013

星子	50畝			170畝	
尋鄔	124畝	103畝	213畝	459.1畝	
德奥	2061畝	168畝	282畝	109畝	
蓮花	10畝	5畝	417畝	1.166畝	
総計	25,842.6畝	31,442.4畝	27,652.8畝	48,216.6畝	共133,154.4畝

江西省民政厅的签呈（一九四六年十月三十日）

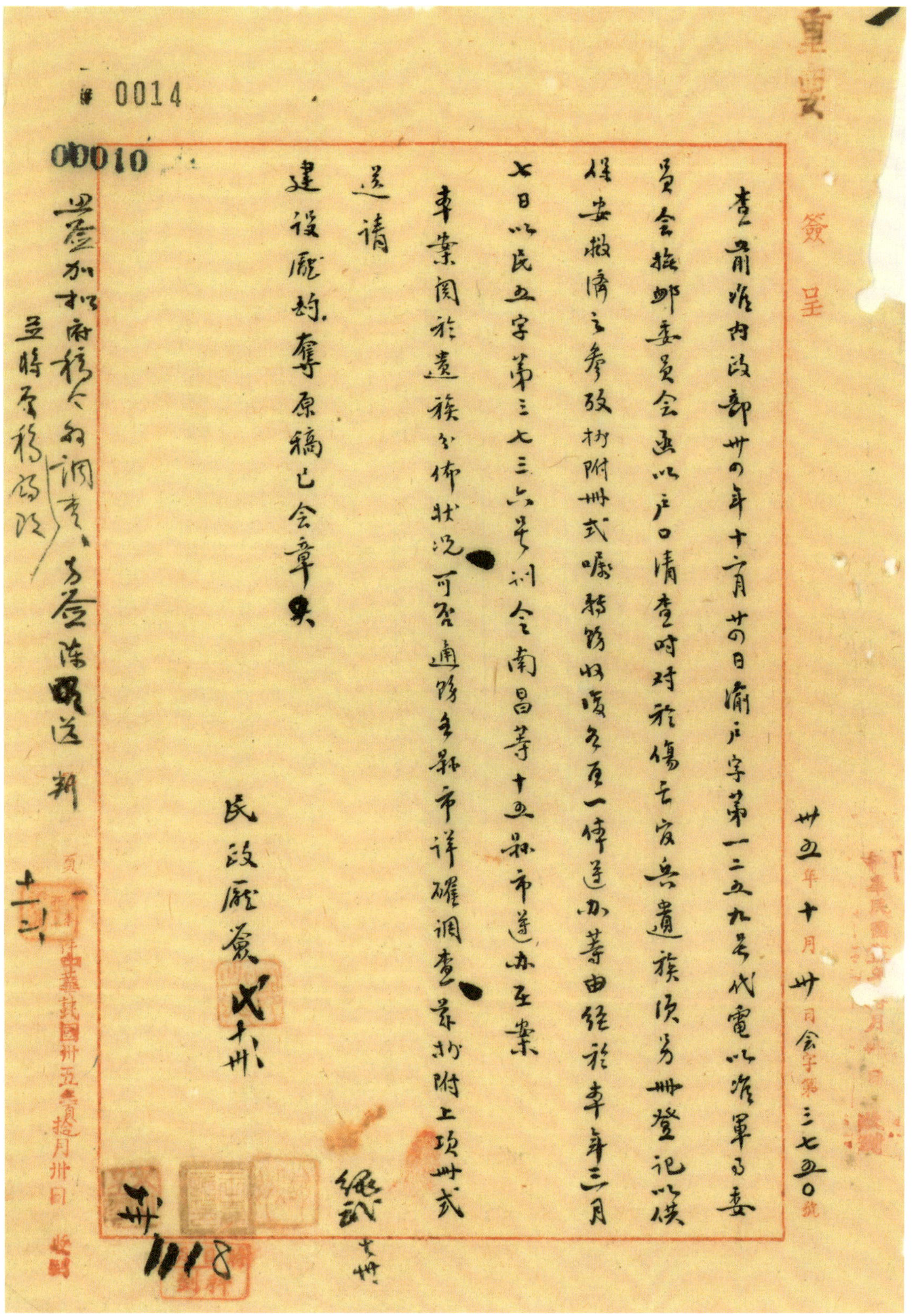
签呈

卅五年十月卅日 司会字第三七五〇号

查前准内政部卅四年十月廿四日渝户字第一二五九九号代电以准军事委员会抚邮委员会函以户口清查时对于伤亡官兵遗族须另册登记以供保安救济之参考检附册式嘱转饬照办等由经于本年三月七日以民五字第三七三六号训令南昌等十五县市遵办在案

本案关于遗族分布状况可否通饬全县市详确调查并检附上项册式

送请

建设厅酌夺原稿已会章矣

民政厅签

軍事委員會撫卹委員會受傷官兵登記冊

隊號級職姓名	受傷地點日期部位送療經過	卹令字號	備考

軍事委員會撫卹委員會死亡官兵遺族登記冊

隊號級職姓名	遺族姓名職業年齡詳細住址	卹令字號	備考

江西省建设厅的签注（一九四六年十一月二日）

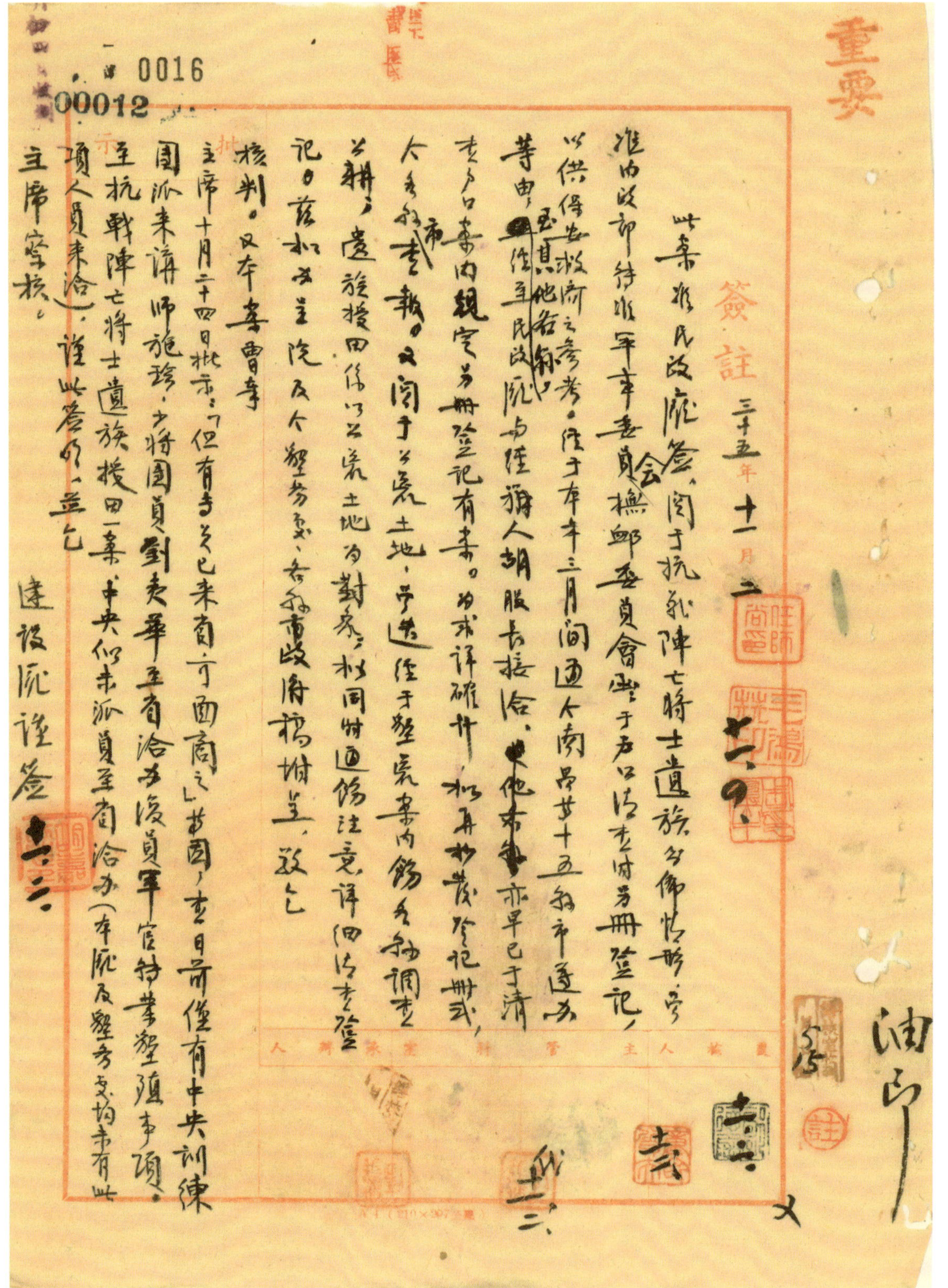

重要

簽註 三十五年十一月二日

此案准民政廳簽：關於抗戰陣亡將士遺族各項情形，曾准內政部轉准軍事委員會撫卹委員會函，於戶口清查時另冊登記，以供保安政府之參考。經於本年三月間通令南昌等十五縣市遵辦等由，經（至）民政廳與經辦人胡股長接洽，其他各縣亦早已於清查戶口案內規定另冊登記有案。為求詳確計，擬再抄發登記冊式，令各縣市查報。又關於公息土地，曾送經於整理公息案內飭各縣調查公耕；遺族授田係以公息土地為對象，擬同時通飭注意詳細清查登記。茲擬並呈院及公產整理處、各縣市政府[illegible]辦，敬乞核判。又本案曾奉

主席十月二十四日批示：「但有者又已來省，可面商之」等因，查日前僅有中央訓練團派來講師施[illegible]、少將團員劉秉華至省洽辦復員軍官轉業暨隨事項，至抗戰陣亡將士遺族授田一案，中央似未派員至省洽辦（本廳及整務處均未有此項人員來洽）。謹此簽明，並乞

主席鑒核。

建設廳謹簽

十一、二

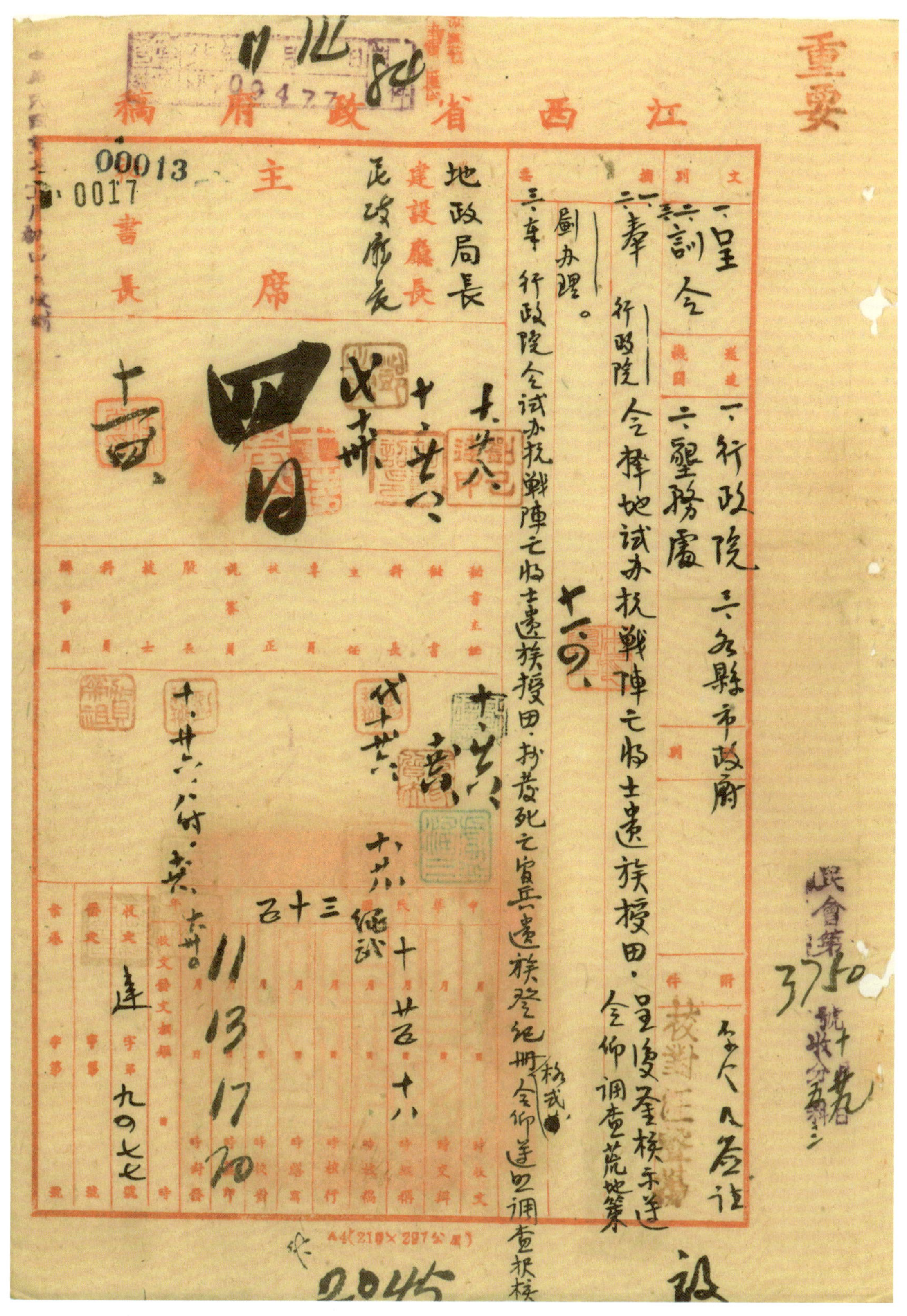

江西省政府稿

主席
秘书长
地政局长
建设厅长
民政厅长

文别：一、呈 二、训令

送达机关：一、行政院 二、垦务处 三、各县市政府

事由：一、奉 行政院令举地试办抗战阵亡将士遗族授田，呈复遵核示遵；
二、令仰调查荒地……
三、奉 行政院令试办抗战阵亡将士遗族授田，抄发死亡官兵遗族登记册，令仰遵照调查报核。

刘办理。

江西省政府致行政院的呈及致省垦务处、各县市政府的训令（一九四六年十一月十四日）

全銜 呈

奉

鈞院三十五年九月二十七日□京式字第一三九九三號訓令，飭試办抗戰陣亡將士遺族授田苟因，自應遵办。除飭各縣市政府及鄉務處將公有荒地及遺族分佈情形詳實調查登記，以便办理外，惟本省抗戰陣亡將士遺族若干，每人應授田幾何，以及遺族及其中老弱者授每田欵為何墾種，未奉明示，理合復請

鑒核詳細指示，俾資遵循。謹呈

行政院院長宋

（全銜）主席王〇〇

0019

00014

訓令地建二字第　號

令墾務處

奉

行政院三十五年九月二十七日魚京式字第一三九九三號訓令，飭試辦抗戰陣亡將士遺族授田等因，除遵於本省抗戰陣亡將士遺族若干，每人應授田幾何，與遺族及其中老弱者授與田畝若何墾種？經呈復請

行政院詳細指示，並通令各縣調查遺族名冊、情形，及注意公荒土地清查登記，俟奉到再行飭知外，合行抄發原令，令仰該處遵照，於清查荒地時注意先將公荒田地詳細清查登記，以便策劃辦理為要。此令。

A4(210×297公厘)

0020

卅擬發：行政院本年九月二十七訓令一件。

主席王○○

地政局々長劉○○

建設廳々長胡○○

民政廳々長李○○

訓令　　民地建二字第　　號

令各縣々政府
南昌市政府

奉

行政院本年九月二十七日訓令，略以抗戰期間，英勇將士效命疆場，犧牲至夥，光榮壯烈，超邁前史，凡在各戰場陣亡冊報有案者，業經分別予以優卹在案，

江西省政府建設廳

0021
00015

惟念其遺族生活之艱困，憐老弱之失依，允宜設法救濟，以示優卹。飭切實調查本省公有土地分佈情形，擇地試辦抗戰陣亡將士遺族授田等因。自應遵辦。至抗戰陣亡將士遺族每人授田幾何，及遺族中老弱者授與田畝如何墾種？已復請 中央詳細指示，俟奉示後再行飭遵。再傷亡官兵遺族情形，曾經本府令飭於戶口清查時另冊登記有案。惟各縣登記人數實有若干，及其分佈情形為何？未據詳報。除分令外，合再抄發軍事委員會撫卹委員會傷亡官兵登記冊及死亡官兵遺族登記冊格式，令仰遵照詳細調查登記報核。又公荒

A4（210×297公厘）

0022

田地，迭經電飭調查墾種，本案遺族授田，即以公荒土地為對象，並仰注意詳實調查登記為要。此令。

附抄發軍事委員會撫卹委員會傷亡官兵登記冊及死亡官兵遺族登記冊格式各一份。

主席王〇

民政廳廳長李〇

建設廳廳長胡〇

地政局局長劉〇

江西省政府建設廳

02

行政院致江西省政府的指令（一九四六年十二月四日）

第二科 一

重要

00016

0023

行政院 指令

發文 節京式 字第 22039 號

中華民國卅五年十二月四日發出

事由：據呈請指示抗戰陣亡將士遺族授田辦法指令知照由

擬辦：擬擇適於農田地較多之縣區試辦，除各縣遺族究有若干，前經分令調查，尚未據報，擬再去函催報外，至選地後各縣區及試辦具體辦法，擬仍檢卷送交地政部簽擬。附送卅七卷。

十二、 十二、

批示：

令江西省政府

本年十一月十日民地建二字第〇九四七七號呈為奉令擇地

121410

中華民國卅五年十二月四日收到

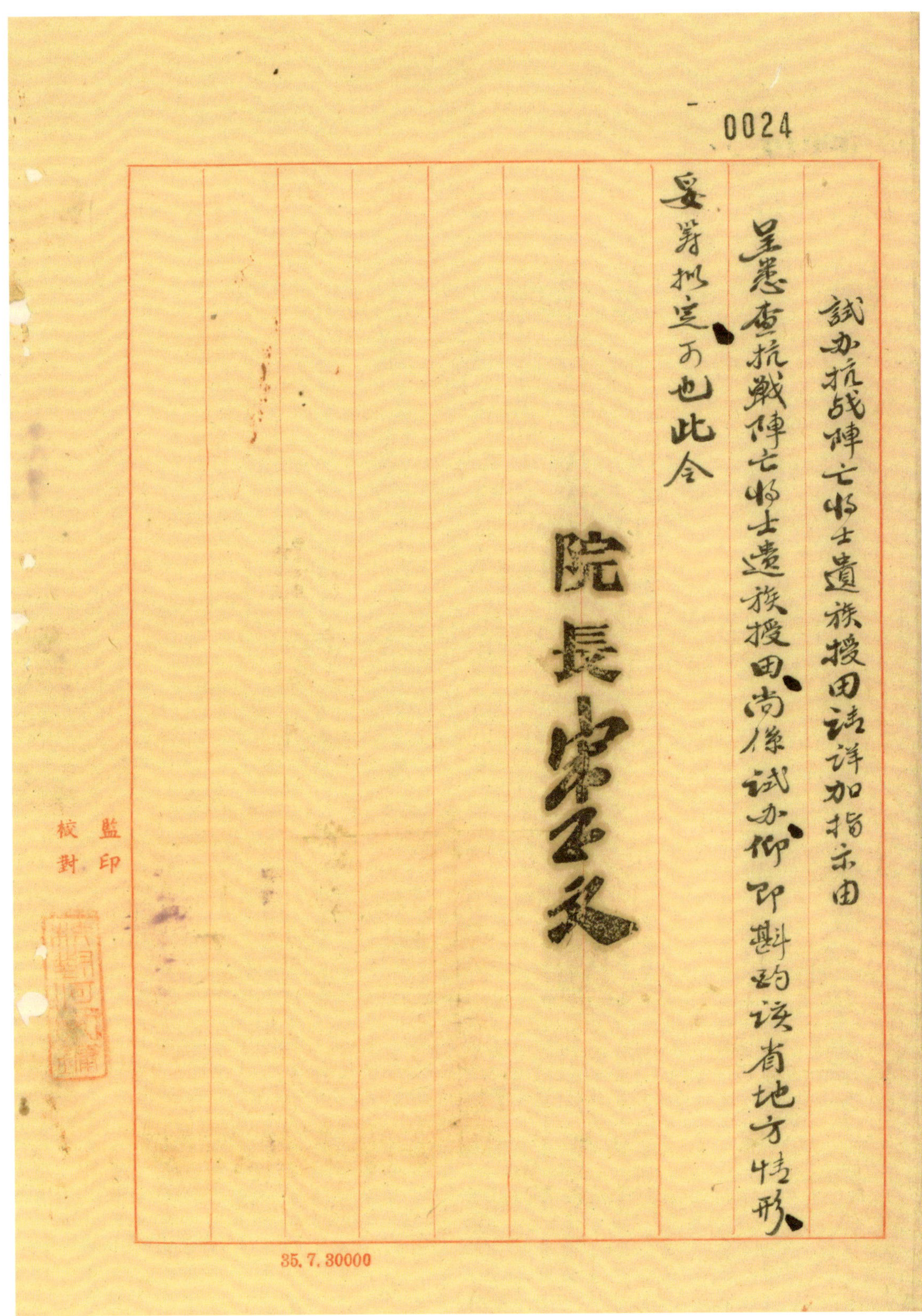
0024

試办抗战陣亡將士遺族授田請詳加指示由

呈悉。查抗戰陣亡將士遺族授田，尚係試办，仰即斟酌該省地方情形，妥籌擬定可也。此令

院長 宋子文

監印

校對

35.7.30000

江西省垦务处的签注（一九四六年十二月十八日）

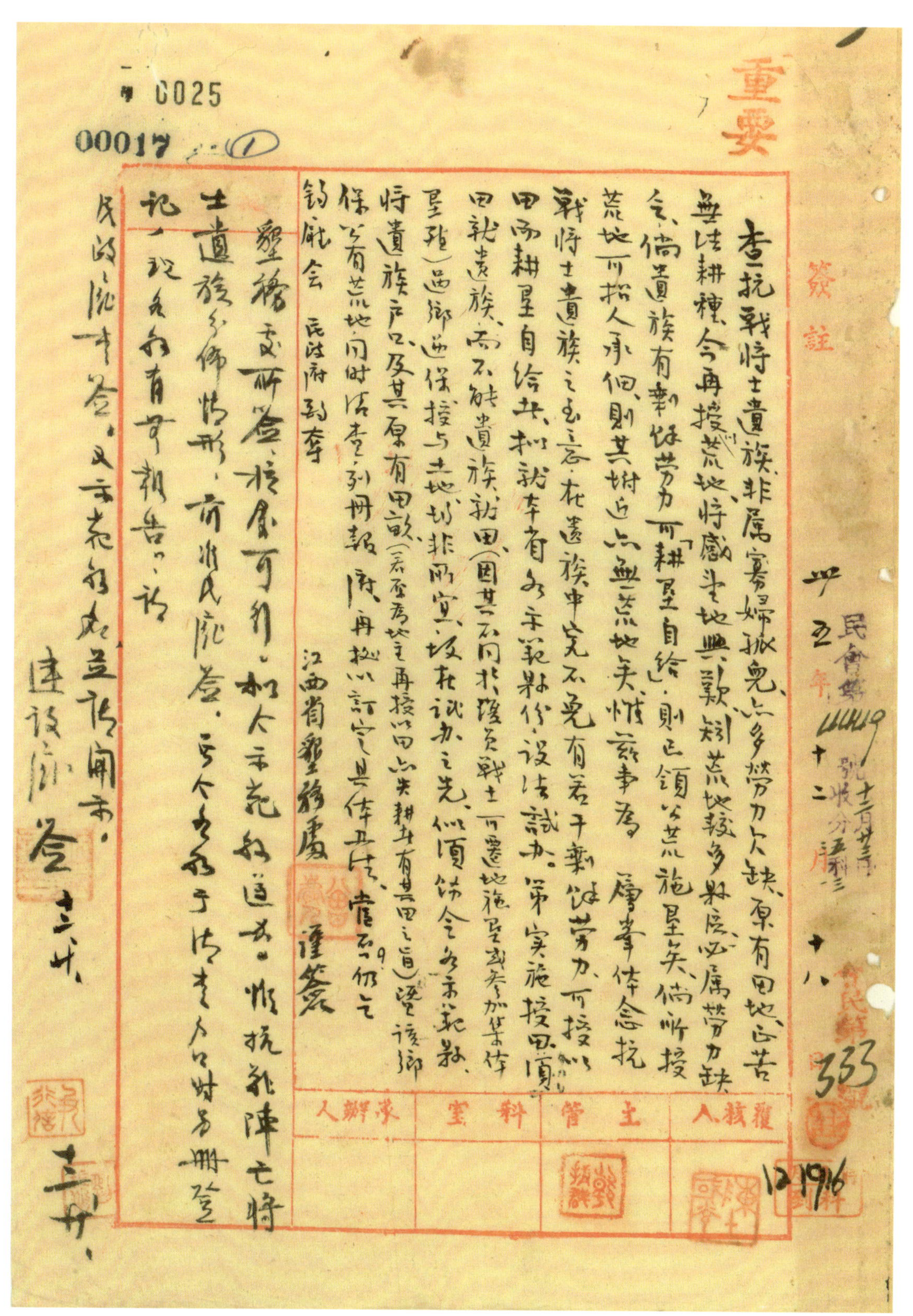

重要

0025

00017

签注

查抗战将士遗族，非属寡妇孤儿，亦多劳力欠缺，原有田地亦苦无法耕种，今再授荒地，将感无地无款。则荒地较多县区，必属劳力缺乏，倘遗族有剩余劳力，可耕垦自给，则亦领得荒地施垦矣。倘所授荒地，可招人承佃，则其附近亦无荒地矣。惟兹事为钧府体念抗战将士遗族之至意，在遗族中究不免有若干剩余劳力，可授以田而耕垦自给者，拟就本省各示范县份设法试办。第实施授田须田就遗族，而不能遗族就田（因其不同于复员战士可遴选施垦或参加集体垦殖），区乡区保授与荒地，均非所宜，故在试办之先，似须饬令各示范县将遗族户口及其原有田亩（未至废耕者之再授以田，亦与耕者有其田之旨）暨该乡保所有荒地，同时清查列册报府，再拟订具体办法，当否仍乞

钧府核示

民政厅 刘 李

江西省垦务处谨签

卅五年十二月十八

民會字 11119 号

复核人 | 主管 | 科室 | 承办人

12.19.46

333

垦务处所签，核属可行。拟令示范县遵办。惟抗战阵亡将士遗族保护情形，前准民政厅签，已令各县市于清查人口时另册登记，现各县有无报告，请

民政厅签，又示范县应予饬遵。

建设厅签 十二廿

安远县政府致江西省政府的代电（一九四六年十二月二十日）

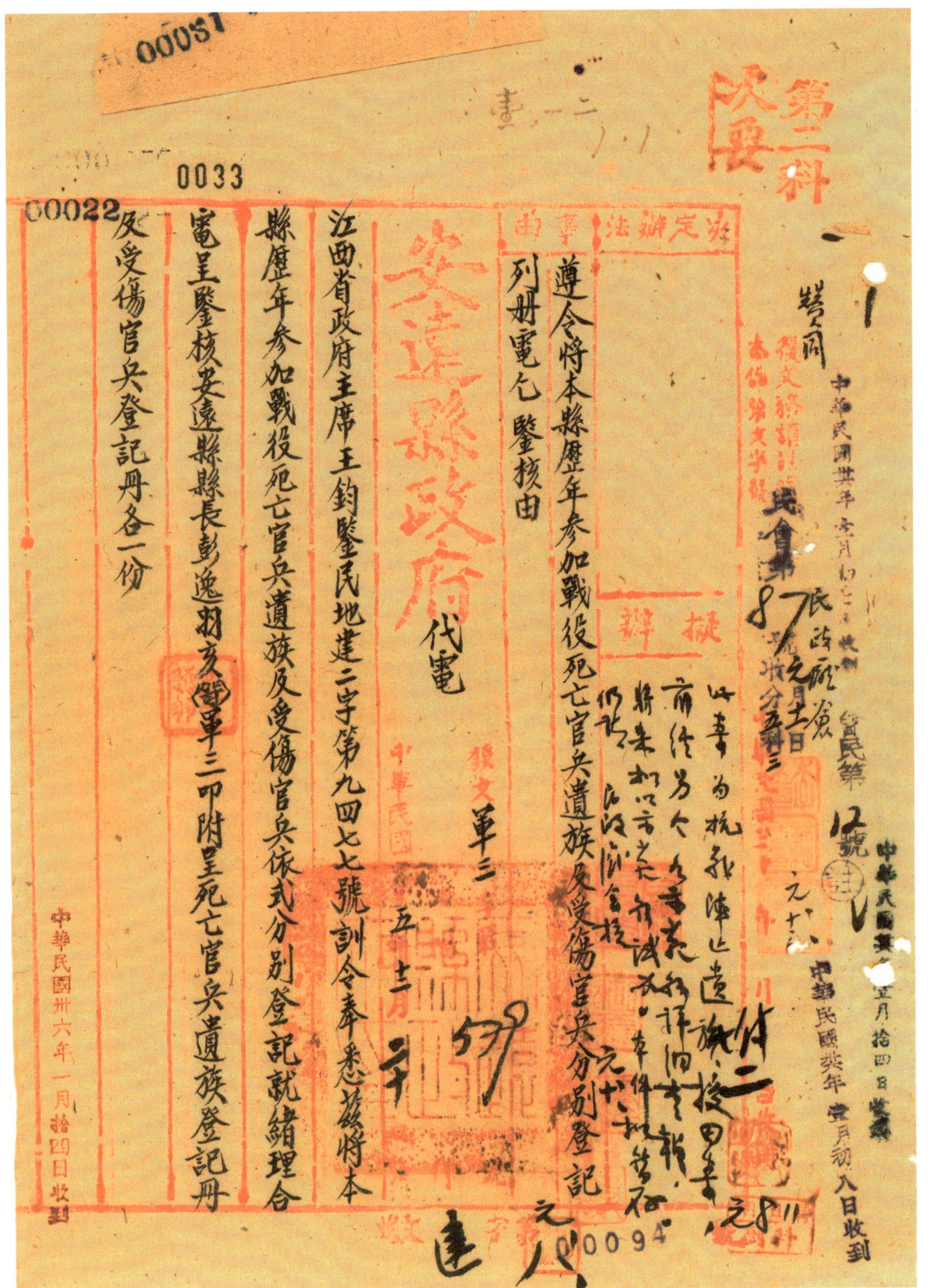

事由：遵令将本县历年参加战役死亡官兵遗族及受伤官兵分别登记列册电乞鉴核由

安远县政府代电

江西省政府主席王钧鉴：民地建二字第九四七七号训令奉悉。兹将本县历年参加战役死亡官兵遗族及受伤官兵依式分别登记就绪，理合电呈鉴核。安远县县长彭逸羽亥第三叩。附呈死亡官兵遗族登记册及受伤官兵登记册各一份。

发文 第三 五 十二 二十

0034

軍00023

軍事委員會撫卹委員會死亡官兵遺族登記册

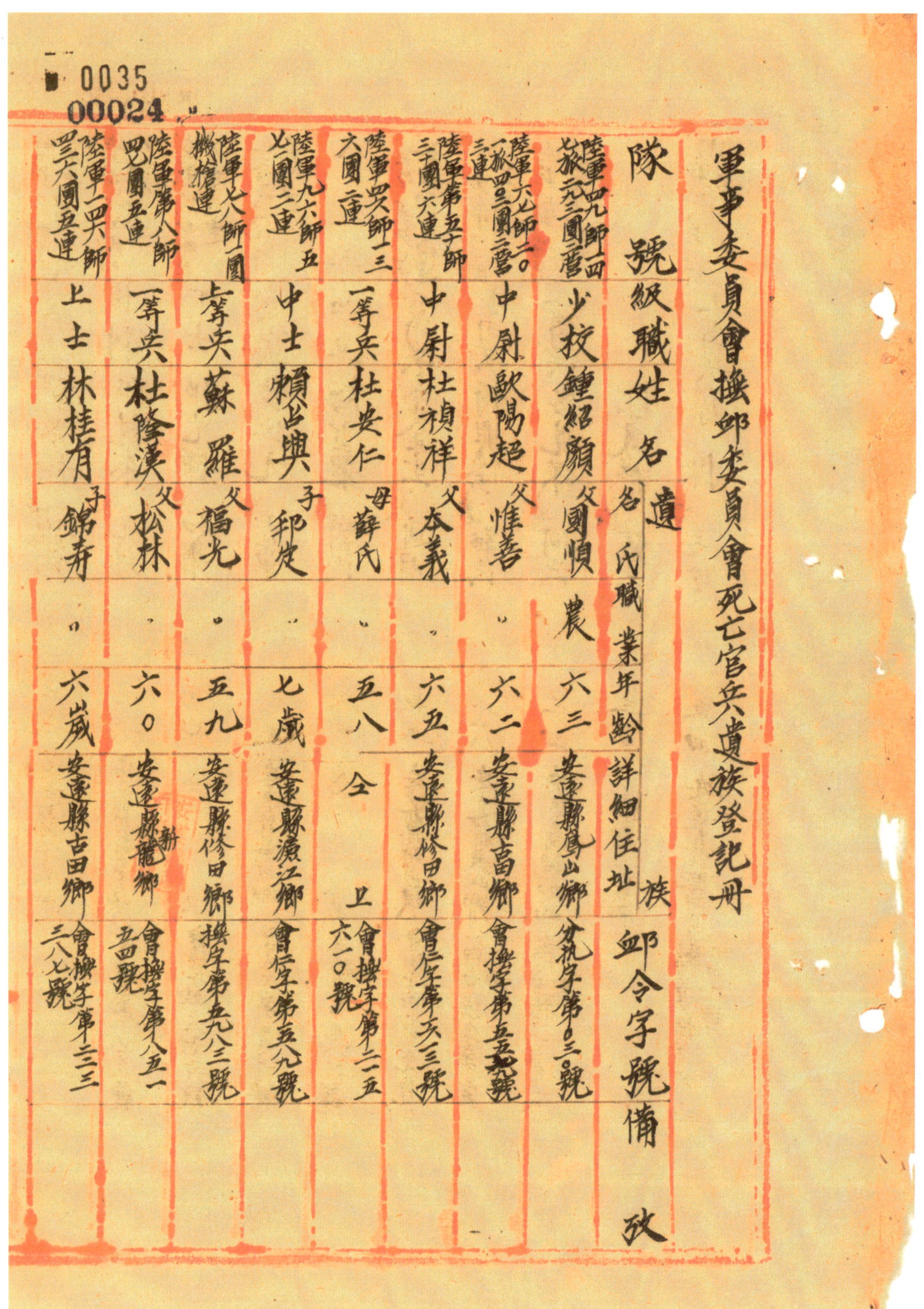

軍事委員會撫卹委員會死亡官兵遺族登記冊

隊號	級職	姓名	遺族名氏	職業	年齡	詳細住址	卹令字號	備攷
陸軍四九師一四七旅二九三團營	少校	鍾紹顏	父國傾	農	六三	安遠縣鳳山鄉	會撫字第〇三號	
陸軍一六〇師二〇一旅四二三團二營三連	中尉	歐陽超	父惟善	〃	六二	安遠縣高富鄉	會撫字第五五九號	
陸軍第五十師三十團六連	中尉	杜禎祥	父本義	〃	六五	安遠縣修田鄉	會仁字第六六三號	
陸軍四八師一三六團三連	一等兵	杜安仁	母薛氏	〃	五八	仝上	會撫字第二一五六一〇號	
陸軍九六師五七一團二連	中士	賴占興	子秤茂	〃	七歲	安遠縣濂江鄉	會仁字第五八九號	
陸軍七八師一團機槍連	上等兵	蘇　羅	父福光	〃	五九	安遠縣修田鄉	會撫字第五九八三號	
陸軍第八師四七團五連	一等兵	杜隆漢	父松林	〃	六〇	安遠縣新龍鄉	會撫字第八五一五四號	
陸軍一四六師四三六團五連	上士	林桂有	子錦壽	〃	六歲	安遠縣古田鄉	會撫字第一二三三八七號	

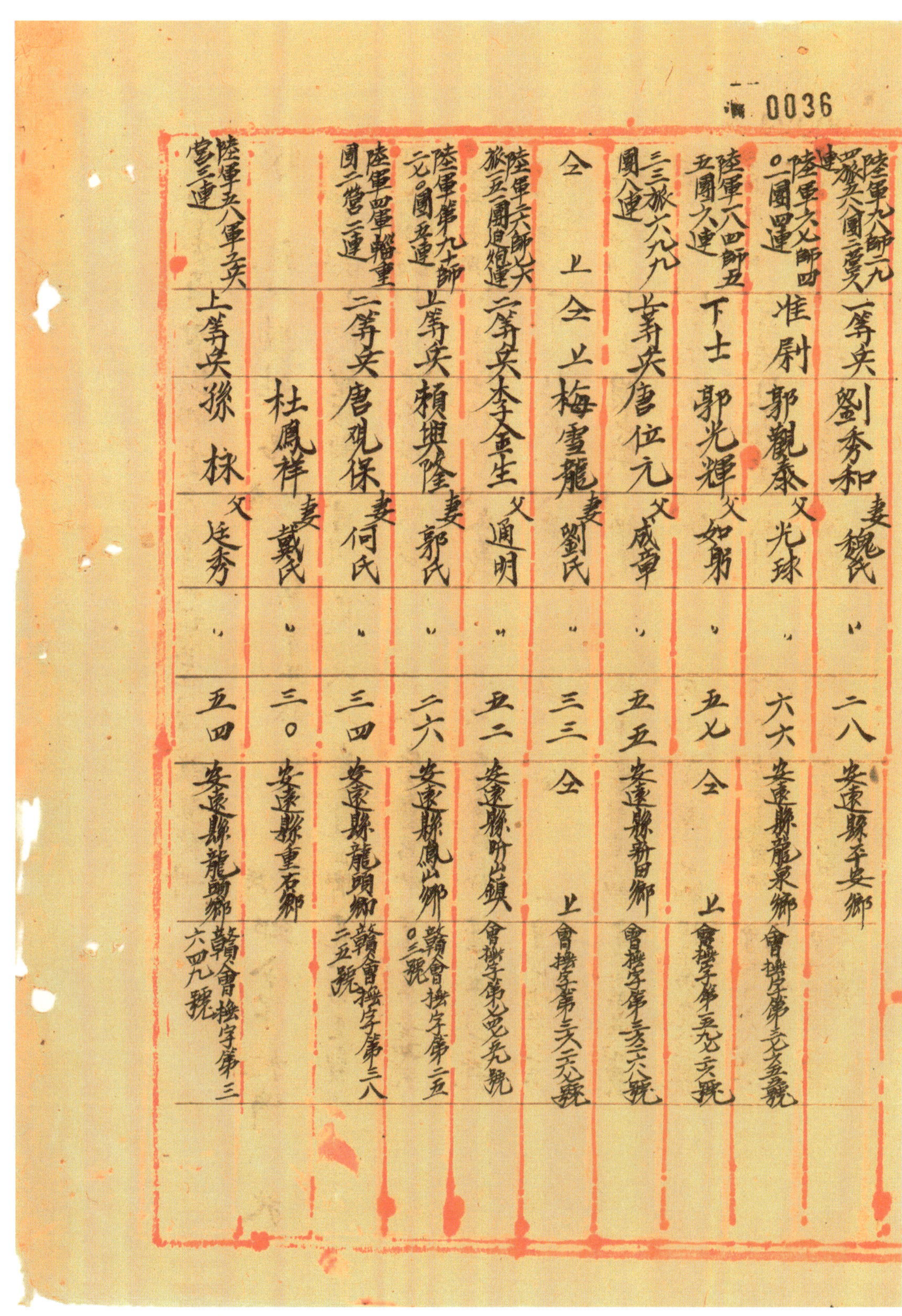

陸軍九八師二九四旅五八八團三營八連	一等兵	劉秀和	妻 魏氏	〃	二八	安遠縣平安鄉	
陸軍六七師四〇一團四連	准尉	郭觀泰	父 光球	〃	六六	安遠縣龍泉鄉	會撫字第二七〇七五號
陸軍一八四師五五一團六連	下士	郭光輝	父 如弟	〃	五七	仝	上 會撫字第一五九七〇號
三三旅六九九團八連	上等兵	唐位元	父 成章	〃	五五	安遠縣新田鄉	會撫字第二三三六八號
仝上	仝上	梅雪龍	妻 劉氏	〃	三三	仝	上 會撫字第二三八二六八號
陸軍六六師一九六旅五一二團追炮連	二等兵	李金生	父 通明	〃	五二	安遠縣欣山鎮	會撫字第一九〇九九號
陸軍第九十師二七〇團五連	上等兵	賴興隆	妻 郭氏	〃	二六	安遠縣鳳山鄉	贛會撫字第二五〇三號
陸軍四軍輜重團二營二連	二等兵	唐硯保	妻 何氏	〃	三四	安遠縣龍頭鄉	贛會撫字第三八二五號
		杜鳳祥	妻 戴氏	〃	三〇	安遠縣重石鄉	
陸軍五八軍二兵營三連	上等兵	孫　林	父 延秀	〃	五四	安遠縣龍頭鄉	贛會撫字第三六四九號

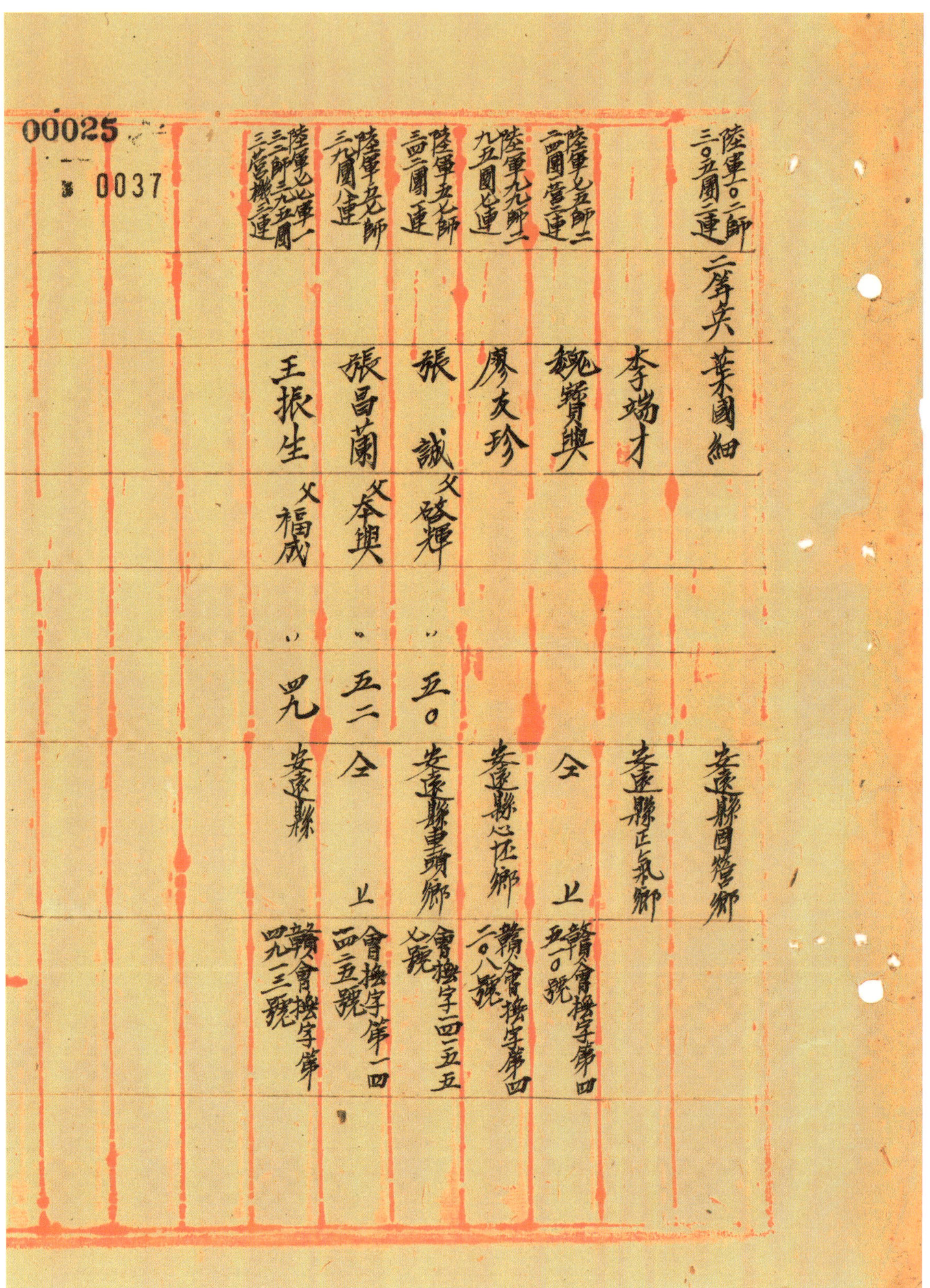

部別	級職	姓名	親屬	年齡	籍貫	證號
陸軍十〇二師三〇五團二連	二等兵	葉國細			安遠縣團營鄉	
		李端才			安遠縣正氣鄉	
陸軍七五師二二四團二營二連		魏寶興			仝上	贛會撫字第四五〇號
陸軍九九師二九五團七連		廖支珍			安遠縣心佐鄉	贛會撫字第四二〇八號
陸軍五七師三四二團一連		張誠	父啟輝	〃 五〇	安遠縣車頭鄉	會撫字一四一五五七號
陸軍九九師三九團七連		張昌蘭	父本興	〃 五二	仝上	會撫字第一四四二五號
陸軍七七軍一三二師三九五團三營機三連		王振生	父福成	〃 四九	安遠縣	贛會撫字第四九一三號

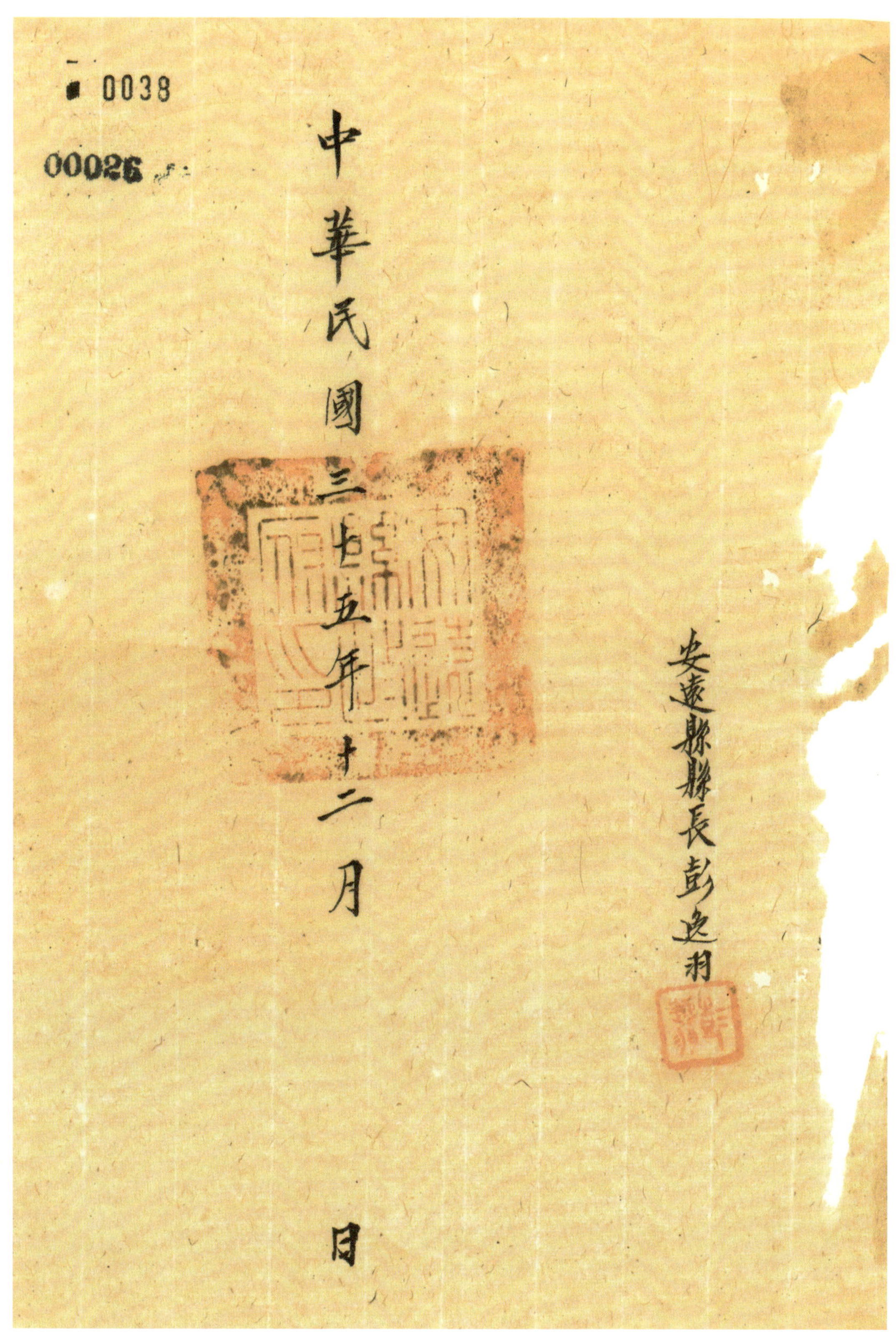

安遠縣縣長彭逸羽

中華民國三十五年十二月　　日

0038

00026

附二：军事委员会抚恤委员会受伤官兵登记册

0039
00027
軍事委員會撫卹委員會受傷官兵登記册

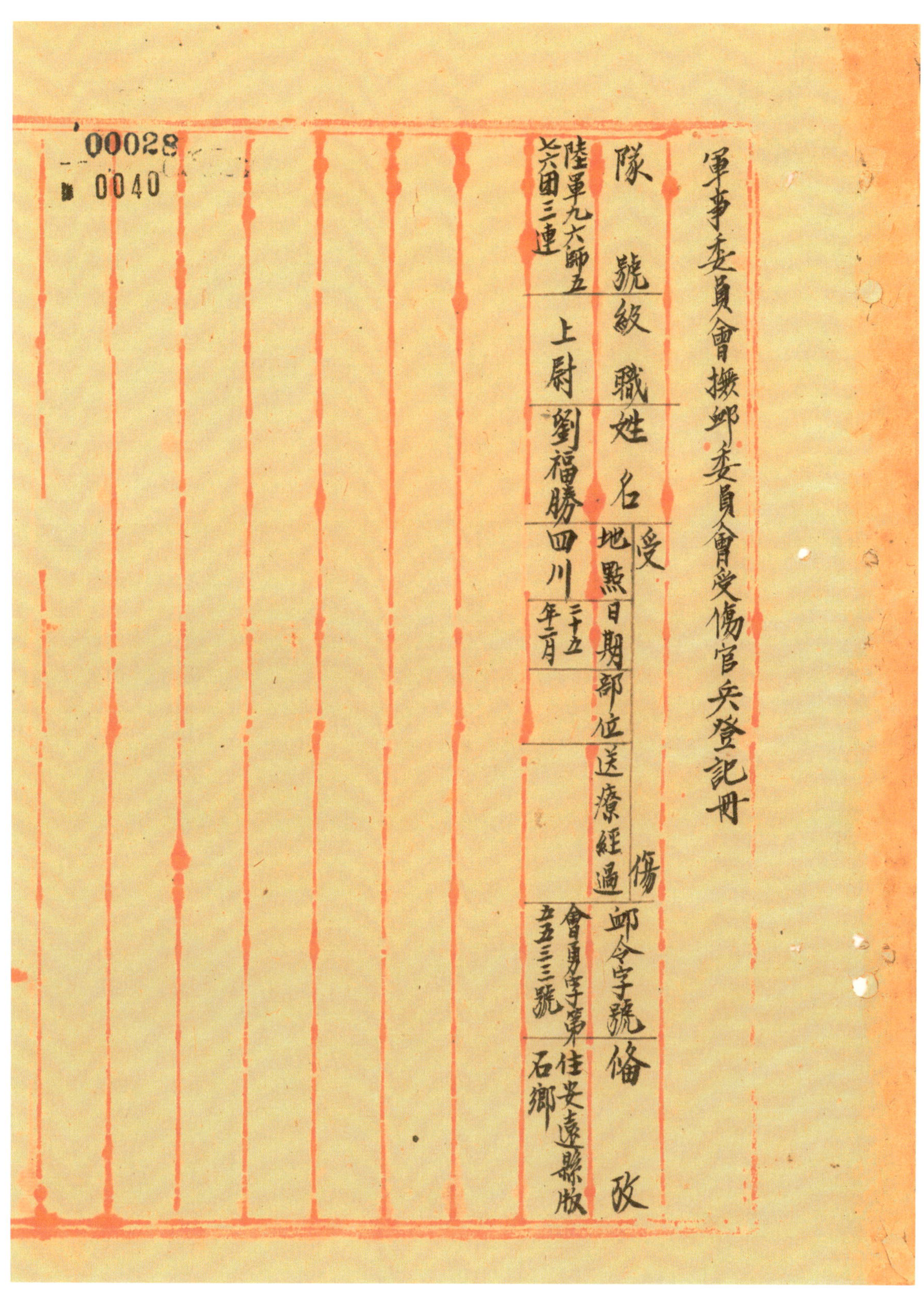

00028
0040

軍事委員會撫卹委員會受傷官兵登記冊

隊號	級職	姓名	受傷地點	受傷日期	受傷部位	送療經過	卹令字號	備攷
陸軍九六師五六团三連	上尉	劉福勝	四川	三十五年二月			會勇字第六五三三號	住安遠縣版石鄉

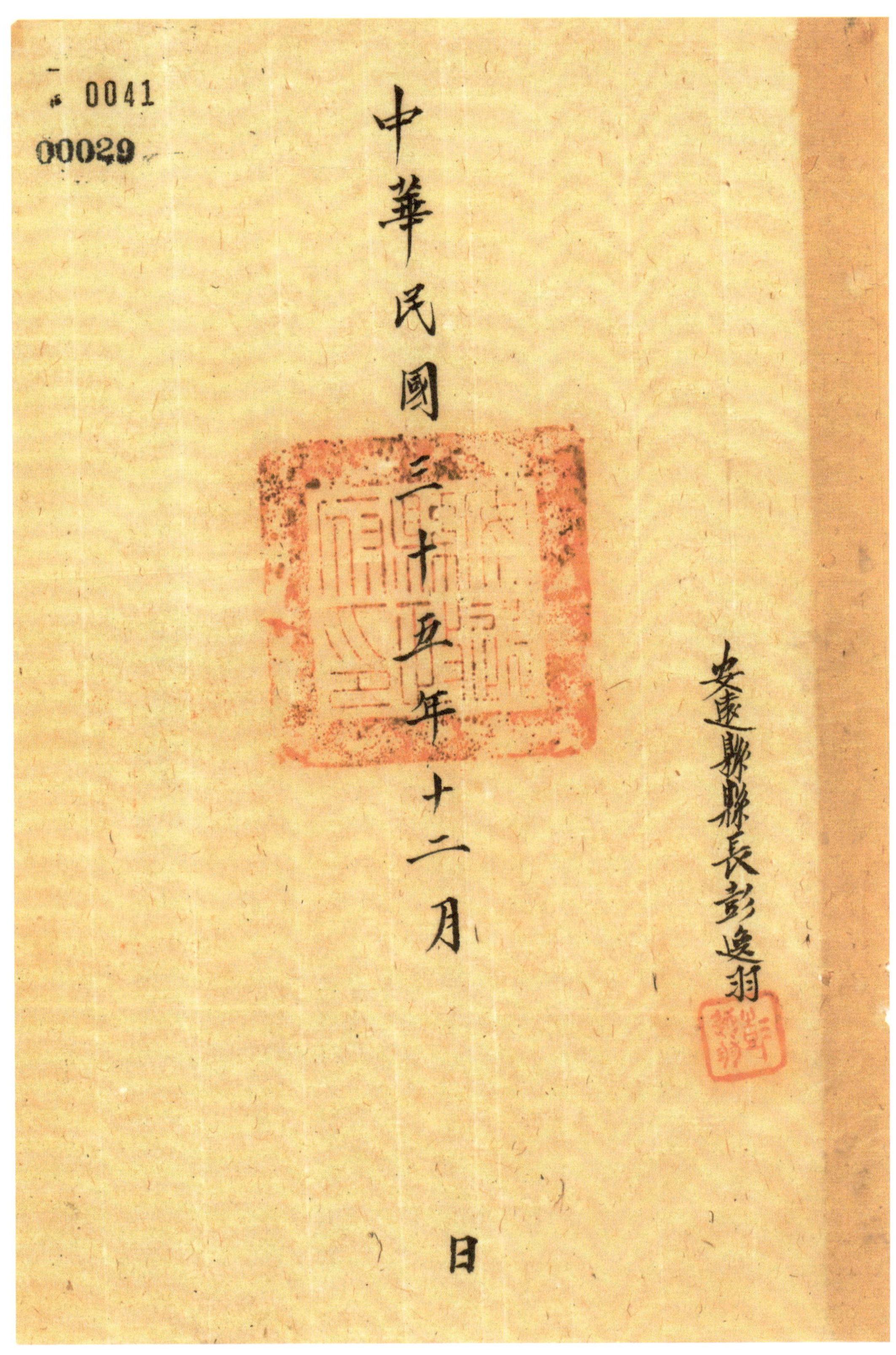

安遠縣縣長彭逸羽

中華民國二十五年十二月　日

定南县政府致江西省政府的呈（一九四六年十二月二十二日）

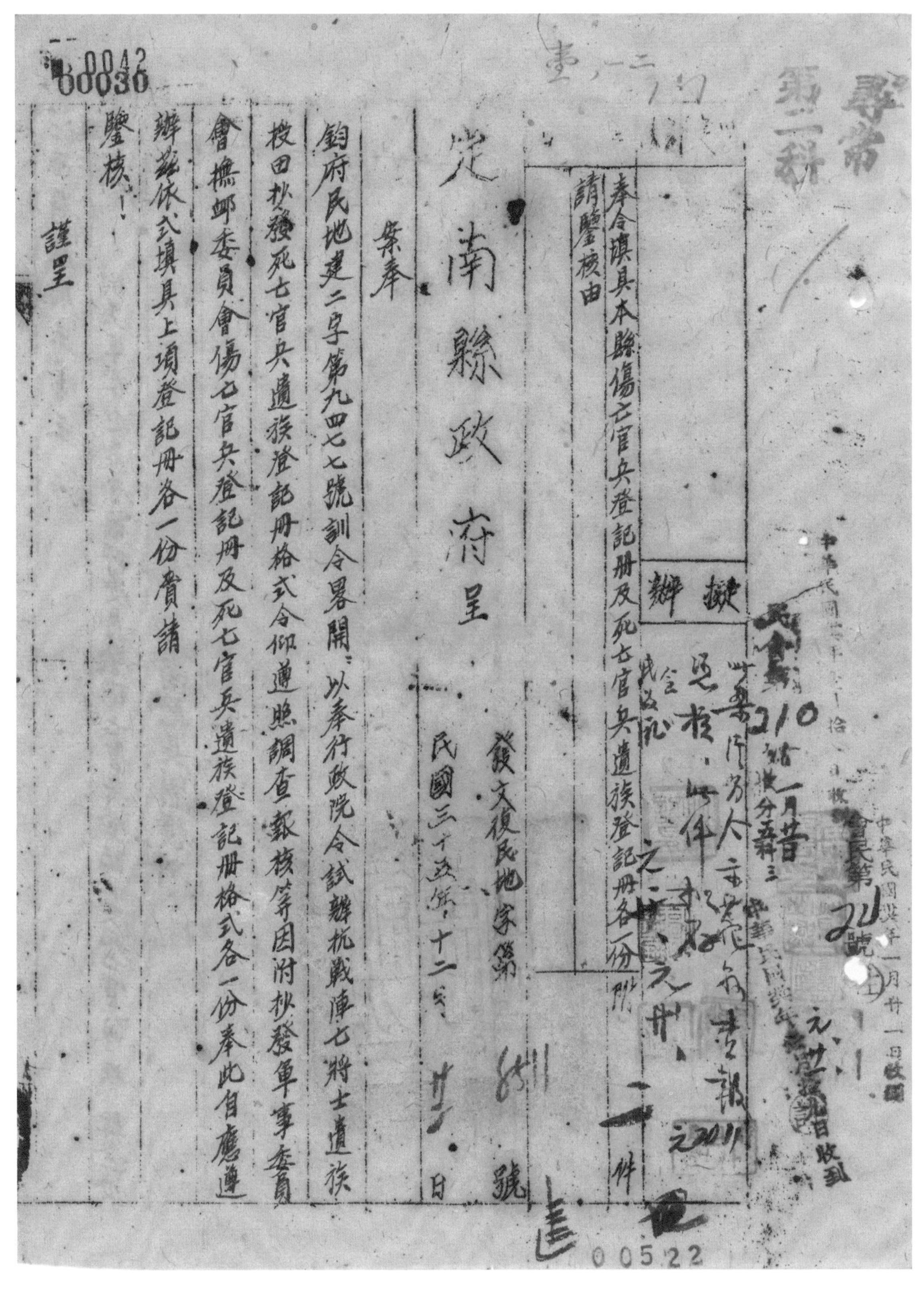

定南縣政府呈

發文復民地字第　號

民國三十五年十二月　日

奉令填具本縣傷亡官兵登記册及死亡官兵遺族登記册各一份附一件請鑒核由

案奉

鈞府民地建二字第九四七七號訓令略開：以奉行政院令試辦抗戰陣亡將士遺族授田抄發死亡官兵遺族登記册格式令仰遵照調查報核等因附抄發軍事委員會撫卹委員會傷亡官兵登記册及死亡官兵遺族登記册格式各一份奉此自應遵辦茲依式填具上項登記册各一份賫請

鑒核！

謹呈

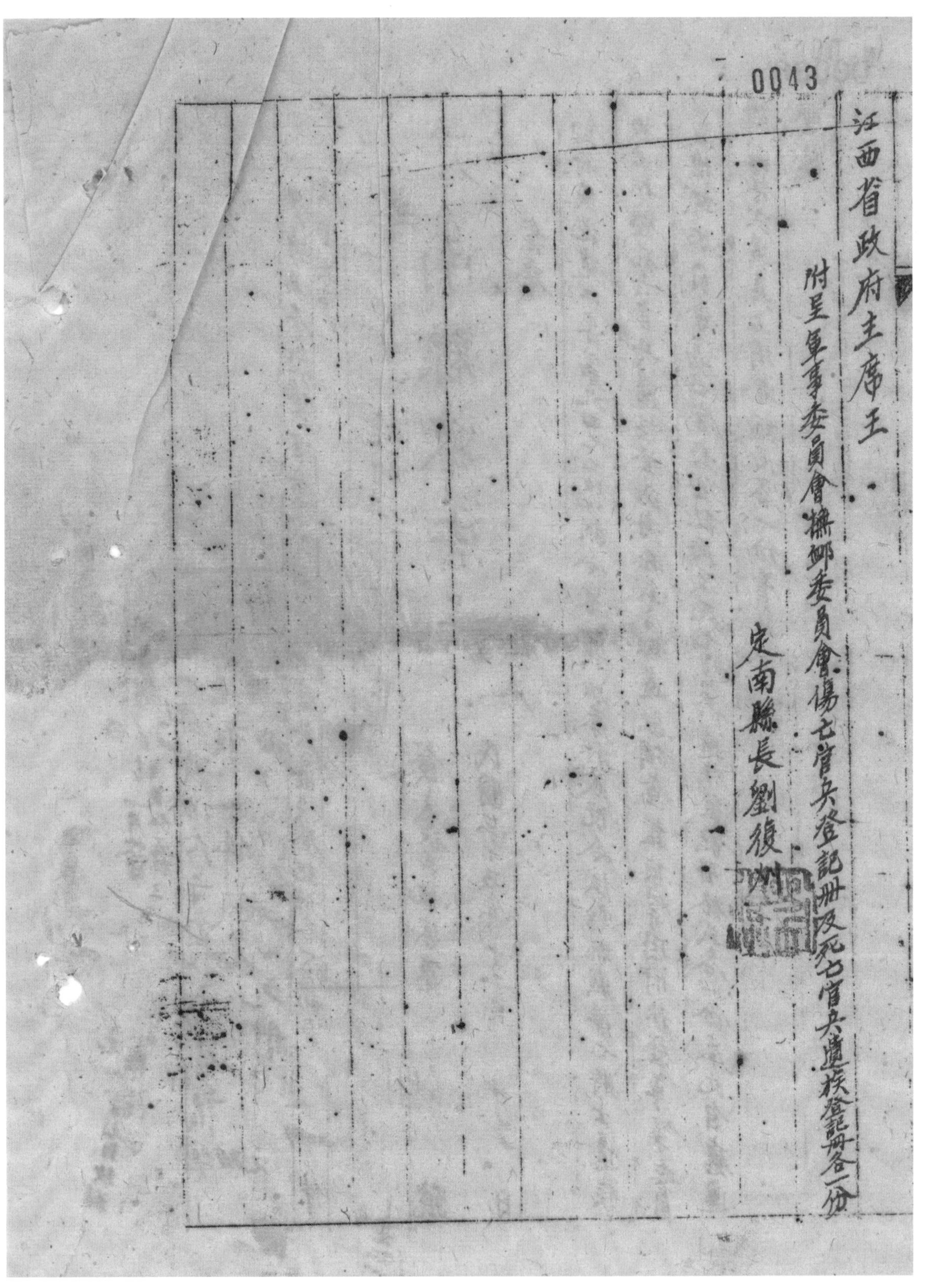
0043

江西省政府主席王

附呈军事委员会抚卹委员会伤亡官兵登记册及死亡官兵遗族登记册各一份

定南县长刘复

軍事委員會撫卹委員會受傷官兵登記册

隊號	級職	姓名	受傷 地點	日期	部位	送療經過	卹令字號	備考
九〇師二七〇团一營三連	少尉排長	潘玉書	長沙	三〇年九月二四日			會撫字〇三八〇二號	
八七軍新二三師六七团五連	一等兵	李治安					會撫字一二四八號	
四軍一〇二師三〇五团二營五連	一等兵	李錦添	廣東樂昌	三五年一月二〇日				三四、一〇、六、奉駐贛撫卹處撫贛一字一六二六號代電轉發卹金
四軍一〇二師三〇五团二營五連	一等兵	鄒吉旺	仝前	三五年一月二〇日			會撫字七〇一五號	
新編十五師四五团一營一連	一等兵	廖際良	南昌	三三年六月一〇日				
四軍九〇師二七〇团三營迫砲連	一等兵	熊水洲	湖南湘鄉	三三年六月二一日			會撫字二五一八號	
四六師一三七旅二七三团二營六連	上等兵	徐鴻達	上海姚家宅	二七年一〇月			會撫字九九六九號	
江西保安三团一大隊三中隊	上等兵	阮名榜	南昌					于三五、一、二六、呈請核卹中
第八十三師戰砲团	一等兵	賴楊坤	黃河					仝前
第六預備師二二团三營八連	上等兵	鍾美興	長汀					仝前
北伐軍十一師二团三營四連	連長	曾彝猷	河南確山	一六年				于三五、八、一〇、呈請核卹中
十三師二七旅七四团三營九連	一等兵	曾維先						仝前
第六預備師二二团三營八連	一等兵	蕭耒全	長汀					仝前
新編十三師三九团二營機二連	上等兵	郭炳丁					會撫字三七二七九號	

0045

新编十三师三九团二营四连	下士班长	吴树英					会抚字三〇七三〇二号	
第六预备师一七团七连	中士班长	周石奇	广东汕头	二九年一月三日			会抚字一八六三二〇号	
二三师一团一营	上士班长	黄志远	湖南	二七年二月			会抚字三〇六六七号	
第一八三师五四八团六连	下士班长	钟浩					会抚字一九二九四二号	
		廖大光					会抚字三七二五号	
		赖修文					会抚字二〇八五八一号	
		陈炳华					会抚字三〇二四号	
		何高仁					会抚字九四七三〇号	
		冯罗兴					会抚字二五〇八号	
	一等兵	龙越胜	緬葛魯陽				会抚字四六六〇号	
四军一〇二师三〇五团二营五连	一等兵	陈炳华	广东乐昌	三四年二月三日				卹令正请发中
	一等兵	缪作明	湖南	三三年六月一日				三四、六、三、奉驻赣抚卹处抚赣字四四四号转发卹令
	一等兵	张来生						三四、一〇、七、奉驻赣抚卹处抚赣一字一六五五号代电转发卹令
	一等兵	范宗汉						三四、一〇、七、奉驻赣抚卹处抚赣一字一六三八号代电转发卹令
	一等兵	钟木标						卹令已送请发卹中
	一等兵	赖祖森						卹令遗失

軍事委員會撫卹委員會死亡官兵遺族登記册

隊號	級職	姓名	遺族名氏	遺族職業年齡	遺族詳細住址	卹令字號	備考
九〇師二七〇团一營三連	少尉排長	潘玉書	海棠	農	龍塘鄉二保	會撫字〇三八〇二號	
八七軍新二三師老团五連	一等兵	李治安	仁芳	仝	城西鄉三保二甲	三四、六、一、孝駐[illegible]撫卹遞撫額第三八三號代電核發卹令	
四軍一〇二師三〇五团二營五連	一等兵	鄒吉旺	黃氏	仝	城西鄉四保二甲二戶	會撫字七〇一五號	
新編一五師四四团一營一連	上等兵	廖際良	佛登	仝	壓市鎮九保四甲	會撫字二七四九八一號	
四軍九〇師二七〇团三營迫砲連	一等兵	熊木洲	水洲	仝	穆湖鄉十保五甲	會撫字二五一八號	
	一等兵	廖文光	袁氏	仝	壓市鎮十三保	會撫字三七二五號	
	一等兵	鍾木標	德成	仝	城西鄉四保八甲	卹令已送請發卹	
	一等兵	龍越勝	鳳飛	仝	穆湖鄉一保四甲	會撫字四六六〇號	
四六師一三七旅二七三团二營六連	上等兵	徐鴻達	松彬	仝	熱水鄉六保	會撫字九九六九號	該兵卹令遺族已呈請補發在案
江西保安三团一大隊三中隊	上等兵	阮名榜	運輝	仝	壓市鎮十一保三甲五戶		于三五、七、二六、報請核卹中
八三師戰炮連	一等兵	賴楊坤	王氏	仝	壓市鎮[illegible]保五甲五戶		仝前
第六預備師二三团三營六連	上等兵	鍾美興	有森	仝	卓步鄉三保六甲		仝前

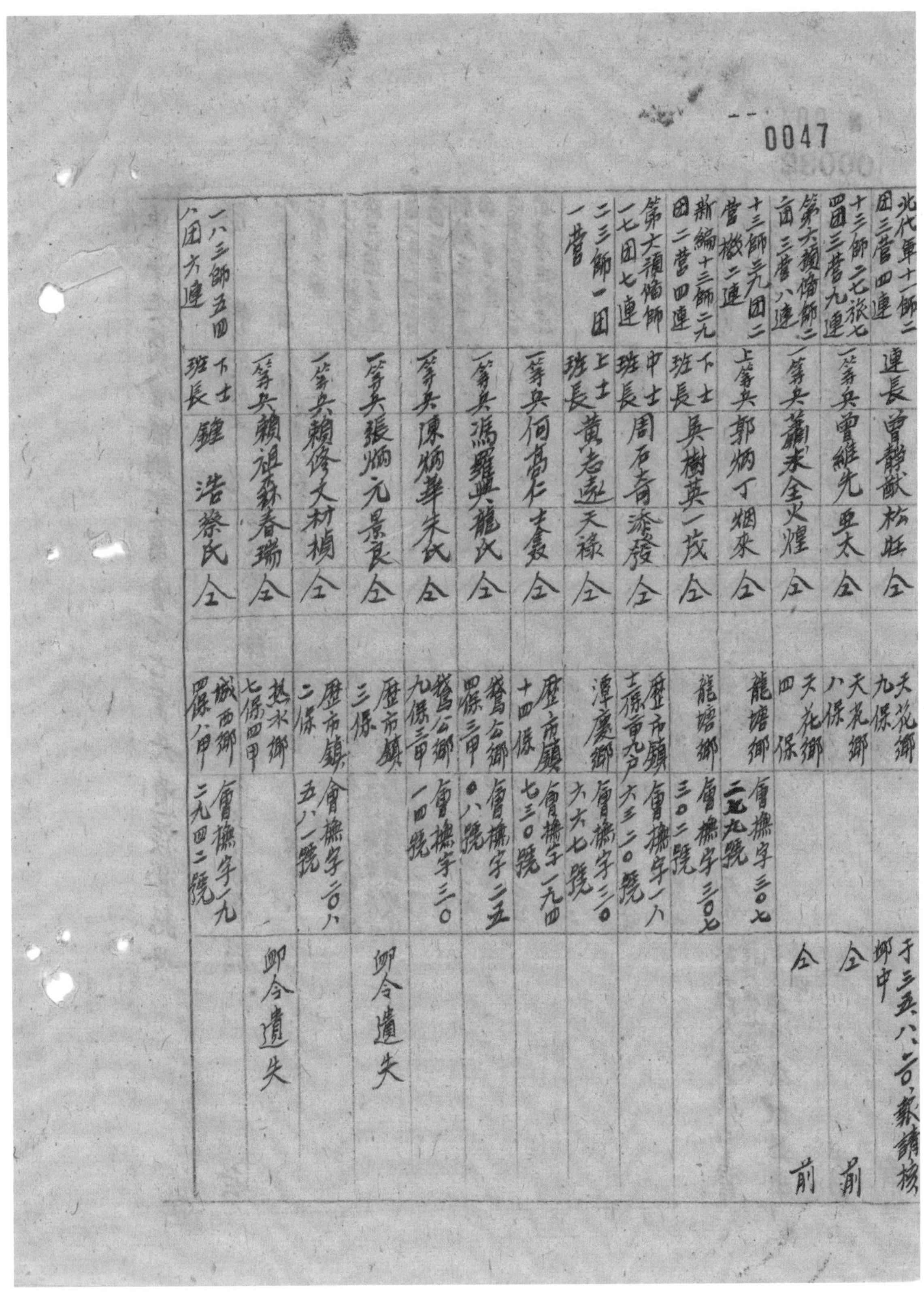

0047

北代軍十一師二团三營四連	連長	曾靜猷	松旺	仝		天花鄉九保		于三五、八、二〇、彙請核卹中
十三師二七旅七四团三營九連	一等兵	曾維先	亞太	仝		天花鄉八保		仝前
第六預備師二〇团三營八連	一等兵	蕭秉全	火煌	仝		天花鄉四保		仝前
十三師三九团二營機二連	上等兵	郭炳丁	烟來	仝		龍塘鄉	會撫字三〇七二五九號	
新編十三師二九团二營四連	下士班長	吳樹英	一茂	仝		龍塘鄉	會撫字三〇七三〇二號	
第六預備師一七团七連	中士班長	周石奇	添發	仝		歷市鎮十保甫九戶	會撫字一八六三二〇號	
二三師一团一營	上士班長	黄志遠	天祿	仝		淳慶鄉	會撫字三〇六六七號	
	一等兵	何高仁	士義	仝		歷市鎮十四保	會撫字一九四七三〇號	
	一等兵	馮羅興	龍氏	仝		鷲公鄉四保三甲	會撫字二五〇八號	
	一等兵	陳炳華	朱氏	仝		鷲公鄉九保三甲	會撫字三〇一四號	
	一等兵	張炳元	景良	仝		歷市鎮三保		卹令遺失
	一等兵	賴修文	材楨	仝		歷市鎮二保	會撫字二〇八五八一號	
	一等兵	賴祖森	春瑞	仝		熱水鄉七保四甲		卹令遺失
一八三師五四八团六連	下士班長	鍾浩	蔡氏	仝		城西鄉四保八甲	會撫字一九二九四二號	

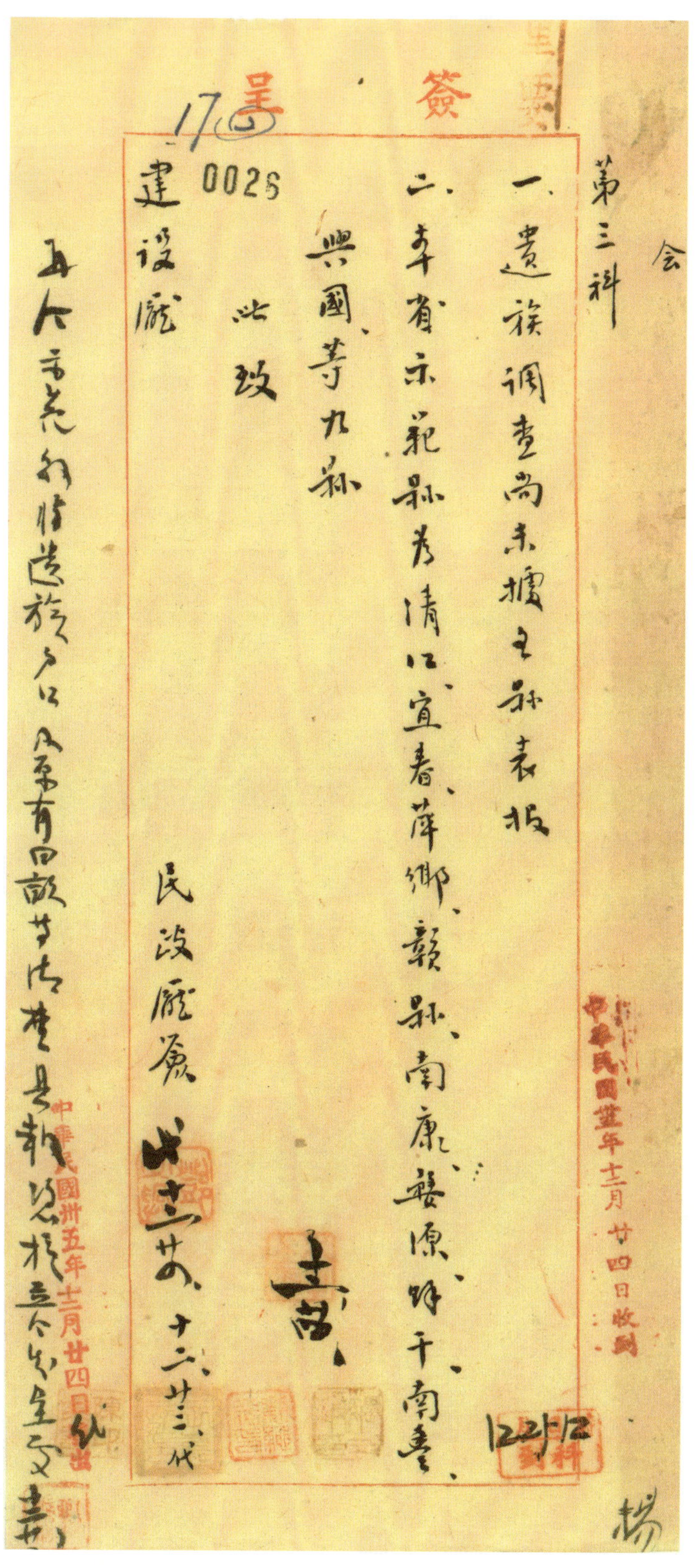

簽呈

第三科

一、遺族調查尚未據各縣表報

二、本省示範縣為清江、宜春、萍鄉、贛縣、南康、婺源、餘干、南豐、興國、等九縣

此致

建設廳

民政廳簽

江西省民政厅的签呈（一九四六年十二月二十四日）

江西省政府致清江等九县政府及省垦务处的训令（一九四七年一月八日）

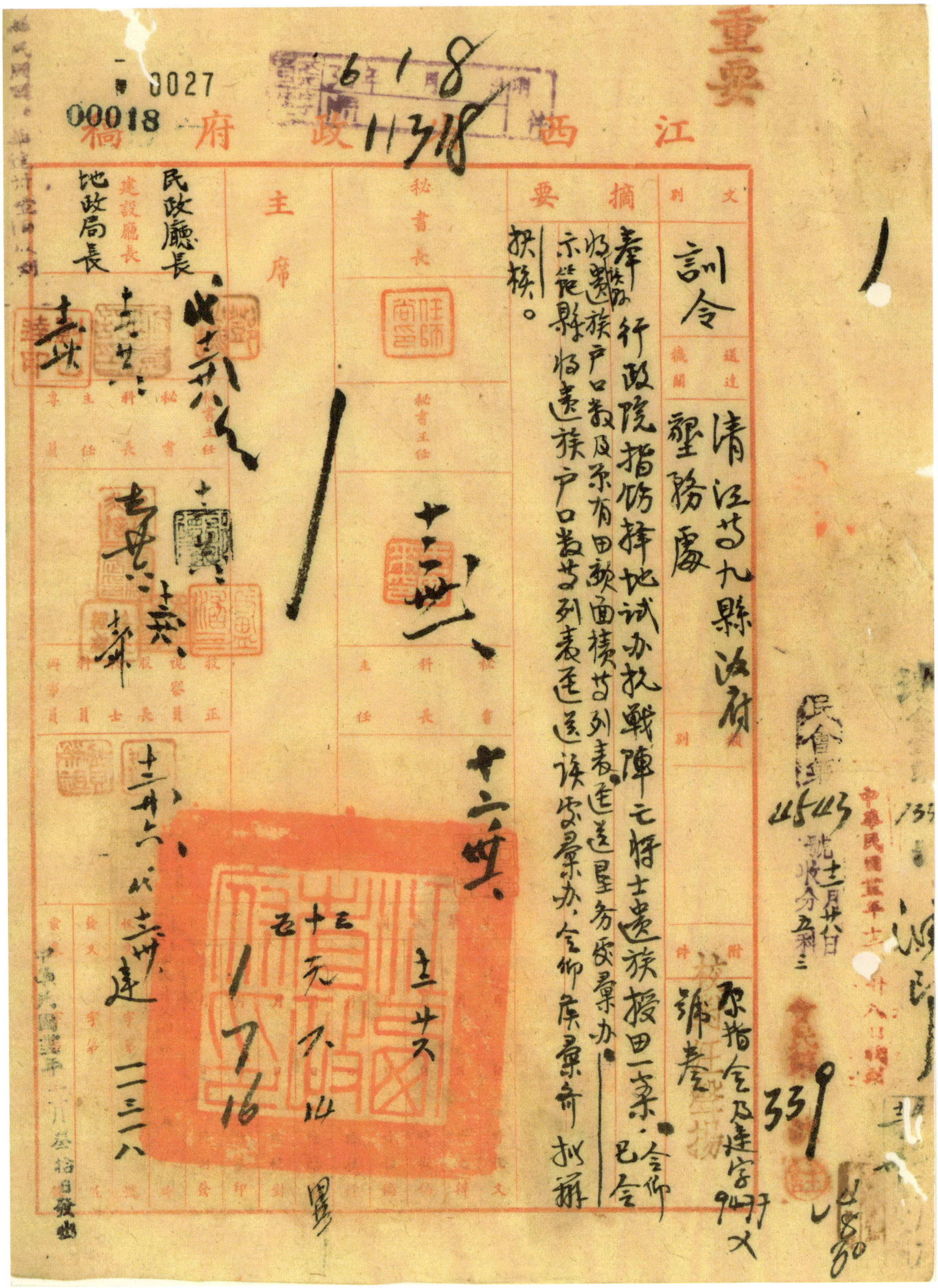

0028

訓令

民地建二字第　　號

令清江、宜春、萍鄉、贛縣
南康、婺源、餘干、南豐、興國縣政府

前奉

行政院令，飭擇地試辦抗戰陣亡將士遺族授田一案，曾於三十五年十一月十四日以民地建二字第九四七七號訓令，抄同軍事委員會撫卹委員會傷亡官兵及死亡官兵遺族登記冊格式，飭詳細調查遺族，並清查公荒，同時並呈復 行政院，請指示具體辦法各在案。茲奉 行政院三十五年十二月四日指令，以抗戰陣亡將士遺族授田，尚係試辦，飭斟酌本省地方情形，妥籌擬定等因，自應遵

00019

0029

訓令

辦。茲經決定先擇各示範縣份試辦，惟此事係屬創舉，邊族戶口，及其能耕作之人數，原有田畝面積，當地可資授與之公有荒地面積等，均應予先查明。除分令外，合行令仰該縣政府，即便遵照前令各令，將上列各項，查明列表，逕送墾務處彙案辦為要。此令。

主席 王○○

民政廳廳長 李○○

建設廳廳長 胡○○

地政局局長 劉○○

民地建二字第 號

A4(210×297公厘)

令墾務處

前奉

行政院令飭擇地試办抗战陣亡將士遺族授田一案，曾於三十五年十一月十四日以民地建二字第九四七七號訓令，抄同原令，飭該處於清查荒地时，注意先將公荒田地，詳細清查登記，並通令各縣將遺族人数及公荒清查报核。同时並呈復行政院，請指示具体办法各在卷。茲奉 行政院三十五年十二月四日指令，以抗戰陣亡將士遺族授田，尚係試办，飭斟酌本省地方情形，妥筹拟定等因，自应遵办。復经飭據該處签註，先擇示範縣份試办。惟此為係屬創举，遺

00020

0031

族戶口、及其能耕作之人數、原有田畝面積、當地可資援與公有荒田地面積等，均應予先查明。除令清江等九縣縣遵照將上列各項查明列表，逕送該管專員彙案辦外，合行令仰知照，並於各該縣報齊時，妥為擬辦報核。此令。

（旁注：萍鄉、宜春、萍鄉、贛縣、南康、新淦、永修、南豐、吳……）

主席 王〇〇

民政廳廳長 李〇〇

建設廳廳長 胡〇〇

地政局局長 劉〇〇

A4(210×297)公厘

余干县政府致江西省政府的呈（一九四七年二月六日）

事由：奉令飭調查可資授與遺族公荒田地送處彙辦等因呈復核示由

決定辦法

擬

餘干縣政府　呈

建字第　　號

中華民國卅六年二月六日

案奉

鈞府本年元月八日民地建三字第一一三一八號訓令飭調查可資授與抗戰陣亡將士遺族公荒田地面積送墾務處彙辦等因查本縣人口稠密兼之歷年興辦水利工程因而荒地甚少實無可墾田畝足授遺族奉飭前因理合備文呈復

鑒核備查

謹呈

江西省政府主席王

餘干縣縣長熊　夢

擬送

墾務處登記後歸卷

文收　第　　　年　月　日

江西省垦务处的签注（一九四七年二月十五日）

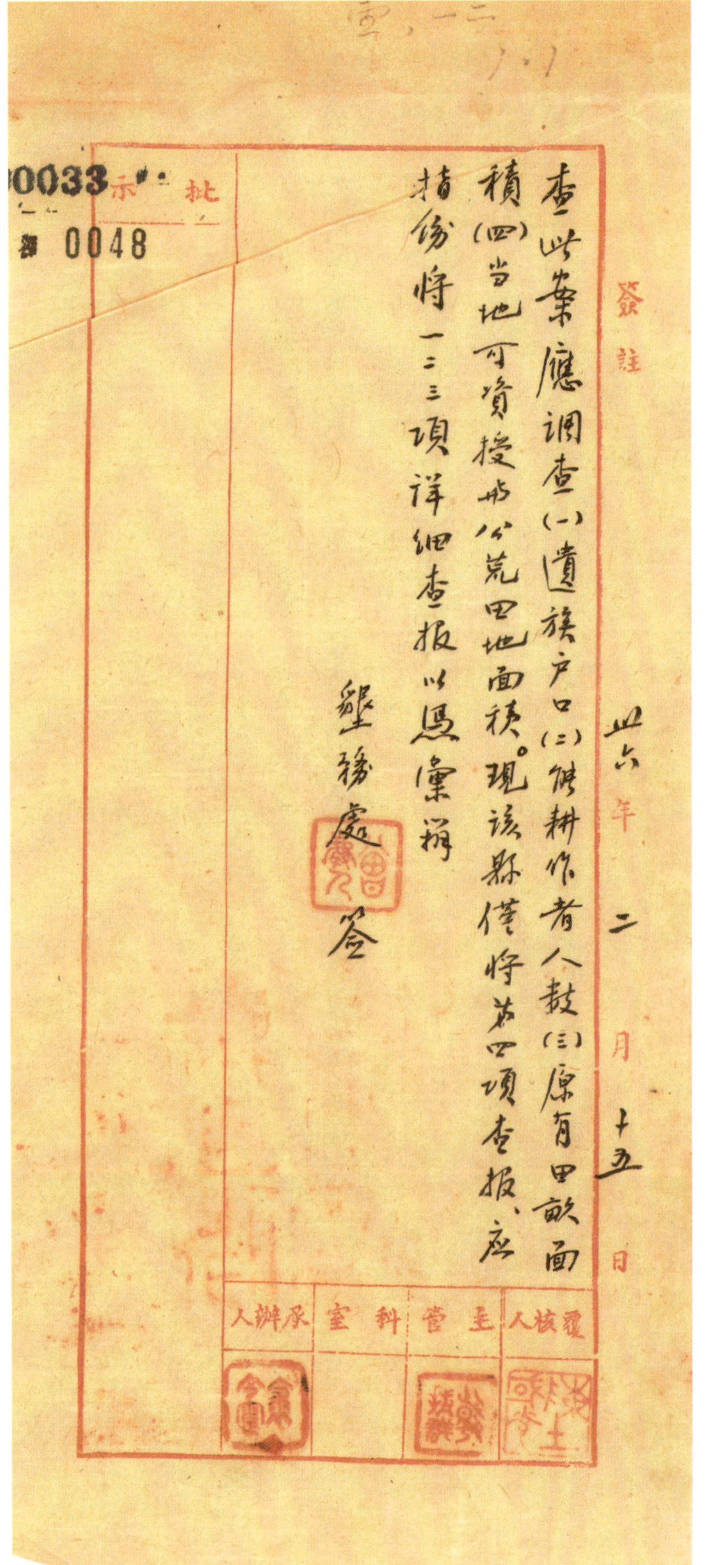
批示

簽註

查此案應調查(一)遺族戶口(二)能耕作者人數(三)原有田畝面積(四)當地可資撥用公荒田地面積。現該縣僅將第四項查報、應請飭將一二三項詳細查報以憑彙辦

墾務處簽

卅六年二月十五日

承辦人 | 主管科室 | 覆核人

江西省政府致余干县政府的指令（一九四七年二月二十一日）

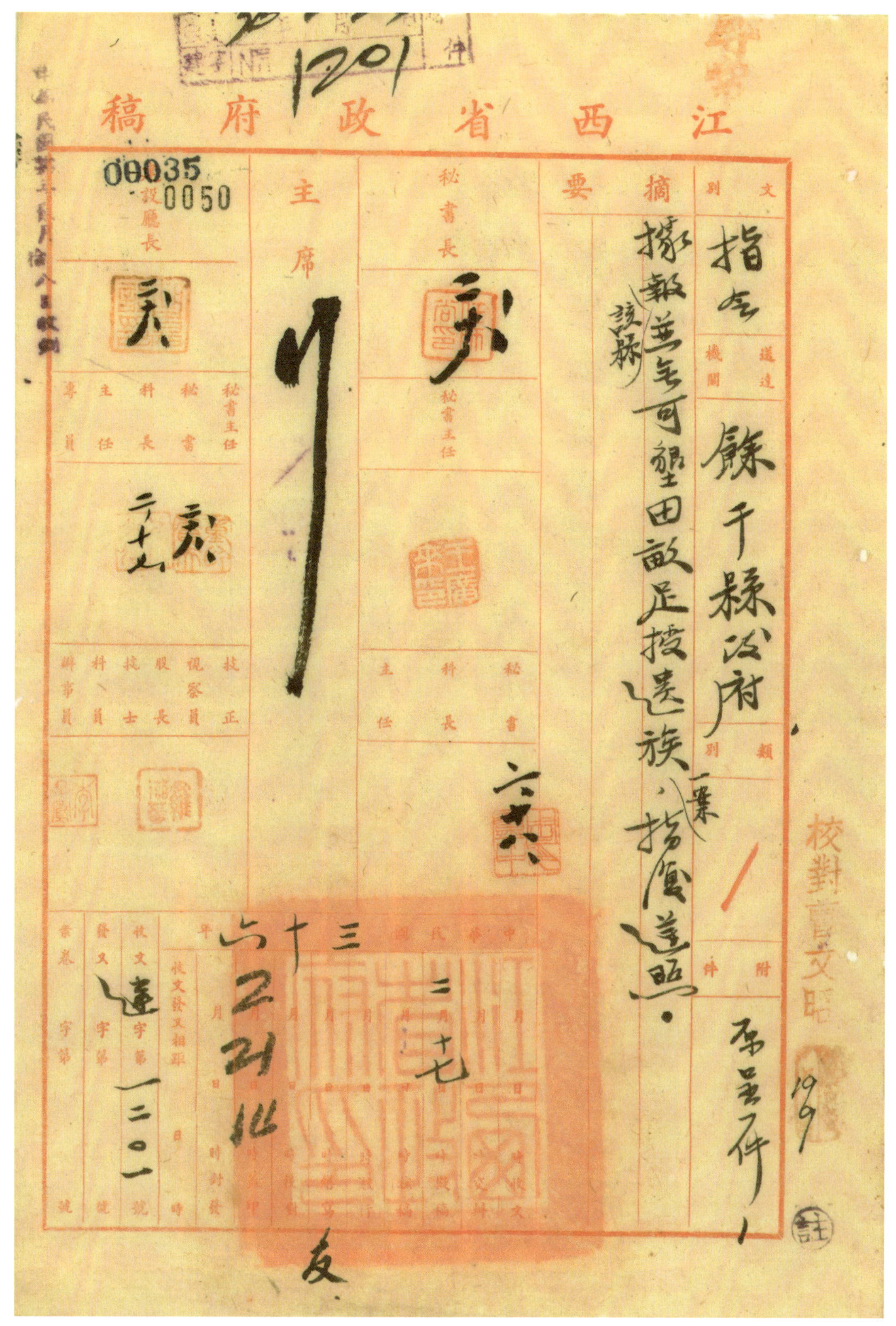

江西省政府稿

文别：指令

送达机关：餘干縣政府

摘要：據該縣報並無可墾田畝足援邊族一案，指復遵照。

附件：原呈存

中華民國三十六年二月二十一日

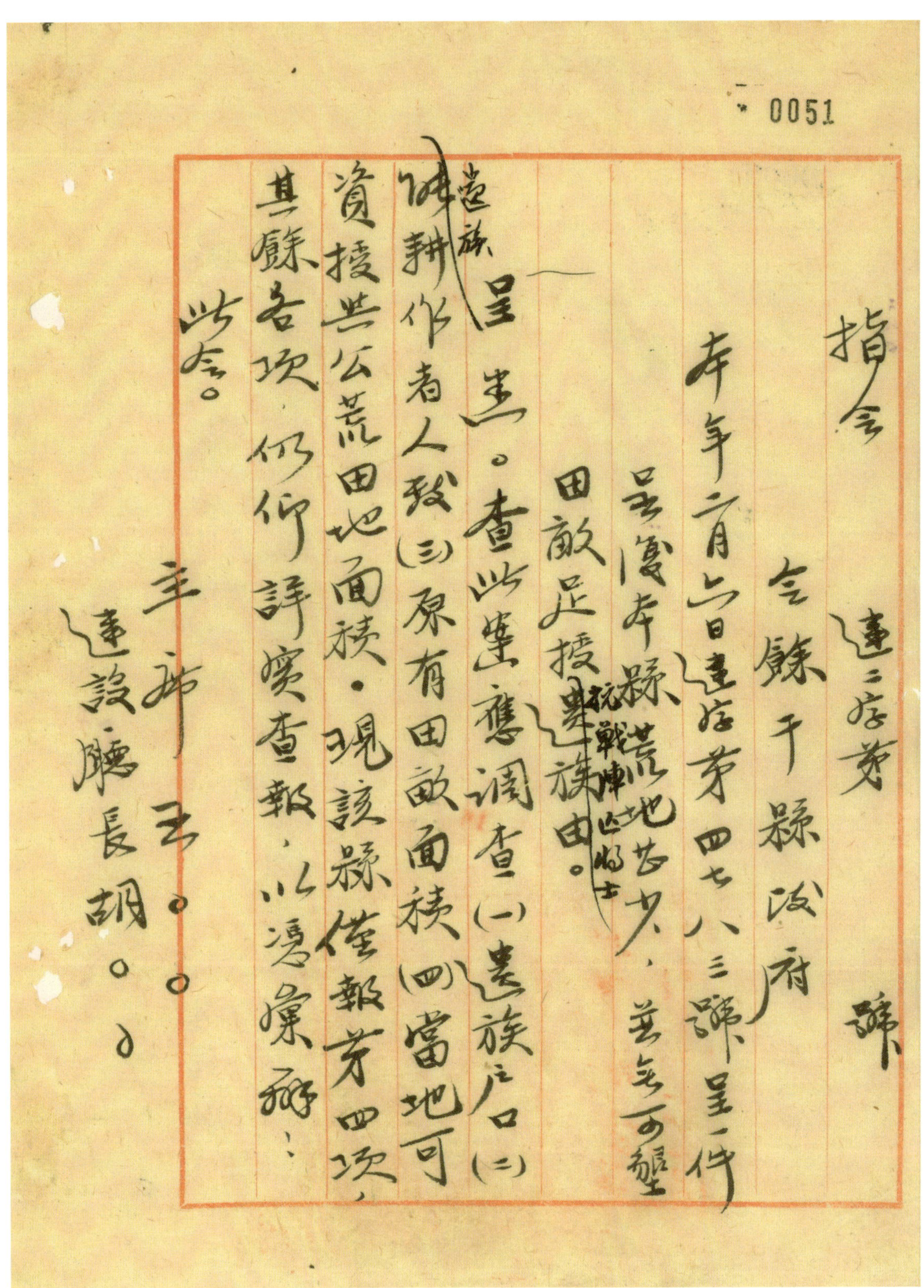

0051

指令

建二字第　　號

令餘干縣政府

本年二月六日建字第四七八三號呈一件，呈復本縣荒地若干，並無可墾田畝足撥抗戰陣亡將士遺族由。

呈悉。查此案應調查(一)遺族戶口(二)遺族能耕作者人數(三)原有田畝面積(四)當地可資撥出公荒田地面積。現該縣僅報第四項，其餘各項，仍仰詳實查報，以憑彙辦；

此令。

主席　王〇〇

建設廳長　胡〇〇

遂川县政府致江西省政府的呈（一九四七年三月十七日）

附呈抗戰陣亡將士遺族授田調查登記册請查核存轉由

遂川縣政府 呈

案奉

鈞府人地建二字第九四七七號訓令爲試辦抗戰陣亡將士遺族授田並發抗戰陣亡官兵遺族登記册格式飭縣調查具報等因奉此自應遵辦茲將上項登記册分别查填就緒理合備文呈賚

此案前抗戰陣亡遺族授田案，前經另令示範縣詳細查報，尚未擬以示範縣試辦，本件擬暫存，仍請民政廳会核

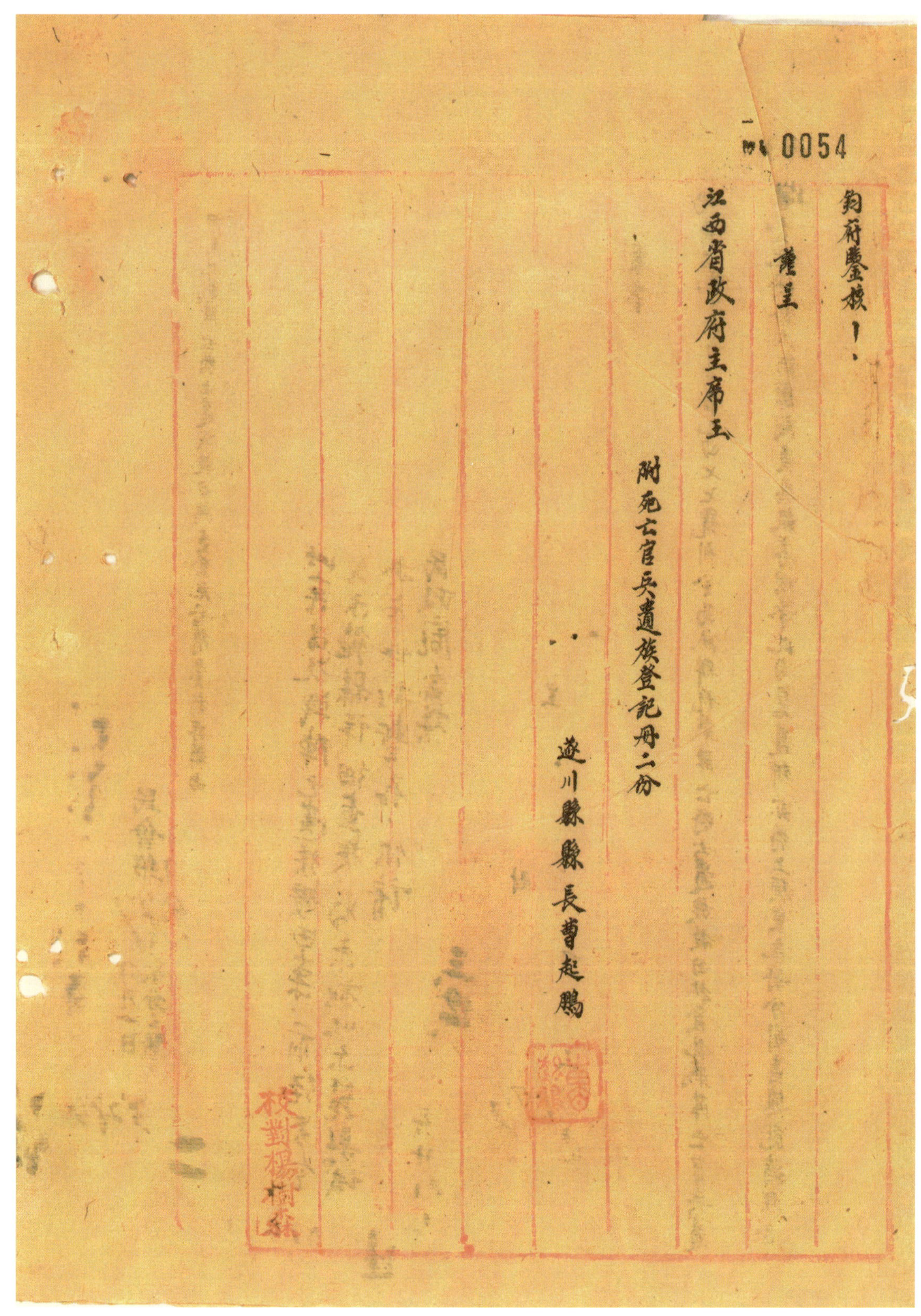

0054

鈞府鑒核！

謹呈

江西省政府主席王

附死亡官兵遺族登記冊二份

遂川縣縣長曾起鵬

校對楊樹森

附：军事委员会抚恤委员会死亡官兵遗族登记册

0055
00038

軍事委員會撫卹委員會死亡官兵遺族登記册

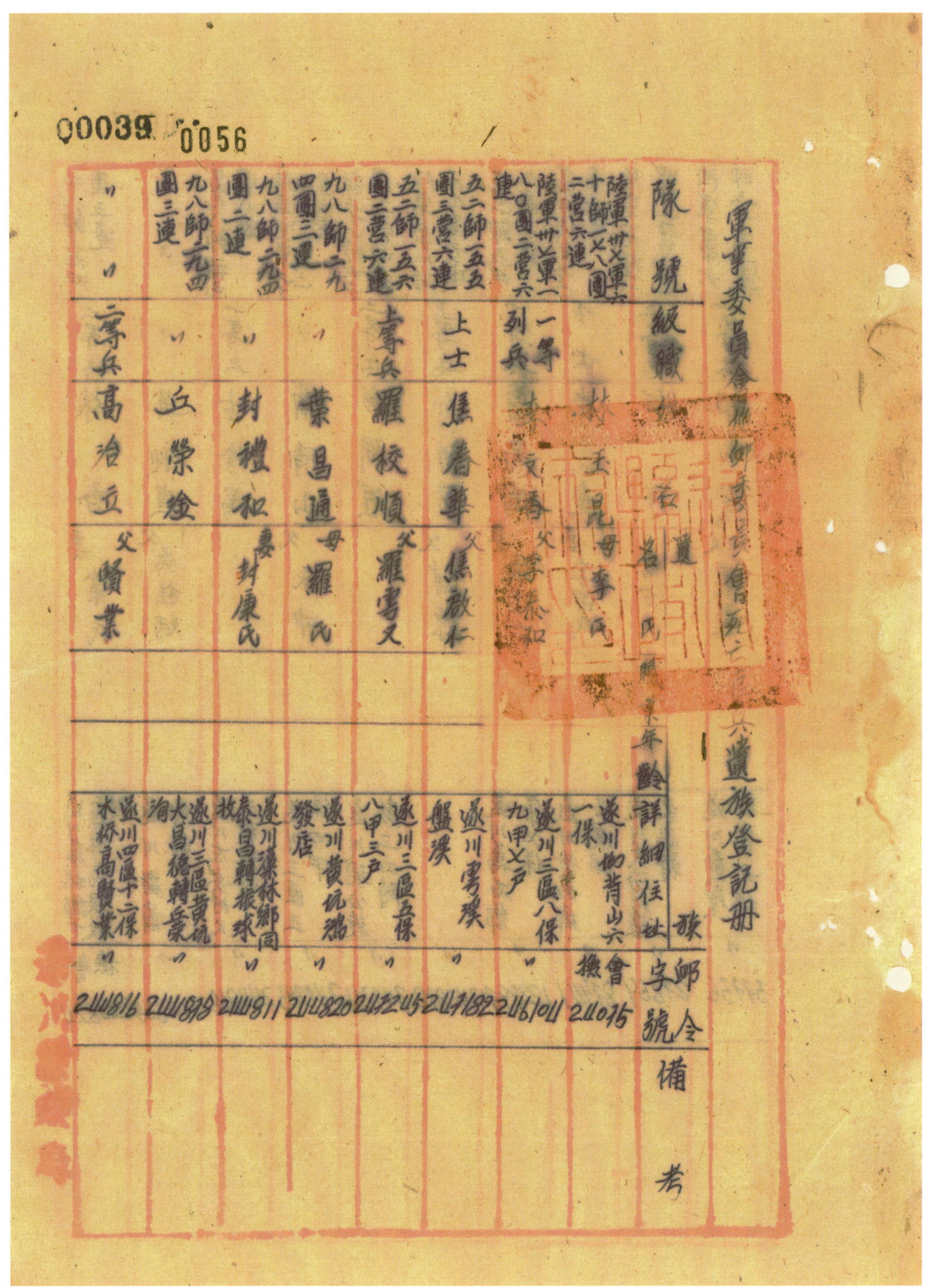

00039 0056

軍事委員會撫卹委員會……兵遺族登記冊

隊號	級職	姓名	遺族名氏	年齡	詳細住址	卹令字號	備考
陸軍廿七軍六十師一七八團二營六連		楊王昆	母李氏		遂川柳背山六一保	會撫211015	
陸軍廿六軍一八〇團二營六連	一等列兵	李文香	父李泰和		遂川三區八保九甲七戶	〃2116011	
五二師一五五團三營六連	上士	張春華	父張啟仁		遂川雩溪盤溪	〃2117182	
五二師一五六團三營六連	上等兵	羅校順	父羅雩又		遂川三區五保八甲三戶	〃2117245	
九八師二九四團三連	〃	葉昌通	母羅氏		遂川黃坑瑞發店	〃2111820	
九八師二九四團二連	〃	封禮和	妻封康氏		遂川珠林鄉同泰昌轉振球收	〃2111811	
九八師二九四團三連	〃	丘榮淦			遂川三區黃坑大昌德轉岳蒙洽	〃2111819	
〃〃	二等兵	高洽立	父賢業		遂川四區十六保水桥高賢業	〃2111816	

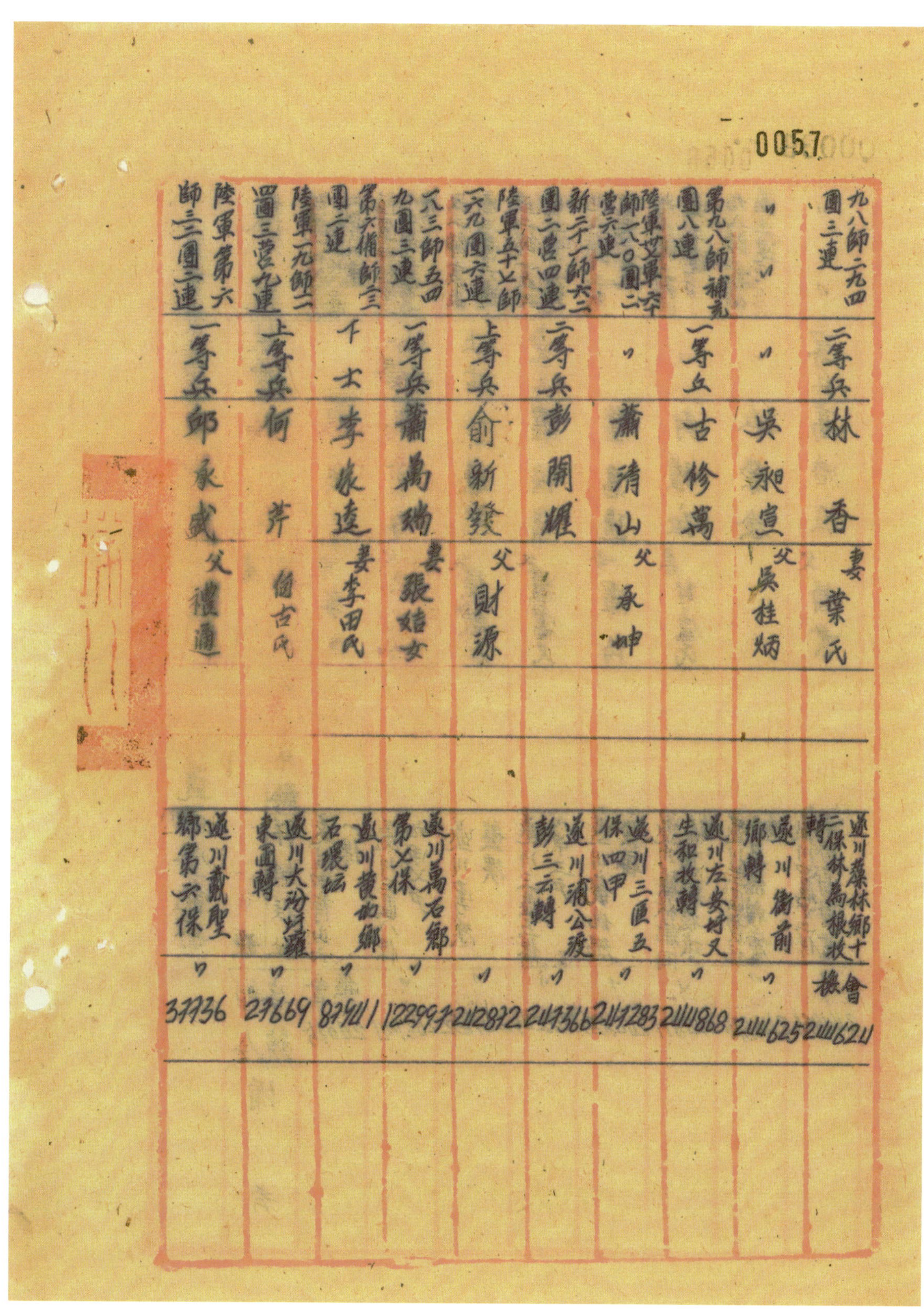

0057

九八師二九四團三連	二等兵	林香	妻葉氏		遂川藻林鄉十二保林爲根收轉	會撫	2ш624
〃	〃	吳昶宣	父吳桂炳		遂川衛前鄉轉	〃	2ш625
第九八師補充團八連	一等兵	古修萬			遂川左安圩又生和收轉	〃	2ш868
陸軍廿軍卒師一八〇團二營六連	〃	蕭清山	父承坤		遂川三區五保四甲	〃	2ш1283
新二十一師六三團二營四連	二等兵	彭開耀			遂川浦公渡彭三云轉	〃	2ш1366
陸軍五十七師一六九團六連	上等兵	俞新發	父財源			〃	2ш2872
八三師五四九團三連	一等兵	蕭萬端	妻張始女		遂川萬石鄉第七保	〃	122991
第六備師三團二連	下士	李家達	妻李田氏		遂川黄田鄉石環坛	〃	87411
陸軍一九師二四團三營九連	上等兵	何芹	伯古氏		遂川大汾圩羅東園轉	〃	27669
陸軍第六師三三團二連	一等兵	郭承武	父禮通		遂川戴聖鄉第六保	〃	37736

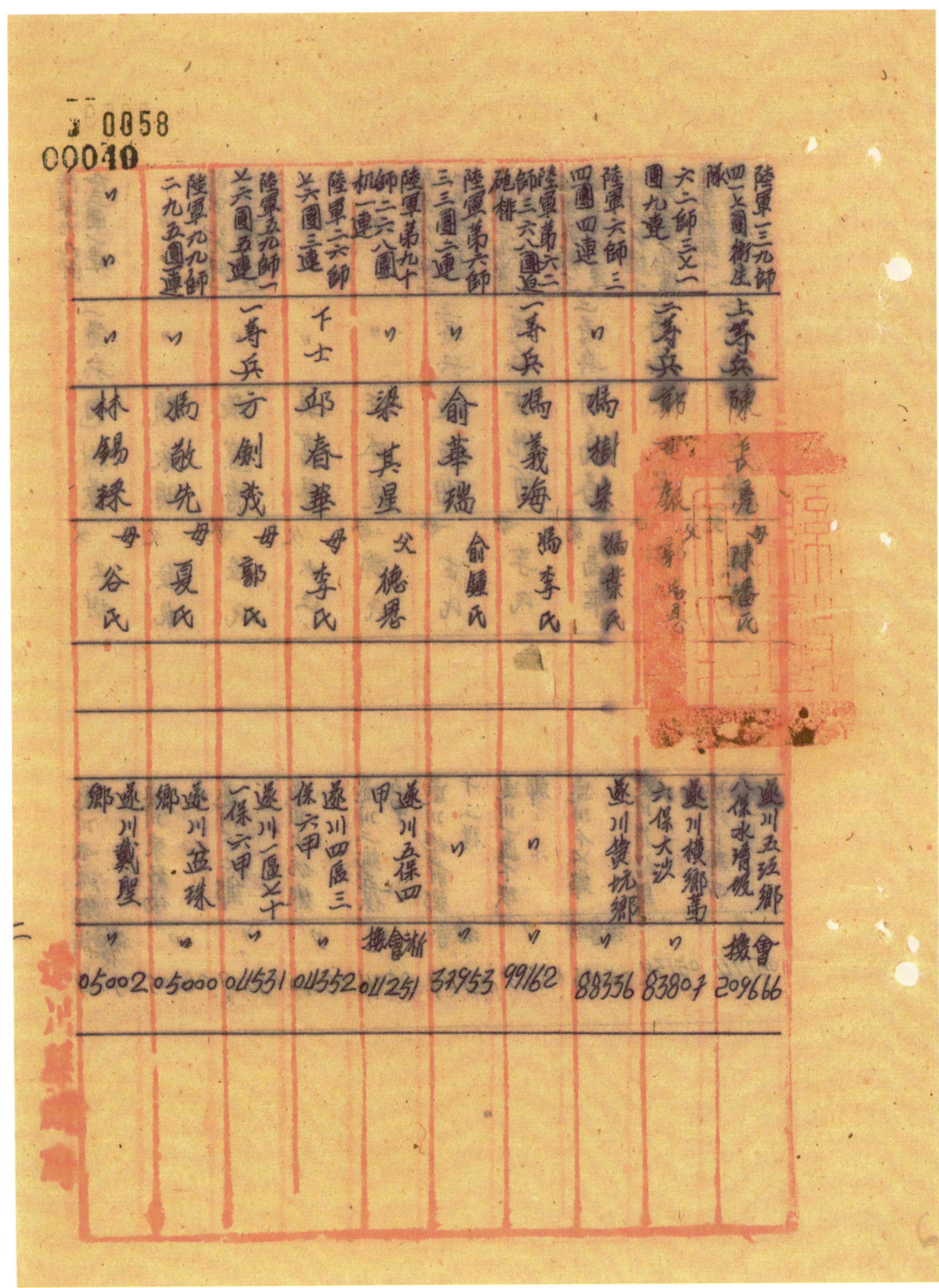

0058
00040

部別	級職	姓名	家屬			住址		號碼
陸軍一三九師四一七團衛生隊	上等兵	陳長慶	母 陳潘氏			遂川五江鄉八保水埔峴	撫會	209666
六二師三又一團九連	二等兵	鄒□銀	父 鄒□□			遂川橫鄉第六保大洨	〃	83807
陸軍六師三四團四連	〃	馮樹森	馮蔡氏			遂川黄坑鄉	〃	88356
陸軍第六二師三六八團迫砲排	一等兵	馮義海	馮李氏			〃	〃	99162
陸軍第六師三三團二連	〃	俞華瑞	俞鍾氏			〃	〃	32953
陸軍第九十師二六八團機一連	〃	梁其星	父 德恩			遂川五保四甲	撫會浙	011251
陸軍二六師一六六團三連	下士	邱春華	母 李氏			遂川四區三保六甲	〃	011352
陸軍五九師一七六團五連	一等兵	方劍茂	母 鄒氏			遂川一區七十一保六甲	〃	011531
陸軍九九師二九五團連	〃	馮敬先	母 夏氏			遂川益珠鄉	〃	05000
〃	〃	林錫祿	母 谷氏			遂川戴聖鄉	〃	05002

0059

陸軍九九師二九五團一連	一等兵	包樹景	父 王樹			遂川禾源鄉	撫會浙	05004
〃	〃	賴永明	父 金航			遂川來新塲	〃	05005
陸軍九九師一一九五團三連	〃	張宜清	母 陸氏			遂川下七鄉	〃	05009
〃	〃	吳書晏	父 少廷			遂川大坑鄉	〃	05010
〃	〃	王本夏	母 鄭氏			遂川二鄉五保五甲	〃	05011
陸軍九九師二九七團五連	上等兵	張徵湘	母 古氏			遂川雅前鄉十三保	撫會	05049
陸軍二九七團九連	一等兵	古乾河	母 李氏			遂川區下坑鄉	〃	05067
陸軍新編十一師三團机連	二等兵	何高春	弟 高飛			遂川下七鄉	撫會浙	05133
陸軍新編十師三團机置連	一等兵	梁一章	母 鍾氏			遂川肖傳鄉	〃	05134
陸軍新編十一師三團五連	二等兵	丘金銘	父 生榮			遂項丘鄉四保三甲	〃	05194

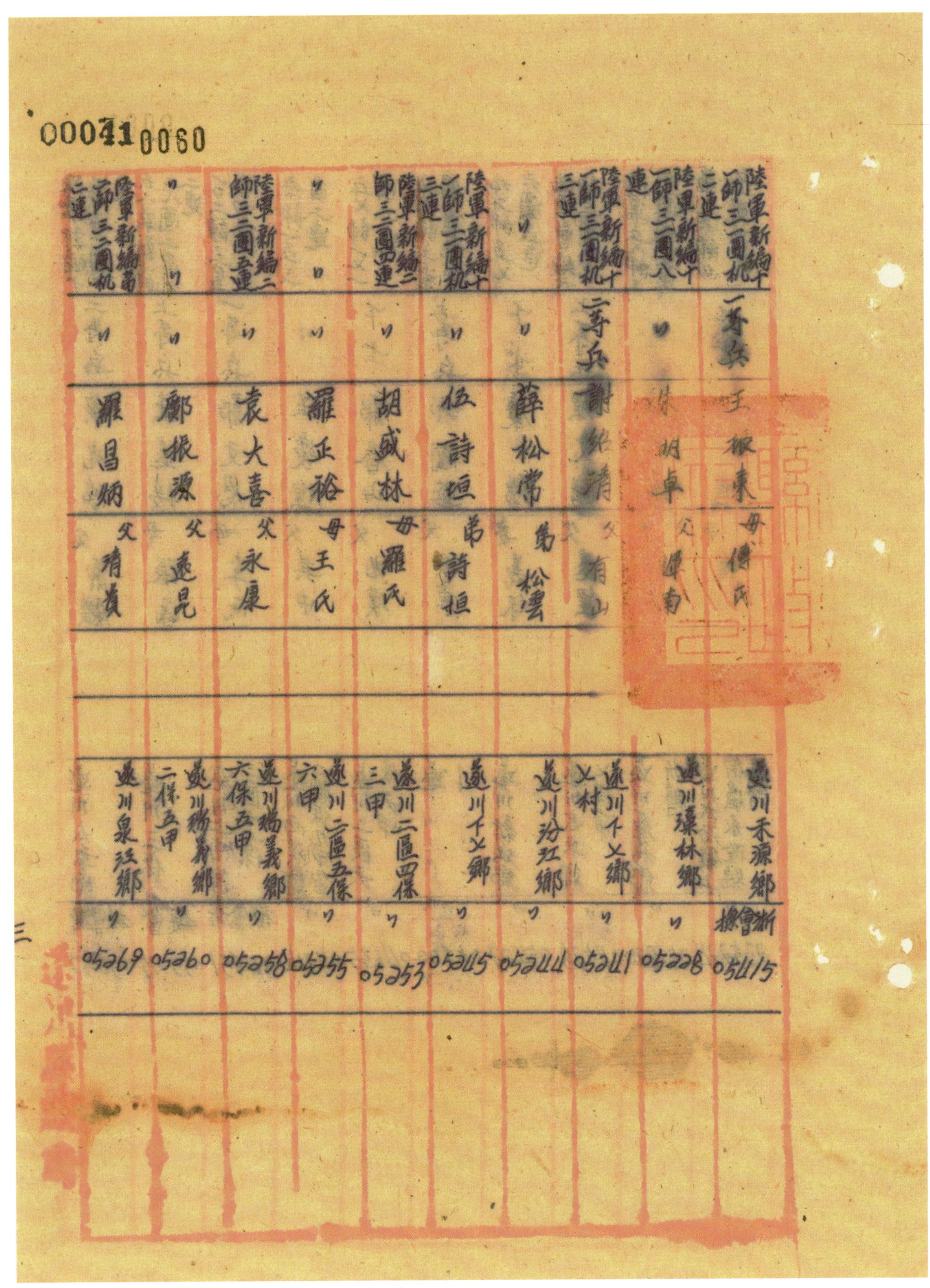

00041 0060

部別	級職	姓名	親屬			籍貫		號數
陸軍新編十一師三一團机二連	一等兵	王振東	母 傅氏			遂川禾源鄉	新撫會	05415
陸軍新編十一師三一團八連	〃	朱明卓	父 潭南			遂川瑔林鄉	〃	05228
陸軍新編十一師三一團机三連	二等兵	謝紹清	父 有山			遂川下义鄉义村	〃	05211
〃	〃	薛松常	弟 松雲			遂川汾江鄉	〃	05244
陸軍新編十一師三一團机三連	〃	伍詩垣	弟 詩桓			遂川下义鄉	〃	05245
陸軍新編二師三二團四連	〃	胡威林	母 羅氏			遂川二區四保三甲	〃	05253
〃	〃	羅正裕	母 王氏			遂川二區五保六甲	〃	05255
陸軍新編二師三二團五連	〃	袁大喜	父 永康			遂川瑞義鄉六保五甲	〃	05258
〃	〃	鄺振源	父 遠昆			遂川瑞義鄉二保五甲	〃	05260
陸軍新編第二師三二團机二連	〃	羅昌炳	父 積貴			遂川泉江鄉	〃	05269

三

0061

陸軍新編十一師三二團二連	二等兵	黄光强	父 義饑	遂川太平鄉	浙會機	05232
五八軍新十一師二八團二營機二連	上等兵	王遂棲	母 張氏	遂川三保	會機	05015
一〇二師三〇五團四連	一等兵	鄧文恩	母 李氏	遂川上南鄉三區十一保	浙會機	04731
五六師一五三團二連	〃	王慶煌	父 其中	遂川西溪鄉二聯保九甲五戶	〃	04740
五七師一七一團二連	下士	郭春山	父 光璜	遂川二區六保六甲	〃	04635
七九師二三五團通訊排	上等兵	鄒國華	父 焕章	遂川	〃	05400
九二師五七六團五連	下士	康强	妻 義妹	遂川新江鄉	〃	05427
陸軍暫編六師三團一連	上等兵	鍾文鉉	父 遂皇	遂川太平鄉七保甲	〃	04578
陸軍五八師三四團二營六連	〃	黄昆敏	馬 繼儒	遂川蔡林鄉所轄	〃	251870
第七六師四五一團七連	下士	李[illegible]龍	母 [illegible]氏	遂川大汾鎮上街盧永隆號收轉	〃	235224

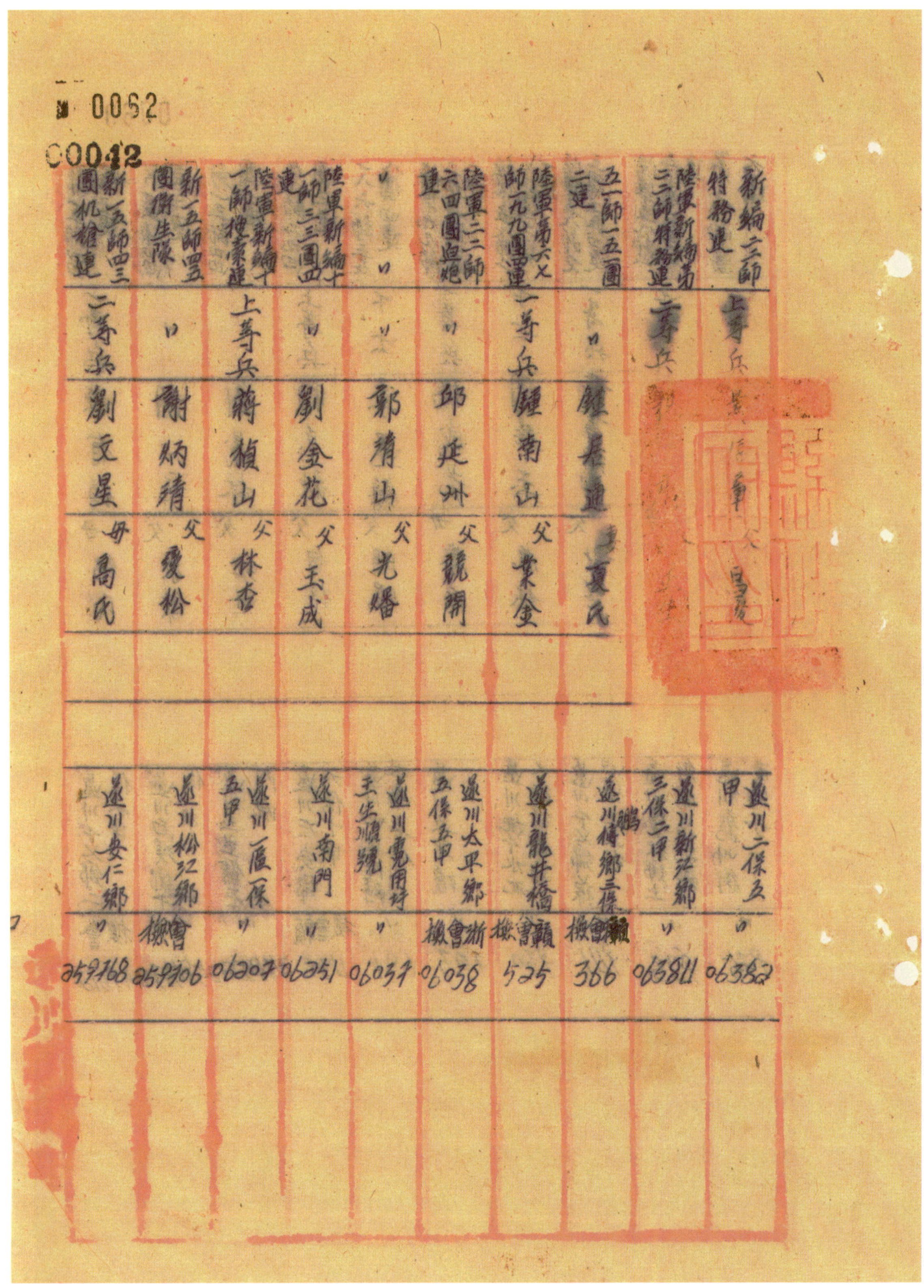

新編二三師特務連	上等兵	[illegible]	父 [illegible]			遂川二保五甲	〃	06382
陸軍新編第二三師特務連	二等兵	[illegible]	[illegible]			遂川新江鄉三保二甲	〃	06381
五一師一五團二連	〃	鍾長連	母 夏氏			遂川樟鄉二保	撫會贛	366
陸軍第六七師一九九團運連	一等兵	鍾南山	父 業金			遂川龍井橋	撫會贛	525
陸軍二三師六四團迫炮連	〃	邱廷洲	父 龍開			遂川太平鄉五保五甲	撫會浙	06038
〃	〃	鄭清山	父 光熺			遂川蔥甪圩王生順號	〃	06037
陸軍新編十一師三三團四連	〃	劉金花	父 玉成			遂川南門	〃	06251
陸軍新編十一師搜索連	上等兵	蔣楨山	父 林杏			遂川一區一保五甲	〃	06207
新一五師四五團衛生隊	〃	謝炳精	父 愛松			遂川枌江鄉	撫會	259706
新一五師四三團機槍連	二等兵	劉文星	母 高氏			遂川安仁鄉	〃	259768

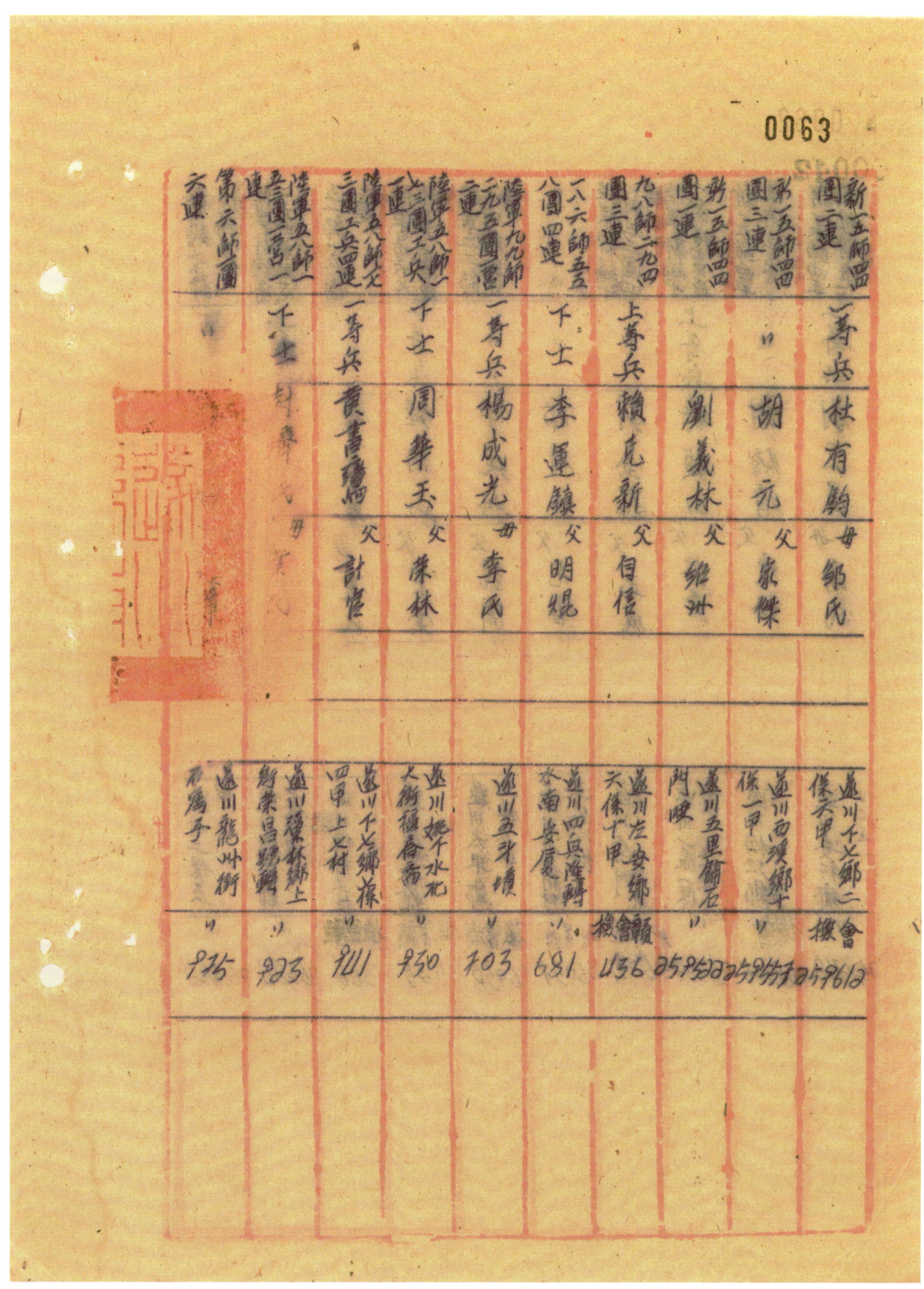

部隊	級職	姓名	親屬		住址		號
新五師四四團二連	一等兵	杜有鈞	母 鄒氏		遂川千乙鄉二保六甲	會攤	259612
新一五師四四團三連	〃	胡元	父 家傑		遂川西溪鄉十保一甲	〃	259545
新一五師四四團一連		劉義林	父 維洲		遂川五里舖石門[illegible]	〃	25952
九八師二九四團三連	上等兵	賴克新	父 自信		遂川左安鄉六保十甲	額會攤	436
一八六師五五八團四連	下士	李運[illegible]	父 明焜		遂川四兵渡轉水南安慶	〃	681
陸軍九九師二九五團營二連	一等兵	楊成光	母 李氏		遂川五斗壇	〃	703
陸軍五八師一七三團工兵一連	下士	周華玉	父 榮林		遂川姚千水北大街福壽齋	〃	950
陸軍五八師一七三團工兵四連	一等兵	黃書鴻	父 計懷		遂川千乙鄉孫四甲上乙村	〃	911
陸軍五八師一七五團一營一連	下士	謝泰光	母 [illegible]氏		遂川雩林鄉上街榮昌號轉	〃	923
第六師團六連	〃				遂川龍州街石鳥手	〃	945

00043 0064

部别	阶级	姓名	遗族			住址		
陆军七三军七七师二三〇团七连	一等兵	古[illegible]	父 德良			遂川[illegible]门[illegible]武何坊	〃	1141
陆军一七五师政治部	上士	刘文秋	[illegible]氏			遂川县石下乡政府代办所交进才正村	会核	05164
十九师五五团兵器连	一等兵	黄炳辉	父 健明			遂川第三区白土乡	领会核	777
七三军七七师四四团八营机连	〃	沈先根	弟 先才			遂川[illegible]乡八保	〃	839
三六师一〇六团六连	下士	吴敏松	父 火香			遂川禾源乡小保七甲	会核	892
八十师六四〇团八营六连	〃	林茂芳	父 [illegible]菊			遂川三益乡四保三甲	领会核	1856
陆军第四军一六师五〇六团九连	上等兵	李文干	父 易春			遂川三益乡	核稽会审领发	2568
陆军第四军五九师一七五团八营机八连	〃	曾广明	父 龙青			遂川八保四甲	〃	[illegible]
陆军第四军五九师一七五团三营七连	上等兵	李茂炎	母 徐氏			遂川黄坳乡	〃	[illegible]
陆军第四军五九师一七五团二营五连	一等兵	曾定意	父 [illegible]			遂川何家祠四四保	〃	2450

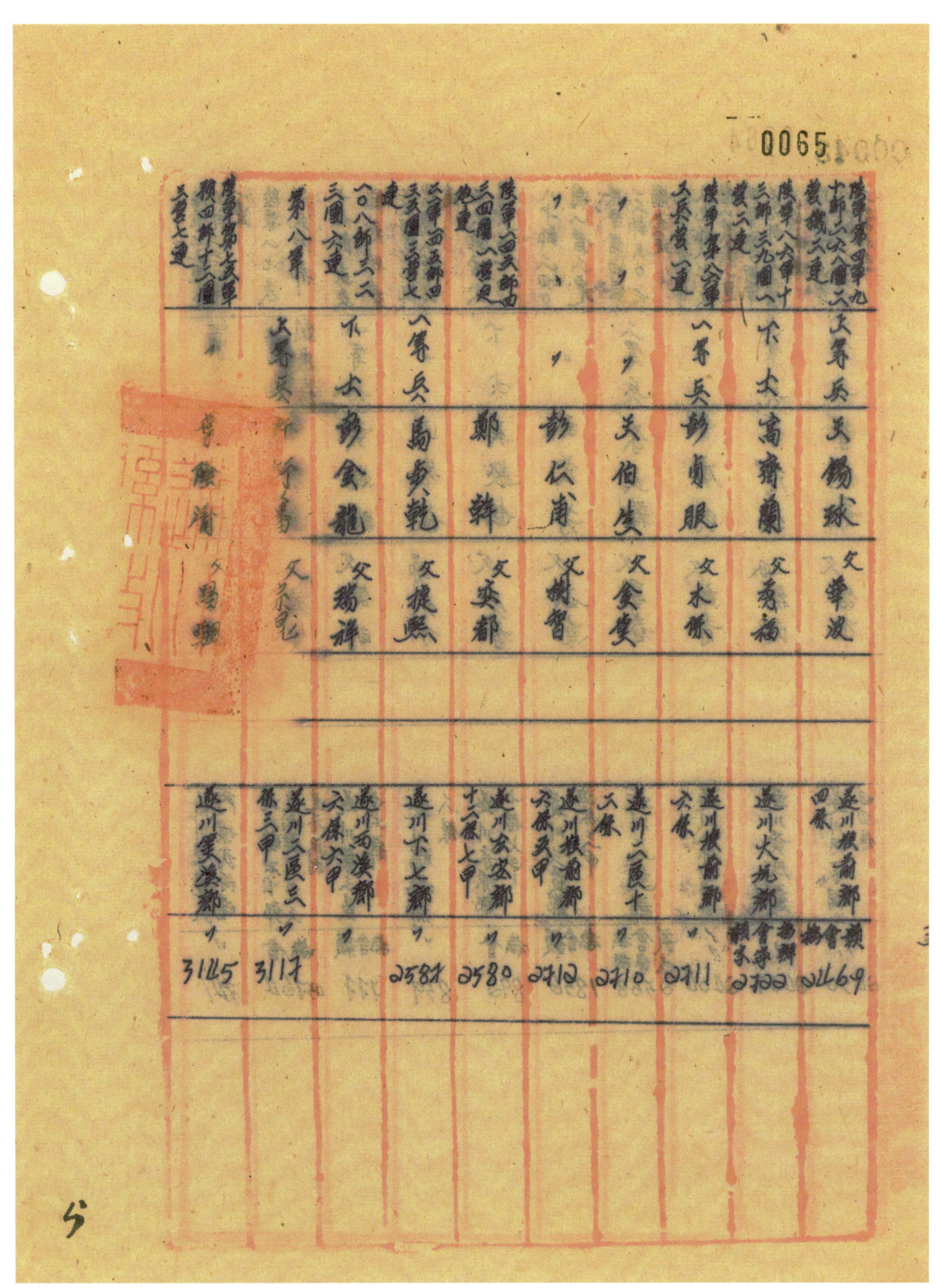

陸軍第四軍九十師二六八團二營機槍六連	上等兵	吴錫球	父華汲	遂川枧前鄉四保	賴會協	2269
陸軍八十六軍十三師三九團一營二連	下士	高齊蘭	父秀福	遂川大坑鄉	協辦會孚賴家	2722
陸軍第八十六軍六兵營一連	一等兵	彭貞眼	父木孫	遂川枧前鄉六保	〃	2711
〃	〃	吴伯生	父金發	遂川一區十八保	〃	2710
〃	〃	彭仁甫	父樹智	遂川枧前鄉六保五甲	〃	2712
陸軍一四五師四三四團一營迫砲連		鄭韡	父奕都	遂川宏宏鄉十八保七甲	〃	2580
六軍四五師四三五團三營七連	一等兵	馬安乾	父捷熙	遂川下七鄉	〃	2584
一〇八師三二三團六連	下士	彭金龍	父瑞祥	遂川西溪鄉六保六甲	〃	
第八軍	上等兵	郭介高	父[illegible]弘	遂川一區三保三甲	〃	3117
陸軍第七五軍預四師十二團三營七連	〃	曾像清	〃騎徽	遂川[illegible]溪鄉	〃	3145

5

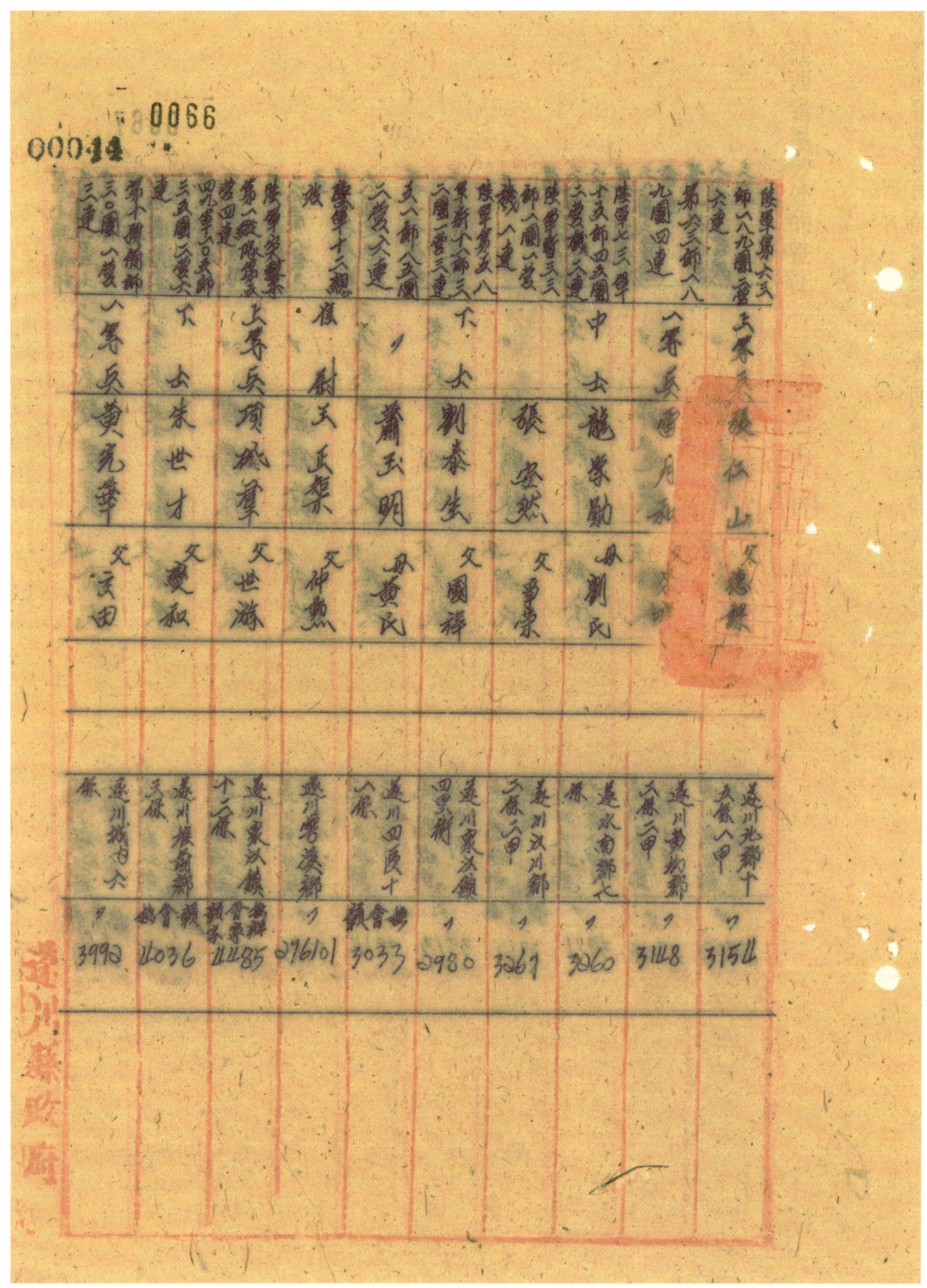

0066

00044

陸軍第六三師一八九團重六連	上等兵	張仁山	父德祿	遂川北鄉十五保八甲	〃	3154
第六三師一八八九團四連	一等兵	[illegible]尾和	父[illegible]	遂川黃坑鄉三保二甲	〃	3148
陸軍七三軍十五師四五團三營機八連	中士	龍家勛	母劉氏	遂永南鄉七保	〃	3260
陸軍暫三三師八團八營機八連		張安然	父爭榮	遂川汶川鄉三保二甲	〃	3267
陸軍第五八軍新十八師三八團一營三連	下士	劉泰生	父國祥	遂川泉江鎮四界街	〃	2980
五八師八五團二營八連	〃	蕭玉明	母黃氏	遂川四區十八保	總會領	3033
陸軍第十八總機	准尉	吳正榮	父仲勳	遂川雩溪鄉	〃	276101
陸軍突擊第八縱隊第五營四連	上等兵	項成華	父世游	遂川泉江鎮十二保	總辦會家屬領	4485
四九軍一〇五師三一五團二營六連	下士	朱世才	父愛和	遂川堆前鄉三保	總會領	4036
第十預備師三〇團八營三八連	一等兵	黃光華	父[illegible]田	遂川城內六保	〃	3992

遂川縣政府

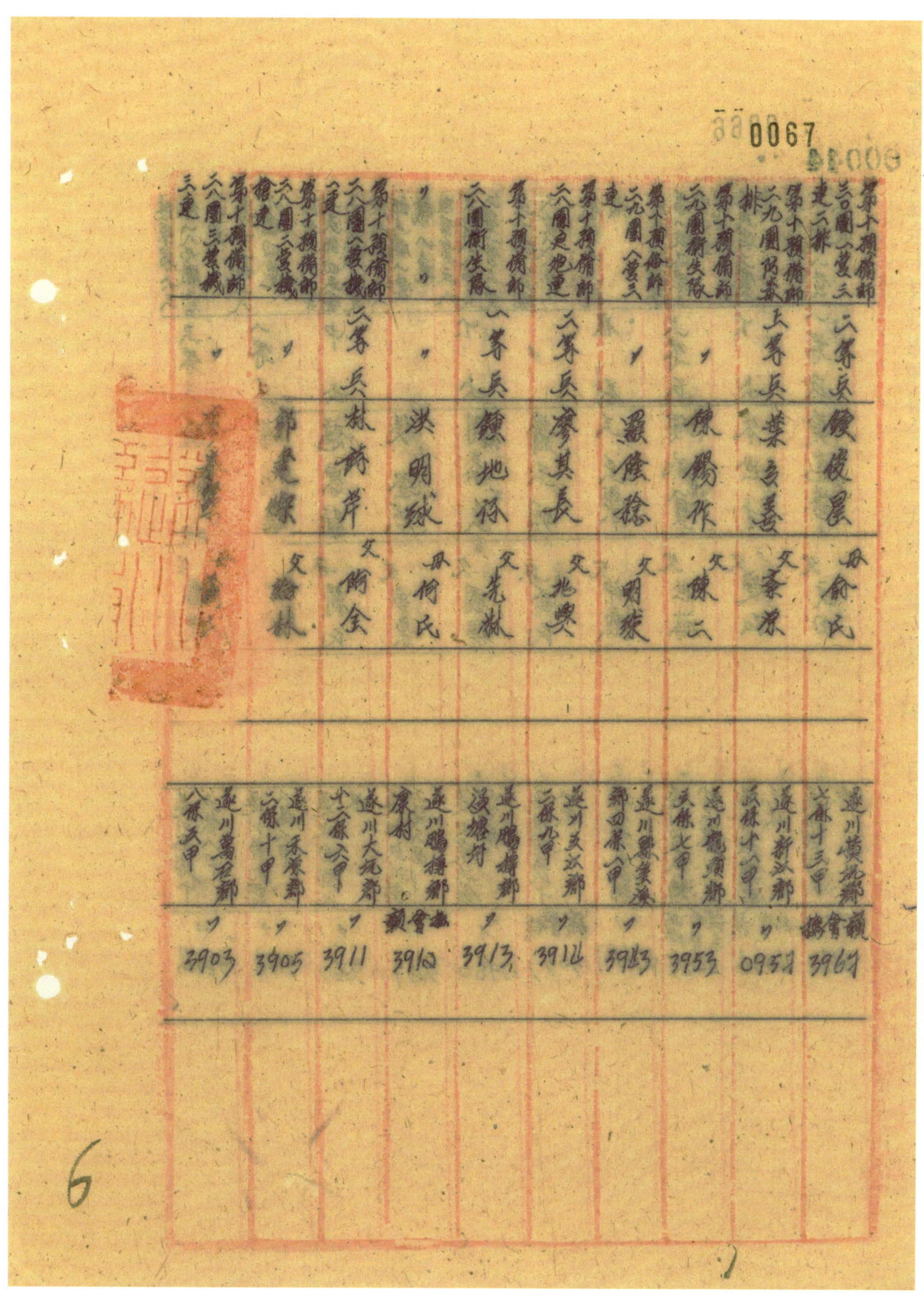

0067

部別	級職	姓名	家屬			籍貫		號數
第十預備師三〇團八营三連二排	二等兵	饒俊晨	母俞氏			遂川黄坑鄉六保十三甲	[illegible]會鎮	3967
第十預備師二九團防毒排	上等兵	葉亥善	父葉泉			遂川新江鄉五保十八甲	〃	0957
第十預備師二九團衛生隊	〃	陳錫作	父陳二			遂川龍頭鄉五保七甲	〃	3953
第十預備師二九團八营三連	〃	羅餘孫	父明猴			遂川縣美溪鄉四保八甲	〃	3943
第十預備師二八團史地連	二等兵	廖其長	父兆興			遂川五江鄉二保九甲	〃	3914
第十預備師二八團衛生隊	一等兵	鍾地孫	父光林			遂川鵬搏鄉溪塘村	〃	3913
〃	〃	洪明球	母何氏			遂川鵬搏鄉康村	無會鎮	3912
第十預備師二八團八营機八連	二等兵	林特岸	父鄔全			遂川大坑鄉十二保六甲	〃	3911
第十預備師二八團二营機槍連	〃	鄔春保	父鄔林			遂川禾源鄉六保十甲	〃	3905
第十預備師二八團三营機三連	〃	[illegible]	父[illegible]			遂川萬石鄉八保五甲	〃	3903

6

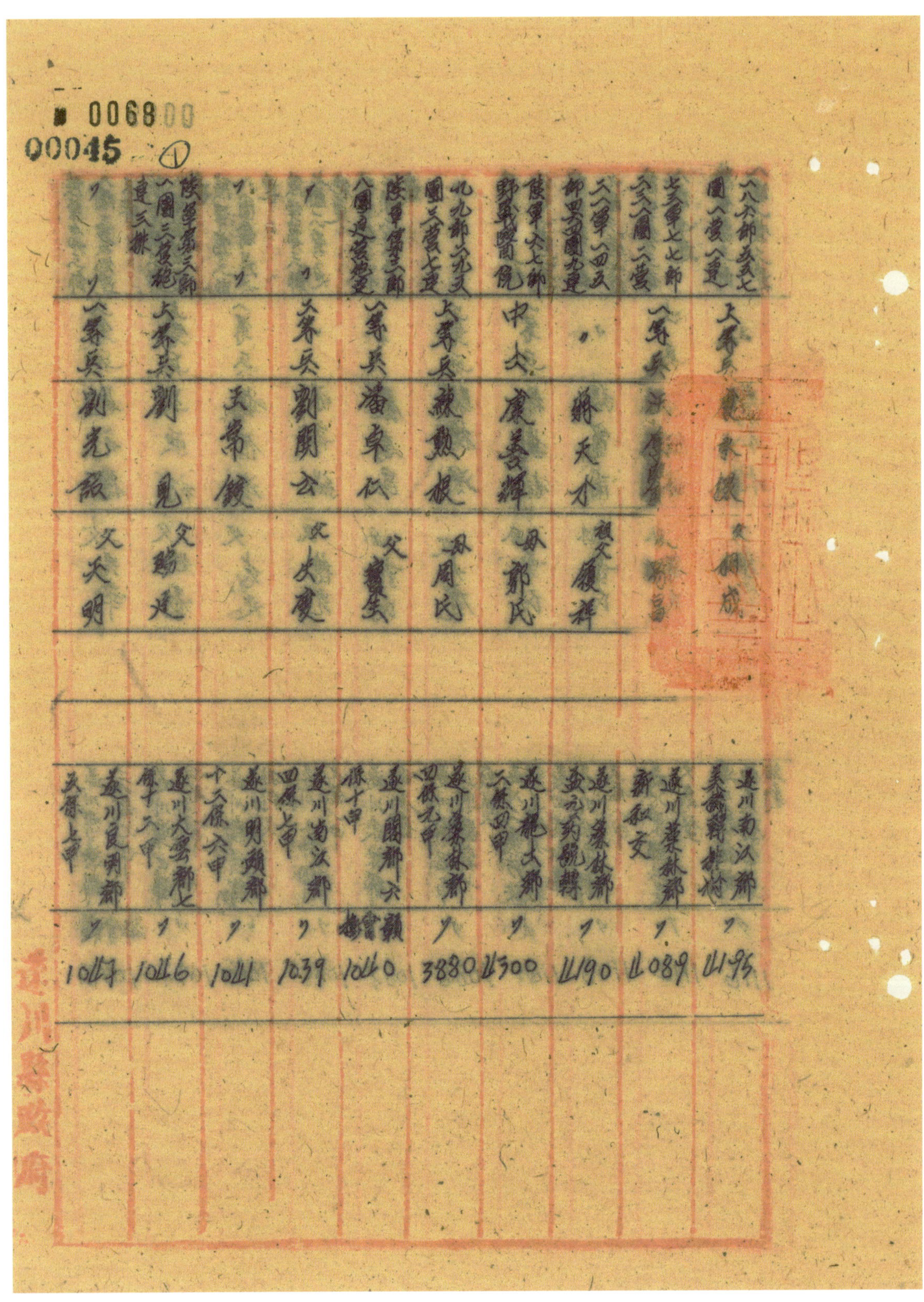

部队	阶级	姓名	亲属	籍贯		号数
一八六师五五七团一营一连	上等兵	[illegible]永[illegible]	父 [illegible]成	遂川南江乡[illegible]村	〃	11195
七三军七七师二二八团二营	一等兵	[illegible]	[illegible]	遂川叶林乡新和交	〃	11089
一八军一四五师四三三团九连	〃	蒋天才	祖父 顺祥	遂川叶林乡五元坊龙树	〃	11190
陆军六七师野战医院	中尉	康善辉	母 郭氏	遂川龙上乡八保四甲	〃	11300
九九师二九五团三营七连	上等兵	萧勋根	母 周氏	遂川叶林乡四保九甲	〃	3880
陆军第三八师八团五营炮连	一等兵	潘卓仁	父 宝金	遂川关乡六保十甲	关乡会转	1040
〃	上等兵	刘开公	父 史变	遂川南江乡四保七甲	〃	1039
〃	〃	王常铁		遂川明瑞乡十八保六甲	〃	1041
陆军第三八师八团三营炮连三排	上等兵	刘见	父 锡廷	遂川大汾乡七保十八甲	〃	1046
〃	一等兵	刘光铭	父 天明	遂川良田乡五保七甲	〃	1047

0069
00045

部别	级别	姓名	亲属		住址		编号
陸軍第三六師八團三營炮連三排	上等兵	吳元德	父光華		遂川雩溪鄉頭二保七甲	會稽	1018
陸軍第三六師八團輸送連	上等兵	吳更初	父燃泰		遂川澡口鄉四保一甲	〃	1037
陸軍第三六師八團輸送六連	一等兵	楊信炎	父志廷		遂川橋頭鄉劉衍文	〃	1060
陸軍第三六師七團六營迫炮連	〃	梁奇縱	父德光		遂川小野鄉七保八甲	〃	1075
陸軍第三六師七團二營六兵連	〃	嚴為昆	母郭氏		遂川禾源鄉同和號	〃	1087
〃 〃	上等兵	駱德源	父大慶		遂川於家市正興號轉七頭嶺	〃	1088
陸軍第三六師八團一營二連	一等兵	徐樹林	母黃氏		遂川六區新教鄉五保六甲嶺田順和號	〃	1121
陸軍第三六師九團三營七連	〃	張寬甫	母黃氏		遂川衣平鄉五保八甲	〃	1108
陸軍第三六師八團四連	上等兵	[illegible]松林	母郭氏		遂川東鄉六區大烏嶺	〃	1114
陸軍第三六師八團八營六連	〃	葉私信	父優[illegible]		遂川棠林鄉劉美蘭公益油行	〃	1116

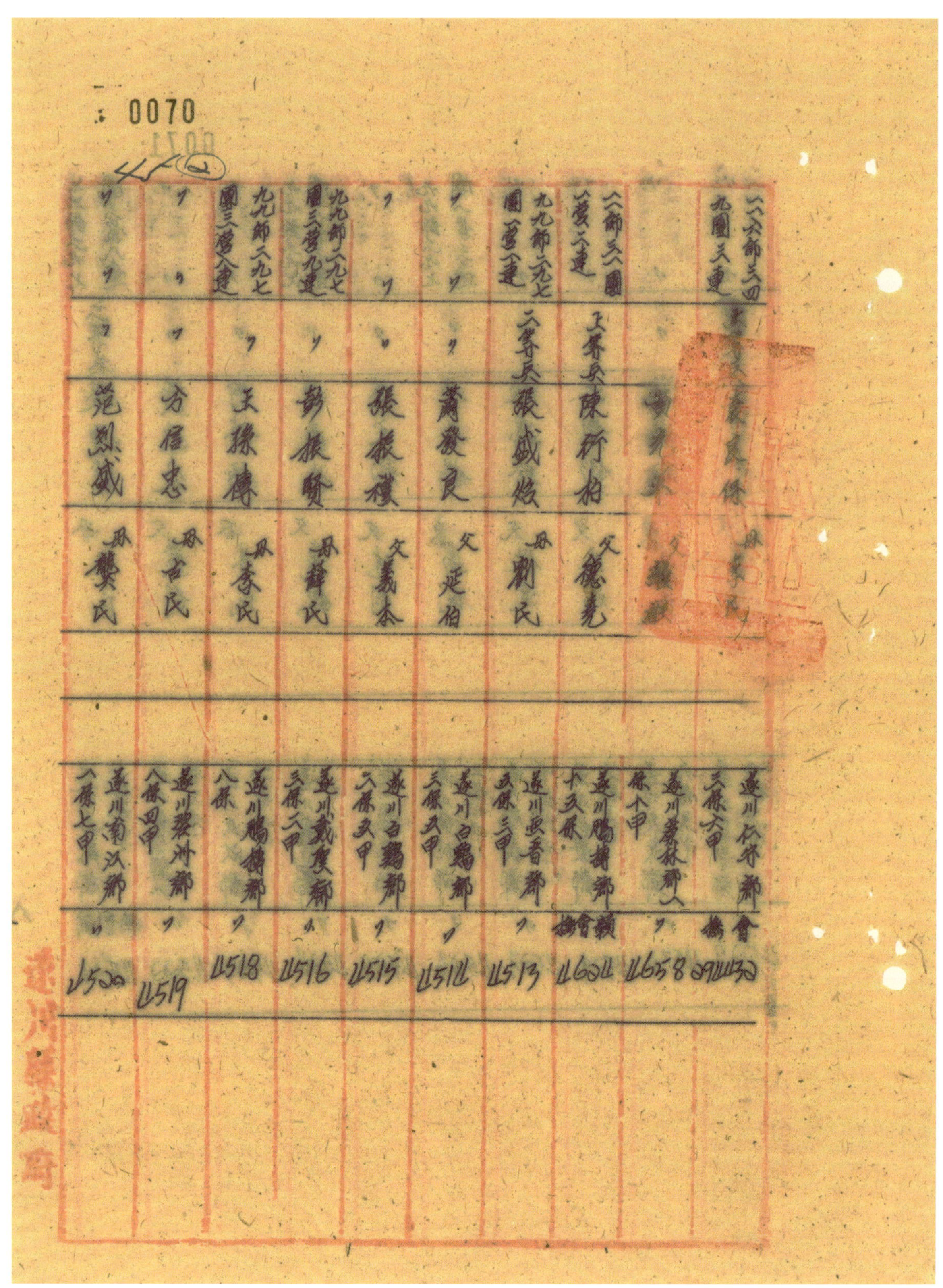

0070

部别	级职	姓名	遗族			籍贯		
八八師三四九團三連	[illegible]	[illegible]	母 [illegible]			遂川[illegible]鄉三保六甲	會	29432
[illegible]	[illegible]	[illegible]	[illegible]			遂川[illegible]鄉十保十甲	〃	11658
八八師三八團八營八連	上等兵	陳行柏	父 德堯			遂川鵬搏鄉十五保	續會	11624
九九師二九七團一營八連	二等兵	張盛炫	母 劉氏			遂川[illegible]鄉五保三甲	〃	11513
〃	〃	蕭發良	父 延伯			遂川白鵝鄉三保五甲	〃	11514
〃	〃	張振權	父 義本			遂川白鵝鄉二保五甲	〃	11515
九九師二九七團三營九連	〃	彭振賢	母 [illegible]氏			遂川[illegible]鄉三保二甲	〃	11516
九九師二九七團三營八連	〃	王祿康	母 李氏			遂川鵬搏鄉八保	〃	11518
〃	〃	方信忠	母 古氏			遂川黎洲鄉八保四甲	〃	11519
〃	〃	范烈盛	母 龔氏			遂川南江鄉八保七甲	〃	11520

遂川縣政府

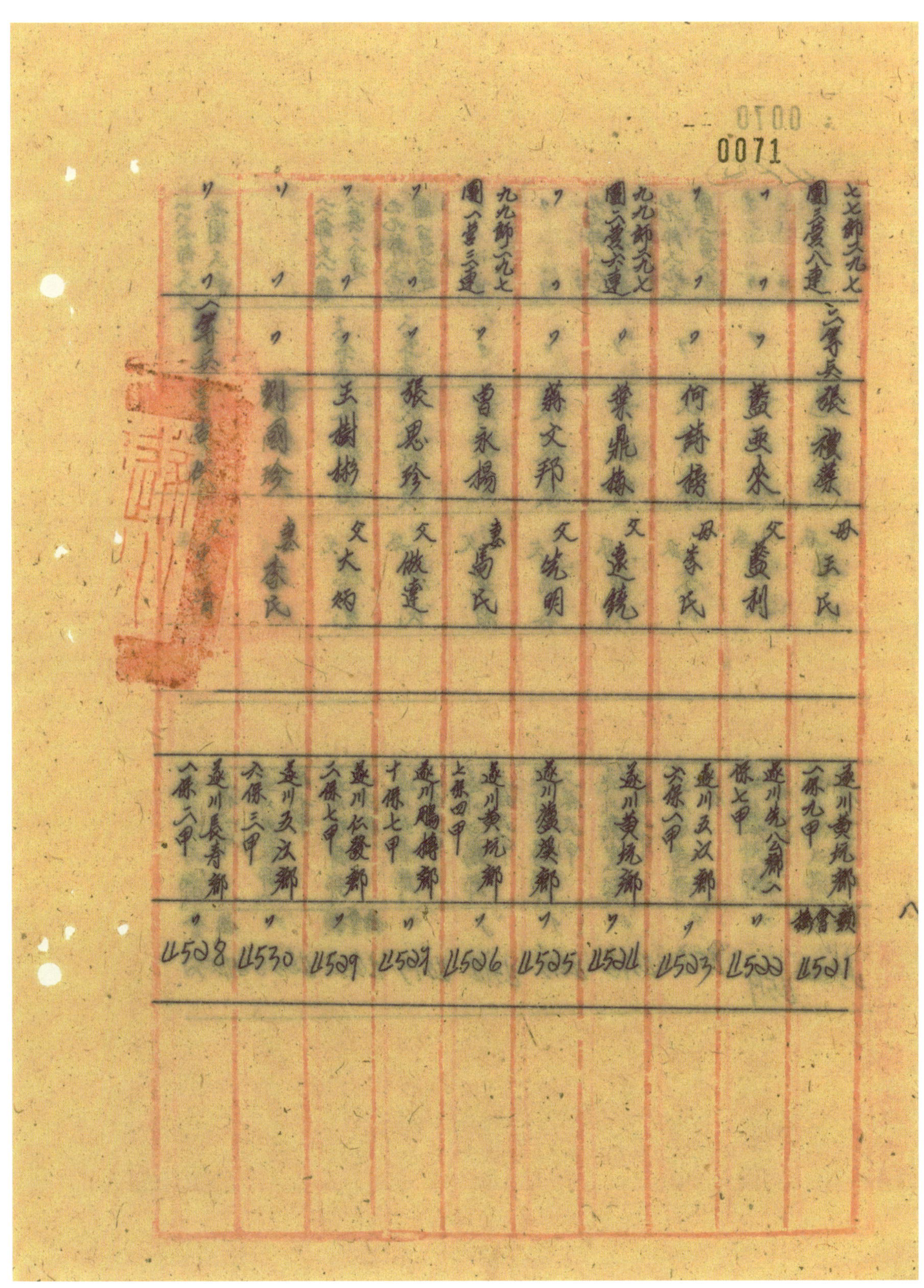

部隊	階級	姓名	親屬			籍貫		號數
七七師一九七團二營八連	二等兵	張穰蕖	母 王氏			遂川黃坑鄉八保九甲	[illegible]	4521
〃 〃	〃	黃亟來	父 黃利			遂川先公鄉八保七甲	〃	4522
〃 〃	〃	何詩濤	母 李氏			遂川大汾鄉六保八甲	〃	4523
九九師一九七團六營六連	〃	葉鼎梅	父 遠鏡			遂川黃坑鄉	〃	4524
〃 〃	〃	蔣文邦	父 銑明			遂川藻溪鄉	〃	4525
九九師一九七團八營三連	〃	曾永揚	妻 馬氏			遂川黃坑鄉上保四甲	〃	4526
〃 〃	〃	張思珍	父 傲遵			遂川鵬儔鄉十保七甲	〃	4527
〃 〃	〃	王樹彬	父 大炳			遂川仁發鄉六保七甲	〃	4529
〃 〃	〃	劉國珍	妻 李氏			遂川大汾鄉六保三甲	〃	4530
〃 〃	一等兵	[illegible]	[illegible]			遂川長壽鄉八保六甲	〃	4528

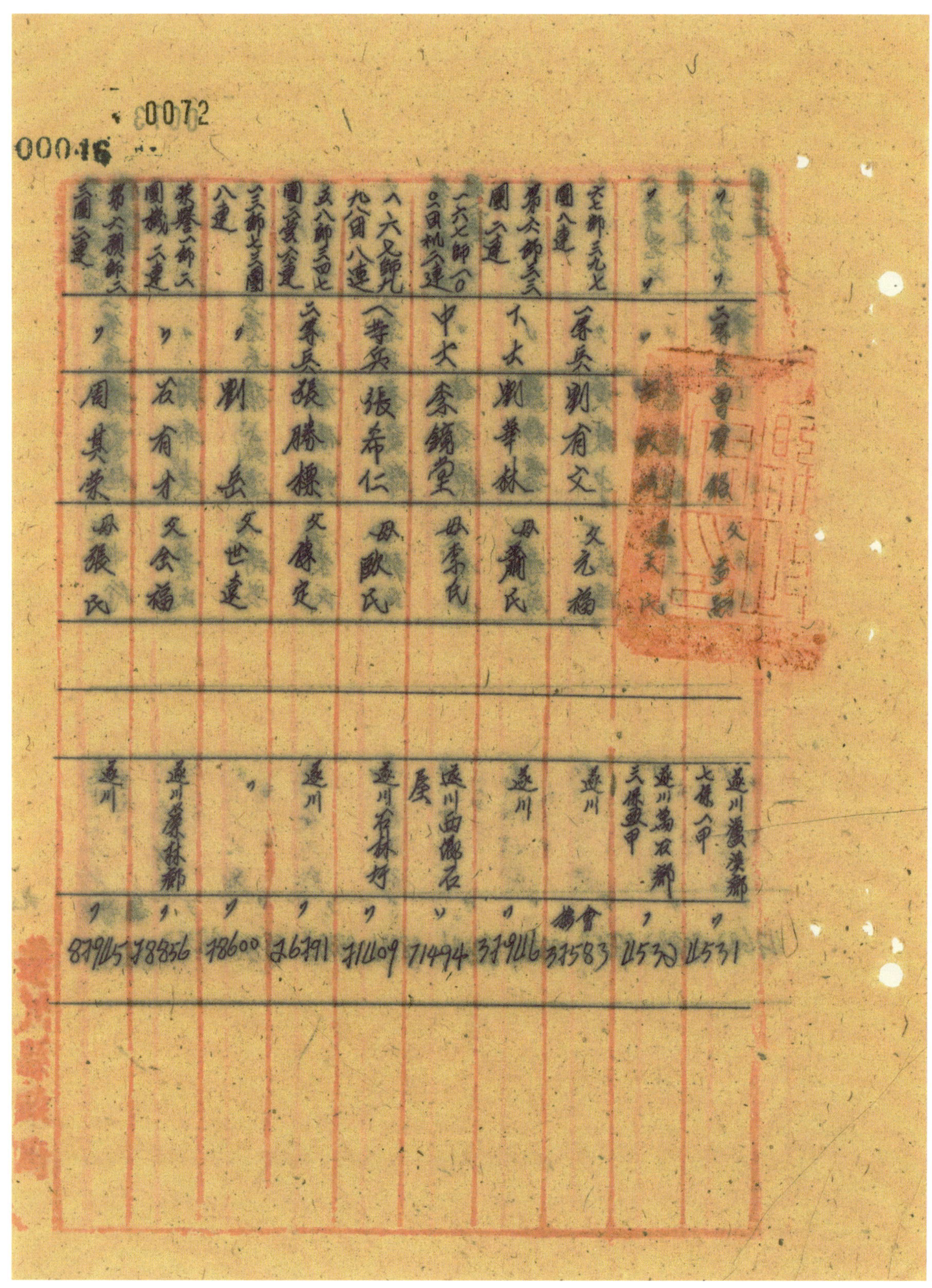

0072

00046

〃	二等兵	曾廣銀	父 易[illegible]			遂川瀼溪鄉七保八甲	〃	11531
〃	〃	[illegible]	[illegible]天氏			遂川萬安鄉三保五甲	〃	11532
六七師三九七團八連	一等兵	劉有文	父 元福			遂川	[illegible]會	37583
第六六師三九六團六連	下士	劉華林	母 蕭氏			遂川	〃	37946
一六七師一〇〇團機八連	中士	李鏡堂	母 李氏			遂川西鄉石廈	〃	71494
八六又師九九團八連	一等兵	張希仁	母 歐氏			遂川谷林村	〃	31409
五八師三四七團六營六連	二等兵	張勝標	父 康定			遂川	〃	26791
三師七三團八連	〃	劉岳	父 世達			〃	〃	18600
衆暨八師六團機六連	〃	蕭有才	父 余福			遂川巢林鄉	〃	18856
第六預師六六團六連	〃	周其榮	母 張氏			遂川	〃	87945

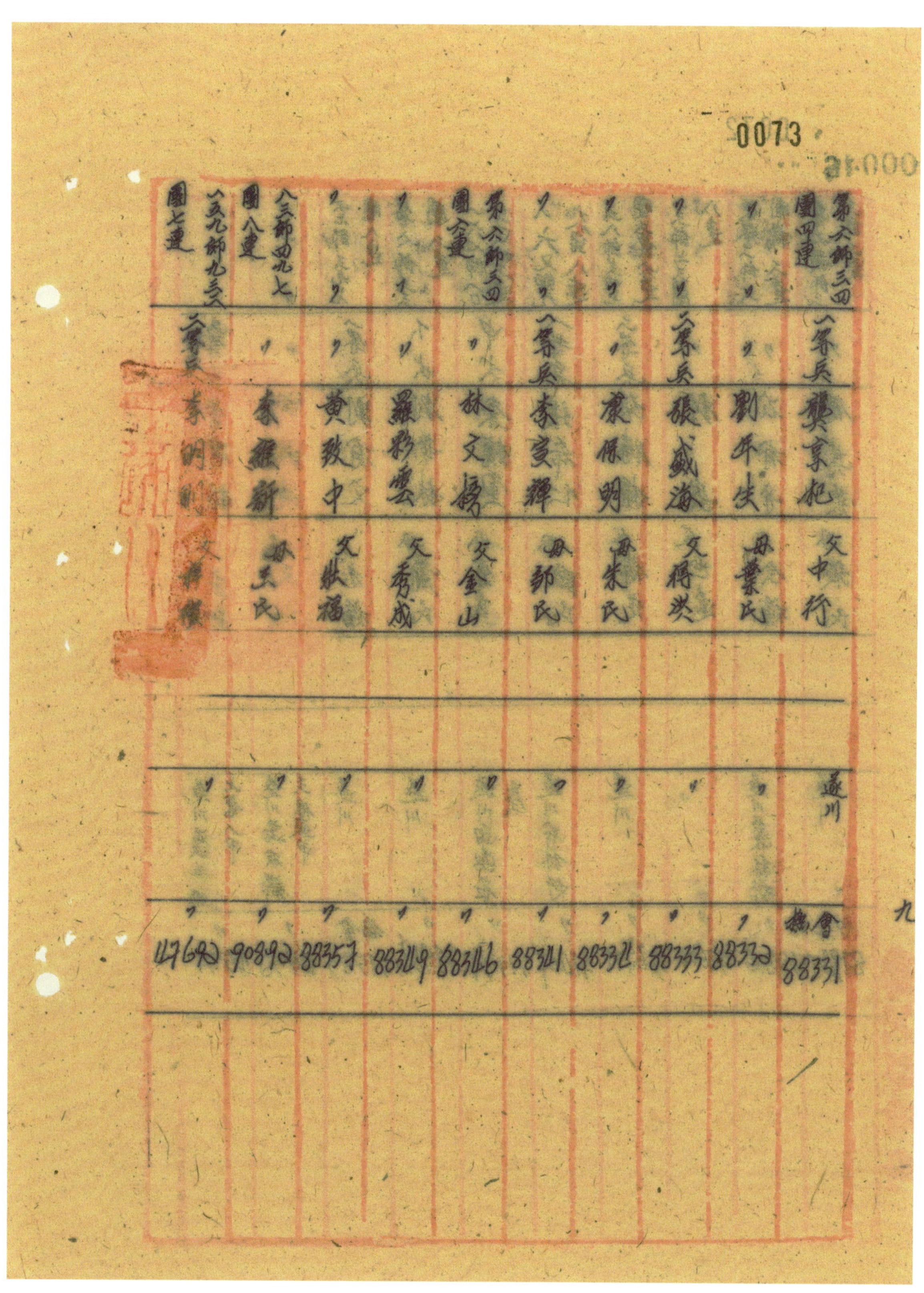

部別	階級	姓名	親屬		籍貫	編號
第六師三四團四連	一等兵	龔家杞	父中行		遂川	會 88331
〃	〃	劉年生	母葉氏		〃	〃 88332
〃	一等兵	張盛海	父得炎		〃	〃 88333
〃	〃	康保明	母宋氏		〃	〃 88334
〃	一等兵	李宣輝	母鄧氏		〃	〃 88341
第六師三四團六連	〃	林文鎬	父金山		〃	〃 88346
〃	〃	羅彩雲	父秀成		〃	〃 88349
〃	〃	黄致中	父狀福		〃	〃 88357
八三師四九七團八連	〃	李維新	母吳氏		〃	〃 90892
八三九師九三八團七連	一等兵	李明[illegible]	父[illegible]		〃	〃 47642

九

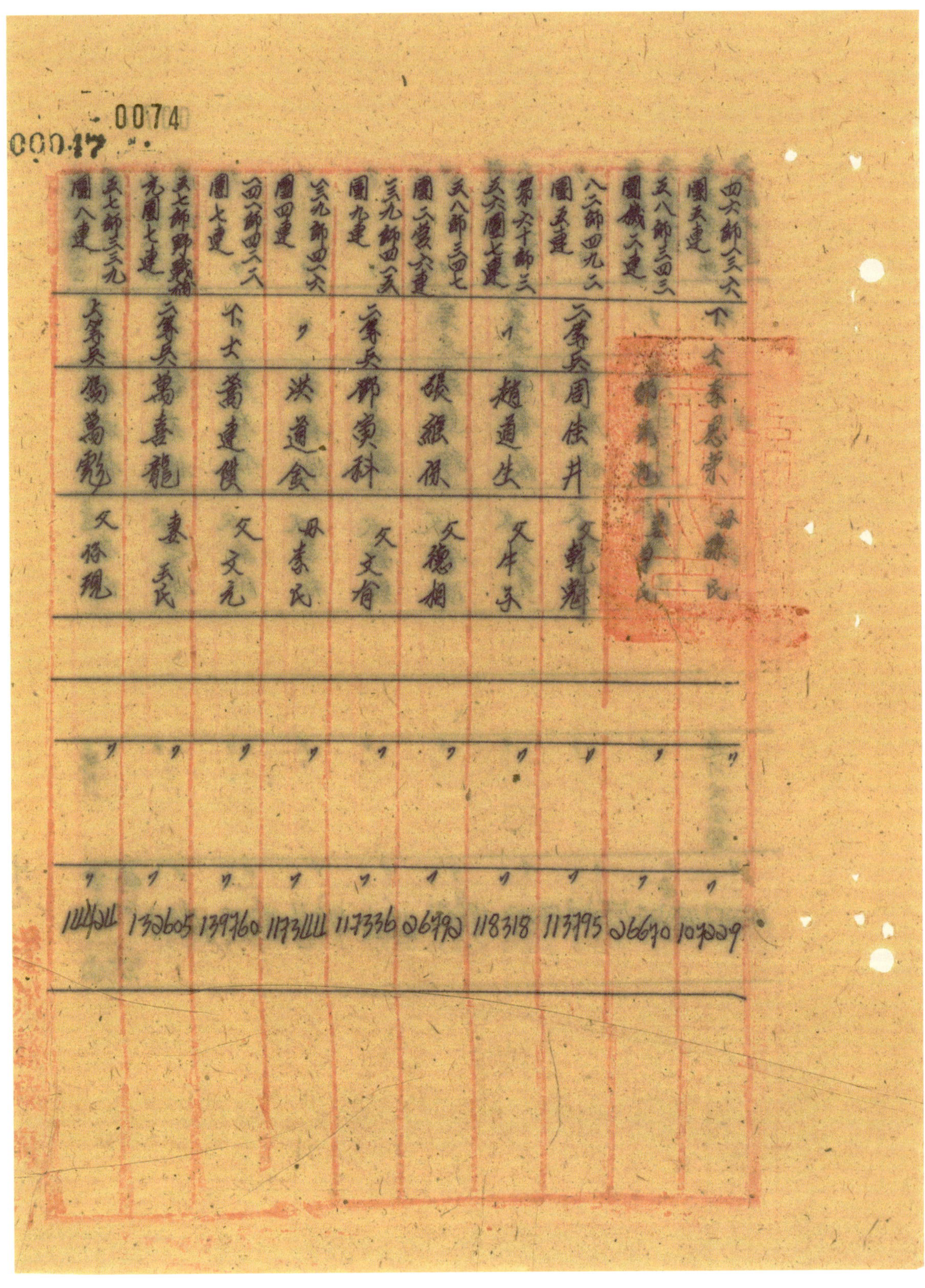

0074

00047

四六師八三六團五連	下士	李忍荣	母 蔡氏	〃	〃	107229
五八師三四三團鐵六連		[illegible]	[illegible]氏	〃	〃	26670
八二師四九八團五連	二等兵	周依井	父 乾光	〃	〃	113795
第六十師三五六團七連	〃	趙道生	父 牛子	〃	〃	118318
五八師三四七團二營六連		張維保	父 德炯	〃	〃	26792
三九師四八五團九連	二等兵	鄧寅科	父 文有	〃	〃	117336
三九師四八六團四連	〃	洪道金	母 李氏	〃	〃	117311
四八師四八八團七連	下士	蕭建候	父 文元	〃	〃	139760
五七師野戰補充團七連	二等兵	萬喜龍	妻 王氏	〃	〃	132605
五七師三三九團八連	上等兵	易萬彪	父 孫規	〃	〃	111411

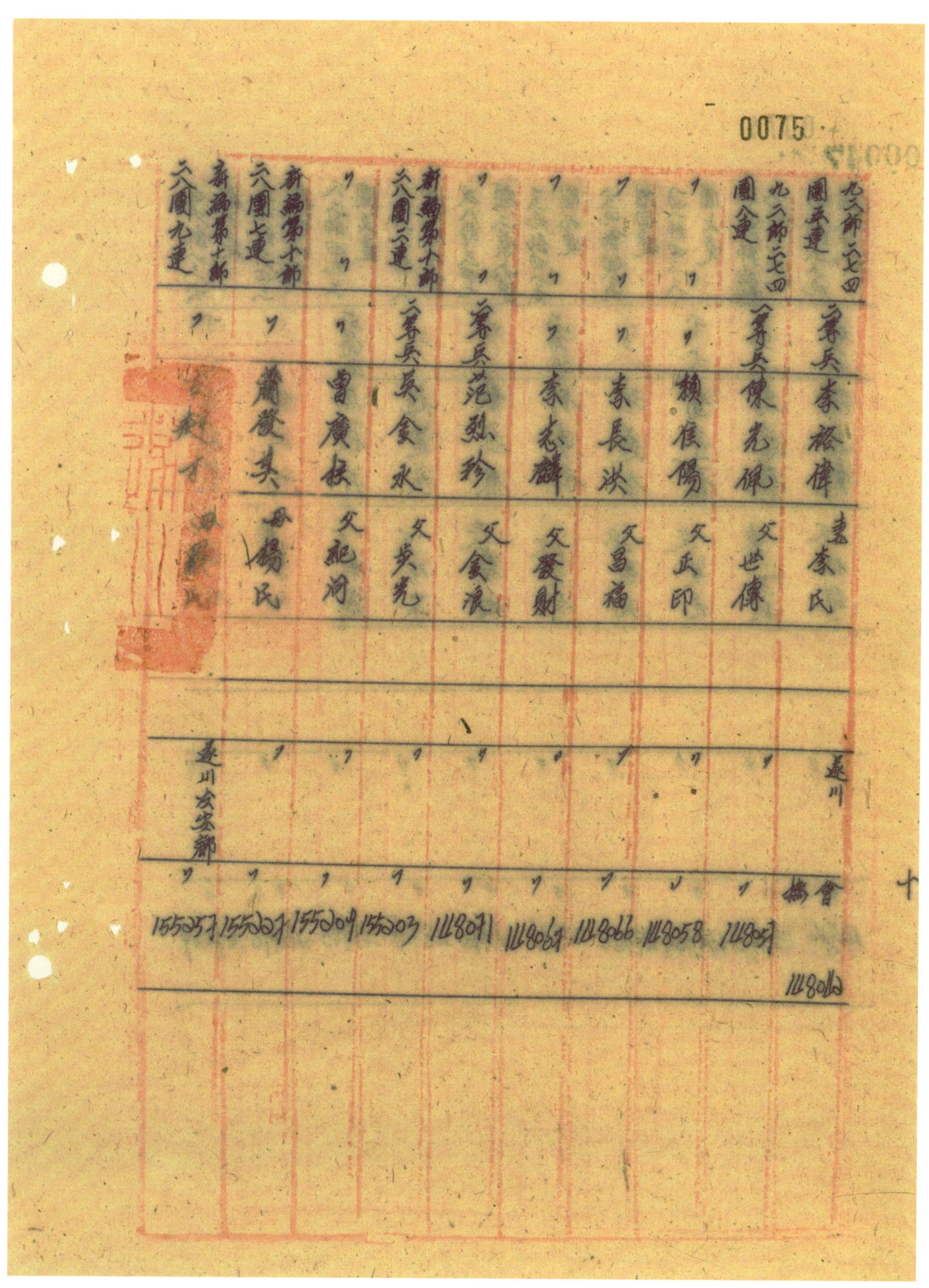

九八師二七四團五連	二等兵	李裕偉	妻李氏			遂川	會[illegible] 118012
九八師二七四團八連	二等兵	陳光佩	父世傑			〃	〃 118057
〃	〃	賴振陽	父正印			〃	〃 118058
〃	〃	李長洪	父昌福			〃	〃 118066
〃	〃	李志麟	父發財			〃	〃 118064
〃	二等兵	范烈珍	父金浪			〃	〃 118071
新編第十師二八團二連	二等兵	吳金水	父英亮			〃	〃 155203
〃	〃	曾廣林	父肥河			〃	〃 155209
新編第十師二八團七連	〃	蕭發英	母[illegible]氏			〃	〃 155227
新編第十師二八團九連	〃	[illegible]才	母[illegible]氏			遂川左安鄉	〃 155257

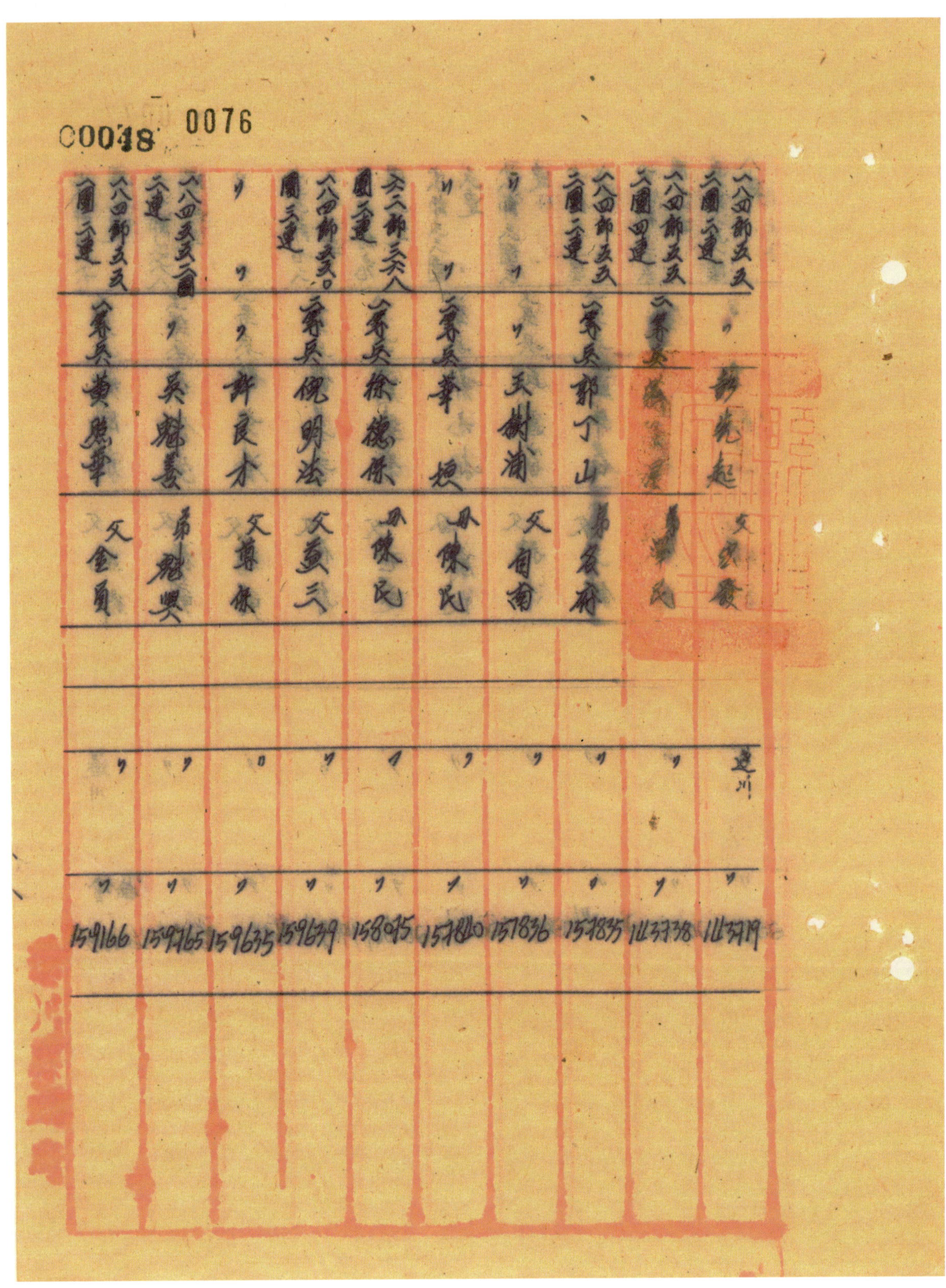

C0048 0076

八四師五五二團二連	〃	郭先起	父[illegible]發	遂川	〃	163719
八四師五五二團四連	二等兵	[illegible]	[illegible]氏	〃	〃	163738
八四師五五二團二連	一等兵	郭丁山	弟[illegible]府	〃	〃	157835
〃	〃	王樹湘	父自南	〃	〃	157836
〃	二等兵	華娘	母陳氏	〃	〃	157840
六二八師三六八團三連	一等兵	徐德保	母陳氏	〃	〃	158075
八四師五五〇團三連	二等兵	倪明法	父益三	〃	〃	159639
〃	〃	許良才	父尊保	〃	〃	159635
八四師五五二團二連	〃	吳魁姜	弟魁興	〃	〃	159765
八四師五五五團二連	一等兵	黃照華	父金員	〃	〃	159166

0077

部別	級職姓名	親屬		籍貫		號碼
九八師二七六團七連	上等兵余開成	父 純禄		遂川	會[illegible]	162136
九十師二六八團三連	上等兵李金生	父 德明		〃	〃	169104
〃 〃	一等兵張文清	父 瑞明		〃	〃	169205
五五師九八八團八連	二等兵張美吾	父 作舟		〃	〃	190916
十八師補充團五連	下士蕭遠蒙	父 世還		〃	〃	200629
十八師五三團五連	一等兵鄒元相	母 劉氏		〃	〃	200177
十八師五四團三連	上等兵邱富家	父 豫中		〃	〃	200523
十八師五三團八連	一等兵蕭年長	父 三鉄		〃	〃	200216
一〇三師三〇五團三連	二等兵何發蘭	父 久祥		〃	〃	208252
五八師一五八團八連	〃 唐林萬	父 偉新		〃	〃	208613

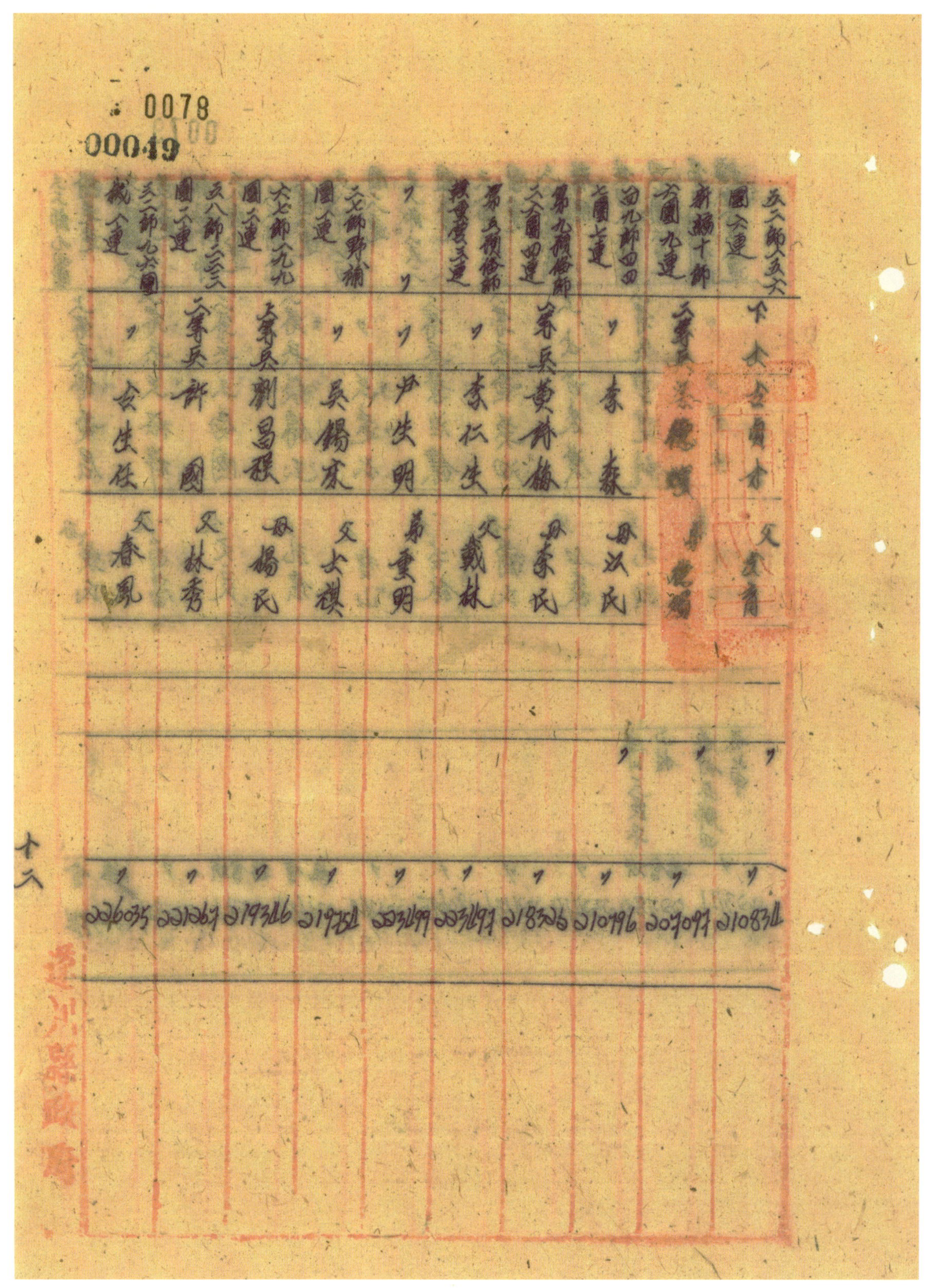

0078

00049

部別	級職	姓名	遺族				號數
五八師八五六團六連	下士	金勇才	父 金育			〃	210834
新編十師六團九連	二等兵	[illegible]明	[illegible]福			〃	207097
四九師四四七團七連	〃	余森	母 以氏			〃	210796
第九預備師六八團四連	一等兵	黃[illegible]梅	母 余氏				218326
第五預備師補充第三連	〃	李松生	父 戴林				223497
〃	〃	尹先明	弟 重明				223499
二七師野補團八連	〃	吳錫家	父 士祺				219751
六七師八九九團八連	二等兵	劉昌禄	母 楊氏				219316
五八師一二二八團八連	二等兵	許國	父 林秀				221267
五二師九六團八連	〃	金生茯	父 春鳳				226035

十八

遂川縣政府

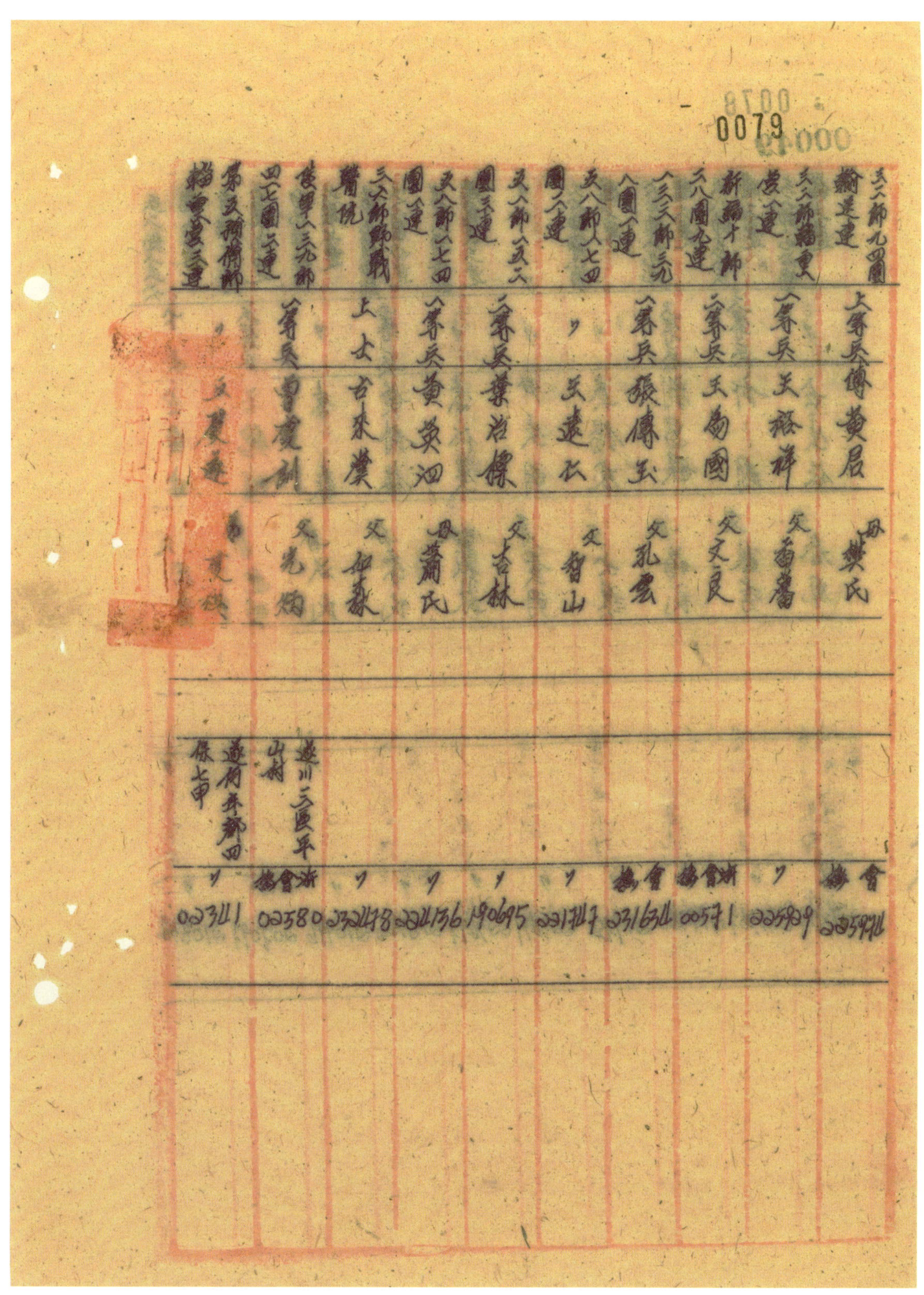

部別	級職	姓名	家屬			通訊處	會	號碼
三六師九四團輸送連	上等兵	傅黄居	母 樊氏				會	225974
三六師輜重兵八連	一等兵	吳裕祥	父 西富				〃	225989
新編十師二八團九連	二等兵	王向國	父 文良				浙會	00571
一三三師三九八團八連	一等兵	張傳玉	父 孔宏				會	231634
三六師一七四團八連	〃	吳遠征	父 魯山				〃	231747
三六師一〇六團三連	二等兵	葉治保	父 占林				〃	190695
三六師一七四團八連	一等兵	黄英炯	母 蕭氏				〃	221136
三六師野戰醫院	上士	古來漢	父 仰森				〃	232448
後勤一三九部四七團二連	一等兵	曹慶利	父 光炳			遂川三區平山村	浙會	02580
第五預備師輜重營三連	〃	夏海	母 夏氏			遂川奉鄉四保七甲	〃	023411

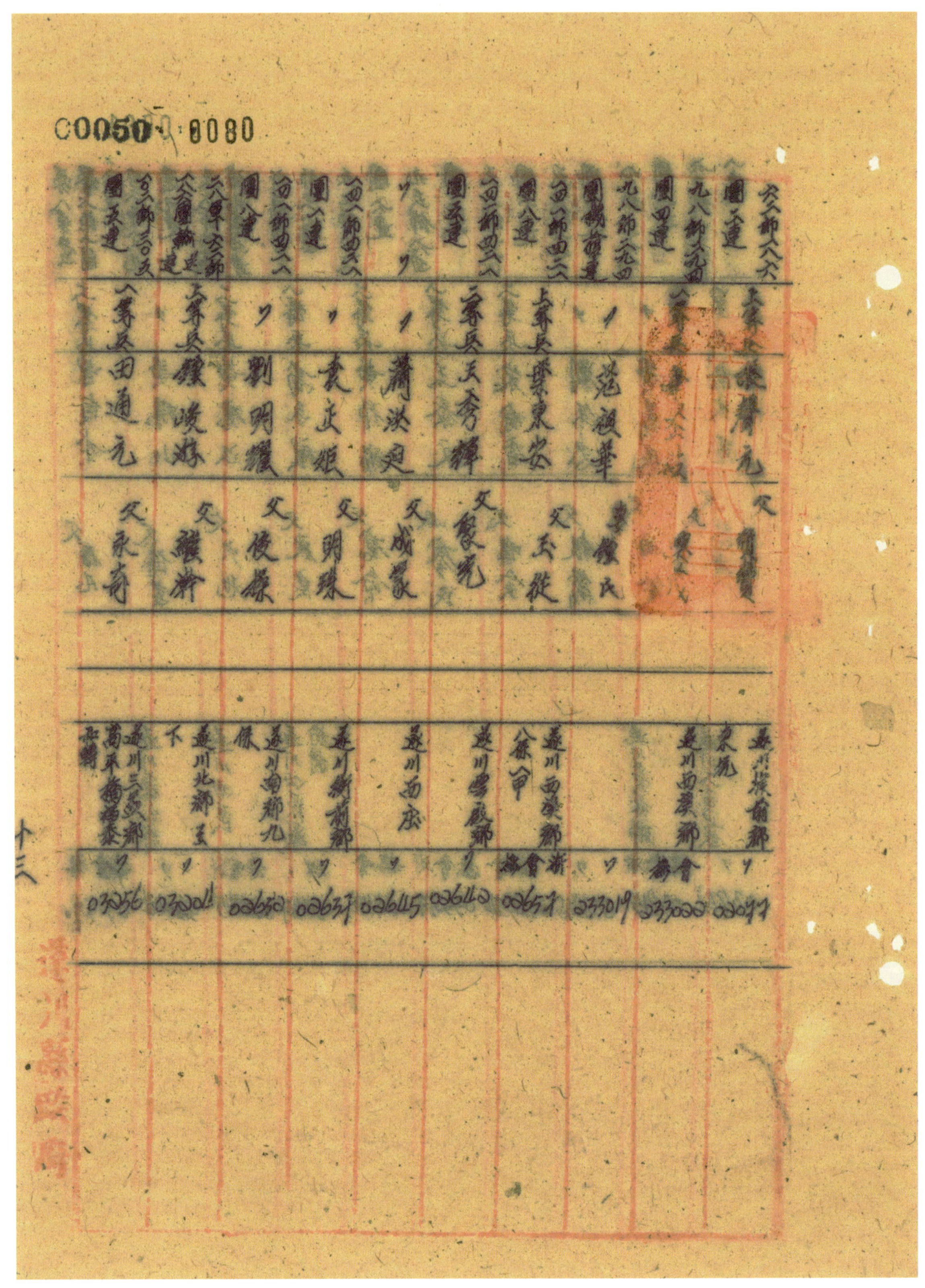

C0050-0080

部队番号	阶级	姓名	家属			籍贯		编号
六八師八八六團三連	上等兵	余清元	父[illegible]			遂川橫嶺鄉東坑	〃	02047
九八師[illegible]九四團[illegible]	[illegible]	[illegible]	[illegible]			遂川西莊鄉	會	233022
九八師二九四團機槍連	〃	范頌華	妻[illegible]氏				〃	233019
四八師四二八團八連	上等兵	葉東安	父[illegible]從			遂川西莊鄉新八保	會	02657
四八師四二八團五連	二等兵	吳秀輝	父[illegible]亮			遂川[illegible]莊鄉	〃	02642
〃	〃	蕭淡廷	父成蒙			遂川西莊	〃	02645
四八師四三八團八連	〃	袁庆娘	父明珠			遂川新前鄉	〃	02637
四八師四三八團八連	〃	劉明耀	父俊祿			遂川南鄉九保	〃	02652
六八軍六八師八八團機槍連	上等兵	鍾峻琳	父積濟			遂川北鄉三下	〃	03201
六八師三〇五團五連	一等兵	田道元	父永奇			遂川三丘鄉萬年[illegible]保	〃	03256

十三八

遂川縣政府

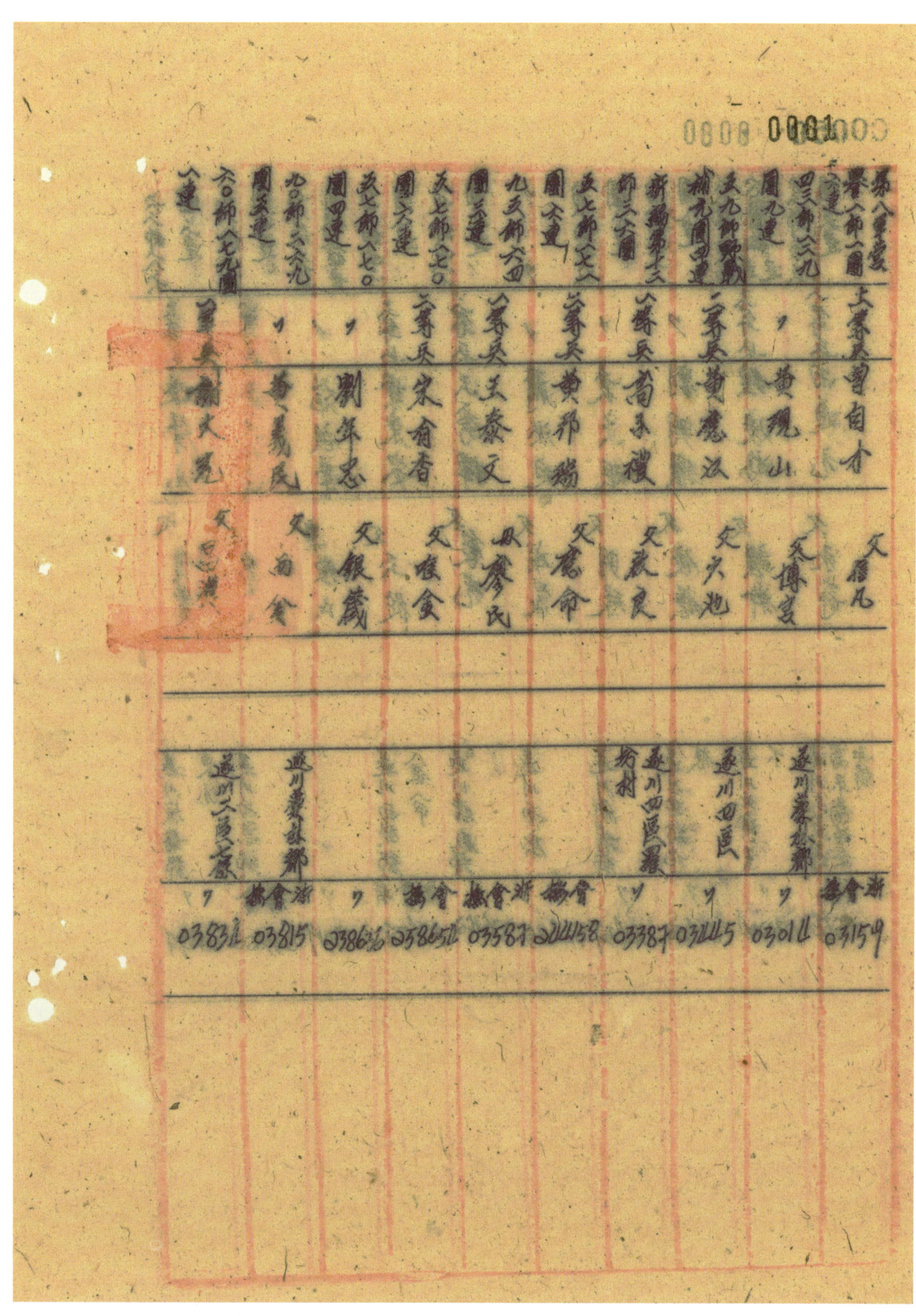

0061

部別	級職	姓名	親屬			籍貫	登記	號碼
第八軍榮譽八師一團六連	上等兵	曾自才	父應凡				浙會	03159
四三師八六九團九連	〃	黃現山	父傳宣			遂川蒼松鄉	〃	03011
五九師野戰補充團四連	二等兵	黃應汲	父炎池			遂川四區	〃	03445
新編第十三師三八八團	一等兵	高承禮	父啟良			遂川四區羅坊村	〃	03387
五七師八七八團六連	二等兵	黃邦錫	父奮命				浙會	02458
九五師六四團三連	一等兵	王泰文	母廖氏				浙會	03587
五七師八七○團六連	二等兵	宋禽香	父啟金				浙會	02865
五七師八七○團四連	〃	劉年忠	父銀藏				〃	0386[illegible]
九○師二六九團三連	〃	曾義民	父南金			遂川黃坑鄉	浙會	03815
六○師一七九團八連	上等兵	謝大光	父四潢			遂川八區七[illegible]	〃	0383[illegible]

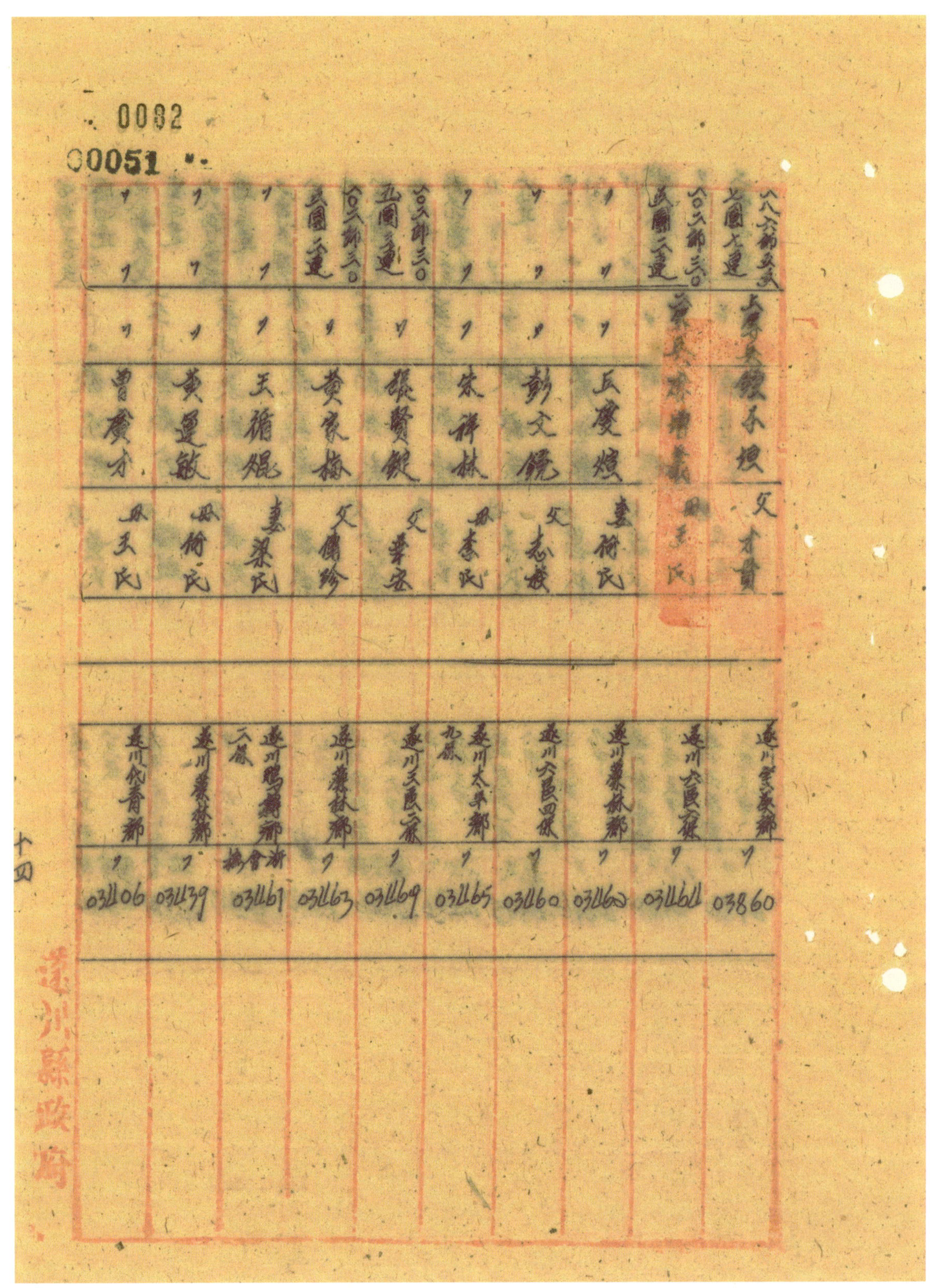

八八六部五五七團七連	上等兵	鍾禾根	父 才貴			遂川雩溪鄉	〃	03860
〇〇六部三〇五團二六連	[illegible]	[illegible]	[illegible]氏			遂川大良六保	〃	03461
〃 〃	〃	丘慶煙	妻 [illegible]氏			遂川蓼林鄉	〃	03462
〃 〃	〃	彭文鏡	父 志娥			遂川大良四保	〃	03460
〃 〃	〃	宋祥林	母 李氏			遂川太平鄉九保	〃	03465
〇〇六部三〇五團三連	〃	張賢欽	父 普安			遂川大良二保	〃	03469
〇〇六部三〇五團二六連	〃	黃家梅	父 德珍			遂川蓼林鄉	〃	03463
〃 〃	〃	吴循娓	妻 梁氏			遂川鴨[illegible]鄉二保	新會鄉	03461
〃 〃	〃	黃運敏	母 [illegible]氏			遂川蓼林鄉	〃	03439
〃 〃	〃	曾廣才	母 吴氏			遂川衍春鄉	〃	03406

十四

遂川縣政府

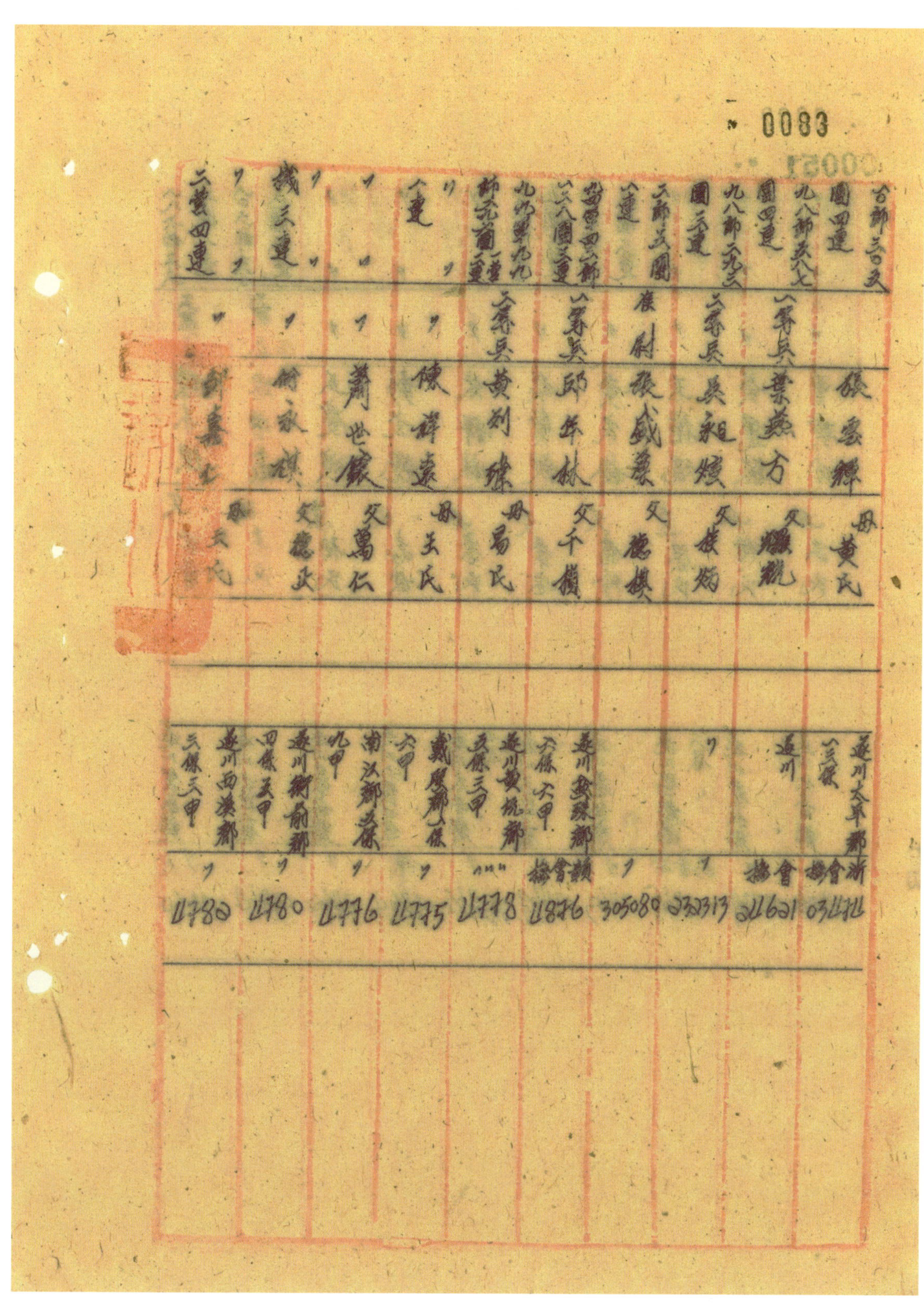

0083

部別	階級	姓名	家屬	籍貫	備考	號碼
台部三台丈團四連		張家鏢	母黃氏	遂川太平鄉八三保	浙會總	034444
九八師五八七團四連	一等兵	葉燕方	父燦槐?	遂川	會總	24621
九八師五九三團三連	二等兵	吳紹煥	父旅炳?	〃	〃	232313
五師五團八連	准尉	張盛蒸	父德模		〃	305080
四四六師八八團三連	一等兵	邱年林	父千儀	遂川金雅鄉六保六甲	贛會總	4876
九師四九九師九九團一連	二等兵	黃炳琛	母易氏	遂川黃坑鄉五保三甲	〃〃〃	4778
〃八連	〃	陳祥遠	母吳氏	戴屋鄉八保六甲	〃	4775
〃〃	〃	蕭世儀	父萬仁	南江鄉五保九甲	〃	4776
〃錢三連	〃	俞永祺	父德炎	遂川衙前鄉四保五甲	〃	4780
二營四連	〃	劉嘉士	母吳氏	遂川西溪鄉三保三甲	〃	4782

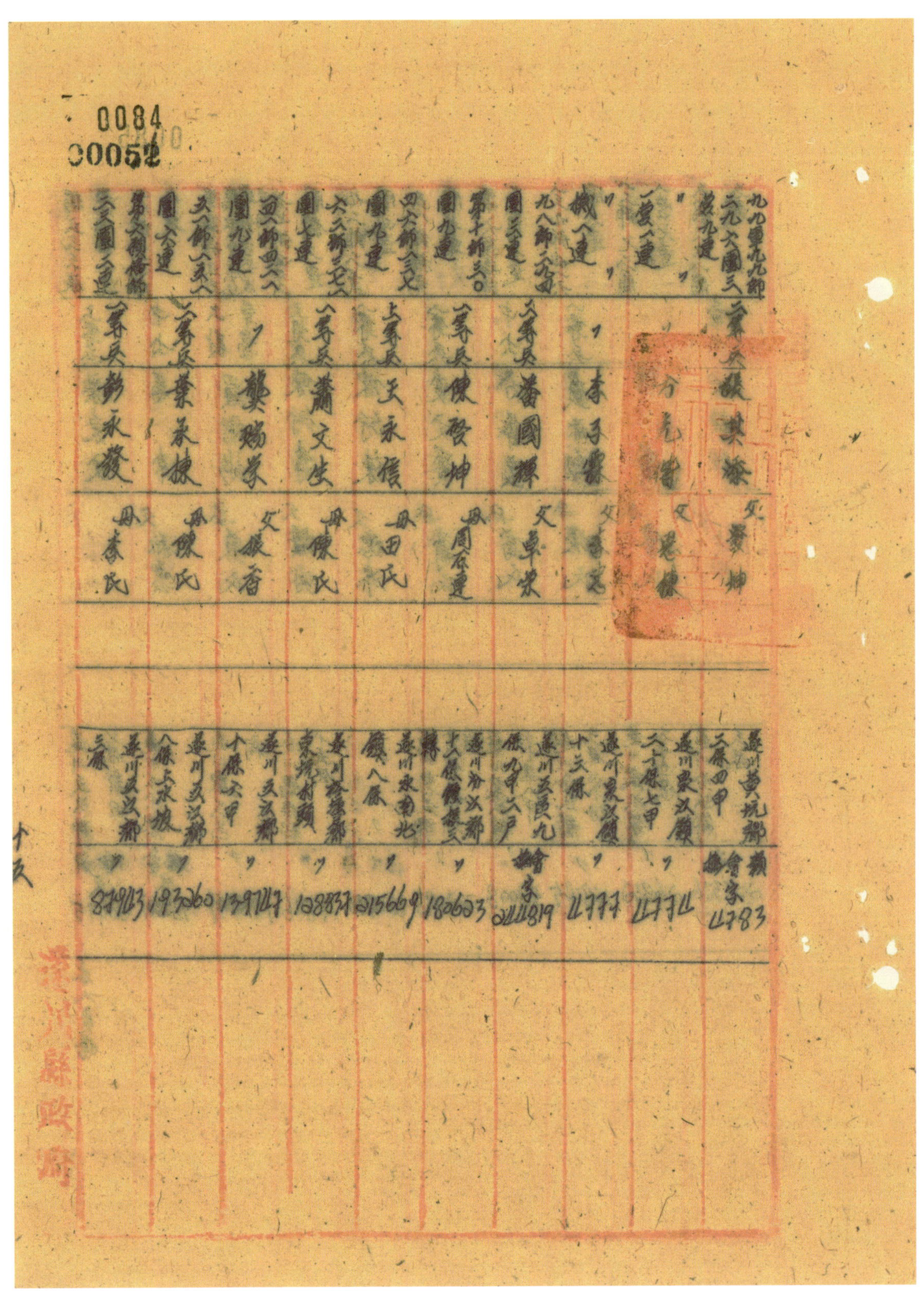

0084
00052

九九军九九师二九六团三营九连	〃 一营八连	〃 机八连	九八师二九四团三营	第十师三〇团九连	四六师一三八团九连	六六师一九七团七连	四八师一四二团九连	五八师一七四团六连	第六预备师二三团八连
二等兵	〃	〃	上等兵	一等兵	上等兵	一等兵	〃	一等兵	一等兵
张其[illegible]	方[illegible]	李子[illegible]	潘国辉	陈发坤	吴永信	萧文生	龚瑞荣	叶[illegible]棣	彭永发
父 [illegible]坤	父 [illegible]	父 [illegible]	父 卓荣	母 周[illegible]	母 田氏	母 陈氏	父 [illegible]香	母 陈氏	母 [illegible]氏
遂川黄坑乡二保四甲	遂川泉江镇二十一保七甲	遂川泉江镇十六保	遂川五员九保九甲二户	遂川汾水乡十八保[illegible]	遂川永南北镇八保	遂川[illegible]乡东坑村头	遂川五江乡十保六甲	遂川五江乡八保上永坡	遂川五江乡三保
抚恤令字 4783	〃 [illegible]	〃 [illegible]	抚恤令字 [illegible]819	〃 180623	〃 215669	〃 128837	〃 [illegible]	〃 193260	〃 [illegible]

遂川县政府

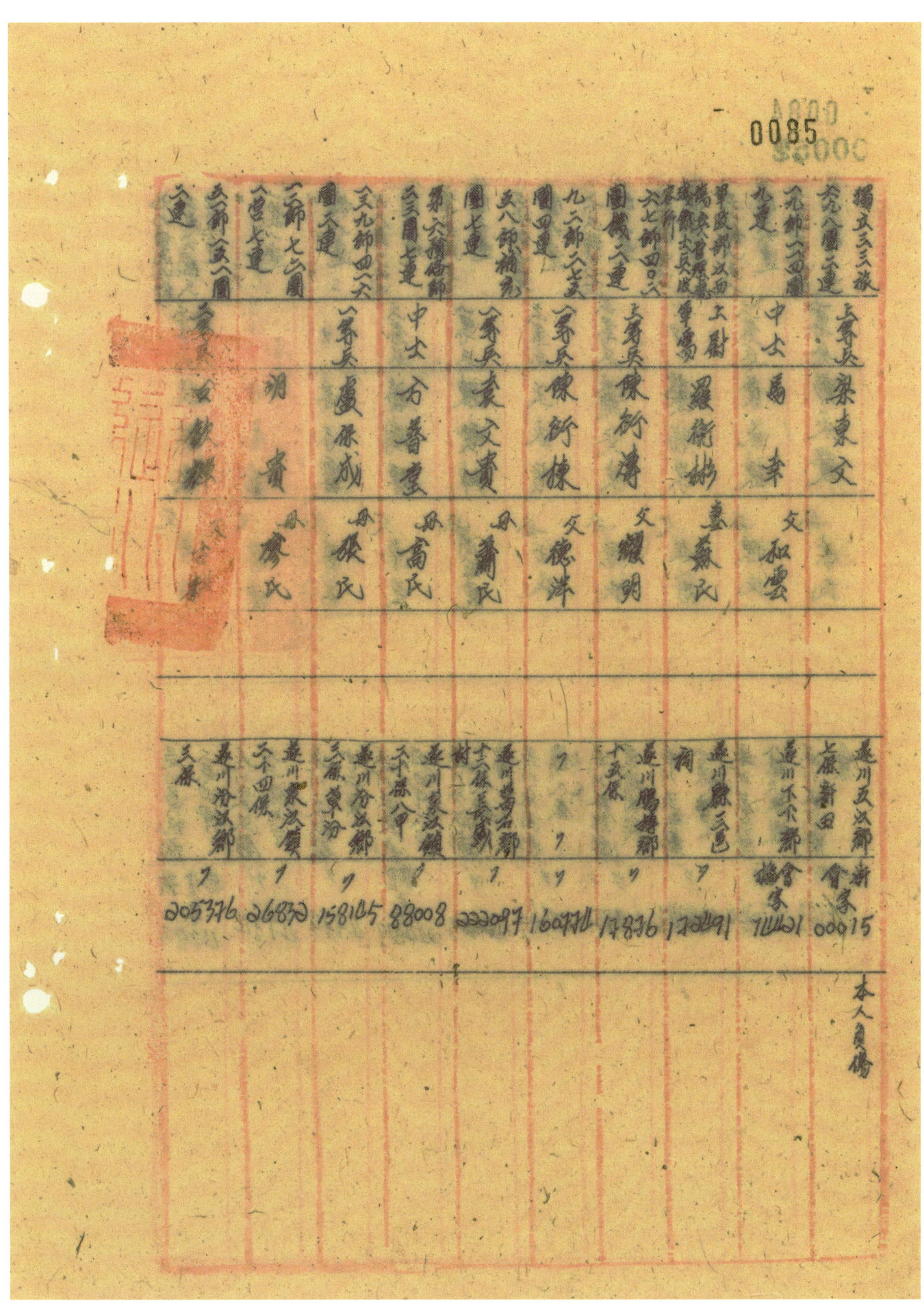

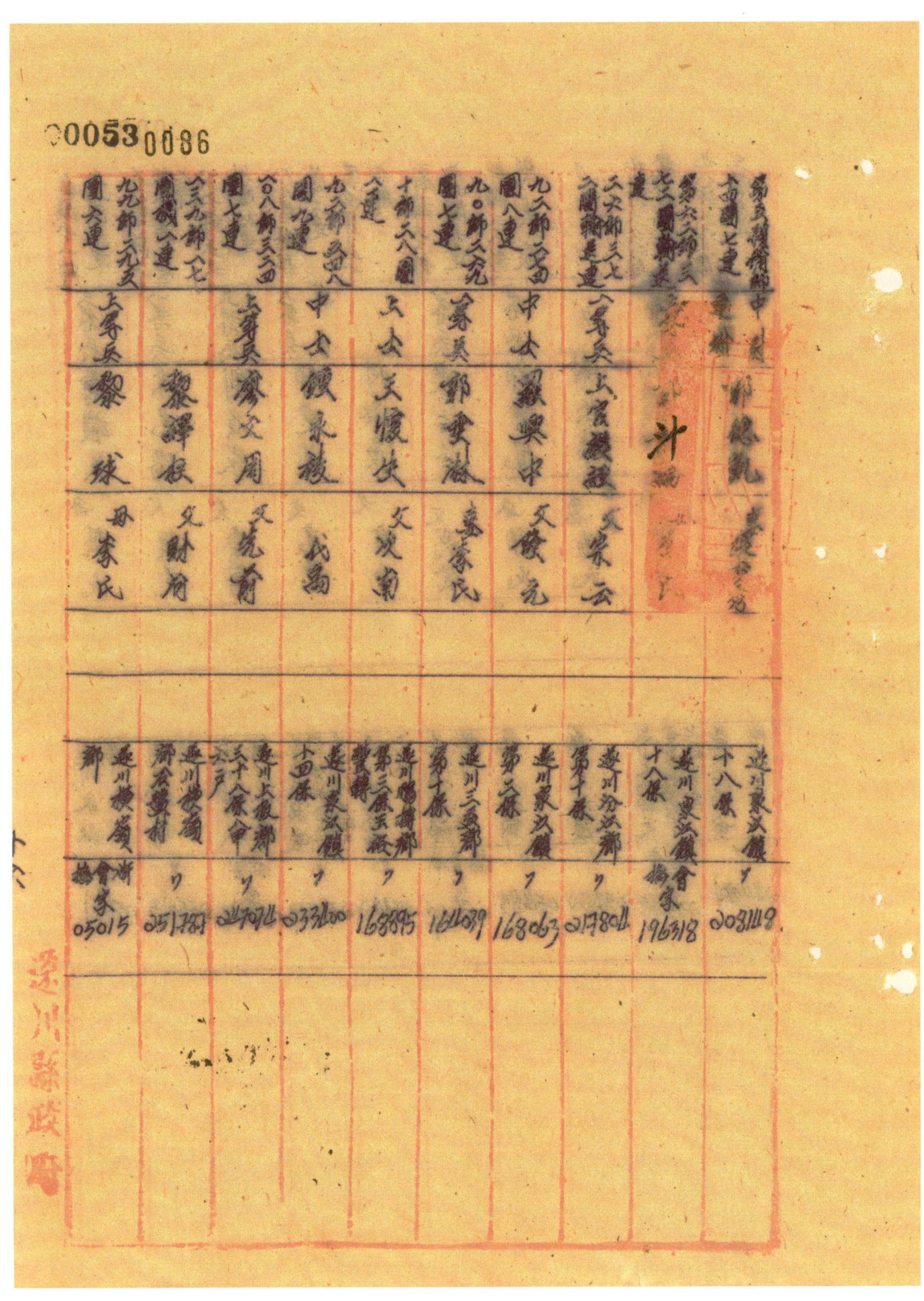

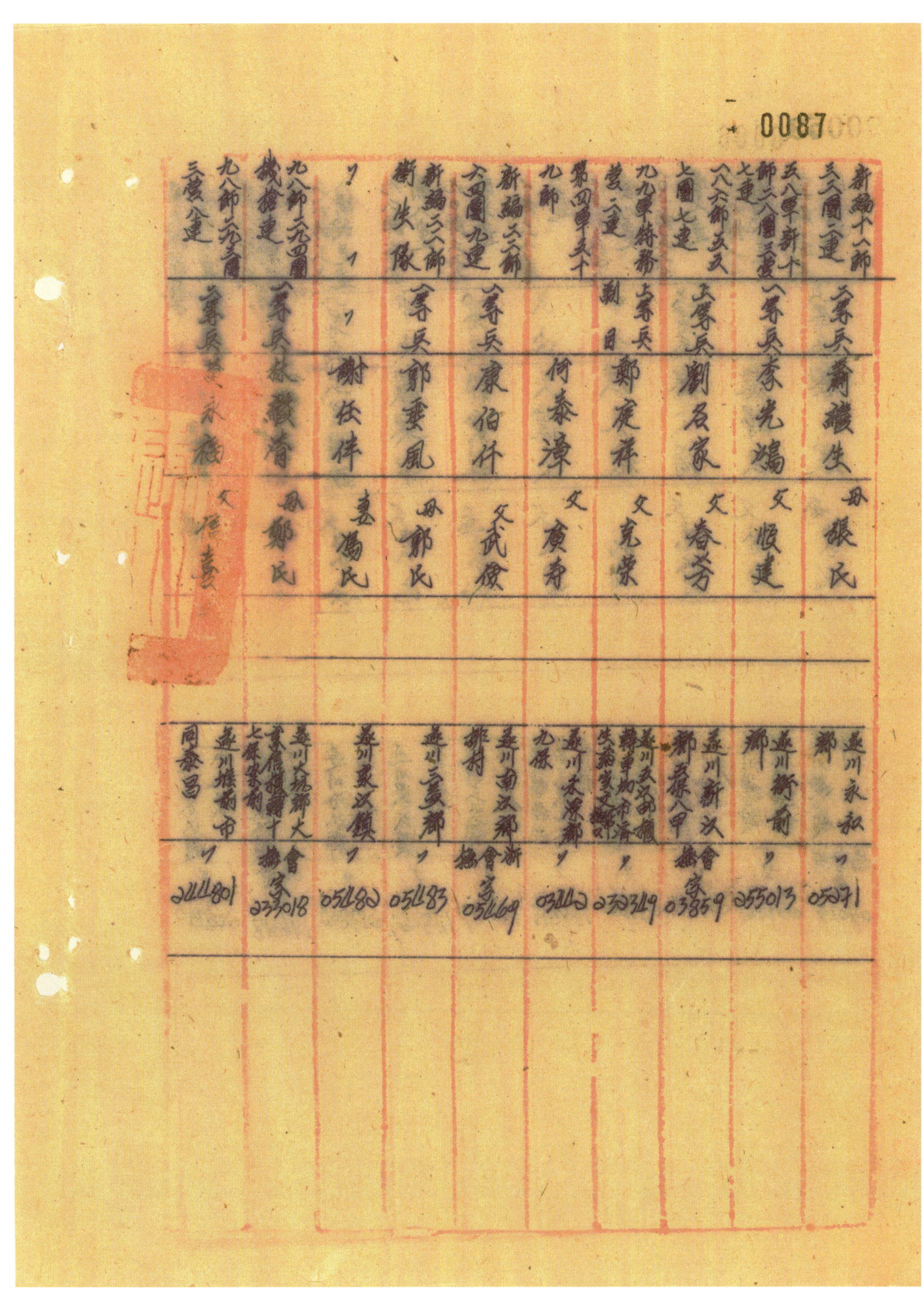

0087

新編十八師三二團二連	一等兵	蕭纘生	母張氏	遂川永和鄉	〃	05271
五八軍新十一師三二八團三營七連	一等兵	李光鴻	父順建	遂川衙前鄉	〃	255013
一八六師五五七團七連	上等兵	劉名家	父春芳	遂川新江鄉五保八甲	會擬家	03859
九九軍特務營二連	上等兵副目	鄭庚祥	父克榮	遂川五江口鎮轉草坪市濟失翁家文轉	〃	232319
第四軍五十九師		何泰濂	父賡壽	遂川禾源鄉九原	〃	03112
新編三二師六四團九連	一等兵	康伯仟	父武俊	遂川南江鄉新排村	會擬家	05469
新編三八師衛生隊	一等兵	鄧垂鳳	母鄧氏	遂川三多鄉	〃	05483
〃	〃	謝依伴	妻馮氏	遂川泉江鎮	〃	05482
九八師二九四團機槍連	一等兵	林叢香	母鄭氏	遂川大坑鄉大業信指轉十七保家前	會擬家	233018
九八師二九三團三營八連	一等兵	黃永福	父德喜	遂川橫前市同泰昌	〃	244801

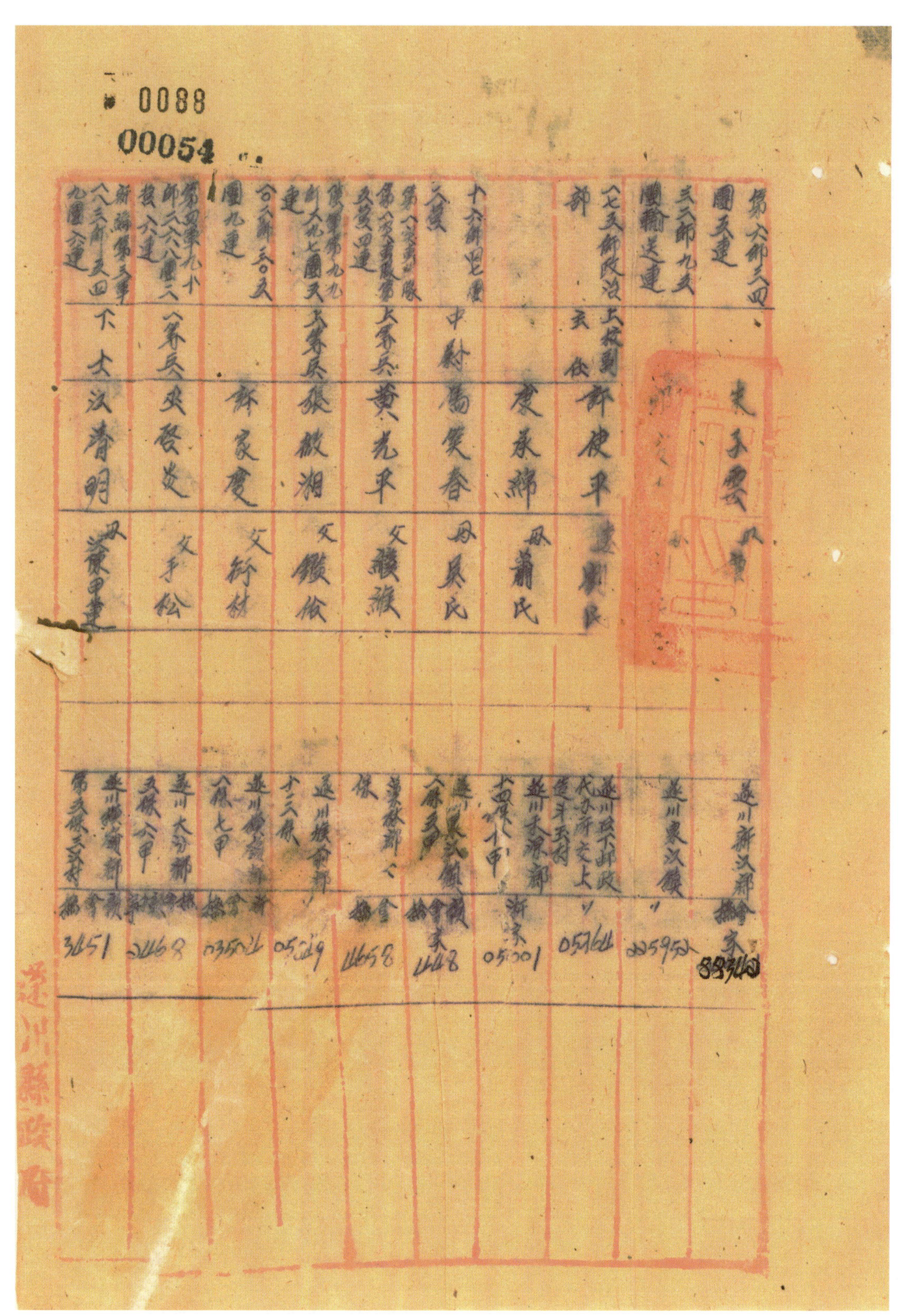

0088

00054

部队	级职	姓名	家属	住址	恤令
第六师三六四团五连		朱子云	父[illegible]	遂川新江乡	抚令字 83340
三六师九五团输送连				遂川泉江镇	〃 225952
七五师民夫[illegible]部	上尉副官	许庚平	妻刘氏	遂川县下邮政代办所交上	〃 05764
		康承锦	母萧氏	遂川禾源乡	浙字 05001
十六师四七团	中尉	高笑春	母吴氏	遂川[illegible]镇六保	抚令字 448
第八[illegible]队[illegible]四连	上等兵	黄光平	父[illegible]	遂川[illegible]乡八保	抚令 4658
第[illegible]师九九团七团三连	上等兵	孙启湘	父[illegible]俭	遂川[illegible]乡十三保	05209
八六师五〇团九连		许家庆	父衍材	遂川[illegible]乡八保七甲	抚令 035[illegible]
第四军九十师八八团八营六连	一等兵	吴启发	父子松	遂川大汾乡六保八甲	抚令 2468
新编第三军一八三师五四团六连	下士	[illegible]清明	父[illegible]甲建	遂川[illegible]乡第三保三五村	抚令 3451

遂川县政府

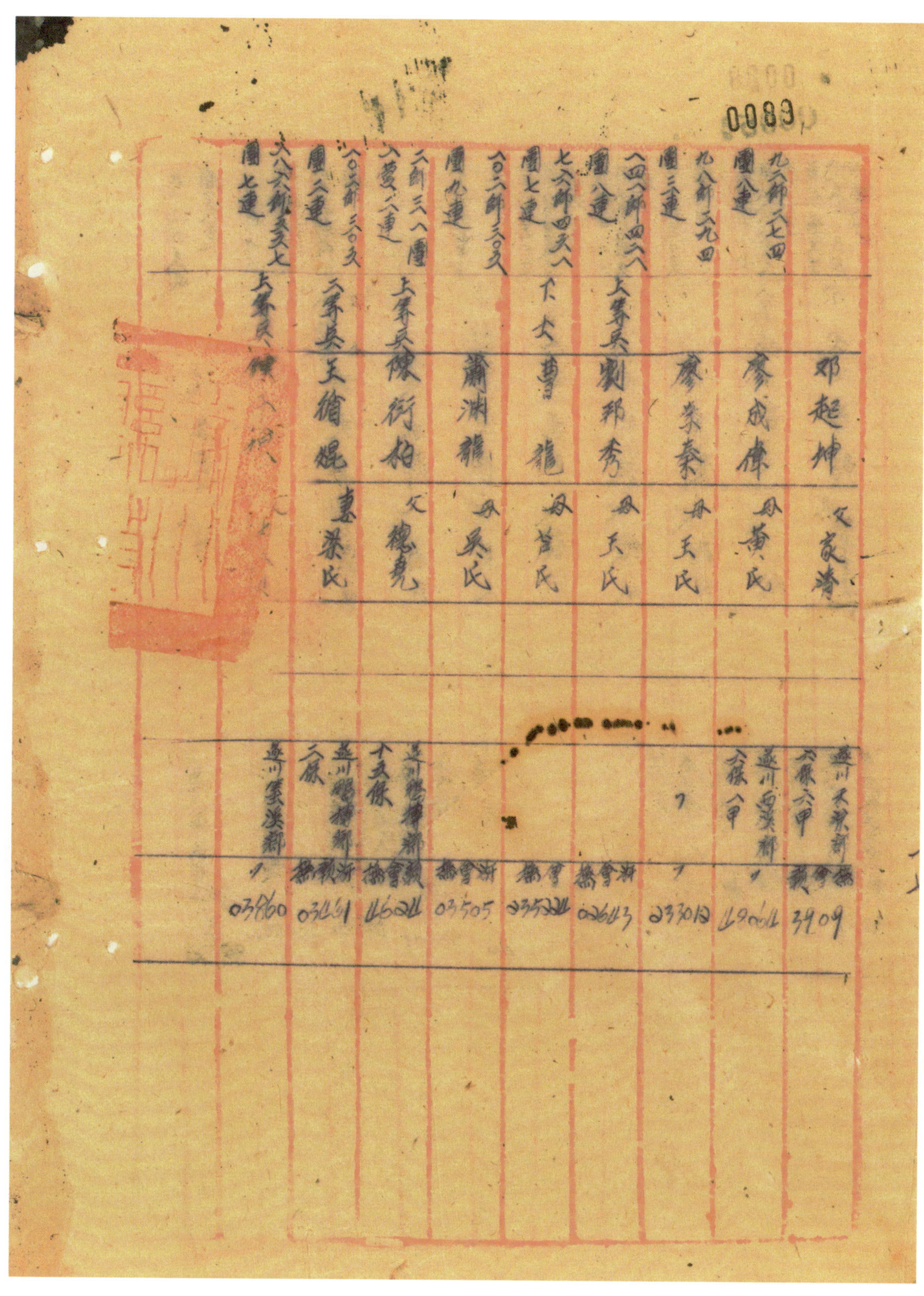

部別	階級	姓名	家屬	住址		號碼
九六師六七四團八連		邓起坤	父 家清	遂川大汾鄉六保六甲	[illegible]	3909
九八師二九四團三連		廖成偉	母 黄氏	遂川西溪鄉八保八甲	〃	49064
		廖榮秦	母 王氏	〃	〃	23012
八四八師四二八團八連	上等兵	劉邦秀	母 王氏		[illegible]	02643
七六師四六八團七連	下士	曹龍	母 曾氏		[illegible]	235324
八〇二師二〇六團九連		蕭淵龍	母 吳氏		[illegible]	03505
二師三八團八營二八連	上等兵	陳衍伯	父 穗亮	遂川[illegible]樟鄉十三保	[illegible]	46024
八〇二師二〇六團二連	二等兵	吳緒娓	惠榮氏	遂川[illegible]樟鄉八保	[illegible]	03441
八八六師六六七團七連	上等兵	[illegible]		遂川寨溪鄉	〃	03860

江西省垦务处致江西省政府的代电（一九四七年七月三日）

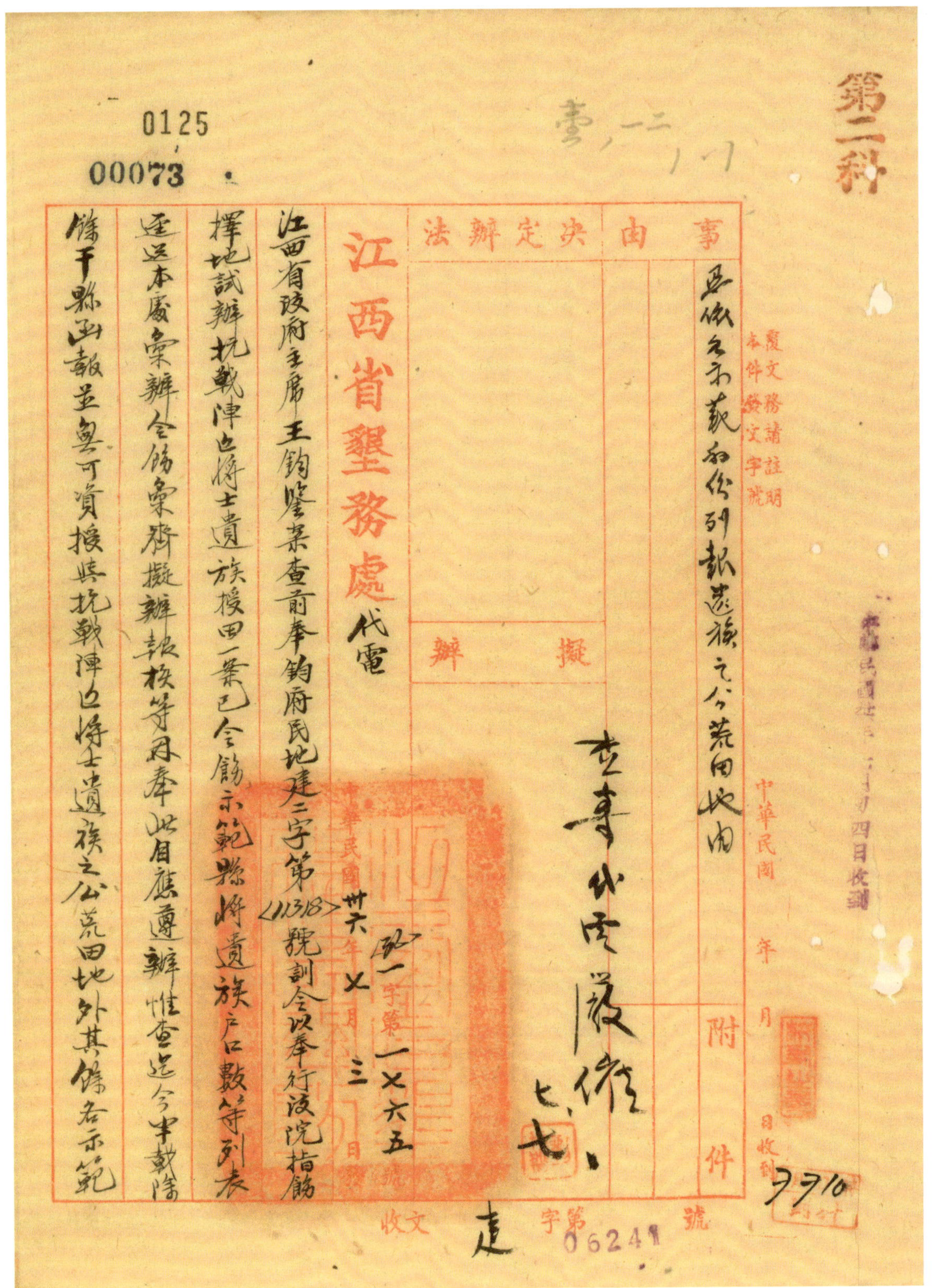

0125

00073

第二科

事由：呈依令示覆知所列報遺族之公荒田地由

覆文務請註明本件發文字號

決定辦法

擬辦

附件

江西省墾務處代電

江西省政府主席王鈞鑒：案查前奉鈞府民地建二字第〈11318〉號訓令以奉行政院指飭擇地試辦抗戰陣亡將士遺族授田一案，已令飭示範縣將遺族戶口數等列表逕送本處彙辦，令飭彙齊擬辦報核等因，奉此，自應遵辦。惟查迄今半載，除餘干縣函報並無可資撥墾抗戰陣亡將士遺族之公荒田地外，其餘各示範

中華民國卅六年七月三日 字第一七六五號

收文 字第06241號

中華民國 年 月 日收到

7710

0126

縣份均未列報懇乞令催迅速報處以憑彙辦報核為禱警務處長曾慶人

叩午江一印

監印 校對 吳緯

江西省政府致余干县和清江县等八县政府的代电（一九四七年七月二十一日）

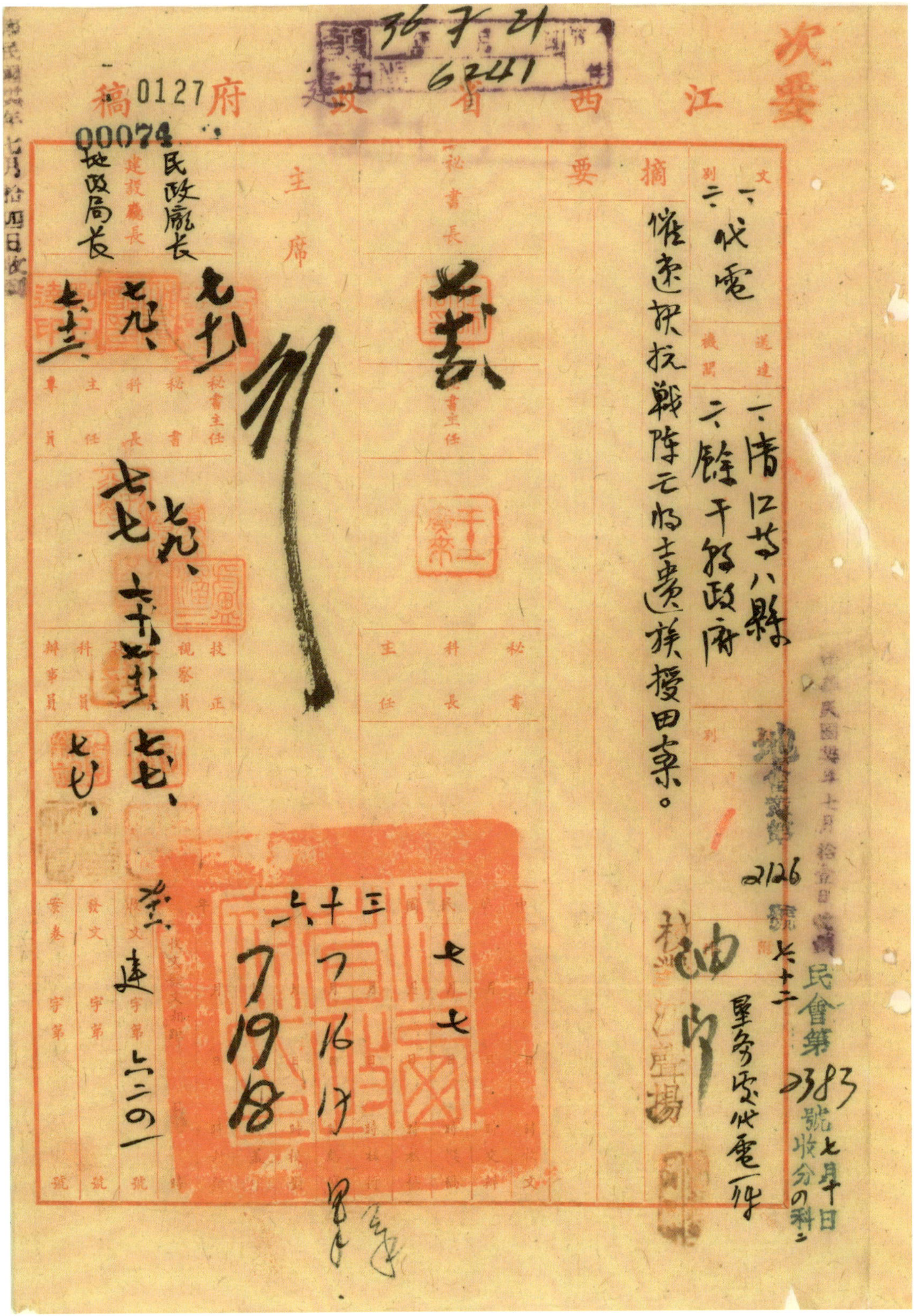

0128

代電

民地建二字第　　號

清江、宜春、萍鄉、贛縣、南康、婺源、南豐、興國縣政府：查關于擇地試辦抗戰陣亡將士遺族授田一案，曾經本府于本年一月八日以民地建二字第二三一八號令飭該縣政府將遺族戶口及其能耕作之人數、原有田畝面積、當地可資授與公荒田地面積等查明詳細列表逕送墾務處彙辦在卷。茲據墾務處三十三年七月三日代電，為時半載，仍未據該縣查報，請催速報等情，前來。除分電外，合行電仰遵照前令，仝電，迅速查明詳細列表逕送墾務處彙辦，毋得再延為要。江西省政府午（　）民地建二印。

代電

民地達二字第　号

餘干縣政府：查関于擇地試辦抗戰陣亡將士遺族授田一案，前據該縣本年二月六日達字第四七八三號呈復該縣荒地甚少，無可墾田畝足授抗戰陣亡將士遺族等情到府。當經于本年三月二十二日以達二字第一二〇一號指飭遵照在卷。現為時已久，仍未據查報，現以該案亟待舉辦，仰即查遵前令，剋速查明詳細列表逕送，並務實舉辦，毋延為要。江西省政府 午□ 民地達二印。

江西省政府致南丰县政府的指令（一九四七年九月十日）

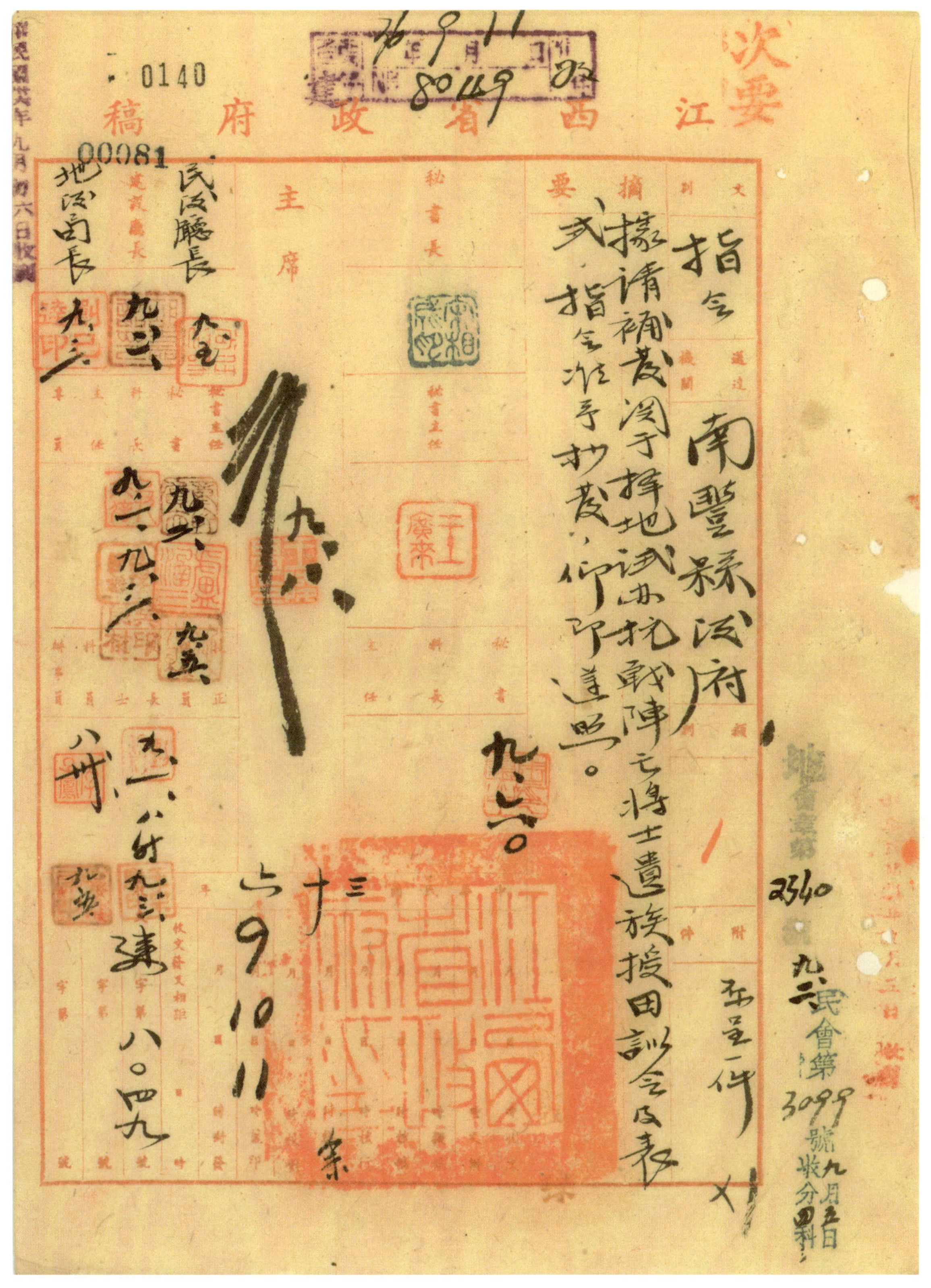

要次

江西省政府稿

0140

00081

文別：指令

送達機關：南豐縣政府

摘要：據請補發關于擇地試辦撫卹戰陣亡將士遺族授田訓令及表式，指令准予抄發，仰即遵照。

附件：附呈一件

主席

秘書長

民政廳長

建設廳長

地政局長

三十六 9 10 11

八〇四九

0141

指令　民地建二字第　號

令南豐縣政府

本年八月廿三日建字第七四五號呈一件：請補發關于撫卹抗戰陣亡將士黃遠族援田訓令及表式以資遵辦由。

呈悉。該府補發茲隨令抄發三十五年十二月十四日民地建二字第九四七七號訓令及本年一月八日民地建二字第一二三一八號訓令各一件暨附表，仰即遵照趕速查明，將該項詳細列表，連同證據彙辦，並分報本府備查，毋延為要！

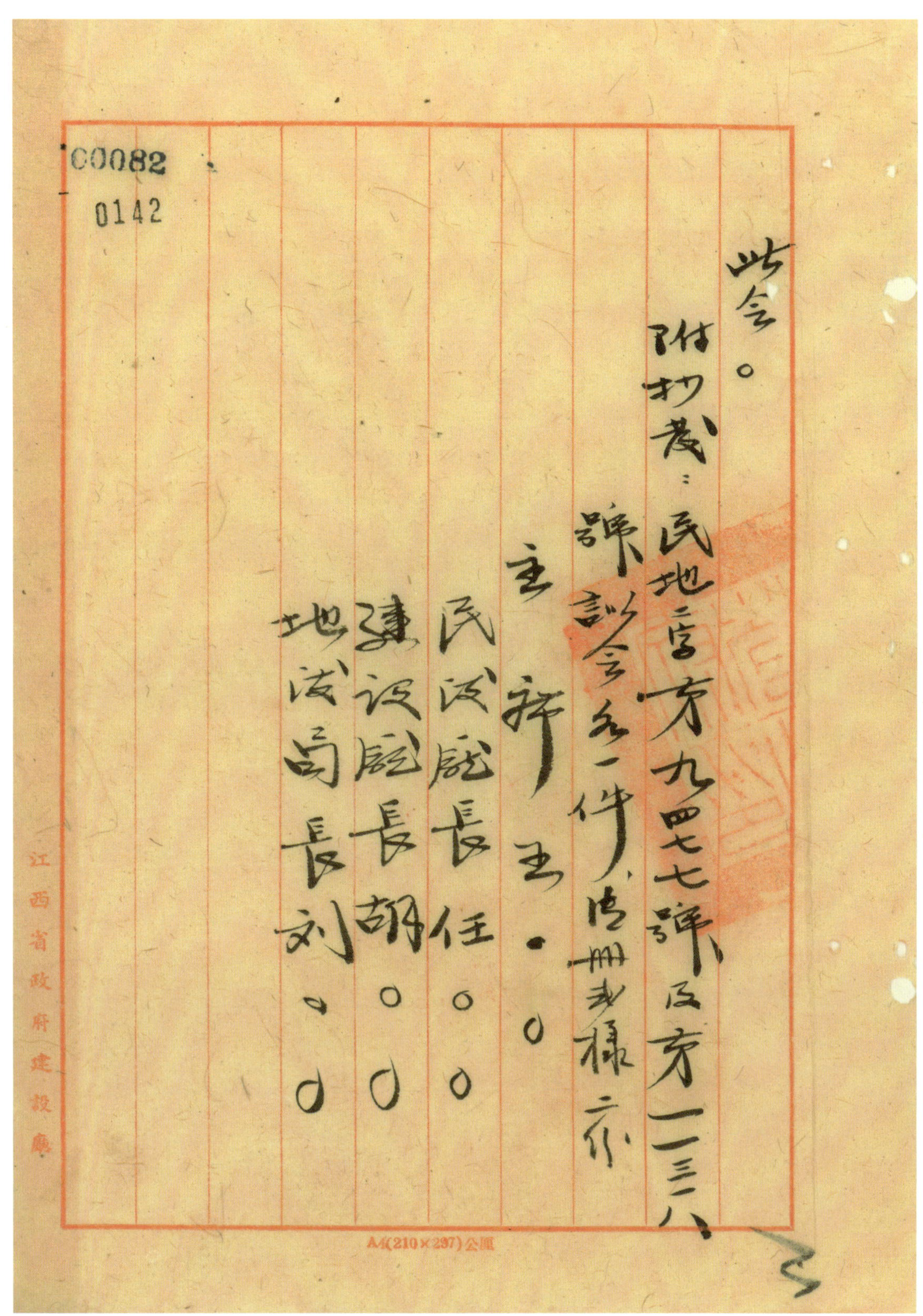

C0082

0142

此令。

附抄發：民地字第九四七七號及第一一三八號訓令各一件、清冊式樣二份

主席　王○

民政廳長　任○○

建設廳長　胡○○

地政局長　劉○○

江西省政府建設廳

A4(210×297)公厘

监察院安徽江西监察区监察使署关于元首莅临南昌巡视垂询各地民间出征军人家属承领抚恤费事宜致监察院的呈（一九四六年十月十一日）

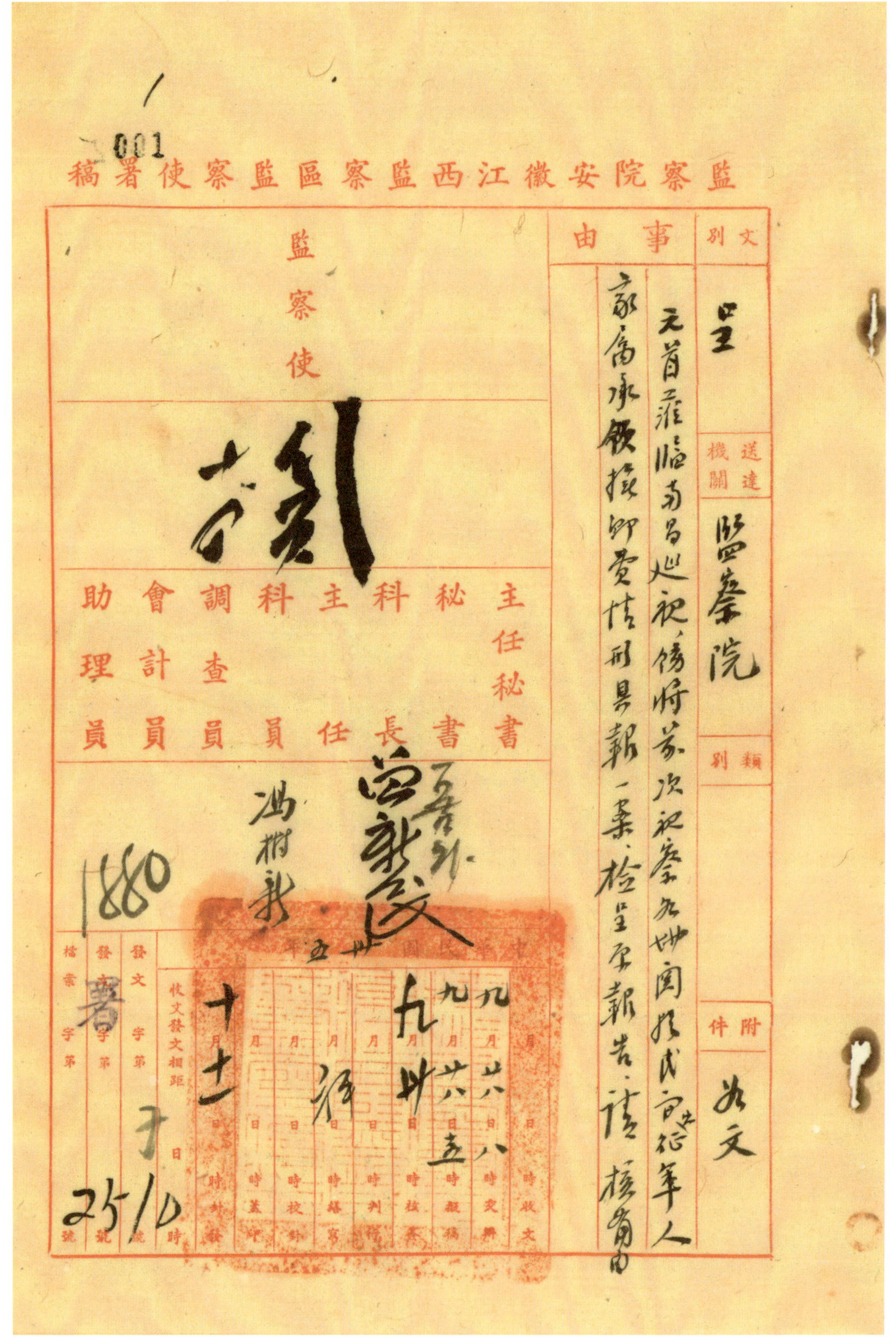
001

监察院安徽江西监察区监察使署稿

文别：呈

送达机关：监察院

事由：元首莅临南昌巡视，饬将前次视察各地国民出征军人家属承领抚恤费情形具报一案，检呈原报告，请核备由

附件：如文

监察使 刘

主任秘书 秘书 科长 主任 科员 调查员 会计员 助理员

1880

收文发文相距 日 时

发文 字第 号

发文 字第 号

档案 字第 号

中华民国卅五年 九月 日 时收文 九月廿六日 时拟稿 九月廿五日 时核稿 九月 日 时判行 十月 日 时缮写 十月 日 时校对 十月 日 时盖印 十月十一日 时封发

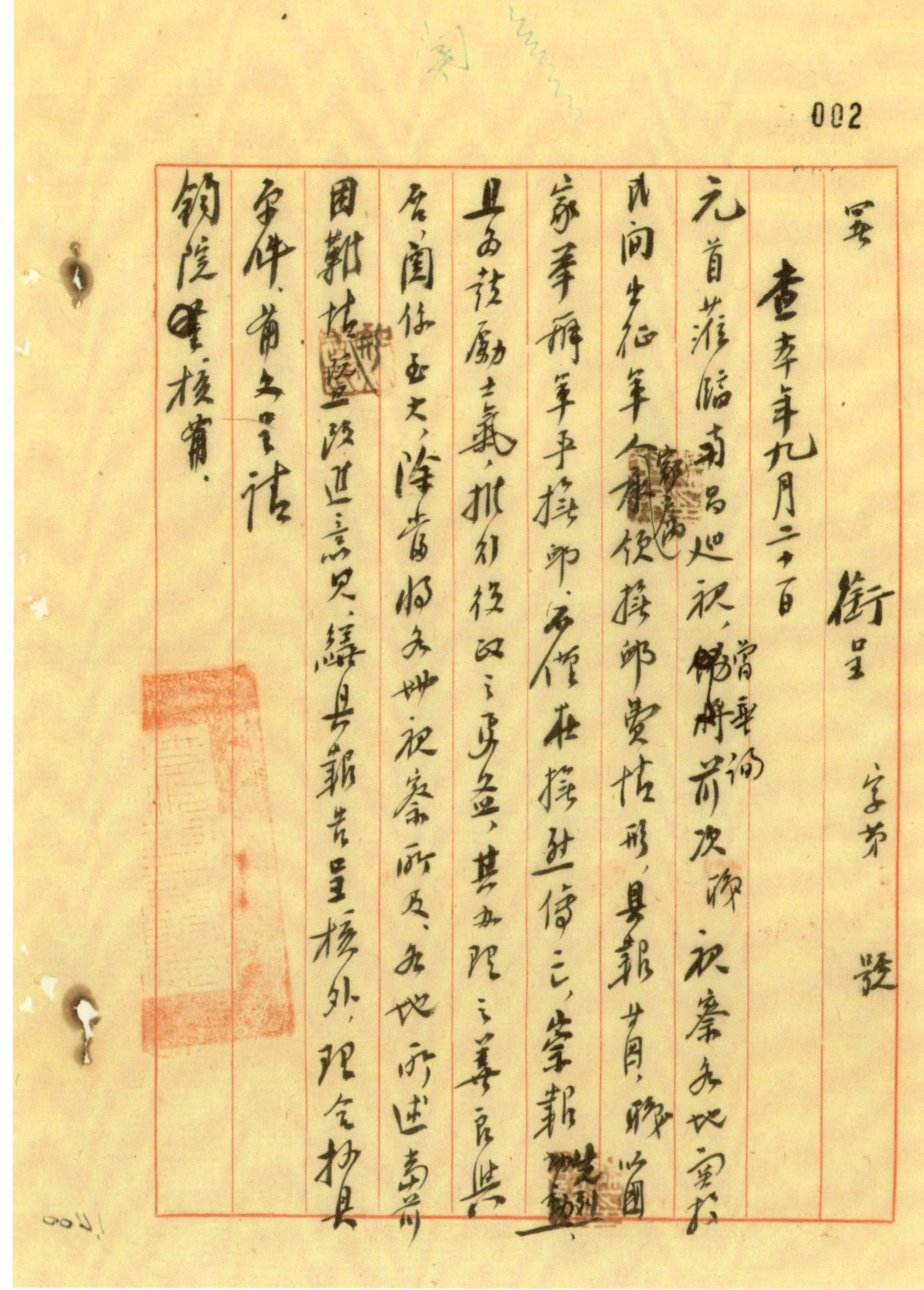

002

密

衔呈　　字第　　號

查本年九月二十日

元首莅臨南昌巡視，曾當面垂諭：飭將前次預祝視察各地，寓於民間出征軍人家屬領撫卹費情形，具報甘肅。職當

家屬辦筆手撫卹，而僅在撫卹費三三，實報甚少，

具有鼓勵士氣、振作後方之效益，其處理之善良與

否，關係至大。除當將各州視察所及、各地所述者前

困難情形並簽進意見，繕具報告呈核外，理合抄具

原件，備文呈請

鈞院鑒核備查。

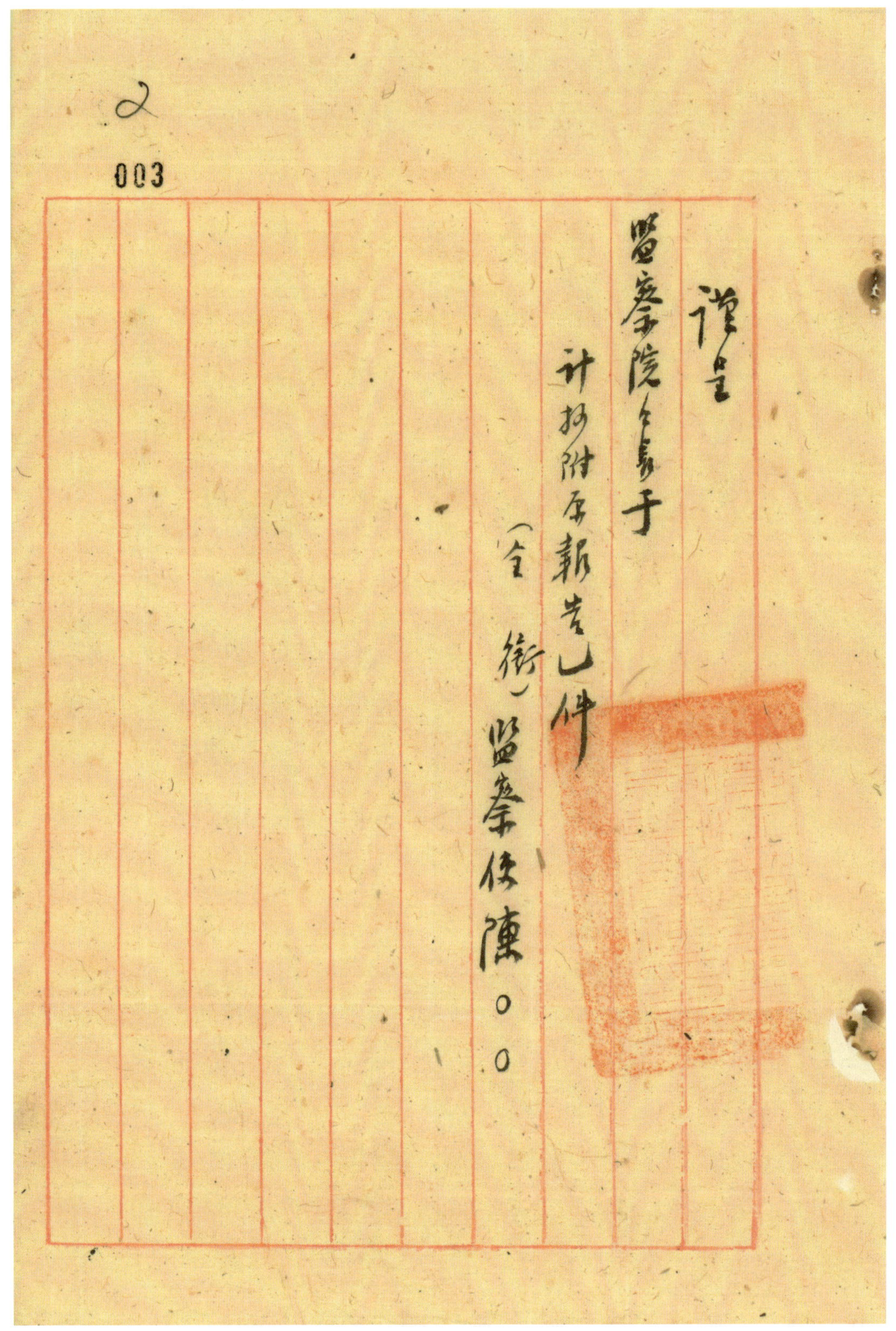
2

003

谨呈

监察院院长于

计抄附原报告一件

（全衔）监察使陈〇〇

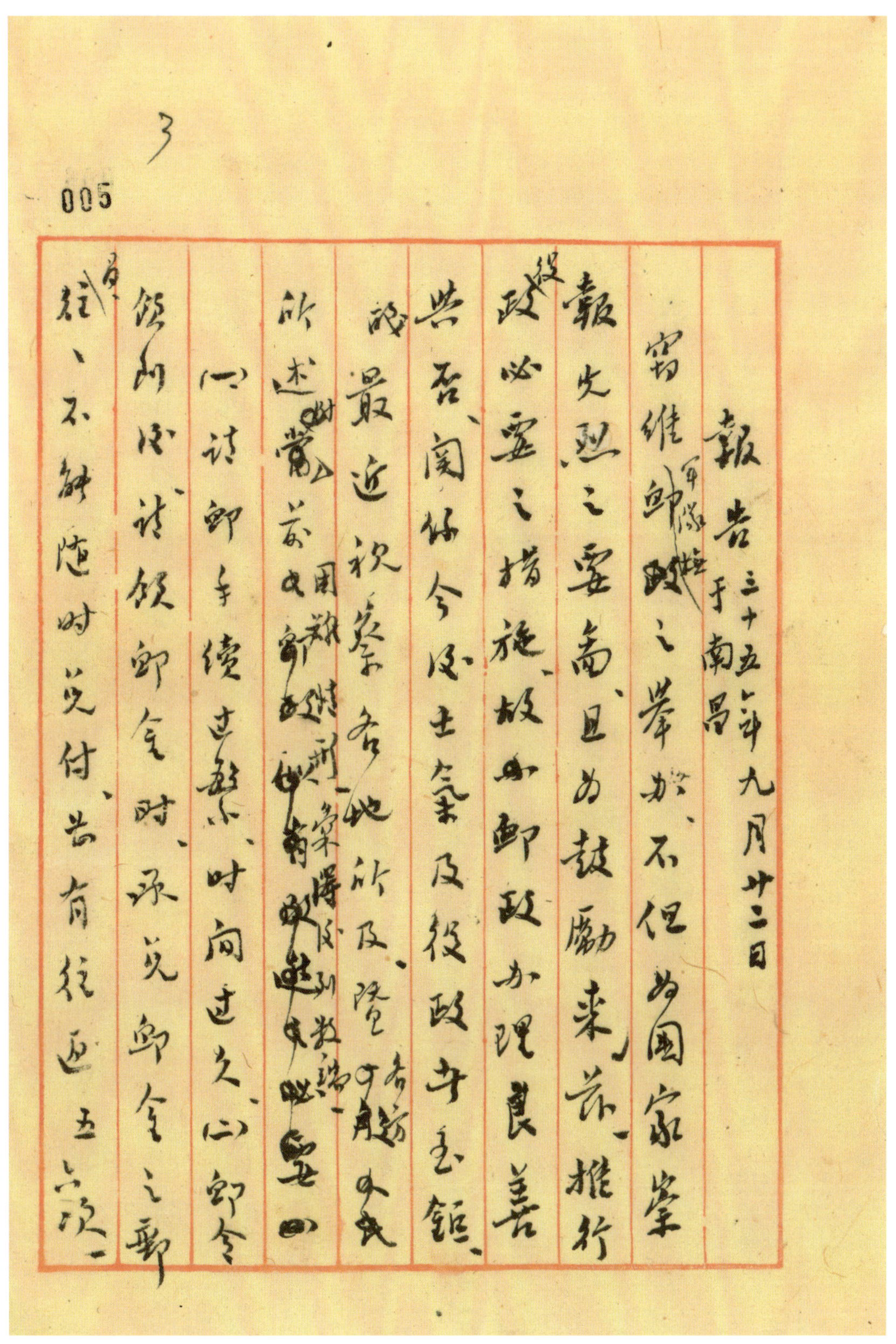

報告 三十五年九月廿二日 于南昌

竊維師[軍役]政之舉辦，不但為國家崇報先烈之要義，且為鼓勵來茲、推行役政必要之措施，故如郵政辦理良善與否，關係今後士氣及役政者至鉅。就最近視察各地所及、暨各方人民所述，當前[illegible]

（一）該郵手續甚繁，時向過久。（二）郵令領取該領郵令時，須交郵令之郵差、不能隨時交付，並有往返五六次

006

时间拖延至数月之久者，其邻近承兑邮局者，尚无所苦，较远者，乡村交通不便，旅资损失，耗日所费殊钜，国家之惠政，因之冲淡。(三)现行所有有关一切邮政事宜，大多以报纸公告方式为之，乡镇报纸缺乏，阅者不多，因之接邮划拨及请邮等一切手续，均为一般人民所不瞭解。夫江西抗战以来，出征壮丁达一百万左右，其死伤以十分之一计，亦在十万人上下，而迄今已加印令者，不足二万五千人，此外尚有一即此已加印之二萬五千人印令，蓋由縣政府轉發給人民簽領者，為數亦不及百分之五十，此可謂一般人民不明印政及許印等一切手續之解釋，似此當發印政，似有改進之必要。總體陳意見如左：

一、加強部隊冊報許印工作。查抗戰以還，許部官兵為數不多，似由部隊

008

册抚该部工作，尚欠健全，而人民对部政规及该部手续，又多不明瞭，以致国家惠政，无由遍达民间，毫无遗漏。故部政之办理，应以部队政府为主动，而以人民该部为辅助。关于此点，拟请通令各部队特别加以注意办理。

二、关于有关该部等手续事宜，应以公文通达方式为主，其次亦应以佈告、及发佈标语张贴要地，俾众周知，拟请公告，使各能为协助措施。

5

003

三、人民請領卹令關于保人一項，應力求簡便，似可改由請領卹令人所在地之保甲長證明之，遇倘保甲長有留難情事，即予嚴懲。

四、關于卹令之發放，每年最好能規定一定之時期（以農閒時期為宜），並由政府先期劃撥承兌之郵局，以充分之現金，以資應兌，而免人民空勞往返，因有一定之時期，人民亦可以積為家庭款項之應用，俾益實多。

010

五、关于领恤证，最好能做出公债息票办法，于领发恤令时，同时发给，每年县级一次，即由承发部局剪截一节，以免人民填表及出县收据之烦，又可作为政府之支付恤证。因此领恤证之内容，应必需具备如下之必要栏数：阵亡人、领恤人及证明人、姓名、职业、住址、恤金金额、发放时期等等。

以上所陈，是否有当，敬祈

鉴核

谨呈

国民政府主席蒋

职 陈○○ 谨呈

江西省教育厅和江西省立上饶中学关于王明尧之子免费入学的来往文书（一九四六年十二月至一九四七年一月）

江西省立上饶中学致省教育厅的呈（一九四六年十二月十八日）

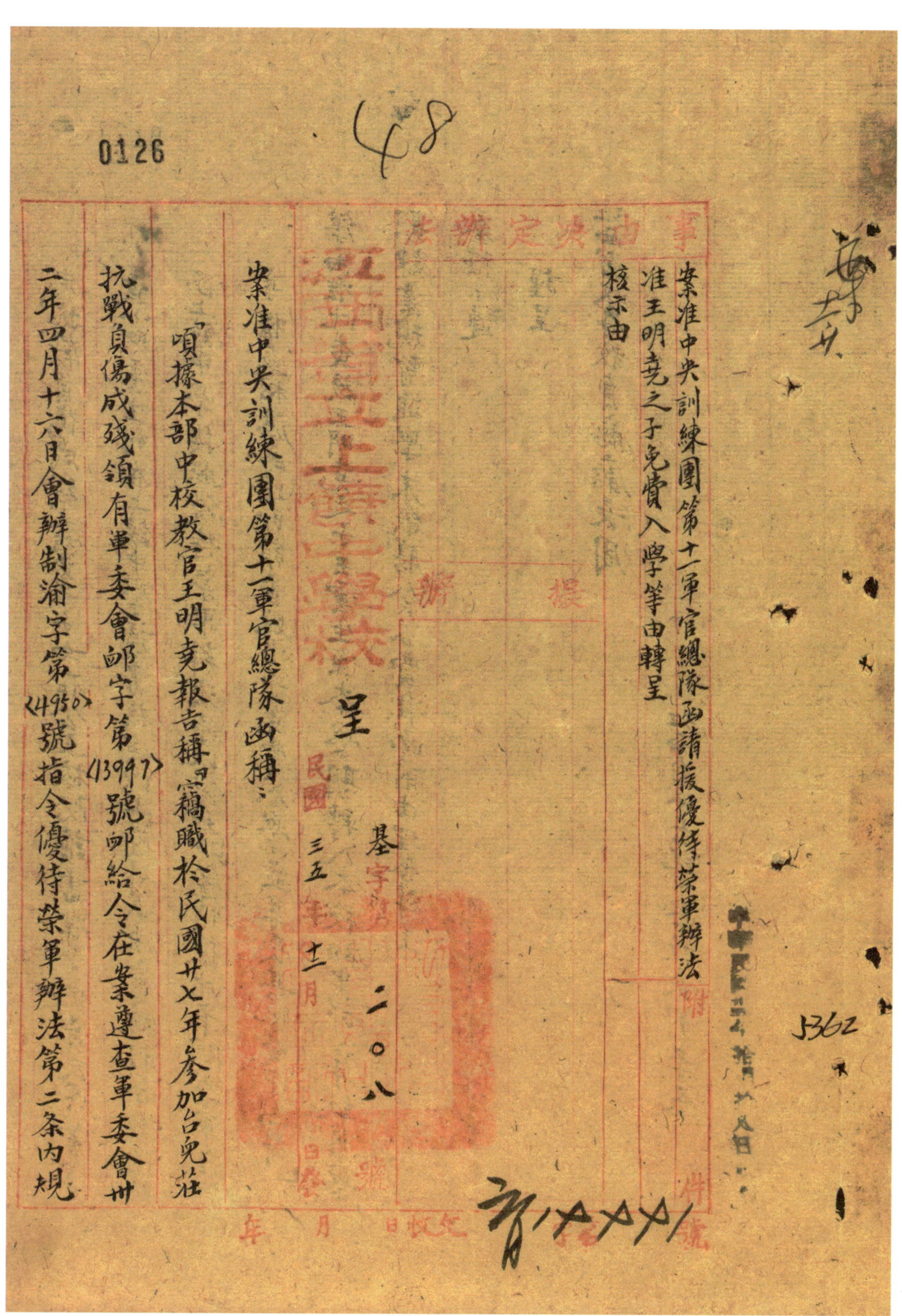

事由：案准中央訓練團第十一軍官總隊函請援優待榮軍辦法准王明堯之子免費入學等由轉呈核示由

江西省立上饒中學校 呈 基字第二〇八號

民國三五年十二月　日發

案准中央訓練團第十一軍官總隊函稱：「頃據本部中校教官王明堯報告稱『竊職於民國廿七年參加台兒莊抗戰負傷成殘，領有軍委會郵字第（13997）號郵給，今在案遵查軍委會卅二年四月十六日會辦制渝字第（4950）號指令優待榮軍辦法第二條內規

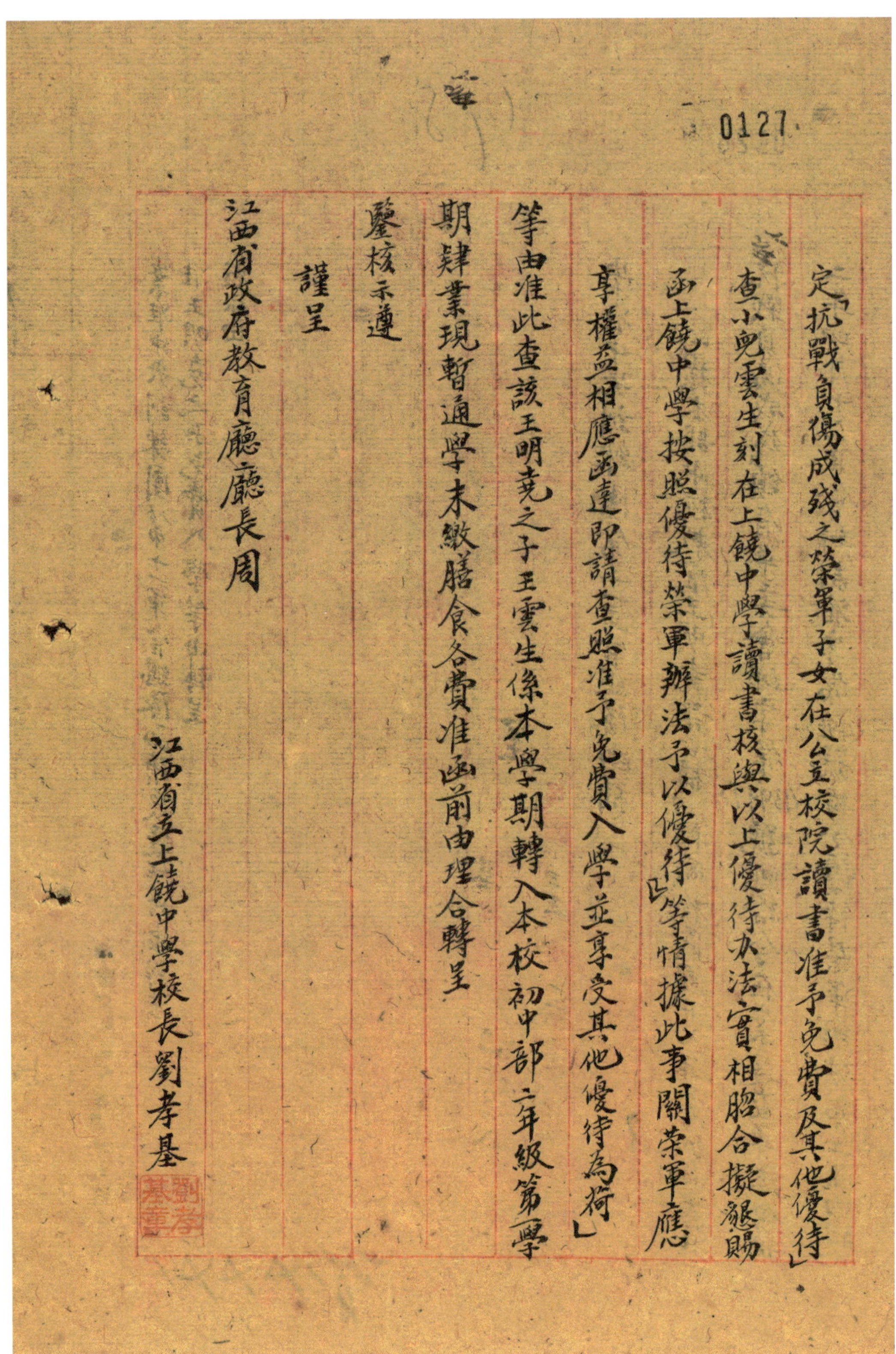
0127

定「抗戰負傷成殘之榮軍子女在公立校院讀書准予免費及其他優待」
查小兒雲生刻在上饒中學讀書核與以上優待辦法實相脗合擬懇賜
函上饒中學按照優待榮軍辦法予以優待」等情據此事關榮軍應
享權益相應函達即請查照准予免費入學並享受其他優待為荷」
等由准此查該王明堯之子王雲生係本學期轉入本校初中部二年級第一學
期肄業現暫通學未繳膳食各費准函前由理合轉呈
鑒核示遵
謹呈
江西省政府教育廳廳長周
江西省立上饒中學校長劉孝基

江西省教育厅致省立上饶中学的指令（一九四七年二月二十日）

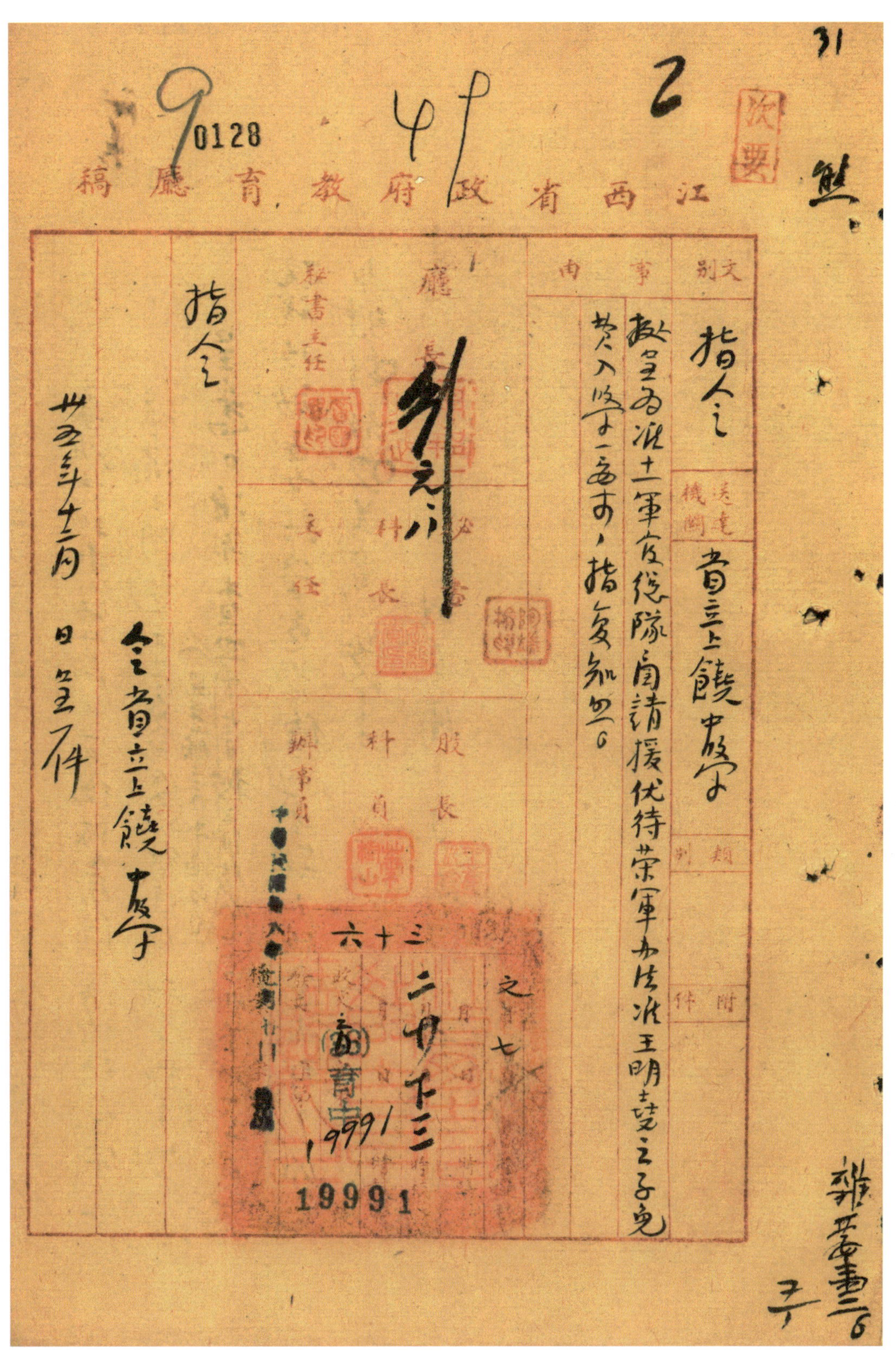

江西省政府教育厅稿

文别：指令

事由：据呈为准十一军官总队函请援优待荣军办法准王明堂之子免费入校学一案由，指复知照。

送达机关：省立上饶中学

指令

卅六年二月　日呈件

令省立上饶中学

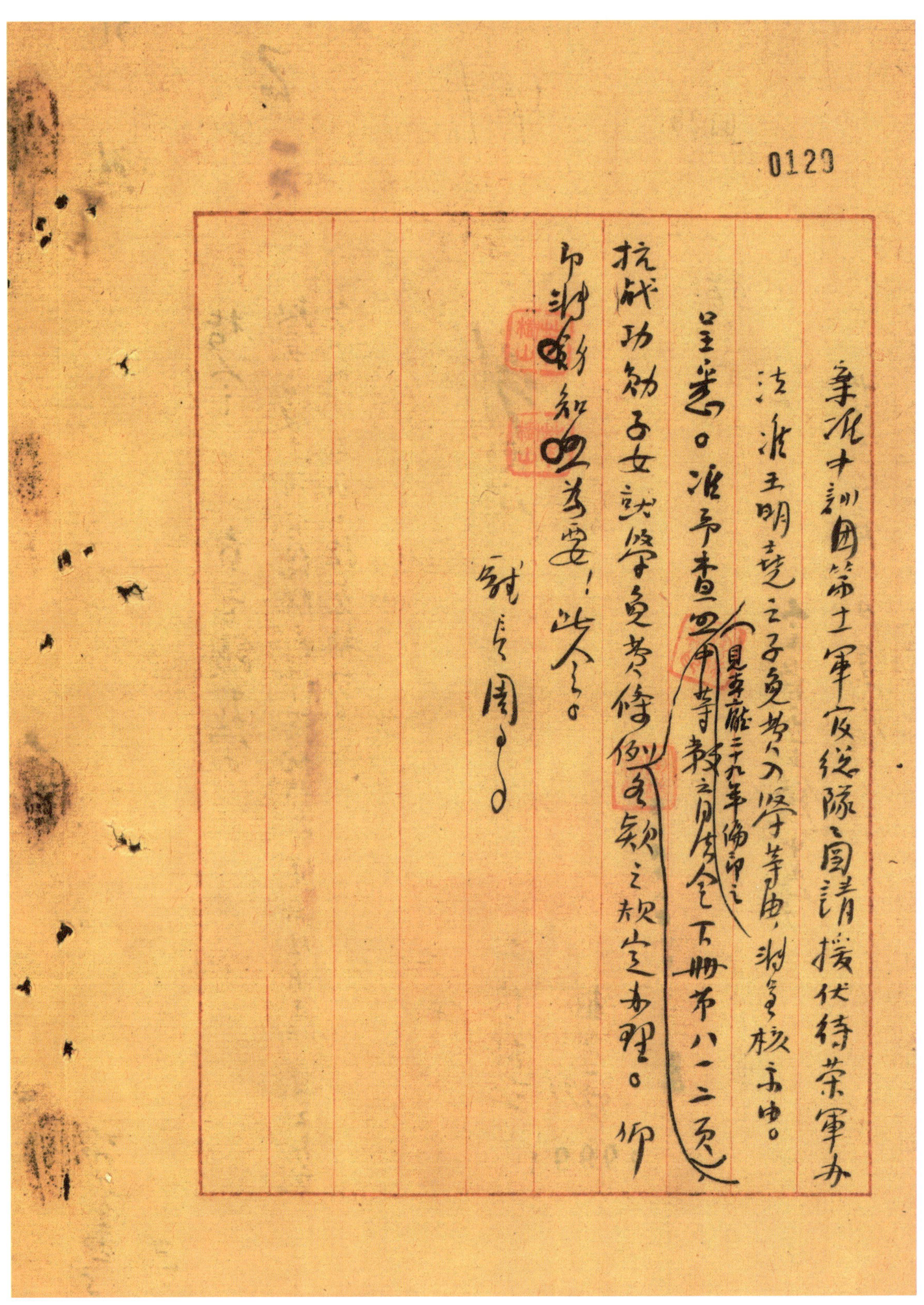
0120

案准中训团第十二军官总队函请援优待荣军办法，准王明楚之子免费入学等由，祈鉴核示由。

呈悉。准予查照（见本府二十九年编印之中等教育法令下册第八一二页）抗战功勋子女就学免费条例免缴之规定办理。仰即转饬知照为要！此令。

厅长 周□□

江西省训练团和江西省教育厅关于学员子弟比照《抗战军人家属优待条例》规定予以免费入学的来往文书（一九四七年二月）

江西省训练团致省教育厅的公函（一九四七年二月四日）

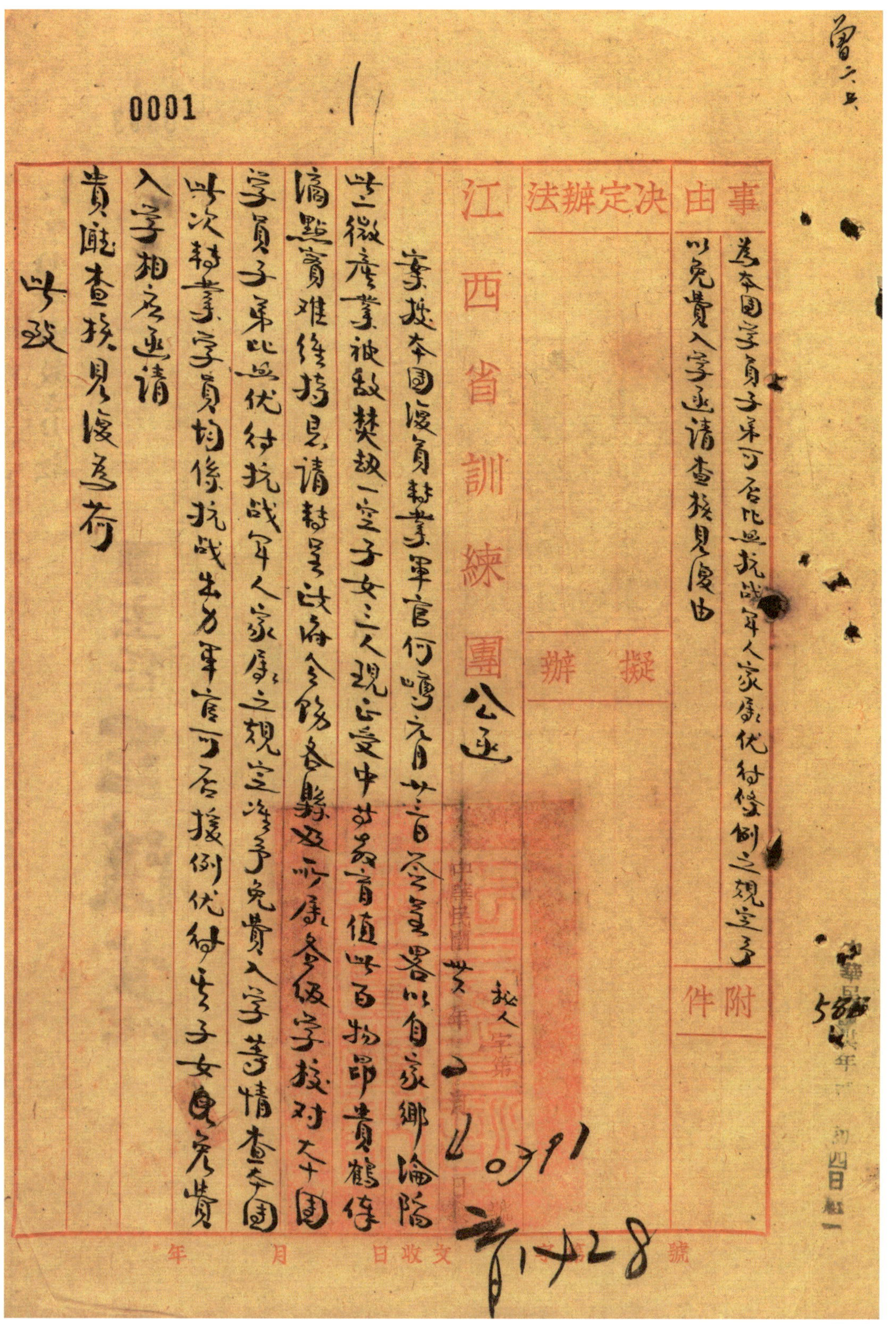

事由：為本團學員子弟可否比照抗戰軍人家屬優待條例之規定予以免費入學函請查核見復由

江西省訓練團公函　秘人字第　號

中華民國卅六年二月四日

案據本團復員轉業軍官何鳴文自廿三年參加軍旅以來家鄉淪陷出征產業被敵焚毀一空子女三人現正受中等教育值此百物昂貴鶴俸涓滴實難維持懇請轉呈政府令飭各縣及所屬各級學校對本團學員子弟比照優待抗戰軍人家屬之規定准予免費入學等情查本團此次轉業學員均係抗戰出力軍官可否援例優待其子女免費入學相應函請

貴廳查核見復為荷

此致

江西省政府教育厅

主任 王陵基

江西省教育厅致省训练团的代电（一九四七年二月十九日）

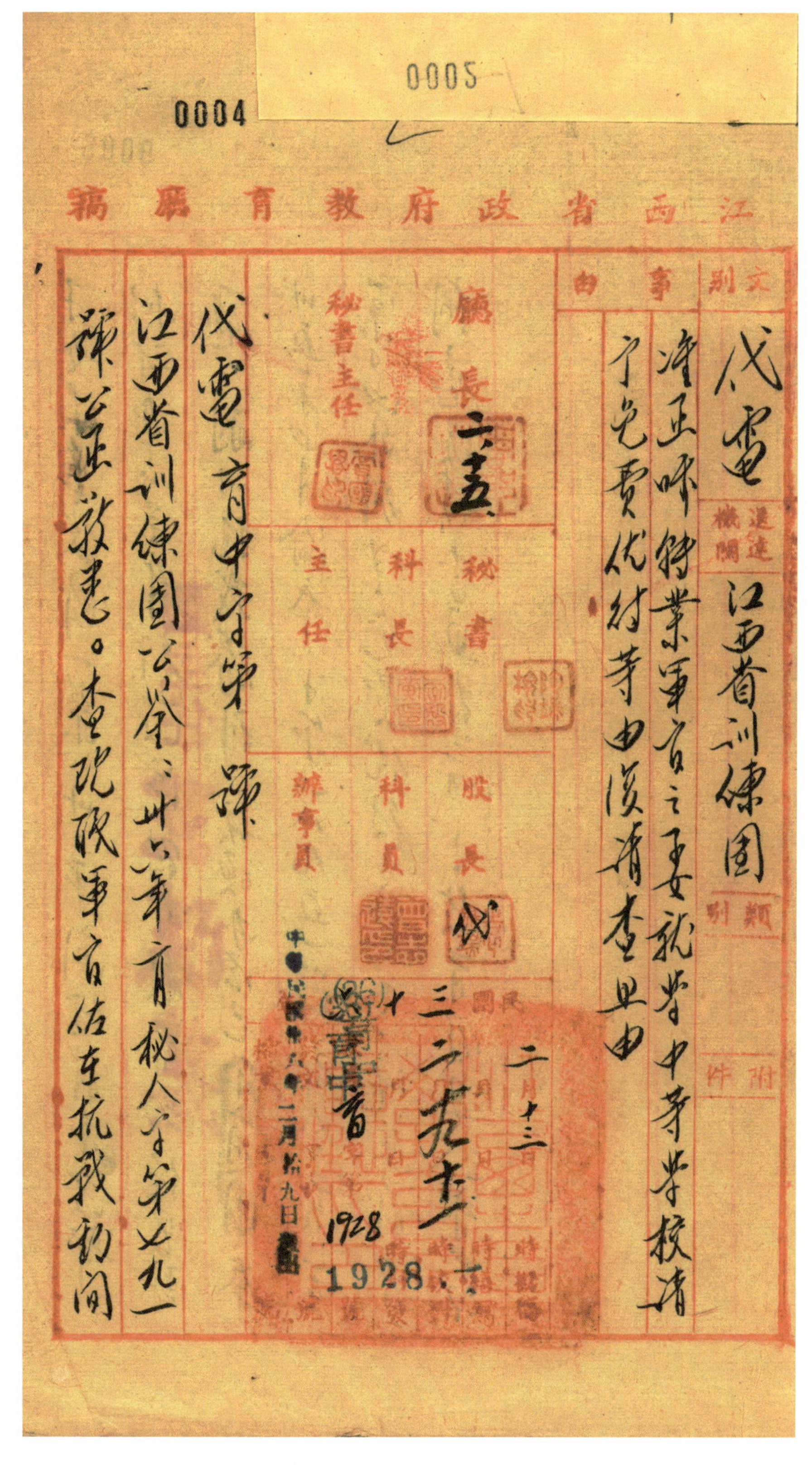
江西省政府教育廳稿

文別：代電

受文機關：江西省訓練團

事由：准函以特業軍官之子女就學中等學校請予免費代付等由復請查照由

代電　育中字第　號

江西省訓練團公鑒：卅六年育秘人字第七九一

號代電敬悉。查現服軍官佐在抗戰動間

民國三十六年二月十三日

中華民國卅六年二月拾九日

0005

子女求学救济一案，卅二年间经前军政部拟订办法呈奉行政院转行教育部颁发到厅，嗣以抗战胜利，该项办法已不适用，奉卅五年四月渝参字第一八九五一号部令废止在案，此外别无免费优待之规定，准函前由，相应复请查照为荷！

教育厅丑、一育中印

江西省教育厅和江西省立南昌第一中学关于汪长民请求免费就学的来往文书（一九四七年二月至三月）

江西省立南昌第一中学致省教育厅的呈（一九四七年二月二十二日）

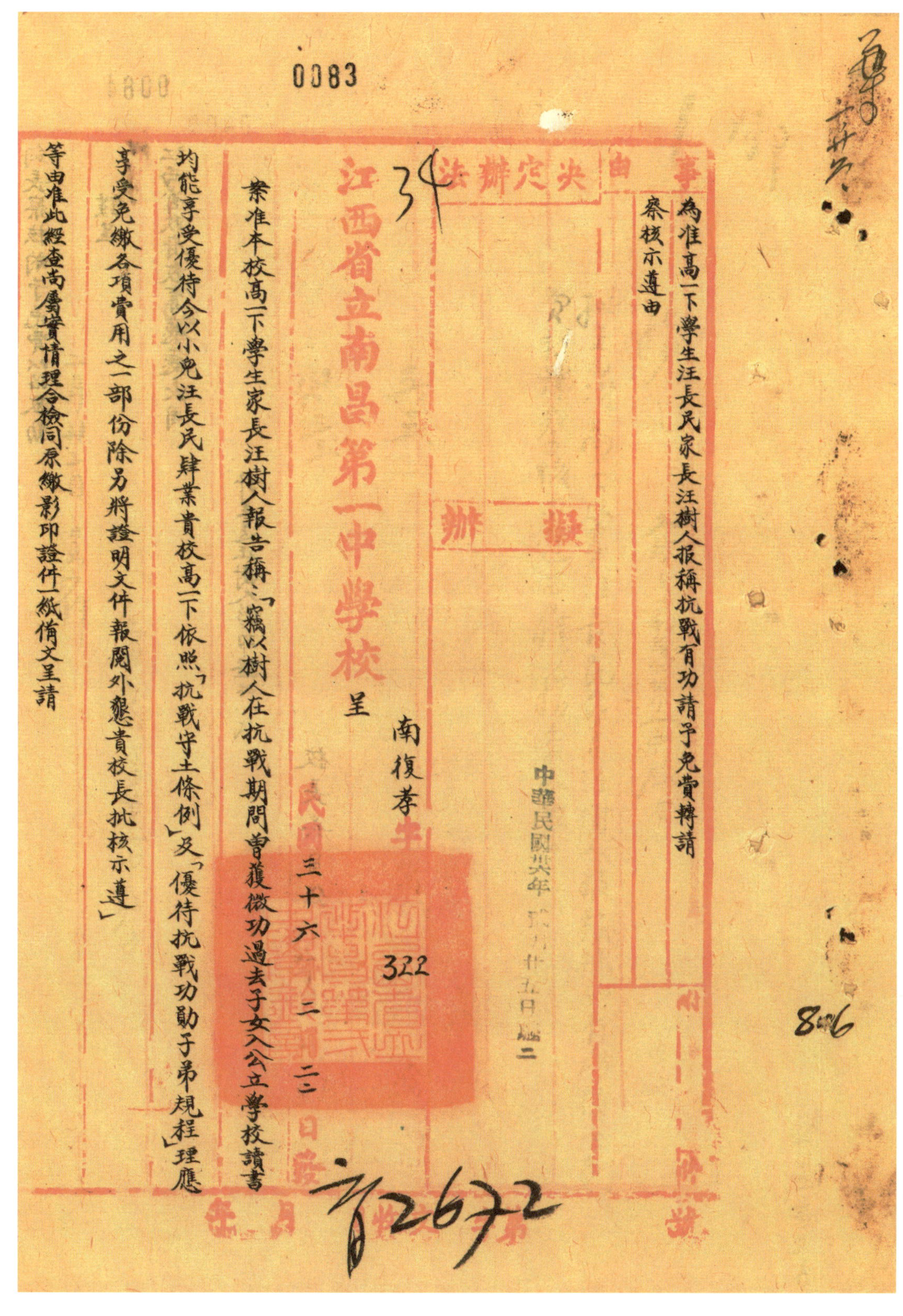

事由：為准高一下學生汪長民家長汪樹人報稱抗戰有功請予免費轉請 察核示遵由

决定辦法

擬辦

江西省立南昌第一中學校 呈 南復孝字第 號

民國三十六年二月二十三日發

案准本校高一下學生家長汪樹人報告稱：「竊以樹人在抗戰期間曾獲微功，過去子女入公立學校讀書均能享受優待，今以小兒汪長民肄業貴校高一下，依照『抗戰守土條例』及『優待抗戰功勛子弟規程』理應享受免繳各項費用之一部份，除另將證明文件報閱外，懇貴校長批核示遵」等由。准此，經查尚屬實情，理合檢同原繳影印證件一紙，備文呈請

中華民國卅六年二月廿五日收

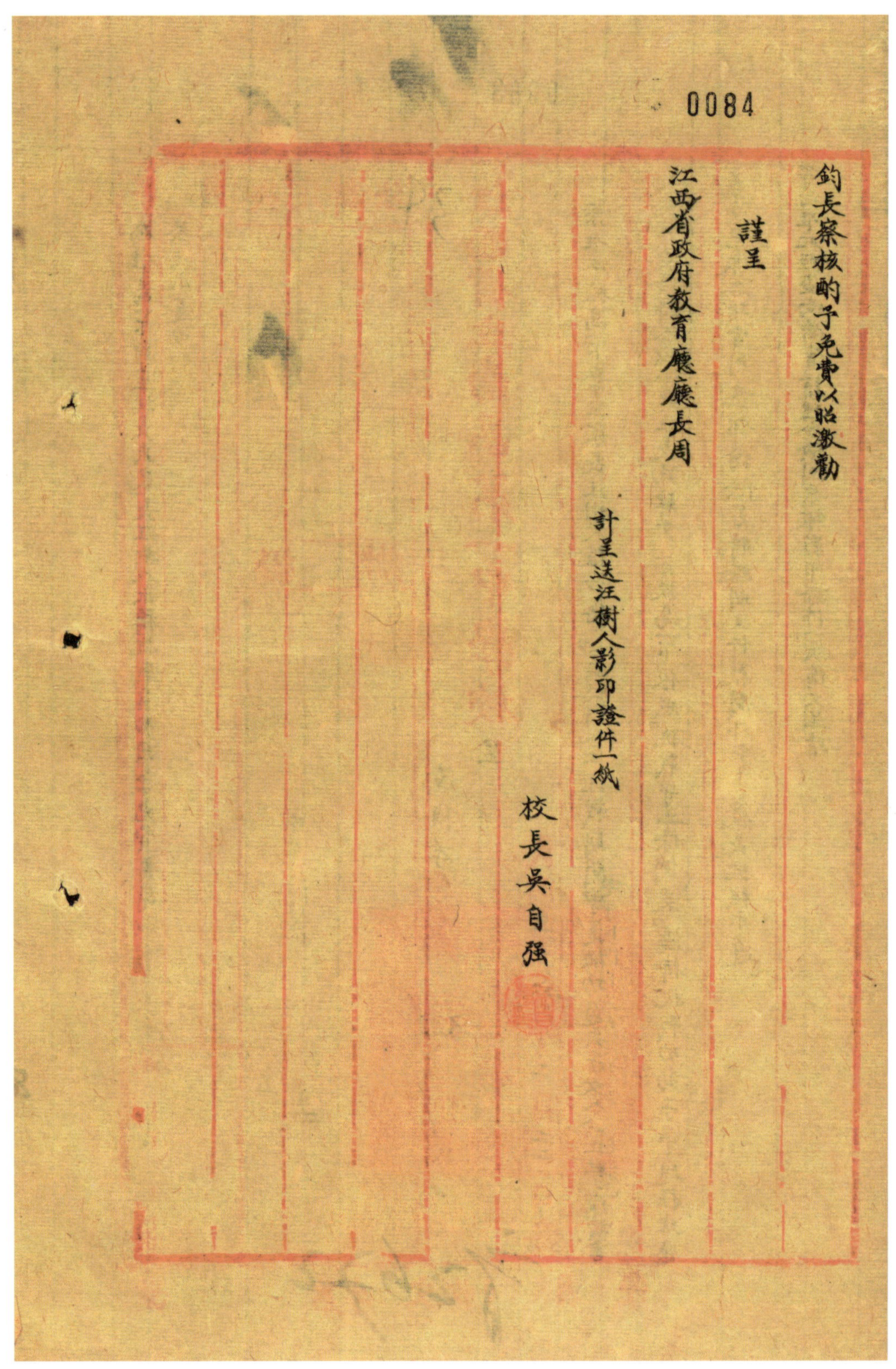
0084

鈞長察核酌予免費以昭激勸

謹呈

江西省政府教育廳廳長周

計呈送汪樹人影印證件一紙

校長吳自强

江西省教育厅致省立南昌第一中学的指令（一九四七年三月六日）

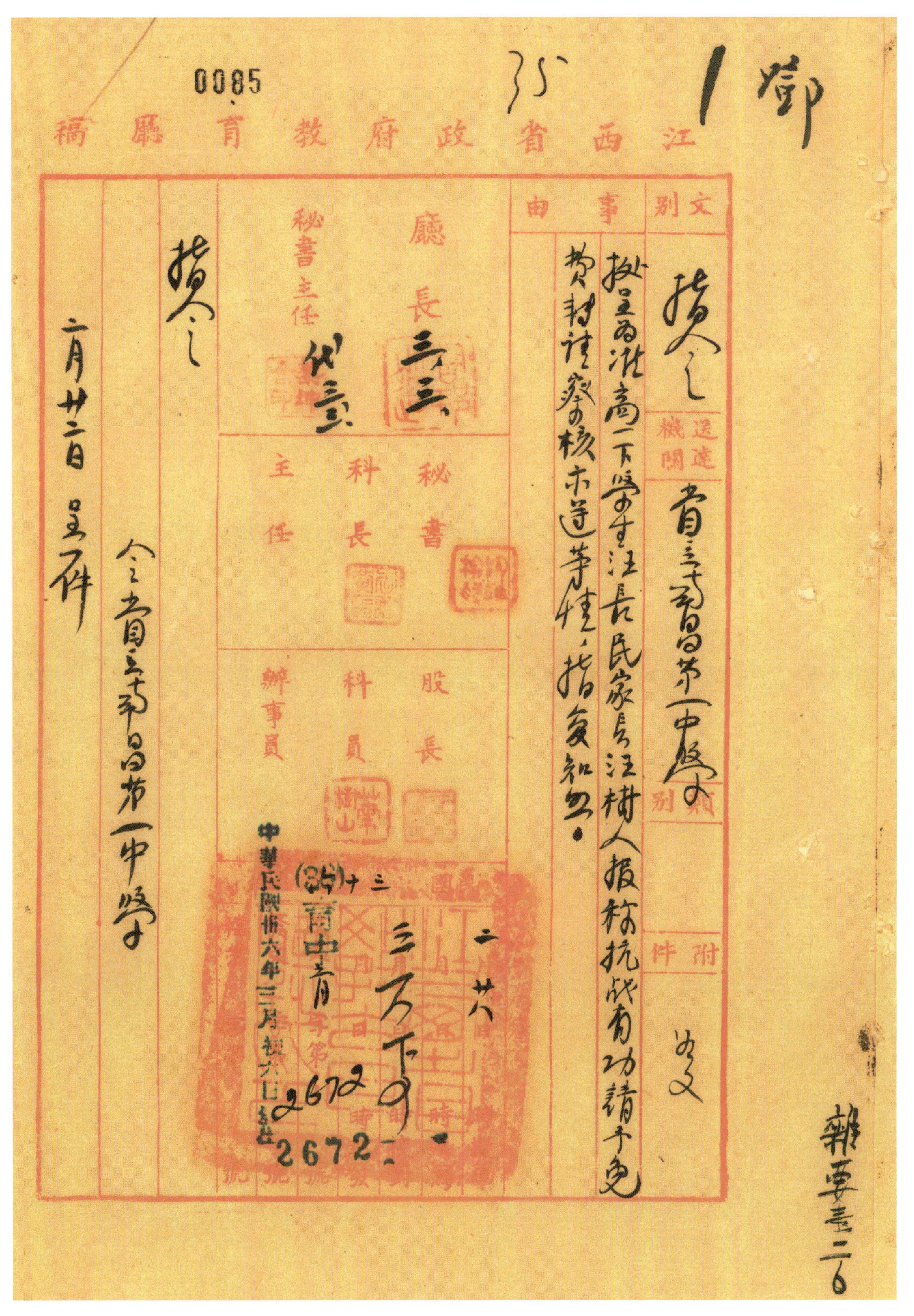

0085

江西省政府教育廳稿

文別：指令

送達機關：省立南昌第一中學

附件：如文

事由：據呈爲准高一下學生汪長民家長汪樹人報稱抗戰有功請予免費，轉請鑒核示遵等情，指復知照。

廳長：三、六

秘書主任：代 三、六

秘書 科長 主任

股長 科員 辦事員

指令

二月廿二日呈件

令省立南昌第一中學

中華民國卅六年三月六日發出

2672

0086

由淮高一下學生汪長民家長汪樹人報稱抗戰有功

請予免費請鑒核示遵由。

呈件均悉。准由校酌免該生應繳之圖

書費、保育費、童訓或軍訓費、衛生費、實習材料費等

一部或全部。仰即知照！此令。

業送汪樹人影印証件一張。

廳長周○○

江西省教育厅和江西省立南昌第一中学关于袁应星请求免费就学的往来文书（一九四七年二月至五月）

江西省立南昌第一中学致省教育厅的呈（一九四七年二月二十七日）

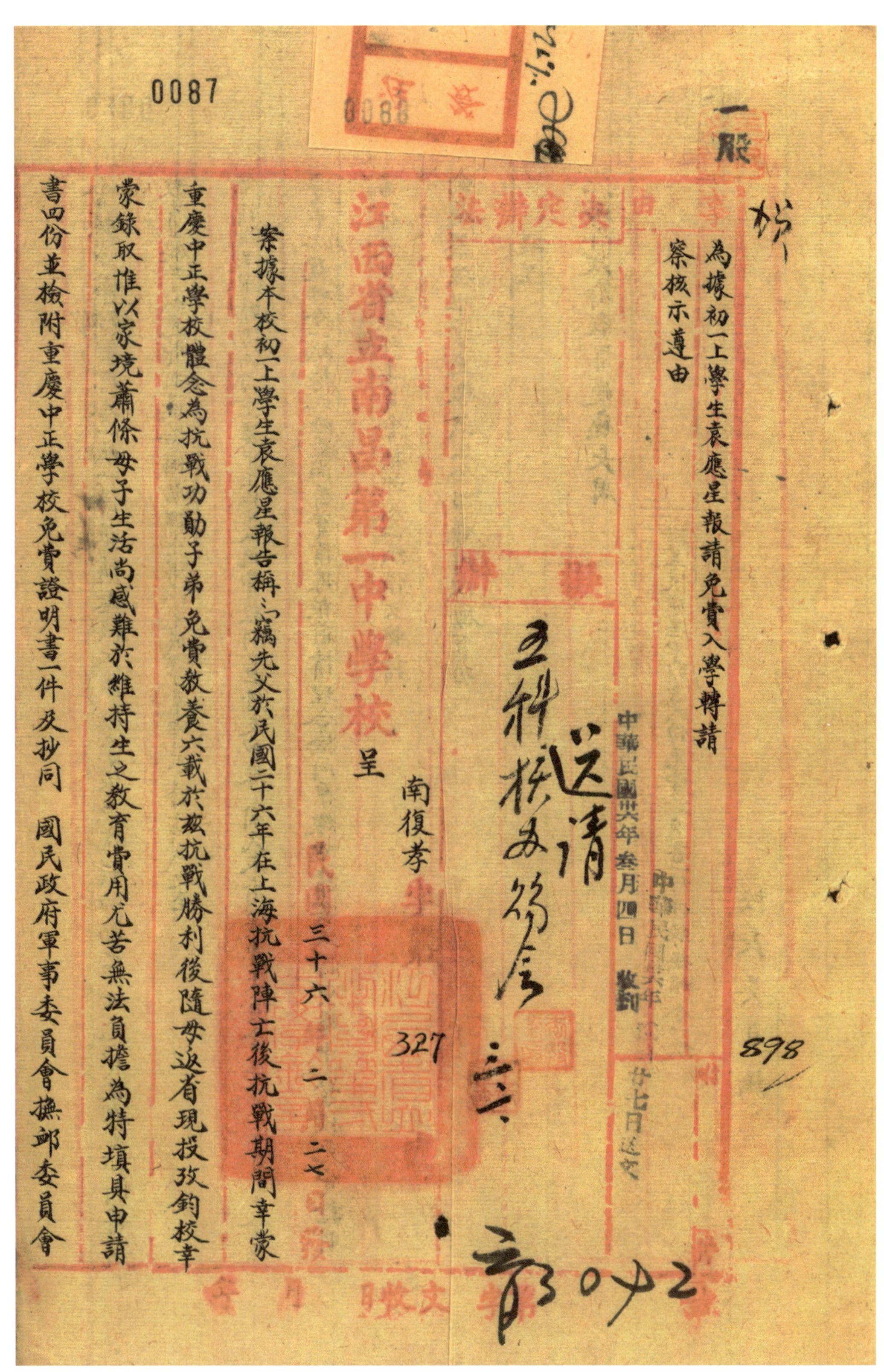

0087

事由：為據初一上學生袁應星報請免費入學轉請察核示遵由

決定辦法

擬辦

中華民國卅六年叁月四日收到

江西省立南昌第一中學校 呈 南復孝字 327 三十六 二 二七

案據本校初一上學生袁應星報告稱：竊先父於民國二十六年在上海抗戰陣亡，後抗戰期間幸蒙重慶中正學校體念為抗戰功勛子弟，免費教養六載，於茲抗戰勝利後，隨母返省，現投考鈞校，幸蒙錄取。惟以家境蕭條，母子生活尚感難於維持，生之教育費用尤苦無法負擔，為特填具申請書四份，並檢附重慶中正學校免費證明書一件及抄同國民政府軍事委員會撫卹委員會

0089

會撫字第11547號部令一紙一併報請鑒核伏懇准予依照抗戰功勛子女免費就學條例轉請
教育廳予以免費並優給補助俾生得以完成學業實不勝沾感之至
等情附呈申請書二份重慶中正學校免費證明書一件及抄錄 國民政府軍事委員會撫卹委員會會撫
字第11547號部令一紙據此經查尚屬實情據報前情理合檢同原繳申請書弍份重慶中正學校免費證明
書一件及抄錄撫卹委員會撫卹部令一紙備文轉請
鈞廳察核准予免繳該生全部費用以勵有功
謹呈
江西省政府教育廳廳長周
附呈袁應星申請書弍份免費證明書一件抄錄撫卹部令一紙

校長 吴自强

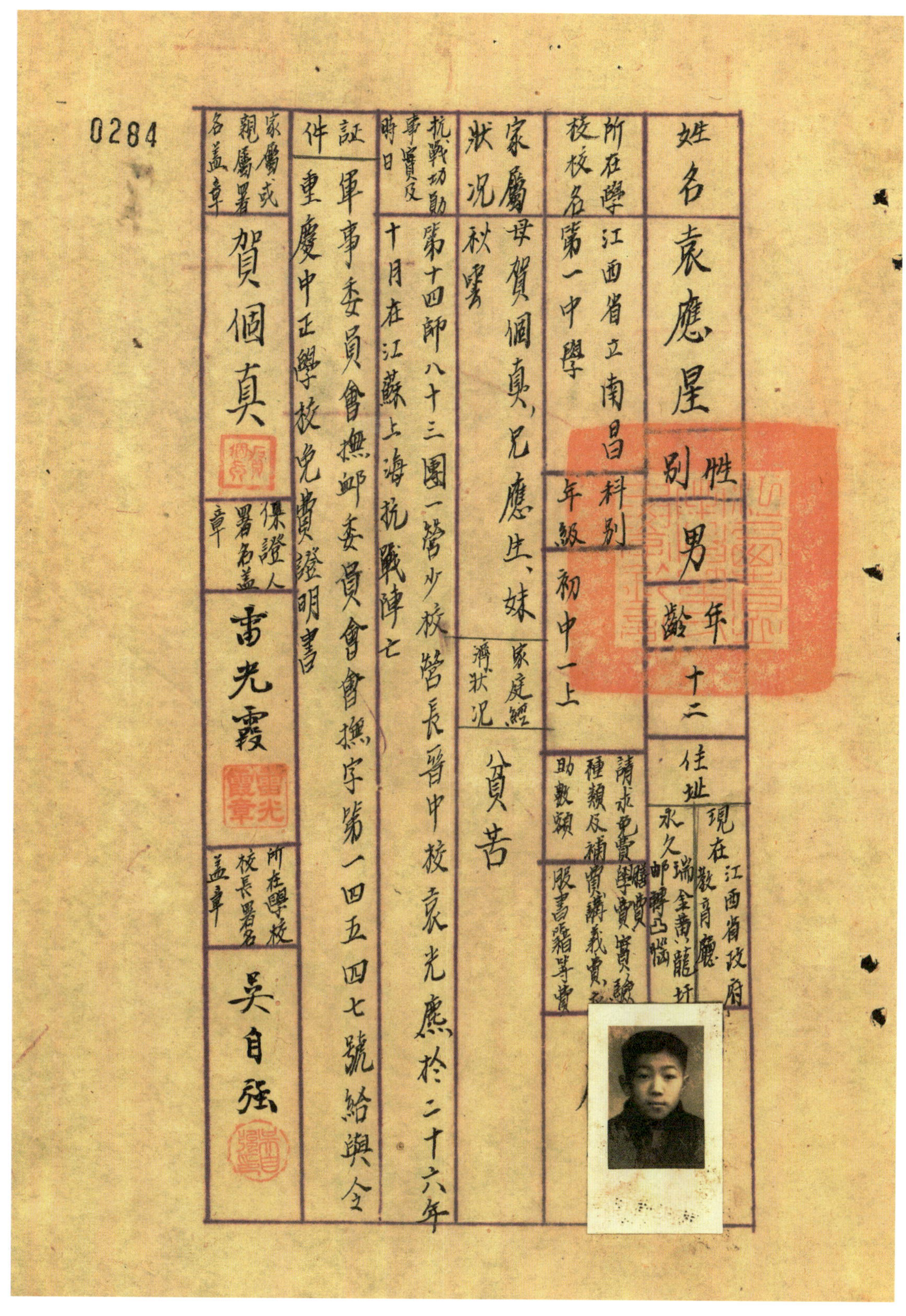

0284

姓名	袁應星
性別	男
年齡	十二
住址	現在：江西省政府教育廳 永久：瑞金黃龍圩郵轉凸惱
所在學校校名	江西省立南昌第一中學
科別	
年級	初中一上
請求免費種類及補助數額	膳費、學費、實驗費、講義費、衣服書籍等費
家屬狀況	母賀個真，兄應生，妹秋霞
家庭經濟狀況	貧苦
抗戰功勛事實及時日	第十四師八十三團一營少校營長晉中校袁光應於二十六年十月在江蘇上海抗戰陣亡
證件	軍事委員會撫卹委員會撫字第一四五四七號給與令 重慶中正學校免費證明書
家屬或親屬署名蓋章	賀個真
保證人署名蓋章	雷光霞
所在學校校長署名蓋章	吳自強

附二：中正学校学生免费证明书

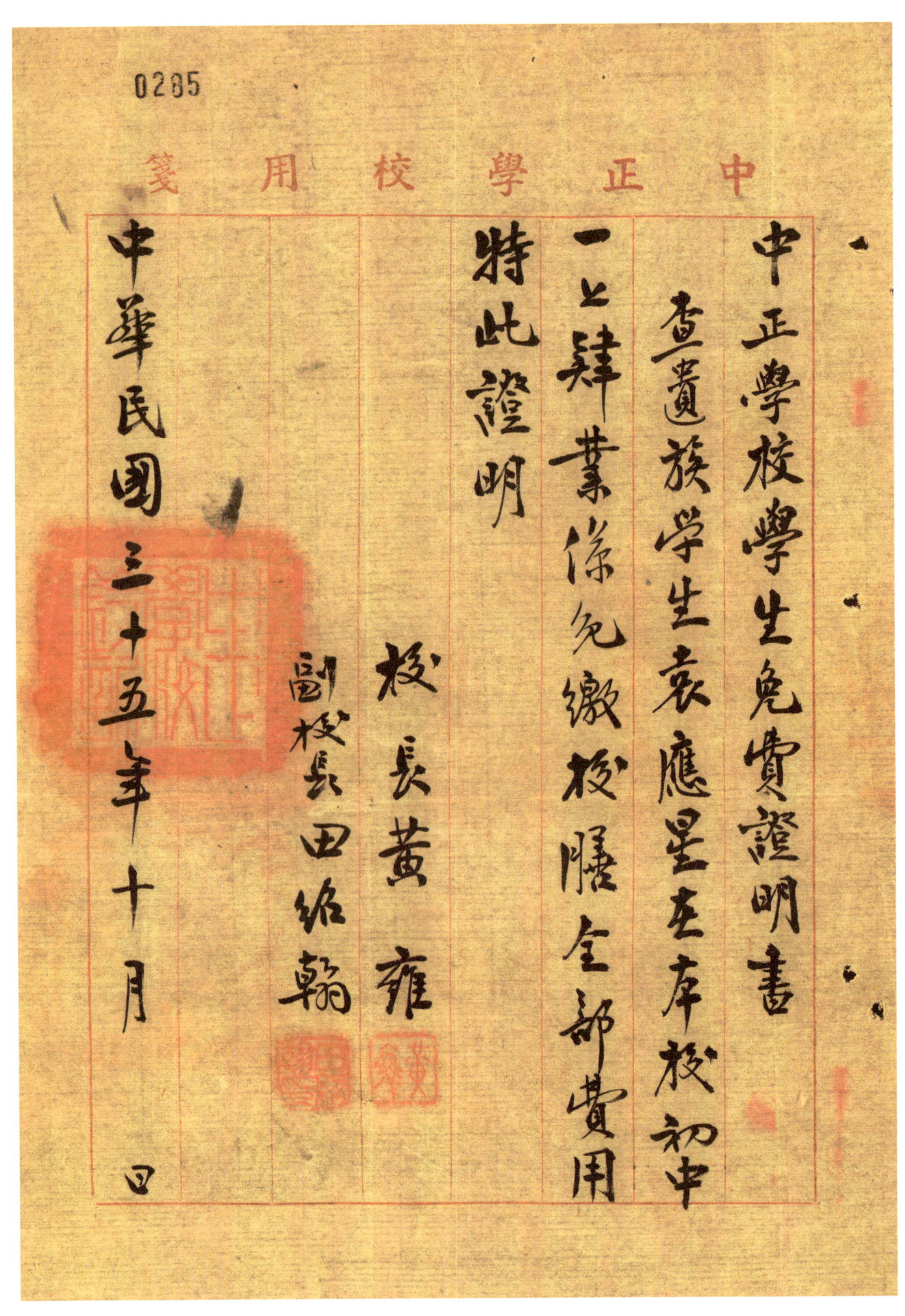
0285

中正學校用箋

中正學校學生免費證明書

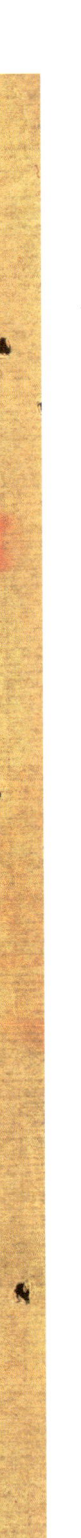

查遺族学生袁應星在本校初中一上肄業係免繳校膳全部費用

特此證明

校長 黃雍

副校長 田絡翰

中華民國三十五年十月 日

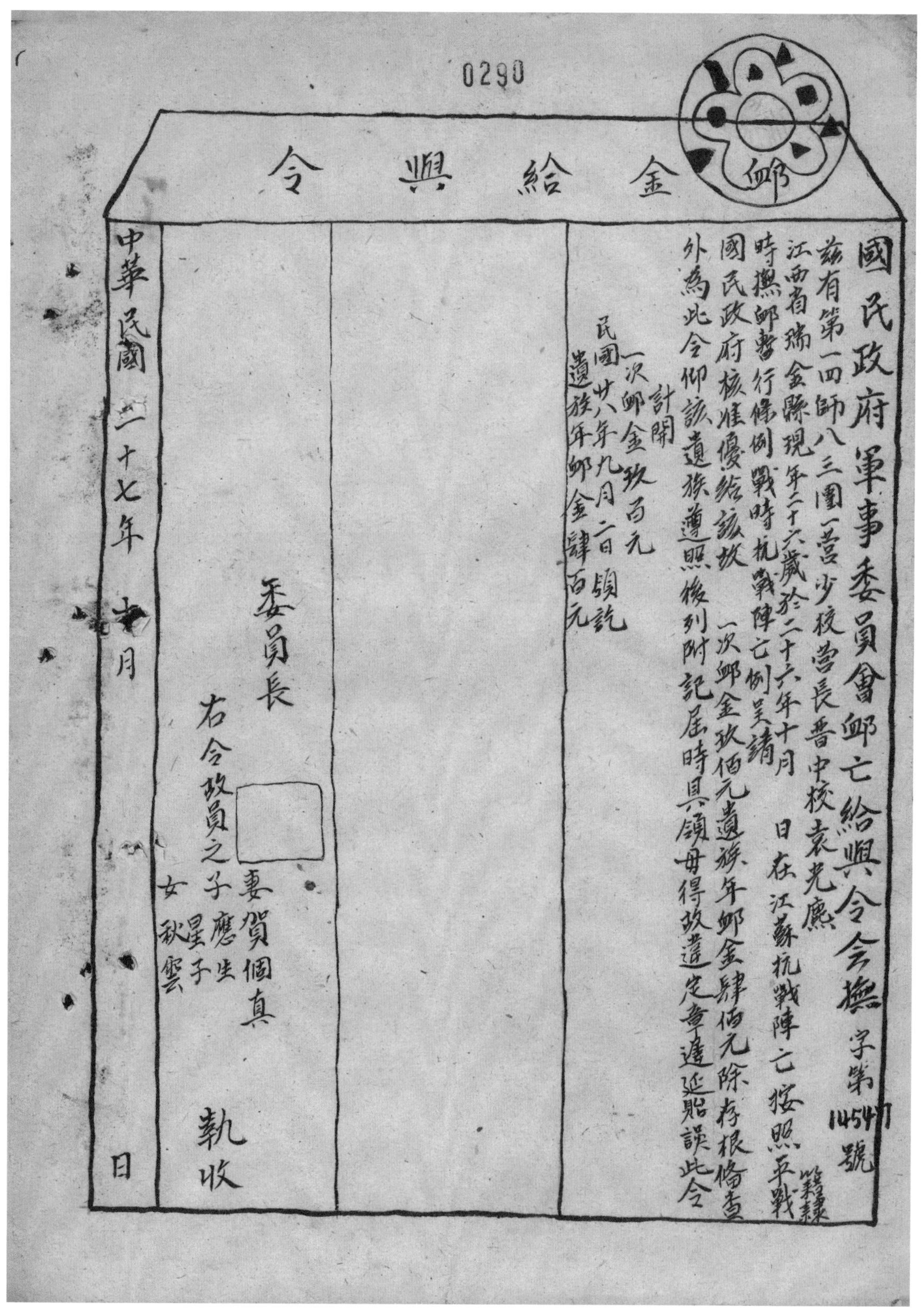

0290

卹

金給與令

國民政府軍事委員會卹亡給與令 會撫字第14547號

茲有第一四師八三團一營少校營長晉中校袁光廉籍隸

江西省瑞金縣現年二十六歲於二十六年十月 日在江蘇抗戰陣亡按照平戰

時撫卹暫行條例戰時抗戰陣亡例具請

國民政府核准優給該故 一次卹金玖佰元遺族年卹金肆佰元除存根備查

外為此令仰該遺族遵照後列附記屆時具領毋得故違定章遷延貽誤此令

計開

一次卹金玖佰元

民國廿八年九月一日領訖

遺族年卹金肆佰元

委員長

右令故員之妻賀個真

子應生

子星

女秋雲

執收

中華民國二十七年十月 日

江西省教育厅致省立南昌第一中学的指令（一九四七年三月十一日）

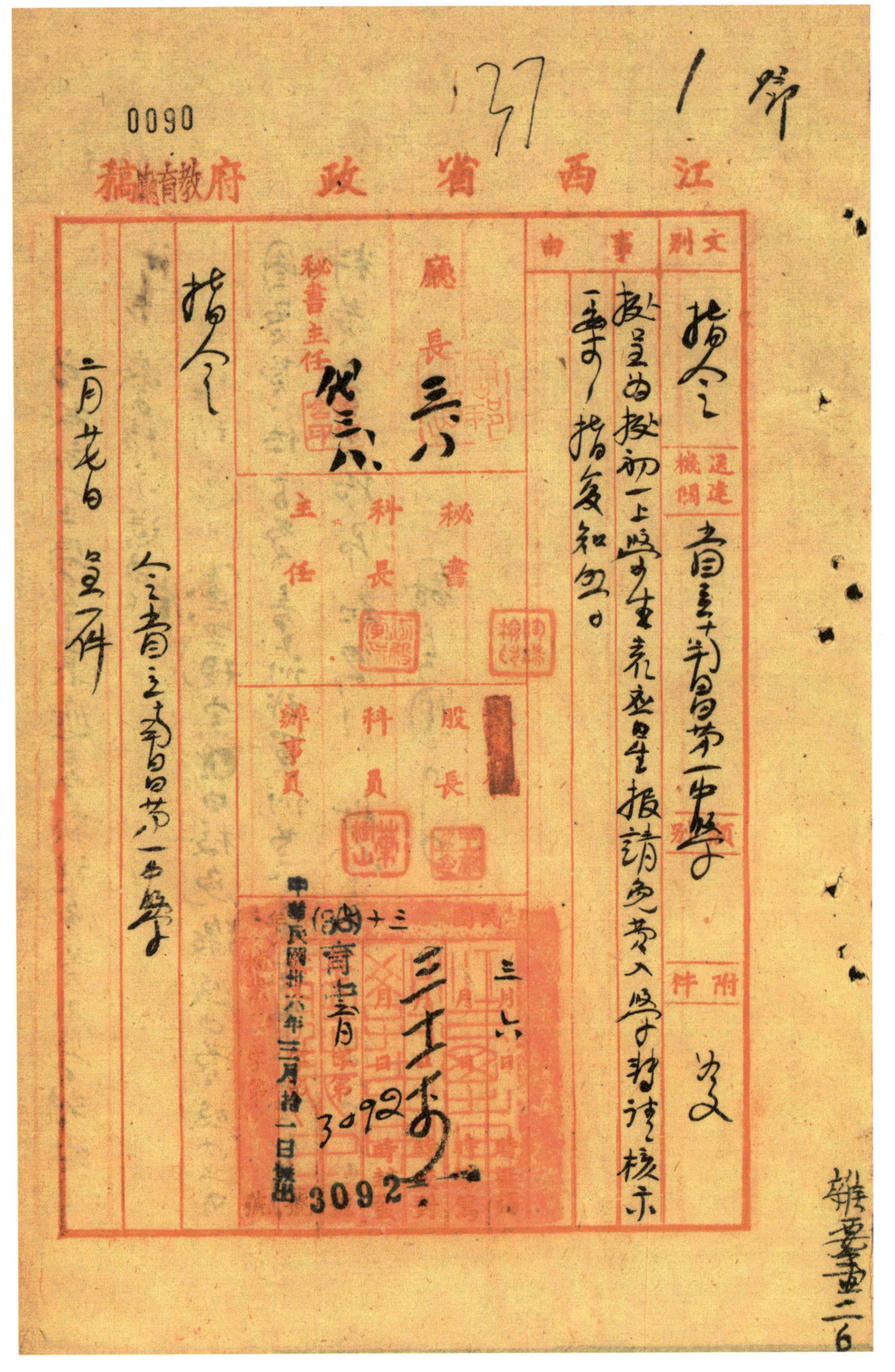

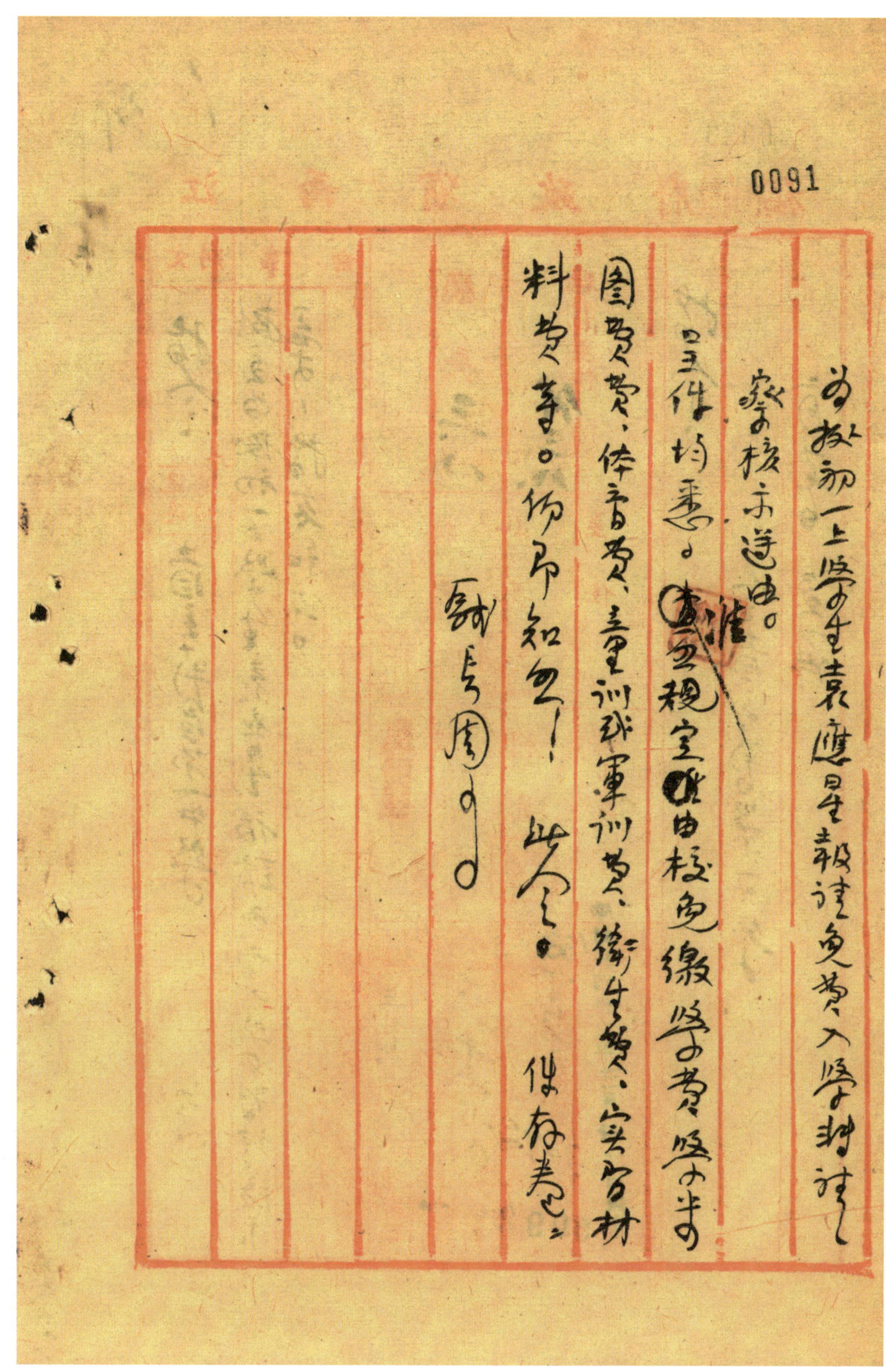

0091

为据初一上学生袁应星报请免费入学转请

鉴核示遵由。

呈件均悉。准照规定由校免缴学费、学米、图书费、体育费、童训或军训费、卫生费、实习材料费等。仰即知照！此令。

件存卷。

厅长周〇〇

江西省立南昌第一中学致江西省教育厅的呈（一九四七年四月十五日）

0092

78

一般

事由：為據學生袁應星家長請給全公費待遇轉請察核示遵由

決定辦法

擬辦

附件

江西省立南昌第一中學呈

南復孝字第364號

案奉

鈞廳第3092號指令本校呈一件據呈為據初一上學生袁應星報請免費入學轉請核示一案内開「呈件均悉准照規定由校免繳學費學米圖書費體育費童訓或軍訓費衛生費實習材料費等仰即知照此令」

民國三十六年四月十五日發

中華民國卅六年四月十八日收到

中華民國卅六年四月拾八日收到

收文育字第5870號

該生星係抗戰功勳子女

0093

等因，件存卷。奉此，遵即轉知該生。茲據該生家長來校面稱：「家境委係清貧，擬請援照抗戰功勳子弟優待條例給予全公費待遇，請予轉呈」等情前來。經查確屬實情，理合備文轉呈

鈞廳察核，該生袁應星准予全公費待遇，以勵有功而宏造就。謹呈

江西省政府教育廳廳長周

校長吳自強

江西省教育厅致省立南昌第一中学的指令（一九四七年五月二日）

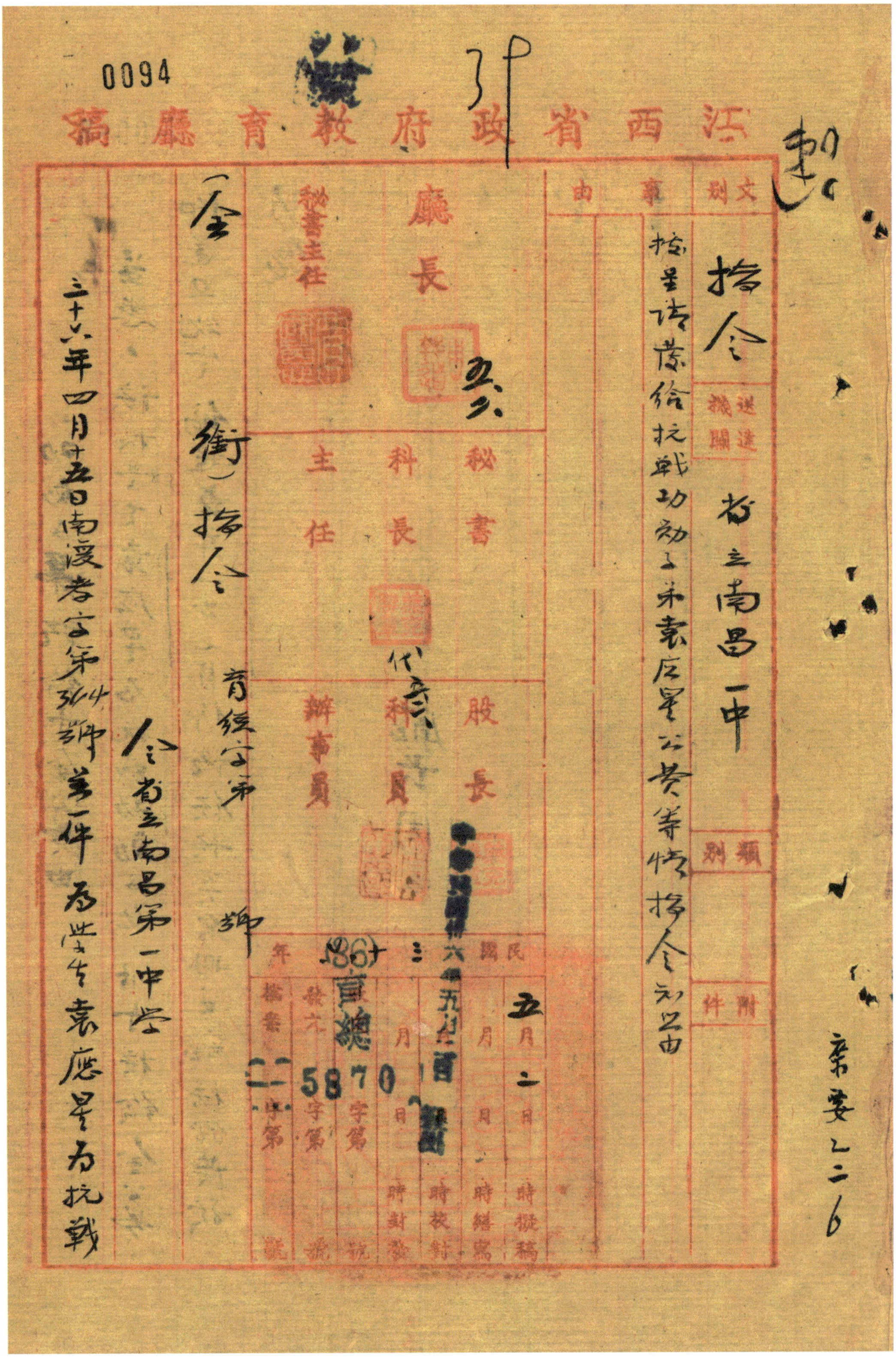

0094

江西省政府教育厅稿

文别	事由	送达机关
指令	据呈请发给抗战功勋子弟袁应星公费等情指令知照由	省立南昌一中

（全衔）指令 育经字第 号

令省立南昌第一中学

三十六年四月十五日南发校字第364号呈一件为学生袁应星为抗战

民国三十六年五月二日

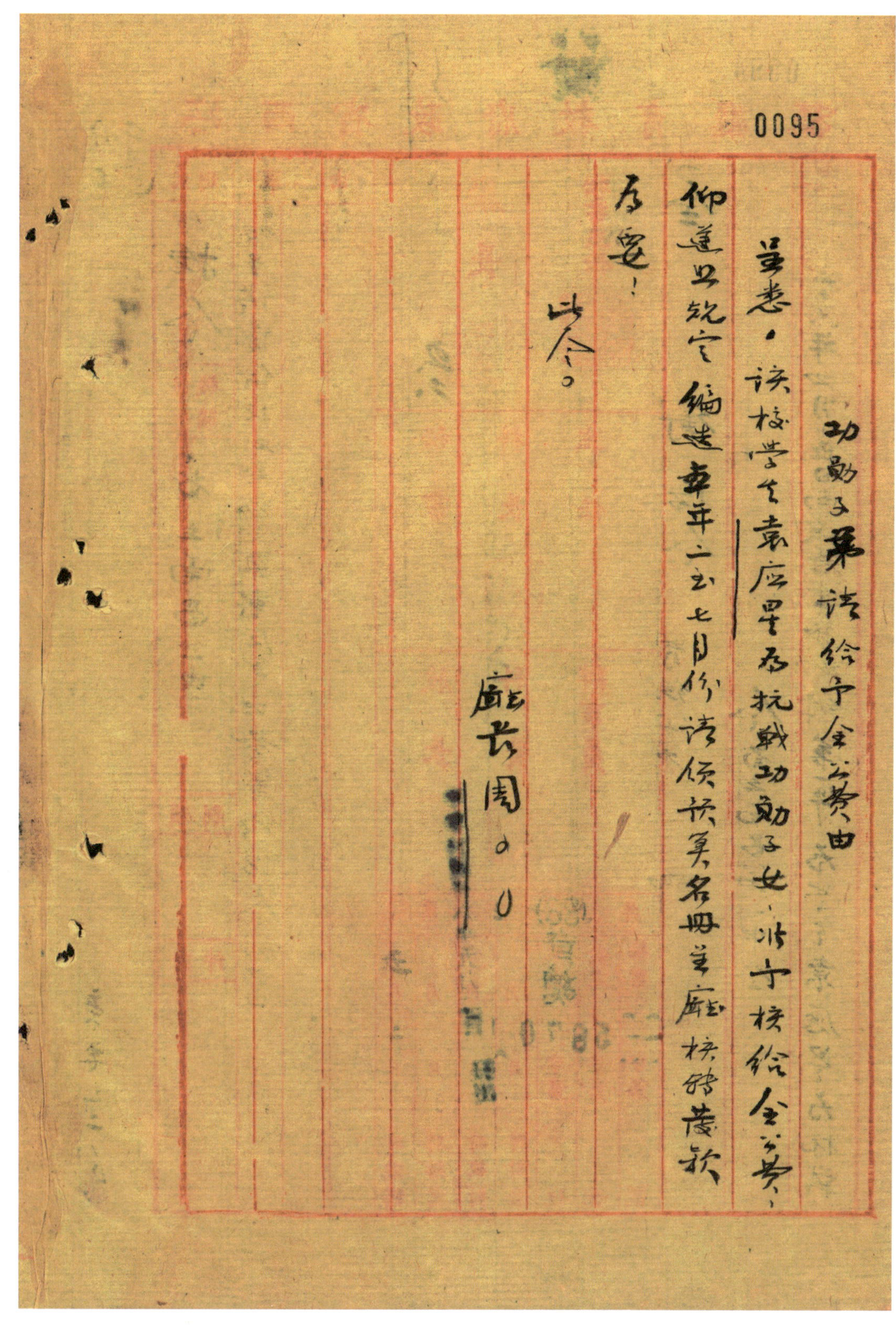

0095

功勋子弟请给予全公费由

呈悉。该校学生袁应星为抗战功勋子女，准予核给全公费，仰速照规定编造本年二至七月份请领该项名册呈厅核发款为要！

此令。

厅长 周○○

江西省教育厅和丰城县立中学等关于徐霱贞和徐翔鹤申请公费待遇核办事宜的来往文书（一九四七年三月至一九四八年十二月）

丰城县立中学致江西省教育厅的呈（一九四七年三月二日）

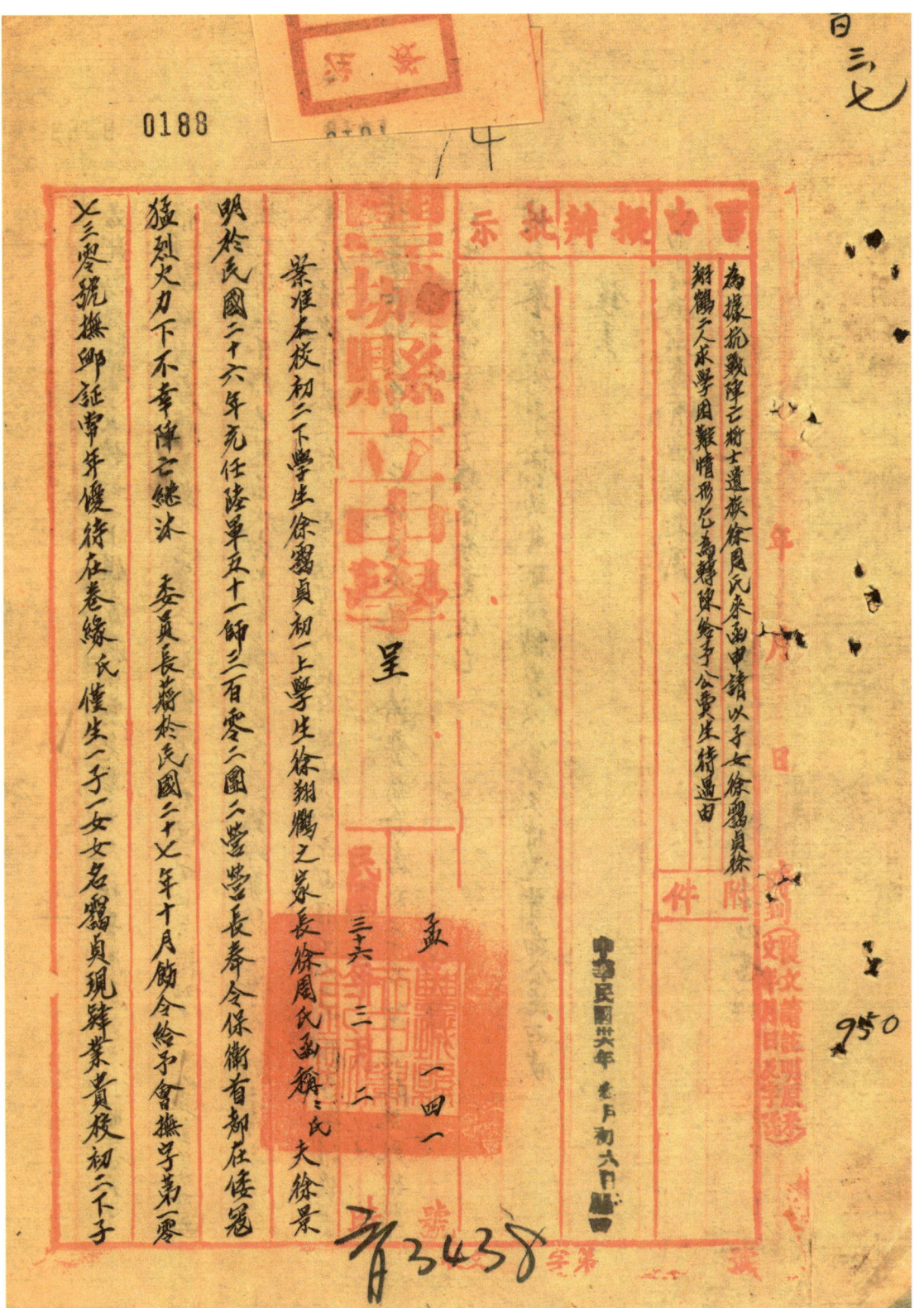

0188

事由：為據抗戰陣亡將士遺族徐周氏來函申請以子女徐霱貞徐翔鶴二人求學困難情形乞為轉咨給予公費生待遇由

附件

中華民國卅六年三月初六日收

豐城縣立中學 呈

孟 三十六 三 二 （一四一）

案准本校初二下學生徐霱貞初一上學生徐翔鶴之家長徐周氏函稱：氏夫徐景明於民國二十六年充任陸軍五十一師三百零二團八營營長，奉令保衛首都，在倭寇猛烈火力下不幸陣亡。總沐委員長蔣於民國二十七年十月飭令給予會撫字第一零七三零號撫卹証，常年優待在卷。緣氏僅生一子一女，女名霱貞，現肄業貴校初二下，子

950

0189

名翔鶴現肄業貴校初一上俱蒙援例豁免學米及一切費用感激之情時蒙五中

惟氏家無恆產悽苦無告一家三口衣食維艱不但子女有輟學之虞且全家有斷炊之慮迫不得已懇乞代向上峯籲請救濟撫孤卹寡慰亡學存給予氏子女公費優待使弱息不致輟學為恩大德存殁均感等由准此查所稱各節確係實情寡妻弱息煢煢無依若不設法救濟勢將淪為餓莩事關培植抗戰殉難烈士後嗣理合備文轉陳苦衷伏乞

鈞長鑒核給予徐霜貞徐翔鶴等以公費生待遇實為公德兩便

謹呈

江西省政府教育廳廳長周

豐城縣立中學校長徐書海

江西省教育厅致丰城县立中学的指令（一九四七年四月九日）

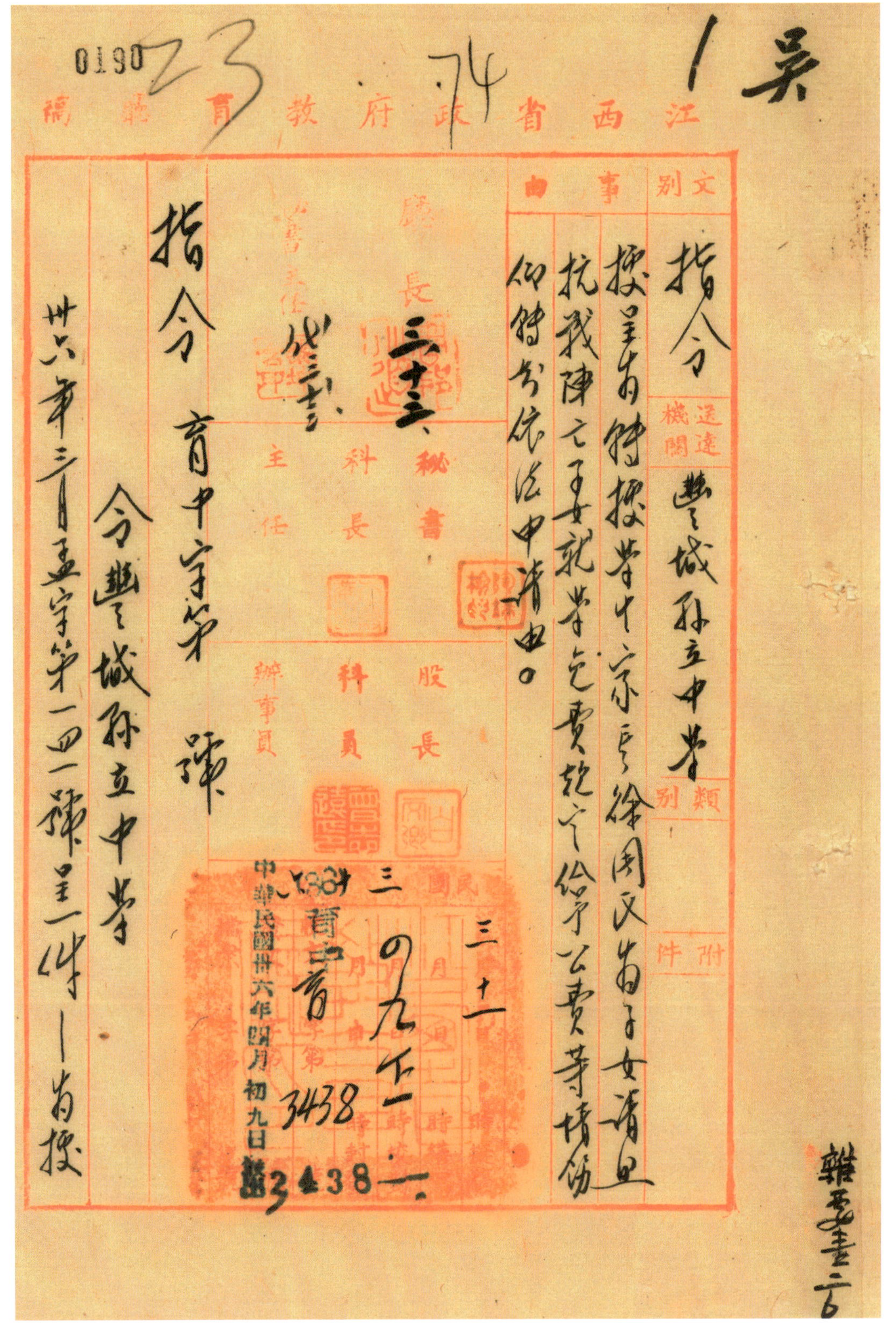

江西省政府教育厅稿

文别：指令

送达机关：丰城县立中学

事由：据呈为转据学生宗臣徐同民为子女请发抗战阵亡将士子女就学免费证书公费等情饬仰转饬依法申请由。

指令　育中字第　号

令丰城县立中学

卅六年三月五日字第一四一号呈一件[illegible]

中华民国卅六年四月初九日

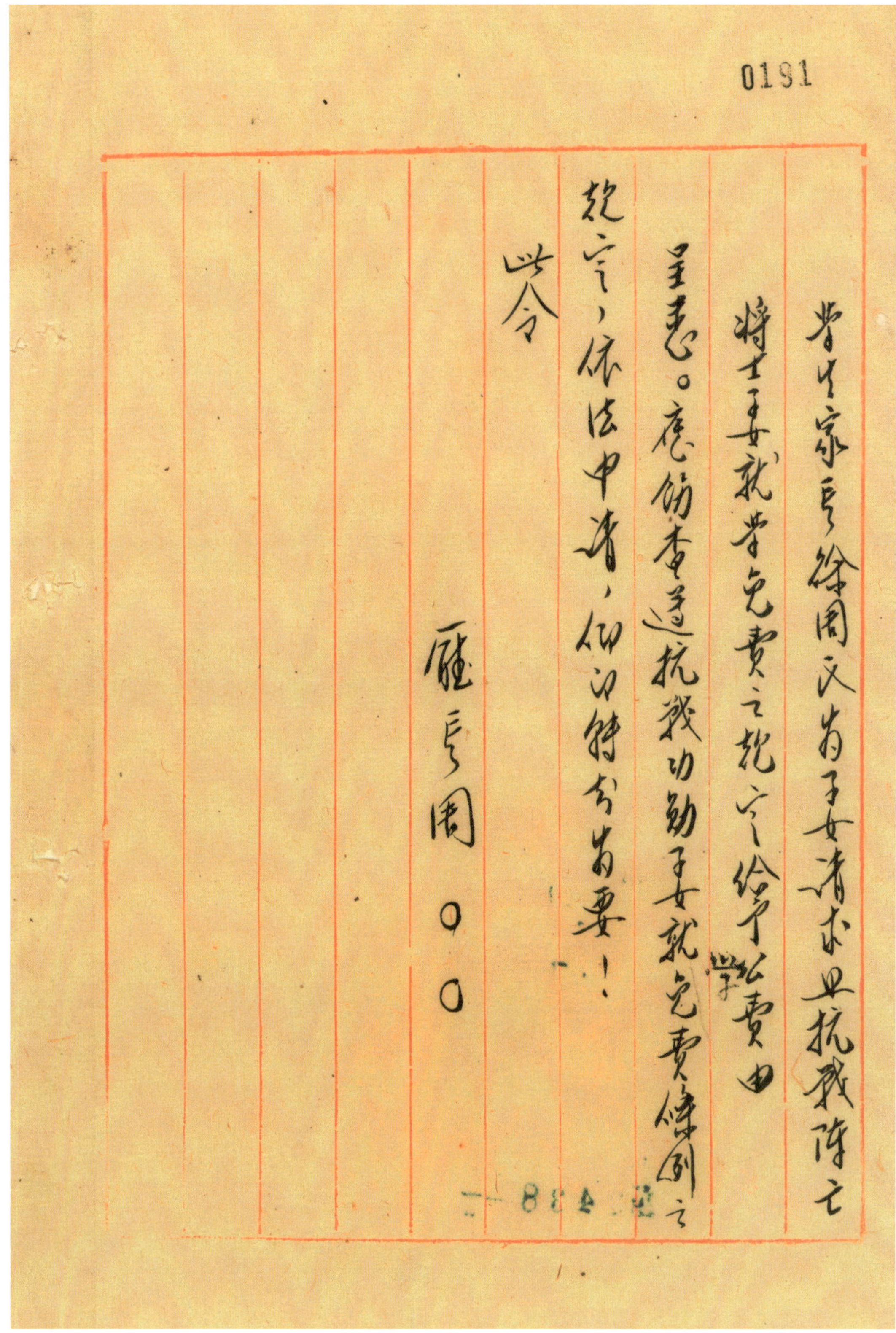

学生家长徐周氏为子女请求照抗战阵亡将士子女就学免费之规定，给予学公费由

呈悉。应饬查遵抗战功勋子女就学免费条例之规定，依法申请，仰即转饬为要！

此令

厅长　周〇〇

丰城县立中学致江西省教育厅的呈（一九四七年四月二十七日）

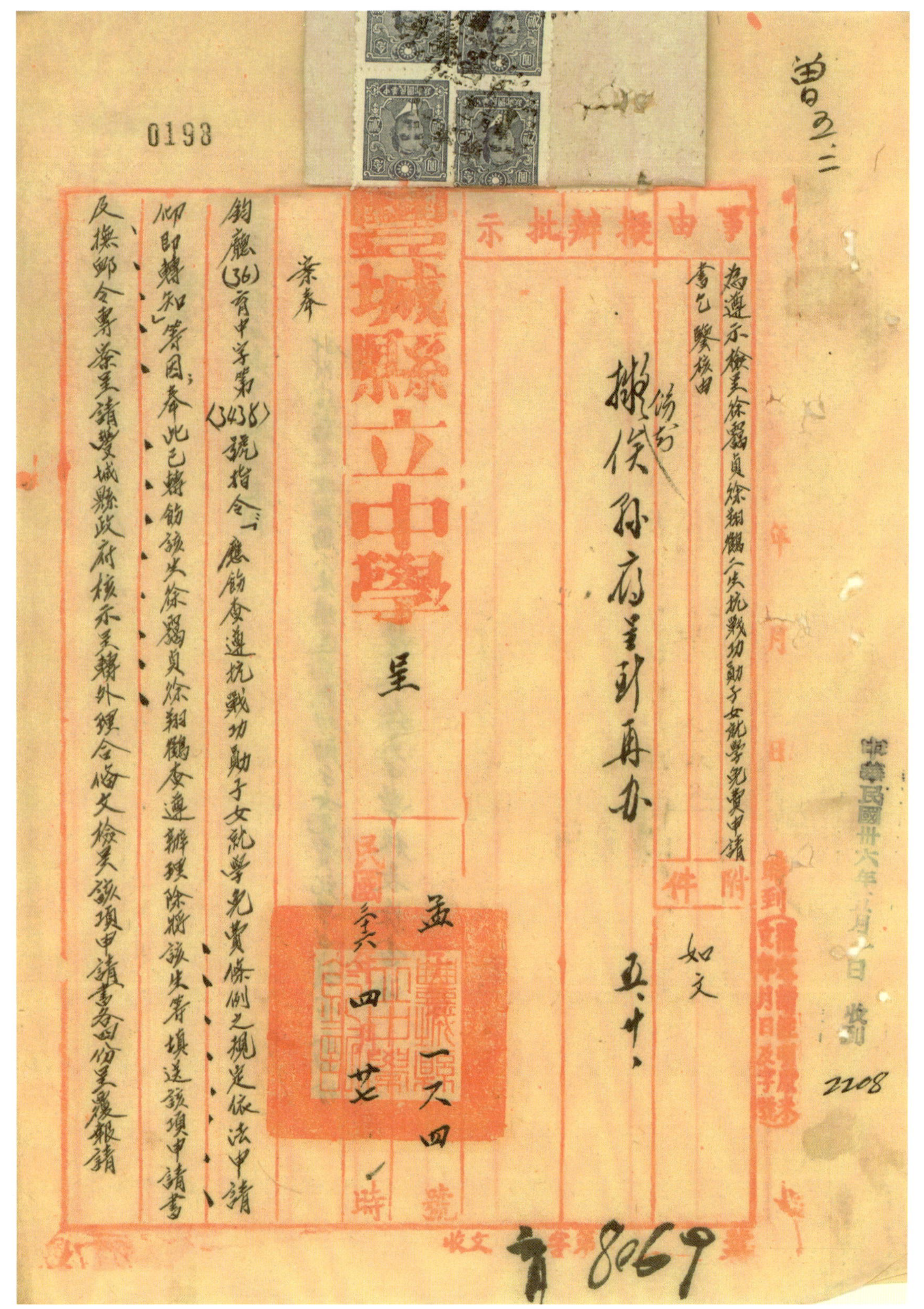
0193

曹五、二

事由：為遵示檢呈徐駕貞徐翔鶴二生抗戰功勳子女就學免費申請書乞鑒核由

擬辦批示：擬俟縣府呈到再办　五、卅

附件：如文

豐城縣立中學　呈

案奉

鈞廳（36）育中字第（3438）號指令："應飭查遵抗戰功勳子女就學免費條例之規定依法申請

仰即轉知"等因；奉此，已轉飭該生徐駕貞徐翔鶴查遵辦理，除將該生等填送該項申請書

及擬鄉令暨案呈請豐城縣政府核示呈轉外，理合檢具該項申請書各四份呈覆報請

民國三十六年四月廿七日　孟一八四號

2208

育8069

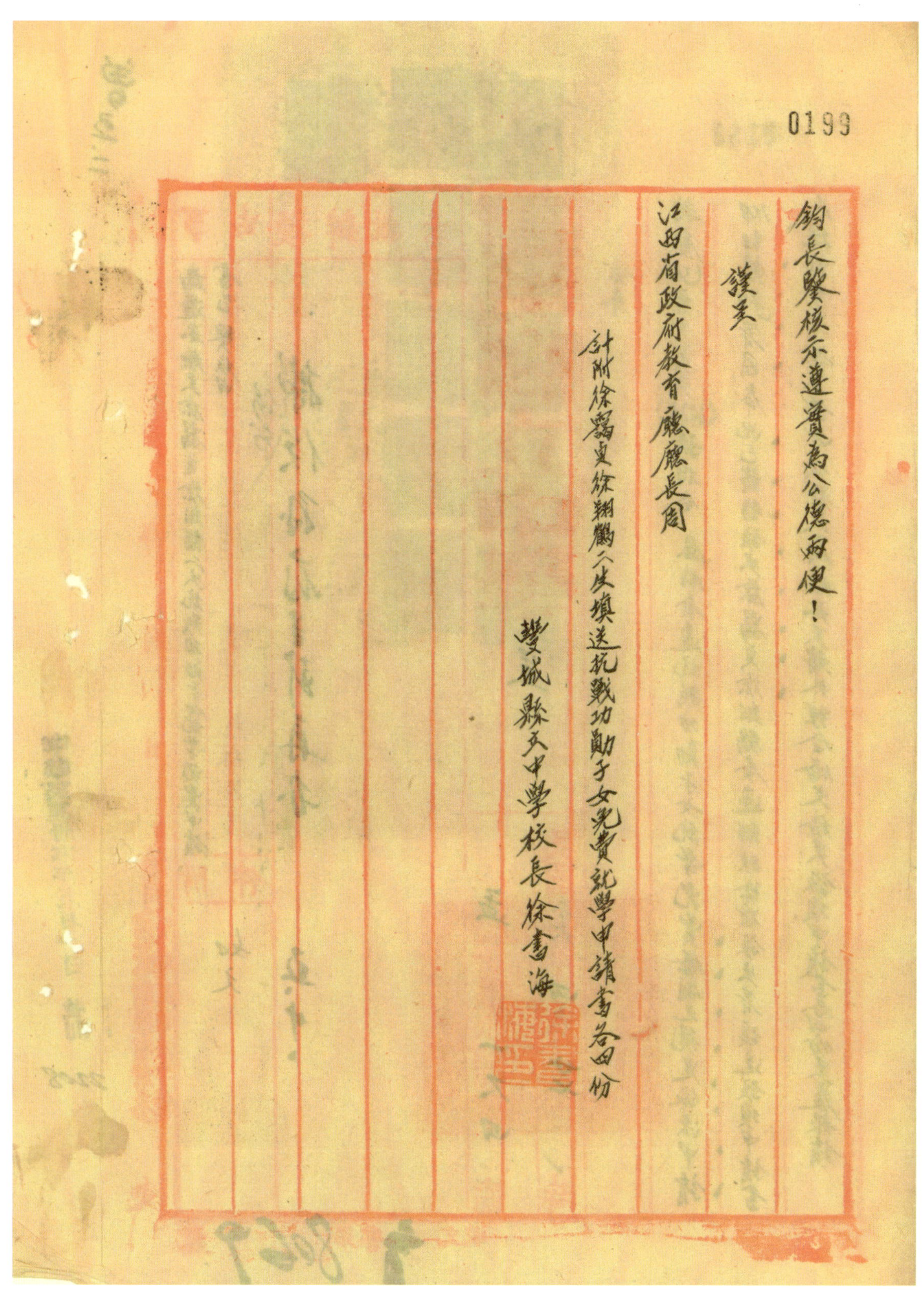
0199

鈞長鑒核示遵，實爲公德兩便！

謹呈

江西省政府教育廳廳長周

計附徐露皃徐翔鸛八生填送抗戰功勛子女免費就學申請書各四份

豐城縣立中學校長徐書海

附：徐霭贞、徐翔鹤的抗战功勋子女就学免费申请书

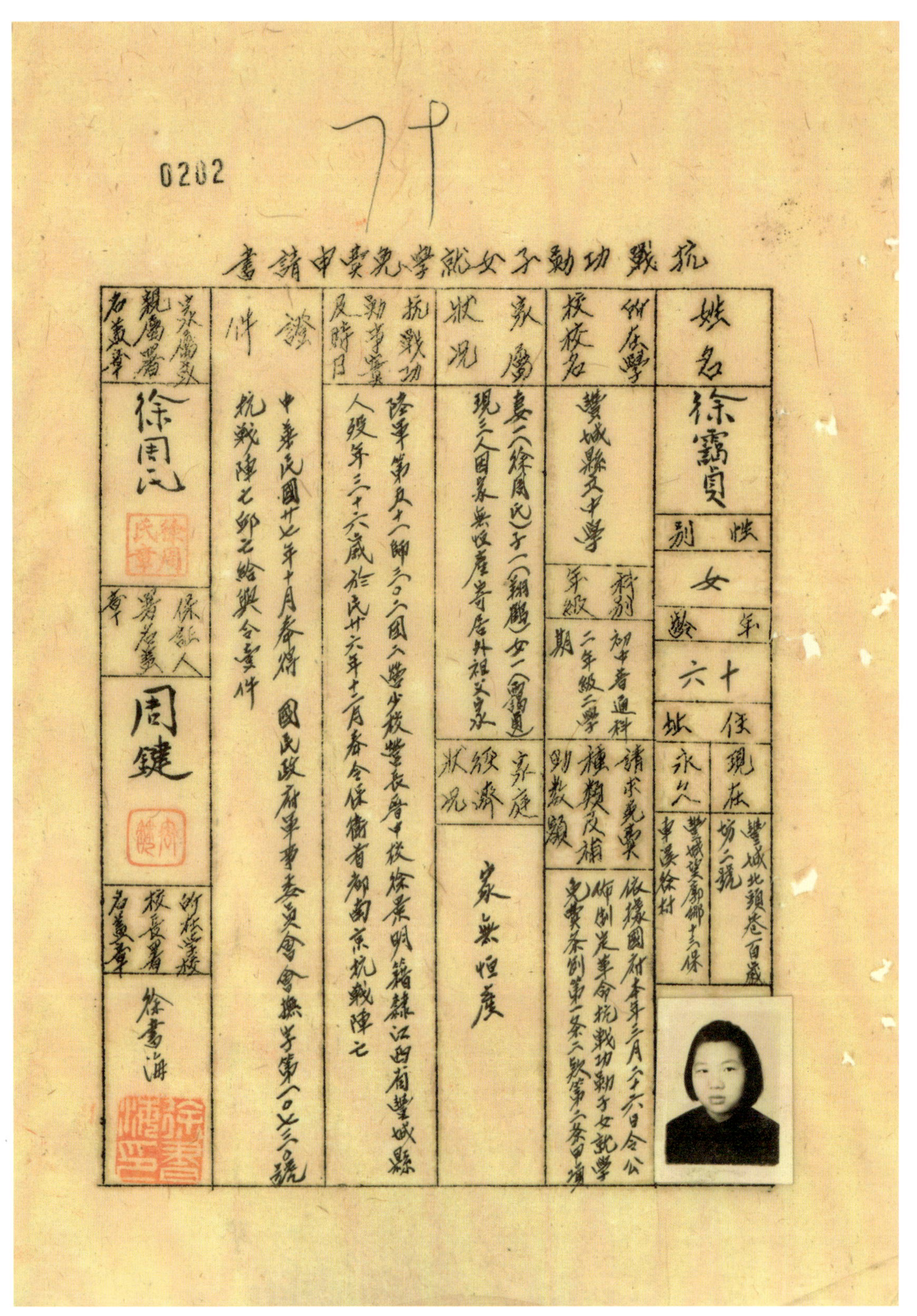

0202

74

抗戰功勳子女就學免費申請書

姓名	徐靄貞
性別	女
年齡	十六
現在住址	豐城北頭巷百歲坊二號
永久住址	豐城望廓鄉十六保車溪徐村
所在學校校名	豐城縣立中學
科別年級學期	初中普通科二年級二學期
請求免費種類及補助數額	依據國府本年三月廿六日令公佈制定革命抗戰功勳子女就學免費條例第一條二款第二條甲項
家屬狀況	母一（徐周氏）子一（翔鶴）女一（靄貞）現三人因家無恆產寄居外祖父家
家庭經濟狀況	家無恆產
抗戰功勳事實及時月	陸軍第五十八師三〇六團入營少校營長晉中校徐業明籍隸江西省豐城縣人殁年三十六歲於民廿六年十二月奉令保衛首都南京抗戰陣亡
證件	中華民國廿七年十月奉得國民政府軍事委員會撫字第一〇七三〇號抗戰陣亡卹令給與令壹件
家屬署名蓋章	徐周氏（印：徐周氏章）
保証人署名蓋章	周鍵（印）
所在學校校長署名蓋章	徐書海（印：徐書海）

0206

80

抗戰功勳子女就學免費申請書

姓名	徐翔鶴
性別	男
年齡	十六
住址（現在）	豐城北頭巷百歲坊二號
住址（永久）	豐城豐廓鄉十三保東溪徐村
所在學校校名	豐城縣立中學
科別	初中普通科
年級	一年級一學期
請求免費種類及補助數額	依據國府本年二月二十六日令公佈制定革命抗戰功勳子女就學免費條例第一条一款第二条甲項
家屬狀況	妻一（徐周氏）子一（翔鶴）女一（福蓮）現三人因家無恆產寄居外祖父家
家庭經濟狀況	家無恒產
抗戰功勳事實及時月	陸軍第五十一師三〇二團二營少校營長晉中校徐景明籍隸江西省豐城縣人現年三十六歲於民國廿六年十二月奉令保衛首都南京抗戰陣亡
證件	中華民國廿七年十月奉得 國民政府軍事委員會會撫字第一〇七三〇號抗戰陣亡卹亡給與令壹件
家族屬或親屬署名蓋章	徐周氏（印：徐周氏章）
保證人署名蓋章	林金鶯（印）
所在學校校長署名蓋章	徐書海（印：徐書海）

江西省教育厅致丰城县立中学的指令（一九四七年六月九日）

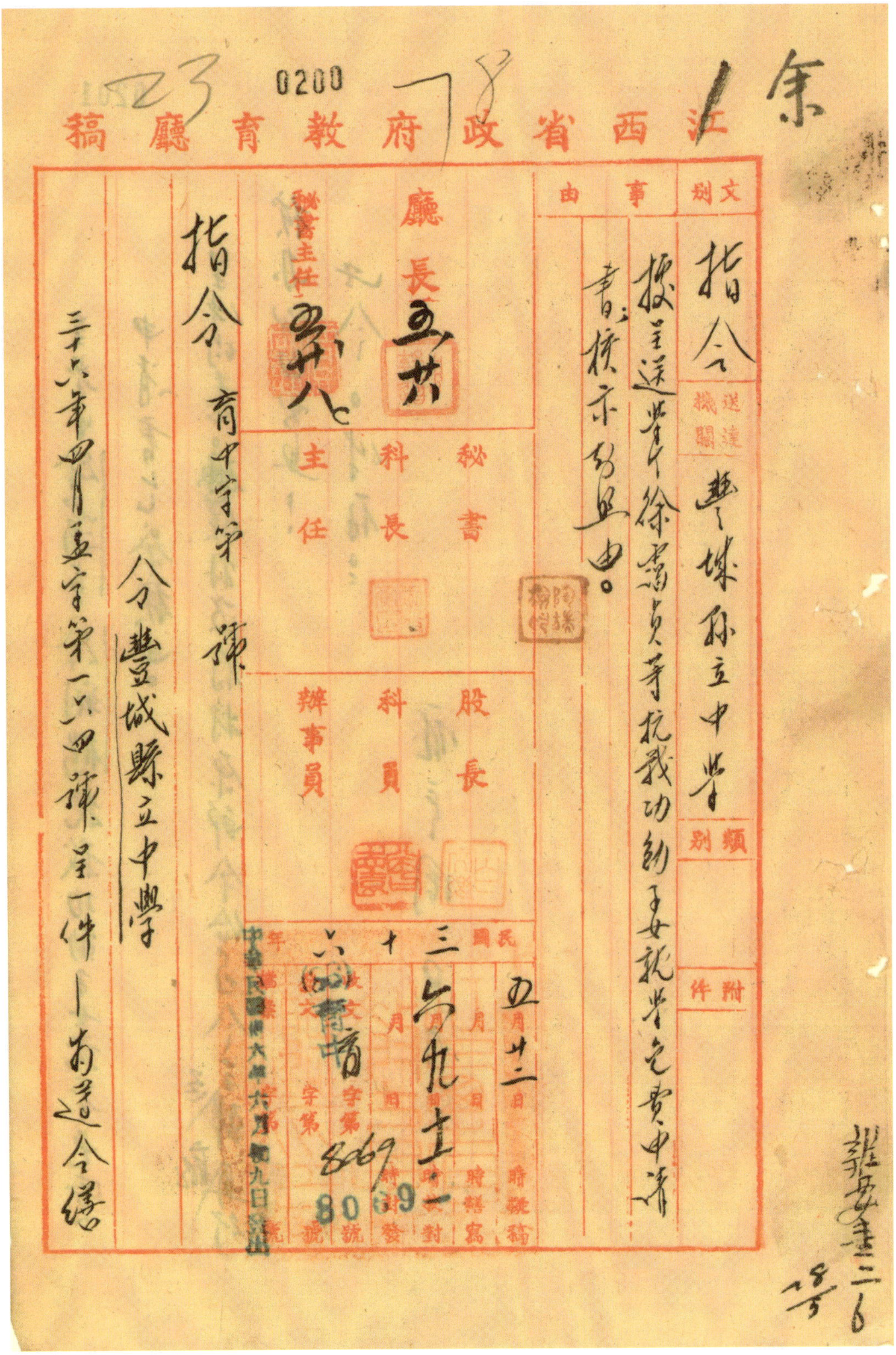

江西省政府教育廳稿

文別：指令

送達機關：豐城縣立中學

事由：據呈送學生徐嵩貞等抗戰功勳子女就學免費申請書核示知照由。

廳長

秘書主任

秘書　科長　主任

股長　科員　辦事員

民國三十六年　五月廿二日擬稿　六月九日繕寫　十一發

發文育中字第8069號

指令　育中字第　號

令豐城縣立中學

三十六年四月五日字第一六四號呈一件，為造送

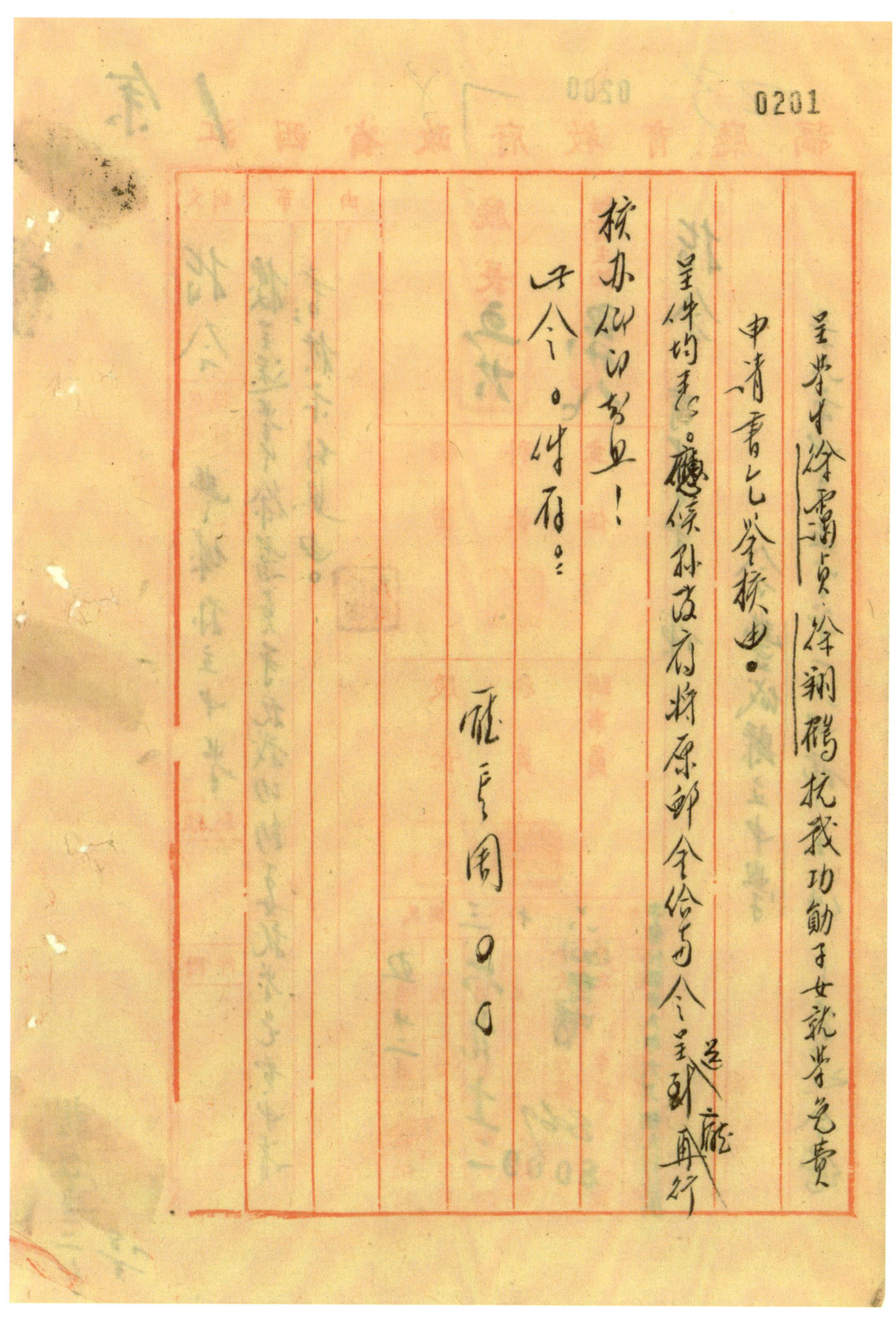

0201

呈學生徐霜貞、徐翔鶴抗戰功勳子女就學免費申請書乙份祈核由。

呈件均悉。應候縣政府將原部令全給與令呈送廳再行核辦，仰即知照！此令。○件存。

廳長 周〇〇

江西省立南昌女子中学致省教育厅的呈（一九四八年十月二十八日）

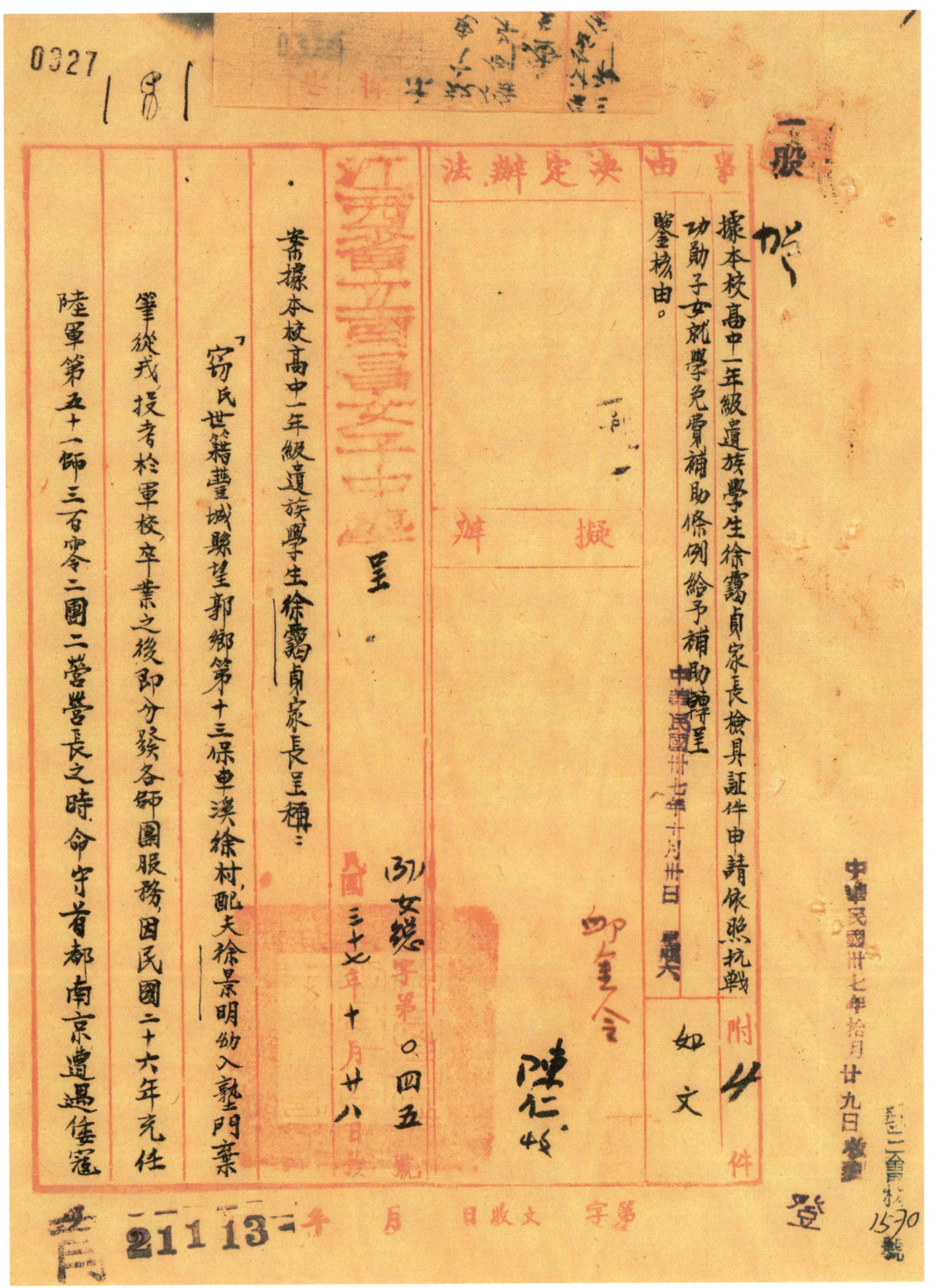

0327

事由：據本校高中一年級遺族學生徐露貞家長檢具証件申請依照抗戰功勛子女就學免費補助條例給予補助請呈鑒核由。

附件：如文

中華民國卅七年十月卅日

江西省立南昌女子中學 呈

民國三十七年十月廿八日發 (31)女總字第〇四五號

案據本校高中一年級遺族學生徐露貞家長呈稱：

「竊民世籍豐城縣望郭鄉第十三保車溪徐村，配夫徐景明幼入塾門，棄筆從戎，投考於軍校，卒業之後即分發各師團服務，因民國二十六年充任陸軍第五十一師三百零二團二營營長之時，命守首都南京遭遇倭寇

中華民國卅七年拾月廿九日

21113

0328

火力猛攻，戰鬥激烈，氏夫徐景明在首都獻身陣亡。斯時
蔣總統任國府主席，已沐飭令給與會撫字第一〇七三〇號撫卹令，常年
優待，分別領存在卷。氏生有一子一女，生女居長，取名露貞，業已輾轉就學
各級學校，茲因本學期考入鈞校就學，已蒙錄取教誨，緣氏家從氏夫徐
景明首都抗戰陣亡，迄茲闔家衣食以及孤兒教養各費，賴之接濟，現
聞　政府頒佈革命抗戰功勛子女就學免費補助條例，爲此檢具卹金給
與令及申請書，呈請鈞核，俯賜核轉，存殁均感！
等情，據此，查所稱屬實，理合檢同原件，備文呈請
鑒核！
謹呈

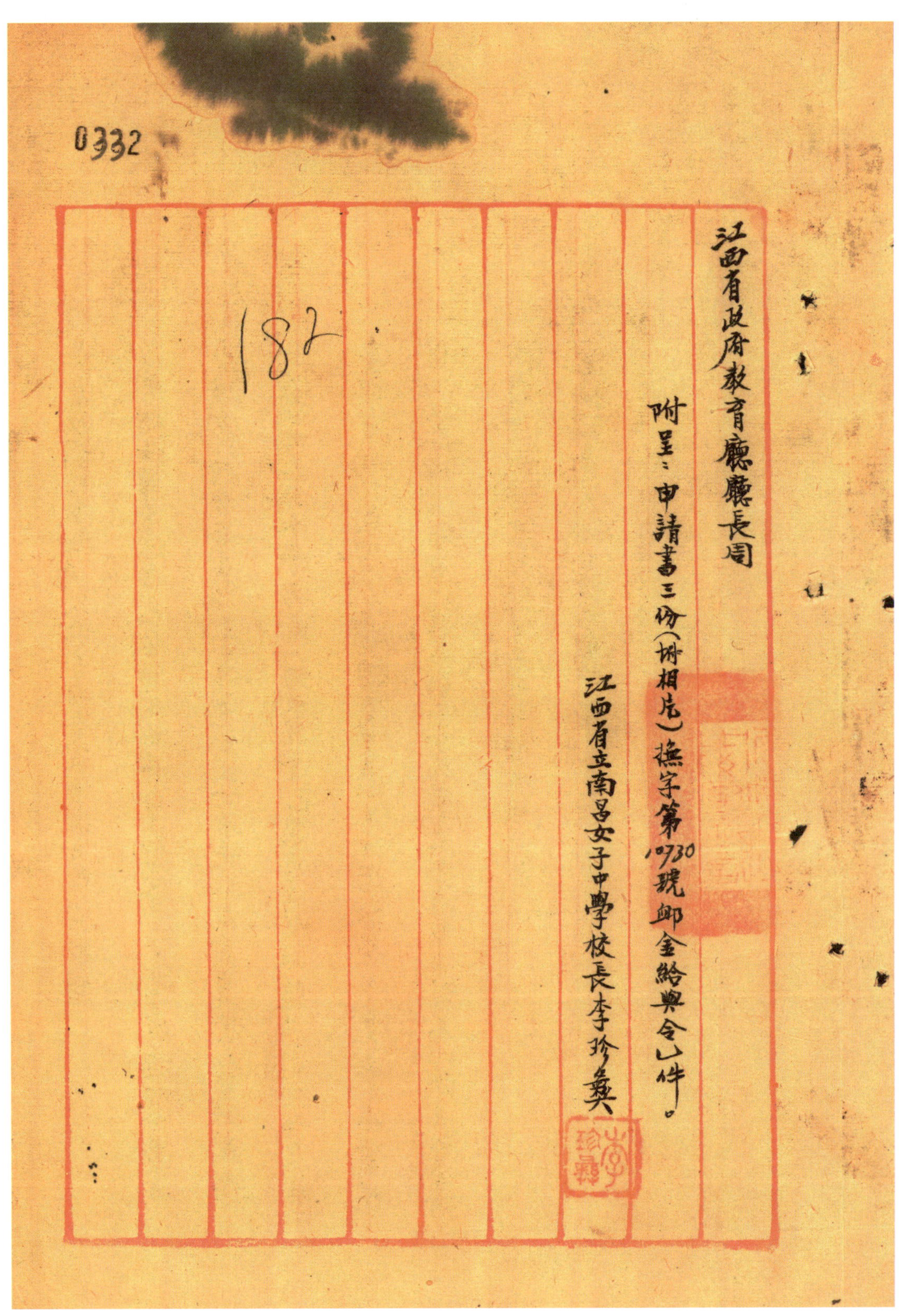
0332

182

江西省政府教育廳廳長周

附呈：申請書三份（附相片）撫字第10730號卹金給與令一件。

江西省立南昌女子中學校長李珍彝

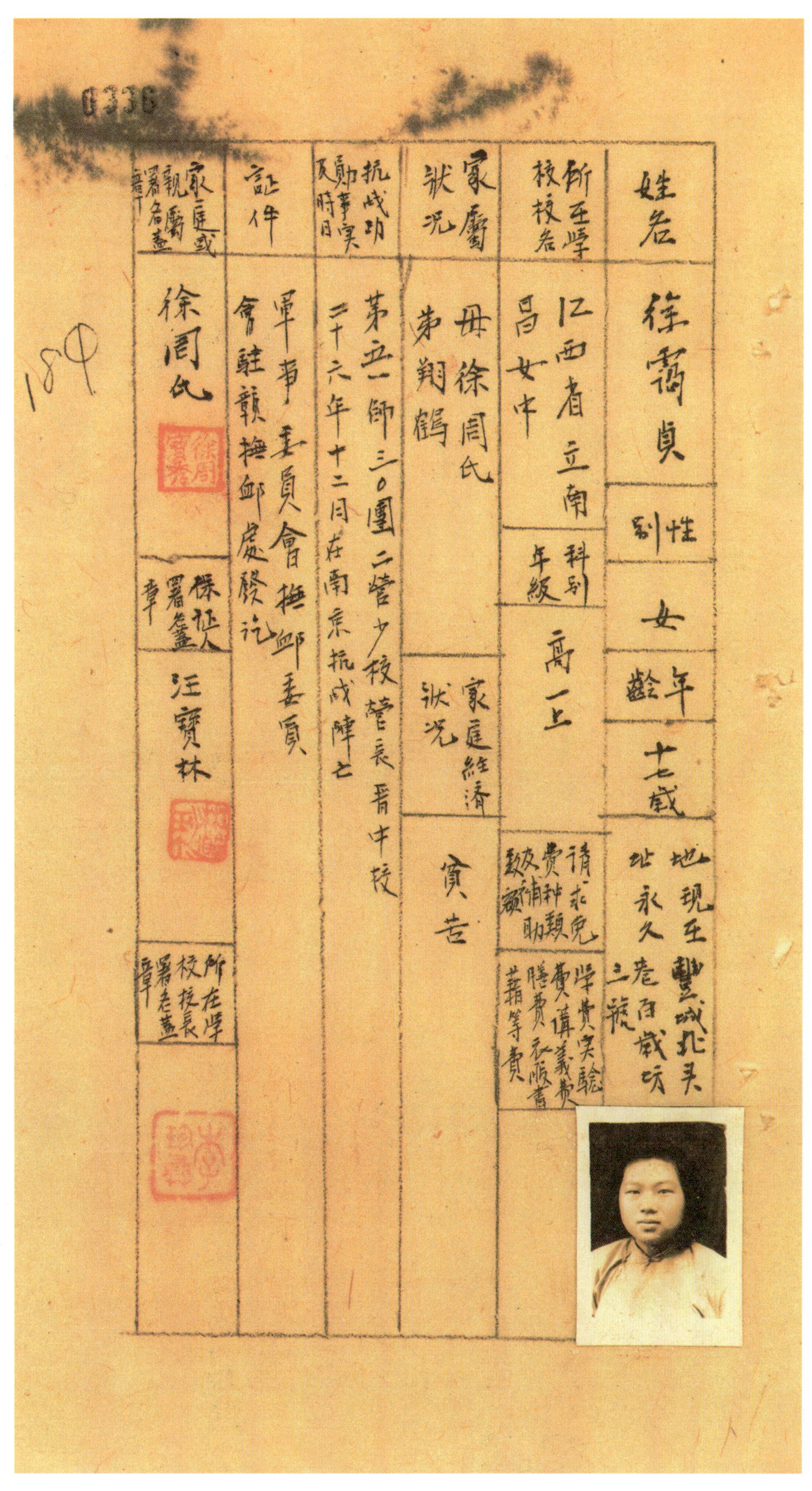

0336

189

姓名	徐靄貞
性別	女
年齡	十七歲
現在地址 永久地址	豐城北关巷百歲坊三號
所在學校校名	江西省立南昌女中
科別 年級	高一上
請求免費種類及補助款額	學費 實驗費 講義費 膳費 衣服書籍等費
家屬狀況	母徐周氏 弟翔鶴
家庭經濟狀況	貧苦
抗戰功勳事實及時日	第五一師三〇團二營少校營長 晉中校 二十六年十二月在南京抗戰陣亡
證件	軍事委員會撫卹委員會駐贛撫卹處發記
家庭或親屬簽名蓋章	徐周氏 （印）
保証人簽名蓋章	汪寶林 （印）
所在學校校長簽名蓋章	（印）

江西省教育厅致省立南昌女子中学的指令（一九四八年十二月八日）

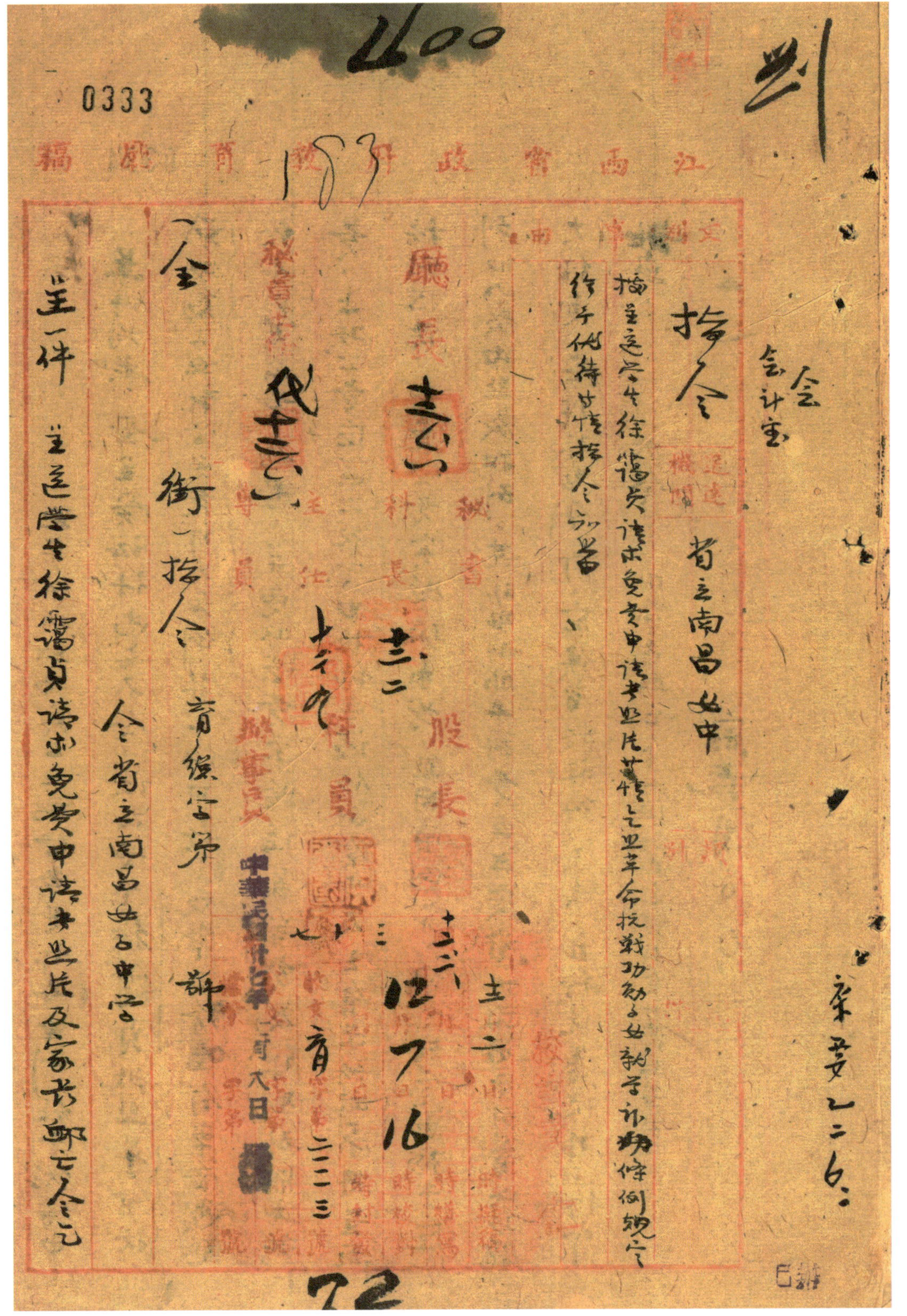

為革命抗戰功勛子女就學免費補助條例給予優待由

呈件均悉。查呈賫證件尚無不合，該校學生徐露貞既為革命抗戰功勛子女就學免費補助條例第二條甲款之規定，給予自本學期起給予全公費待遇，並免收學費、實驗講義等費及補助制服書籍費。上項公費應遵照規定由校編造請領副食費及主食米領結表冊呈廳核轉撥發，應免學費、實驗講義費，照同條例第六條之規定由校于應列收入數內照數扣列，其補助制服書籍費本年度省預算因未列有此項龐大經費，無法補助全部，應俟省預算核定後，再行統籌撥補，仰即知照。

此令。

附發送郵之令一紙（已交由該校會計陳仁帶校）

廳長周○○

江西省教育厅和江西省立南昌女子中学关于给予高报春膳费补助待遇的来往文书（一九四七年三月至五月）

江西省立南昌女子中学致省教育厅的呈（一九四七年三月三日）

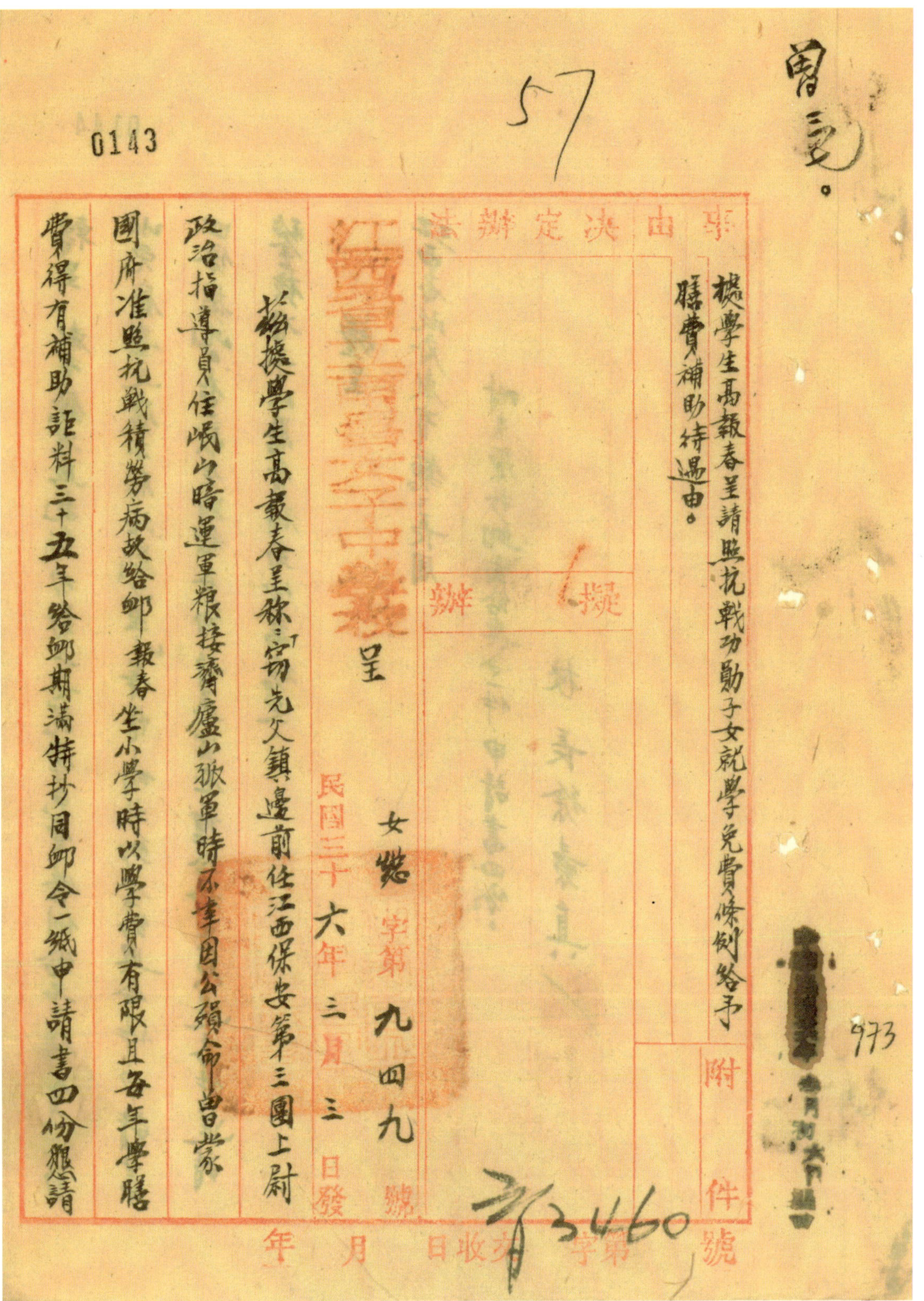
0143

57

曾三

事由：據學生高報春呈請照抗戰功勳子女就學免費條例給予膳費補助待遇由。

決定辦法

擬辦

附件

江西省立南昌女子中學 呈

女總字第九四九號

民國三十六年三月三日發

案據學生高報春呈稱：「竊先父鎮邊前任江西保安第三團上尉政治指導員，往峨山暗運軍糧接濟廬山游擊時不幸因公殞命，曾蒙國府准照抗戰積勞病故給卹，報春在小學時以學費有限且每年學膳費得有補助，詎料三十五年給卹期滿，特抄同卹令一紙、申請書四份，懇請

年　月　日收文　字第3460號

0144

轉呈　教育廳准照抗戰功勛子女就學免費條例給予膳費補助以免廢學之虞，不勝沾感之至！！等情；附抄卹金給與令一件、申請書四份據此。查該生所稱各節，均屬實在，理合檢呈原送各件，送請鑒核准予以膳費補助，實爲德便！！

謹呈

江西省政府教育廳廳長周

附呈原抄卹金給與令一件、申請書四份。

校長徐秉真

附一：申请书

0147

51

申請書

姓名	高報春
性別	女
年齡	十四
住址	現住：書院街五號 永久：彭澤高長茂號
所在學校校名	南昌女子中學
科別	初中
年級	一年級
請求免費種類及補助數額	免学膳費並請演義等費並補助在校時膳宿制服書籍等費全部
家屬狀况	有祖父　伯父母　弟妹等
家庭經濟狀况	全賴親友補助
抗戰功勛事實及日期	阿爹鎮變係保安第三團上尉政治指導員，廿八年五月奉楊司令遏春派由岷山暗運糧械接濟廬山孤軍有功并受有奬章
證件	附呈　卹金給與令一件　楊司令廬山孤軍抗日奬章一枚
家屬或親屬署名蓋章	高靖邊（印）
保證人署名蓋章	高鱣祥（印）
所在學校校長署名蓋章	江西省立南昌女子中學校長徐秉真（印）

年　月　日填

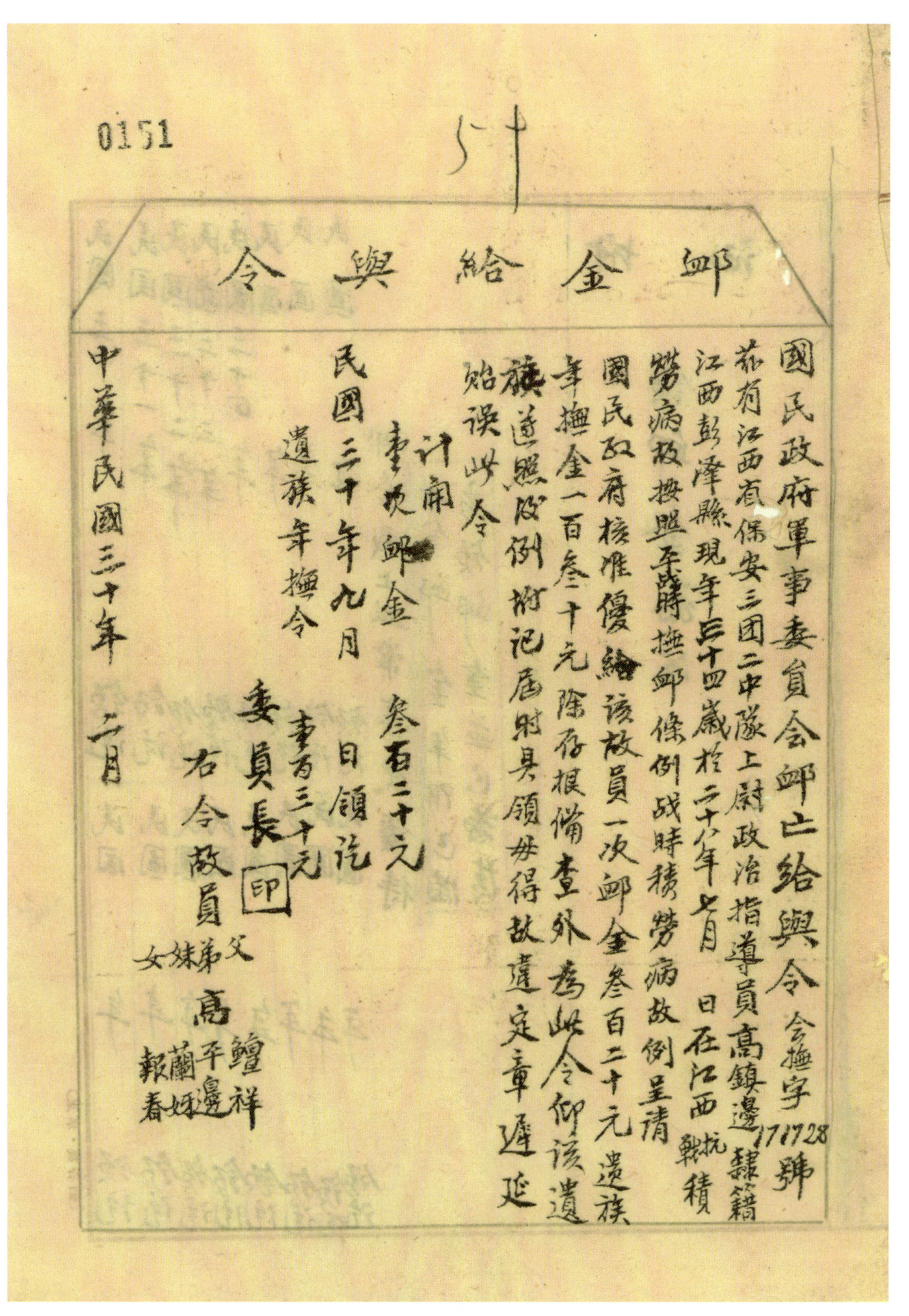

0151

卹金給與令

國民政府軍事委員會卹亡給與令 會撫字 171728 號

茲有江西省保安三團二中隊上尉政治指導員高鎮邊 隸籍江西彭澤縣 現年三十四歲 於二十八年七月 日在江西執抗積勞病故 按照陸軍戰時撫卹條例戰時積勞病故例呈請

國民政府核准優給該故員一次卹金叁百二十元 遺族年撫金一百叁十元 除存根備查外 為此令仰該遺族遵照後例附記屆時具領 毋得故違定章遲延貽誤 此令

計開

一次卹金 叁百二十元

遺族年撫金 壹百三十元

民國三十年九月 日領訖

委員長 印

右令故員 高鎮邊 遺族 父 高鐘祥 弟 平邊 妹 蘭妹 女 報春

中華民國三十年二月

民國三十年 領訖 民國 年 領訖

民國三十一年 領訖 民國 年 領訖

民國三十二年 領訖 民國 年 領訖

民國三十三年 領訖 民國 年 領訖

民國三十四年 領訖 民國 年 領訖

民國 年 領訖 民國 年 領訖

民國 年 領訖 民國 年 領訖

民國 年 領訖 民國 年 領訖

卹金截止照常享受優待

此令卹金年限已滿應領卹金並已發清

附記

領卹金辦法

江西省教育厅致省立南昌女子中学的指令（一九四七年四月五日）

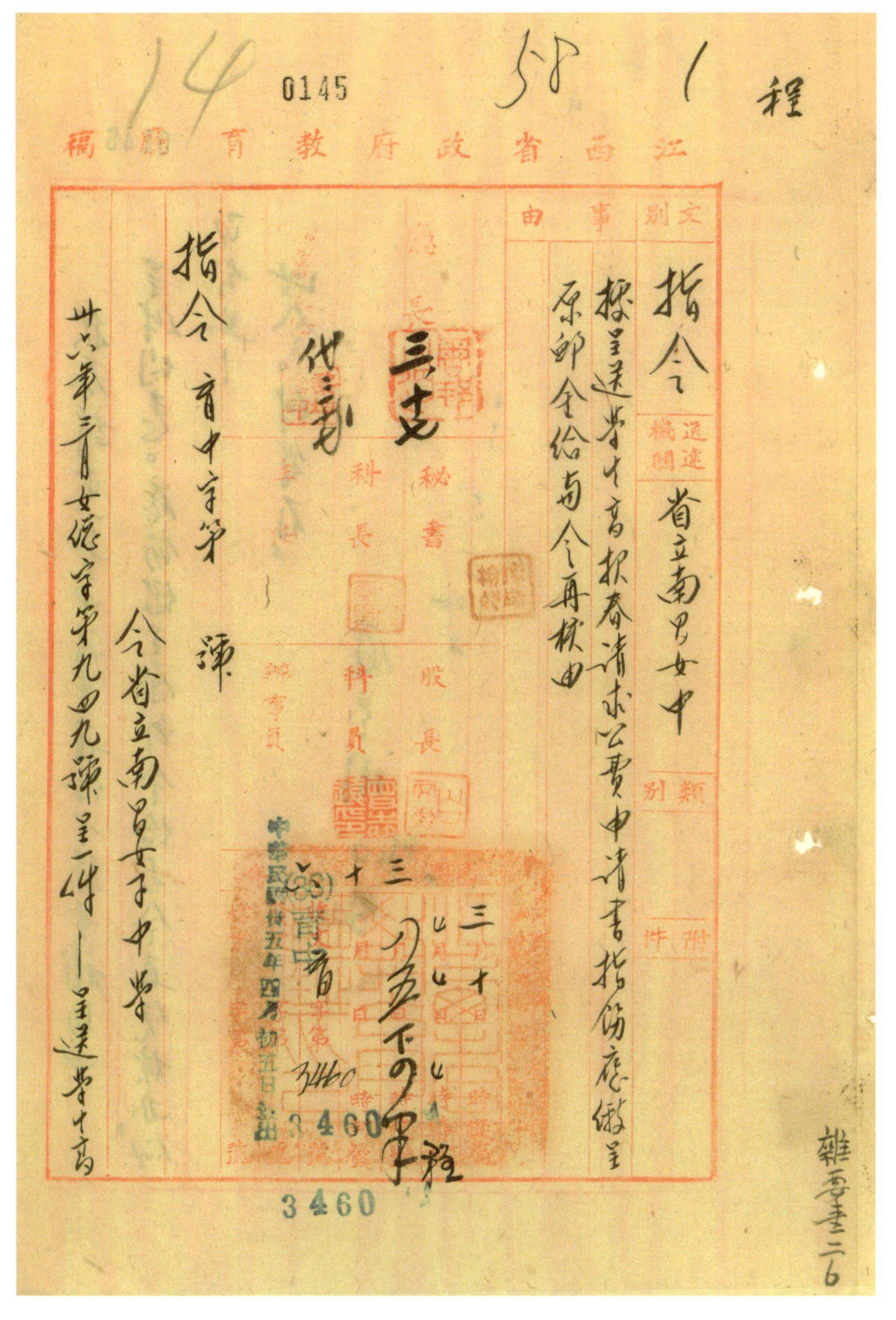

0145

江西省政府教育厅稿

文别：指令

事由：据呈送学生公费申请书指饬应缴呈原印全份听令再核由

送达机关：省立南昌女中

指令　育中字第　　号

令省立南昌女子中学

卅六年三月女总字第九四九号呈一件，呈送学生公费

中华民国卅五年四月初五日

3460

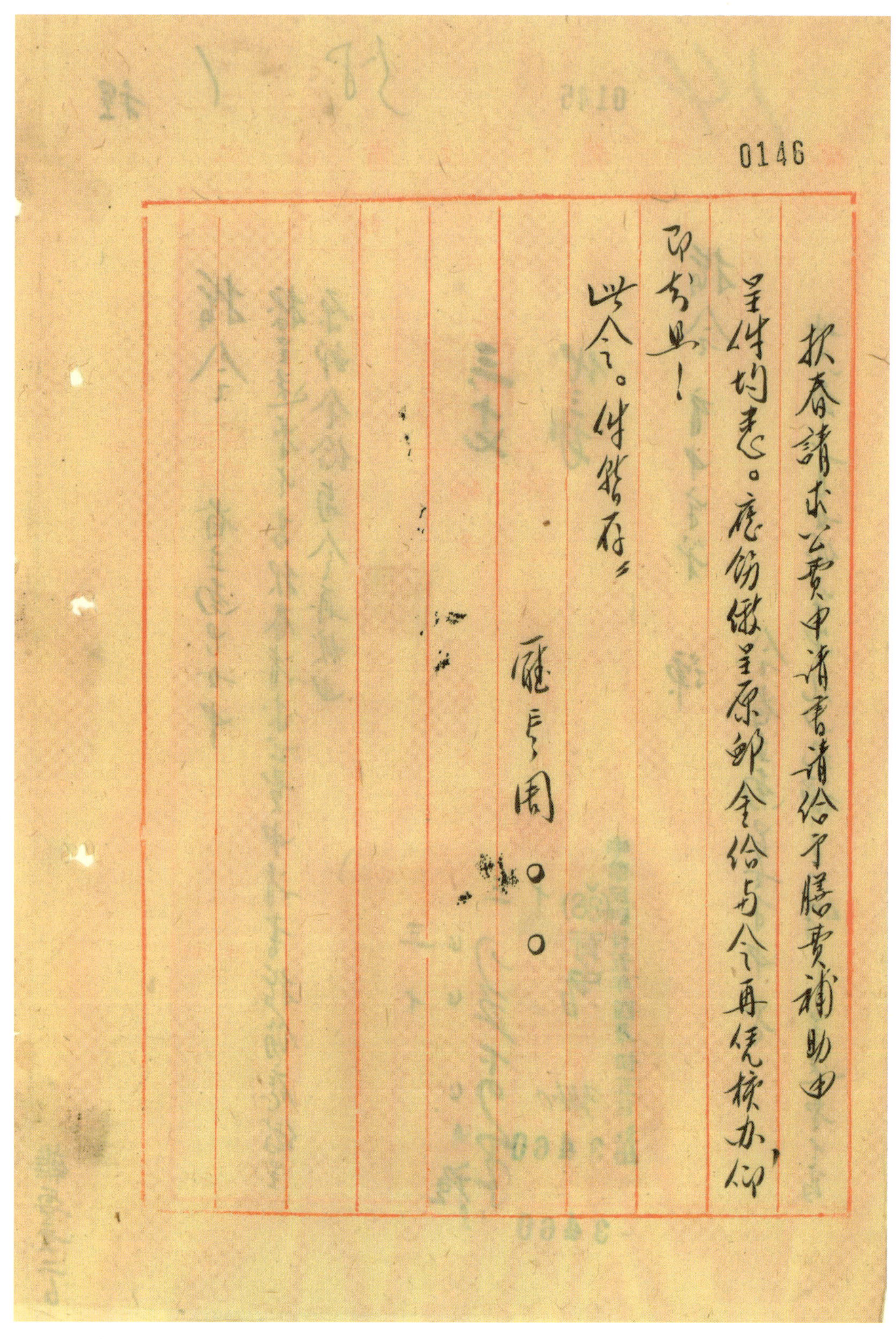
0146

据呈请求公费申请书请给予膳费补助由

呈件均悉。应饬缴呈原郎令给与令再凭核办仰即知照！

此令。件发存。

厅长周○○

江西省立南昌女子中学致省教育厅的呈（一九四七年四月十一日）

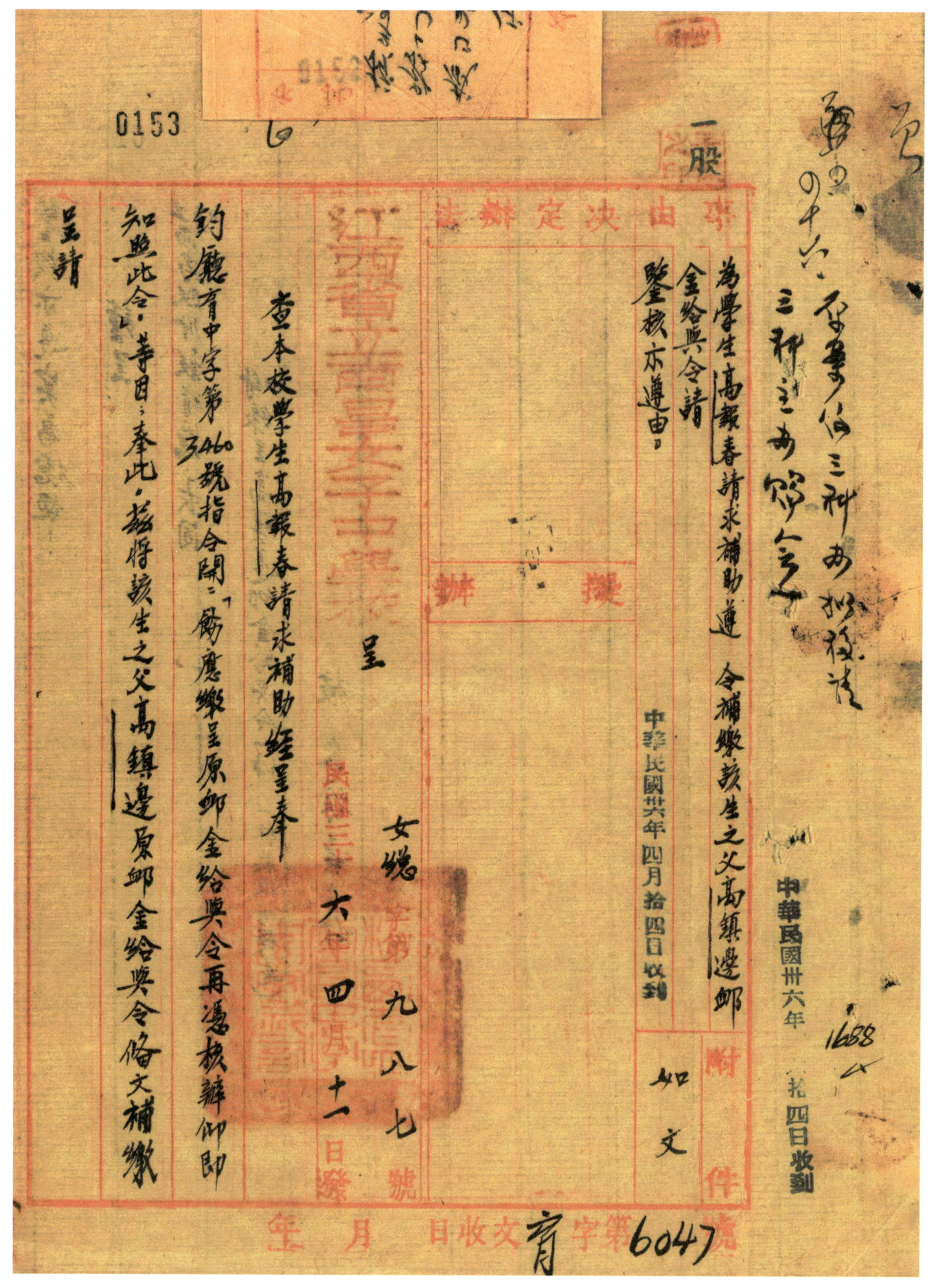

0153

一般

事由：為學生高報春請求補助遵令補繳該生之父高鎮邊卹金給與令請鑒核示遵由。

中華民國卅六年四月拾四日收到

附件：如文

江西省立南昌女子中學呈　女總字第九八七號
民國三十六年四月十一日發

查本校學生高報春請求補助經呈奉
鈞廳育中字第3460號指令開：「飭應繳呈原卹金給與令再憑核辦仰即知照此令。」等因；奉此，茲將該生之父高鎮邊原卹金給與令備文補繳
呈請

收文育字第6047號

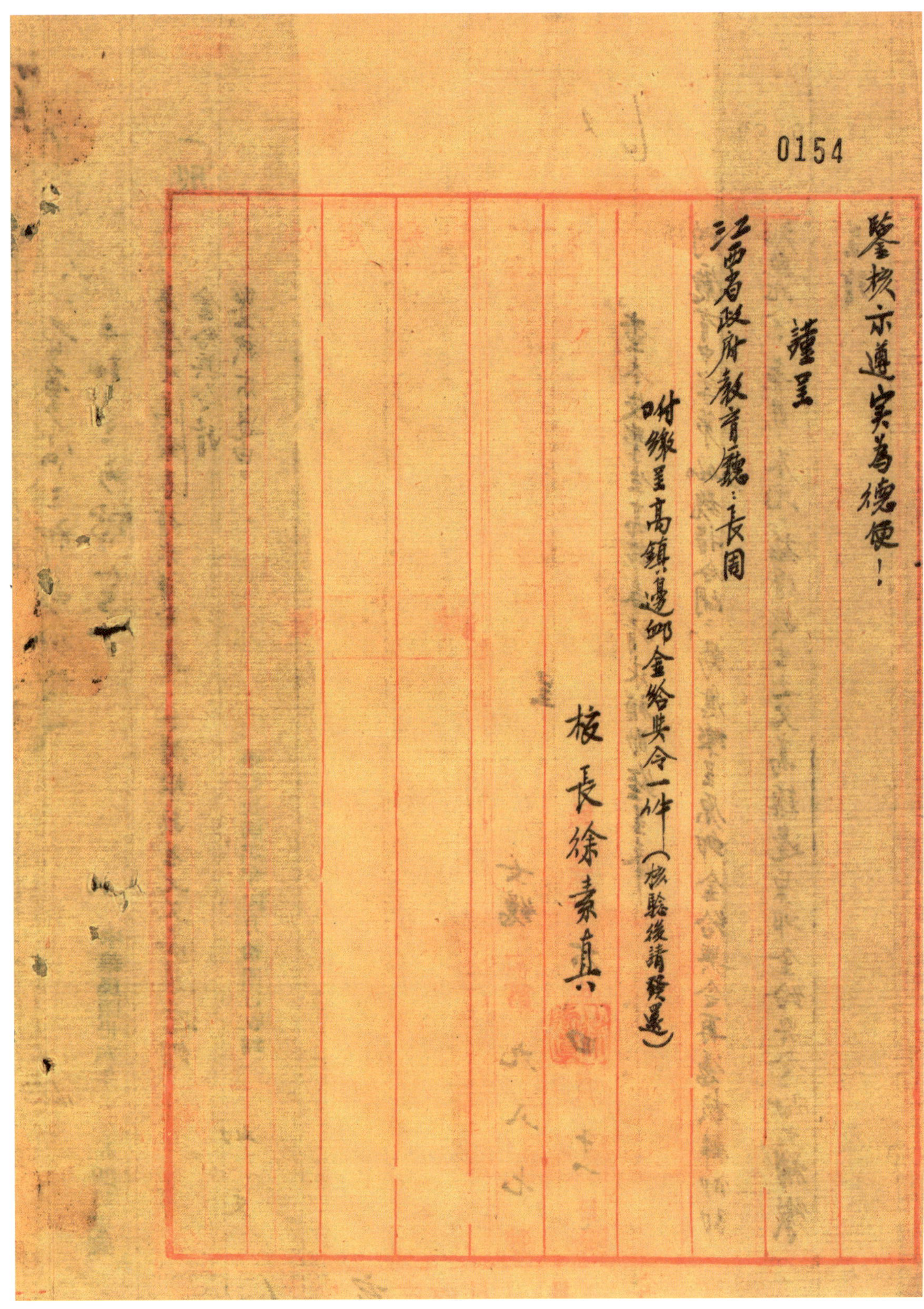
0154

鉴核示遵，实为德便！

谨呈

江西省政府教育厅厅长周

附缴呈高镇边卹金给与令一件（核验后请发还）

校长徐素真

江西省教育厅致省立南昌女子中学的指令（一九四七年五月二十八日）

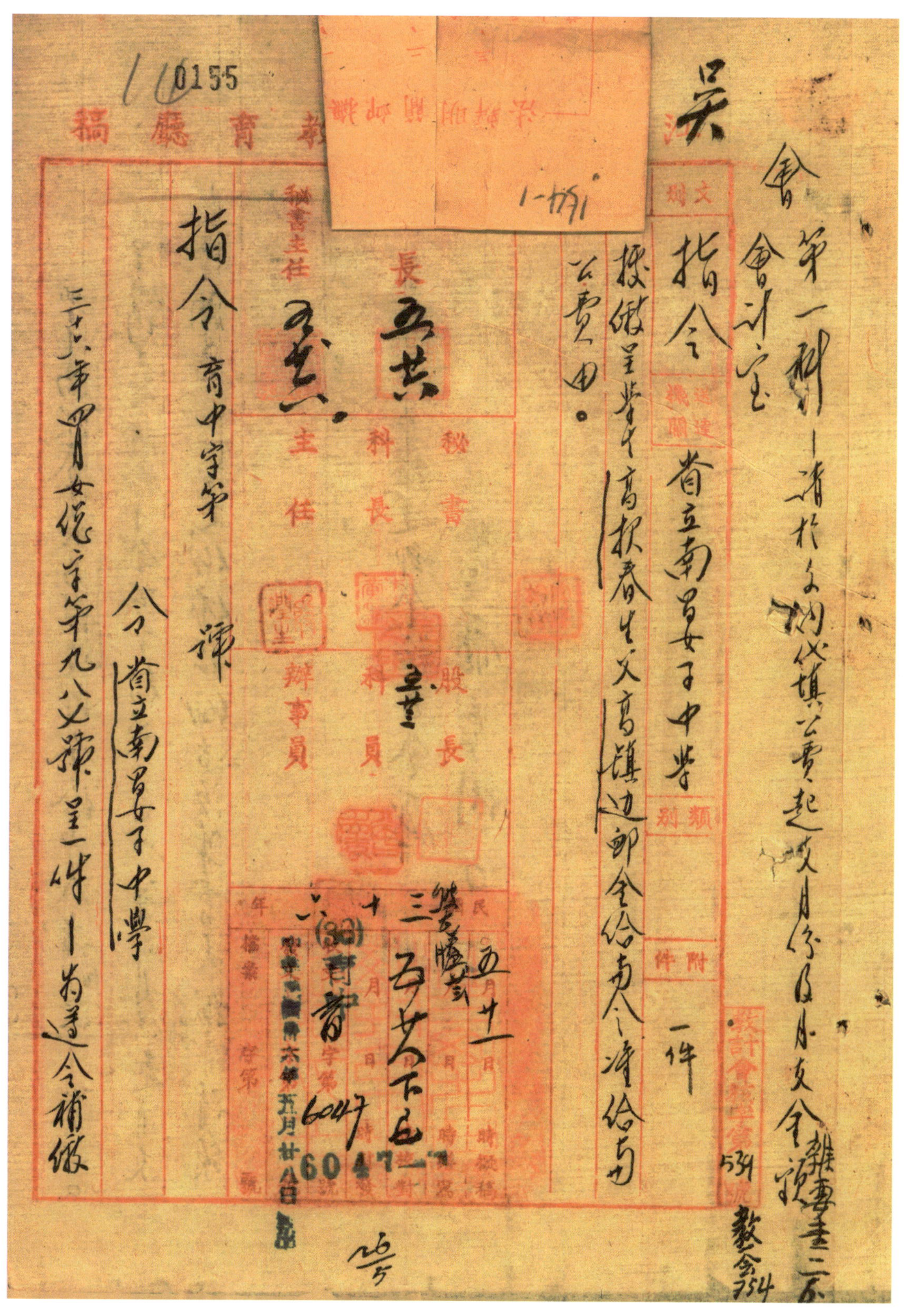

江西省教育廳稿

0155

文別：指令

送達機關：省立南昌女子中學

據[illegible]呈[illegible]高級春生[illegible]公費由。

附件：一件

秘書 科長 主任 股長 科員 辦事員

民國三十六年五月廿一日

指令 育中字第　號

令省立南昌女子中學

三十六年四月[illegible]女促字第九八〇號呈一件[illegible]

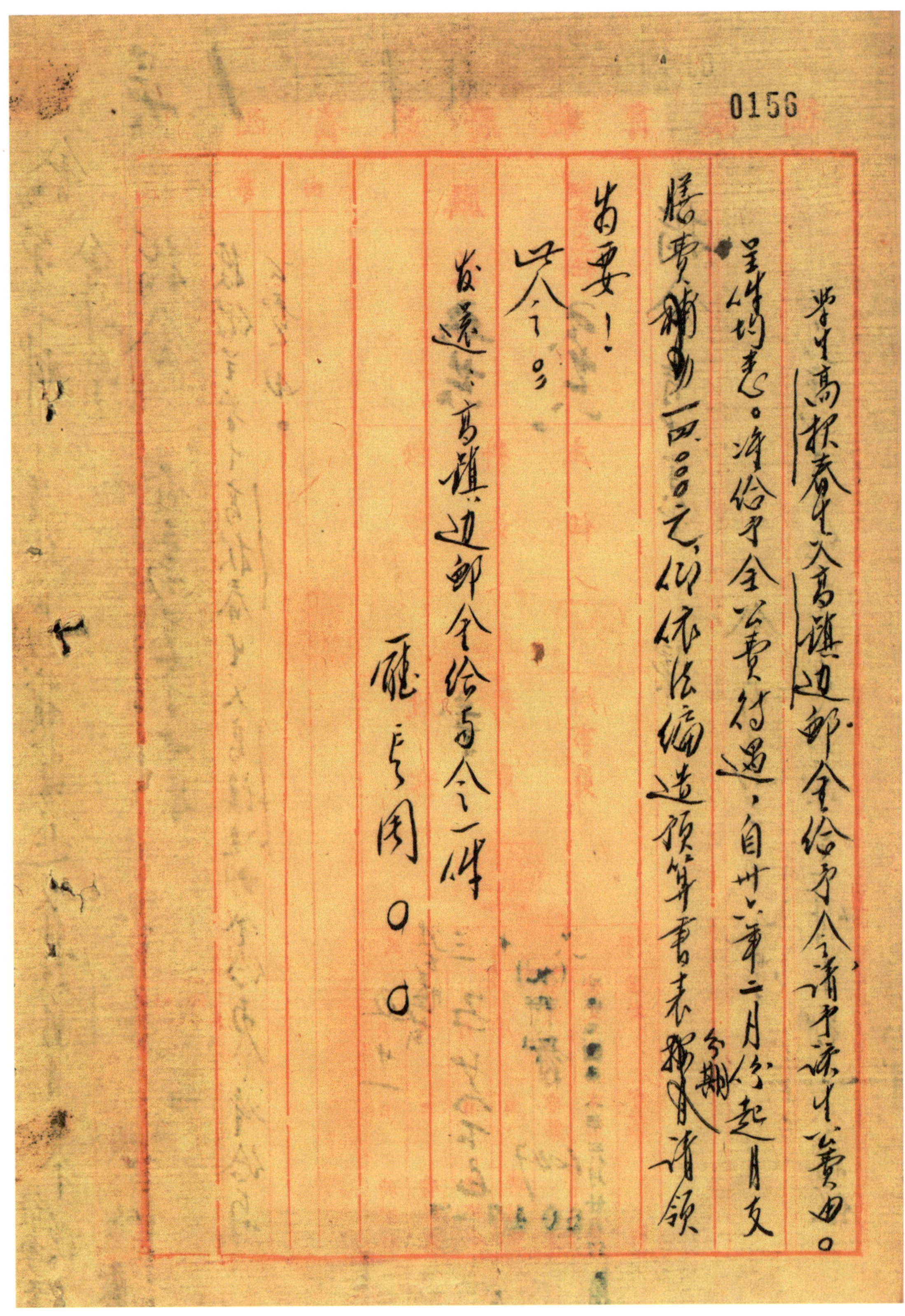

0156

学生高秋春先入高镇边部令给予令请予读书公费由。

呈悉。准给予全公费待遇，自卅六年二月份起逐月支

膳费补助一四○○元，仍依法编造预算书表分期请领

为要！

此令。

发还高镇边部令给予令一件

厅长 周○○

江西省教育厅和江西省立临川中学关于给予朱慧敏公费待遇的来往文书（一九四七年三月）

江西省立临川中学致省教育厅的呈（一九四七年三月六日）

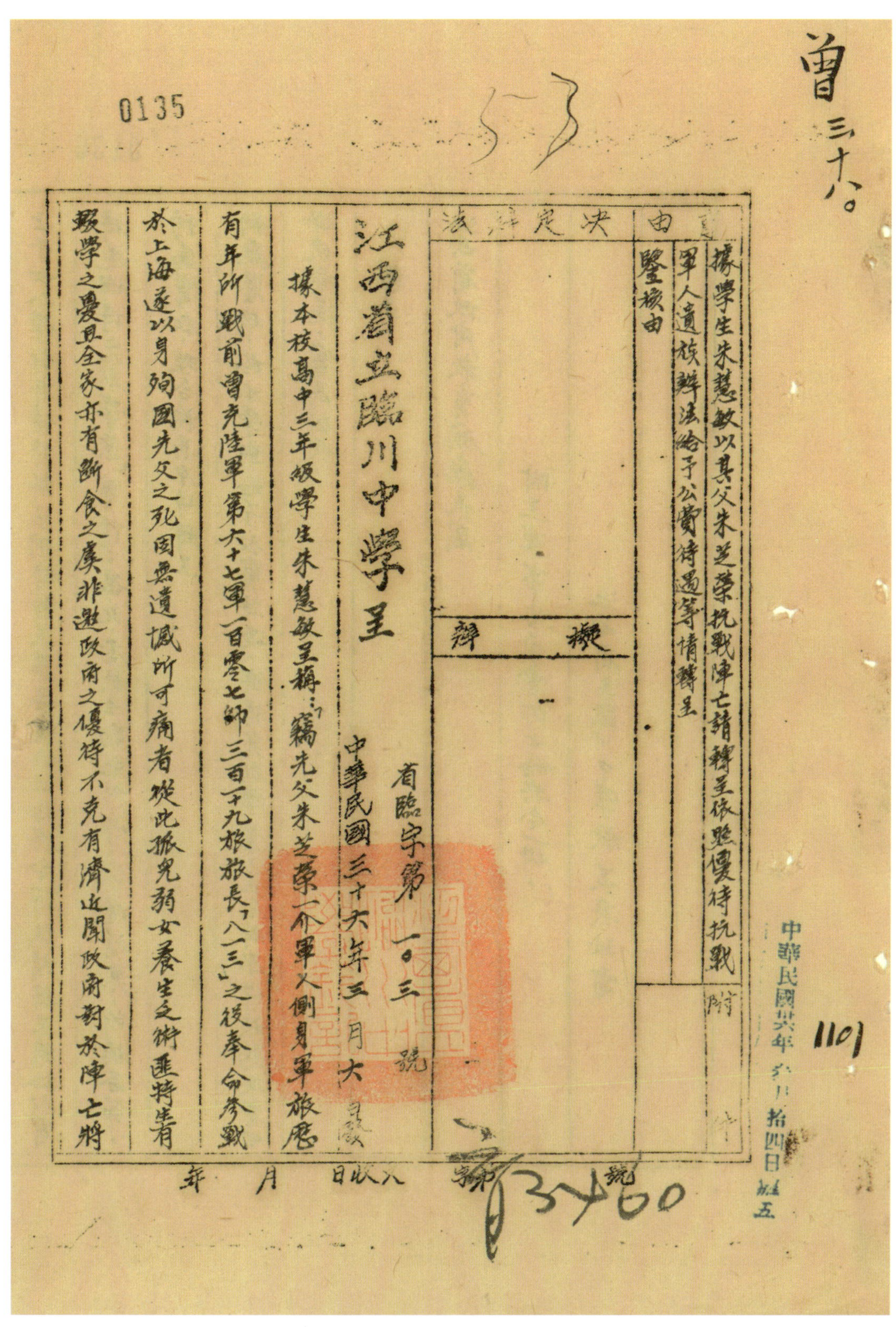

事由：據學生朱慧敏以其父朱芝榮抗戰陣亡請轉呈依照優待抗戰軍人遺族辦法給予公費待遇等情轉呈鑒核由

附件

決定辦法

擬辦

江西省立臨川中學呈

省臨字第一〇三號

中華民國三十六年三月六日發

據本校高中三年級學生朱慧敏呈稱：「竊先父朱芝榮一介軍人，側身軍旅歷有年所。戰前曾充陸軍第六十七軍一百零七師三百十九旅旅長，『八一三』之役奉命參戰於上海，遂以身殉國。先父之死固無遺憾，所可痛者，從此孤兒弱女養生乏術，匪特生有輟學之憂，且全家亦有斷食之虞。非邀政府之優待，不克有濟。近聞政府對於陣亡將

中華民國卅六年三月拾四日 收五

1101

0136

士子女入學許有優待辦法用特檢呈軍委會卹亡給與令一件懇請轉呈核給公費待遇俾得完成學業」等情；據此，查該生勤勉好學，家境清寒，所稱各節，均屬實在，理合檢具原件轉呈

鈞廳鑒核，於本學期給予公費待遇，俾得完成學業，並乞將原件核驗後寄回俾便發還，實爲公便！！

謹呈

江西省政府教育廳廳長周

附呈軍事委員會卹亡給與令一件。

江西省立臨川中學校長吳汝雷

江西省教育厅致省立临川中学的指令（一九四七年三月二十六日）

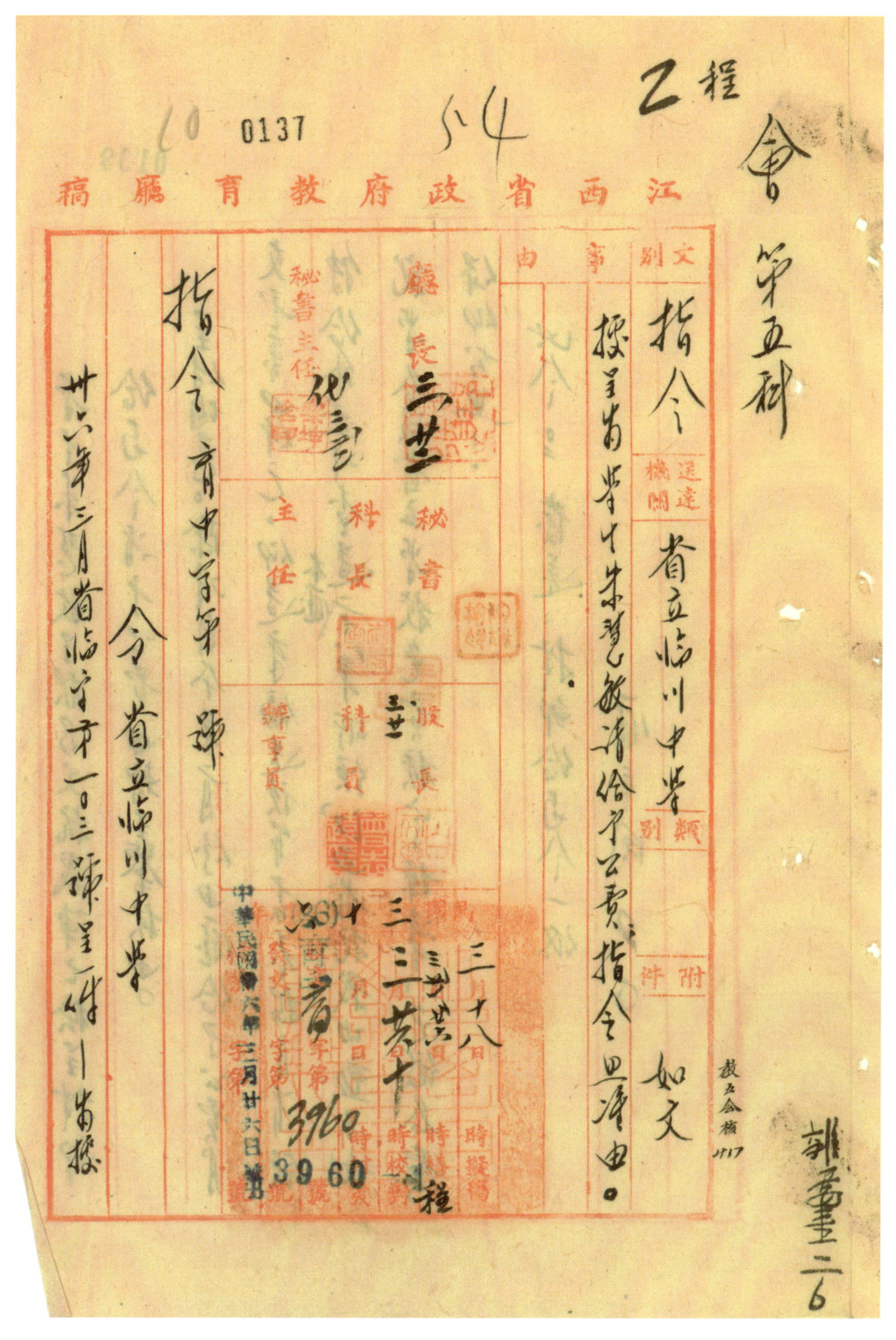

江西省政府教育廳稿

文別：指令

送達機關：省立臨川中學

事由：據呈省中學生朱雙毅請給公費，指令照准由。

附件：如文

廳長：三、廿

秘書主任：代

指令 育中字第　號

令省立臨川中學

卅六年三月省臨字第一〇三號呈一件，為據……

中華民國卅六年三月廿六日

3960

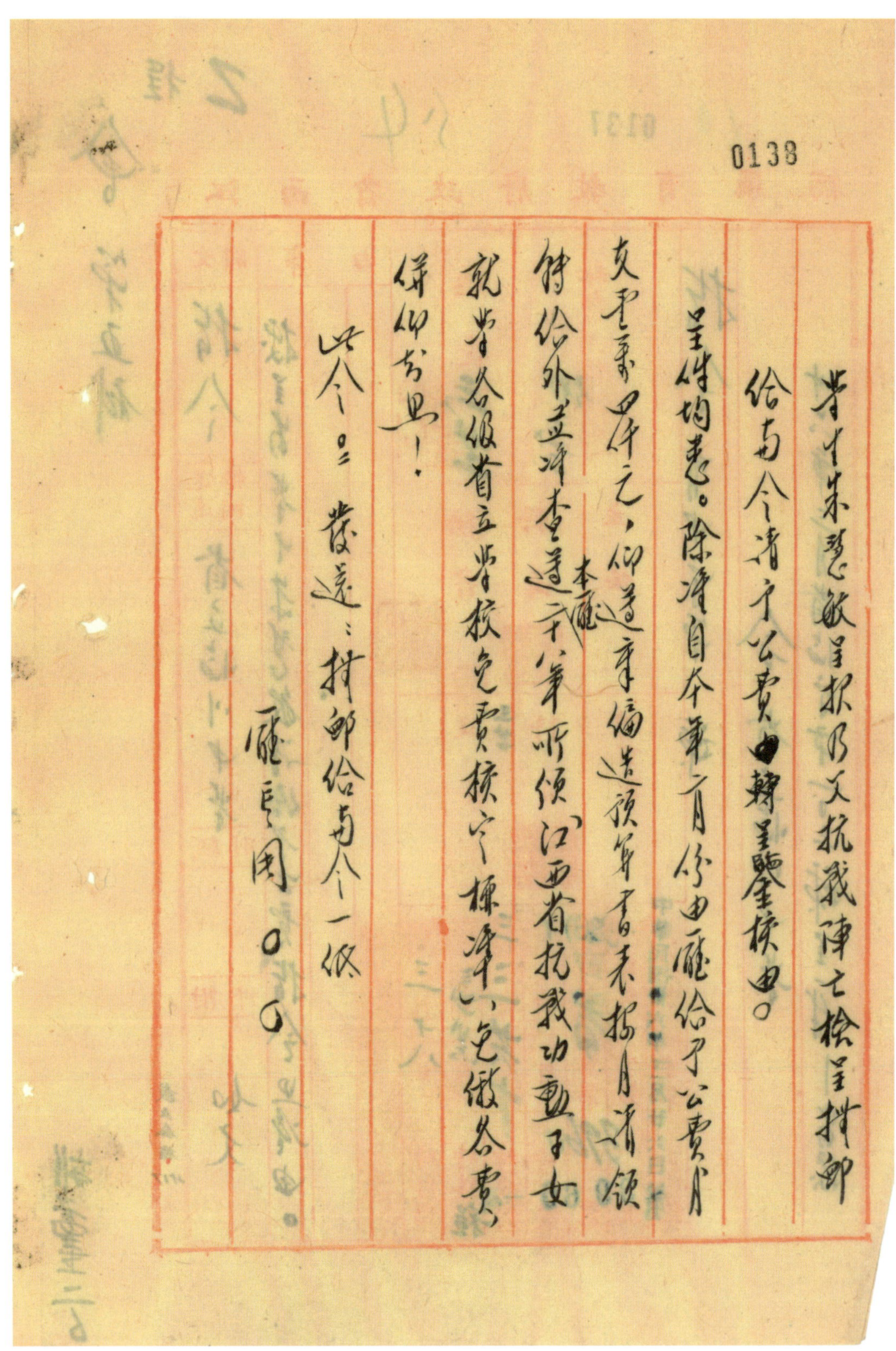

0138

常守朱慧敏呈报乃父抗战阵亡检呈抚卹给与令请予公费由转呈鉴核由。

呈件均悉。除准自本年一月份由厅给予公费月支国币叁仟元，仰遵章编造预算书表按月请领转给外，并准查遵本厅廿八年所颁江西省抗战功勋子女就学各级省立学校免费核定标准，免缴各费，仰即知照！

此令。呈发还。抚卹给与令一纸

厅长 周〇〇

江西省教育厅和省立南昌第一中学关于拨发抗战功勋子弟公费的来往文书（一九四七年四月至五月）

江西省立南昌第一中学致省教育厅的呈（一九四七年四月五日）

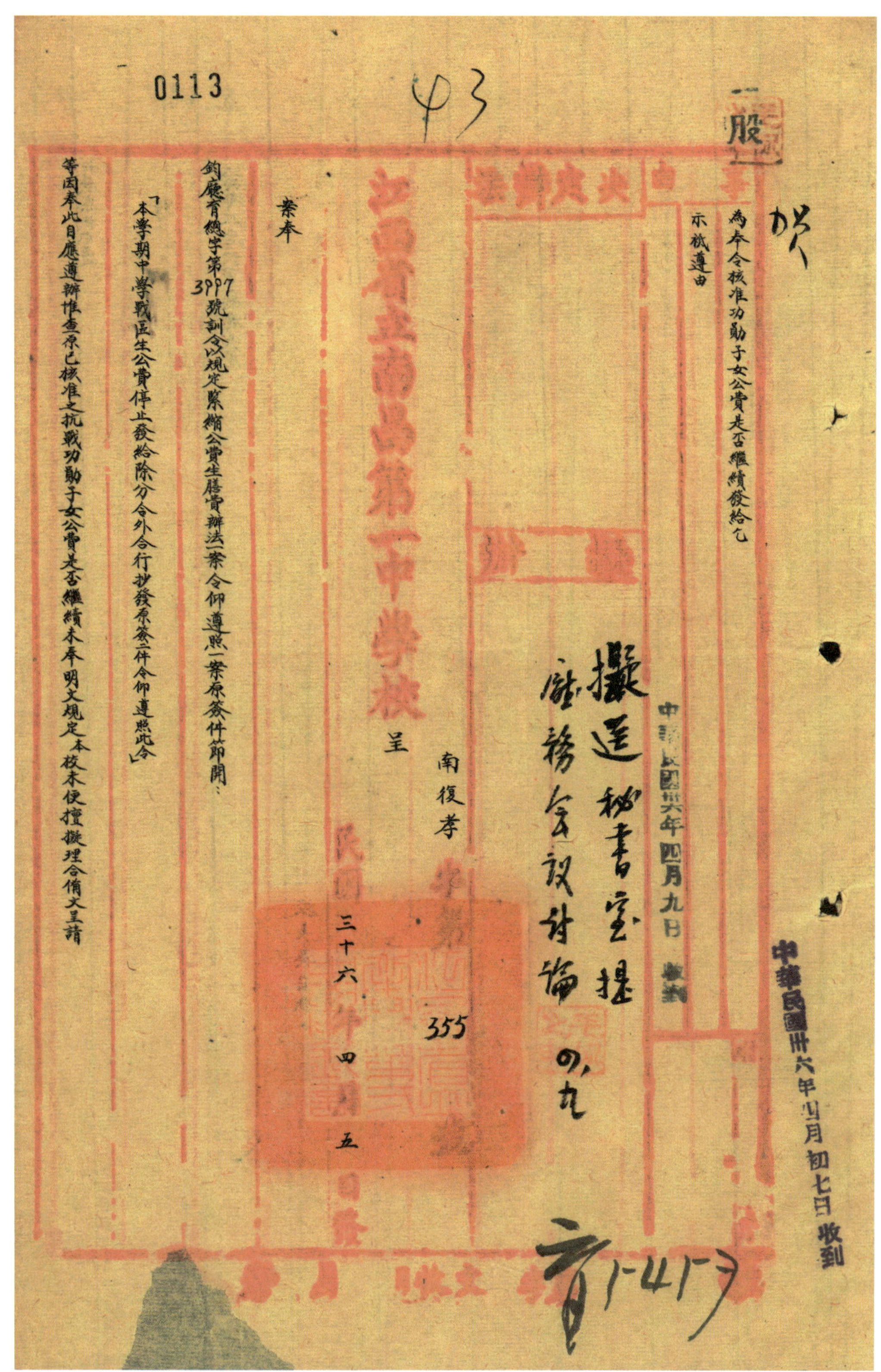
中華民國卅六年四月初七日收到

一股

為奉令核准功勳子女公費是否繼續發給乞示祇遵由

中華民國卅六年四月九日收到

擬送秘書室提廳務會議討論　四、九

江西省立南昌第一中學校　呈　南復孝字第355號

民國三十六年四月五日

案奉

鈞廳育總字第3997號訓令以規定緊縮公費生膳費辦法一案令仰遵照一案原簽件節開：

「本學期中學戰區生公費停止發給除分令外合行抄發原簽二件令仰遵照此令」

等因奉此自應遵辦惟查原已核准之抗戰功勳子女公費是否繼續未奉明文規定本校未便擅擬理合備文呈請

0113

0214

鈞廳案核示遵

謹呈

江西省政府教育廳廳長周

校長吳自強

江西省立南昌第一中学致省教育厅的呈（一九四七年四月十七日）

0096

一般

事由：為請查案轉函財政廳撥發本校抗戰功勛子弟范任澄陳青雲等二名公費以憑轉發由

附件

擬辦

決定辦法

江西省立南昌第一中學呈

南復孝字第367號

民國三十六年四月十七日發

查本校學生范任澄陳青雲等二名皆係抗戰功勛子弟，曾於三十五年十一月二十二日呈奉

鈞廳三十五年十一月二十一日育綜字第18331號指令核准全公費待遇，自三十五年八月份起，業於本年二月十五日以南復孝字第320號呈送

中華民國卅六年四月拾八日收到

收文 育字第5872號

0397

該生范任澄等二名追加公費生膳食費預算書表請予轉函財政廳撥款給領在案迄未奉發經費殊爲懸望理合備文呈請

鈞廳鑒核迅予查案轉函財政廳撥款給領以憑轉發謹呈

江西省政府教育廳廳長周

校長吴自强

江西省教育厅致省财政厅的公函及致省立南昌第一中学的指令（一九四七年五月五日）

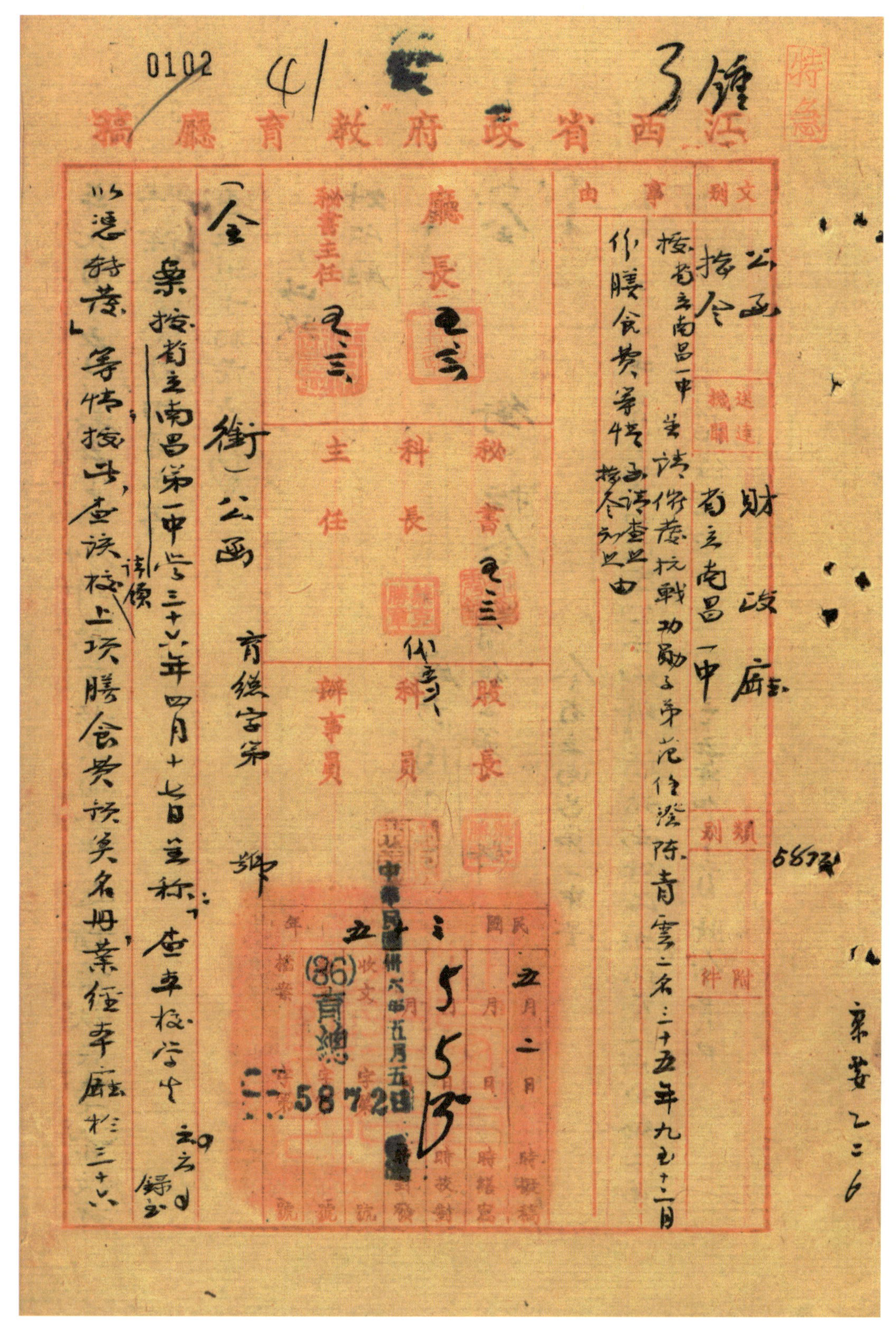
江西省政府教育廳稿

特急

0102

41

文別：公函、指令

送達機關：財政廳、省立南昌一中

事由：據省立南昌一中呈請備發抗戰功勛子弟花任澄、陳青雲二名三十五年九至十二月份膳食費等情，函請查照撥發並指令知照由

廳長

秘書主任

秘書

科長

股長

主任

科員

辦事員

（全銜）公函　育總字第　號

案據省立南昌第一中學三十六年四月十七日呈稱：「查本校學生花任澄、陳青雲等二名係抗戰功勛子弟，業經本廳於三十六……

以憑轉發」等情，據此，查該校上項膳食費核與名冊，業經本廳

民國三十六年五月二日

0103

年元月十五日以教五字第734號核定該吳迪初等送請發款在案。茲據前情，除指令外，相應函請查照，迅予撥發為荷！

此致

財政廳

（全銜）指令

廳長 周〇〇

育經字第　號

令省立南昌第一中學

三十六年四月十七日南學字第367號呈一件，請轉函財政廳從速撥發抗戰功勛子弟范任澄、陳青雲二名三十五年九至十二月膳食費由

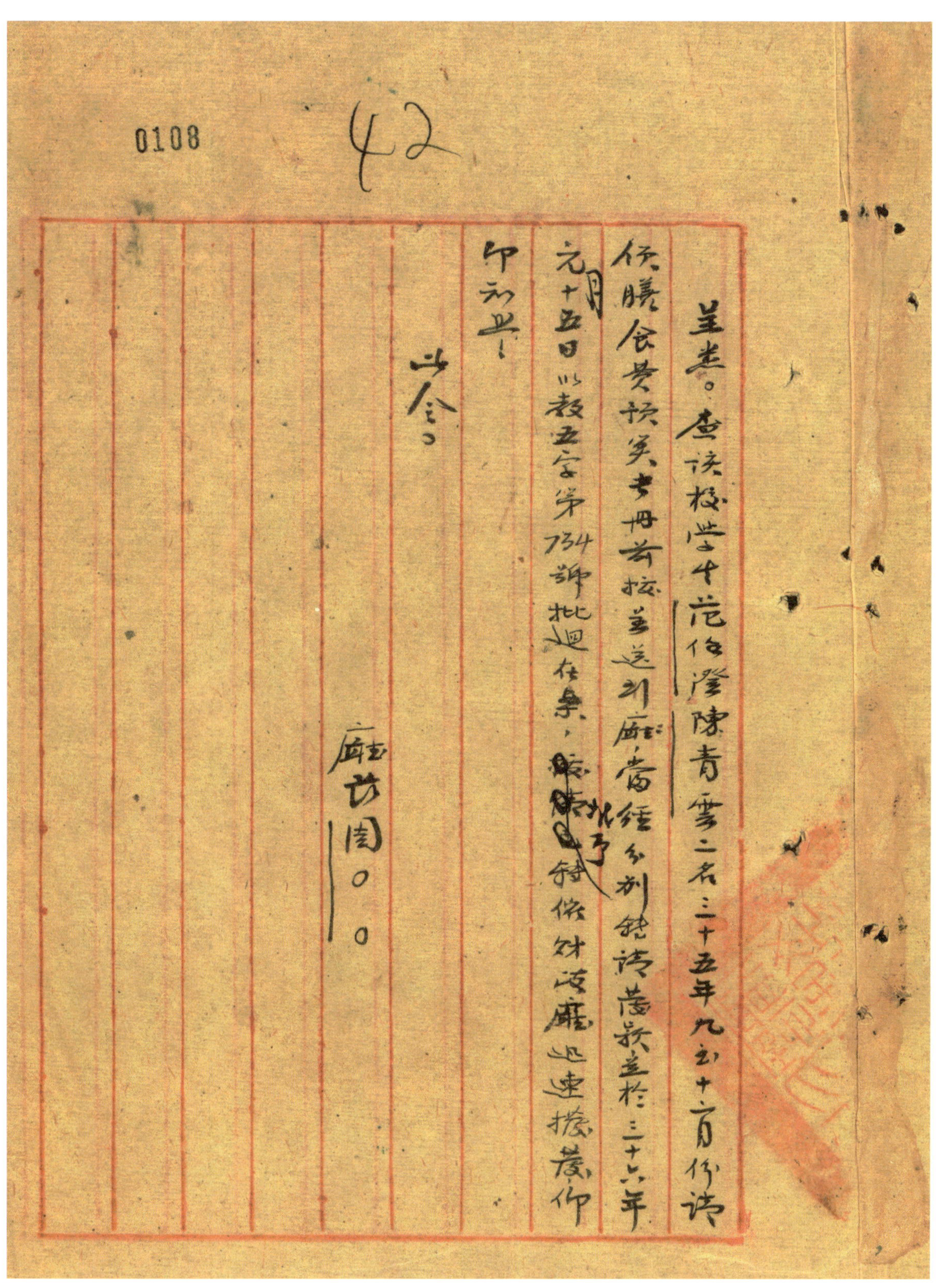

0108

42

呈悉。查該校學生范作澄、陳青雲二名三十五年九至十二月份請伙膳食費核獎書冊前據呈送到廳，當經分別轉請發款，並於三十六年元月十五日以教五字第734號批回在案，准予轉催財政廳迅速撥發，仰即知照！

此令。

廳長 周○○

江西省教育厅致省立南昌第一中学的指令（一九四七年五月十二日）

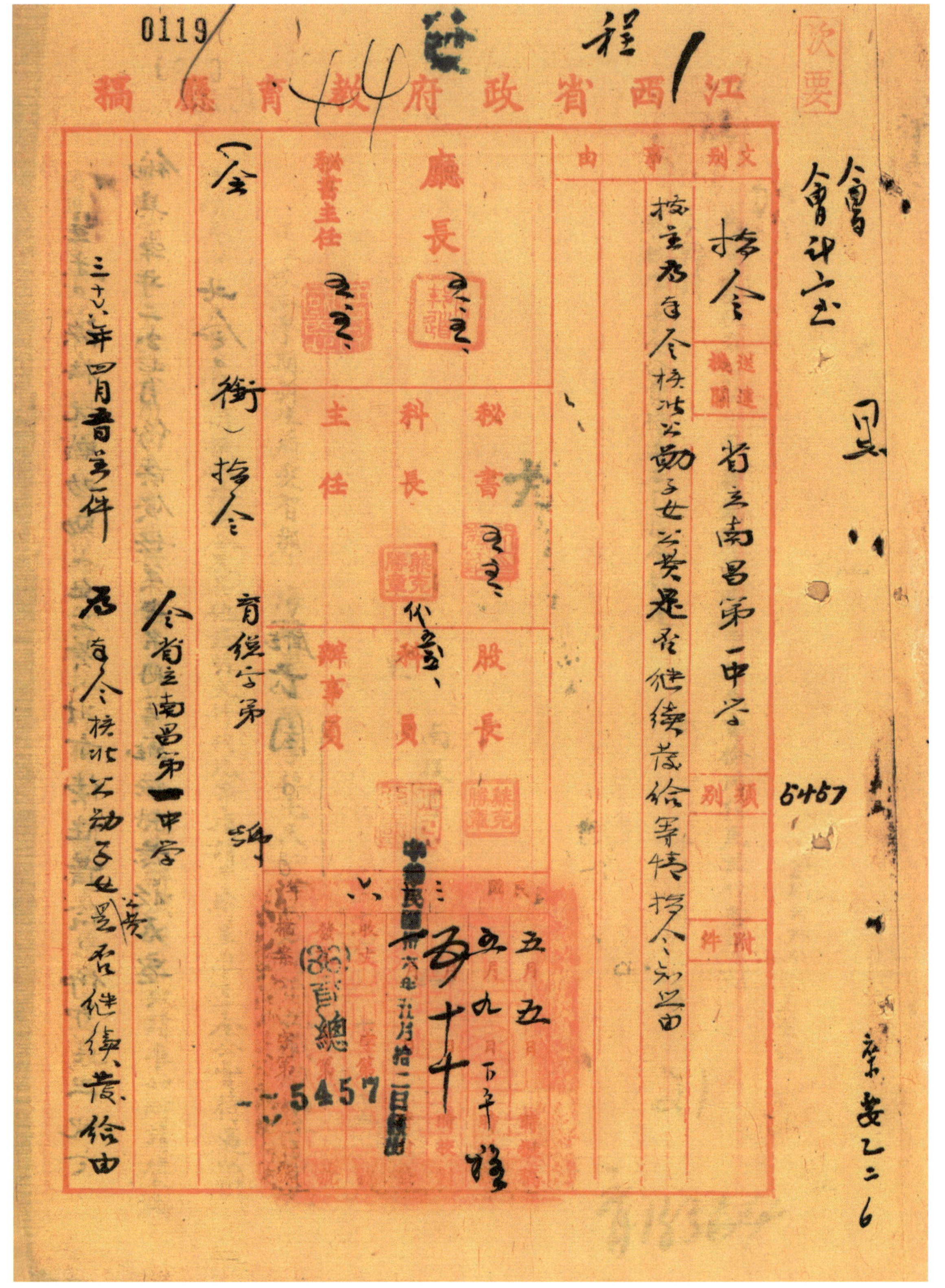
江西省政府教育厅稿

文别：指令

送达机关：省立南昌第一中学

事由：据呈为奉令核状公勋子女公费是否继续发给等情指令知照由

（全衔）指令　育经字第　号

令省立南昌第一中学

三十六年四月音字第　件，呈为奉令核状公勋子女公费是否继续发给由

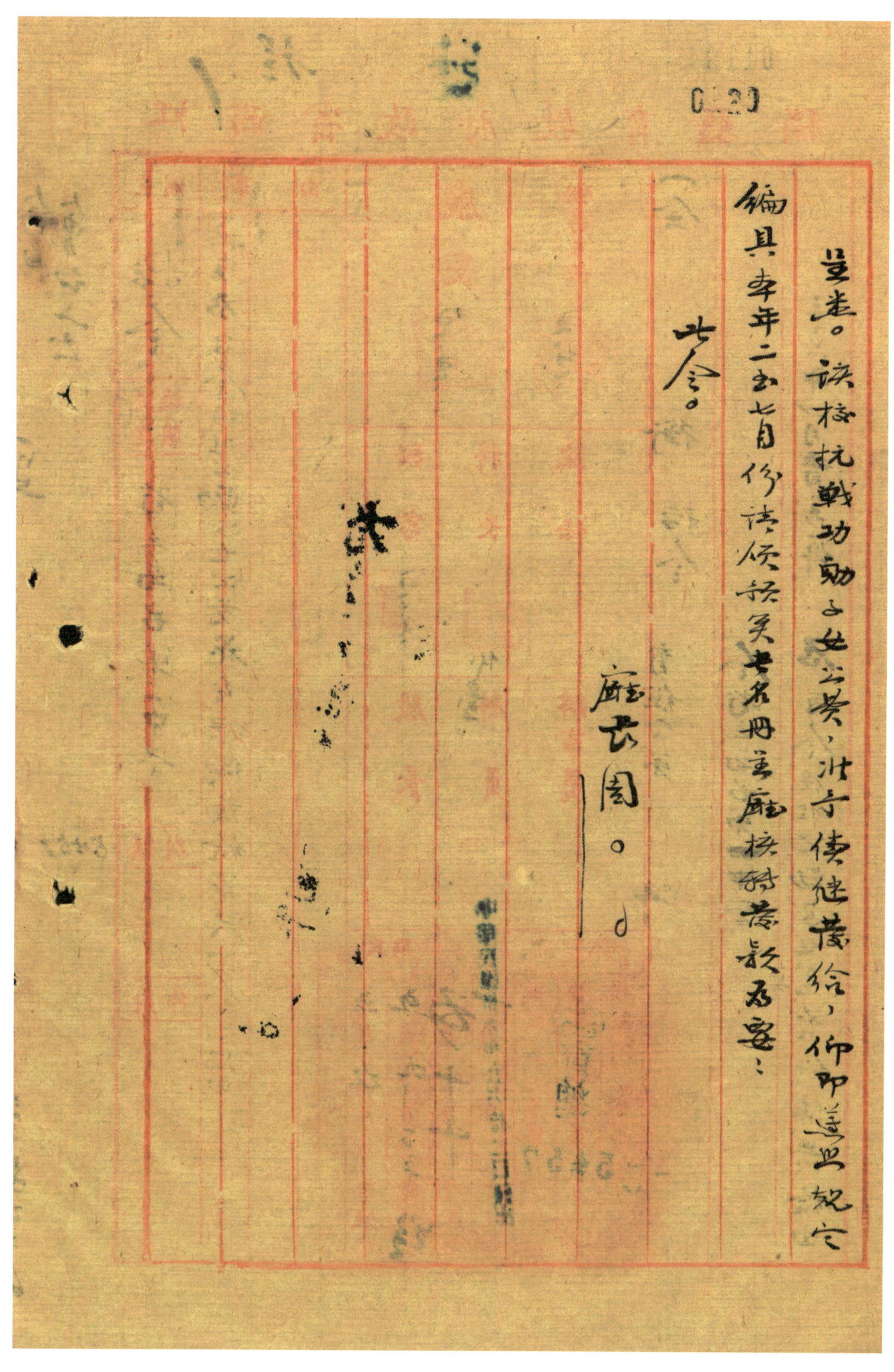

0120

呈悉。該校抗戰功勳子女公費，准予繼續發給，仰即遵照規定編具本年二至七月份請領經費名冊呈廳核轉發款為要。

此令。

廳長 周○○

江西省教育厅和江西省立南昌女子中学关于保留谢萍阳公费待遇的往来文书（一九四七年四月至五月）

江西省立南昌女子中学致省教育厅的呈（一九四七年四月十日）

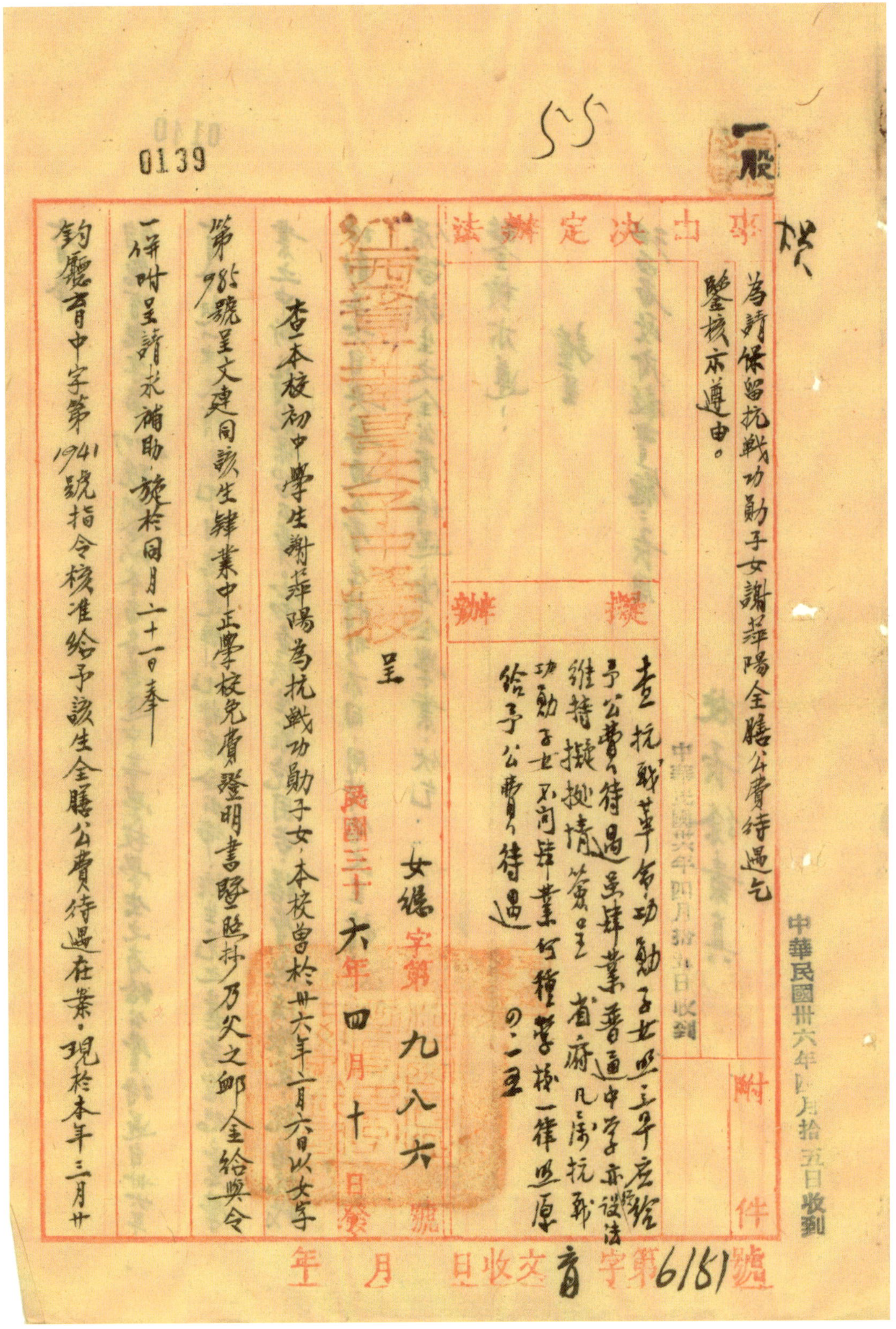

一般

0139

事由：為請保留抗戰功勳子女謝萍陽全膳公費待遇乞鑒核示遵由。

附件

中華民國卅六年四月拾五日收到

擬辦：查抗戰革命功勳子女照三年前給予公費待遇，至肄業普通中學亦設法維持。擬擬情簽呈省府，凡屬抗戰功勳子女不問肄業何種學校，一律照原給予公費待遇。

江西省立南昌女子中學校 呈 女總字第九八六號

民國三十六年四月十日發

查本校初中學生謝萍陽為抗戰功勳子女，本校曾於卅六年二月六日以女字第785號呈文，連同該生肄業中正學校免費證明書暨照抄乃父之卹金給與令一併附呈，請求補助。旋於同月二十一日奉鈞廳育中字第1941號指令，核准給予該生全膳公費待遇在案。現於本年三月廿

文收日 年 月 育字第6181號

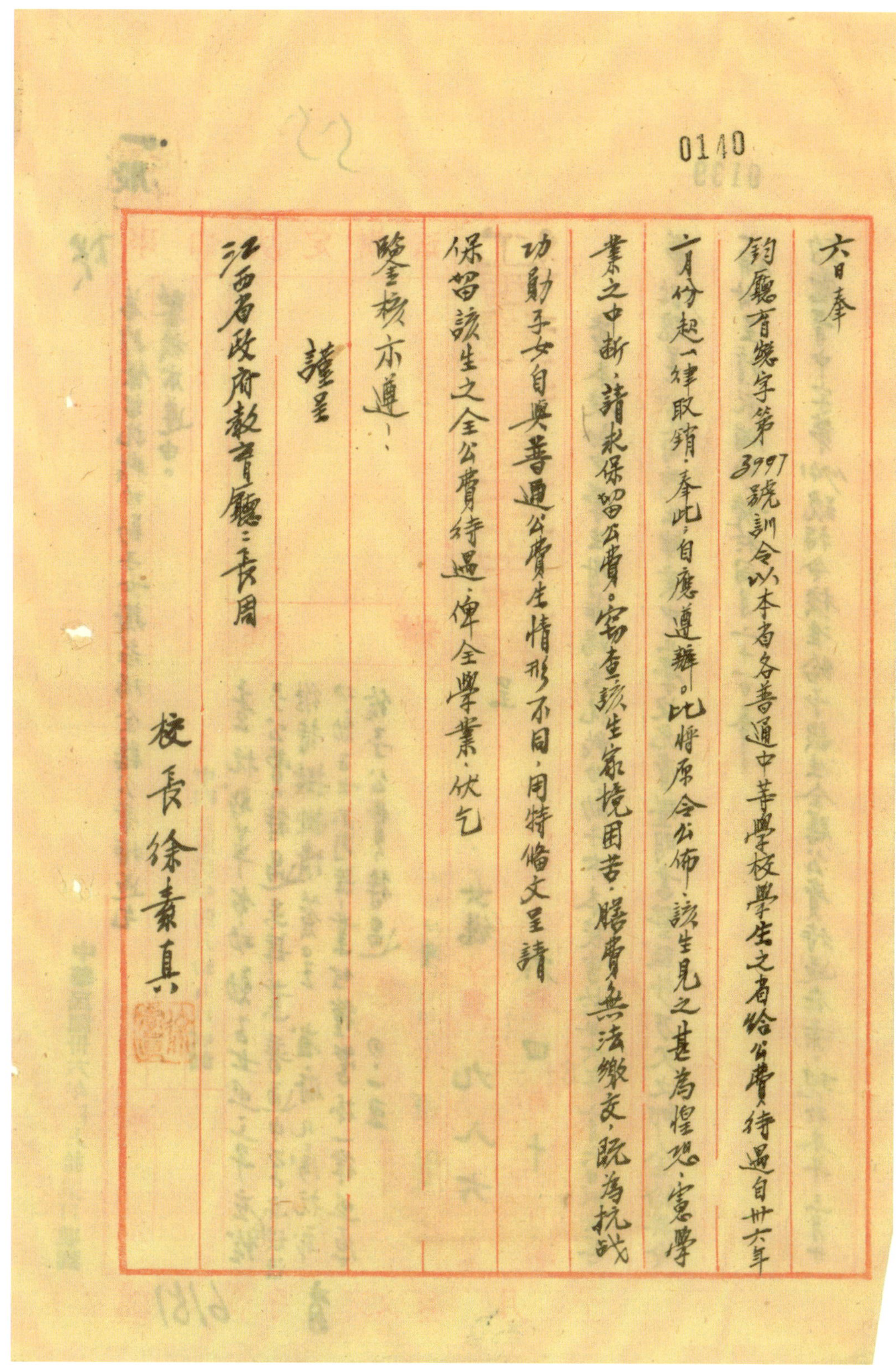

0140

六日奉

鈞廳有總字第3997號訓令，以本省各普通中等學校學生之有給公費待遇，自卅六年一月份起一律取銷。奉此，自應遵辦。比將原令公佈，該生見之甚為惶恐，虞學業之中斷，請求保留公費。窃查該生家境困苦，膳費無法繳交，既為抗戰功勳子女，自與普通公費生情形不同，用特備文呈請

保留該生之全公費待遇，俾全學業，伏乞

鑒核示遵。

謹呈

江西省政府教育廳廳長周

校長徐素真

江西省教育厅致省立南昌女子中学的指令（一九四七年五月二日）

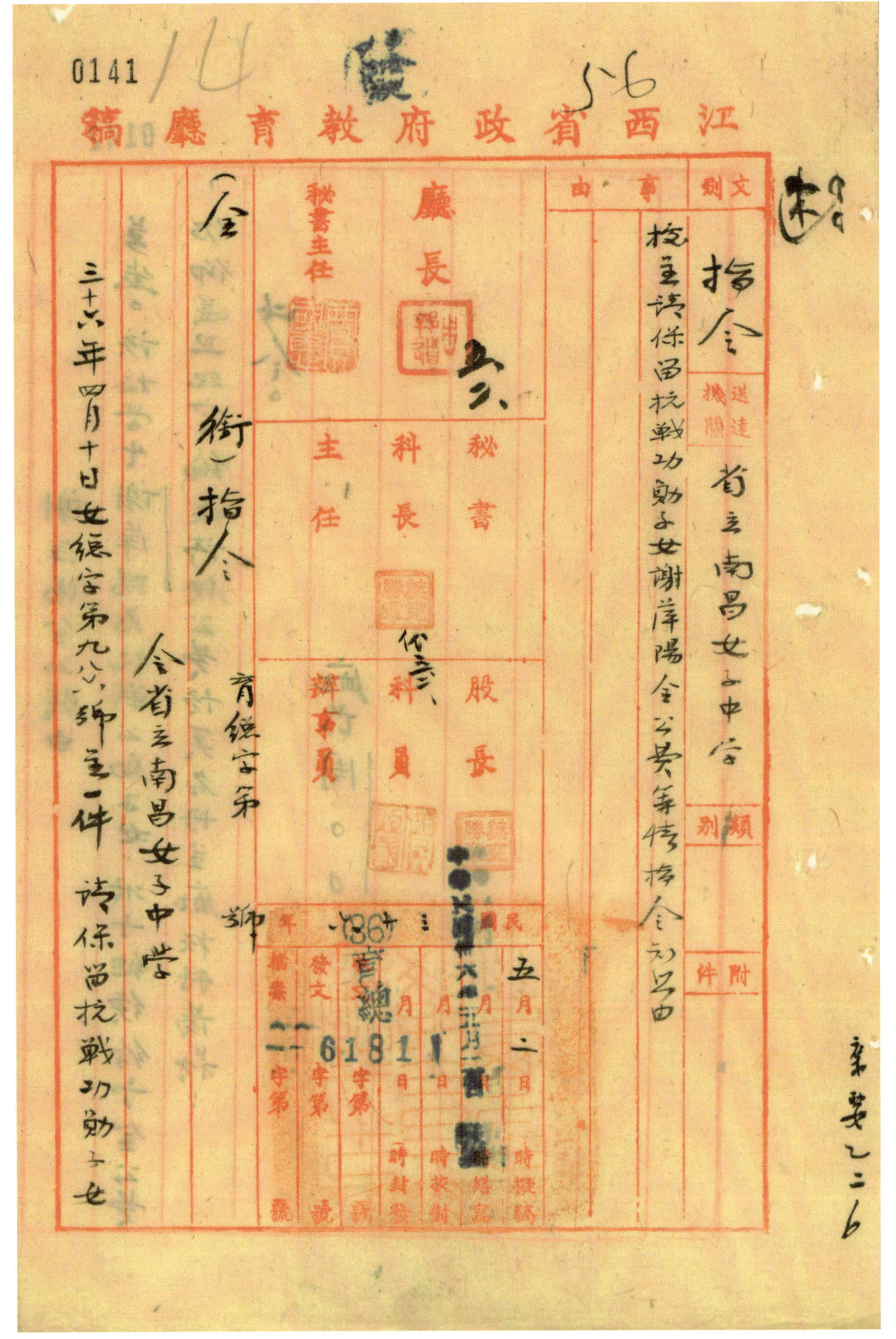

0141

江西省政府教育廳稿

文别：指令

送達機關：省立南昌女子中學

事由：據呈請保留抗戰功勛子女謝岸陽全公費等情指令知照由

廳長　秘書主任

秘書　科長　主任

股長　科員　辦事員

（全銜）指令

育總字第　號

令省立南昌女子中學

三十六年四月十日女總字第九八六號呈一件，請保留抗戰功勛子女

中華民國三十六年五月二日

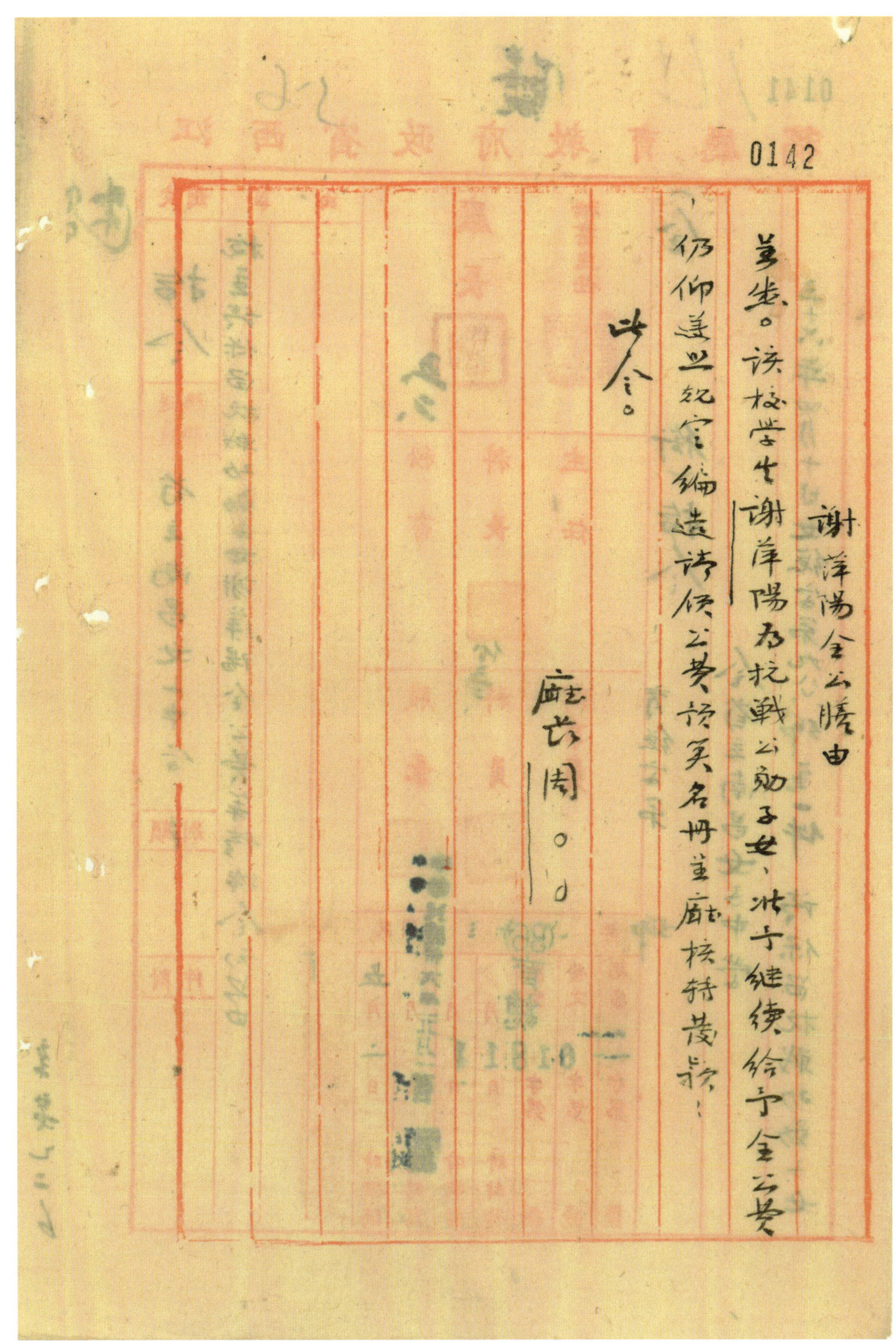

0142

謝萍陽全公膳由

呈悉。該校學生謝萍陽爲抗戰公務子女，准予繼續給予全公費，仍仰遵照規定編造請領公費[illegible]名冊呈廳核轉發款。

此令。

廳長 周○○

抗日战争档案汇编

江西抗战抚恤档案汇编

3

江西省档案馆 编

中華書局

本册目录

二、请恤救济补助（续）

三、伤亡抚恤调查

二、请恤救济补助（续）

江西省教育厅和江西省立医学专科学校等关于罗锦春请求解决求学生活困难的来往文书（一九四七年四月至一九四八年十月）

罗锦春致江西省政府的呈（一九四七年四月十九日）

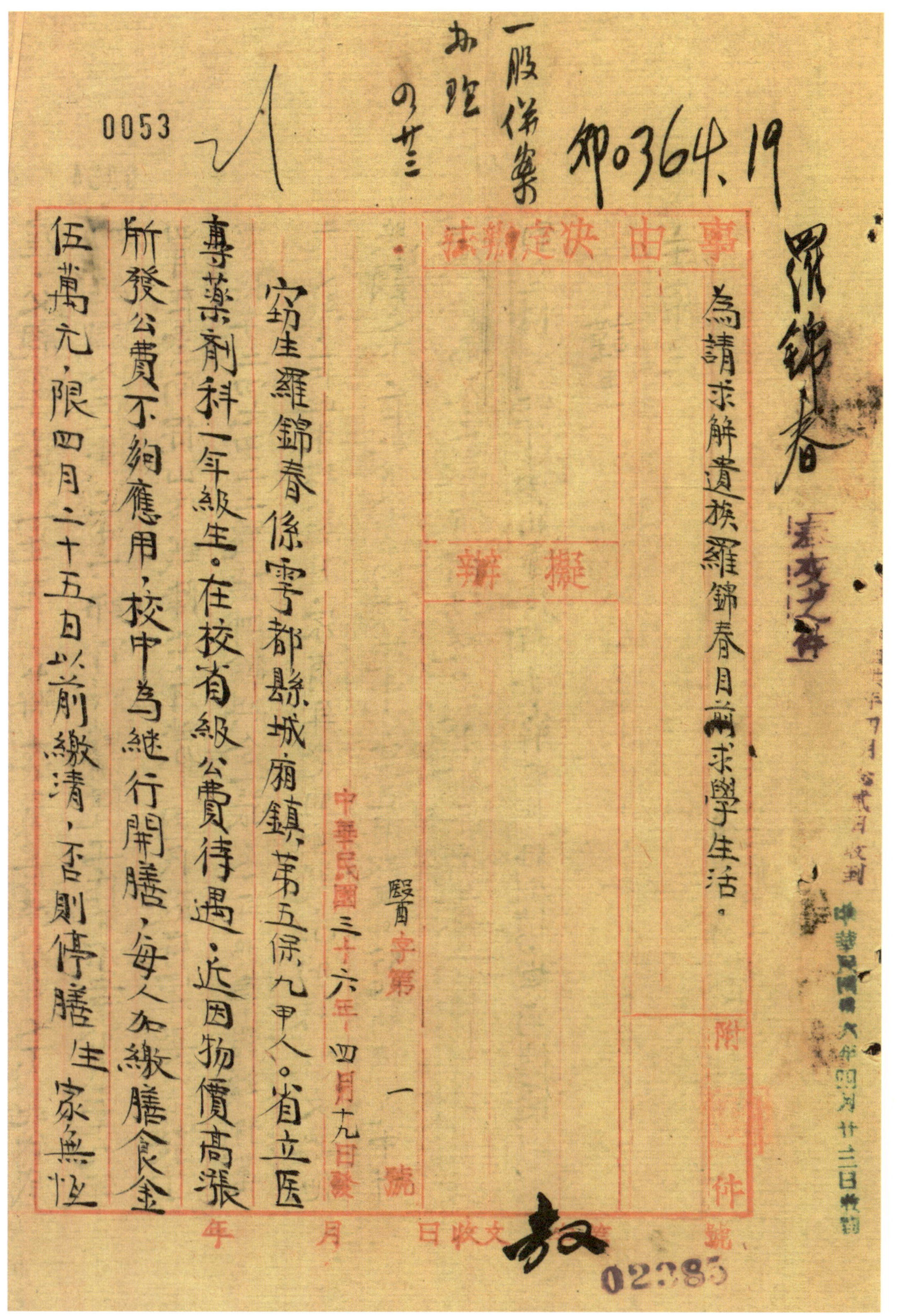

0053

卯0364.19

一般保案 办理

事由：為請求解決羅錦春目前求學生活。

擬辦

決定辦法

竊生羅錦春係雩都縣城廟鎮第五保九甲人。省立醫專藥劑科一年級生。在校有級公費待遇。近因物價高漲所發公費不夠應用，校中為維持開膳，每人加繳膳食金伍萬元，限四月二十五日以前繳清，否則停膳。生家無恆

中華民國三十六年四月十九日發

醫育字第一號

附件

年　月　日收文　字第　號

02385

產，父親羅教彿一生在　蔣委員長領導之下，北伐成功，繼調入陸軍三十六師野戰醫院工作。不幸於民二十九年四月在雲南保山作戰陣亡，承蒙　國民政府軍委會發予會換字二四七四二二號撫卹給與令一張，今年照章雖領捌萬元之款，在此米珠薪桂，家有年老的母親，小的妹妹，又無他照顧之下，在此貧窮的環境中，早已用罄。如此的情況中叫生繳伍萬元之款，有何法呢？如此　懇求

鈞座憐憫此可憐的遺族種子，解決目前生活，實為德便

謹呈

主席王

省立醫專藥科學生　羅錦春　呈

0055

22

報告　三十六年四月二六日于雩專

學生羅錦春雩都人，前上兩書，情況已告。父親羅教佛為國早故，承蒙國民政府軍委會發給會撫字二四七四二二號撫卹給與金一張，按年發給，不足應用。現在在飢餓聲中，慮露情況之下，教育廳長不曉得嗎？依照教育法抗戰功勳兒女就學免費給予條例，第二條，第一款應免繳在校各費及膳食補助金，並發給制服費等全部。為此懇請廳長依法速辦，甚為德便

謹呈

酌補80元

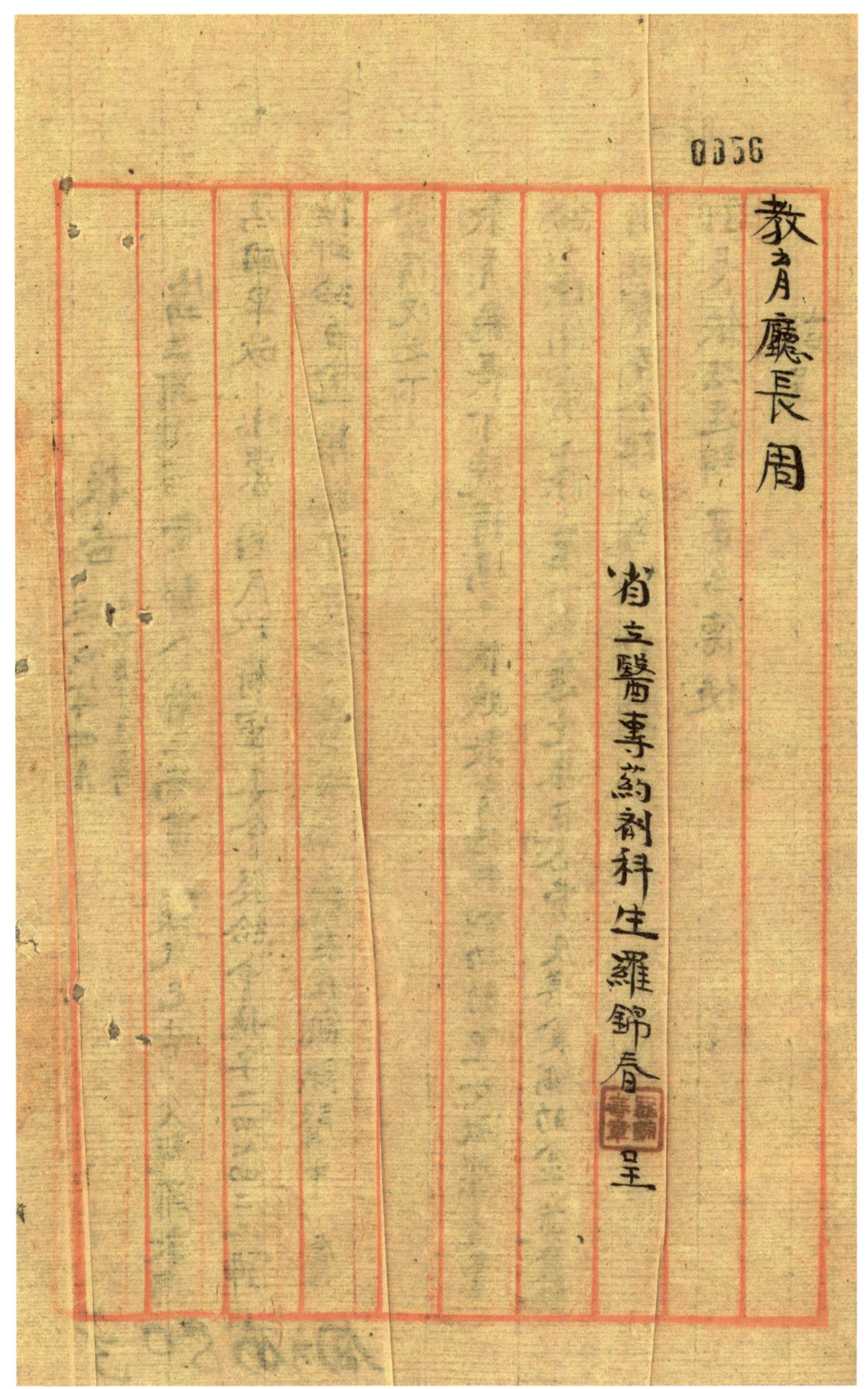

0356

教育廳長周

省立醫專藥劑科生羅錦春 呈

罗锦春致江西省教育厅和于都县政府的报告（一九四七年四月三十日）

0057

213

報告　三十六年四月三十日于医專

竊生羅錦春係雩都人，家中貧窘，父親羅教佛服務于陸軍三十六師野戰医院，任軍医職，不幸于民二九年在雲南保山抗戰陣亡。承蒙國民政府軍委會，發給會撫字二四七四二二號撫卹給與令一張，按年領發卹金，所領之款不足應用。近因物價高漲，公費不足以供膳用，生係抗戰功勛兒女，依照教育法令：抗戰功勛兒女就學免費條例：第二條，第二款：「應給予學費，實驗費，講議費，並補助在校膳宿制服費全部」為此懇請

鈞座依法發給第一次膳食補助金伍萬元，第二次二萬元，

0058

講議費壹萬，實習費叁仟元，暑假留校借膳費拾貳萬元，制服費柒萬元。共計貳拾柒萬叁仟元。以上所需之款項請速匯，得以在校安心求學，實爲德便

謹呈

教育廳長周　請轉呈

雩都縣長婁

抗戰功勛遺族羅錦春　呈

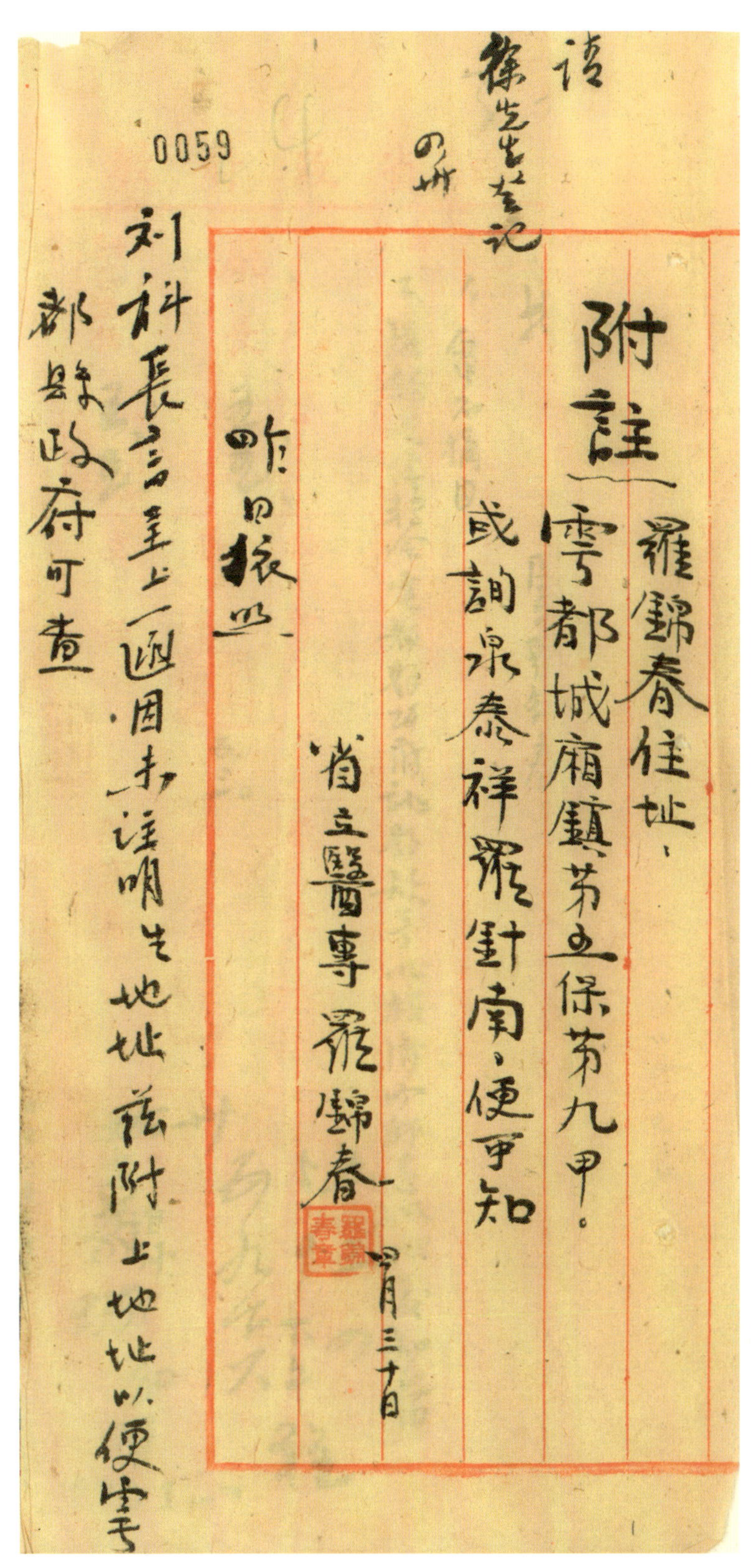

請
徐先生登記
０４[illegible]

0059

附註

羅錦春住址：
雩都城廂鎮第五保第九甲。
或詢泉泰祥羅針南，便可知

省立醫專　羅錦春

羅錦春章

四月三十日

昨日振四

刘科長言呈上一函，因未注明生地址，茲附上地址，以便寄

都縣政府可查

江西省教育厅致于都县政府的代电及致罗锦春的批（一九四七年五月九日）

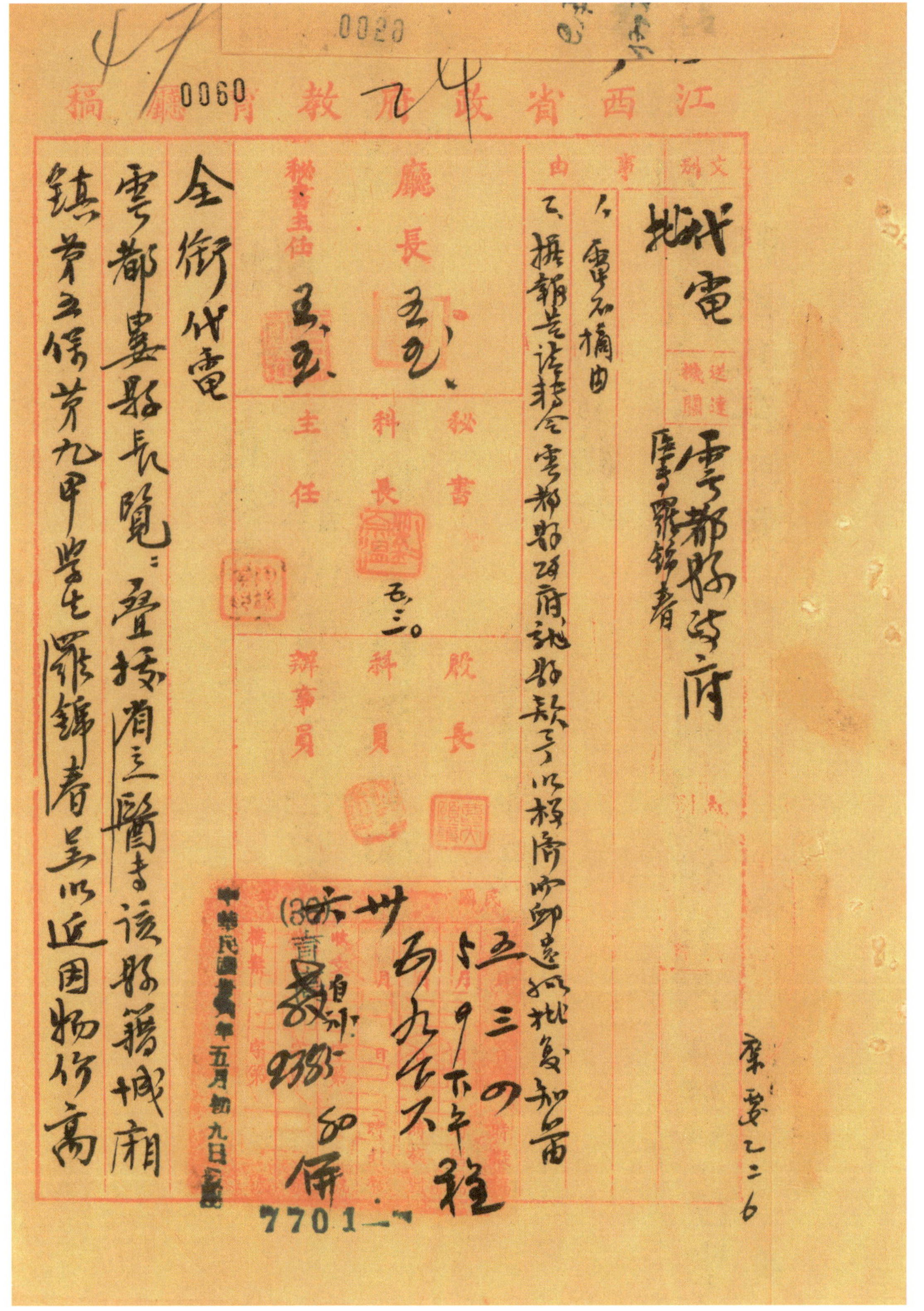
0020

0060

江西省政府教育厅稿

文别 批代电

送达机关 雩都县政府

事由

厅长

秘书主任

秘书

科长

主任

股长

科员

办事员

中华民国三十六年五月初九日

7701

呈，以在校所領省級公費生待遇，不足維持伙食，擬由校方僅由該生自行補繳。該生以乃父羅教備曾在陸軍三十六師野戰醫院任軍醫職，於二十九年雲南保山戰役陣亡後，雖經本年 國府軍委會發給撫䘏第二四七四二二號撫䘏令，按年給發恤金，惟所領之款，尚不足維持家用，至該生學雜等費，更屬無着，等情。查該生所請，尚屬實情，為抗戰陣亡功勛子女就學，政府自應優予救濟，本廳除准核發公費外，該生其他不敷之款項，據呈前情，令行貴所就該設法予以補助，以昭激勸。江西教育廳辰（）印。

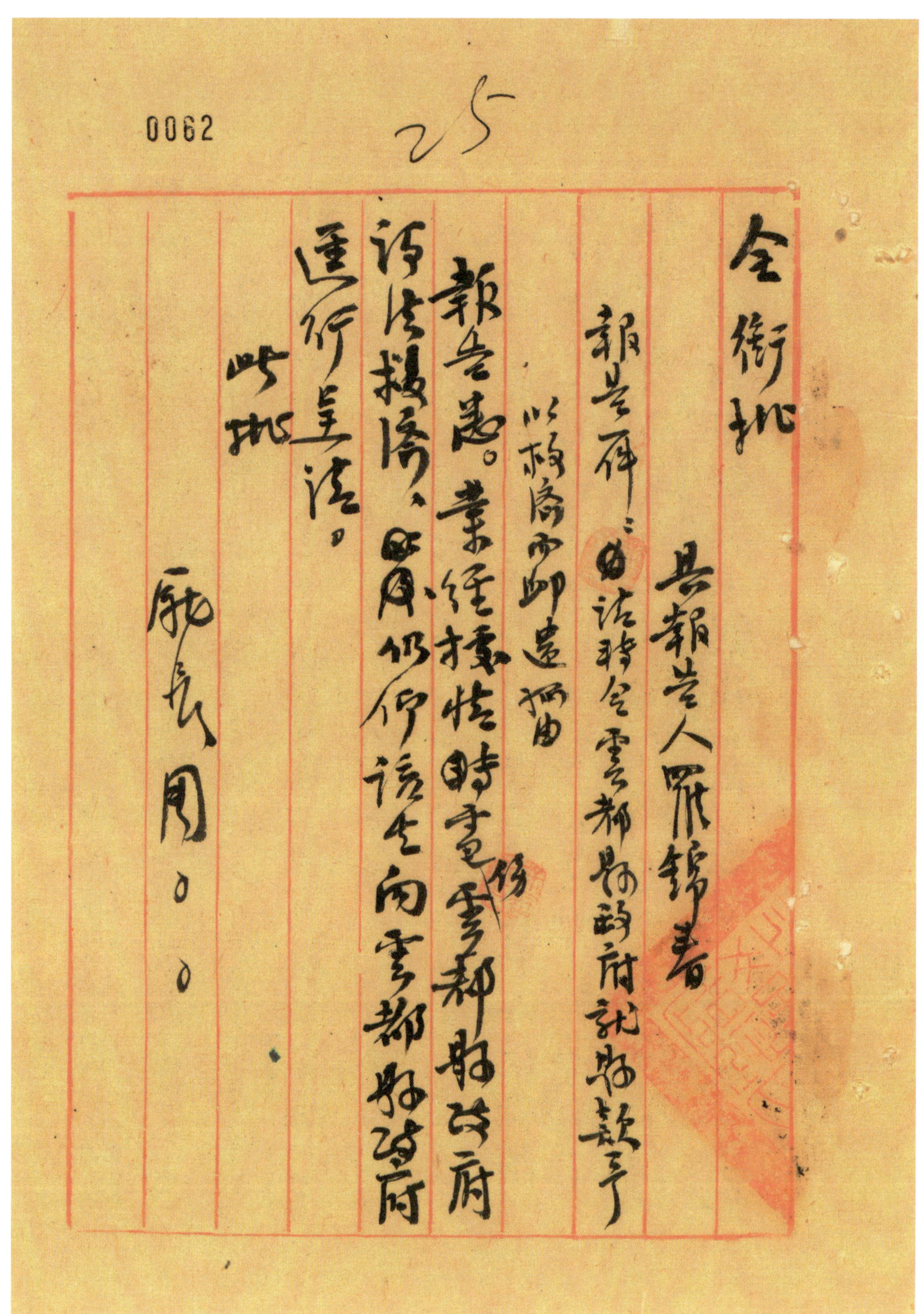

0062

25

令

衔批

具報告人羅錦春

報告稱：由請轉令雩都縣政府就縣款予以救濟而卹遺孤由

報告悉。業經據情轉飭雩都縣政府

該生據陳、自、仍仰該生向雩都縣政府

逕行呈請。

此批。

廳長周〇〇

罗锦春致江西省教育厅的报告（一九四七年五月十五日）

0042

報告

卅六年五月十五日于医專

竊生羅錦春係雩都城廂鎮第五保第九甲人。家貧無依。父親羅教佛為國服務於陸軍第卅六師野戰醫院，任軍醫職。不幸於二十九年在雲南保山抗戰陣亡。承蒙 國民政府軍委會發給會撫字二四七四二二號，撫卹給與令一張。按年領取卹金，因物價高漲，不足所用。生係省立醫專學生，在校省級公費待遇，公費不足供膳用。曾經至 廳請求幾次，都未依法辦理。校中曾停膳幾次，幸 劉科長知道生的實情困苦，給生一函致校長暫行用膳。現校中生活亦難維持，正在催繳膳食補助金，否則停膳。生係抗戰功勳子女，依照教育法令，抗戰功勳兒女就學免

0043

費補助條例：在此种孤苦無依，應得第二條第二款之优待。

為此懇請

鈞座依法發給在校膳食補助金及制服费全部，实为德便。

謹呈

教育廳長周

省立醫專學生羅錦春 謹呈

擬函二科查照，飭知該生將受待征件送廳呈核。七、十七。

劉科長速办。范。五、十七。

江西省教育厅致罗锦春的批（一九四七年六月四日）

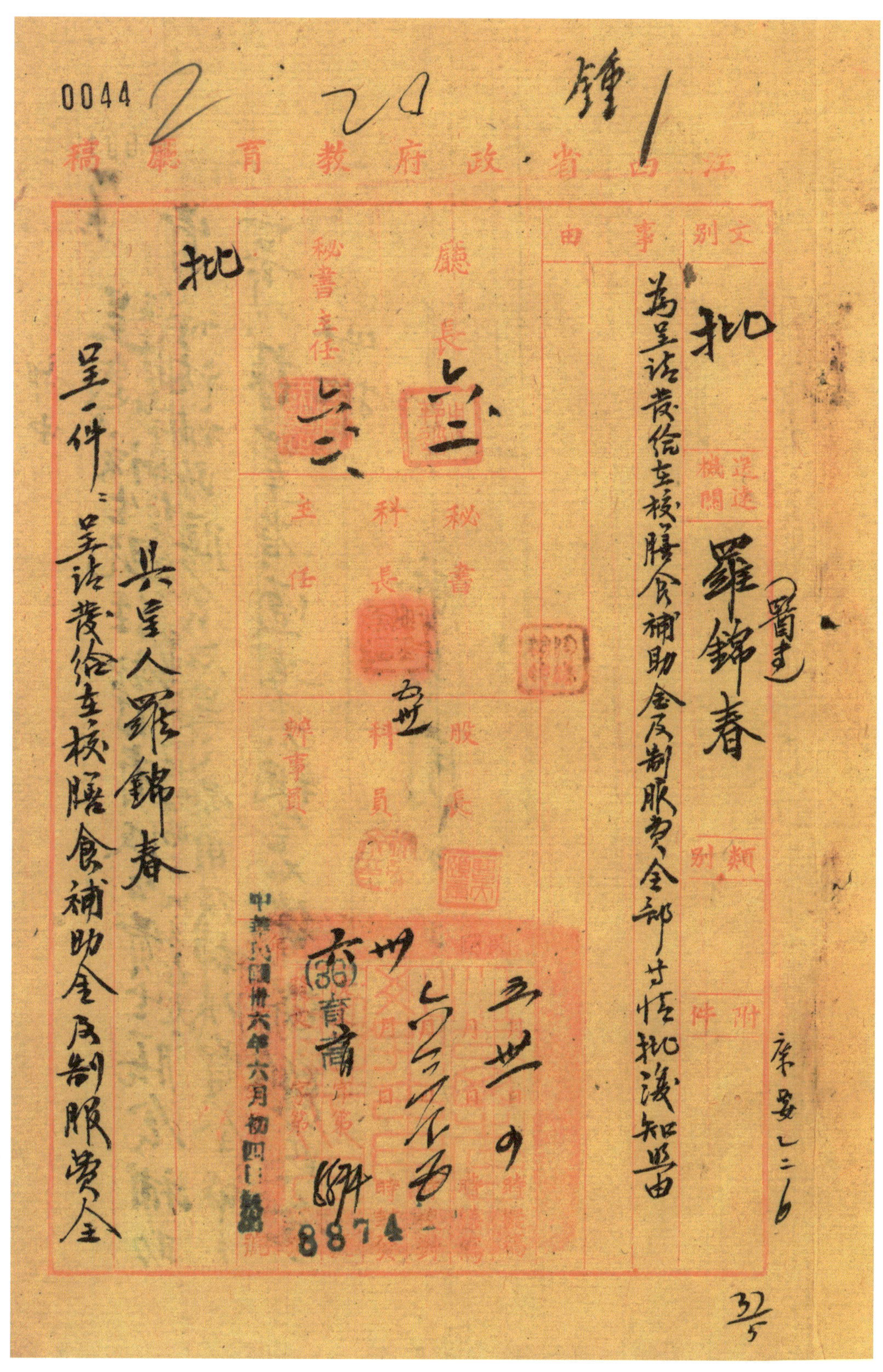

0044

江西省政府教育廳稿

文別：批

事由：為呈請發給在校膳食補助金及制服費全部由，仰候核轉

送達機關：羅錦春

批

具呈人羅錦春

呈一件，呈請發給在校膳食補助金及制服費全

中華民國卅六年六月初四日

8874

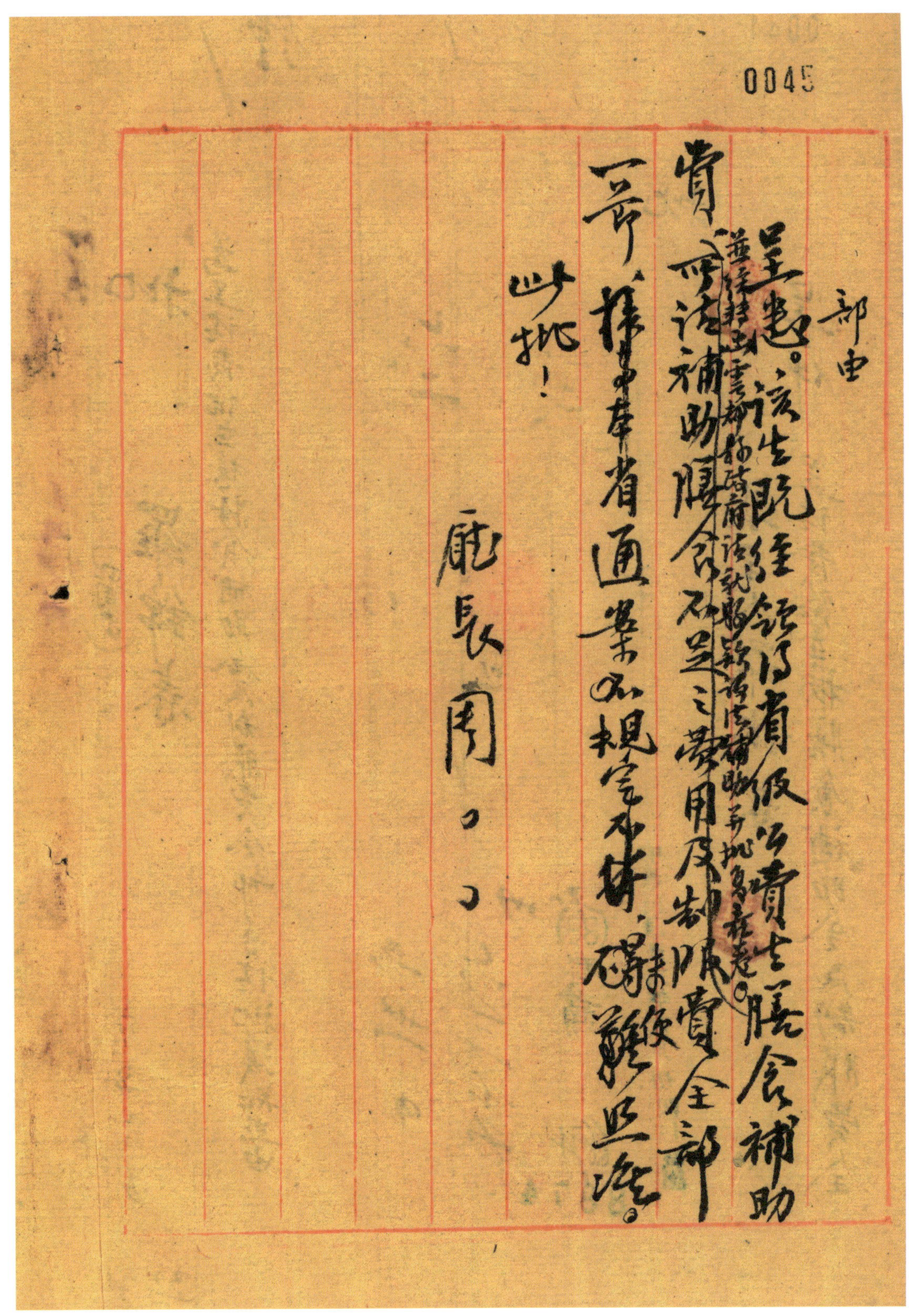

0045

部由

呈悉。該生既經領得省級公費生膳食補助費，所請補助膳食不足之費用及部限費全部一節，按省通案無規定辦法，碍難照准。此批！

廳長周○○

罗锦春致江西省教育厅的报告（一九四七年八月二十日）

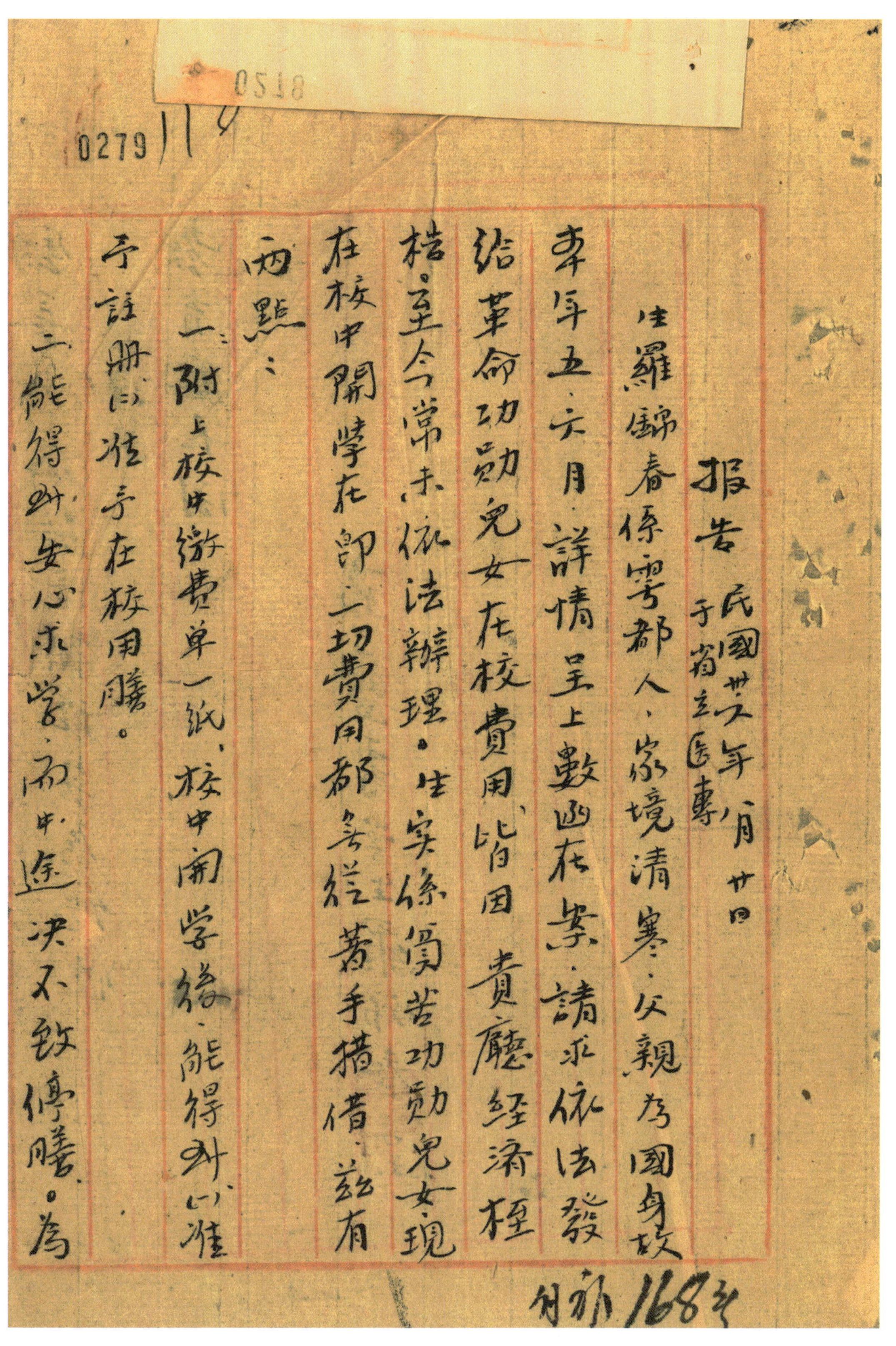

报告　民國卅六年八月廿日于省立医專

生羅錦春係雩都人，家境清寒，父親為國身故本年五、六月，詳情呈上數函在案，請求依法發給革命功勛兒女在校費用，皆因貴廳經濟極拮据，至今尚未依法辦理。生實係窮苦功勛兒女，現在校中開學在即，一切費用都無從著手措借，茲有兩點：

一、附上校中繳費單一紙，校中開學後，能得此以准予註冊，以准予在校用膳。

二、能得此安心求學，而中途決不致停膳。為

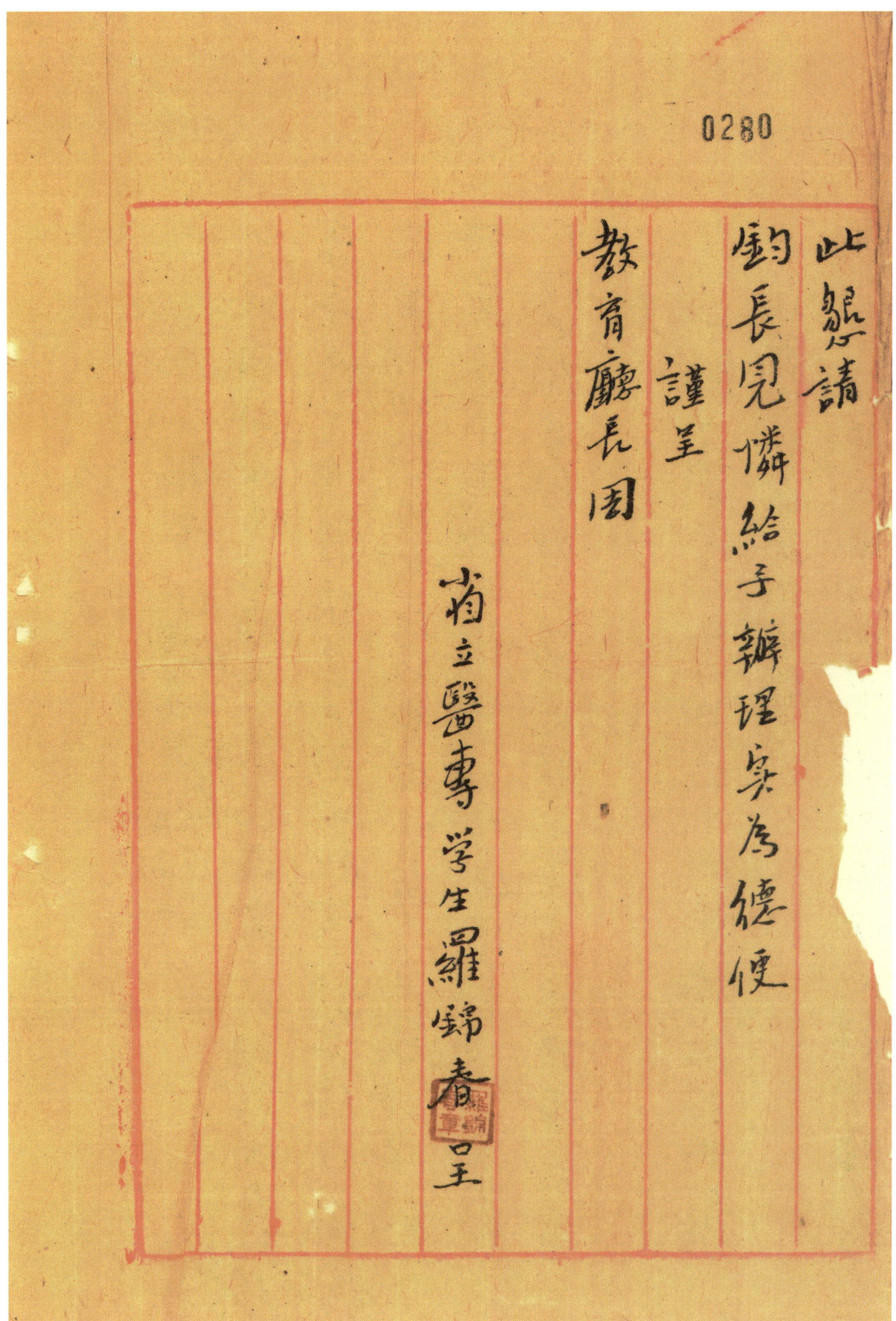
0280

此懇請

鈞長見憐給予辦理實為德便

謹呈

教育廳長周

省立醫專學生羅錦春（章）呈

江西省立医学专科学校致省教育厅的呈（一九四七年九月二十六日）

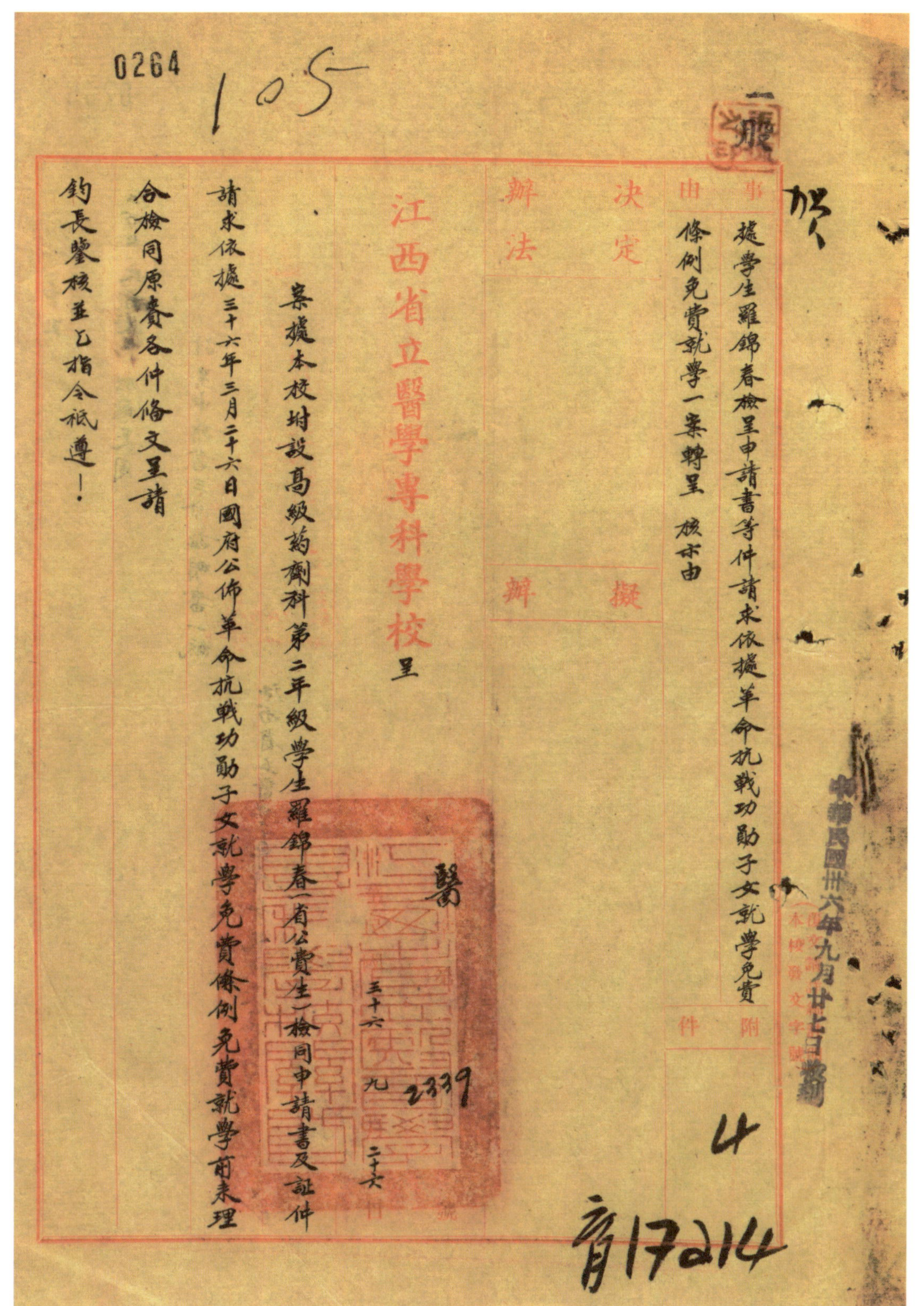
0264

105

事由：據學生羅錦春檢呈申請書等件請求依據革命抗戰功勳子女就學免費條例免費就學一案轉呈 核示由

附件

決定辦法

擬辦

江西省立醫學專科學校 呈

醫 三十六 九 二十六 2339

案據本校附設高級藥劑科第二年級學生羅錦春（省公費生）檢同申請書及證件請求依據三十六年三月二十六日國府公佈革命抗戰功勳子女就學免費條例免費就學前來理合檢同原賫各件備文呈請

鈞長鑒核並乞指令祗遵！

中華民國卅六年九月廿七日收到

4

育17214

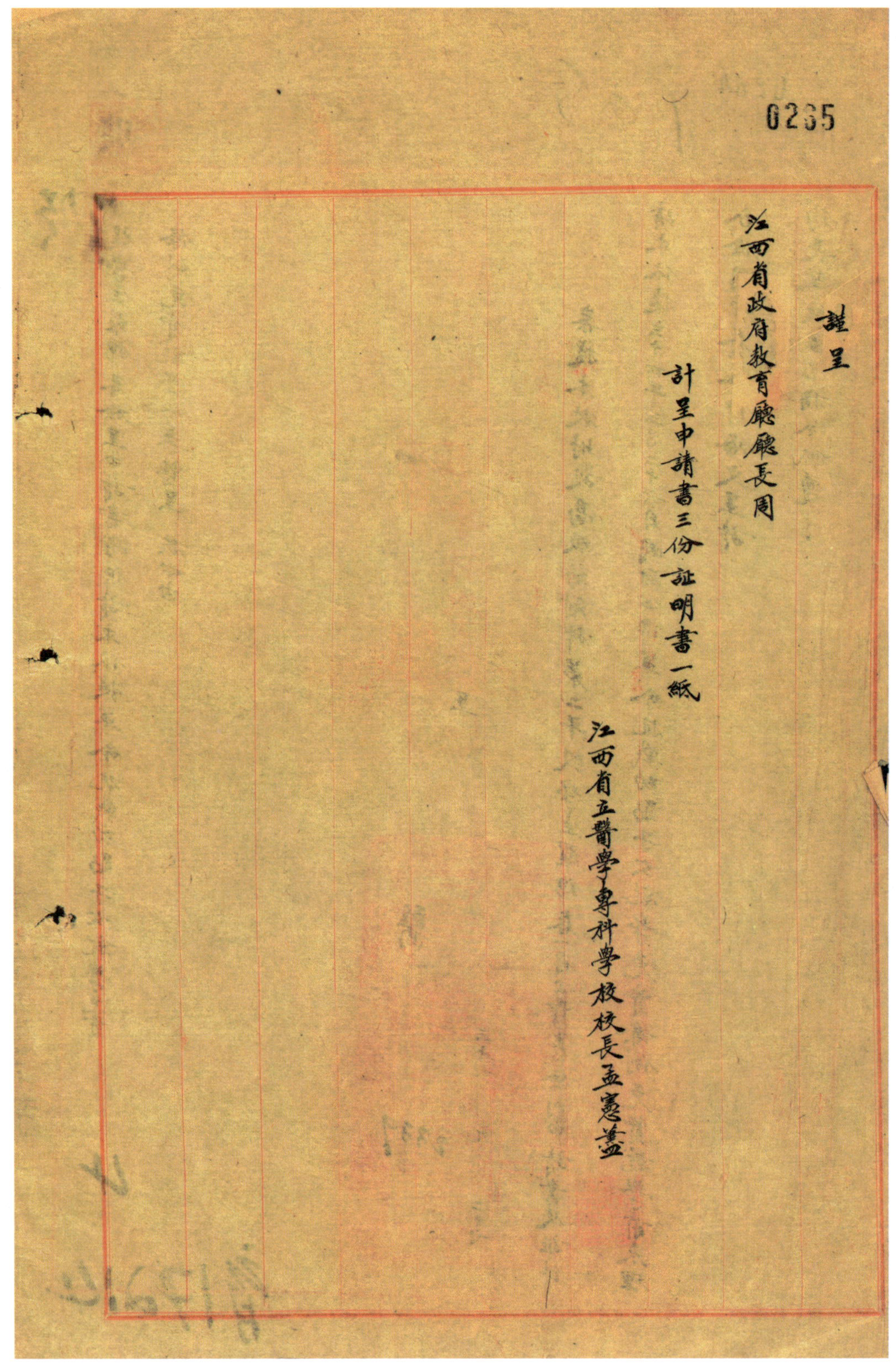

0265

謹呈

江西省政府教育廳廳長周

計呈申請書三份證明書一紙

江西省立醫學專科學校校長孟憲藎

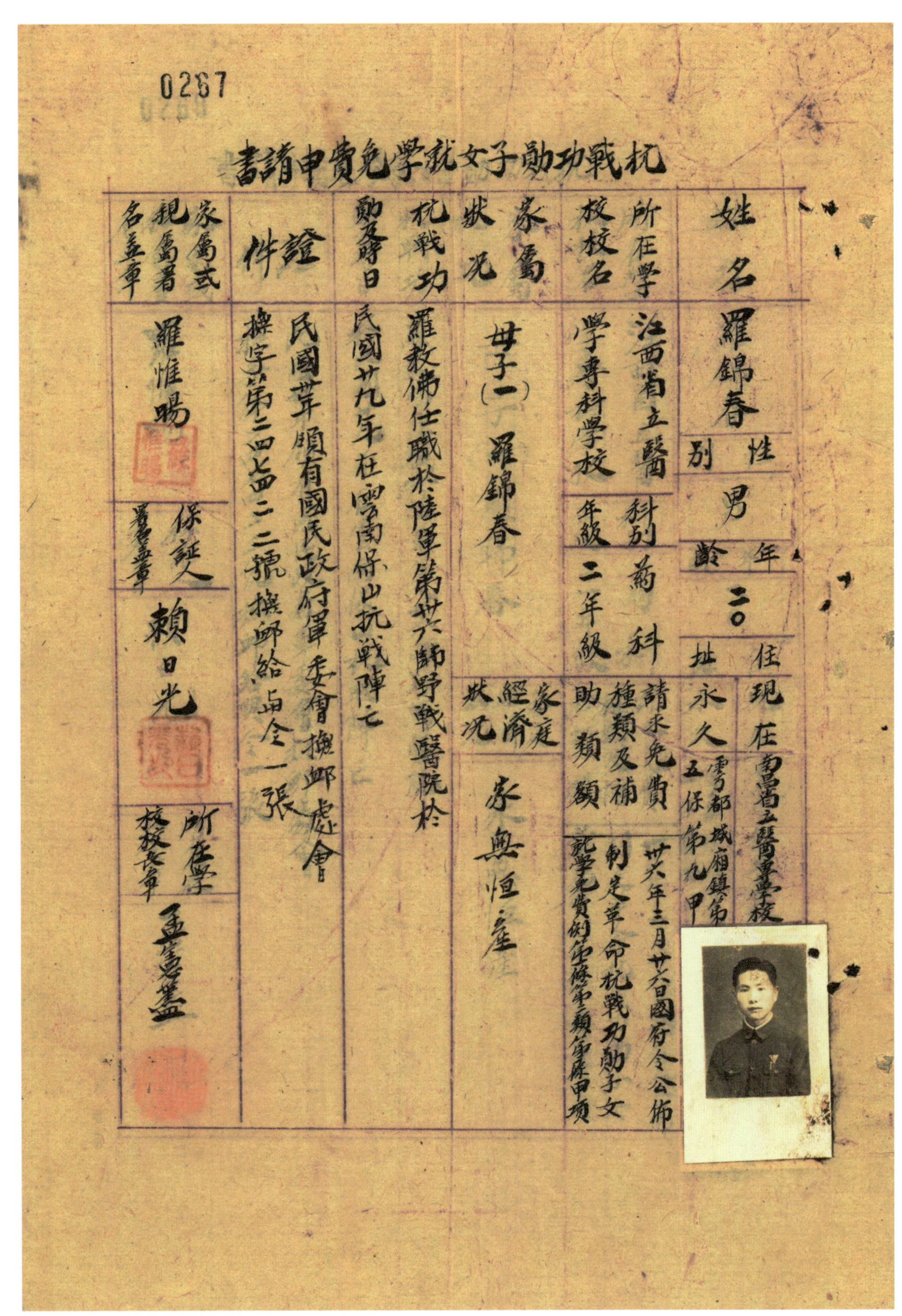

0267

抗戰功勛子女就學免費申請書

姓名	羅錦春
性別	男
年齡	二〇
住址（現在）	南昌省立醫專學校
住址（永久）	雩都城廂鎮第五保第九甲
所在學校校名	江西省立醫學專科學校
科別	藥科
年級	二年級
請求免費種類及補助類額	廿六年三月廿六日國府令公佈制定革命抗戰功勛子女就學免費例第二條第二類第一條甲項
家屬狀況	母子（一）羅錦春
家庭經濟狀況	家無恒産
抗戰功勳及時日	羅救佛任職於陸軍第廿六師野戰醫院於民國廿九年在雩南保山抗戰陣亡
證件	民國卅年頒有國民政府軍委會撫卹處會撫字第二四七四二二號撫卹給與令一張
家屬或親屬署名蓋章	羅惟暘 [印]
保証人署名蓋章	賴日光 [印]
所在學校校長蓋章	孟憲盞 [印]

附二：证明书

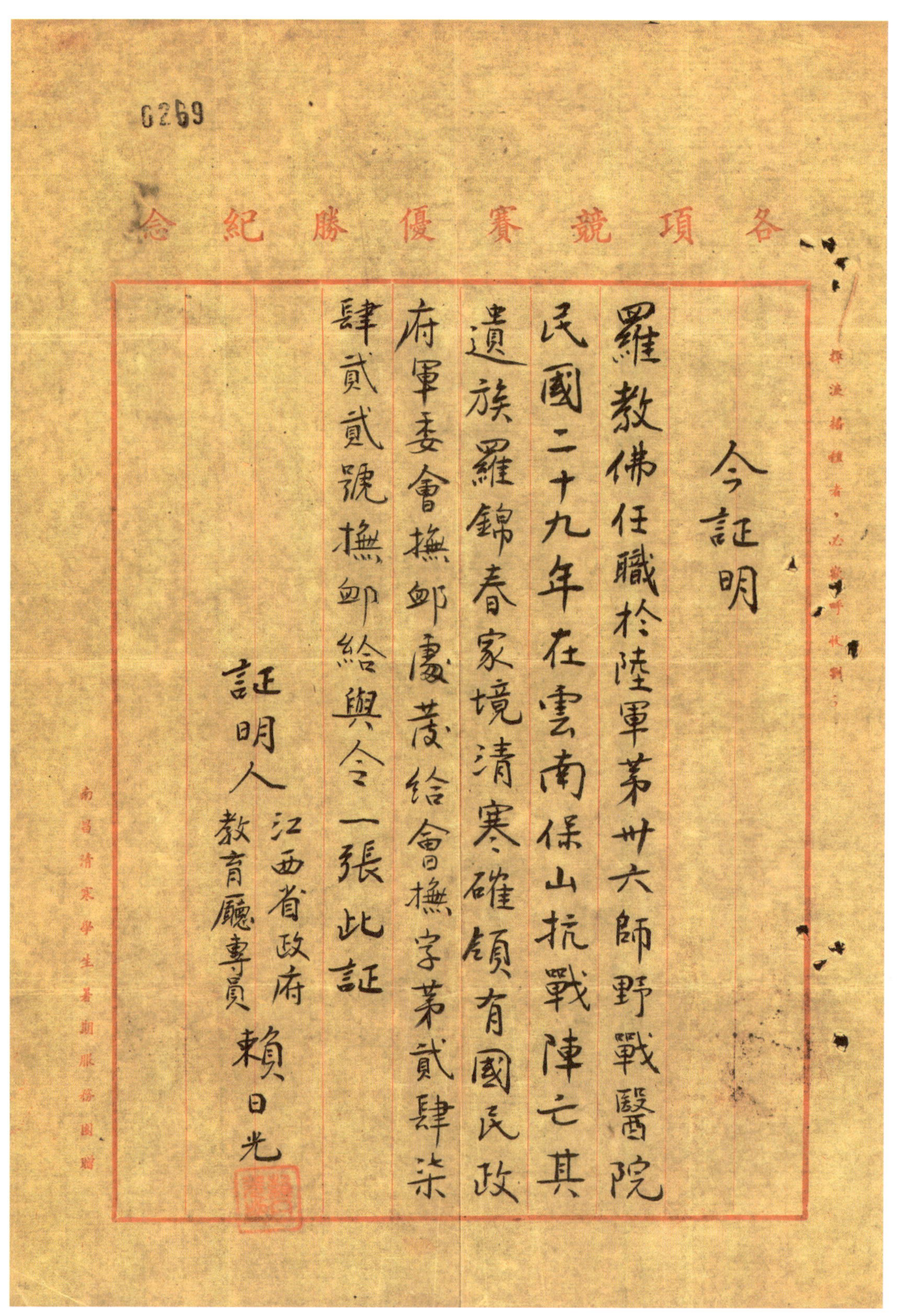

0269

各項競賽優勝紀念

今證明

羅教佛任職於陸軍第卅六師野戰醫院民國二十九年在雲南保山抗戰陣亡其遺族羅錦春家境清寒確領有國民政府軍委會撫卹處發給會撫字第貳肆柒肆貳貳號撫卹給與令一張此證

證明人 江西省政府教育廳專員 賴日光

南昌清寒學生暑期服務團贈

江西省教育厅致省立医学专科学校的指令（一九四七年十一月十七日）

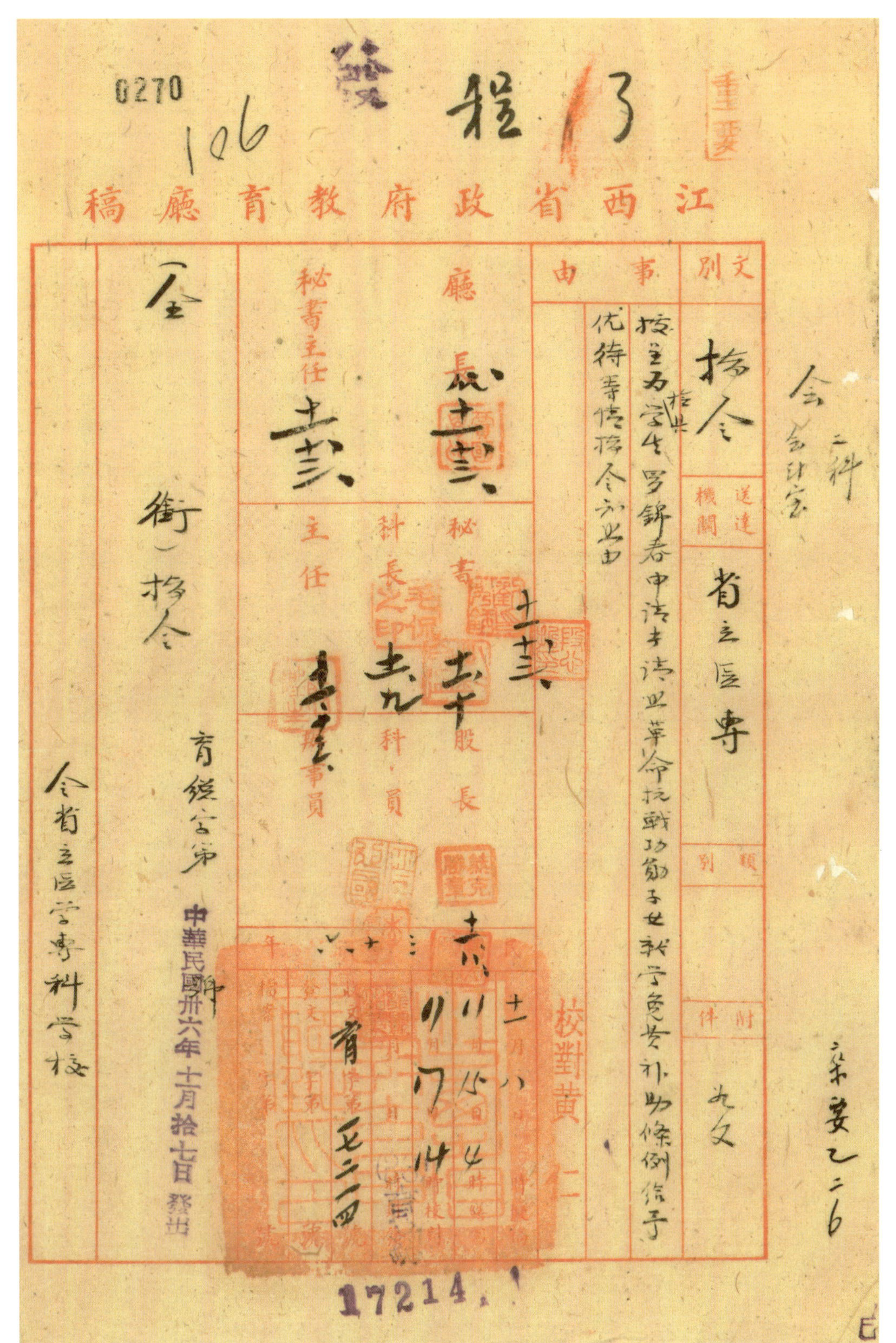

0270

106 稽 行

重要

江西省政府教育廳稿

文別	指令
送達機關	省立醫專
附件	無

事由：校呈為學生羅錦春申請比照革命抗戰功勳子女就學免費補助條例給予優待等情指令知照由

廳長 十一、十三

秘書主任 十一、十三

秘書 十一、十三

科長 十一、十

主任

股長 十一、十

科員 十一、九

辦事員

校對 黄

（全銜）指令

育總字第 號

令省立醫學專科學校

中華民國卅六年十一月拾七日發出

17214

0271

三十六年四月廿六日呈一件　為據其學生羅錦春申請予請照革命抗戰功勳子女就學免費補助條例給予優待由

呈件均悉。該校藥劑科學生羅錦春准予依照革命抗戰功勳子女就學免費條例之規定給予全公費待遇（一按現行標準每名月支給膳食費二八〇〇〇元、公糧二斗三升，惟該生係職業班學生，在校已取得上項待遇，不得重領）並准其學期每名一次撥給補助費十萬元，應由校編造預算請款書一紙專案呈廳核發款。其在校應免之學費實驗講義等費，着該校應逕照前項條例第六條前段規定辦理。仰即知照！

此令。件存。

廳長周〇〇

江西省教育厅致罗锦春的批（一九四七年十一月二十二日）

0282

江西省政府教育廳稿

文别：批

事由：據呈請照革命抗戰功勛子女就學免費補助條例規定給予救濟等情批示知照由

送達機關：羅錦春

（全銜）批

育總字第　號

具呈人羅錦春

中華民國卅六年十一月廿二日發出

20788

0283

呈一件 請照革命抗戰功勳子女就學免費補助條例規定

給予救濟由

呈悉。查本案前據省立[illegible]送，該校呈送申請書請照革命抗戰功勳子女就學免

費補助條例給予救濟到廳，當經本廳核准全公費待遇及本學期一次

補助十萬元，並飭該校依照前項條例規定，免徵學費、實驗、講義等費用在案。

仰即知照！

此批。

罗锦春致江西省教育厅的报告（一九四七年十一月二十五日）

0312

126

一般

中華民國卅六年十一月廿八日

報告

卅六年十一月廿五日
于省立醫專

卅六年十一月廿九日收到

竊生羅錦春家境清寒，係革命抗戰功勛子女之一，依法填具申請書，由校中呈送，申請在校求學免費及補助等事項，承蒙鈞座核准為本省公費及本學期第一次補助金拾萬元，甚為感激！奈因物價高漲，所領公費不足供膳應用。第一次核發拾萬元補助金已由校中扣用為膳委會補助金用。現時屆冬冷北風凜冽，生單衣御寒，甚殊難以度日。為此懇請

鈞座見憐諒察哀情，發給無依的哀求者棉衣費一套，甚為德便！

謹呈

教育廳長周

登

育21336

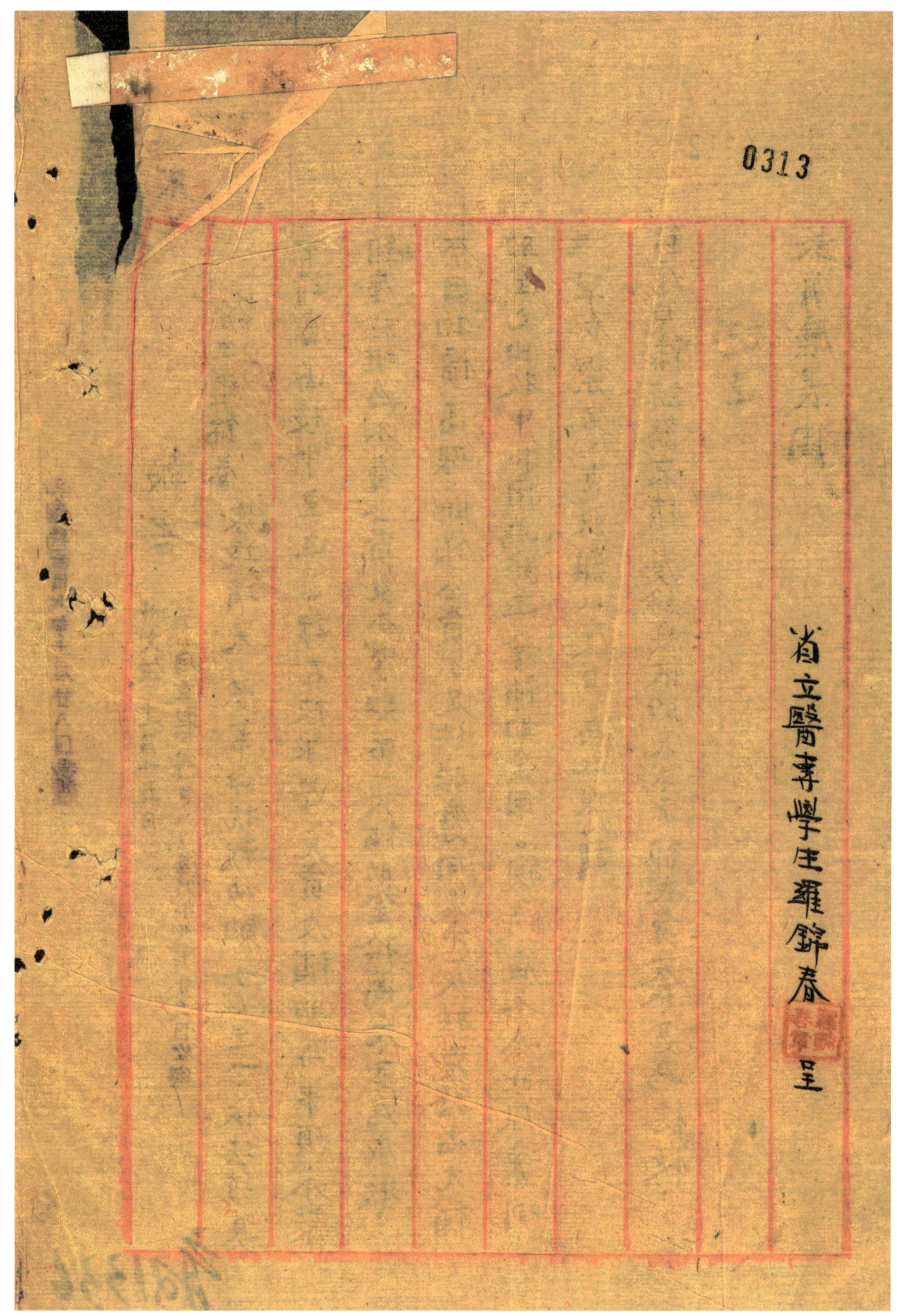

0313

省立醫專學生羅錦春 呈

江西省教育厅致罗锦春的批（一九四七年十二月六日）

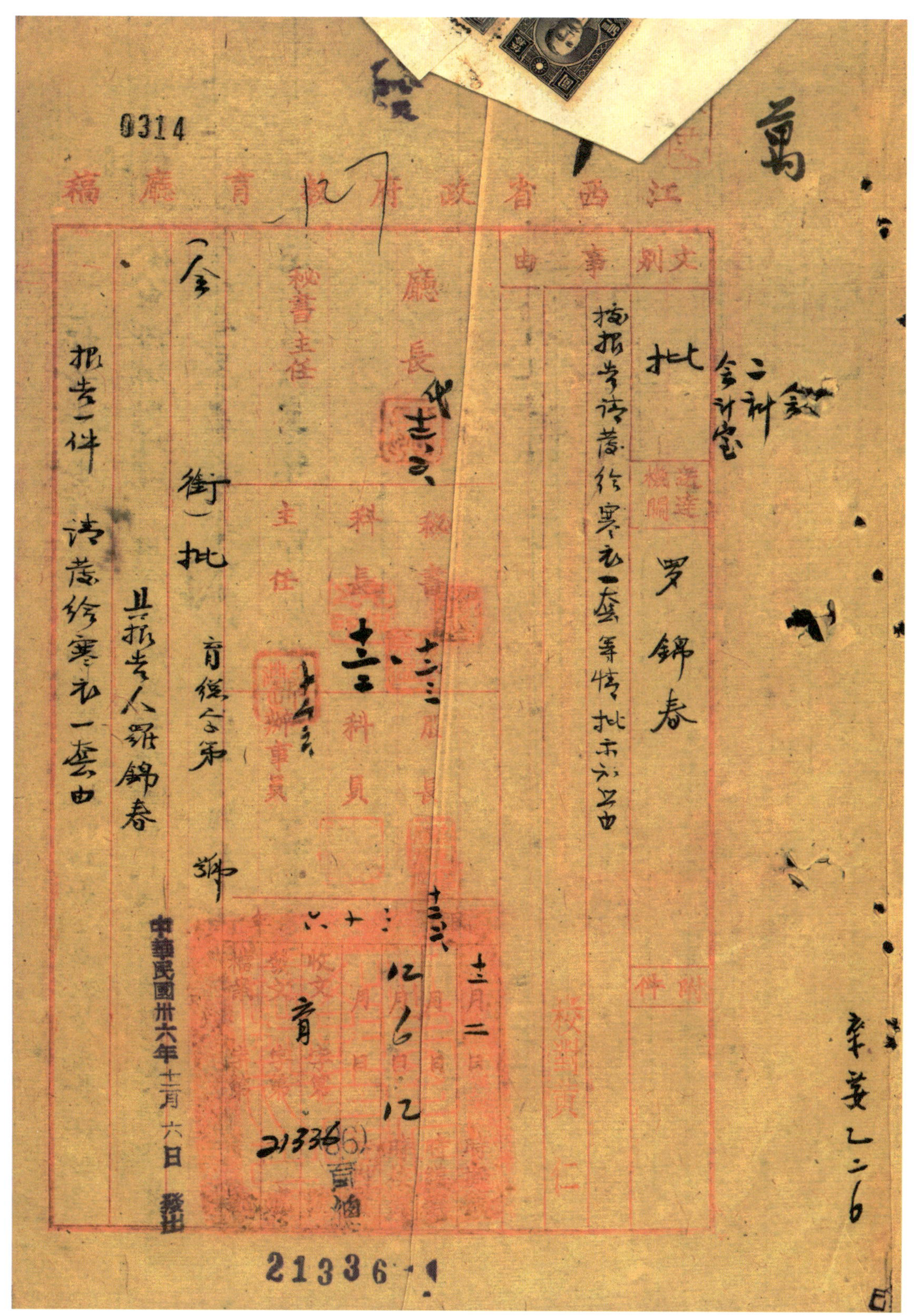

0314

江西省政府教育廳稿

文別：批

送達機關：罗錦春

廳長

秘書主任

秘書

科長

主任

科員

辦事員

（全銜）批

育總字第　號

具報告人羅錦春

報告一件

校對員

附件

中華民國卅六年十二月六日發出

21336

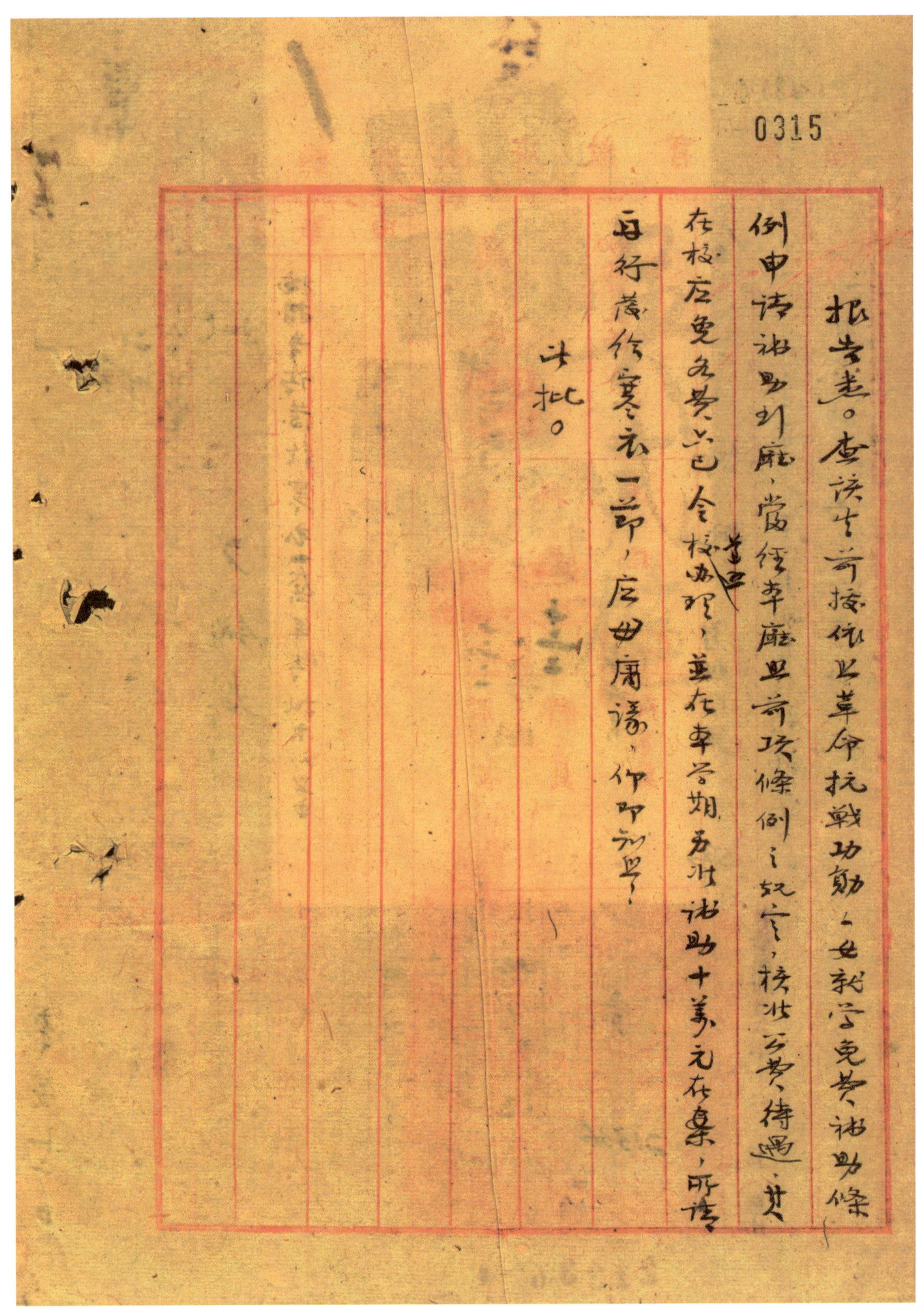

0315

據呈悉。查該生前係依照革命抗戰功勳子女就學免費補助條例申請補助到廳，當經本廳照前項條例之規定，核准公費待遇，其在校應免各費亦已令校照辦，並在本學期另准補助十萬元在案，所請再行發給寒衣一節，應毋庸議，仰即知照。

此批。

罗锦春致江西省教育厅的报告（一九四八年九月二十七日）

0270　　15-6

一股　收

報告　卅七年九月二七日于醫專

竊生羅錦春家境清寒，詳情已於卅六年九月由省立醫專學校轉呈到廳，承蒙

中華民國卅六年　月廿九日

鈞座于卅六年十一月二十二日育總字第20788號核准生在校依照革命抗戰功勛子女就學免費補助條例第二條第二款之規定，為此懇請

鈞座哀此煢獨，早日發給在校書籍講義費及膳食補助金共伍拾圓，實為德便。

謹呈

教育廳長周　鑒核

省立醫專学生　羅錦春　謹呈

中華民國卅七年九月廿七日到

18682

江西省教育厅致罗锦春的批（一九四八年十月七日）

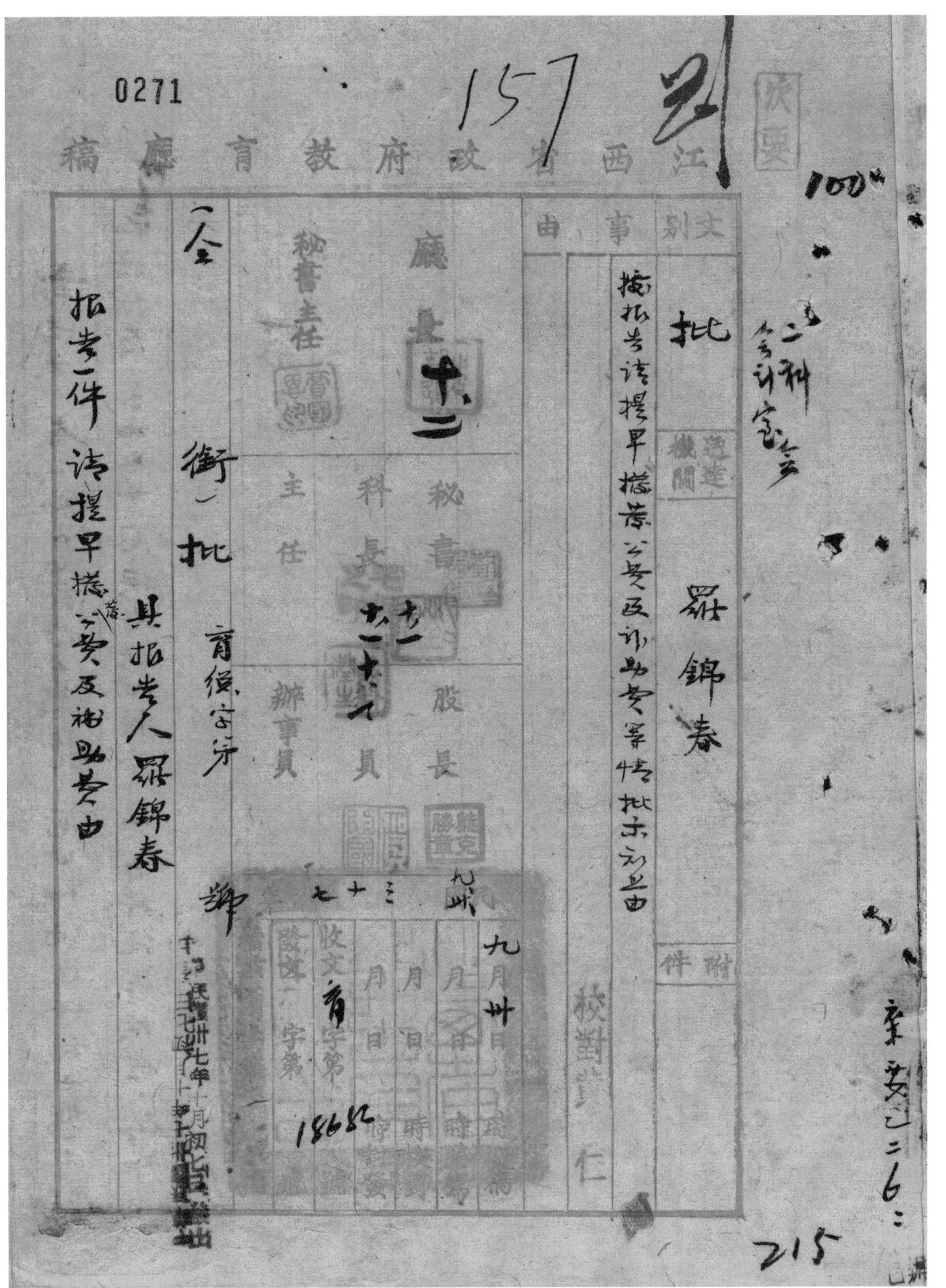

0271

江西省政府教育廳稿

文別：批

事由：據報告請提早撥發公費及補助費案情批示知照由

罗錦春

廳長
秘書主任
秘書
科長
主任
股長
科員
辦事員

（全銜）批 育復字第 號

具報告人羅錦春

報告一件 請提早撥發公費及補助費由

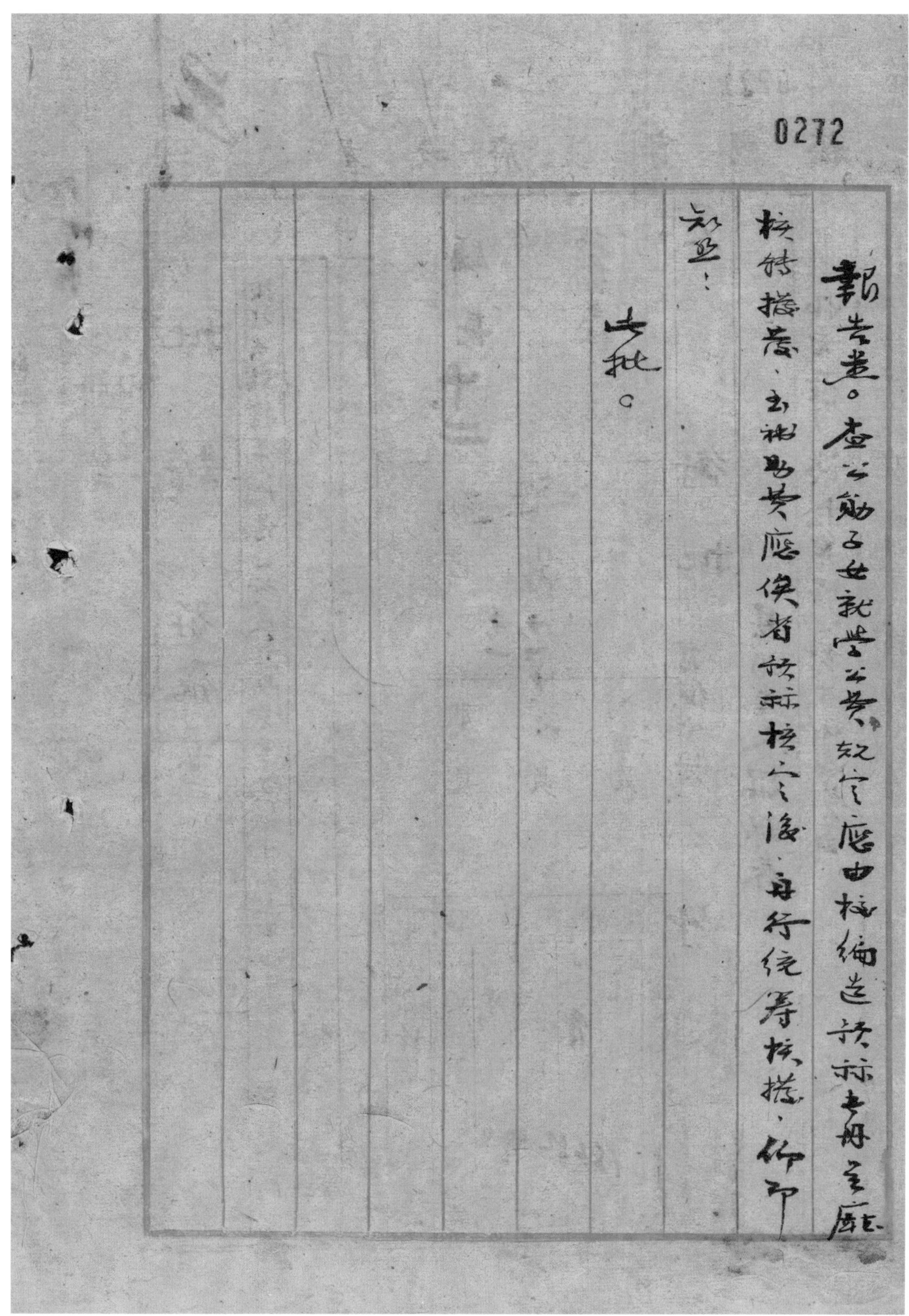

0272

報告悉。查公勤子女就學公費如何應由校編造清冊呈廳核轉撥發，至補助費應俟清冊核定後，再行統籌核撥，仰即知照！

此批。

江西省教育厅和江西省立武宁师范学校关于给予梁雁宾补助的来往文书（一九四七年六月至十二月）

江西省立武宁师范学校致省教育厅的呈（一九四七年六月二十二日）

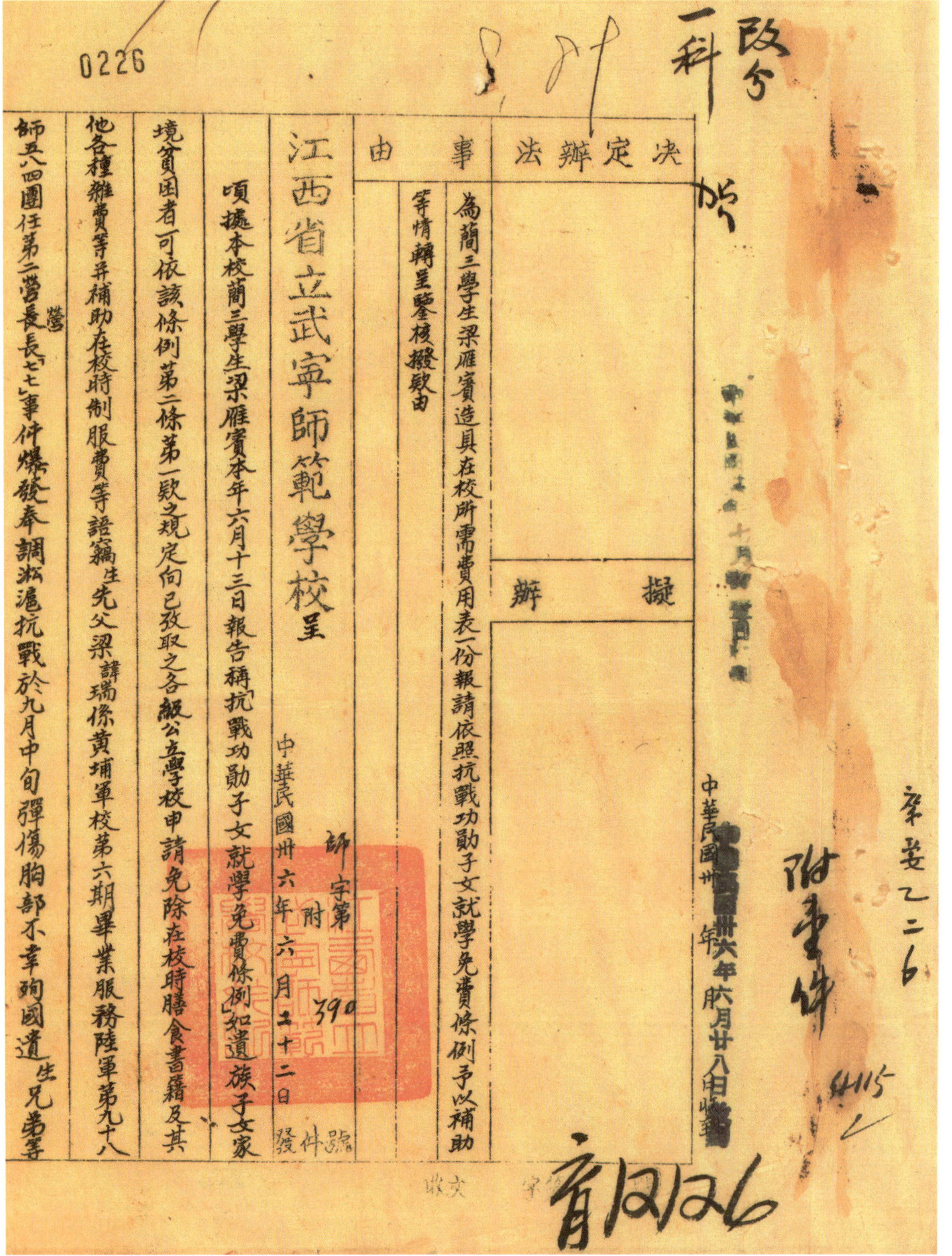

0226

决定办法

拟办

事由：为简三学生梁雁宾造具在校所需费用表一份报请依照抗战功勋子女就学免费条例予以补助等情转呈鉴核拨款由

江西省立武宁师范学校呈

中华民国卅六年六月二十二日 师字第390号 附

顷据本校简三学生梁雁宾本年六月十三日报告称："抗战功勋子女就学免费条例"如遗族子女家境贫困者可依该条例第二条第一款之规定向已考取之各级公立学校申请免除在校时膳食书籍及其他各种杂费等并补助在校时制服费等语。窃生先父梁讳瑞係黄埔军校第六期毕业，服务陆军第九十八师五八四团任第二营营长，"七七"事件爆发，奉调淞沪抗战，於九月中旬弹伤胸部，不幸殉国，遗生兄弟等

附件

育12126

數人流離失所當時雖蒙政府俯念忠烈經發卹金給與令一張曾領過特卹與年卹已閱七年但以時局轉變貨價日高微薄之款不堪救濟一家數口之最低生活故生肄業本校屢因經濟困難幾將中輟家中於無法中設法維持始能度過簡師三年階段但現在物價益漲若欲繼續就學尤感困難今該條例第二條第一款既經規定遺族子女家境清貧者可依法免費并學用特備文呈請鈞長鑒核轉呈省政府准予補助、在校書籍制服以及各種費用彰卹典而惠遺孤實為德便等語附所需費用表一份據此查該生所稱各節經查屬實但本校經費艱窘無法補助理合轉呈

鈞廳鑒核撥款指令祇遵

謹呈

江西省政府教育廳廳長周

附在校所需費用表一份

江西省立武寧師範學校校長熊光國

附：一九四七年度上学期在校所需费用表

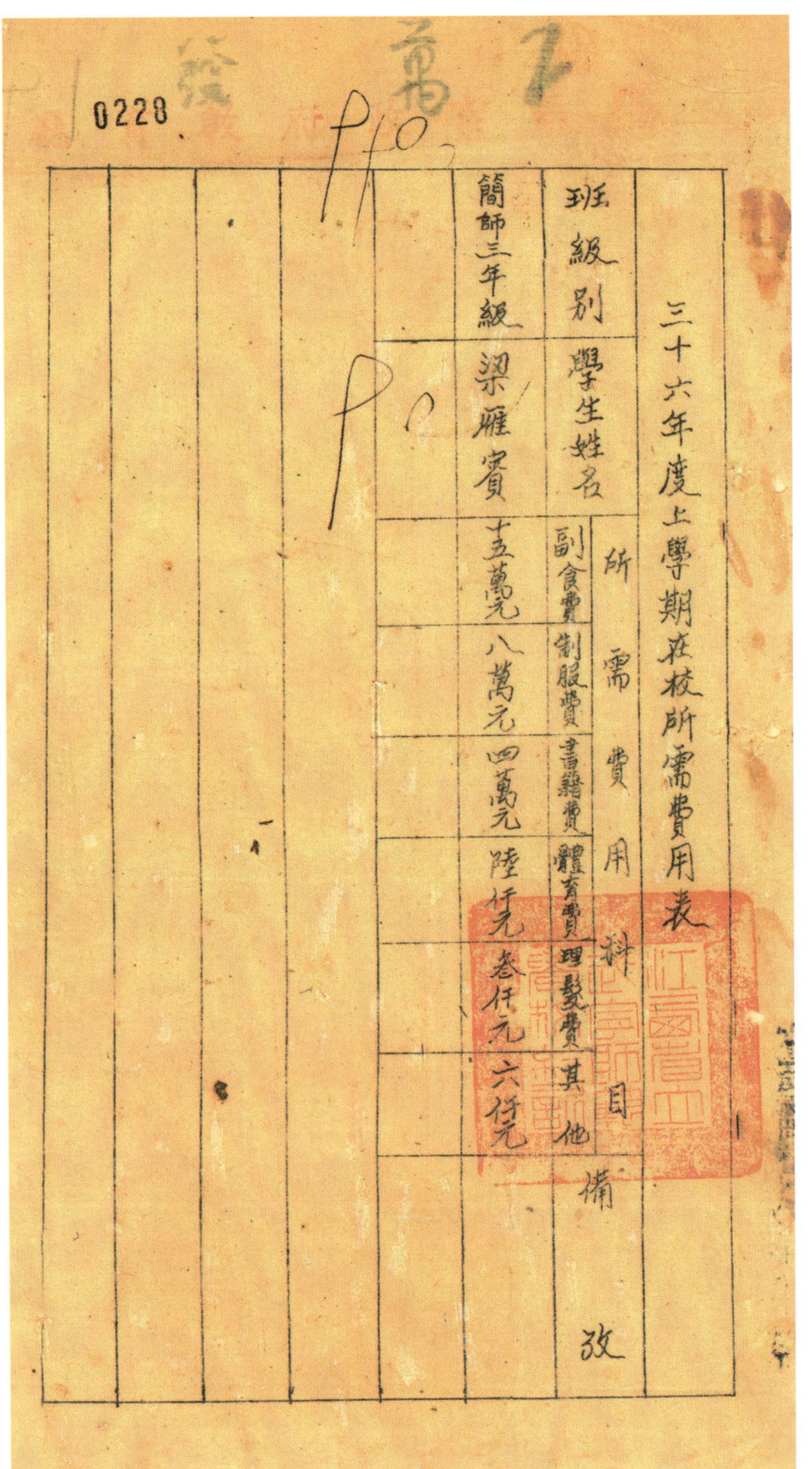
0228

三十六年度上學期在校所需費用表

班級別	學生姓名	所需費用科目						備考
		副食費	制服費	書籍費	體育費	理髮費	其他	
簡師三年級	梁雁賓	十五萬元	八萬元	四萬元	陸仟元	叁仟元	六仟元	

江西省教育厅致省立武宁师范学校的指令（一九四七年九月一日）

教育厅稿

指令

令省立武宁师范学校

据呈为列具学生梁雁宾在校所需费用表请依照革命抗战功勋子女就学免费条例予以补助等情指令知照由

中华民国卅六年九月一日发出

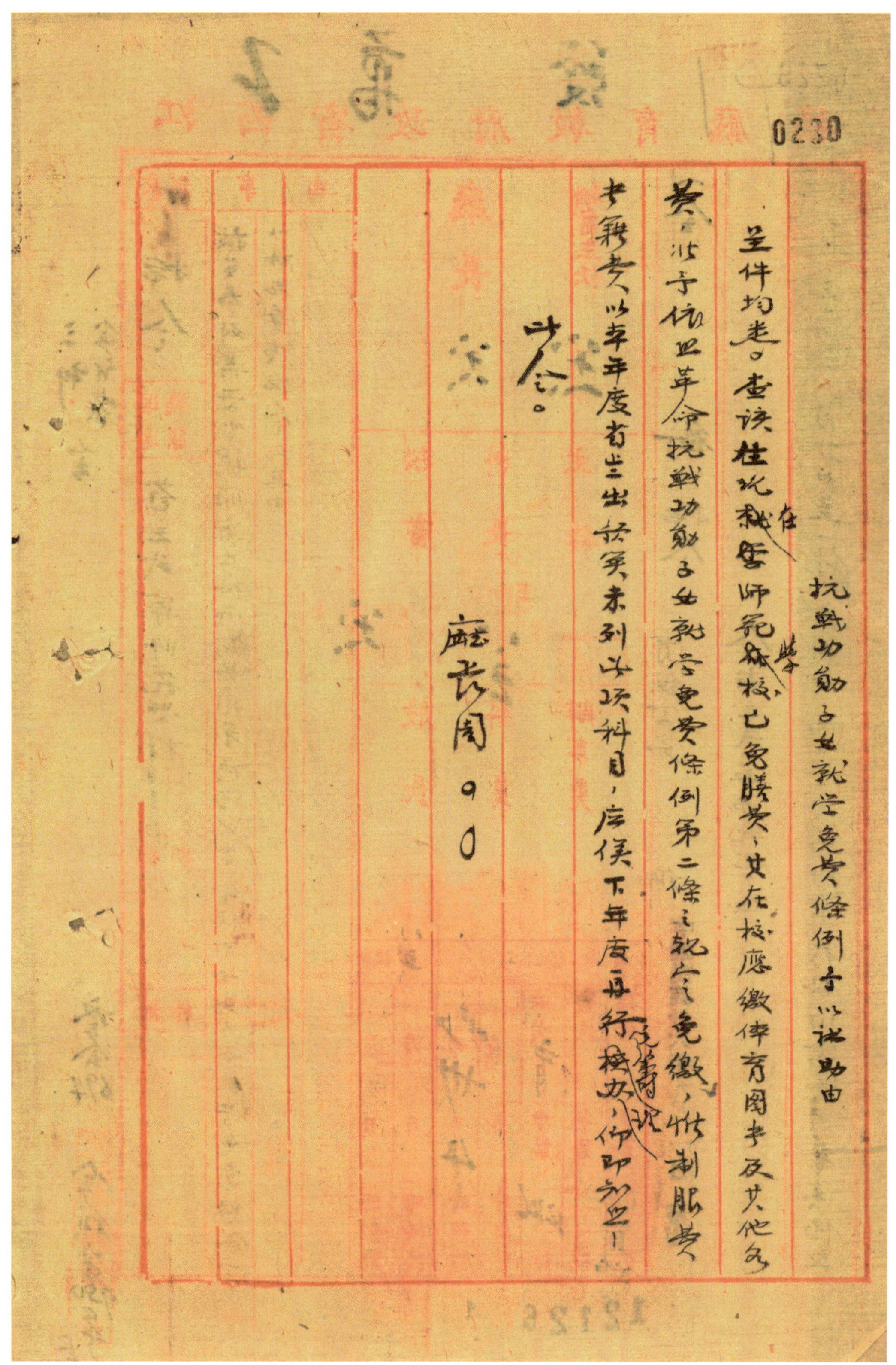

0230

抗戰功勳子女就學免費條例予以補助由

呈件均悉。查該在桂林師範學校已免膳費，其在校應繳體育圖書及其他各費，准予依照革命抗戰功勳子女就學免費條例第二條之規定免繳，惟制服費、書籍費，以本年度省出預算未列此項科目，應俟下年度再行擬辦，仰即知照！

此令。

廳長 周○○

江西省立武宁师范学校致省教育厅的呈（一九四七年十一月二十七日）

事由	決定辦法	擬辦

江西省立武寧師範學校 呈 師字第四一九 附

中華民國三十六年十一月廿七日

據職校簡易師範科四年級學生梁雁賓（原名學洪）呈稱，其父梁瑞係黃埔軍校第六期畢業，抗戰軍興，任陸軍第九十八師五八四團第二營少校營長，民國二十六年八月奉令參加江蘇嘉定抗戰之役，不幸於十月陣亡殉職，遺下祖母兄弟姊妹多人，家中生活至為艱困，而求學費用尤感無着，懇請依照國民政府公佈之革命抗戰功勛子弟就學免費補助條例准予補助書籍制服等費國幣三百萬

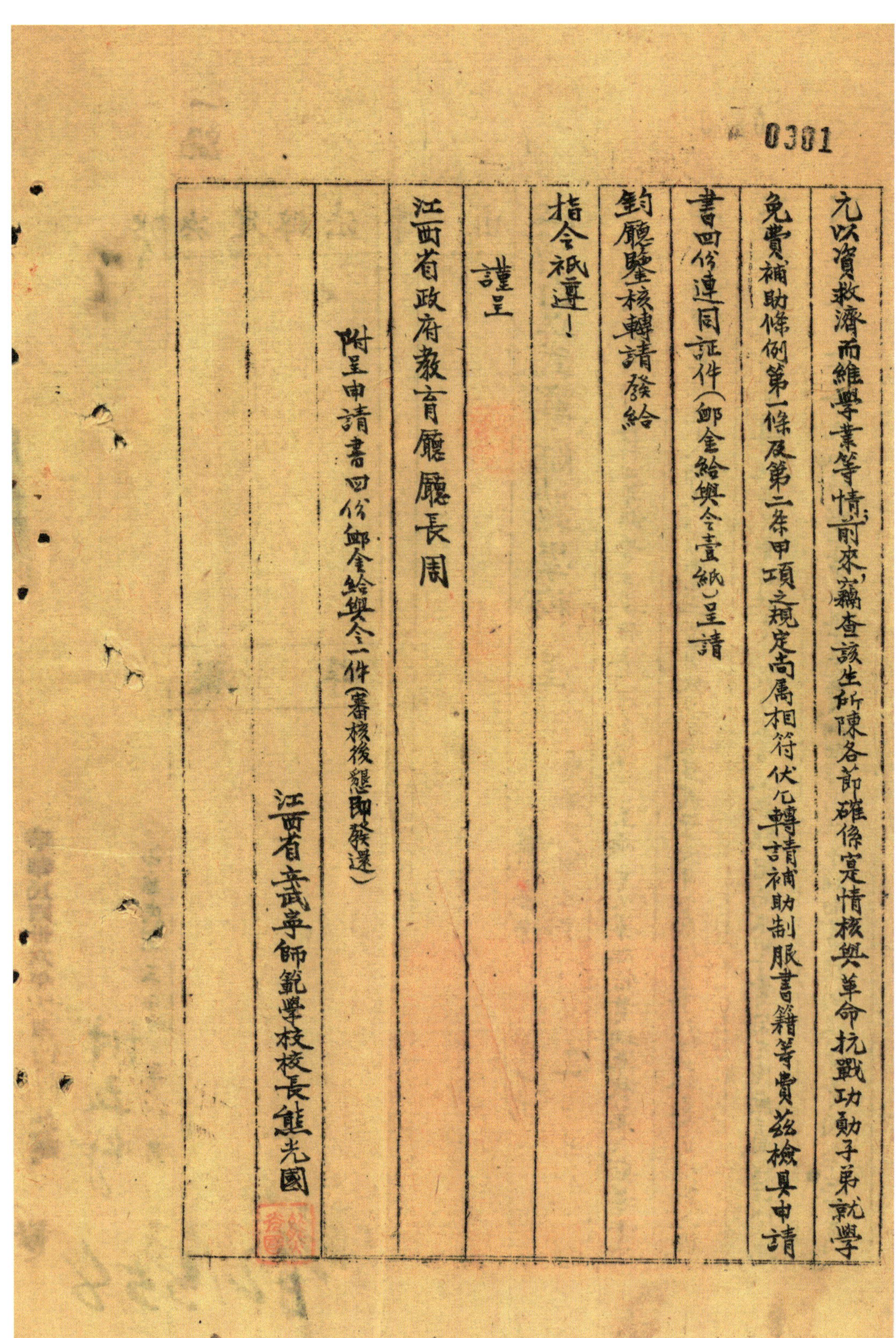

0381

允以資救濟而維學業等情前來，竊查該生所陳各節確係實情，核與革命抗戰功勳子弟就學免費補助條例第一條及第二條甲項之規定尚屬相符，伏乞轉請補助制服書籍等費。茲檢具申請書四份連同証件（郵金給與令壹紙）呈請
鈞廳鑒核轉請發給
指令祇遵！
謹呈
江西省政府教育廳廳長周
附呈申請書四份、郵金給與令一件（審核後懇即發還）
江西省立武寧師範學校校長熊光國

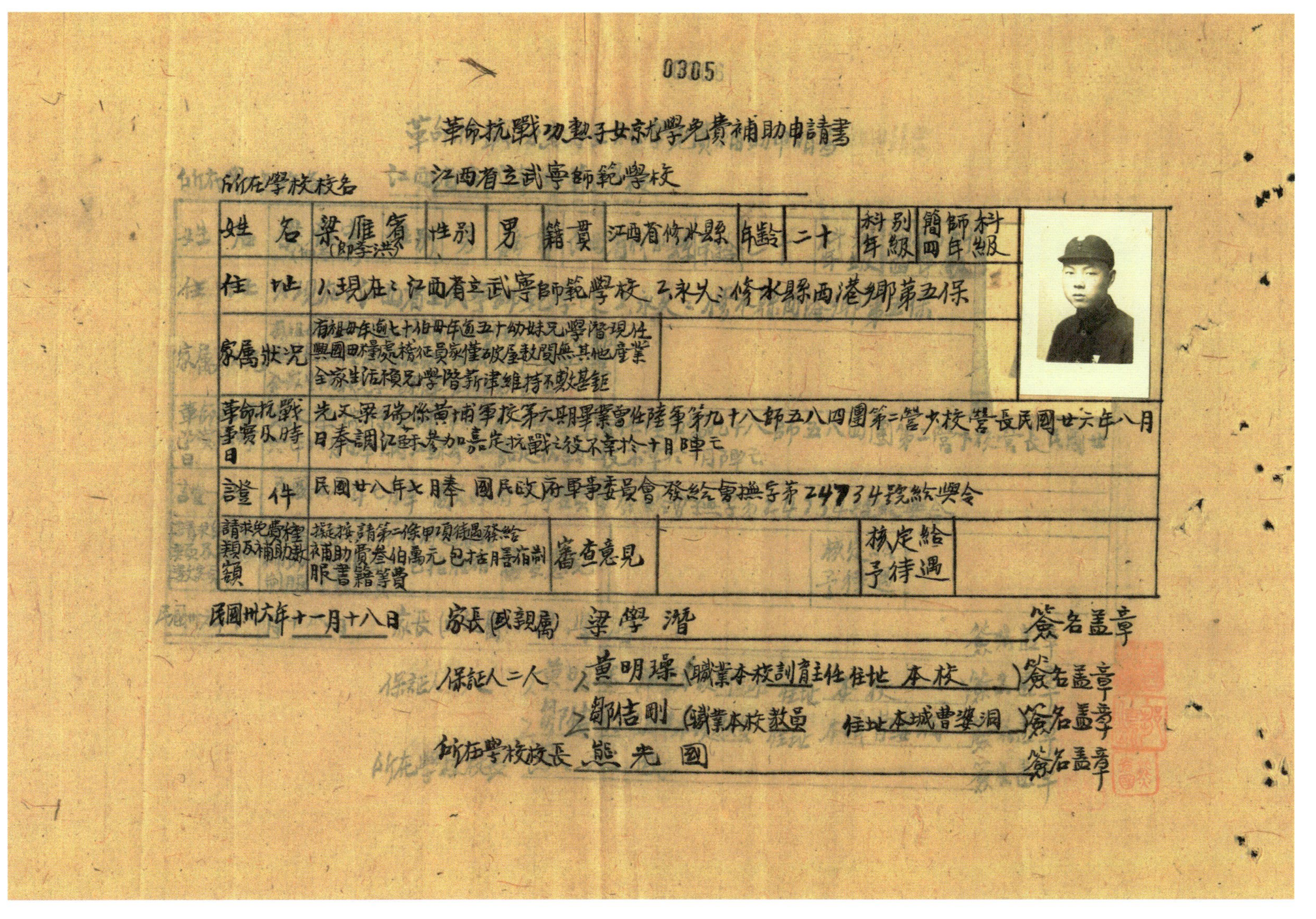

0305

革命抗戰功勳子女就學免費補助申請書

所在學校校名　江西省立武寧師範學校

姓名	梁雁賓（即李洪）	性別	男	籍貫	江西省修水縣	年齡	二十	科別年級	簡師科四年級
住址	1.現在：江西省立武寧師範學校 2.永久：修水縣西港鄉第五保								
家屬狀況	有祖母年逾七十伯母年逾五十幼妹兄學潛現任興國田糧處稽征員家僅破屋數間無其他產業全家生活賴兄學潛薪津維持不敷甚鉅								
革命抗戰事實及時日	先父梁瑞係黃埔軍校第六期畢業曾任陸軍第九十八師五八四團第二營少校營長民國廿六年八月日奉調江蘇參加嘉定抗戰之役不幸於十月陣亡								
證件	民國廿八年七月奉國民政府軍事委員會發給會撫字第24734號給獎令								
請求免費種類及補助數額	擬援請第二條甲項待遇發給補助費叁伯萬元包括月膳宿制服書籍等費	審查意見		核定給予待遇					

民國卅六年十一月十八日　家長（或親屬）梁學潛　簽名蓋章

保證人二人　1.黃明璟（職業本校訓育主任　住址　本校）簽名蓋章

2.鄒信剛（職業本校教員　住址本城曹婆洞）簽名蓋章

所在學校校長　熊光國　簽名蓋章

江西省教育厅致省立武宁师范学校的指令（一九四七年十二月十二日）

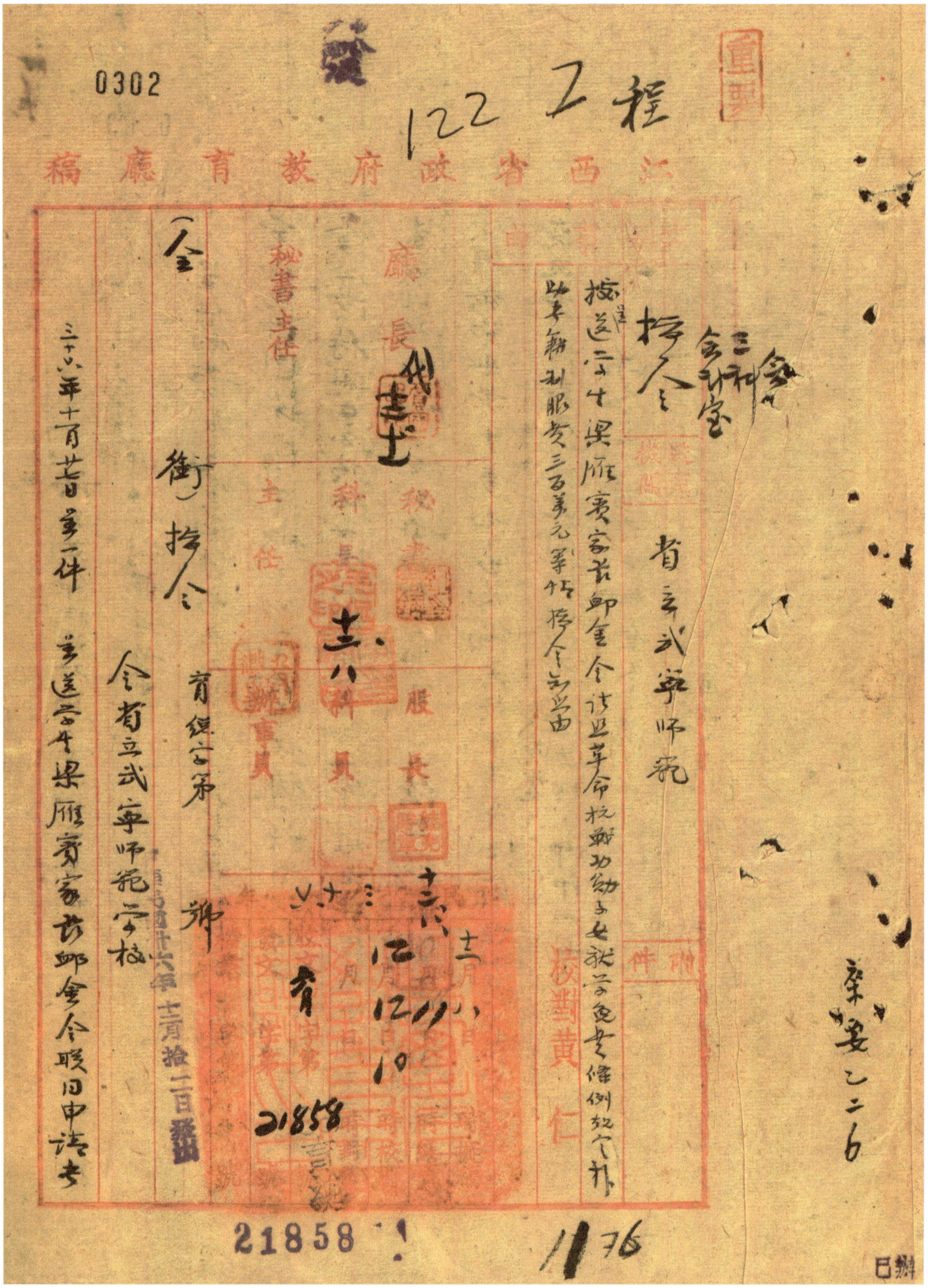

请照革命抗战功勋子女就学免费补助条例规定补助并办制服等由

呈件均悉。查王受江证件尚无不合，应予依照革命抗战功勋子女就学免费补助条例第二条甲款之规定给予优待。该生现就学所已在校取得全公费待遇，至请补助并办制服全部一节，因本年度省岁出预算内未列此项功勋子女就学补助费专目，无法照拨，惟念该生家境[illegible]困，准于本学期一次拨给补助费十万元，由校编具预算呈厅核转发款。其在校应免各费，该校应遵照同条例第六条之规定办理，仰即知照！

此令。　附发还邮金令一纸。

厅长　周○○

江西省立武宁师范学校致省教育厅的呈（一九四七年十二月二十八日）

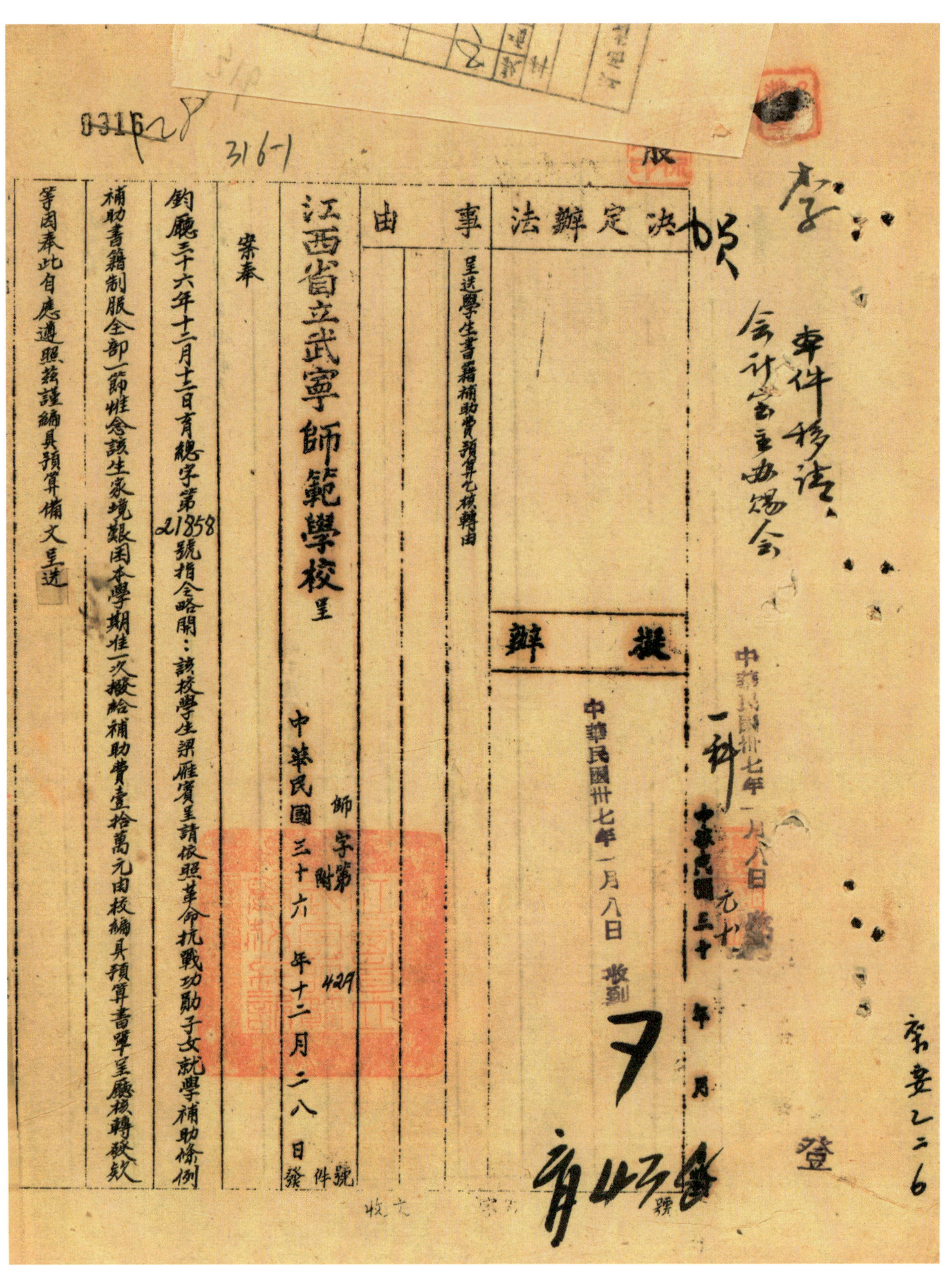

事由：呈送學生書籍補助費預算乞核轉由

決定辦法

擬辦

江西省立武寧師範學校呈

師字第429號

附件

中華民國三十六年十二月二八日發

案奉

鈞廳三十六年十二月十二日育總字第21858號指令略開：該校學生梁雁賓呈請依照革命抗戰功勛子女就學補助條例補助書籍制服全部一節，惟念該生家境艱困，本學期准一次撥給補助費壹拾萬元，由校編具預算書單呈廳核轉發欸等因。奉此，自應遵照。茲謹編具預算備文呈送

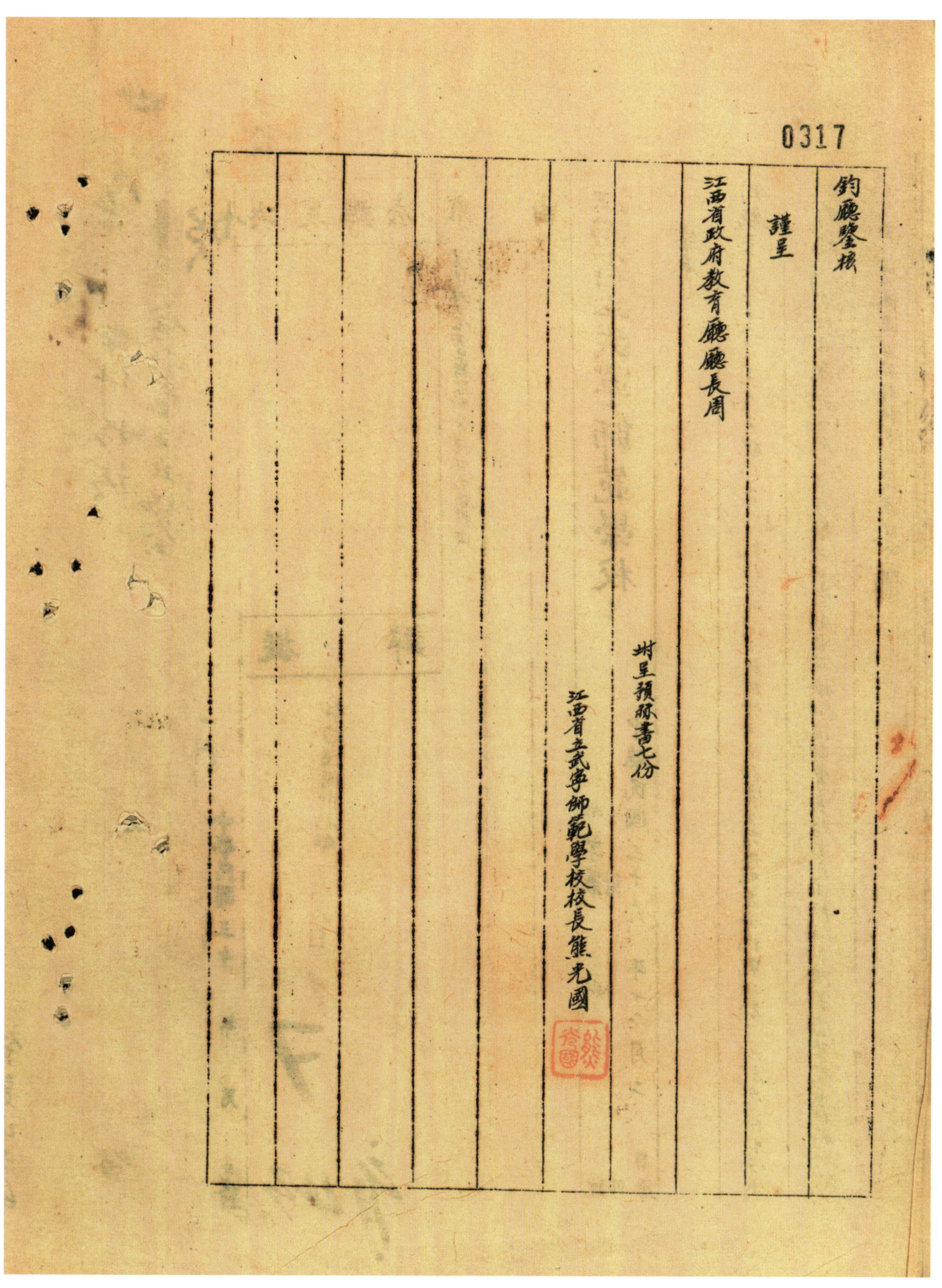
0317

鈞廳鑒核

謹呈

江西省政府教育廳廳長周

附呈預算書七份

江西省立武寧師範學校校長熊光國

附：一九四七年十二月份请领抗战革命功勋子女补助费预算表

0318

12P

江西省立武寧師範學校卅六年十二月份請領抗戰革命功勛子女補助費預算表

歲出臨時門

科目 款	項	目	名稱	本月份預算數	截至本月底止預算累計數	說明
1			本校請領抗戰革命功勛子女補助費	一00,000		奉教廳卅六年十一月總字第二八五八號指令核准
	1		抗戰革命功勛子女補助費	一00,000		
		1		一00,000		

校長 熊光國

主辦會計人員 萬聯錦

中華民國三十六年十二月二十八日編造

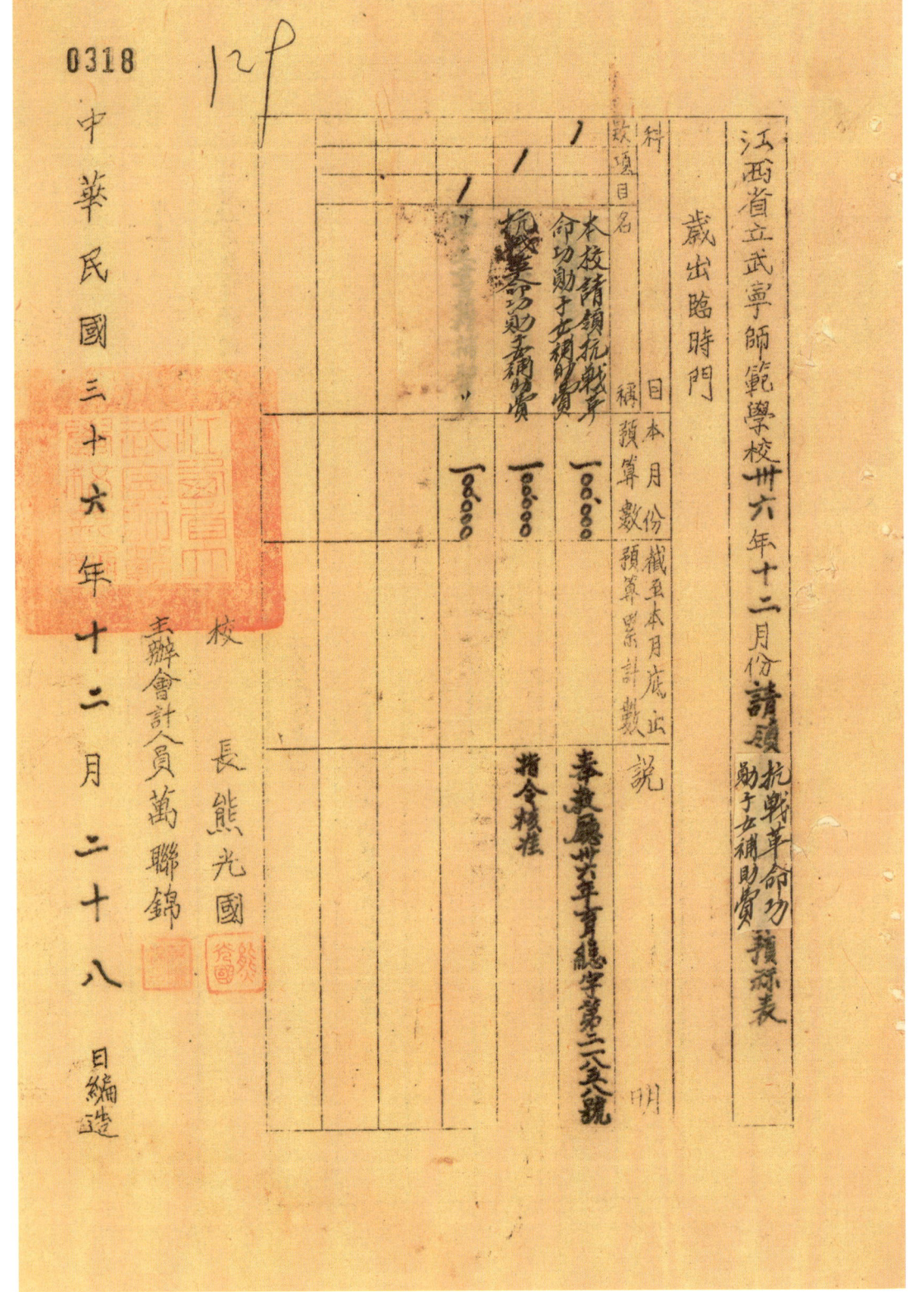

江西省教育厅与吴翠东、贵溪师范学校为免缴在校各费及补助等事宜的来往文书（一九四七年七月至八月）

吴翠东致江西省教育厅的报告（一九四七年七月四日收）

報告

竊生父吳鶴原服務于陸軍第五十一師于民國二十七年抗戰在洛陽陣亡遺下生母及弟祝東三人零丁孤苦至今九年賴母針黹謀生以致於今當蒙

國府存念遺族艱難須發卹令年年領取卹金以維母子生活生經母教訓小學畢業去年考入貴溪師範迄今年竊生係陣亡遺族子弟遵照

國府規定應特別優待免繳各種費用而生在校所繳各種費用及一切購買書籍等均與其他同學一律並未有若何優待況生家境情貧係無父孤兒實無法再事負担下學又須繳費必將退學先父九泉亦難瞑目曾將困情難形呈請校部又未作具體答覆為此不已越級呈請

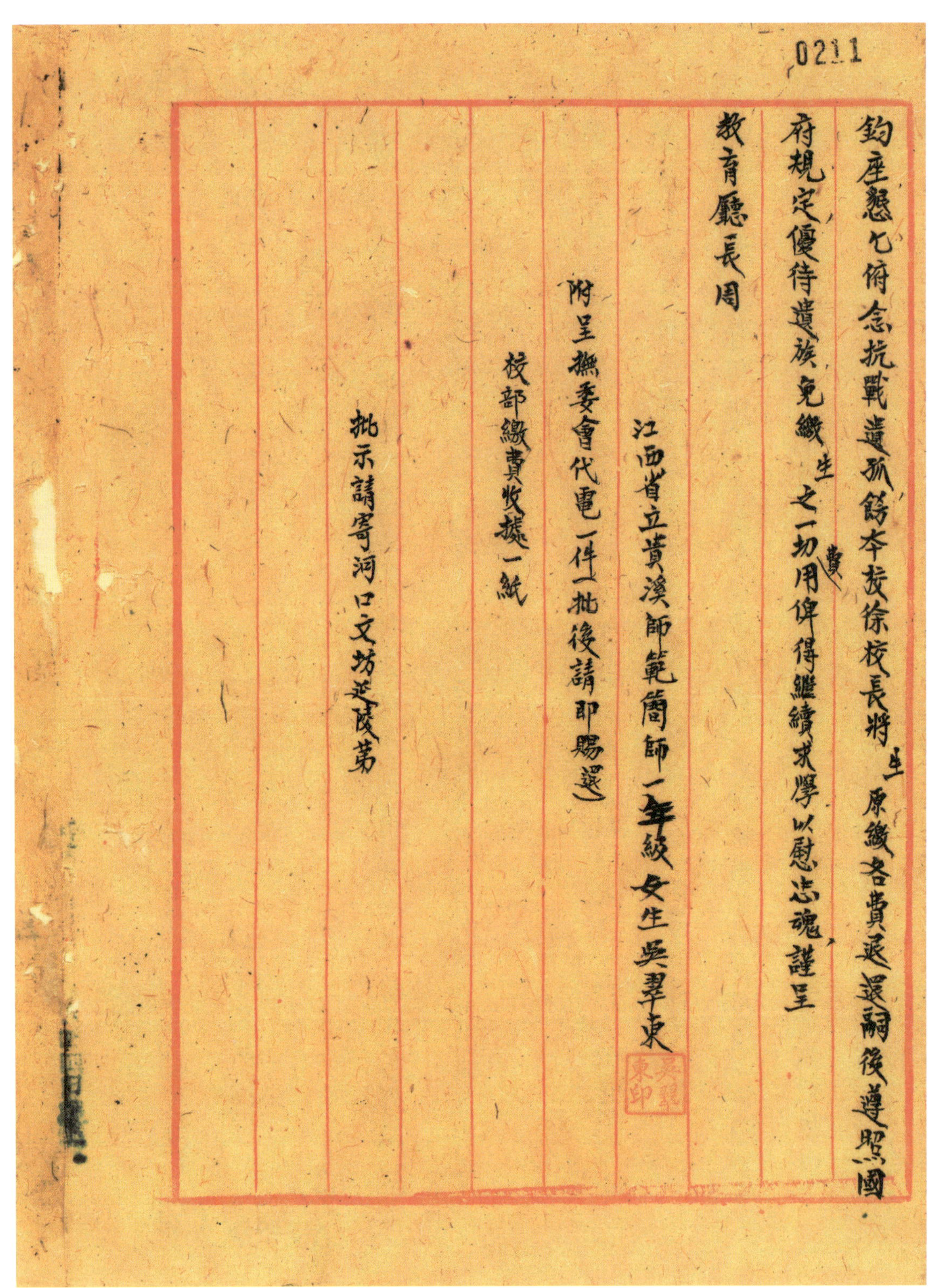

0211

鈞座懇乞俯念抗戰遺孤，飭本校徐校長將生原繳各費退還，嗣後遵照國府規定優待遺族，免繳生之一切用費，俾得繼續求學，以慰忠魂。謹呈

教育廳長周

江西省立貴溪師範簡師一年級女生吳翠東（吳翠東印）

附呈撫委會代電一件（批後請即賜還）

校部繳費收據一紙

批示請寄河口文坊延陵第

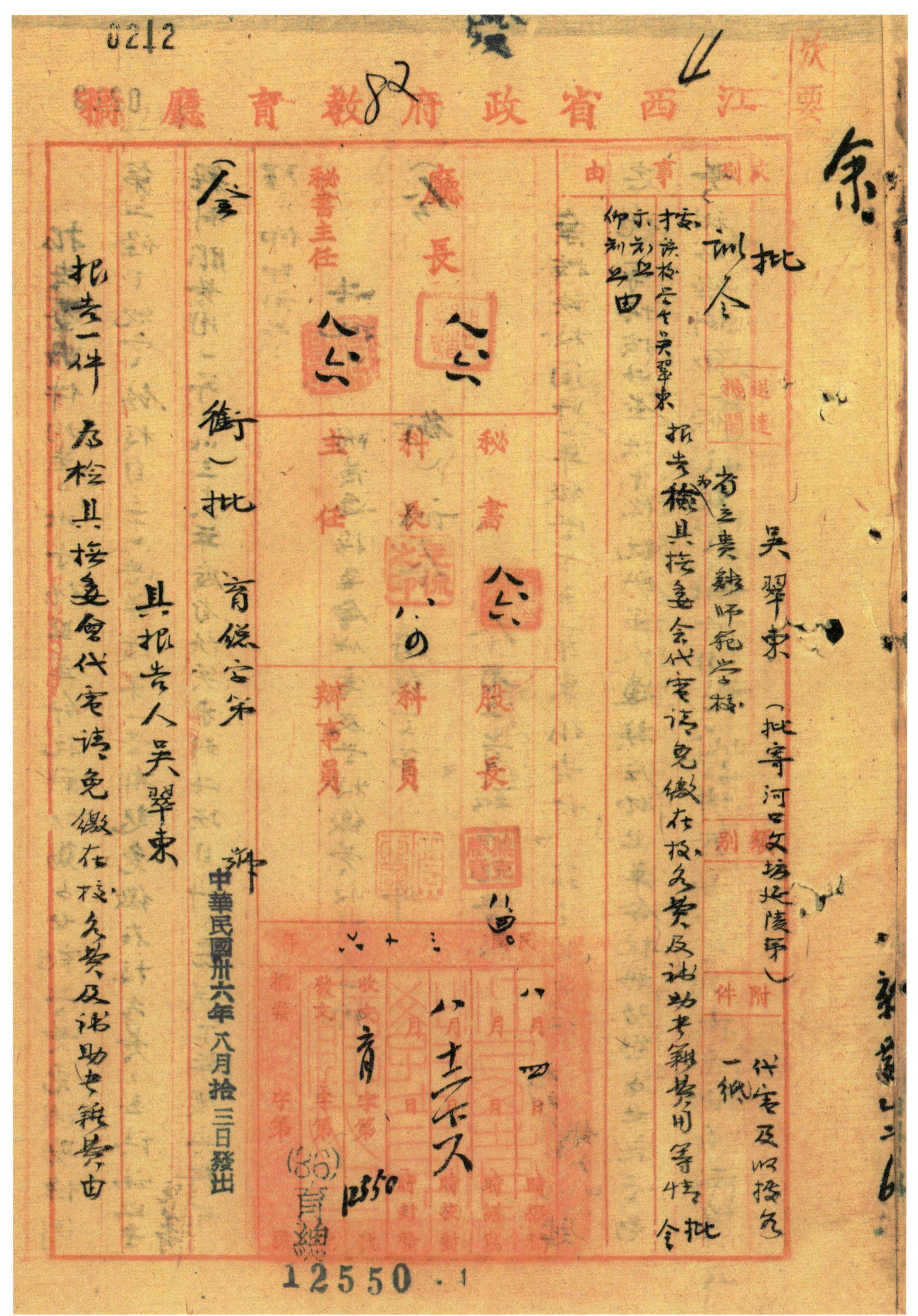

江西省政府教育廳稿

文別：批 訓令

事由：據呈為檢具按應會代電請免徵在校各費及補助書籍費用等情仰知照由

送達機關：吳翠東（批寄河口文坊延陵第）；省立貴溪師範學校

附件：代電及收據一紙

令（衙）批 育總字第　號

具報告人吳翠東

報告一件為檢具按應會代電請免徵在校各費及補助書籍費由

中華民國卅六年八月拾三日發出

江西省教育厅致吴翠东的批及致省立贵溪师范学校的训令（一九四七年八月十三日）

0213

报告暨附件均悉。此予依照革命抗战功勋子女就学费免补助条例第二条之规定饬校自三十六学年度第一学期起免缴在校各费，至请补助书籍制服费用一节，以三十六年度省预算未列此项目科，应俟下年度再行筹办理，仰即知照。

此批。

附发遗族委会代电及学校缴费收据各一纸

（令）

衔 训令 育总字第　　号

令省立贵溪师范学校。

案据该校简师一年级学生吴翠东报告称：「窃生父吴鹍……以慰忠魂」等情，据此查该生系抗战军人遗族，应依照革命抗战功勋子女就学免费补助条例第二条之规定，此予自三十六学年度第一学期起免缴在校各

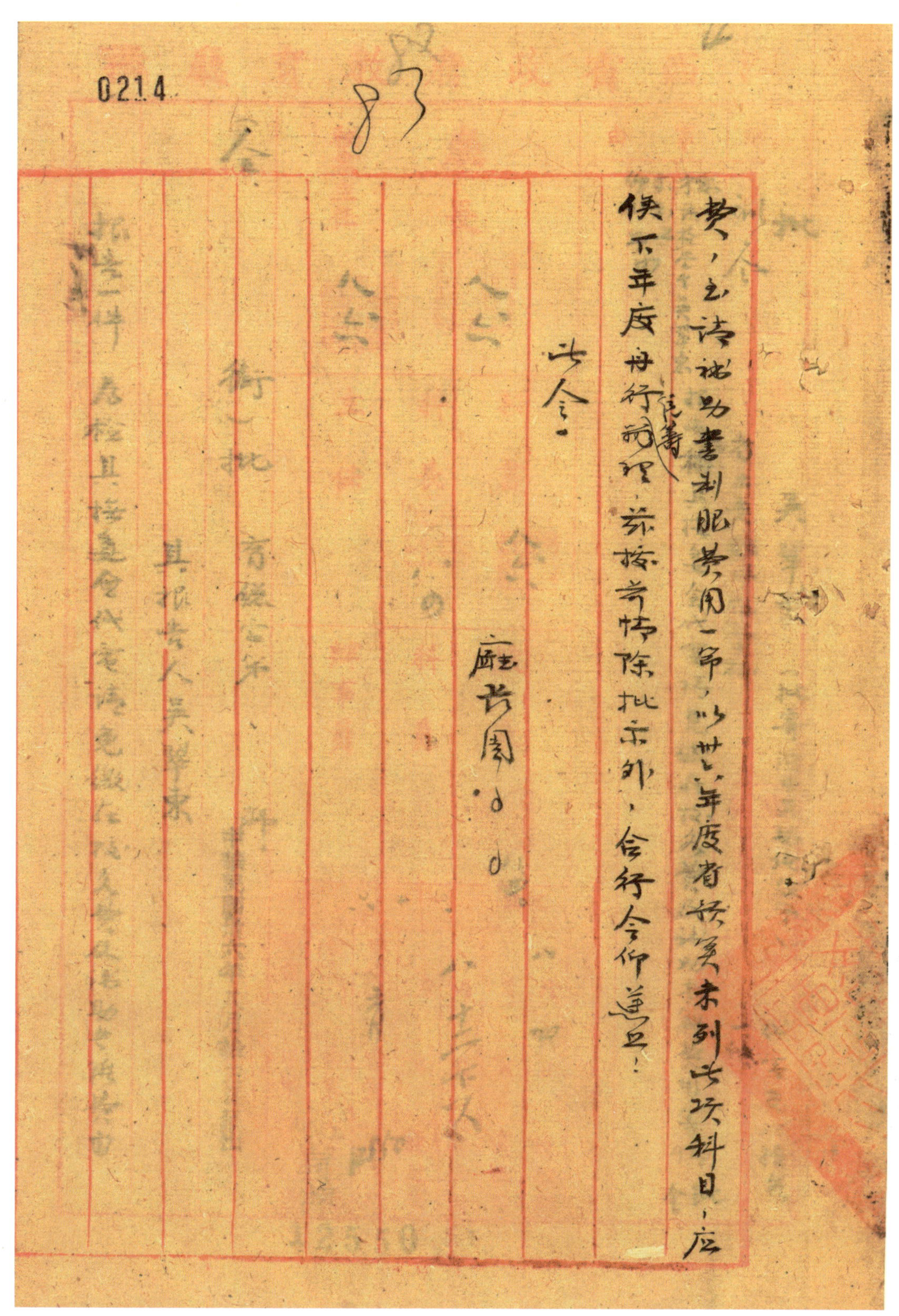

0214

83

費，至請補助書刊肥費用一節，以卅六年度省預算未列此項科目，應俟下年度再行設籌辦理，並據前情除批示外，合行令仰遵照！

此令。

廳長 周○○

江西省教育厅和联合勤务总司令部荣誉军人第十七临时教养院关于给予陈学桓免费待遇的来往文书（一九四七年九月）

联合勤务总司令部荣誉军人第十七临时教养院致江西省教育厅的代电（一九四七年九月一日）

0231

事由：請援照國府頒佈革命抗戰功勛子女就學免費補助條例對學生陳學桓為全部免費待遇俾卹貧困而勵將士請見復由

中華民國卅六年九月拾五日收到

擬辦

批示

聯合勤務總司令部榮譽軍人第十七臨時教養院代電　渭（36）正總齡　字第〇七八五號

南昌江西省政府教育廳廳長周勛鑒：案據本院中校總務主任陳文齡報告稱竊職籍隸萍鄉早歲追隨革命畢業中央軍校陸軍騎校歷任排連營長副官主任股長等職剿匪抗日無役不與二十六年於第十五師連長任內淞滬戰役一度負傷三十年十月於第五師少校副官任內湖北抗日之戰二度負傷曾奉軍委會亥世銓考字代電記功一次又奉國防部副考二字代

中華民國三十六年九月壹日　時

中華民國卅六年九月拾一日收到

收文　字第1628號

0232

電頒發紀念章一座表一方又奉國卹字〈0526110〉號卹傷給與令一帋各在案戎馬奔勞近二十年槍林彈雨經數十戰良以潔身廉介家境清貧子女六人教育經費缺之長子陳學桓原係就讀國立三中轉國立二十中學均係全部公費生待遇去歲國立中學撤銷乃轉學南昌江西省立第一中學刻以生活高昂家口浩繁每學期繳納鉅額費用實感困難已祕復查教育關係個人及民族國家文化前途至大不可因家境貧困而使青年學子輟學前奉國防部轉頒國民政府三十六年三月二十六日頒佈革命抗戰功勛子女就學免費補助條例（本條例附另帋）職為革命抗戰軍人曾蒙政府叙功給卹正適合此條例第一條第一二項之規定職子陳學桓正符用第二條全條與甲乙各款全部之免費待遇茲謹依照本條例第七條之規定附第一條所定資格之證件懇請轉電江西省教育廳暨江西省立第一中學援照此項條例賜予核准職子陳學桓享受第二條甲乙兩款之全部待遇俾子女得以

0233

p3

成材再為國用除申請書及就學人相片兩份飭陳學植在校填呈第一中學校本部轉
請外敬請核轉等情前來查該員確係廉介軍官家境貧困自從戎迄今剿匪抗日歷
二十年未嘗間斷於國著有微勞據稱前情擬請援照條例賜予該學子陳學植全部免
費待遇不使青年因貧輟學俾革命抗戰功勛子女得被教育其激勵忠勇將士守土衛國
之功益甚豈特春風化雨為國育材而已也敬電查照并請見復為感貴州湄潭永興聯合
勤務總司令部榮軍第十七臨教院院長馬正昌申東皓附國防部國邮字第二五二四〇號邮傷
給與令一份此邮令已由第一中學轉呈核後仍請發還以便請領邮金

0234

94

革命抗战功勋子女就学免费补助条例

三十六年三月二十六日国民政府令公布

第一条　本条例所称之革命抗战功勋子女为左列人员之子女

（1）从事革命工作有勋劳于国家依令给予抚卹或扶助者

（2）从事抗战工作依法令给予抚卹者

第二条　革命抗战功勋子女已入各级公立学校家境贫困无力负担费用者得按其经济情况分别给予左列各种之待遇

（甲）免学费实验费讲义费并补助其校时膳宿制服书籍等费全部

（乙）免学费实验费讲义费并补助其校时膳宿费全部

（丙）免学费实验费讲义费并补助其校时宿膳费半数

0235

（丁）免学費实驗費及講義費

前項各種費用數額不得超过肄業学校訂定一般学生之各項費用數額

第三條：前條各種待遇之核定應以功勛人員或其子女之經濟情况為標準

第四條：功勛人員或其子女之經濟情况變迁时其已決定之待遇及種別得變更或停止

第五條：已核准之待遇有左列情形之一时得撤銷之

（1）功勛人員本身背判中華民國經判決確定者

（2）功勛人員之子女經受前條第二款處分或喪失中華民

p5

國國籍者

第六條 應免之學費實驗費及講義費由各校應列入數內照數扣列應補助之膳宿制服書籍等費由各校專案報由主管教育行政機關在教育經費內專項列入

第七條 請求免費待遇時應填具申請書四份黏附第一條所定資格之證明本人二寸半照片四份報由學校呈請主管教育行政機關轉送核定

第八條 免費待遇之核定屬國立學校由教育部組織革命抗戰功勳子女就學免費補助審查委員會辦理之在省立或院轄市市立學校由省市政府組織審

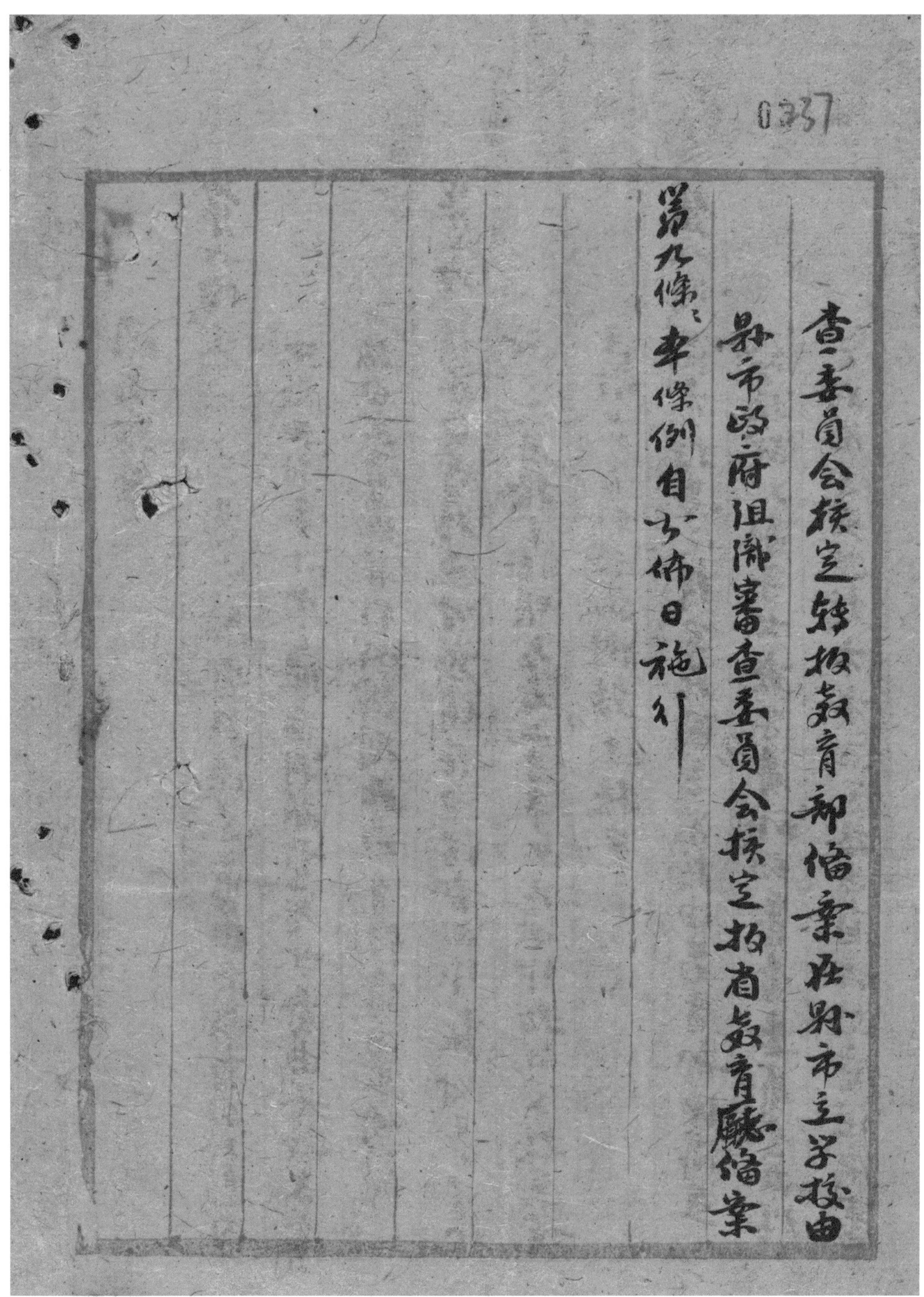

0337

查委员会核定转报教育部备案在县市立学校由县市政府组织审查委员会核定报省教育厅备案

第九条　本条例自公布日施行

江西省教育厅致联合勤务总司令部荣誉军人第十七临时教养院的公函（一九四七年九月二十日）

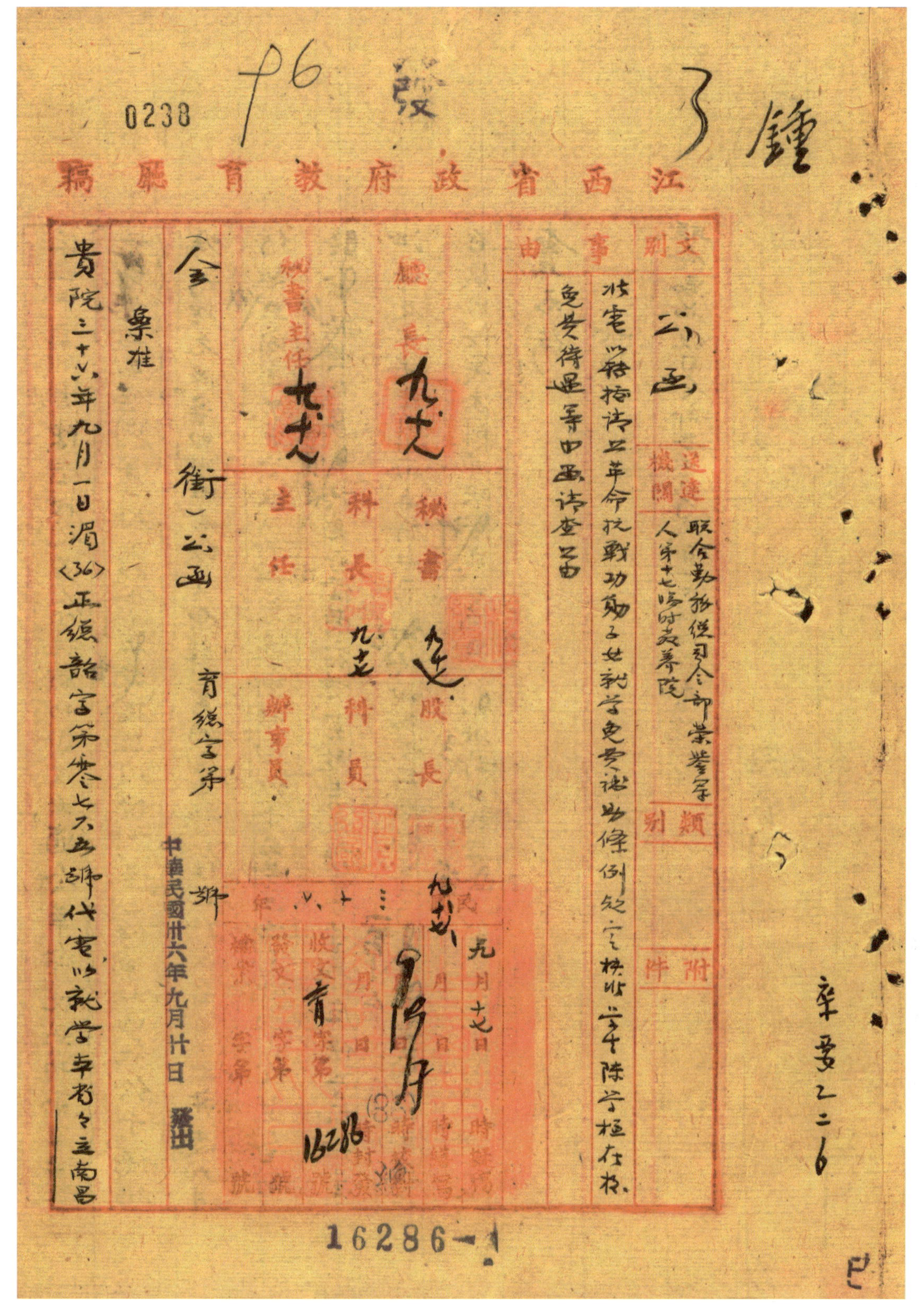

0238 發 鍾

江西省政府教育廳稿

文別	公函
送達機關	聯合勤務總司令部榮譽軍人第十七臨時教養院
事由	准電為籍抗戰立革命抗戰功勳子女就学免費諸出條例規定核收学生陳学桓在校免費待遇等由函請查照由

廳長 秘書主任 秘書 科長 主任 股長 科員 辦事員

全銜 公函

育總字第 號

中華民國卅六年九月廿日發出

貴院三十六年九月一日渭（36）正總諮字第零七六五號代電以就学本省省立南昌

0239

第一中学学生陈学桓系革命抗战功勋子女，适合革命抗战功勋子女就学免费补助条例第一条之规定，并援照同条例第二条甲乙两款，给予优待，缘据理免渡。等由。据此，查该生原肄业国立中学，经已核，准自三十五年度九月份起，依照国立中等学校公费学生远乡转学给予公费办法之规定，给予全部少膳费在案，关于请免在学费、宿费、实验费及讲义等费，应俟学校检呈证件及申请书到厅，再行核夺。至请补助书籍制服等费一节，查卅六年度省岁出预算未列此项科目，无法照办。除批复外，相应函请

查照为荷！

此致

联合勤务总司令部荣誉军人第十七临时教养院

厅长 [illegible]

江西省教育厅、姚贵珍关于姚则徐免费升学的来往文书（一九四七年九月）

姚贵珍致江西省教育厅的呈（一九四七年九月四日）

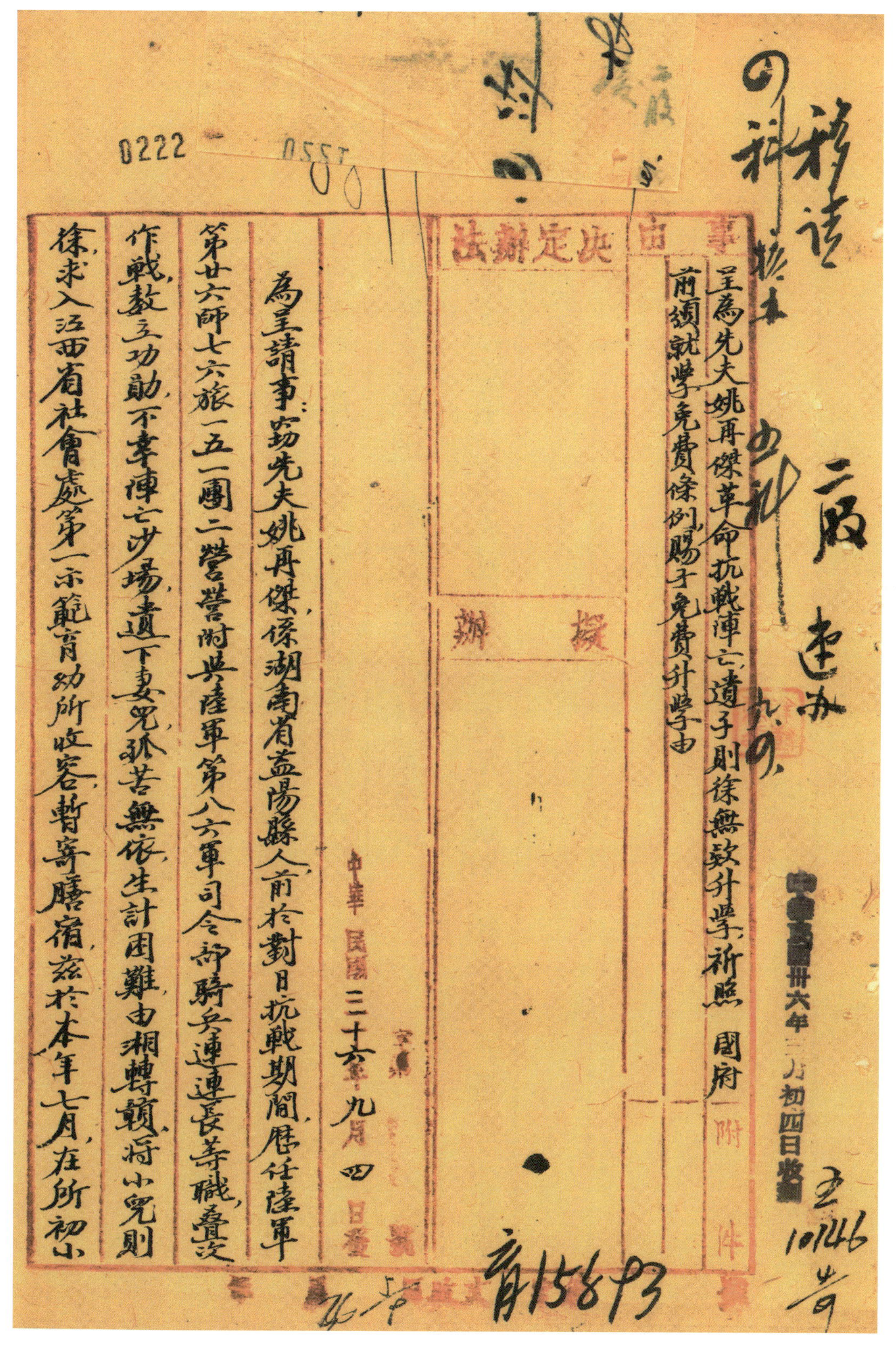
事由：呈為先夫姚再傑革命抗戰陣亡，遺子則徐無款升學，祈照國府前頒就學免費條例，賜予免費升學由

附件

決定辦法

擬辦

為呈請事：竊先夫姚再傑係湖南省益陽縣人，前於對日抗戰期間歷任陸軍第廿六師七六旅一五一團二營營附、興隆軍第八六軍司令部騎兵連連長等職，疊次作戰，叠立功勛，不幸陣亡沙場，遺下妻兒孤苦無依，生計困難，由湘轉贛，將小兒則徐求入江西省社會處第一示範育幼所收容，暫寄膳宿。茲於本年七月，在所初小

中華民國三十六年九月四日

中華民國卅六年九月初四日收到

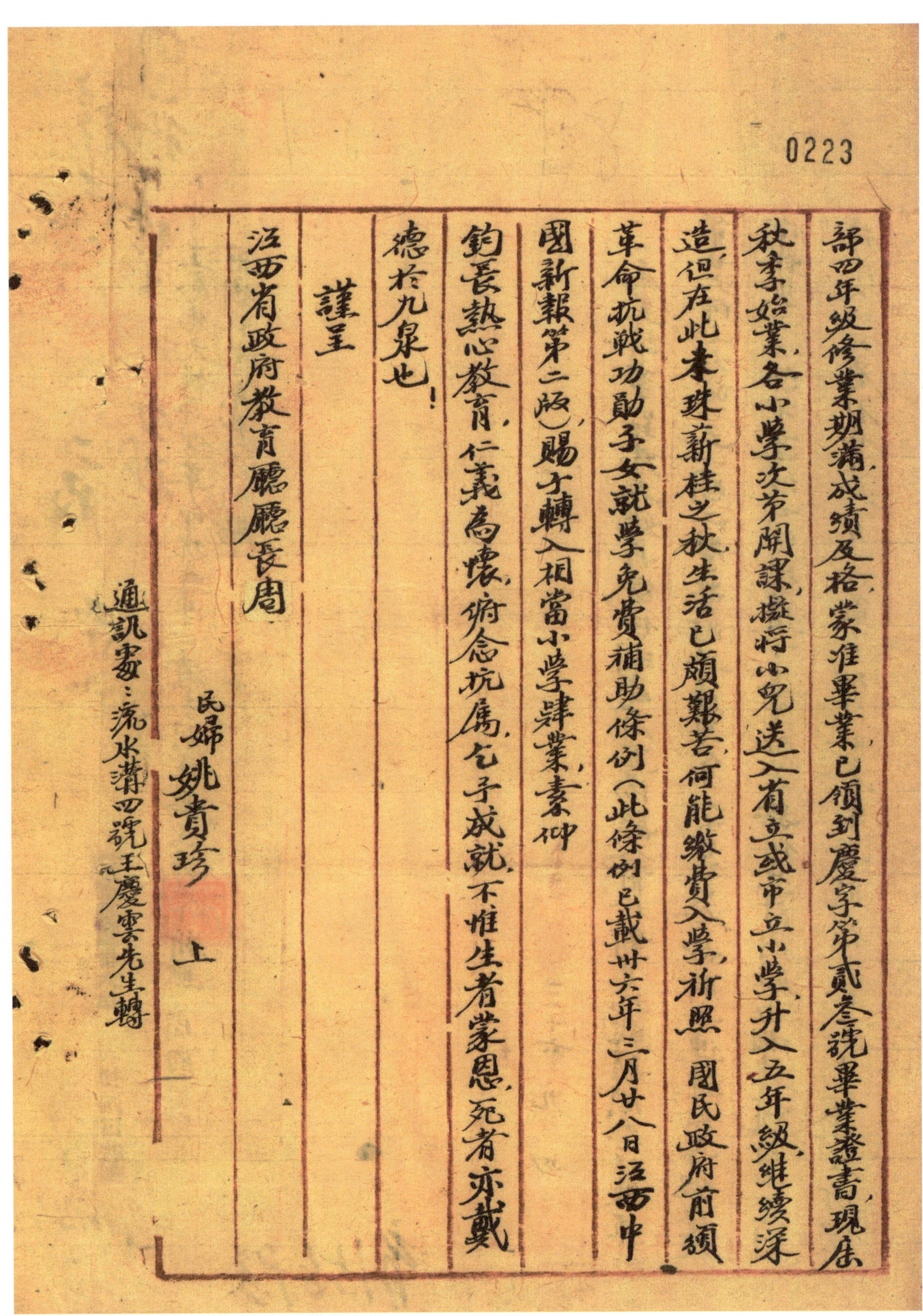

0223

部四年級修業期滿，成績及格，蒙准畢業，已領到慶字第貳叁號畢業證書，現屆秋季始業，各小學次第開課，擬將小兒送入省立或市立小學升入五年級，繼續深造，但在此米珠薪桂之秋，生活已頗艱苦，何能繳費入學，祈照 國民政府前頒革命抗戰功勛子女就學免費補助條例（此條例已載卅六年三月廿八日江西中國新報第二版），賜予轉入相當小學肄業，素仰

鈞長熱心教育，仁義為懷，俯念抗屬之子成就，不惟生者蒙恩，死者亦戴

德於九泉也！

謹呈

江西省政府教育廳廳長周

民婦 姚貴珍 上

通訊處：流水溝四號王慶雲先生轉

江西省教育厅致姚贵珍的批（一九四七年九月十三日）

0224

江西省政府教育厅稿

文别	批
事由	批不録由
送达机关	姚贵珍

厅长 九六
秘书主任 九六
秘书 九八
科长 九五

全衔批

批姚贵珍

三十六年九月四日呈一件：为先夫姚……

育国字第　　号

中华民国卅六年九月拾三日

15893

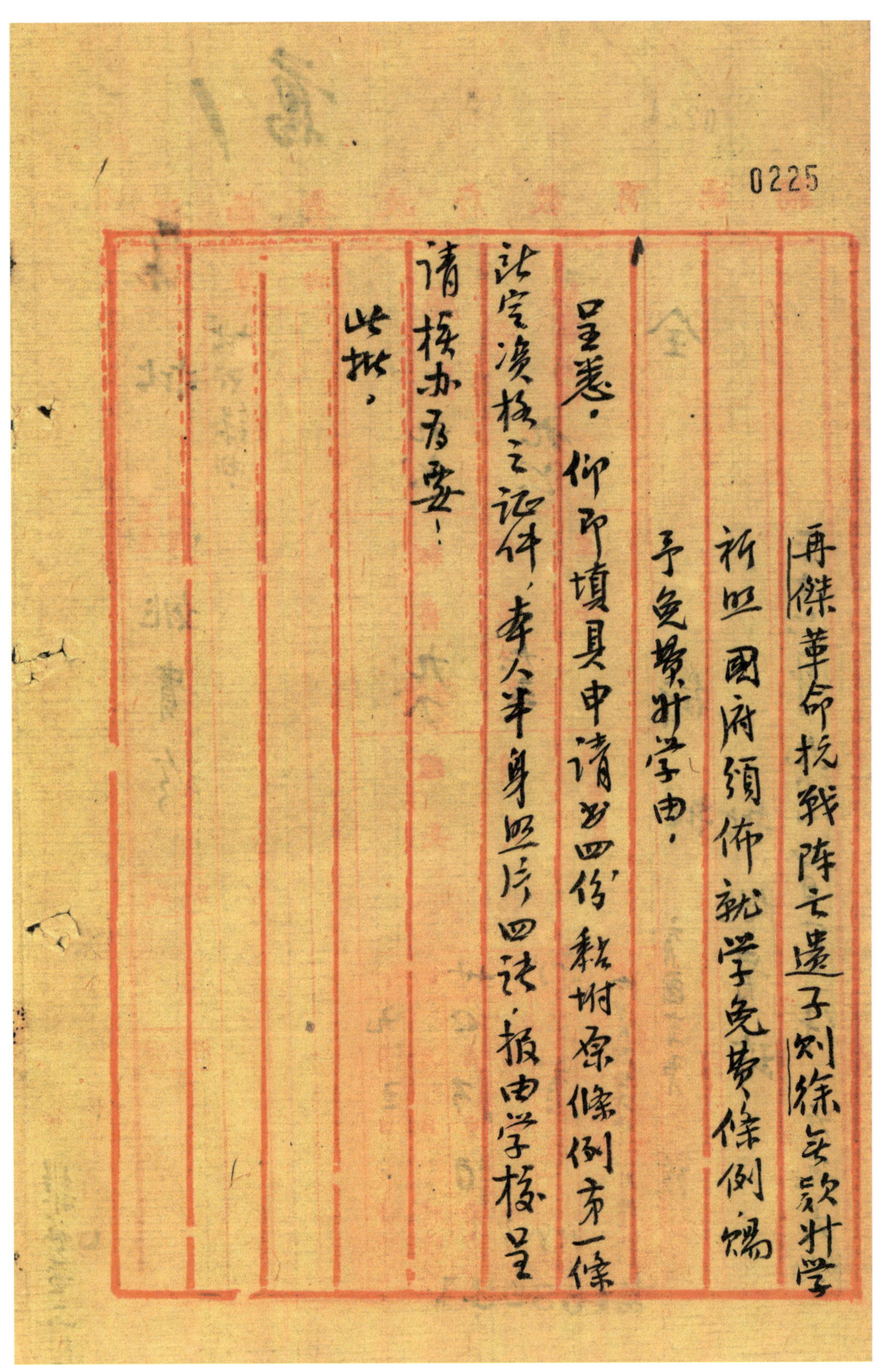
0225

再傑革命抗戰陣亡遺子劉徐安欲升学，祈照國府頒佈就学免費條例准予免費升学由，

呈悉，仰即填具申請書四份，黏附原條例第一條所定資格之證件，本人半身照片四張，報由学校呈請核办為要，

此批。

江西省教育厅为抗战功勋子女就学免费与前第四战区长官司令部上校秘书遗妻曾爱华来往文书（一九四七年九月至十月）

曾爱华致江西省教育厅的呈（一九四七年九月十五日）

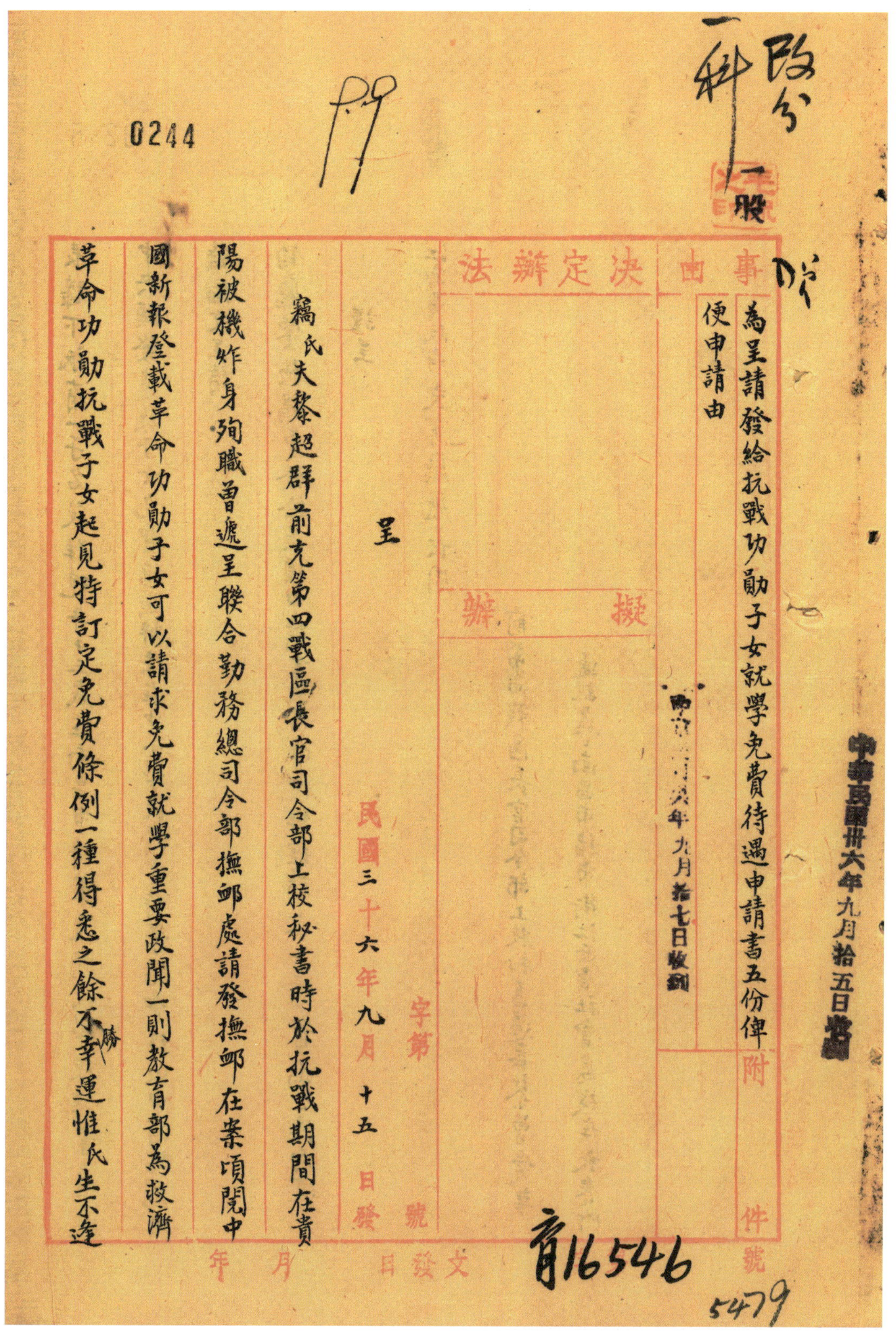

0244

事由：為呈請發給抗戰功勛子女就學免費待遇申請書五份俾便申請由

附件

中華民國卅六年九月拾五日

卅六年九月拾七日收到

擬辦

決定辦法

呈

竊氏夫黎超群前充第四戰區長官司令部上校秘書時於抗戰期間在貴陽被機炸身殉職曾遞呈聯合勤務總司令部撫卹處請發撫卹在案頃閱中國新報登載革命功勛子女可以請求免費就學重要政聞一則教育部為救濟革命功勛抗戰子女起見特訂定免費條例一種得悉之餘不勝幸運惟氏生不逢

民國三十六年九月十五日發 字第 號

文 發 日 月 年

育16546

5479

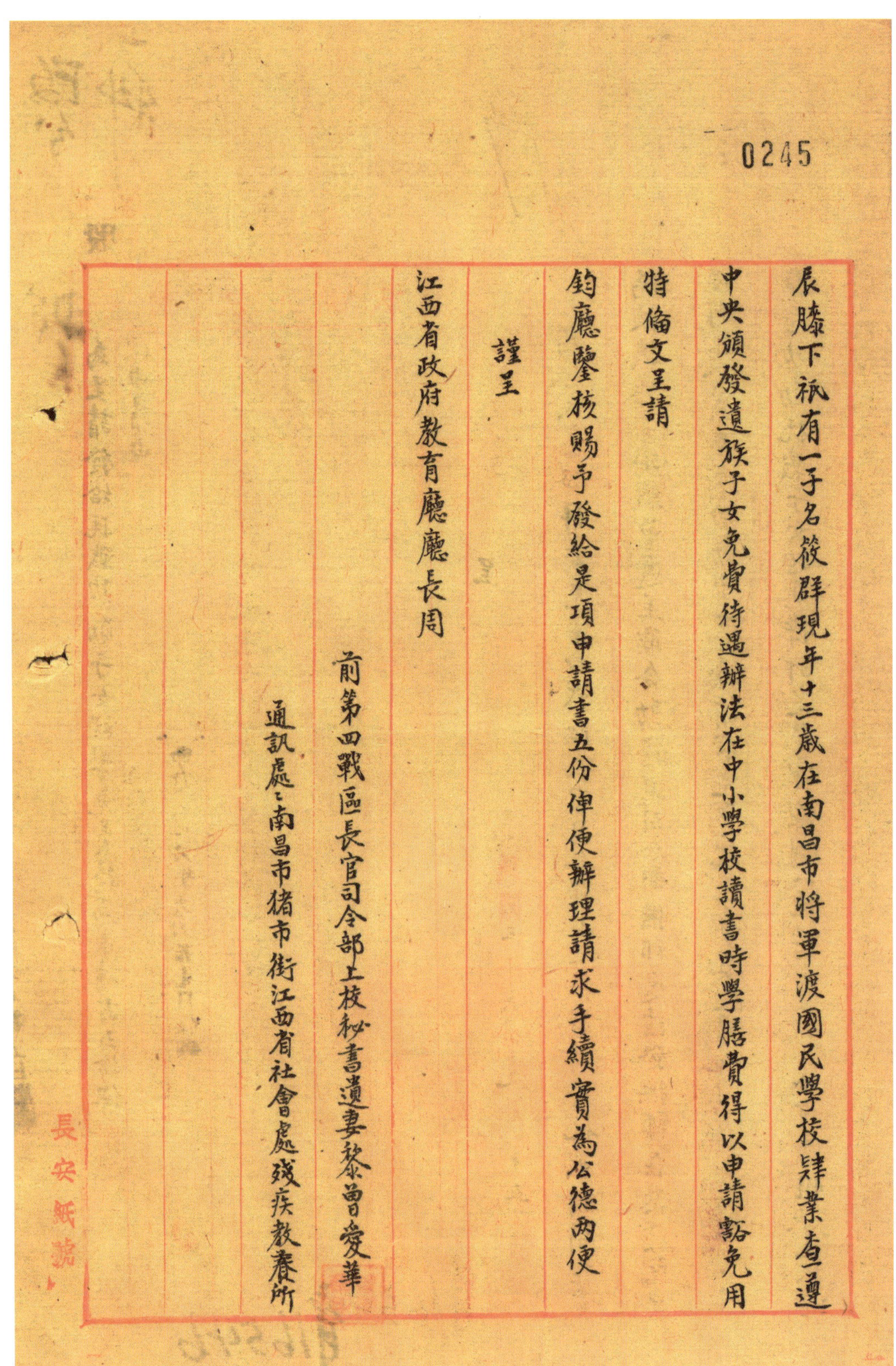
0245

長膝下祇有一子名筱群現年十三歲在南昌市將軍渡國民學校肄業查遵
中央頒發遺族子女免費待遇辦法在中小學校讀書時學膳費得以申請豁免用
特備文呈請
鈞廳鑒核賜予發給是項申請書五份俾便辦理請求手續實為公德兩便
謹呈
江西省政府教育廳廳長周
前第四戰區長官司令部上校秘書遺妻黎曾愛華
通訊處：南昌市豬市街江西省社會處殘疾教養所

長安紙號

江西省教育厅致曾爱华的批（一九四七年十月十一日）

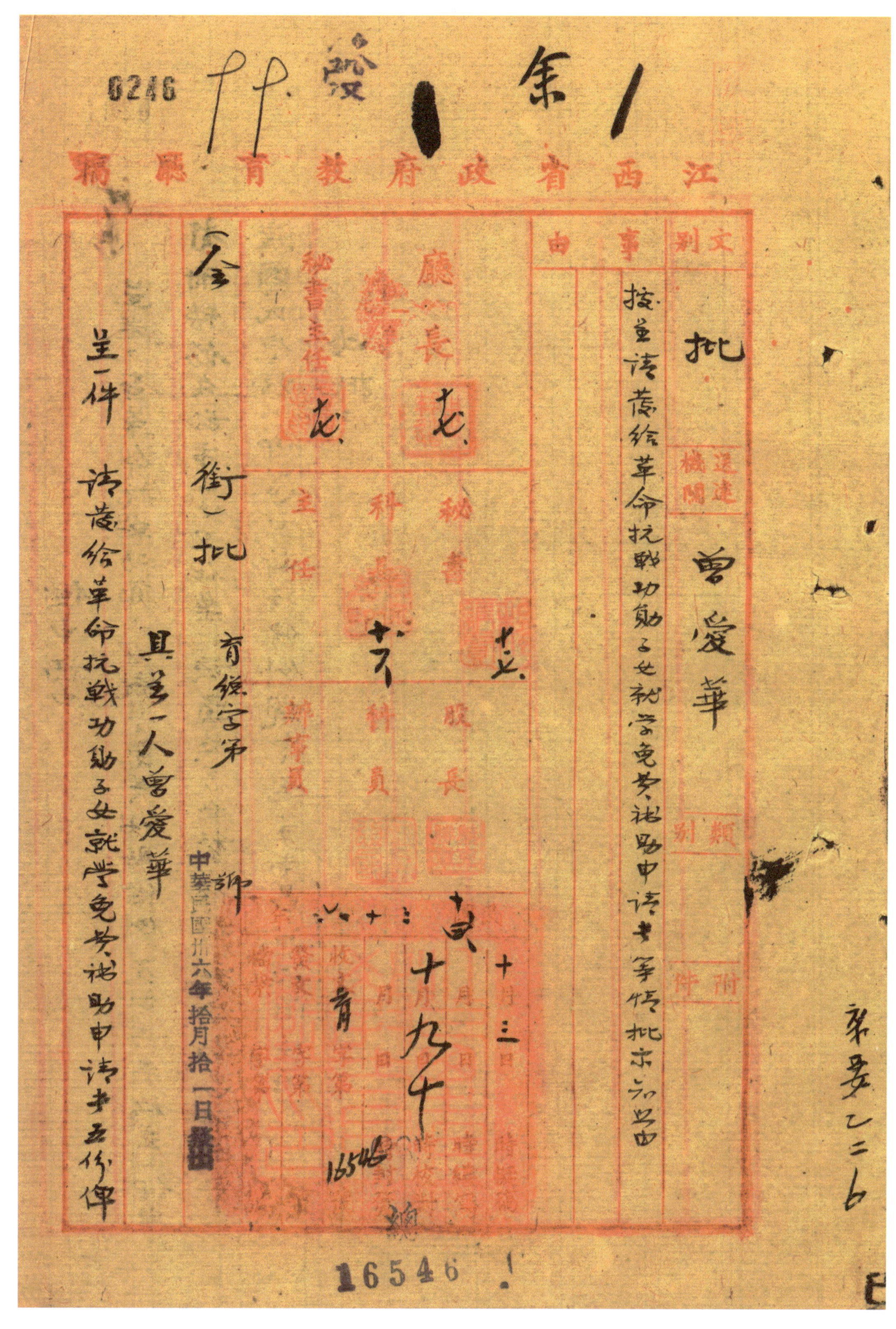

0246 發

江西省政府教育廳稿

文別：批

送達機關：曾愛華

事由：據呈請發給革命抗戰功勳子女就學免費補助申請書等情批示知照由

廳長 秘書主任

（全銜）批 育後字第 號

具呈人曾愛華

呈一件 請發給革命抗戰功勳子女就學免費補助申請書五份俾

中華民國卅六年拾月拾一日發出

16546

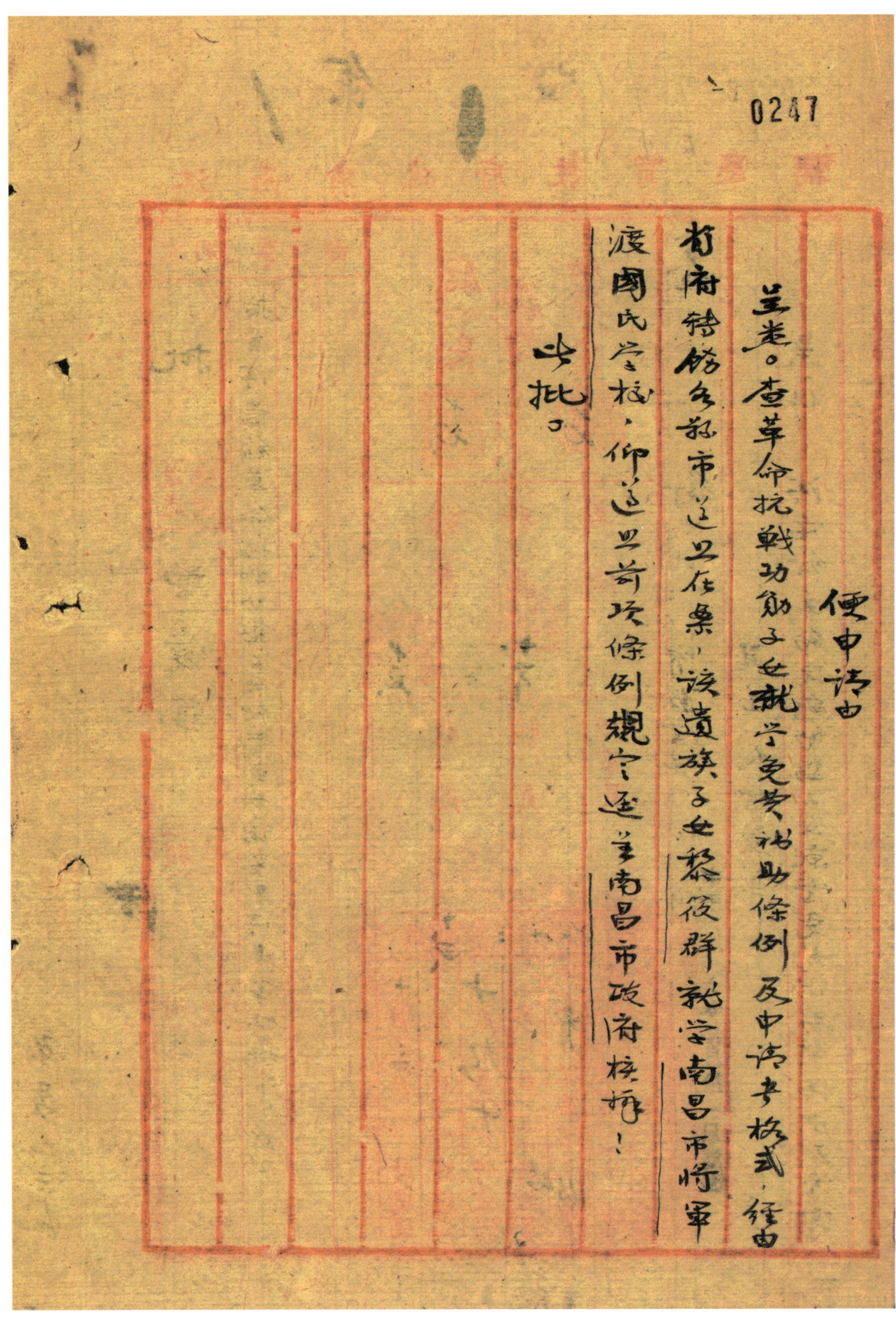
0247

便申请由

呈悉。查革命抗战功勋子女就学免费补助条例及申请书格式，经由省府转饬各县市遵照在案。该遗族子女黎筱群就学南昌市将军渡国民学校，仰遵照前项条例规定，迳向南昌市政府核办！

此批。

江西省教育厅和江西省立九江中学关于抗战功勋子女林东青、魏任元申请补助的来往文书（一九四七年九月至一九四八年一月）

江西省立九江中学致省教育厅的呈（一九四七年九月十七日）

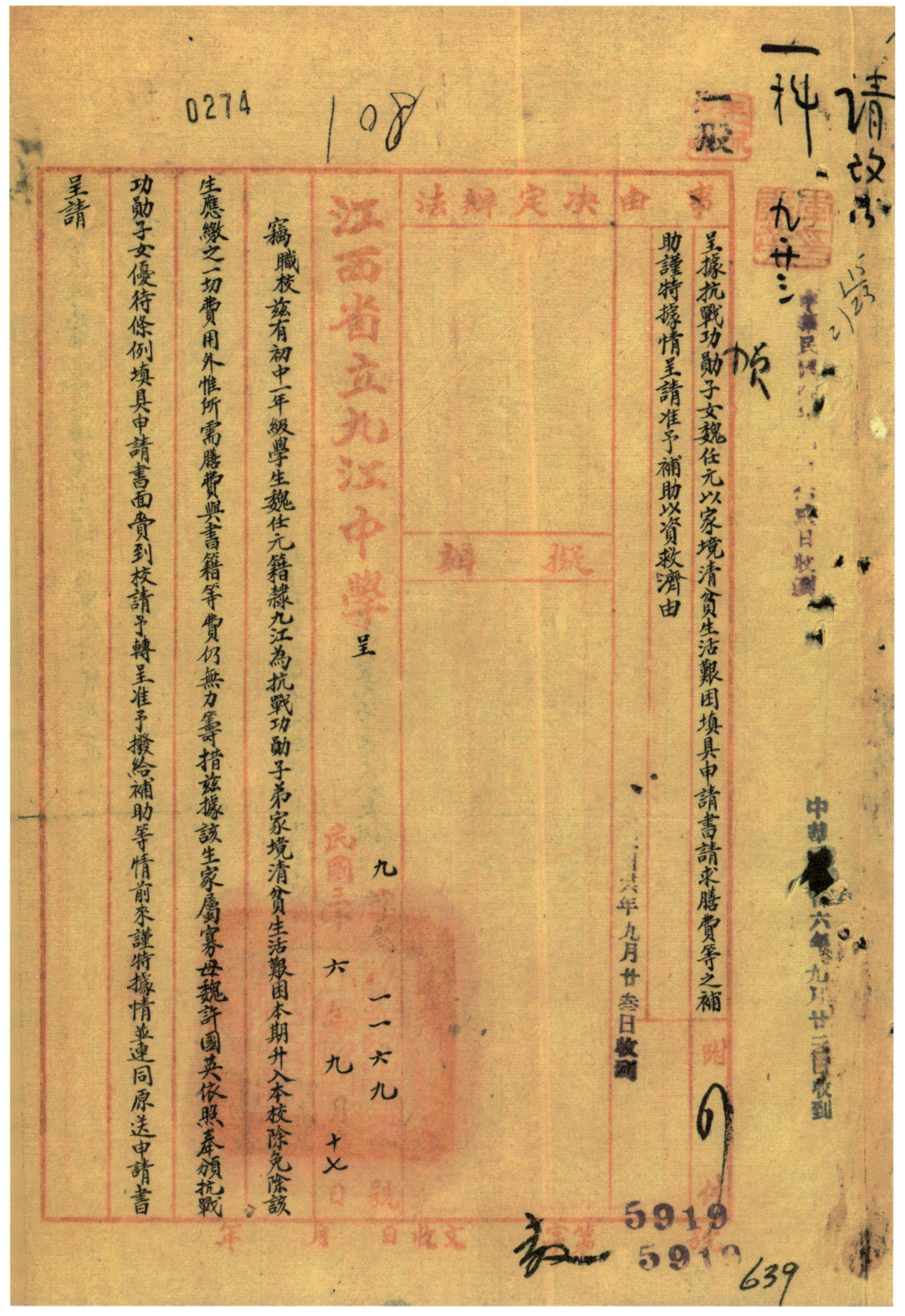

事由　呈據抗戰功勳子女魏任元以家境清貧生活艱困填具申請書請求膳費等之補助謹特據情呈請准予補助以資救濟由

決定辦法

擬辦

附

江西省立九江中學　呈　九一一六九

民國三十六年九月十七日

竊職校茲有初中一年級學生魏任元籍隸九江為抗戰功勳子弟家境清貧生活艱困本期升入本校除免除該生應繳之一切費用外惟所需膳費與書籍等費仍無力籌措茲據該生家屬寡母魏許國英依照奉頒抗戰功勳子女優待條例填具申請書面賫到校請予轉呈准予撥給補助等情前來謹將據情並連同原送申請書

呈請

0275

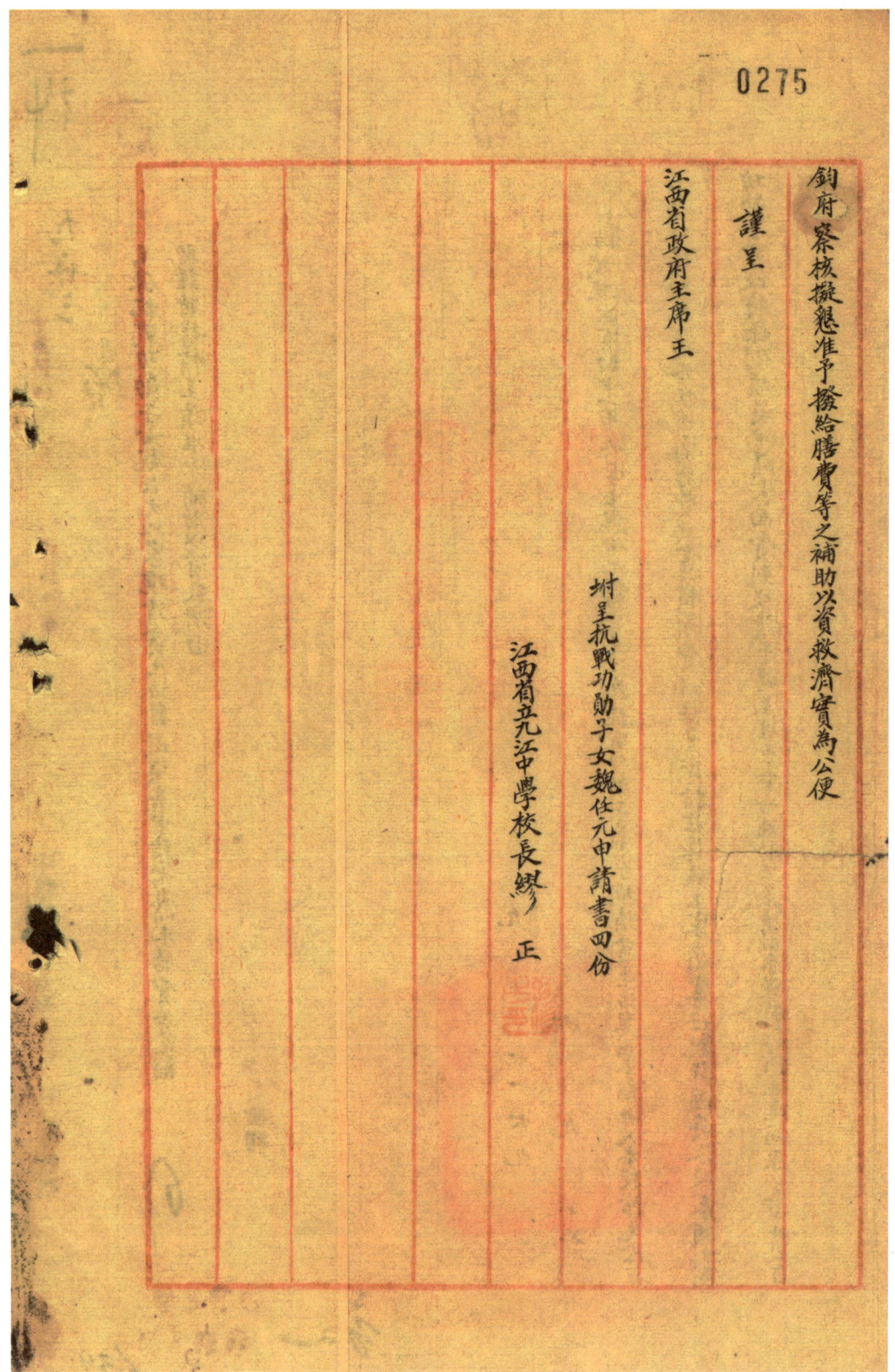

鈞府察核，擬懇准予撥給膳費等之補助，以資救濟，實為公便。

謹呈

江西省政府主席王

附呈抗戰功勛子女魏任元申請書四份

江西省立九江中學校長繆正

0049

姓名	魏任元	性别	男	年龄	十四	住所	現在	九江大中路第801號
							永久	九江大中路第801號

所在學校校名	江西省立九江中学	年級科别	一年級初中科	請求免費种類及補助數額	全部免学費實驗費講義費并補助至校時膳宿制服書籍等費
家屬狀況	上有母親下有二弟			家庭經濟狀況	僅有薄田三畝經濟艱困生活情苦
抗戰功勳事實及時日	江西保安第四科贛北站九江組組長於民卅二年四月间失事殉難				
証件	1.奉有國防部卅五年九月國字第14209号卹金給與令一紙 2.奉有联合勤務總司令部卅六年三月叙字第15138号通知一份				
家屬或親屬署名蓋章	魏許國英（印：魏許國英）	保証人署名蓋章	魏巧雲（印：魏巧雲）	所在学校校長署名蓋章	

卅六年九月十六日填

江西省立九江中学致省教育厅的呈（一九四七年九月三十日）

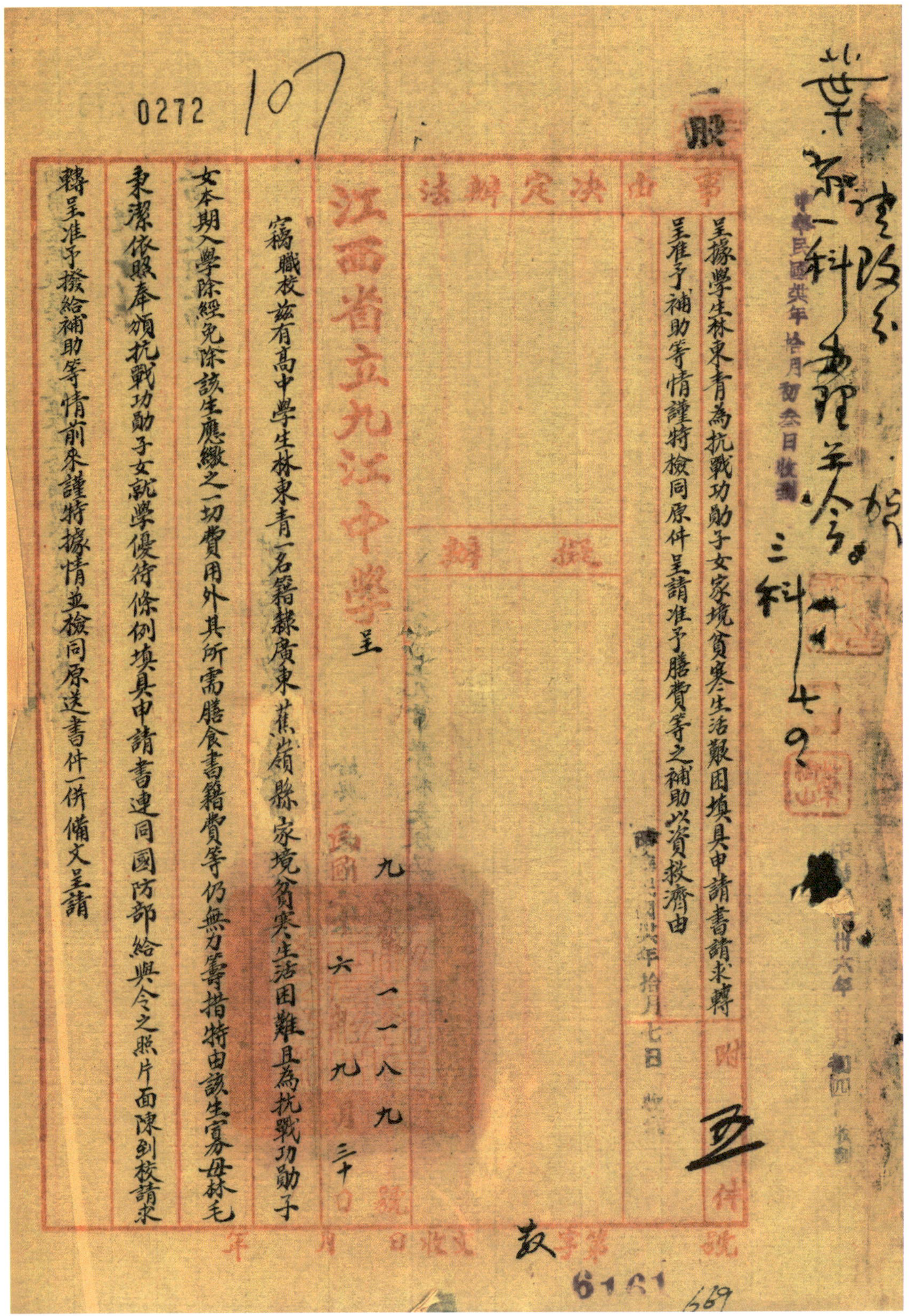

事由：呈據學生林東青為抗戰功勛子女家境貧寒生活艱困填具申請書請求轉呈准予補助等情謹特檢同原件呈請准予膳費等之補助以資救濟由

附件

擬辦

決定辦法

江西省立九江中學呈

九 六 一一八九 九 三十

竊職校兹有高中學生林東青一名籍隸廣東蕉嶺縣家境貧寒生活困難且為抗戰功勛子女本期入學除經免除該生應繳之一切費用外其所需膳食書籍費等仍無力籌措特由該生寡母林毛秉潔依照奉頒抗戰功勛子女就學優待條例填具申請書連同國防部給與令之照片面陳到校請求轉呈准予撥給補助等情前來謹特據情並檢同原送書件一併備文呈請

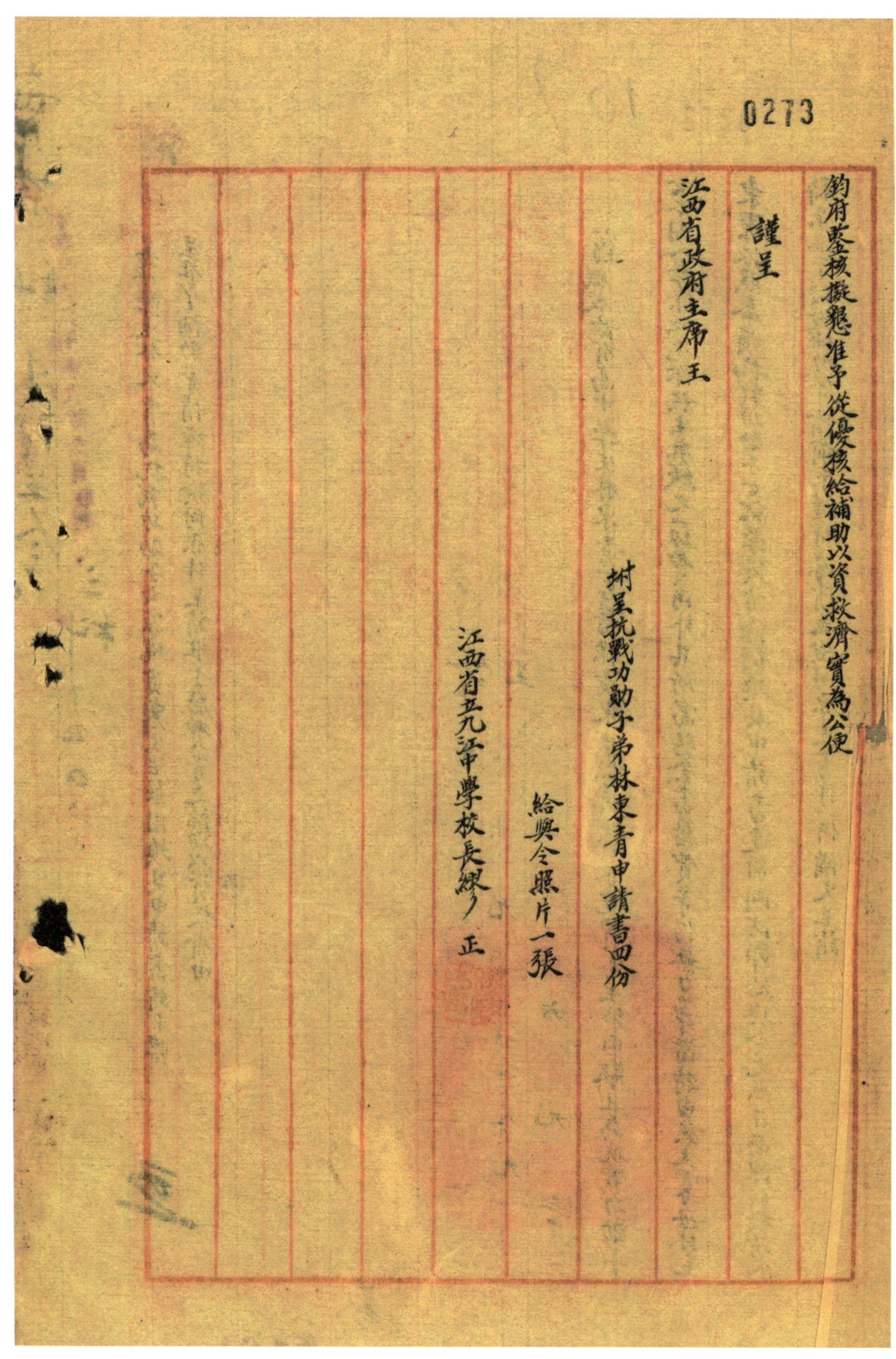

0273

鈞府鑒核，擬懇准予從優核給補助，以資救濟，實為公便。

謹呈

江西省政府主席王

謝呈抗戰功勛子弟林東青申請書四份

給與令照片一張

江西省立九江中學校長繆□正

附：抗战功勋子女就学免费申请书

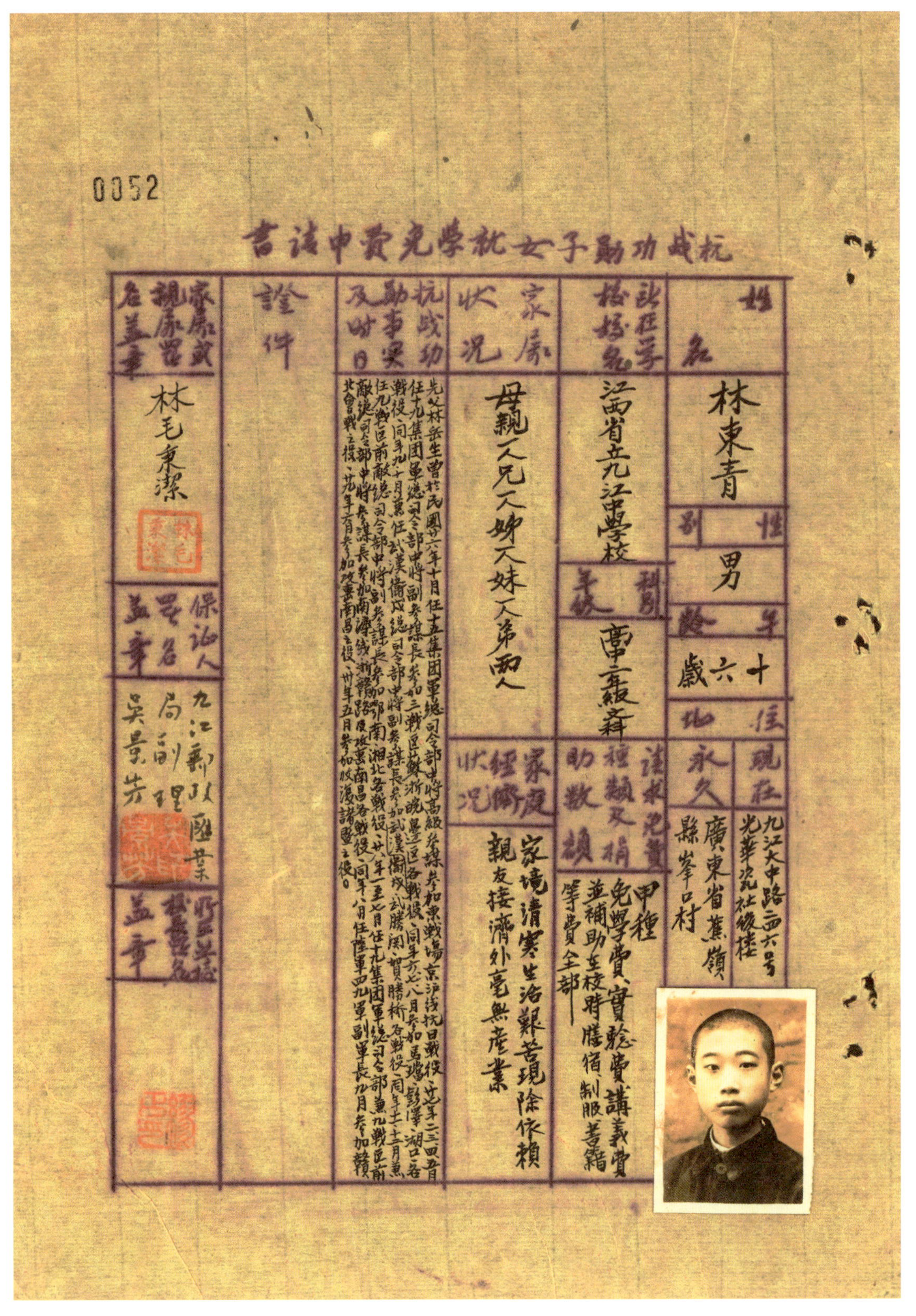

0052

抗戰功勳子女就學免費申請書

姓名	林東青
性別	男
年齡	十六歲
現在住址	九江大中路西六号光華书社後樓
永久住址	廣東省蕉嶺縣峯口村
肄業學校名稱	江西省立九江中學校
科別年級	高中二級春
請求免費種類及補助數額	甲種 免學費、實驗費、講義費並補助在校膳宿、制服、書籍等費全部
家屬狀況	母親一人、兄一人、姊一人、妹一人、弟兩人
家庭經濟狀況	家境清寒，生活艱苦，現除依賴親友接濟外，毫無產業
抗戰功勳事實及時日	先父林岳生曾於民國廿六年十月任十五集团軍總司令部中將高級參謀，參加東戰場京沪线抗日戰役，廿七年二、三、四月任十九集团軍總司令部中將副參謀長，參加三戰區蘇浙皖邊区各戰役，同年六、七、八月參加馬壋、彭澤、湖口各戰役，同年九、十月兼任武漢衛戍總司令部中將副參謀長，參加武漢衛戍、武勝関、賀勝橋各戰役，同年十一、十二月兼任九戰区前敵總司令部中將副參謀長，參加鄂南、湘北各戰役，廿八年一至七月任十九集团軍總司令部兼九戰区前敵總司令部中將參謀長，參加南潯线、浙赣路及攻襲南昌各戰役，同年八月任陸軍四九軍副軍長，九月參加赣北會戰之役，廿九年六月參加攻襲南昌之役，卅年五月參加收復諸暨之役。
證件	
家屬或親屬署名蓋章	林毛東潔（印）
保證人署名蓋章	九江新政鹽業局副理 吳景芳（印）
所在學校校長署名蓋章	（印）

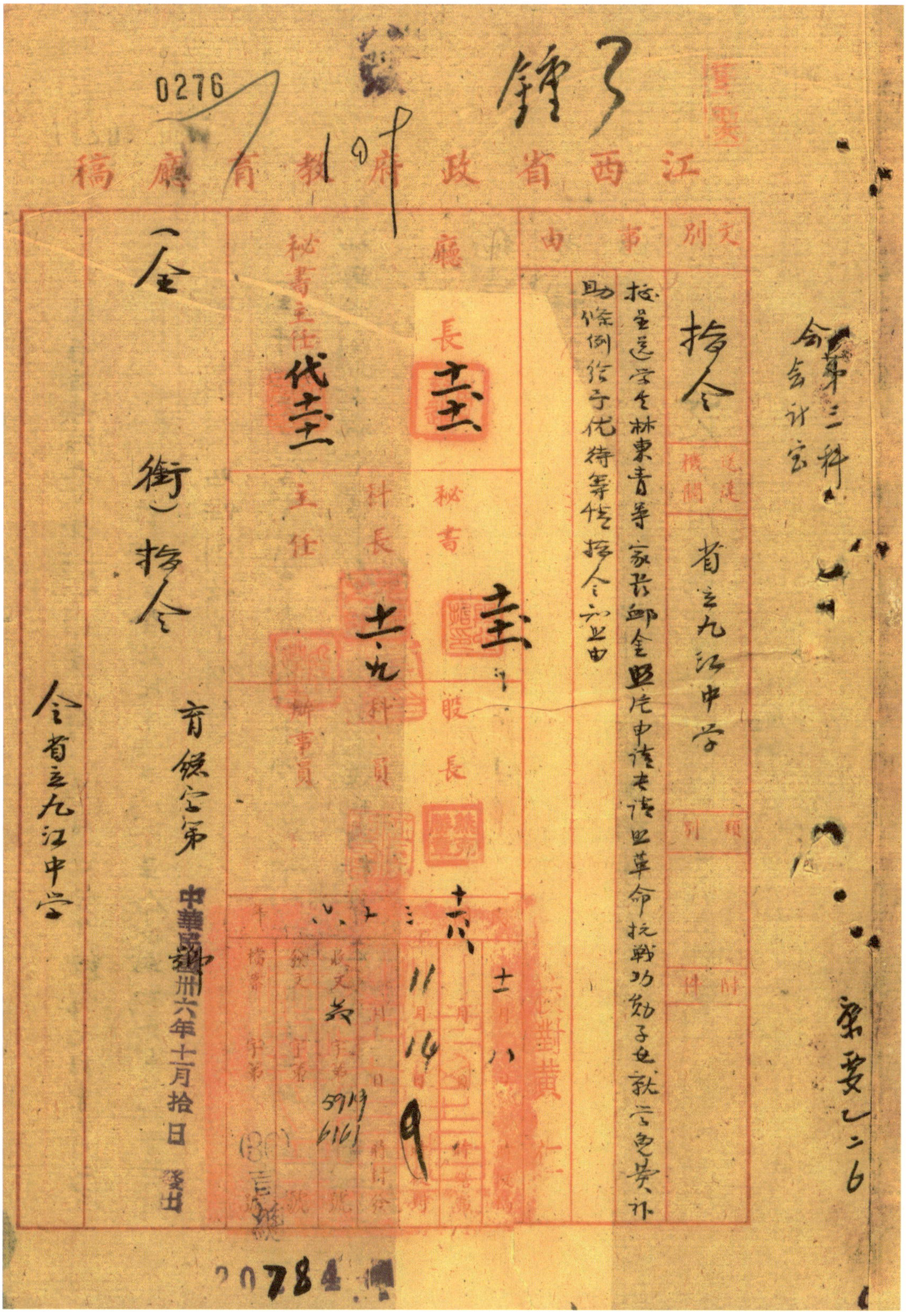

江西省教育厅致省立九江中学的指令（一九四七年十一月十日）

0277

查该校九字第一二九九、一二八九號呈两件，為呈送學生魏佳元、林東青二名家长部令照片申請革命抗戰功勛子女就學免费补助條例給予優待由

呈件均悉。學生林東青一名准予依照革命抗戰功勛子女就學免费补助條例之規定給予全公费待遇（按現行標準每名月支統膳食费二八〇〇〇元，公粮二斗三升），並於本學期一次撥給补助费八十萬元，交由校分別編造該生等专册專案呈廳核轉报銷，其在校應免之學费、实验、讲义等费，著該校依照前项條例第六條前段規定办理。學生魏佳元一名仍應遵照規定补检合法證件呈廳再行核奪，仰即知照！

此令。附發還部令照片一件（其餘各件存查）

廳長周○○

江西省立九江中学致省教育厅的呈（一九四七年十二月十日）

0108

江西省立九江中學呈 九字第一二四七號 民國三十六年十二月十日

事由：遵令造送革命抗戰功勳子女林東青請領膳費預算書冊及學生魏任元補送郵金給與令照片乞核案辦由

擬辦

決定辦法

附件

案奉

鈞廳育總字第二〇六四號指令核准革命抗戰功勳子女林東青全公費待遇並准一次撥給補助費十萬元飭即分別造具預算書冊呈核學生魏任元仍應補檢合法證件呈廳核奪等因奉此自應遵辦茲謹分別造具該生林東青請領本年九月至十二月膳食費預算分配表及一次補助費預算書各乂份並連同名冊乂份一併備文呈請

收文 年 月 日

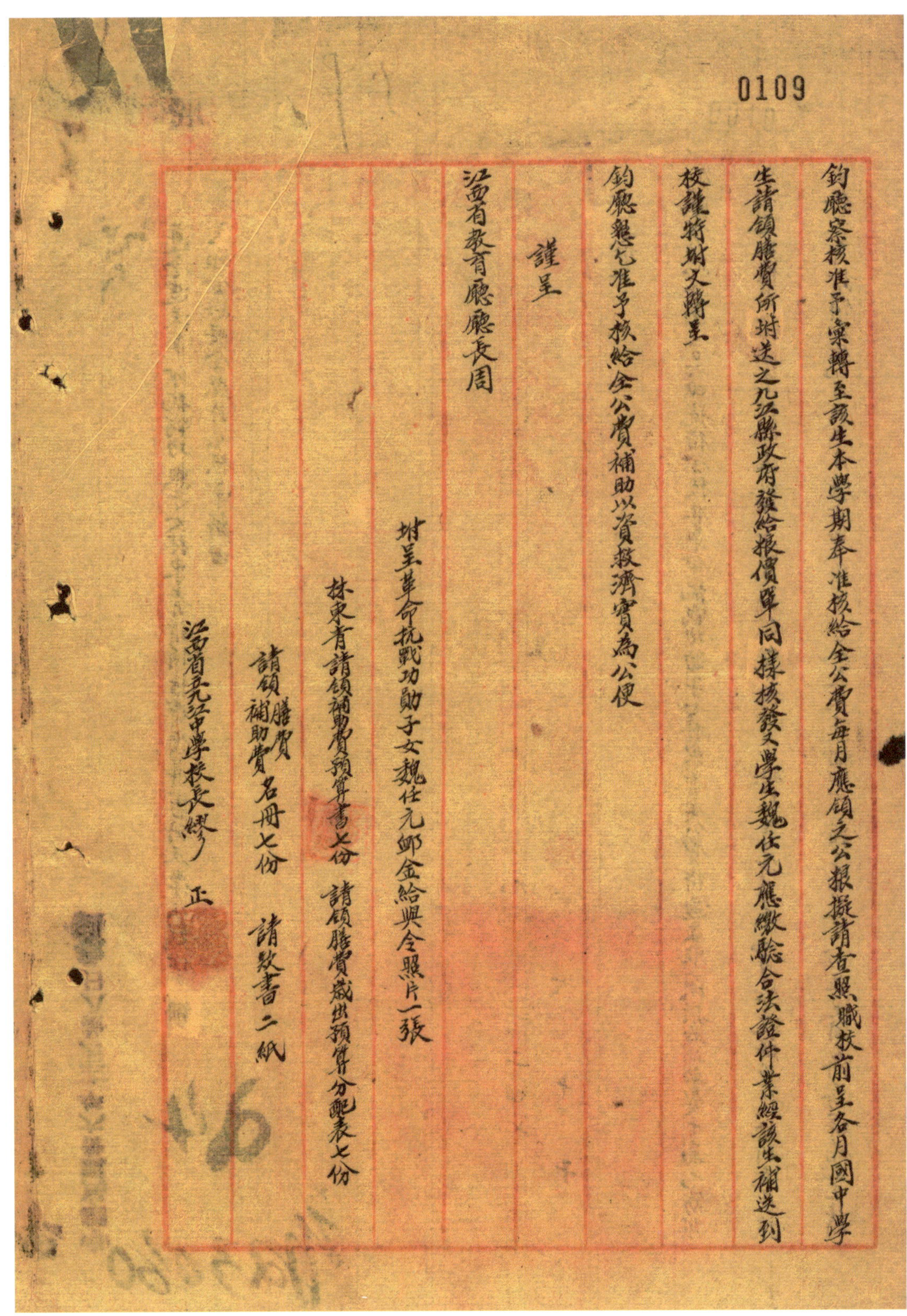

0109

鈞廳察核准予案轉至該生本學期奉准核給全公費每月應領之公糧擬請查照職校前呈各月國中學生請領膳費所附送之九江縣政府發給糧價單同樣核發之學生魏任元應繳驗合法證件業經該生補送到校謹特附文轉呈

鈞廳懇乞准予核給全公費補助以資救濟實為公便

謹呈

江西省教育廳廳長周

附呈革命抗戰功勛子女魏任元卹金給與令照片一張

抄東青請領補助費預算書七份　請領膳費歲出預算分配表七份

請領膳費補助費名冊七份　請款書二紙

江西省立九江中學校長繆正

江西省教育厅致省立九江中学的指令（一九四八年一月二十八日）

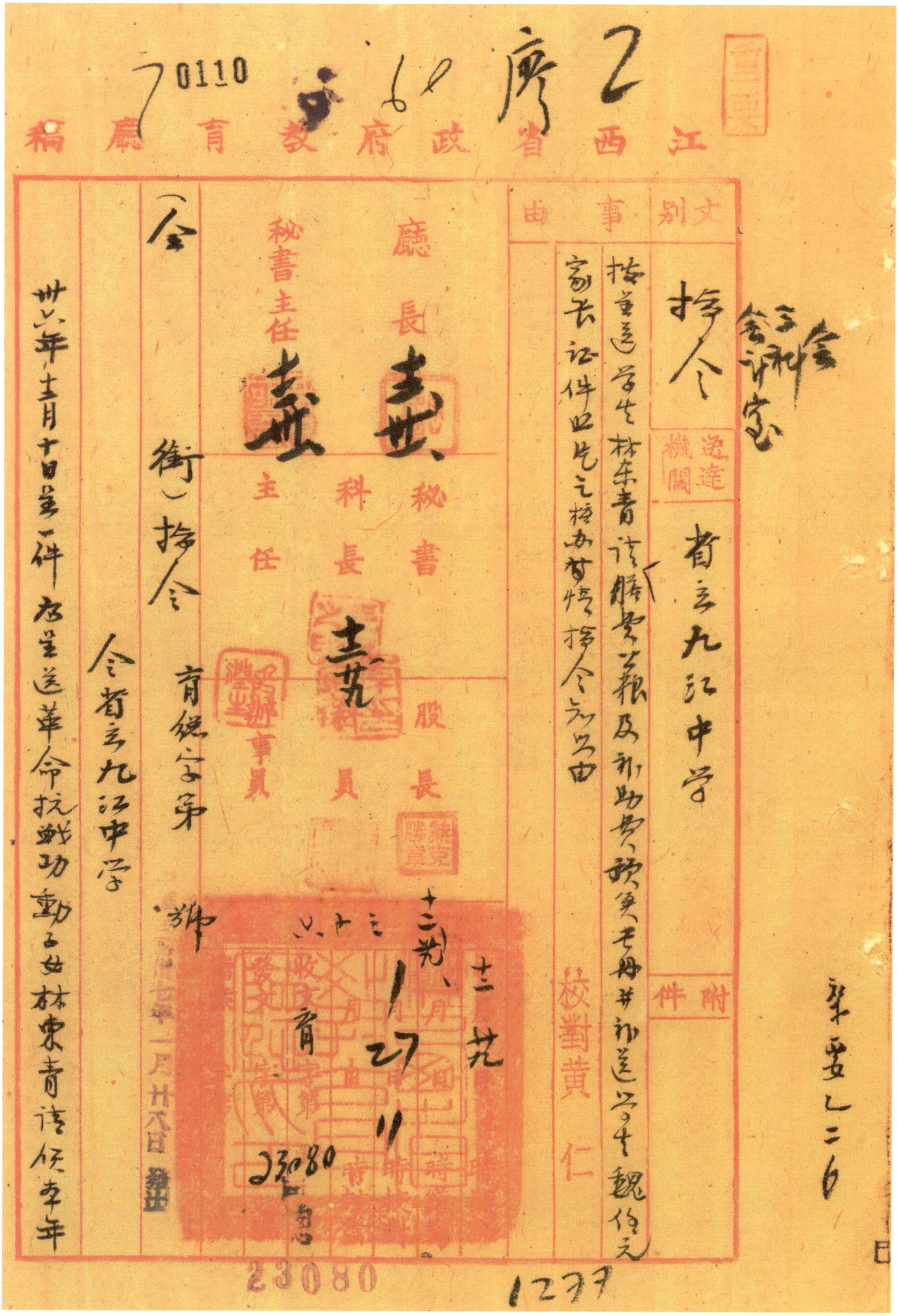

江西省政府教育厅稿

0111

九至十二月份膳费、公粮及补助费证书、表册及补送学生魏作元家长证件照片之核办由

呈件均悉。兹查学生林东青请领本年九至十二月份膳费、公粮及补助费证书、表册已分别核转请发。学生魏作元家长恤金令照片核与不合，兹予核给该生全公费待遇，仰迅遵照本厅育总字第二〇八四号指令编造该生请领本学期（九至十二月份）膳费、公粮及补助费证书、表册呈厅核转请发为要。

此令。附发还恤金令照片一张

厅长周〇〇

江西省教育厅和江西省立南昌第二中学关于许锡生、李秀南和李秀珊申请全公费待遇的来往文书
（一九四七年十月至一九四八年二月）

江西省立南昌第二中学致省教育厅的呈（一九四七年十月八日）

0250

江西省立南昌第二中學校呈

民國三十六年十月八日發　教字第三九〇號

事由：為學生家長許占元請求免繳其子求學費用檢具証件乞核示由

據本校高中學生許錫生家長許占元呈稱：「呈為呈請事，竊小兒許錫生肄業貴校高中部上年一級，對於各科學業均蒙列位師長謬加獎譽，敝人私心亦頗欣慶。茲以開學在邇，學襍等費均無着落。緣敝人自民前參加革命首義，南京迄今四十餘年，無役不與，抗戰軍興，參戰京滬湘鄂等省戰役，雖乏偉績，不無勞苦。原籍南京，所有資產遭敵蕩然無存，又以年歲已高，實

民國卅六年拾月拾七日收到

育17856

5869

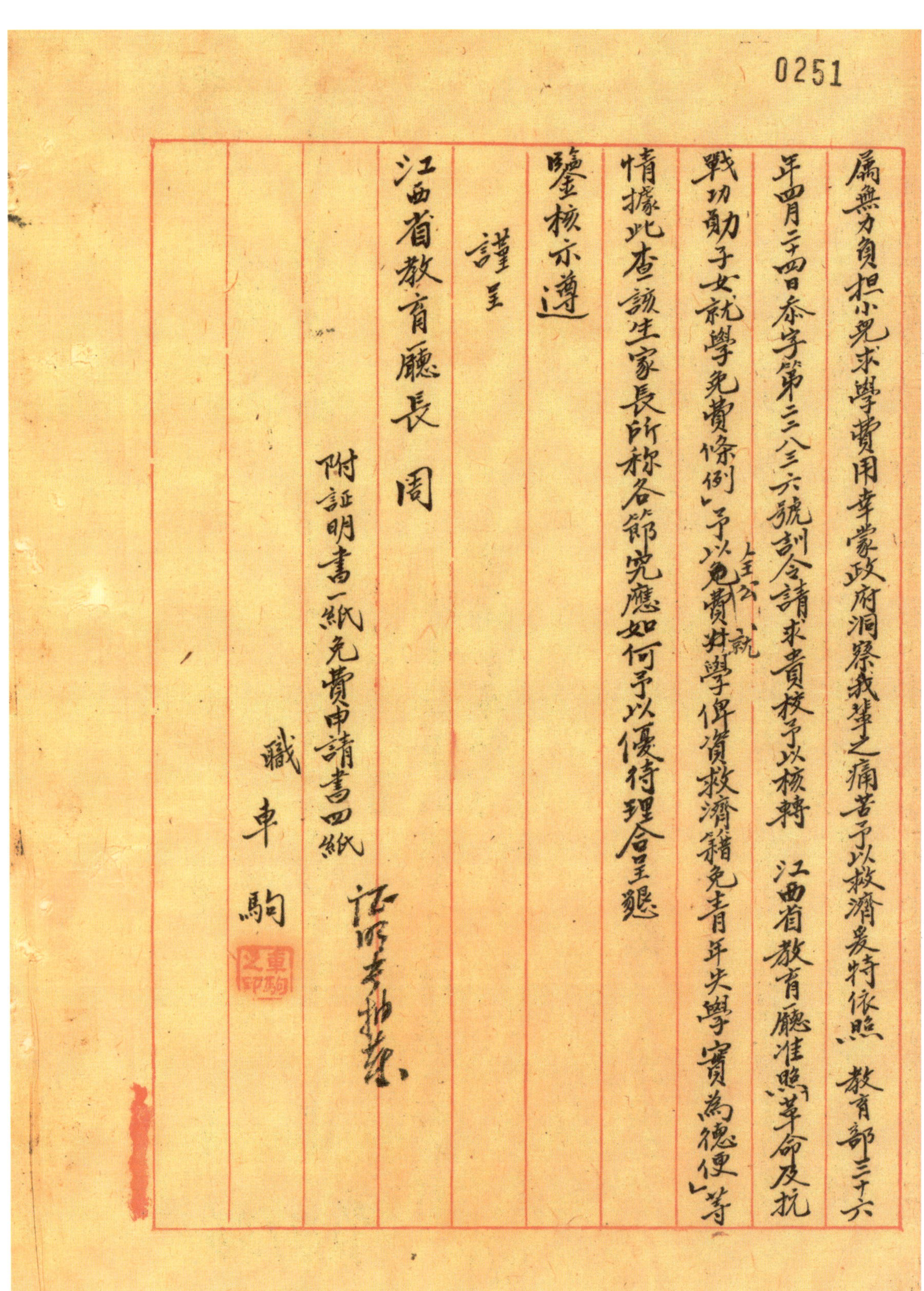
0251

属无力负担小儿求学费用，幸蒙政府洞察我辈之痛苦，予以救济，爰特依照教育部三十六年四月二十四日參字第三八三六号训令，请求贵校予以核转江西省教育厅准照《革命及抗战功勋子女就学免费条例》予以免费就学，俾资救济，藉免青年失学，实为德便"等情。据此，查该生家长所称各节，究应如何予以优待，理合呈恳

鉴核示遵。

谨呈

江西省教育厅长周

附证明书一纸、免费申请书四纸

职车驹

0252

抗戰功勛子女就學免費申請書

姓名	許錫生	性別	男	年齡	十八歲	住所	現在 南關口一百二十二號 永久 南昌象山路重光里十三號門牌
所在學校校名	江西省立第二中學	科別年級	第二年級學生	請求免費種類及補助數額	家境清寒無力供給小子學費懇請免繳全費		
家屬狀況	父 許占元　母 鄧氏			家庭經濟狀況	參加革命四十餘年無役不與國軍復員奉命編餘失業毫無收入		
抗敵功勛之事實及時日	民國二十六年任江陰要塞總台長時于九月四日砲擊敵艦數艘沉沒長官顧獎給戰字二零一號獎狀二十七年九月任第二兵團輜重團團長奉令械彈鞏固陣地右腿負傷長官張發給獎字一二零號榮譽証						
證件（附呈撫卹金給予令或依戰地守土獎勵條例給獎証）	二十六七兩年戰地給奬証及二十八年任榮軍收容所長上項証件因三十四年敵陷泰和遺失現有撫卹處批令証明						
家屬署名蓋章	許占元	親屬保證人署名蓋章	前直接長官榮軍管理處辦公廳主任現軍事委員會撫卹委員會駐贛撫卹處少將處長鄧警銘証明	所在校長署名蓋章			

年　月　日填

江西省教育厅致省立南昌第二中学的指令（一九四七年十一月十日）

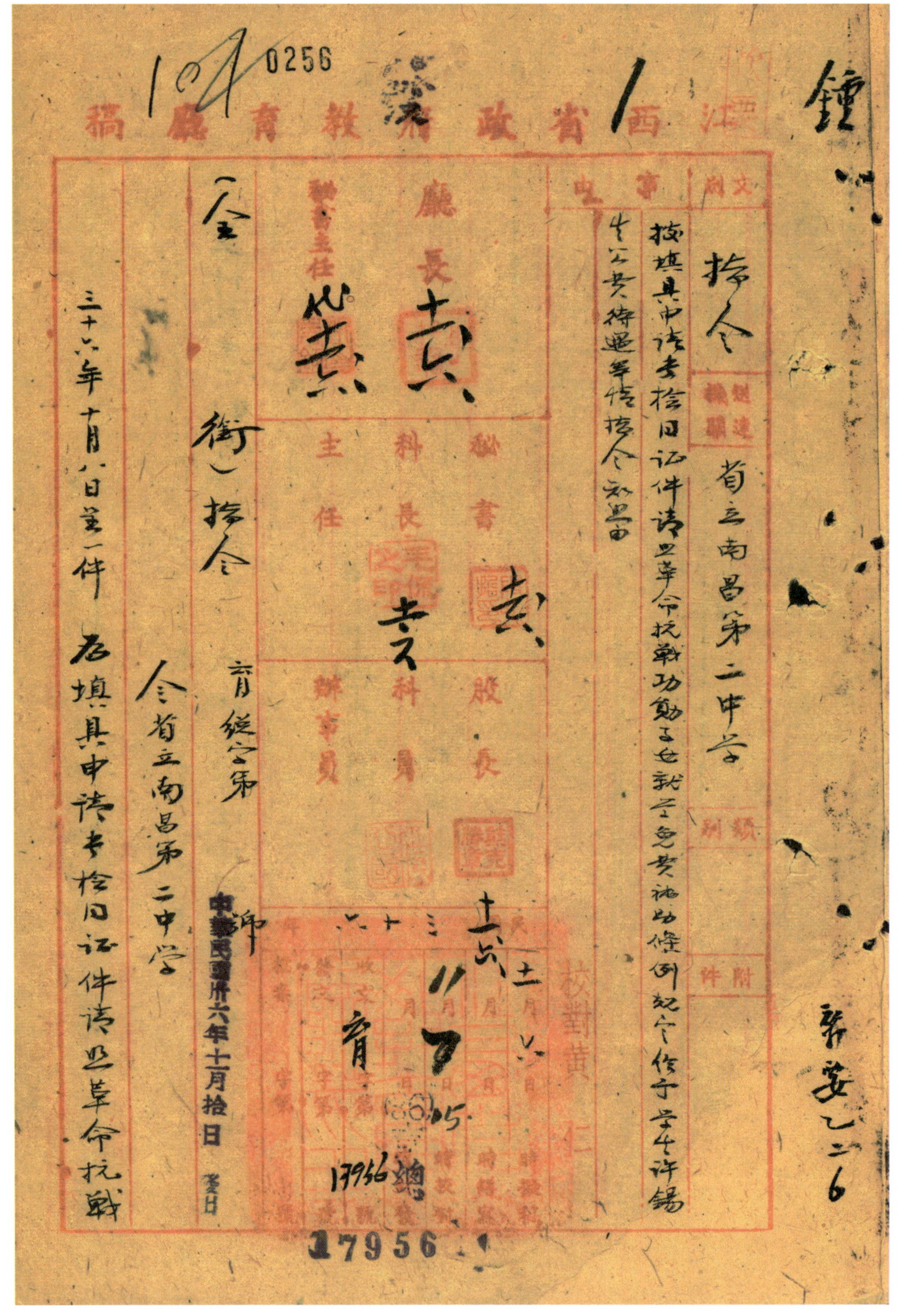

江西省政府教育厅稿

文别：指令

事由：据填具申请书检同证件请照革命抗战功勋子女就学免费补助条例规定优待子女许锡生公费待遇等情指令知照由

受文机关：省立南昌第二中学

厅长

秘书

科长

主任

股长

办事员

（全衔）指令　育従字第　号

令省立南昌第二中学

三十六年十一月八日呈一件　为填具申请书检同证件请照革命抗战

中华民国卅六年十一月拾日

17956

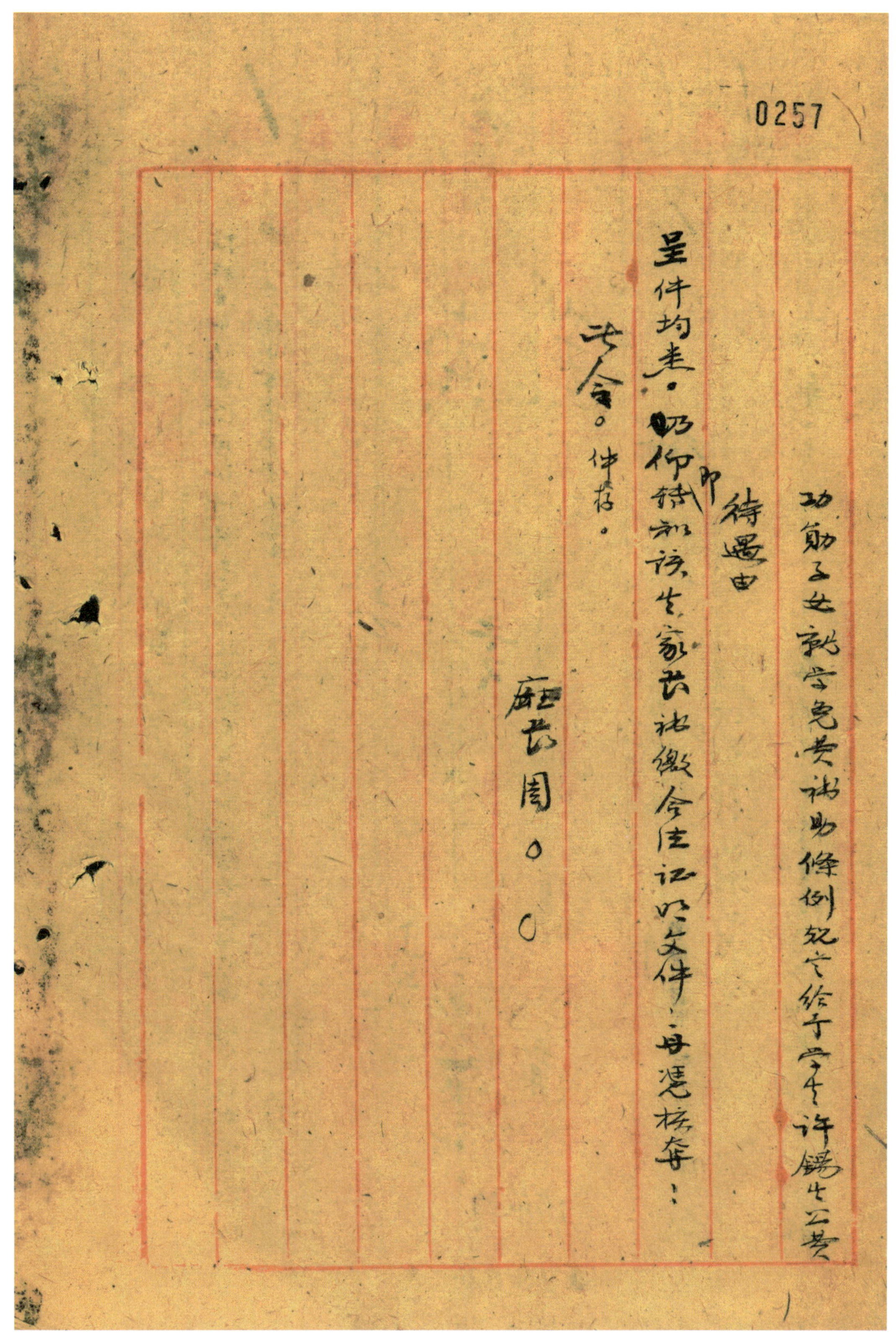
0257

功勳子女就學免費補助條例規定給予學生許錫生公費待遇由

呈件均悉。姑仰即轉飭該生家長補繳合法證明文件，再憑核奪！

此令。件存。

廳長　周〇〇

江西省立南昌第二中学致省教育厅的呈（一九四七年十一月二十八日）

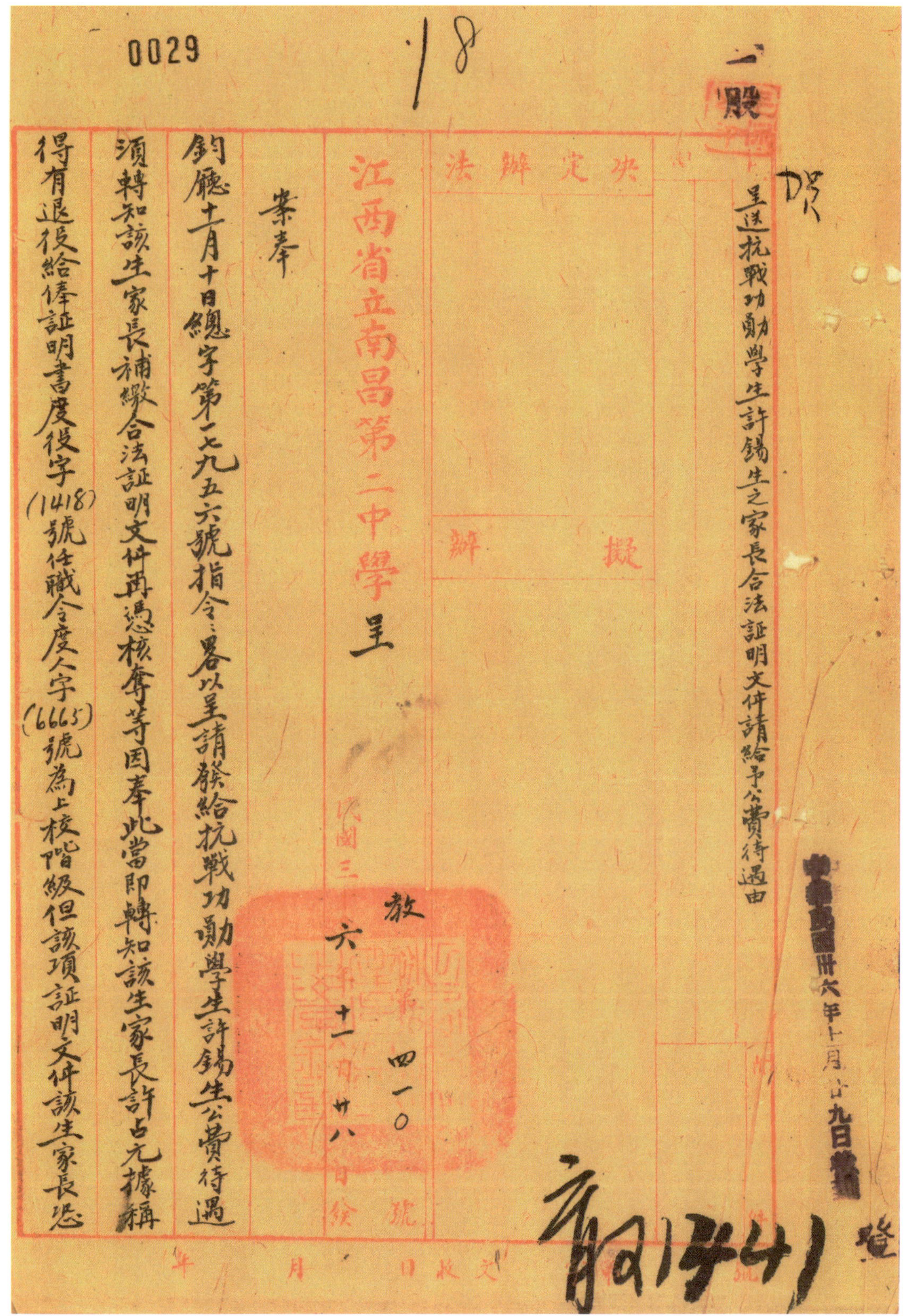

0029

18

一般

呈送抗戰功勛學生許錫生之家長合法証明文件請給予公費待遇由

決定辦法

擬辦

江西省立南昌第二中學 呈 教 六 十一 四一〇 廿八

案奉

鈞廳十一月十日總字第一七九五六號指令：略以呈請發給抗戰功勛學生許錫生公費待遇須轉知該生家長補繳合法証明文件再憑核奪等因，奉此，當即轉知該生家長許占元，據稱得有退役給俸証明書度役字（1418）號任職令度人字（6665）號，為上校階級，但該項証明文件該生家長恐

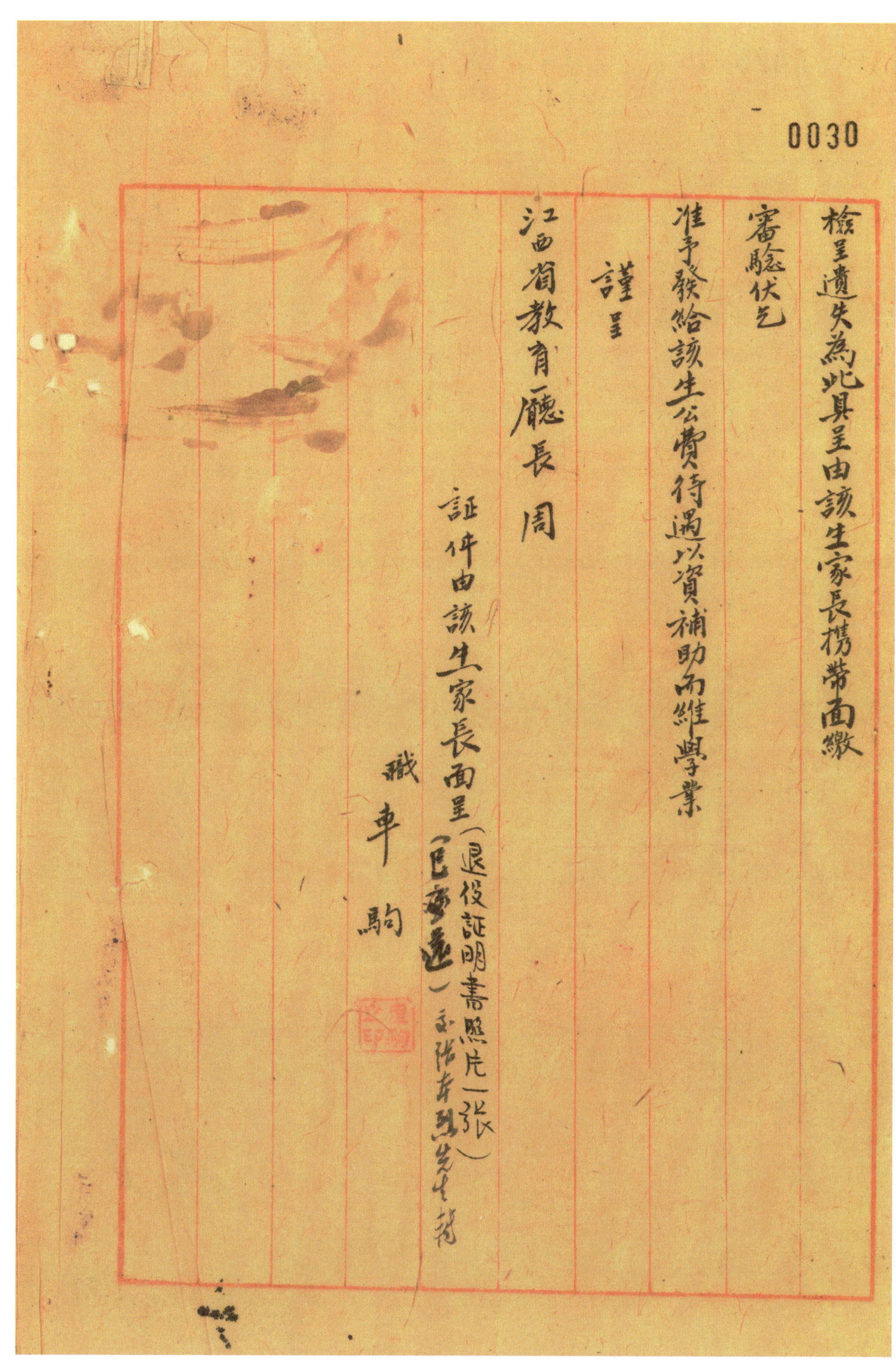

0030

檢呈遺失為此具呈由該生家長携帶面繳

審驗伏乞

准予發給該生公費待遇以資補助而維學業

謹呈

江西省教育廳長周

證件由該生家長面呈（退役証明書照片一張）（已寄還）系張存烈先生轉

職車駒

車駒之印

江西省立南昌第二中学致省教育厅的呈（一九四七年十二月三日）

0026

為學生李秀南李秀珊之家長申請依照中央頒佈革命抗戰功勛子女就學條例准予免費補助轉呈 核示由

決定辦法

擬辦

附件

中華民國卅六年十二月八日

江西省立南昌第二中學 呈

民國三十六年十二月三日發 教字第四一二號

據本校學生李秀南李秀珊之家長李鷄聲稱：

「為申請事竊男生李秀南女生李秀珊肄業鈞校初中一年級雖因家貧無力担任費用擬請依照三十六年三月二十六日中央公佈制定革命抗戰功勛子女就學免費補助條例第一條從事革命工作有勛勞於國家依法令予扶助者之規定得依據本條例請求第

年 月 日收文 字第 號

廳22150

二條甲項之待遇免學費實驗費講義費并補助在校時膳宿制服書籍全部鶵
追隨先總理早歲參加同盟奔走革命數十年其經過事實經奉中央執行委員會
革命勛績審查委員會於五十四次會議決議頒發勛字第(395)號証明書祇領在
案並奉中央撫卹委員會本年三月四日(撫)(36)發字第(0261)號代電內開查黨員李 鶵
撫助案現經本會第十三次會議決定給三等年撫助金六伯元以終身為止並經報告中
央常務委員會第五十次會議備案並奉頒發扶助證書在案惟因抗戰軍與家遭破
產先輩相繼殉國遺下孫男女等伶仃孤苦無力求學爰照第七条之規定檢同革命勛
績證明書并抄呈南昌市黨部轉奉中央撫卹委員會撫助年金代電各一件申請書四
份本人照片四張一併呈請鈞校分別存轉惠予依照上項条例甲項待遇免學費實驗
費講義費并補助在校時膳宿制服書籍全部俾青年不致失學則仁風廣被德

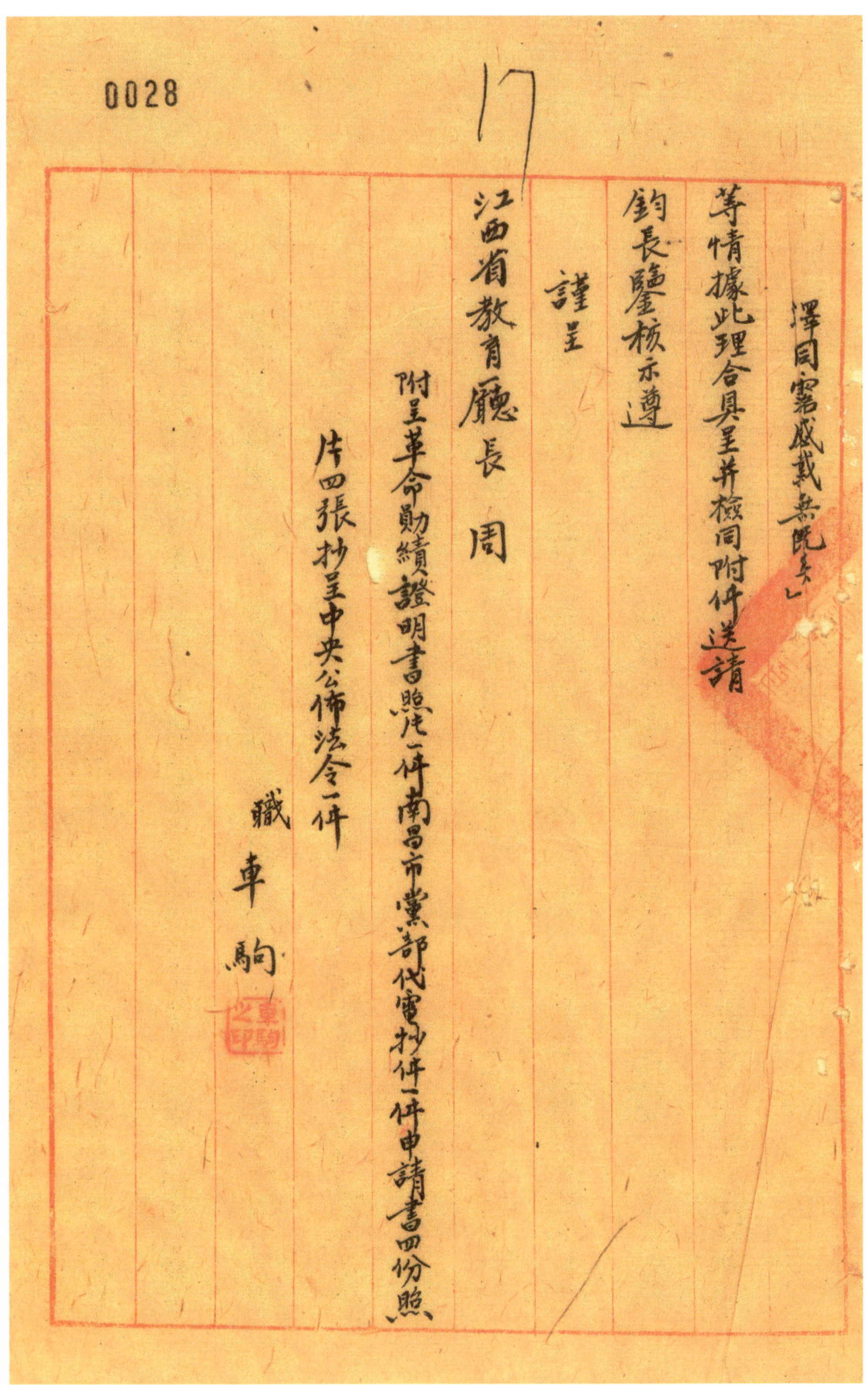
0028

17

澤同寵感載無既矣」等情。據此，理合具呈，并檢同附件送請

鈞長鑒核示遵。

謹呈

江西省教育廳長周

附呈革命勛績證明書照片一件、南昌市黨部代電抄件一件、申請書四份、照片四張、抄呈中央公佈法令一件

職　車駒（印）

江西省教育厅的签注（一九四七年十二月十五日）

0025 16

會第三科

三十六年十二月十五日

查（呈送學生李秀南李秀珊許錫生三名之家長從事革命工作勛績證件經核尚合于革命抗戰功勛子女就學免費補助條例第一條（款）「從事革命工作有勛勞於國依法給予撫卹或扶助者」之規定擬准給予公費待遇本學期並照通案另准撥給補助費各十萬元其在校應免各費，飭校遵照同條例第六條規定辦理（學生許錫生前已呈送申請書及本人照片各四張存廳有案）呈送李秀南李秀珊二名申請書格式及家長照片核與規定不合應飭仍遵照　省府財會教總字第六二五號訓令頒發申請書格式填送四份並補送本人二寸半身照片四張呈廳），當否敬乞

核示！

批示

如簽辦理

十六

覆核人　王□軒　呈　承辦人

文書用紙第三十二號

江西省教育厅致省立南昌第二中学的指令（一九四八年二月二十一日）

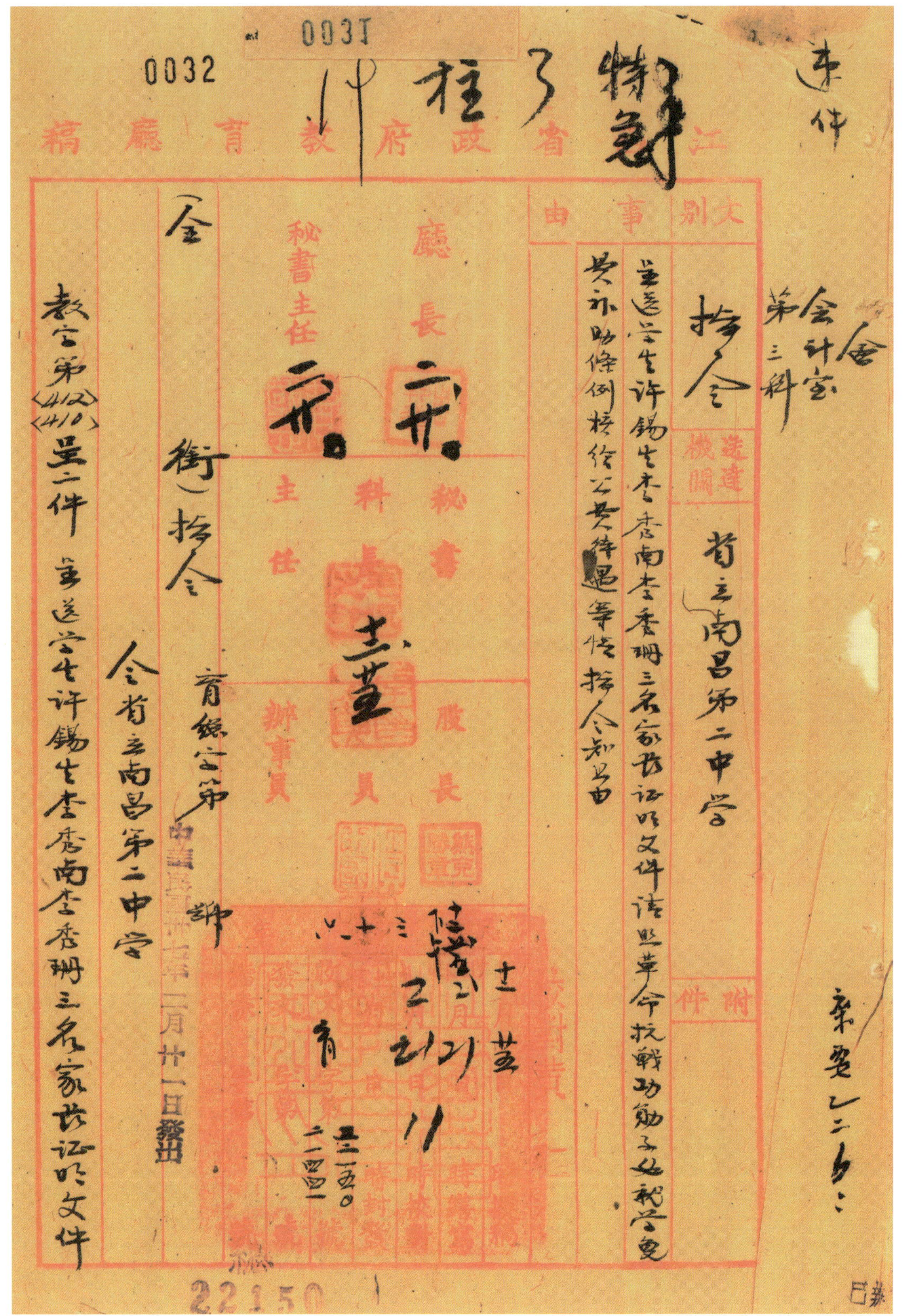

江西省政府教育厅稿

文别：指令

事由：呈送学生许锡生李秀南李秀琍三名家长证明文件请照革命抗战功勋子女就学免费补助条例核给公费待遇等情指令知照由

受文机关：省立南昌第二中学

令省立南昌第二中学

教字第（412）（410）号呈二件 呈送学生许锡生李秀南李秀琍三名家长证明文件

中华民国卅七年二月廿一日发出

請照革命抗戰功勛子女就學免費補助條例核給公費待遇由

呈件均悉。查呈賫證件尚無不合，學生許錫生李秀南李秀珊三名，准照革命抗戰功勛子女就學免費補助條例之規定，給予該生等全公費待遇，（按現行標準每名月支給膳食費——九月份每名二萬八千元，十至十二月每名十萬八千元，公糧二斗三升）本學期並准一次撥給補助費每名十萬元，由校分別編造預算表冊專案呈廳核轉撥發，其在校應免各費，該校應遵前頒條例第六條規定辦理。至學生李秀南李秀珊二名申請書格式及家長照片，核與規定不合，應予發還，廳仍遵照省府財會教經字第六二五號訓令，從速申請書格式填具四份，並檢送本人二寸半身照片四張呈廳，俾仰遵照！

此令。

0034　20

附恭送证明书照片一张申请书四份照片四张

庞芸阁

江西省教育厅和江西省立南昌第一中学关于蒋爱智等四名抗战功勋子弟全公费待遇的来往文书（一九四七年十月至十一月）

江西省立南昌第一中学致省教育厅的呈（一九四七年十月十五日）

0121

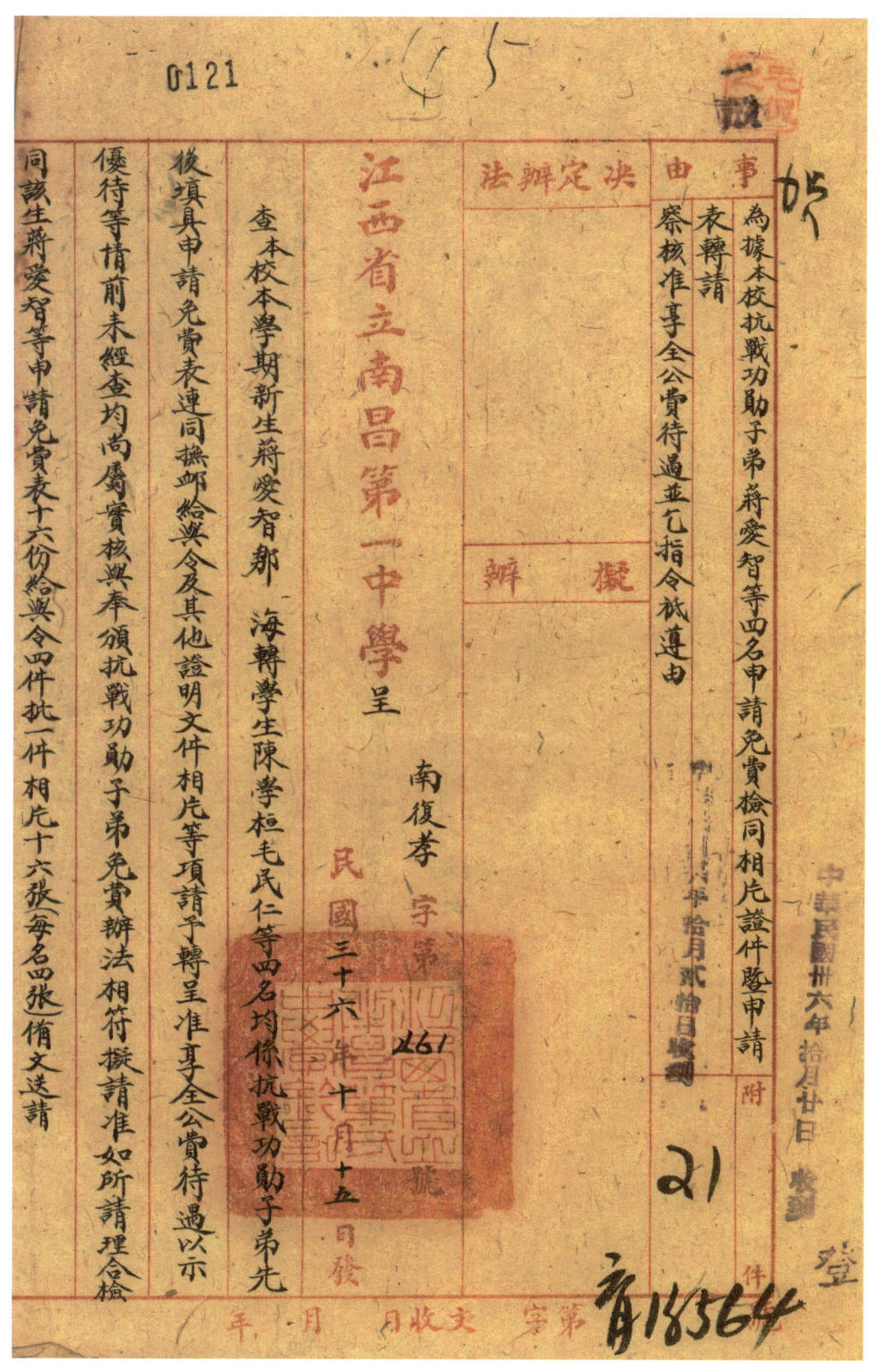

事由：为据本校抗战功勋子弟蒋爱智等四名申请免费检同相片证件暨申请表转请察核准享全公费待遇并乞指令祗遵由

附件

江西省立南昌第一中学呈　南复孝字第261号

民国三十六年十月十五日发

查本校本学期新生蒋爱智、郑海、转学学生陈学桓、毛民仁等四名均系抗战功勋子弟，先后填具申请免费表，连同抚恤给与令及其他证明文件、相片等项，请予转呈准享全公费待遇，以示优待等情。前来，经查均尚属实，核与奉颁抗战功勋子弟免费办法相符，拟请准如所请。理合检同该生蒋爱智等申请免费表十六份、给与令四件、抄一件、相片十六张（每名四张），备文送请

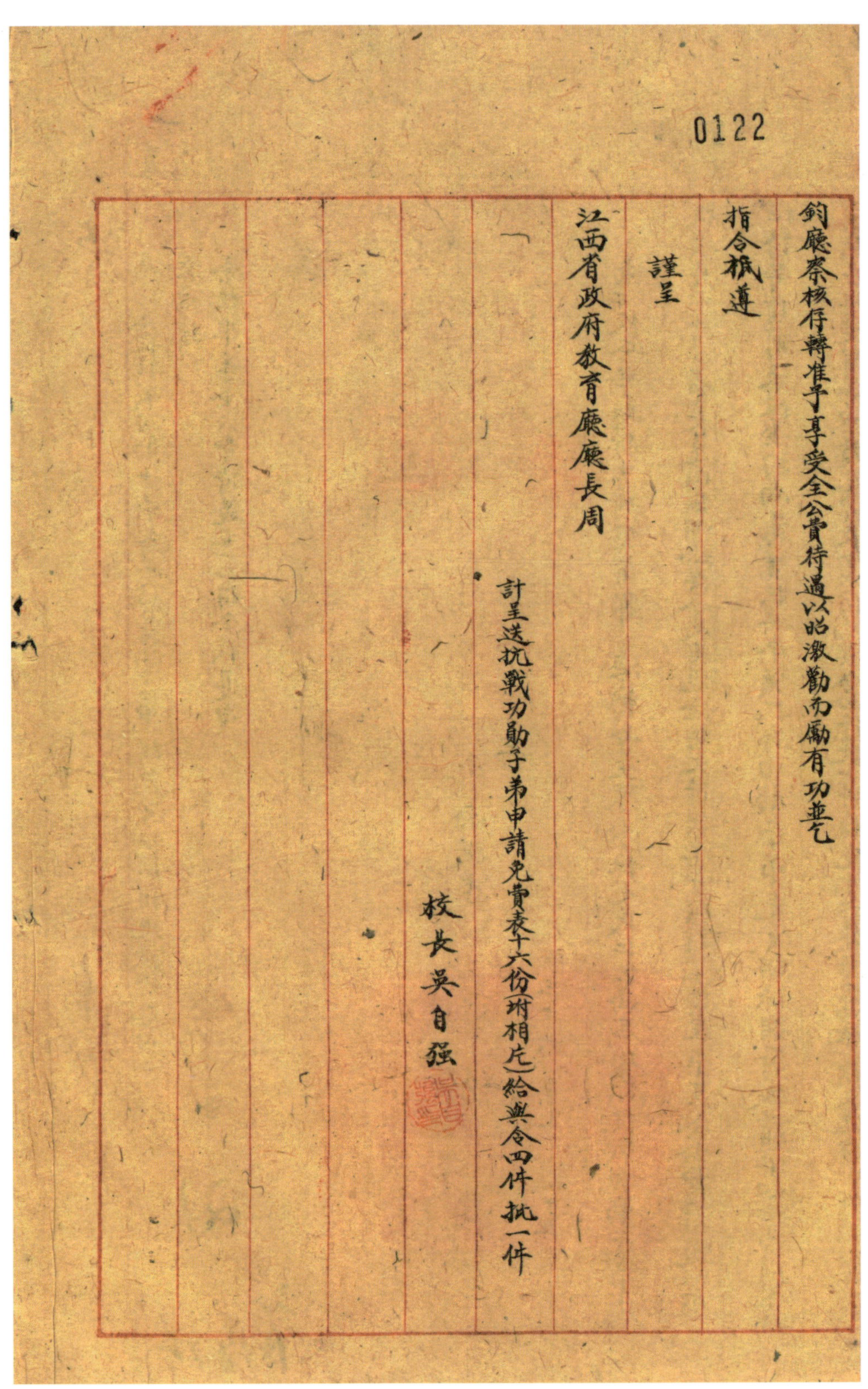

0122

鈞廳寀核俯轉准予享受全公費待遇以昭激勸而勵有功並乞

指令祗遵

謹呈

江西省政府教育廳廳長周

計呈送抗戰功勳子弟申請免費表十六份（附相片）給與令四件執一件

校長吴自强

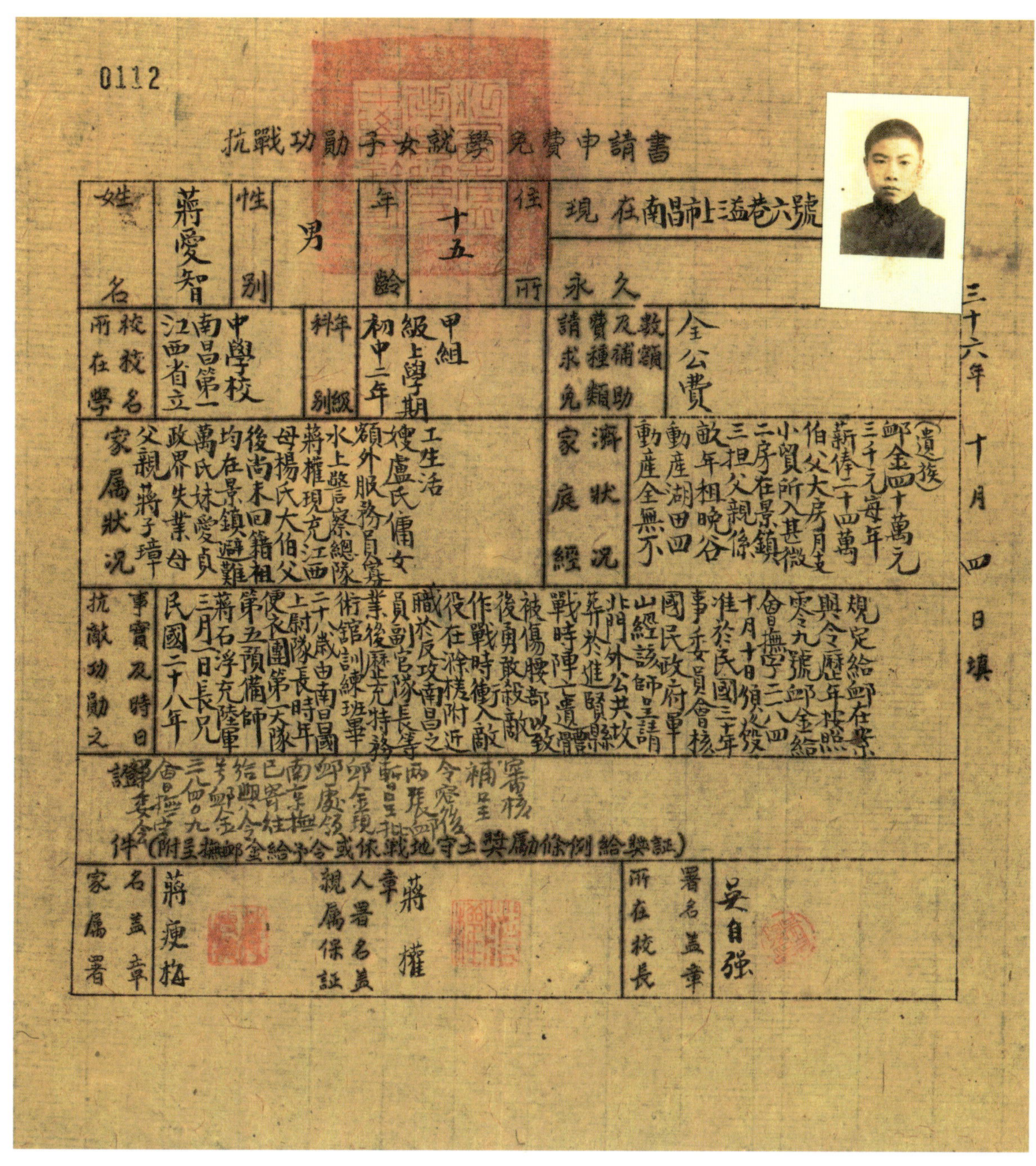

0112

抗戰功勛子女就學免費申請書

姓名	蔣愛智
性別	男
年齡	十五
住所	現在：南昌市上谥巷六號；永久：
學校名稱	江西省立南昌第一中學校
年級科別	初中二年級上學期甲組
請求免費及補助種類數額	全公費
家屬狀況	父親蔣子璋政界失業，母萬氏，妹愛貞，均在景鎮避難後尚未回籍，祖母楊氏，大伯父蔣權現充江西水上警察總隊額外服務員，寡嫂盧氏傭女工生活
家庭經濟狀況	動產全無，不動產湖田四畝，年租晚谷三担，父親係二房，在景鎮小貿，所入甚微，伯父大房月支薪俸二十四萬三千元，每年（遺族）卹金四十萬元
抗敵功勛之事實及時日	民國二十八年三月一日長兄蔣石浮充陸軍第五預備師便衣團第一大隊上尉隊長，時年二十八歲，由南昌國術館訓練班畢業後歷充特務員、副官、隊長等職，於反攻南昌之役在滁槎附近作戰時衝入敵後，勇敢殺敵，被傷腰部，以致戰時陣亡，遺體葬於進賢縣北門外公共坟山，經該師呈請國民政府軍事委員會核准，於民國三十年十月十日頒發會撫字三八四零九號卹金給與令，歷年按照規定給卹在案
證件（附呈撫卹金給與令或依戰地守土獎勵條例給獎証）	軍委會撫字三八四〇九號卹金給與令已寄往南京撫卹處領卹金，現暫呈兩張，令容後補呈審核
家屬署名蓋章	蔣瘦梅
親屬保證人署名蓋章	蔣權
所在校校長署名蓋章	吴自强

三十六年十月四日填

附：四名抗战功勋子女就学免费申请书

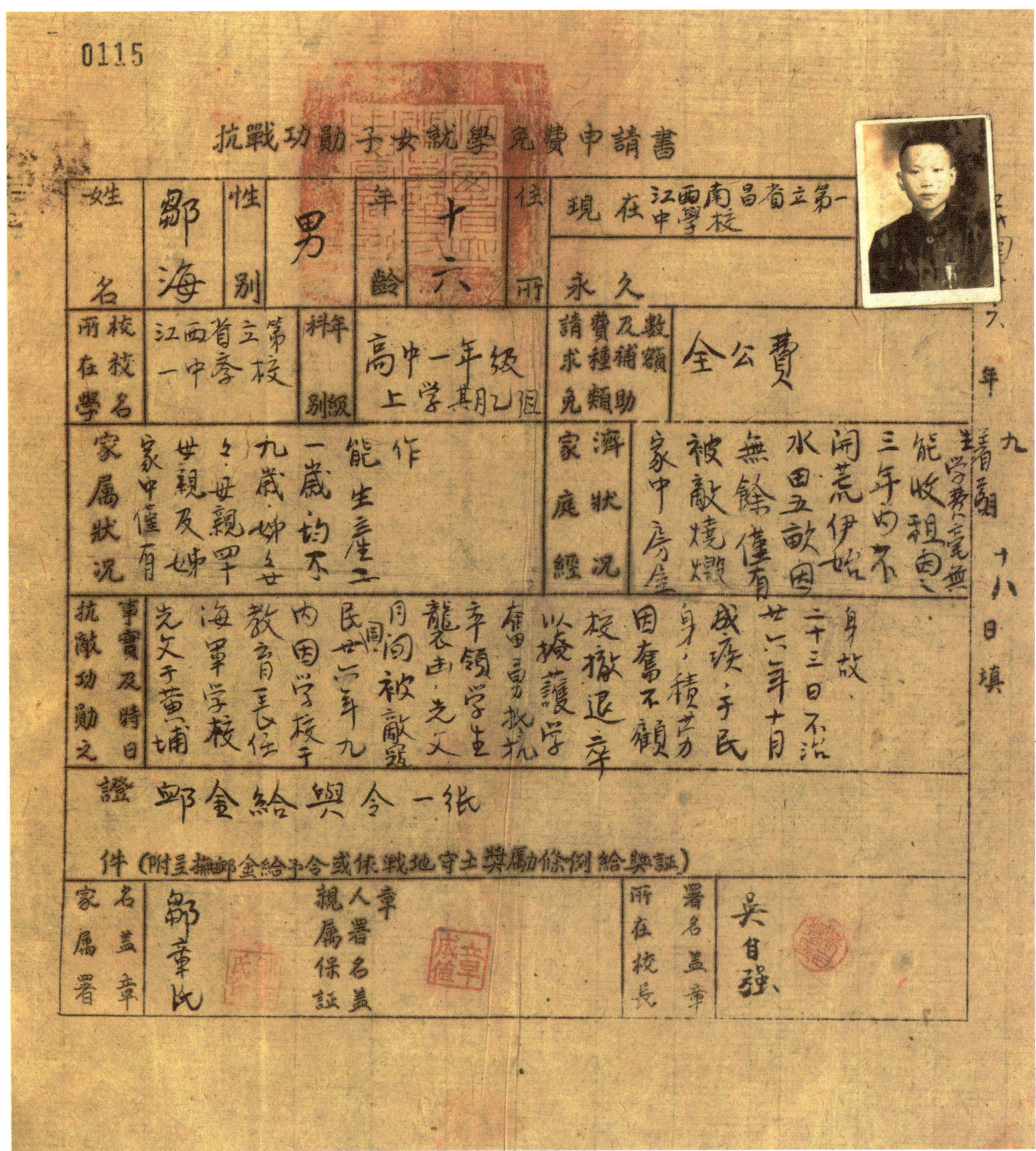

0115

抗戰功勳子女就學免費申請書

姓名	鄒海	性別	男	年齡	十六	住所	現在：江西南昌省立第一中學校 永久：
學校名 所在校	江西省立第一中學校	年級 科別	高中一年級上學期乙組	請求免費及補助數額種類	全公費		
家屬狀況	家中僅有母親及姊々，母親四十九歲，姊々廿一歲，均不能生產工作			家庭經濟狀況	家中房屋被敵燒燬無餘，僅有水田五畝，因閑荒伊始，三年內不能收租，向無學費完無着落		
抗敵功勳之事實及時日	先父于黃埔海軍學校教育長任內，因學校于民廿六年九月間被敵寇襲击，先父率領學生奮勇抵抗，以掩護學校撤退，卒因奮不顧身，積勞成疾，于民廿六年十月二十三日不治身故						
證件（附呈撫卹金給予令或依戰地守土獎勵條例給獎証）	卹金給與令一張						
家屬署名蓋章	鄒華氏	親屬保證人署名蓋章		所在校校長署名蓋章	吳自強		

……六年九月十八日填

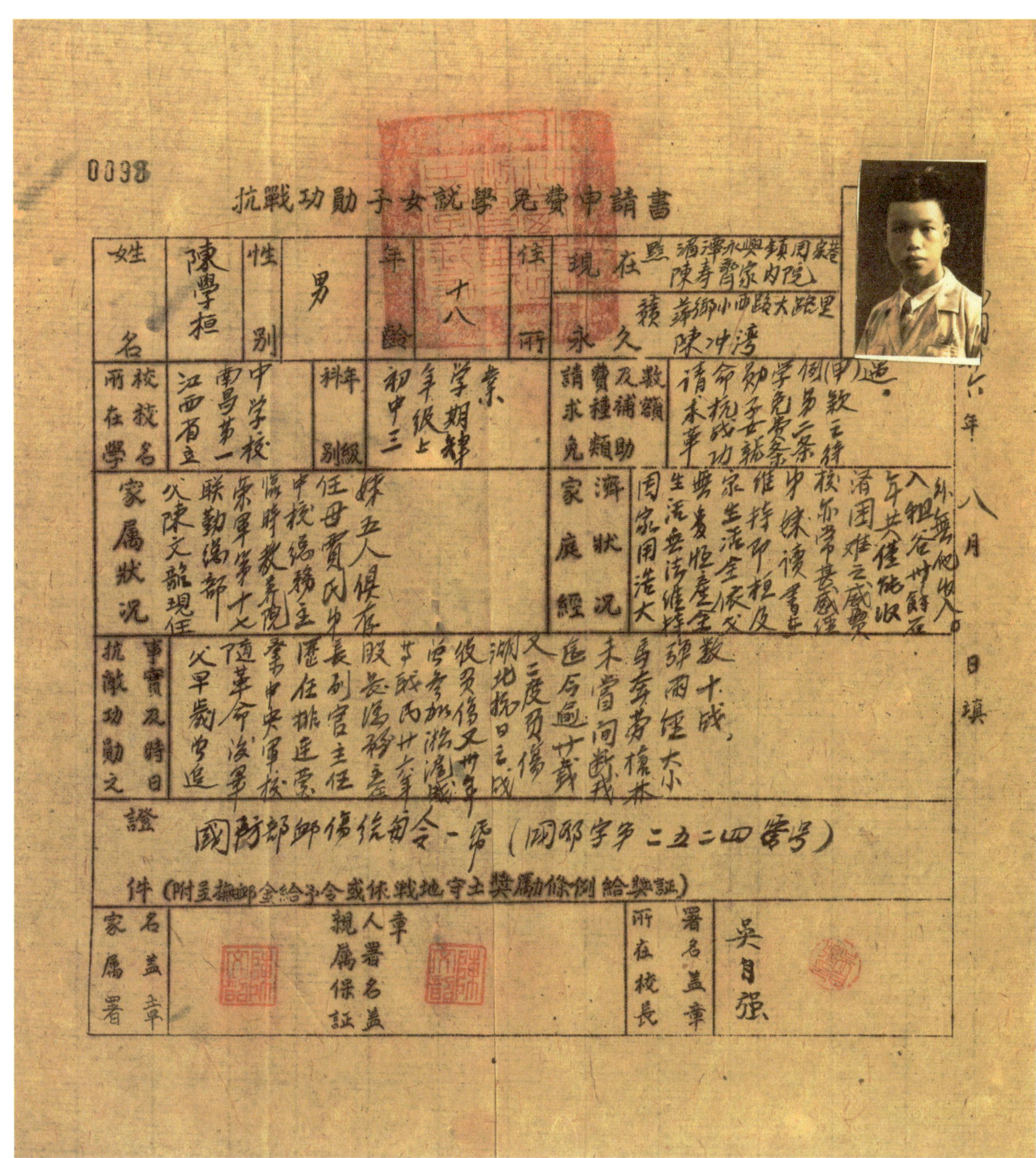

0038

抗戰功勛子女就學免費申請書

姓名	陳學桓	性別	男	年齡	十八	住所	現在：湘潭縣永興鎮周家巷陳壽齊家內院 永久：贛萍鄉小西路大路里陳冲灣
學校所在及校名	江西省立南昌第一中學校	科別年級	初中三年級上學期肄業	請求免費及補助種類數額	請求革命抗戰功勛子女就學免費條例第二條（甲）款之待遇		
家屬狀況	父陳文龍現任聯勤總部榮軍第十七臨時教養院中校總務主任，母賈氏，少妹五人，俱在			家庭經濟狀況	因家困苦，生活無法維持，無恆產，全家生活全依父維持，印桓及少妹讀書，校亦常甚感經濟困難之感，每年共僅能收入租谷卅餘石，外無他收入		
抗敵功勛之事實及時日	父早歲即追隨革命，後畢業中央軍校，歷任排連營長、副官、主任、股長、總務主任等職，民廿六年曾參加淞滬戰役負傷，又卅年湘北抗日之戰又二度負傷，迄今逾廿載，未嘗間斷，我身奔勞槍林彈雨，經大小數十戰						
證件（附呈撫卹金給予令或依戰地守土獎勵條例給獎證）	國防部卹傷給與令一紙（國卹字第二五二四號）						
家屬署名蓋章		親屬保證人署名蓋章		所在校長署名蓋章	吳自強		

三十六年八月　日填

0107

抗戰功勳子女就學免費申請書

姓名	毛昆八	性別	男	年齡	十六	住所	現在 本市潛巢街□ 永久 仝上	照片
所在學校校名	江西省立南昌第一中學校	科年別級	高一上	請求免費及補助數額種類	請免學雜膳宿費及講義書籍等 補助衣物			
家屬狀況	有祖母母親叔父和弟妹等			家庭經濟狀況				
抗敵功勳之事實及時日	于民國廿八年由吉安出發至奉新坑口于本年八月在前方積勞病故							
證件（附呈撫卹金給予令或依戰地守土獎勵條例給獎証）	國民政府軍事委員會卹亡給與令							
家屬署名蓋章	母毛羅鳳珍 叔毛裕康	親屬保証人署名蓋章	姑父 吳子俊	所在校長署名蓋章	吳自強			

年 月 日填

江西省教育厅致省立南昌第一中学的指令（一九四七年十一月十日）

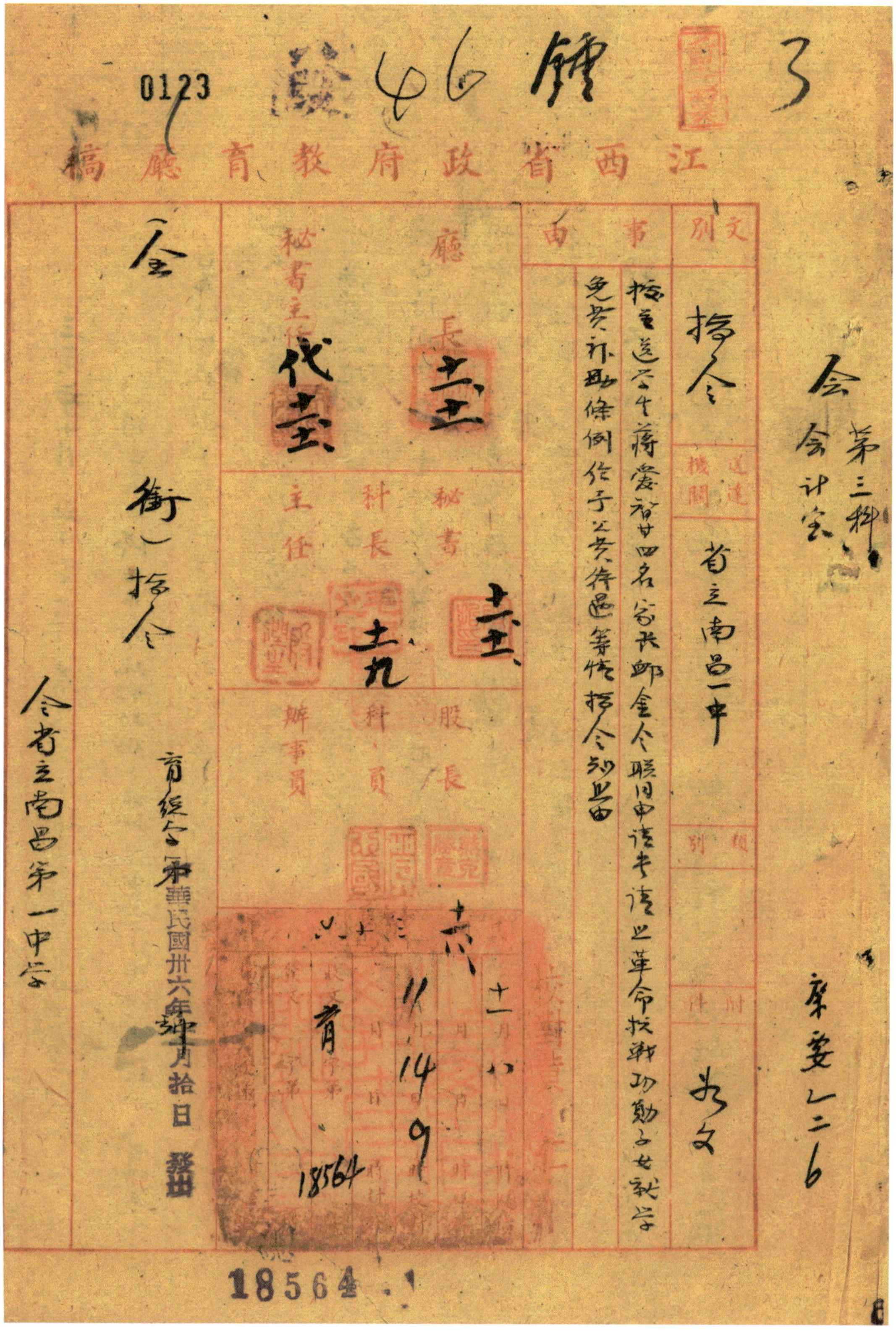

0124

三十六年十月十五日呈一件，为呈送学生蒋爱智等四名暨邹金全令服

同申请书请照革命抗战功勋子女就学免费补助条例给予公费待遇由

呈件均悉。查呈受证件尚无不合，学生蒋爱智、邹海、陈学植、毛氏仁等四名，准照革命抗战功勋子女就学免费补助条例之规定给予该生等全公费待遇（按现行标准每名月支给膳食费二八〇〇〇元，公粮二斗三升。惟学生陈学植一名已得国中公费生待遇，不得重领上项膳食费公粮），并另准本学期每名一次发给补助费十万元，应由校分别编造领款名册专案呈厅核转发款。其在校应免之学费、实验讲义等费，着该校照上述前项条例第六条前段规定办理。又该校前核定革命抗战功勋子女温松生、黄守中、袁应星等三名本学期除已准领之膳费公粮不得重复编造核发外，其本学期

0125　　47

一次補助費十萬元，可准併案備列預算，專案請款，仰併知照。

此令。

附發還郵金給予令三件，批示一件（其餘各件存查）。

[illegible]苹[illegible]　月　日

江西省教育厅和江西省立南昌女子中学关于给予龚琼芳和刘法桢公费待遇的来往文书（一九四七年十月至十一月）

江西省立南昌女子中学致省教育厅的呈（一九四七年十月二十三日）

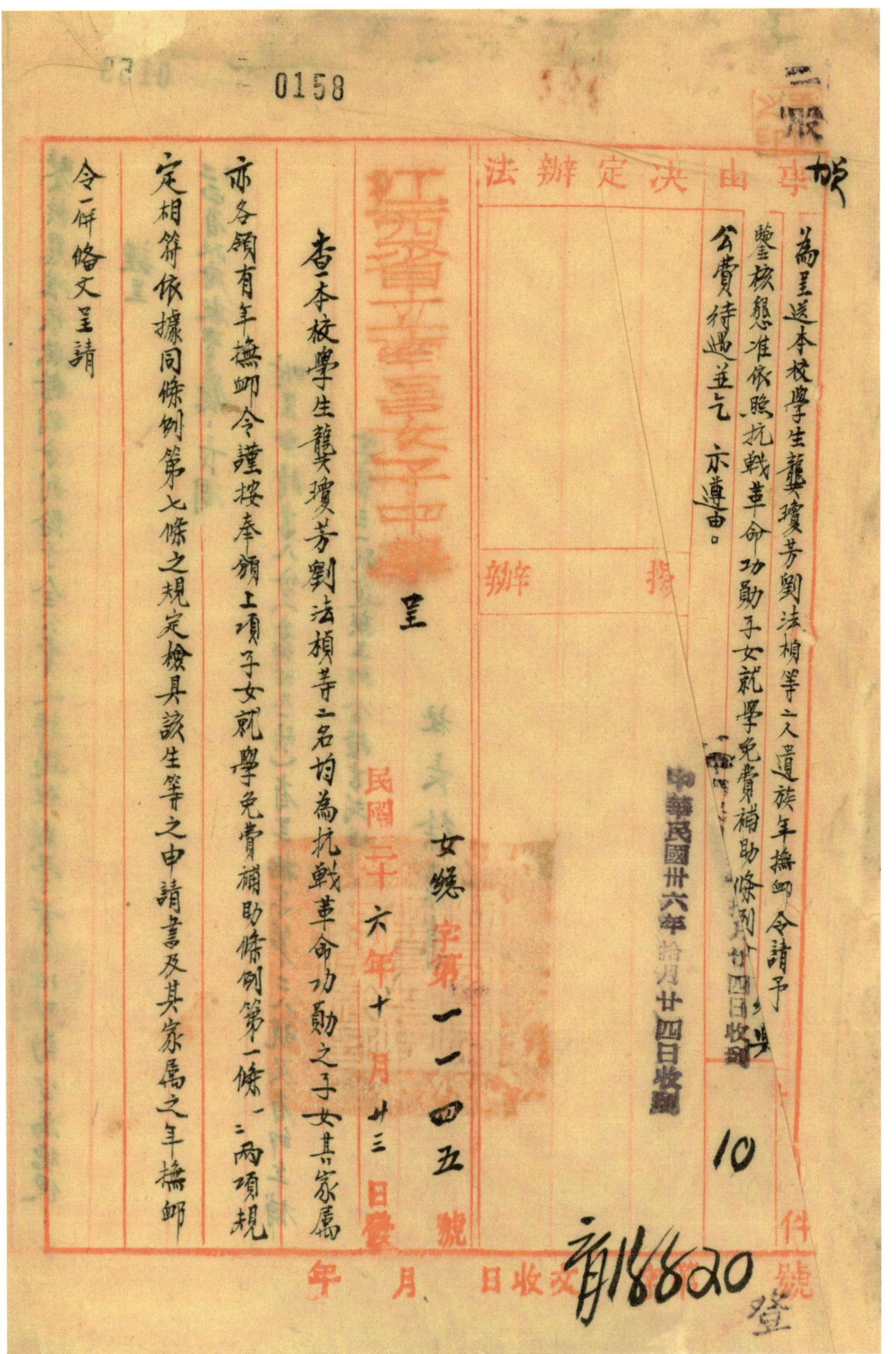

0158

事由：為呈送本校學生龔瓊芳劉法楨等二人遺族年撫卹令請予鑒核懇准依照抗戰革命功勳子女就學免費補助條列予公費待遇並乞示遵由。

中華民國卅六年拾月廿四日收到

10

決定辦法

擬辦

江西省立南昌女子中學呈

女總字第一一四五號

民國三十六年十月廿三日發

查本校學生龔瓊芳劉法楨等二名均為抗戰革命功勳之子女其家屬亦各領有年撫卹令謹按奉頒上項子女就學免費補助條例第一條一二兩項規定相符依據同條例第七條之規定檢具該生等之申請書及其家屬之年撫卹令二件備文呈請

件號　教18820

年　月　日收文

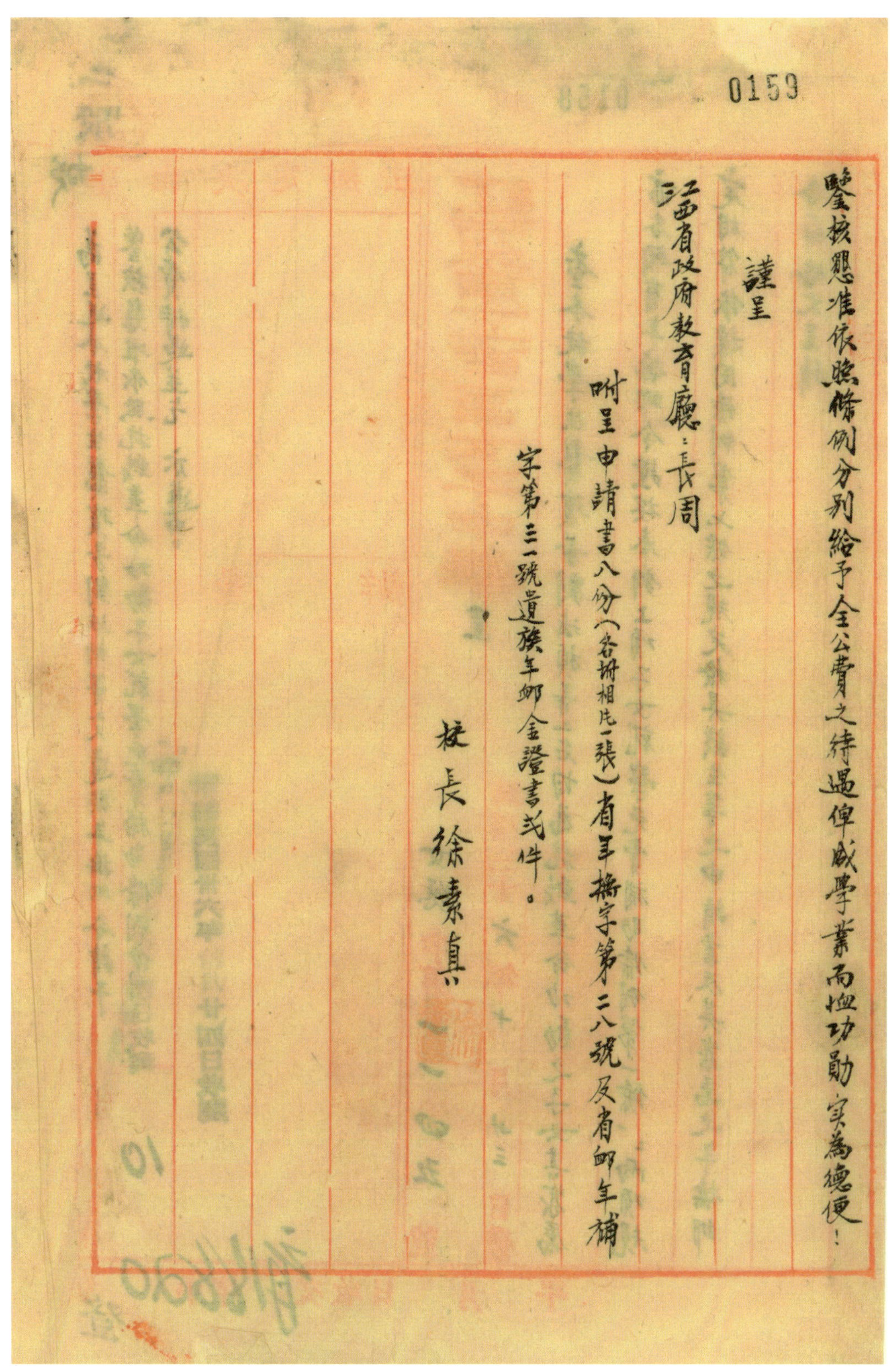
0159

鑒核，懇准依照條例分别給予全公費之待遇，俾成學業而恤功勛，實爲德便！

謹呈

江西省政府教育廳廳長周

附呈申請書八份（各附相片一張）、省軍撫字第二八號及省卹年補字第三一號遺族年卹金證書共四件。

校長 徐素貞

江西省教育厅的签注（一九四七年十月二十八日）

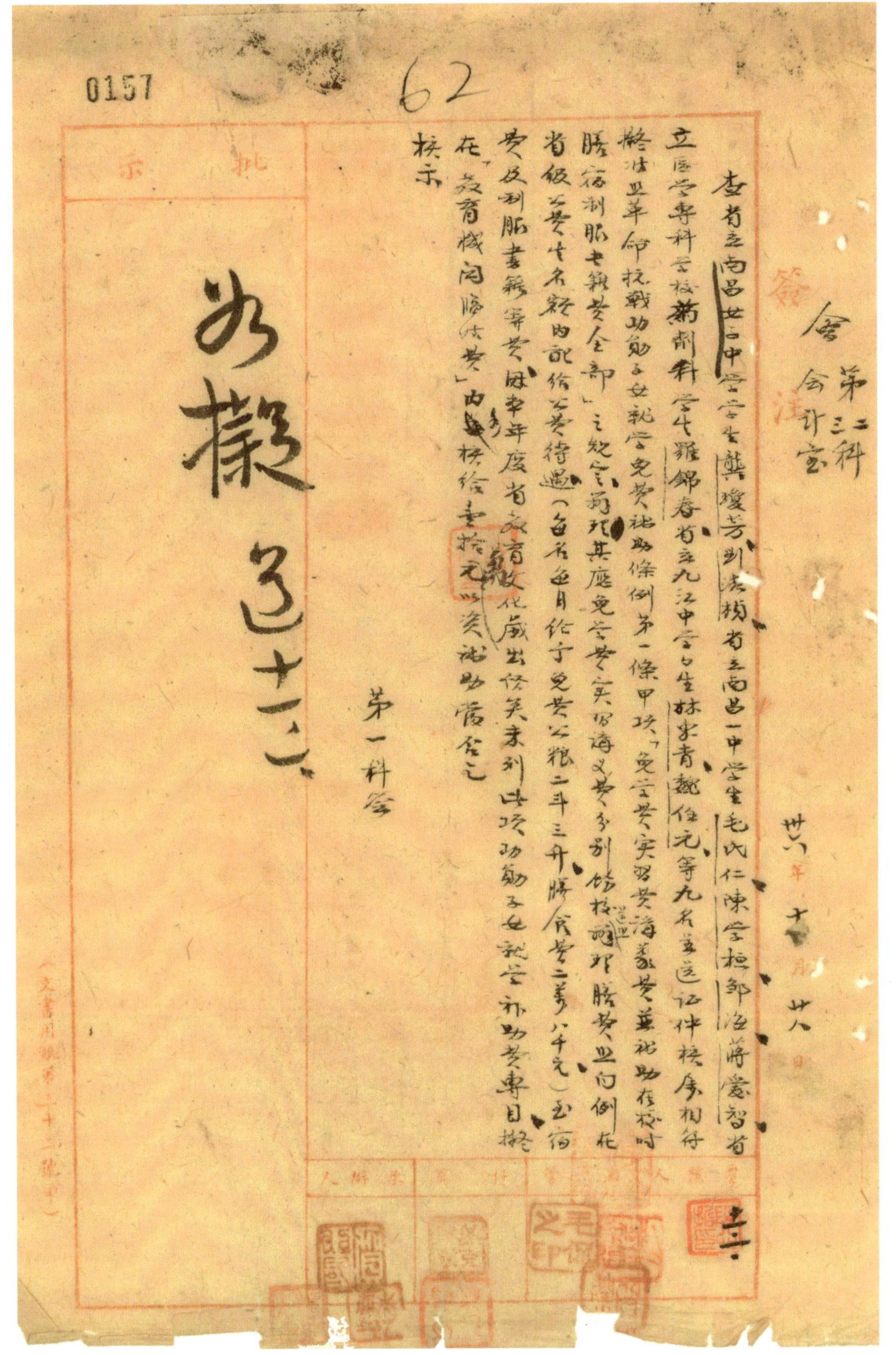
0157

62

签注

会 第二科 第三科 会计室

查省立南昌女子中学学生龚瓊芳、刘淑楨，省立南昌一中学生毛氏仁、陈学桓、邹治、蒋宪智，省立医学专科学校药剂科学生罗锦春，省立九江中学学生林家青、魏任元等九名，兹送证件核与相符，拟准照革命抗战功勋子女就学免费补助条例第一条甲项"免学费、宿费、实习费、讲义费，并补助在校时膳宿制服书籍费全部"之规定，前项其应免学费、实习、讲义费分别饬校遵照，膳费照向例在省级公费生名额内酌给公费待遇（每名每月给予免费公粮二斗三升，膳食费二万八千元），至宿费及制服书籍等费，准由本年度省教育文化岁出经费项下列出"功勋子女就学补助费"专目，拨在"教育机关临时费"内统拨给各该校，以资补助。当否乞核示

第一科签

卅六年十月廿八日

批示

如拟

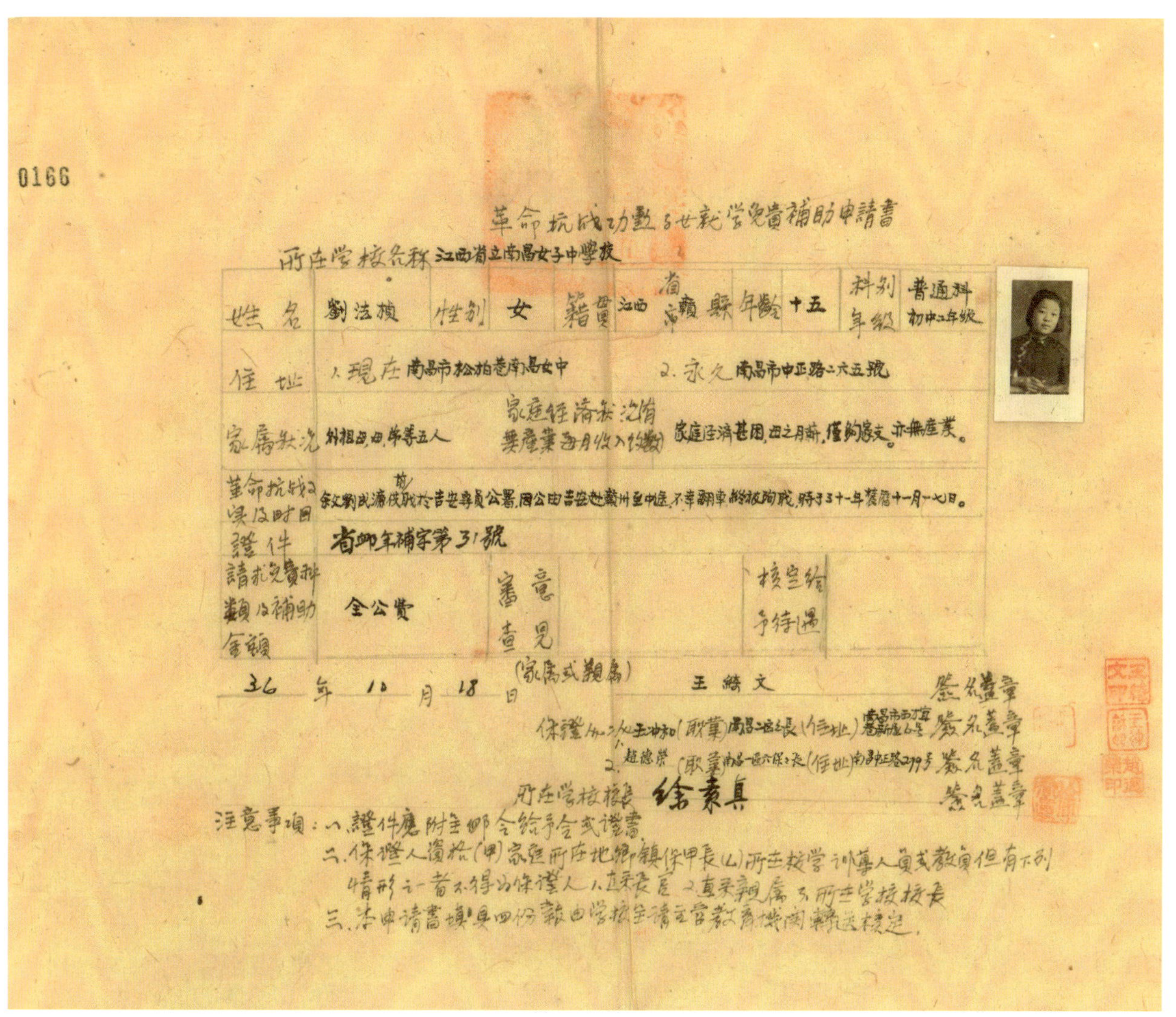

0166

革命抗战功勳子女就学免費補助申請書

所在学校名称 江西省立南昌女子中學校

姓名	劉法禎	性别	女	籍貫	江西省贛縣	年齡	十五	科别年級	普通科 初中二年級
住址	1.現在 南昌市松柏巷南昌女中				2.永久 南昌市中正路二六五號				
家屬狀況	外祖母、母、弟等五人	家庭經濟狀況有無產業每月收入約數			家庭經濟甚困，母之月薪，僅夠家支，亦無產業。				
革命抗战之事實及时间	余父劉民濂前任職於吉安專員公署，因公由吉安赴贛州至中途，不幸翻車將被殉職，時于三十一年農曆十一月一七日。								
證件	省卹年補字第31號								
請求免費种類及補助金額	全公費	審查意見				核定給予待遇			

36 年 10 月 18 日 （家屬或親屬）王綍文 簽名蓋章

保證人 1.王冲和（職業）南昌二區區長（住址）南昌市西丁字巷 簽名蓋章

2.趙德榮（職業）南昌一區六保保長（住址）南昌中正路279号 簽名蓋章

所在学校校長 徐袁真 簽名蓋章

注意事項：一、證件應附主管部令給予公式證書。

二、保證人資格（甲）家庭所在地鄉鎮保甲長（乙）所在校学訓導人員或教員但有下列情形之一者不得為保證人 1.直系長官 2.直系親屬 3.所在学校校長

三、本申請書填具四份報由学校呈請主管教育機關轉送核定。

附：两名革命抗战功勋子女就学免费补助申请书

0167

革命抗戰功勳子女就學免費補助申請書

所在學校名稱 江西省立南昌女中學校

姓名	龔瓊芳	性別	女	籍貫	江西省市	高安縣	年齡	十八歲	科別年級	普通科 高中三年級
住址	1. 現在江西省南昌市王船山路八十四號 2. 永久江西省南昌市王船山路八十四號									
家屬狀況	母（龔楊舜華）管理家務 第二妹一（尚在唸書）	家庭經濟狀況（有無產業每月收入約數）	余家毫無產業生活全靠年卹金及鄉誼接濟近因生活更為艱窘實有綴學之危懇乞恤在功勳一貫之時亟盼上峯救濟而免荒蕪學業							
革命抗戰事實及時日	先父生前服務警界十餘年專任外勤工作於三十三年二月奉命赴南昌縣轄地方偵察要案時因深夜被敵偷襲以身殉職									
證件	公務員遺族年撫卹金證書	字號	省年撫字第二十八號							
請求免費種類及補助數額	請求全公費	審查意見		核定給予待遇						

家屬或親屬 母親 楊舜華 簽名蓋章

36年10月18日

保證人二人 1. 王立昌（職業）八區五保十二甲甲長 住址 船山路148号 簽名蓋章

2. 徐亜（職業）教員（本校） 住址 歐陽修路35 簽名蓋章

所在學校校長 徐素貞 簽名蓋章

注意事項：一、證件應附呈卹令給予令或證書

二、保證人資格（甲）家庭所在地鄉鎮保甲長（乙）所在學校訓導人員或教員但有下列情形之一者不得為保證人 1. 直屬長官 2. 直系親屬 3. 所在學校校長

三、本申請書填具四份報由學校呈請主管教育行政機關轉送核定

江西省教育厅致省立南昌女子中学的指令（一九四七年十一月十日）

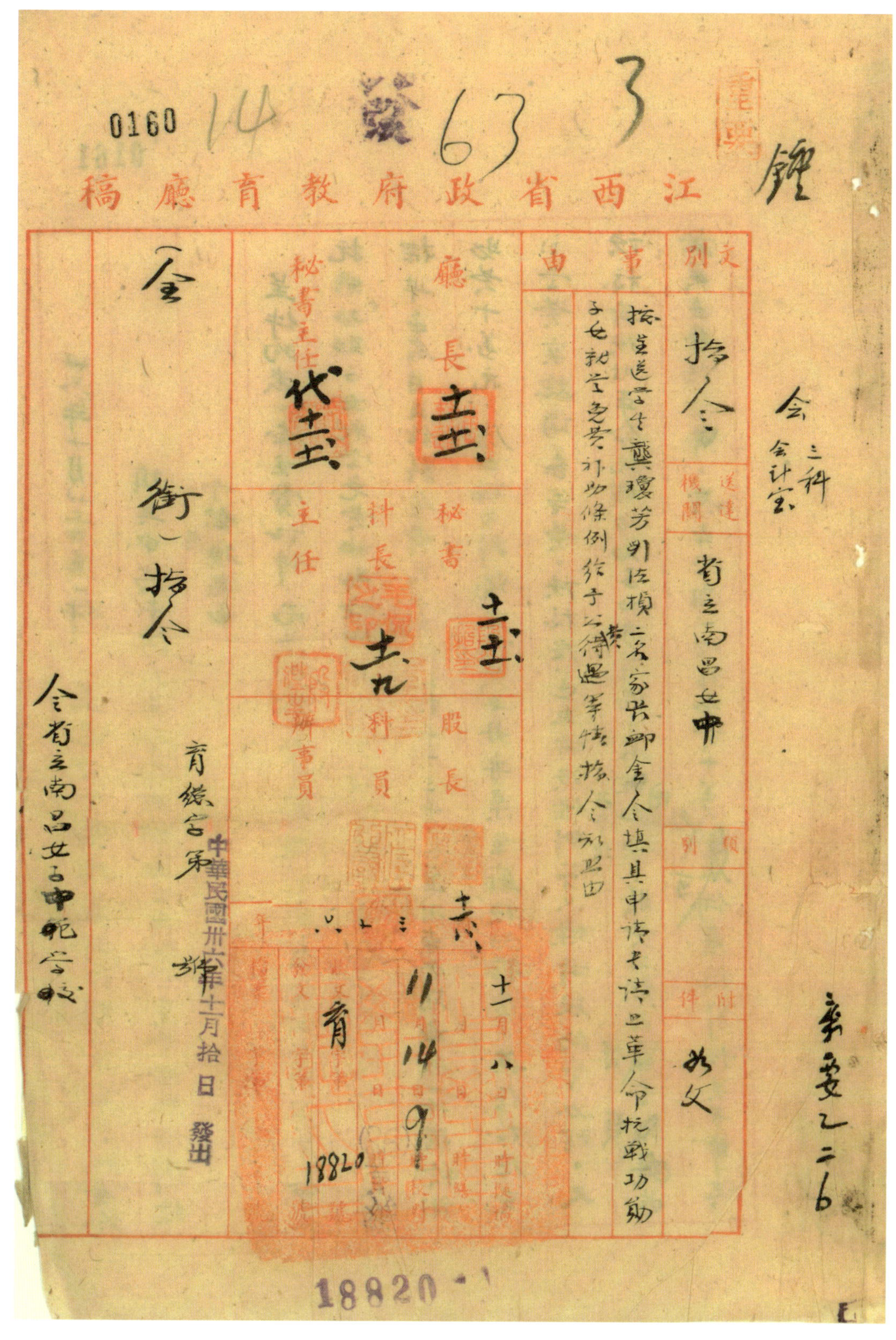
江西省政府教育廳稿

文別：指令

送達機關：省立南昌女中

事由：據呈送學生龔瓊芳刘佐樸二名家世事蹟全份填具申請書請照革命抗戰功勳子女就學免費辦法條例給予公費待遇等情指令知照由

附件：存文

廳長
秘書主任
秘書
科長
主任
股長
科員
辦事員

令省立南昌女子中學學校

育總字第　號

中華民國卅六年十一月拾日發出

0161

卅六年十月廿三日呈一件　呈送学生龚瓊芳刘治楨二名家长邱金全

填具申请书请予革命抗戰功勳子女就学免费补助條例给

予公费待遇由

呈件均悉。查呈赍證件，尚無不合，学生龚瓊芳刘治楨二名准予革命

抗戰功勳子女就学免费补助條例之規定，给予该生等全公费待遇（按现行

標準每名月支给膳食费六八〇〇〇元，公粮二斗三升），並准本学期每名一次发给补

助费十万元，應由校分别编造该项表冊專案呈廳核轉撥發，其在校應免

之学费实验講義等费，该校應遵照前项條例第六條前段規定办理。又

该校前核准革命抗戰功勳子女謝萍揚一名，除已依本学期之膳费公粮不得重複编造

该生表冊請領外，其本学期一次补助费十万元，可併案编列该表冊請

0162

64

飭，仰併知照！

此令。

附發送原呈、遺族卹金令二件（其係各件存）

廳長　周〇〇

江西省教育厅和江西省立南昌第一中学关于给予蔡中佐申请全公费待遇的来往文书（一九四七年十一月）

江西省立南昌第一中学致省教育厅的呈（一九四七年十一月十九日）

事由：為據本校初中部學生蔡中佐填具抗戰功勳子女就學免費申請書請予轉呈給予公費待遇乞察核示遵由

附件

擬辦

決定辦法

江西省立南昌第一中學呈

南復孝字第487號

民國三十六年十一月十九日發

案據本校初中一年級學生蔡中佐填具抗戰功勳子女就學免費申請書連同相片四張給與令一紙請予轉呈等情前來經查尚無不合理合檢同原費申請書四紙相片四張給與令一紙據情備文呈請鈞廳察核准將該生蔡中佐享受全公費待遇及其他一切優待以勵有功而資激勸並乞指令祗遵

中華民國卅六年十一月廿一日收到

0289

謹呈

江西省政府教育廳廳長周

計呈送抗戰功勳子女蔡中佐免費申請書四紙相片四張給與令一紙

校長吳自强

附：抗战功勋子女蔡中佐免费申请书

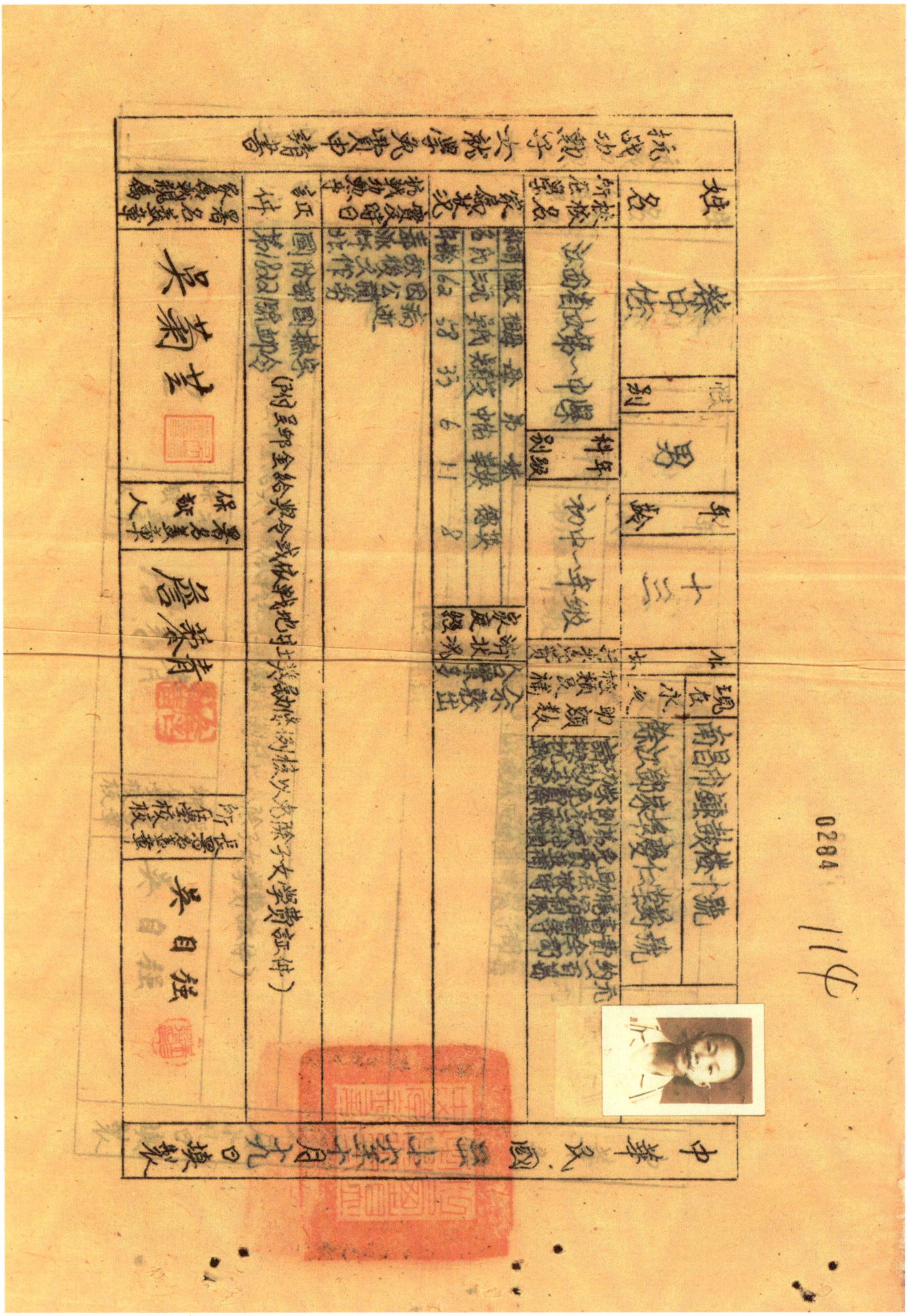

0284 114

抗战功勋子女就学免费申请书

姓名	蔡中佐	性别	男	年龄	十三	住址	现在：南昌市钟鼓楼十号 永久：余江邓家埠爱仁堂药号
肄业学校所在校名	江西省立第一中学	年级科别	初中一年级	请求补助种类及数额	[illegible]		
家属状况	称谓：祖父 祖母 母 弟 妹 [illegible] 姓名：[illegible] 年龄：62 58 33 6 11 8	家庭经济状况	入不敷出				
抗战功勋事实及时日	[illegible]						
证件	国防部国抚字第1822号恤令（附呈郵金給與令或依戰地守土獎勵條例核以免除子女學費証件）						
家属亲属署名盖章	吴菊芝	保证人署名盖章	詹黎青	所在学校校长署名盖章	吴自强		

中华民国三十六年十月九日填制

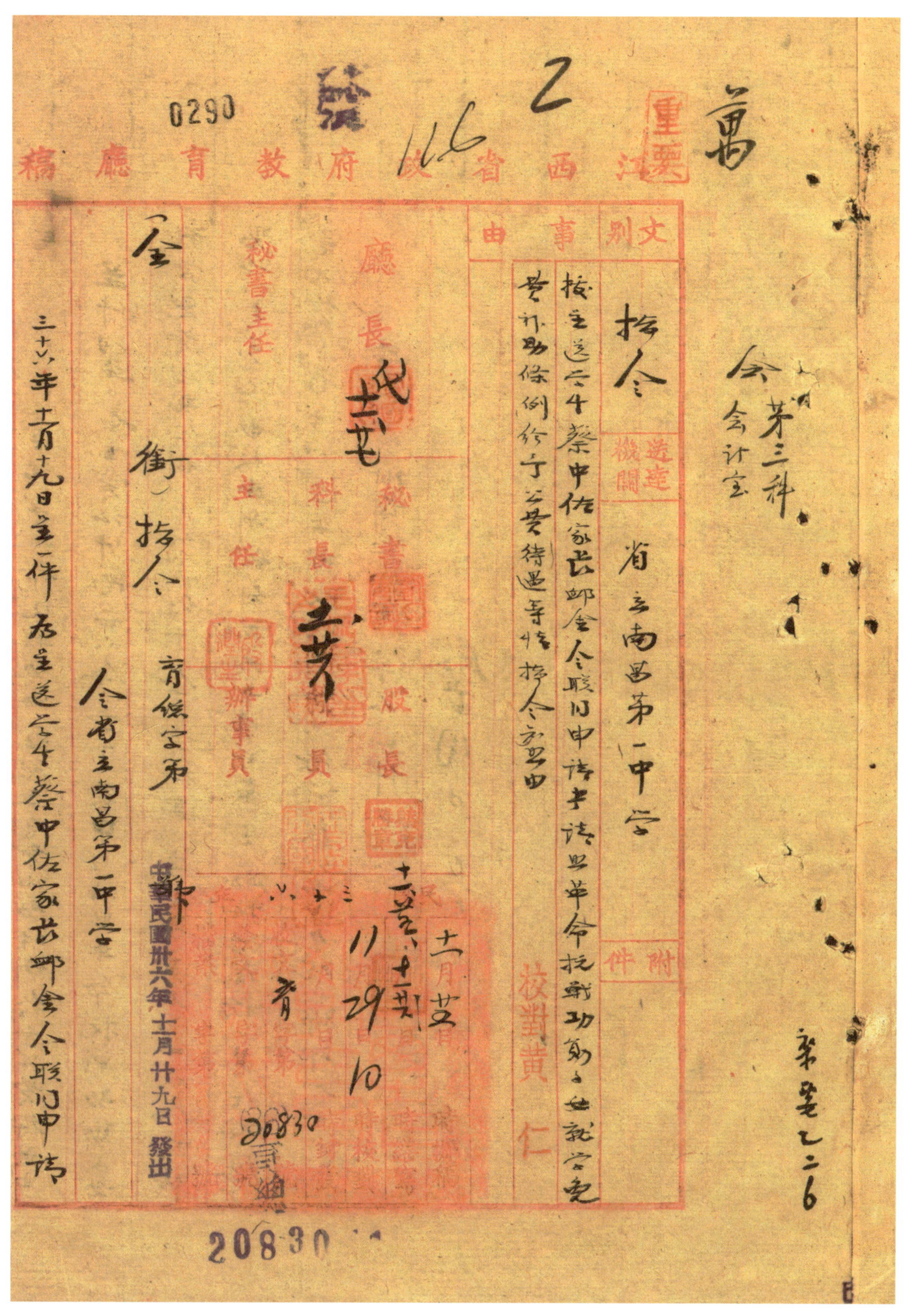
江西省政府教育廳稿

重要

萬

文別：指令

事由：據呈送三十六年蔡中佐家屬郵金全令聯川申請請照革命抗戰功勳子女就學免費補助條例給予公費待遇等情指令知照由

送達機關：省立南昌第一中學

會第三科 會計室

廳長

秘書主任

秘書

科長

主任

股長

科員

辦事員

校對 黃仁

育儀字第　號

衛 指令

令省立南昌第一中學

三十六年十一月十九日呈一件為呈送三十六年蔡中佐家屬郵金全令聯川申請

中華民國卅六年十一月廿九日發出

江西省教育厅致省立南昌第一中学的指令（一九四七年十一月二十九日）

申请照革命抗战功勋子女就学免费补助条例给予公费待遇由

呈件均悉。查该生证件尚无不合，学生蔡中佐准照革命抗战功勋子女就学免费补助条例之规定给予全公费待遇，本学期并另准一次拨给补助费十万元，由校分别编列预算册专案呈厅核拨发款，其在校应免各费，着该校遵照前项条例第六条前段规定办理，仰即知照！

此令。

附发还卹金给予令乙件。

厅长 周〇〇

江西省教育厅、江西省财政厅和江西省立宜春中学关于给予黄锡敢、黄锡葵公费待遇的来往文书（一九四七年十一月至一九四八年八月）

江西省立宜春中学致省教育厅的呈（一九四七年十一月二十四日）

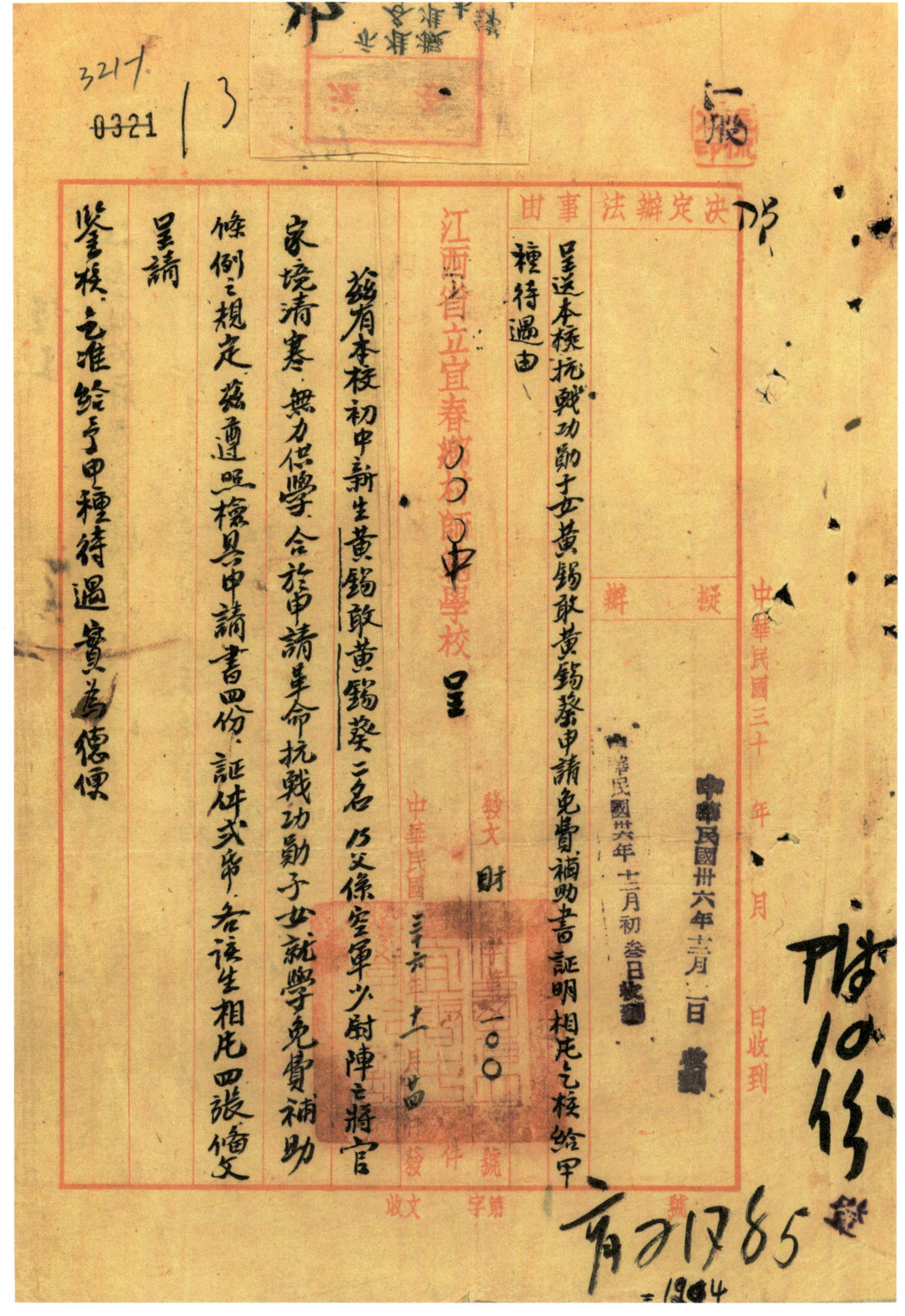

事由：呈送本校抗戰功勳子女黄錫敢黄錫葵申請免費補助書証明相片乞核給甲種待遇由

決定辦法

擬辦

中華民國三十　年　月　日收到

中華民國卅六年十二月一日

中華民國卅六年十二月初叁日收

江西省立宜春中學校呈

發文　財　一〇〇　號

中華民國三十六年十一月廿四日　發

茲有本校初中新生黄錫敢、黄錫葵二名，乃父係空軍少尉陣亡將官，家境清寒，無力供學，合於申請革命抗戰功勳子女就學免費補助條例之規定，茲遵照檢具申請書四份，証件式份，各該生相片四張，備文呈請鑒核，乞准給予甲種待遇，實為德便。

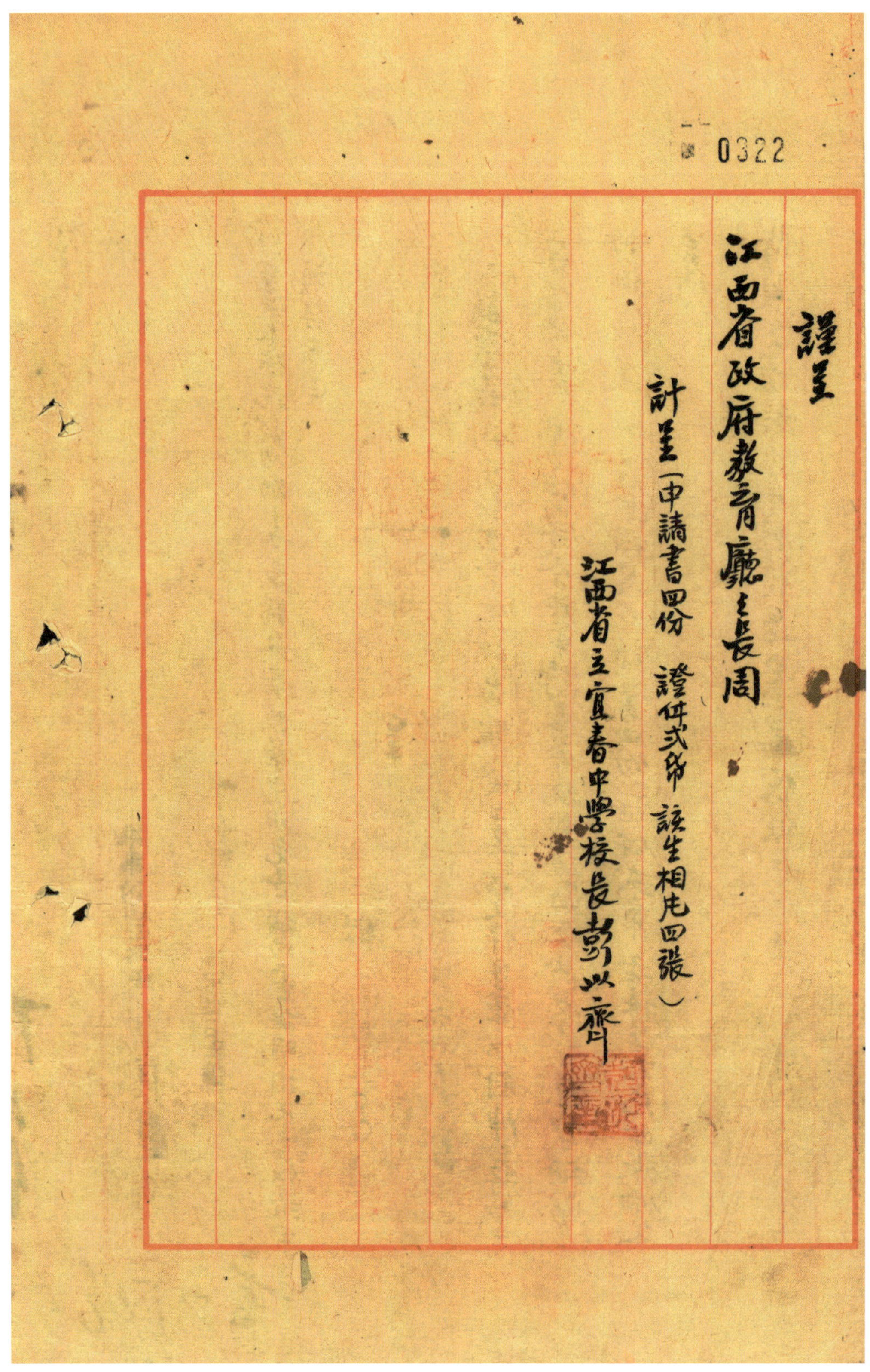
0322

謹呈

江西省政府教育廳廳長周

計呈（申請書四份　證件弍紙　該生相片四張）

江西省立宜春中學校長彭以齊

附：两名抗战功勋子女就学免费补助申请书

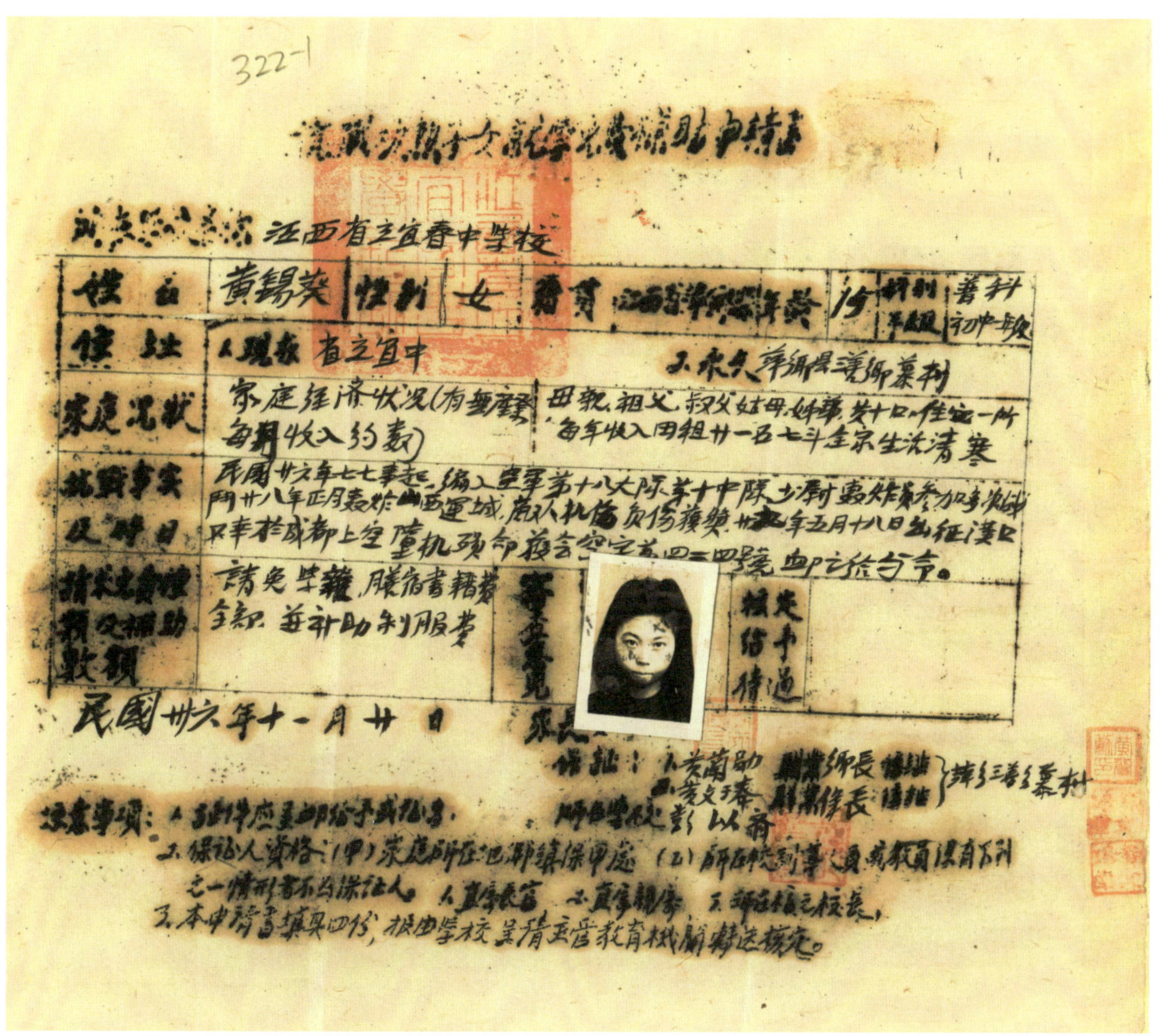

322-1

抗戰功勳子女就學免費補助申請書

肄業學校 江西省立宜春中學校

姓名	黃錫葵	性別	女	籍貫	江西[illegible]	年齡	15	科別年級	普科初中一年級
住址	1.現在 省立宜中　2.永久 萍鄉縣[illegible]鄉[illegible]村								
家庭狀況	家庭經濟狀況（有無產業每月收入約數）			母親、祖父、叔父、姑母、姊弟，共十口，住宅一所，每年收入田租廿一石七斗，全家生活清寒					
抗戰事實及時日	民國廿六年七七事起，編入空軍第十八大隊第十中隊少尉轟炸員，參加多次戰鬥，廿八年正月轟炸山西運城，敵人機[illegible]負傷獲獎，廿[illegible]年五月十八日出征漢口，不幸於成都上空座機殞命，獲航空委員會[illegible]四三四號恤令給予[illegible]。								
請求免費補助種類及數額	請免學雜、膳宿、書籍費全部，並補助制服費	審查意見		核定給予待遇					

民國卅六年十一月廿日

家長[illegible]

保證人：1.黃蘭[illegible]　職業 鄉長　住址
2.黃文[illegible]　職業 保長　住址
} 萍鄉[illegible]鄉[illegible]村

肄業學校[illegible] 彭以[illegible]

注意事項：1.[illegible]
2.保證人資格：（甲）家庭所在地鄉鎮保甲長（乙）肄業學校訓導人員或教員，具有下列之一情形者不得為保證人：1.直系親屬 2.直系親屬 3.肄業學校之校長。
3.本申請書填具四份，提由學校呈請主管教育機關轉送核定。

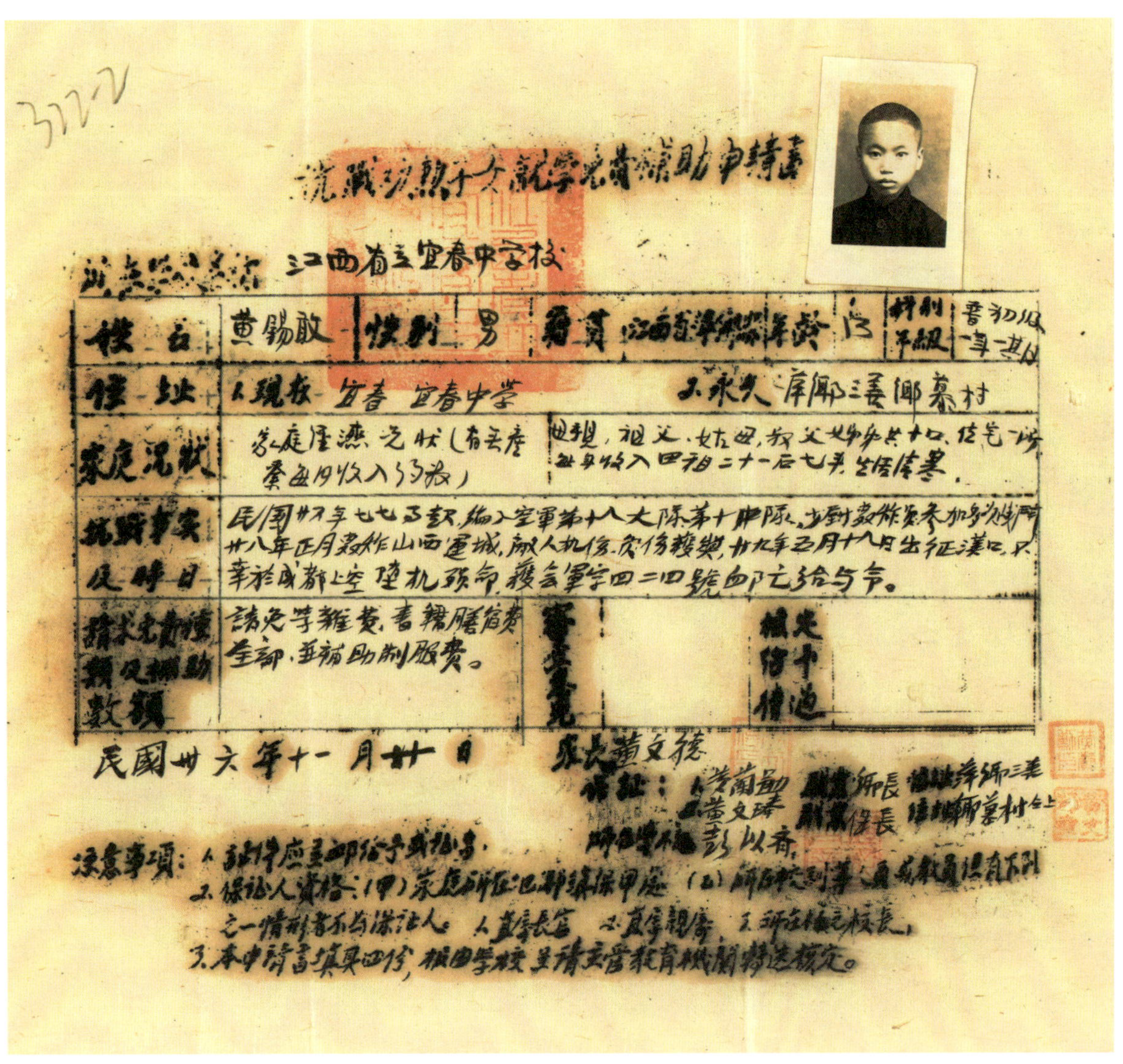

3122

抗戰陣亡將士子女就學免費補助申請書

肄業學校名稱 江西省立宜春中學校

姓名	黄錫敢	性别	男	籍貫	江西省萍鄉縣	年齡	13	科別年級	普初級一年一期
住址	1.現在 宜春 宜春中學				2.永久 萍鄉三善鄉慕村				
家庭況狀	家庭經濟之狀況（有無產業每月收入多少）				母親，祖父、姑母，叔父等弟兄共十口，僅[illegible]每年收入四担二十一石七角生活清寒。				
抗戰事實及時日	民國廿六年七七事變，編入空軍第十八大隊第十中隊，出戰數次，參加多次戰鬥。廿八年正月轟炸山西運城，敵人機傷，受傷獲獎，廿九年五月十八日出征漢口，不幸於成都上空墜機殞命，獲空軍字四二四號卹令之給與令。								
請求免費種類及補助數額	請免學雜費、書籍膳宿費全部，並補助制服費。	審查意見		核定情形					

民國卅六年十一月廿日

家長 黄文穗

保證：1.黄蘭勳 職業 鄉長 住址 萍鄉三善
2.黄文琫 職業 保長 住址 慕村仝上

肄業學校校長 彭以齊

注意事項：1.抗屬應呈繳卹令或抄本。
2.保證人資格：（甲）家庭所在地鄉鎮保甲長（乙）肄業學校訓導員或教員具有下列之一情形者不為保證人。1.直系長官 2.直系親屬 3.現任該校校長。
3.本申請書填具四份，由學校呈請主管教育機關轉送核定。

江西省教育厅致省立宜春中学的指令（一九四七年十二月三十一日）

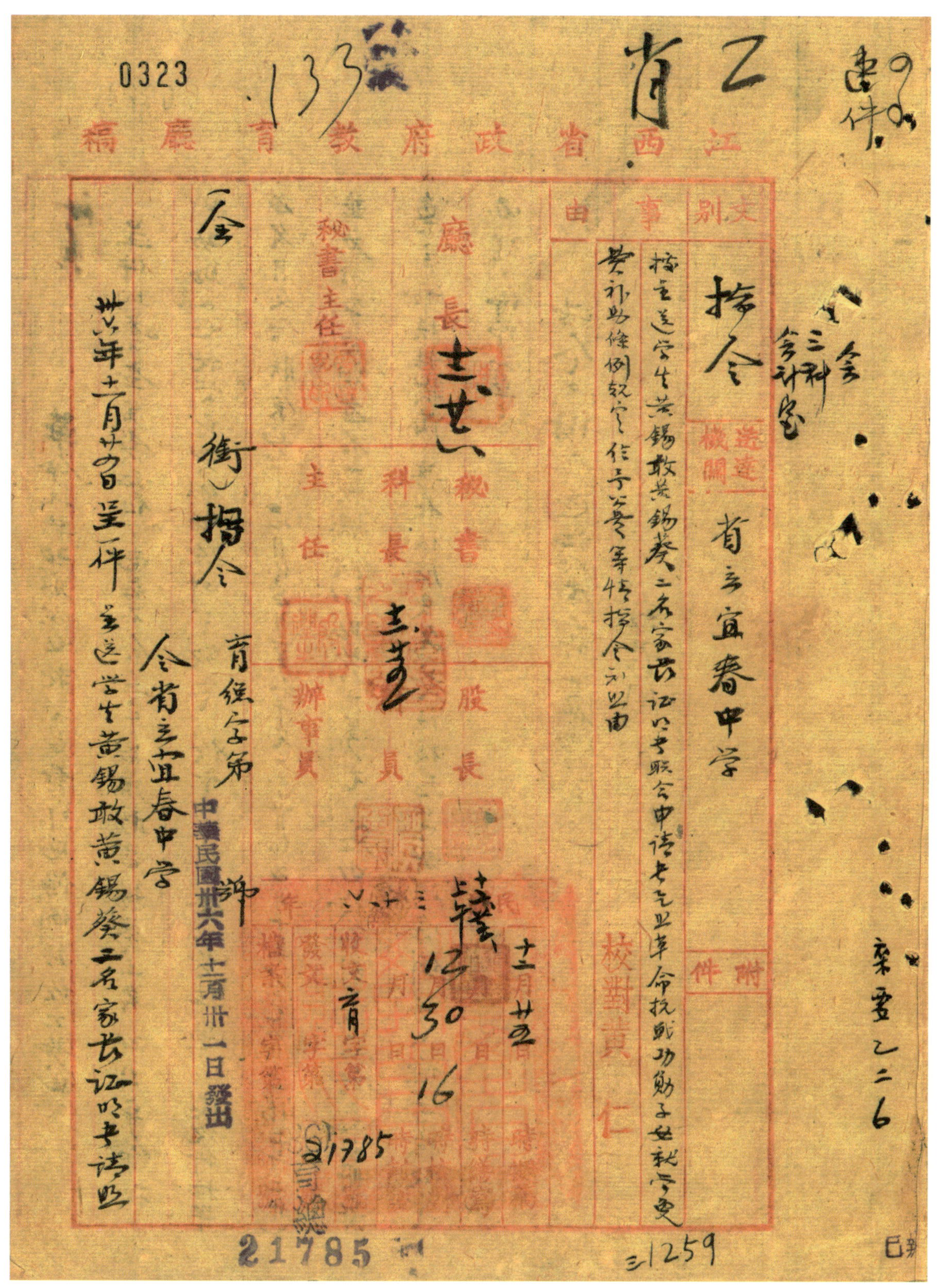
江西省政府教育廳稿

文別：指令

事由：據呈送學生黃錫敢黃錫癸二名家長証明書聯合申請書三呈年命抗戰功勛子女就學優免補助條例規定作予公費等情指令知照由

送達機關：省立宜春中學

令省立宜春中學

卅六年十二月廿四日呈一件，呈送學生黃錫敢黃錫癸二名家長証明書請照

中華民國卅六年十二月卅一日發出

0324

革命抗戰功勳子女就學免費補助條例核給公費由

呈件均悉。查呈繳證件，尚無不合，學生黃錫敢、黃錫葵二名，准照革命抗戰功勳子女就學免費補助條例之規定，給予該生等全公費待遇，（按現行標準每名月支給膳食費——九月份每月二萬八千元，十至十二月份每月十萬八千元——公糧二斗三升）並另准本學期每名一次撥給補助費十萬元，應由校分別編造該生等專案呈廳核轉撥發，其在校應免各費，該校應遵前項條例第六條前段規定辦理，仰即知照。

此令。附發還證明書二份，其他各件存。

廳長周〇〇

江西省立宜春中学致省教育厅的呈（一九四八年六月十八日）

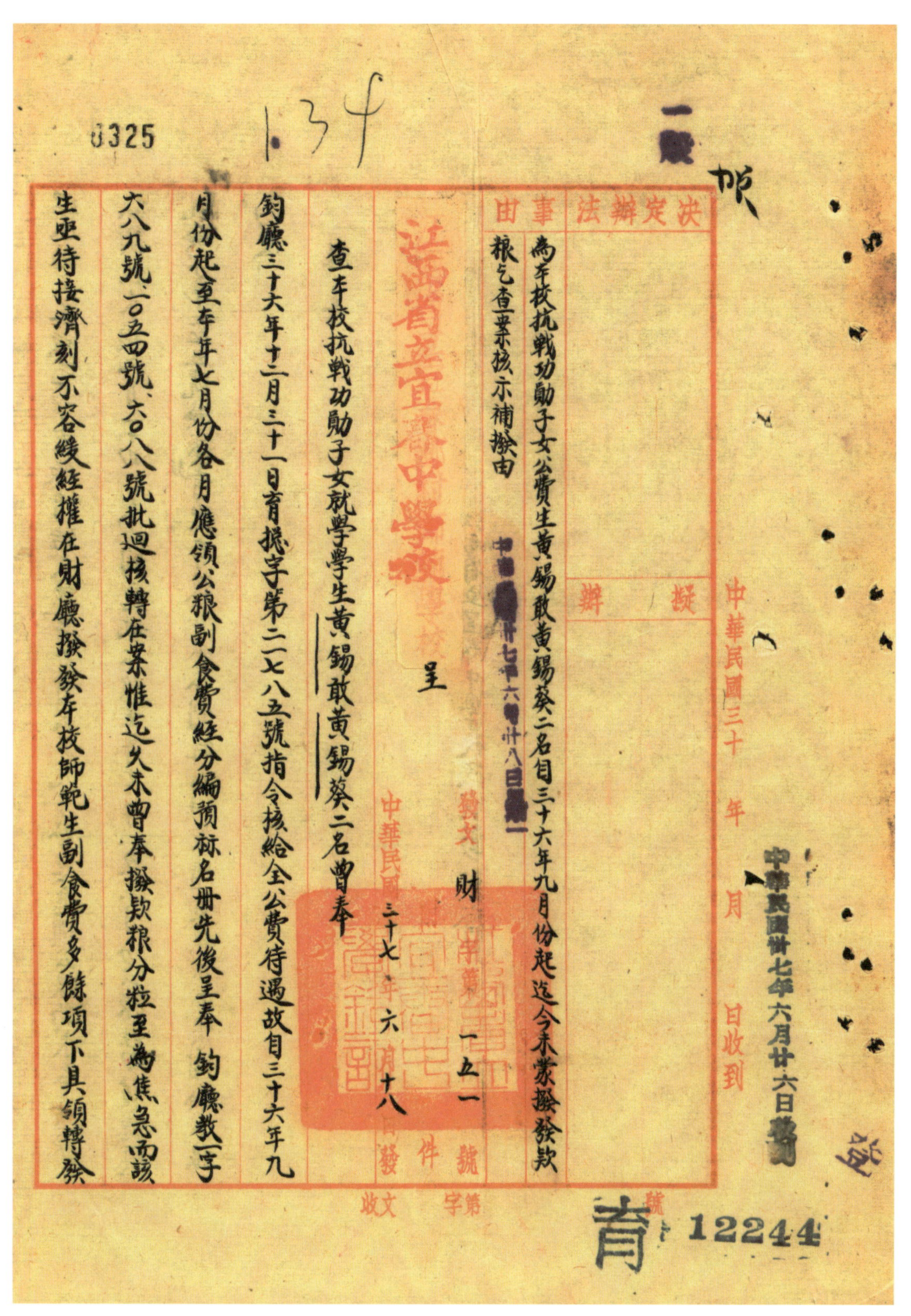

0325 134

一 核

事由：為本校抗戰功勳子女公費生黃錫敢黃錫葵二名自三十六年九月份起迄今未蒙撥發款糧乞查案核示補撥由

決定辦法

擬辦

中華民國三十　年　月　日收到

中華民國卅七年六月廿六日收到

江西省立宜春中學　呈

發文　財字第一五一號

中華民國三十七年六月十八日

查本校抗戰功勳子女就學學生黃錫敢黃錫葵二名曾奉

鈞廳三十六年十二月三十一日育撥字第二七八五號指令核給全公費待遇故自三十六年九月份起至本年七月份各月應領公糧副食費經分編預算名冊先後呈奉　鈞廳教（一）字六八九號、一〇五四號、六〇八八號批迴核轉在案惟迄久未曾奉撥款糧分粒至為焦急而該生亟待接濟刻不容緩經權在財廳撥發本校師範生副食費多餘項下具領轉發

育 12244

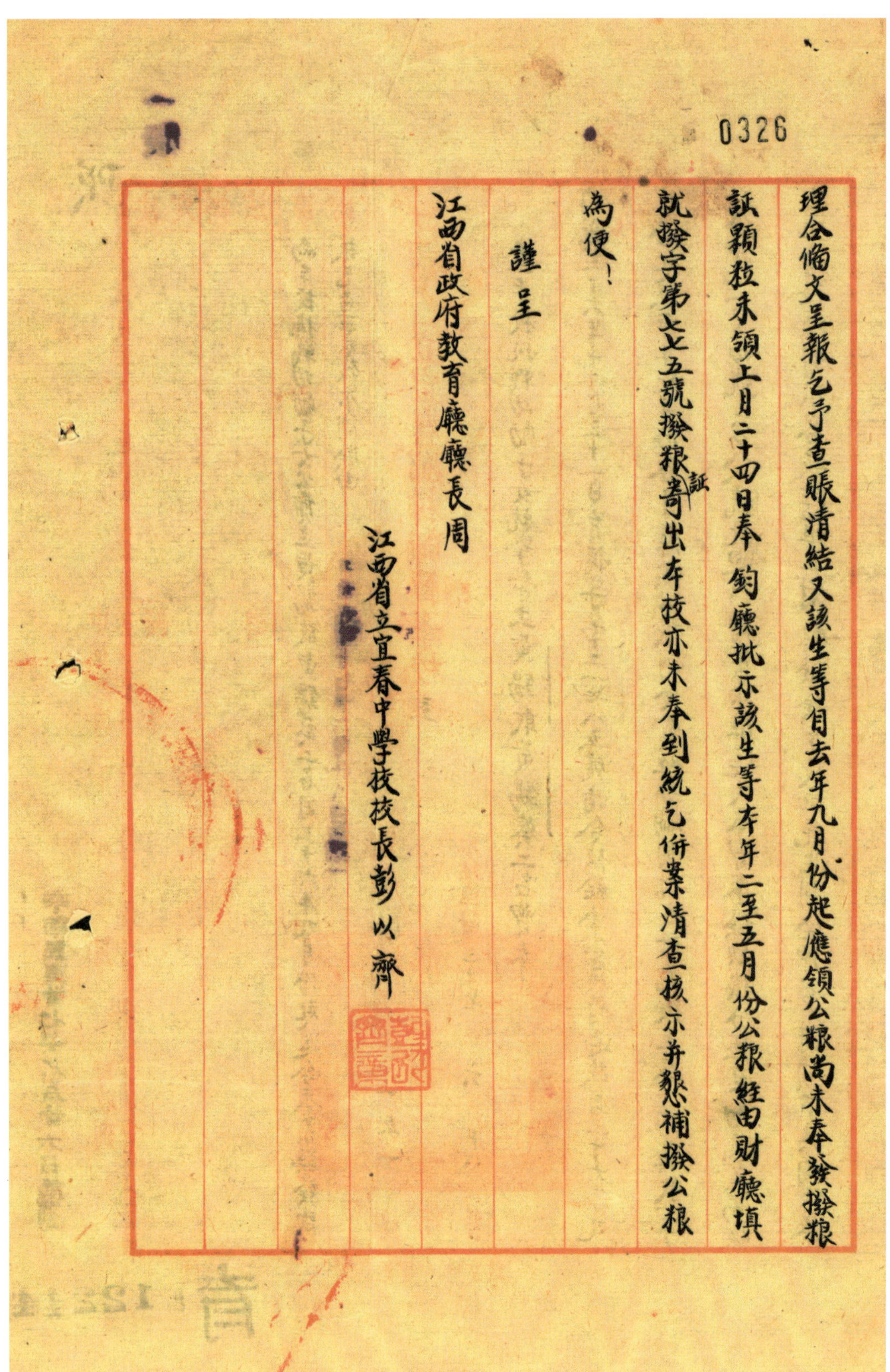
0326

理合備文呈報乞予查賬清結又該生等自去年九月份起應領公粮尚未奉發撥粮

証顆粒未領上月二十四日奉　鈞廳批示該生等本年二至五月份公粮經由財廳填

就撥字第七七五號撥粮証寄出本校亦未奉到統乞併案清查核示並懇補撥公粮

為便！

謹呈

江西省政府教育廳廳長周

江西省立宜春中學校校長彭以齊

江西省政府教育厅稿

文别：代电

事由：据呈请拨学生黄锡畋黄锡葵副食费公粮等情，电仰知照由

省立宜春中学

省立宜春中学彭校长：卅七年六月十六日财字第一五一号呈悉。该校学生黄锡畋、黄锡葵二名卅六年九至十二月副食费、（公粮该份名册未报

（全衔）代电 育经字第 号

江西省教育厅致省立宜春中学的代电（一九四八年七月三日）

造送）及本年二至七月份副食費公糧業經本廳於本年六月廿日電請
財廳撥發並以育保字第一二七九六號代電飭迅將卅六年九至十二月份及
本年一月份請領公糧名冊呈廳核轉撥發又本年五至八月份公糧亦
應送由本廳育保字第〈8592〉號代電飭按異動表式分月編造呈廳核
轉撥發各在案仍仰遵照前電迅將各該月份請領公糧表冊呈廳
核轉撥發為要。兼廳育保干〈八〉印

江西省立宜春中学致省教育厅的呈（一九四八年七月三日）

0200

120

一般

事由：呈為本校抗戰功勛子女黄錫敢黄錫葵二名上學期公費應如何補領又補送請領公粮名冊十四份乞核轉撥發由

中華民國卅七年七月九日

江西省立宜春中學校 呈

發文 財字第一五五號
中華民國三十七年七月三日發

案奉

江西省財政廳六月十一日財五字第二三號代電指復本校抗戰功勛子女黄錫敢黄錫葵二名應領上年九至十二月份及本年一月份副食費已包括在師範生副食費内撥發至於應領公粮仍應另造名冊請領等因查本校因未奉令亦知包括在副食費内撥發故未領出上年所有師範生副食結餘早已解還故該二

決定辦法：
請候分粮册已編出另案核轉
七十三

擬辦：
中華民國三十 年 月

中華民國卅七年七月初八日收

登

育 13032

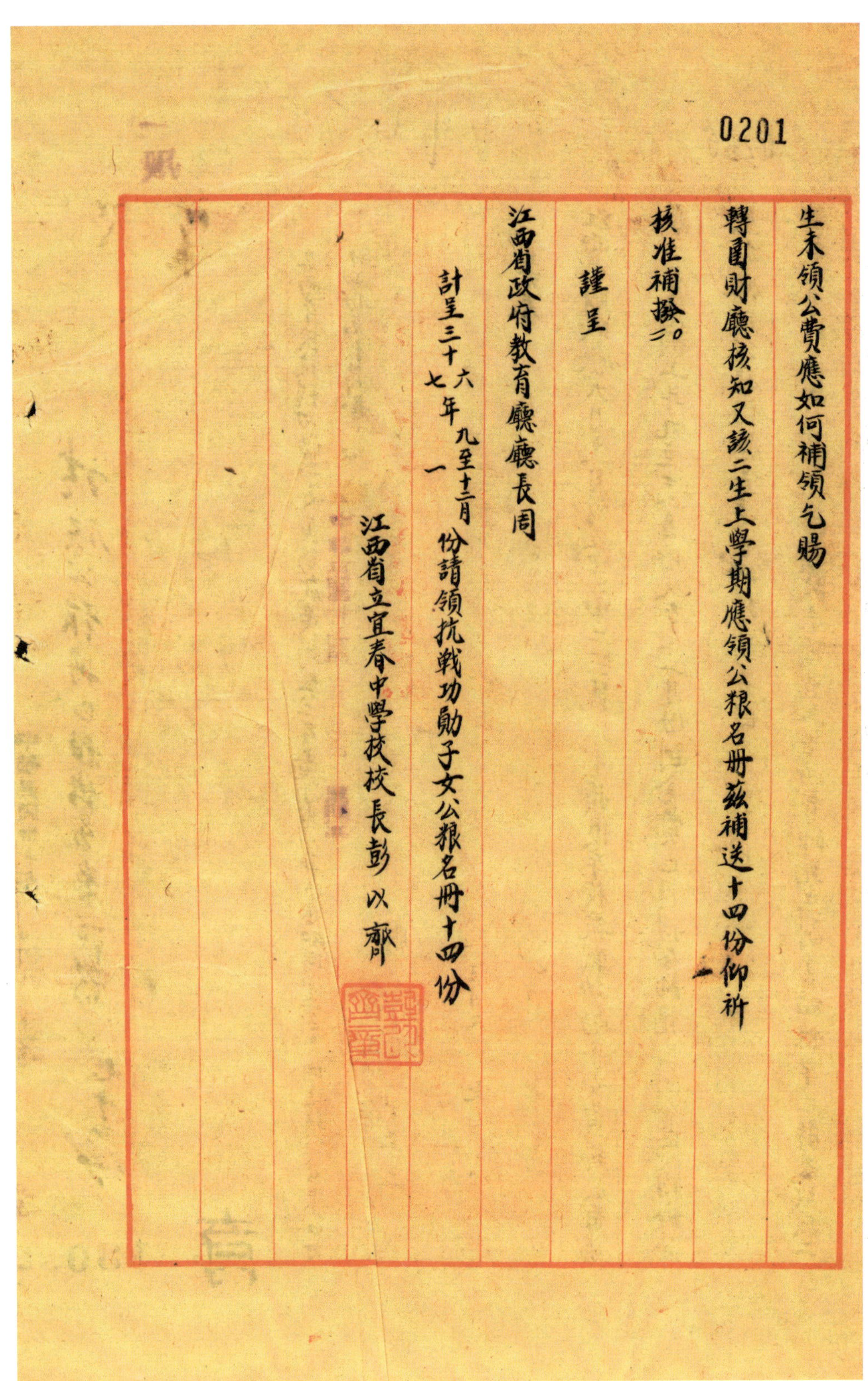
0201

生未領公費應如何補領乞賜
轉函財廳核知又該二生上學期應領公粮名冊茲補送十四份仰祈
核准補撥。
謹呈
江西省政府教育廳廳長周
計呈三十六七年一九至十二月份請領抗戰功勛子女公粮名冊十四份
江西省立宜春中學校校長彭以齊

江西省财政厅致省教育厅的公函（一九四八年七月五日）

0086

一般

江西省政府財政廳公函

附

事由	擬辦	說明	批示
准函以據中國新報登載省立宜春中學學生黄錫毅等二名未得列公費一函請查明公開答覆等情，屬查照核办見復等由，函覆查照由			

中華民國卅七年七月七日 星期三

中華民國　年七月五日時發　發文 財二 字第 308 號

中華民國卅七年七月初七日 收到

育

12941 登

0087

案准

贵厅(37)青总字第一一七九大号公函以"据本年二月十七日中国新闻报载有宜春中学学生黄锡启黄锡葵二名未得利公费一案，请查明分别答复"等情，嘱查照核办见复等由。查该校卅六年九月至十二月份请领师范生及抗战功勋子女副食费预算数为九六、七八四、〇〇〇元及七〇、四〇〇、〇〇〇元，均经先后于上年九月廿五日、十月廿日、十一月十五日、十二月廿三日及廿五日签请核字第四五二、四九〇、五三四、五八一、六五五号支付书送库划拨，又本年一月份师范生及抗战功勋子女副食费预算数为二八、二九六、〇〇〇元及二一、六〇〇、〇〇〇元

案巳年十月十六日查填撥字第六號支付書送達庫劉撥給領
各校暑假自六月份起至九月發撥[illegible]撥校公費生副食費均
係按四師範生二五五名核發功勳子女二名兩共二五七
名核算茲該校學生核發功勳子女黃錫啟黃錫蔡二
名自上年九月起至本年六月止應領副食費均已照發惟
入師範生應領副食費由同時劃撥因於該生業已需
公糧請將本年一月以前各月未撥遂送名冊查照核
撥外二至五月份應領公糧業已簽請撥糧訖于五月十
日支渝寄領六月份以後仍應依照規定編造公費生暨勳
屬子女名冊俾便撥發據呈前由相應函復請

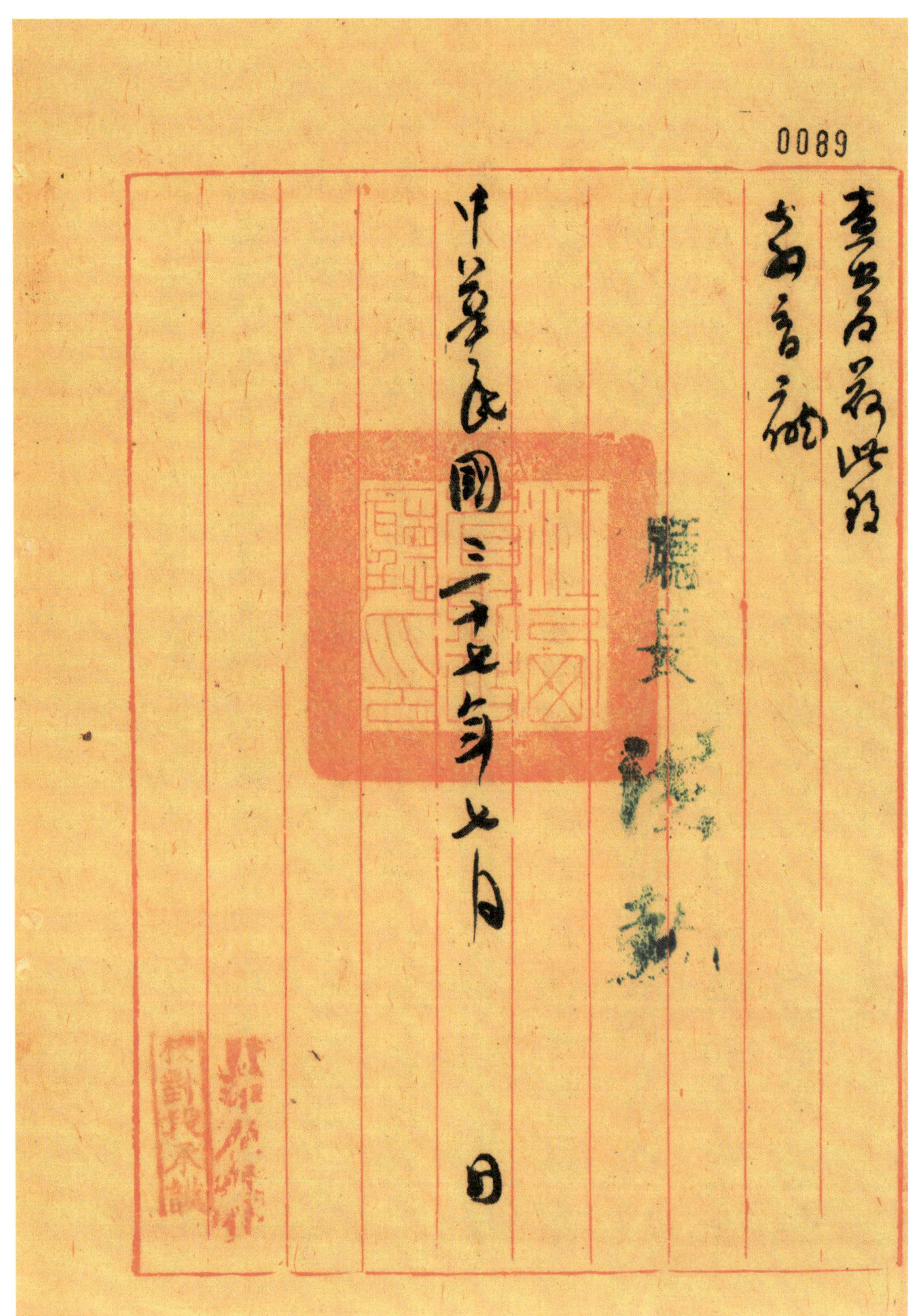

0089

查照為此證

特給證明

縣長 張[illegible]

中華民國三十五年七月　日

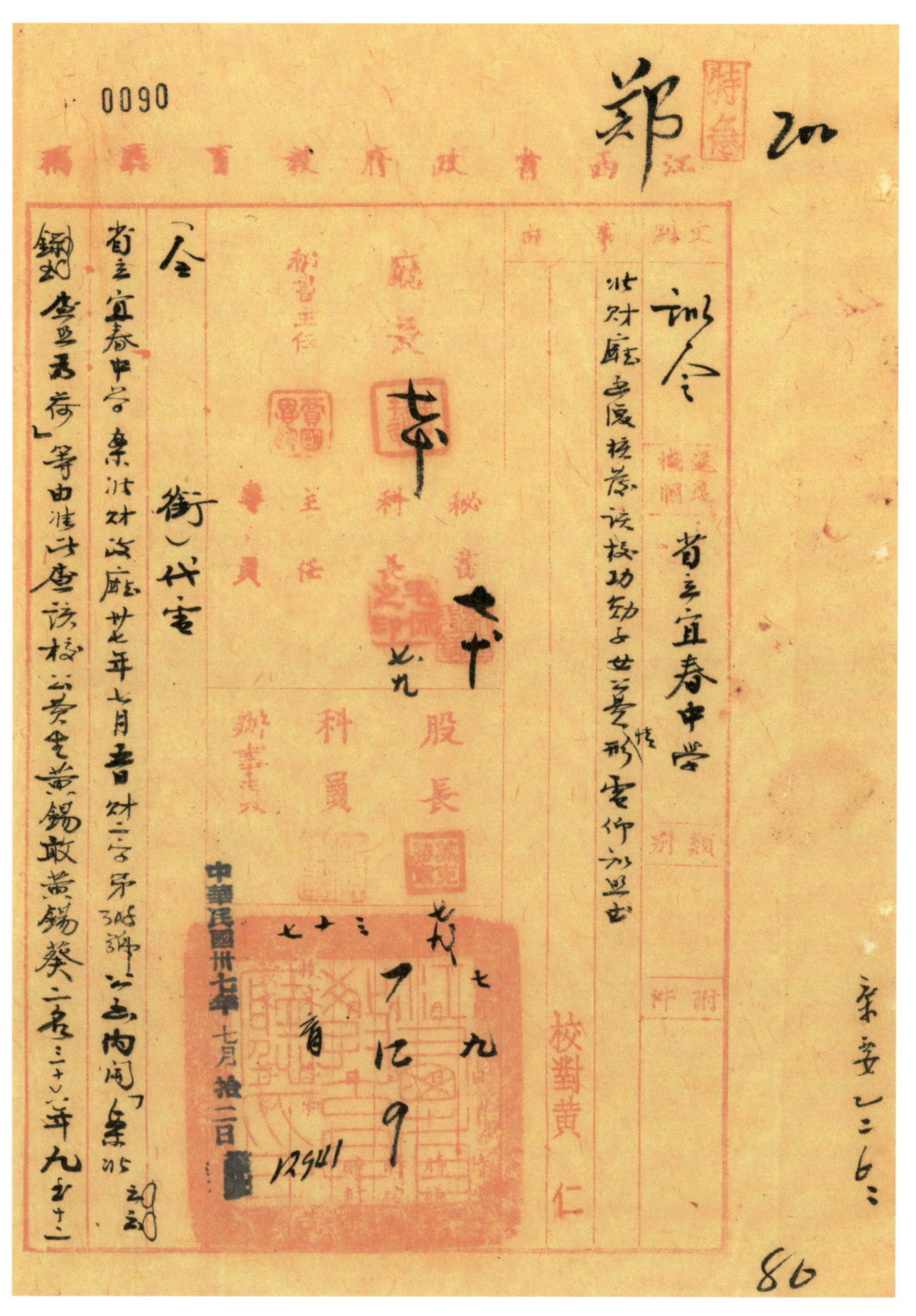
0090
江西省政府教育厅稿
特急
文别：训令
事由
类别
机关
附件
受文者：省立宜春中学
厅长
主任秘书
秘书
科长
主任
专员
股长
科员
办事员
校对 黄仁
中华民国卅七年七月拾二日

江西省教育厅致省立宜春中学的训令（一九四八年七月十二日）

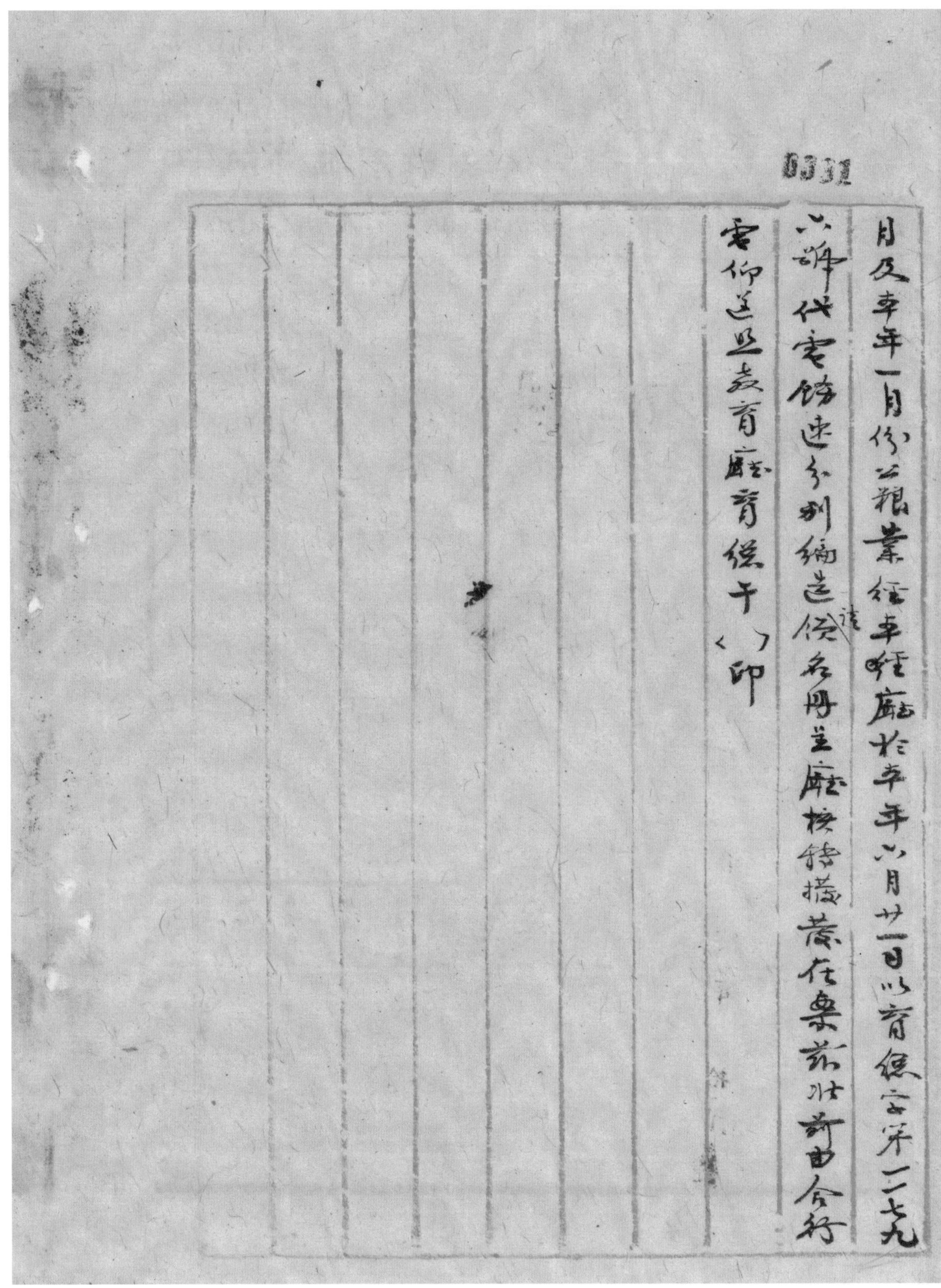

0331

月及本年一月份公糧業經本廳於本年六月廿一日以育總字第一一七九

六號代電飭速分別編造該名冊呈廳核轉據報在案茲准前由合行

電仰遵照。教育廳育總干（ ）印

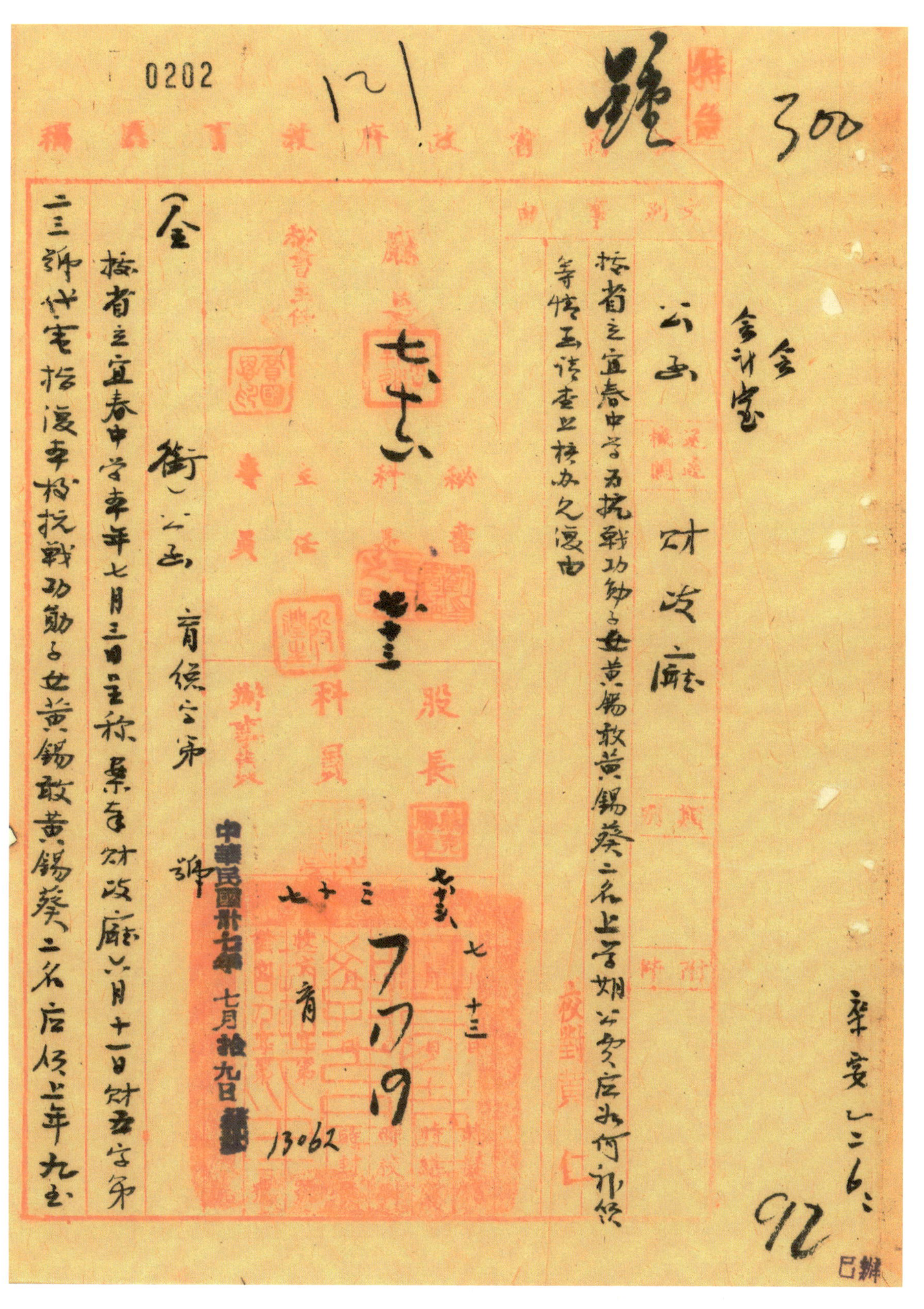

0202

121

300

會計室 全

文別：公函

事由：據省立宜春中學為抗戰功勳子女黃錫敏、黃錫葵二名上學期公費應如何補發等情，函請查照核辦見復由

受文者：財政廳

（全銜）公函　育傢字第　號

據省立宜春中學本年七月三日呈稱：案奉財政廳六月十一日財五字第二三號代電，指復本校抗戰功勳子女黃錫敏、黃錫葵二名應從上年九

中華民國卅七年七月拾九日

13062

92

江西省教育厅致省财政厅的公函（一九四八年七月十九日）

0203

十二月份及本年一月份副食费已包括在师范生副食费内拨发等因查本校係奉本年令示亦包在师范生副食费内拨发故未付出惟上年所有师范生副食费借节早已解送故该二生（卅六年九至十二月份）未领该费因应如何补发之处转函财厅核示等情据此相应函请查照核办见复为荷

此致

财政厅

厅长周〇

江西省财政厅致省教育厅的公函（一九四八年八月六日）

0253　147　一股

江西省政府財政廳公函

事由	擬辦	說明	批示
函復宜春中學抗戰功勳子女[illegible] 中華民國卅七年八月七日 星期六			

中華民國　年　月　日　時　發文 卅七 字第 3366 號

附件

中華民國　年　月　日　時收　收文　字第　號

中華民國　年　月　日　時交辦

中華民國　年　月　日　時發辦

中華民國卅七年八月初[illegible]

15289

0254

案准

贵厅(37)育保字第一三〇六二号公函，略以据省立宜春中学为抗战功勋子女黄锡发、黄锡葵二名上学期公费应如何补发，嘱查照核办见复等由，准此。查本案业据该校迳电请示到厅，当经以“该校抗战功勋子女黄锡发、黄锡葵二名应发上年九至十二月及本年一月份副食费，仰迳由该校本年上半年度所领副食费结余项下补发给领”等语电复在案，准函前由，相应函复，请

查照为荷。此致

教育厅

中华民国三十七年八月

厅长 [illegible]

核划股承办

江西省教育厅致省立宜春中学的的训令（一九四八年八月十六日）

江西省政府教育廳稿

訓令

省立宜春中學

据財廳函復以該校助教黃錫敢黃錫發上年九至十二月及本年一月份副食費在該校本年上半年度所領副食費結餘項下請發等由合仰知照

此令

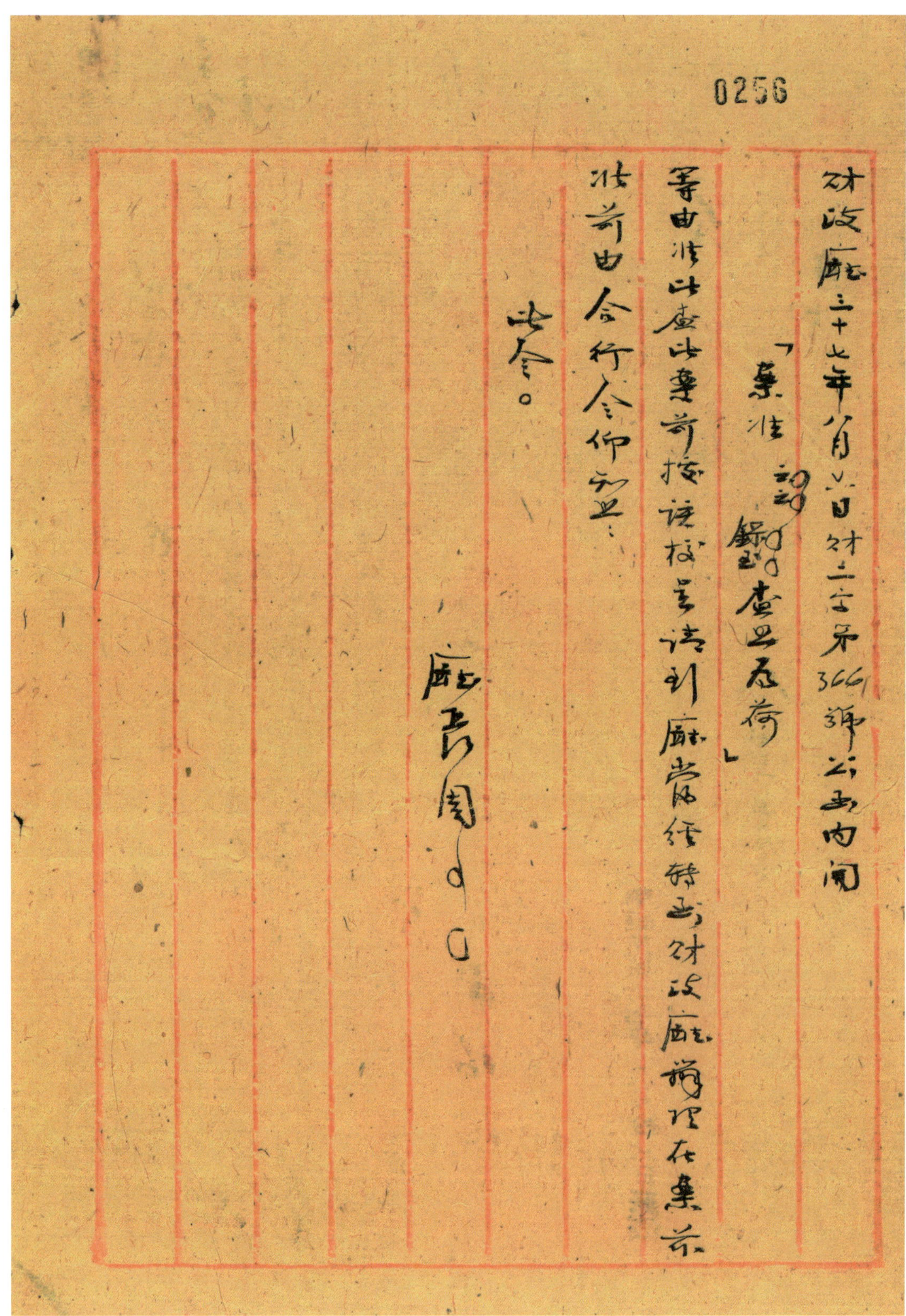
0256

财政厅三十七年八月廿日财三字第366号公函内开：

「案准钧处照为荷」

等由。准此。查此案前据该校呈请到厅，当经转函财政厅办理在案。兹准前由，合行令仰知照。

此令。

厅长 周○○

江西省教育厅和江西省立女子中学关于唐淑如申请公费待遇的来往文书（一九四七年十一月至十二月）

江西省立南昌女子中学致省教育厅的呈（一九四七年十一月二十五日）

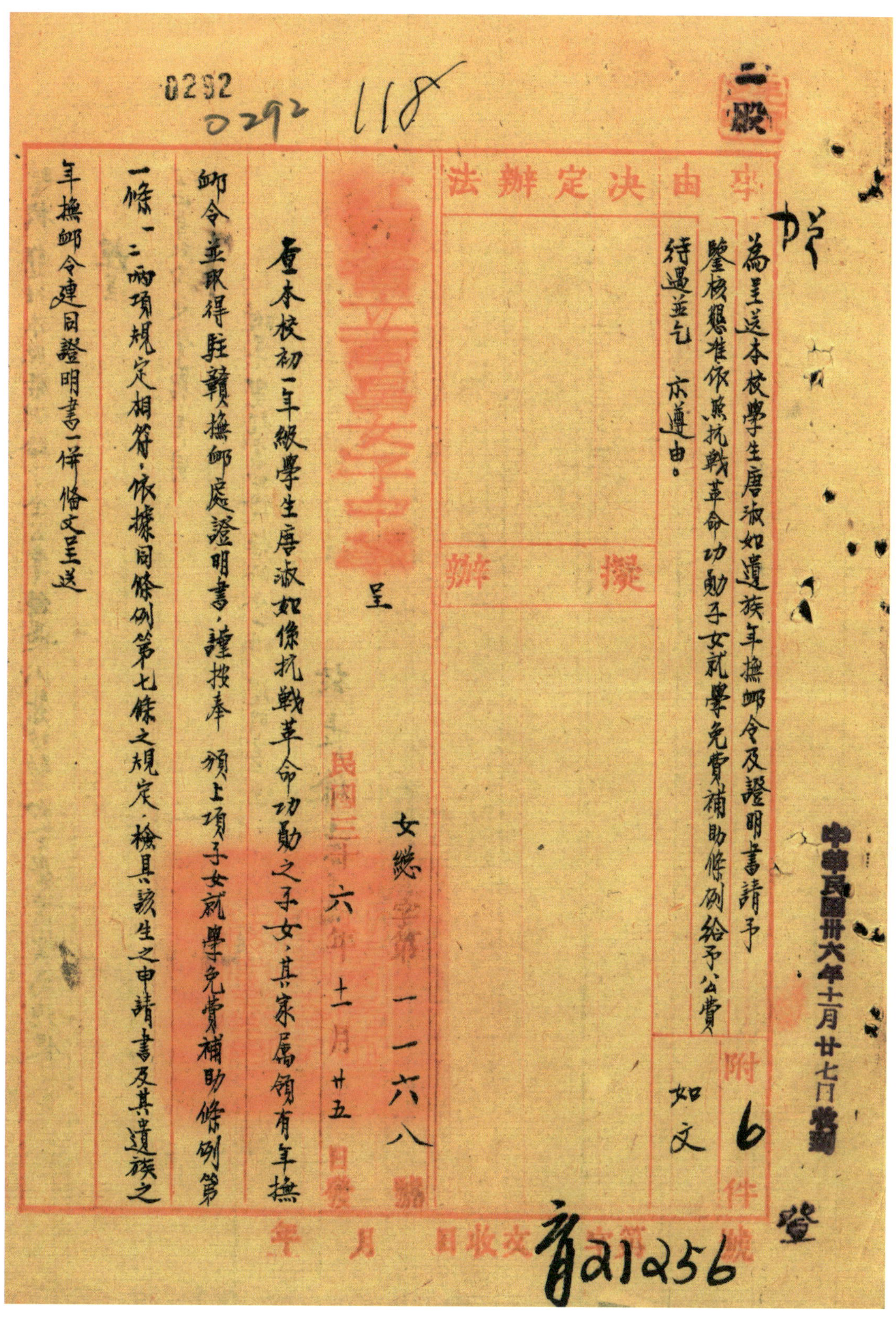

0292

0292 118

二股

事由：為呈送本校學生唐淑如遺族年撫卹令及證明書請予鑒核懇准依照抗戰革命功勳子女就學免費補助條例給予公費待遇並乞示遵由。

附件：如文 6件

擬辦

決定辦法

江西省立南昌女子中學 呈 女總字第一一六八號 民國三十六年十一月廿五日發

查本校初一年級學生唐淑如係抗戰革命功勳之子女，其家屬領有年撫卹令並取得駐贛撫卹處證明書，謹按奉頒上項子女就學免費補助條例第一條一、二兩項規定相符，依據同條例第七條之規定，檢具該生之申請書及其遺族之年撫卹令連同證明書一併備文呈送

中華民國卅六年十二月廿七日收到

收文 育21256號

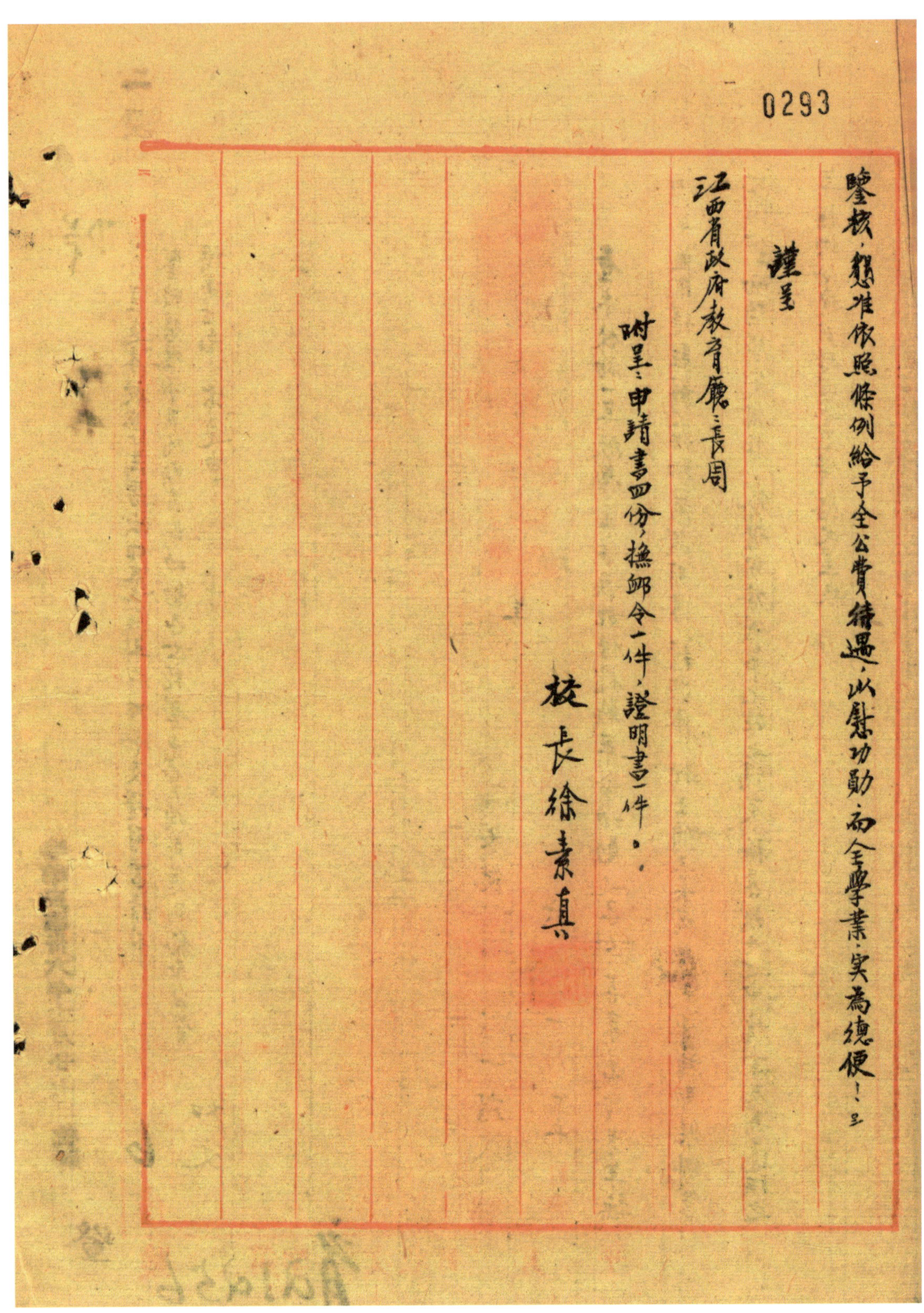
0293

鑒核，懇准依照條例給予全公費待遇，以慰功勳，而全學業，實爲德便！三

謹呈

江西省政府教育廳廳長周

附呈：申請書四份，撫卹令一件，證明書一件。

校長徐素真

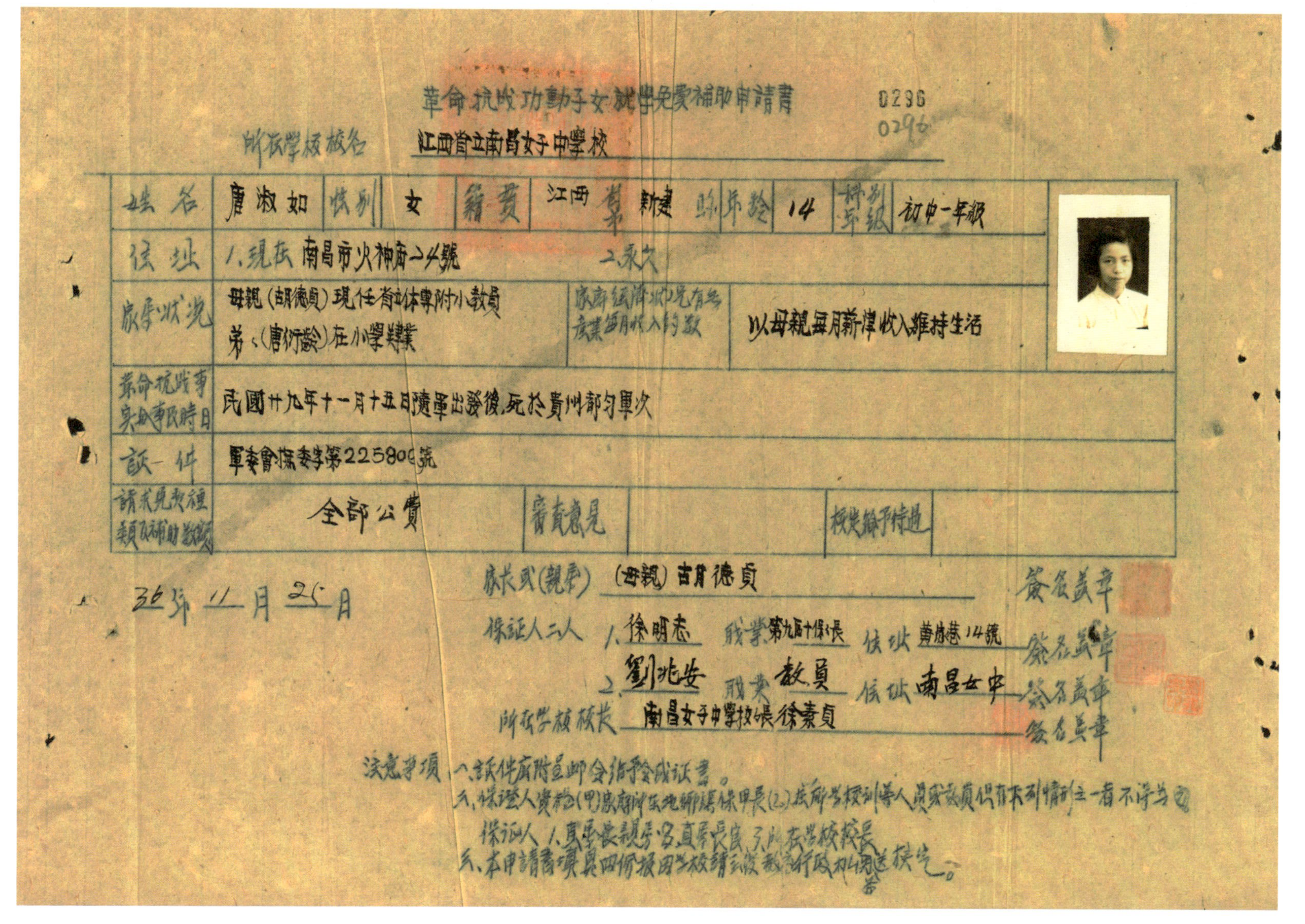

革命抗战功勋子女就学免费补助申请书　0296

所在学校校名　江西省立南昌女子中学校

姓名	唐淑如	性别	女	籍贯	江西省新建县	年龄	14	科别年级	初中一年级
住址	1.现在 南昌市火神庙24号　2.永久								
家属状况	母亲（胡德贞）现任省立体专附小教员 弟弟（唐衍龄）在小学肄业			家庭经济状况有无产业每月收入约数	以母亲每月薪俸收入维持生活				
革命抗战事实与事略时日	民国廿九年十一月十五日随军出发后，死于贵州都匀军次								
证件	军委会抚委字第225800号								
请求免费种类及补助数额	全部公费	审查意见			核定给予待遇				

36年11月25日

家长或（亲属）（母亲）胡德贞　签名盖章

保证人二人　1.徐明志　职业 第九区十保保长　住址 萧家巷14号　签名盖章

2.刘兆安　职业 教员　住址 南昌女中　签名盖章

所在学校校长　南昌女子中学校长徐素贞　签名盖章

注意事项　一、证件应附呈部令或证书。

二、保证人资格（甲）家庭所在地乡镇保甲长（乙）在所学校训导人员或教员但有下列情形之一者不得为保证人 1.现充保长者 2.直系亲属 3.所在学校校长

三、本申请书须具四份报由学校 [illegible] 转 [illegible] 备查。

附：革命抗战功勋子女就学免费补助申请书

江西省教育厅致省立南昌女子中学的指令（一九四七年十二月六日）

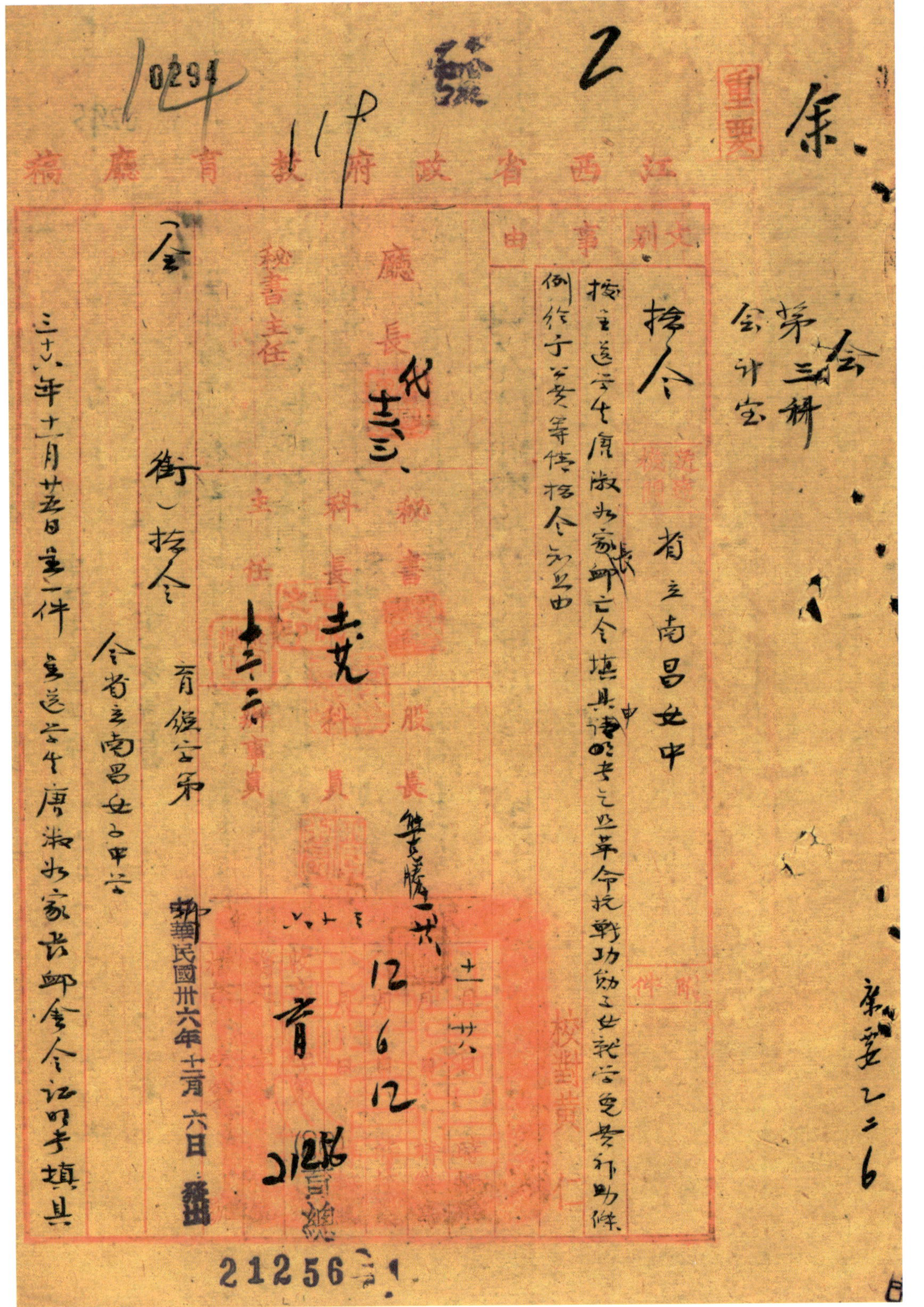

江西省政府教育廳稿

重要

文別	指令
事由	据呈送学生唐淑如家属邮亡令填具请明书之业单令抗战功勋子女就学免费补助条例行于公费等情指令知照由

省立南昌女中

廳長

秘書主任

秘書

科長

股長

主任

科員

辦事員

校對 黃仁

監印

全衔）指令

育級字第

令省立南昌女子中学

三十六年十二月廿五日呈一件　呈送学生唐淑如家属邮亡令证明书填具

中華民國卅六年十二月六日發出

21256

0295

申請先烈與革命抗戰功勳子女就學免費補助條例

給予公費待遇

呈件均悉。查呈送証件，尚無不合，准予唐淑珍以革命抗戰功勳子女就學免費補助條例之規定給予該生全公費待遇，並另於本學期一次撥給補助費十萬元，應由校分別編造預算書冊呈廳核撥（發）；其在學應免各費，該校應照前項條例第六條前段規定之辦理，仰即知照，此令。

附發還卹亡給予令及証明書各一份（其餘各件存）

廳長周〇〇

江西省教育厅和江西省立南昌第二中学关于学生范一闻申请免费就学的来往文书（一九四七年十二月至一九四八年一月）

江西省立南昌第二中学致省教育厅的呈（一九四七年十二月十一日）

0007

一股

為抗戰功勛范覺肅之妻范陶兆蘭申請其子就學免費補助填具申請書檢同証件乞 核示由

民國卅六年十二月拾貳日收到

江西省立南昌第二中學 呈

民國卅六年十二月十一日發 教字第四八五號

決定辦法

擬辦

據本校初一學生范一聞之家長范陶兆蘭報告略稱：「竊先夫范覺肅曾於七七事變後參加抗救工作，二十八年春改任本省保安司令部政治訓練處抗敵宣傳科上校科長，因公在吉安被炸殉職，身後蕭條，所遺三子，全賴氏

5

1276

育22557

0008

兩手操勞度日生活極苦兩子范一開現肄業貴校初一學膳等費無力維持懇乞依抗戰功勳子女就學免費條例第二條甲項之規定予以免費待遇

等情據此理合檢同書件呈懇

鑒核示遵

謹呈

江西省教育廳廳長周

附申請書四份撫郵處叙字第二二四四三號通知一件

職車駒

（印：車駒之印）

江西省教育厅致省立南昌第二中学的指令（一九四八年一月十三日）

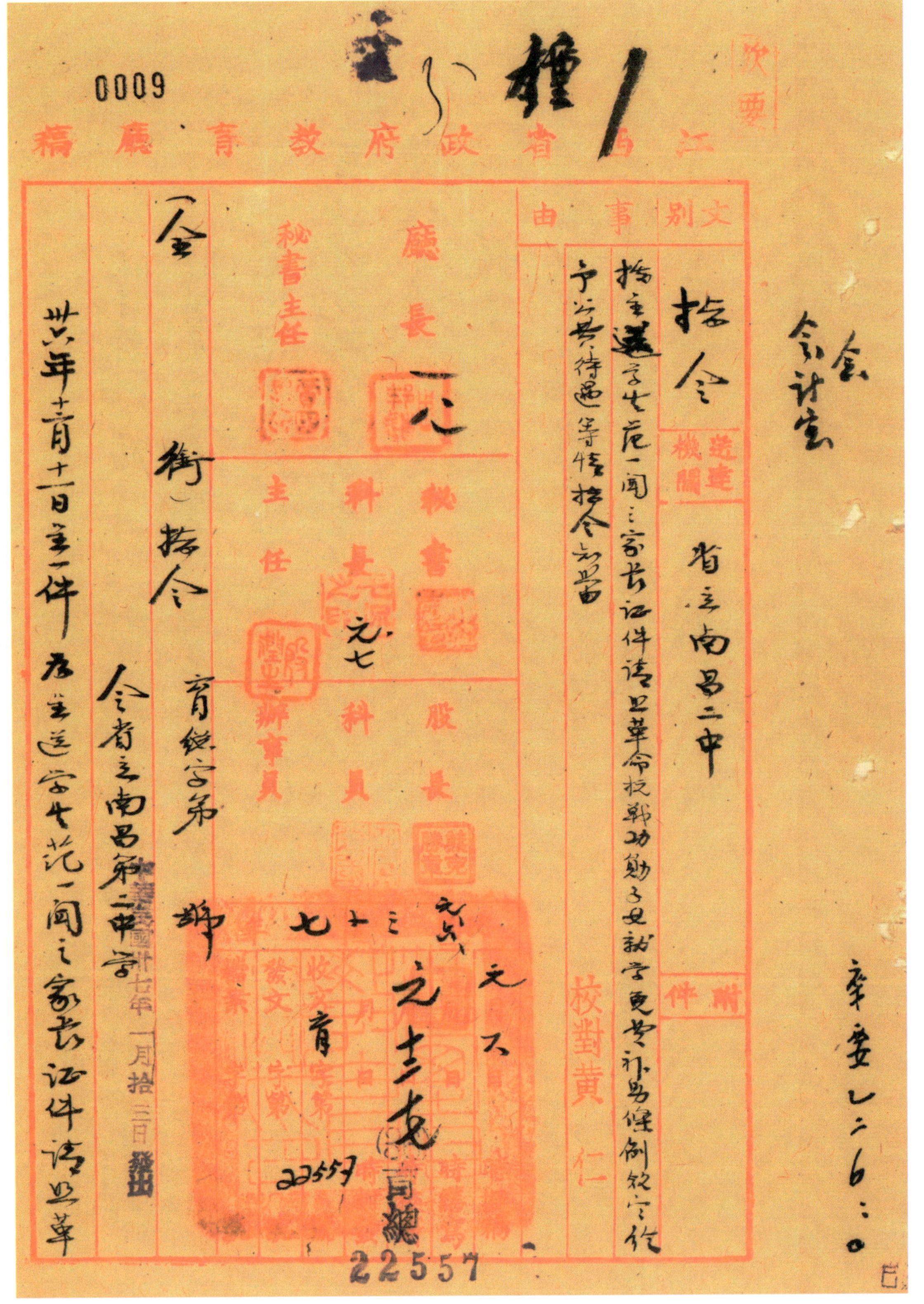
0009

江西省政府教育厅稿

文别：指令

事由：指呈送学生范一闻之家长证件请照革命抗战功勋子女就学免费[illegible]条例[illegible]给予公费待遇等情指令知照

送达机关：省立南昌二中

厅长

秘书主任

秘书

科长

主任

股长

科员

办事员

附件

校对 黄仁

令省立南昌第二中学

卅六年十二月十一日呈一件，为呈送学生范一闻之家长证件请照革[illegible]

中华民国卅七年一月 日 指 三日 发出

育総字第　號

22557

0010

命抗戰功勳子女就學免費補助條例第八條給予公費待遇由

呈件均悉。應呈貴證件，核無不合，准以革命抗戰功勳子女就學免費補（其在校應免各費，着校方並照條例第八條規定辦理。）助條例第八條給予公費待遇，另於本學期核給補助費十萬元，仰即分別編造領具冊呈廳核轉撥為要！

此令。檢還原函第一件。

廳長 周〇〇

江西省教育厅、江西省财政厅和江西省立宁都中学等关于温俊英免费就学及领取补助费的来往文书（一九四七年十二月至一九四八年十二月）

江西省立宁都中学致省教育厅的呈（一九四七年十二月十六日）

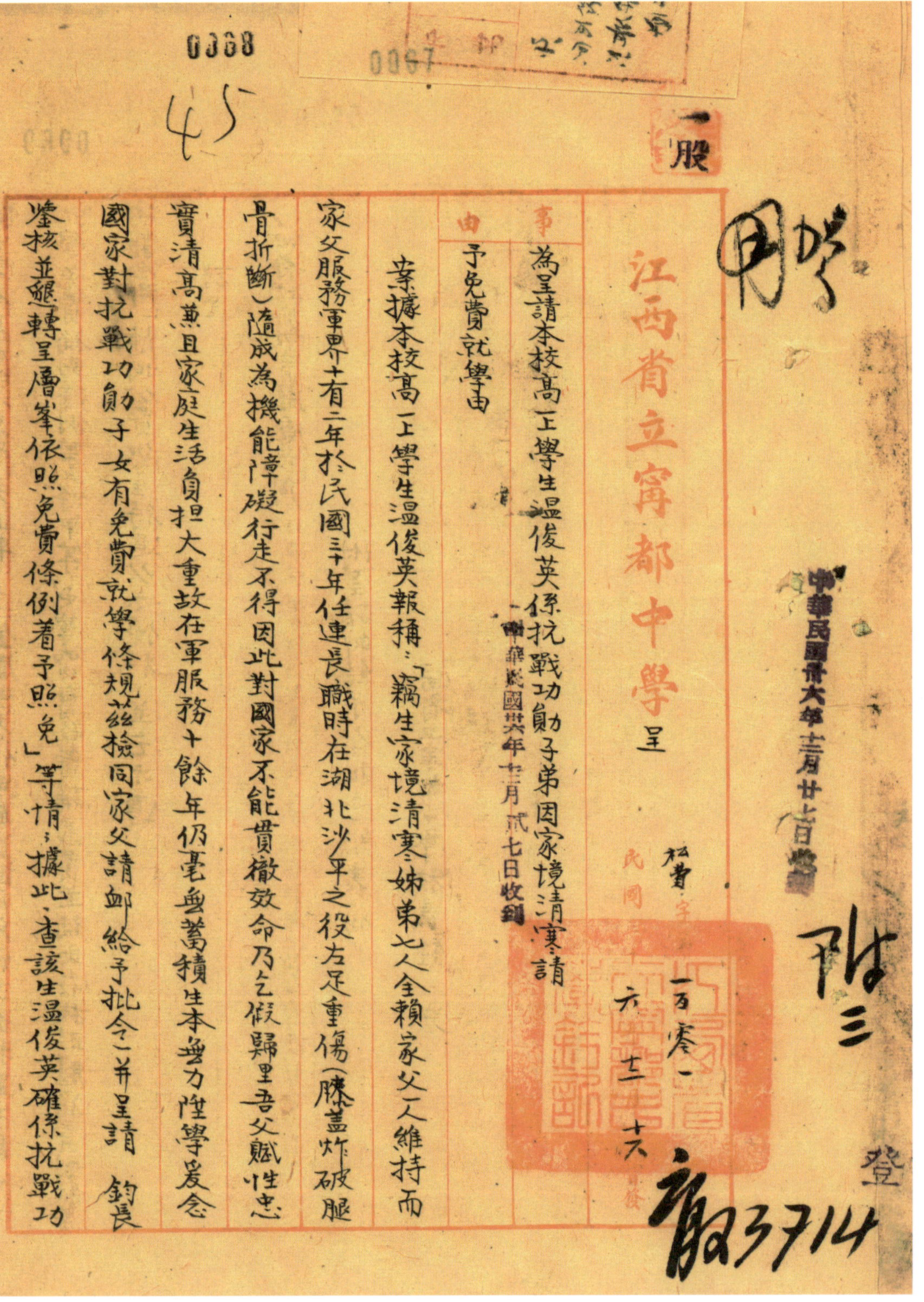
一般

江西省立寧都中學 呈

事由：為呈請本校高一工學生温俊英係抗戰功勛子弟因家境清寒請予免費就學由

案據本校高一上學生温俊英報稱：「竊生家境清寒，姊弟七人全賴家父一人維持，而家父服務軍界十有二年，於民國三十年任連長職時在湖北沙平之役左足重傷（膝蓋炸破腿骨折斷），遂成為機能障礙，行走不得，因此對國家不能貫徹效命，乃乞假歸里。吾父賦性忠實清高，兼且家庭生活負担大重，故在軍服務十餘年仍毫無蓄積，生本無力陞學，爰念國家對抗戰功勛子女有免費就學條規，茲檢同家父請卹給予批令一并呈請鈞長鑒核，並懇轉呈層峯依照免費條例着予照免」等情，據此，查該生温俊英確係抗戰功

0069

勛子弟而且家境貧寒，為此轉呈　鈞廳可否依照國民政府所頒革命抗戰功勛子女就學免費補助條例第二條甲等「免學費、實驗費、講義費並補助在校時膳宿費、制服費、書籍全部」隨同公費學生待遇，以示優待，並乞示遵！

謹呈

江西省政府教育廳廳長周

附呈請卹給予令批示一紙、表二份。

江西省立寧都中學校長鍾　宏

附：申请表

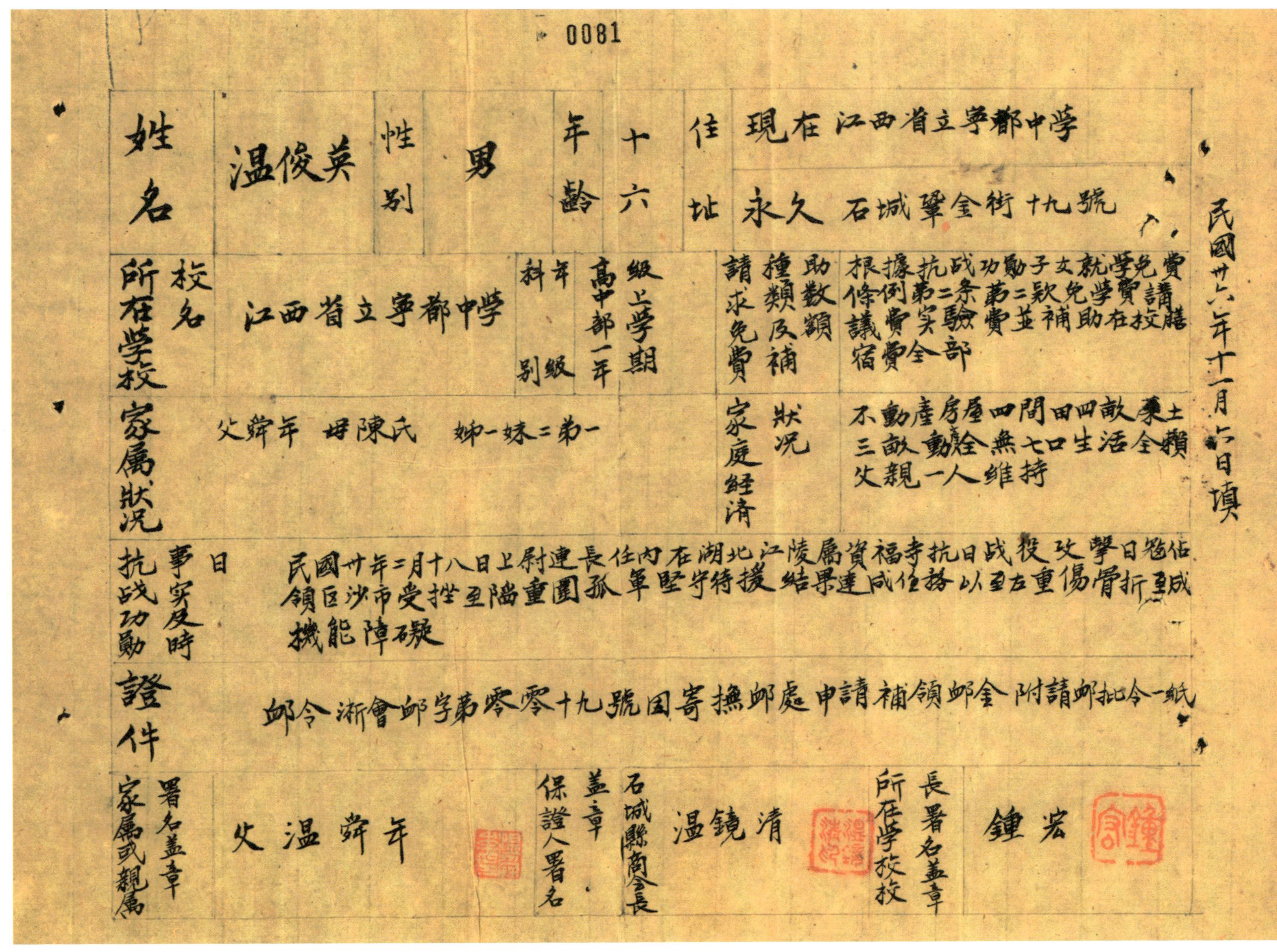

0081

姓名	温俊英	性别	男	年龄	十六	住址	现在 江西省立雩都中学 永久 石城肇全街十九号
所在学校	校名 江西省立雩都中学	科别年级	高中部一年级上学期			请求免费种类及补助数额	根据抗战功勋子女就学免费条例第二条第二款免学费请议费实验费并补助在校膳宿费全部
家属状况	父舜年　母陈氏　姊一妹二弟一					家庭经济状况	不动产房屋四间田四亩菜土三亩　动产全无　七口生活全赖父亲一人维持
抗战功勋事实及时日	民国卅年二月十八日上尉连长任内在湖北江陵属资福寺抗日战役攻击日寇佔领区沙市受控至陷重围孤军坚守待援结果达成任务以至左重伤骨折致成机能障碍						
证件	邮令浙会邮字第零零十九号国寄抚邮处申请补领邮金　附请邮批令一纸						
家属或亲属署名盖章	父温舜年	保证人署名盖章	石城县商会长　温镜清			所在学校校长署名盖章	锺宏

民国卅六年十一月六日填

江西省教育厅致省立宁都中学的指令（一九四八年一月十六日）

江西省政府教育廳稿

文別：指令

事由：據呈為據具學生温俊英家長証件請照革命抗戰功勳子女保例免字待遇等情指令知照由

受文者：省立寧都中學

（令）衔）指令

令省立寧都中學

三十六年十二月十六日呈一件為據具學生温俊英家長証件連同中

育After字第 號

中華民國三十七年一月拾六日發出

0075

请求请照革命抗战功勋子女免费补助条例规定核给公费待遇

呈件均悉。查呈赍证件核无不合，准照革命抗战功勋条例规定给予学生温俊英公费待遇。（按现行标准每名月支膳费——卅六年九月份支二六〇〇〇元，十至十二月份每月支一〇八〇〇〇元——公粮二斗三升。）本学期并另准给补助费十万元，由校分别编列造於奖学金书类呈厅核转拨发，其在校应免各费，着该校遵照前项条例第六条规定办理。仰应遵照规定补送申请书一份及本人二寸半身照片四张呈厅为要！

令。附发还批令一纸。

厅长周

江西省财政厅致省教育厅的公函（一九四八年十月十四日）

148

0372

江西省政府財政廳公函

事由	擬辦	說明	批示
爲寧都中學九月份公費生副食費審計案書已拒簽應即照案理函請查照見復由	已另行妥理		

二股

附件

發文 卅二字第 37 10 14 508 號

中華民國卅七年十月十八日

育20067

0373

案查前准

贵厅育信字第一七六九三号代电抄送领据省立各校三十七年九月份公费生副食费公粮人数清册暨领据一案嘱查照。准会计处通知领据各校九月份副食费业已分别照签支付书送审计处会签去后，兹准审计处拒字第五六八号拒签支付书通知书，将原签宁都中学九月份公费生副食费金圆三元七角八分支付书退回，拒签理由栏内注明"查该校经费于本年四月起由区停止支付，上款未便核签"等语到厅。查上项副食费究应如何处理，相应函请

查照见复为荷。此致

教育厅

民国三十七年十月　日

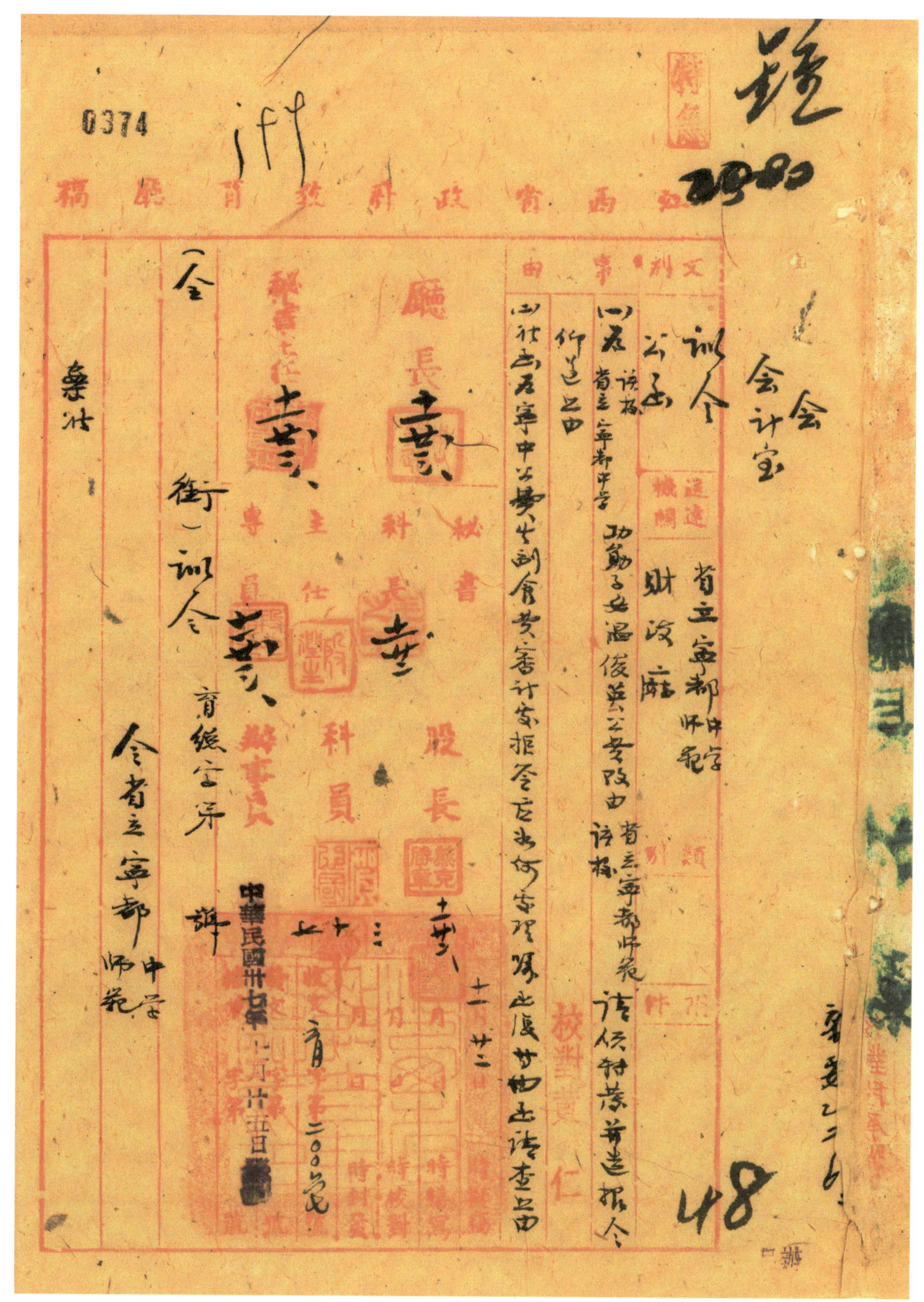

江西省教育厅致省财政厅的公函及致省立宁都师范学校的训令（一九四八年十一月二十五日）

財政廳卅七年十月十四日財二字第五零八號公函內開：

「案查……錄知，查照見復為荷。」

等由，准此。查省立寧都中學學生溫俊英經核准照革命抗戰功勳子女就學免費補助條例規定核給公費，並給予在校補助費，而審計處以該校本年度未列入省預算，不予核發經費，自應另行設法變更辦理。茲查該校與省立寧都師範同在一地，該抗戰功勳子女學生溫俊英本年度應領公費（即副食費公糧）及補助費即改撥省立寧都師範代領轉發。其請領手續由省立寧都中學以省立寧都師範名義編造請領預算名冊，送由寧都師範加蓋印章呈轉發款，事後檢具冊據送由寧都師範併案報銷。查寧都中學原呈本年一至七月份及九至十二月份請領副食費預算書冊，係用寧都中學名義，審計處不予發款，應予註銷，着即改用寧都師範名義，換造名冊預算呈轉核撥。
至該生一至六月份應領副食費，計一月份二二三〇〇〇元，二月份四八〇〇〇元，三
月份二二三〇〇〇元，（四月份未列，應在前已發給該校一至三月份副食費內撥
抵銷）五月份一〇二九〇〇〇元，六月份一三七一〇〇〇元，及上半年度補助費四〇〇〇，
〇〇〇元，並准于本年上半年度省庫收支結束以前由本廳列表送請
有關廳處先行撥發該校省立寧都師範具領，但在未此項經費應即逕向寧師由寧都中學
逕向該校洽領轉發。又本學期九至十二月份副食費公糧及上學期一至七月份
公糧，應並此知照，趕速換造該係該校名冊呈廳核轉撥發，一至六月份副
食費公糧應換造該校名冊呈廳核轉。茲准前由，除令省立寧
都師範中學外，合行令仰遵照！

0377

指令

廳長周○○　育儎字第　號

令

衛生處 公函

案准

貴處本年十月十九日財二字第五○八號公函，以省立寧都中學公費生劉

會書，審計處拒簽，應如何處理，請之復，等由，准此。查該校學生温俊英、

名，經核准應照革命抗戰功勳子女就学免費補助條例規定核給公費，

並給予在校補助費，而審計處以該校本年度未列入預算，不予核簽，致該

自應另行設法變更辦理。茲將該生本年應領副食費公糧及補助費，改由

省立寧都師範請領，待算，事後由寧都中學檢具一冊撥，送由寧都師範報

0378 201

銷。查本期該生應領公費，經令飭迅即就實編造預算專冊請領，俟呈送預算專冊到府，再行核轉撥款，暫不預撥。茲准前由，除分令外，相應函請查照辦理爲荷！

此致

財政廳

廳長周〇〇

江西省立宁都师范学校致省教育厅的呈（一九四八年十一月三十日）

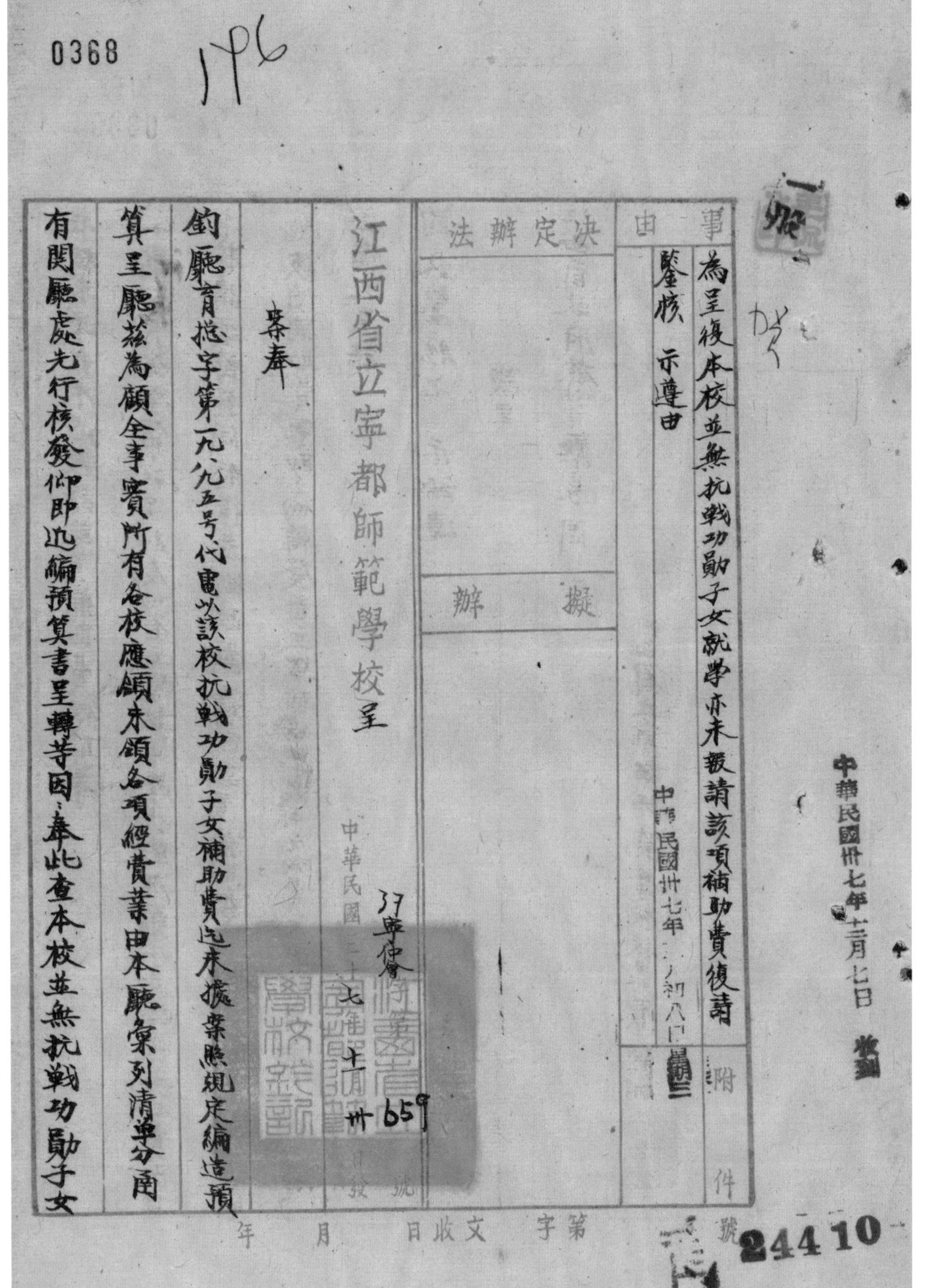

0368

事由：為呈復本校並無抗戰功勛子女就學亦未報請該項補助費復請鑒核示遵由

中華民國卅七年十二月初八日

附件

中華民國卅七年十二月七日收到

決定辦法

擬辦

第　字　24410號　年　月　日收文

江西省立寧都師範學校呈

中華民國三十七年十一月卅日發　寧師會字第659號

案奉

鈞廳育撫字第一九、九五号代電以該校抗戰功勛子女補助費迄未據案照規定編造預算呈廳茲為顧全事實所有各校應領未領各項經費業由本廳彙列清單分函有關廳處先行核發仰即迅編預算書呈轉等因：奉此查本校並無抗戰功勛子女

0369

在校求學亦未經報請該項補助費但昨奉

鈞廳蚜育摠字第72067号訓令以省立寧都中學抗戰功勛子女温俊英公費改由

本校請領轉發同時復奉財政廳撥發該項補助費一元三角三分到校是否財

廳該項補助費須即爲轉發省立寧都中學温生之公費不得而知奉令前因理

合備文呈請

鈞長鑒核乞　示祗遵

謹呈

江西省政府教育廳長周

江西省立寧都師範學校校長黎仲明

江西省教育厅致省立宁都师范学校的代电（一九四八年十二月十一日）

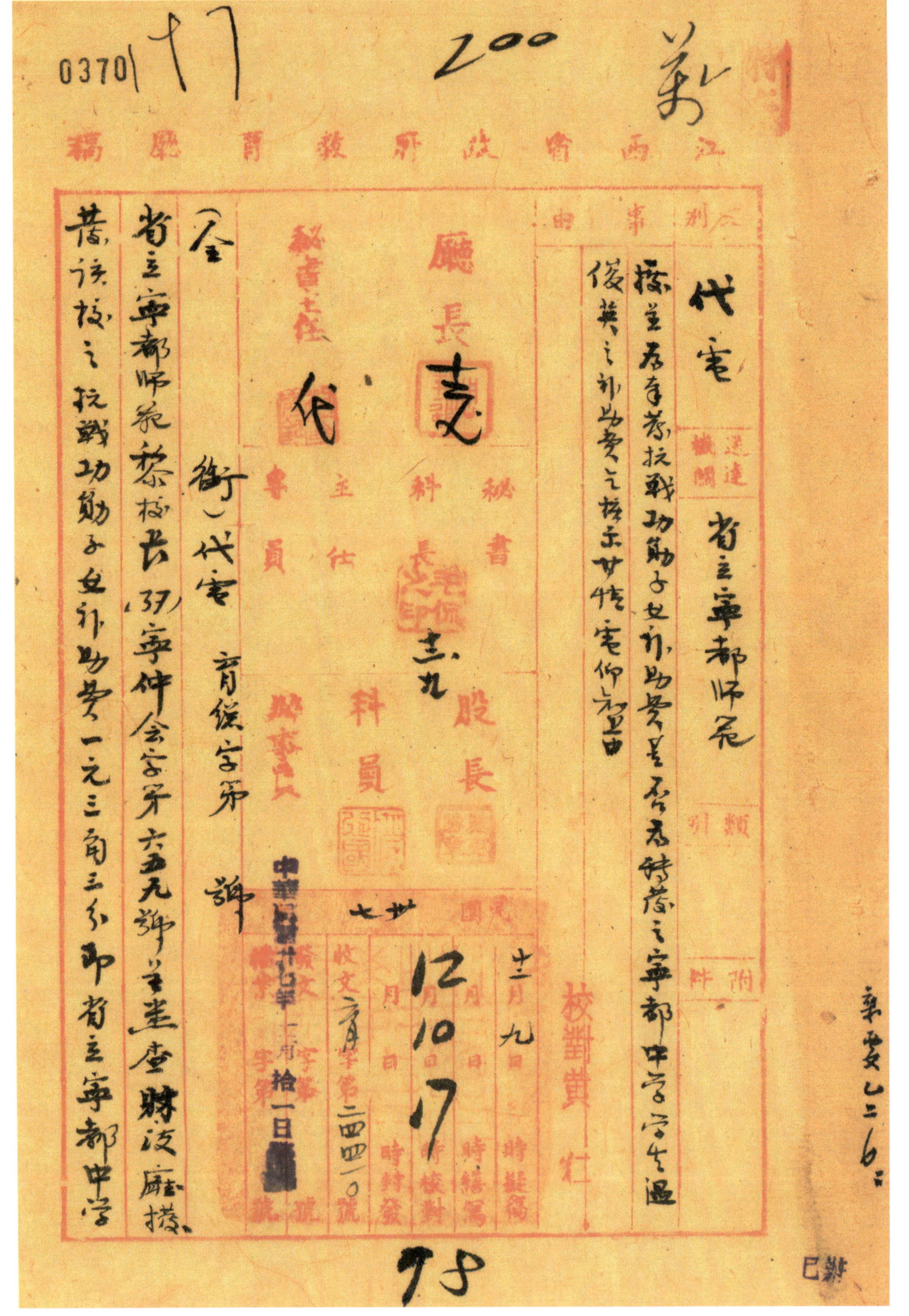
0370

江西省政府教育廳稿

文別：代電

事由：據呈為李蔡抗戰功勛子女補助費呈否為特發之寧都中學學生溫俊英之補助費之後未甘情電仰知照由

受文者：省立寧都師範

廳長 秘書主任 秘書 科長 主任 專員 股長 科員 擬稿

省立寧都師範蔡校長（37）寧仲會字第六五九號呈一件呈壹財政廳撥發該校之抗戰功勛子女補助費一元三角三分即省立寧都中學

中華民國卅七年十二月拾一日

校對 貫

0371

革命抗戰功勳子女遍俊英，本年上半年度之四百萬元（法幣）之補
助費仰即轉發並補具請領收據呈廳核轉為要教育廳育俊
亥（）印

江西省教育厅和江西省立九江女子师范学校关于邓雪筠申请优待的来往文书（一九四七年十二月至一九四八年一月）

江西省立九江女子师范学校致省教育厅的呈（一九四七年十二月三十日）

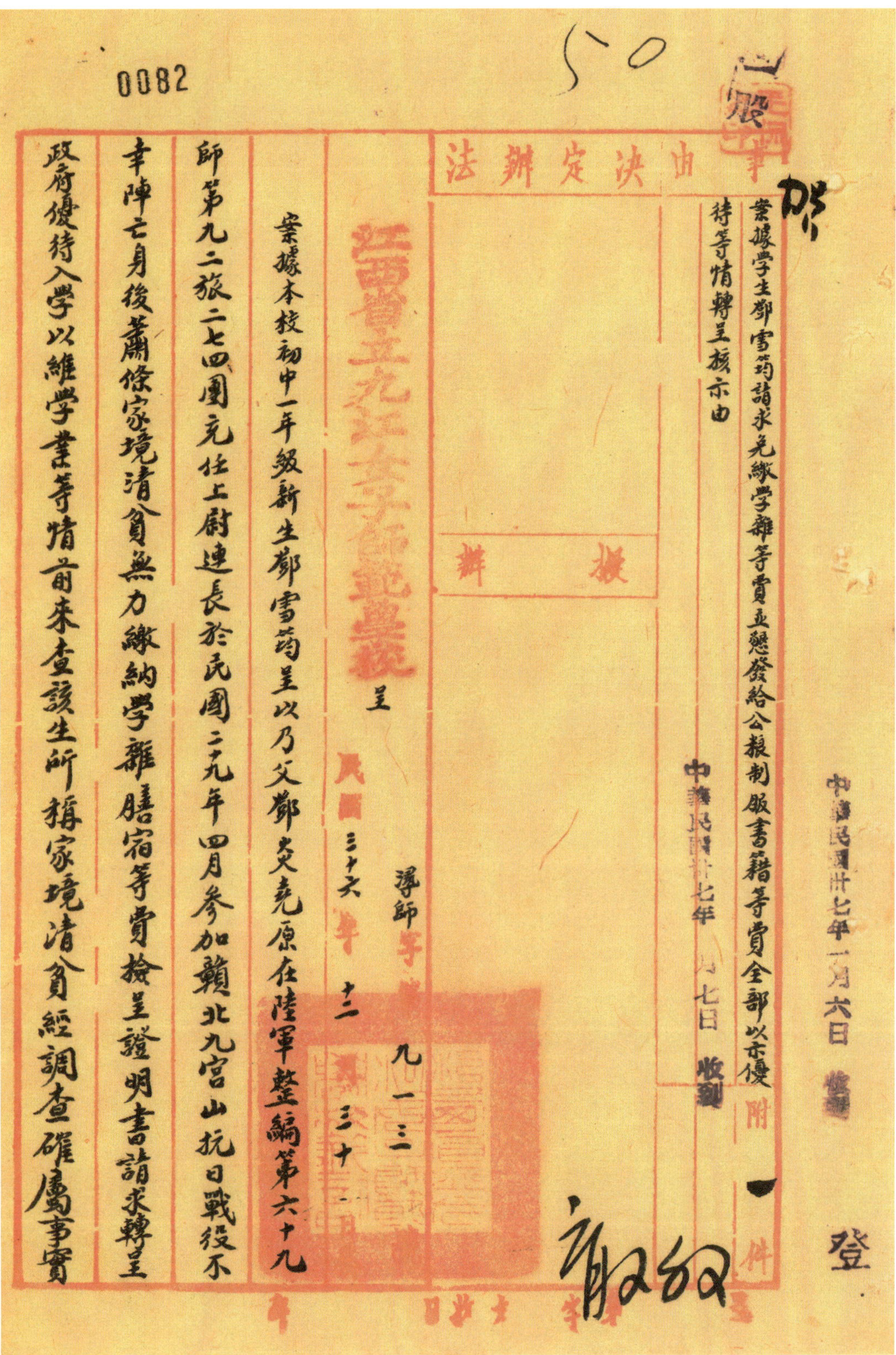

0082

50

一般

事由：案據學生鄧雪筠請求免繳学雜等費並懇發給公報制服書籍等費全部以示優待等情轉呈核示由

附件 一

中華民國卅七年一月六日 登

中華民國卅七年一月七日 收到

決定辦法

擬辦

江西省立九江女子師範學校 呈

民國三十六年十二月三十日 導師字第九一三號

案據本校初中一年級新生鄧雪筠呈以乃父鄧炎堯原在陸軍整編第六十九師第九二旅二七四團充任上尉連長，於民國二九年四月參加贛北九宮山抗日戰役不幸陣亡，身後蕭條，家境清貧，無力繳納学雜膳宿等費，檢呈證明書，請求轉呈政府優待入学以維学業等情前來。查該生所稱家境清貧，經調查確屬事實

0083

除查照奉頒革命抗戰功勛子女就學補助條例第二條已予免繳學雜等

費辦理外理合檢同原呈證明書一件備文轉呈

鈞長鑒核俯念抗戰功勛子女准予依法發給公糧制服書籍等費全部

以示優待並乞示遵！

謹呈

江西省政府教育廳廳長周

附呈學生鄺雪筠證明書一件

江西省立九江女子師範學校校長熊　恬

附：邓雪筠证明书

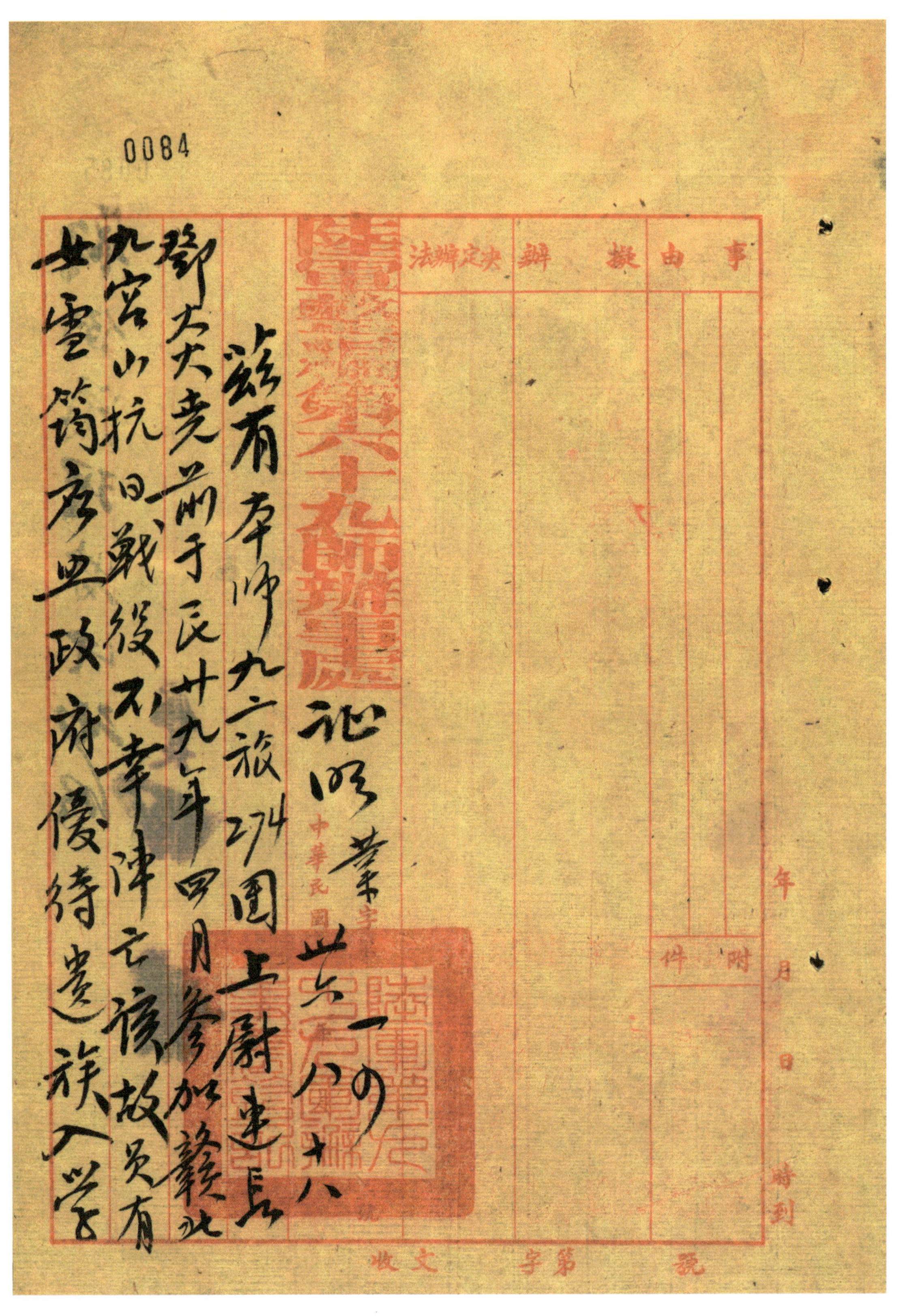

0084

陸軍第六十九師辦事處

事由 擬辦 決定辦法

證明 莘字 中華民國 卅六 一〇八 十六

兹有本師九二旅274團上尉連長
鄧大堯前于民廿九年四月參加贛北
九宮山抗日戰役不幸陣亡該故員有
女雪筠應照政府優待遺族入學

附件

年 月 日 時到

收文 字第 號

0085

條例辦理特此批飭

處長 田[illegible]

江西省教育厅致省立九江女子师范学校的指令（一九四八年一月十七日）

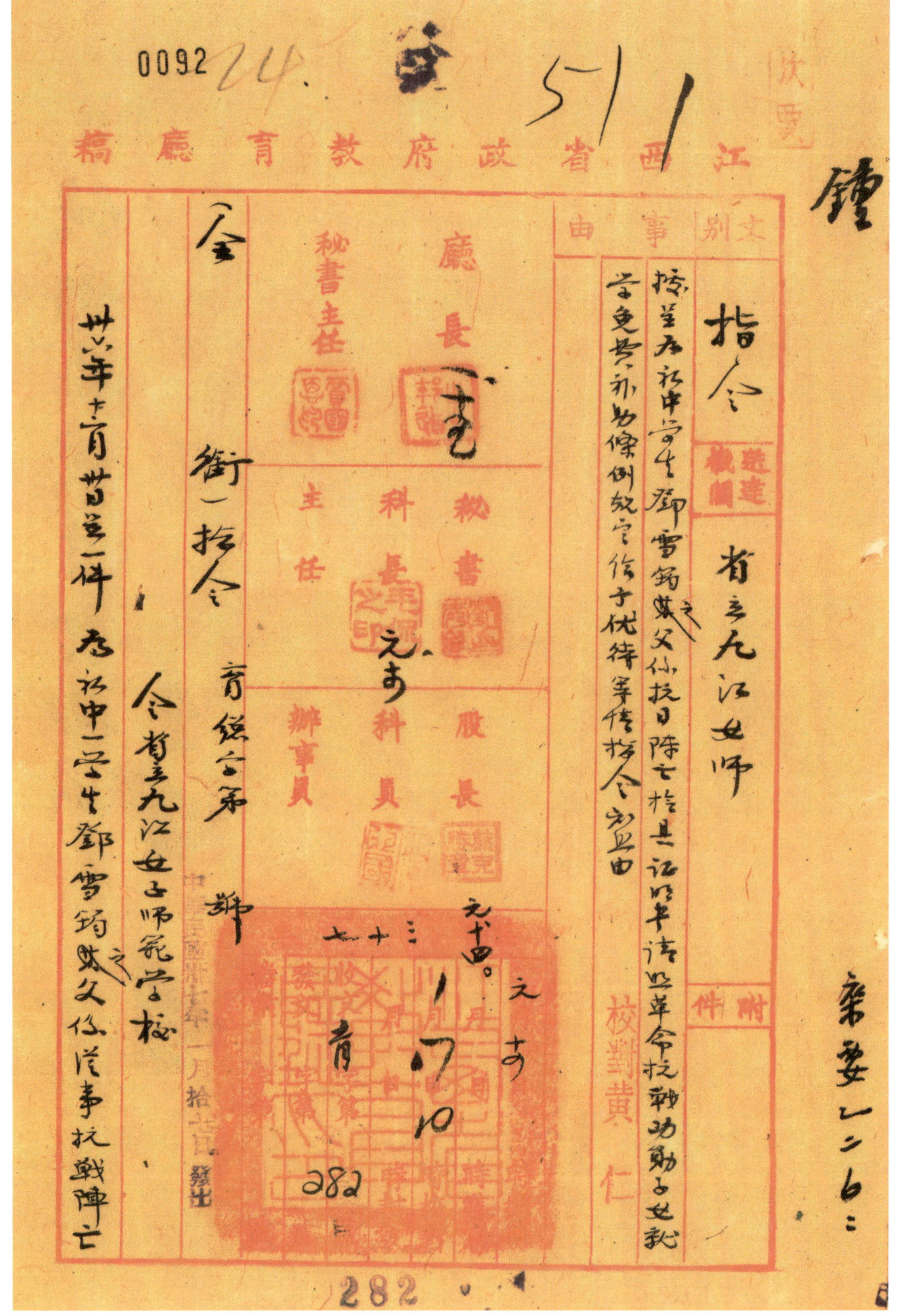

0092 24. 511

江西省政府教育廳稿

文別：指令

事由：據呈本校中學生鄧雪銘之父係抗日陣亡，請准免費等情，准予優待。

（全銜）指令　育総字第　號

令省立九江女子师范学校

卅六年十二月廿呈一件，為本校中一學生鄧雪銘之父係從事抗戰陣亡……

0093

检具证明书请照革命抗战功勋子女就学免费补助条例给予公费并补助书籍制服等费由

呈件均悉。仍仰遵照革命抗战功勋子女就学免费补助条例第六条规定填具申请书连同本人半身照片各四份，并检附核部会证明书呈厅核夺！

此令。件存。

厅长 周 十 〇

江西省立宜春中学等学校一九四七年及一九四八年度抗战革命功勋子女补助费预算及分配预算通知书存根（一九四八年一月至八月）

江西省立宜春中学一九四七年抗战革命功勋子女补助费预算及分配预算通知书存根（一九四八年一月十五日）

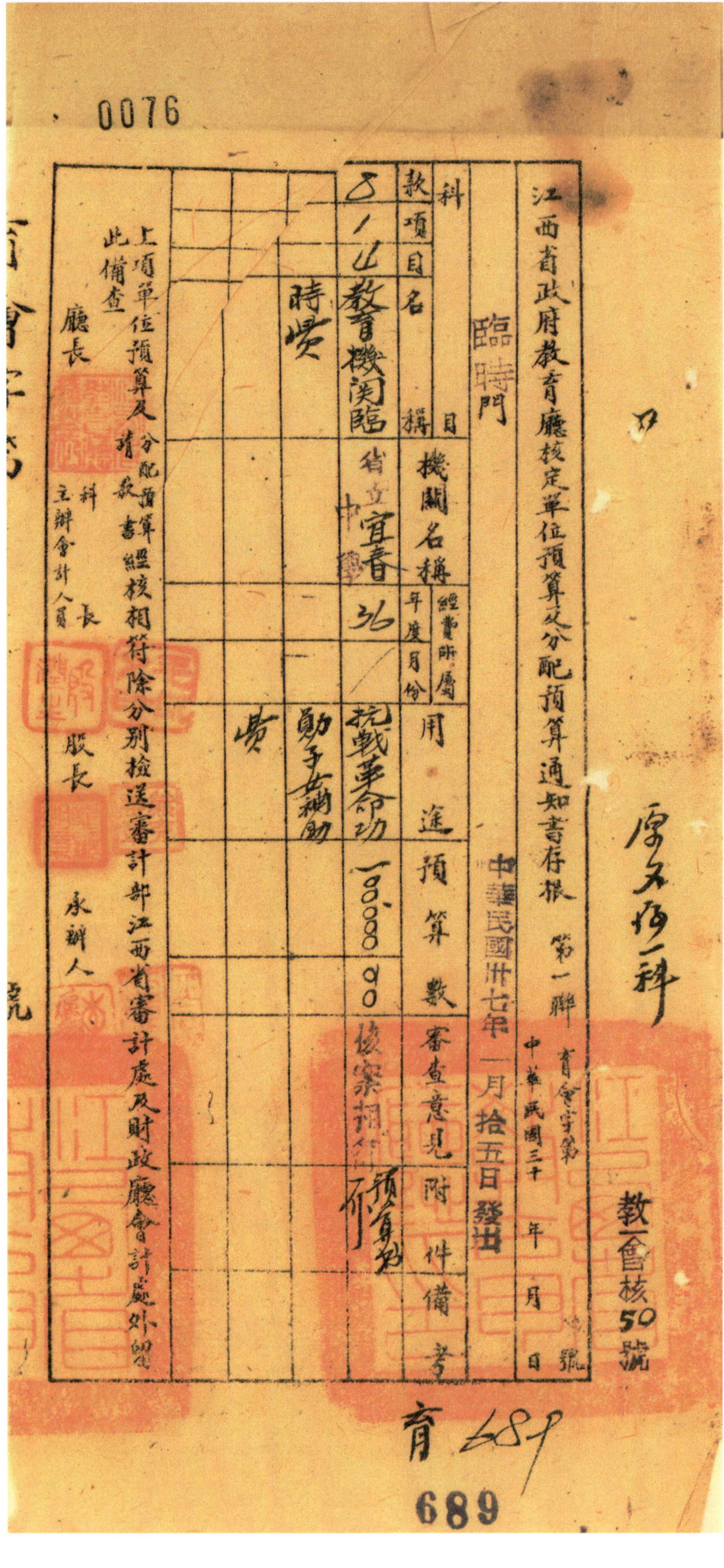

0076

江西省政府教育廳核定單位預算及分配預算通知書存根　第一聯　育會字第　號　中華民國三十　年　月　日

臨時門

科	款	項	目	名稱	機關名稱	經費所屬年度月份	用途	預算數	審查意見	附件	備考
	5	1		教育機関臨時費	省立宜春中學	36	抗戰革命功勳子女補助費	10,000 00	依案撥付		

上項單位預算及分配預算書經核相符除分別檢送審計部江西省審計處及財政廳會計處外此備查

廳長　主辦會計人員　科長　股長　承辦人

中華民國卅七年一月拾五日發出

教會核50號

育 689

689

江西省立南昌第二中学一九四七年抗战革命功勋子女补助费预算及分配预算通知书存根（一九四八年一月二十三日）

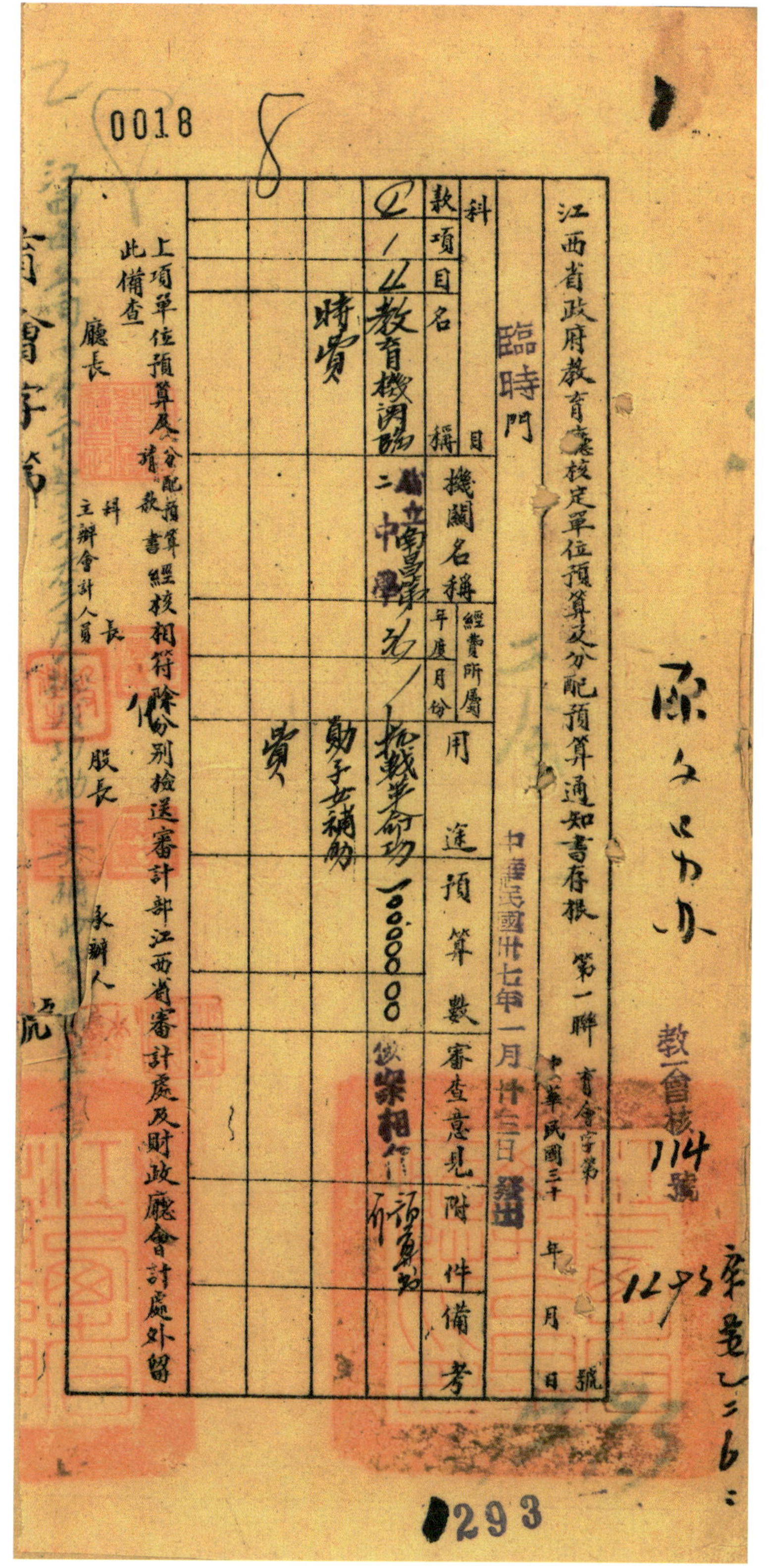
0018

江西省政府教育廳核定單位預算及分配預算通知書存根 第一聯

教會字第　號

中華民國三十　年　月　日

臨時門

科目 款	項	目	名稱	機關名稱	經費所屬年度月份	用途	預算數	審查意見	附件備考
21	14		教育 教育機關補助	省立南昌第二中學	36/1	抗戰革命功勳子女補助費	100000.00	照列 相符	

上項單位預算及分配預算請款書經核相符除分別檢送審計部江西省審計處及財政廳會計處外留此備查

廳長　科長　主辦會計人員　股長　承辦人

中華民國卅七年一月廿三日發出

教會核114號

0293

江西省立九江中学一九四七年抗战革命功勋子女补助费预算及分配预算通知书存根（一九四八年三月十一日）

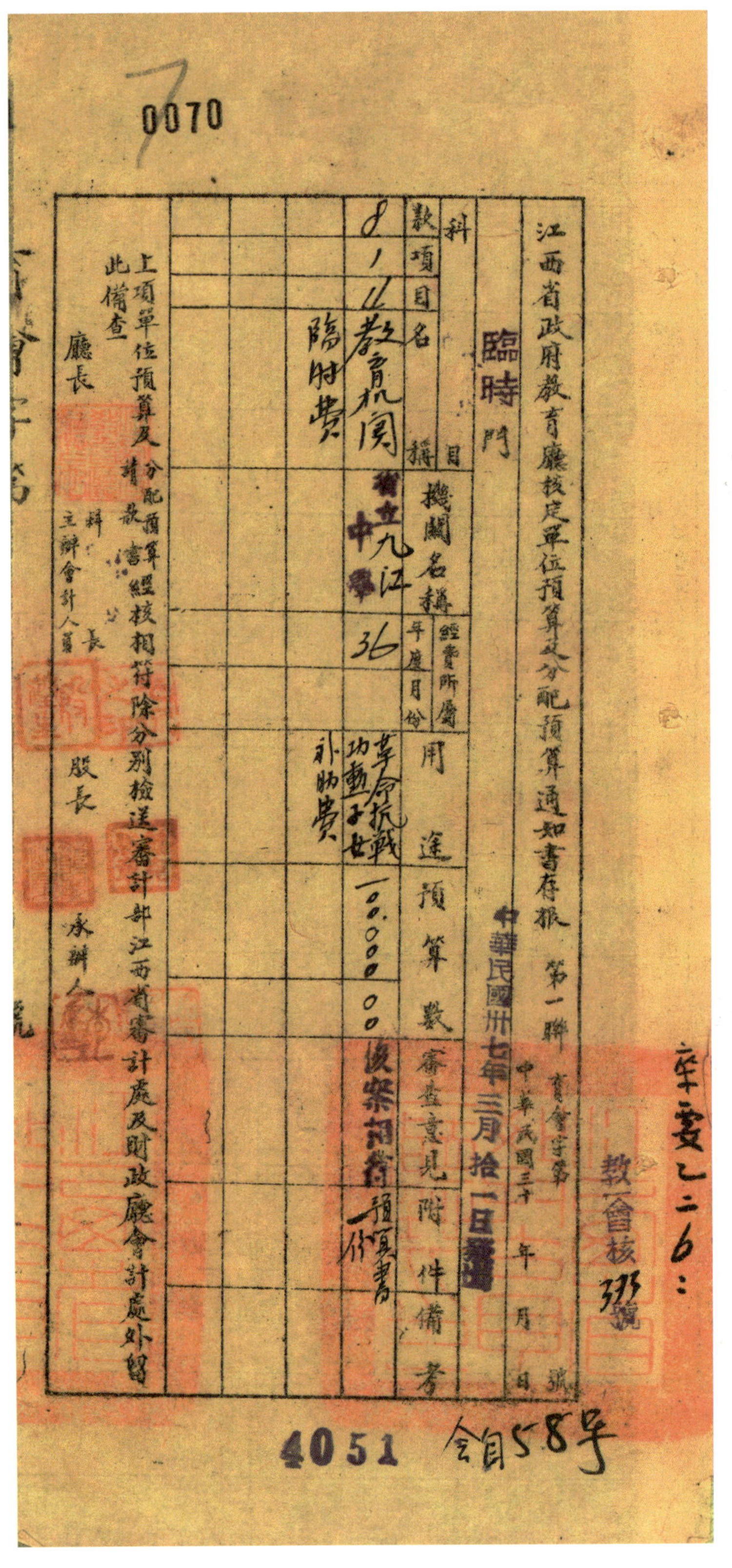

0070

江西省政府教育厅核定单位预算及分配预算通知书存根　第一联　育會字第　號　中華民國三十　年　月　日

臨時門

科目（款 項 目 名稱）	機關名稱	經費所屬年度月份	用途	預算數	審查意見附件備考
8 / 1 / 1 教育抚卹 臨時費	省立九江中學	36	革命抗戰功勳子女補助費	100,000.00	該案相符 預算書一件

中華民國卅七年三月拾一日

上項單位預算及分配預算經核相符除分別檢送審計部江西省審計處及財政廳會計處外留此備查

廳長　科長　主辦會計人員　股長　承辦人

教會核335號

4051　會自58号

江西省立南昌第二中学一九四七年抗战革命功勋子女补助费预算及分配预算通知书存根

（一九四八年三月二十日）

江西省政府教育厅核定单位预算及分配预算通知书存根 第一联

科目 款	项	目	名称	机关名称	经费所属年度月份	用途	预算数	审查意见附件备考
5	2	2	专上学校学生奖学金	省立南昌第二中学	36	革命抗战功勋子女补助费	二〇〇〇〇〇〇〇〇	核案相符预算书副本

上项单位预算及分配预算请款书经核相符除分别检送审计部江西省审计处及财政厅会计处外留此备查

厅长　科长　主办会计人员　股长　承办人

中华民国卅七年三月廿日

教会核399号

江西省立南昌女子中学一九四八年抗战革命功勋子女补助费预算及分配预算通知书存根（一九四八年七月十六日）

0153 82

江西省政府教育廳核定單位預算及分配預算通知書存根 第一聯

育會字第一三二五五號

中華民國三十七年七月卅日

臨時門

科目		機關名稱	經費所屬		用途	預算數	審查意見	附件	備考
款項目	名稱		年度	月份					
8-3-21	革命及抗戰功勳子女教育補助費	省立南昌女子中學	37	/	教育補助費	二〇〇，〇〇〇，〇〇〇		預算及書冊已送	

上項單位預算及分配預算經核相符除分別檢送審計部江西省審計處及財政廳會計處外留此備查

廳長　科長　主辦會計人員　股長　承辦人

中華民國卅七年七月拾六日

教會核907號

江西省立医学专科学校一九四八年抗战革命功勋子女补助费预算及分配预算通知书存根
（一九四八年七月十六日）

0165

江西省政府教育廳核定單位預算及分配預算通知書存根　第一聯

中華民國三十七年七月十四日　育會字第一三一二一號

臨時門

科目			經費所屬		機關名稱	用途	預算數	審查意見	附件	備考
款	項	目	名稱	年度	月份					
8	3	4	革命及抗戰功勛子女教育補助費	37	1	省立醫學專科學校	教育補助費	四,000,000	核與相符	

上項單位預算及分配預算經核相符除分別檢送審計部江西省審計處及財政廳會計處外留此備查

廳長　科長　主辦會計人員　股長　承辦人

中華民國卅七年七月拾六日

教一會核909號

江西省立南昌第一中学一九四八年抗战革命功勋子女补助费预算及分配预算通知书存根（一九四八年七月十六日）

0175

江西省政府教育廳核定單位預算及分配預算通知書存根 第一聯

育會字第一三一二號

中華民國三十七年七月十六日

科目 款	項	目	名稱	機關名稱	經費所屬 年度	月份	用途	預算數	審查意見	附件	備考
8	3	4	革命功勋子女教育补助费	省立南昌第一中學	37	7	教育補助費	二八〇〇〇〇〇〇〇	核與相符		

臨時門

上項單位預算及分配預算經核相符除分别檢送審計部江西省審計處及財政廳會計處外留此備查

廳長　科長　主辦會計人員　股長　承辦人

中華民國卅七年七月拾六日

教育會核908號

江西省立武宁师范学校一九四八年抗战革命功勋子女补助费预算及分配预算通知书存根（一九四八年七月二十日）

江西省政府教育廳核定單位預算及分配預算通知書存根 第一聯

育會字第一三〇六九號

中華民國三十七年七月十五日

0219

128

臨時門

科目			機關名稱	經費所屬		用途	預算數	審查意見	附件	備考
款	項	目	名稱		年度	月份					
8	3	4	革命及抗戰功勳子女教育補助費	省立武寧師範學校	37	1	教育補助	四〇〇〇〇〇〇	核與規定相符	

上項單位預算及分配預算經核相符除分別檢送審計部江西省審計處及財政廳會計處外留此備查

廳長

科長

主辦會計人員

股長

承辦人

中華民國卅七年七月廿日

教六附核916號

江西省立宜春中学一九四八年革命及抗战功勋子女补助费预算及分配预算通知书存根（一九四八年七月二十四日）

0234

江西省政府教育廳核定單位預算及分配預算通知書存根　第一聯

青會字第一三九七三號

中華民國三十七年七月廿一日

科目	臨時門
款項目名稱	8 3 24 革命及抗戰功勳子女教育補助費
機關名稱	省立宜春中學
經費所屬 年度	37
經費所屬 月份	7
用途	抗戰功勳子女就學補助費
預算數	八〇〇〇〇.〇〇〇
審查意見附件備考	該案擬照分配表分配之

上項單位預算及分配預算經核相符除分別檢送審計部江西省審計處及財政廳會計處外留此備查

廳長　　科長　主辦會計人員　　股長　　承辦人

中華民國卅七年七月廿四日

教會核954號

江西省立南昌第二中学一九四八年革命抗战功勋子女补助费预算及分配预算通知书存根（一九四八年八月九日）

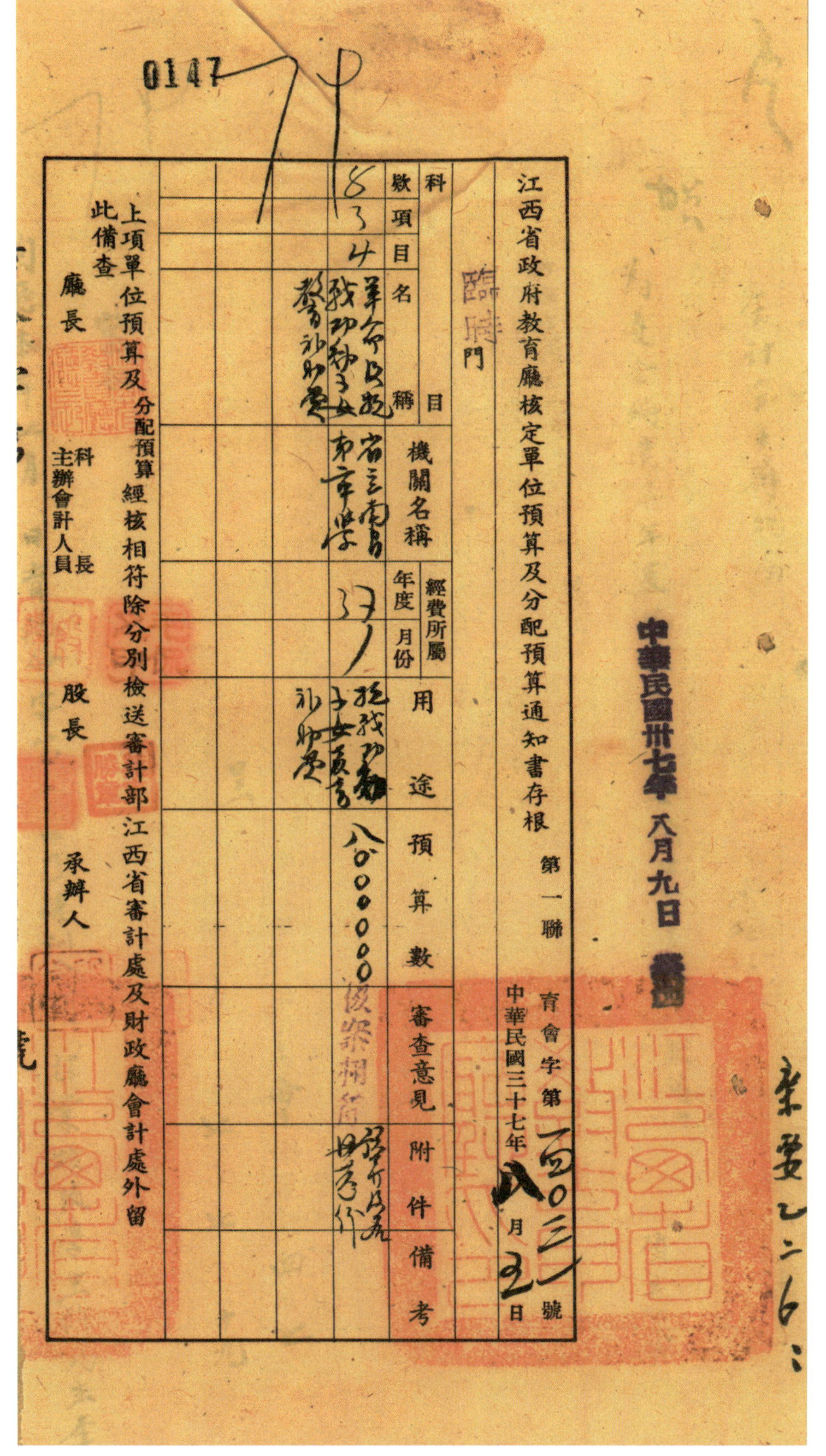

0147

江西省政府教育廳核定單位預算及分配預算通知書存根　第一聯

臨時門

育會字第一四〇三號

中華民國三十七年八月五日

科目 款	項	目	名稱	機關名稱	經費所屬 年度	月份	用途	預算數	審查意見	附件備考
8	3	4	革命抗戰功勳子女教育補助費	省立南昌二中學	37		抗戰功勳子女教育補助費	[illegible]	[illegible]	[illegible]

上項單位預算及分配預算經核相符除分別檢送審計部江西省審計處及財政廳會計處外留此備查

廳長　　科長　　主辦會計人員　　股長　　承辦人

中華民國卅七年八月九日

江西省立九江中学一九四八年革命抗战功勋子女补助费预算及分配预算通知书存根（一九四八年八月十日）

江西省政府教育廳核定單位預算及分配預算通知書存根 第一聯

育會字第一四三七五號

中華民國三十七年八月六日

臨時門

科目			機關名稱	經費所屬		用途	預算數	審查意見	附件	備考
款	項	目	名稱		年度	月份				
8	3	4	革命抗戰功勳子女教育補助費	省立九江中學	37	1	革命功勳子女教育補助費	八〇〇〇〇〇〇〇	核與規定相符	

上項單位預算及分配預算經核相符除分別檢送審計部江西省審計處及財政廳會計處外留此備查

廳長

科長 主辦會計人員

股長

承辦人

中華民國卅七年八月拾日

江西省立南昌女子师范学校一九四八年革命抗战功勋子女补助费预算及分配预算通知书存根（一九四八年八月十日）

20

0213

124

江西省政府教育廳核定單位預算及分配預算通知書存根　第一聯

臨時門

育會字第一五〇三二號

中華民國三十七年八月六日

科目 款項目	名稱	機關名稱	經費所屬 年度	月份	用途	預算數	審查意見	附件備考
8 3 4	革命抗戰功勳子女教育補助費	省立南昌女子師範學校	37	1	抗戰功勳子女就業補助費	四〇〇〇〇〇〇	核與相符	

上項單位預算及分配預算經核相符除分別檢送審計部江西省審計處及財政廳會計處外留此備查

廳長

科長

主辦會計人員

股長

承辦人

中華民國卅七年八月拾日

江西省立宁都中学一九四八年革命抗战功勋子女补助费预算及分配预算通知书存根（一九四八年八月十一日）

江西省政府教育廳核定單位預算及分配預算通知書存根　第一聯

育會字第一四九三四號

中華民國三十七年八月十日

臨時門

科目（款 項 目 名稱）	機關名稱	經費所屬（年度 月份）	用途	預算數	審查意見	附件備考
8 3 4 革命及抗戰功勳子女教育補助費	省立寧都中學	37 1	革命抗戰功勳子女教學補助費	四○○○○○○○○	核案相符	照原表冊造作

上項單位預算及分配預算經核相符除分別檢送審計部江西省審計處及財政廳會計處外留此備查

廳長　科長　主辦會計人員　股長　承辦人

中華民國卅七年八月拾一日發出

江西省立临川中学一九四八年革命抗战功勋子女补助费预算及分配预算通知书存根
（一九四八年八月十六日）

0246

1483

江西省政府教育廳核定單位預算及分配預算通知書存根 第一聯

育會字第一三二六五號

中華民國三十七年八月十二日

臨時門

科目		機關名稱	經費所屬		用途	預算數	審查意見	附件備考
款	項	目	名稱		年度	月份				
8	3	4	革命抗戰功勳子女教育補助費	省立臨川中學	37	1	革命抗戰功勳子女就學補助費	四〇〇〇〇〇〇〇	核與相符	

上項單位預算及分配預算經核相符除分別檢送審計部江西省審計處及財政廳會計處外留此備查

廳長

科長
主辦會計人員

股長

承辦人

中華民國卅七年八月捨六日

江西省教育厅和江西省立南昌女子中学关于徐亚丽公费待遇的来往文书（一九四八年三月至五月）

江西省立南昌女子中学致省教育厅的呈（一九四八年三月十二日）

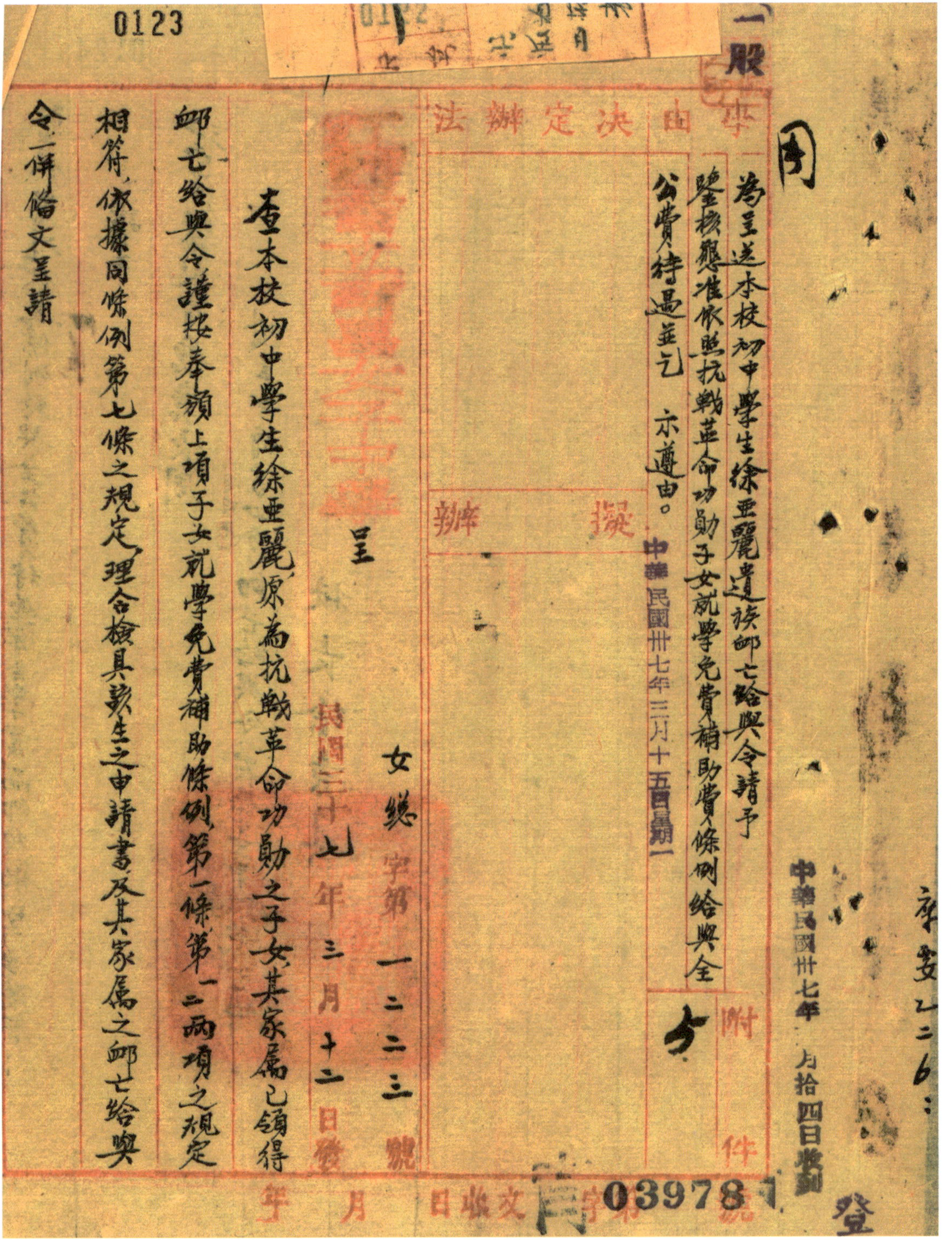
0123

一般

事由：為呈送本校初中學生徐亞麗遺族卹亡給與令，請予鑒核，懇准依照抗戰革命功勳子女就學免費補助費條例給與全公費待遇，並乞示遵由。

中華民國卅七年三月十五日

決定辦法

擬辦

附件：全

中華民國卅七年 月拾四日收到

呈 女總字第一二二三號

民國三十七年三月十二日發

查本校初中學生徐亞麗，原為抗戰革命功勳之子女，其家屬已領得卹亡給與令，謹按奉頒上項子女就學免費補助條例第一條第一、二兩項之規定相符，依據同條例第七條之規定，理合檢具該生之申請書及其家屬之卹亡給與令，一併備文呈請

收文 第 03978 號 年 月 日

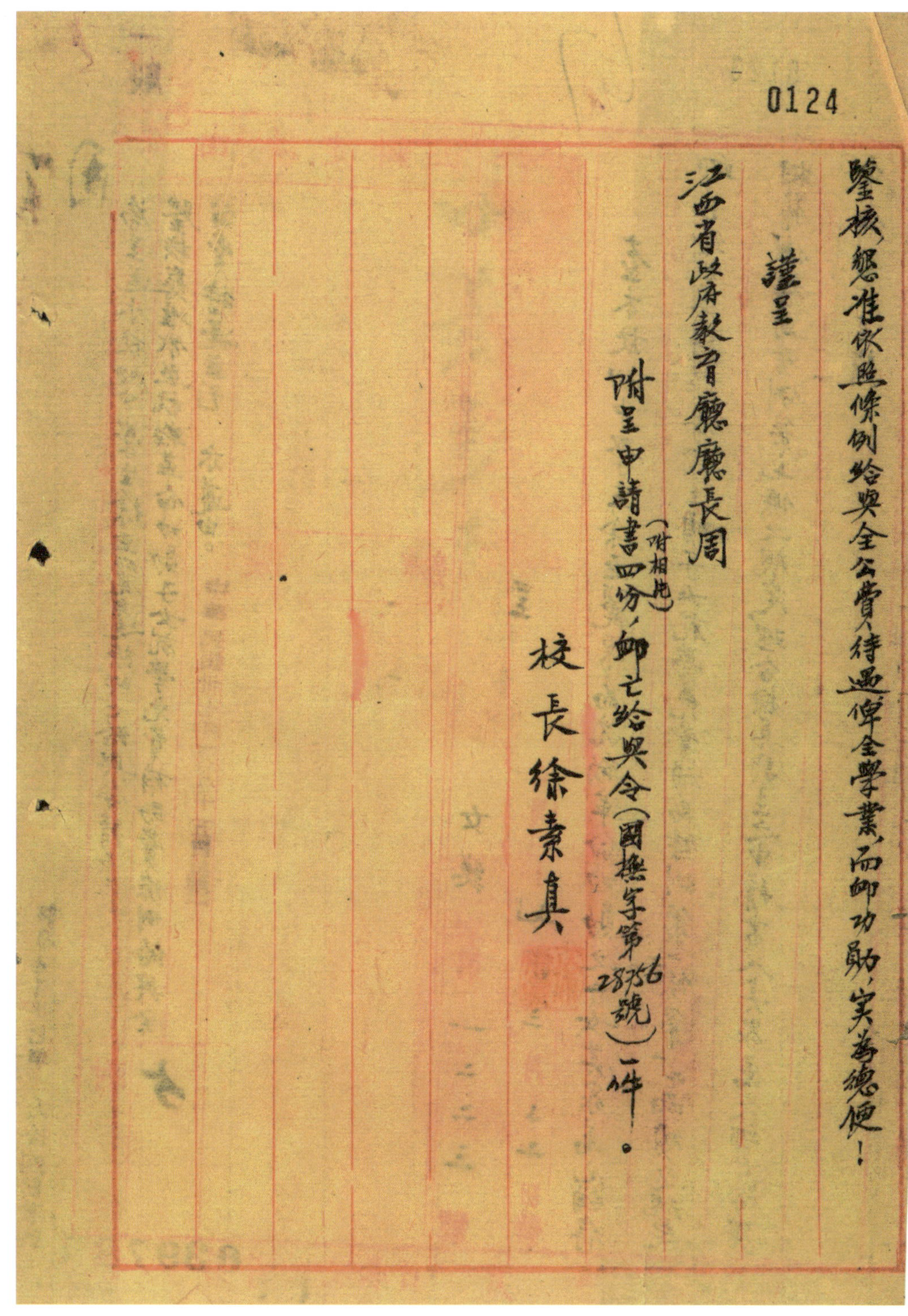

0124

鑒核，懇准依照條例給與全公費待遇，俾全學業，而卹功勛，實爲德便！

謹呈

江西省政府教育廳廳長周

附呈申請書四份（附相片）、卹亡給與令（國撫字第28756號）一件。

校長徐素真

附：申请书

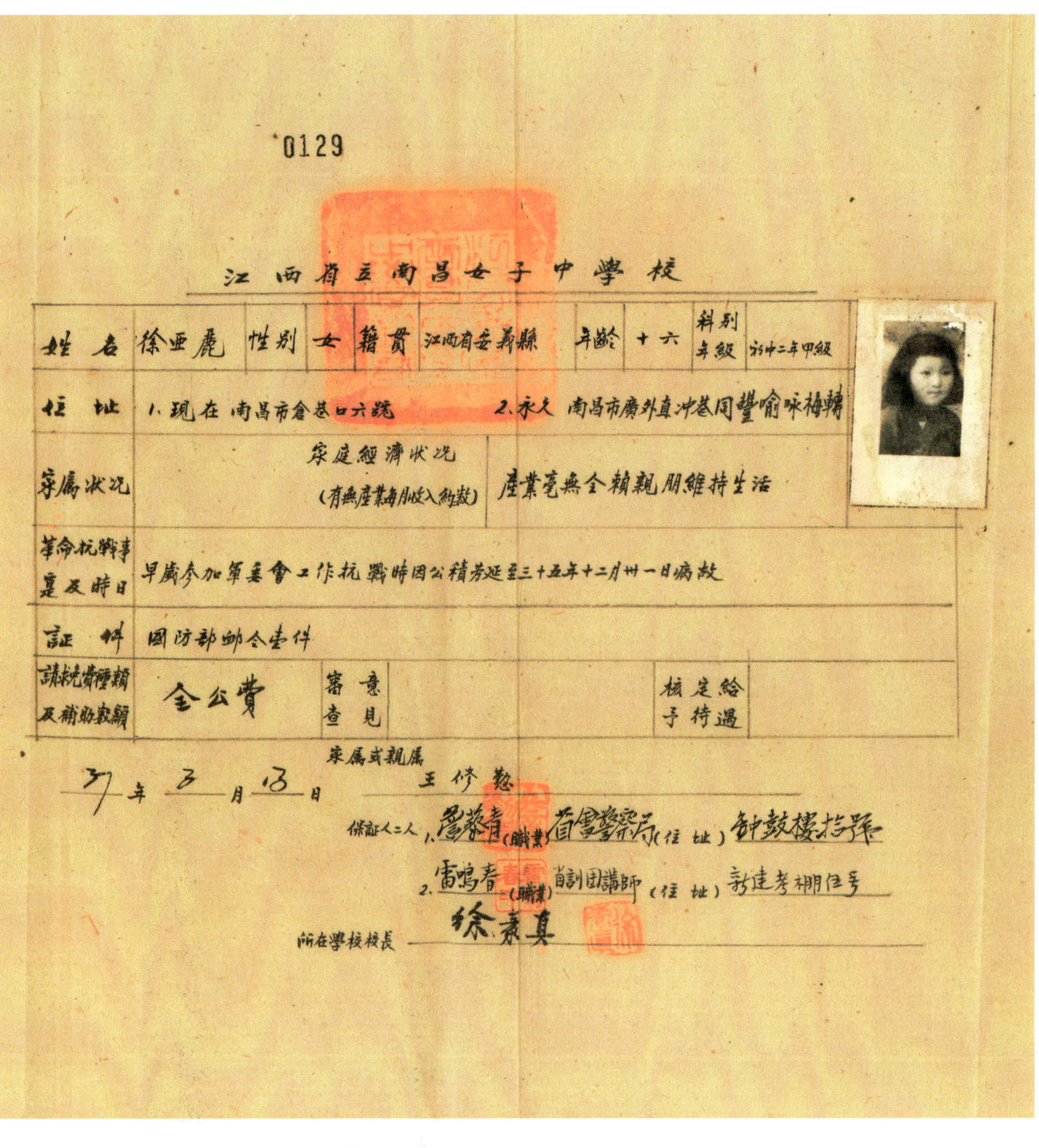

0129

江西省立南昌女子中學校

姓名	徐亚麗	性別	女	籍貫	江西省安義縣	年齡	十六	科別年級	初中二年甲級
住址	1、現在 南昌市倉巷口六號				2、永久 南昌市廣外直冲巷同豐喻咏梅轉				
家屬狀況	家庭經濟狀況（有無產業每月收入約數）				產業毫無全賴親朋維持生活				
革命抗戰事蹟及時日	早歲參加軍委會工作抗戰時因公積勞延至三十五年十二月卅一日病故								
證件	國防部卹令壹件								
請求免費種類及補助數額	全公費	審查意見				核定給予待遇			

家屬或親屬 王修懃

37年5月13日

保證人二人 1、詹蔡青（職業）省會警察局（住址）鐘鼓樓拾號

2、雷鳴春（職業）省訓團講師（住址）新建孝棚住宅

所在學校校長 徐熹真

江西省教育厅致省立南昌女子中学的指令（一九四八年五月十八日）

0125

江西省政府教育厅稿

文別：指令

送達機關：省立南昌女中

事由：據呈送邮亡俗母令及申請书請照革命抗戰功勛子女優待紀念條例第×條待遇等情指令知照由

廳長

秘書主任

科長

秘書

主任

辦事員

校對黃仁

（全銜）指令　育級字第　號

令省立南昌女子中學

呈一件

呈送遺族邮亡俗母令及申請书請照革命抗戰功勛子

中華民國卅七年五月拾八日發出

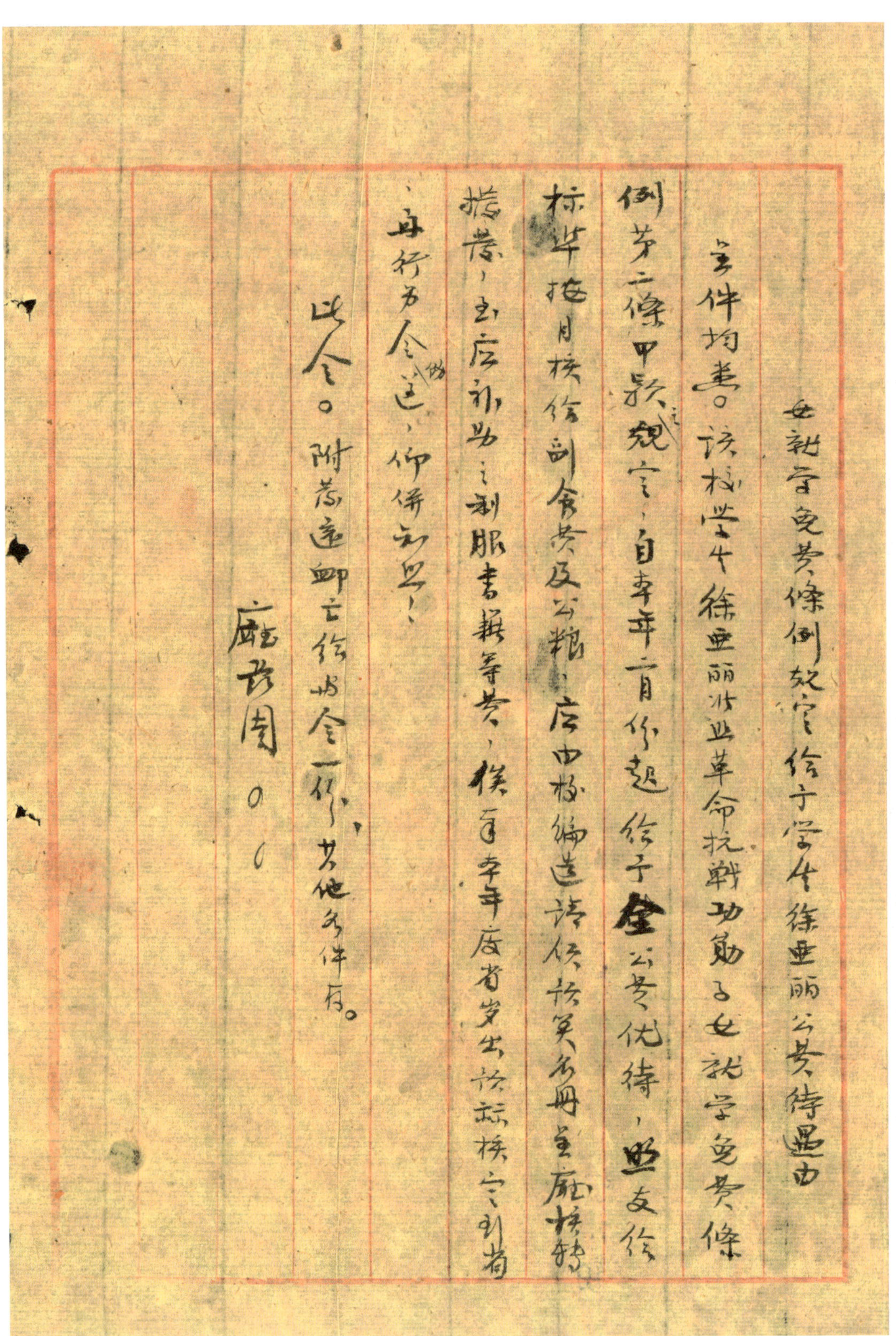

女就学免费条例规定给予学生徐亚丽公费待遇由

呈件均悉。该校学生徐亚丽以革命抗战功勋子女就学免费条例第二条甲款规定，自本年一月份起给予全公费优待，并支给标准按月核给副食费及公粮，应由校编造请领名册呈厅核转核发，至应补助之制服书籍等费，俟于本年度省岁出预算核定列着，再行另令饬遵，仰併知照！

此令。附发还卹亡给与令一份，其他各件存。

厅长周○○

江西省教育厅和各省立学校关于编造抗战功勋子女就学补助费预算的来往文书（一九四八年七月至八月）

江西省教育厅致各省立学校的训令（一九四八年七月三日）

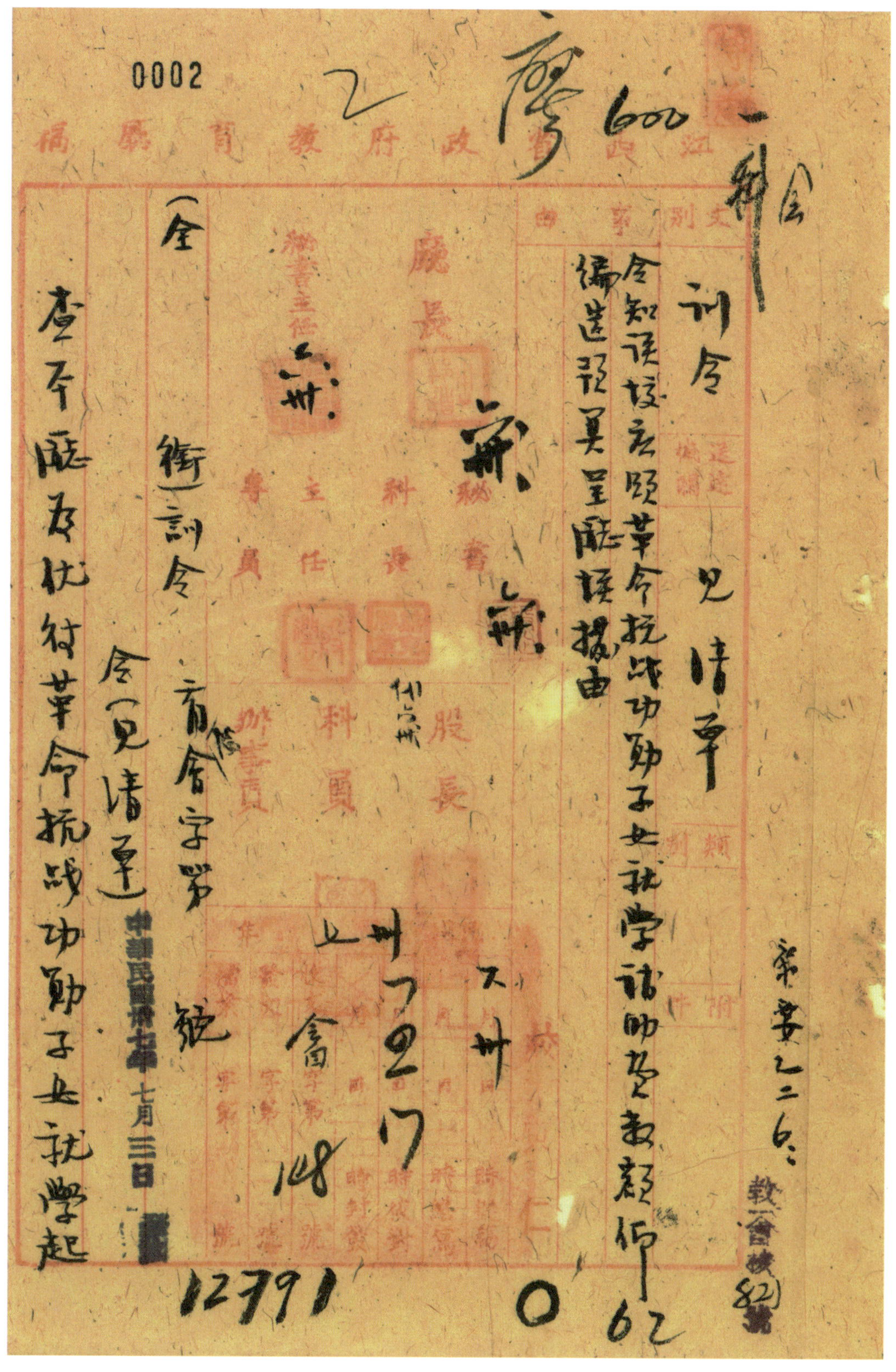

0002

江西省政府教育厅稿

训令

令知该校应照革命抗战功勋子女就学补助费数额编造预算呈厅核拨由

见清单

（全衔）训令

令（见清单）

查本厅为扶植革命抗战功勋子女就学起

中华民国卅七年七月三日

見對肄業省立各該之上項學生，除給予膳食費外，並於本年上半年度省預算內編列一億元，以為補助各該生書籍制服之用。現上項預算已奉核定，惟應分別撥發，領用亦須經核定。凡各校已經核准給予公費有案之上項學生，准予每人撥給補助費四百萬元（並造清冊填）。該校（肄業）學生（學生姓名並清冊填）　等　人，計共應（補助費）撥　元，除分令外，合行令仰遵照，迅予編造上項經費書表並冊具名每一併呈廳核轉撥發，肄結具領為要！此令。

廳長周○○

0004

3

各校應發革命抗戰功勳子女就學補助費清單

校別	應發補助費學生姓名	應發金額	備攷
南昌一中	毛民仁、鄧海、温松生、黄守中、袁應昆、蔡中佐、蔣愛志	二八〇,〇〇〇	
南昌二中	許錫生、李季南、李季珊、范一聞	一六〇,〇〇〇	
醫專	羅保春	四〇,〇〇〇	
宜春中學	黄錫啟、黄錫葵	八〇,〇〇〇	
九江中學	林東秀、魏佐元	八〇,〇〇〇	
臨川中學	謝景陽（劃去）王振水	四〇,〇〇〇	
南昌女中	謝華陽、唐政如、龔瓊芳、劉昌禎、徐亞麗	二〇〇,〇〇〇	
寧都中學	温俊英	四〇,〇〇〇	
武寧師範	梁雁賓	四〇,〇〇〇	

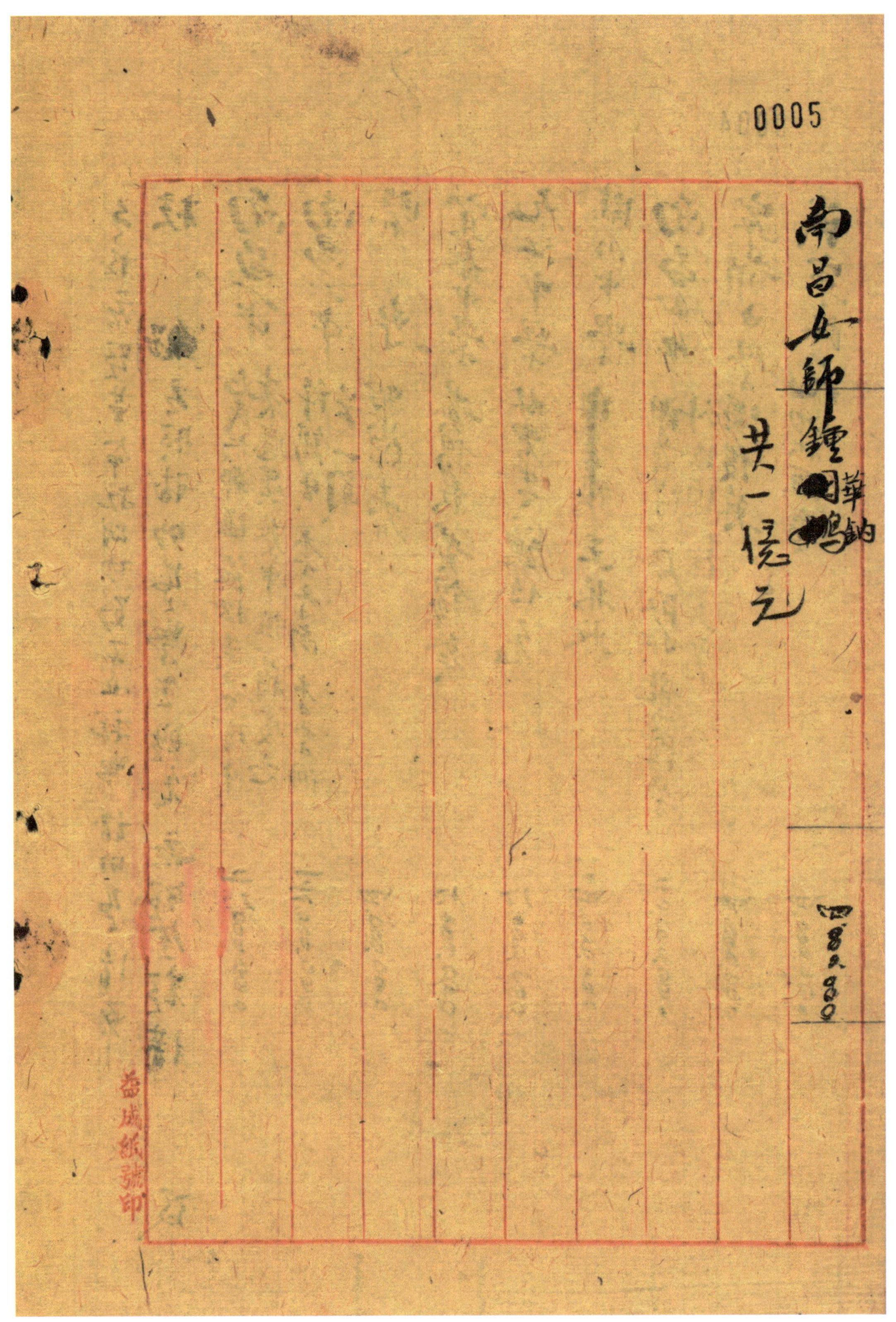

0005

南昌女師鍾

益成紙號印

江西省立南昌女子中学致省教育厅的呈（一九四八年七月八日）

0154

二股

事由：為編送本校卅七年上半年請領公費生補助費預算書及名冊呈請鑒核懇予備轉由。

中華民國卅七年七月十二日收

附：如文

擬辦

決定辦法

江西省立南昌女子中學呈

女會字第一三一五號

民國三十七年七月八日發

案奉

鈞廳本年七月三日贛會字第一二七九一號訓令略開：以令知本校應領革命功勛子女就學補助費數額，飭即編造預算呈候核撥，等因；奉此，自應遵辦。茲將上項預算書及名冊編造完竣，理合備文送請

13255

收文　字第　號　年　月　日

1759

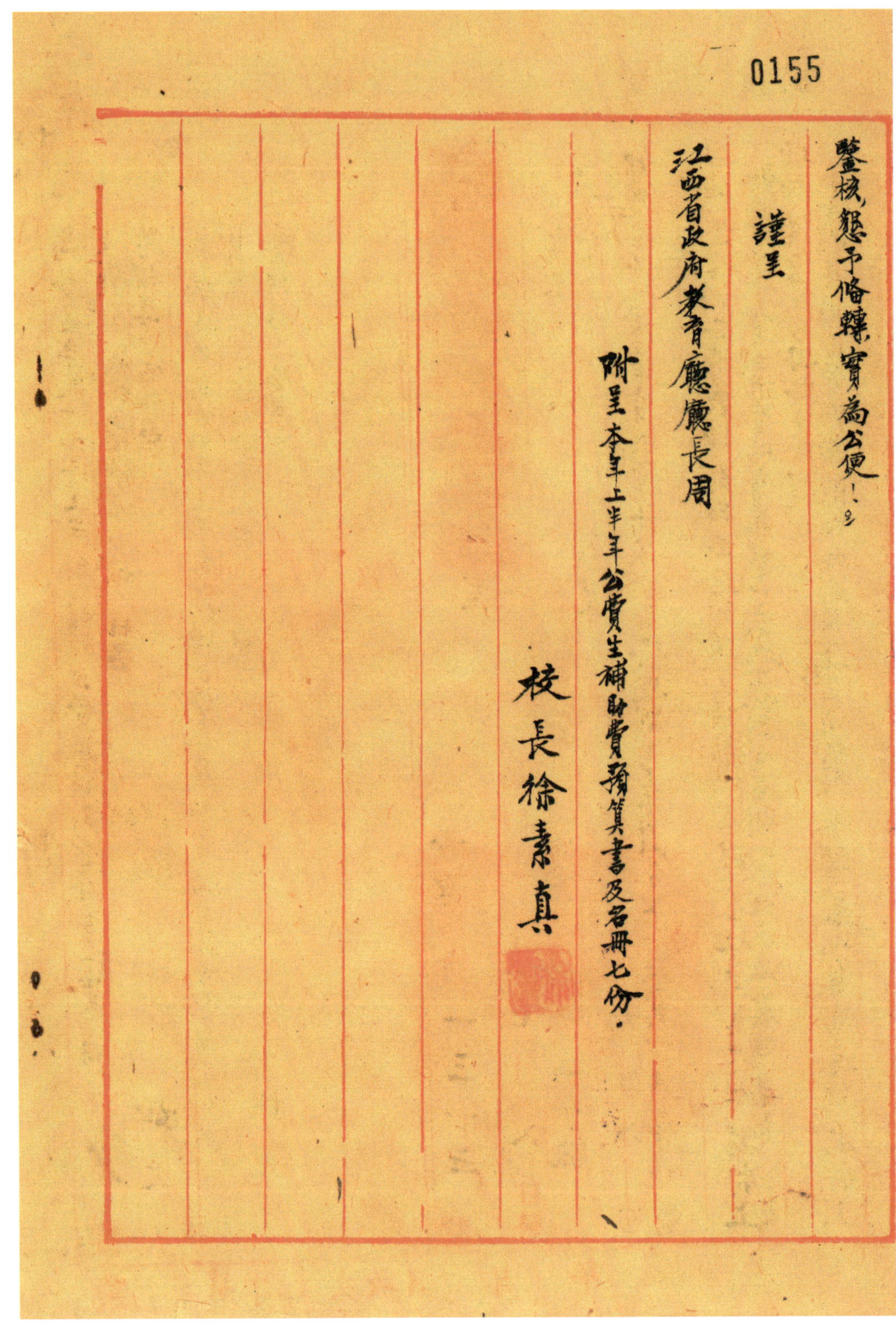
0155

鑒核，懇予備轉，實爲公便！、

謹呈

江西省政府教育廳廳長周

附呈本年上半年公費生補助費預算書及名冊七份。

校長徐素真

附：江西省立南昌女子中学公费生补助费预算书及名册

0156

83

江西省立南昌女子中學校

份

歲出臨時門三十七年度請領公費生補助費預算書

附：名冊一份

民國37年7月8日編製

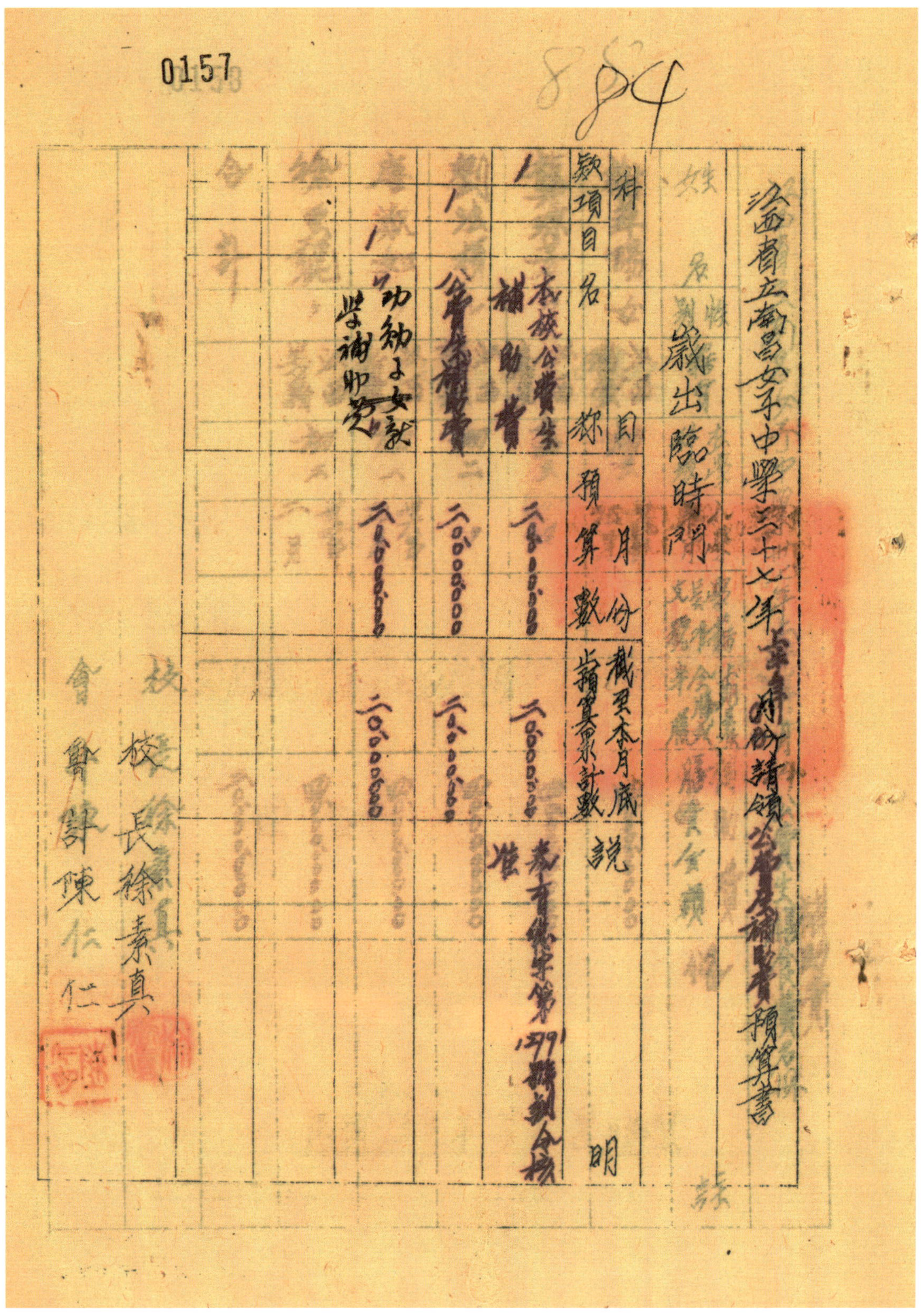

0157

884

江西省立南昌女子中學二十七年[illegible]月份請領公費生補助費預算書

歲出臨時門

科目 款	項	目	名稱	月份預算數	截至本月底止預算累計數	說明
1			本校公費生補助費	二〇〇〇〇〇〇〇	二〇〇〇〇〇〇〇	奉教育總字第1791號訓令核准
	1		公費生補助費	二〇〇〇〇〇〇〇	二〇〇〇〇〇〇〇	
		1	抗勤子女就學補助費	二〇〇〇〇〇〇〇	二〇〇〇〇〇〇〇	

校長徐素真

會計陳仁

0158

85

江西省立南昌女子中學卅七年上半年　月份公費生膳食費(補助費)名冊

姓名	性別	籍貫	在學科級	入學年月	學籍文號	上期核准全膳或半膳	補助費膳費金額		備考
謝幸陽	女	江西瑞金	初三	卅五年九月			四〇、〇〇〇、〇〇〇	〇〇	
龔琢玢?	〃	江西高安	高三	〃			四〇、〇〇〇、〇〇〇	〇〇	
劉法禎	〃	江西豐城	初二	〃			四〇、〇〇〇、〇〇〇	〇〇	
詹淑如	〃	江西新建	初八?	卅六年九月			四〇、〇〇〇、〇〇〇	〇〇	
徐秀麗	〃	江西婺源	初二?	卅七年二月			四〇、〇〇〇、〇〇〇	〇〇	
合計							二〇〇、〇〇〇、〇〇〇?	〇〇	

校長徐素真

會計陳仁

江西省立医学专科学校致省教育厅的呈（一九四八年七月八日）

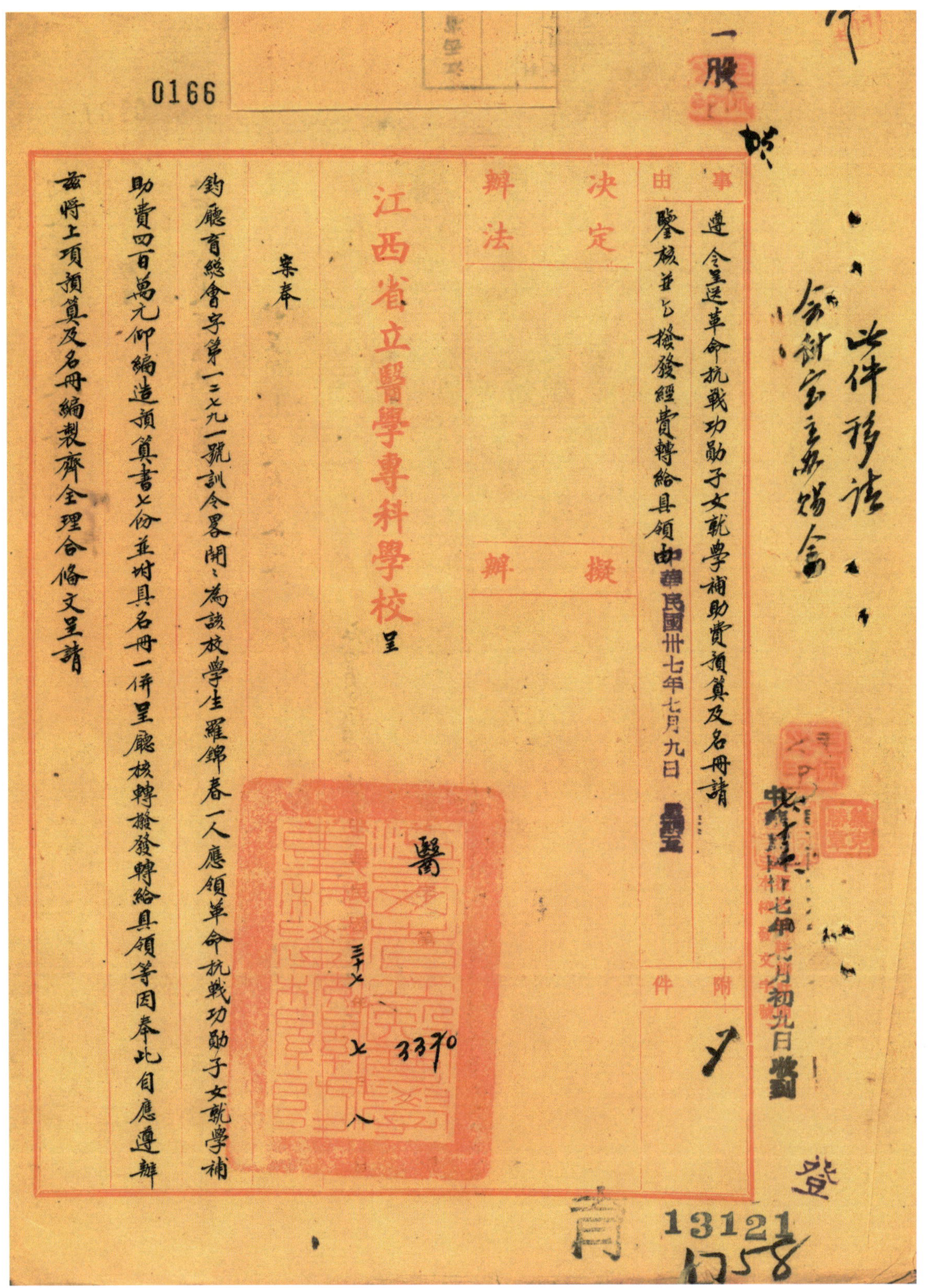
0166

事由：遵令呈送革命抗战功勋子女就学补助费预算及名册请鉴核并乞拨发经费转给具领

案奉

钧厅育总会字第一三七九一号训令略开：“为该校学生罗锦春一人应领革命抗战功勋子女就学补助费四百万元，仰编造预算书七份并附具名册一件呈厅核转拨发转给具领”等因。奉此，自应遵办。兹将上项预算及名册编制齐全，理合备文呈请

江西省立医学专科学校 呈

中华民国卅七年七月九日

13121

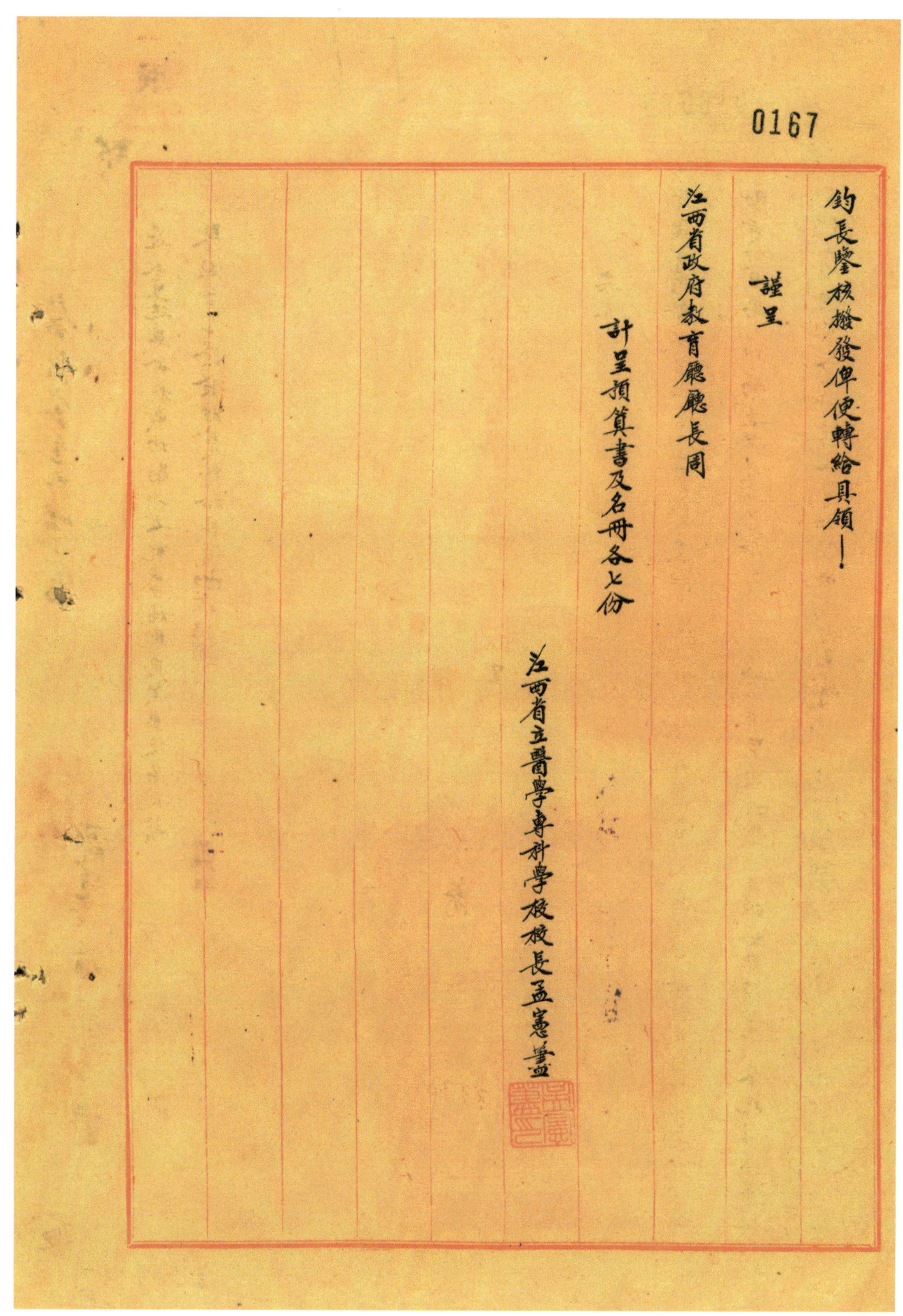
0167

鈞長鑒核撥發俾便轉給具領！

謹呈

江西省政府教育廳廳長周

計呈預算書及名册各七份

江西省立醫學專科學校校長孟憲彝

附：江西省立医学专科学校一九四八年请领革命抗战功勋子女就学补助费预算表及名册

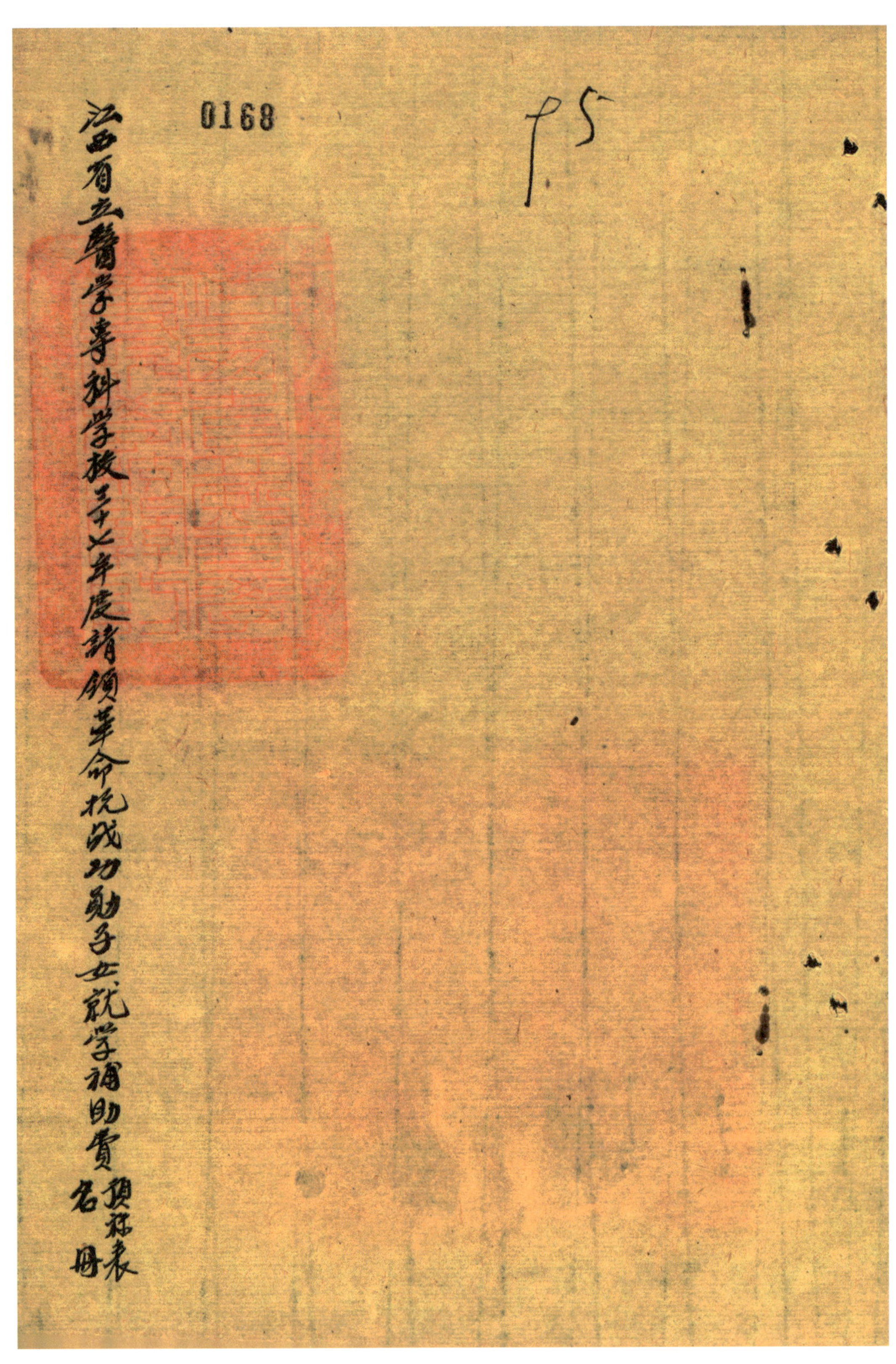
0168

江西省立醫学專科学校三十七年度請領革命抗戰功勛子女就学補助費預算表名冊

0169

86

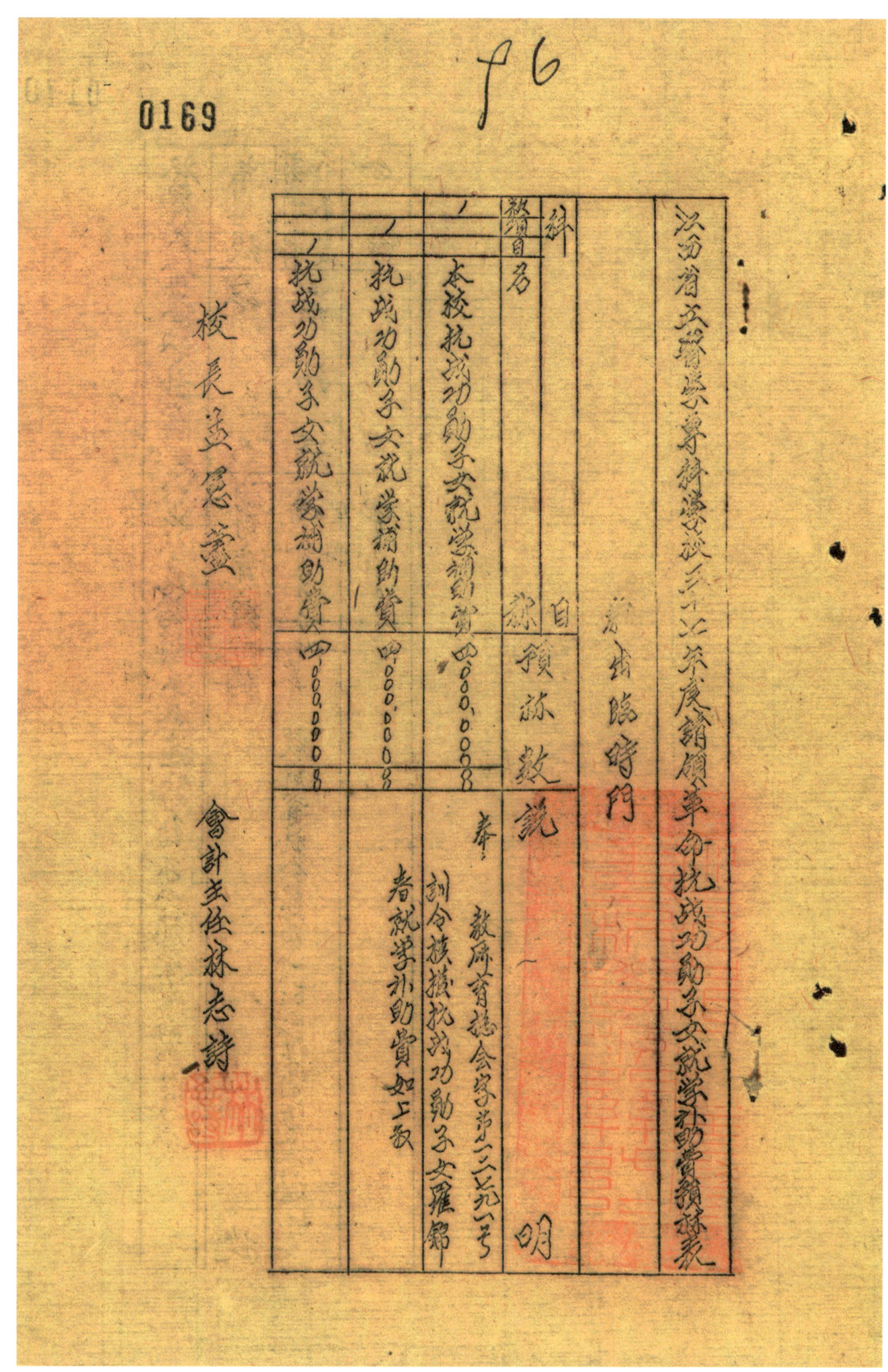

江西省立醫學專科學校三十七年度請領革命抗戰功勛子女就學補助費領款表

歲出臨時門

款	項	目	節	科目名稱	領款數		說明
一				本校抗戰功勛子女就學補助費	四,000,000	00	奉教育部總會字第一二七九八號訓令核撥抗戰功勛子女羅錦春就學補助費如上數
	一			抗戰功勛子女就學補助費	四,000,000	00	
		一		抗戰功勛子女就學補助費	四,000,000	00	

校長孟憲蓋

會計主任林志詩

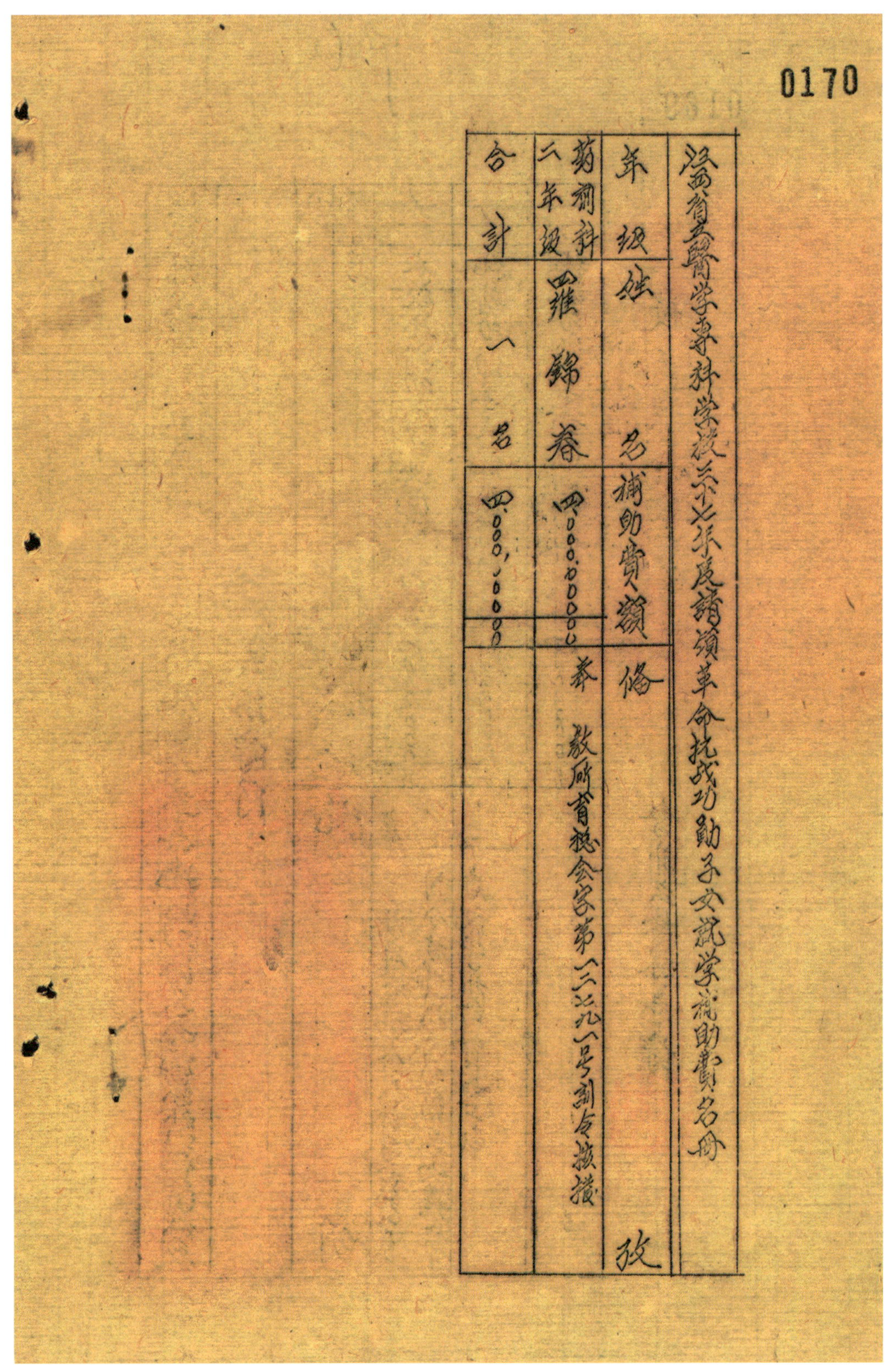

0170

江西省立醫学專科学校三十七年度請領革命抗战功勛子女就学補助費名册

年級	姓名	補助費額	備攷
葯劑科二年級	羅錦春	四,000,000.00	奉 教廳育總会字第一三七九一号訓令核撥
合計	一名	四,000,000.00	

江西省立南昌第一中学致省教育厅的呈（一九四八年七月八日收）

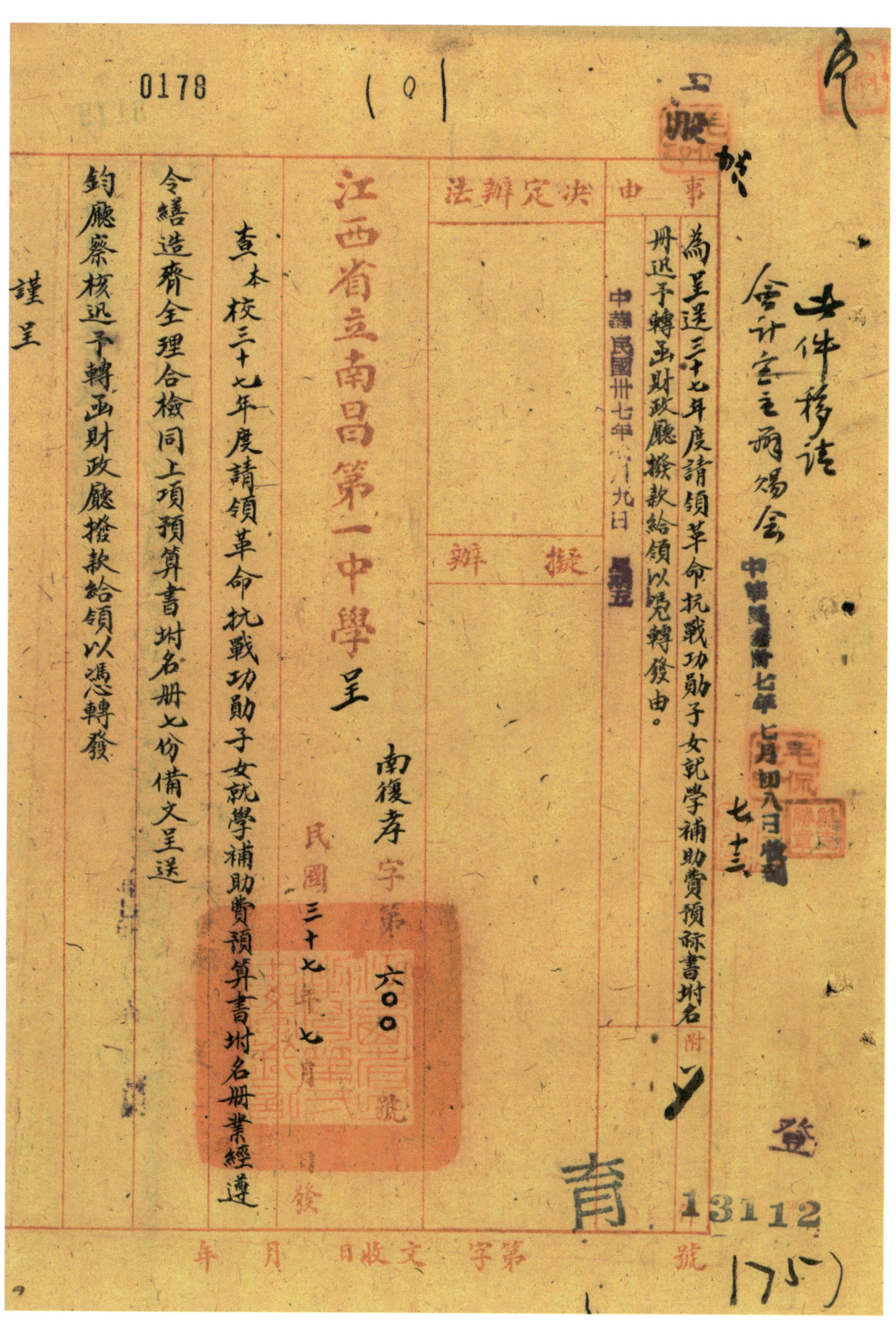

0178

事由：为呈送三十七年度请领革命抗战功勋子女就学补助费预算书姓名册迅予转函财政厅拨款给领以凭转发由。

附

中华民国卅七年七月九日

江西省立南昌第一中学呈

南复孝字第六〇〇号

民国三十七年七月 日发

查本校三十七年度请领革命抗战功勋子女就学补助费预算书姓名册业经遵令缮造齐全，理合检同上项预算书姓名册七份，备文呈送钧厅察核，迅予转函财政厅拨款给领，以凭转发。

谨呈

会计室主办

中华民国卅七年七月八日

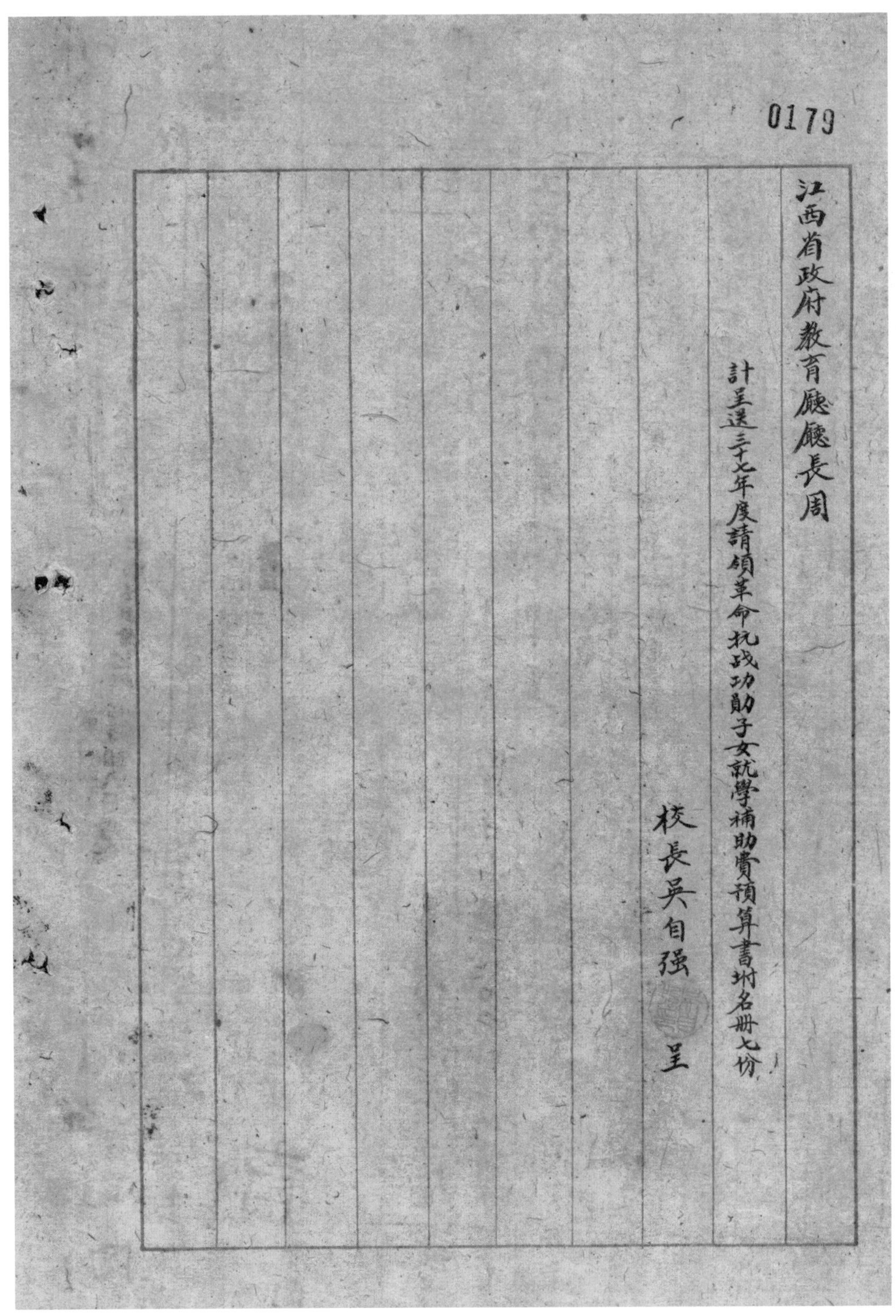

0179

江西省政府教育廳廳長周

計呈送二十七年度請領革命抗战功勛子女就學補助費預算書附名册七份

校長吳自强 呈

附：江西省立南昌第一中学一九四七年度请领革命抗战功勋子女就学补助费预算书附名册

0180

102

江西省立南昌第一中學三十七年度請領革命抗戰功勳子女就學補助費預算書附名册

江西省立南昌第一中學三十七年度請領革命抗战功勳子女就學補助費預算書

歲出臨時門

款	項	目	科目名称	全期預算數	說明
一			本校功勳子女就學补助費	六〇〇〇〇〇	
	一		功勳子女就學补助費	六〇〇〇〇〇	
		一	功勳子女就學补助費	六〇〇〇〇〇	
			合計	六〇〇〇〇〇	

校長吴自强

會計曾令秀

0182

104

江西省立南昌第一中學三十七年度請領革命抗战功勛子女就學补助費名册

級别	姓名	金額	備註
貫六下	溫松生	四〇〇〇〇〇	
高一上乙	黄守中	四〇〇〇〇〇	
初二甲	袁應星	四〇〇〇〇〇	
初二下甲	蒋愛智	四〇〇〇〇〇	
高一下乙	鄒海	四〇〇〇〇〇	
高一下丙	毛民松	四〇〇〇〇〇	
初一下乙	蔡中佐	四〇〇〇〇〇	
合計	共柒名	二八〇〇〇〇〇	

0186

校長吳自强

會計曾令秀

主辦人事人員黃向榮

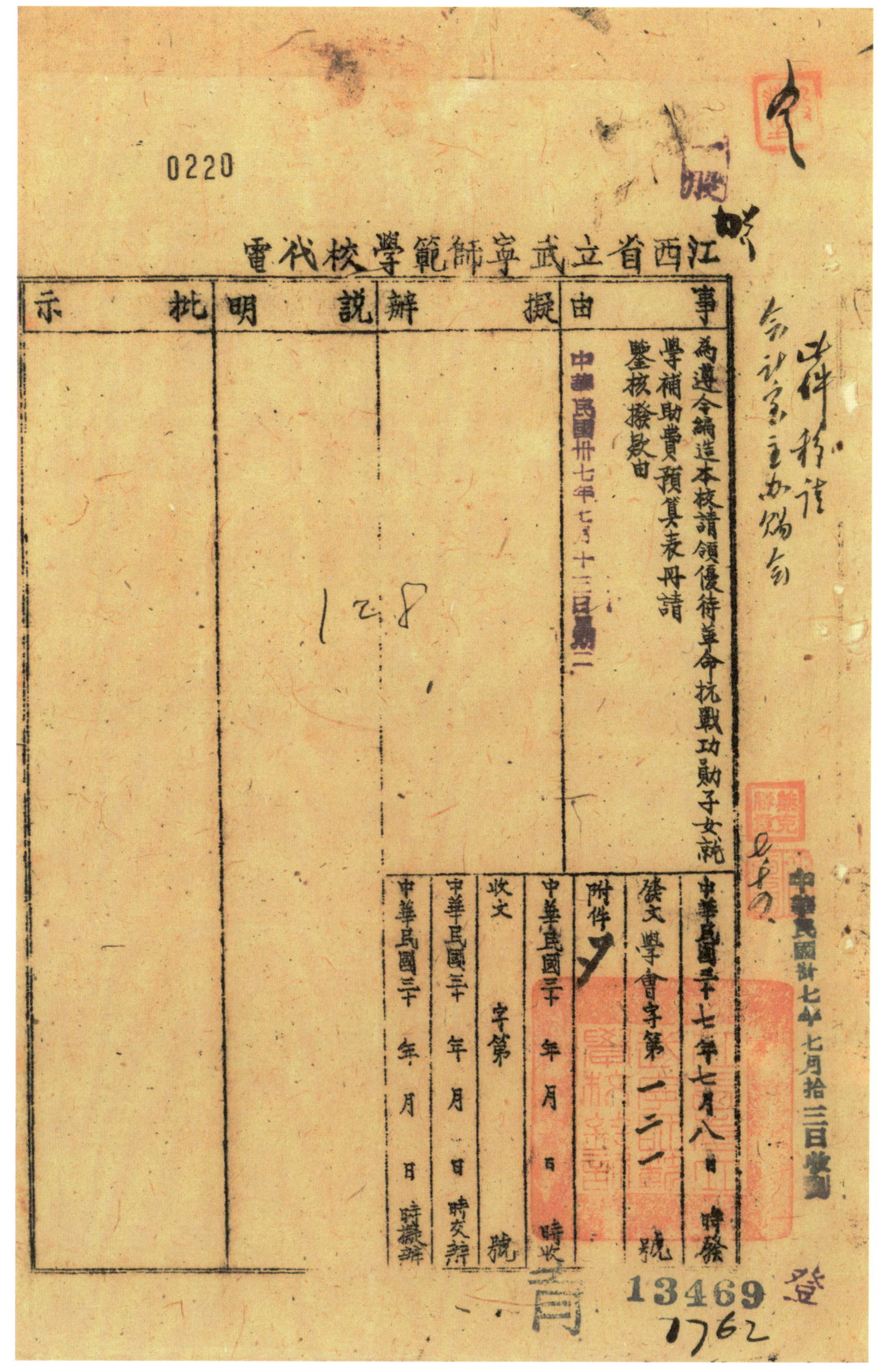
0220

江西省立武寧師範學校代電

事由	為遵令編造本校請領優待革命抗戰功勛子女就學補助費預算表冊請鑒核撥款由
擬辦	
說明	128
批示	

發文	學會字第一二一號	中華民國三十七年七月八日時發
附件		
收文	字第　號	中華民國三十　年　月　日時收
		中華民國三十　年　月　日時交辦
		中華民國三十　年　月　日時擬辦

中華民國卅七年七月十三日

中華民國卅七年七月拾三日收到

13469

1762

江西省立武宁师范学校致省教育厅的代电（一九四八年七月八日）

0221

江西省政府教育厅厅长周钧鉴育总会字第一三七九一号训令奉悉谨遵编造简四年级学生梁雁宾请领优待革命抗战功勋子女就学补助书籍制服各费预算书及名册各七份赍送钧厅鉴核恳予拨款为祷江西省立武宁师范学校校长熊光国午（一）叩

附请领补助费预算书及名册各七份

0222

129

江西省立武寧師範學校三十六年度第二學期請領優待革命抗戰功勛子女就學名册

三十七年七月八日填報

附：江西省立武宁师范学校一九四七年度第二学期请领优待革命抗战功勋子女就学名册

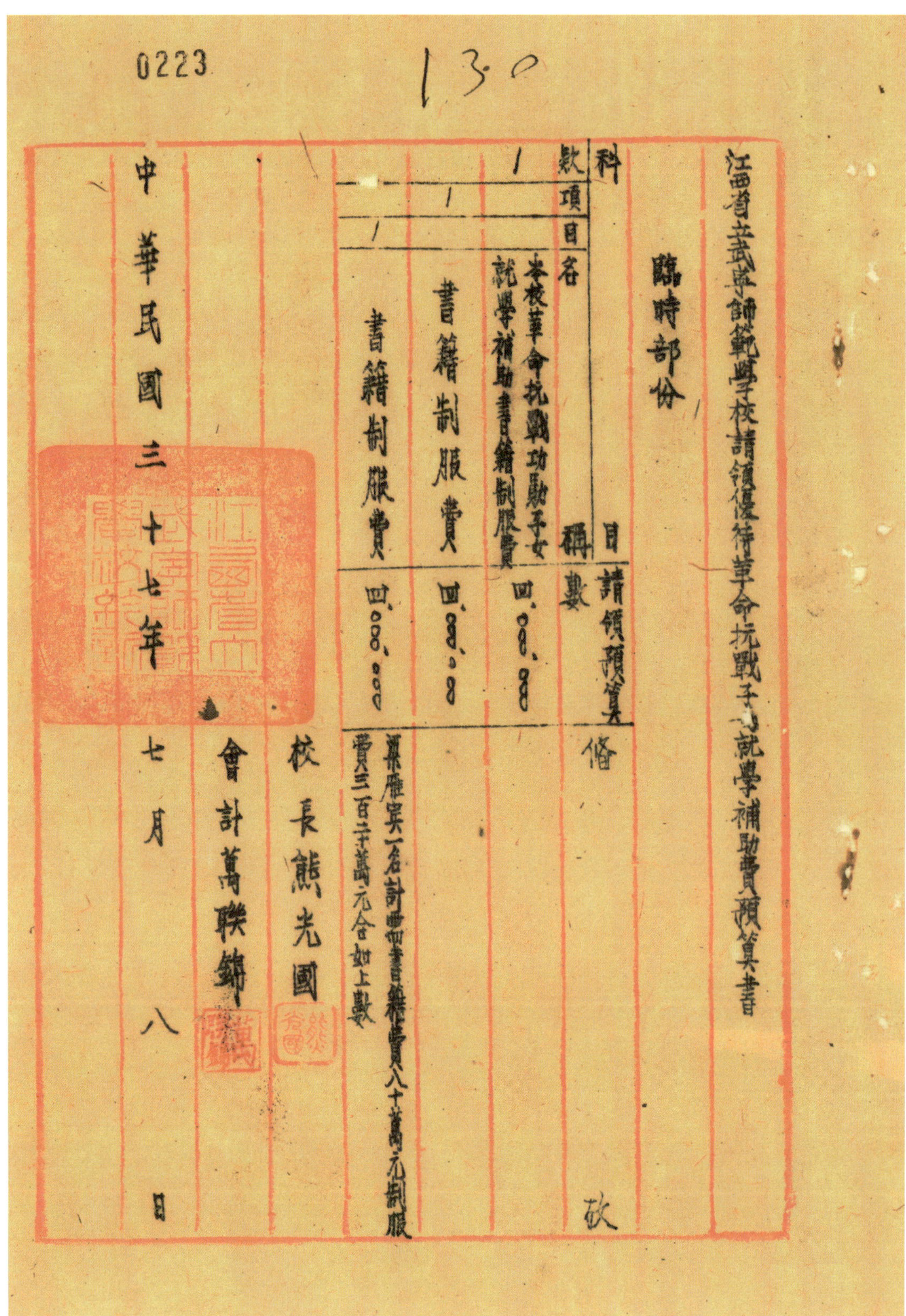
0223

130

江西省立武宁师范学校请领优待革命抗战子女就学补助费预算书

临时部份

科	款	项	目	名称	请领预算数	备考
	1			本校革命抗战功勋子女就学补助书籍制服费	四、〇〇〇、〇〇〇	
		1		书籍制服费	四、〇〇〇、〇〇〇	
			1	书籍制服费	四、〇〇〇、〇〇〇	该生罗雁宾一名计册四书籍费八十万元、制服费三百二十万元，合如上数

校长熊光国

会计万联锦

中华民国三十七年七月八日

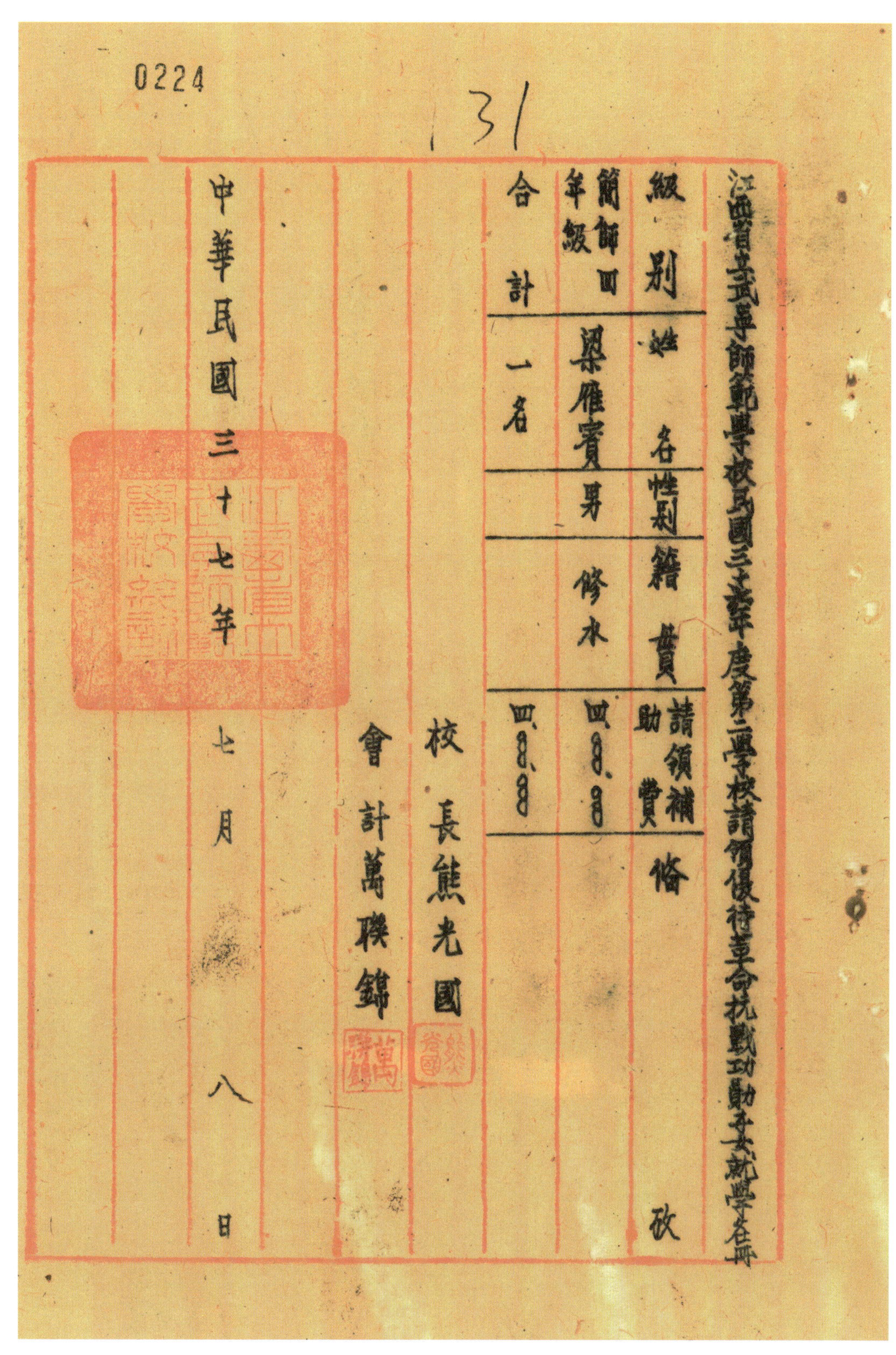

江西省立武寧師範學校民國三十六年度第二學期學校請領優待革命抗戰功勳子女就學名冊

級別	姓名	性別	籍貫	請領補助費	備攷
簡師四年級	梁雁賓	男	修水	四、八八	
合計	一名			四、八八	

校長 熊光國

會計 萬璞錦

中華民國三十七年七月八日

江西省立宜春中学校致省教育厅的呈（一九四八年七月十三日）

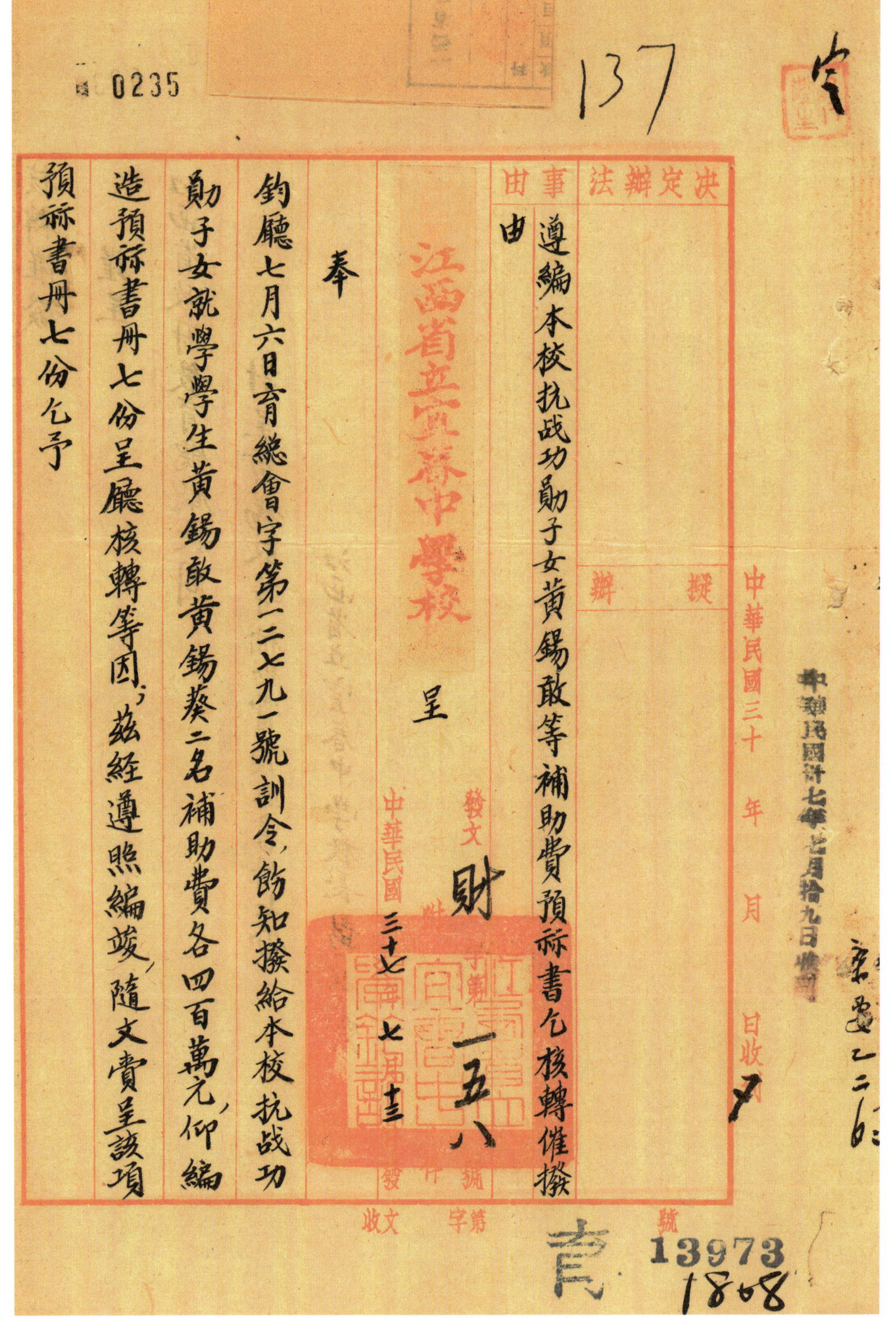

0235

137

决定办法

拟办

事由

由　遵编本校抗战功勋子女黄锡敢等补助费预祢书乞核转催拨

江西省立宜春中学校　呈

发文　财字第一五八号

中华民国三十七年七月十三日

奉

钧厅七月六日育总会字第一二七九一号训令，饬知拨给本校抗战功勋子女就学学生黄锡敢、黄锡葵二名补助费各四百万元，仰编造预祢书册七份呈厅核转等因，兹经遵照编竣，随文賫呈该项预祢书册七份，乞予

中华民国卅七年七月拾九日收到

收文　字第　号　13973

育

1808

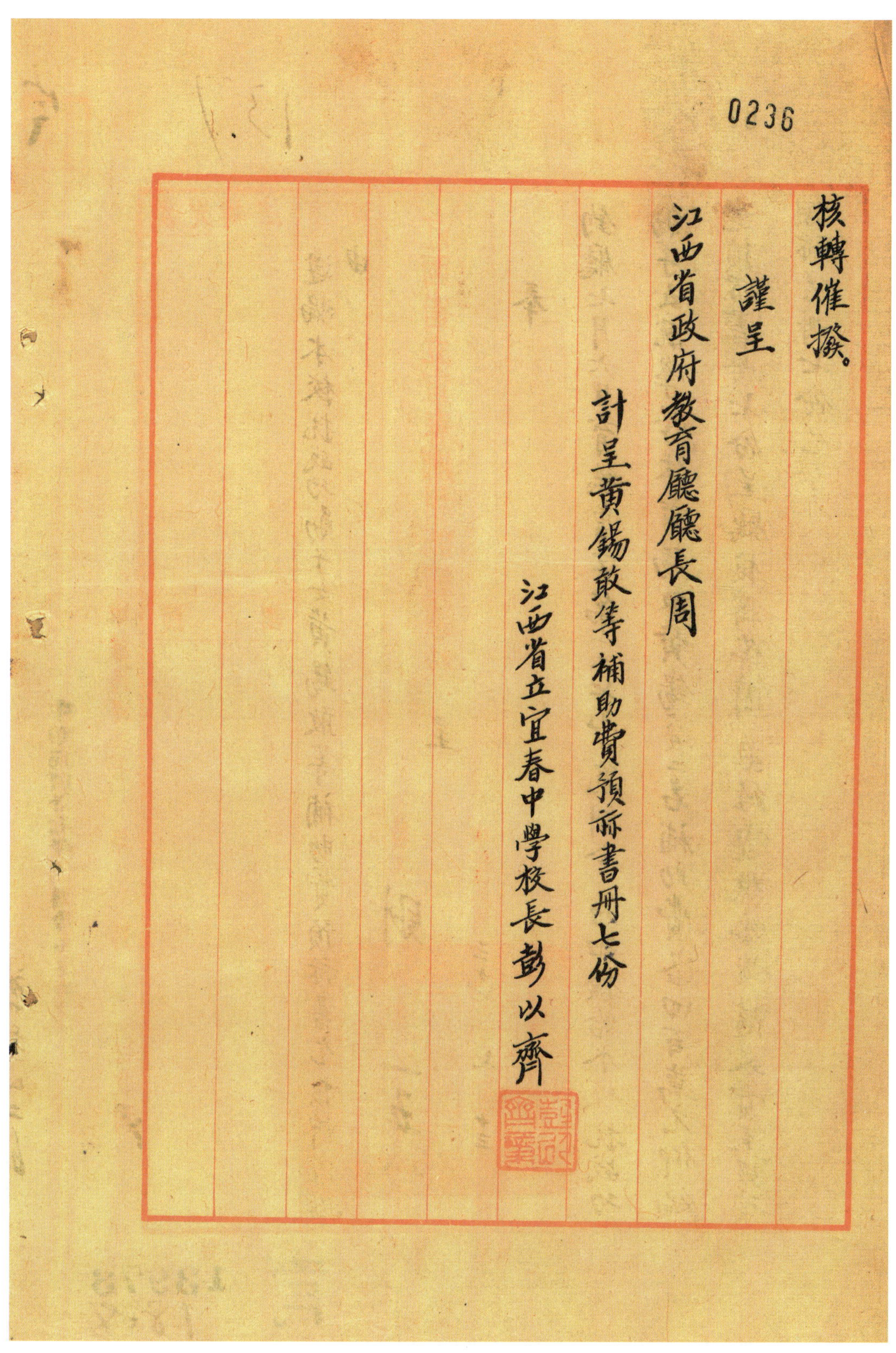
0236

核轉催撥。

謹呈

江西省政府教育廳廳長周

計呈黄錫敢等補助費預訴書册七份

江西省立宜春中學校長彭以齊

附：江西省立宜春中学请领革命抗战功勋子女就学补助费岁出预算书及名册

0237

138

江西省立宜春中學請領
革命抗战功勳子女就學補助費歲出預算書及名册

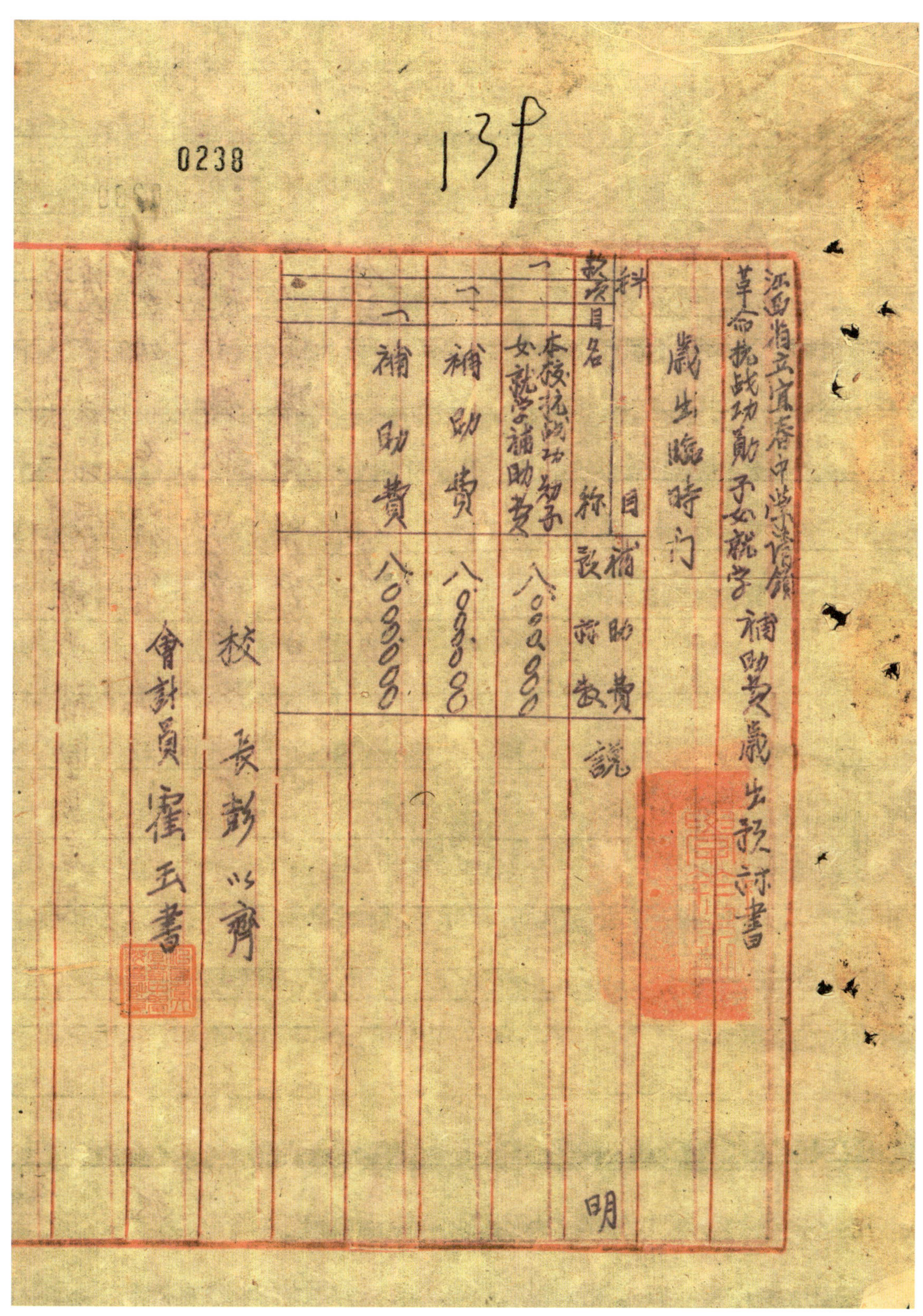

江西省立宜春中學請領

革命抗戰功勛子女就學補助費歲出預算書

歲出臨時門

科目（款項目名稱）	補助費預算數	說明
一 本校抗戰功勛子女就學補助費	八〇〇〇〇	
一 補助費	八〇〇〇〇	
一 補助費	八〇〇〇〇	

校長 彭以齊

會計員 霍玉書

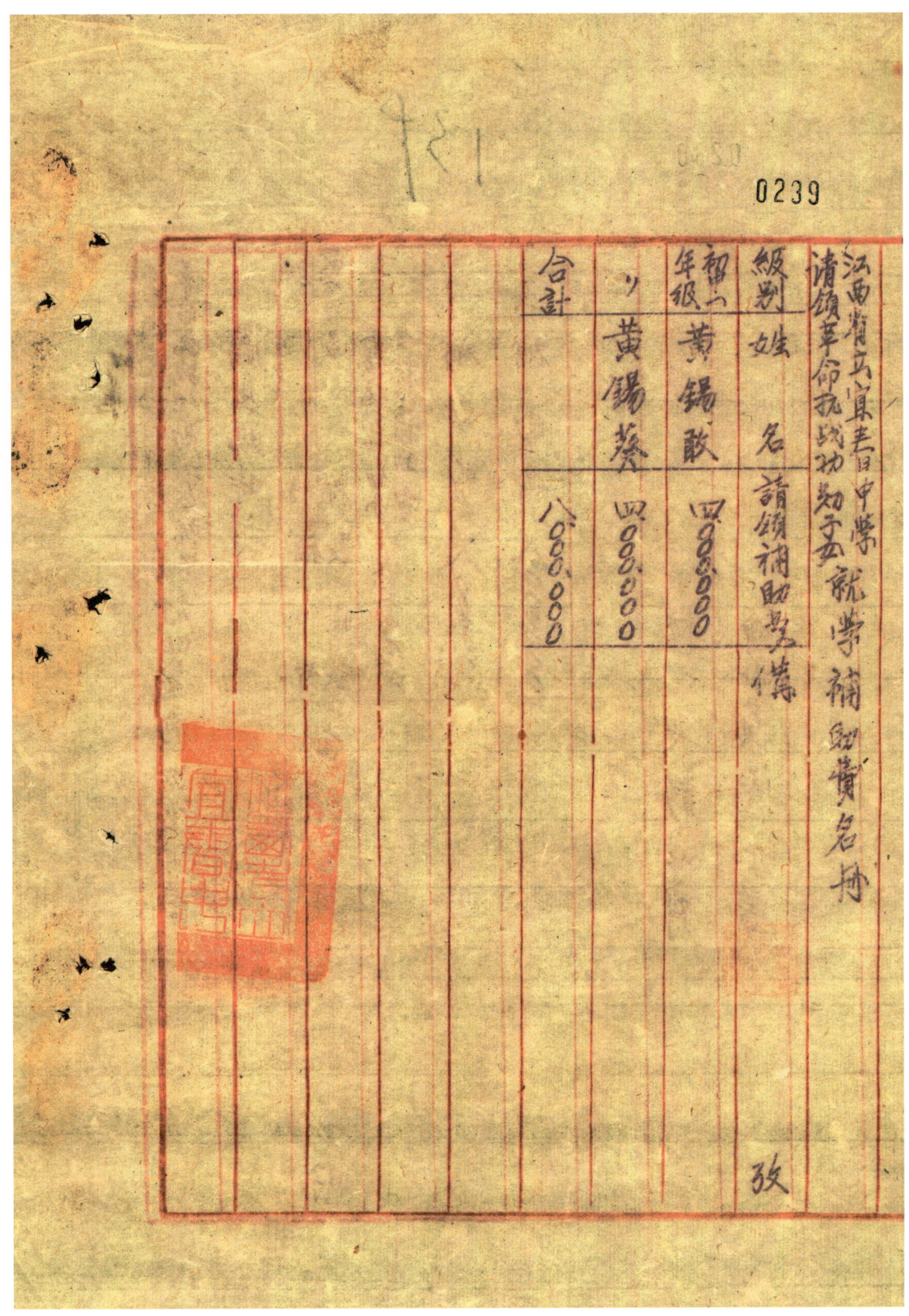

0239

江西省立宜春中学
请领革命抗战功勋子女就学补助费名册

级别	姓名	请领补助费数
初中一年级	黄锡猷	四0,000,000
〃	黄锡蔡	四0,000,000
合计		八0,000,000

孜

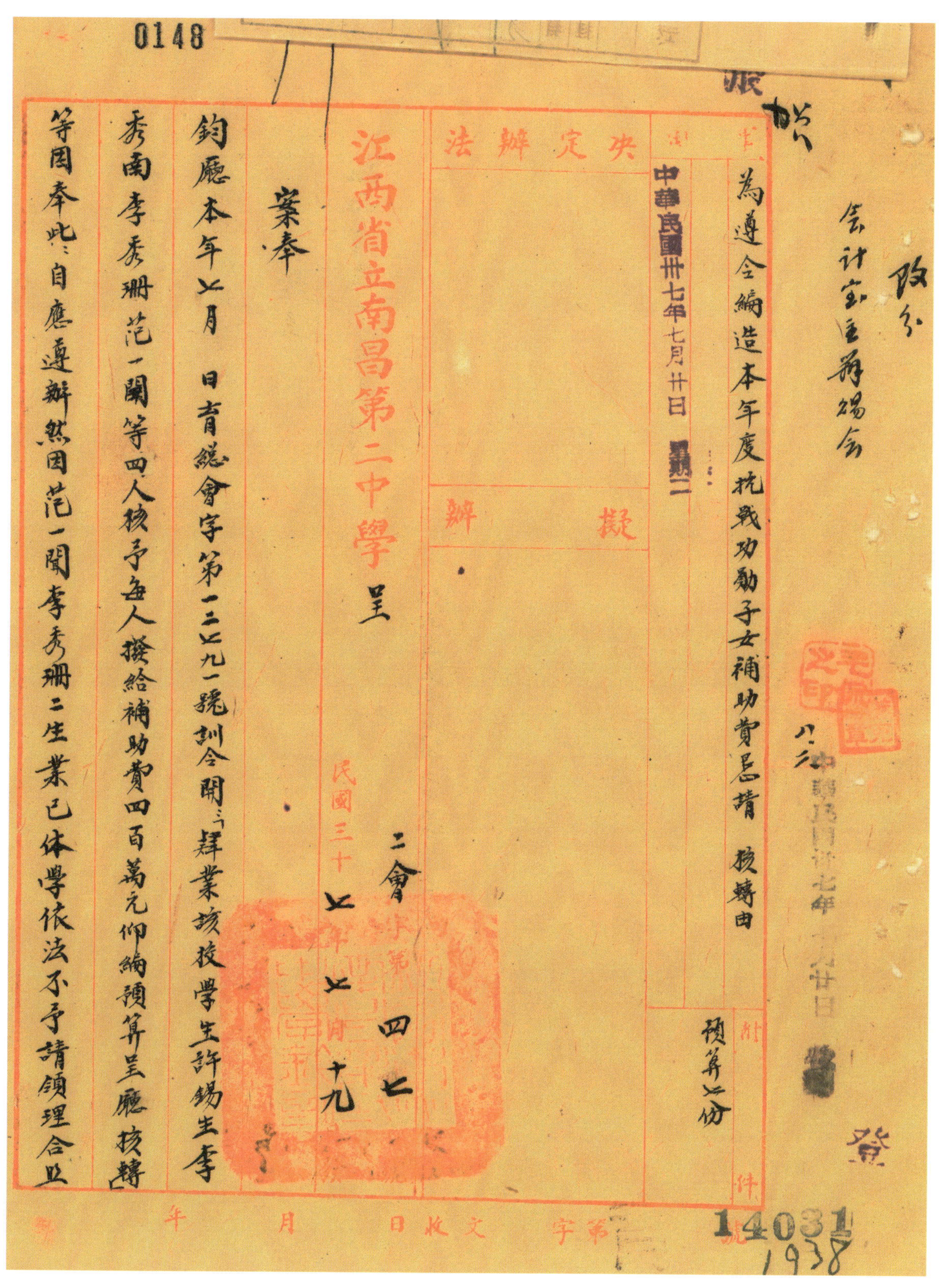
0148

為遵令編造本年度抗戰功勳子女補助費呈請　核轉由

預算七份

中華民國卅七年七月廿日

決定辦法

擬辦

江西省立南昌第二中學　呈　民國三十七年七月十九日　二會字第四七號

案奉

鈞廳本年七月　日育總會字第一二七九一號訓令開：「肄業該校學生許錫生、李秀南、李秀珊、范一闌等四人核予每人撥給補助費四百萬元，仰編預算呈廳核轉」等因奉此。自應遵辦。然因范一闌、李秀珊二生業已休學，依法不予請領，理合丛

年　月　日收文　字第　號

14031

江西省立南昌第二中学致省教育厅的呈（一九四八年七月十九日）

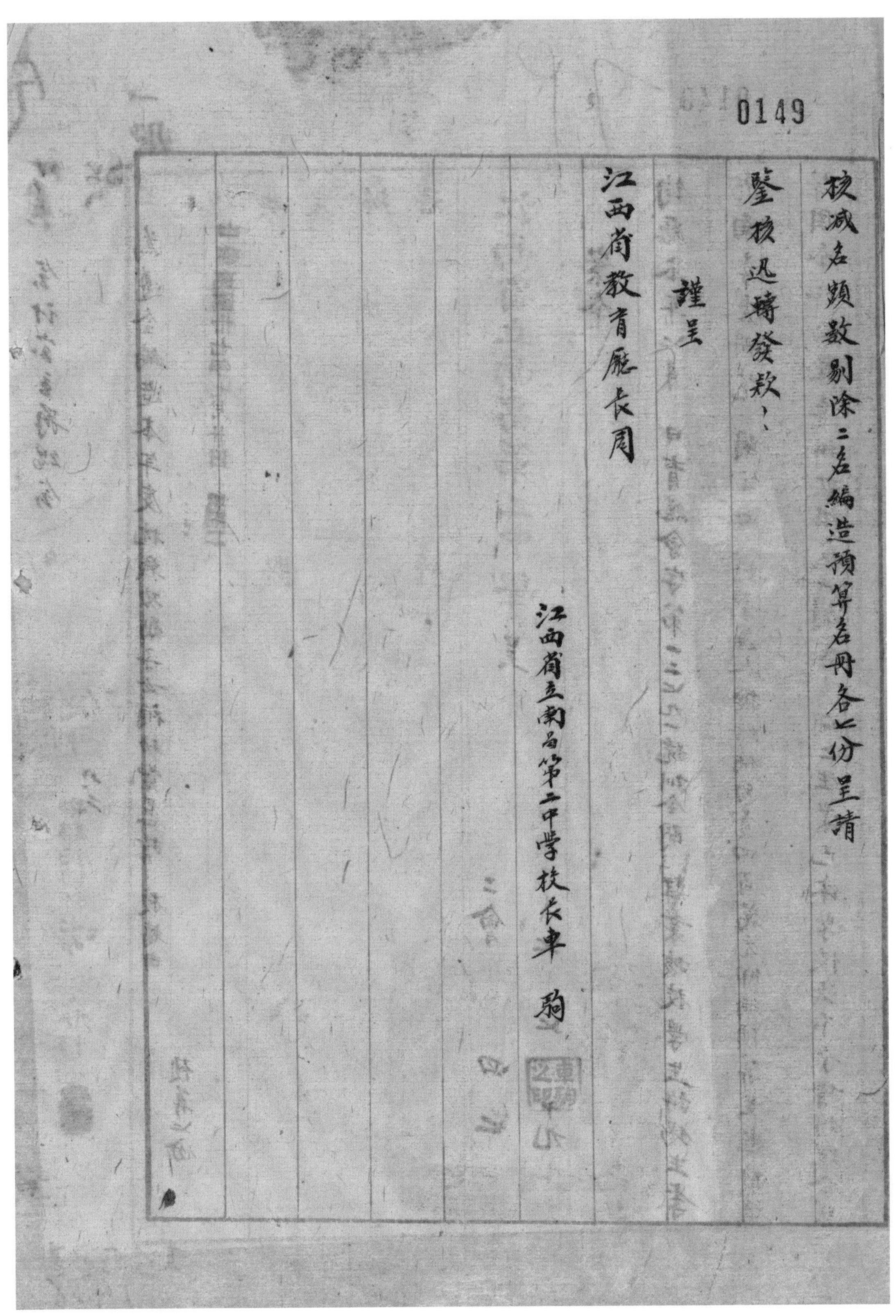

0149

核减名额数剔除二名编造预算名册各七份呈请

鉴核迅转发款。

谨呈

江西省教育厅长周

江西省立南昌第二中学校长柬 嗣

0150

80

江西省立南昌第二中學三十七年度抗戰功勳子女就學補助費預算表及名冊

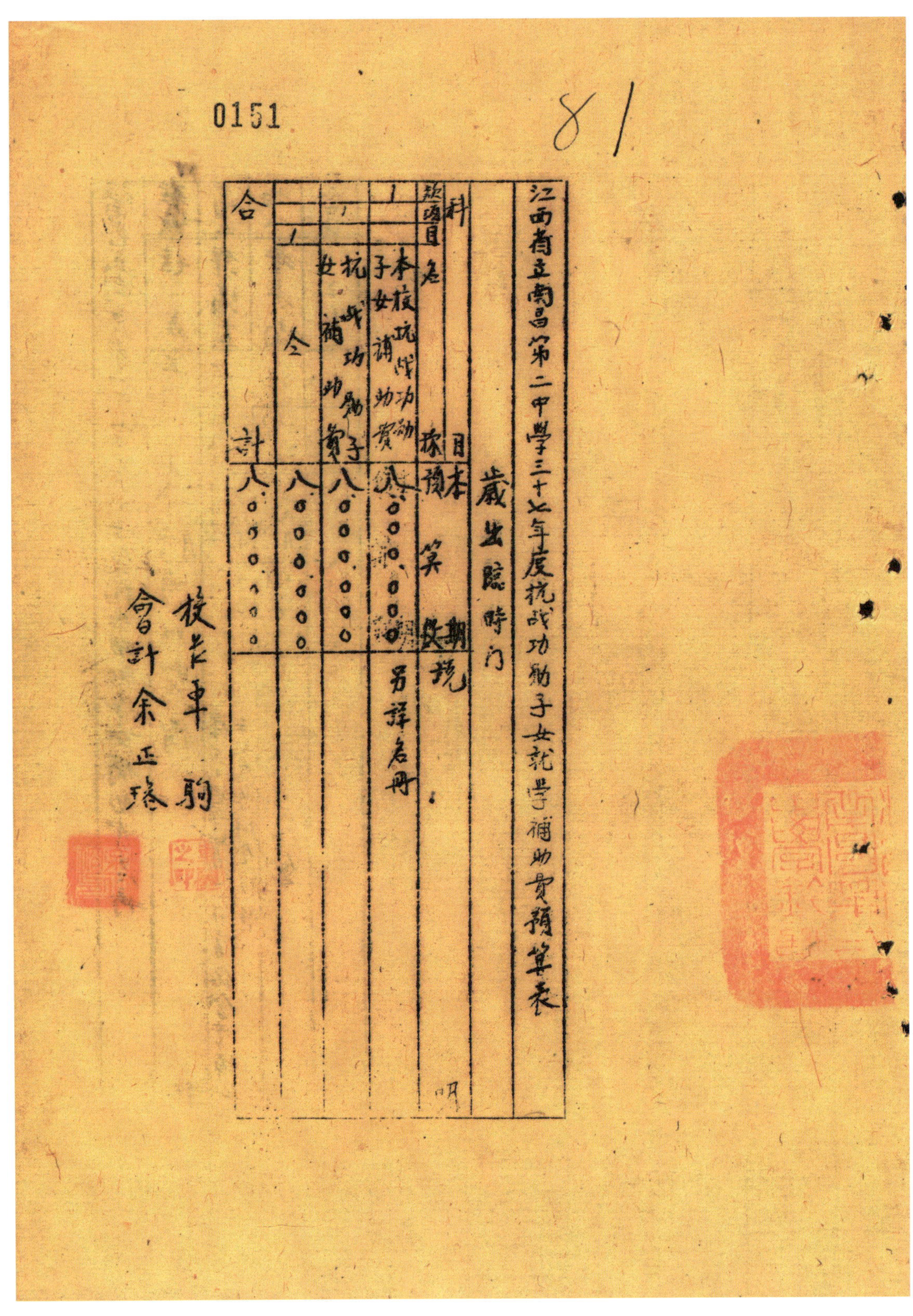

0151

81

江西省立南昌第二中學三十七年度抗战功勋子女就学補助費預算表

歲出臨時门

款	項	目	名称	本年度預算數	説明
1			本校抗战功勋子女請補助費	八〇〇〇〇〇〇	另詳名冊
	1		抗战功勋子女補助費	八〇〇〇〇〇〇	
		1	仝	八〇〇〇〇〇〇	
合計				八〇〇〇〇〇〇	

校長 車駒

會計 余正琢

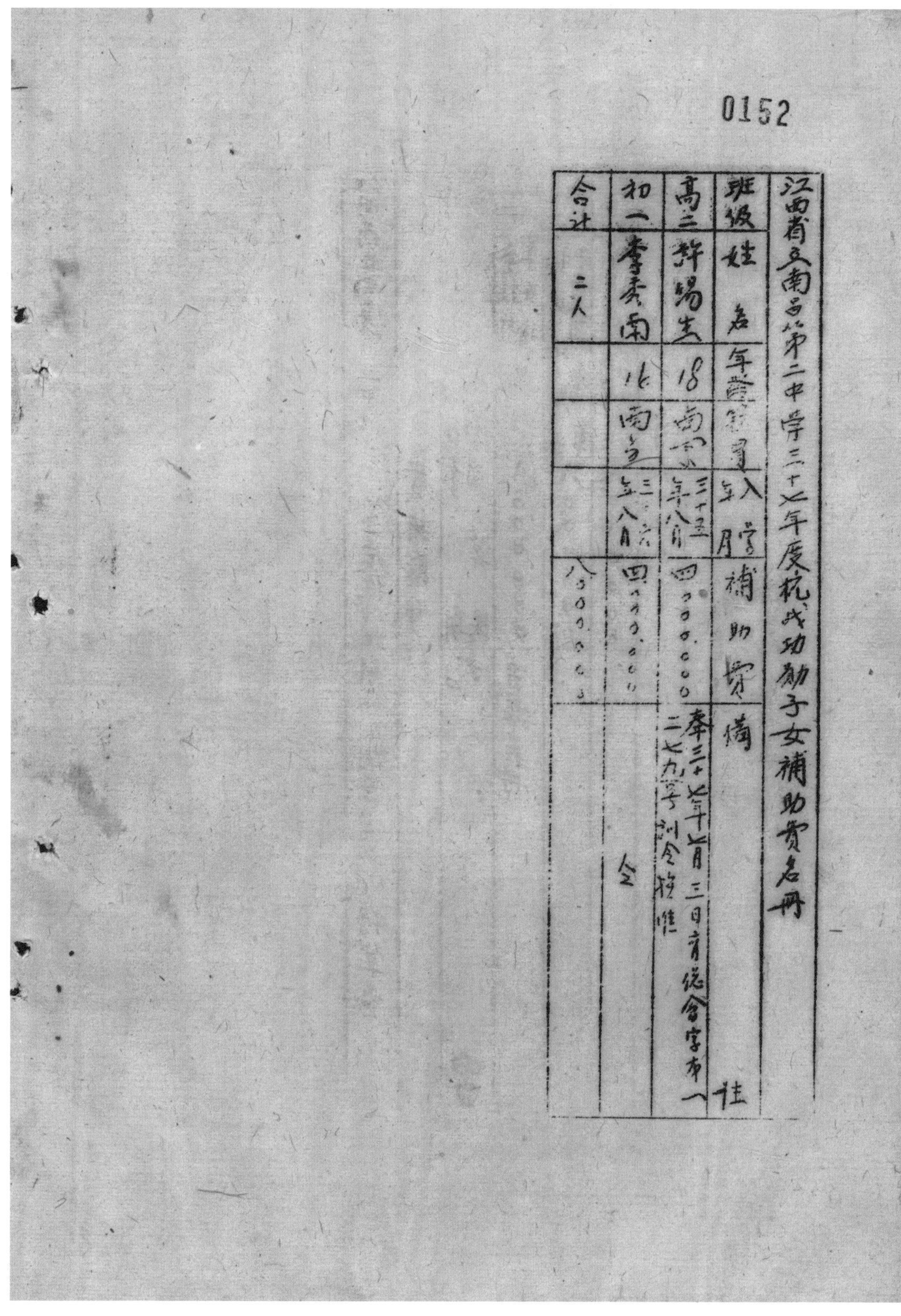

0152

江西省立南昌第二中学三十七年度抗战功勋子女补助费名册

班级	姓名	年龄	籍贯	入学年月	补助费	备注
高三	许锡生	18	南昌	三十五年八月	四〇〇〇〇〇	奉三十七年十一月三日育总会字第一二七九号训令核准
初一	李秀南	16	南昌	三十六年八月	四〇〇〇〇〇	仝
合计	二人				八〇〇〇〇〇	

江西省立九江中学致省教育厅的呈（一九四八年七月二十三日）

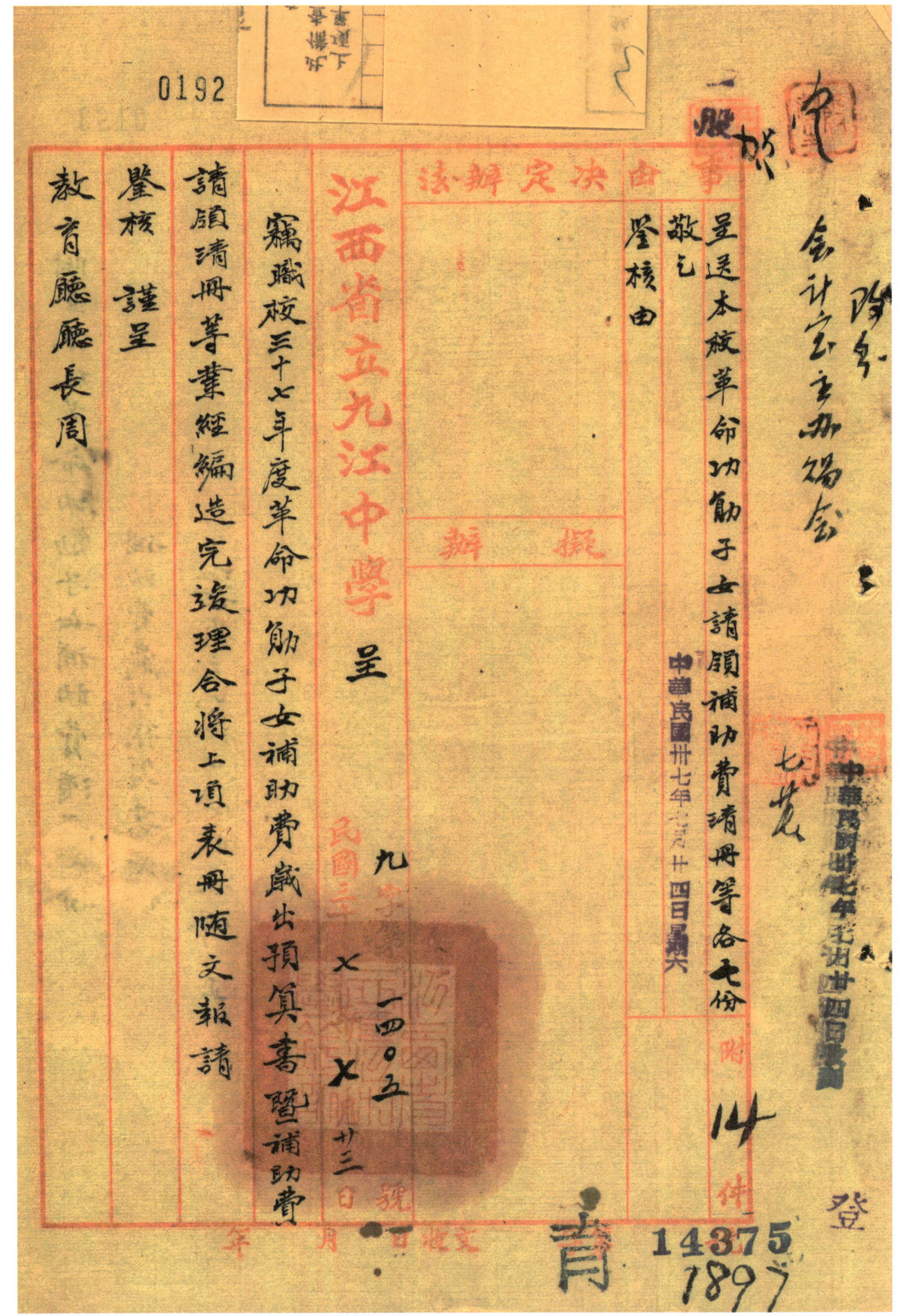
0192

事由：呈送本校革命功勋子女请领补助费请册等各七份敬乞鉴核由

附 14 件

江西省立九江中學 呈 民國三十七年七月廿三日 九字第一四〇五號

竊職校三十七年度革命功勛子女補助費歲出預算書暨補助費請領請册等業經編造完竣，理合將上項表册隨文報請鑒核。謹呈

教育廳廳長周

中華民國卅七年七月廿四日

會計室主办備案

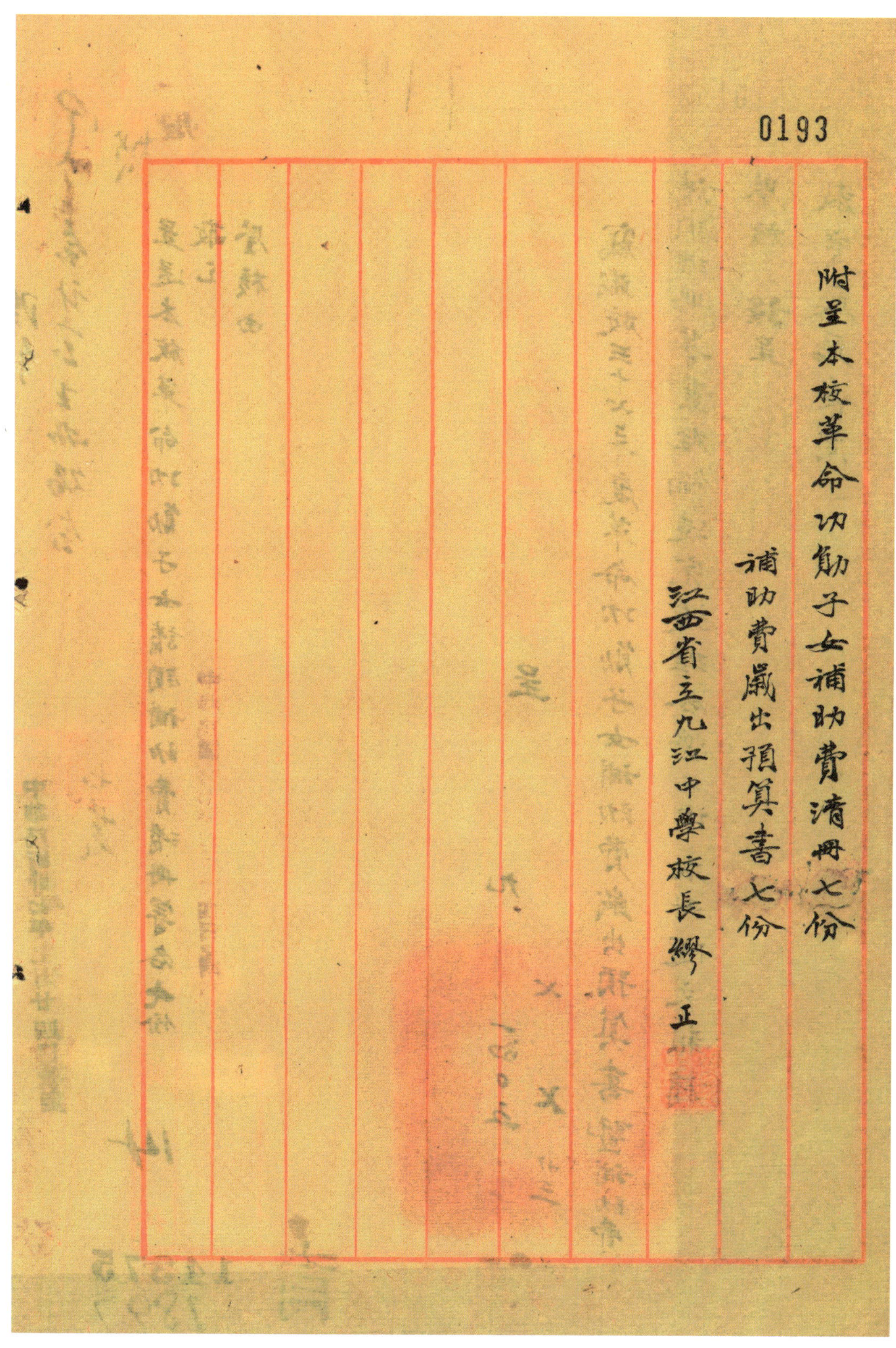
0193

附呈本校革命功勛子女補助費清册七份

補助費歲出預算書七份

江西省立九江中學校長繆正

附：江西省立九江中学一九四八年度革命功勋子女补助费请领名册及岁出预算书

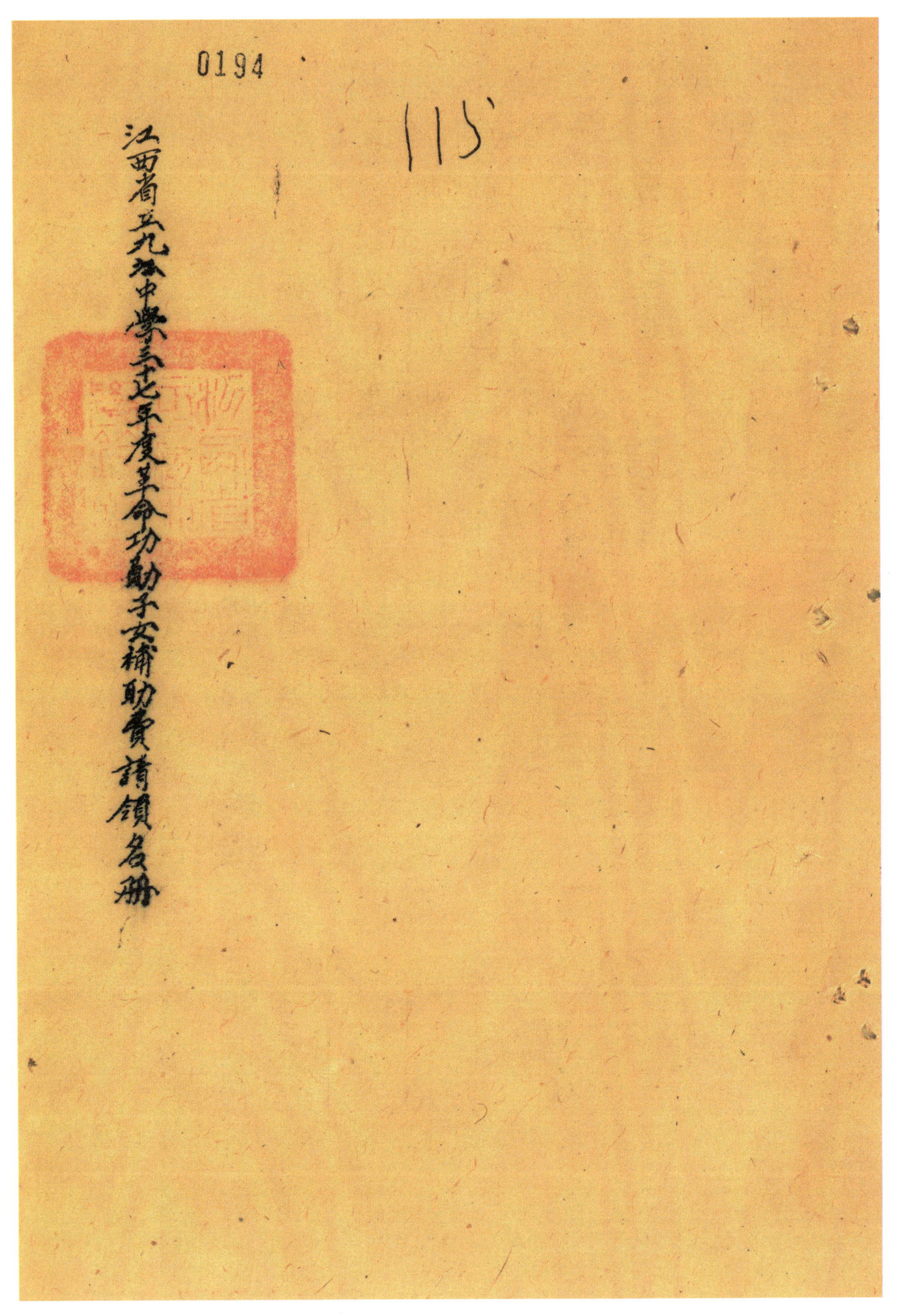

0194

115

江西省立九江中學三十七年度革命功勳子女補助費請領名冊

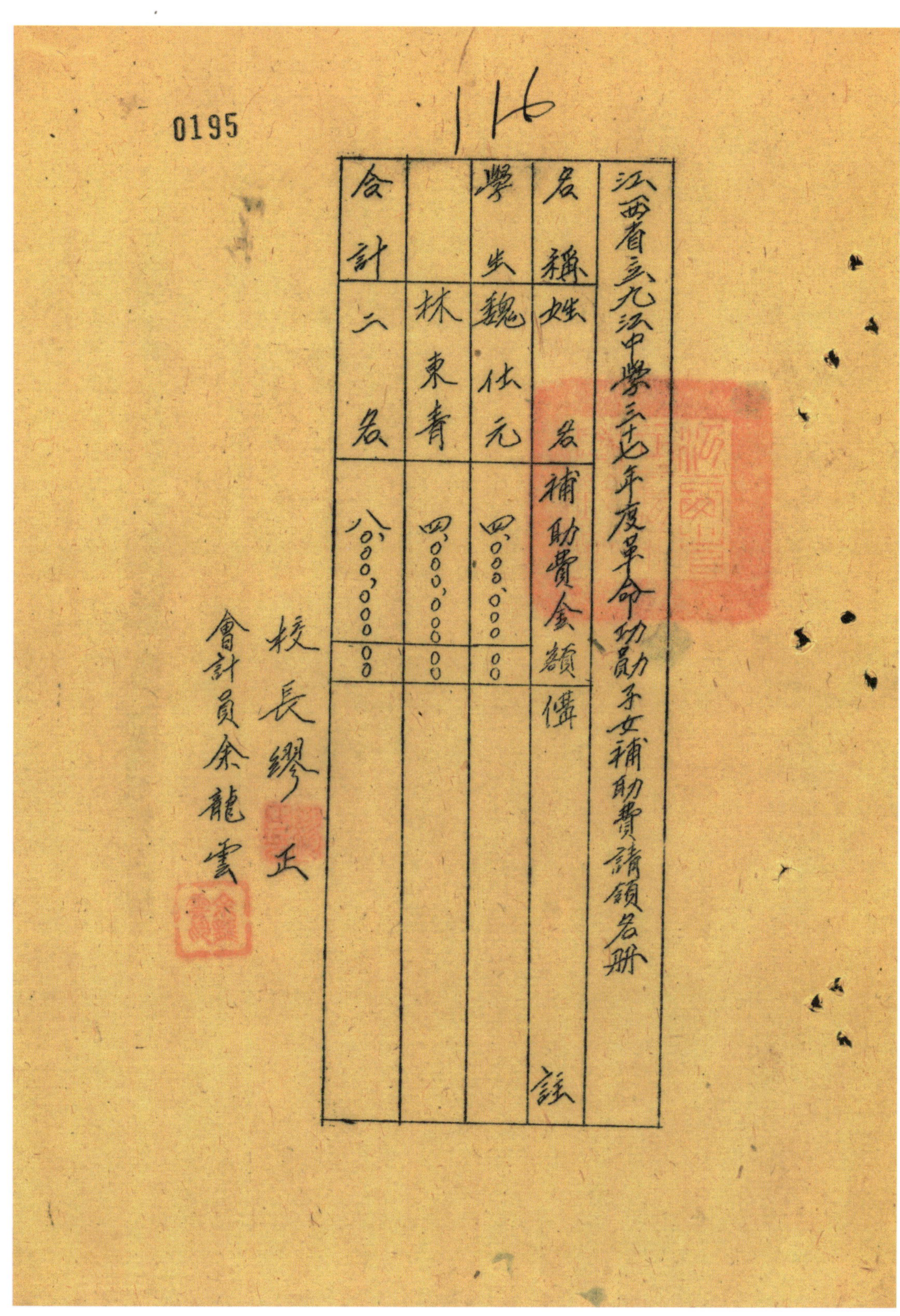

0195

116

江西省立九江中學三十七年度革命功勳子女補助費請領名冊

名稱	姓名	補助費金額	備註
學生	魏仕元	四,000,000 00	
	林東青	四,000,000 00	
合計	二名	八,000,000 00	

校長繆正

會計員余龍雲

0196 198 117

江西省立九江中學三十七年度革命功勳子女補助費歲出預算書

0199

117

江西省立九江中學三十七年度革命功勳子女補助費歲出預算書

歲出臨時門

款	項	目	科目	金額
1			本機關革命功勳子女魏仕元林東青補助費支出	八○○,○○○.○○
	1		革命功勳子女魏仕元林東青補助費	八○○,○○○.○○
		1	魏仕元補助費	四○○,○○○.○○
		2	林東青補助費	四○○,○○○.○○
			合計	八○○,○○○.○○

校長繆正

會計員余龍雲

江西省立宁都中学校致省教育厅的呈（一九四八年七月二十四日）

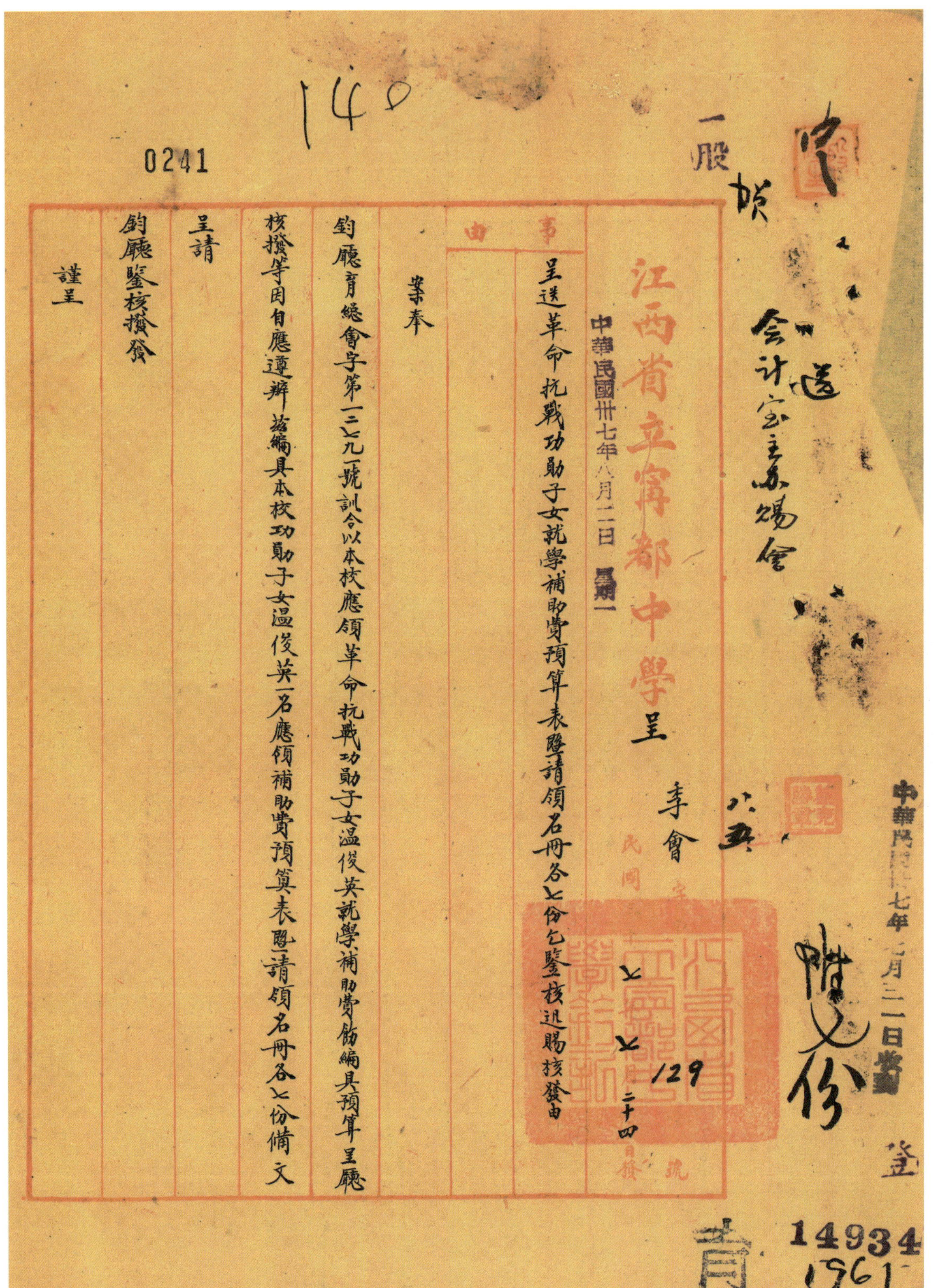

江西省立寧都中學呈

中華民國卅七年八月二日

事由：呈送革命抗戰功勛子女就學補助費預算表暨請領名冊各乙份乞鑒核迅賜核發由

案奉

鈞廳育總會字第一三七九號訓令以本校應領革命抗戰功勛子女溫俊英就學補助費飭編具預算呈廳核撥等因自應遵辦茲編具本校功勛子女溫俊英一名應領補助費預算表暨請領名冊各乙份備文

呈請

鈞廳鑒核撥發

謹呈

0242

江西省政府教育廳廳長周

附呈預算表及請領名冊各乙份

江西省立寧都中學校長李樂三

附：江西省立宁都中学一九四八年度革命抗战功勋子女就学补助费预算表暨请领名册

江西省立寧都中學三十七年度革命抗戰功勛子女就學補助費預算表暨請領名册

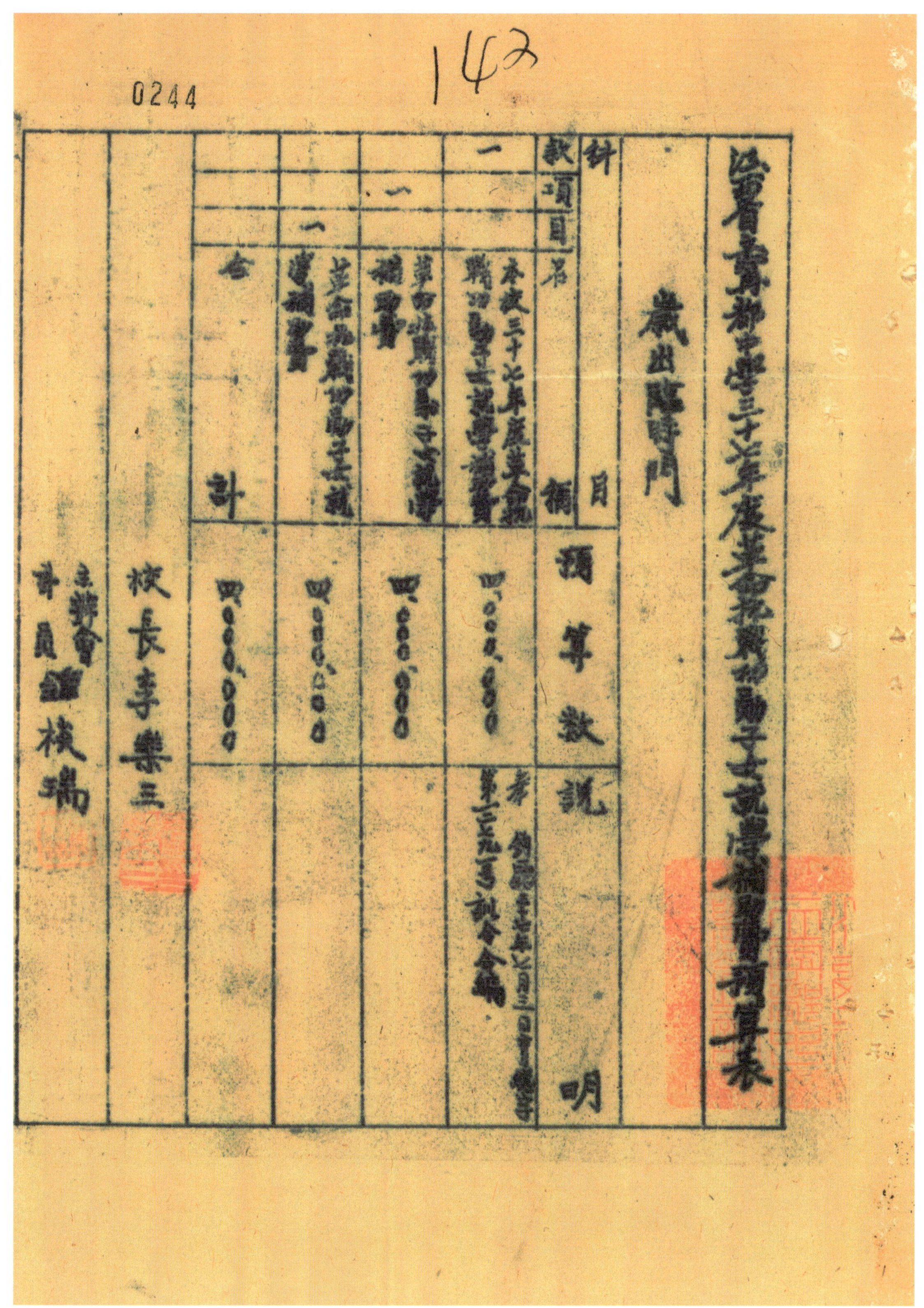

0244

142

江蘇省立蘇州中學三十七年度革命抗戰功勳子女就學補習費預算表

歲出臨時門

科目 款	科目 項	科目 目	名稱	預算數	說明
一			本校三十七年度革命抗戰功勳子女就學補習費	四,〇〇〇,〇〇〇	參 鈞廳三十七年七月三日[illegible]字第一三九五號訓令令編
	一		革命抗戰功勳子女就學補習費	四,〇〇〇,〇〇〇	
		一	革命抗戰功勳子女就學補習費	四,〇〇〇,〇〇〇	
合計				四,〇〇〇,〇〇〇	

校長 李樂三

主辦會計員 金楨瑞

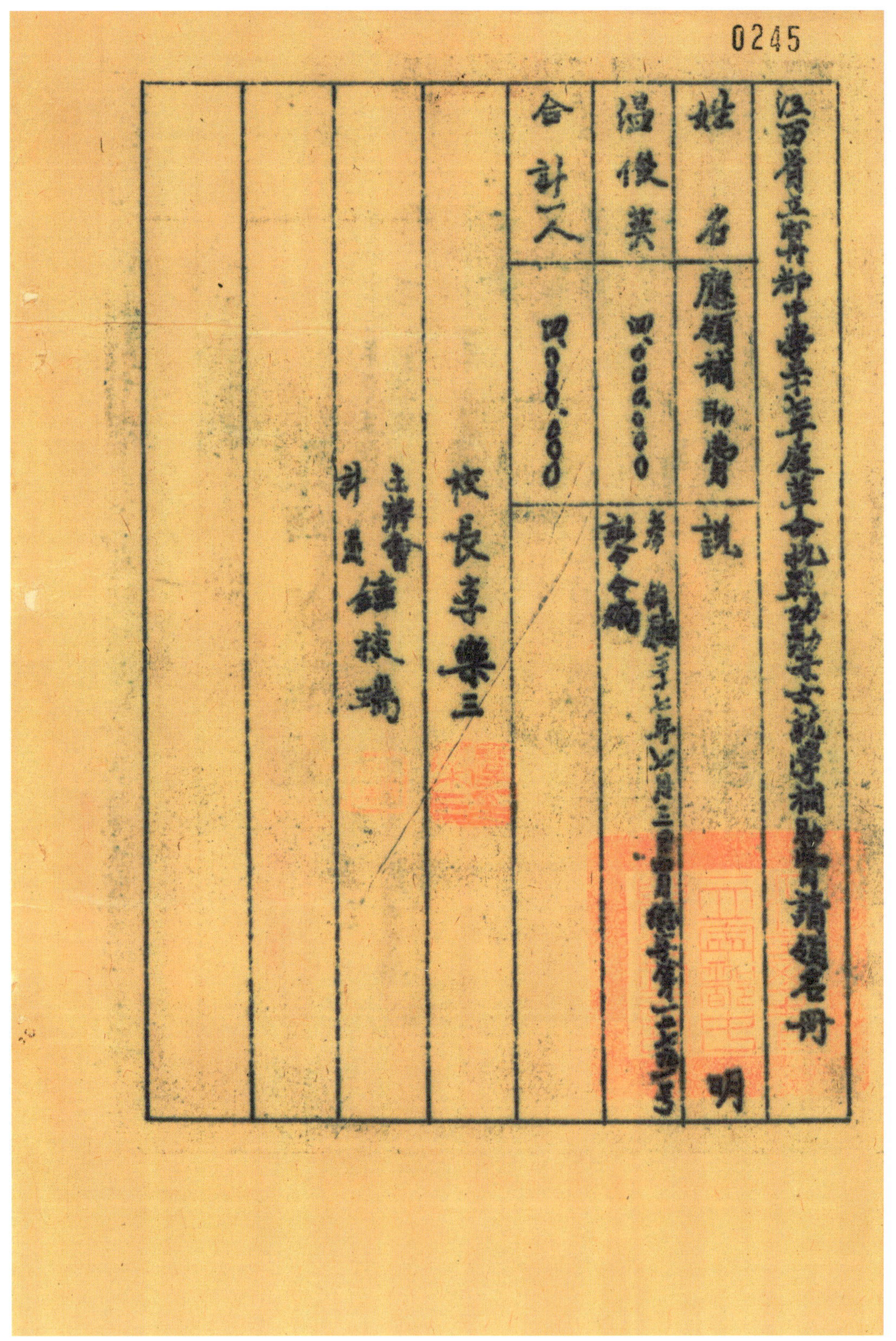

0245

江西省立萍鄉中學三十七年度革命抗戰功勳子女就學補助費請領名冊

姓名	應領補助費	說明
溫俊英	四〇〇〇〇〇〇	奉教育廳三十七年六月三日[illegible]總字第一二七四〇號訓令全額
合計一人	四〇〇〇〇〇〇	

校長 李樂三

主辦會計員 鍾楨瑞

江西省立南昌女子师范学校致省教育厅的呈（一九四八年七月三十日）

0214

事由：為遵令編造本校革命抗戰功勳子女就學學生鍾華鈉一名請領補助費預算書件，乞鑒核存轉由

附件

江西省立南昌女子師範學校 呈

中華民國三十七年七月三十日發 師卓字第五七二號

案奉

鈞廳三十七年七月三日育總會字第（12791）號訓令：「撥發該校革命抗戰功勳子女就學學生鍾華鈉一名補助費四〇〇〇〇〇〇元，仰迅予編造預算呈廳核轉」等因。奉此，自應遵辦，理合造具預算書連同名冊一併備文呈請

中華民國三十七年八月初二日收到

收文青字第15032號

1935

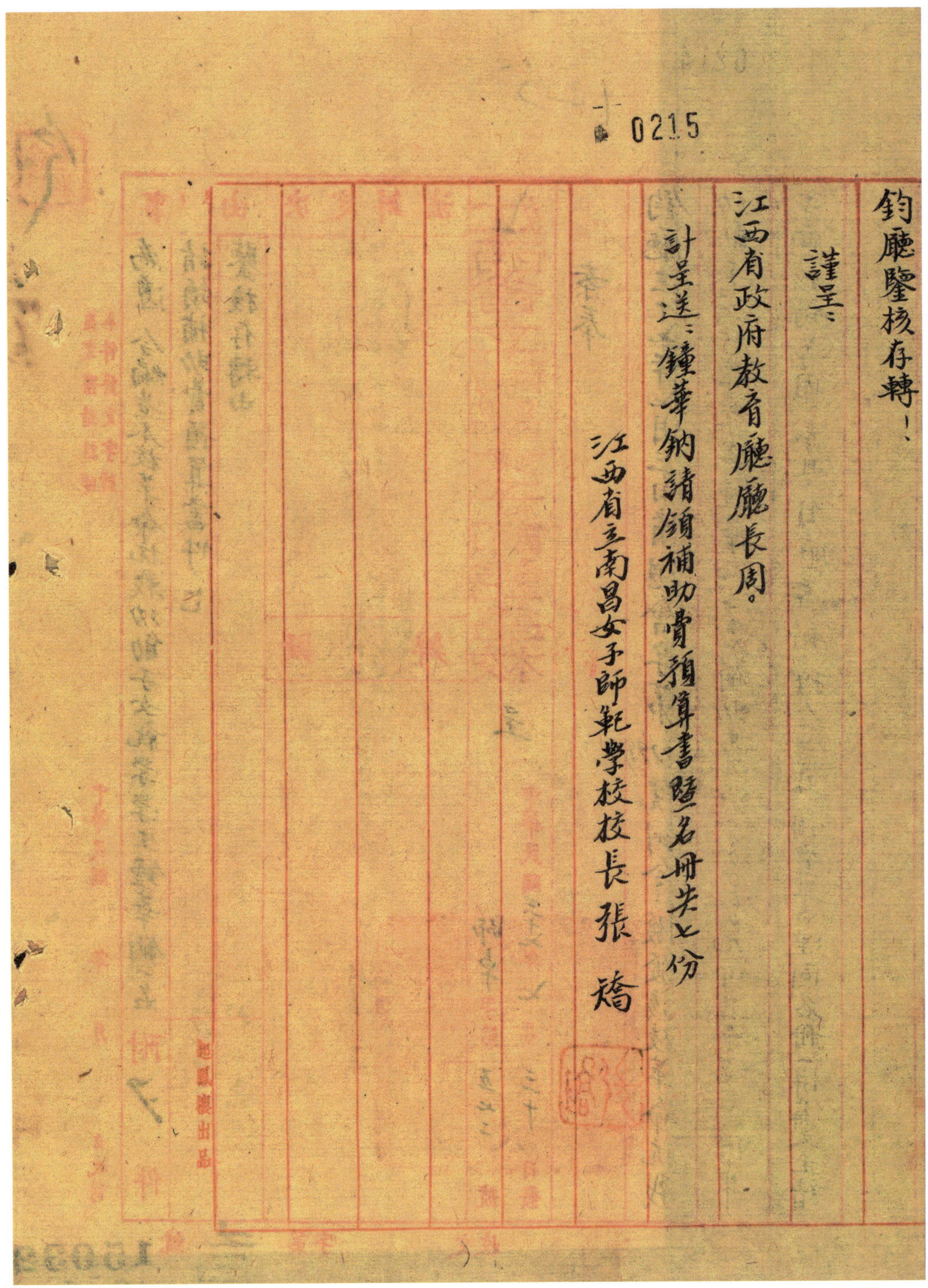
0215

鈞廳鑒核存轉！

謹呈

江西省政府教育廳廳長周。

計呈送：鍾華鈉請領補助費預算書暨名冊共七份

江西省立南昌女子師範學校校長張 璿

附：江西省立南昌女子师范学校一九四八年度抗战功勋子女就学免费补助费预算书附名册

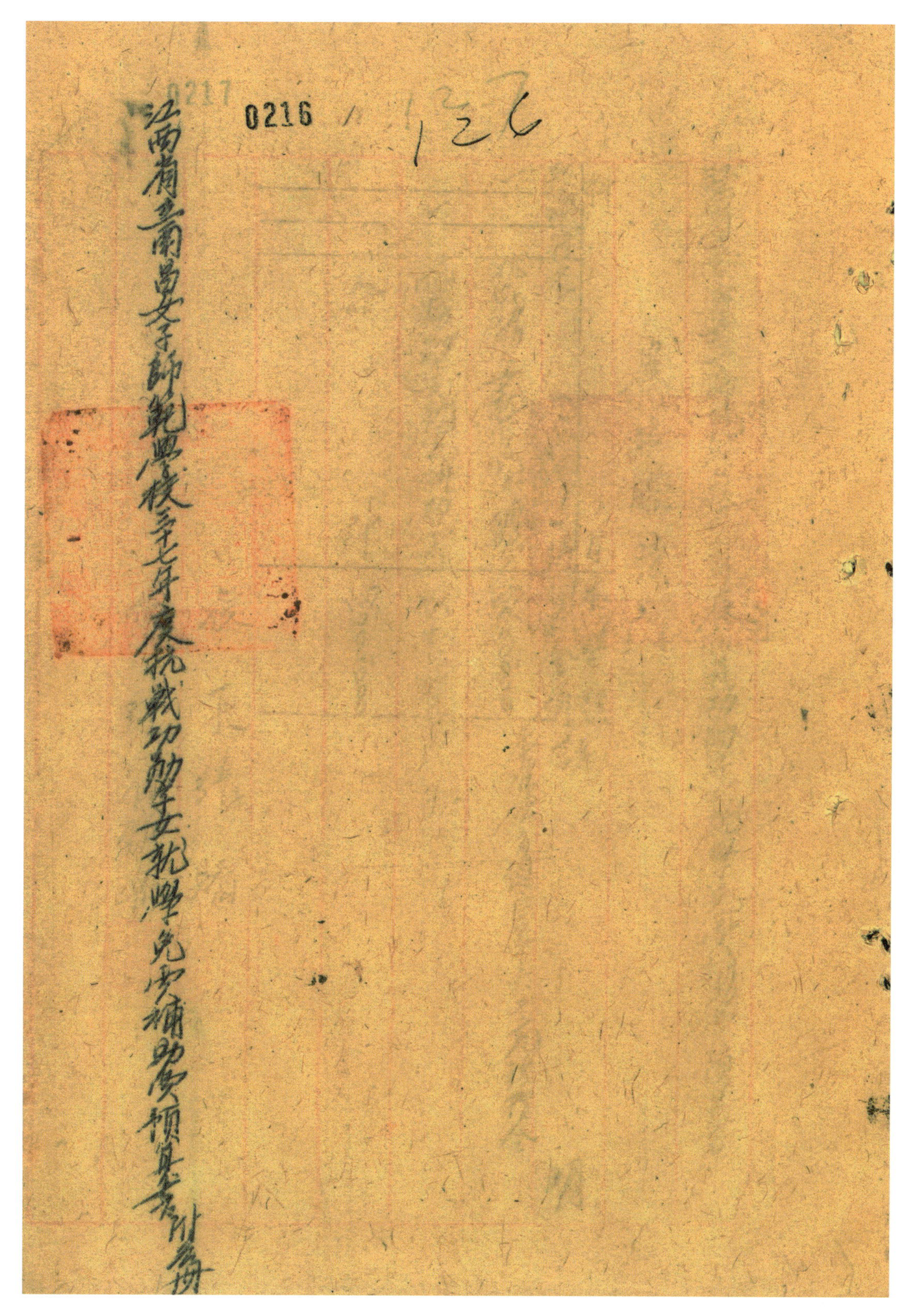

0216

126

江西省立南昌女子師範學校三十七年度抗戰功勳子女就學免費補助費預算書附名冊

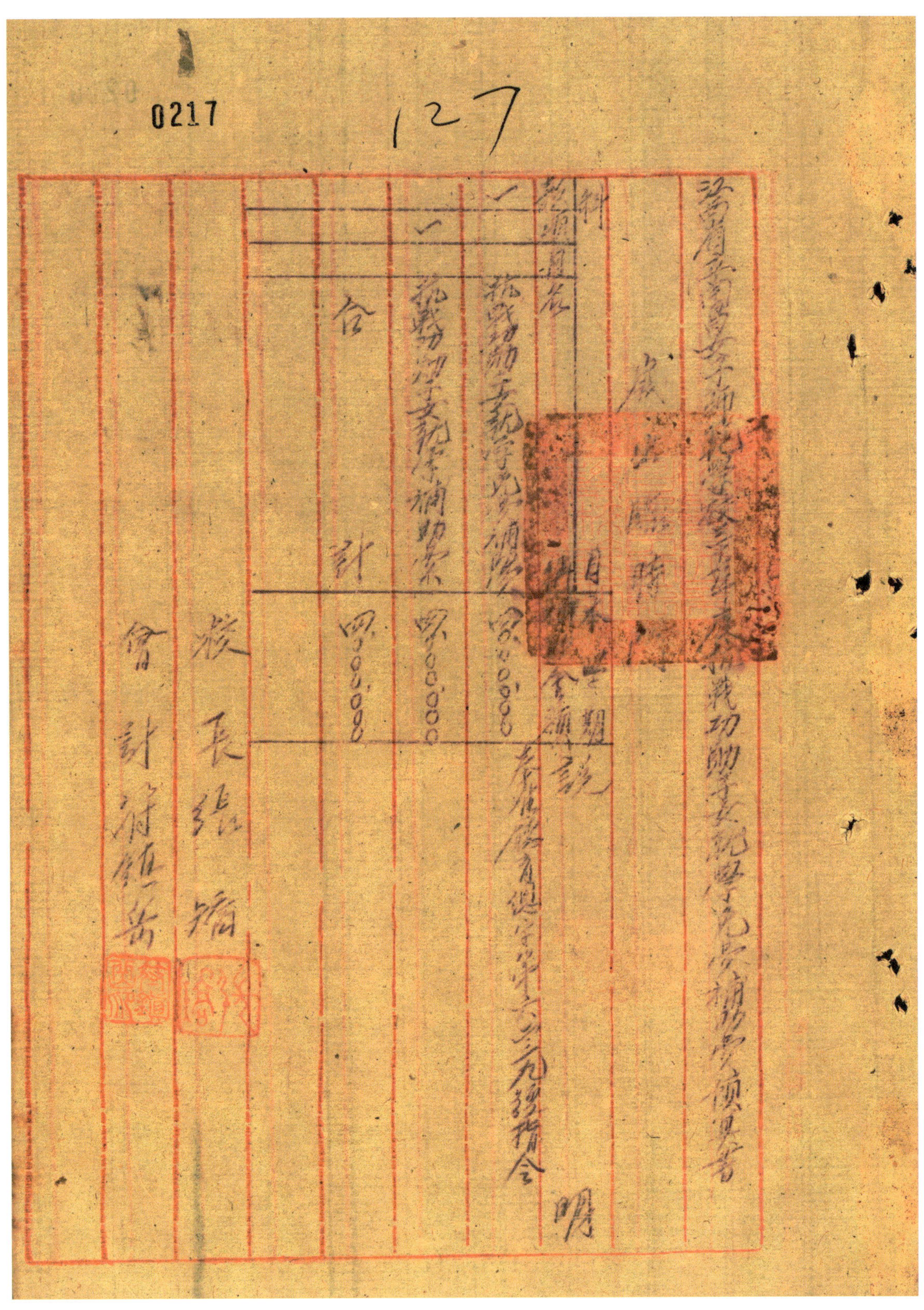

0217

127

江西省立吉安女子師範學校年度抗戰功勳子女就學免費補助費領具書

款	項	目	科目名	本期金額	說明
一			抗戰功勳子女就學免費補助費	四〇〇〇〇	奉省府教育廳字第六三九號指令
	一		抗戰功勳子女就學補助費	四〇〇〇〇	
			合計	四〇〇〇〇	

校長 張紹矯

會計 謝植岳

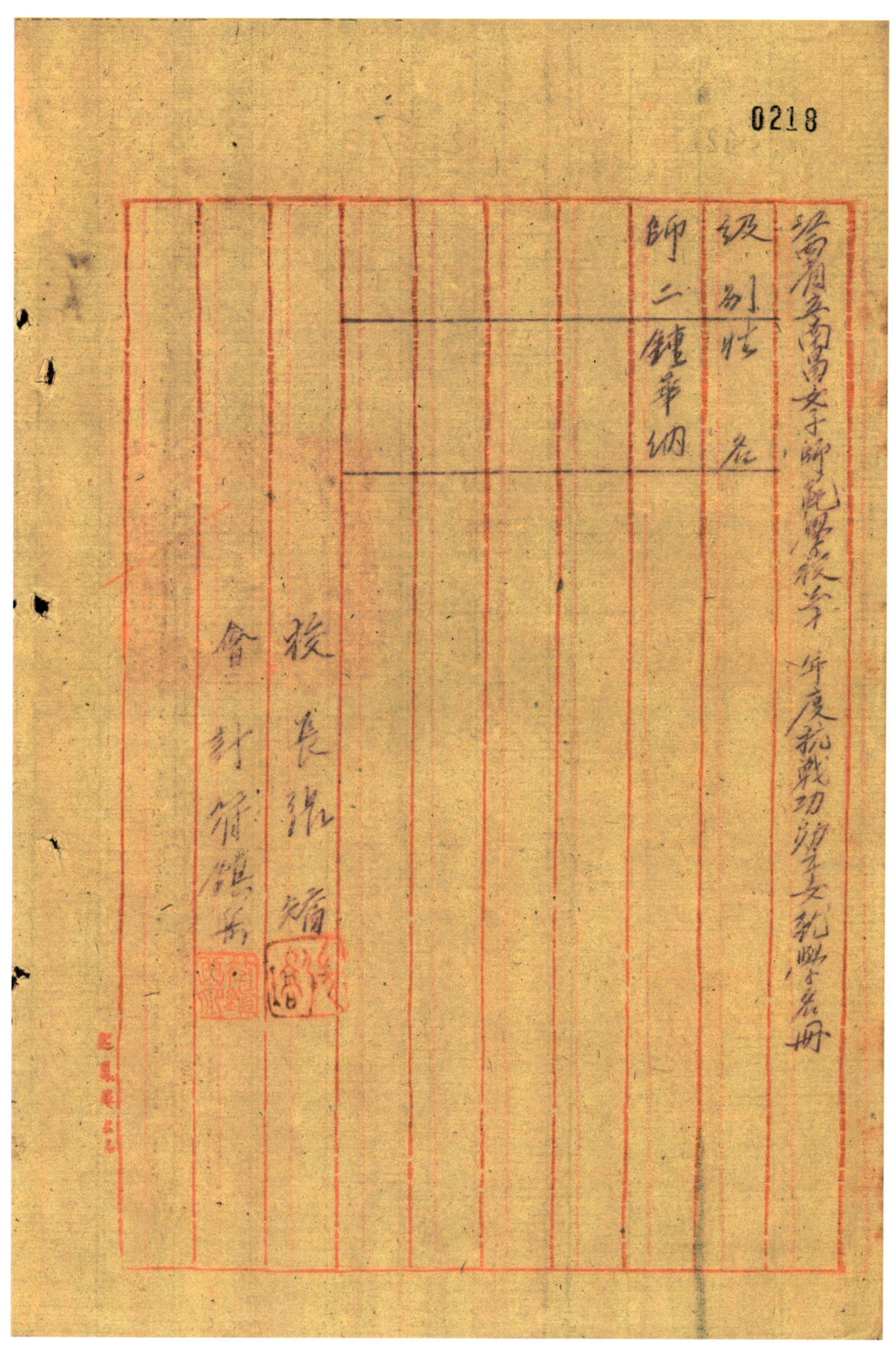

0218

寧夏省立女子師範學校卅 年度抗戰功勳子女就學名冊

級別	姓名
師二	鍾華納

校長張繽

會計俞鎮岳

江西省立临川中学校致省教育厅的呈（一九四八年八月三日）

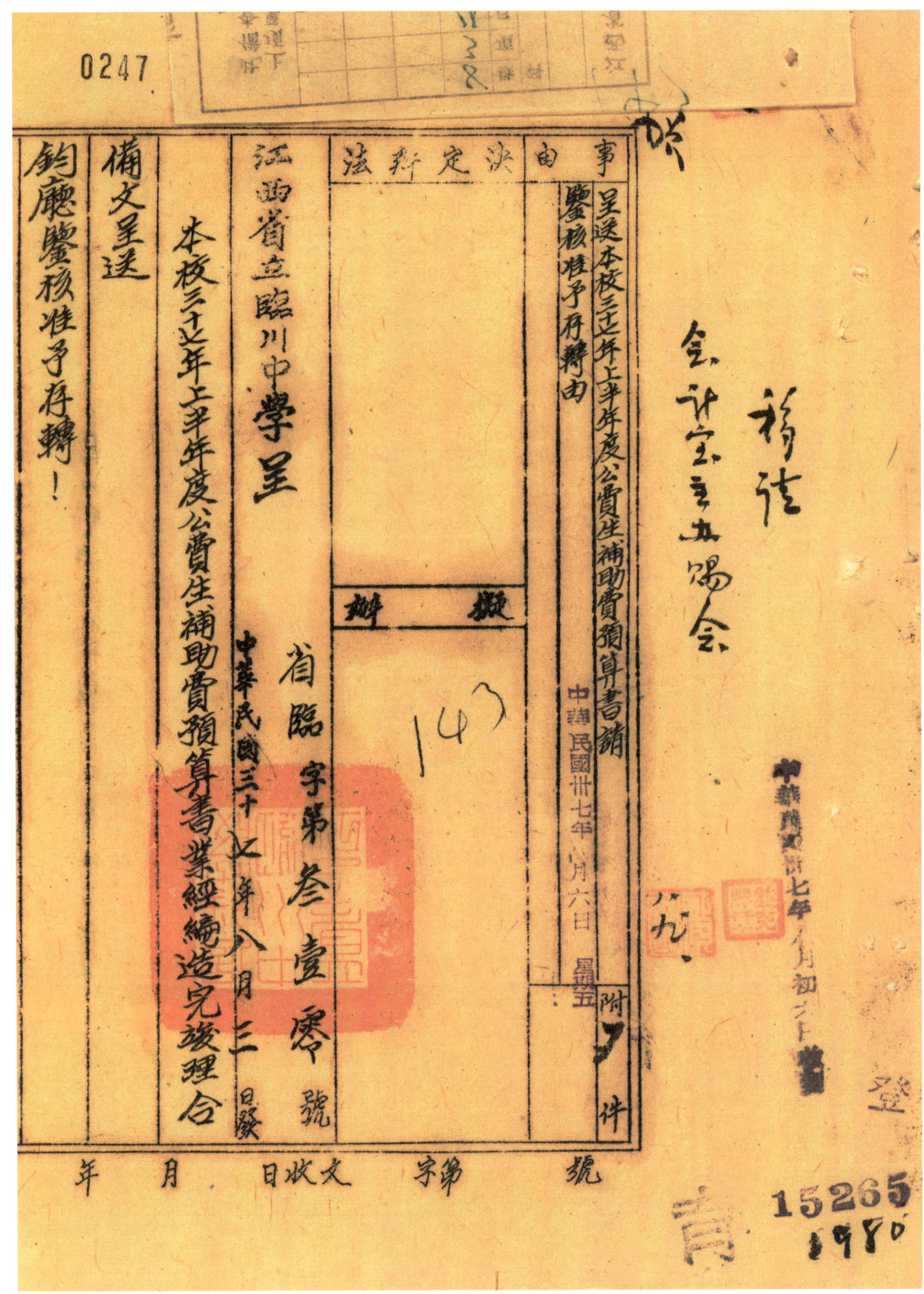

0247

事由：呈送本校三十七年上半年度公费生补助费预算书请鉴核准予存转由

江西省立临川中学呈　省临字第叁壹零號

中華民國三十七年八月三日發

本校三十七年上半年度公費生補助費預算書業經編造完竣，理合備文呈送鈞廳鑒核准予存轉！

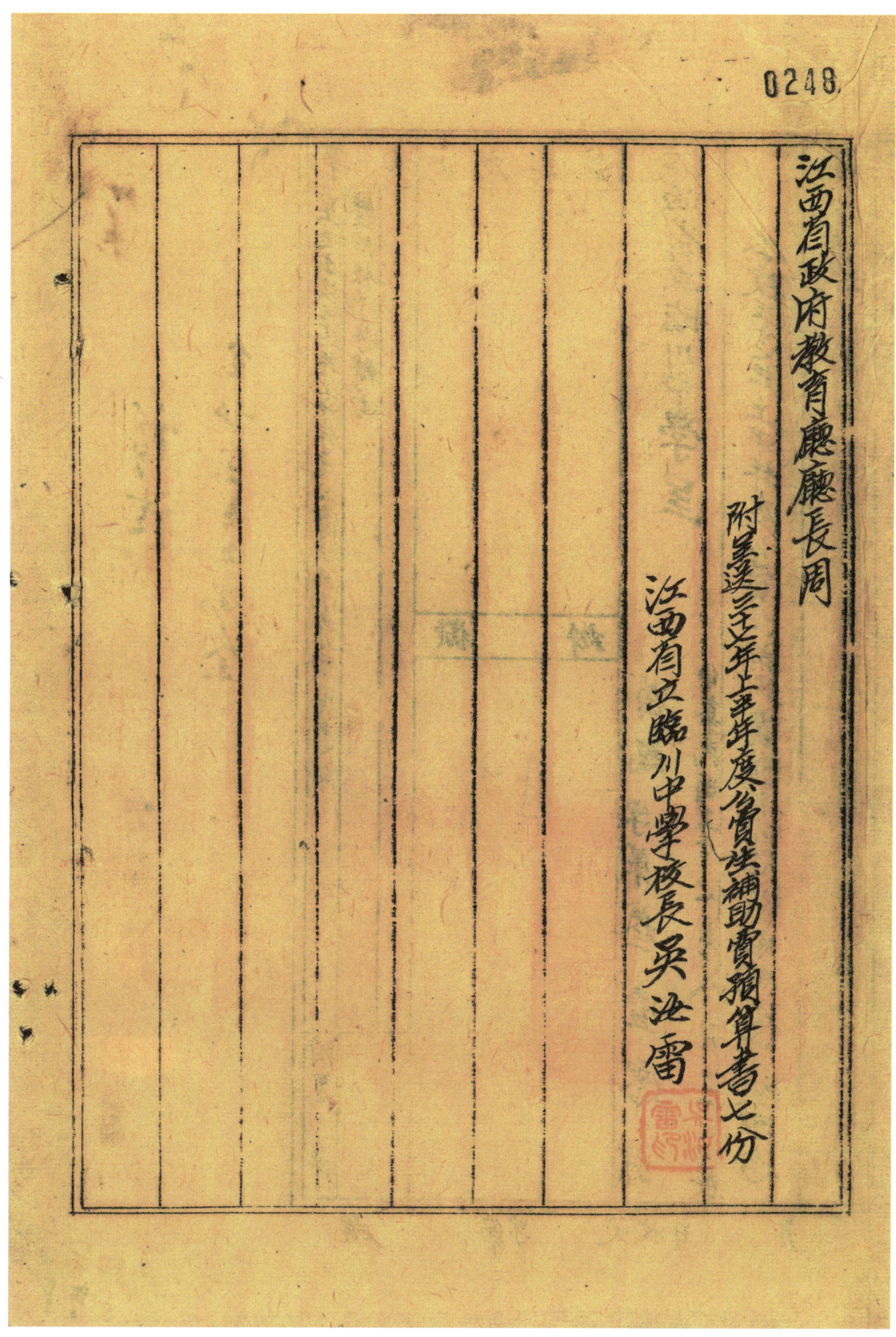
0248

江西省政府教育廳廳長周

附呈送三十七年上半年度公費生補助費預算書七份

江西省立臨川中學校長吳油雷

附：江西省立临川中学一九四八年上半年度公费生补助费预算书及请领名册

江西省立臨川中學三十七年上半年度公費生補助費預算書

0249

149

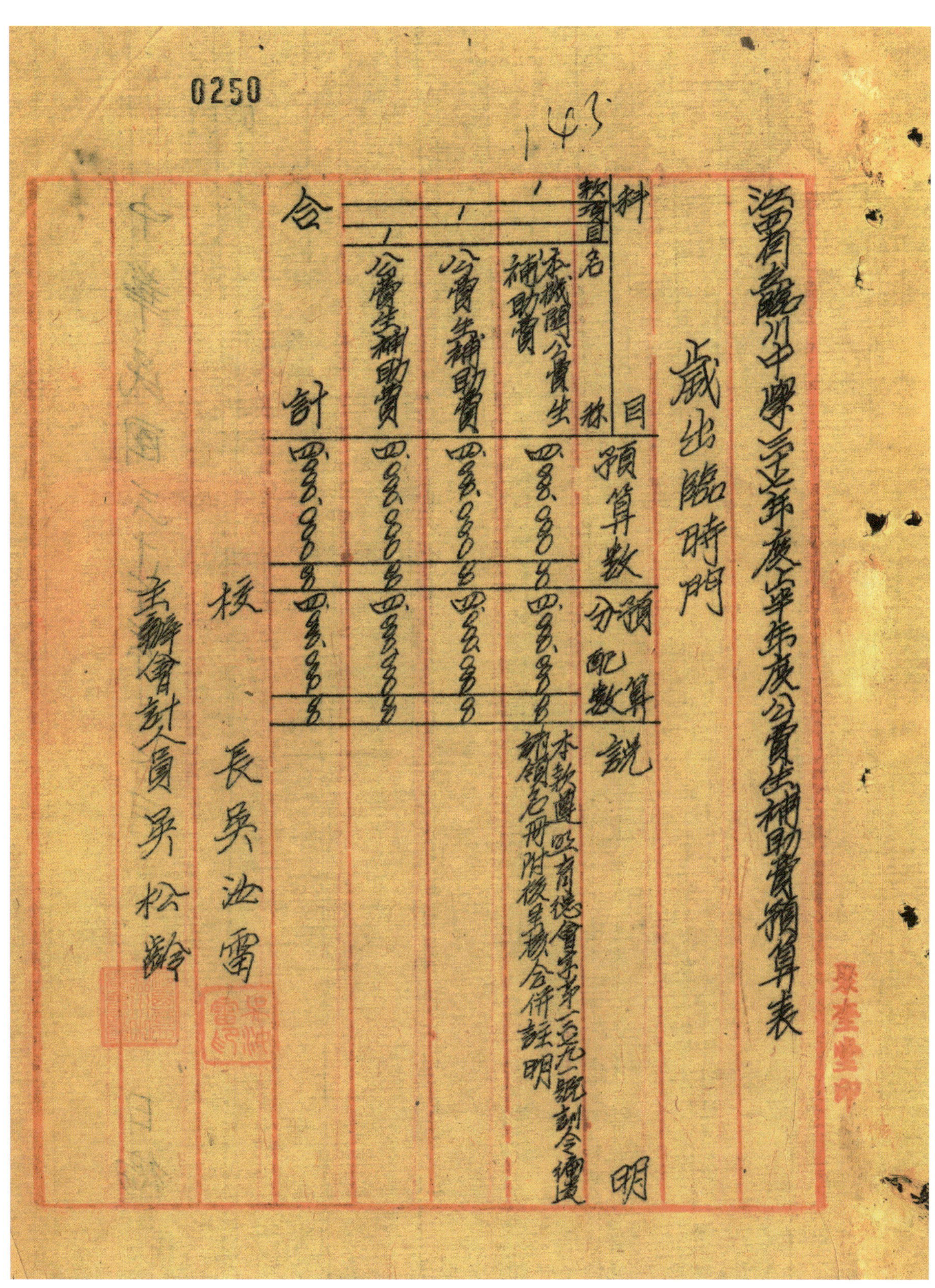

0250

143

浙省立龍川中學三十三年度上半年度公費生補助費預算表

歲出臨時門

款	項	目	名稱	預算數	預算分配數	說明
一			本機關公費生補助費	四、〇〇〇、〇〇〇	四、〇〇〇、〇〇〇	本款遵照教育部會字第一五九八號訓令續造請領名冊附校呈核合併註明
				〇〇	〇〇	
	一		公費生補助費	四、〇〇〇、〇〇〇	四、〇〇〇、〇〇〇	
				〇〇	〇〇	
		一	公費生補助費	四、〇〇〇、〇〇〇	四、〇〇〇、〇〇〇	
				〇〇	〇〇	
合計				四、〇〇〇、〇〇〇	四、〇〇〇、〇〇〇	
				〇〇	〇〇	

校長吳汝雷

主辦會計人員吳松齡

0251

中華民國三十七年 七月 日編

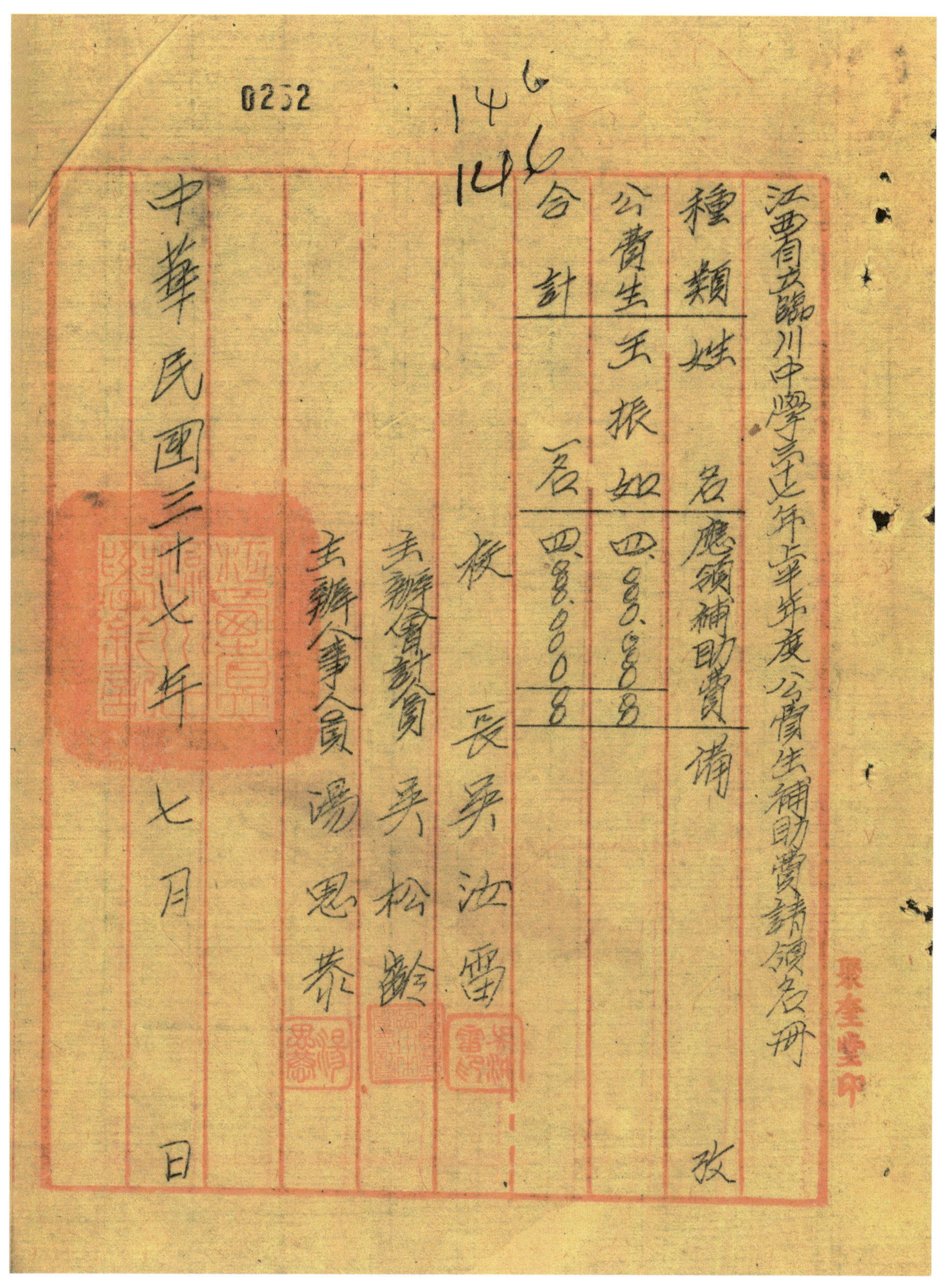

0252

146

江西省立臨川中學三十七年上半年度公費生補助費請領名冊

種類	姓名	應領補助費	備考
公費生	王振如	四、880、000 8	
合計	一名	四、880、000 8	

校長 吳汝雷

主辦會計員 吳松齡

主辦人事人員 湯思恭

中華民國三十七年七月 日

聚奎堂印

江西省教育厅和江西省立九江中学关于蒋华信、李佑生、林必澄申请公费待遇的来往文书（一九四八年七月至十二月）

江西省立九江中学关致省教育厅的呈（一九四八年七月二十九日）

0265　153

一股

事由：呈送蔣華信李佑生等二員申請書暨卹亡給與令懇請准予從優核給補助以資救濟由

中華民國卅七年八月卅一日星期二

中華民國卅七年八月卅一日收到

附件 11

決定辦法

擬辦

江西省立九江中學呈

九字第一四二號

民國三十七年七月二十九日

竊職校初二學生蔣華信本省九江縣人初一新生李佑生湖北天門縣人二員家境清寒生活艱困且均為抗戰功勳子弟本期入學除經免除應繳一切雜費外其所需膳食書籍等費仍屬無力措籌先後並經由該生等家長依照奉頒抗戰功勳子女就學優待條例填具申請書連同前軍事委員會卹亡給與令照片涕泣哀陳到校請求職校准予轉請撥給款項補助以全其子弟求學夙願而竟其先人衛國遺志等情茲特據情檢同蔣華信李佑生

年　月　日收文　字第 16826 號

育

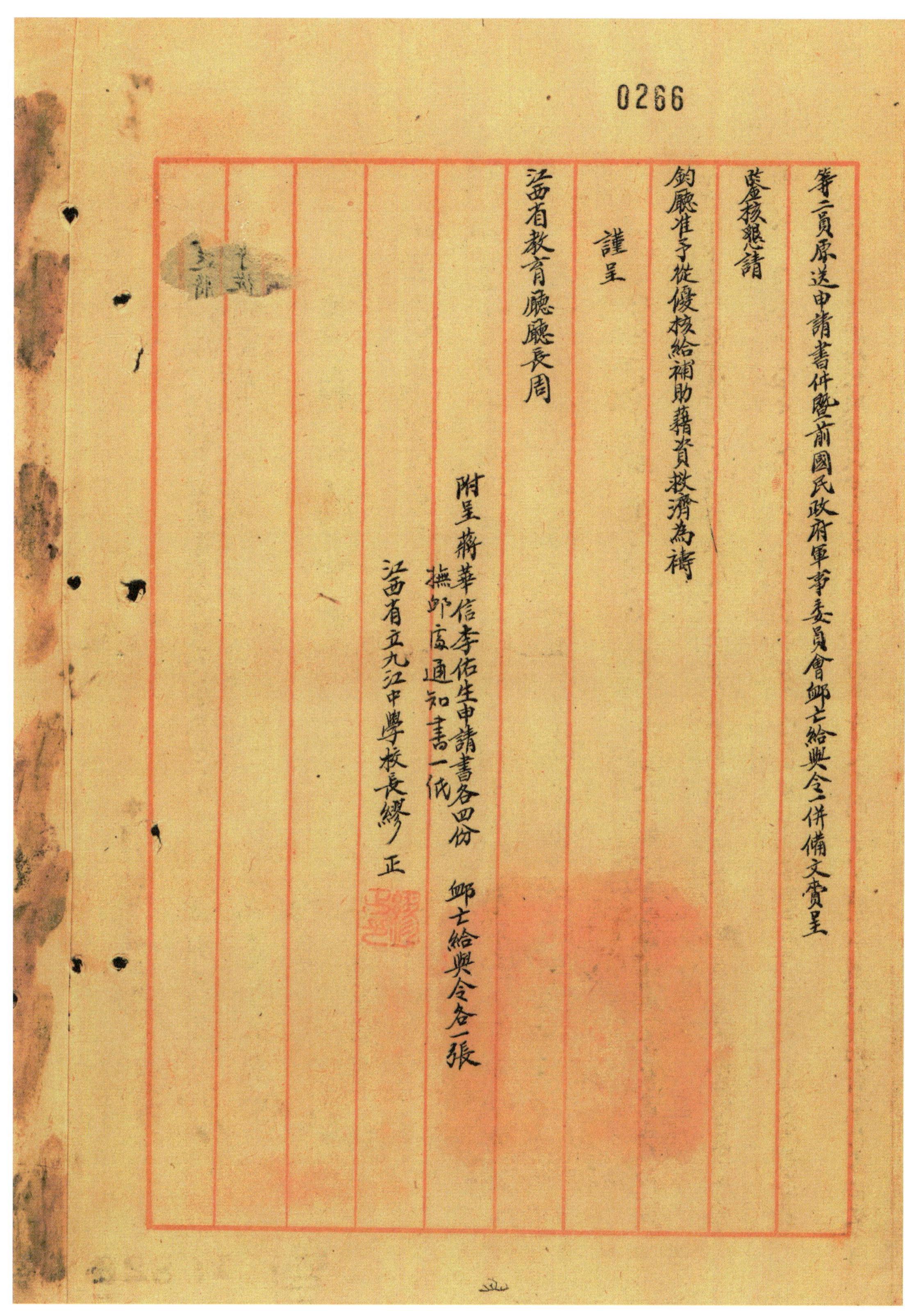

0266

等二員原送申請書件暨前國民政府軍事委員會卹亡給與令一併備文賚呈

鑒核懇請

鈞廳准予從優核給補助藉資救濟爲禱

謹呈

江西省教育廳廳長周

附呈蔣華信李佑生申請書各四份　卹亡給與令各一張

撫卹處通知書一紙

江西省立九江中學校長繆　正

附：联合勤务总司令部抚恤处通知

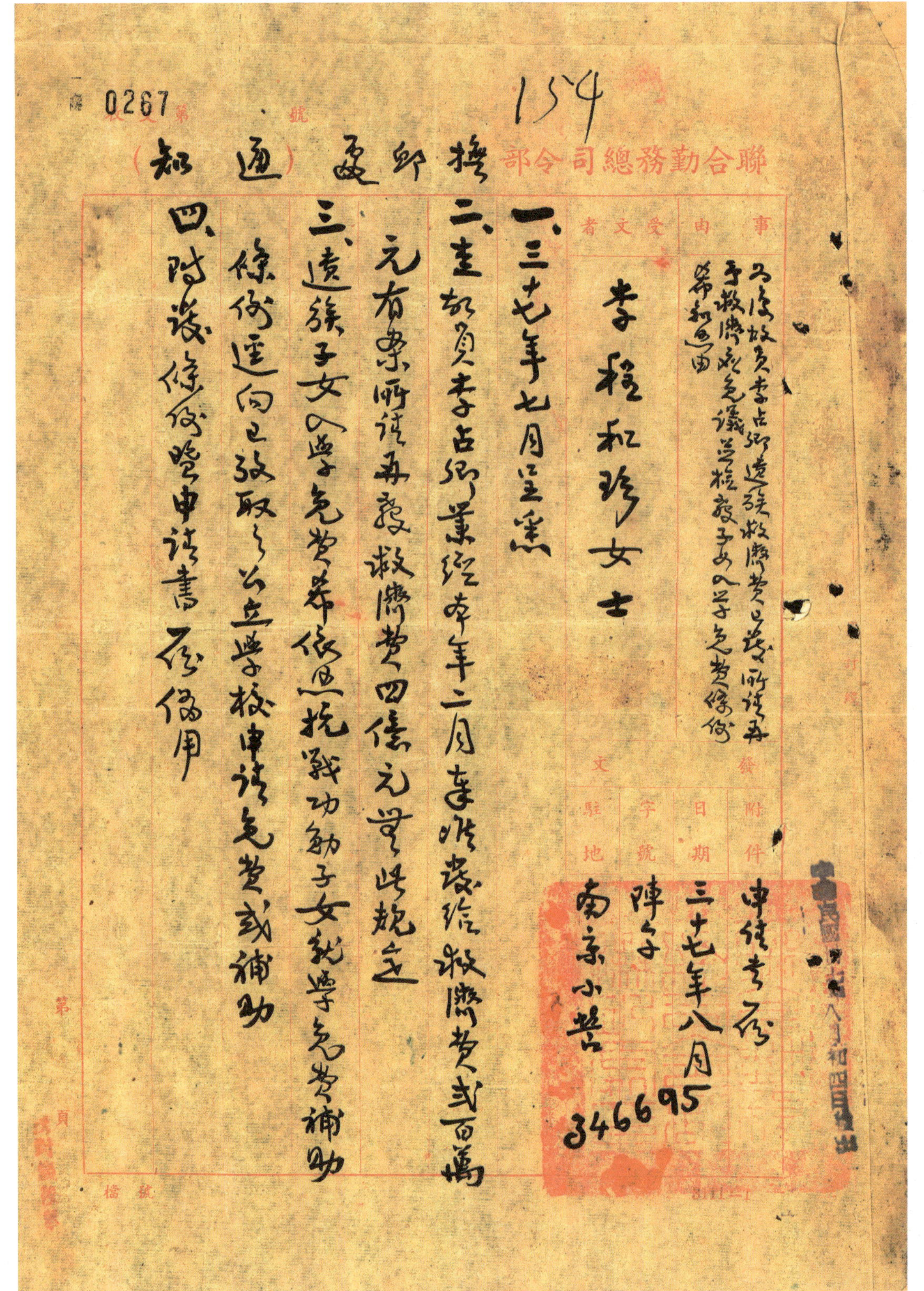

0267 收文第 號

154

聯合勤務總司令部撫卹處通知（箋）

事由：為陣故員李占卿遺族撫卹費已發所請再予撫卹應免議並檢發子女入學免費條例希知照由

受文者：李程和珍女士

一、三十七年七月呈悉

二、查故員李占卿業經本年二月核准發給撫卹費弍百萬元有案，所請再發撫卹費四億元無此規定

三、遺族子女入學免費希依照抗戰功勳子女就學免費補助條例逕向已考取之公立學校申請免費或補助

四、附發條例暨申請書各份備用

發文

附件：申請書各

日期：三十七年八月

字號：陣字346695

駐地：南京小營

江西省立九江中学致省教育厅的呈（一九四八年九月十日）

0273

158

一股

事由：呈报本校初一新生林必澄申请公费书表四份及给与令一份敬乞鉴核由

中华民国卅七年九月十三日星期一

决定办法

拟办

附件 5

江西省立九江中学呈　九一四一七号　民国三十七年九月十日

窃职校初一新生林必澄籍隶广东蕉岭县人，现年十四岁，家境清贫，生活艰苦，且为抗战功勋子弟，本期入学除经免除应缴一切什费外，其所需膳食书籍等费仍属无力措筹，先后并经由该生家毋依照奉颁抗战功勋子弟就学优待条例填具申请书，连同国防部卹亡给与令照片哀陈到校，请求准予转请拨给该项补助，以全其子弟求学夙愿等情，兹特据情检同该生林必澄原送申请书件暨国防部卹亡给与令一

中华民国卅七年九月十三日

发

17688

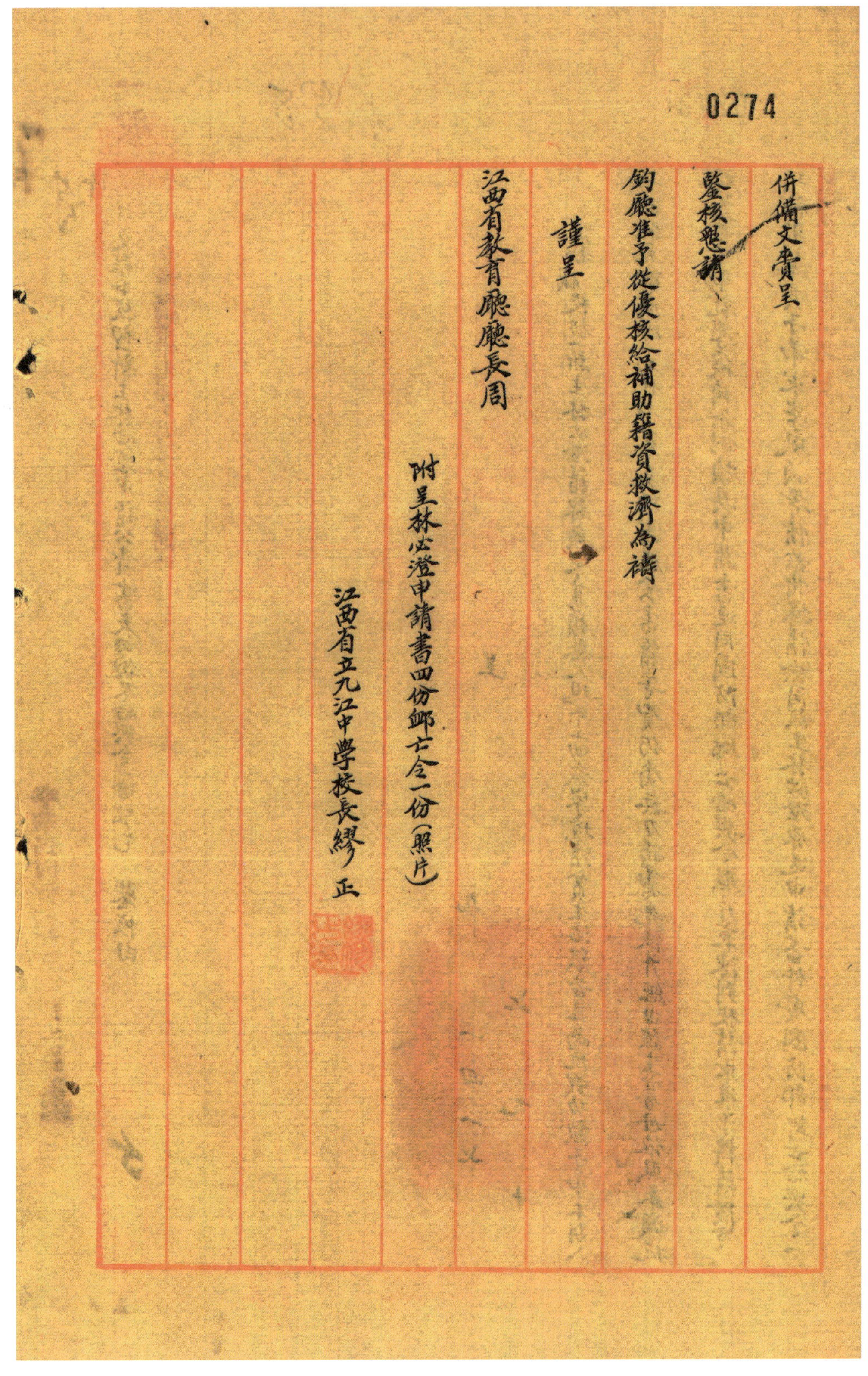
0274

併備文賫呈
鑒核懇請
鈞廳准予從優核給補助籍資救濟為禱
謹呈
江西省教育廳廳長周
附呈林必澄申請書四份郵亡令一份（照片）
江西省立九江中學校長繆正

江西省教育厅致省立九江中学的指令（一九四八年九月二十九日）

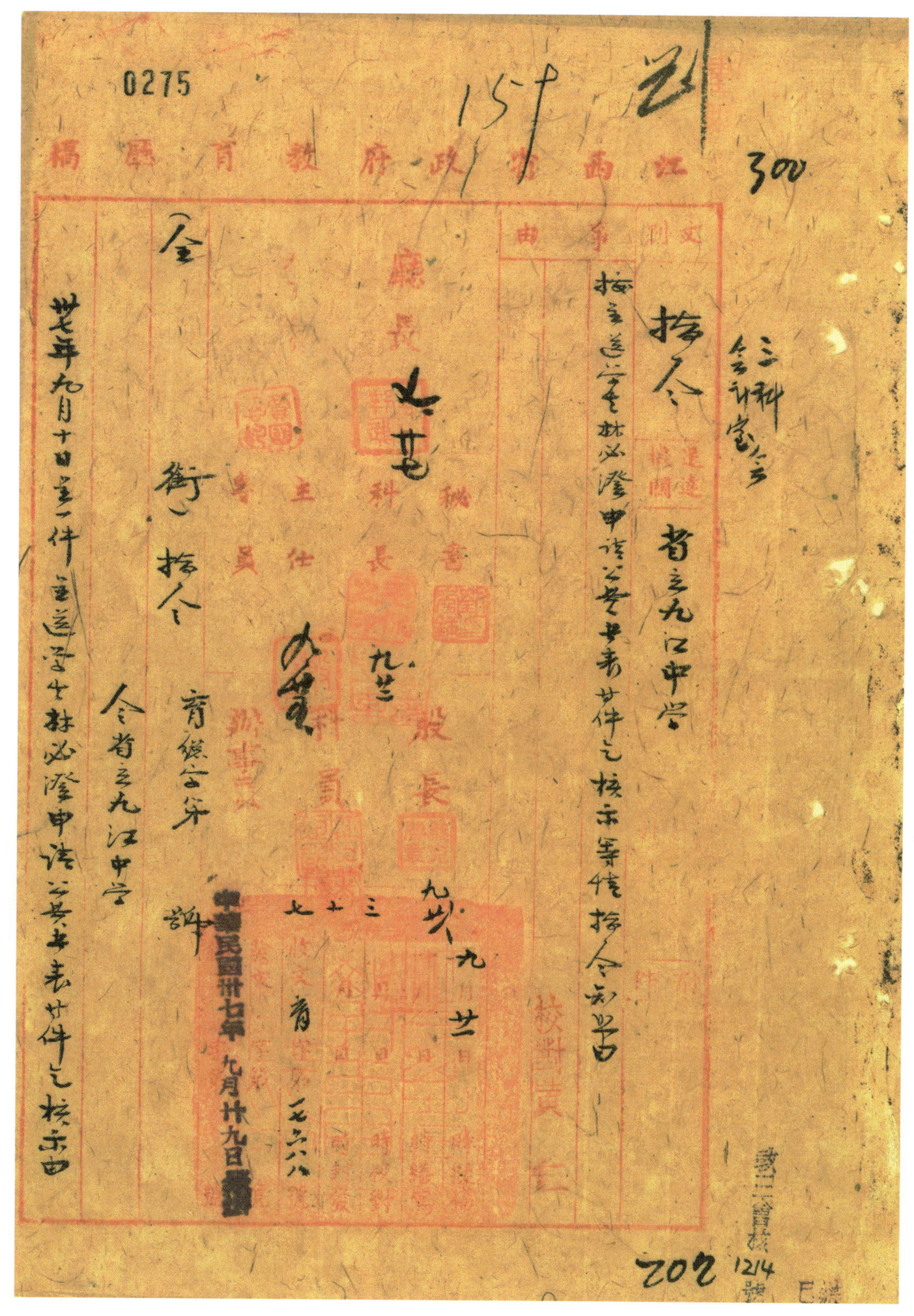

0275

江西省政府教育厅稿

文别：指令

事由：据呈送学生林必澄申请公费考表廿件已核示等情指令知照由

省立九江中学

厅长 文范

全衔 指令

育总字第 号

令省立九江中学

卅七年九月十日呈一件呈送学生林必澄申请公费考表廿件已核示由

中华民国卅七年九月廿九日

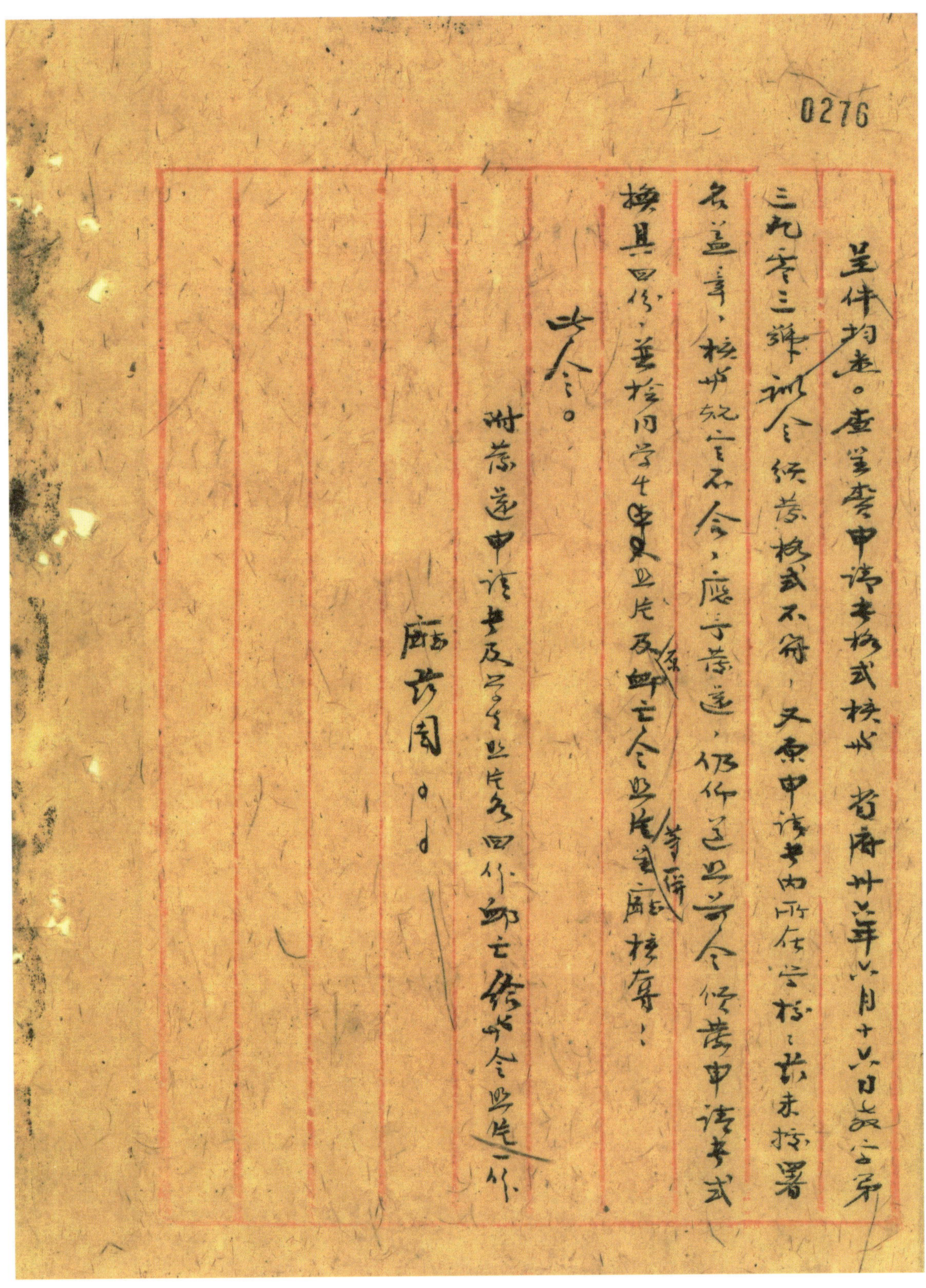

0276

呈件均悉。查呈赍申请书格式核与省府卅六年六月十六日教字第三九零三号训令颁发格式不符,又原申请书内所在学校之校长未签署名盖章,核与规定不合,应予发还,仰仍照前令依照申请书式换具四份,并检同学生半身照片及原亡人照片等件呈厅核夺!

此令。

附发还申请书及学生照片各四份、亡人照片一份

厅长 周○○

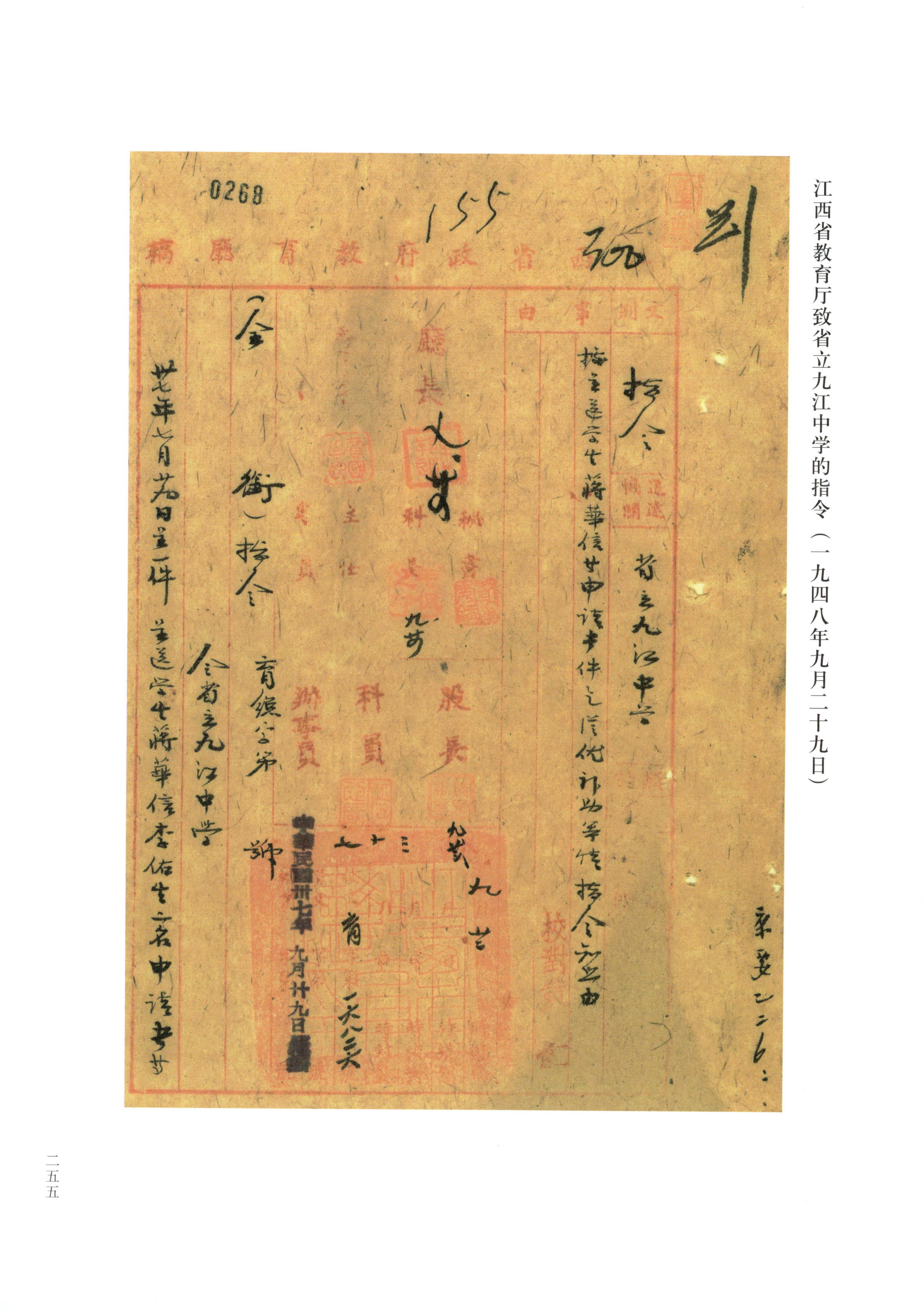

江西省教育厅致省立九江中学的指令（一九四八年九月二十九日）

江西省政府教育廳稿

0268

文別 事由

中華民國卅七年九月廿九日

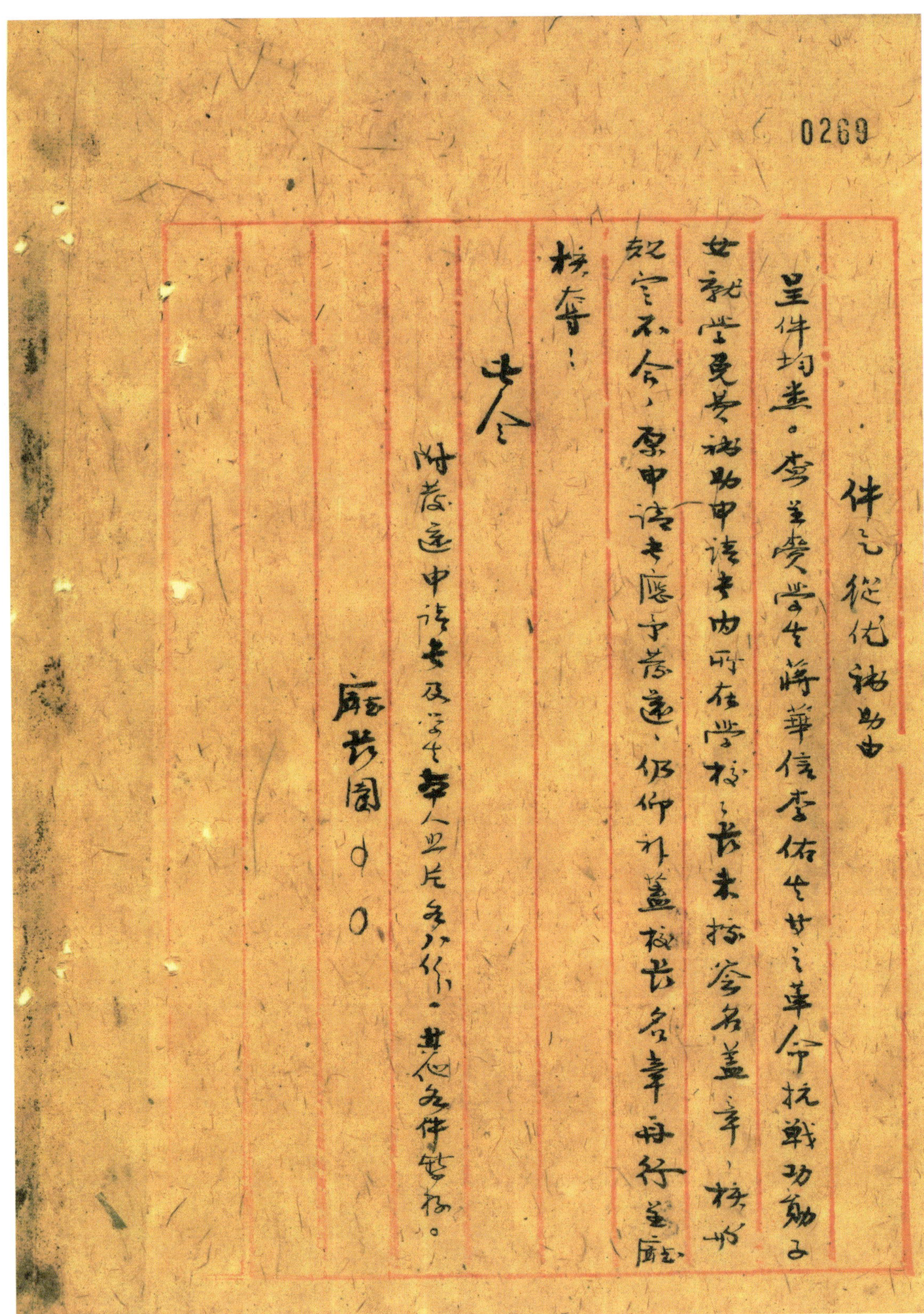

0269

件之從優補助由

呈件均悉。查羊慶學生蔣華信李佑生共二名革命抗戰功勳子女就學免費補助申請書內所在學校校長未據簽名蓋章，核與規定不合。原申請書應予發還，仰即補蓋校長名章再行呈廳核奪！

此令

附發還申請書及學生本人照片各八份。其他各件存檔。

廳長 周○○

江西省立九江中学致省教育厅的呈（一九四八年十月十三日）

0352

事由

謹將本校學生蔣華信等申請書表補具簽章敬祈

鑒核由

江西省立九江中學呈

九字第一四四八號

民國三十七年十月十三日

案奉

鈞廳育撼一六八二六號及一七六八八號指令并發還蔣華信等三名申請書飭即遵式補具學校校長簽章再行呈廳核奪等因奉此自應遵辦謹將各該生等申請公費書表補具簽章一併賫呈

敬祈

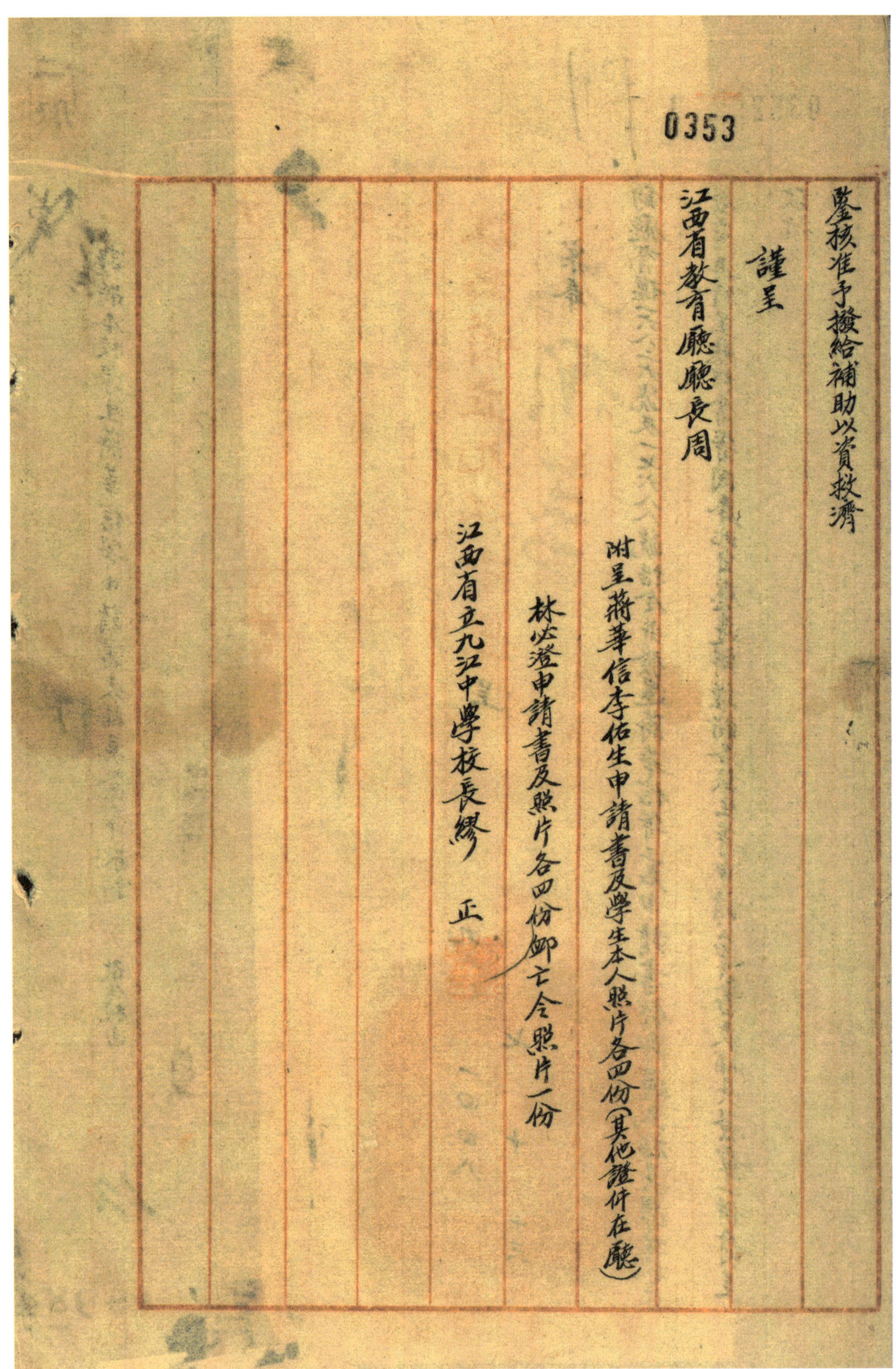

0353

鉴核准予拨给补助以资救济

谨呈

江西省教育厅厅长周

附呈蒋华信李佑生申请书及学生本人照片各四份（其他证件在厅）

林炎澄申请书及照片各四份，卹亡令照片一份

江西省立九江中学校长缪　正

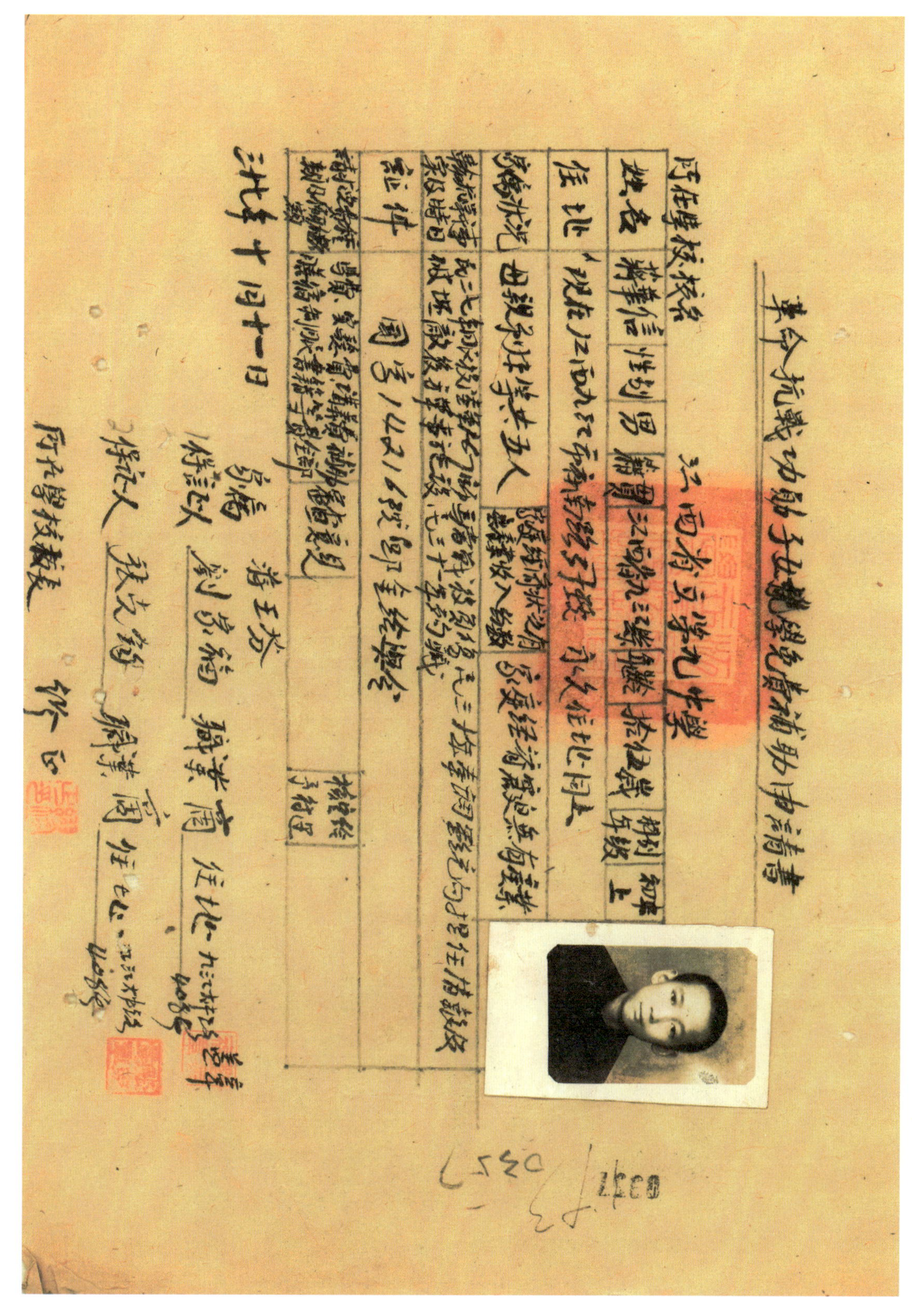

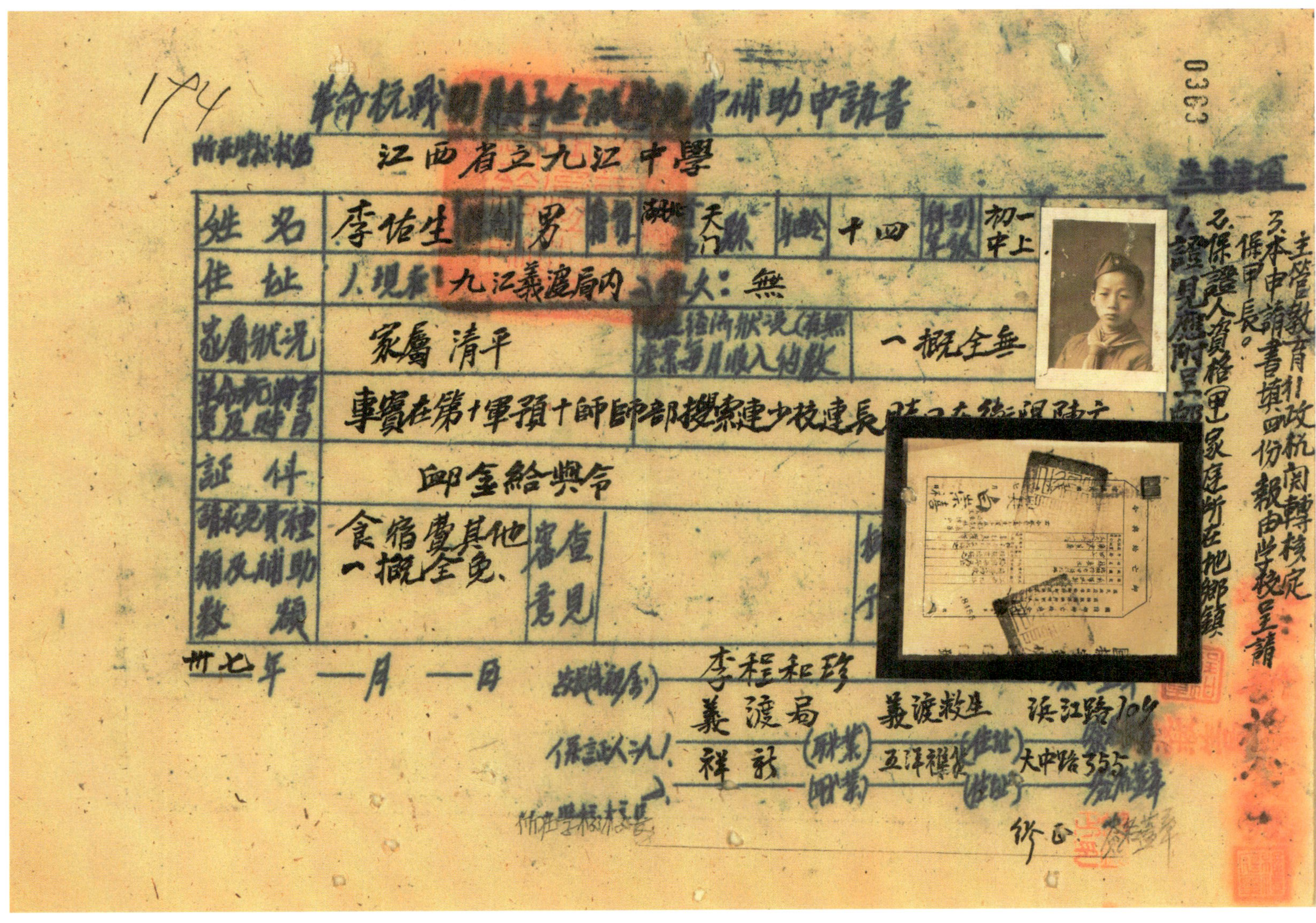

174

革命抗战[illegible]费补助申请书

所在学校校名 江西省立九江中学

姓名	李佑生	性别	男	籍贯	湖北天门县	年龄	十四	肄业年级	初一中上
住址	1.现在 九江义渡局内			2.[illegible]	無				
家属状况	家属清平			经济状况（有无产业每月收入约数）	一概全無				
革命抗战事实及时间	事实在第十军预十师师部搜索连少校连长[illegible]								
証件	卹金给与令								
请求免费种类及补助数额	食宿书其他一概全免	审查意见							

卅七年一月一日 申请人（家长） 李程和珍 义渡局

保证人二人 义渡救生 滨江路104

祥新 （职业）五洋襍货 （住址）大中路355

所在学校校长 修正

注意事项

1.主管教育行政机关转核定

2.保证人资格（甲）家庭所在地乡镇保甲长。

3.本申请书填四份报由学校呈请

4.证见应附呈[illegible]

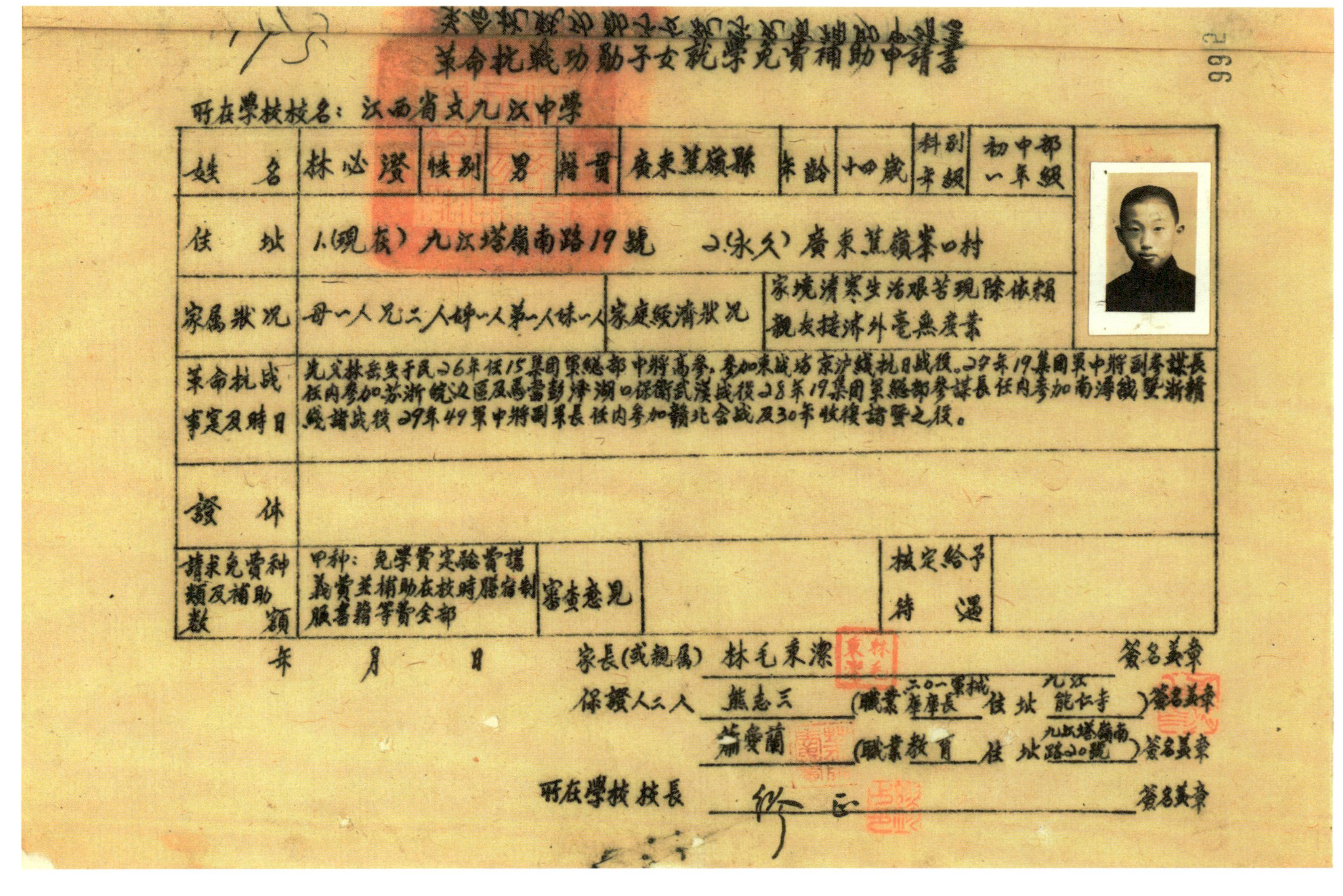

革命抗戰功勳子女就學免費補助申請書

所在學校校名：江西省立九江中學

姓名	林必璆	性別	男	籍貫	廣東蕉嶺縣	年齡	十四歲	科別年級	初中部一年級
住址	1.（現在）九江塔嶺南路19號　2.（永久）廣東蕉嶺寨口村								
家屬狀況	母一人兄二人姊一人弟一人妹一人	家庭經濟狀況	家境清寒生活艱苦現賴依賴親友接濟外毫無產業						
革命抗戰事實及時日	先父林岳生于民26年任15集團軍總部中將高參，參加東戰場京滬線抗日戰役。27年19集團軍中將副參謀長任內參加蘇浙皖邊區及馬當彭澤湖口保衛武漢戰役。28年19集團軍總部參謀長任內參加南潯截擊浙贛線諸戰役。29年49軍中將副軍長任內參加贛北會戰及30年收復諸暨之役。								
證件									
請求免費種類及補助數額	甲種：免學費實驗實習費並補助在校時膳宿制服書籍等費全部	審查意見		核定給予待遇					

年　月　日

家長（或親屬）林毛秉濂　簽名蓋章

保證人二人　熊志三（職業 二〇一軍械庫庫長　住址 九江龍侯寺）簽名蓋章

蕭愛蘭（職業 教育　住址 九江塔嶺南路20號）簽名蓋章

所在學校校長 ［簽名］　簽名蓋章

江西省教育厅致省立九江中学的指令（一九四八年十二月十一日）

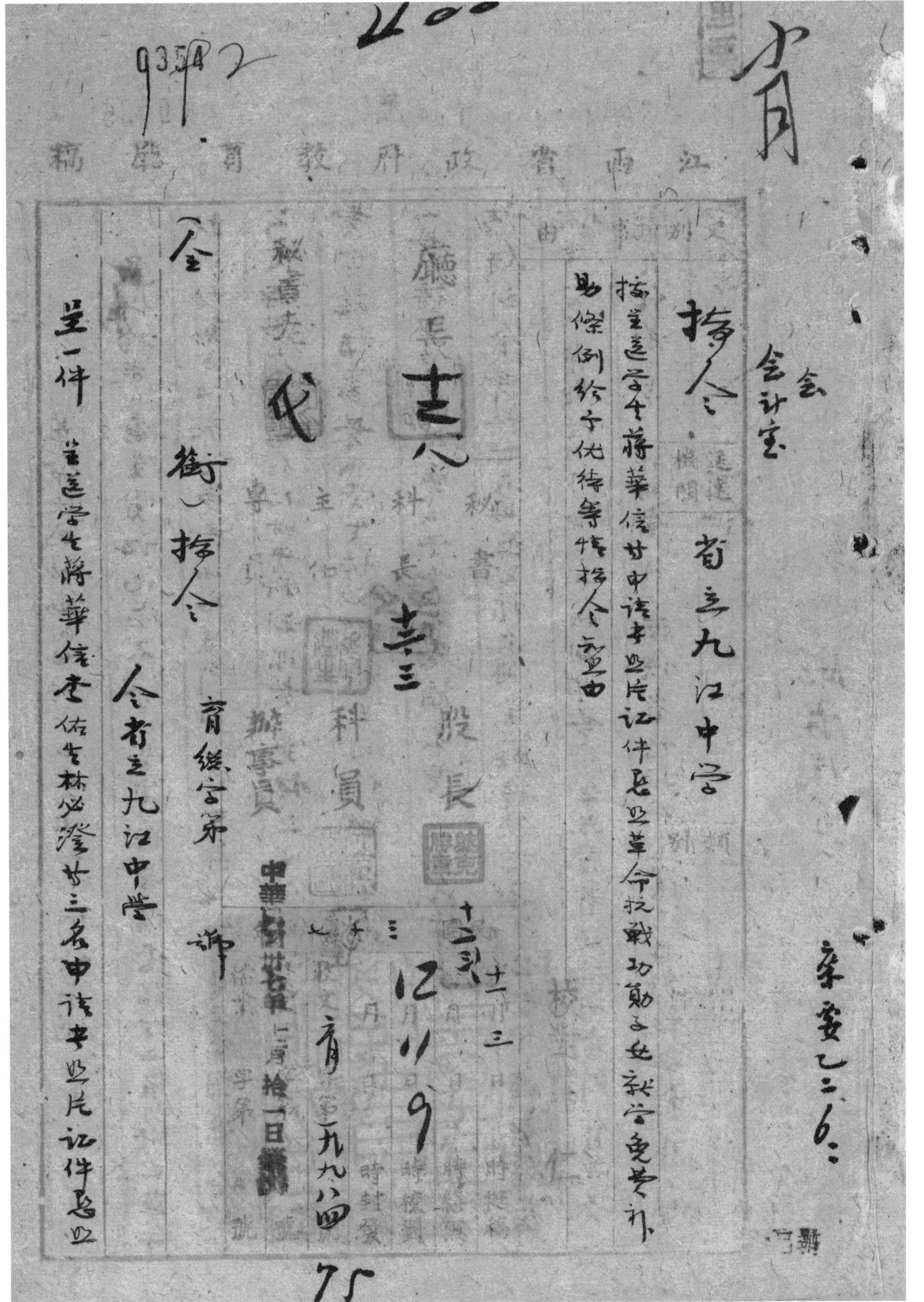

江西省政府教育厅稿

指令 省立九江中学

据呈送学生蒋华信申请书照片证件恳照革命抗战功勋子女就学免费补助条例给予优待等情指令知照由

（全衔）指令 育丝字第 号

令省立九江中学

呈一件 呈送学生蒋华信、李佑生、林必澄等三名申请书照片证件恳照

中华民国卅七年十二月拾一日

革命抗戰功勳子女就学免費補助條例給予优待由

呈件均悉。查呈費证书无不合，学生蒋華信、李佑生二名，准照革命抗戰功勳子女就学免費補助條例第二條甲款规定，自本学期起，给予全公費待遇，及补助在校時書籍制服費，並依照同條例第六條规定免收学費實驗讲義費，学生林必隆准照同條例第二條乙款规定，给予全公費待遇，并由校免收学費實驗讲義費，以上各生公費应照规定分別编造請領副食費核發名冊及公粮名冊呈廳核轉撥發，至学生蒋華信李佑生二名本期应补助之書籍制服費，本年度省核發因未列有此项龐大经費，無從补助全部，应俟省核發核定後，再行统筹撥补，仰即知照。

此令。

件存。

廳長閻○○

江西省教育厅和江西省立南昌女子中学关于袁秋云申请免费就学并给予补助事宜的来往文书（一九四八年九月至十月）

江西省立南昌女子中学致省教育厅的呈（一九四八年九月二十七日）

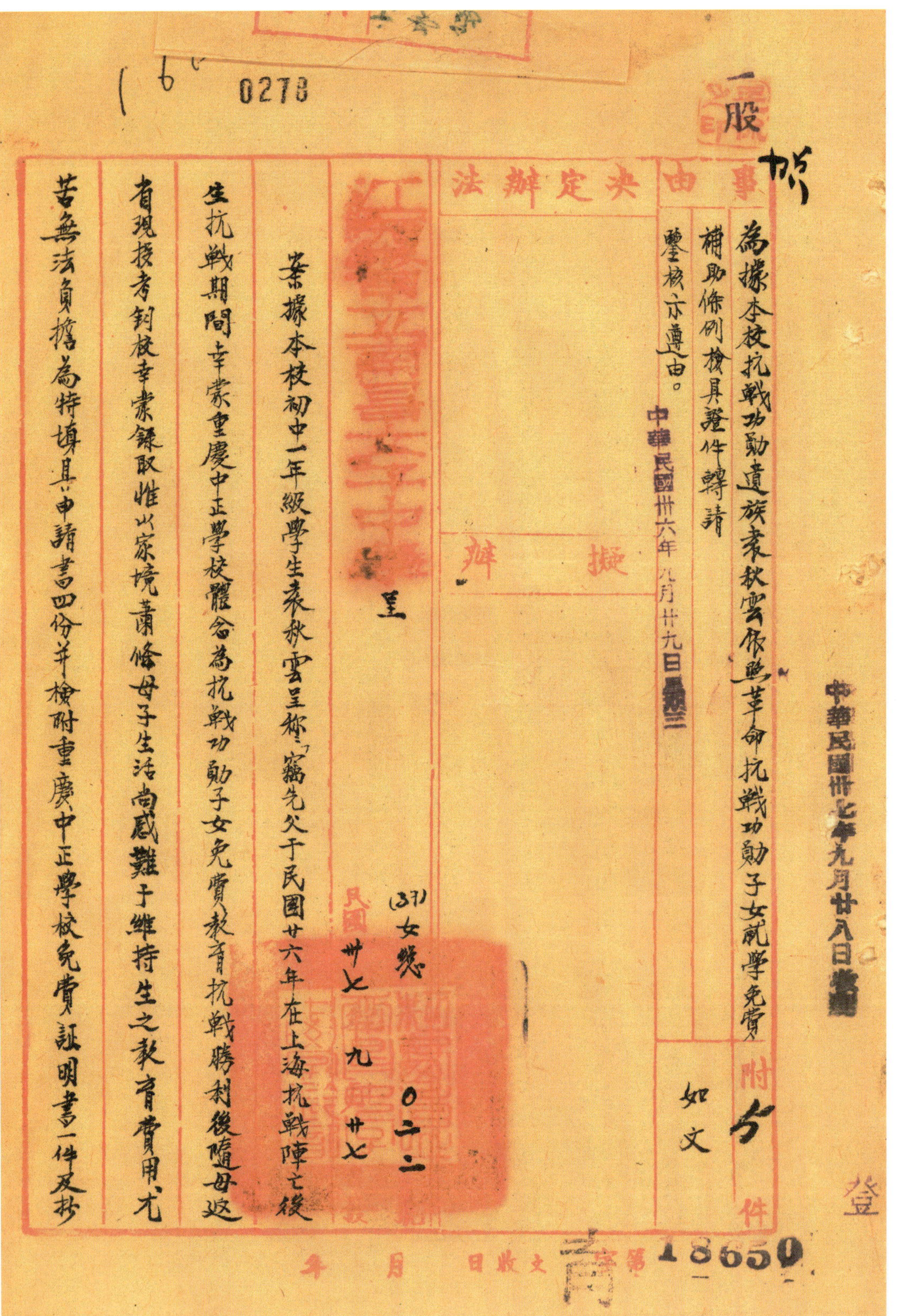

0278

一股

事由：為據本校抗戰功勳遺族袁秋雲依照革命抗戰功勳子女就學免費補助條例檢具證件轉請鑒核示遵由。

中華民國卅六年九月廿九日

中華民國卅七年九月廿八日

決定辦法

擬辦

附件：如文

江西省立南昌女子中學 呈 (37)女總 〇二二 民國卅七年九月廿七日

案據本校初中一年級學生袁秋雲呈稱：「竊先父于民國廿六年在上海抗戰陣亡後，生抗戰期間幸蒙重慶中正學校體念為抗戰功勳子女免費教育，抗戰勝利後隨母返省，現投考鈞校，幸蒙錄取，惟以家境蕭條，母子生活尚感難于維持，生之教育費用，尤苦無法負擔，為特填具申請書四份，并檢附重慶中正學校免費證明書一件及抄

年 月 日收文 字第18650

0279

同國民政府軍事委員會撫卹委員會撫字第一四五四七號卹令一紙，報請鑒核，伏懇准予依照抗戰功勳子女免費就學條例，轉請教育廳予以免費並優給補助，俾生得以完成學業，實不勝沾感之至！」等情。據此，查所稱屬實，理合檢同原件呈請鑒核，懇准依照革命抗戰功勳子女就學免費補助條例給予公費待遇，並乞示遵！

謹呈

江西省政府教育廳廳長周

附送申請書三份（附相片），抄國民政府軍事委員會卹令一件，中正學校免費證明書一件。

江西省立南昌女子中學校長李珍奐

附一：恤金给与令

卹金給與令

國民政府軍事委員會卹亡給與令會撫字第19547號

茲有第十四師八十三團一營少校營長晉中校袁光應籍隸江西省瑞金縣現年三十歲於二十六年十月　日在江蘇抗戰陣亡

按照平戰時撫卹暫行條例戰時抗戰陣亡例呈請

國民政府核准優給該故

一次卹金[illegible]元遺族年撫金[illegible]元除存根備查外為此令仰該遺族遵照後開附記屆時具領毋得故違定章遲延貽誤此令

計開

一次卹金[illegible]元

遺族年撫金[illegible]元

民國　年　月　日領訖

民國　年　月　日領訖	民國　年　月　日領訖
民國　年　月　日領訖	民國　年　月　日領訖
民國　年　月　日領訖	民國　年　月　日領訖
民國　年　月　日領訖	民國　年　月　日領訖
民國　年　月　日領訖	民國　年　月　日領訖
民國　年　月　日領訖	民國　年　月　日領訖
民國　年　月　日領訖	民國　年　月　日領訖

委員長

右令故員袁妻賀佩貞、應生、應星、女秋雲執收

中華民國　年　月　日

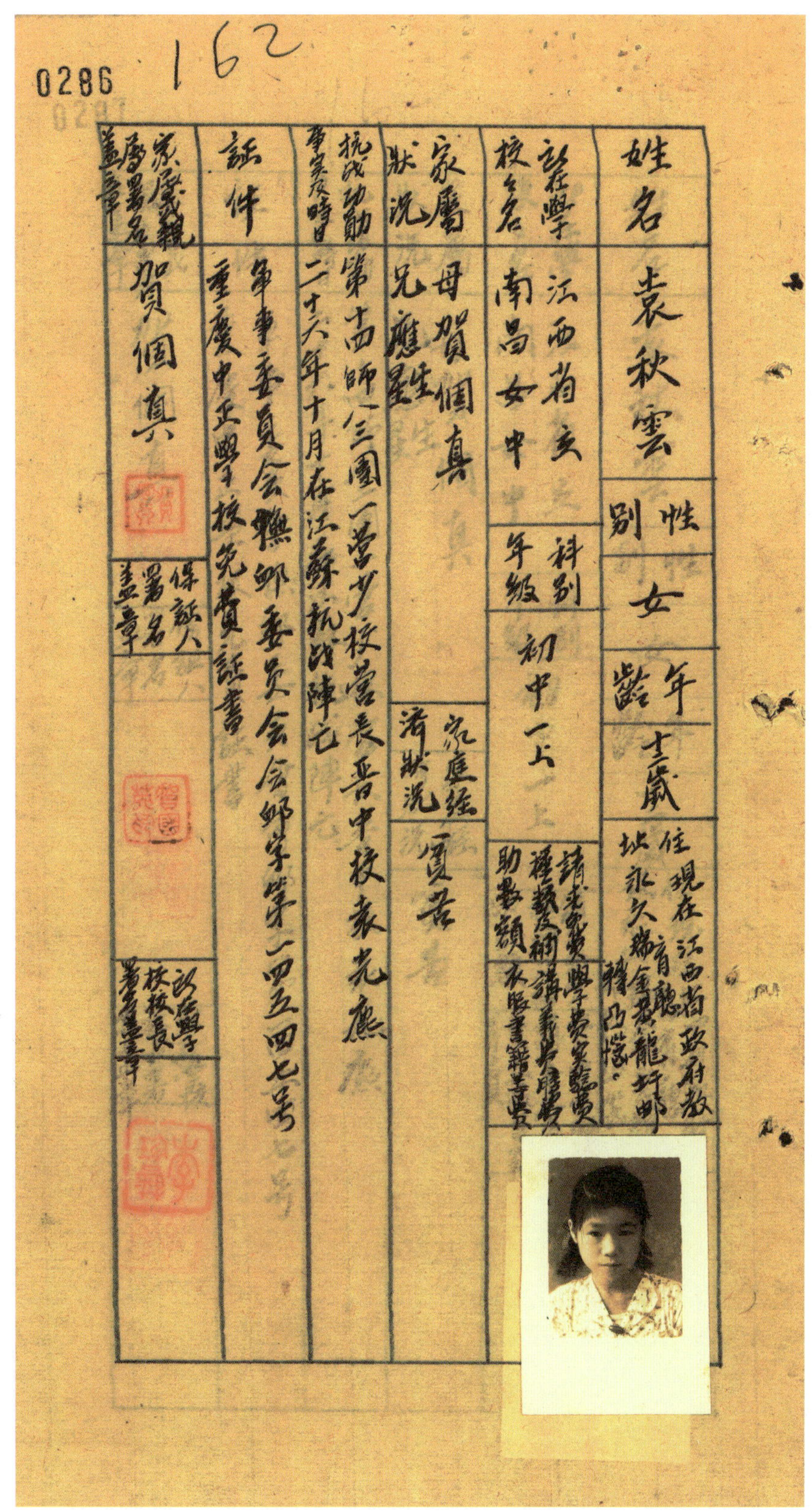

0286　162

姓名	袁秋雲
性別	女
年齡	十二歲
現在住址	江西省政府教育廳金恭龍轉
永久住址	[illegible]
在學學校名	江西省立南昌女中
科別年級	初中一上
家屬狀況	母賀佩真　兄應星生
家庭經濟狀況	貧苦
請求免費學費實驗費講義費膳費衣服書籍等費種類及補助數額	
抗戰功勳事實及時日	第十四師八三團一營少校營長晉中校袁光廉　二十六年十月在江蘇抗戰陣亡
證件	軍事委員會撫卹委員會卹字第一四五四七號　重慶中正學校免費證書
家屬或親屬簽名蓋章	賀佩真
保證人簽名蓋章	
在學學校校長簽名蓋章	

附三：学校免费证明书

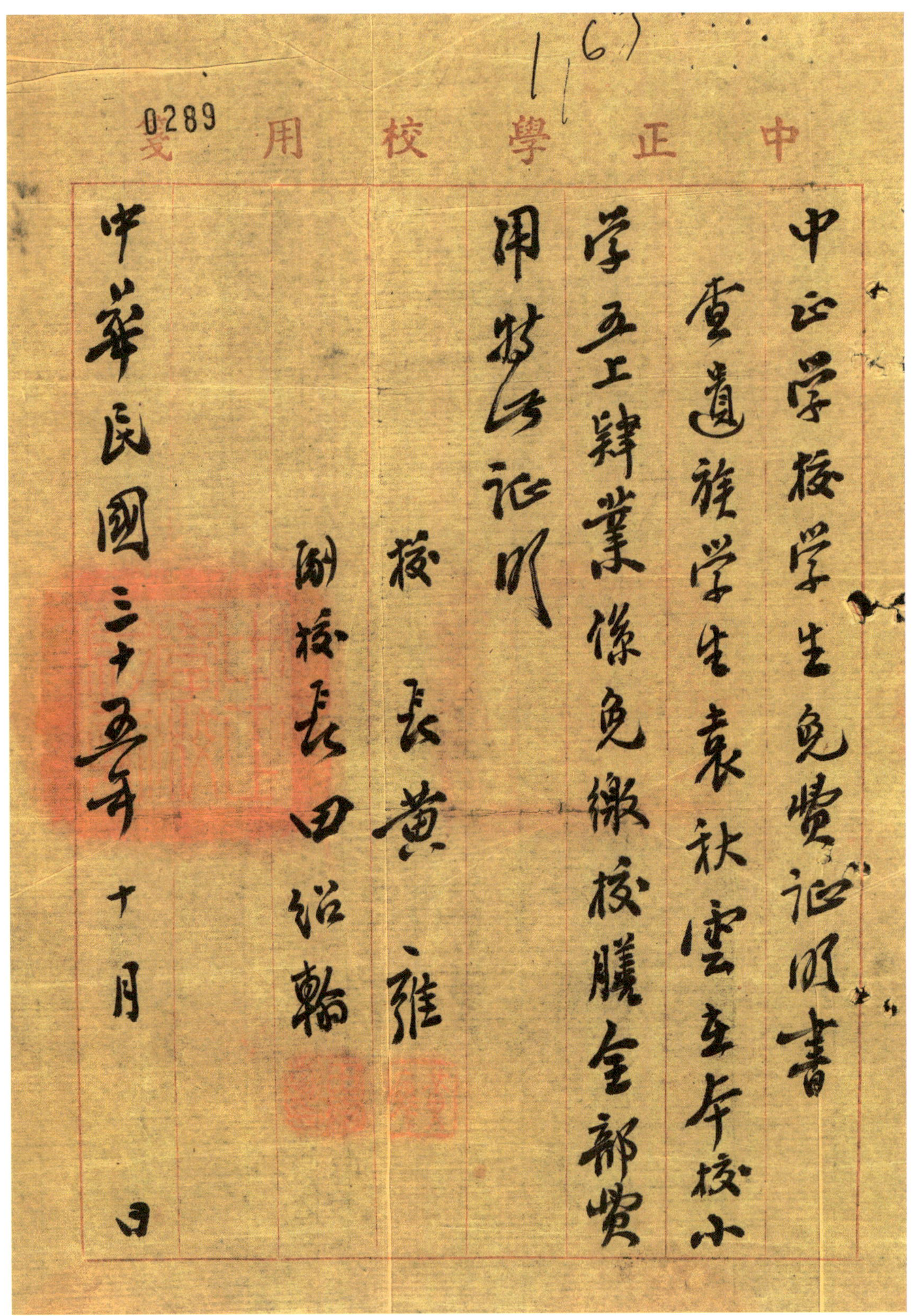

0289

中正學校用箋

中正学校学生免费证明书

查遗族学生袁秋云在本校小学五上肄业，係免缴校膳全部费用，特此证明。

校长黄维

副校长田绍翰

中华民国三十五年十月日

江西省教育厅致省立南昌女子中学的指令（一九四八年十月十三日）

0280　161

江西省政府教育廳稿

文別：指令

事由：據呈送學生袁秋雲申請書並片抄同郵金令請依照革命抗戰功勳子女就學免費辦法條例給予優待等情指令知照由

送達機關：省立南昌女子中學

廳長　十七

秘書主任

秘書　十七

科長　毛儀樺

股長

主任　十六

辦事員

校對　黃仕

民國三十七年十月五日擬稿　十月十二日繕寫　十月十七日校對

收文育字第18650號

中華民國卅七年拾月拾三日發

（全銜）指令

育　字第　號

令省立南昌女子中學

三十七年九月廿七日呈一件，呈送學生袁秋雲申請書並片抄同郵金令……

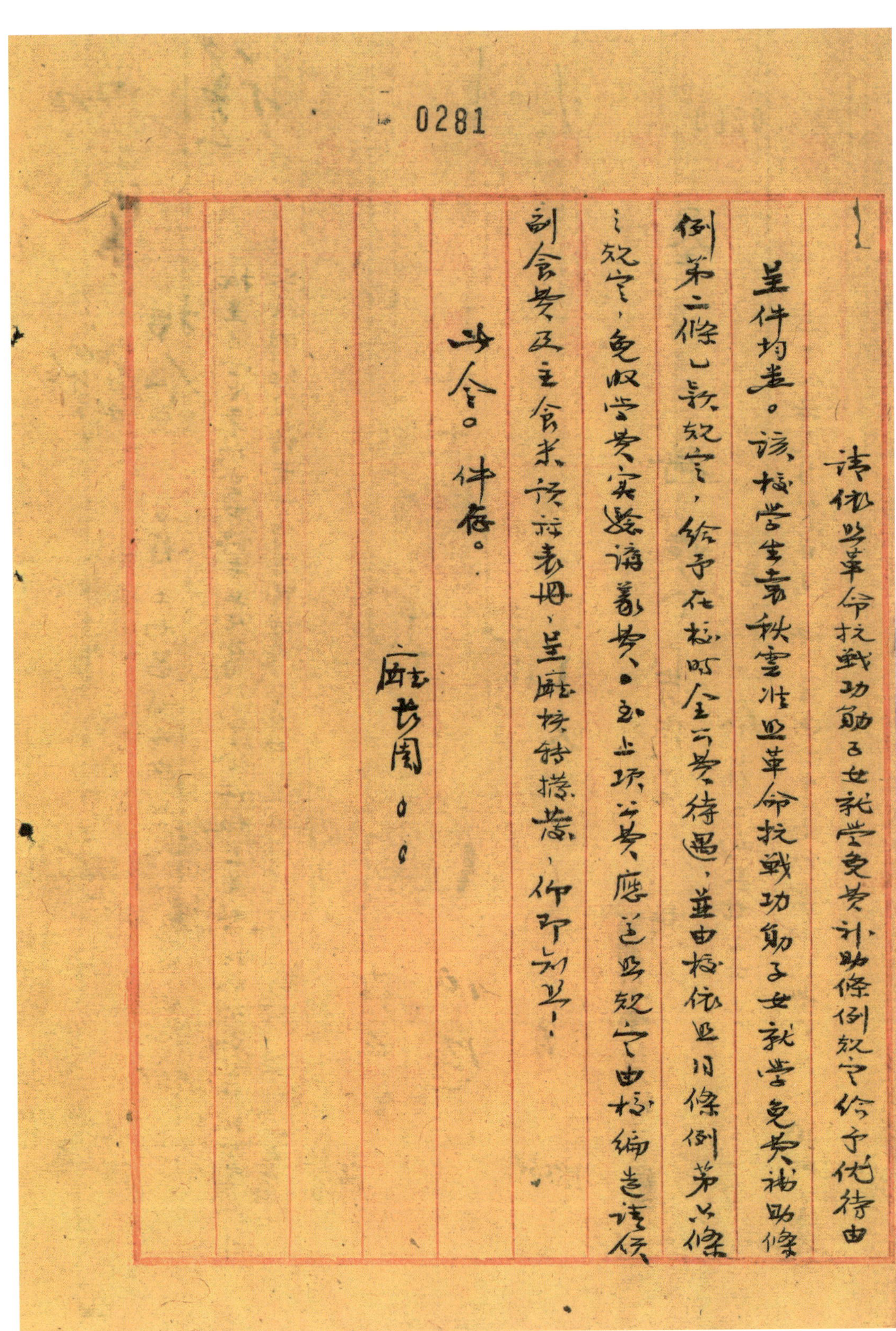

0281

请依照革命抗战功勋子女就学免费补助条例规定给予优待由

呈件均悉。该校学生袁秋云准照革命抗战功勋子女就学免费补助条例第二条一款规定，给予在校时全公费待遇，并由校依照同条例第六条之规定，免收学费实验讲义费。至上项公费，应照规定由校编造请领副食费及主食米领款表册，呈厅核转拨发，仰即知照！

此令。件存。

厅长周〇〇

江西省教育厅和宁冈县立初级中学关于蔡由达请求给予就学补助事宜的来往文书（一九四八年十月）

宁冈县立初级中学致江西省教育厅呈（一九四八年十月四日）

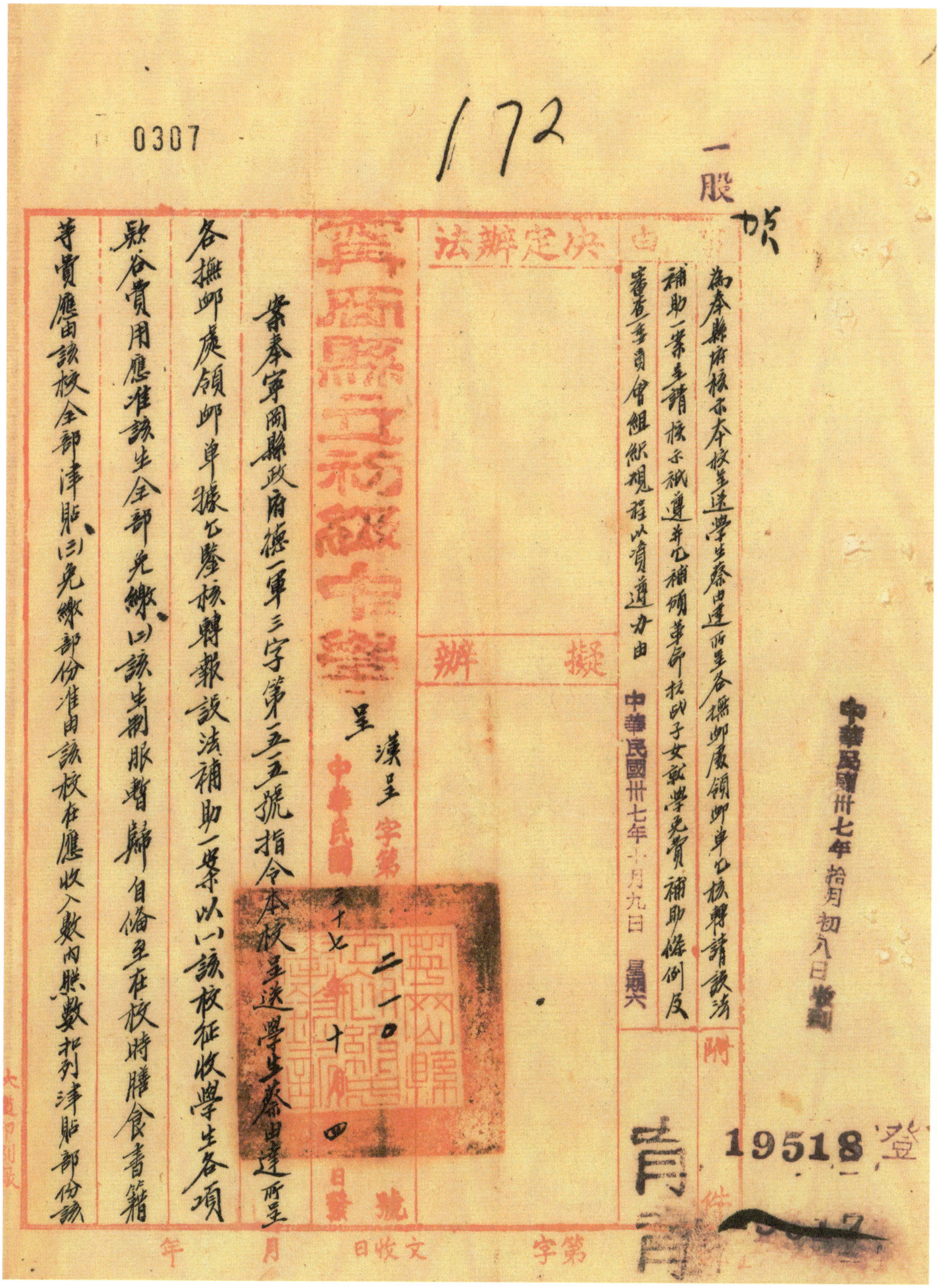

0308

費膳食准由該校在收入伙膳費項下開支書籍費准在收入學生困難費項下列支飭遵照等因奉此查本校經費由龍岡兩書院學租供給不敷甚鉅須賴每期所收學米折谷列入預算無論如何撙節最低須達學生二百名方敷開支經費困難實屬萬分故本校原定免費名額除教職員子女照例免繳學伙各費及伙膳費暨各級成績優良學生酌設五名免繳學伙各外其他各費仍須照章繳納對於抗戰功勳子女及公教人員子女就學免費規定良以經費支絀向未實行即有抗戰功勳子女如蔡佳由迭家境貧寒無力負担就學費用亦應查照革命抗戰功勳子女就學免費補助條例第七條規定報由本校依據該條例審查細則第四、五兩條辦理至該生在校時膳食書籍等費依照該條例第六條規定應由各校專案報由主管教育行政機關在教育經費內專項列支本校以財源竭蹶，教職員生活艱苦，所征收伙膳費用全係供給教職員膳食之用，藉示學生敬師之旨意，移作該生津貼膳食，似有未便。並征收體育雜等費，依照規定係專供添購圖書報章、体育衛生用品及實習材料等用途。且本校征收標準較諸規定甚低，丁茲百物昂貴，殊有捉襟見肘之苦，爲有節餘移供該生購買書籍費用，而法令亦似無此項規定。奉令前因，除呈復外，理合備文呈請鑒核示遵。至革命抗戰功勳子女就學免費補助條例第六條所謂在教育經費內專項列支，係指省抑指縣教育經費，併乞核示。再查該項革命抗戰功勳子女就學免費補助條例及審查委員會組織規程，未奉頒到校，乞予補頒，俾資遵辦！

謹呈

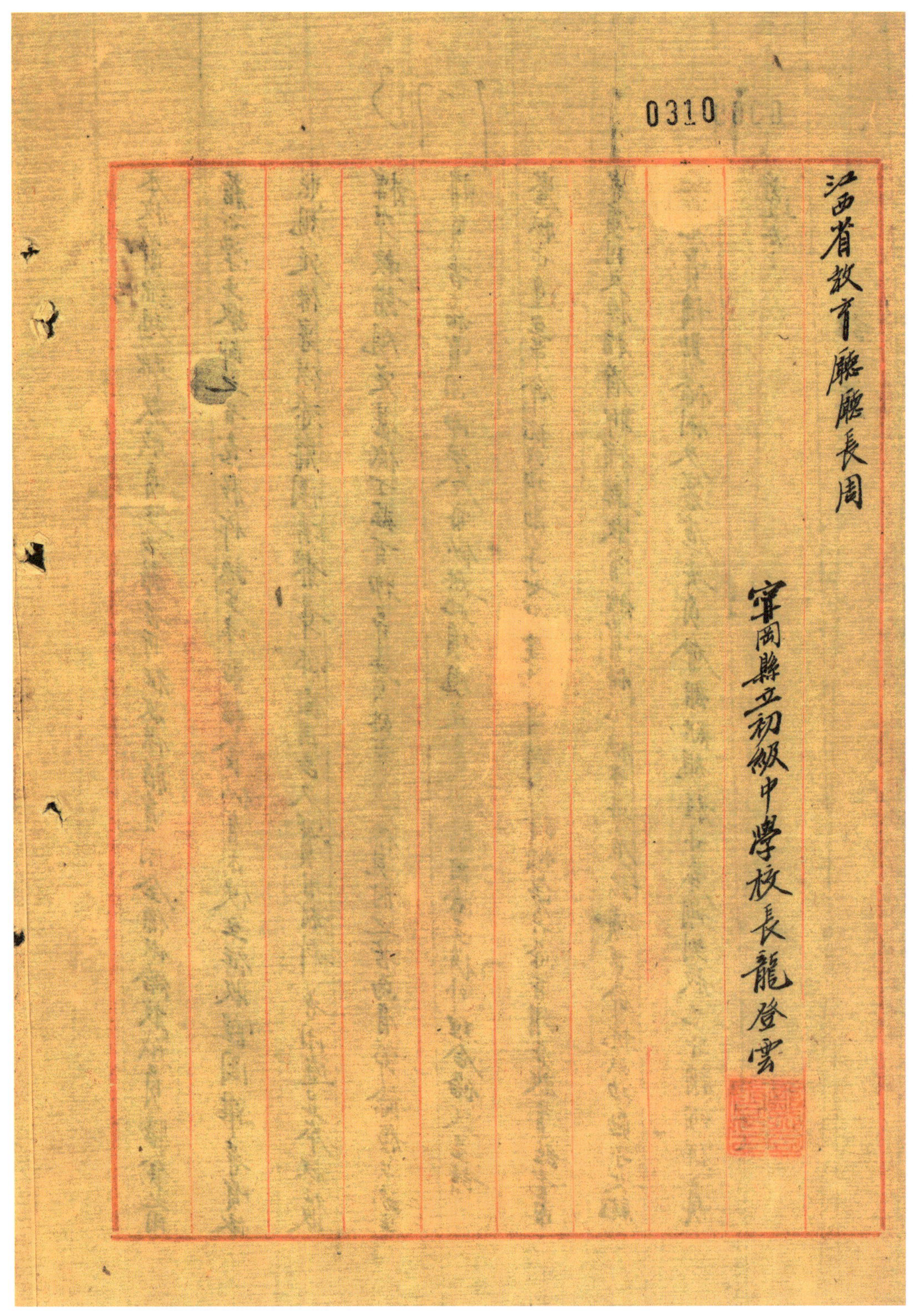

0310

江西省教育廳廳長周

寧岡縣立初級中學校長龍登雲

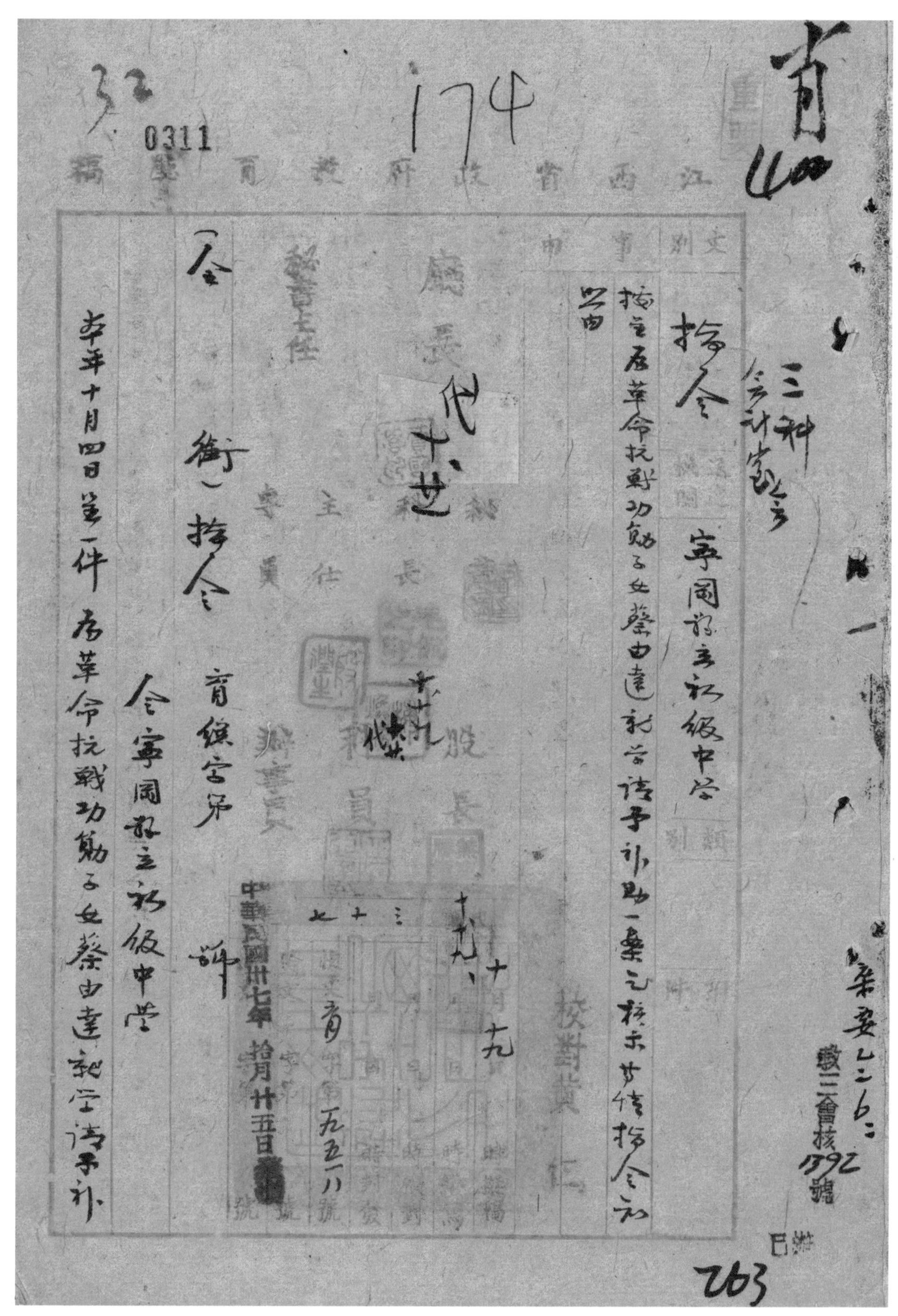
江西省政府教育廳稿

指令　寧岡縣立初級中學

據呈為革命抗戰功勳子女蔡由達就學請予補助一案已核示並飭指令知照由

令（銜）指令　育級字第　號

令寧岡縣立初級中學

本年十月四日呈一件　為革命抗戰功勳子女蔡由達就學請予補

中華民國卅七年拾月廿五日

江西省教育厅致宁冈县立初级中学的指令（一九四八年十月二十五日）

0312

助一案之核示由

呈悉。该校学生蔡由达既经核定係革命抗战功勋子女，应送照革命抗战功勋子女就学免费补助条例第六条之规定，其应免之学费实验讲义费，由校于应列收入数内照数扣列；应补助之膳宿制服书籍等费，拟由主管教育行政机关在教育经费内列支，该校属省立，此项膳宿制服书籍费应在省地方教育经费内列支。至上项革命抗战功勋子女就学免费补助条例暨审查委员会组织规程及审查细则业经省府先后令发各机关并送呈有案，可就近向省府抄录，仰併知照！

此令。

厅长周 十日

江西省教育厅和江西省立南昌高级工业职业学校关于唐尚法请求给予免费就学等事宜的来往文书
（一九四八年十月至十一月）

江西省立南昌高级工业职业学校致省教育厅的呈（一九四八年十月十一日）

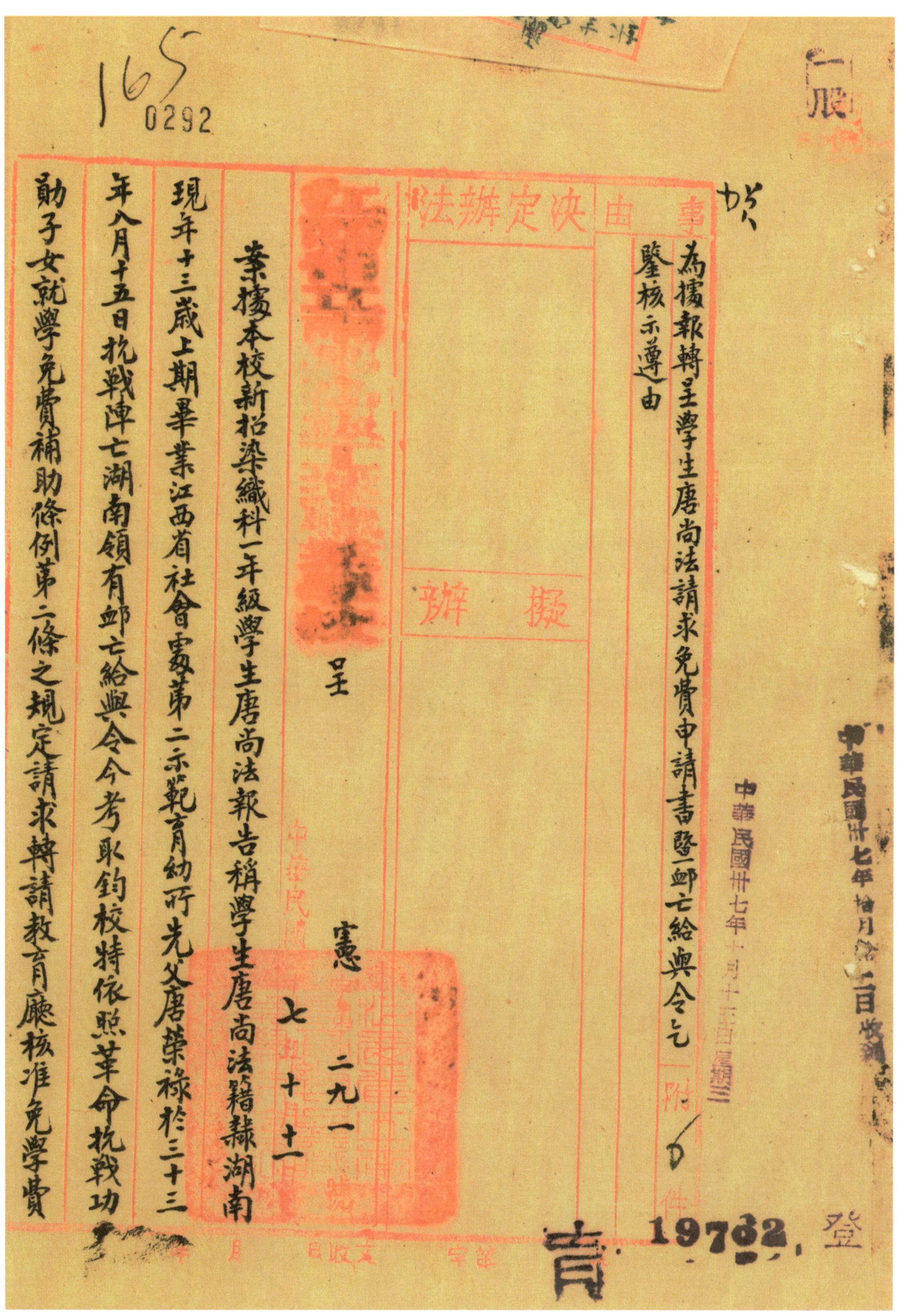
事由：為據報轉呈學生唐尚法請求免費申請書暨一卹亡給與令乞鑒核示遵由

附件

呈

案據本校新招染織科一年級學生唐尚法報告稱：學生唐尚法籍隸湖南，現年十三歲，上期畢業江西省社會處第二示範育幼所。先父唐榮祿於三十年八月十五日抗戰陣亡湖南，領有卹亡給與令。今考取鈞校，特依照革命抗戰功勳子女就學免費補助條例第二條之規定，請求轉請教育廳核准免學費

0293

實驗費講義費並補助在校時膳宿制服書籍等費全部爲此檢同請求免費申請書四份郵令一件報請鑒核等情據此查該生所報告各節屬實而所稱請免學費一節本校已無此項收費（附呈本校收費通告）據報前情理合檢具該生請求免費申請書暨郵亡給與令備文呈送

鑒核指令祇遵謹呈

江西省政府教育廳廳長周

附呈請求免費申請書四份 本校收費通告一紙

郵亡給與令一件

江西省立南昌高級工業職業學校校長熊正珆

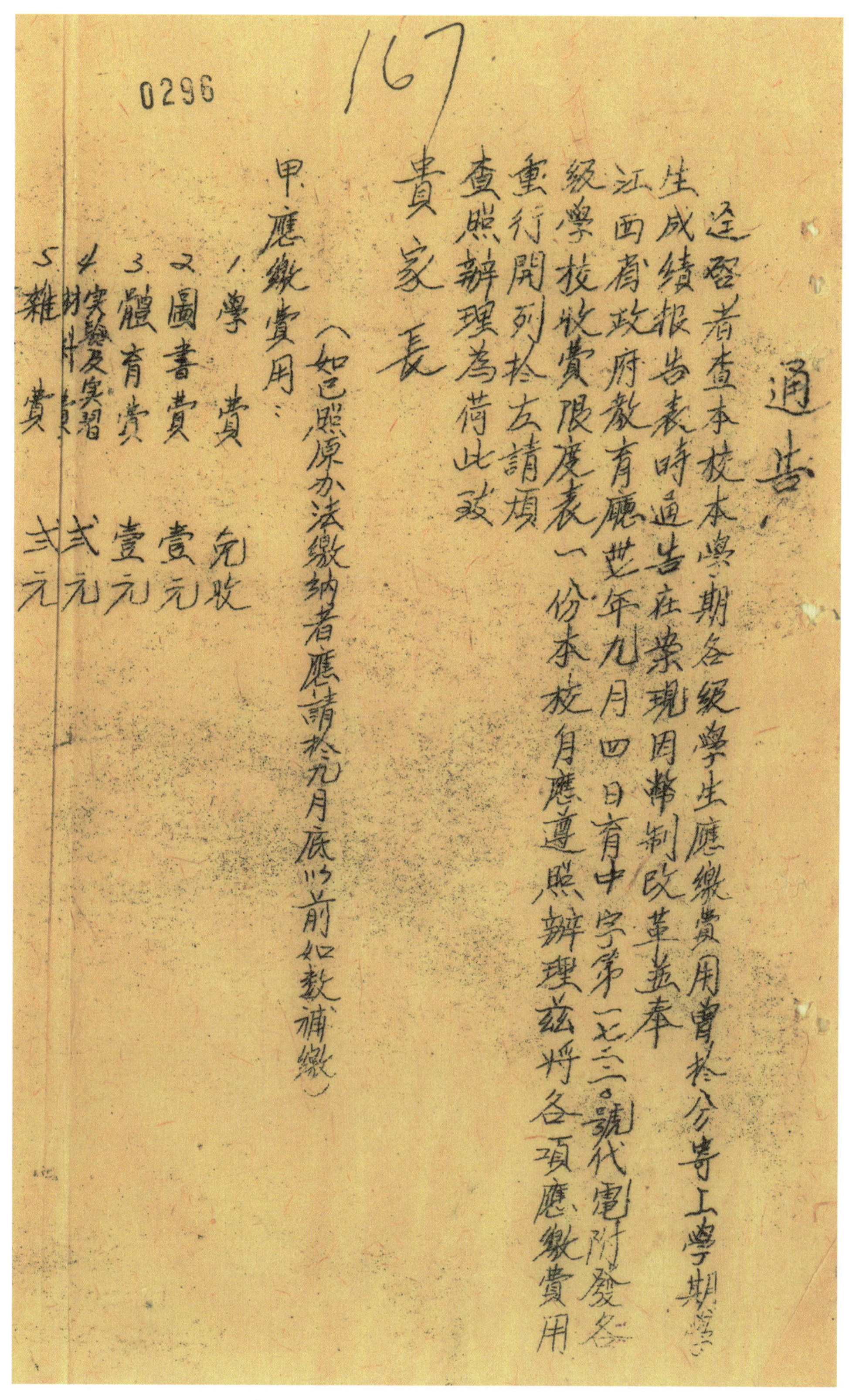

0296

167

通告

逕啓者查本校本學期各級學生應繳費用曾於分寄上學期學生成績報告表時通告在案現因幣制改革並奉江西省政府教育廳卅七年九月四日育中字第一七三一〇號代電附發各級學校收費限度表一份本校自應遵照辦理茲將各項應繳費用重行開列於左請煩查照辦理爲荷此致

貴家長

（如已照原辦法繳納者應請於九月底以前如數補繳）

甲、應繳費用：

1. 學費　免收
2. 圖書費　壹元
3. 體育費　壹元
4. 實驗及實習材料費　貳元
5. 雜費　貳元

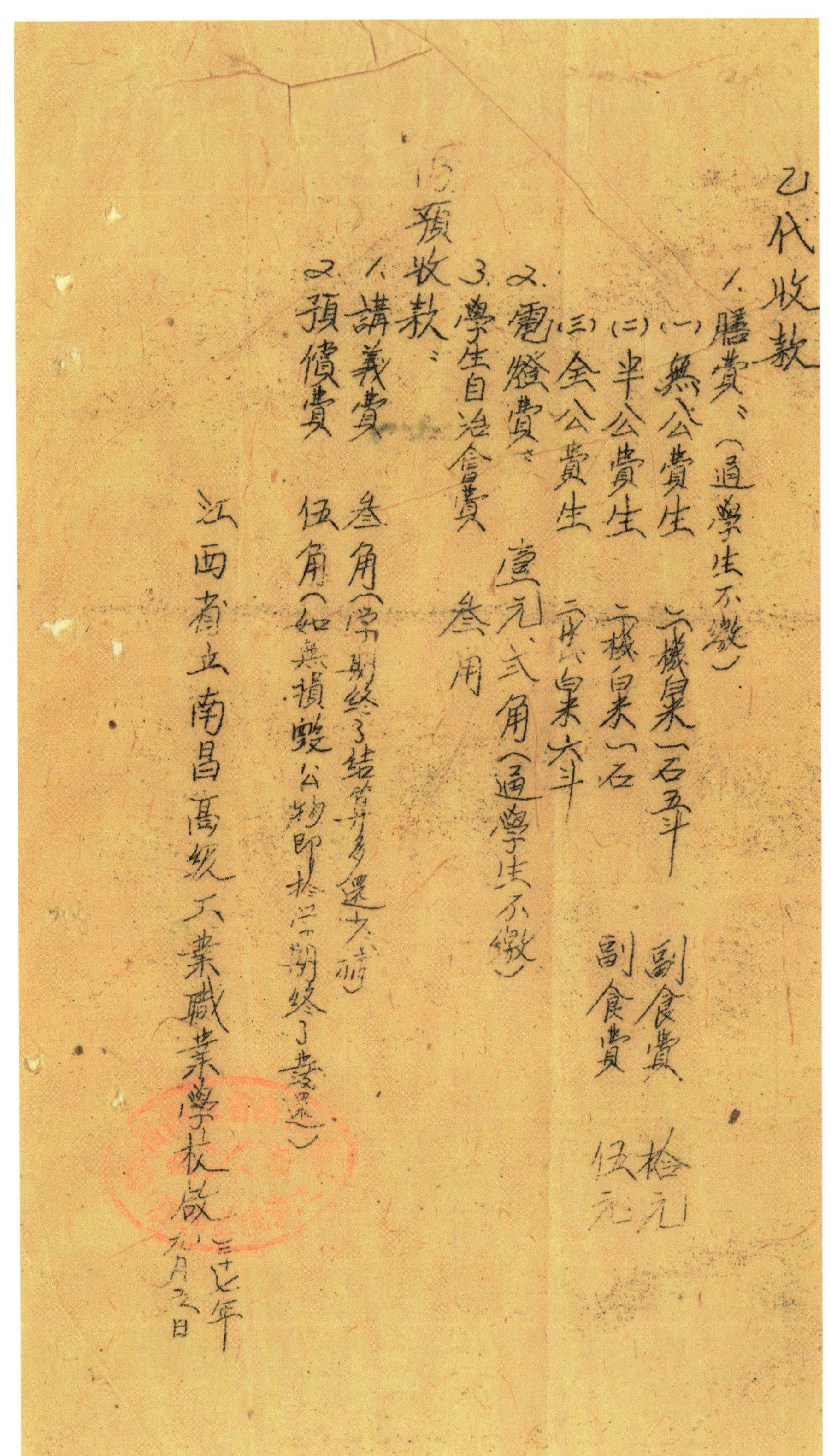

乙、代收款

1. 膳費：（通學生不繳）

(一) 無公費生（機皇米一石五斗） 副食費 拾元

(二) 半公費生（機皇米一石） 副食費 伍元

(三) 全公費生（機皇米六斗）

2. 電燈費： 壹元貳角（通學生不繳）

3. 學生自治會費 叁角

丙、預收款：

1. 講義費 叁角（學期終了結算多退少補）

2. 預償費 伍角（如無損毀公物即於學期終了發還）

江西省立南昌高級工業職業學校啟

二十七年九月二日

0297　　1468

姓名	唐尚法	性别	男	年齡	十三歲	住址	現在：南昌金盤路甘家祠十号；永久：湖南長沙東鄉金井竹山垻廻龙山楊敬宗轉
校名所在學校	江西省立南昌高級中學戰事學校	年級科別	一年級上期	助教款種類及補請求免費	學費、堂費、雜費、講義費並补助在校膳宿、制服、書籍等費		
家屬狀況	母一	家庭經濟狀況	僅靠母親每日手工費所得及先父戰年撫金救目參循陸校之收入，維持日常生活、				
抗戰功勳事實及時日	卅三年八月十五日在陸軍九十九軍六十師（先父）一七八團三連于湖南作戰時陣亡、						
證件（附呈郵金給予令或依戰地守土殉職條例准免除子女學費証件）	卅五年五月領有國民政府軍事委員會卹亡給卹令一紙，号碼為贛會撫字第4159号。						
家屬或親屬署名蓋章	母楊淑意	保證人署名蓋章	保証人梁士福	所在學校校長署名蓋章	校長熊正珞		

請求免費待遇時應填申請書四份貼附證件為本人半身相片四張

報由學校呈請主管教育行政机關轉送核定、

江西省教育厅致省立南昌高级工业职业学校的指令（一九四八年十一月三日）

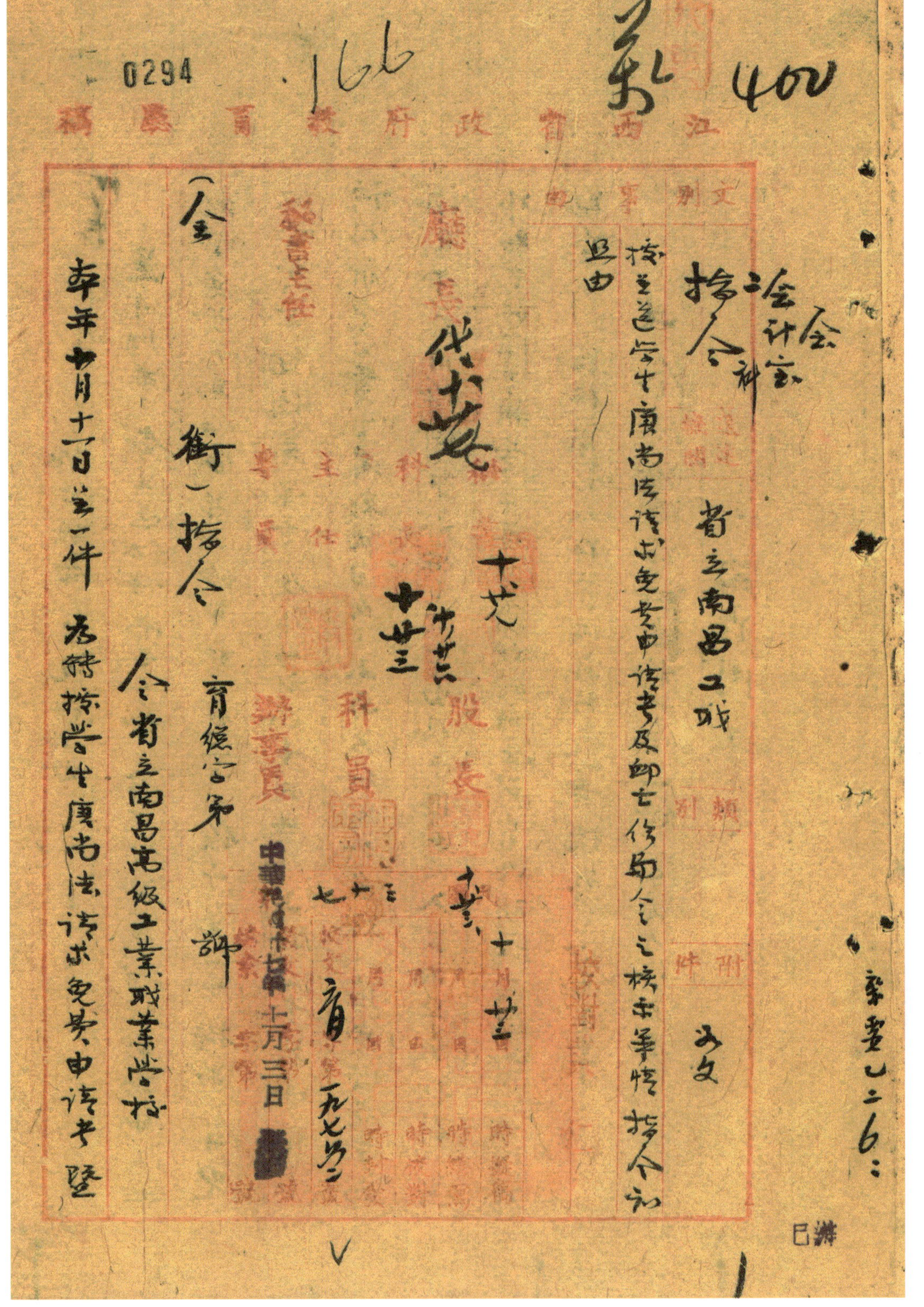
江西省政府教育厅稿

（全衔）指令

令省立南昌高级工业职业学校

本年十月十一日呈一件，为转据学生庾尚法请求免费申请书暨……

卹亡給卹令 乞核示由

呈件均悉。查茲送證件尚無不合，關于依照革命抗戰功勳子女
就學免費補助條例第二條甲款之規定，給予全公費待遇，并免
收學費、實驗講義等費，及補助制服書籍費。上項公費待遇應在
該校額定公費生名額內匀支，不再另行增加名額，應免學費、實驗
講義費，照舊條例第六條之規定，由校予應列收入數內照數扣列，其
補助之制服書籍費本年度省預算因未列有此項龐大經費，無法補
助全部，應俟省預算核定後再行統籌撥補，仰即知照！
此令。 附發送卹金給與令一紙，其他各件存查。
廳長 周〇〇

江西省教育厅和江西省立体育师范专科学校关于梁光彦请求给予免费补助事宜的来往文书（一九四八年十月至十二月）

江西省立体育师范专科学校致省教育厅的呈（一九四八年十月二十七日）

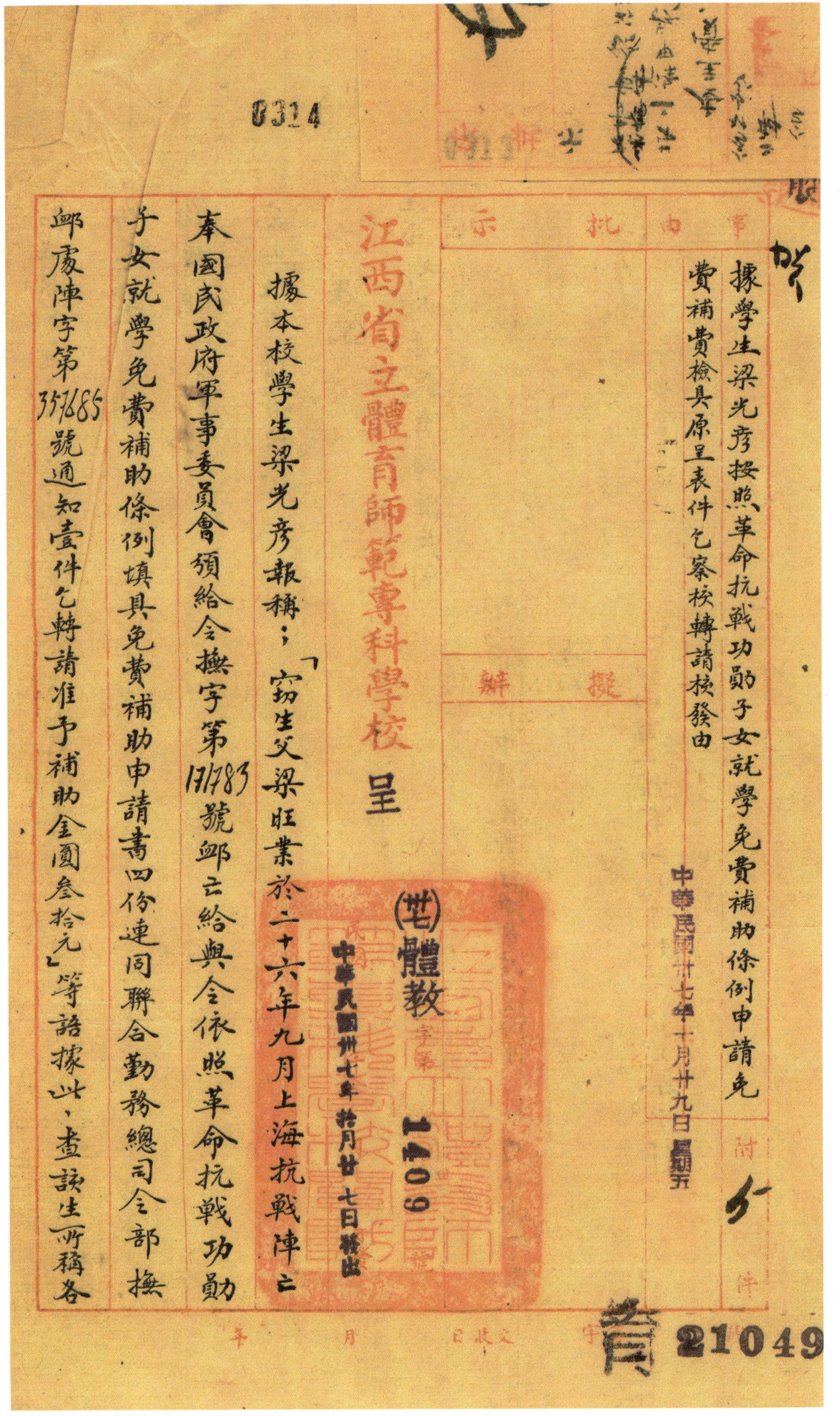

0314

事由：據學生梁光彥按照革命抗戰功勳子女就學免費補助條例申請免費補費檢具原呈表件乞察核轉請核發由

中華民國卅七年十月廿九日 星期五

江西省立體育師範專科學校 呈

（芒）體教字第1409 中華民國卅七年拾月廿七日發出

據本校學生梁光彥報稱：「竊生父梁旺業於二十六年九月上海抗戰陣亡，奉國民政府軍事委員會頒給令撫字第171783號卹亡給與令，依照革命抗戰功勳子女就學免費補助條例填具免費補助申請書四份，連同聯合勤務總司令部撫卹處陣字第357685號通知壹件，乞轉請准予補助金圓叁拾元」等語。據此，查該生所稱各

育 21049

0315

節確係實情証件核無不合理合檢具原呈申請書四份及聯勤總部撫卹處通知一件

備文呈送

鈞廳仰祈

察核准予轉請核發

謹呈

江西省政府教育廳廳長周

附呈梁光彦申請免費補助申請書四份聯勤總部撫卹處

通知一件

江西省立體育師範專科學校校長余永祚

監印 柳海清

校對 吴伯琴

附一：联合勤务总司令部抚恤处通知

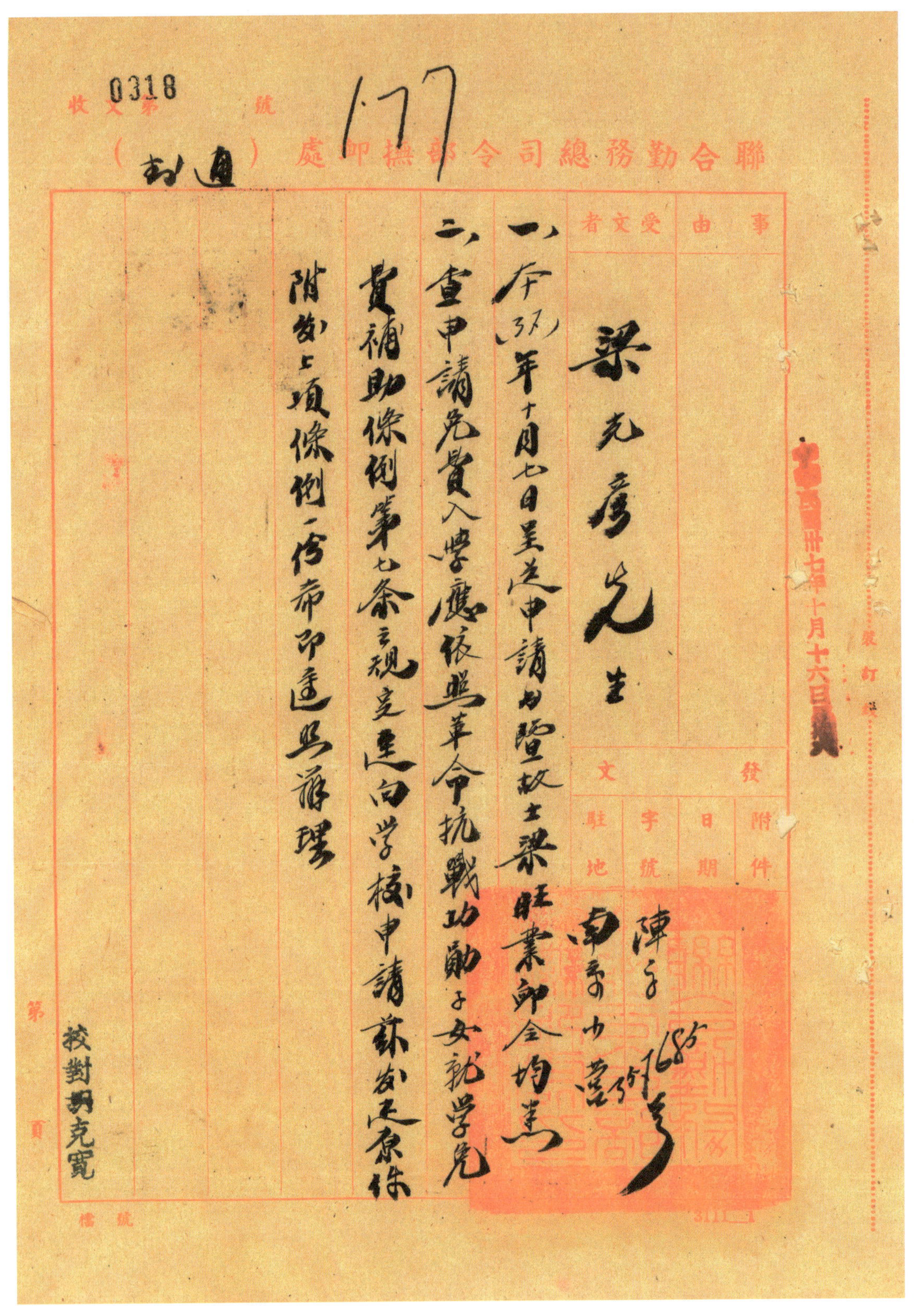

收文第0318號

177

聯合勤務總司令部撫卹處（通知）

受文者：梁光彥先生

事由：

一、本（37）年十月七日呈送申請書暨故士梁旺業卹令均悉。

二、查申請免費入學應依照革命抗戰功勳子女就學免費補助條例第七條之規定逕向學校申請[illegible]

附發上項條例一份希即遵照辦理

陳字

南字第1685號

中華民國卅七年十月十六日

校對胡克寬

3111—1

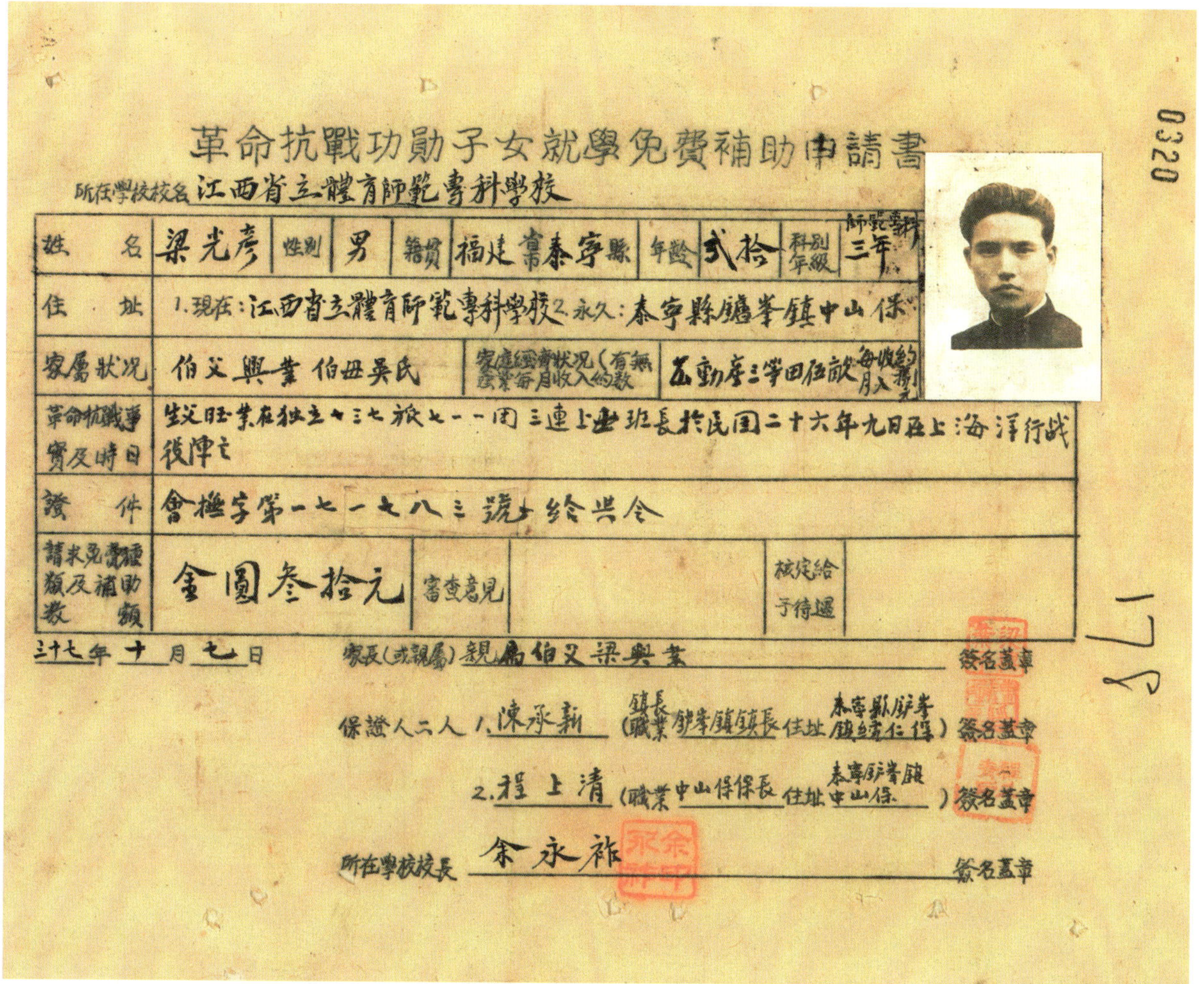

0320

革命抗戰功勛子女就學免費補助申請書

所在學校校名 江西省立體育師範專科學校

姓名	梁光彥	性別	男	籍貫	福建省泰寧縣	年齡	貳拾	科別年級	師範專科三年
住址	1.現在：江西省立體育師範專科學校 2.永久：泰寧縣臚峰鎮中山保								
家屬狀況	伯父興業 伯母吳氏			家庭經濟狀況（有無恆業每月收入約數）	無動產三學田伍畝每收約月入[illegible]				
革命抗戰事實及時日	生父旺業在獨立第三七旅七一一團三連上士班長於民國二十六年九月在上海洋行戰役陣亡								
證件	會撫字第一七一七八三號卹給與令								
請求免費種類及補助數額	金圓叁拾元	審查意見		核定給予待遇					

三十七年十月七日　家長（或親屬）親屬伯父梁興業　簽名蓋章

保證人二人 1.陳承新（職業 臚峰鎮鎮長 住址 泰寧縣臚峰鎮繡仁保）簽名蓋章

2.程上清（職業 中山保保長 住址 泰寧臚峰鎮中山保）簽名蓋章

所在學校校長 余永祚　簽名蓋章

178

附二：革命抗战功勋子女就学免费补助申请书

江西省教育厅致省立体育师范专科学校的指令（一九四八年十二月十四日）

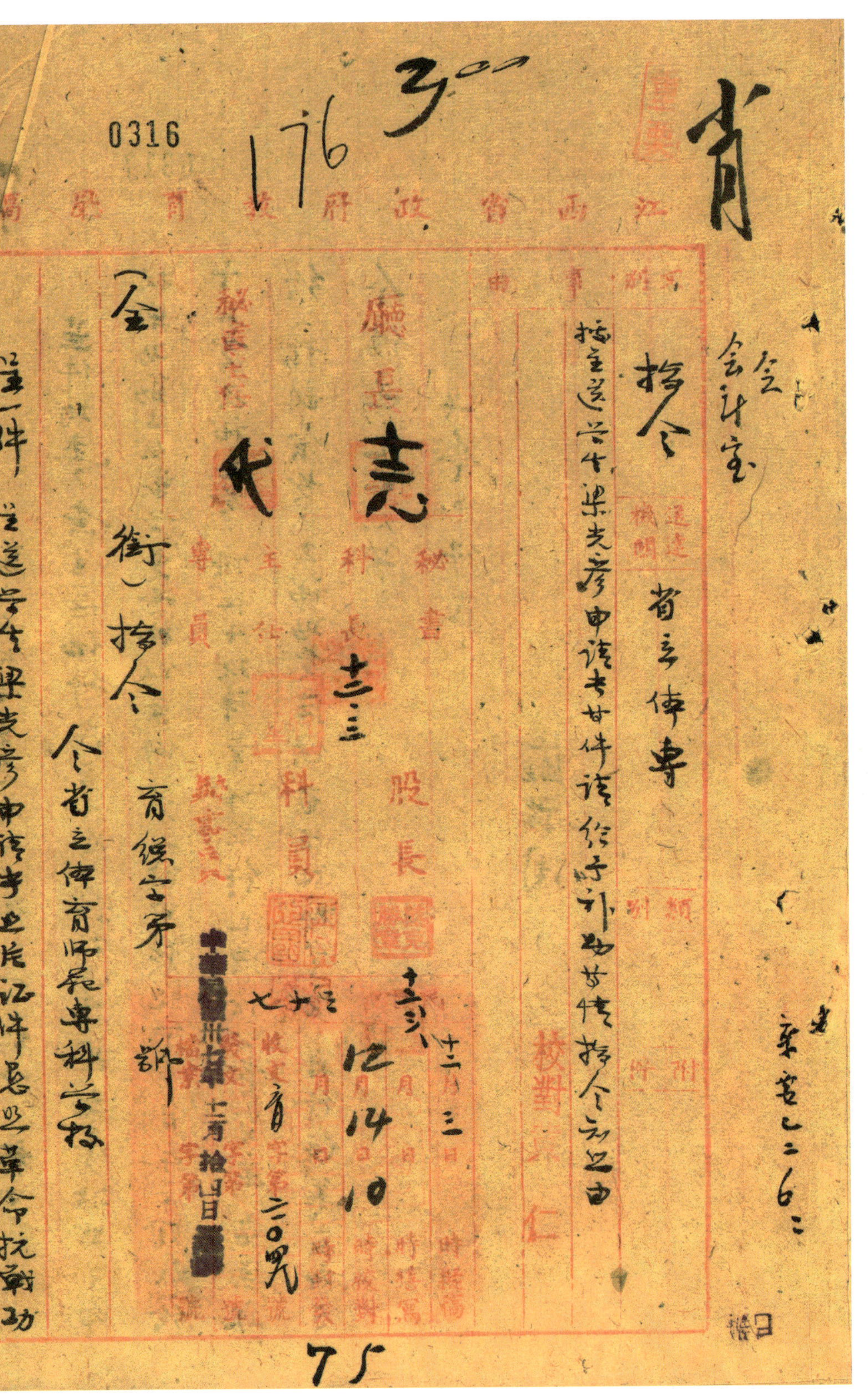

0317

勳子女就學免費補助條例規定給予優待由

呈件均悉。查呈送證件尚屬不合，該校學生梁光彥非因革命抗戰功勳子女就學免費補助條例第二條甲款規定，自本學期起給予免費及補助費，惟該生於肄業師範經已核給公費有案，無庸再給以補副食費，至補助費應俟省府核定後，再行統籌支配分令飭遵，仰即知照。

此令。件存。

廳長 周〇〇

三、伤亡抚恤调查

保字第四表

江西省保安處機關團隊二十九年三月份官兵傷亡撫卹表

部别	級職	姓名	籍貫	事由	卹金	備考
第一團二大隊	少校大隊長	汪駿	樂平	廿九年三月廿三日南昌牛行汽車站敵機炸斃	五〇〇〇	本府墊發
保四團四中隊	上等兵	張呈漢	銅鼓	廿八年五月十八日武寧營蕭塘與敵陣亡	一〇〇〇〇	
第五中隊	上等兵	劉義秋	修水	仝右	一〇〇〇〇	
第五中隊	一等兵	楊金保	湖北通山	仝右	八〇〇〇	
機二中隊	上等兵	周清	四川德縣	仝右	一〇〇〇〇	
保四團第六中隊	二等兵	王年常	江西武寧	仝右	八〇〇〇	
保四團第六中隊	上等兵	方開林	仝	仝右	一〇〇〇〇	
保四團第四中隊	上等兵	周致仁	江西銅鼓	仝右	一〇〇〇〇	
保四團第六中隊	二等兵	周學平	仝	二十八年五月十六日武寧諾口橋說衣敵	八〇〇〇	
保四團第六中隊	一等兵	李斌	仝	仝右	八〇〇〇	

廿九年三月 人事股制

保四團機一中隊	上等兵	覃希聖	湖北常德	二十八年七月一日武寧縣冷家莊	一〇〇	〇〇	
保四團七中隊	上等兵	李　儉	江西武寧	二十八年七月二日武寧橋路港北微抗戰	一〇〇	〇〇	
分中隊	上等兵	吳傳龍	仝	仝右	一〇〇	〇〇	
八中隊	上等兵	戴興第	仝	仝右	一〇〇	〇〇	四团十三名計一千二百二十元
保三团五中隊	中尉指導員	趙嘯山	江蘇灌雲	二八年七月十日吉安醫務所積勞病故	二四〇	〇〇	
保三團二中隊	中尉分隊長	馮治民	江西南康	二八年三月廿一日廬山星子八坊灣積餘橋陣亡	五〇〇	〇〇	
合計					二四六〇	〇〇	
合計					二四六〇	〇〇	

江西省公路处关于请求给予被敌机轰炸伤亡的十七名官兵抚恤致省政府的呈（一九四〇年六月十五日）

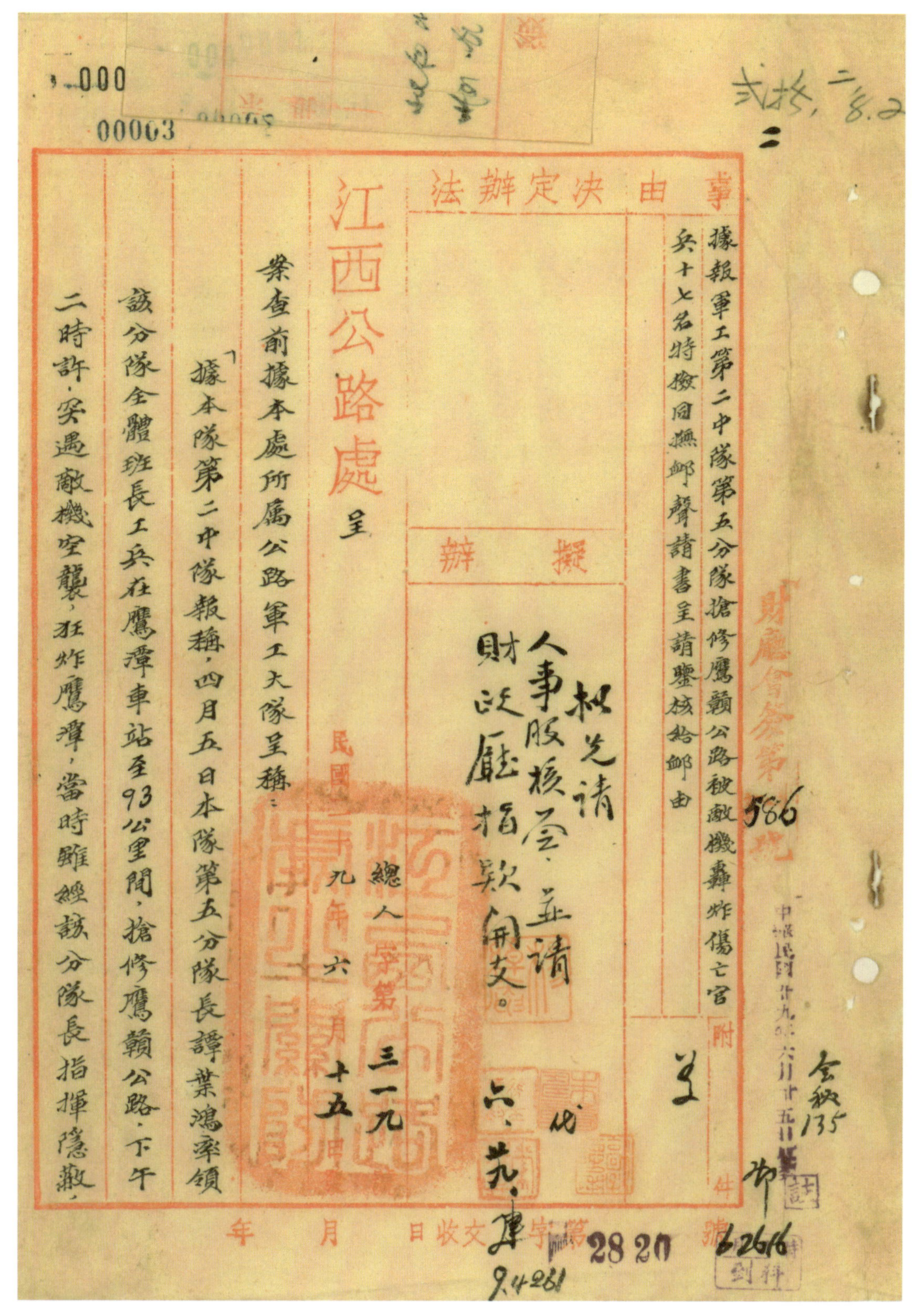

事由：據報軍工第二中隊第五分隊搶修鷹贛公路被敵機轟炸傷亡官兵十七名特檢同撫卹聲請書呈請鑒核給卹由

附件

擬辦

擬先請人事股核簽，並請財政廳指款開支。

六、十五

江西公路處 呈

總人字第三一一九

民國二十九年六月十五

案查前據本處所屬公路軍工大隊呈稱：「據本隊第二中隊報稱，四月五日本隊第五分隊長譚葉鴻率領該分隊全體班長工兵在鷹潭車站至93公里間，搶修鷹贛公路，下午二時許，突遇敵機空襲，狂炸鷹潭，當時雖經該分隊長指揮隱蔽，但因工作地點接近交通路綫，且敵機所投之彈又多懸空爆炸，以致傷亡慘重。是役該分隊殉職士兵計有班長劉西林士兵朱興海譚葉金李生榮等四名，受傷者計有分隊長譚葉鴻工兵宋在學等十三名，現已分別將死者暫為棺殮，受傷者分送河口軍政部第六重傷醫院及鷹潭軍政部一一〇兵站醫院治療，應請轉呈備案。等情；除飭將傷亡情形詳細查明具報，以便轉呈核卹外，理合呈請鑒核。」

等情；正核辦間，復據該隊檢同此次傷亡官兵撫卹聲請書呈請議卹。前來，查此次該隊官兵因公被炸，傷亡慘重，情實堪憫，自應優予撫卹，以示矜恤，而資救濟。茲查此次受傷官兵計有分隊長譚葉鴻工兵宋在學等十三名，擬按照戰時雇員公役因公傷亡給卹暫行標準（甲）項之規定各發給三個月薪資之一

0005

00004

次醫藥費；具殉職士兵劉西林等四名，除按照上項給䘏暫行標準（乙）項之規定給予各遺族十四個月薪資之一次撫䘏費外，並依照鈞府頒發之「江西省公務員雇員公役遭受空襲損害暫行救濟辦法」第八款之規定各給予埋葬肆拾元。計共應發醫藥費陸佰陸拾元，撫䘏費玖佰陸拾陸元，又埋葬費壹佰陸拾元，總計壹仟柒佰捌拾陸元。擬請鈞府准予賜撥下處，俾便轉發具領。理合檢同原聲請書備文呈請鑒核，伏祈賜准施行，實為公便！

謹呈

江西省政府

附呈撫䘏聲請書拾柒份

0006

江西公路處處長譚炳訓

南昌金爵室印

附：十七名伤亡官兵的证明书和江西公路军事工程队官兵抚恤声请书

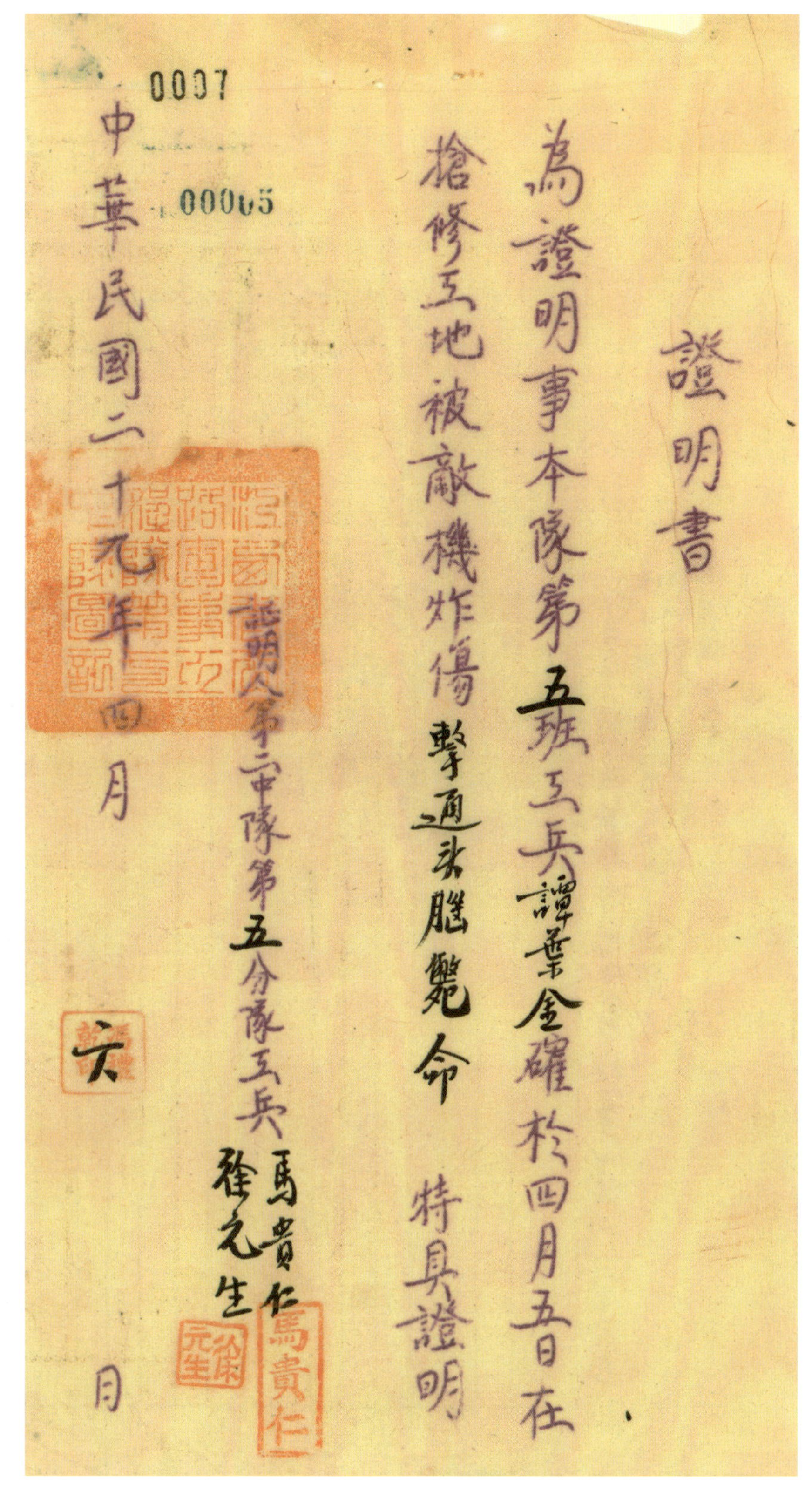

0007

00065

證明書

為證明事本隊第五班工兵譚葉金確於四月五日在搶修工地被敵機炸傷擊通头腦斃命 特具證明

證明人第二中隊第五分隊工兵 馬貴仁 徐元生

中華民國二十九年四（四）月 六 月

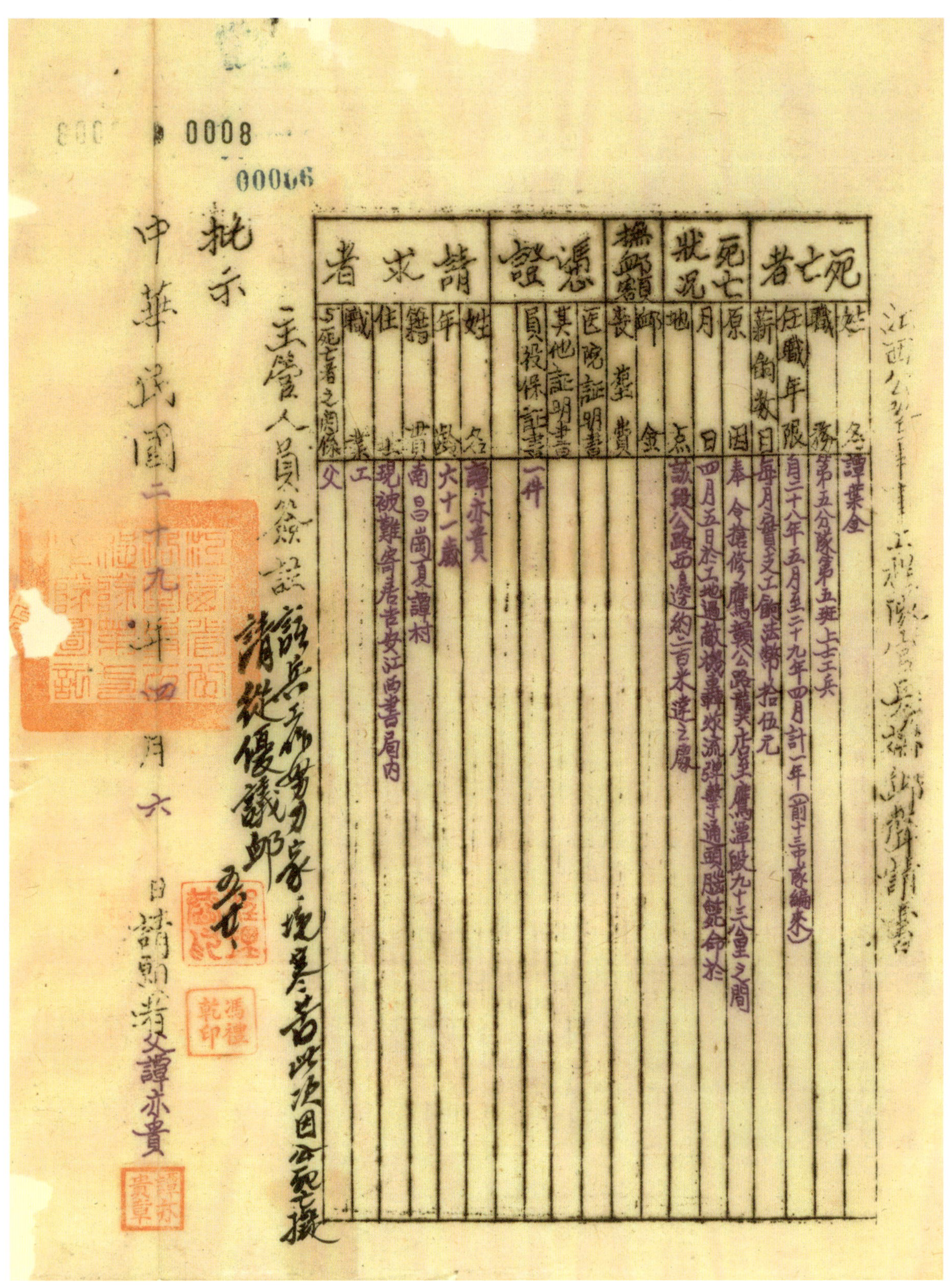

0008
00066

江西公路[illegible]工程隊員兵工死亡撫卹請求書

死亡者	姓名	譚葉金
	職務	第五分隊第五班上士工兵
	任職年限	自二十八年五月至二十九年四月計一年（前十三市隊編來）
	薪餉數目	每月發實支工餉法幣拾伍元
死亡狀況	原因	奉令搶修鷹贛公路黃天店至鷹潭段九十三公里之間
	月日	四月五日於工地遇敵機轟炸，流彈擊通頭腦，斃命於
	地點	該段公路西邊約二百米達之處
撫卹額	卹金	
	喪葬費	
憑證	醫院證明書	
	其他證明書	
	員役保證書	一件
請求者	姓名	譚亦貴
	年齡	六十一歲
	籍貫	南昌崗夏譚村
	住址	現被難寄居吉安江西書局內
	職業	工
	與死亡者之關係	父

主管人員簽證：該兵工為公家服務境況甚苦，此次因公死亡，擬請從優議卹。[signature] 四、廿。

批示

中華民國二十九年四月六日

請卹者　父譚亦貴

（印）馮禮乾印　譚亦貴章

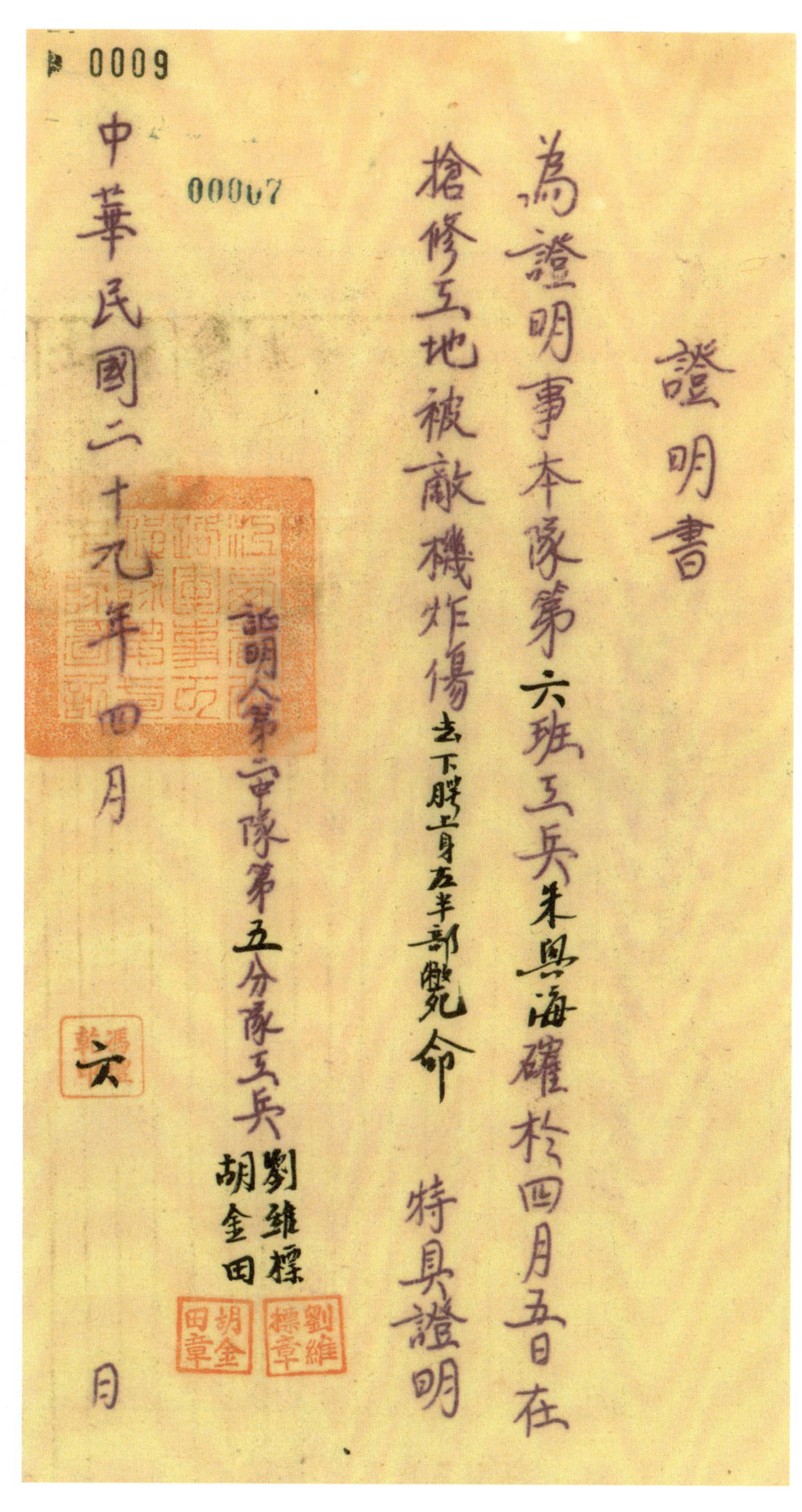

0009

00067

證明書

為證明事本隊第六班工兵朱興海確於四月五日在

搶修工地被敵機炸傷左下腿上身左半部斃命　特具證明

證明人第二中隊第五分隊工兵　劉維標　胡金田

中華民國二十九年四月　日

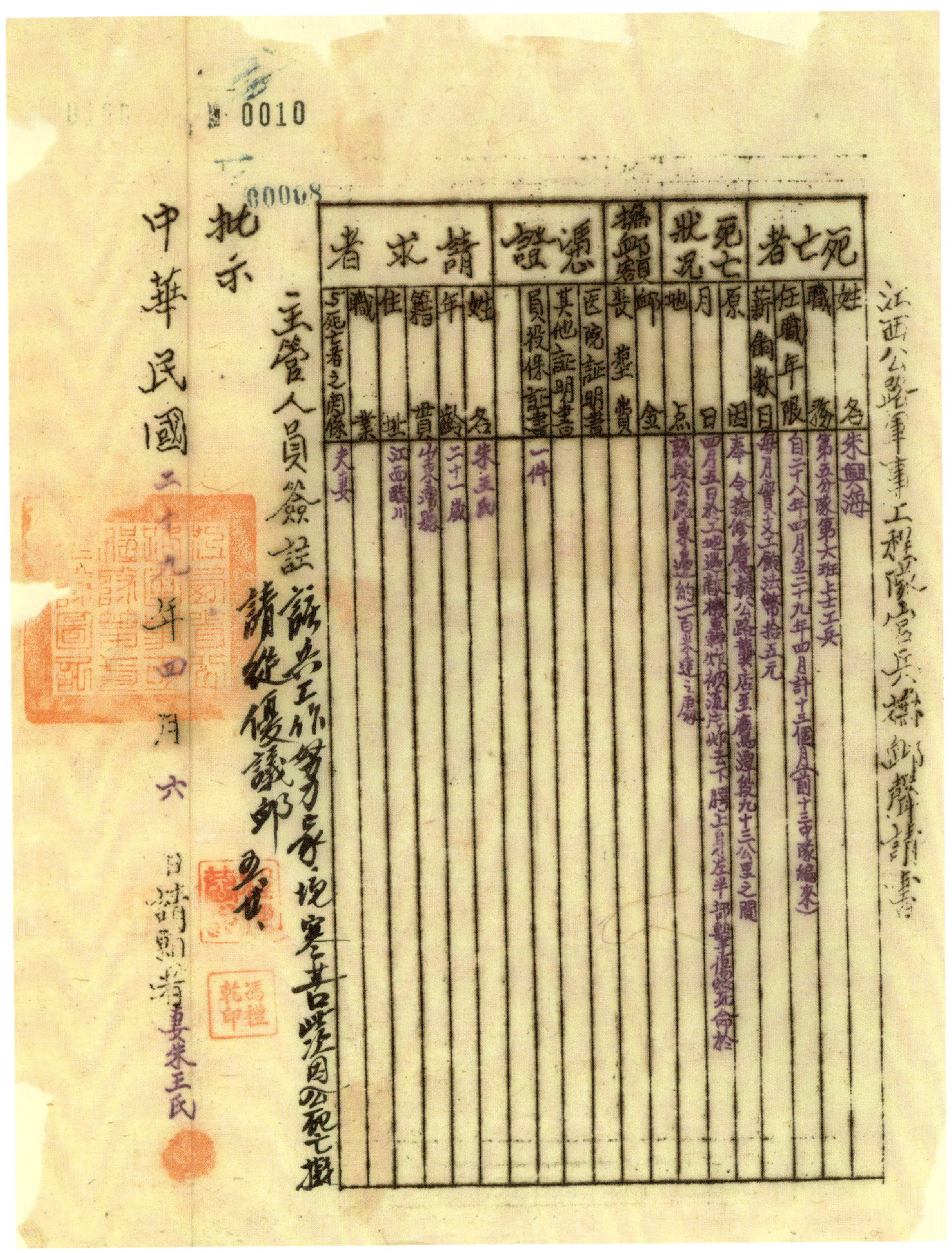

0010

00008

江西公路軍事工程隊官兵撫卹聲請書

死亡者	姓名	朱興海
	職務	第五分隊第六班上士工兵
	任職年限	自二十八年四月至二十九年四月計十三個月（前十三中隊編來）
	薪餉數目	每月實支工餉法幣拾五元
死亡狀況	原因	奉令搶修鷹贛公路龍虎店至鷹潭段九十三公里之間
	月日	四月五日在工地遇敵機轟炸被流片炸去下腭上身左半部擊傷致命於
	地点	該段公路東邊約一百米達之處
撫卹額	卹金	
	墊費	
憑證	医院証明書	
	其他証明書	
	員役係証書	一件
請求者	姓名	朱王氏
	年齡	二十一歲
	籍貫	山東清縣
	住址	江西臨川
	職業	
	與死亡者之關係	夫妻

主管人員簽註　該兵工作努力勇敢，現[illegible]因公死亡，擬請從優議卹為要　具

批示

中華民國二十九年四月六日　請卹者妻朱王氏

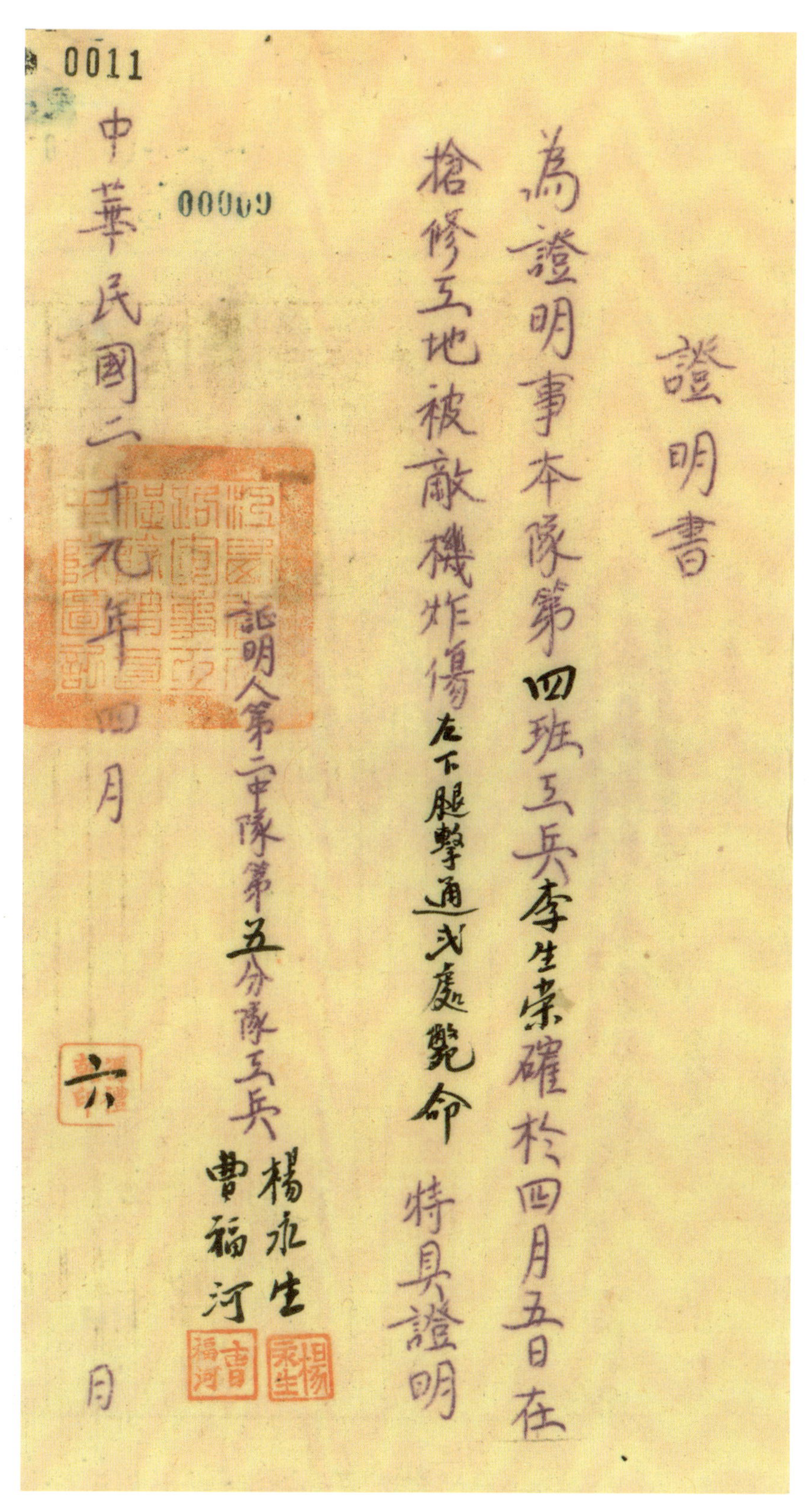

證明書

為證明事本隊第四班工兵李生棠確於四月五日在搶修工地被敵機炸傷左下腿擊通弍處斃命 特具證明

證明人第二中隊第五分隊工兵 楊永生 曹福河

中華民國二十九年四月 日

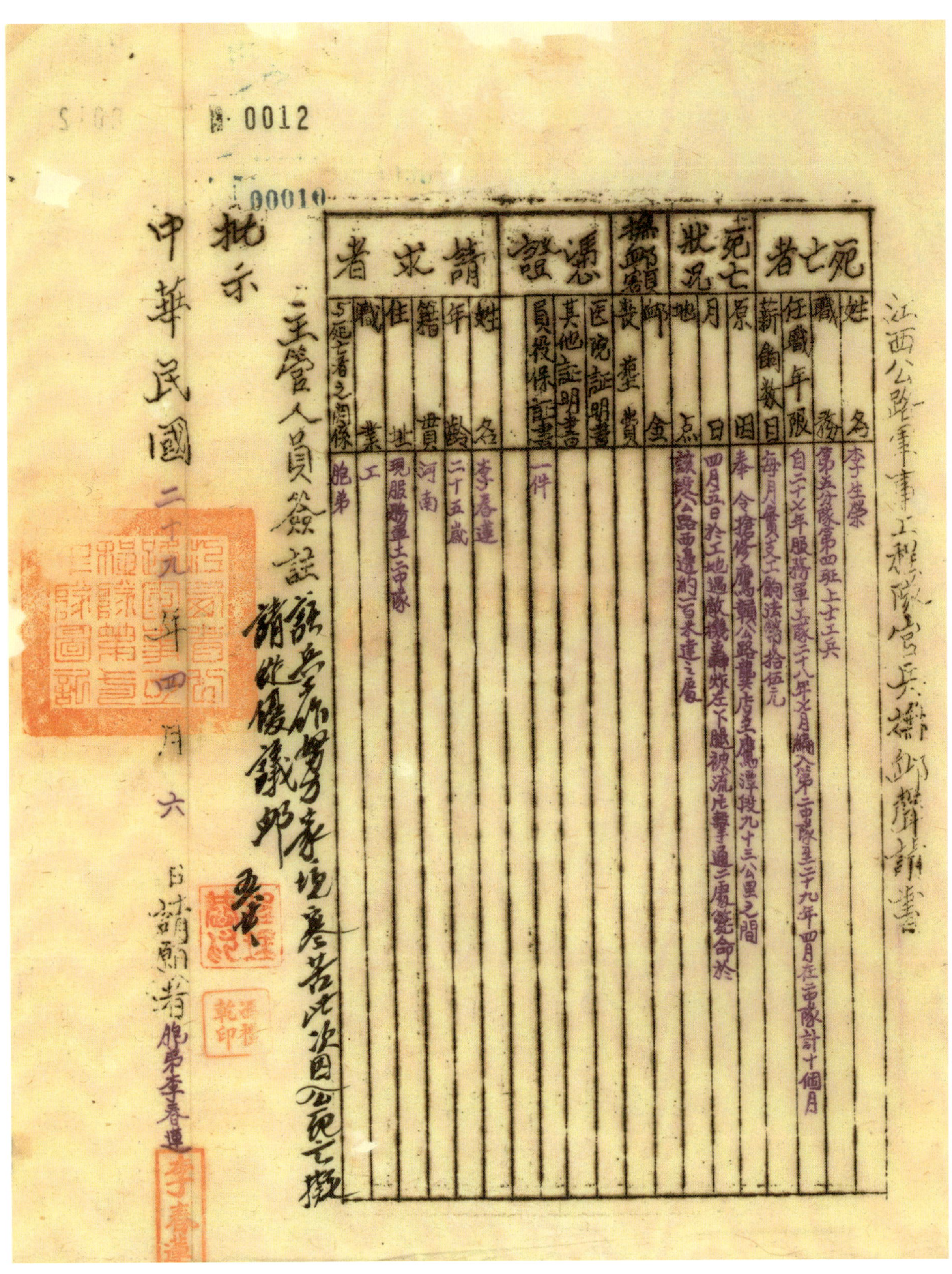

0012

00010

江西公路軍事工程隊官兵撫卹聲請書

死亡者				死亡狀況			請領撫卹金額		憑證			請求者					
姓名	職務	任職年限	薪餉數目	原因	月日	地點	卹金	葬費	醫院証明書	其他証明書	員役保証書	姓名	年齡	籍貫	住址	職業	與死亡者之關係
李生榮	第五分隊第四班上士工兵	自二十七年服務軍工隊二十八年七月編入第二中隊至二十九年四月在二中隊計十個月	每月實支工餉法幣拾伍元	奉令搶修鷹頓公路[illegible]店至鷹潭段九十三公里之間	四月五日於工地遇敵機轟炸左下腿被流彈擊通二處斃命於	該段公路西邊約一百米達之處					一件	李春蓮	二十五歲	河南	現服務軍工二中隊	工	胞弟

主管人員簽註：該兵工作努力素極刻苦此次因公死亡擬請從優議卹

吳[illegible]

批示

中華民國二十九年四月六日

請領者　胞弟李春蓮

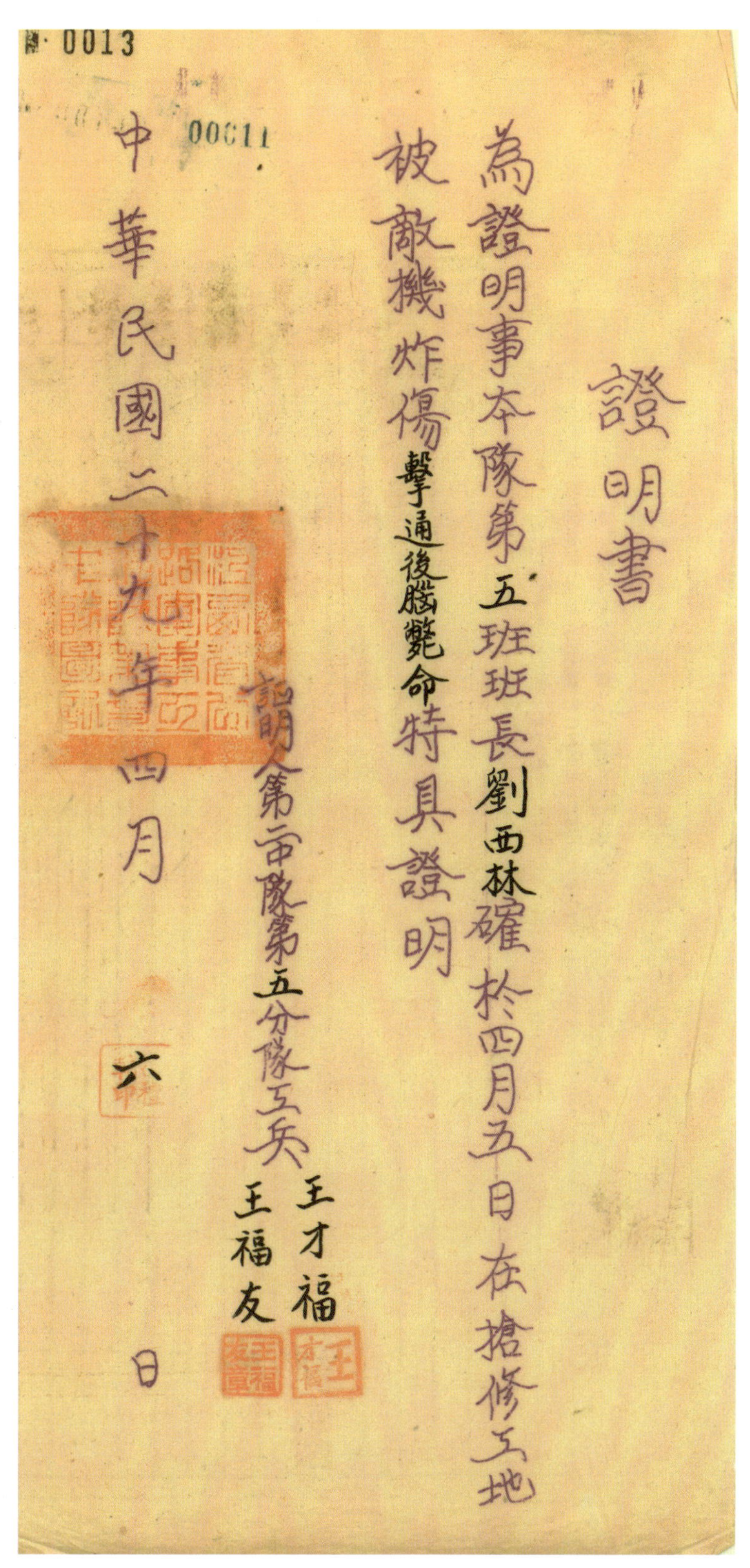
0013

00011

證明書

為證明事本隊第五班班長劉西林確於四月五日在搶修工地被敵機炸傷擊通後腦斃命特具證明

證明人第二中隊第五分隊工兵 王才福 王福友

中華民國二十九年四月六日

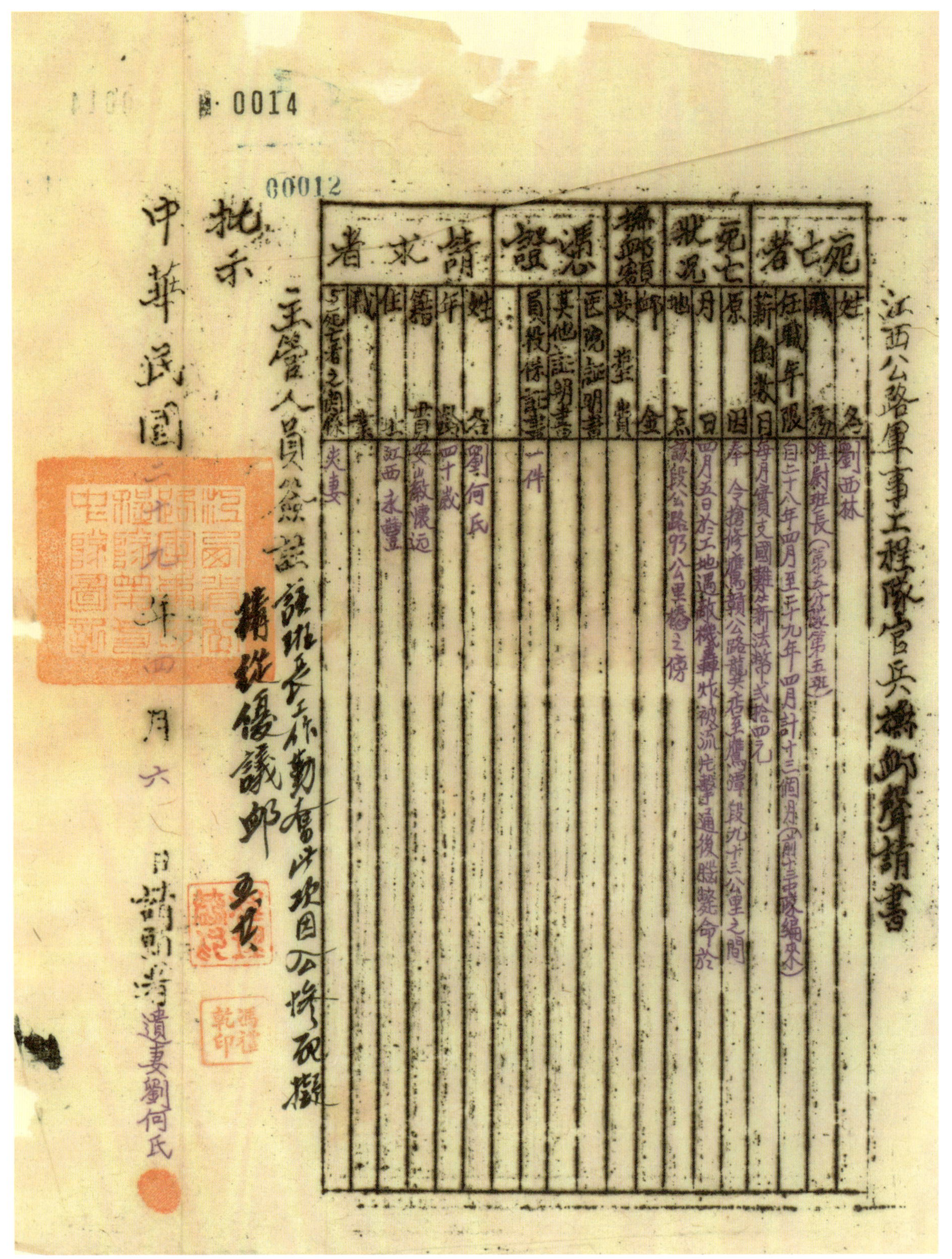

0014

00012

江西公路軍事工程隊官兵撫卹聲請書

死亡者	姓名	劉西林
	職務	准尉班長（第五分隊第五班）
	任職年限	自二十八年四月至二十九年四月計十三個月（前十三中隊編來）
	薪餉數目	每月實支國難薪法幣貳拾四元
死亡狀況	原因	奉令搶修鷹贛公路龍虎石至鷹潭段九十三公里之間
	月日	四月五日於工地遇敵機轟炸，被流彈擊通後腦殞命於
	地點	該段公路93公里橋之傍
擬卹額	卹金	
	埋葬費	
憑證	醫院證明書	
	其他證明書	
	員役保證書	一件
請求者	姓名	劉何氏
	年齡	四十歲
	籍貫	安徽懷远
	住址	江西永豐
	職業	
	與死亡者之關係	夫妻

主管人員簽註：該班長工作勤奮，此次因公殉職，擬請從優議卹。[illegible]

批示

中華民國二十九年四月六日

聲請者 遺妻劉何氏

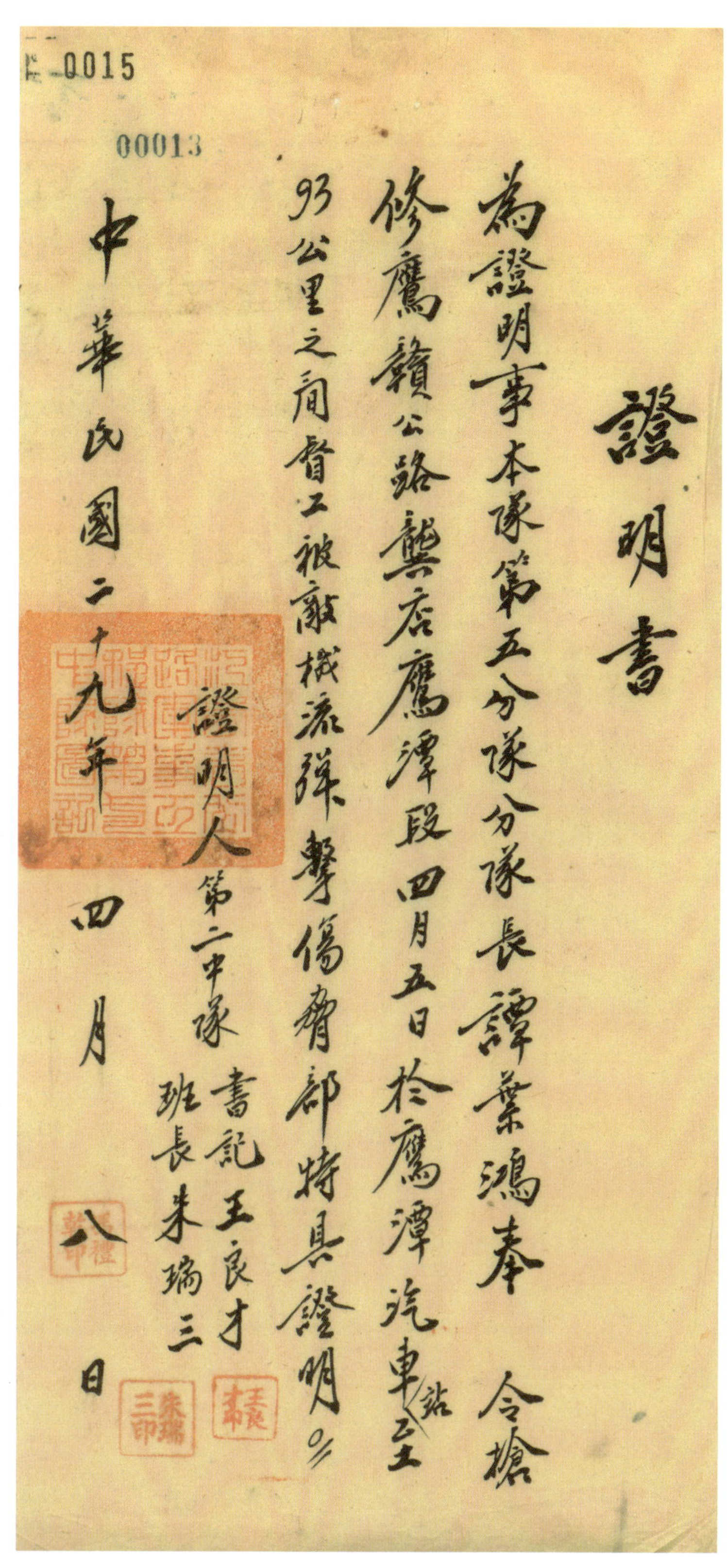

證明書

為證明事本隊第五分隊分隊長譚葉鴻奉令搶修鷹贛公路龔店鷹潭段四月五日於鷹潭汽車站至93公里之間督工被敵機流彈擊傷脅部特具證明

證明人 第二中隊 書記 王良才

班長 朱瑞三

中華民國二十九年四月八日

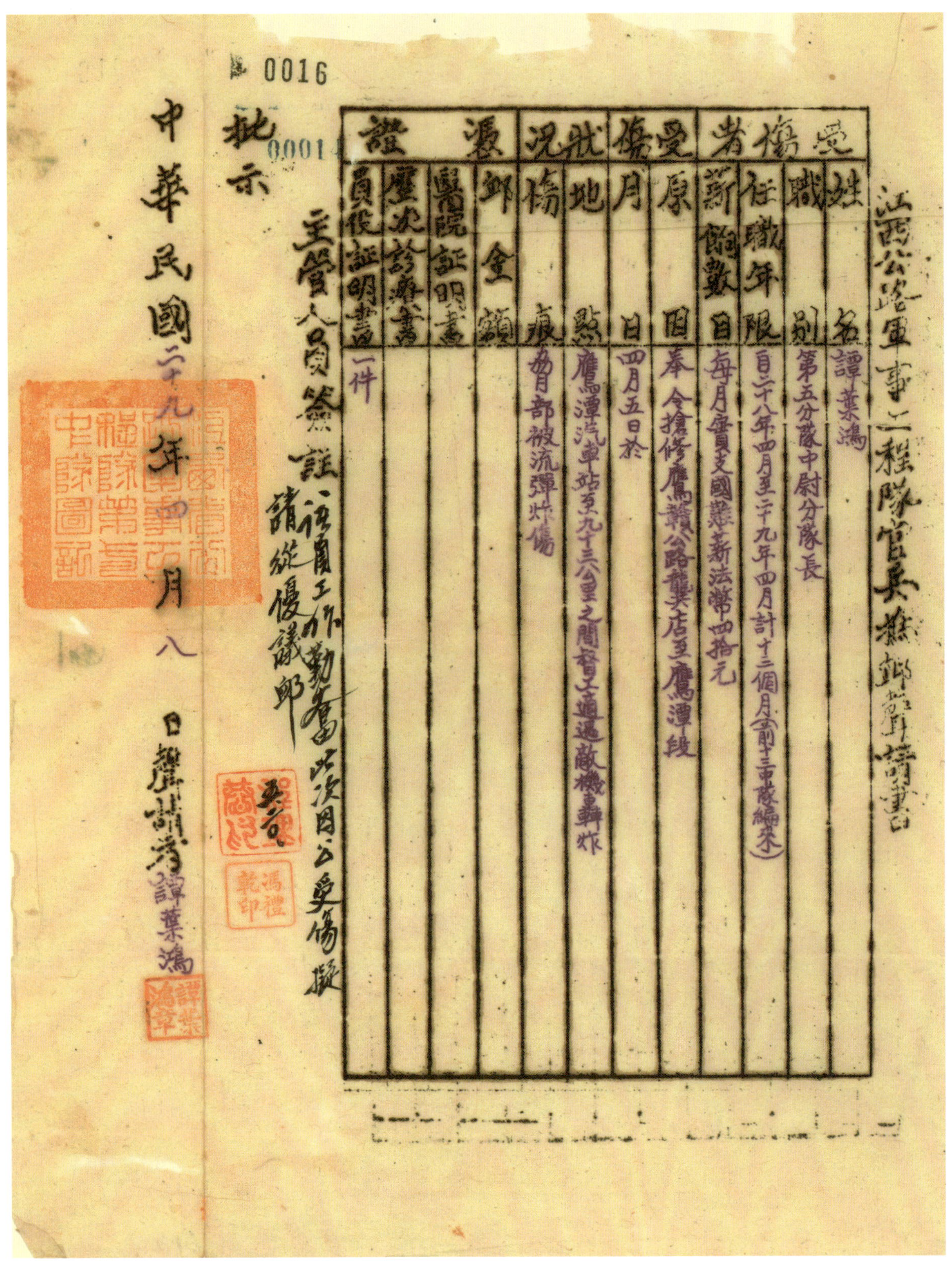

0016

00014

江西公路軍事工程隊官兵撫卹請書

受傷者				受傷狀況				憑證			
姓名	職别	任職年限	薪餉數目	原因	月日	地點	傷痕	卹金額	醫院證明書	屢次診療書	員役證明書
譚葉鴻	第五分隊中尉分隊長	自二十八年四月至二十九年四月計十三個月(前十三中隊編來)	每月實支國難薪法幣四拾元	奉令搶修鷹贛公路龍興店至鷹潭段	四月五日於	鷹潭汽車站東九十三公里之間督工適遇敵機轟炸	胸部被流彈炸傷				一件

主管人員簽註：該員工作勤奮此次因公受傷擬請從優議卹

批示

中華民國二十九年四月八日

具請書 譚葉鴻

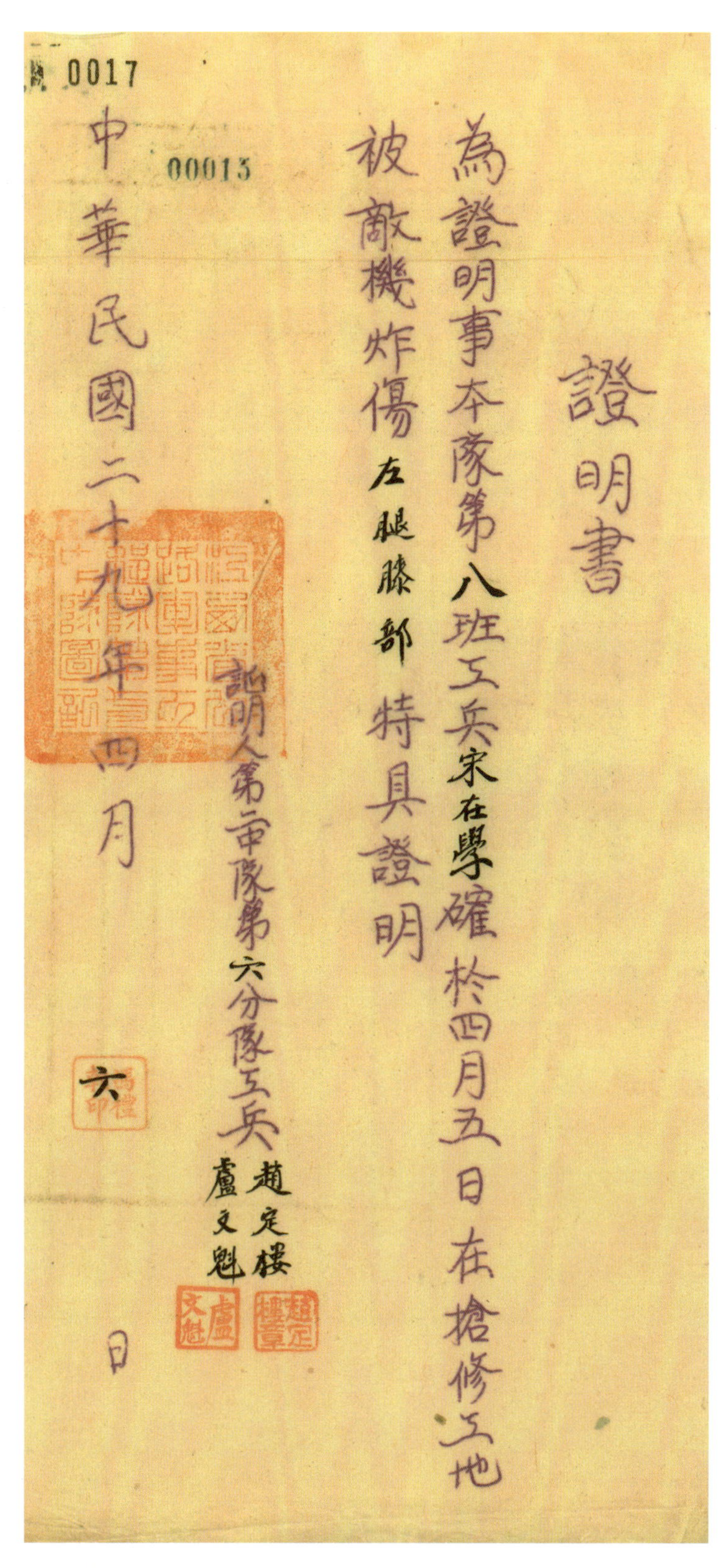
0017

00013

證明書

為證明事本隊第八班工兵宋在學確於四月五日在搶修工地被敵機炸傷左腿膝部特具證明

證明人第 隊第六分隊工兵 趙定樓 盧文魁

中華民國二十九年四月 日

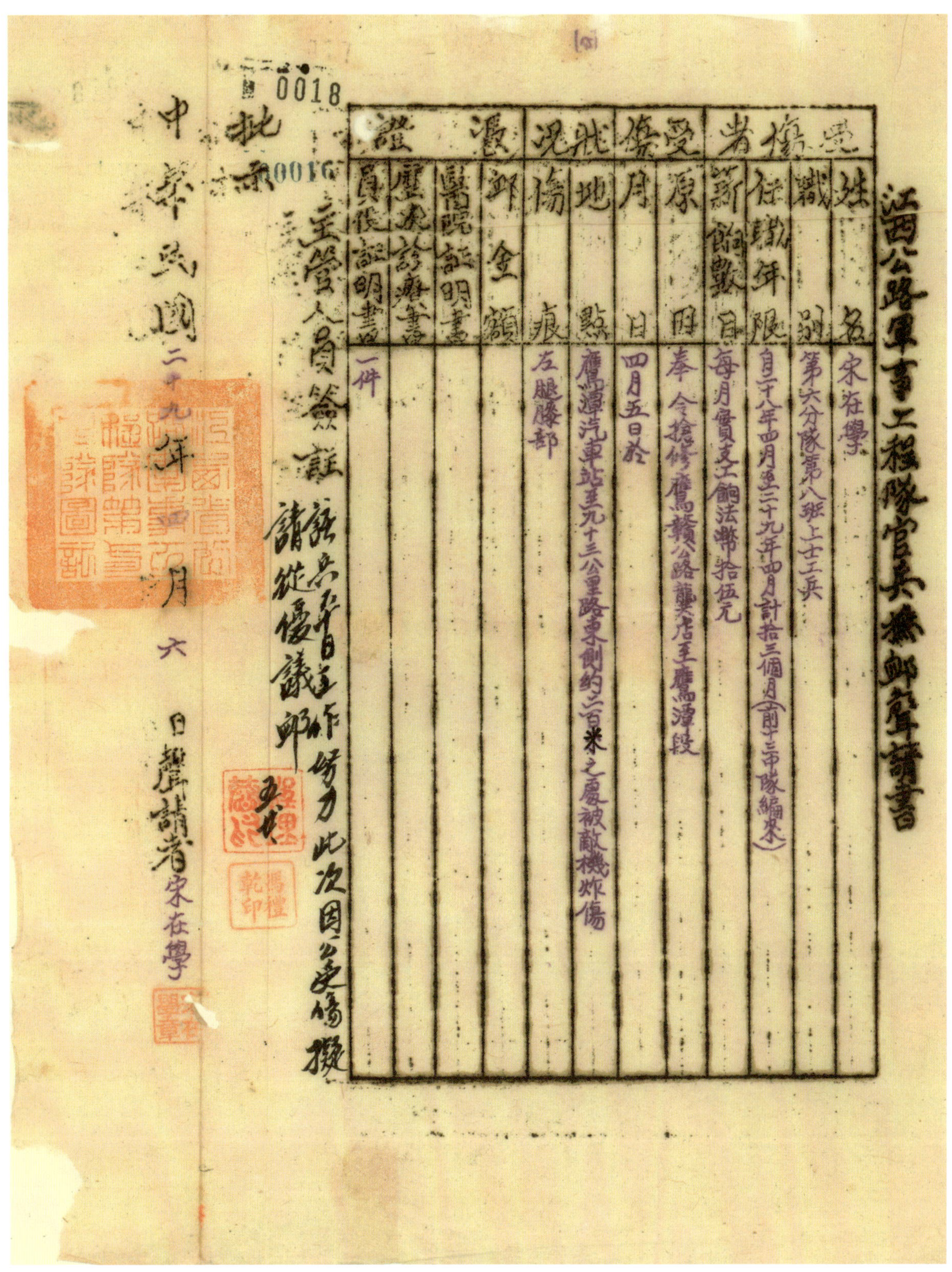

0018

0016

江西公路軍事工程隊官兵撫卹呈請書

受撫者	姓名	宋在學
	職別	第六分隊第八班上士工兵
	任職年限	自二十八年四月至二十九年四月計拾三個月（前十三中隊編來）
	薪餉數目	每月實支工餉法幣拾伍元
受傷狀況	原因	奉令搶修鷹贛公路龔家店至鷹潭段
	月日	四月五日於
	地點	鷹潭汽車站至九十三公里路東側約二百米之處被敵機炸傷
	傷痕	左腿膝部
憑證	卹金額	
	醫院證明書	
	歷次診療費	
	負傷證明書	一件

主管人員簽註：該兵平日工作努力，此次因公受傷，擬請從優議卹。馮禮乾 五、六

馮禮乾印

批示

中華民國二十九年五月六日

具請者宋在學

宋在學章

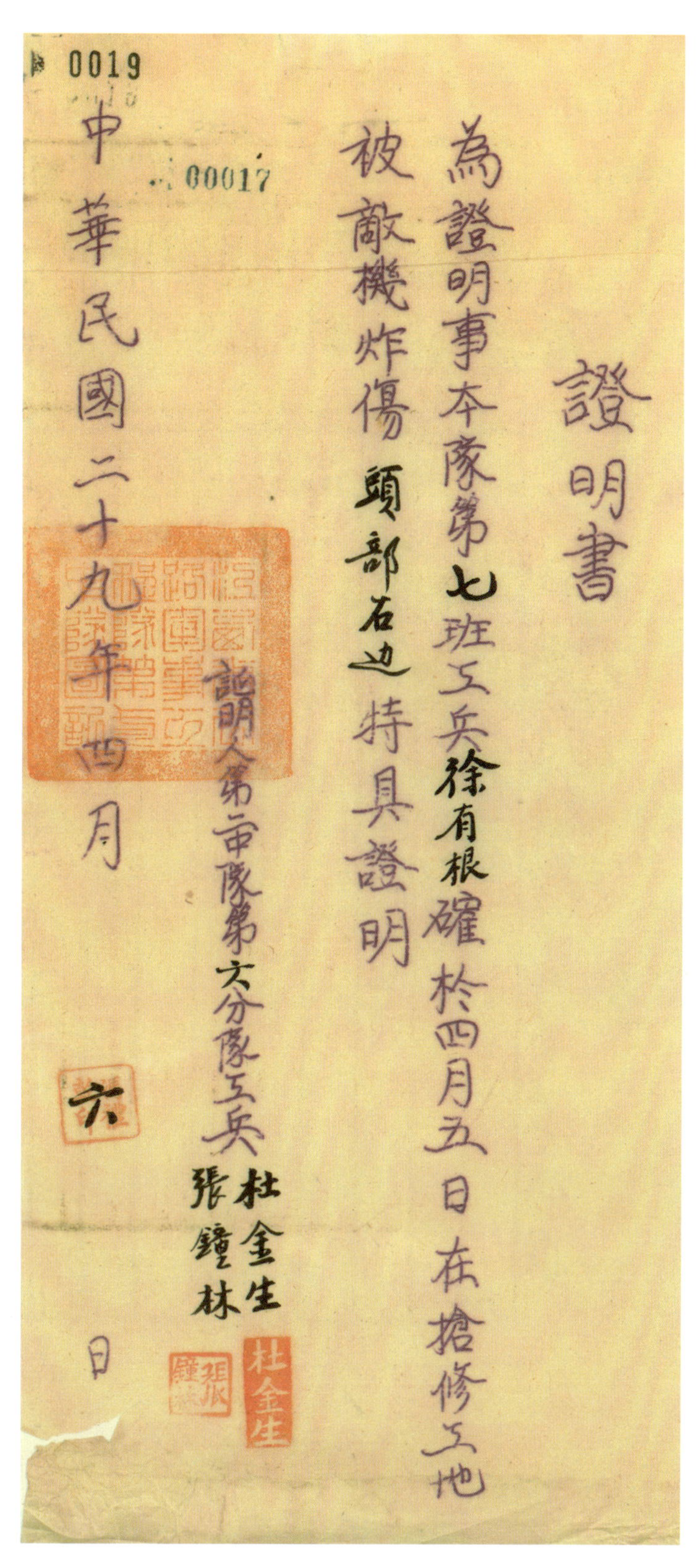

0019

00017

證明書

為證明事本隊第七班工兵徐有根確於四月五日在搶修工地被敵機炸傷頭部右边特具證明

證明人第　中隊第六分隊工兵　杜金生　張鐘林

中華民國二十九年四月　日

六

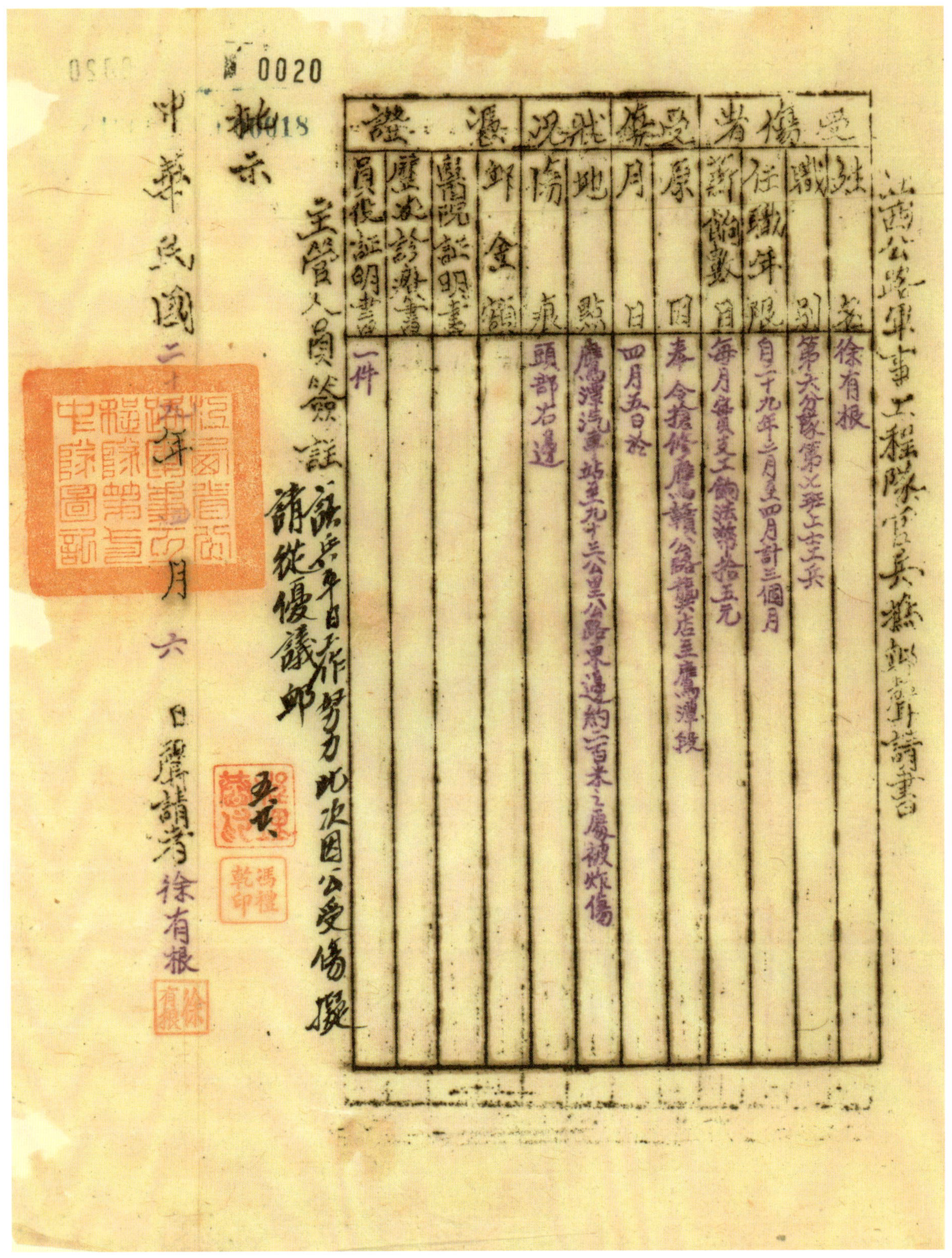

0020

江西公路軍事工程隊官兵撫邮申請書

受傷者	姓名	徐有根
	職別	第六分隊第七班上等工兵
	任職年限	自二十九年二月至四月計三個月
	薪餉數目	每月每員支工餉法幣拾五元
受傷狀况	原因	奉令搶修鷹贛公路龍蓮店至鷹潭段
	月日	四月五日於
	地點	鷹潭汽車站至九十三公里八公路東邊約二百米之處被炸傷
	傷痕	頭部右邊
證憑	邮金額	
	醫院證明書	
	應驗診斷書	
	員役證明書	一件

主管人員簽註：該兵平日工作努力，此次因公受傷，擬請從優議邮

批示

中華民國二十九年六月　日　具請者　徐有根

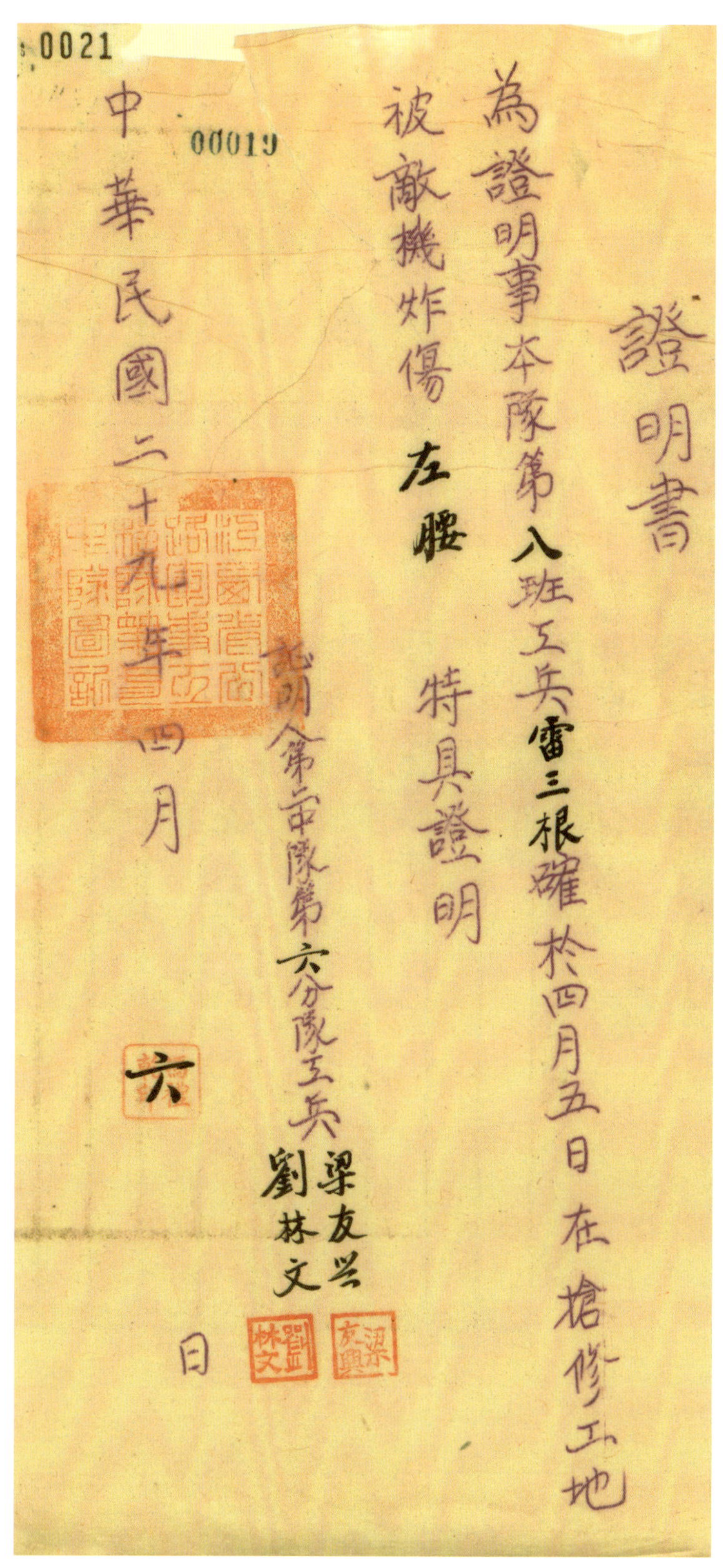

證明書

為證明事本隊第八班工兵雷三根確於四月五日在搶修工地被敵機炸傷左腰特具證明

證明人第六中隊第六分隊工兵 梁友兴 劉林文

中華民國二十九年四月　日

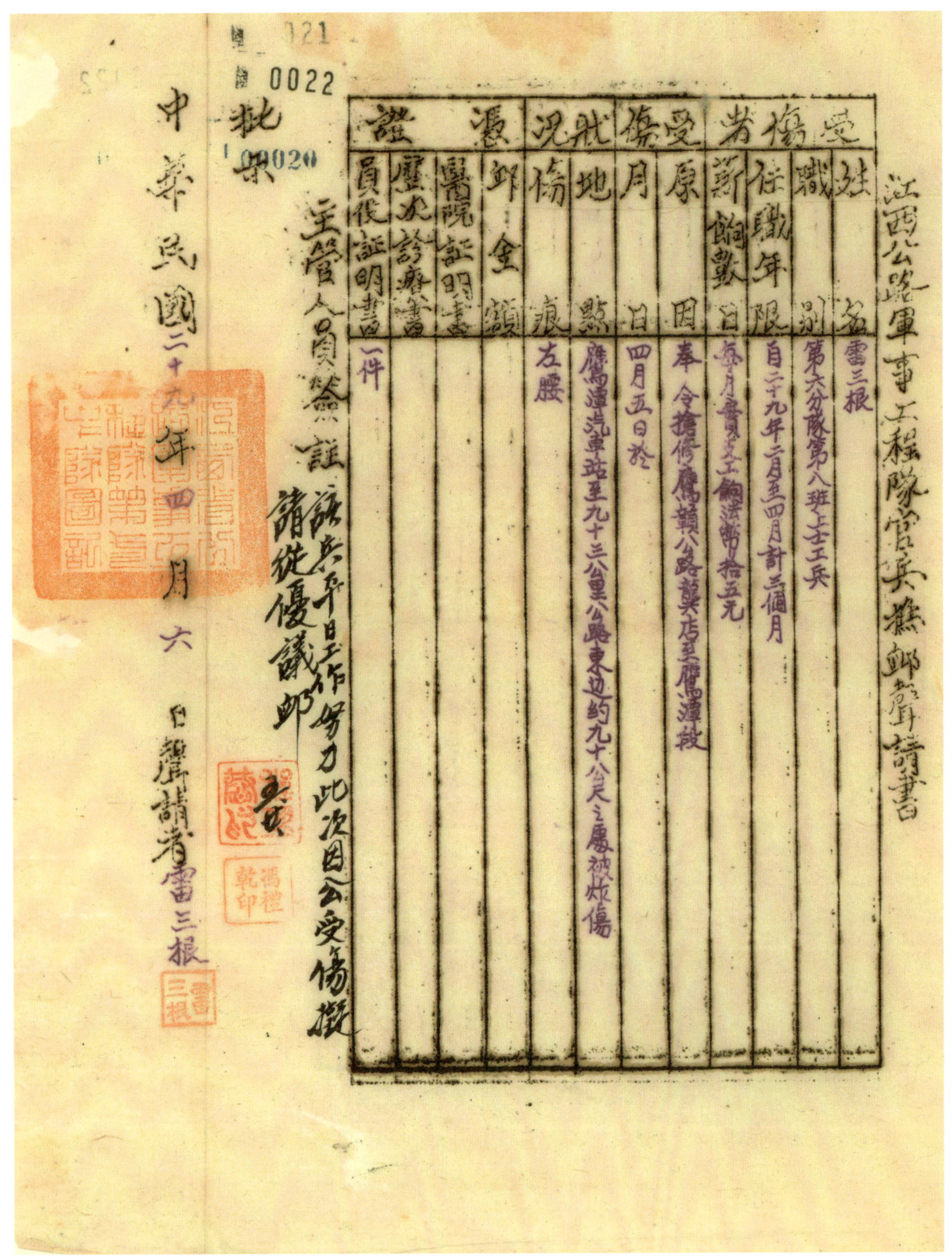

江西公路軍事工程隊官兵撫卹請書

受傷者	
姓名	雷三根
職別	第六分隊第八班上士工兵
任職年限	自二十九年二月至四月計三個月
薪餉數目	每月薪支工餉法幣拾五元
受傷狀況	
原因	奉令搶修鷹贛公路龔店至鷹潭段
月日	四月五日於
地點	鷹潭汽車站至九十三公里公路東边約九十公尺之處被炸傷
傷痕	左腰
卹金額	
憑證	
醫院證明書	
歷次診療書	
員役證明書	一件

主管人員簽註：該兵平日工作努力，此次因公受傷，擬請從優議卹。

（簽名）（印）

批示

中華民國二十九年四月六日

具請者 雷三根（印）

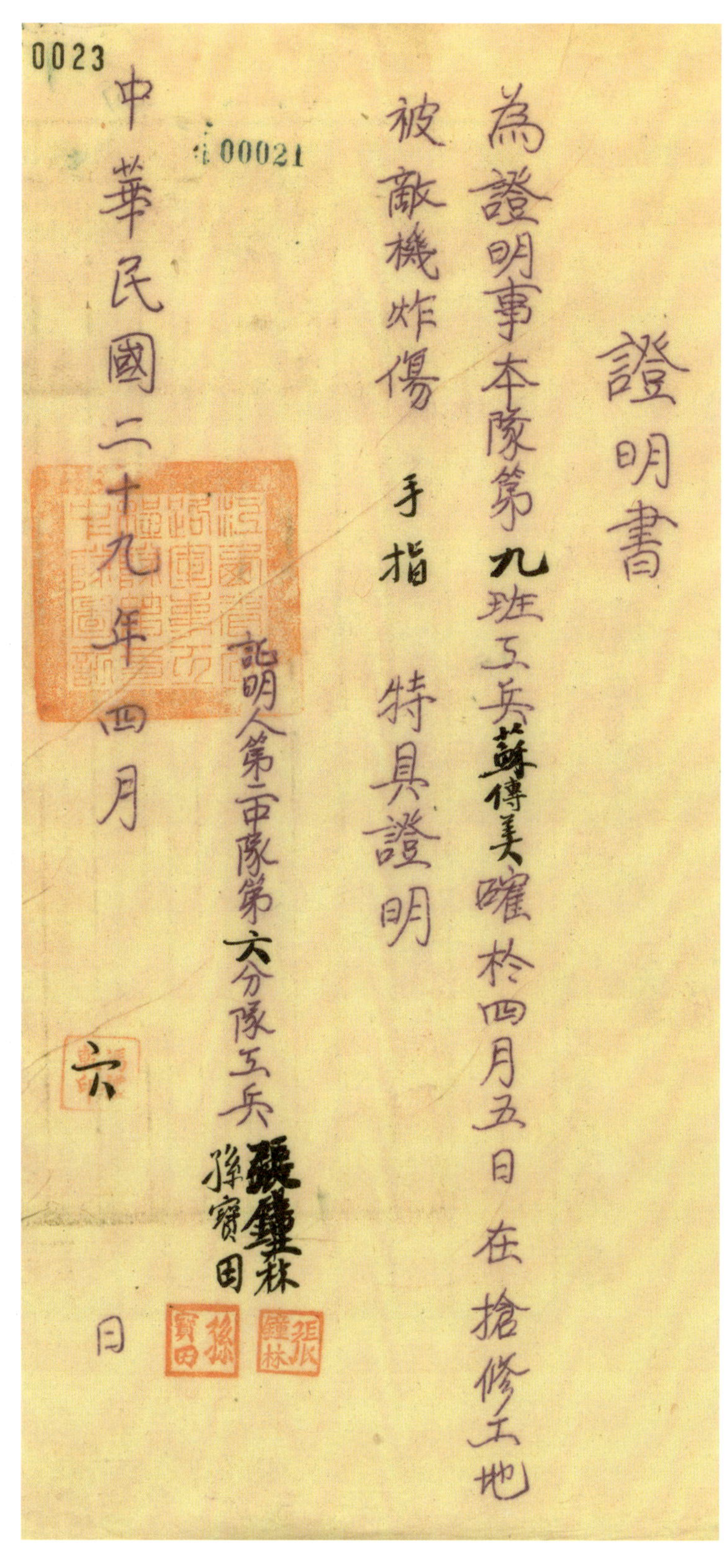
0023

00021

證明書

為證明事本隊第九班工兵蘇傳美確於四月五日在搶修工地被敵機炸傷手指特具證明

證明人第二中隊第六分隊工兵張鍾林
孫寶田

中華民國二十九年四月六日

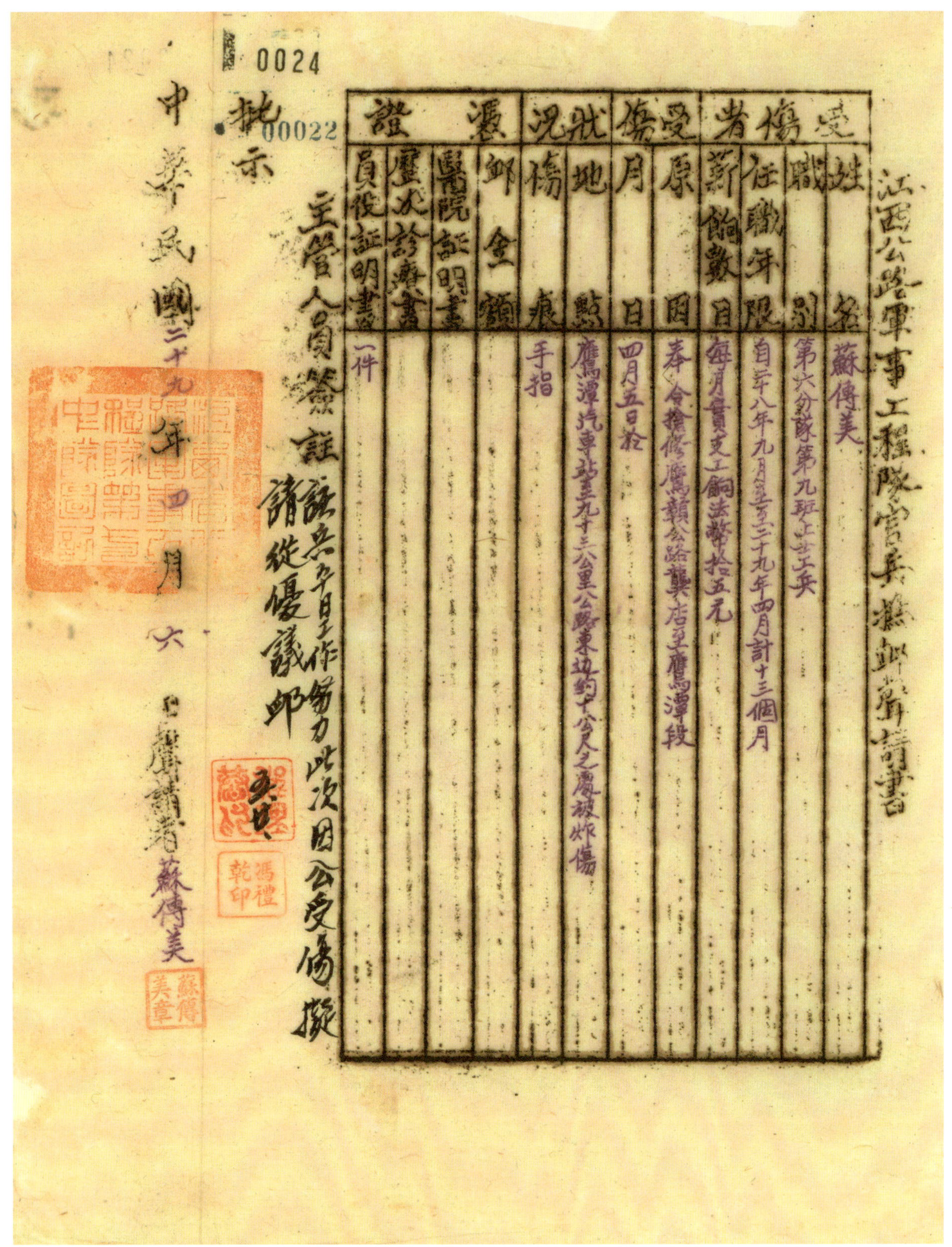

0024

00022

江西公路軍事工程隊官兵撫卹聲請書

受傷者				受傷狀況				憑證			
姓名	職別	任職年限	薪餉數目	原因	月日	地點	傷痕	郵金額	醫院證明書	屢次診療書	員役證明書
蘇傳美	第六分隊第九班上等工兵	自二十八年九月至二十九年四月計十三個月	每月實支工餉法幣拾五元	奉令搶修鷹贛公路龔店至鷹潭段	四月五日於	鷹潭汽車站至九十三公里公路東邊約十公尺之處被炸傷	手指				一件

主管人員簽註：該兵平日工作努力，此次因公受傷，擬請從優議卹

英甫 馮禮乾印

批示

中華民國二十九年四月六日　具請者　蘇傳美（蘇傳美章）

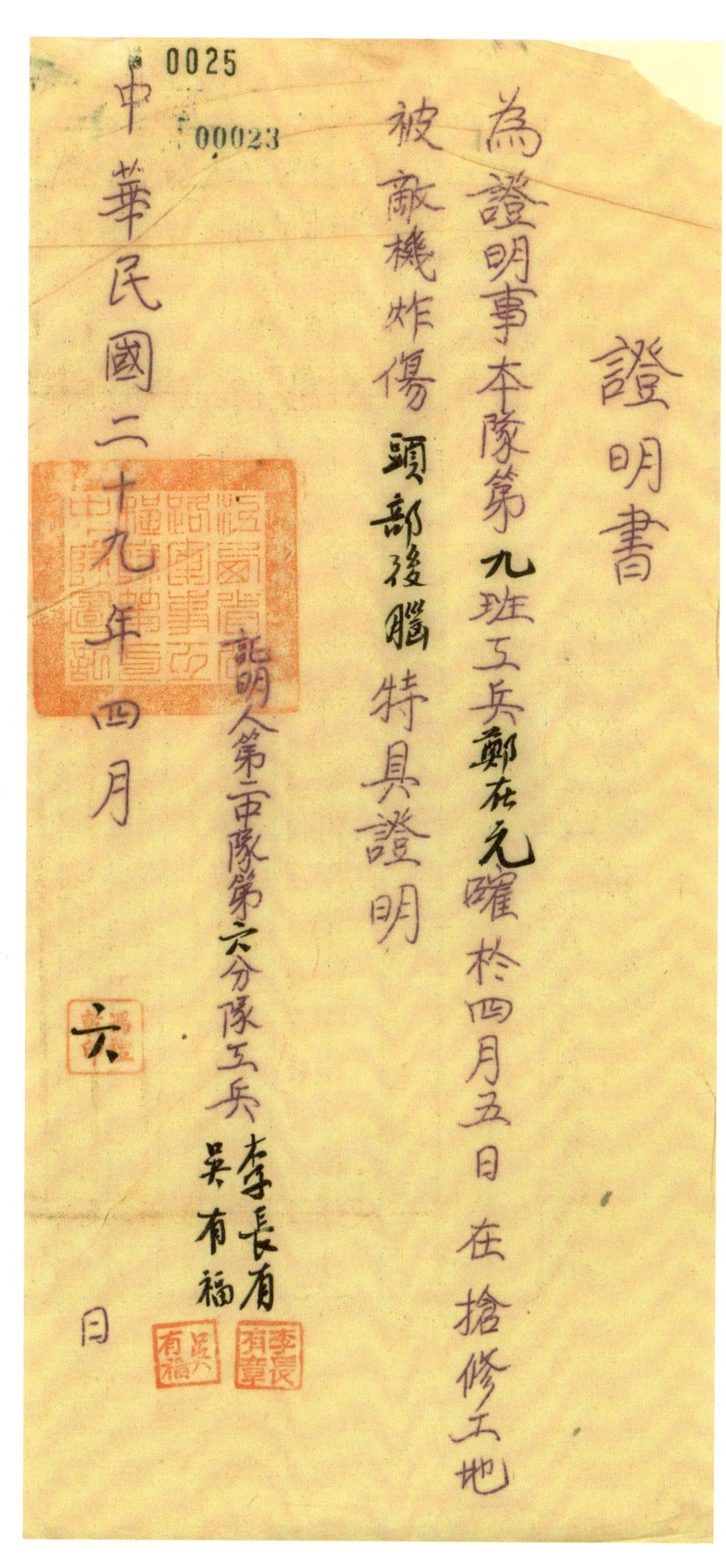
0025

00023

證明書

為證明事本隊第九班工兵鄭在元確於四月五日在搶修工地被敵機炸傷頭部後腦特具證明

證明人第二中隊第六分隊工兵 李長有 吳有福

六

中華民國二十九年四月　日

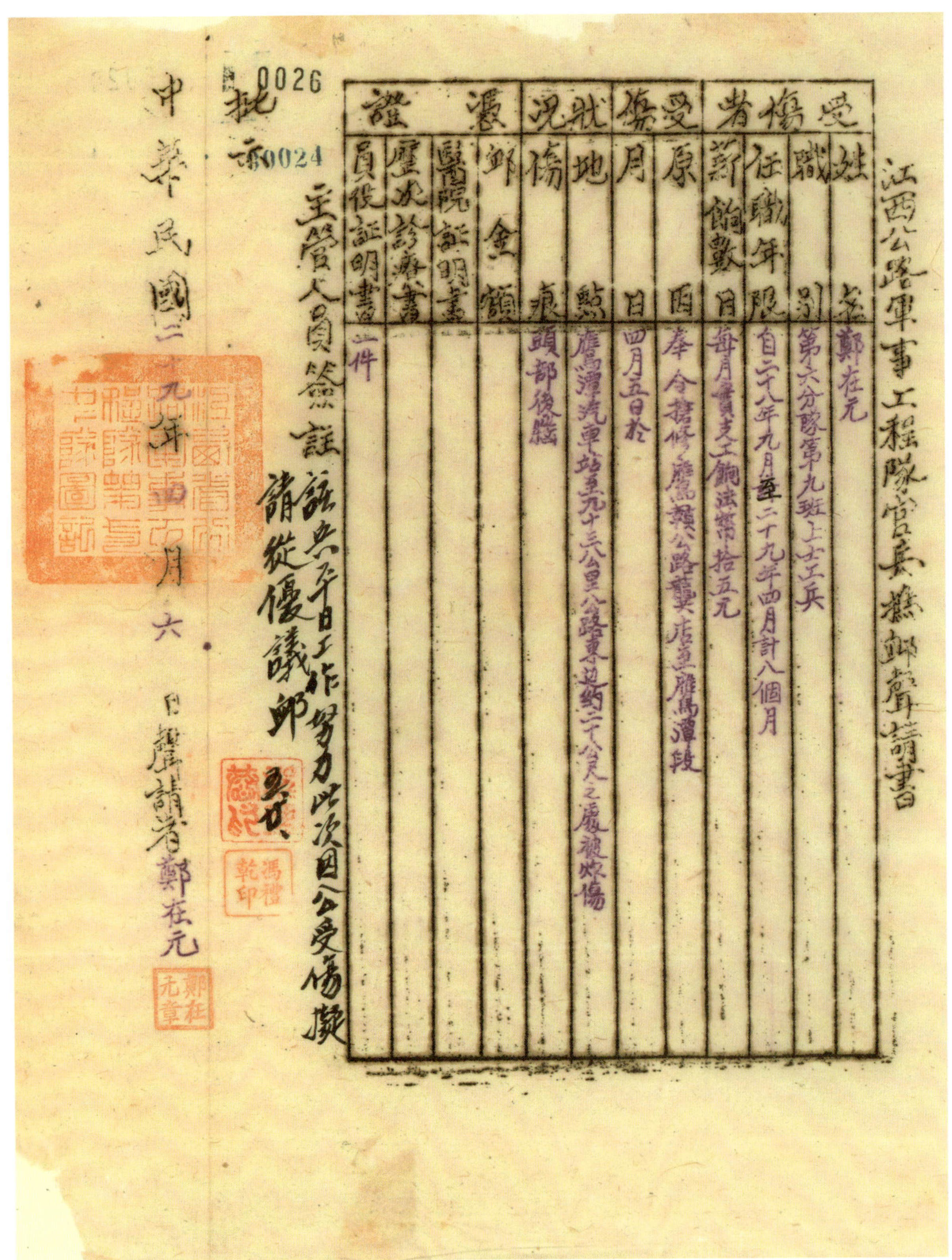

江西公路军事工程队官兵抚恤声请书

受伤者	姓名	郑在元
	职别	第六分队第九班上士工兵
	任职年限	自二十八年九月至二十九年四月计八个月
	薪饷数目	每月实支工饷法币拾五元
受伤状况	原因	奉令抢修之鹰黎公路龙头店至鹰潭段
	月日	四月五日于
	地点	鹰潭汽车站至九十三公里公路东边约二十公尺之处被炸伤
	伤痕	头部后脑
凭证	恤金额	
	医院证明书	
	历次诊疗书	
	员役证明书	一件

主管人员签证

兹兵平日工作努力，此次因公受伤，拟请从优议恤。

冯礼乾（印）

中华民国二十九年五月六日

声请者 郑在元（郑在元章）

批示

0026

0024

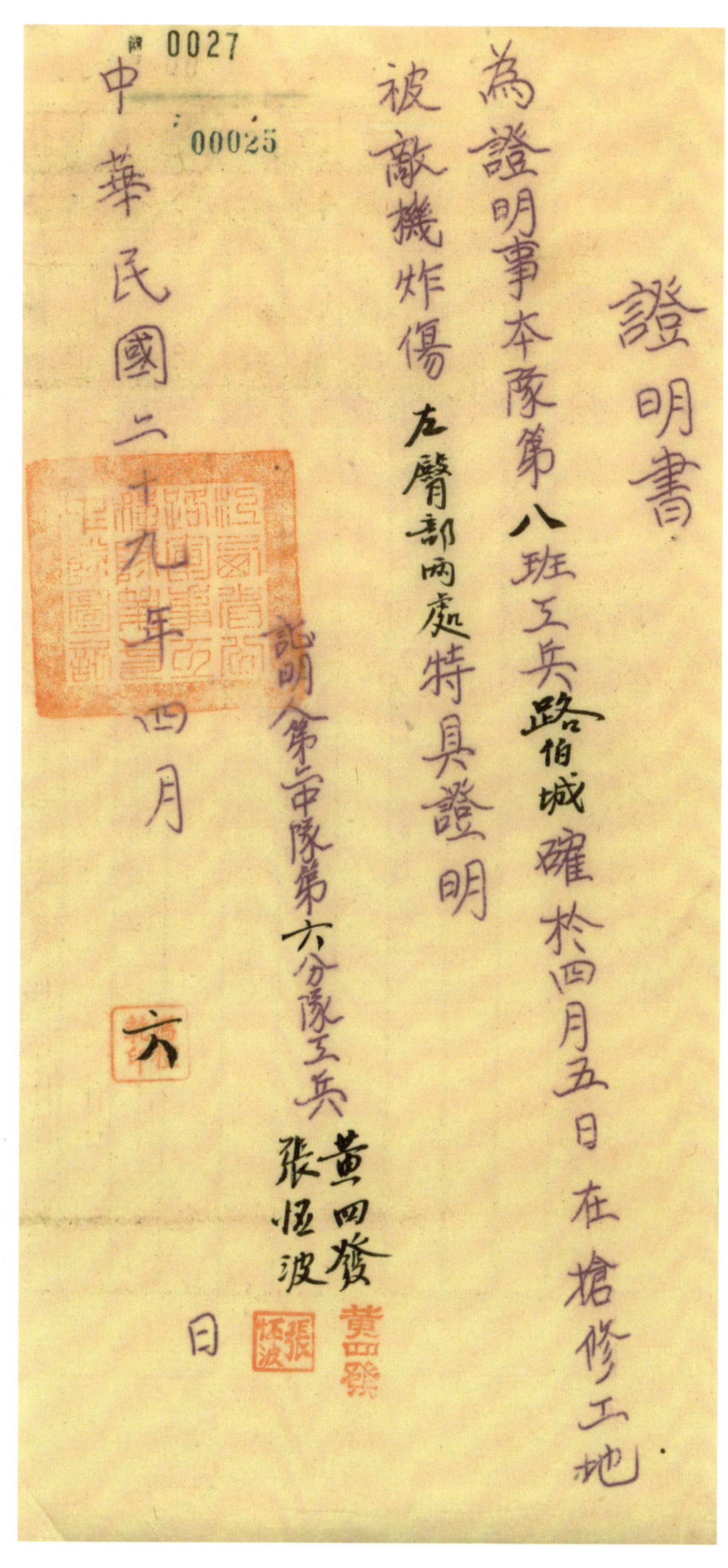
0027

00025

證明書

為證明事本隊第八班工兵路伯城確於四月五日在搶修工地被敵機炸傷左臂部兩處特具證明

證明人第六中隊第六分隊工兵黃四發　張恆波

中華民國二十九年四月　日

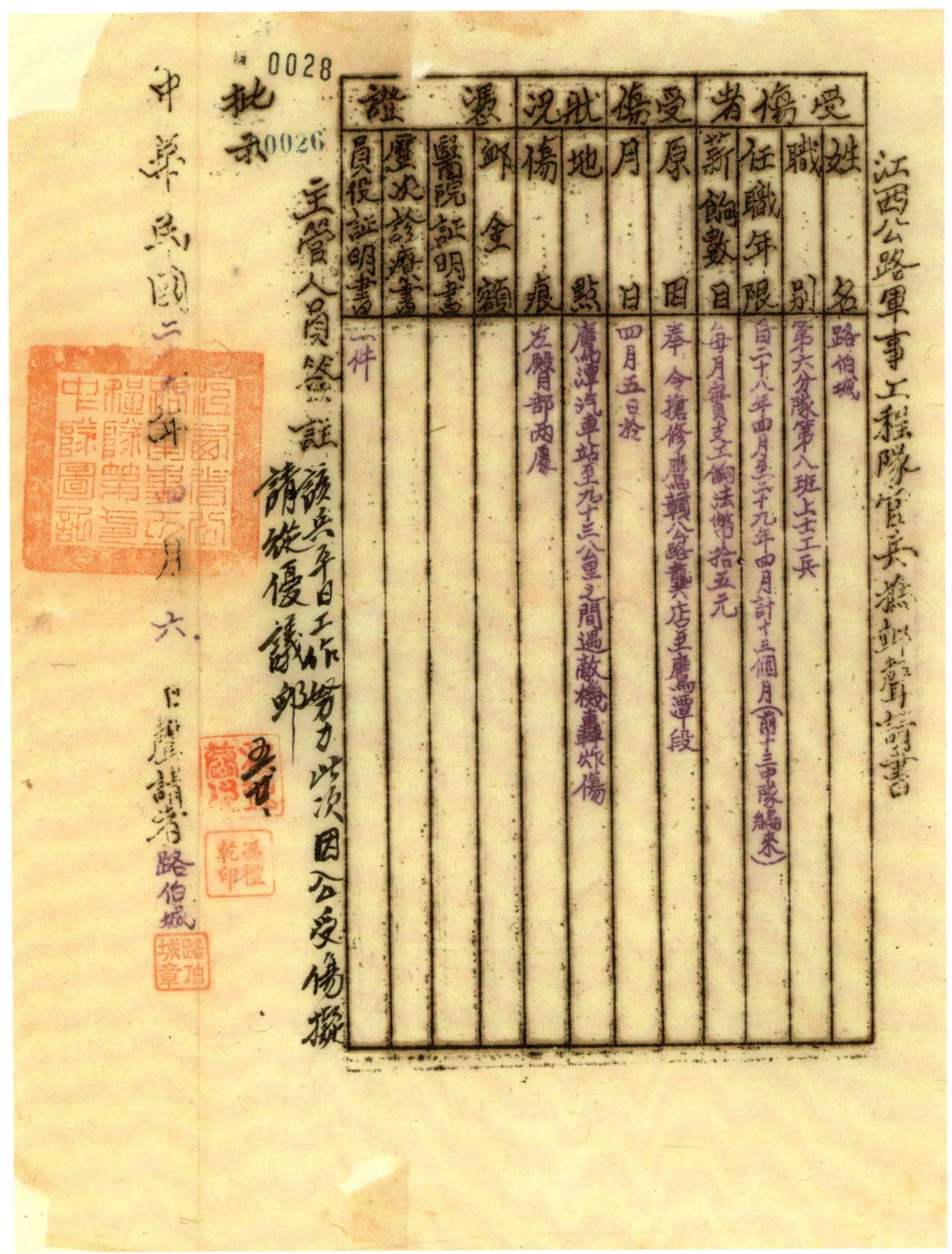

0028

江西公路軍事工程隊官兵撫卹聲請書

受傷者		
	姓名	路伯城
	職別	第六分隊第八班上士工兵
	任職年限	自二十八年四月至二十九年四月計十三個月（前十三中隊編來）
	薪餉數目	每月實支工餉法幣拾五元
受傷狀況	原因	奉令搶修鷹贛公路龔店至鷹潭段
	月日	四月五日於
	地點	鷹潭汽車站至九十三公里之間遇敵機轟炸傷
	傷痕	左臂骨部兩處
	卹金額	
憑證	醫院証明書	
	歷次診療書	
	員役証明書	一件

主管人員簽註：該兵平日工作努力，此次因公受傷，擬請從優議卹。

王其 馮禮乾印

批示

0026

中華民國二十九年五月六日

具請者 路伯城 路伯城章

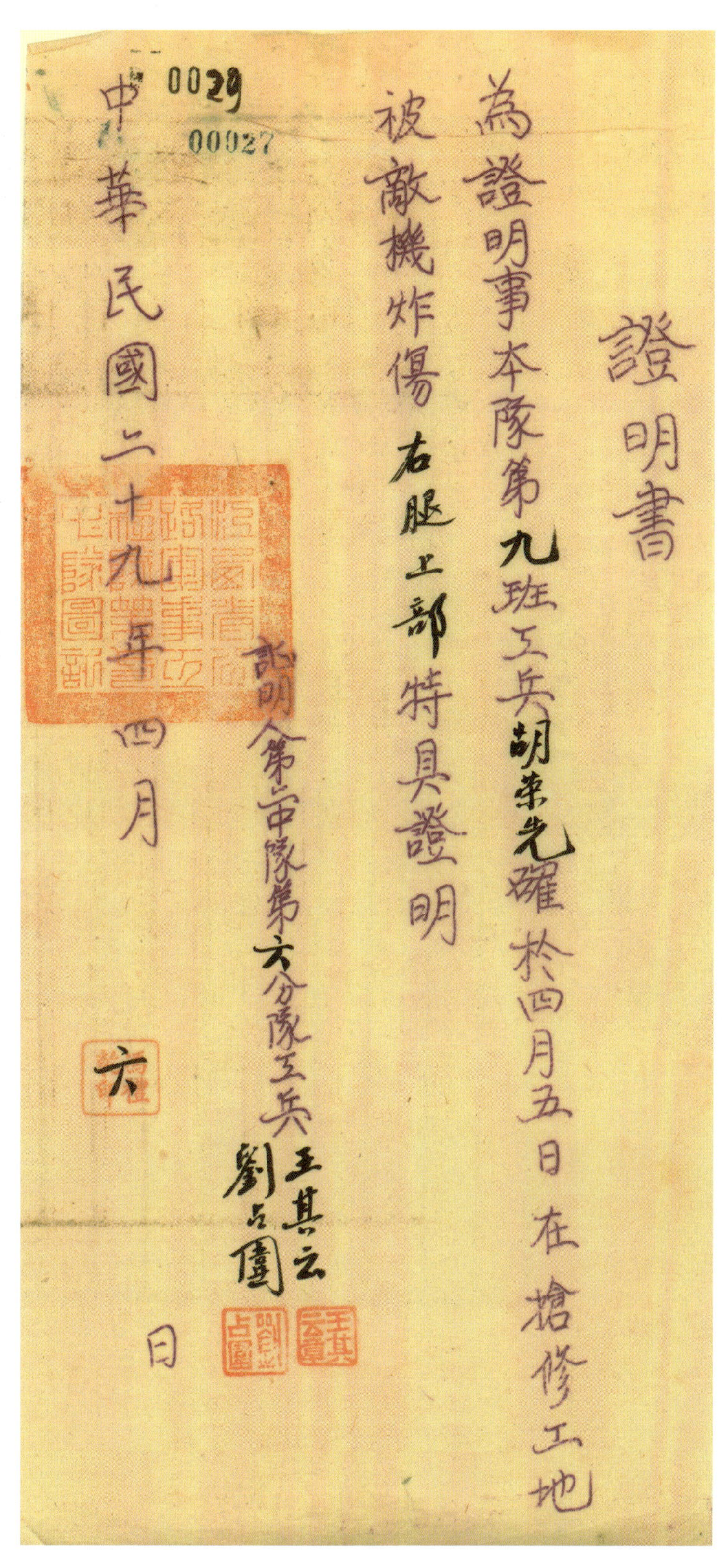

0029

00027

證明書

為證明事本隊第九班工兵胡策先確於四月五日在搶修工地被敵機炸傷右腿上部特具證明

證明人第六中隊第六分隊工兵 王其云 劉占園

中華民國二十九年四月 日

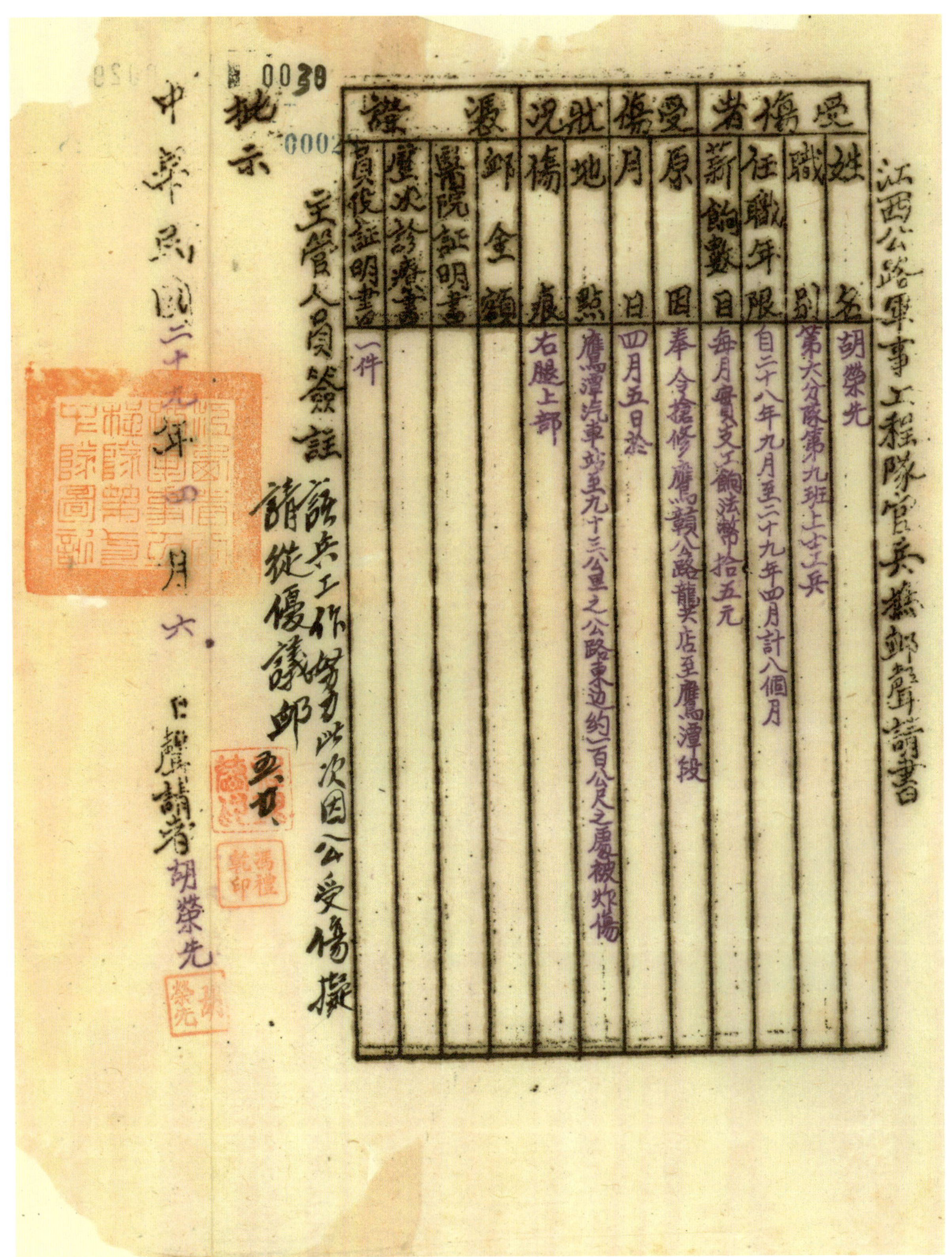

江西公路軍事工程隊官兵撫卹聲請書

受傷者				受傷狀況				憑證			
姓名	職別	任職年限	薪餉數目	原因	月日	地點	傷痕	卹金額	醫院證明書	醫生診療書	員役證明書
胡榮先	第六分隊第九班上士工兵	自二十八年九月至二十九年四月計八個月	每月發支工餉法幣拾五元	奉令搶修贛粵公路龍頭店至鷹潭段	四月五日於	鷹潭汽車站至九十三公里之公路東边約一百公尺之處被炸傷	右腿上部				一件

批示

主管人員簽註　該兵工作努力，此次因公受傷，擬請從優議卹。

中華民國二十九年四月六日

具請者　胡榮先

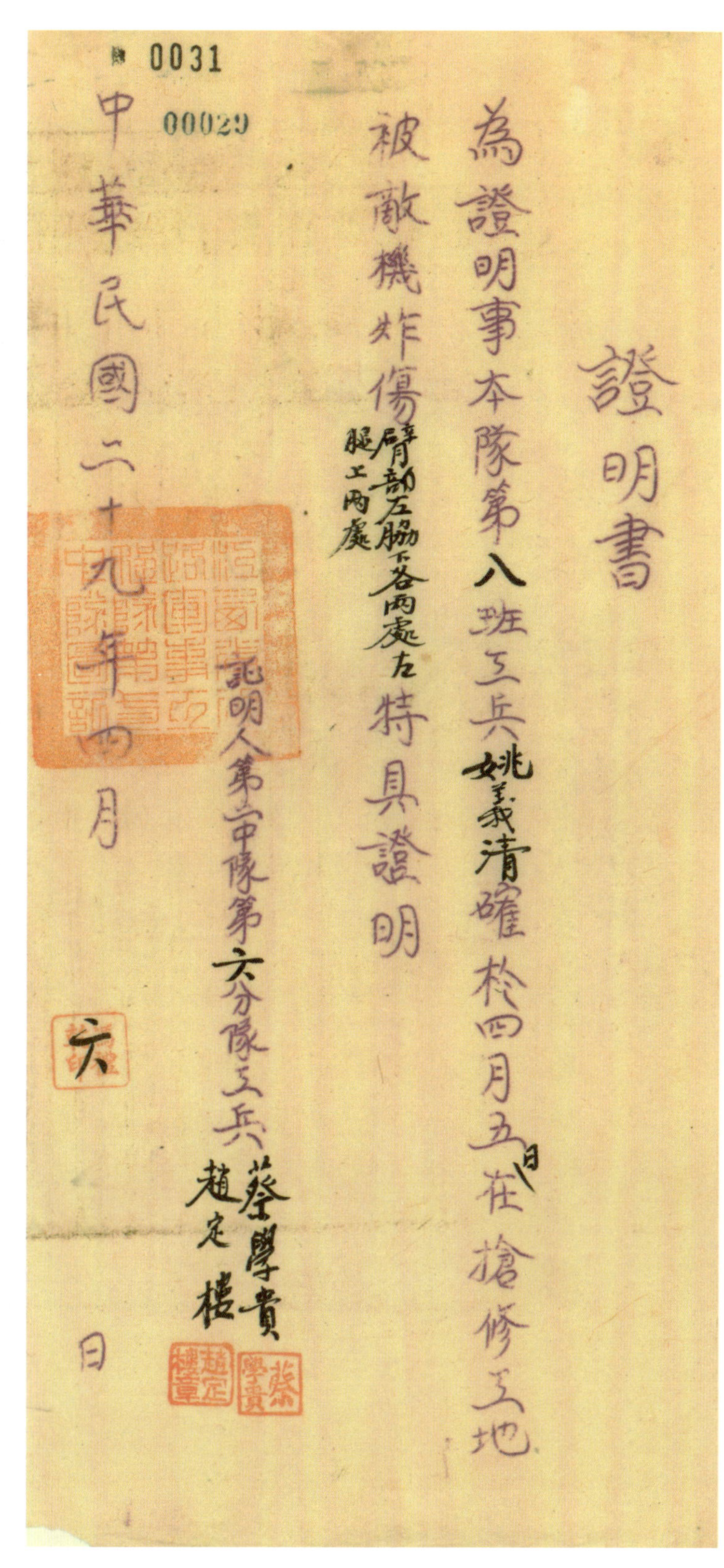

0031

00029

證明書

為證明事本隊第八班工兵姚義清確於四月五日在搶修工地被敵機炸傷背部左脇下各兩處左腿上兩處特具證明

證明人第二中隊第六分隊工兵
蔡學貴
趙定樓

中華民國二十九年四月　日

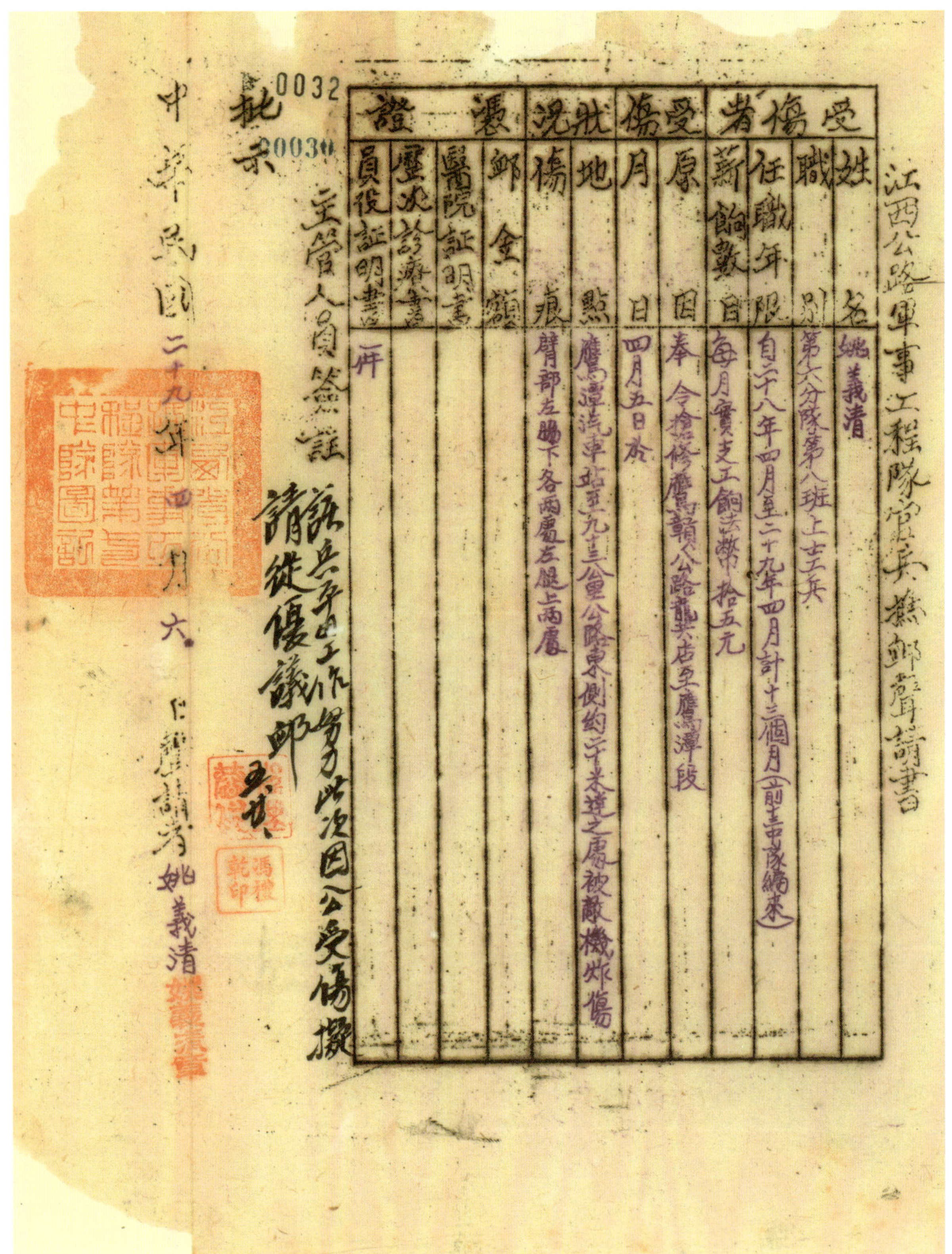

江西公路軍事工程隊官兵撫卹聲請書

受傷者	姓名	姚義清
	職別	第六分隊第八班上士工兵
	任職年限	自二十八年四月至二十九年四月計十三個月（前十二中隊編來）
	薪餉數目	每月實支工餉法幣拾五元
受傷狀況	原因	奉令搶修鷹贛公路龍興店至鷹潭段
	月日	四月五日於
	地點	鷹潭汽車站至九十三公里公路東側約二千米遠之處被敵機炸傷
	傷痕	臂部左腸下各兩處左腿上兩處
憑證	卹金額	
	醫院証明書	
	歷次診療書	
	員役証明書	冊

主管人員簽註：該兵平日工作努力此次因公受傷擬請從優議卹 五、廿

批示

中華民國二十九年四月六日

具聲請者 姚義清

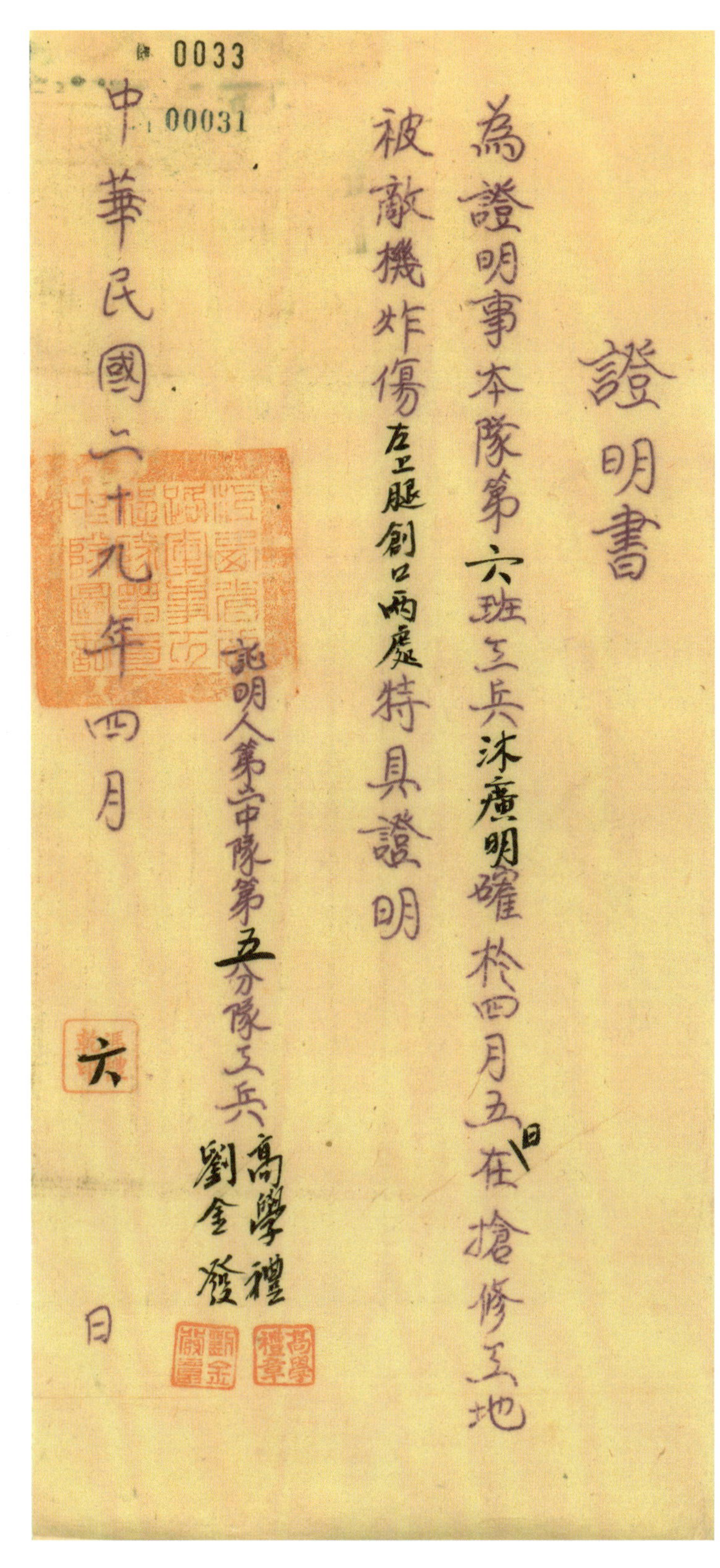

0033

00031

證明書

為證明事本隊第六班工兵沐廣明確於四月五日在搶修工地

被敵機炸傷左上腿創口兩處特具證明

證明人第六中隊第五分隊工兵 高學禮 劉金發

六

中華民國二十九年四月 日

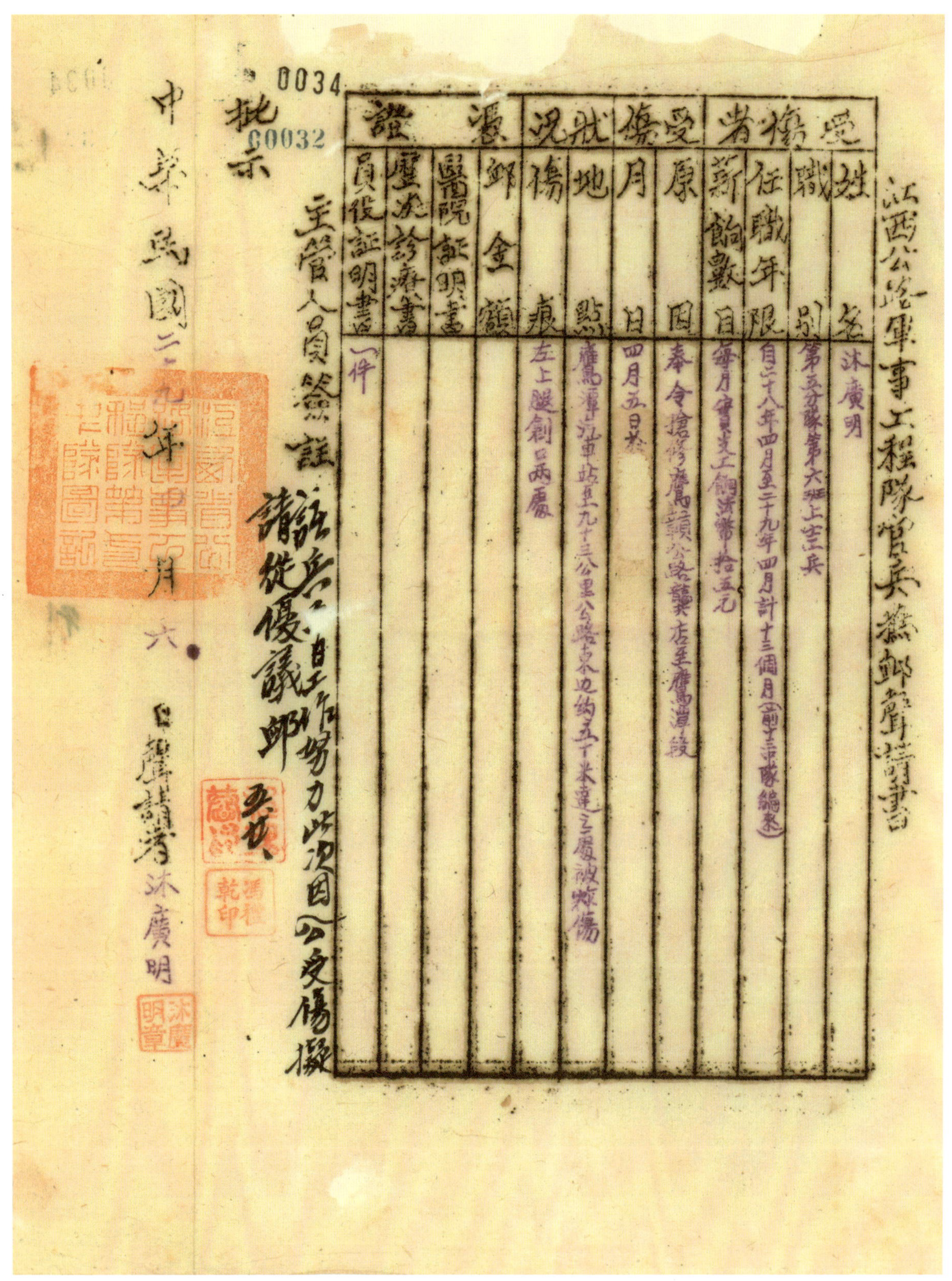

0034
00032

江西公路軍事工程隊官兵撫卹申請書

受撫者				受傷狀況				憑證			
姓名	職別	任職年限	薪餉數目	原因	月日	地點	傷痕	卹金額	醫院証明書	軍醫診療書	員役証明書
沐廣明	第五分隊第六班上等工兵	自二十八年四月至二十九年四月計十三個月（前十二分隊編來）	每月實支工餉法幣拾五元	奉令搶修鷹贛公路龔店至鷹潭段	四月五日	鷹潭江車站至九十三公里公路東邊約五十米達之處被炸傷	左上腿創口兩處				一件

主管人員簽註：該兵平日工作甚努力，此次因公受傷，擬請從優議卹。五、廿、

批示

中華民國二十九年五月六日

具請書 沐廣明

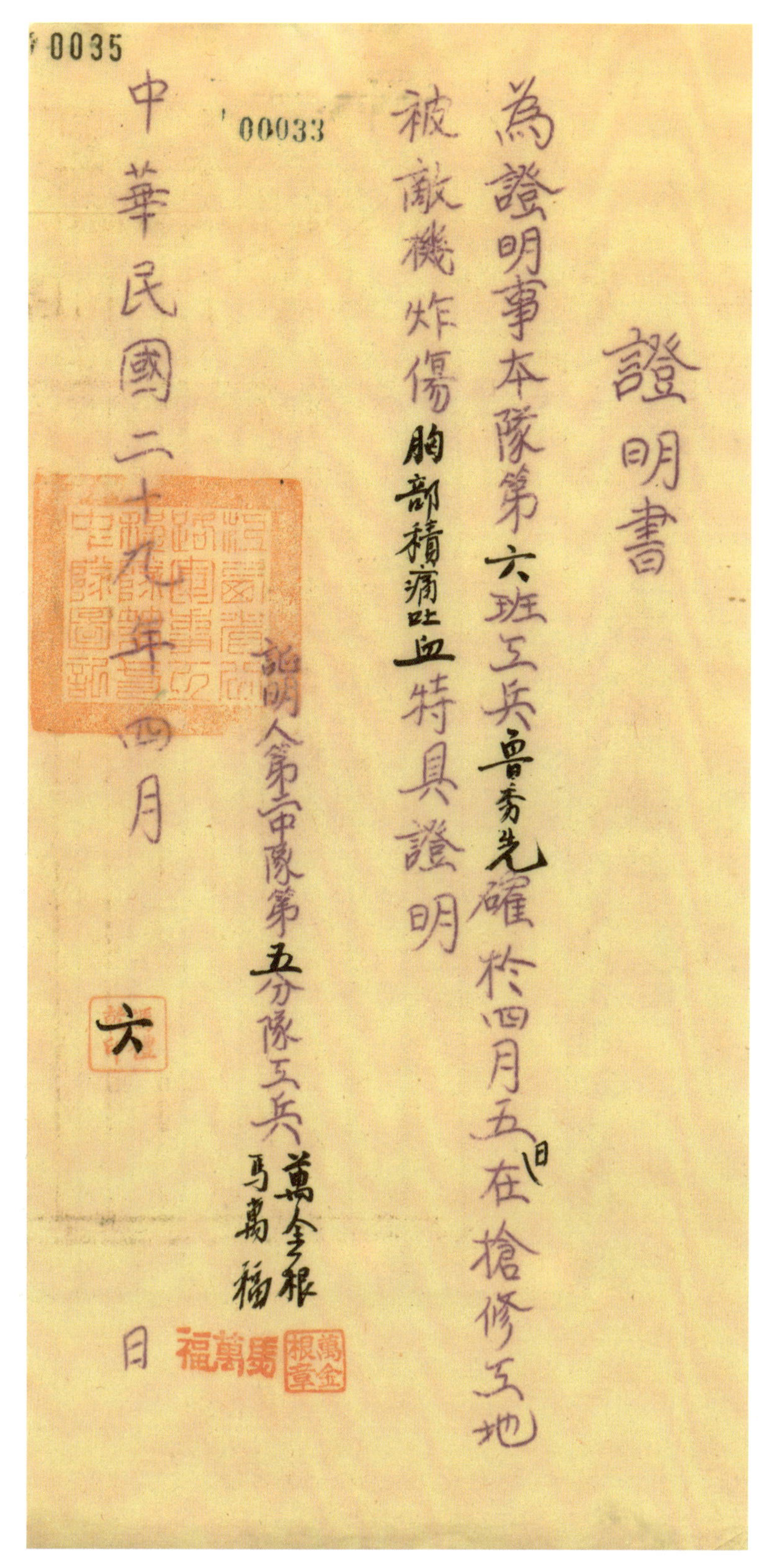

0035

00033

證明書

為證明事本隊第六班工兵曾秀先確於四月五日在搶修工地被敵機炸傷胸部積痛吐血特具證明

證明人第二中隊第五分隊工兵萬金根
馬萬福

中華民國二十九年四月　日

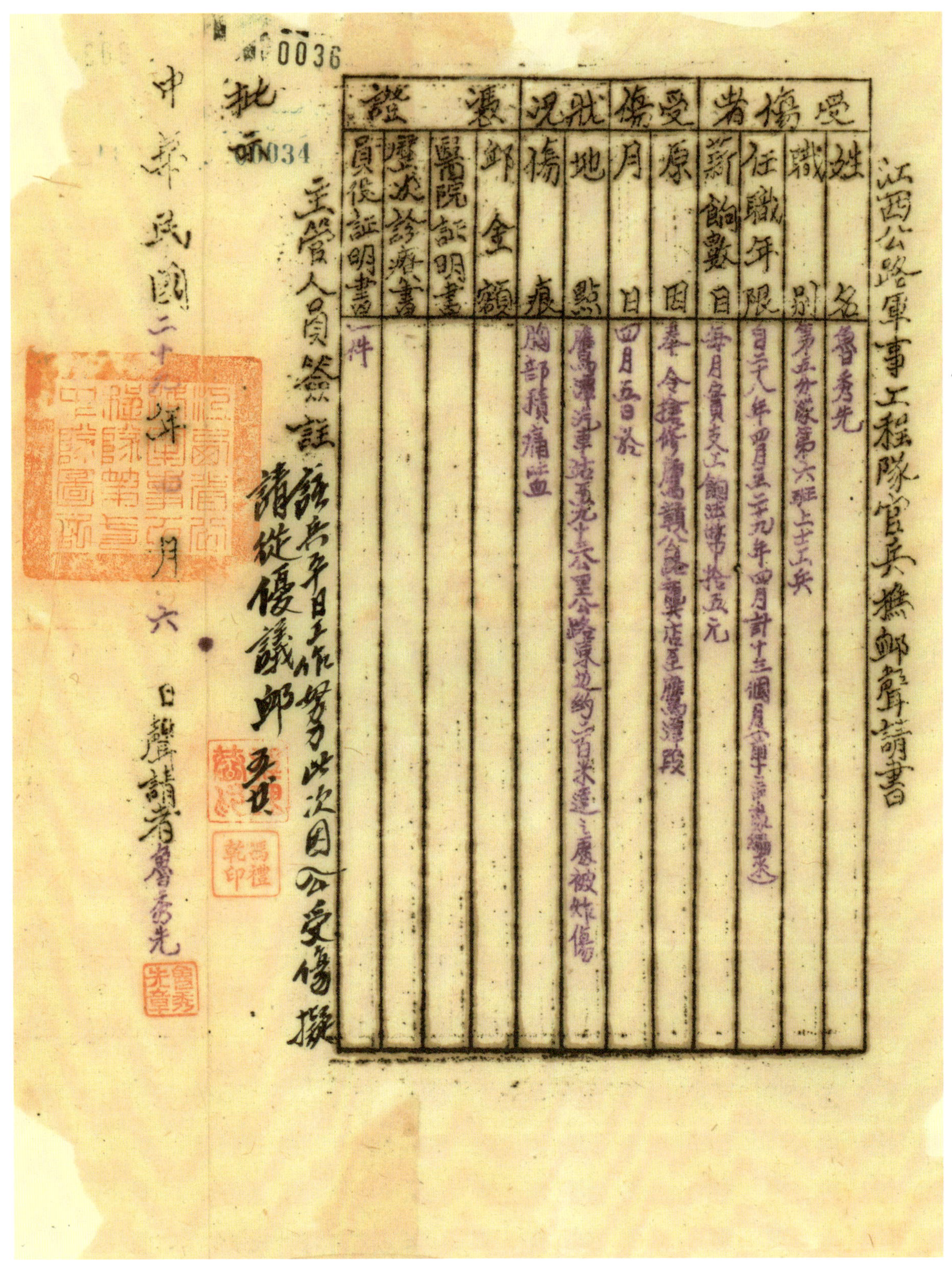

0036

江西公路軍事工程隊官兵撫卹聲請書

受傷者	姓名	魯秀先
	職別	第五分隊第六班上士工兵
	任職年限	自二十八年四月至二十九年四月計十三個月（二十八年十二月始編入本隊）
	薪餉數目	每月實支工餉法幣拾五元
受傷狀況	原因	奉令搶修鷹潭贛公路貴溪至鷹潭段
	月日	四月五日於
	地點	鷹潭汽車站東北十六公里公路東边約二百米達之處被炸傷
	傷痕	胸部積痛溢血
	卹金額	
憑證	醫院證明書	
	醫院診療書	
	員役證明書	一件

主管人員簽註：該兵平日工作努力，此次因公受傷，擬請從優議卹。馮禮乾（印）

批示

00034

中華民國二十九年[illegible]月六日

聲請者魯秀先（印）

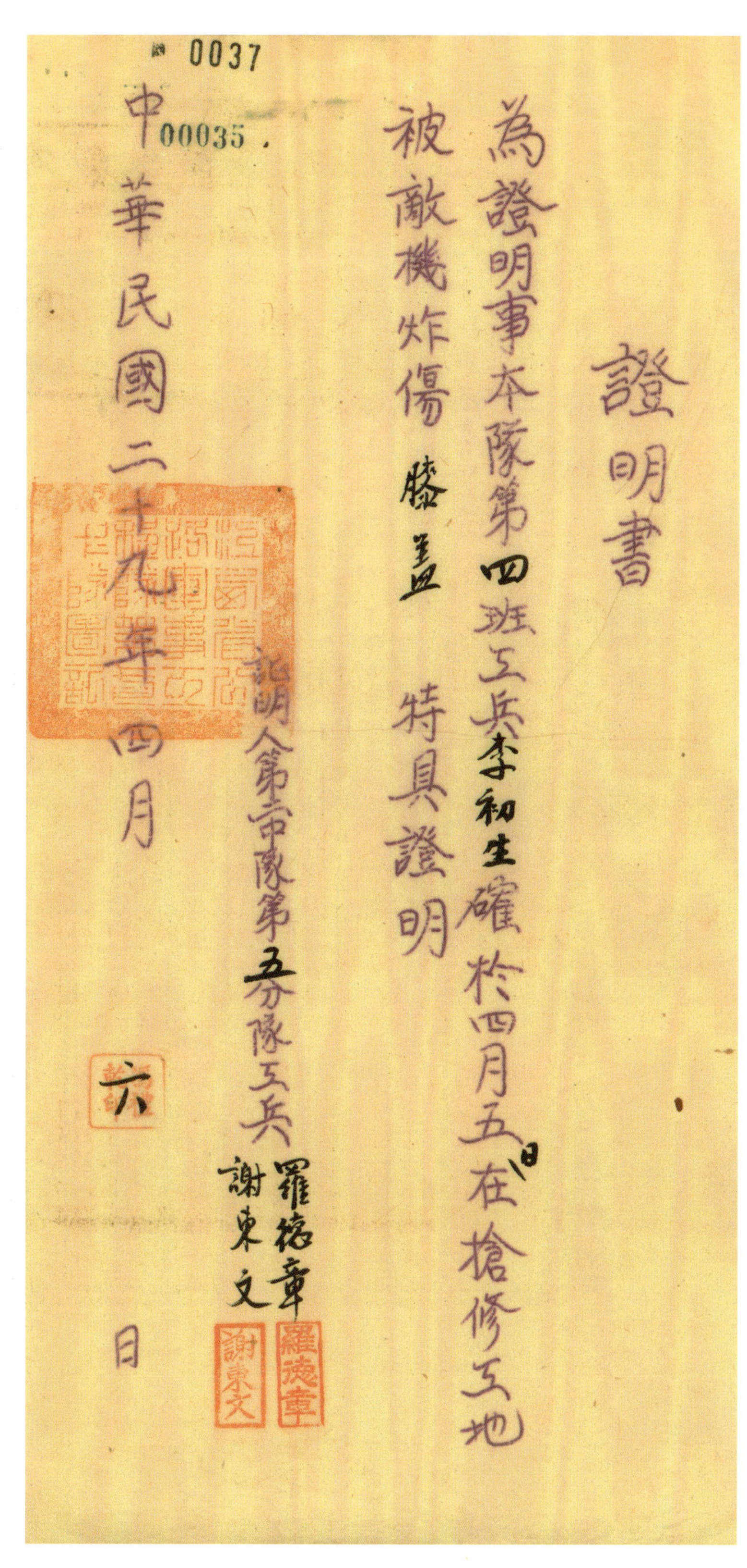

0037

00035

證明書

為證明事本隊第四班工兵李初生確於四月五日在搶修工地被敵機炸傷膝蓋 特具證明

證明人第六中隊第五分隊工兵 羅德章 謝東文

中華民國二十九年四月六日

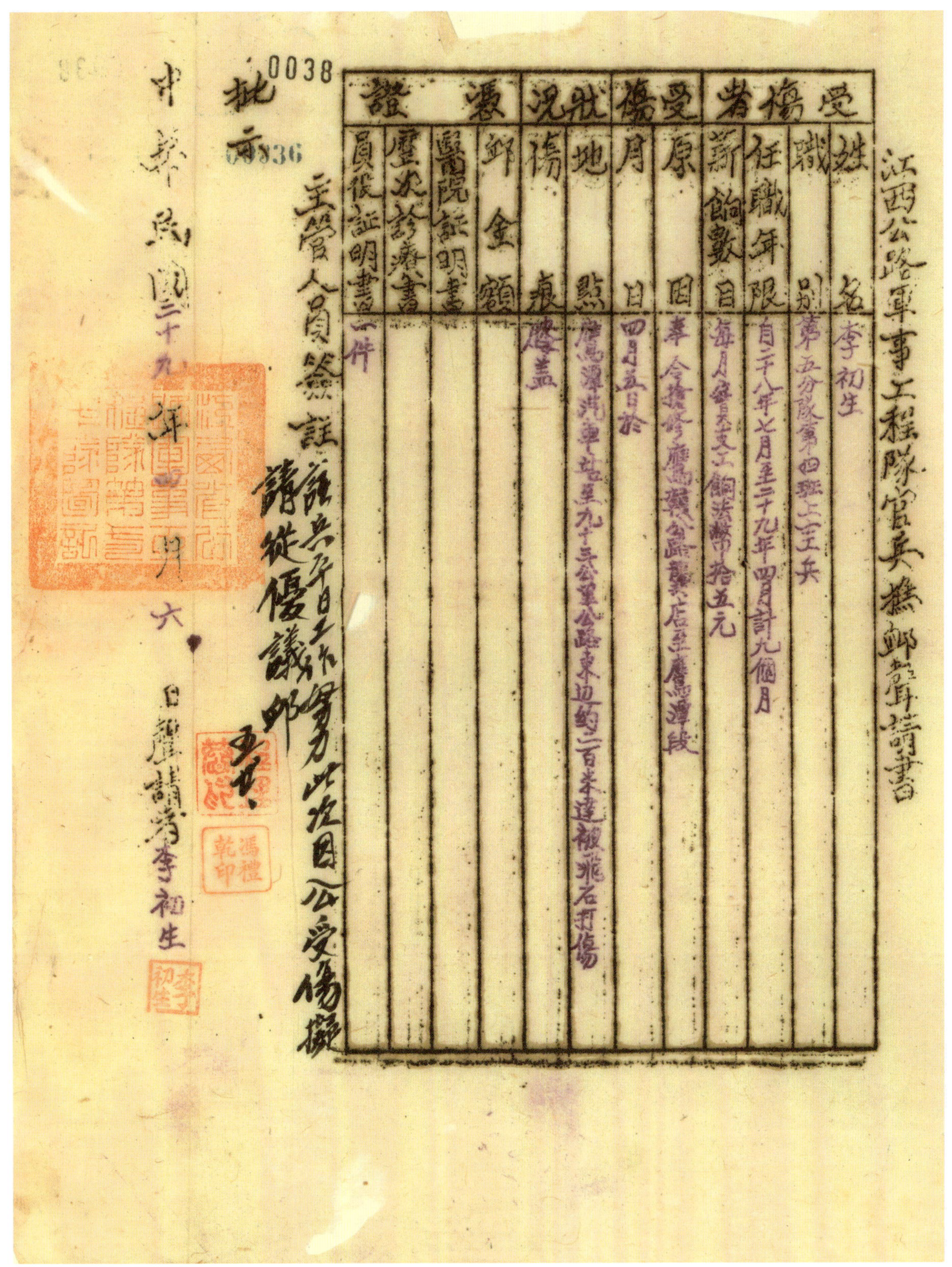

0038

00036

江西公路軍事工程隊官兵撫卹申請書

受傷者	姓名	李初生
	職別	第五分隊第四班上等工兵
	任職年限	自二十八年七月至二十九年四月計九個月
	薪餉數目	每月除食支工餉法幣拾五元
受傷狀況	原因	奉令搶修鷹貴公路龍店至鷹潭段
	月日	四月五日於
	地點	鷹潭汽車站至九十三公里公路東邊約二百米遠被飛石打傷
	傷痕	膝蓋
憑證	卹金額	
	醫院証明書	
	屢次診療書	
	員役証明書	一件

批示

主管人員簽註：該兵平日工作努力，此次因公受傷，擬請從優議卹。王其

中華民國二十九年五月六日　具請者李初生

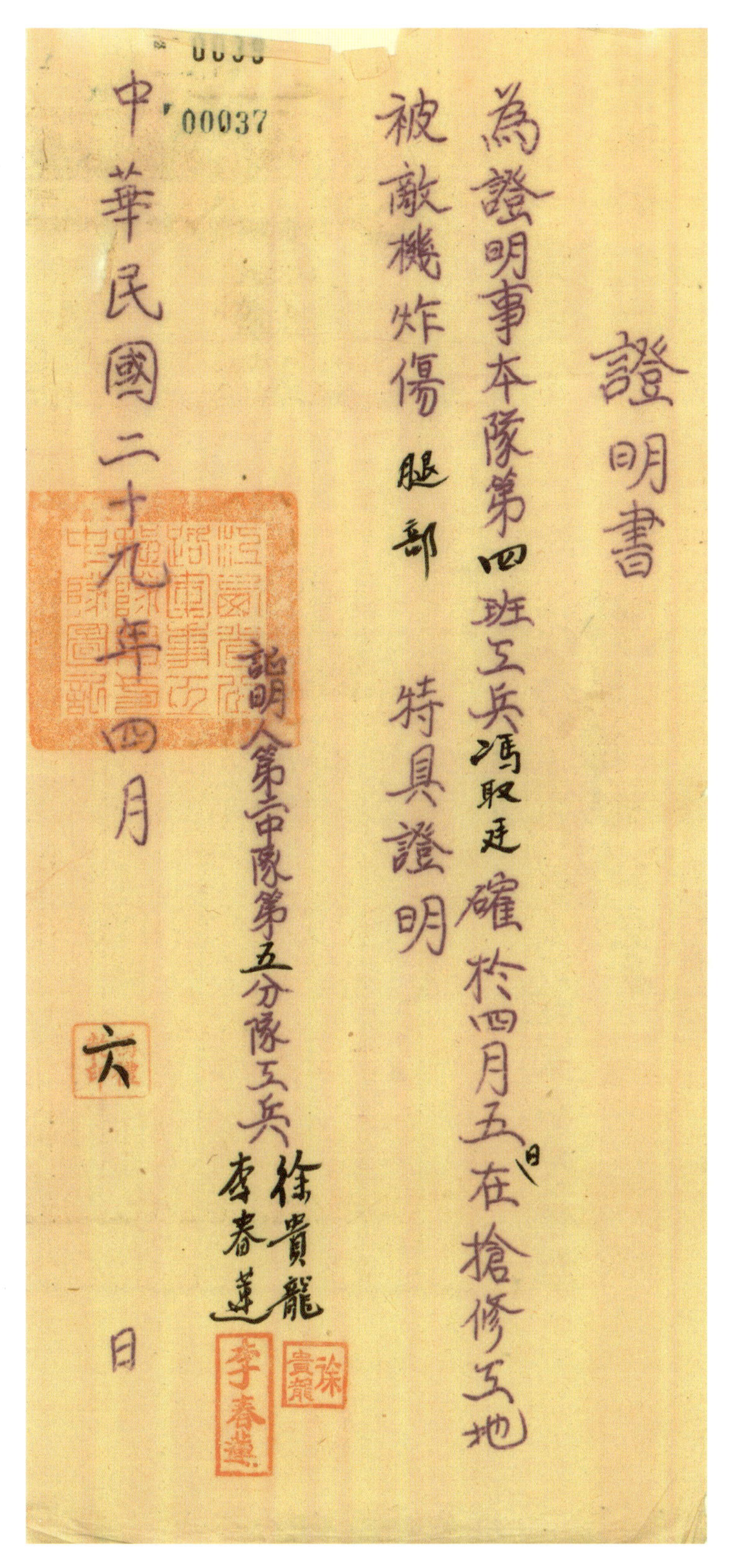

00037

證明書

為證明事本隊第四班工兵馮取廷確於四月五日在搶修工地被敵機炸傷腿部　特具證明

證明人第六中隊第五分隊工兵　徐貴龍　李春蓮

中華民國二十九年四月　日

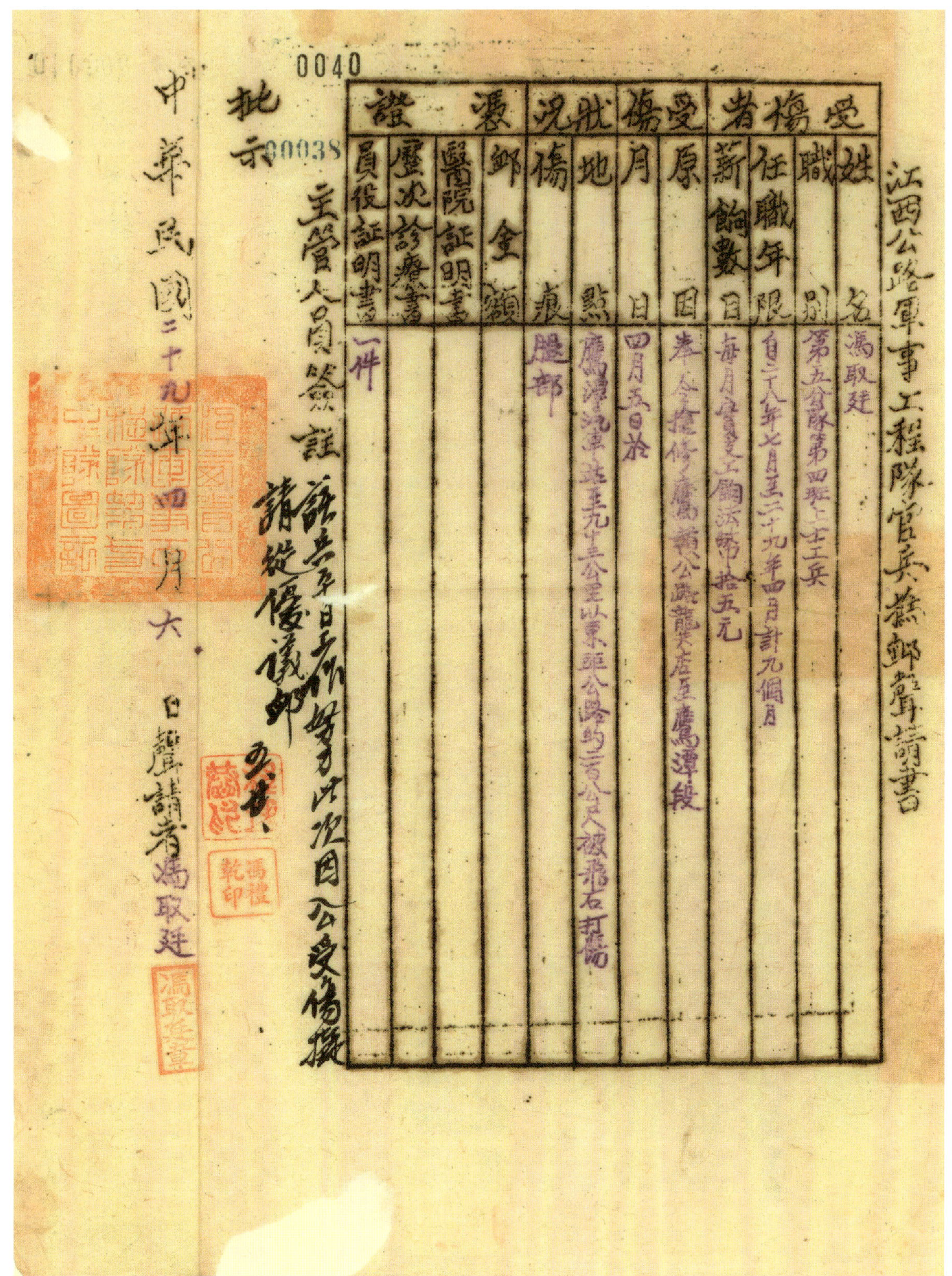

0040

00038

江西公路軍事工程隊官兵撫卹聲請書

受傷者	
姓名	馮取廷
職別	第五分隊第四班上士工兵
任職年限	自二十八年七月至二十九年四月計九個月
薪餉數目	每月實支工餉法幣拾五元
受傷狀況	
原因	奉令搶修鷹黄公路龍大店至鷹潭段
月日	四月五日於
地點	鷹潭汽車站至九十三公里以東距公路約三百公尺被飛石打傷
傷痕	腿部
憑證	
卹金額	
醫院證明書	
歷次診療書	
員役證明書	一件

主管人員簽註　該兵平日工作努力，此次因公受傷，擬請從優議卹。五、廿

批示

中華民國二十九年四月大日　聲請者馮取廷

安远县政府关于奉令填送《安远县办理特种工程征雇民夫伤亡调查表》致江西省政府的呈（一九四六年三月十四日）

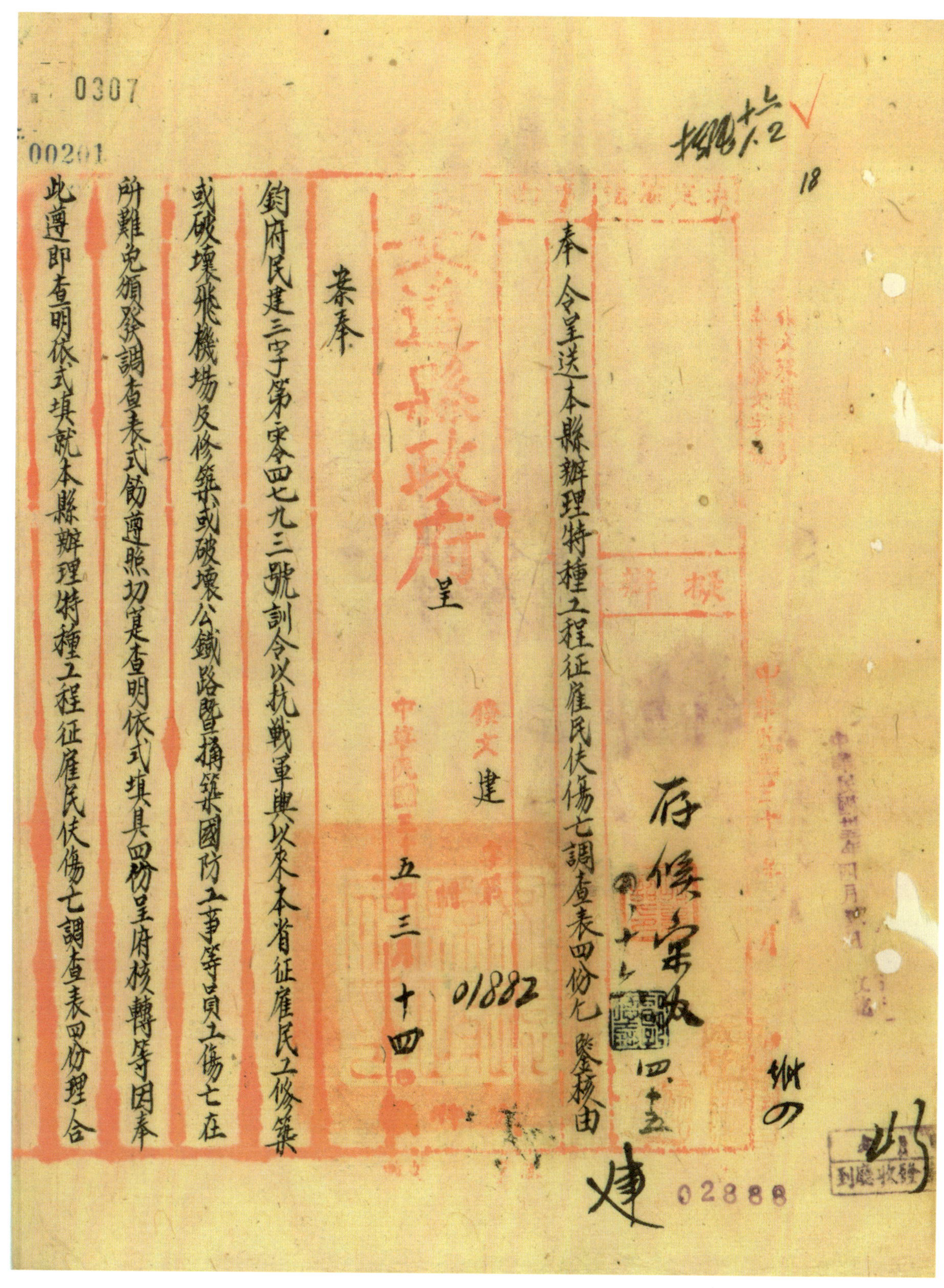

奉
令呈送本縣辦理特種工程征雇民伕傷亡調查表四份乞鑒核由

呈

發文建字第01882號

中華民國三十五年三月十四日

案奉
鈞府民建三字第四七九三號訓令以抗戰軍興以來本省征雇民工修築或破壞飛機場及修築或破壞公鐵路暨構築國防工事等員工傷亡在所難免須發調查表式飭遵照切實查明依式填具四份呈府核轉等因奉此遵即查明依式填就本縣辦理特種工程征雇民伕傷亡調查表四份理合

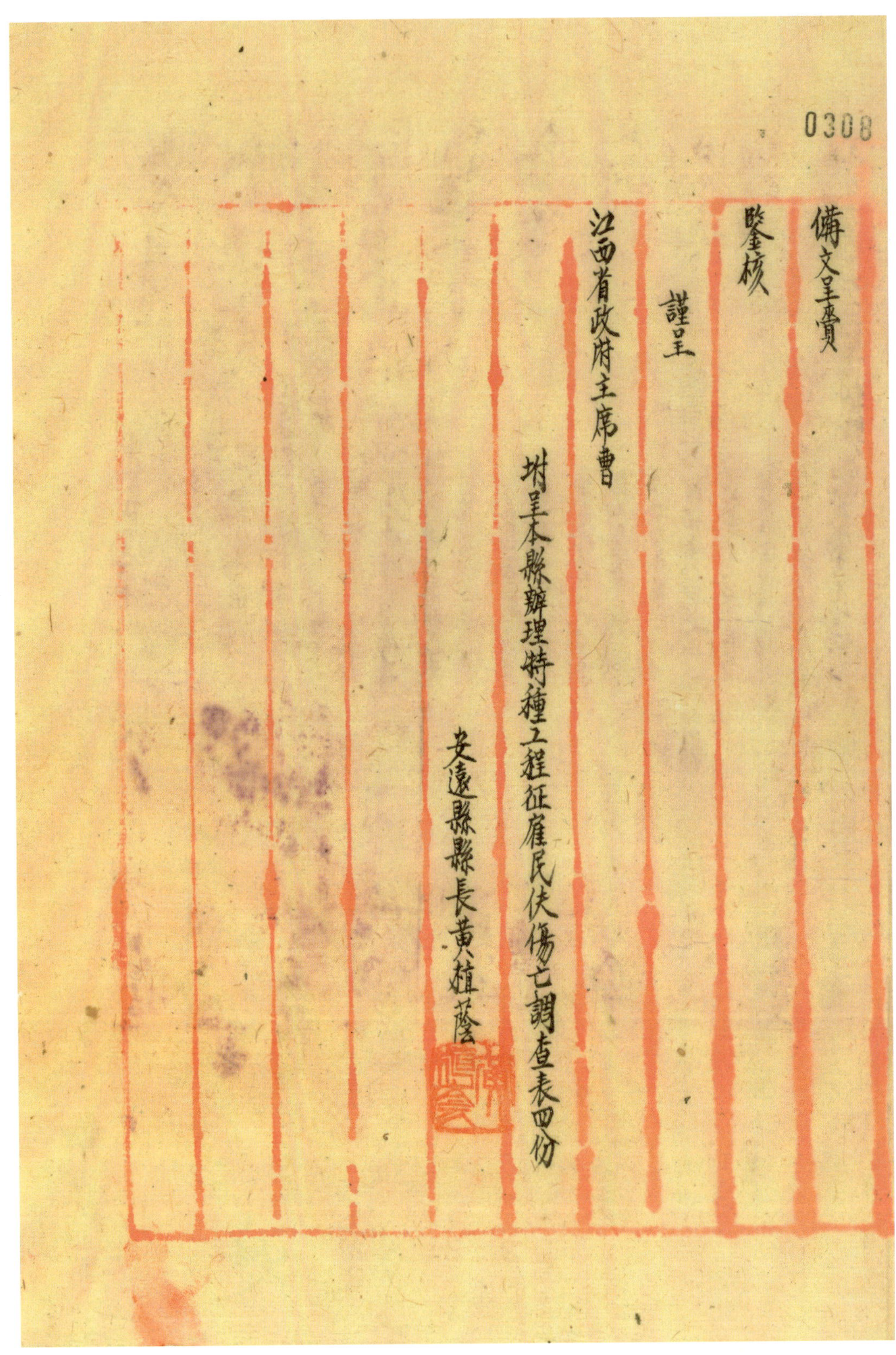

0308

備文呈齎

鑒核

謹呈

江西省政府主席曹

附呈本縣辦理特種工程征雇民伕傷亡調查表四份

安遠縣縣長黃禎蔭

安遠縣辦理特種工程征僱民伕傷亡調查表　中華民國三十五年二月　日

姓名	年齡	籍貫	辦理何种工程	到工及傷亡年月日	傷亡事實	傷亡後曾否發給撫卹金及已否發給掩埋費	有何親屬需贍養	備試
郭劍文	四三	安遠	修築新城機場	卅三年五月六日到工 卅三年七月廿六日傷亡	積勞病故	掩埋費三仟元 撫卹金二仟元	妻兒	
曾元元	三〇	〃	〃	卅三年五月六日到工 卅三年七月廿八日傷亡	〃	撫卹金二仟元	〃〃	
魏泉生	三三	〃	〃	卅三年五月六日到工 卅三年六月十三日傷亡	〃	掩埋費三仟元 撫卹金二仟元	父母	
歐陽邦洪	三五	〃	〃	卅三年五月六日到工 卅三年六月十三日傷亡	〃	〃〃	兒媳	
唐[illegible]發	四一	〃	〃	卅三年五月六日到工 卅三年六月十六日傷亡	〃	〃〃	父母	
黃榮福	二九	〃	〃	卅三年五月六日到工 卅三年六月三日傷亡	渡汲被溺	〃〃	〃〃	
唐九興	二六	〃	〃	卅三年五月六日到工 卅三年六月九日傷亡	〃	〃〃	〃〃	
郭金文	三五	〃	〃	卅三年五月六日到工 卅三年七月五日傷亡	積勞病故	〃〃	〃〃	

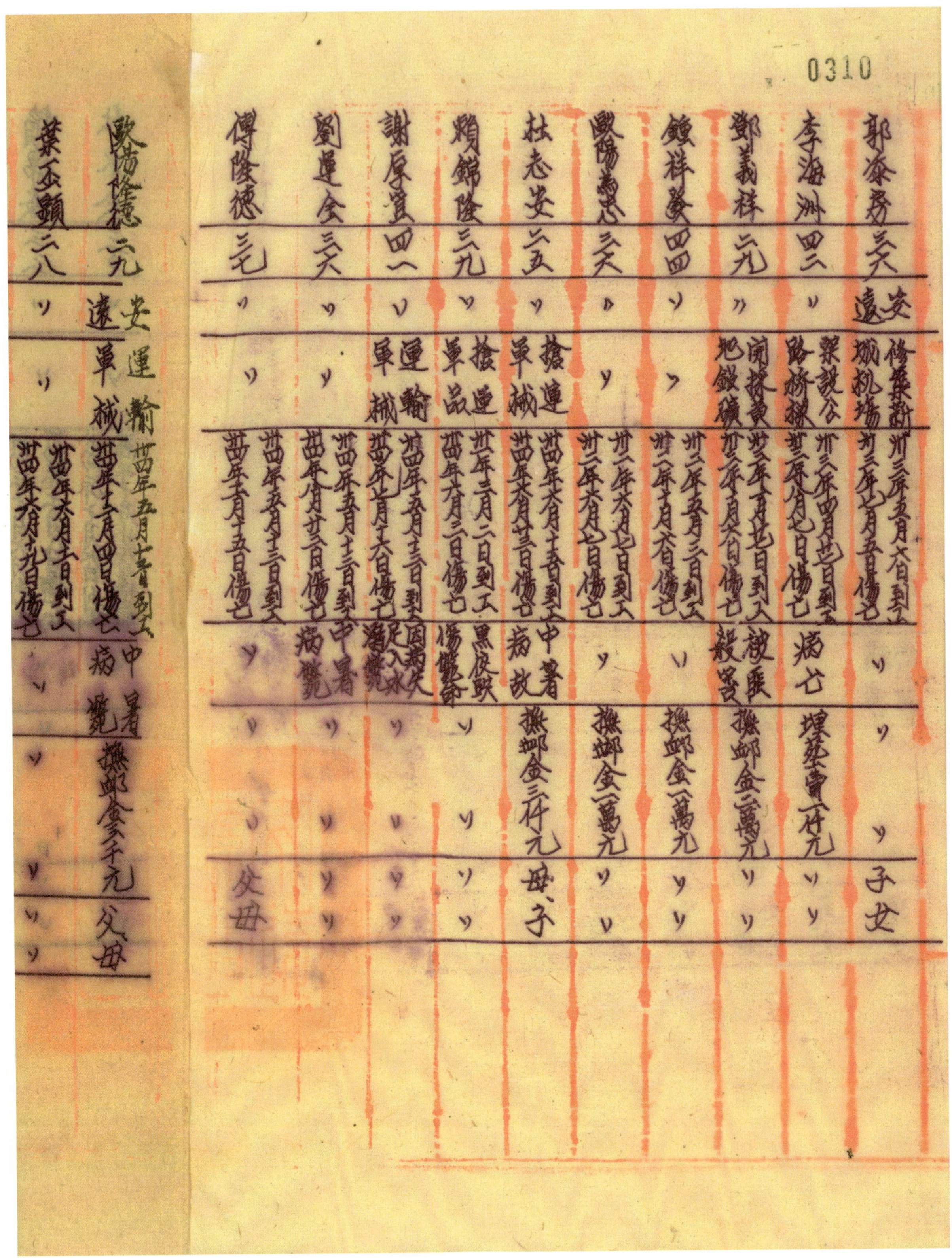

0310

郭添發	三六	安遠	修築新城机場	卅三年五月六日到工 卅三年七月五日傷亡	〃	〃 〃	子女
李海洲	四二	〃	築設公路橋樑	卅三年四月廿七日到工 卅三年八月七日傷亡	病亡	埋葬費一仟元	〃 〃
鄧義祥	二九	〃	開採黃地鎢礦	卅三年十一月廿七日到工 卅三年十二月廿六日傷亡	被匪殺害	撫卹金二萬元	〃 〃
鍾祥發	四四	〃	〃	卅三年五月二十日到工 卅三年十月廿六日傷亡	〃	撫卹金一萬元	〃 〃
歐陽春思	三六	〃	〃	卅二年六月廿七日到工 卅二年六月廿七日傷亡	〃	撫卹金一萬元	〃 〃
杜志安	二五	〃	搶運單械	卅四年六月十五日到工 卅四年六月廿三日傷亡	中暑病故	撫卹金三仟元	母、子
賴錦隆	三九	〃	搶運單品	卅一年十二月二日到工 卅四年六月三日傷亡	黑夜跌傷斃命	〃 〃	〃 〃
謝原寶	四一	〃	運輸單械	卅四年五月十三日到工 卅四年七月十六日傷亡	因病失足入水淹斃	〃 〃	〃 〃
劉連金	三六	〃	〃	卅四年五月十三日到工 卅四年八月廿三日傷亡	中暑病斃	〃 〃	〃 〃
傅隆德	三七	〃	〃	卅四年五月十三日到工 卅四年十月十五日傷亡	〃	〃 〃	父母
歐陽隆德	二九	安遠	運輸單械	卅四年五月十三日到工 卅四年十一月四日傷亡	中暑病斃	撫卹金叁千元	父、母
葉丕顯	二八	〃	〃	卅四年六月十二日到工 卅四年六月十九日傷亡	〃	〃 〃	〃 〃

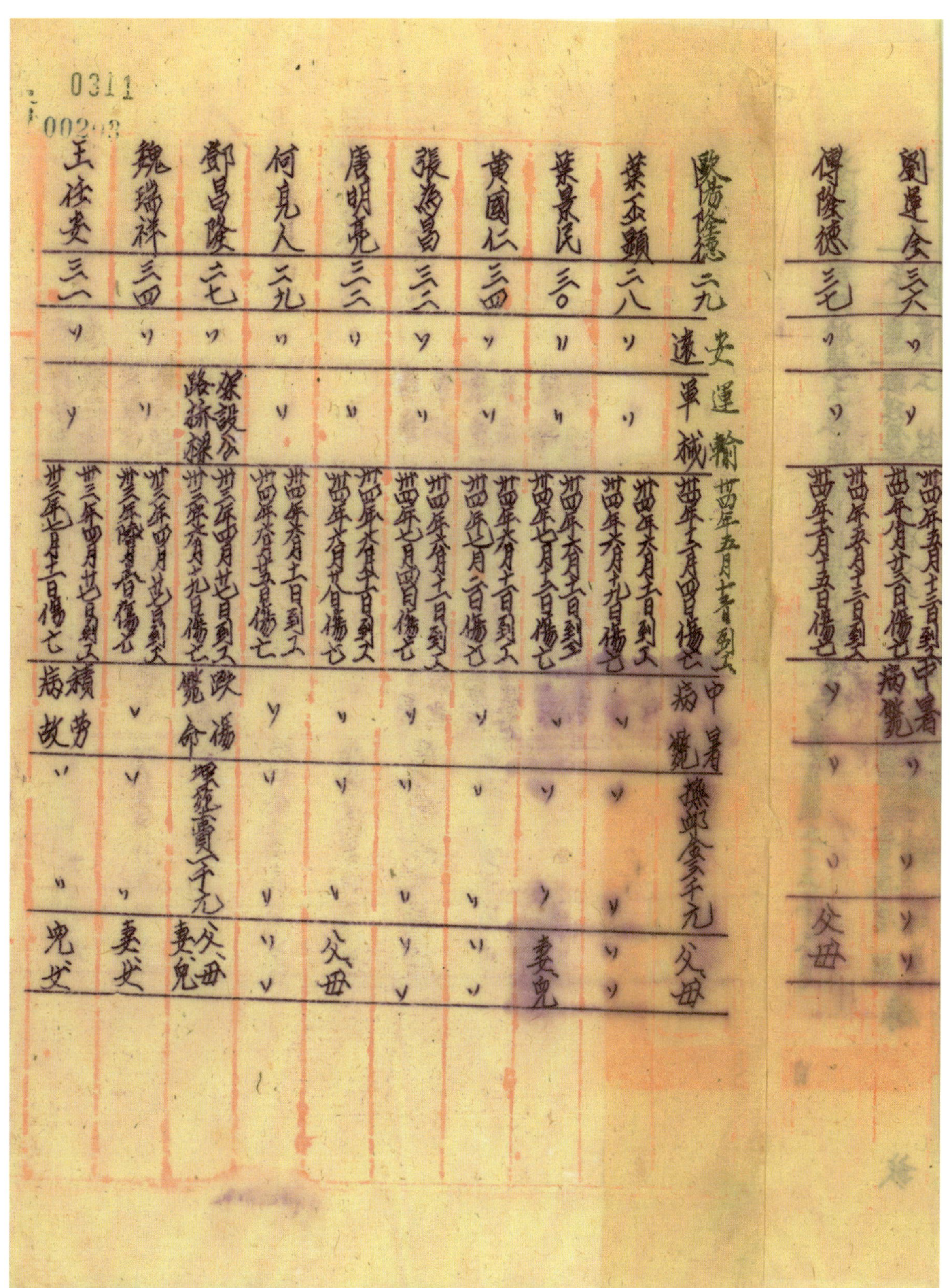

姓名	年齡			到差／傷亡日期	傷亡原因	卹金		遺族
劉運金	三八	〃	〃	卅四年五月十三日到差 卅四年八月廿三日傷亡	中暑病斃	〃	〃	〃
傅隆德	三七	〃	〃	卅四年五月十三日到差 卅四年八月十五日傷亡	〃	〃	〃	父母
歐陽隆德	二九	安 遠	運輸 單械	卅四年五月十二日到差 卅四年十二月四日傷亡	中暑病斃	撫卹金三千元		父母
葉丕顯	二八	〃	〃	卅四年六月十二日到差 卅四年六月十九日傷亡	〃	〃	〃	〃 〃
葉景民	三〇	〃	〃	卅四年六月十二日到差 卅四年七月十六日傷亡	〃	〃	〃	妻兒
黃國仁	三四	〃	〃	卅四年六月十二日到差 卅四年七月二十日傷亡	〃	〃	〃	〃 〃
張海昌	三二	〃	〃	卅四年六月十一日到差 卅四年七月四日傷亡	〃	〃	〃	〃 〃
唐明亮	三二	〃	〃	卅四年六月十一日到差 卅四年六月廿日傷亡	〃	〃	〃	父母
何見人	二九	〃	〃	卅四年六月十二日到差 卅四年六月廿五日傷亡	〃	〃	〃	〃 〃
鄧昌隆	二七	〃	架設公路新線	卅三年四月廿七日到差 卅三年六月廿九日傷亡	歐傷斃命	埋葬費一千元		父、母 妻、兒
魏瑞祥	三四	〃	〃	卅三年四月廿七日到差 卅三年十月十四日傷亡	〃	〃	〃	妻女
王佐安	三一	〃	〃	卅三年四月廿七日到差 卅三年七月十二日傷亡	積勞病故	〃	〃	兒女

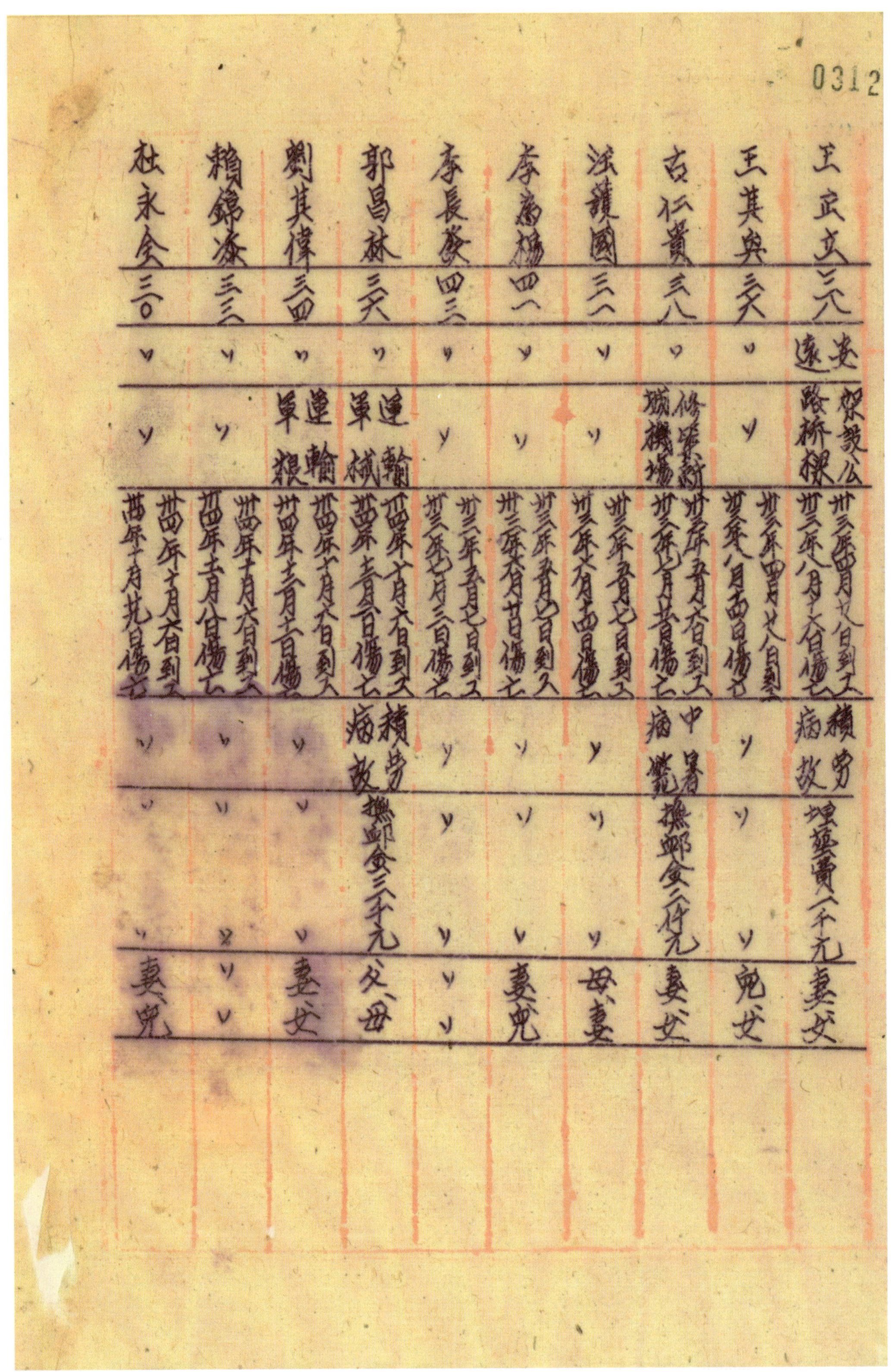

0312

王武文	三八	安遠	架設公路橋樑	卅三年四月廿八日到工 卅三年八月十六日傷亡	積勞病故	埋葬費八千元	妻、女
王其興	三六	〃	〃	卅三年四月廿六日到工 卅三年八月十四日傷亡	〃	〃	兒、女
古仁貴	三八	〃	修築機場	卅三年五月十六日到工 卅三年七月廿五日傷亡	中暑病斃	撫卹金六仟元	妻、女
涂護國	三八	〃	〃	卅三年五月七日到工 卅三年六月十四日傷亡	〃	〃	母、妻
李應揚	四一	〃	〃	卅三年五月四日到工 卅三年六月廿日傷亡	〃	〃	妻、兒
李長發	四三	〃	〃	卅三年五月七日到工 卅三年七月三日傷亡	〃	〃	〃
郭昌林	三六	〃	運輸軍械	卅四年十一月十六日到工 卅四年十二月五日傷亡	積勞病故	撫卹金六千元	父、母
劉其偉	三四	〃	運輸軍糧	卅四年十一月十六日到工 卅四年十二月十二日傷亡	〃	〃	妻、女
賴錦添	三二	〃	〃	卅四年十一月十六日到工 卅四年十二月八日傷亡	〃	〃	〃
杜永全	三〇	〃	〃	卅四年十一月十六日到工 卅四年十一月廿九日傷亡	〃	〃	妻、兒

信丰县政府关于奉令从优抚恤特种工程死伤员工并填报《信丰县办理特种工程征雇民夫伤亡调查表》致江西省政府的呈（一九四六年三月十九日）

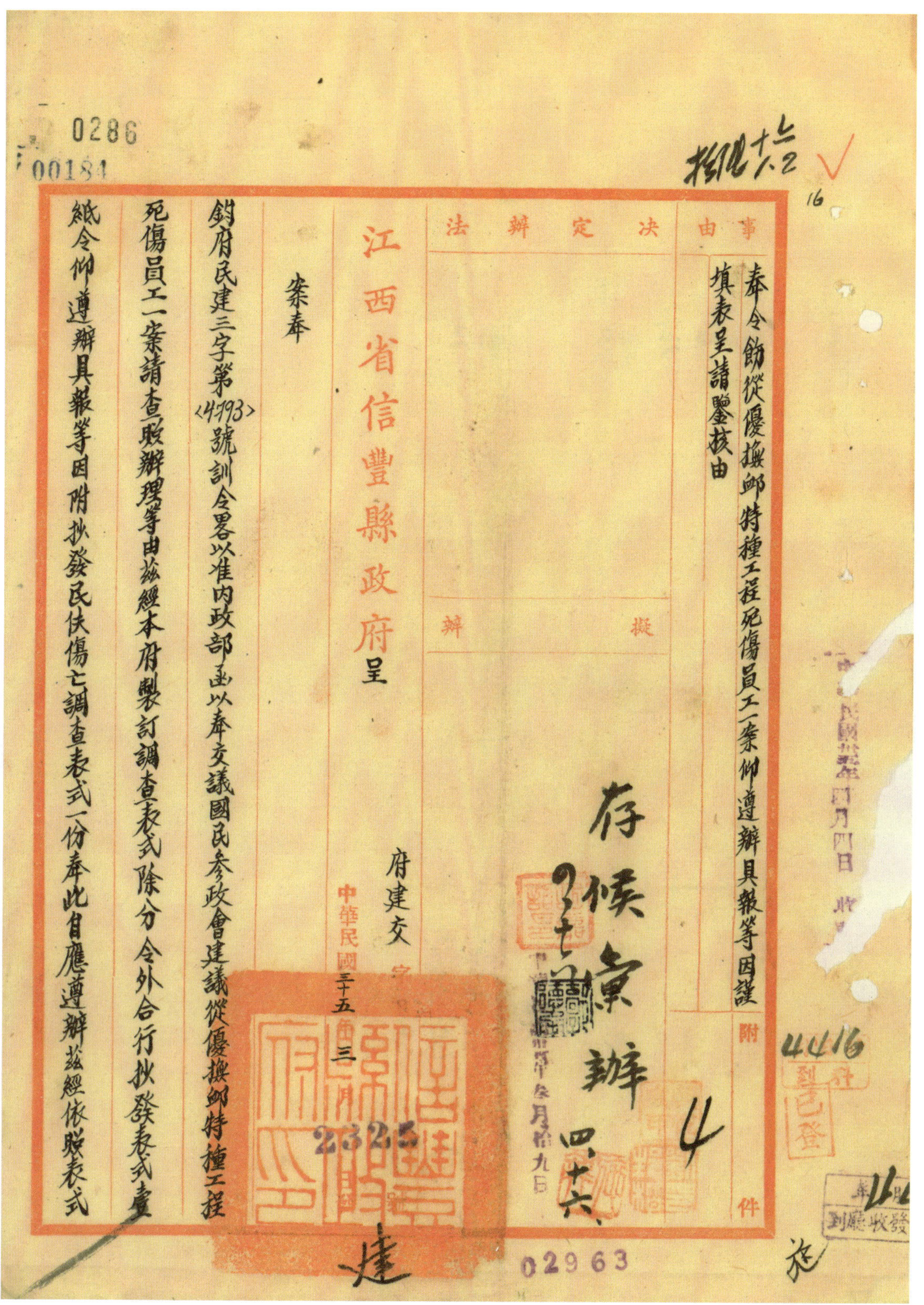

事由：奉令飭從優撫卹特種工程死傷員工一案仰遵辦具報等因謹填表呈請鑒核由

擬辦

決定辦法

附件

江西省信豐縣政府呈　府建交字第　號

中華民國三十五年三月

案奉

鈞府民建三字第〈4793〉號訓令略以准內政部函以奉交議國民參政會建議從優撫卹特種工程死傷員工一案請查照辦理等由茲經本府製訂調查表式除分令外合行抄發表式壹紙令仰遵辦具報等因附抄發民伕傷亡調查表式一份奉此自應遵辦茲經依照表式

存候彙辦

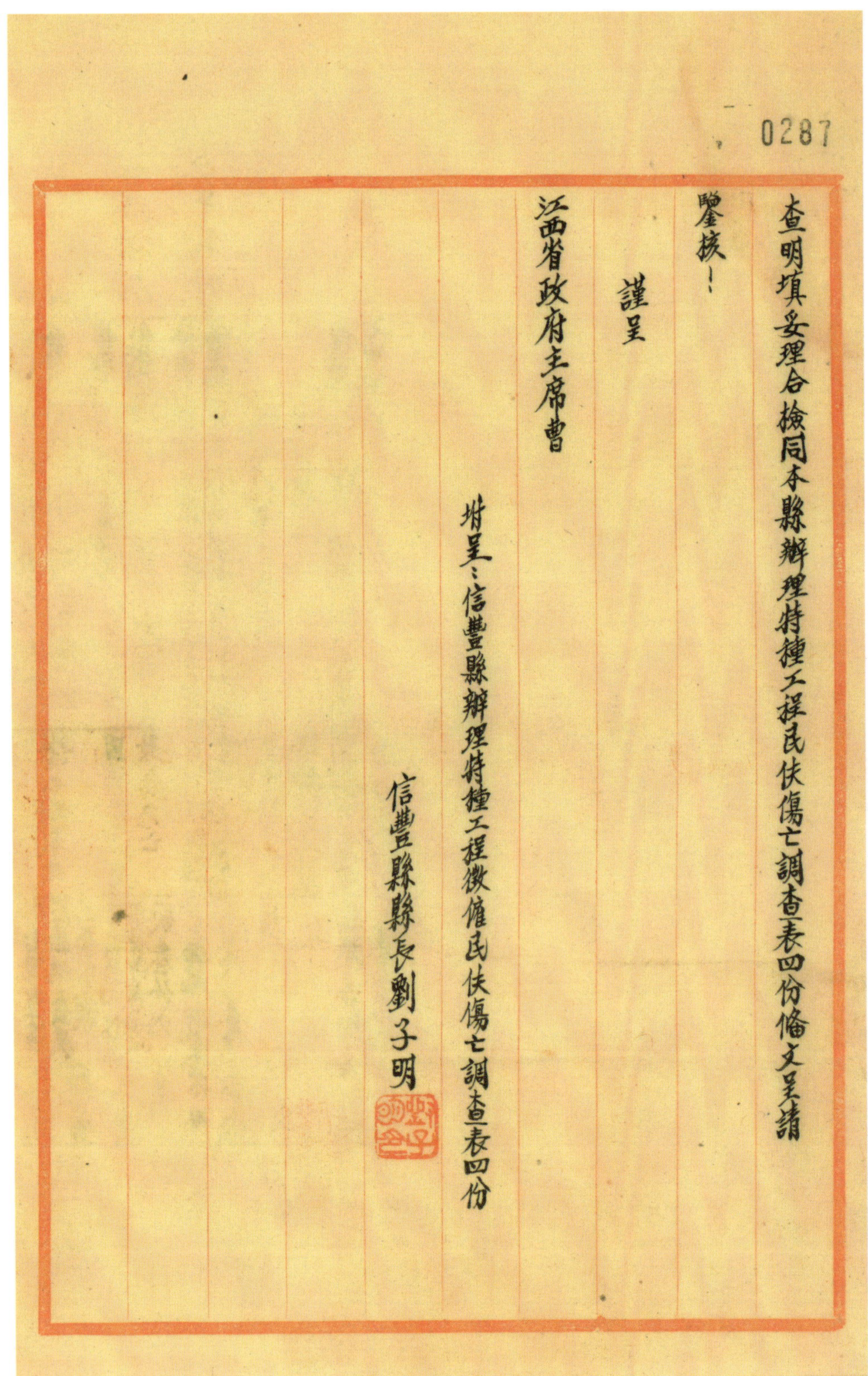
0287

查明填妥理合检同本县办理特种工程民伕伤亡调查表四份备文呈请

鉴核！

谨呈

江西省政府主席曹

附呈：信丰县办理特种工程征雇民伕伤亡调查表四份

信丰县县长刘子明

附：信丰县办理特种工程征雇民夫伤亡调查表

信豐縣辦理特種工程徵雇民伕傷亡調查表

姓名	年齡	籍貫	辦理何種工作	到工及傷亡年月日	傷亡事實	傷亡後曾否發給卹金及數額	有何親屬	備註
謝奕哥	38	信豐小江鄉	參加建築新城機場工程	卅三年四月廿日到工 卅三年五月廿四日死亡	因操勞過度致病死亡	已發給卹谷五市石折合國幣叁仟元	父、母、妻	
林早生	39	信豐極富鄉	修復三南公路康定段公路征運材料	卅四年九月廿七日到工 卅四年九月廿九日溺斃	因砍伐材料臨水邊一下失足中流湍急之處遂遭溺斃	已發給卹金谷六市石共壹萬元	父、母、妻、子	
劉黃氏	25	信豐七里鄉	挑運軍糧	卅四年七月廿八日	因患病中暑而亡	已發給卹金叁萬元	公公、母、丈夫	

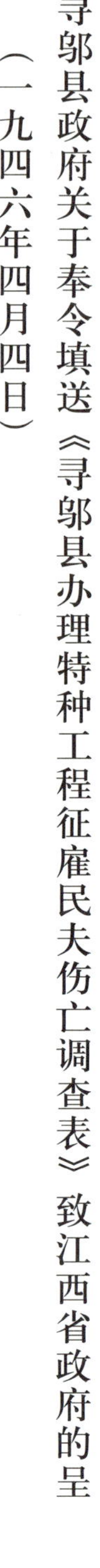

寻邬县政府关于奉令填送《寻邬县办理特种工程征雇民夫伤亡调查表》致江西省政府的呈
（一九四六年四月四日）

0321
00208
事由：為奉令填送本縣辦理特種工程徵僱民伕傷亡調查表四份乞核轉由
決定辦法
擬辦：存候彙辦
尋鄔縣政府呈 和建字第 號
中華民國三十五年四月四日
案奉
鈞府三十五年元月十九日民建三字第四七九三號訓令略以飭切實調查本縣因公征僱民伕參加特種工程而傷亡之民工依式填具調查表四份限文到十五日內呈府核轉等因附各縣辦理特種工程征僱民伕傷亡調查表乙份奉此遵經切實調查完畢并將上項調查表填具四份理合備文一併呈請
已登
03390
中華民國 年 月 日 收文 字 號

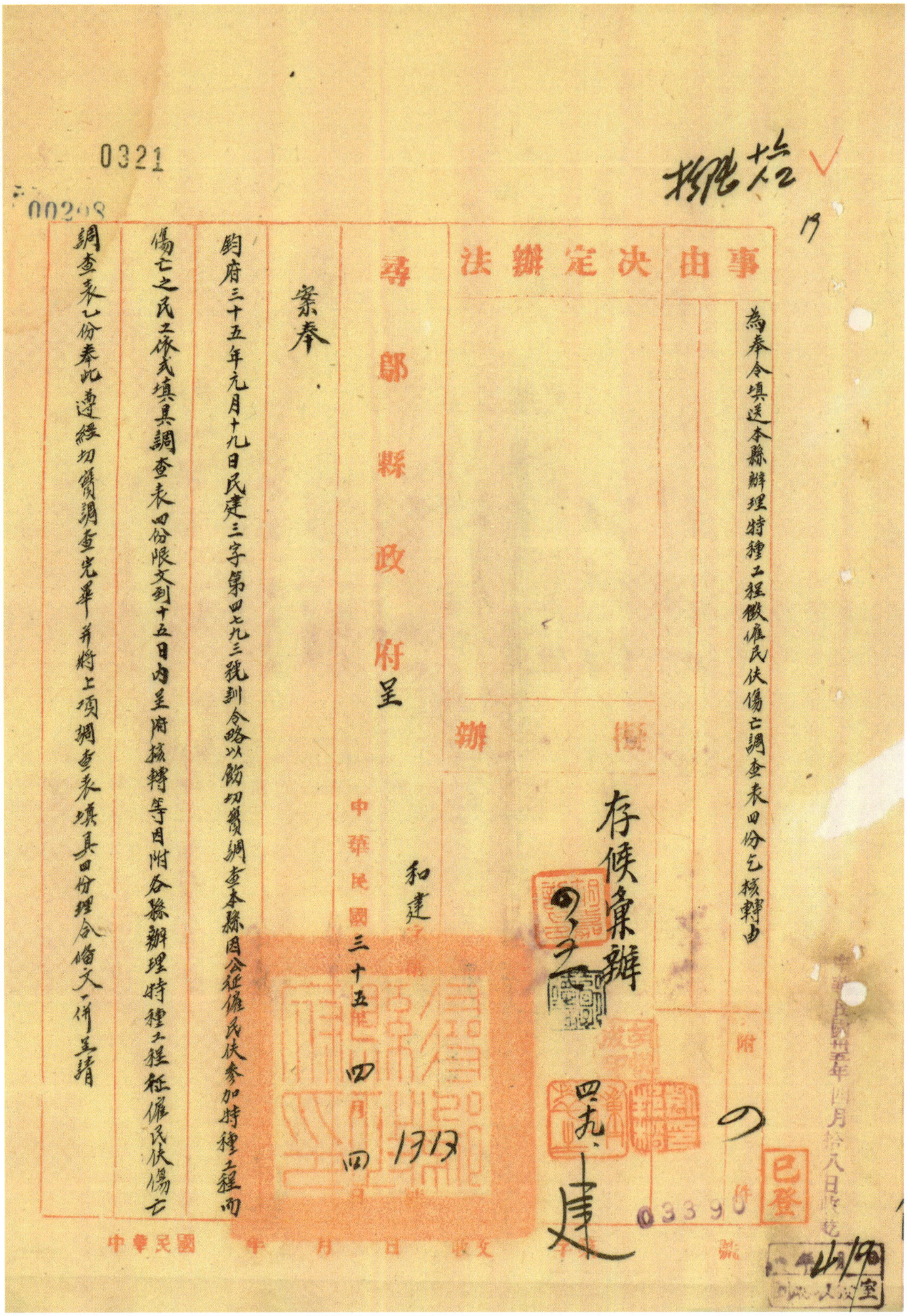

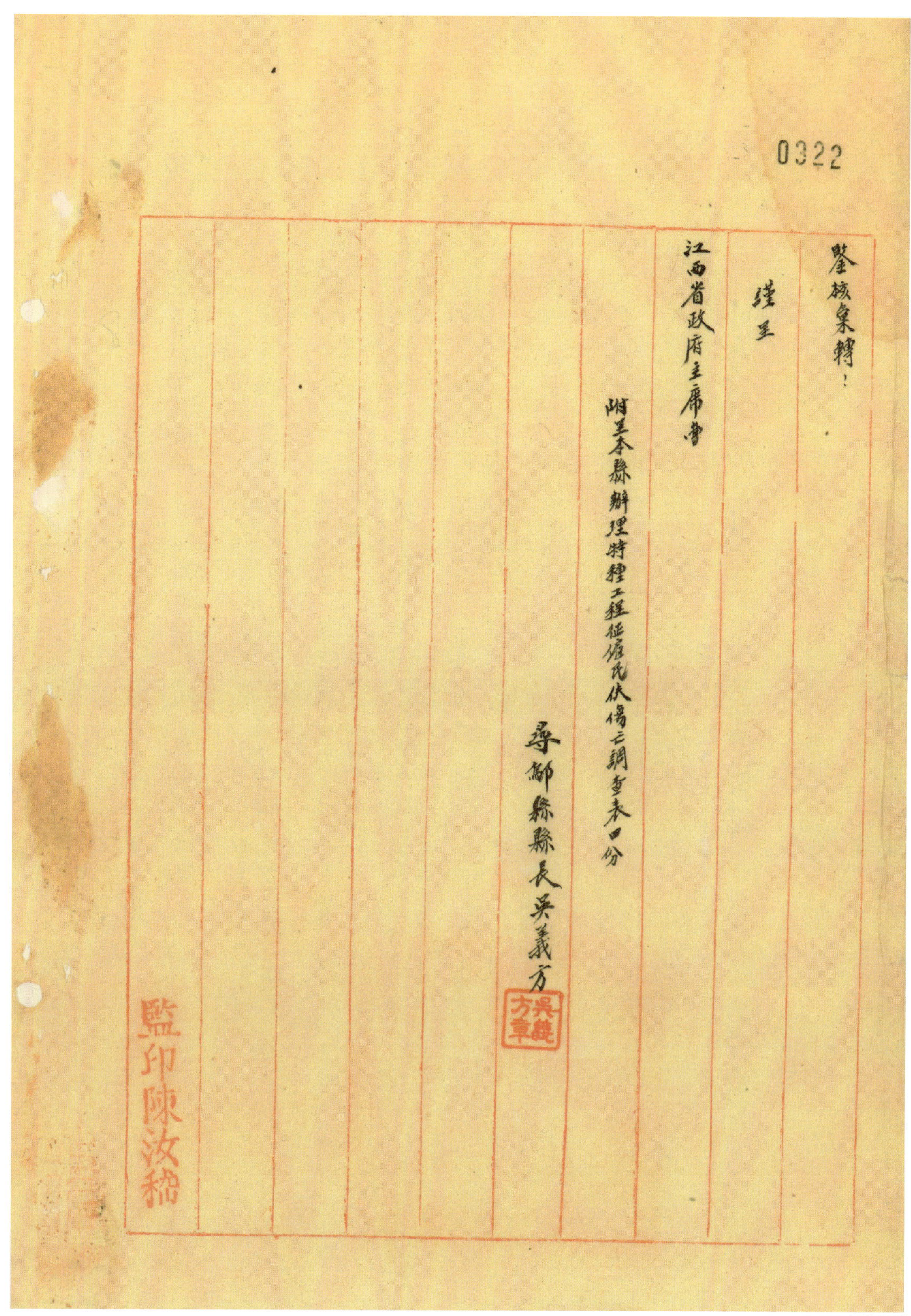
0322

鑒核彙轉！

謹呈

江西省政府主席曹

附呈本縣辦理特種工程征雇民伕傷亡調查表四份

尋鄔縣縣長吴義方

吴義方章

監印陳汝稲

附：寻邬县办理特种工程征雇民夫伤亡调查表

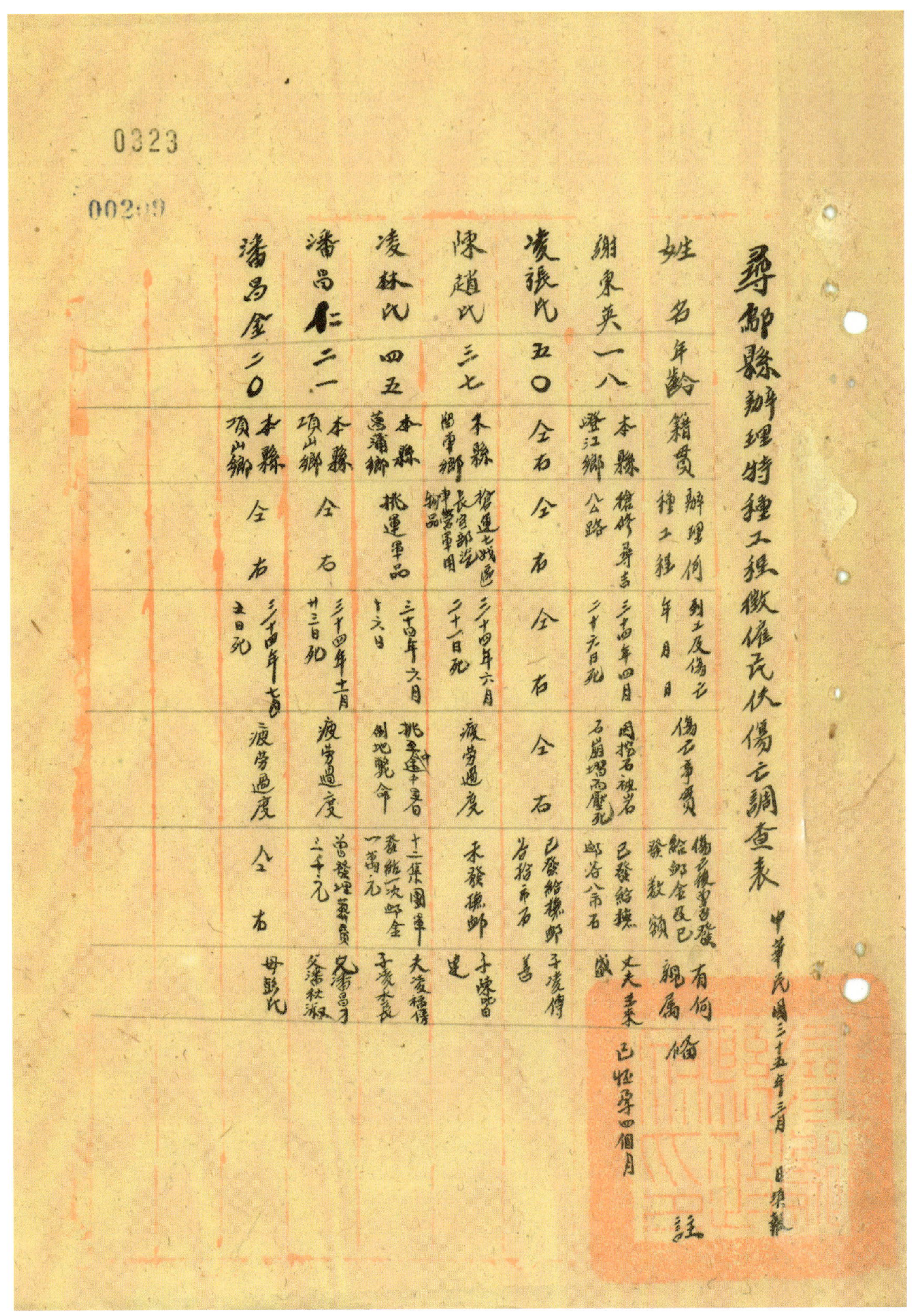

尋鄔縣辦理特種工程徵僱民伕傷亡調查表

中華民國三十五年三月 日填報

姓名	年齡	籍貫	辦理何種工程	到工及傷亡年月日	傷亡事實	傷亡後曾否發給卹金及已發數額	有何親屬	備註
謝東英	一八	本縣澄江鄉	搶修尋吉公路	三十四年四月二十六日死	因採石被岩石崩塌而壓死	已發給撫卹谷八市石	丈夫謝來盛	已懷孕四個月
凌張氏	五〇	仝右	仝右	仝右	仝右	已發給撫卹谷拾市石	子凌傳善	
陳趙氏	三七	本縣留車鄉	搶運七戰區長官部汽車軍用物品	三十四年六月二十一日死	疲勞過度	未發撫卹	子陳富達	
凌林氏	四五	本縣菖蒲鄉	挑運軍品	三十四年六月十六日	挑運途中倒地斃命	十二集團軍發給一次卹金一萬元	夫凌福傳 子凌本長	
潘昌仁	二一	本縣項山鄉	仝右	三十四年十一月廿三日死	疲勞過度	曾發埋葬費三千元	兄潘昌才 父潘秋淑	
潘昌全	二〇	本縣項山鄉	仝右	三十四年七月五日死	疲勞過度	仝右	母彭氏	

分宜县政府关于奉令填送《分宜县办理特种工程征雇民夫伤亡调查表》致江西省政府的代电
（一九四六年五月二十四日）

分宜縣政府代電

事由：為遵令呈送辦理特種工程徵伕傷亡調查表電請鑒核由

中華民國三十五年五月二十四日發 （35）建運字第二六號

江西省政府主席王鈞鑒：本年四月陷日建四字第二零九三號指令奉悉。遵即依式重填辦理特種工程徵伕傷亡調查表，電請鑒核存轉。分宜縣長童光禮建運辰迥叩。附呈分宜縣辦理特種工程徵僱民伕傷亡調查表四份。

附：分宜县办理特种工程征雇民夫伤亡调查表

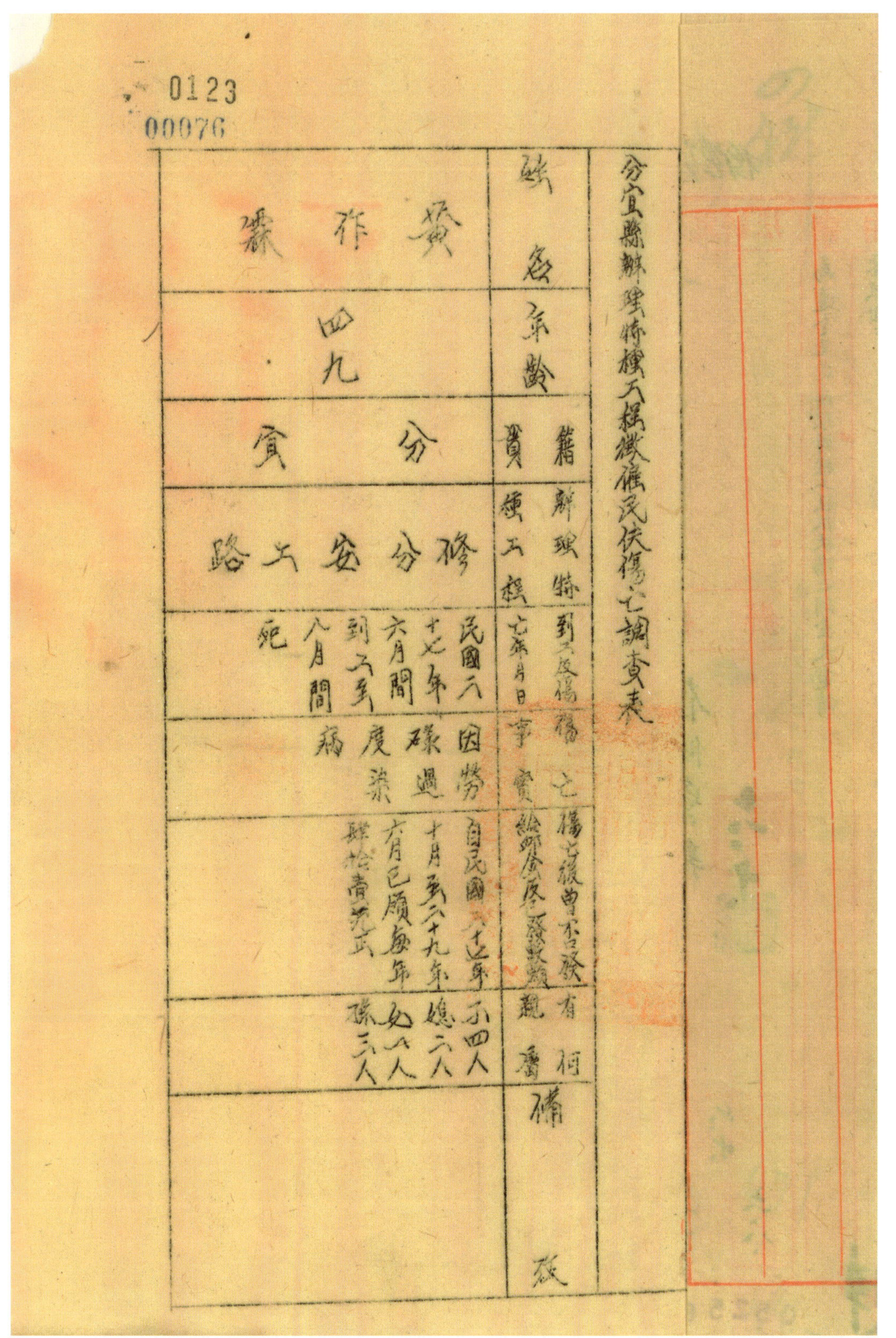

0123
00076

分宜縣辦理特種工程徵雇民伕傷亡調查表

姓名	黃作霖
年齡	四九
籍貫	分宜
辦理特種工程	修分安大路
到工及傷亡年月日	民國二十七年六月間到工至八月間死
傷亡事實	因勞碌過度染病
傷亡後曾否發給卹金及其數額	自民國二十七年十月至二十九年六月已領每年肆拾壹元貳
有何親屬	子四人 媳二人 女八人 孫三人
備	簽

都昌县政府关于奉令填送《都昌县办理特种工程征雇民夫伤亡调查表》致江西省政府的呈（一九四六年五月三十一日）

事由	為呈送本縣办理特種工程征僱民伕傷亡調查表四份乞　核案由
決定辦法	存候彙辦
擬辦	

江西省都昌縣政府呈

民國三十五年五月三十一日　宜建　0388號

奉

鈞府建四字第四九四號訓令以各飭遵照前頒办理特種工程徵雇民伕傷亡調查表式查填四份限文到三日內呈府彙轉等因奉此遵即依照前頒表式查填完竣理合檢具該表四份備文賫呈

鑒核彙轉

0339

謹呈

江西省政府主席王

附呈民伕傷亡調查表四份

都昌縣縣長向法宜

附：都昌县办理特种工程征雇民夫伤亡调查表

0340

00234

都昌縣辦理特種工程征僱民伕傷亡調查表

都昌縣辦理特種工程征僱民伕傷亡調表表

民國三十五年五月　日

姓名	年歲	籍貫	辦理何種工程	到工及傷亡年月日	傷亡事實	傷亡後曾否發給卹金及已發數額	有何親屬	備註
余順泰	四九	都昌	建築及破壞馬路	民廿九年九月一日	敵捉去活剝皮	未	有	
黃芳松	六三	仝	仝	民廿九年九月五日	被敵軍殺死	未	有	
周猷發	三八	仝	仝	民廿九年五月廿八日	仝	未	無	
王昇康	四七	仝	仝	民廿九年十月七日	仝	未	有	
龔昌銅	五六	仝	仝	民卅一年五月廿日	仝	未	有	
萬隆錢	四二	仝	仝	廿九年八月五日	敵人捉去活剝皮	未	無	
利曾元	十八	仝	仝	廿七年十月二十日	被敵軍槍殺死	未	有	
吳紹棟	四六	仝	仝	廿九年九月五日	敵軍捉去燒死	未	無	

徐際勝	五二	仝	仝	二十九年五月十日	被敵軍殺死	無	
龔沅九	一九	仝	建築及破壞馬路	卅一年十月十日	仝	仝	有
黃世豪	二九	仝	仝	廿八年二月五日	敵軍轟死	仝	無
王昇俊	三九	仝	仝	三十年四月廿日	仝	仝	無
袁姣蓉	一八	仝	仝	廿九年二月十日	仝	仝	有
胡喜蘭	七三	仝	仝	廿八年七月十七日	仝	仝	有
鍾翠花	三三	仝	仝	廿八年六月十二日	仝	仝	無
吳先法	四一	仝	仝	二十八年四月十九日	仝	仝	無
吳德江	三六	仝	仝	廿八年八月十九日	仝	仝	有
吳德漢	三四	仝	仝	廿八年十月十六日	仝	仝	無

吳紹福	三九	仝	仝	廿九年十一月十六日	仝	仝	無
胡祖良	三九	仝	仝	廿九年十一月十日	仝	仝	有
胡德照	三七	仝	建築及破壞馬路	民卅年十二月	敵軍轟死	未	有
胡菊蘭	二八	仝	仝	廿九年十一月十日	仝	未	有

龙南县政府关于奉令填送《龙南县办理特种工程征雇民夫伤亡调查表》致江西省政府的代电
（一九四六年六月一日）

为电送本县办理特种工程征雇民伕伤亡调查表乞察核汇转由

存候汇办

龍南縣政府代電　民国三十五年六月一日　建字第一七一八号

江西省政府主席王钧鉴：建四字第四一九四号训令奉悉。查本案经饬据各乡镇填送到府，理合列表缮具四份，电赍察核汇转。龙南县县长张轶庸叩。辰陷。建附本县办理特种工程征雇民伕伤亡调查表四份

附：龙南县办理特种工程征雇民夫伤亡调查表

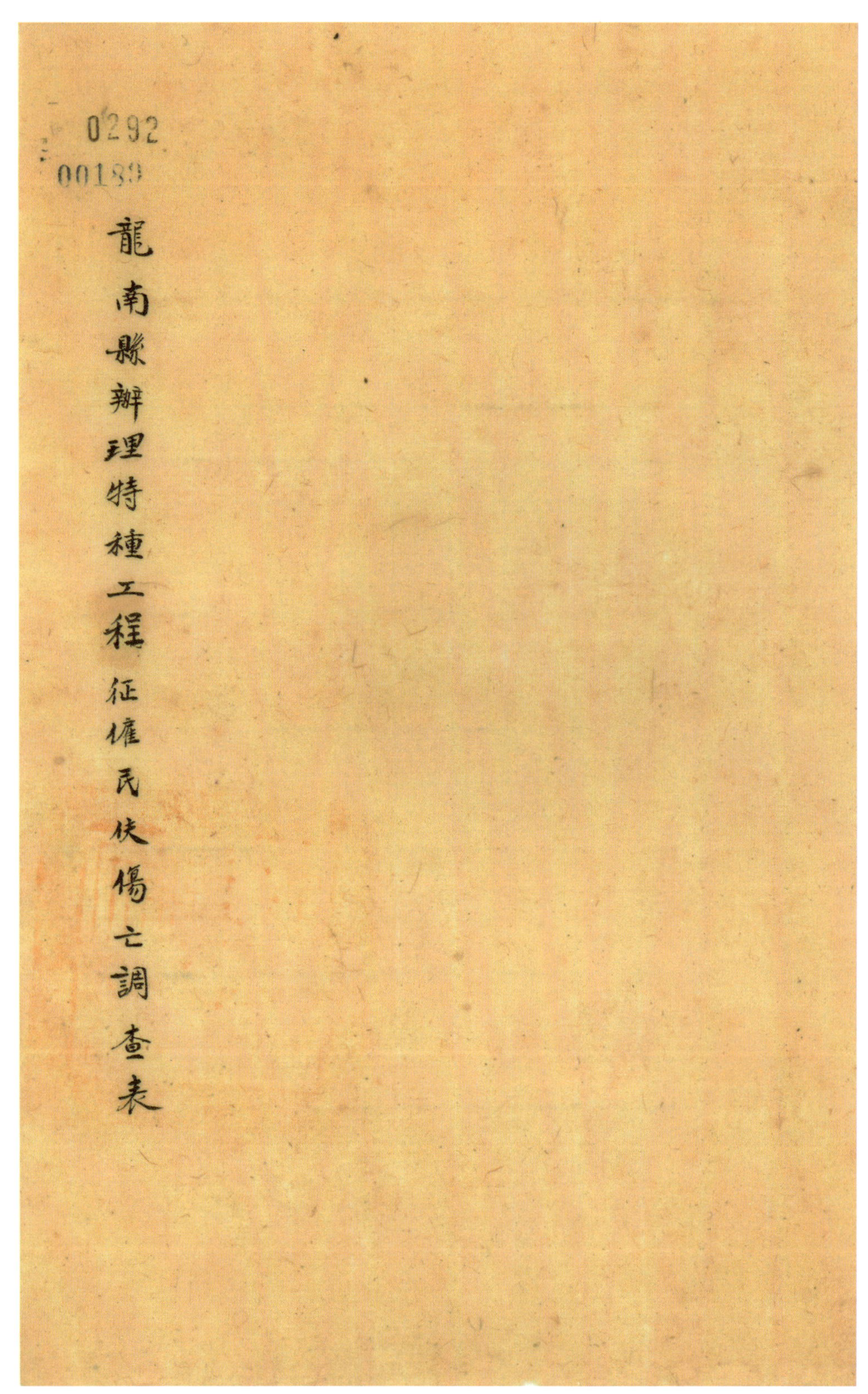

龍南縣辦理特種工程征僱民伕傷亡調查表

民國三十五年六月　日

鄉鎮別	姓名	年齡	籍貫	辦理何種工程	到工及傷亡年月日	傷亡事實	傷亡後曾否發給卹金及發數額	有何親屬	備攷
烏石鄉	賴愈海	三八	江西龍南	破壞道路	三十四年六月	被敵虜殺	未	母妻兒媳	
	賴炳樟	二六	仝	仝	仝	仝	仝	父母妻兒	
	賴兆愈	四五	仝	仝	仝	仝	仝	妻兒媳孫	
洒源鄉	王志興	四三	仝	破壞公路	仝	仝	仝	妻兒女	
	袁芳洪	三三	仝	仝	仝	仝	仝	妻兒媳	
	郭英桃	四九	仝	修築机場	三十三年五月	受勞過度患病而死	仝	仝	
	林荣輝	四二	仝	仝	仝	仝	仝	仝	
	林覌蓀	三〇	仝	仝	仝	仝	仝	父母妻子	

0294

夹湖鄉	廖光荣	三〇	江西龍南	建築大庚机場	三十三年五月	仝	仝	父 母 妻
	陳福祥	四三	仝	仝	仝	仝	仝	妻 子 媳
象塘鄉	朱社運	二六	仝	仝	仝	仝	仝	父 母 妻
	鍾詩會	三七	仝	破壞公路	三十四年六月	被敵虜殺	仝	妻 子 媳
	鍾清軒	四二	仝	仝	仝	仝	仝	仝
	鍾禮華	三一	仝	仝	仝	仝	仝	仝
	鍾顯才	四五	仝	仝	仝	仝	仝	妻 兒
	鍾瑞林	二二	仝	仝	仝	仝	仝	母 妻
里仁鄉	曾傳旁	五五	仝	建築大庚机場	三十三年五月	渡河溺死	仝	妻 子 媳
塘口鄉	賴愈福	二九	仝	仝	仝	仝	仝	妻 兒

	賴兆英	三二	仝	仝	仝	仝	仝	母妻
	張才祿	三八	仝	仝	仝	受勞病死	仝	父母子女
大穩鄉	林亜福	四二	仝	仝	仝	仝	仝	仝
蕉陂鄉	徐石林	三五	仝	仝	仝	仝	仝	妻子
	徐大祥	二八	仝	仝	仝	仝	仝	父母妻子
臨江鄉	謝振安	三七	仝	破壞公路	三十四年六月	被敵虜殺	仝	父母妻子
南亨鄉	劉翰存	二九	仝	仝	仝	仝	仝	仝
大羅鄉	廖瑞淦	二三	仝	建築大庾机場	三十三年五月	受勞病死	仝	母
	廖友喜	二七	仝	仝	仝	仝	仝	母弟
水西鄉	徐榮宗	三二	仝	仝	仝	仝	仝	妻

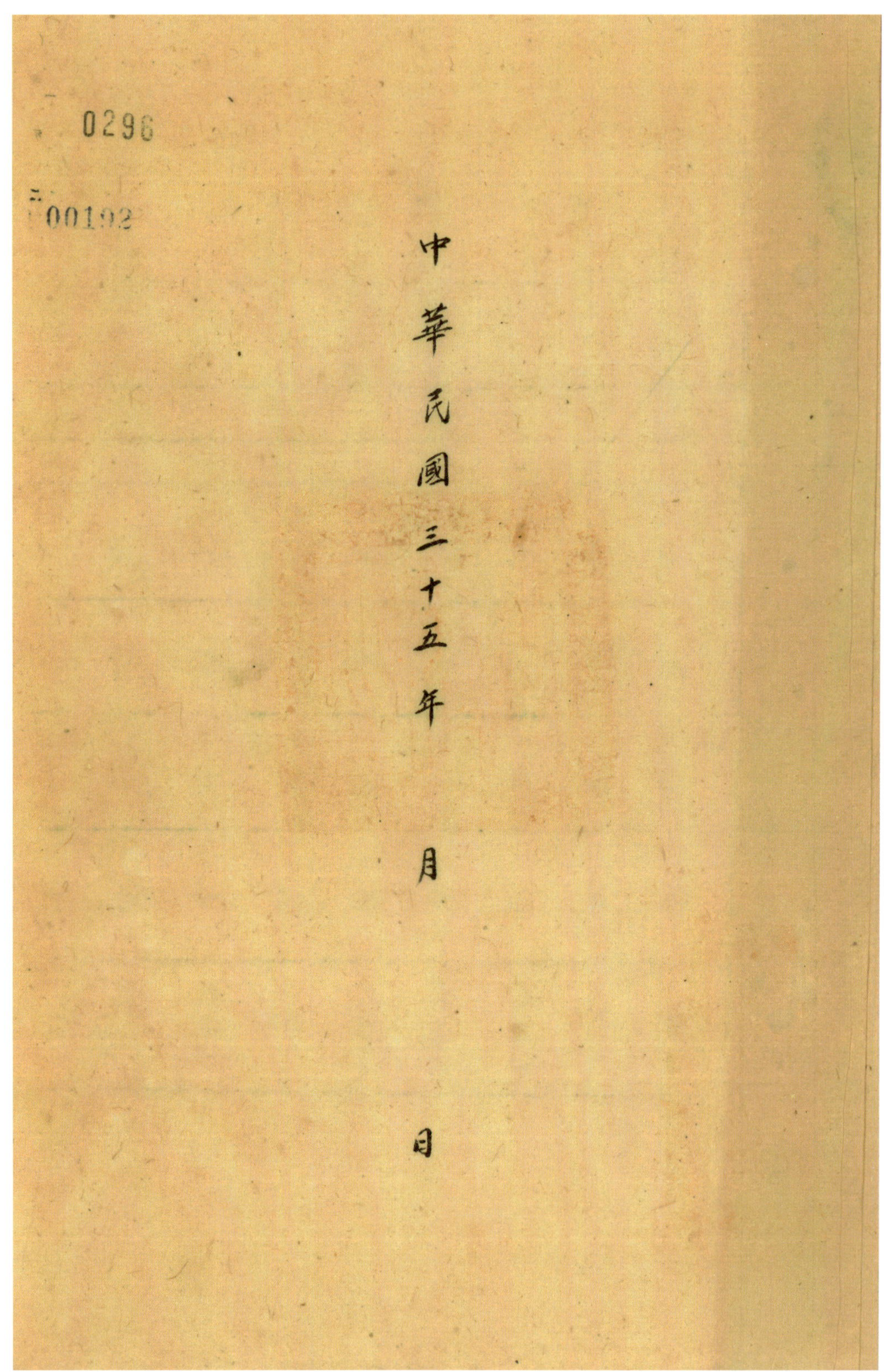

0296

00192

中華民國三十五年　　月　　日

于都县政府关于奉令填送《于都县办理特种工程征雇民夫伤亡调查表》致江西省政府的呈（一九四六年七月）

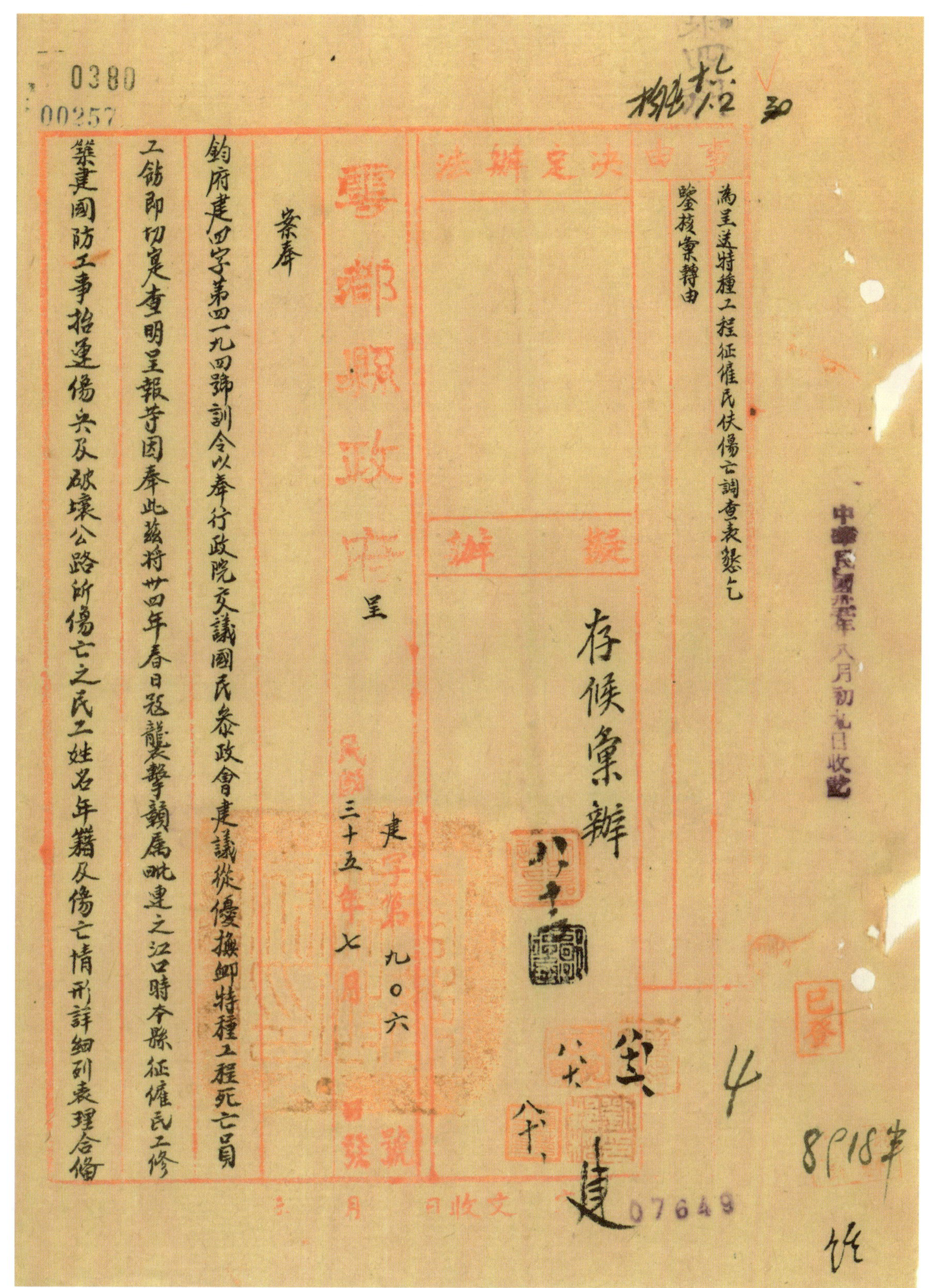

0380
00257

事由：為呈送特種工程征僱民伕傷亡調查表懇乞鑒核彙轉由

決定辦法

擬辦：存候彙辦

中華民國卅五年八月初九日收

案奉

鈞府建四字第四一九四號訓令以奉行政院交議國民參政會建議從優撫卹特種工程死亡員工飭即切實查明呈報等因奉此茲將卅四年春日寇襲擊贛屬毗連之江口時本縣征僱民工修築建國防工事指運傷兵及破壞公路所傷亡之民工姓名年籍及傷亡情形詳細列表理合備

于都縣政府呈

民國三十五年七月　日發　建字第九〇六號

收文 07649

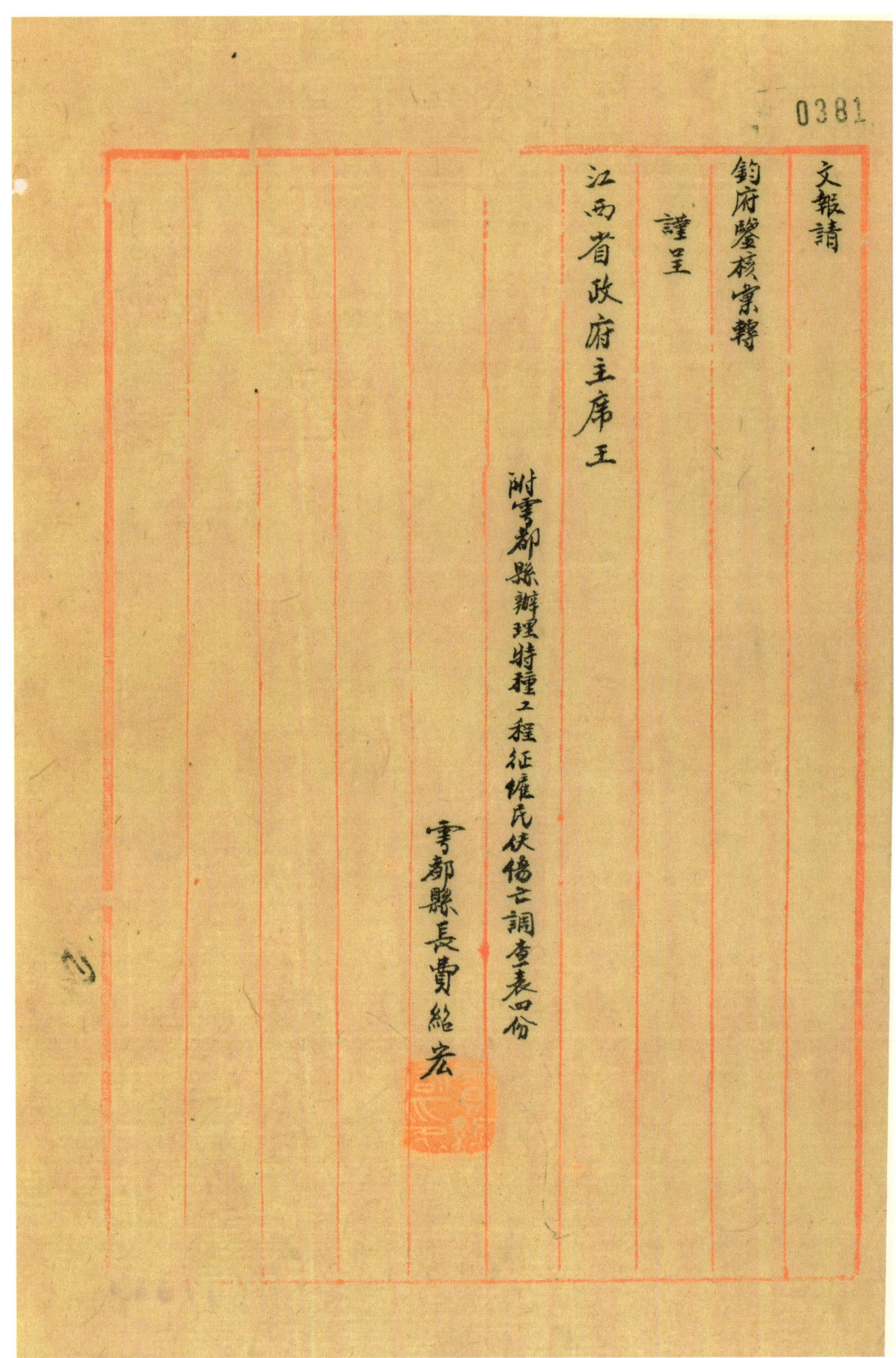

0381

文報請
鈞府鑒核備案轉
謹呈
江西省政府主席王

附雩都縣辦理特種工程征傭民伕傷亡調查表四份

雩都縣長賈紹宏

雩都縣辦理特種工程徵僱民伕傷亡調查表

姓名	年齡	籍貫	辦理何種工程	到工及傷亡年月日	傷亡事实	傷亡後曾否發給卹金及已發數額	有何親屬	備註
劉茂春	五二	步前鄉第三保	抬運國軍第一〇八師傷兵	民國三四年七月十一日到工七月廿日傷亡	抬運傷兵时被日寇擊斃	並未發給卹金	有子刘金保	日寇進攻贛縣江口、
刘斋狗孜	五〇	〃	〃	民國三四年七月十日到工廿傷亡	〃	〃	有妻李氏子正狗	〃
張長根	三〇	〃	雩贛段破壞公路	民國三四年七月一日到工廿日病故	因患病死亡	〃	有妻刘氏	〃
賴正孜孜	二八	步前鄉第三保	〃	民國三四年七月三到工廿二日病故	〃	〃	有子賴二去	〃
賴登長	二九	里仁鄉第五保	雩贛段破壞橋樑	民國三四年六月廿五日到工七月八日服傷	被規道板所压傷	〃	有妻張氏	〃
李彭氏	三一	固院鄉第四保	〃	〃	被規道板所压足部	〃	有子李秋發仔	〃
徐永荣	四〇	三民鄉第一保	抬運國軍第一〇八師傷兵	民國三四年五月廿一日到工七月八日被敵所俘	被敵所俘	〃	有妻肖氏子三長	〃
李九龍	三八	〃	〃	〃	〃	〃	有妻吳氏	〃

0383

孫鍾氏	二五	城廂鎮第十四保	零鑿段破坯挑糠	民國三四年三月五日到五四月十日病故	因患重病故	〃	有丈夫孫新喜故	〃
吴得光	二八	里仁鄉第六保	〃	〃	〃	〃	有妻彭氏子女各一	〃
羅仙狗	四五	城廂鎮第六保	挑運國軍第四〇師傷兵	民國三四年三月廿日到五六月廿日病故	因獲重病死亡	〃	有子羅細石南幼	〃
謝為昌	四〇	城廂鎮第五保	搬運國防工事材料	民國三四年五月一日到五七月十日病故	〃	〃	有妻張氏	〃
葉恒菁	五三	崇前鄉第二保	〃	民國三四年五月八日到五六月十日足受傷	足部受傷	〃	有子葉灯福	〃

安远县政府关于奉令填送该县历年参加战役死亡官兵遗族及受伤官兵分别登记列册致江西省政府的代电（一九四六年十二月二十日）

事由：遵令将本县历年参加战役死亡官兵遗族及受伤官兵分别登记列册电乞鉴核由

安远县政府代电

江西省政府主席王钧鉴：民地建二字第九四七七号训令奉悉。兹将本县历年参加战役死亡官兵遗族及受伤官兵依式分别登记就绪，理合电呈鉴核。安远县县长彭逸羽亥(哿)军三叩。附呈死亡官兵遗族及受伤官兵登记册各一份。

发文军三 五 十二 二十

附一：军事委员会抚恤委员会死亡官兵遗族登记册

0034
00023
軍事委員會撫卹委員會死亡官兵遺族登記册

軍事委員會撫卹委員會死亡官兵遺族登記册

隊號	級職	姓名	遺族名	氏職業	年齡	詳細住址	卹令字號	備攷
陸軍一四九師一四七旅二九三團二營	少校	鍾紹顏	父 國慎	農	六三	安遠縣鳳山鄉	分執字第〇三〇號	
陸軍一六七師一〇一旅四〇二團三營三連	中尉	歐陽超	父 惟善	〃	六二	安遠縣高富鄉	會撫字第五五九號	
陸軍第五十師三十團六連	中尉	杜禎祥	父 本義	〃	六五	安遠縣修田鄉	會仁字第六一三號	
陸軍四六師一三六團二連	一等兵	杜安仁	母 薛氏	〃	五八	仝上	會撫字第二一五六一〇號	
陸軍九六師五七團二連	中士	賴占興	子 和茂	〃	七歲	安遠縣濂江鄉	會仁字第五八九號	
陸軍七八師一團機槍連	上等兵	蘇羅	父 福光	〃	五九	安遠縣修田鄉	會撫字第五九八三號	
陸軍第八師四七團五連	一等兵	杜隆漢	父 松林	〃	六〇	安遠縣新龍鄉	會撫字第八五一五四號	
陸軍一四六師四二六團五連	上士	林桂有	子 錦壽	〃	六歲	安遠縣古田鄉	會撫字第一三三三八七號	

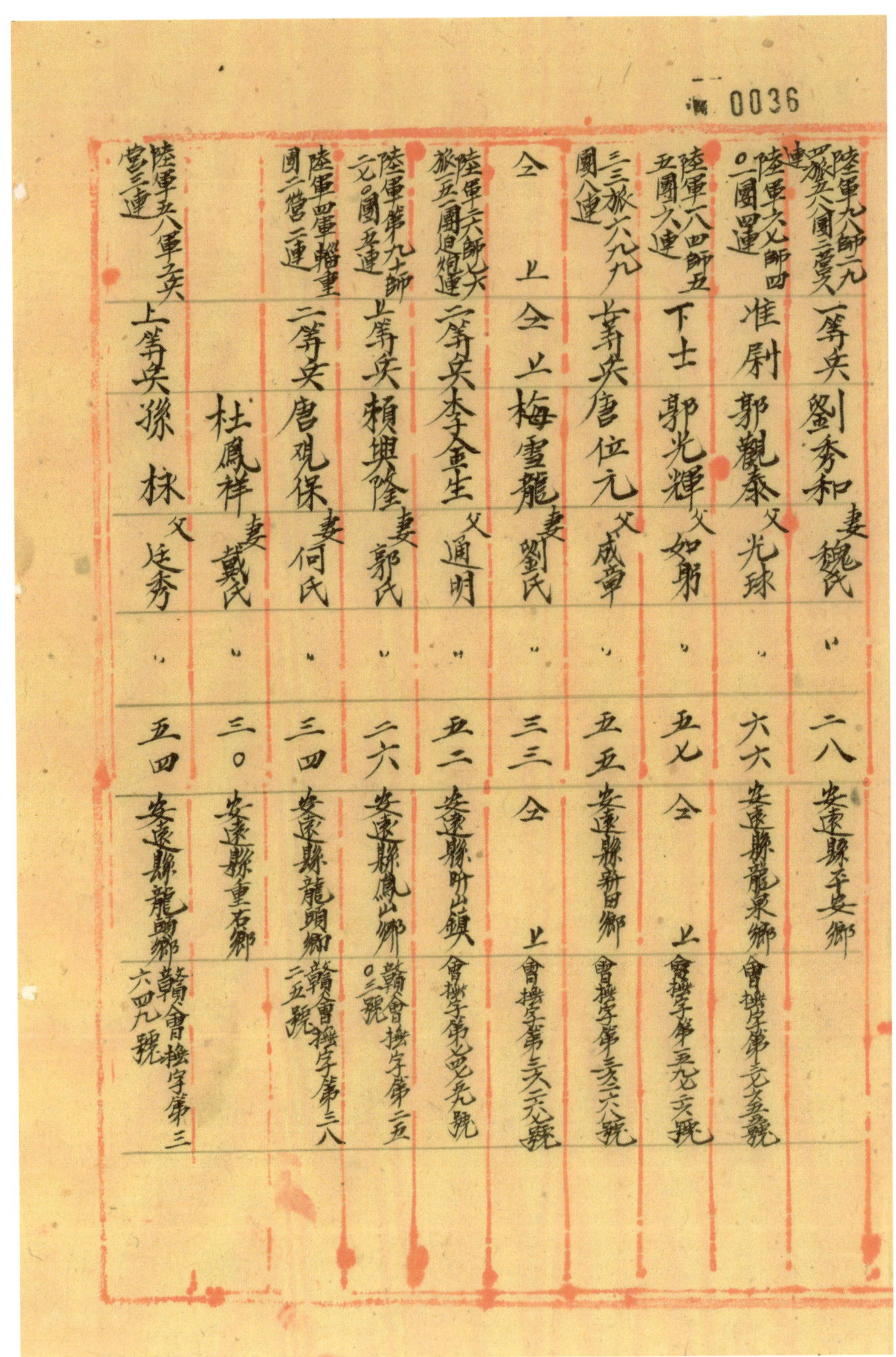

陸軍九八師二九四旅五八八團三營八連	一等兵	劉秀和	妻 魏氏	〃	二八	安遠縣平安鄉
陸軍六七師四〇二團四連	准尉	郭觀泰	父 光球	〃	六六	安遠縣龍泉鄉 會撫字第三〇七〇五號
陸軍一八四師五五團六連	下士	郭光輝	父 如弼	〃	五七	仝 上 會撫字第三〇九七三〇號
三三旅六九九團八連	一等兵	唐位元	父 成章	〃	五五	安遠縣新田鄉 會撫字第三〇三二六八號
仝 上	仝 上	梅雪龍	妻 劉氏	〃	三三	仝 上 會撫字第三〇八三〇七號
陸軍六六師一九六旅五一團迫炮連	二等兵	李金生	父 通明	〃	五二	安遠縣版石鎮 會撫字第七〇七九九號
陸軍第九十師二七〇團五連	上等兵	賴興隆	妻 郭氏	〃	二六	安遠縣鳳山鄉 贛會撫字第二五〇三號
陸軍四軍輜重團二營二連	二等兵	唐觀保	妻 何氏	〃	三四	安遠縣龍頭鄉 贛會撫字第二八二五號
		杜鳳祥	妻 戴氏	〃	三〇	安遠縣重石鄉
陸軍五八軍新兵營三連	上等兵	孫 林	父 廷秀	〃	五四	安遠縣龍頭鄉 贛會撫字第三六四九號

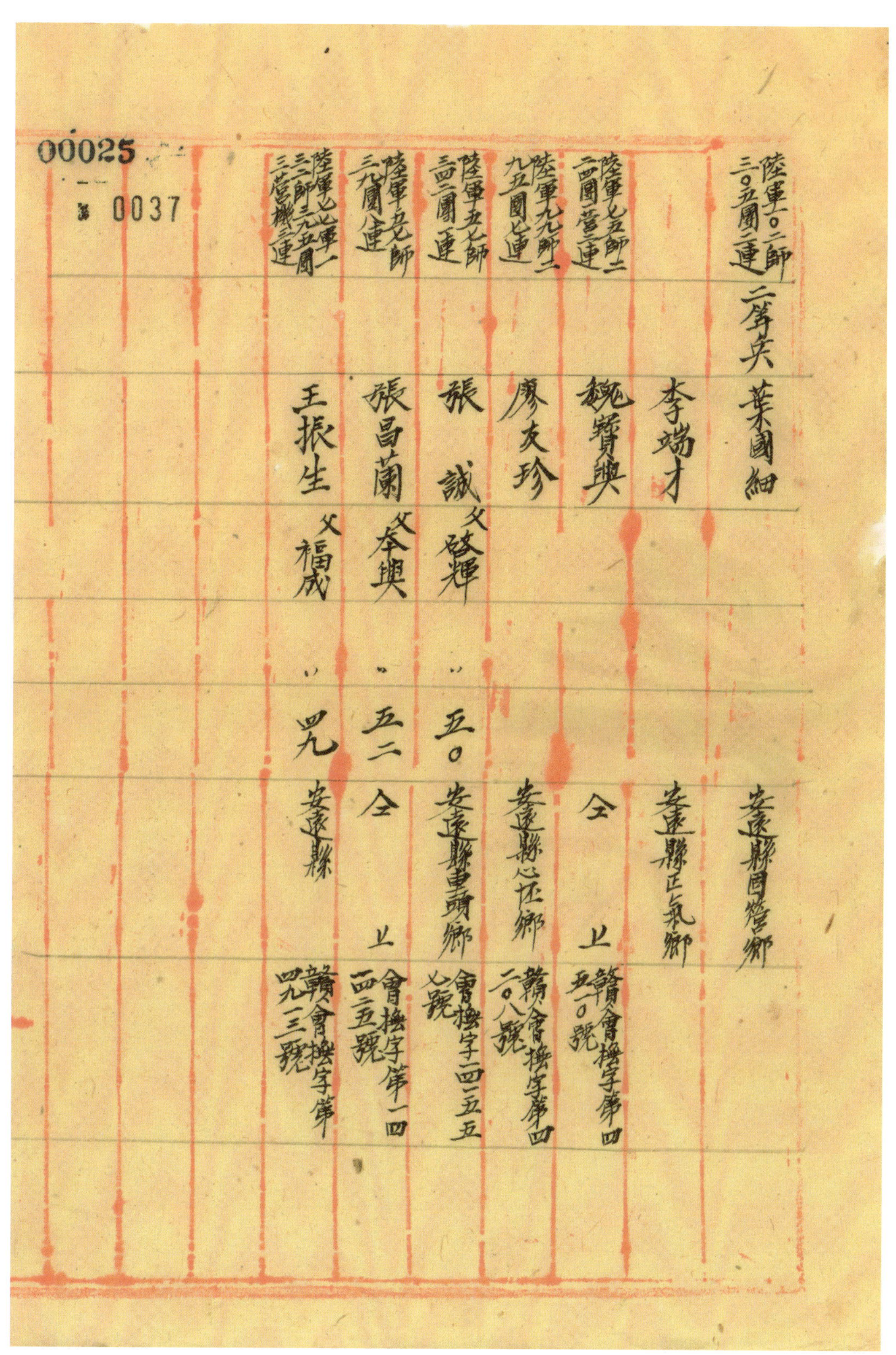

部別	級職	姓名	家屬		年齡	籍貫	證號
陸軍一〇二師三〇五團二連	二等兵	葉國細				安遠縣罔營鄉	
		李端才				安遠縣正氣鄉	
陸軍七五師二二四團二營三連		魏寶興				仝　上	贛會撫字第四五〇號
陸軍九九師二九五團七連		廖友珍				安遠縣心坯鄉	贛會撫字第四二〇八號
陸軍五七師三四二團一連		張　誠	父啟輝	〃	五〇	安遠縣車頭鄉	會撫字四一五五七號
陸軍五九師三九團八連		張昌蘭	父本興	〃	五二	仝　上	會撫字第一四四五五號
陸軍七七軍一三二師三九五團三營機三連		王振生	父福成	〃	四九	安遠縣	贛會撫字第四九一三號

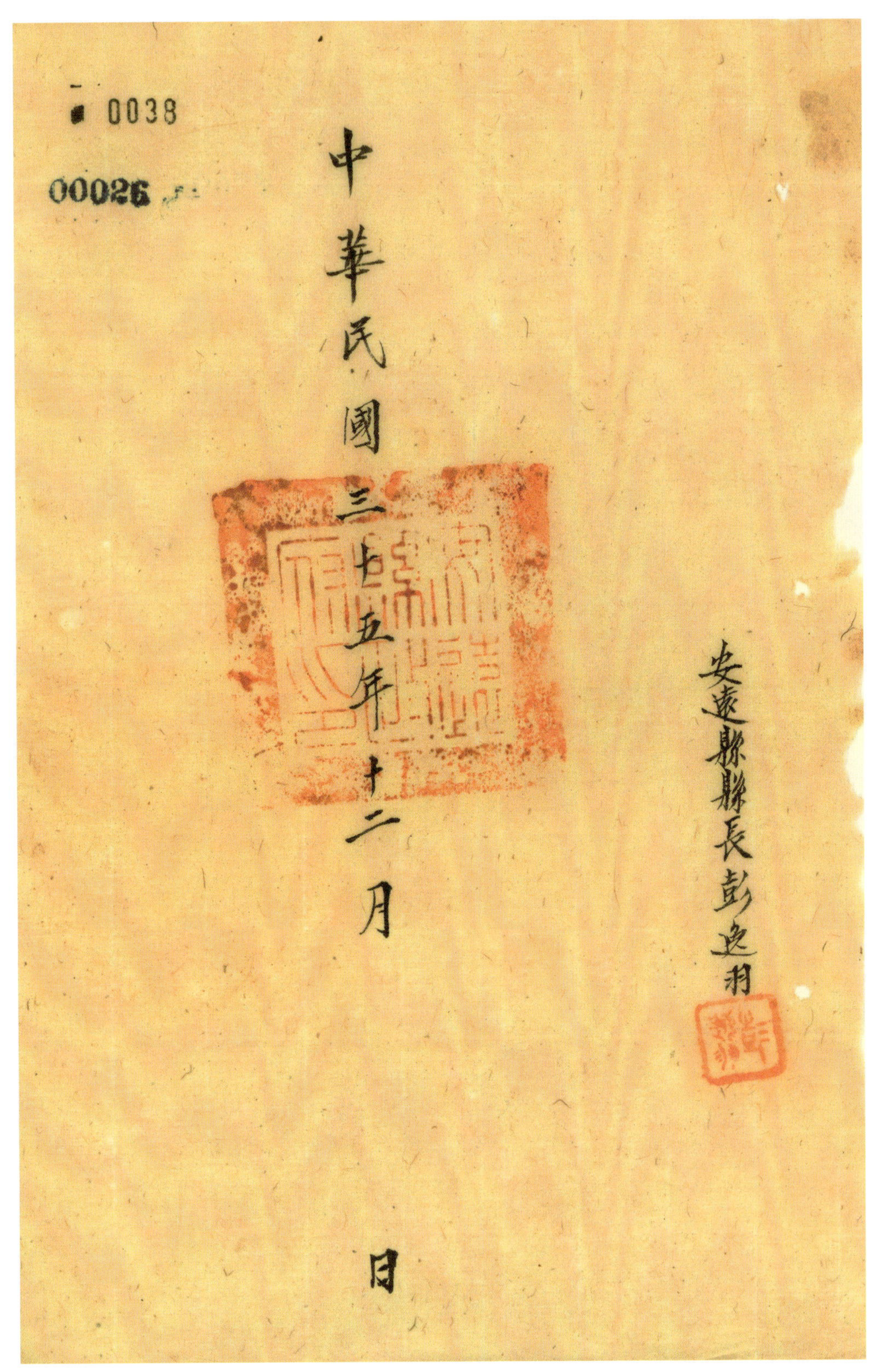

0038
00026

中華民國三十五年十二月 日

安遠縣縣長彭逸羽

0039

00027

軍事委員會撫卹委員會受傷官兵登記册

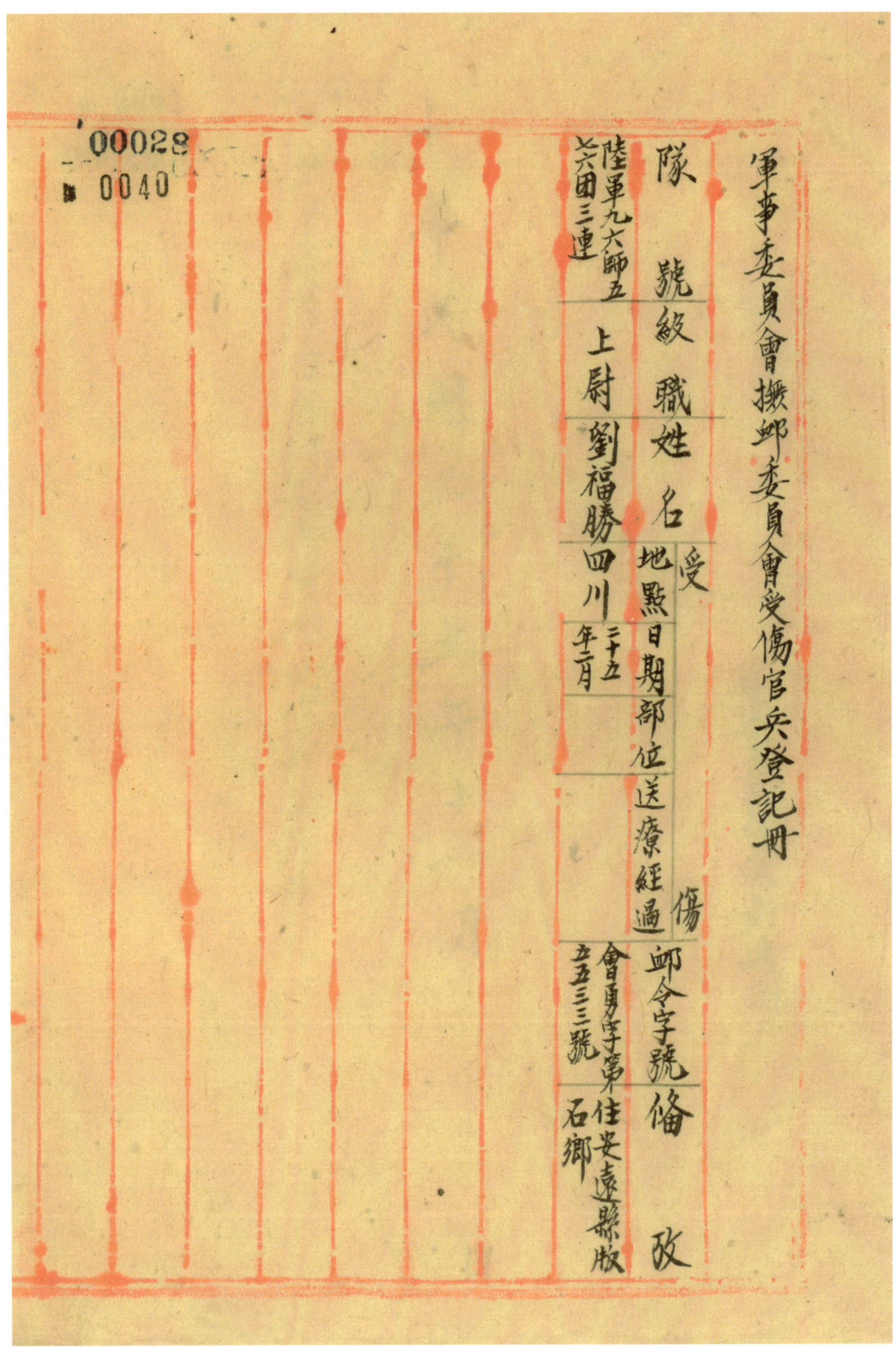

軍事委員會撫卹委員會受傷官兵登記冊

隊號	級職	姓名	受傷地點	日期	部位	送療經過	卹令字號	備攷
陸軍九六師五六团三連	上尉	劉福勝	四川	三十五年一月			會勇字第一五五三三號	住安遠縣版石鄉

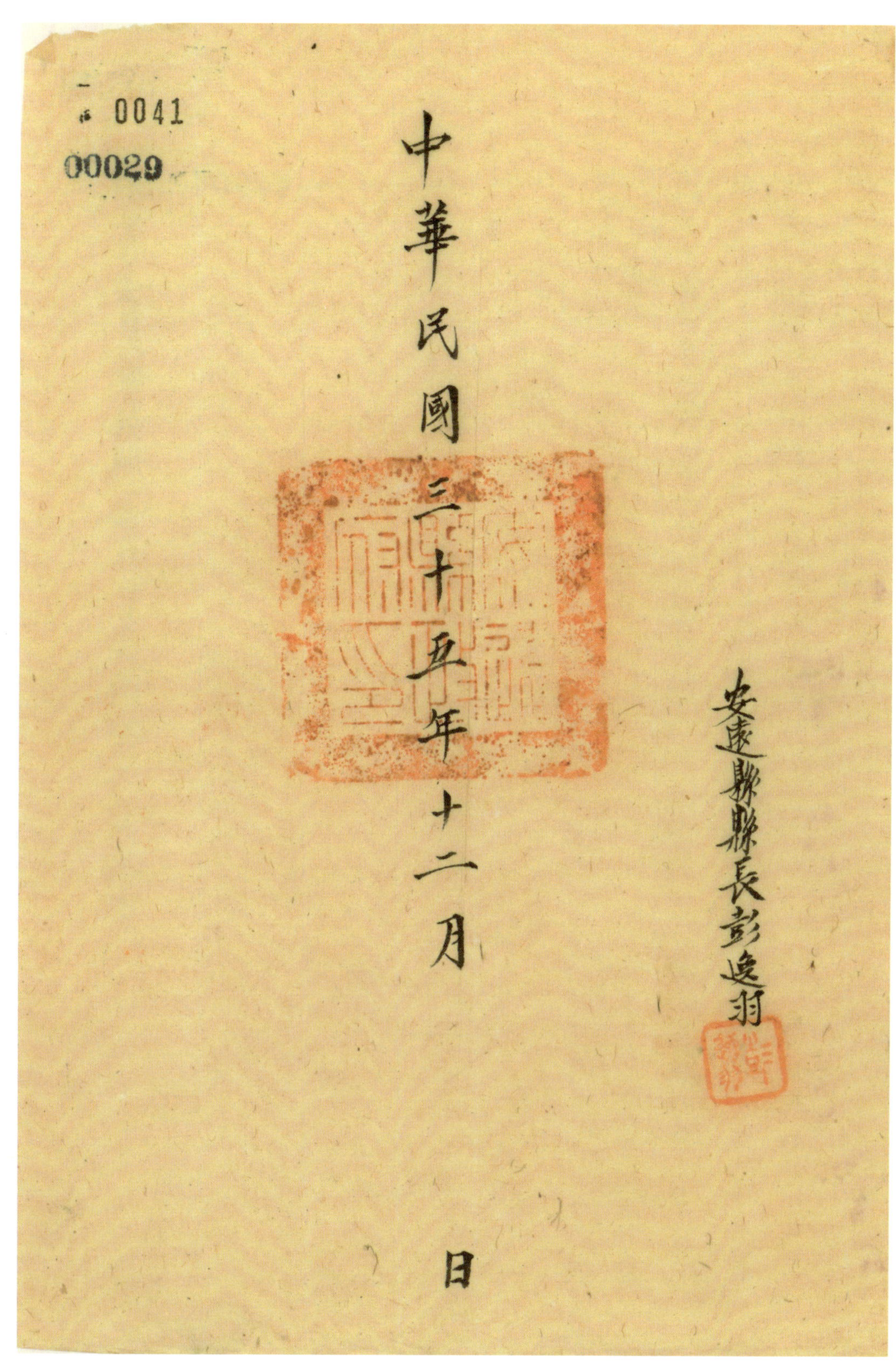
0041
00029
中華民國三十五年十二月　日
安遠縣縣長彭逸羽

定南县政府关于奉令填送该县伤亡官兵登记册及死亡官兵遗族登记册致江西省政府的呈（一九四六年十二月二十二日）

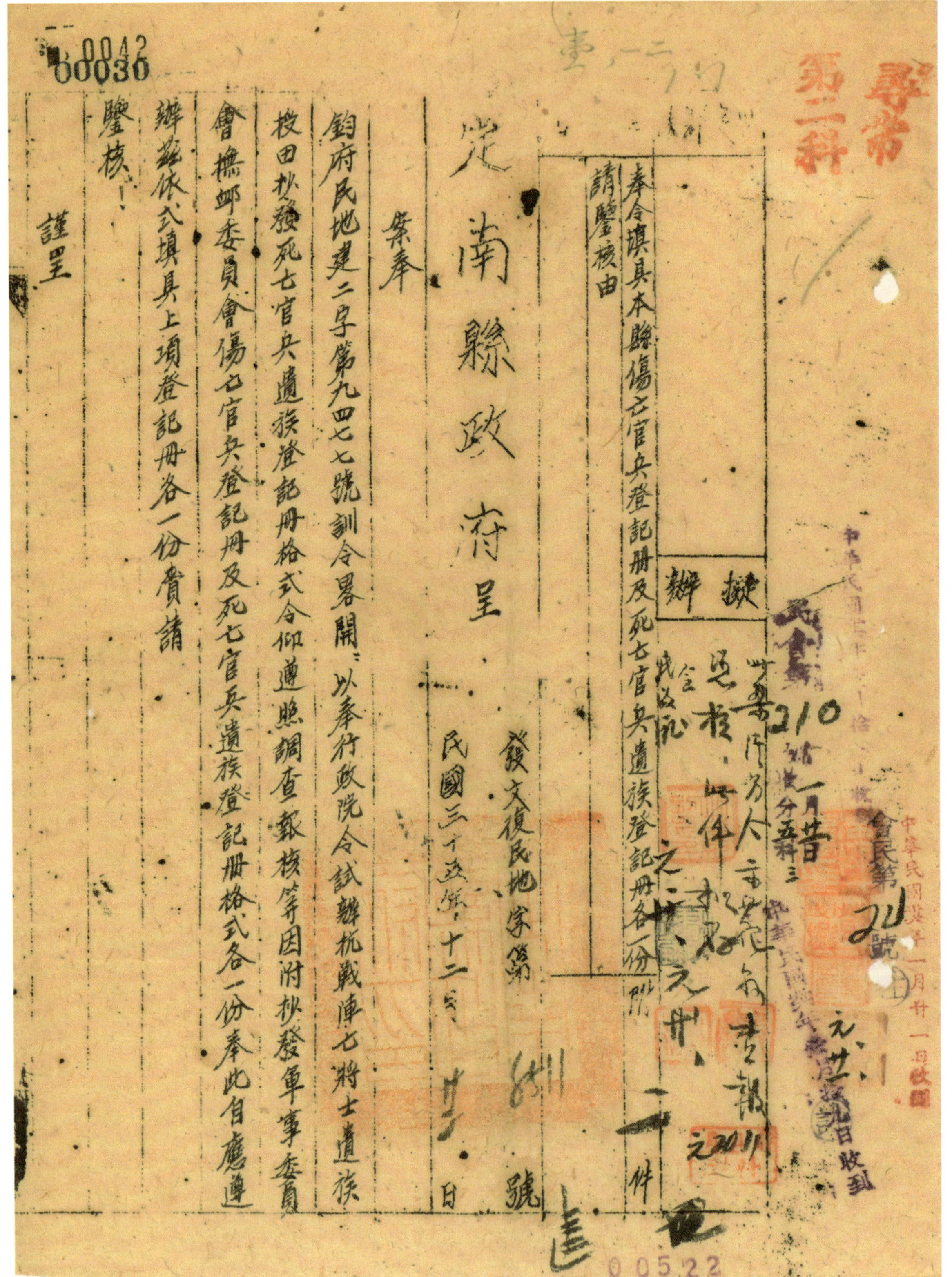
奉令填具本縣傷亡官兵登記册及死亡官兵遺族登記册各一份 附件
請鑒核由

擬辦

定南縣政府呈

發文復民地字第　號

民國三十五年十二月　日

案奉

鈞府民地建二字第九四七七號訓令略開：「以奉行政院令試辦抗戰陣亡將士遺族授田，抄發死亡官兵遺族登記册格式，令仰遵照調查報核」等因；附抄發軍事委員會撫卹委員會傷亡官兵登記册及死亡官兵遺族登記册格式各一份。奉此，自應遵辦。茲依式填具上項登記册各一份，賫請

鑒核！

謹呈

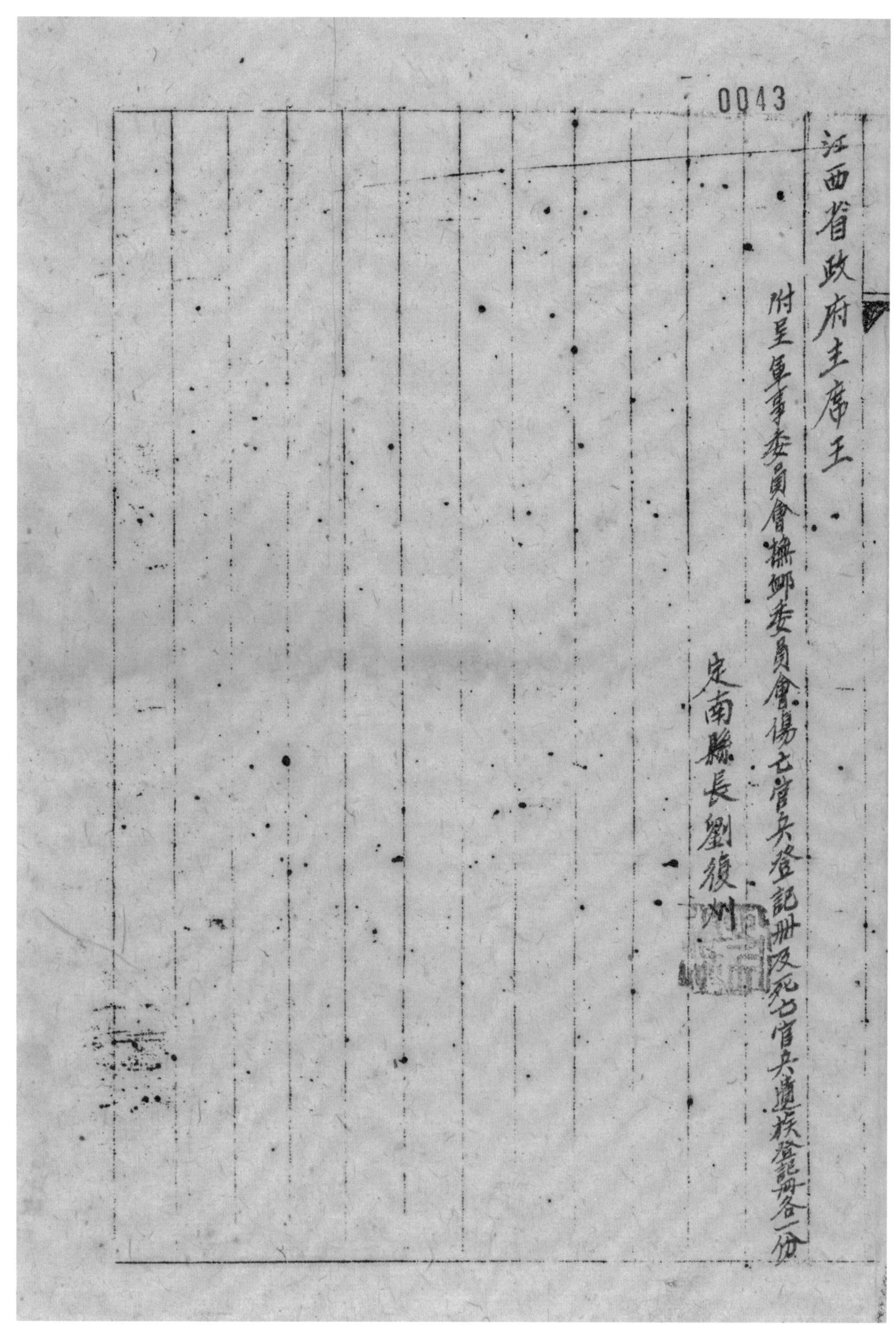

0043

江西省政府主席王

附呈軍事委員會撫邺委員會傷亡官兵登記册及死亡官兵遺族登記册各一份

定南縣長劉復炯

附一：军事委员会抚恤委员会受伤官兵登记册

0044

00031

軍事委員會撫卹委員會受傷官兵登記冊

隊號	級職	姓名	受傷地點	受傷日期	受傷部位	受傷送療經過	卹令字號	備考
九〇師二七〇團一營三連	少尉排長	潘玉書	長沙	三〇年九月二四日			會撫字〇三八〇二號	
八七軍新二三師六七團五連	一等兵	李治安					會撫字一二四八號	
四軍一〇二師三〇五團二營五連	一等兵	李錦添	廣東樂昌	三五年一月二〇日				三四、一〇、六、奉駐贛撫卹處撫贛一字一六二六號代電轉發卹金
四軍一〇二師三〇五團二營五連	一等兵	鄒吉旺	仝前	三五年一月二〇日			會撫字七〇一五號	
新編十五師四五團一營一連	一等兵	廖際良	南昌	三三年六月一〇日				
四軍九〇師二七〇團三營迫砲連	一等兵	熊水洲	湖南湘鄉	三三年一月二六日			會撫字二五一八號	
四六師一三七旅二七三團二營六連	上等兵	徐鴻達	上海姚家宅	二七年一〇月			會撫字九九六九號	
江西保安三團一大隊三中隊	上等兵	阮合榜	南昌					于三五、一、二六、郵請核卹中
第八十三師戰砲團	一等兵	賴楊坤	黃河					仝前
第六預備師二二團三營八連	上等兵	鍾美興	長汀					仝前
抗戰軍十一師二團三營四連	連長	曾靜猷	河南確山	一八年				于三五、八、二〇、郵請核卹中
十三師二七旅七四團三營九連	一等兵	曾維先						仝前
第六預備師二三團三營八連	一等兵	蕭來全	長汀					仝前
新編十三師三九團二營機二連	上等兵	郭炳丁					會撫字二〇七二七九號	

新編十三師元團二營四連	下士班長	吳樹英					會撫字三〇七三〇二號	
第六預備師一七團七連	中士班長	周石奇	廣東汕頭	一九年一月三日			會撫字一八六三二〇號	
一三三師一團一營	上士班長	黃志遠	湖南	二七年二月			會撫字三〇六六七號	
第一八三師五四八團六連	下士班長	鍾　浩					會撫字一九三九四二號	
		廖大光					會撫字三七二五號	
		賴修文					會撫字二〇八五八一號	
		陳炳華					會撫字三〇一四號	
		何高仁					會撫字元四七三〇號	
		瀛羅興					會撫字二五〇八號	
	一等兵	龍越勝	緬北高魯陽				會撫字四六六〇號	
四軍一〇二師三〇五團三營五連	一等兵	陳炳華	廣東樂昌	三四年一月二三日				卹令正請發中
	一等兵	繆作明	湖南	三二年六月一日				三四、六、三、奉駐贛撫卹處撫贛字四四四號轉發卹令
	一等兵	張來生						三四、一〇、七、奉駐贛撫卹處撫贛一字一六五五號代電轉發卹令
	一等兵	范宗漢						三四、一〇、七、奉駐贛撫卹處撫贛一字一六三八號代電轉發卹令
	一等兵	鍾水標						卹令已送請發卹中
	一等兵	賴祖森						卹令遺失

附二：军事委员会抚恤委员会死亡官兵遗族登记册

0046

00032

軍事委員會撫卹委員會死亡官兵遺族登記冊

隊號	級職	姓名	遺族名氏	職業年齡	詳細住址	卹令字號	備考
九〇師一七〇团一營三連	少尉排長	潘玉書	海棠	農	龍塘鄉二保	會撫字〇三八〇二號	
八七軍新二三師二七团五連	一等兵	李治安	仁芳	仝	城西鄉三保二甲	三六、一、奉駐贛撫卹處撫贛字第三六三號代電核發卹令	
四軍一〇二師三〇五团二營五連	一等兵	鄒吉旺	黄氏	仝	城西鄉四保三甲二戶	會撫字七〇一五號	
新編一五師四团一營一連	上等兵	廖際良	佛登	仝	歷市鎮九保四甲	會撫字二七四九八一號	
四軍九〇師二七〇团三營迫砲連	一等兵	熊木洲	水洲	仝	樟湖鄉十保五甲	會撫字二五一八號	
	一等兵	廖文光	袁氏	仝	歷市鎮十三保	會撫字三七二五號	
	一等兵	鍾木標	德成	仝	城西鄉四保八甲	卹令已送請發卹	
	一等兵	龍越勝	鳳飛	仝	樟湖鄉一保四甲	會撫字四六六〇號	
四六師一三七旅二七三团二營六連	上等兵	徐鴻達	松彬	仝	熱水鄉六保	會撫字九九六九號	該兵卹令遺族已呈請補發在案
江西保安三团一大隊三中隊	上等兵	阮名榜	運輝	仝	歷市鎮十保三甲五戶		于三五、七、二六、報請核卹中
八三師戰砲連	一等兵	賴楊坤	王氏	仝	歷市鎮十保五甲五戶		仝前
第六預備師二二团三營六連	上等兵	鍾美興	有森	仝	車埃鄉三保六甲		仝前

單位	職級	姓名		與亡者關係		住址	卹令字號	備考
北代軍十一師二团三營四連	連長	曾靜獻	松莊	仝		天花鄉九保		于三五八、六、奉請核卹中
十三師二七旅七四团三營九連	一等兵	曾維先	亞太	仝		天花鄉八保		仝 前
第六預備師二亩三營八連	一等兵	蕭求全	火煌	仝		天花鄉四保		仝 前
十三師三九团二營機二連	上等兵	郭炳丁	烟來	仝		龍塘鄉	會撫字三〇七二五九號	
新編十三師二九团二營四連	下士班長	吳樹英	一茂	仝		龍塘鄉	會撫字三〇七三〇二號	
第六預備師一七团七連	中士班長	周石奇	添發	仝		歷市鎮士保甫九户	會撫字一八六三二〇號	
二三師一团一營	上士班長	黃志遠	天祿	仝		淳慶鄉	會撫字三〇六六七號	
	一等兵	何高仁	士鑫	仝		歷市鎮十四保	會撫字一九四七三〇號	
	一等兵	馮羅興	龍氏	仝		鵞公鄉四保三甲	會撫字二五〇八號	
	一等兵	陳炳華	朱氏	仝		鵞公鄉九保三甲	會撫字三〇一四〇號	
	一等兵	張炳元	景良	仝		歷市鎮三保		卹令遺失
	一等兵	賴修文	材楨	仝		歷市鎮二保	會撫字二〇八五八一號	
	一等兵	賴祖森	春瑞	仝		慈水鄉七保四甲		卹令遺失
一八三師五四八团六連	下士班長	鍾浩	蔡氏	仝		城西鄉四保八甲	會撫字一九二九四二號	

江西省政府关于铜鼓县等三十一县办理特种工程征雇民夫伤亡调查表致内政部的公函

（一九四六年十二月二十四日）

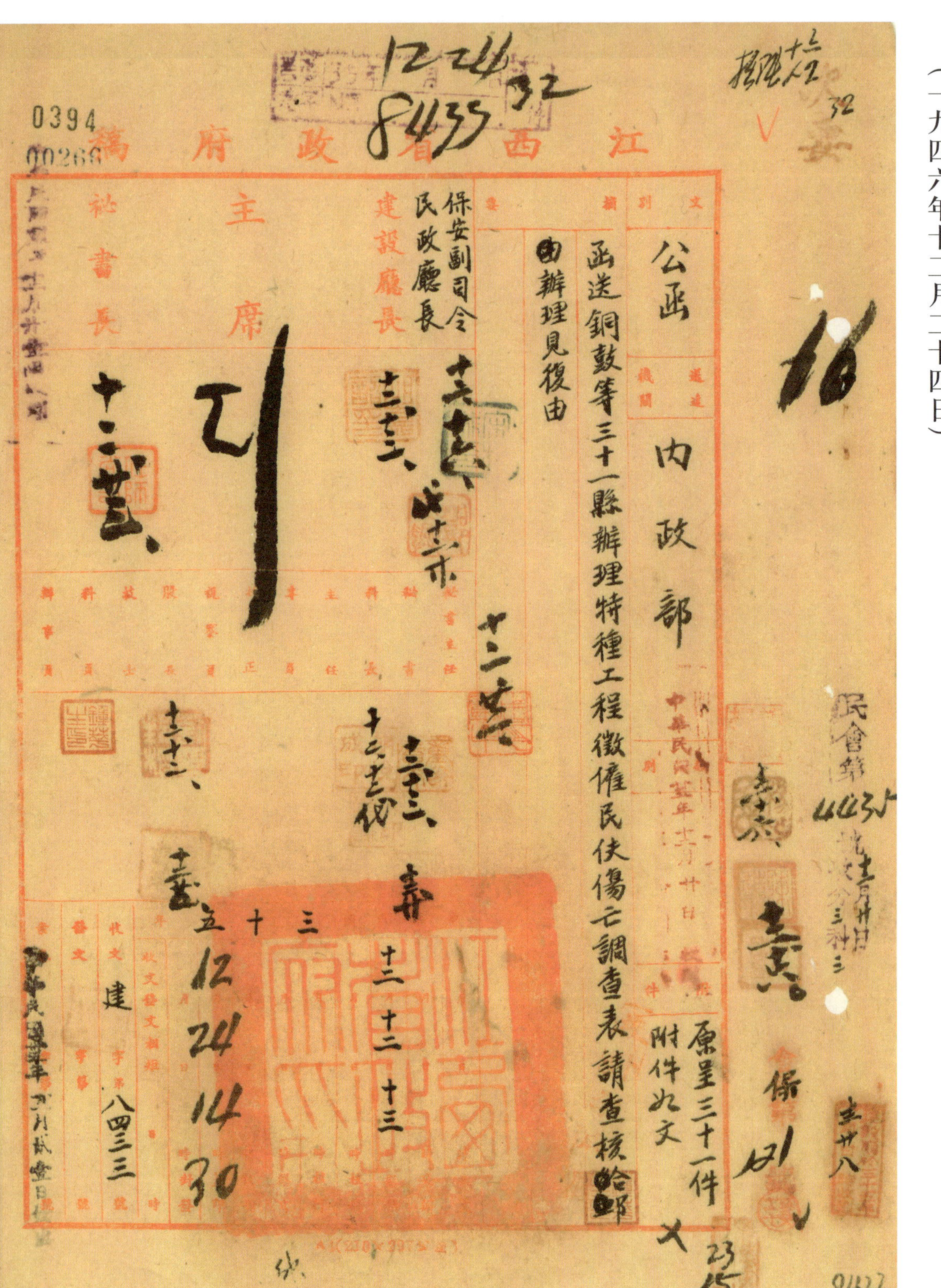

江西省政府稿

文别：公函

送达机关：内政部

事由：函送铜鼓等三十一县办理特种工程征雇民伕伤亡调查表请查核见复由

附件：原呈三十一件 附件如文

民建四字第　　號

公函

案查前准

貴部三十四年九月二十九日渝禮字第一〇〇七號公函，以奉交議國民參政會建議從優撫卹特種工程死亡員工一案，囑查明是項傷亡民工姓名年籍及傷亡情形，列表送部核卹等由，當經本府製定調查表式，於本年一月十七日~~以民建字第四七九三號訓~~飭令各縣查明填報，並函復在案。茲據銅鼓等三十一縣先後呈送辦理特種工程徵僱民伕傷亡調查表，請核轉給卹等情，相應檢同原調查表三十一份，並開列清單一紙，函請查核如何見復為荷！

此致

内政部

附送銅鼓等三十一縣辦理特種工程徵傭民伕傷亡調查表各一份，清單一紙。

主席王〇〇

已送辦理特種工程徵傭民伕傷亡調查表縣份清單

銅鼓、萬載、分宜、新喻、吉安、吉水、泰和、萬安、遂川、永新、安福、贛縣、南康、上猶、崇義、信豐、

A4(210×297公厘)

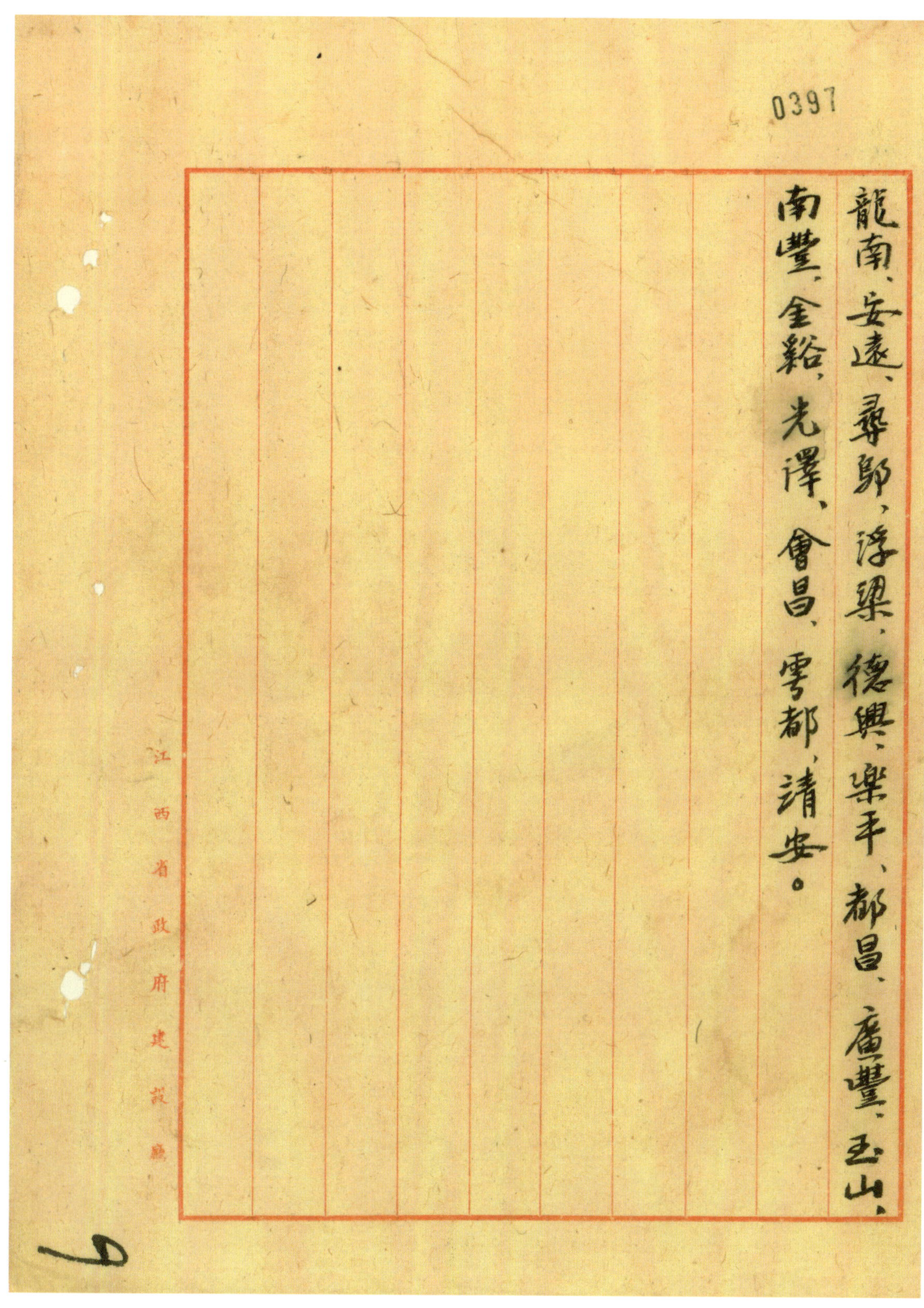

龍南、安遠、尋鄔、浮梁、德興、樂平、鄱昌、廣豐、玉山、

南豐、金谿、光澤、會昌、雩都、請安。

江西省政府建設廳

9

遂川县政府关于奉令填送抗战阵亡将士遗族授田调查登记册致江西省政府的呈（一九四七年三月十七日）

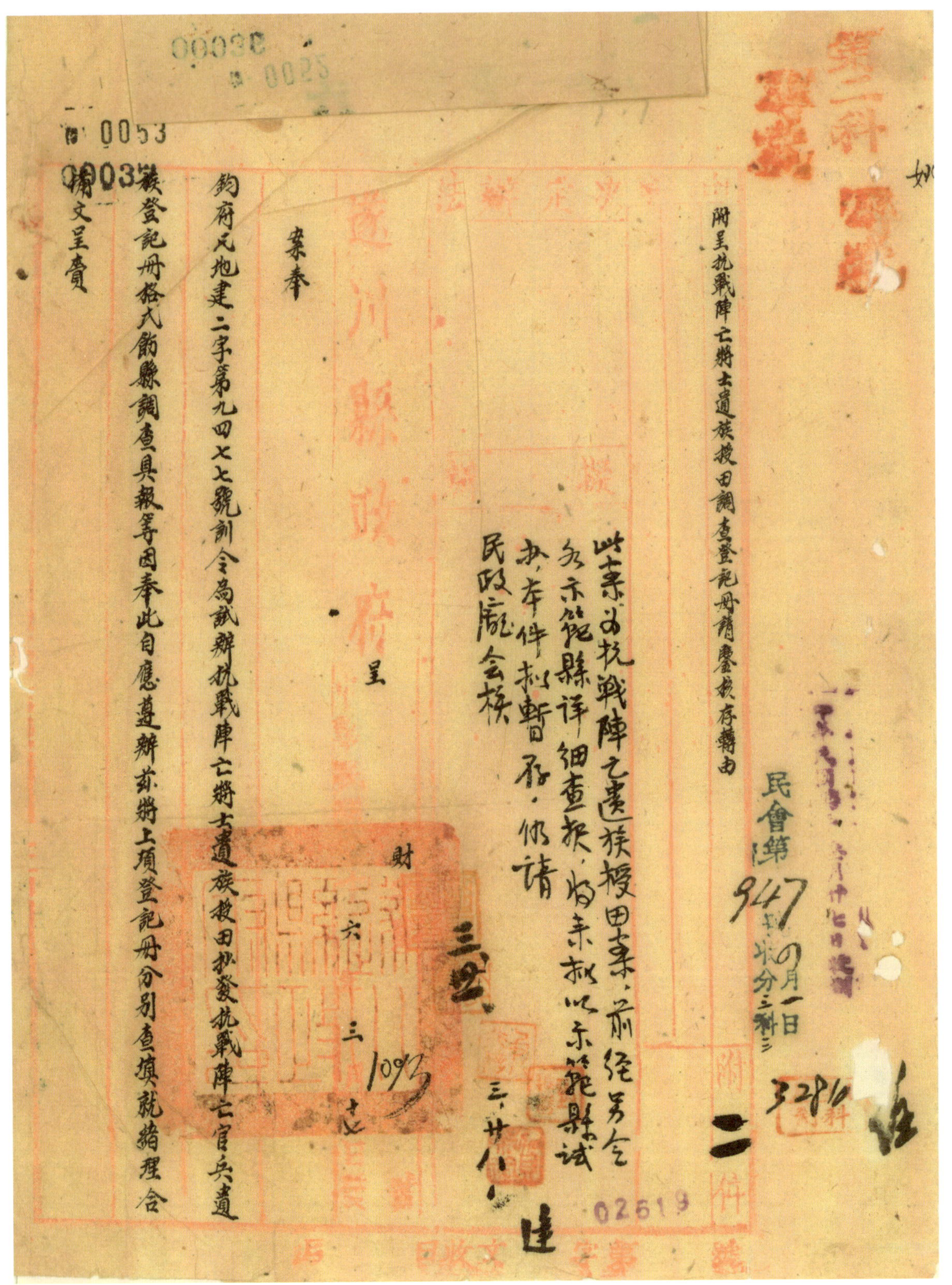

附呈抗戰陣亡將士遺族授田調查登記冊請鑒核存轉由

遂川縣政府 呈

案奉

鈞府元地建二字第九四七七號訓令為試辦抗戰陣亡將士遺族授田抄發抗戰陣亡官兵遺族登記冊格式飭縣調查具報等因奉此自應遵辦茲將上項登記冊分別查填就緒理合備文呈賫

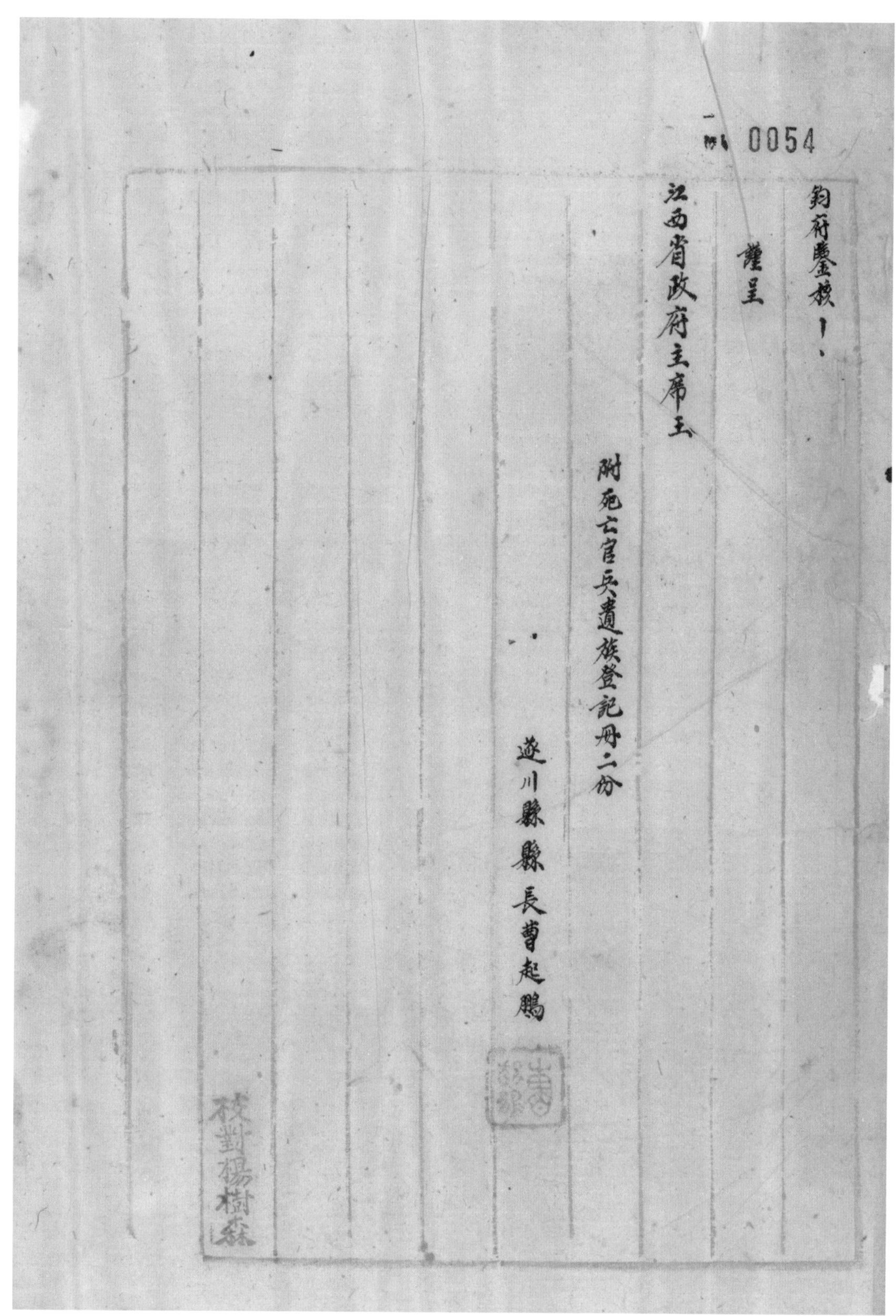
0054

鈞府鑒核！

謹呈

江西省政府主席王

附死亡官兵遺族登記册二份

遂川縣縣長曹起鵬

校對楊樹森

附：军事委员会抚恤委员会死亡官兵遗族登记册

軍事委員會撫䘏委員會死亡官兵遺族登記册

0055

00038

00039 0056

軍事委員會[illegible]六遺族登記冊

隊號	級職	姓名	遺族姓名	[illegible]	年齡	詳細住址	卹令字號	備考
陸軍卅七軍六十師一七八團二營六連	[illegible]	[illegible]	[illegible]母李氏			遂川伽背山六一保	會撫2Ⅱ015	
陸軍卅七軍一八〇團二營六連	一等列兵	[illegible]	[illegible]			遂川三區八保九甲七戶	〃 2Ⅱ61011	
五二師一五五團三營六連	上士	焦春華	父焦啟仁			遂川雩溪盤溪	〃 2Ⅲ1182	
五二師一五六團二營六連	上等兵	羅校順	父羅雩又			遂川三區五保八甲三戶	〃 2Ⅲ2245	
九八師二九四團三連	〃	葉昌通	母羅氏			遂川黃坑端發店	〃 2Ⅲ820	
九八師二九四團二連	〃	封禮和	妻封康氏			遂川藻林鄉同泰昌轉振球收	〃 2Ⅲ811	
九八師二九四團三連	〃	丘榮塗				遂川三區黃坑大昌德轉岳豪洵	〃 2Ⅲ818	
〃 〃	二等兵	高滄立	父賢業			遂川四區十二保木橋高賢業	〃 2Ⅲ816	

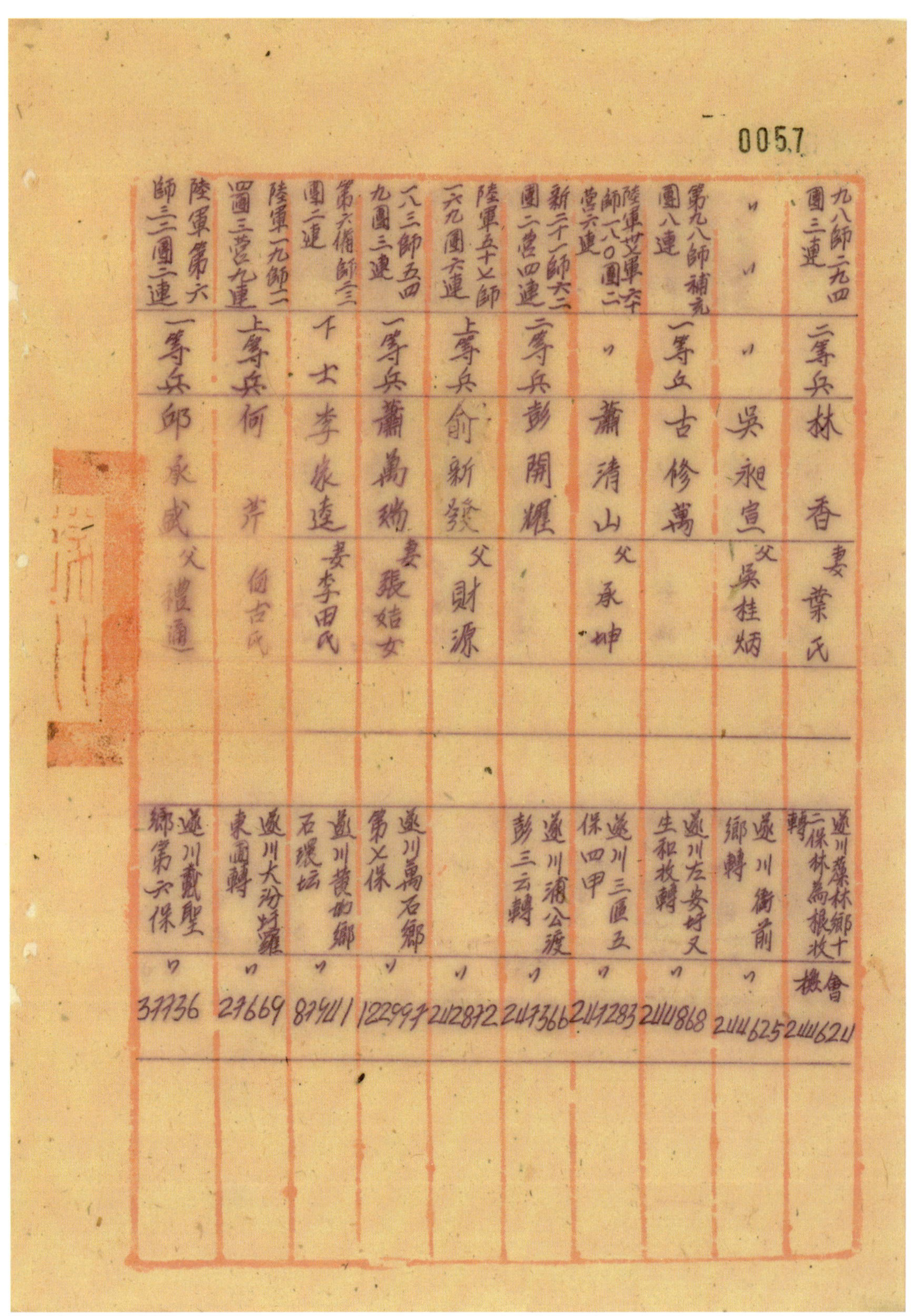

0057

九八師二九四團三連	二等兵	林香	妻葉氏			遂川藻林鄉十二保林為根收轉	會擮	244624
〃〃	〃	吳昶宣	父吳桂炳			遂川衙前鄉轉	〃	244625
第九八師補充團八連	一等兵	古修萬				遂川左安圩又生和收轉	〃	244868
陸軍廿六軍卒師一八〇團二營六連	〃	蕭清山	父承坤			遂川三區五保四甲	〃	241283
新二十一師六三團二營四連	二等兵	彭開耀				遂川浦公渡彭三云轉	〃	247366
陸軍五十七師一六九團六連	上等兵	俞新發	父財源				〃	242872
八三師五四九團三連	一等兵	蕭萬瑞	妻張姑女			遂川萬石鄉第七保	〃	122997
第六備師三團二連	下士	李家達	妻李田氏			遂川黃坳鄉石環坛	〃	87411
陸軍一九師二四團三營九連	上等兵	何芹	何古氏			遂川大汾圩羅東甫轉	〃	27669
陸軍第六師三三團二連	一等兵	邱承盛	父禮通			遂川戴聖鄉第六保	〃	37736

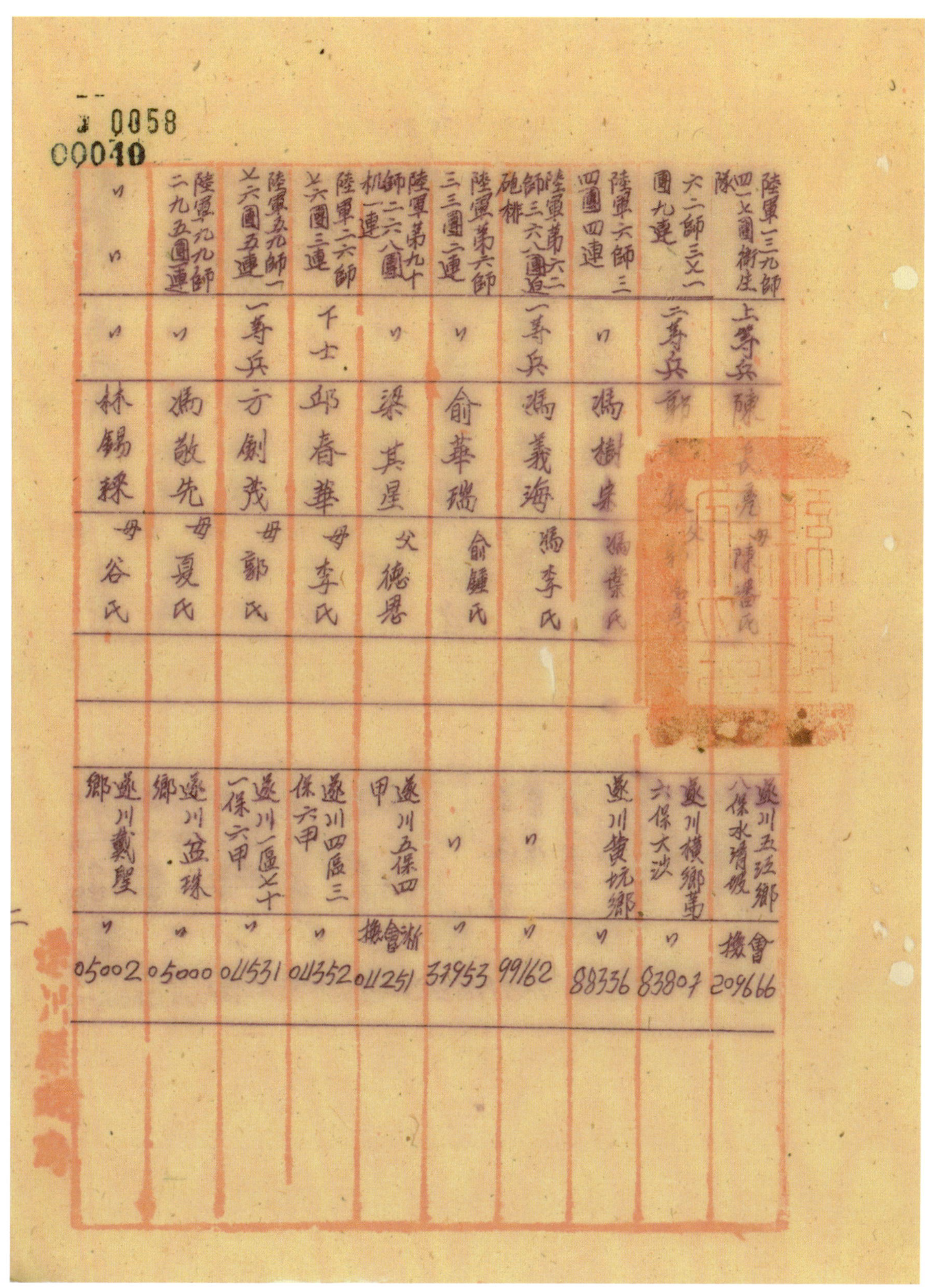

0058
00040

部隊	階級	姓名	親屬			住址		
陸軍一三九師四一七團衛生隊	上等兵	陳長虎	母 陳潘氏			遂川五江鄉八保水靖坡	機會	209666
六二師三七一團九連	二等兵	鄧[illegible]	父 [illegible]			遂川橫鄉萬六保大洪	〃	83807
陸軍六師三四團四連	〃	馮樹棠	馮葉氏			遂川黃坑鄉	〃	88336
陸軍第六二師三六八團迫砲排	一等兵	馮義海	馮李氏			〃	〃	99162
陸軍第六師三三團二連	〃	俞華瑞	俞鍾氏			〃	〃	37953
陸軍第九十師二六八團机一連	〃	梁其星	父 德恩			遂川五保四甲	機會淅	011251
陸軍二六師七六團三連	下士	邱春華	母 李氏			遂川四區三保六甲	〃	011352
陸軍五九師一七六團五連	一等兵	方劍茂	母 鄒氏			遂川一區七十一保六甲	〃	011531
陸軍九九師二九五團連	〃	馮敬先	母 夏氏			遂川盆珠鄉	〃	05000
〃	〃	林錫稞	母 谷氏			遂川戴壁鄉	〃	05002

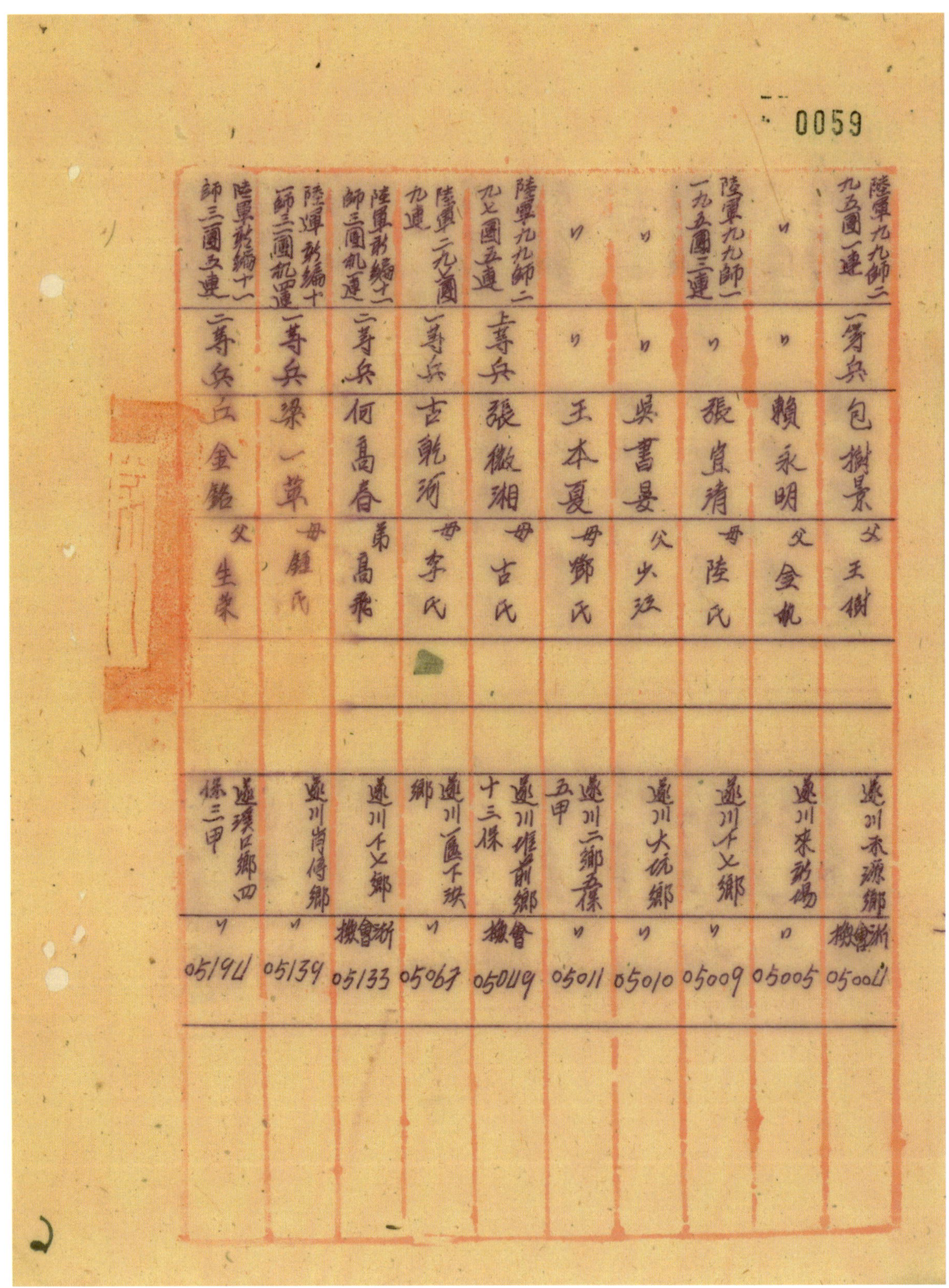

0059

陸軍九九師二九五團一連	一等兵	包樹景	父 王樹			遂川禾源鄉	撫會浙	05004
〃	〃	賴永明	父 金帆			遂川来新塲	〃	05005
陸軍九九師一九五團三連	〃	張宜清	母 陸氏			遂川下七鄉	〃	05009
〃	〃	吳書晏	父 火玆			遂川大坑鄉	〃	05010
〃	〃	王本夏	母 鄧氏			遂川二鄉五保五甲	〃	05011
陸軍九九師二九七團五連	上等兵	張徽湘	母 古氏			遂川堆前鄉十三保	撫會	05049
陸軍二九七團九連	一等兵	古乾河	母 李氏			遂川匯下垅鄉	〃	05067
陸軍新編十一師三團机連	二等兵	何高春	弟 高飛			遂川下七鄉	撫會浙	05133
陸軍新編十一師三團机連	一等兵	梁一華	母 鍾氏			遂川肖侍鄉	〃	05134
陸軍新編十一師三團五連	二等兵	丘金銘	父 生桊			遂環口鄉四保三甲	〃	05144

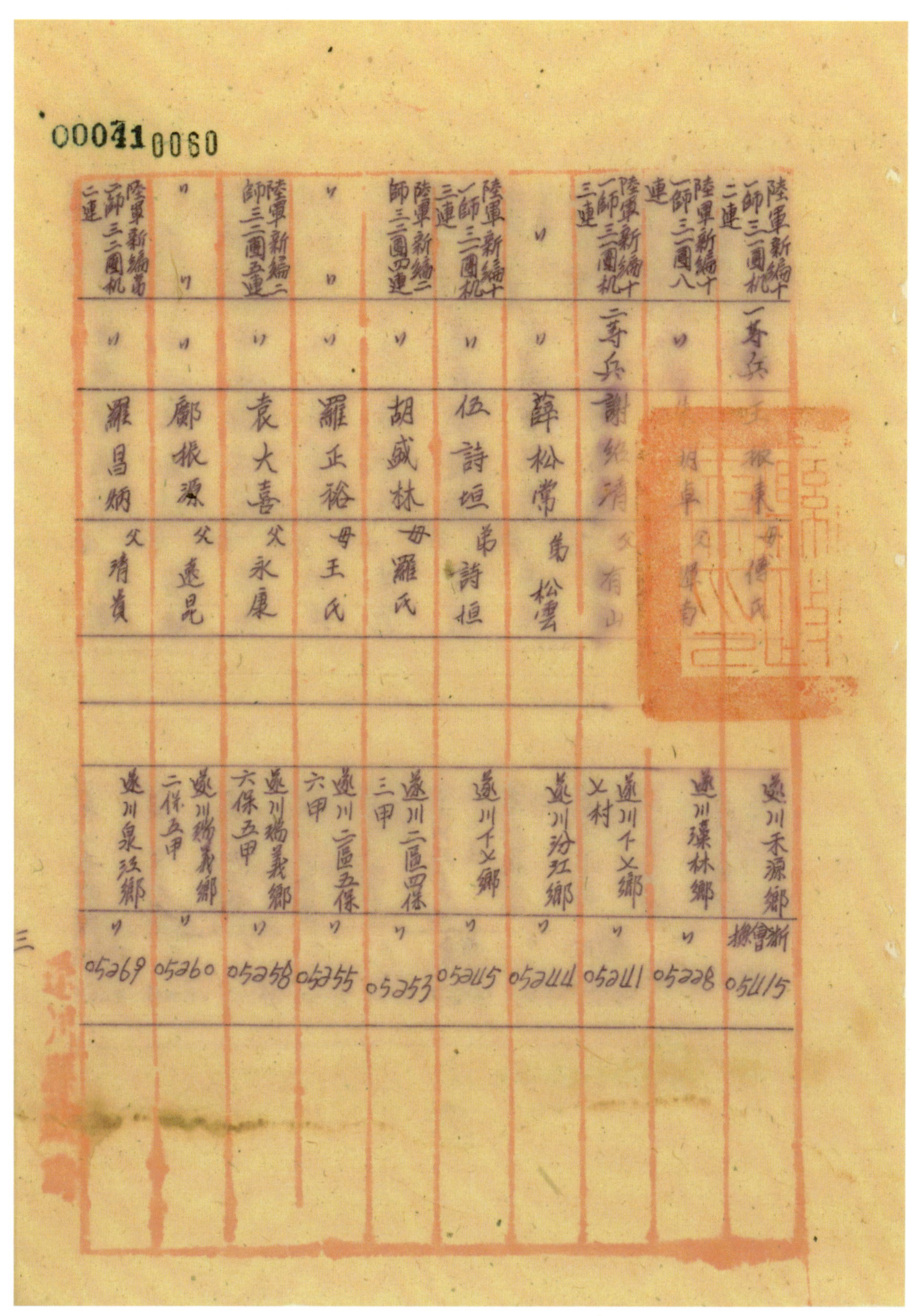

陸軍新編十一師三一團机二連	一等兵	王根東	母傅氏			遂川禾源鄉	新會操	05415
陸軍新編十一師三一團八連	〃	[illegible]明卓	父[illegible]白			遂川瑑林鄉	〃	05228
陸軍新編十一師三一團机三連	二等兵	謝紹清	父有山			遂川下义鄉义村	〃	05411
〃	〃	薛松常	弟松雲			遂川汾江鄉	〃	05444
陸軍新編十一師三一團机三連	〃	伍詩垣	弟詩恒			遂川下义鄉	〃	05245
陸軍新編二師三二團四連	〃	胡盛林	母羅氏			遂川二區四保三甲	〃	05253
〃	〃	羅正裕	母王氏			遂川二區五保六甲	〃	05255
陸軍新編二師三二團五連	〃	袁大喜	父永康			遂川瑞義鄉六保五甲	〃	05258
〃	〃	鄺振源	父遠昆			遂川瑞義鄉二保五甲	〃	05260
陸軍新編十三師三二團机二連	〃	羅昌炳	父清貴			遂川泉江鄉	〃	05269

三

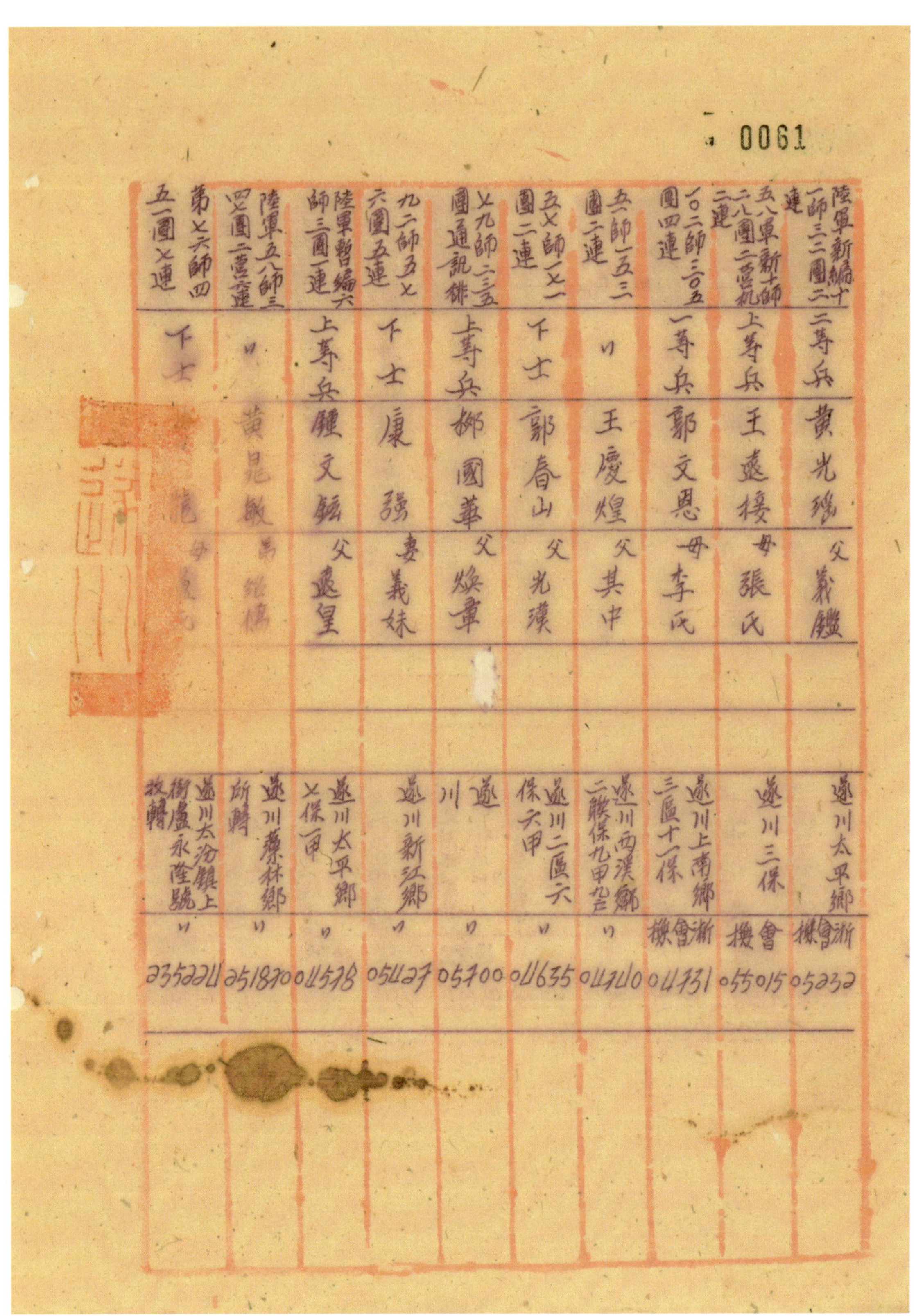

0061

陸軍新編十一師三三團二連	二等兵	黄光瑶	父 羲鑑			遂川太平鄉	浙會機	05232
五八軍新十師二八團二營机二連	上等兵	王遠樓	母 張氏			遂川三保	會機	055015
一〇二師三〇五團四連	一等兵	鄧文恩	母 李氏			遂川上南鄉三區十一保	浙會機	014751
五六師一五三團二連	〃	王慶煌	父 其中			遂川西溪鄉二[illegible]保九甲[illegible]	〃	014710
五七師一七一團二連	下士	郭春山	父 光璜			遂川二區六保六甲	〃	011635
七九師二三五團通訊排	上等兵	鄒國華	父 焕章			遂川	〃	05700
九二師五七六團五連	下士	康強	妻 義妹			遂川新江鄉	〃	05427
陸軍暫編六師三團一連	上等兵	鍾文鉉	父 遠皇			遂川太平鄉七保一甲	〃	011578
陸軍五八師三四七團二營六連	〃	黄昆敏	[illegible]			遂川蘇林鄉所轉	〃	251870
第七六師四五一團七連	下士	[illegible]龍	母 [illegible]			遂川太和鎮上街盧永隆號收轉	〃	235221

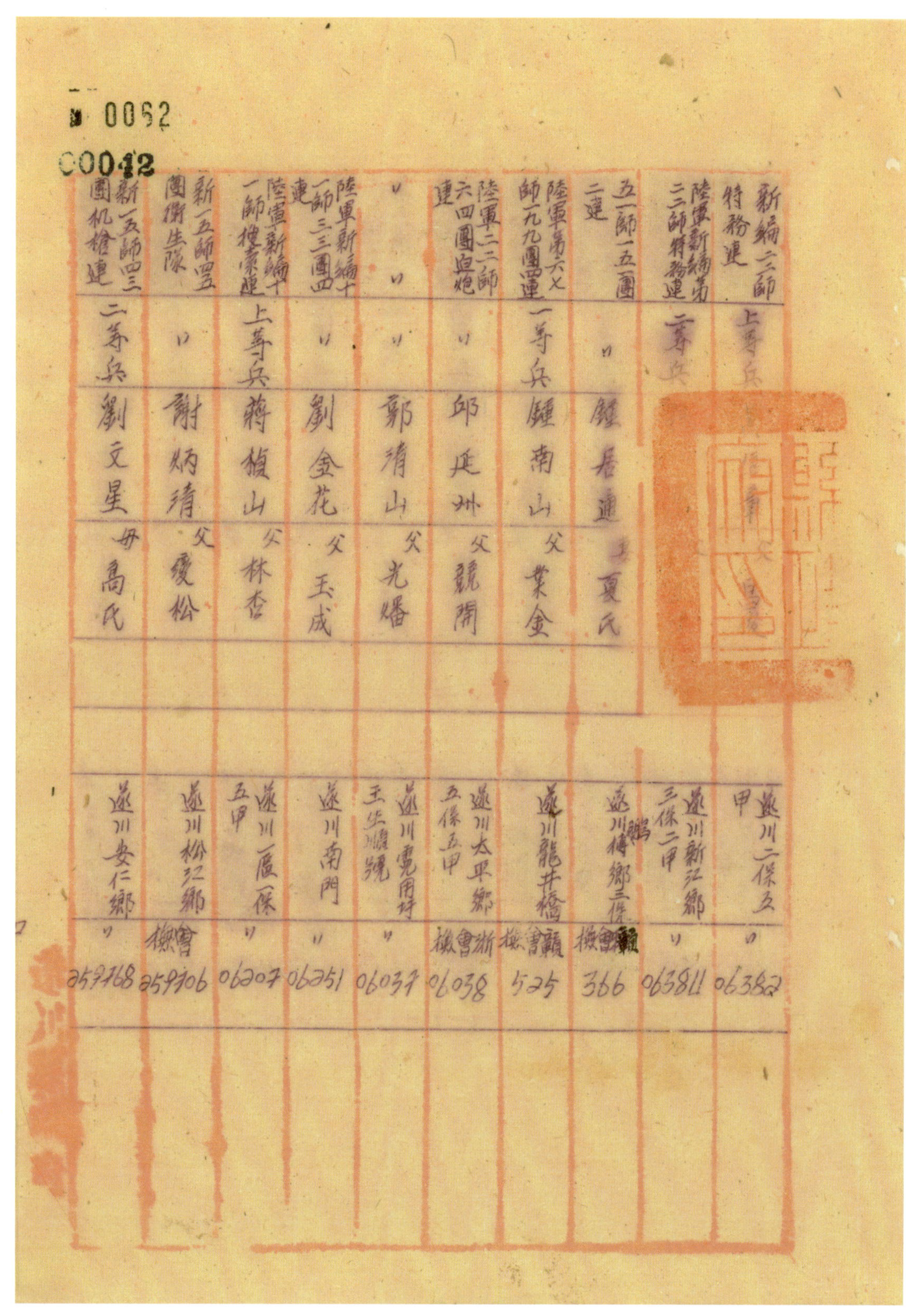

部隊	階級	姓名	親屬			住址		號數
新編二二師特務連	上等兵					遂川二保五甲	〃	06382
陸軍新編第二二師特務連	二等兵					遂川新江鄉三保二甲	〃	063811
五一師一五團二連	〃	鍾居連	妻 夏氏			遂川樽鄉三保 鵬	撫會贛	366
陸軍第六七師一九九團四連	一等兵	鍾南山	父 業金			遂川龍井橋	撫會贛	525
陸軍二二師六四團迫炮連	〃	邱廷洲	父 競開			遂川太平鄉五保五甲	撫會浙	06038
〃	〃	鄭清山	父 光燔			遂川嵬周坪王尖壠	〃	06037
陸軍新編十一師三三團四連	〃	劉金花	父 玉成			遂川南門	〃	06251
陸軍新編十一師搜索連	上等兵	蔣植山	父 林杏			遂川一區一保五甲	〃	06207
新一五師四五團衛生隊	〃	謝炳清	父 屢松			遂川松江鄉	撫會	259106
新一五師四三團机槍連	二等兵	劉文星	母 高氏			遂川安仁鄉	〃	259168

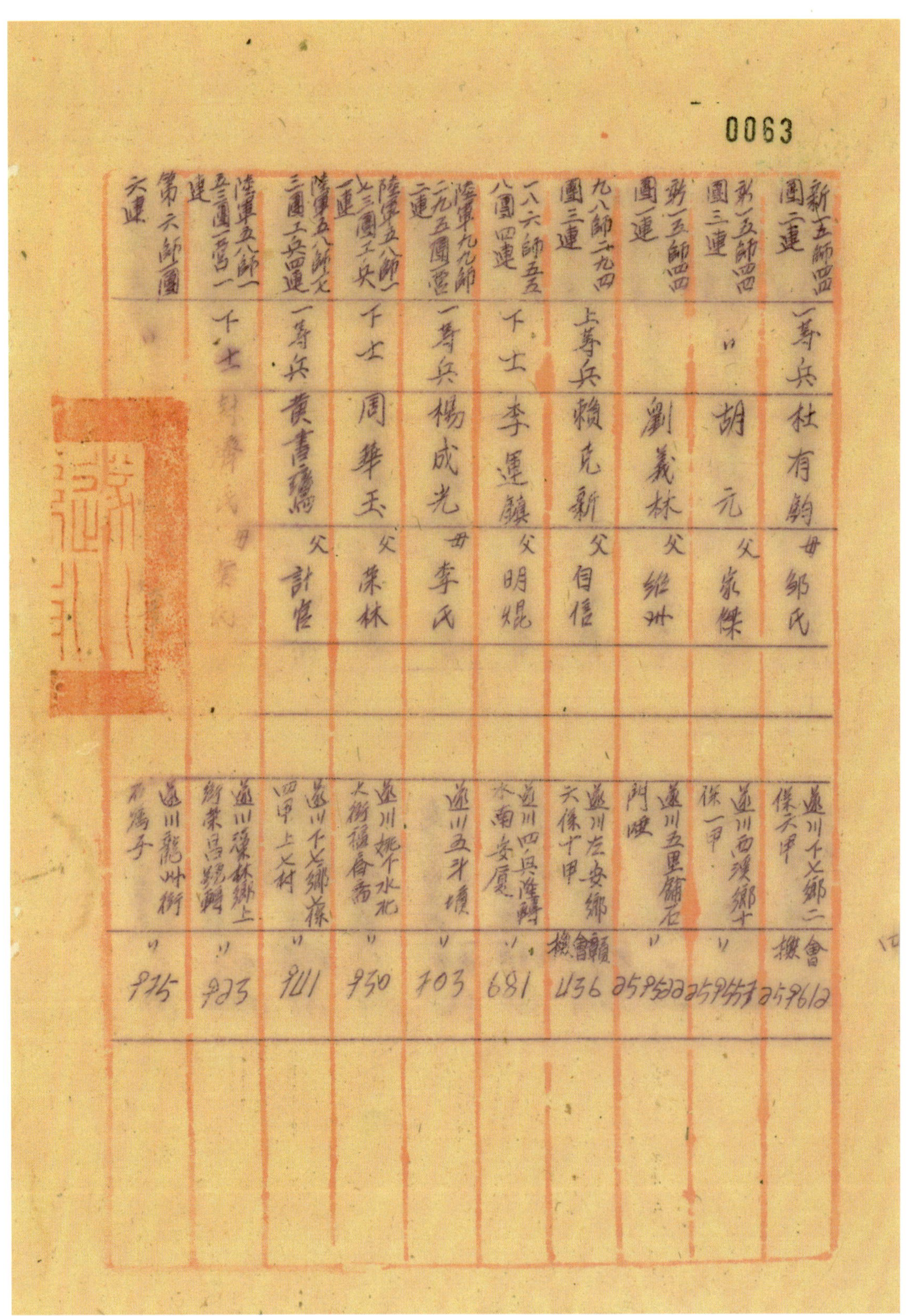

0063

新五師四〇一團二連	一等兵	杜有鈞	母 鄒氏	遂川千七鄉二保六甲	會核	259612
新一五師四〇一團三連	〃	胡元	父 家傑	遂川西溪鄉十保一甲	〃	259551
新一五師四〇一團一連		劉義林	父 維洲	遂川五里舖石門坳	〃	259522
九八師二九四團三連	上等兵	賴克新	父 自信	遂川左安鄉六保十甲	贛會核	436
一八六師五五八團四連	下士	李運韻	父 明焜	遂川四兵漢轉水南安厦	〃	681
陸軍九九師二九五團三營二連	一等兵	楊成光	母 李氏	遂川五斗墳	〃	703
陸軍五八師一七三團工兵一連	下士	周華玉	父 榮林	遂川姚下水北大街福春齋	〃	930
陸軍五八師一七三團工兵四連	一等兵	黄書璋	父 許信	遂川千七鄉藤四甲上七村	〃	911
陸軍五八師一五三團一營一連	下士	[illegible]	母 [illegible]氏	遂川藻林鄉上街栄昌號	〃	923
第六師團六連	[illegible]	[illegible]	[illegible]	遂川龍州街石灣子	〃	925

00043 0064

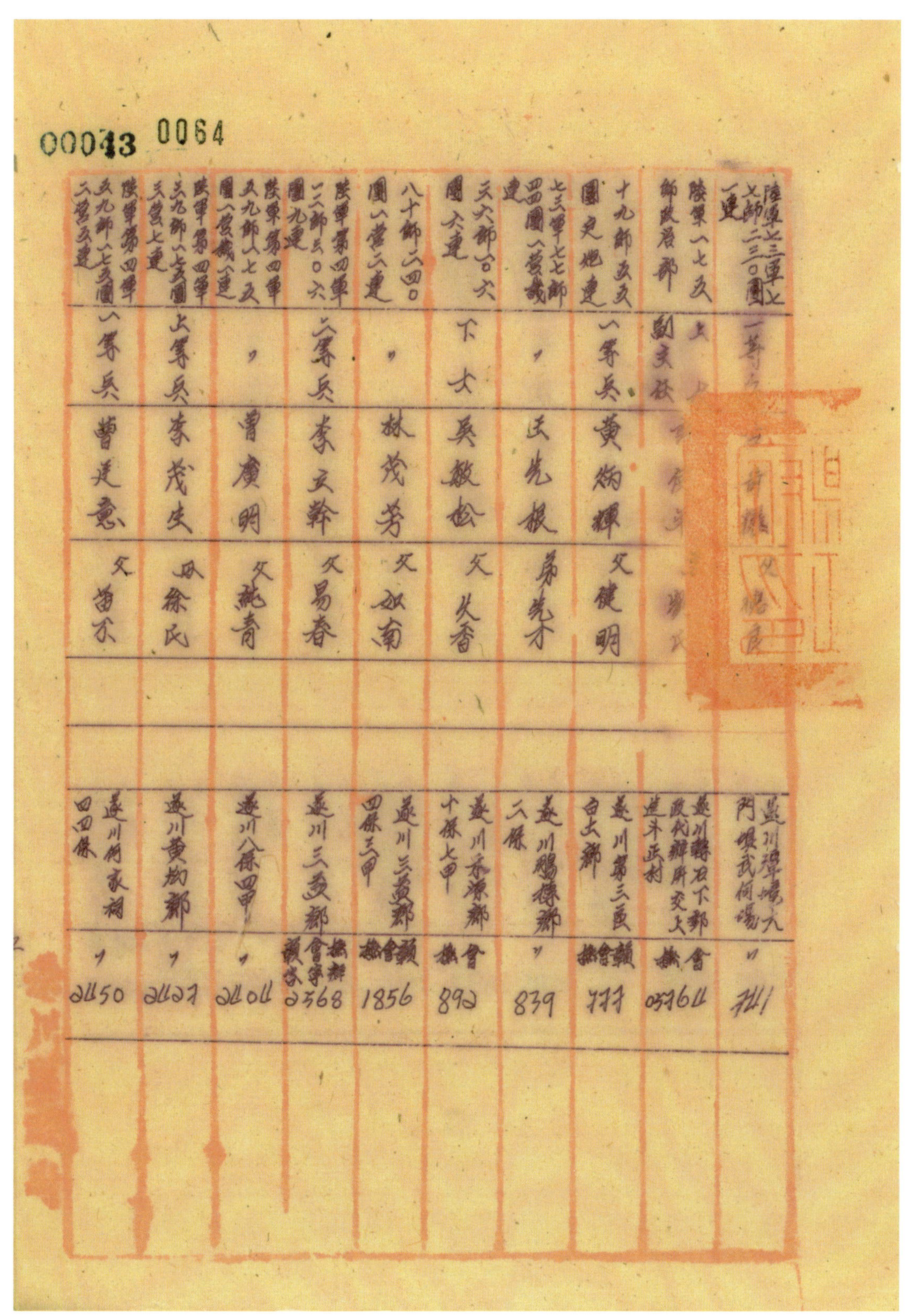

部別	級職	姓名	親屬			住址		
陸軍七三軍七七部二三〇團一連	一等兵	[illegible]	父 [illegible]			遂川禪塘大門塅武術場	〃	〧〤〡
陸軍一七五師政治部	上士	劉文秋	[illegible]氏			遂川縣右下鄉政代辦所交大逍斗正村	撫卹會	〇五七六〤
十九師五五團史地連	一等兵	黃炳輝	父 健明			遂川第三區白土鄉	撫卹會頒	〧〧〧
七三軍七七師四四團八營機槍連	〃	泛先根	弟 先才			遂川鵝棲鄉二保	〃	839
五六師二六六團六連	下士	吳敏松	父 文香			遂川禾源鄉十保七甲	撫卹會	892
八十師二四〇團八營六連	〃	林茂芳	父 承南			遂川三益鄉四保三甲	撫卹會頒	1856
陸軍第四軍一二六師三〇六團九連	上等兵	李文幹	父 易春			遂川三益鄉	撫卹會頒發	2568
陸軍第四軍五九師一七五團八營機八連	〃	曾廣明	父 純青			遂川八保四甲	〃	〢〤〇〤
陸軍第四軍五九師一七五團五營七連	上等兵	李茂生	母 徐氏			遂川黃坳鄉	〃	〢〤〢〧
陸軍第四軍五九師一七五團二營五連	一等兵	曾是意	父 苗			遂川何家祠四四保	〃	〢〤50

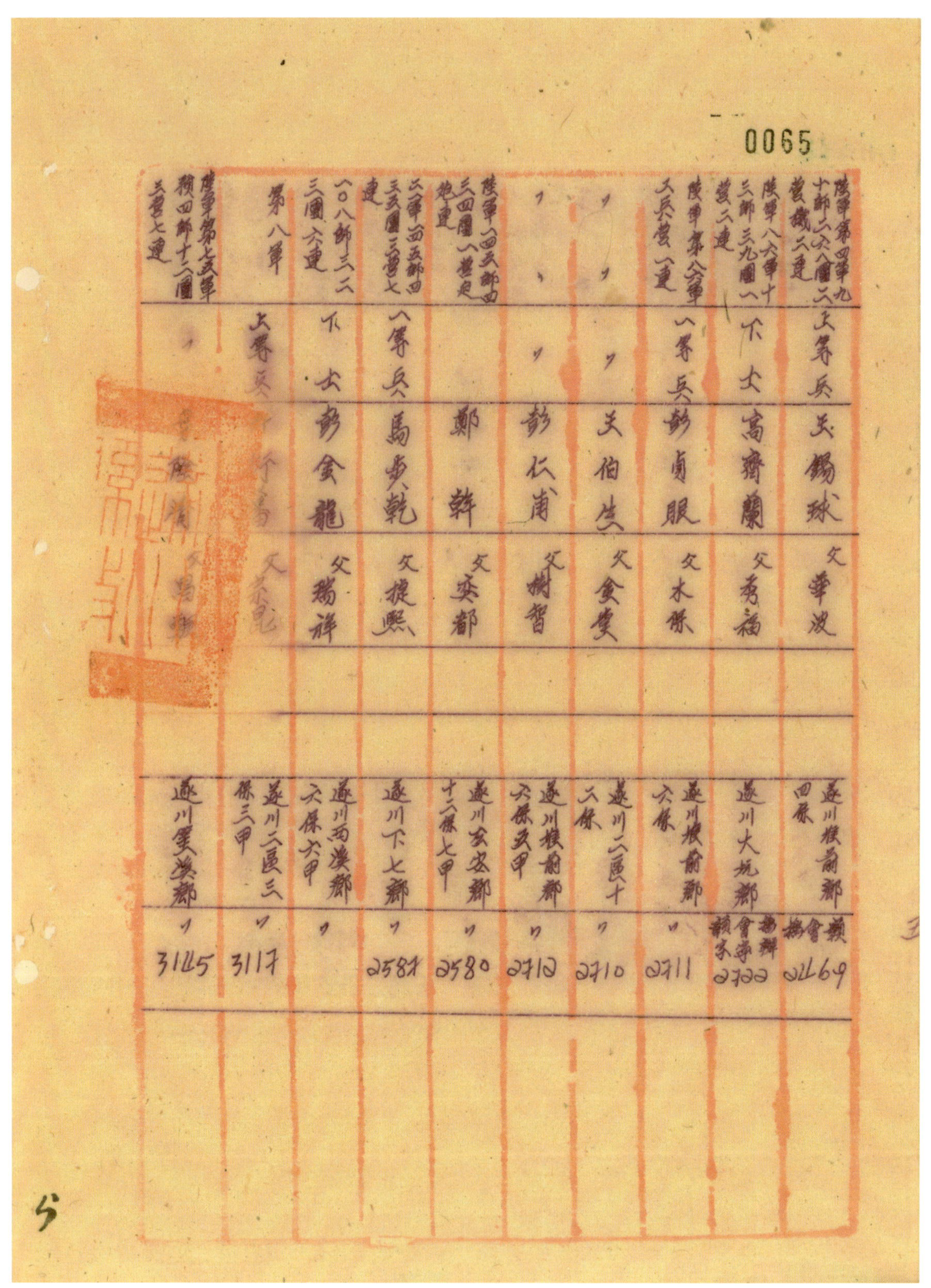

0065

部队	级职	姓名	亲属			籍贯		号数
陆军第四军九十师二六八团二营机六连	上等兵	吴锡球	父华波			遂川横前乡四保	赣会协	2269
陆军八八军十三师三九团一营二连	下士	高齐兰	父秀福			遂川大坑乡	赣会办事处	2722
陆军第八六军六兵营一连	一等兵	彭贞眼	父木保			遂川横前乡六保	〃	2711
〃	〃	吴伯生	父金发			遂川一区十六保	〃	2710
〃	〃	彭仁甫	父树智			遂川横前乡六保五甲	〃	2712
陆军八四五师四三四团一营迫炮连		郑干	父奕都			遂川玄安乡十八保七甲	〃	2580
六军四五师四三五团三营七连	一等兵	马步乾	父提熙			遂川下七乡	〃	2587
一〇八师三二三团六连	下士	彭金龙	父瑞祥			遂川西溪乡六保六甲	〃	
第八军	上等兵	[illegible]	父[illegible]			遂川一区三保三甲	〃	3117
陆军第七五军预四师十二团三营七连	〃	[illegible]	父[illegible]			遂川[illegible]溪乡	〃	3125

5

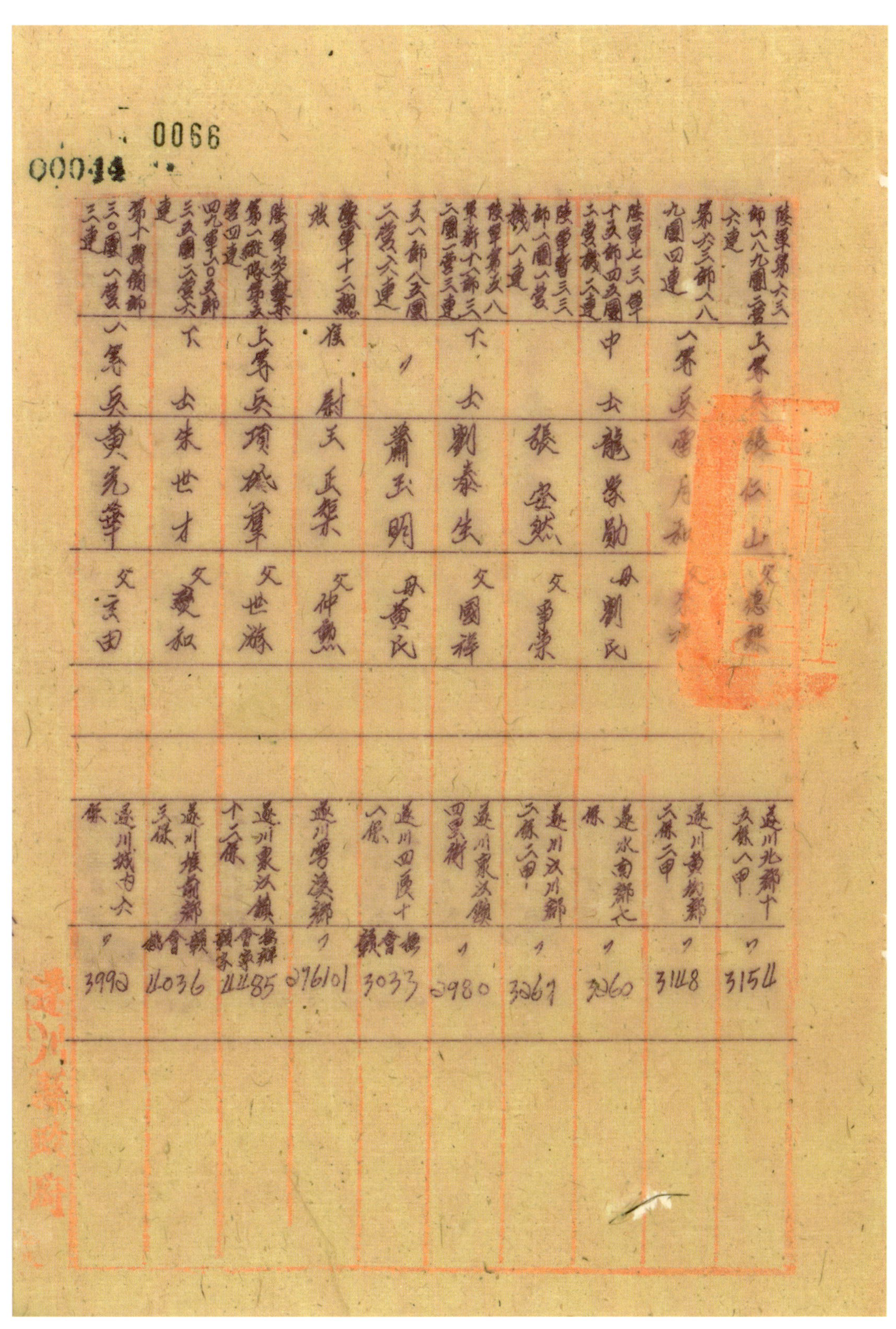

0066
00044

部別	級職	姓名	親屬			住址		號數
陸軍第六三師一八九團二營六連	上等兵	張仁山	父 德[illegible]			遂川北鄉十五保八甲	〃	3154
第六三師一八九團四連	一等兵	[illegible]和	父 [illegible]			遂川黃坑鄉六保二甲	〃	3148
陸軍七三軍十五師四五團二營機一連	中士	龍紫勛	母 劉氏			遂水南鄉七保	〃	3260
陸軍暫三三師一團一營機一連		張安然	父 爭榮			遂川汶川鄉二保二甲	〃	3267
陸軍新十八師三二團一營三連	下士	劉泰生	父 國祥			遂川泉汶鎮四男街	〃	2980
五一八師一五團二營六連	〃	蕭玉明	母 黃氏			遂川田灰十八保	鎮會撫	3033
陸軍第十二總隊	准尉	王正榮	父 仲勳			遂川雩溪鄉	〃	276101
陸軍突擊第一縱隊第五營四連	上等兵	項紹華	父 世游			遂川泉汶鎮十二保	[illegible]	4485
四九軍一〇五師三五團二營六連	下士	朱世才	父 燮和			遂川堆前鄉三保	鎮會撫	4036
第十預備師三〇團一營三連	一等兵	黃光華	父 亥田			遂川城南六保	〃	3992

遂川縣政府

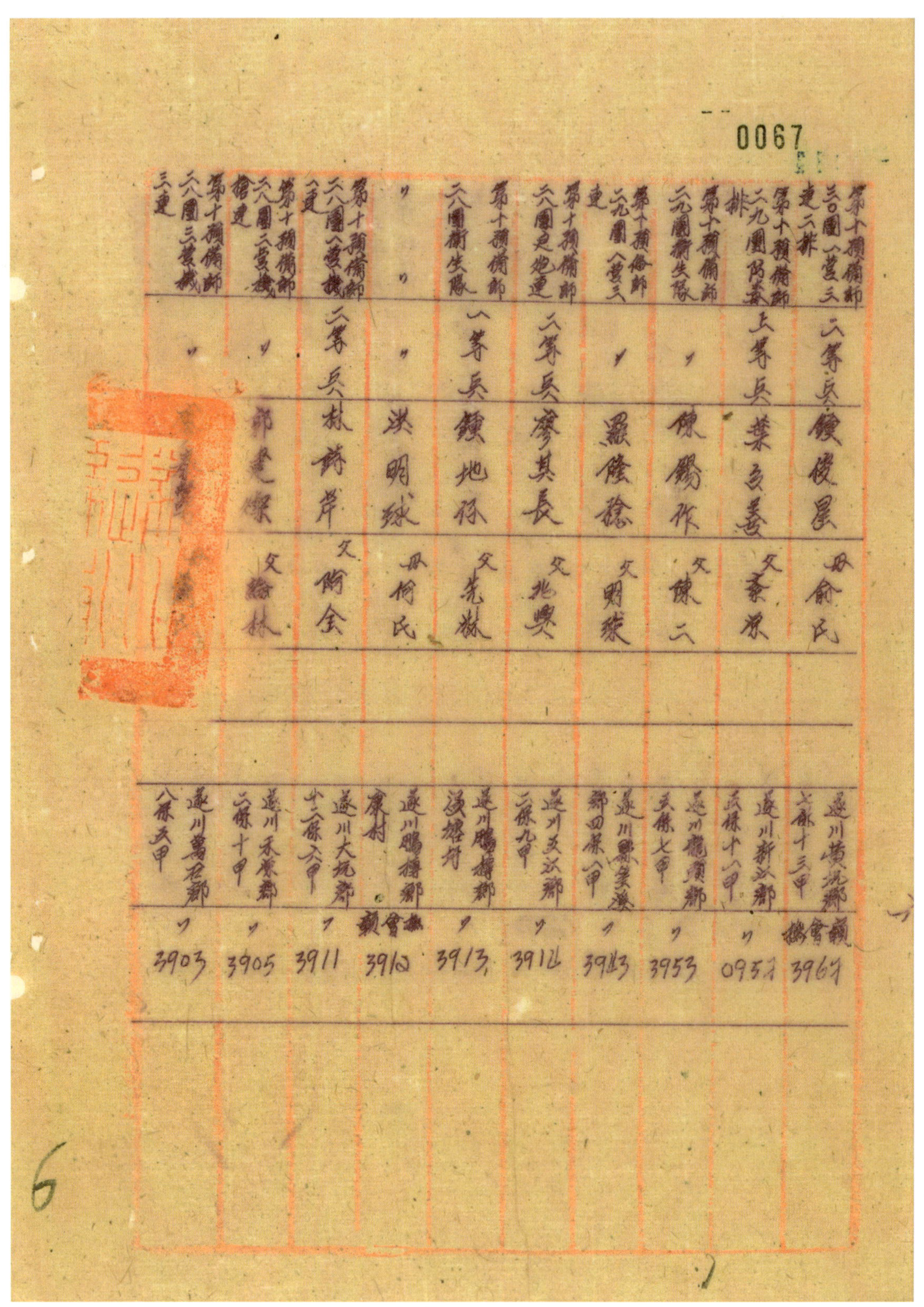

0067

第十預備師三〇團八營三連二排	二等兵	鍾俊晨	母俞氏			遂川黃坑鄉六保十三甲	頒會機	3967
第十預備師二九團迫擊排	上等兵	葉良善	父秉泉			遂川新江鄉五保十八甲	〃	0957
第十預備師二九團衛生隊	〃	陳錫作	父陳二			遂川龍贋鄉五保七甲	〃	3953
第十預備師二九團八營三連	〃	嚴餘稔	父明發			遂川縣象溪鄉田保八甲	〃	3943
第十預備師二八團迫炮連	二等兵	廖其長	父兆興			遂川五江鄉二保九甲	〃	3914
第十預備師二八團衛生隊	一等兵	鍾地孫	父先樹			遂川鵝揚鄉洛塘村	〃	3913
〃	〃	洪明球	母胡氏			遂川鵝揚鄉康村	頒會機	3912
第十預備師二八團八營機八連	二等兵	林錫岸	父詢金			遂川大坑鄉十二保八甲	〃	3911
第十預備師二八團二營機槍連	〃	鄧定燦	父緒林			遂川禾源鄉六保十甲	〃	3905
第十預備師二八團三營機三連	〃	[illegible]	[illegible]			遂川萬石鄉八保五甲	〃	3903

6

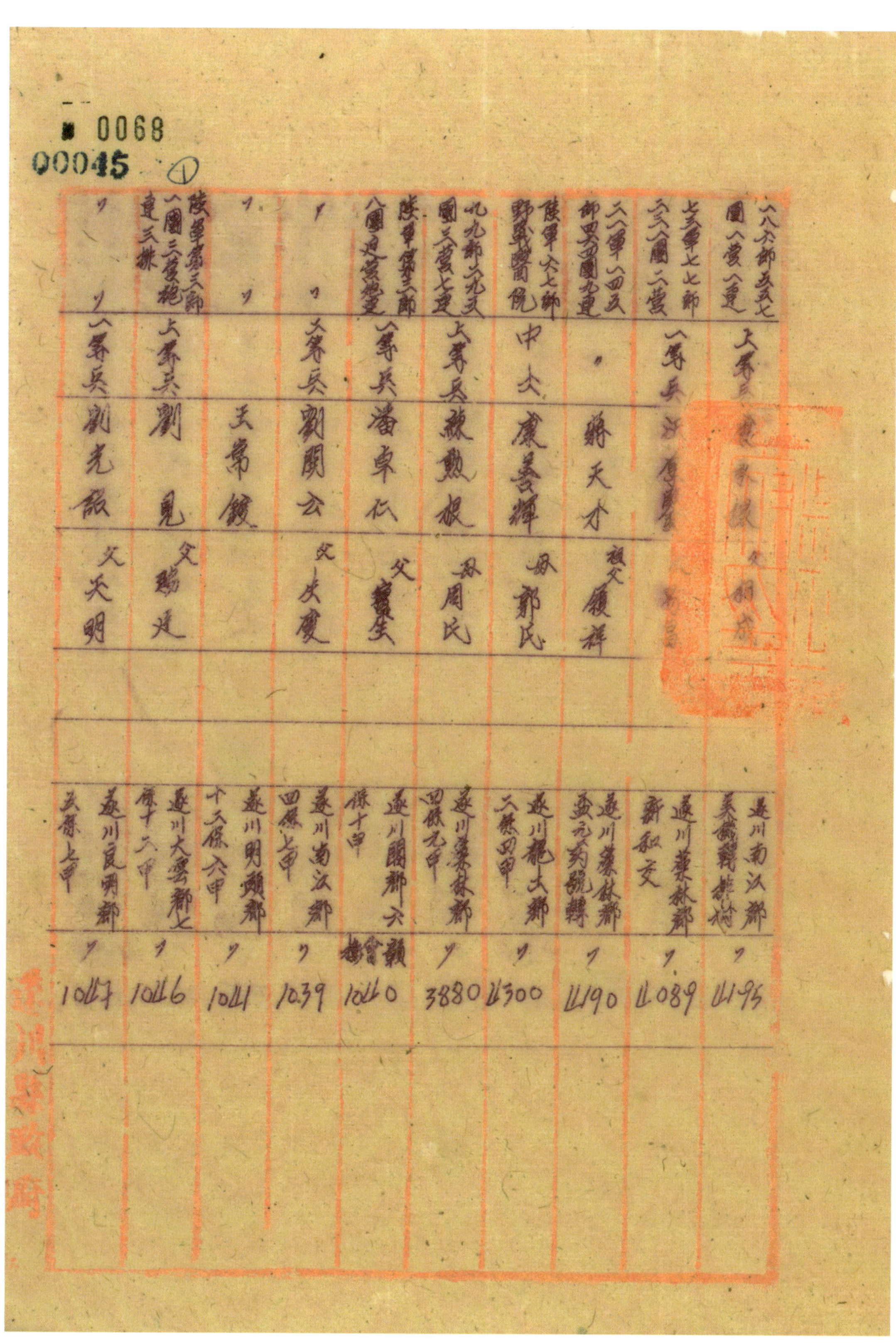

0068
00045 ①

部队	级职	姓名	家属			住址		号
八六部五五七团八营八连	上等兵	张汉…				遂川南江乡美乡…	〃	4195
六三八团二营	一等兵	…				遂川草林乡新秋交	〃	4089
八军一四五师四三团九连	〃	郭天才	祖父顺祥			遂川草林乡五元药号	〃	4190
陆军六七师野战医院	中士	康善辉	母郭氏			遂川龙泉乡九保四甲	〃	4300
九九师二九六团三营七连	上等兵	林勋根	母周氏			遂川草林乡四保九甲	〃	3880
陆军第三师八团九营炮连	一等兵	潘卓仁	父宝生			遂川关乡六保十甲	丰会头	1040
〃	上等兵	刘开公	父庆			遂川南江乡四保七甲	〃	1039
〃	〃	王常钱				遂川明头乡十六保六甲	〃	1041
陆军第三师八团三营炮连三排	上等兵	刘见	父瑞廷			遂川大汾乡七保十六甲	〃	1046
〃	一等兵	刘光银	父天明			遂川良开乡五保七甲	〃	1047

遂川县政府

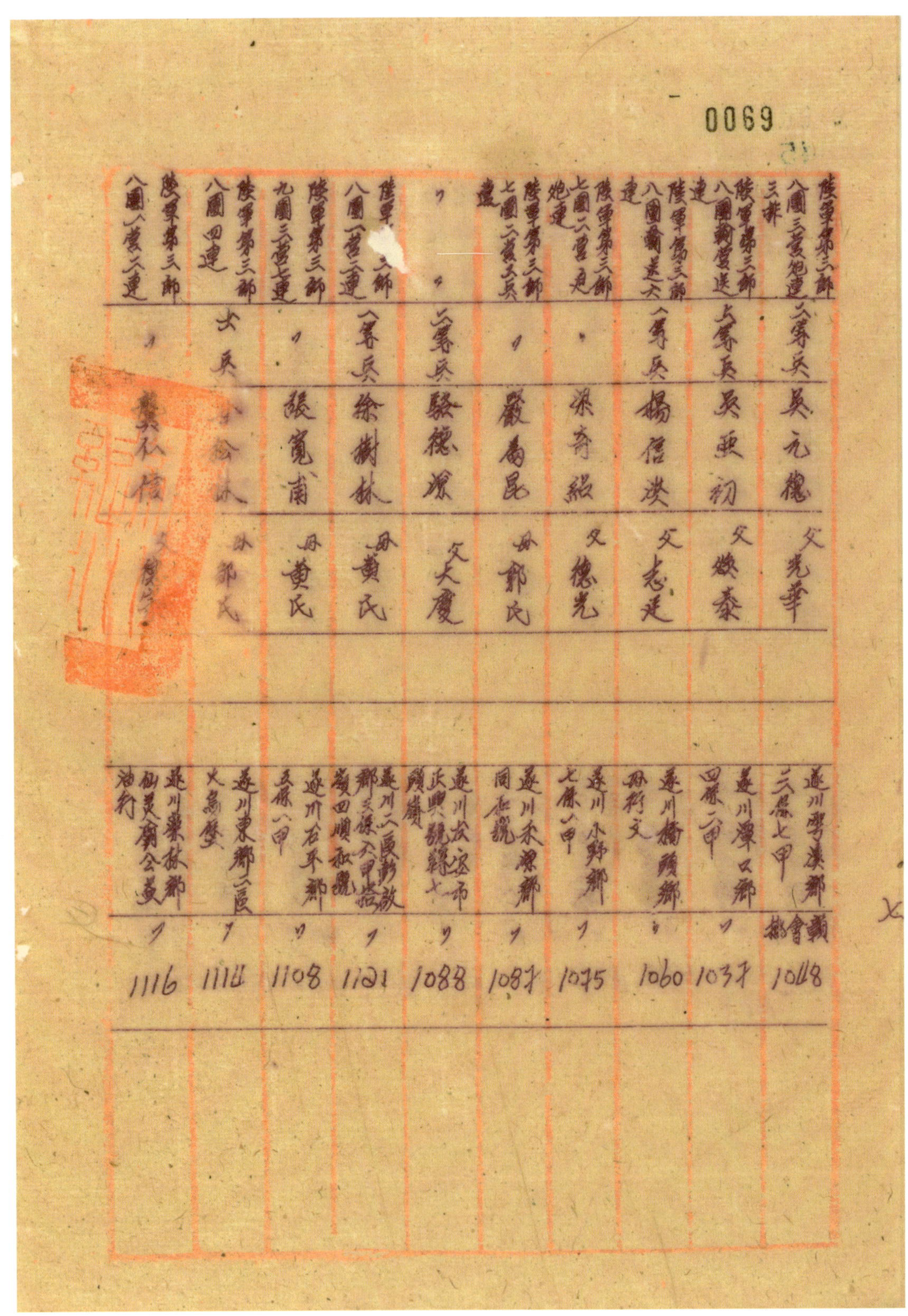

0069

陸軍第二〇三師八團三營炮連三排	二等兵	吳元德	父光華			遂川雩溪鄉三保七甲	贛會[illegible]	1048
陸軍第二〇三師八團[illegible]營迫連	上等兵	吳秉初	父燦泰			遂川潭口鄉四保二甲	〃	1037
陸軍第二〇三師八團輸送六連	一等兵	楊信洪	父志廷			遂川橋頭鄉孫村文	〃	1060
陸軍第二〇三師七團二營炮連	〃	梁齊綬	父德光			遂川小野鄉七保八甲	〃	1075
陸軍第二〇三師七團二營工兵連	〃	嚴為昆	母鄒氏			遂川禾源鄉同岳號	〃	1087
〃	二等兵	駱德源	父大慶			遂川[illegible]市正興號轉七[illegible]	〃	1088
陸軍第二〇三師八團一營二連	一等兵	徐樹林	母黄氏			遂川二八區[illegible]鄉三保六甲[illegible]田順和號	〃	1121
陸軍第二〇三師九團三營七連	〃	張寬甫	母黄氏			遂川右平鄉五保八甲	〃	1108
陸軍第二〇三師八團四連	上等兵	[illegible]松林	妹郭氏			遂川東鄉八區大烏[illegible]	〃	1114
陸軍第二〇三師八團八營二連	〃	龔松信	父[illegible]			遂川藥林鄉[illegible]會[illegible]油行	〃	1116

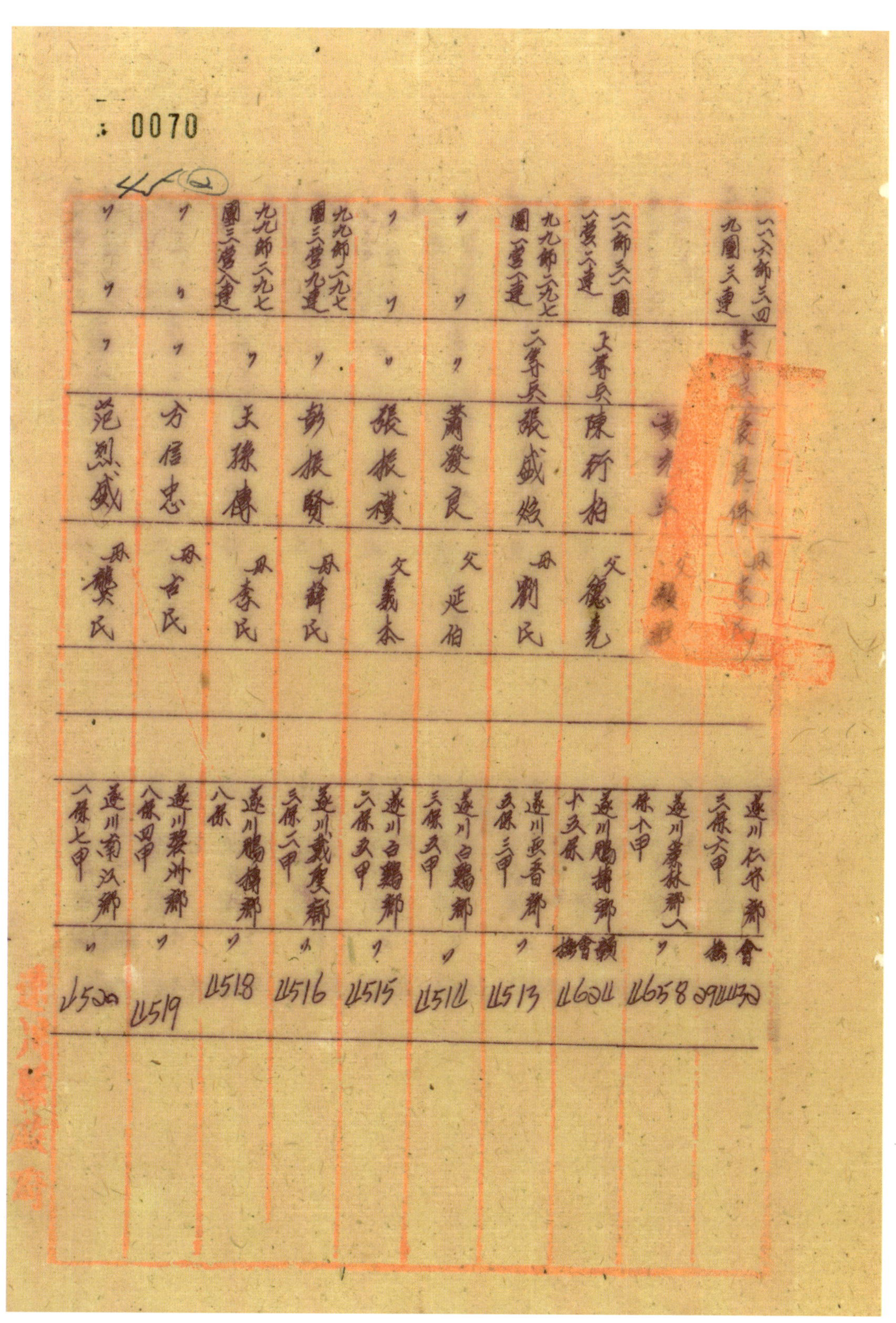

0070

45②

一八六師三四九團三連	[illegible]	[illegible]	[illegible]			遂川衙前鄉三保六甲	會核	〢〩〣〤〢
		[illegible]	[illegible]			遂川雩林鄉八保十甲	〃	〣658
一八師三八團八營八連	上等兵	陳衍柏	父 德堯			遂川鶴埠鄉十五保	會核額	〣6〇〣
九九師二九七團一營一連	二等兵	張盛焌	母 劉氏			遂川禾香鄉五保三甲	〃	〣513
〃 〃	〃	蕭發良	父 延伯			遂川白鶴鄉三保五甲	〃	〣51〣
〃 〃	〃	張振穠	父 義本			遂川白鶴鄉六保五甲	〃	〣515
九九師二九七團三營九連	〃	彭振賢	母 薛氏			遂川戴廈鄉三保二甲	〃	〣516
九九師二九七團三營八連	〃	王祿康	母 李氏			遂川鶴埠鄉八保	〃	〣518
〃 〃	〃	方信忠	母 古氏			遂川碧洲鄉八保四甲	〃	〣519
〃 〃	〃	范烈盛	母 龔氏			遂川南江鄉八保七甲	〃	〣52〇

遂川縣政府

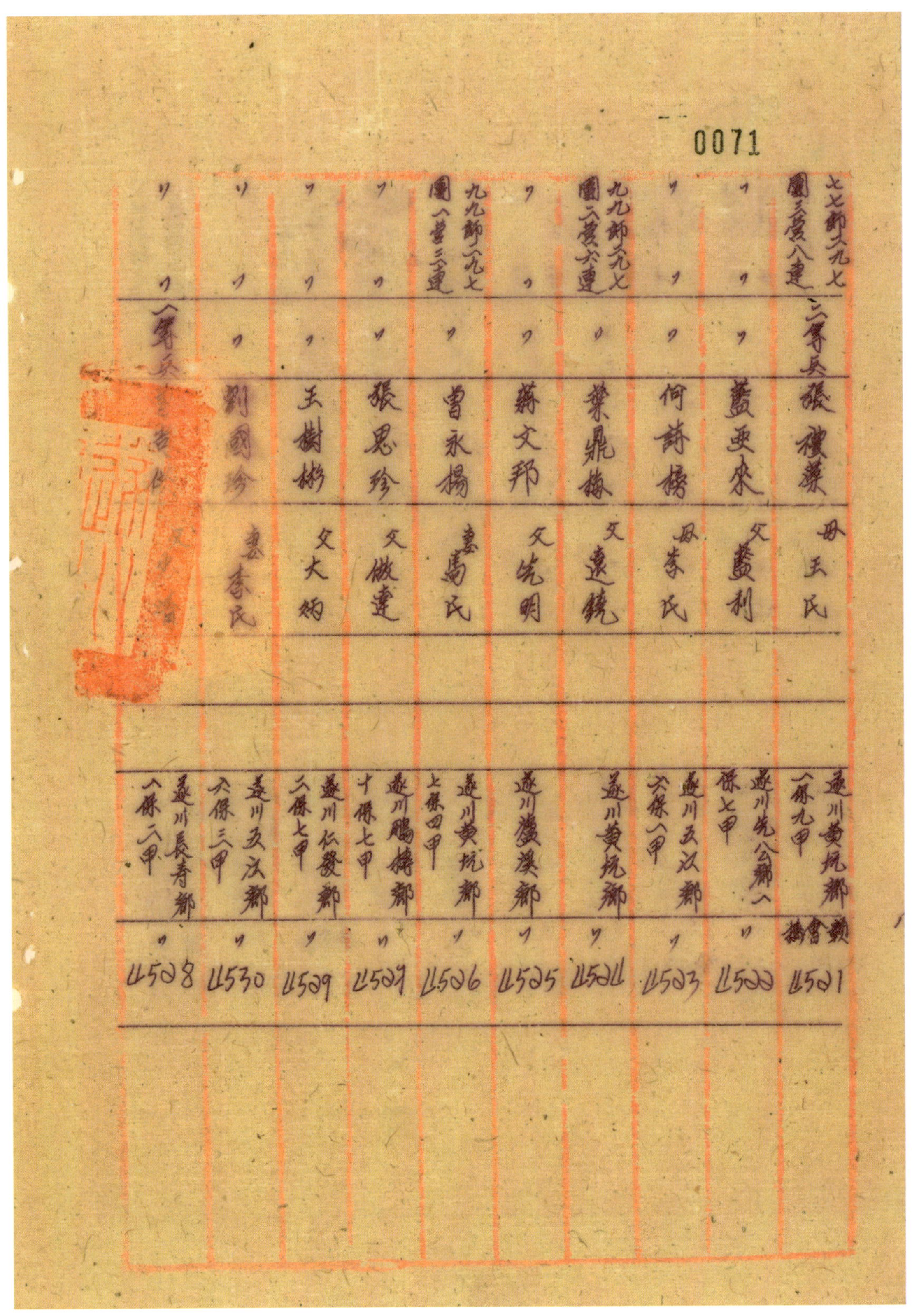

0071

部別	級職	姓名	親屬		籍貫		編號
七七師一九七團三營八連	二等兵	張積藻	母 王氏		遂川黄坑鄉八保九甲	賴會鎮	山5521
〃 〃	〃	蕭丕來	父 蕭利		遂川先公鄉八保七甲	〃	山5522
〃 〃	〃	何詩儔	母 李氏		遂川五汶鄉六保八甲	〃	山5523
九九師一九七團三營六連	〃	葉鼎梅	父 遠鏡		遂川黄坑鄉	〃	山5524
〃 〃	〃	蔣文邦	父 先明		遂川蘆溪鄉	〃	山5525
九九師一九七團一營三連	〃	曾永揚	妻 葛氏		遂川黄坑鄉七保四甲	〃	山5526
〃 〃	〃	張思珍	父 傲達		遂川鵬儔鄉十保七甲	〃	山5527
〃 〃	〃	王樹彬	父 大炳		遂川仁發鄉二保七甲	〃	山5529
〃 〃	〃	劉國珍	妻 李氏		遂川五汶鄉六保三甲	〃	山5530
〃 〃	一等兵	[illegible]	[illegible]		遂川長壽鄉八保二甲	〃	山5528

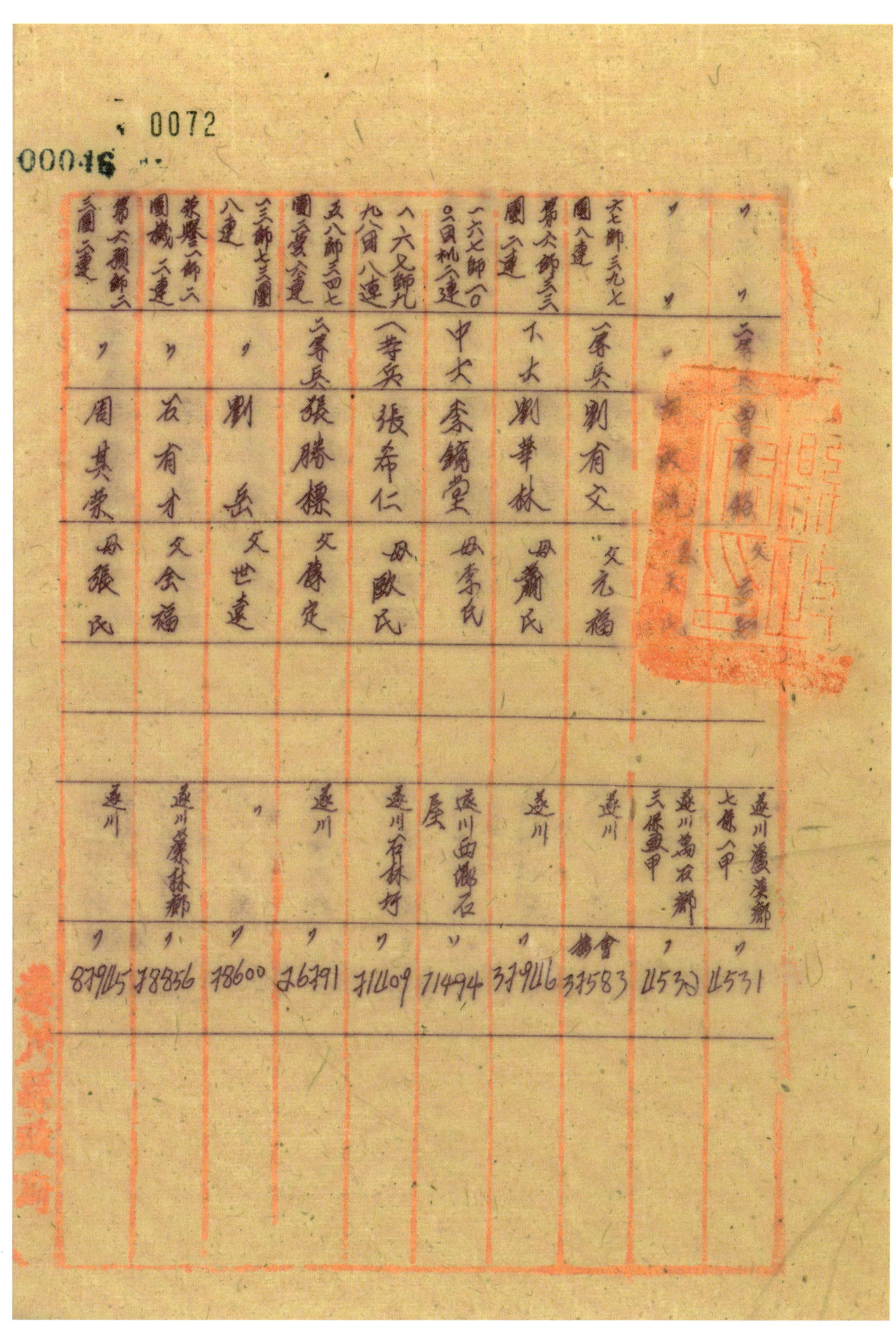

0072

00016

部別	階級	姓名	家屬			籍貫		番號
〃	二等兵	[illegible]	父[illegible]			遂川瀘溪鄉七保八甲	〃	11531
〃	〃	[illegible]	[illegible]			遂川蔦石鄉三保五甲	〃	11532
六七師三九七團八連	一等兵	劉有文	父元福			遂川	鶴會	33583
第六〇師三三〇團二連	下士	劉華林	母蕭氏			遂川	〃	37946
一六七師六〇〇團機六連	中士	李鏡堂	母李氏			遂川西鄉石廈	〃	71494
八六又師九九〇團八連	一等兵	張希仁	母歐氏			遂川右林坪	〃	31109
五八師三四七團六營六連	二等兵	張勝標	父慶定			遂川	〃	26791
一三師七三團八連	〃	劉岳	父世遠			〃	〃	18600
榮譽一師二團機二連	〃	谷有才	父金福			遂川榮林鄉	〃	18856
第六預師二三團六連	〃	周其榮	母張氏			遂川	〃	87915

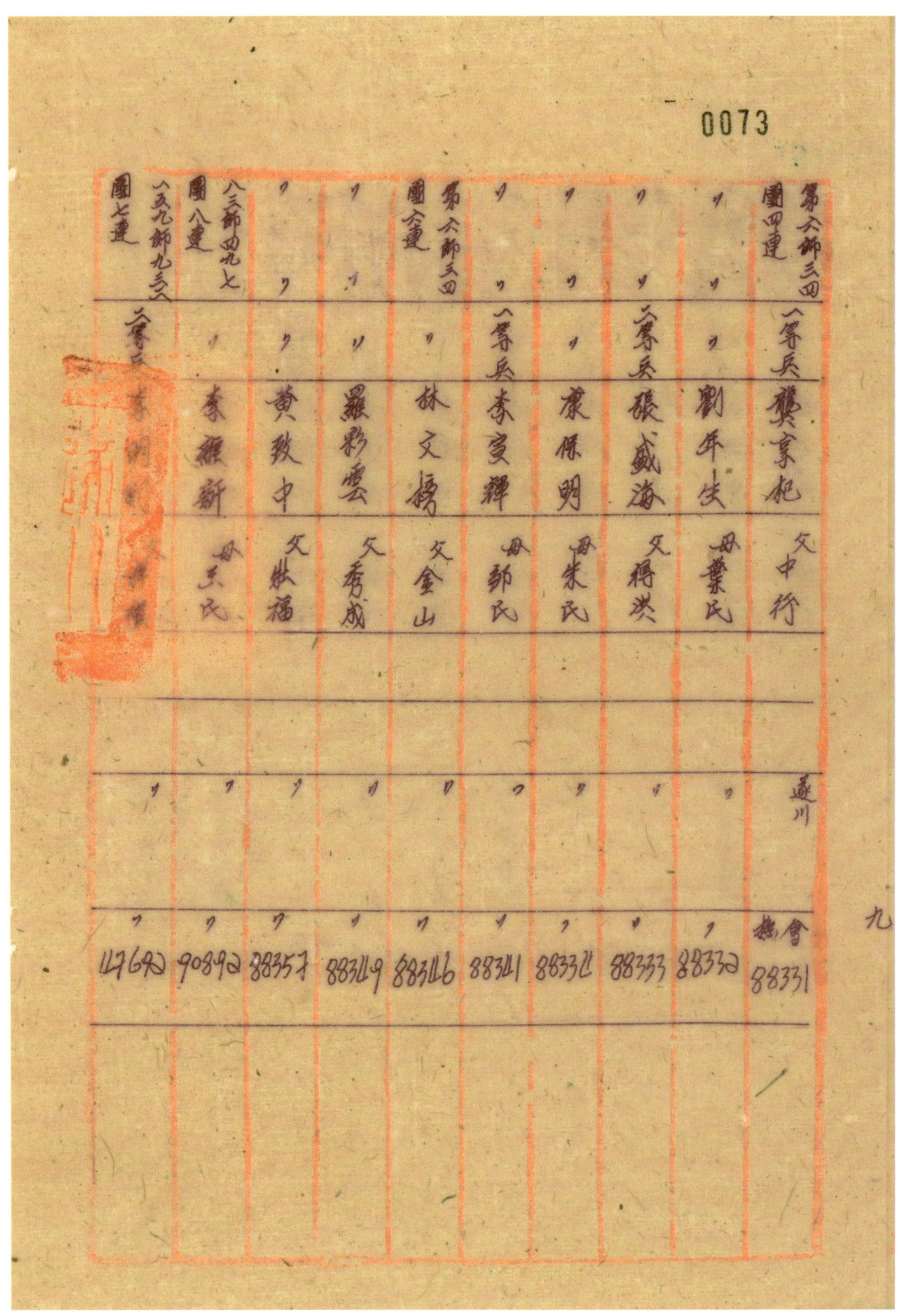

0073

部別	級職	姓名	家屬			籍貫	號數
第六師三四團四連	上等兵	龔家杞	父中行			遂川	撫會88331
〃	〃	劉年生	母葉氏			〃	〃88332
〃	上等兵	張盛海	父得洪			〃	〃88333
〃	〃	康保明	母朱氏			〃	〃88334
〃	上等兵	李家輝	母鄧氏			〃	〃88341
第六師三四團六連	〃	林文標	父金山			〃	〃88346
〃	〃	羅彩雲	父秀成			〃	〃88349
〃	〃	黃致中	父妝福			〃	〃88357
八三師四九七團八連	〃	李維新	母王氏			〃	〃90892
八五九師九三八團七連	上等兵	李[illegible][illegible]	父[illegible][illegible]			〃	〃147692

九

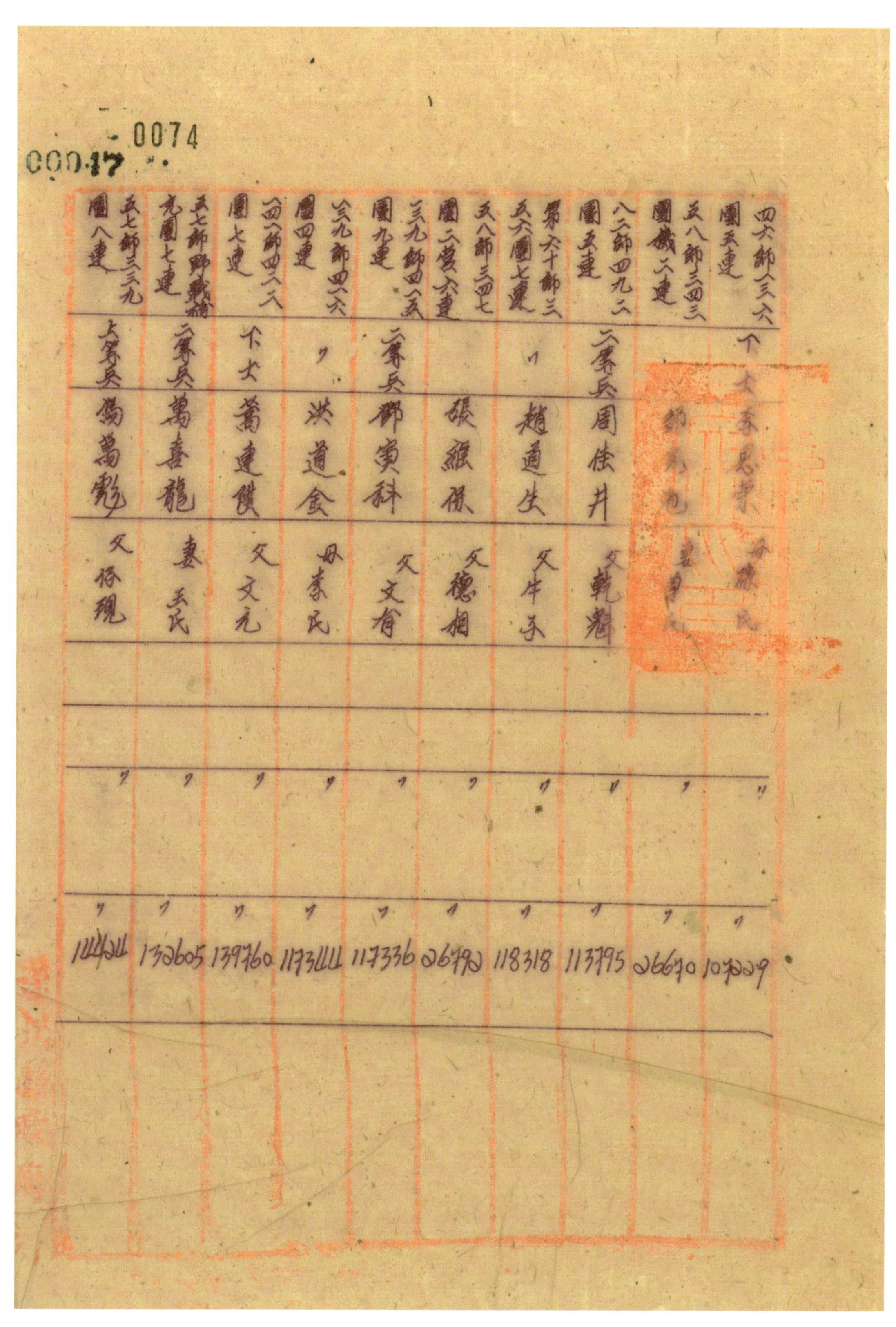

部隊	階級	姓名	親屬				號碼
四六師八三六團五連	下士	朱思榮	母 孫氏		〃	〃	107229
五八師三四三團機六連		邵秀元	妻 [illegible]		〃	〃	26670
八二師四九二團五連	二等兵	周佳井	父 乾[illegible]		〃	〃	113795
第六十師三五六團七連	〃	趙通生	父 牛子		〃	〃	118318
五八師三四七團二營六連		張維保	父 德[illegible]		〃	〃	26792
三九師四八五團九連	二等兵	鄧寅科	父 文有		〃	〃	117336
六九師四八六團四連	〃	洪道全	母 李氏		〃	〃	117344
四八師四八八團七連	下士	蕭建鎖	父 文元		〃	〃	139760
五七師野戰補充團七連	二等兵	葛喜龍	妻 王氏		〃	〃	132605
五七師三三九團八連	上等兵	楊葛彪	父 [illegible]現		〃	〃	144244

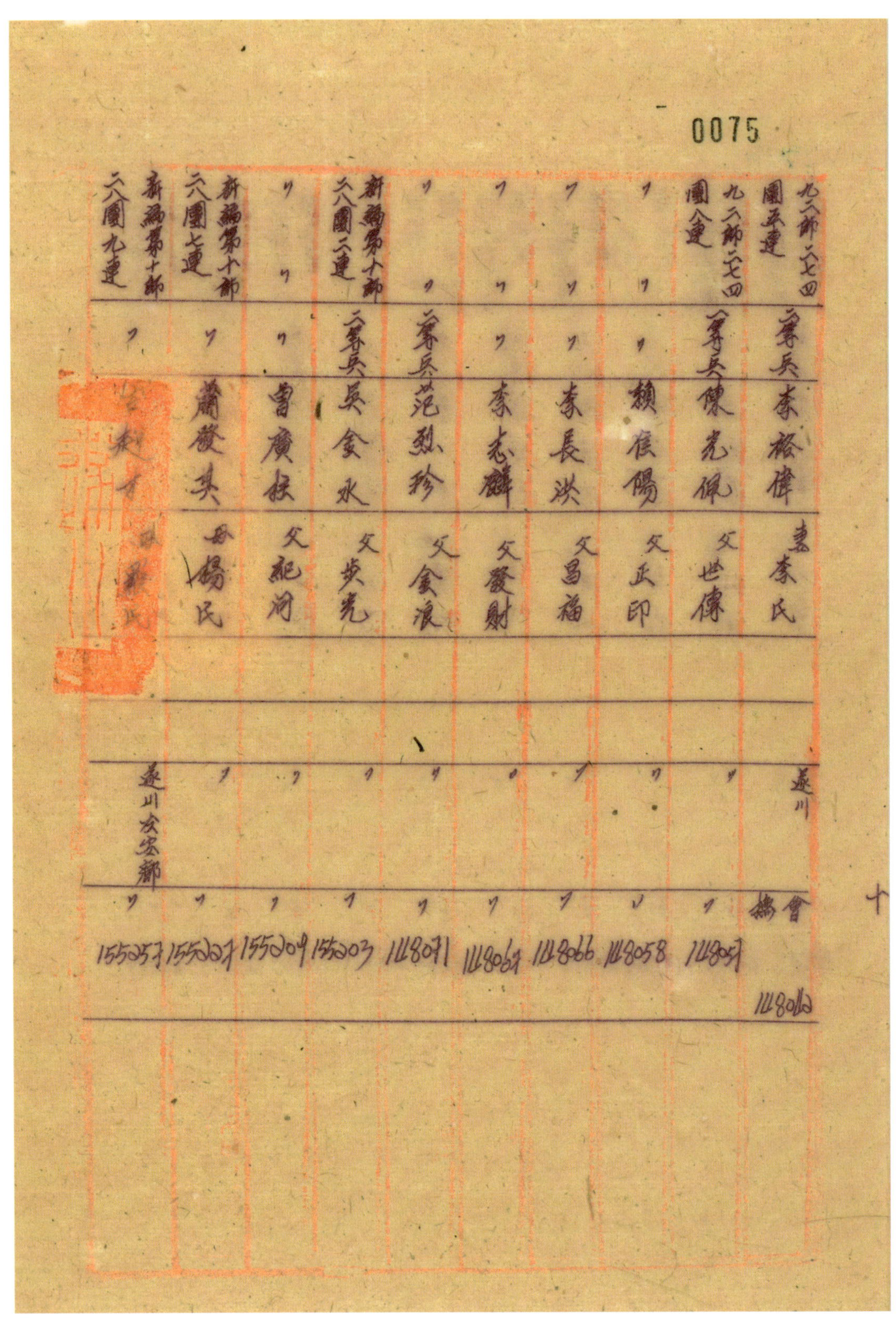

0075

九八師二七四團五連	二等兵	李裕偉	妻李氏			遂川	總會	1148062
九八師二七四團八連	一等兵	陳光佩	父世傳			〃	〃	1148057
〃 〃	〃	賴宸陽	父正印			〃	〃	1148058
〃 〃	〃	李長洪	父昌福			〃	〃	1148066
〃 〃	〃	李志麟	父發財			〃	〃	1148067
〃 〃	二等兵	范烈珍	父金浪			〃	〃	1148071
新編第十師二八團二連	二等兵	吳金水	父英光			〃	〃	155203
〃 〃	〃	曾廣扶	父祀湖			〃	〃	155209
新編第十師二八團七連	〃	蕭發英	母楊氏			〃	〃	155207
新編第十師二八團九連	〃	[illegible]敘才	[illegible]氏			遂川大安鄉	〃	155257

00048 0076

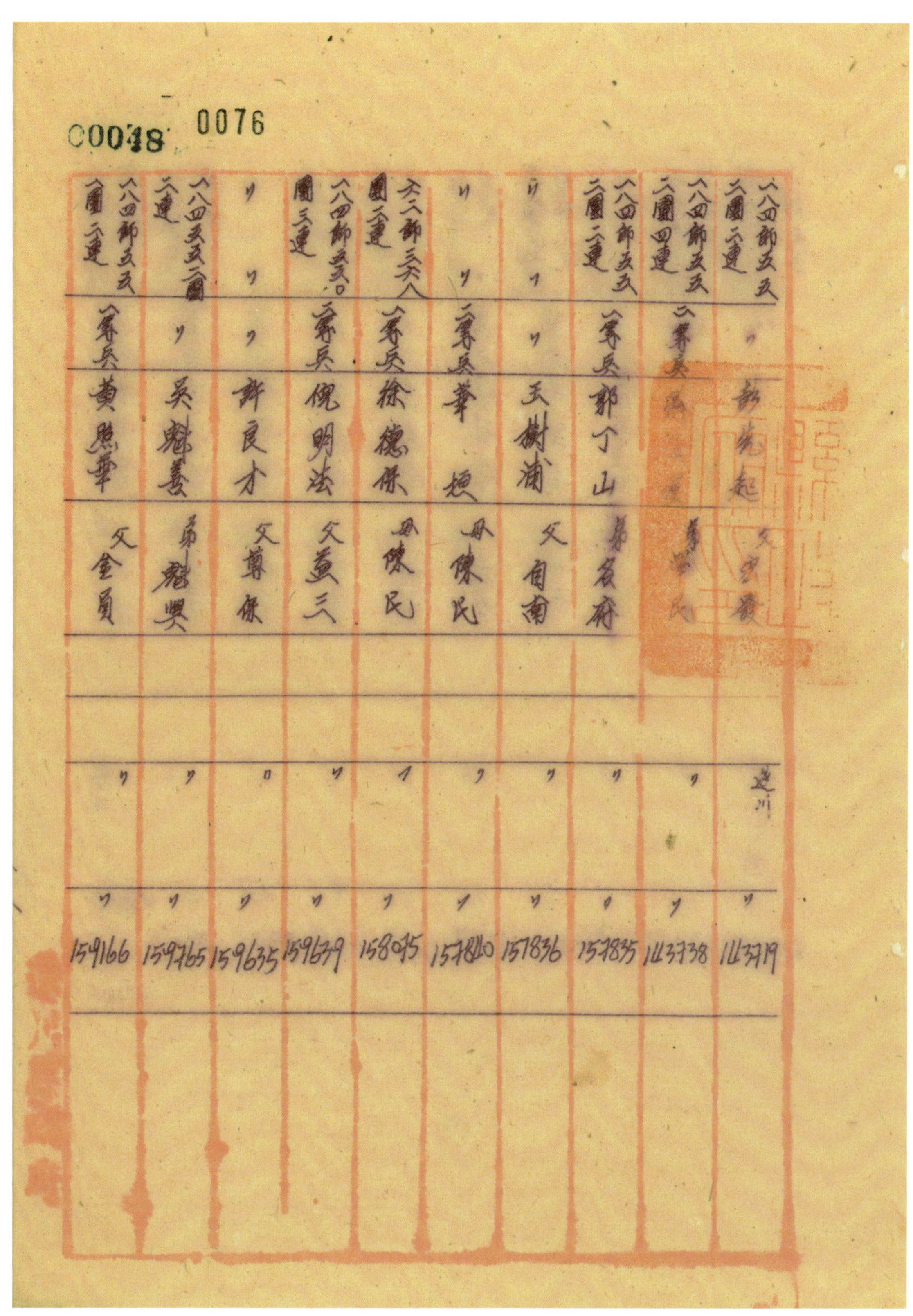

部別	階級	姓名	家屬			籍貫		號碼
八四師五五二團一連	〃	彭光起	父 [illegible]發			遂川	〃	163719
八四師五五二團四連	二等兵	[illegible]	妻 [illegible]氏			〃	〃	163738
八四師五五二團一連	一等兵	郭丁山	弟 名府			〃	〃	157835
〃 〃	〃	王樹浦	父 自南			〃	〃	157836
〃 〃	二等兵	華 嬡	母 陳氏			〃	〃	157840
六二師三六八團二連	一等兵	徐德保	母 陳氏			〃	〃	158045
八四師五五〇團三連	二等兵	倪明法	父 益三			〃	〃	159639
〃 〃	〃	許良才	父 尊保			〃	〃	159635
八四師五五二團二連	〃	吳魁善	弟 魁興			〃	〃	159765
八四師五五一團一連	一等兵	黃慈華	父 金員			〃	〃	159166

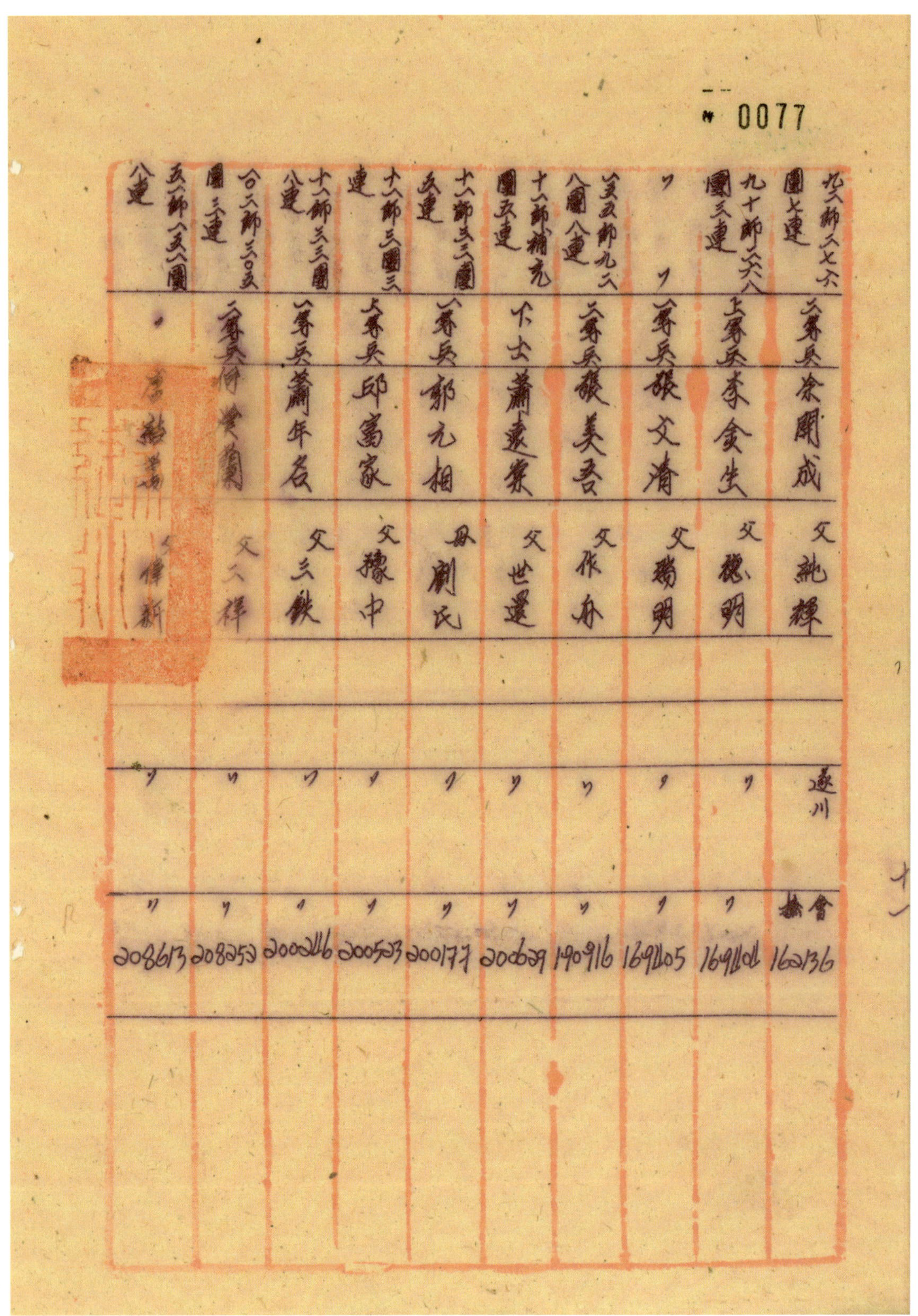

0077

九八師八七六團七連	二等兵	余闈成	父 純祿		遂川	會楊	162136
九十師二六八團三連	上等兵	李金生	父 德明		〃	〃	169101
〃 〃	一等兵	張文清	父 瑞明		〃	〃	169105
五五師九六八團八連	二等兵	張美吾	父 作舟		〃	〃	190916
十八師補充團五連	下士	蕭遠棠	父 世還		〃	〃	200629
十八師五三團五連	一等兵	郭元相	母 劉氏		〃	〃	200177
十八師五三團三連	上等兵	邱萬家	父 豫中		〃	〃	200523
十八師五三團八連	一等兵	蕭年發	父 立鉄		〃	〃	200216
一〇八師三〇五團三連	二等兵	何黄蘭	父 人祥		〃	〃	208253
五八師一五八團八連	〃	唐樹嵩	父 偉新		〃	〃	208613

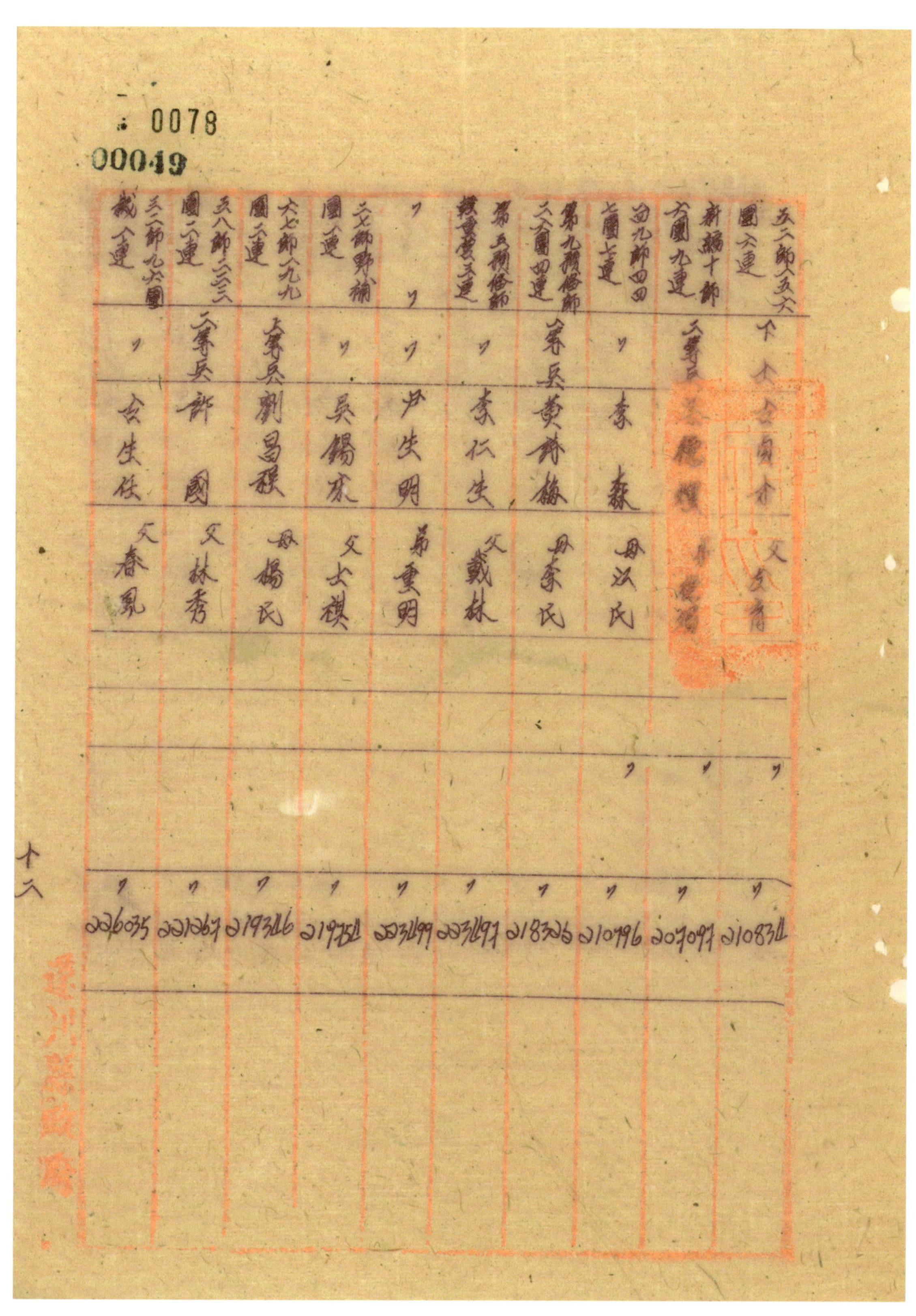

0078

00049

部別	階級	姓名	遺族			備考	番號
五二師八五六團八連	下士	古南才	父 文有			〃	〃 210834
新編十師六團九連	二等兵	[illegible]	[illegible]			〃	〃 207097
四九師四四七團七連	〃	李森	母 江氏			〃	〃 210796
第九預備師二六團四連	等兵	黄錦揚	母 李氏				〃 218326
第五預備師搜索營三連	〃	李仁生	父 戴林				〃 223497
〃	〃	尹先明	弟 重明				〃 223499
二七師野補團八連	〃	吴錫家	父 士模				〃 219751
六七師八九九團八連	二等兵	劉昌禄	母 楊氏				〃 219316
五八師一七三團一連	二等兵	許國	父 林秀				〃 221267
五二師九六團機八連	〃	古生茯	父 春凰				〃 226035

十八

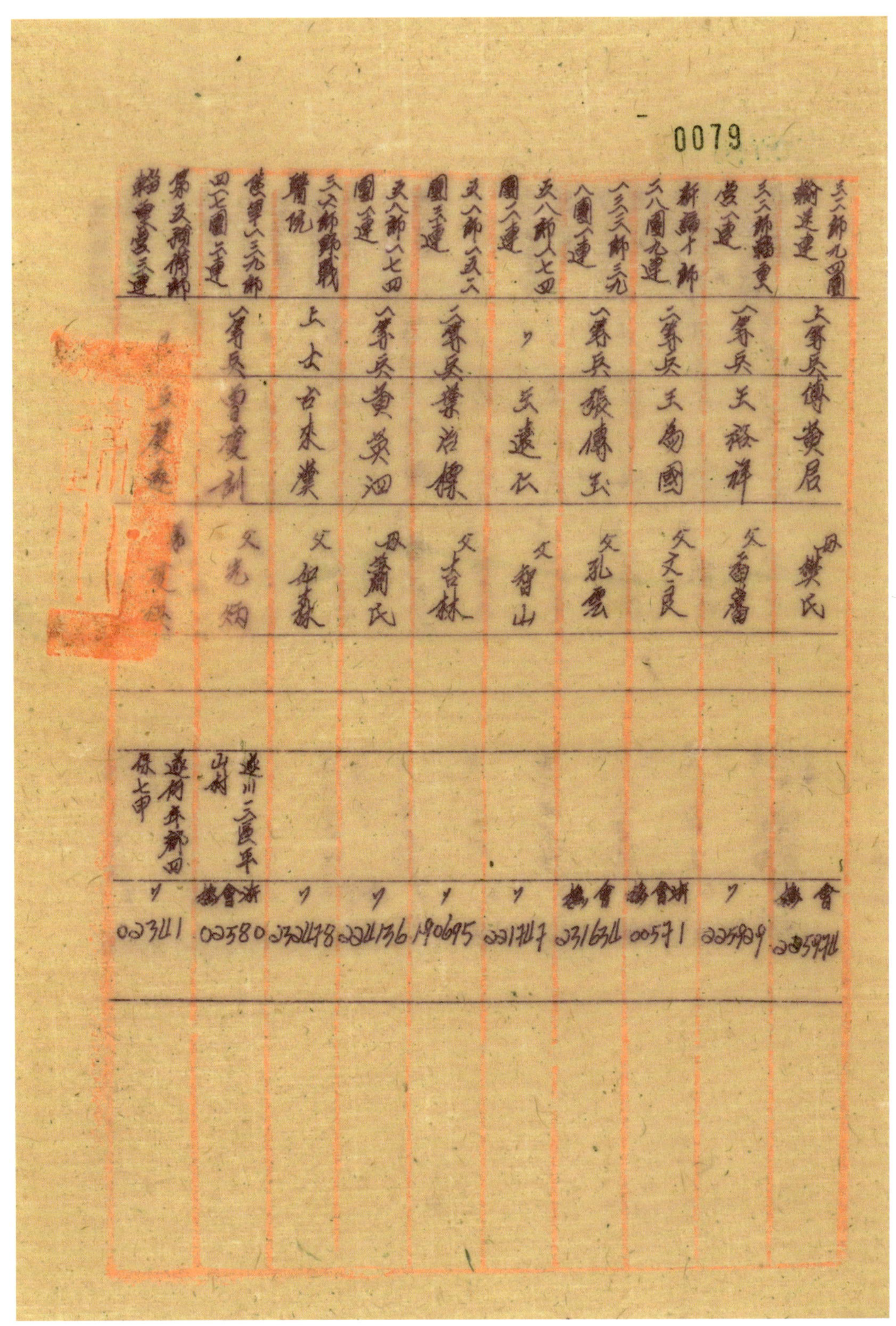

0079

三八师九四团输送连	上等兵	傅黄居	母樊氏		会缮	225976
三八师辎重八营八连	一等兵	吴裕祥	父酉富		″	225929
新编十师二八团九连	二等兵	王卫国	父文良		浙会缮	00571
一三三师三九八团八连	一等兵	张传玉	父孔云		会缮	231634
三八师一七四团八连	″	吴远衣	父智山		″	221747
三八师一三八团三连	二等兵	叶治傑	父士合林		″	190695
三八师一七四团八连	一等兵	黄英洄	母萧氏		″	221136
三八师师战补统	上士	古来汉	父如森		″	232478
荣誉一三九师四七团二连	一等兵	曾庆钊	父光炳	遂川三区平山村	浙会缮	02580
第五预备师辎重营三连	[illegible]	[illegible]庆鑫	[illegible]	遂川禾源乡四保七甲	″	023411

00050-0080

十三

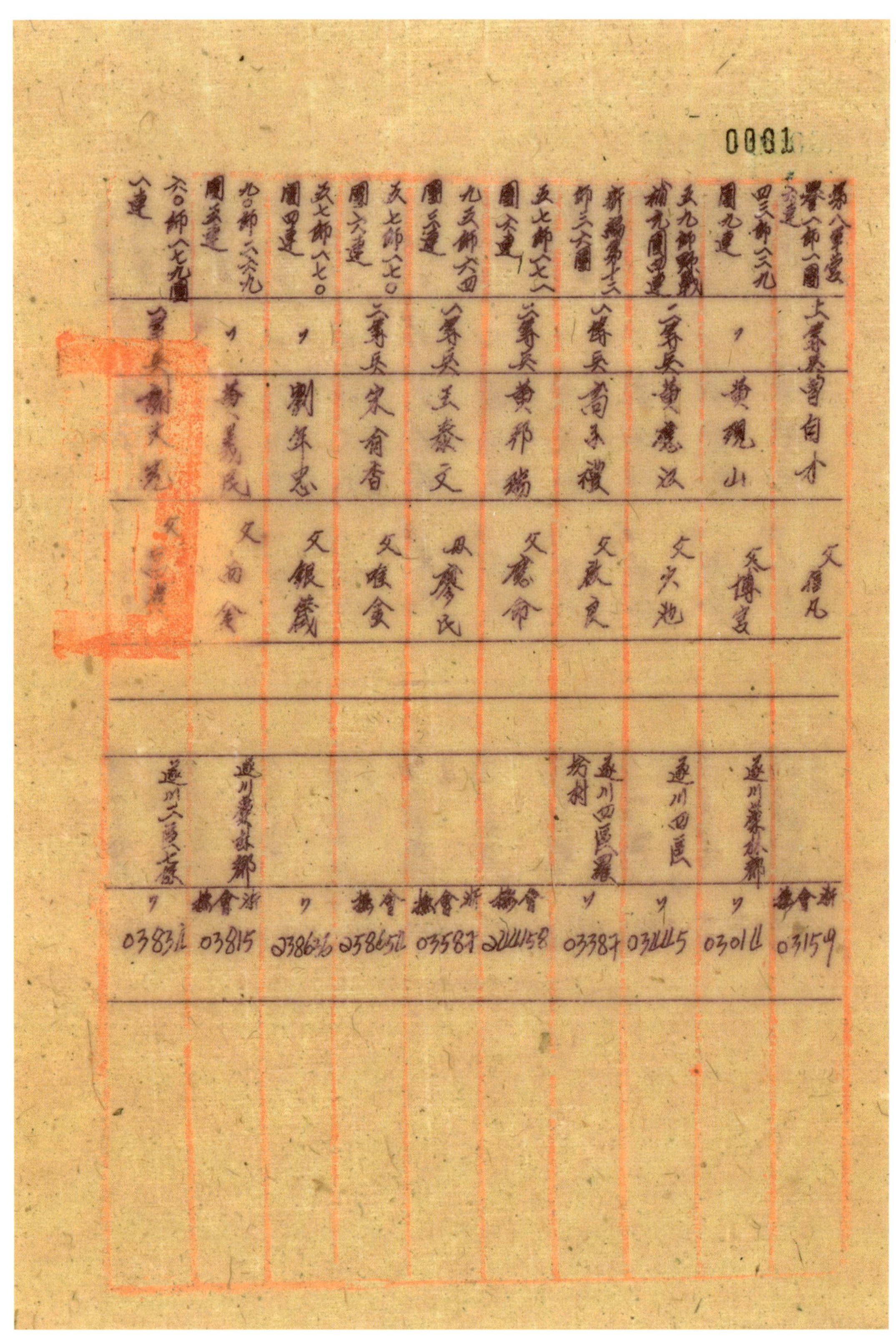

0081

第八军荣誉第一团六连	上等兵	曾自才	父 履凡			浙会抚	03159
四三师一二九团九连	〃	黄观山	父 傅宴		遂川叶林乡	〃	03011
五九师野战补充团四连	二等兵	黄德汉	父 火炮		遂川四区	〃	03445
新编第十三师一二八团	一等兵	商子礼	父 啟良		遂川四区罗坊村	〃	03387
五七师一七八团六连	一等兵	黄邦瑞	父 德命			会抚	24458
九五师一六四团三连	一等兵	王泰文	母 廖氏			浙会抚	03587
五七师一七〇团六连	一等兵	宋有香	父 喉金			会抚	258652
五七师一七〇团四连	〃	刘年忠	父 银藏			〃	238636
九〇师二六九团五连	〃	蒋义民	父 自金		遂川叶林乡	浙会抚	03815
六〇师一七九团八连	一等兵	谢文光	父 [illegible]		遂川八区七丰	〃	03832

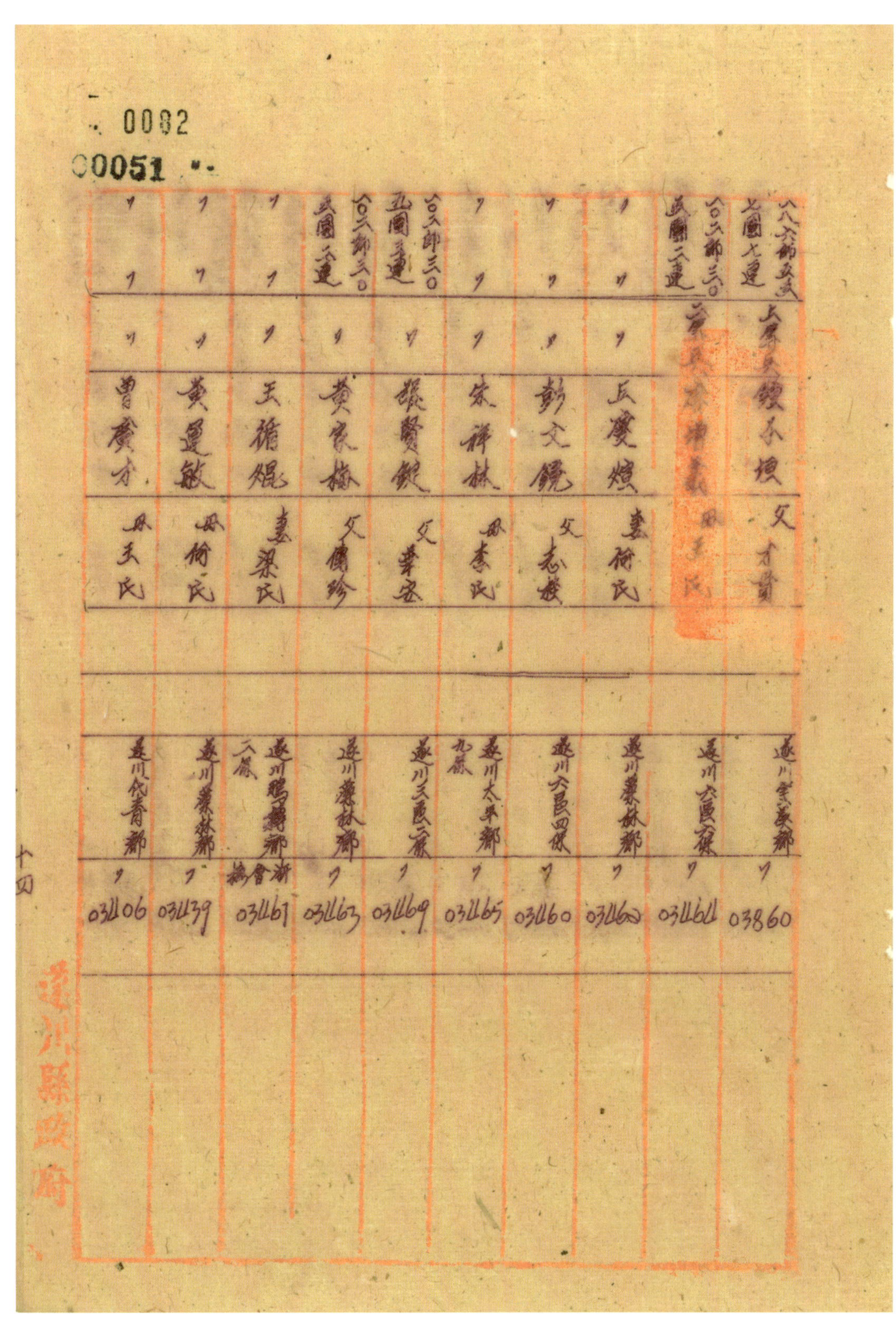

0082

00051

部別	級職	姓名	家屬	住址		號數
八八六部五支七團七連	上等兵	鍾永煥	父 才貴	遂川[illegible]美鄉	〃	03860
八〇六部三〇五團二連	[illegible]	[illegible]	母 [illegible]氏	遂川大良六保	〃	03464
〃 〃	〃	丘慶煥	妻 徐氏	遂川藥林鄉	〃	03462
〃 〃	〃	彭文鏡	父 志發	遂川大良四保	〃	03460
〃 〃	〃	宋祥林	母 李氏	遂川太平鄉九保	〃	03465
八〇六部三〇五團三連	〃	張賢鋭	父 業客	遂川大良二保	〃	03469
八〇六部三〇五團二連	〃	黄家榛	父 儒珍	遂川藥林鄉	〃	03463
〃 〃	〃	王循焜	妻 梁氏	遂川鵝形鄉二八保	淅會協	03461
〃 〃	〃	黄運敏	母 徐氏	遂川藥林鄉	〃	03439
〃 〃	〃	曾廣才	母 王氏	遂川[illegible]青鄉	〃	03406

十四

遂川縣政府

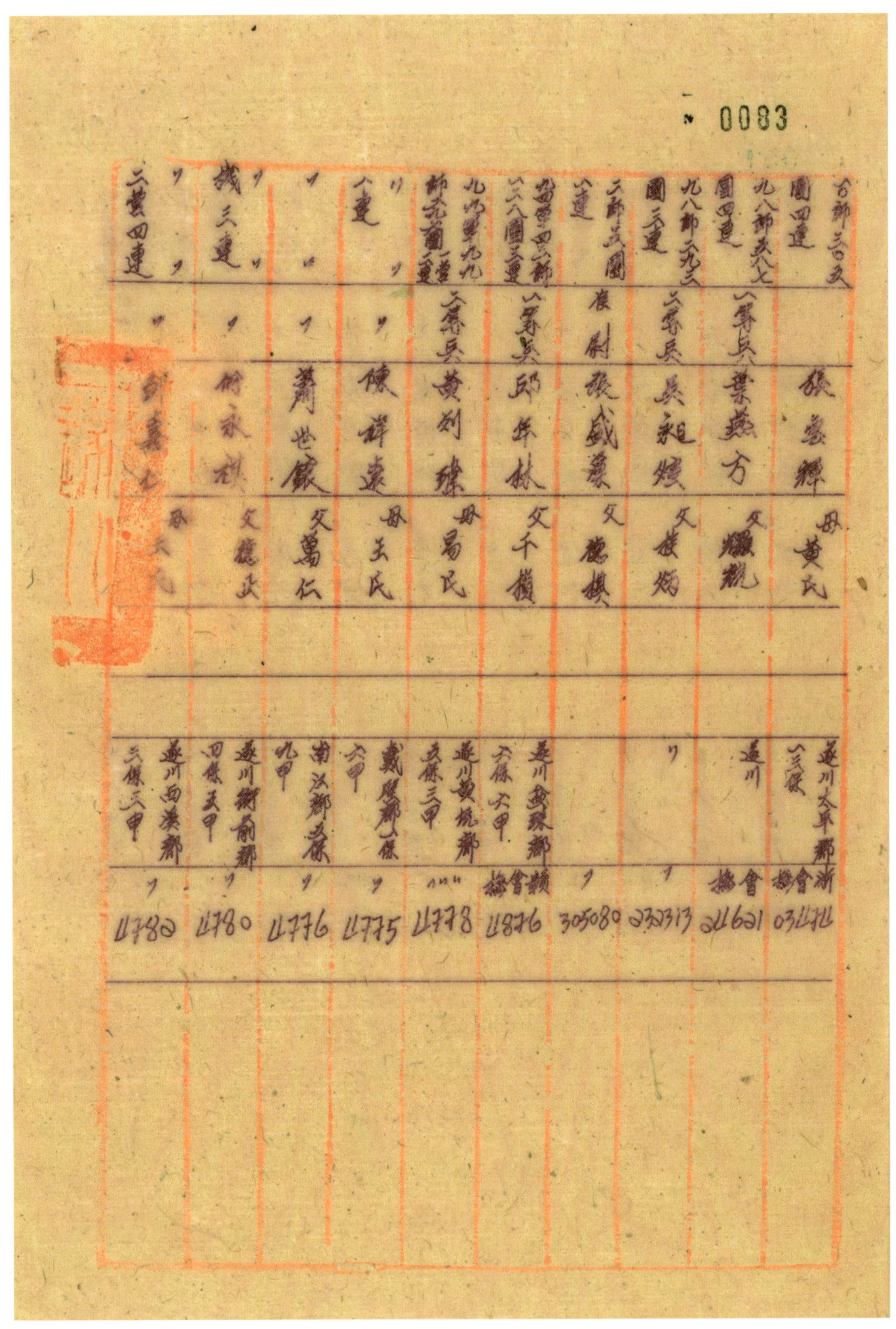

№ 0083

六十部三〇〇支團四連		張燮輝	母黃氏			遂川太平鄉八三保	浙會總	034414
九八部五八七團四連	一等兵	葉燕方	父[illegible]			遂川	總會	246621
九八部二九三團三連	二等兵	吳紀煥	父拔炳			〃	〃	232313
二部五四團八連	准尉	張盛藻	父德棋				〃	305080
四五部一二八團三連	一等兵	邱年林	父千攢			遂川盆珠鄉六保六甲	賴會總	4876
九四軍九九師一九二團一營一連	二等兵	黃列珠	母易氏			遂川黃坑鄉五保三甲	〃	4778
〃 八連 〃	〃	陳祥遠	母王氏			戴陂鄉八保六甲	〃	4775
〃 〃 〃	〃	蕭世鑣	父萬仁			南汶鄉五保九甲	〃	4776
〃 機三連 〃	〃	何永祺	父德炎			遂川衙前鄉四保五甲	〃	4780
〃 二營四連 〃	〃	郭嘉士	母[illegible]氏			遂川西溪鄉三保三甲	〃	4782

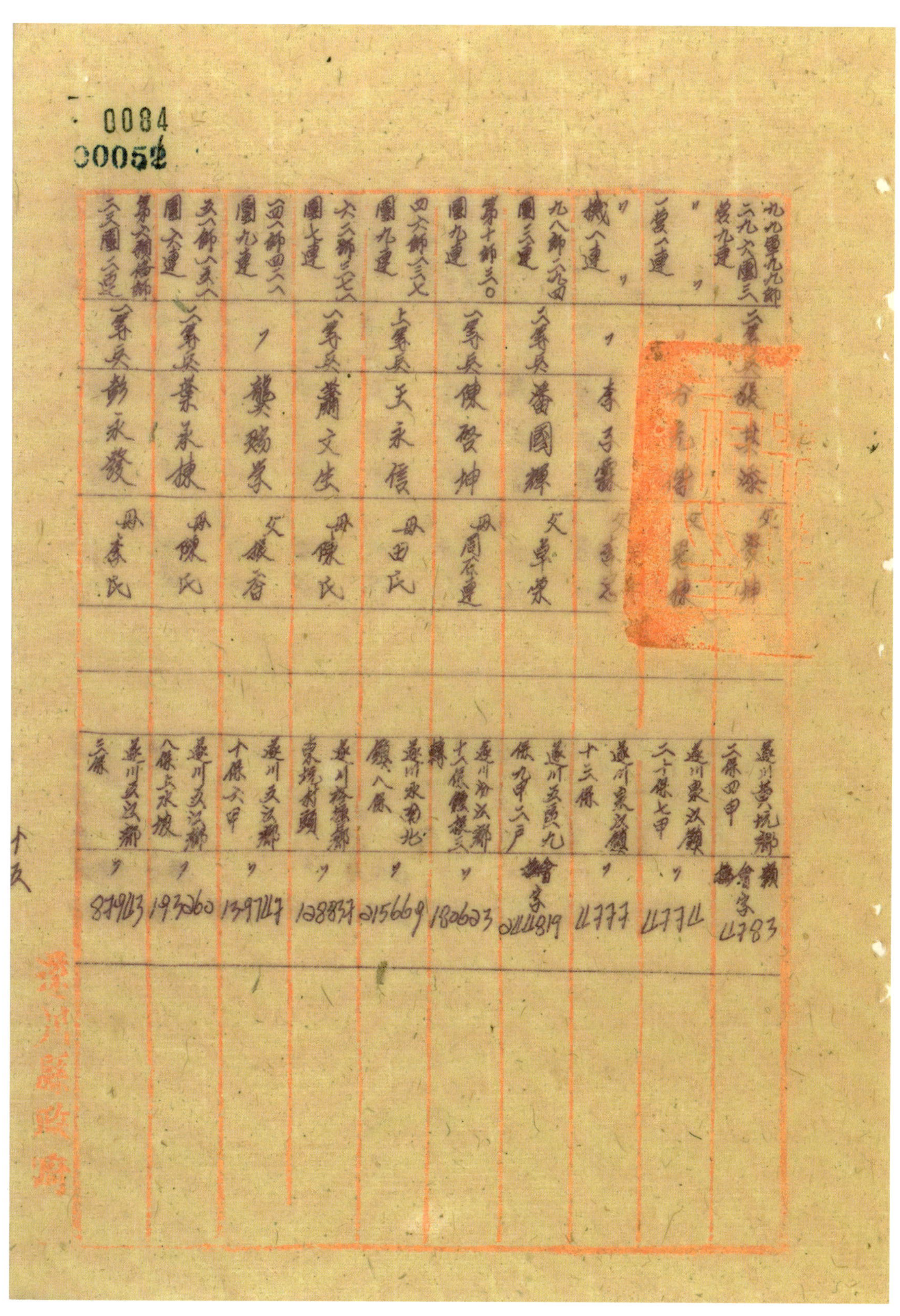

0084

00052

部隊	階級	姓名	家屬		籍貫		
九九軍九九師二九六團三營九連	二等兵	張其深	父張發坤		遂川黃坑鄉二保四甲	會字	〤783
〃 一營一連	〃	〔?〕元傑	父〔?〕蒼傑		遂川泉江鎮二十保七甲	〃	〤77〤
〃 機一連	〃	李子霖	父李〔?〕元		遂川泉江鎮十三保	〃	〤777
九八師二九四團三營三連	一等兵	潘國輝	父卓榮		遂川五員九保九甲六戶	會字	〢〤〤819
第十師三〇團九連	一等兵	陳發坤	母周〔?〕遣		遂川汾江鄉十八保鐵〔?〕三號	〃	180623
四六師〡三八團九連	上等兵	吳永信	母田氏		遂川永南北鎮八保	〃	〢15669
六三師三七八團七連	一等兵	蕭文生	母陳氏		遂川珠〔?〕鄉東坑村頭	〃	1288〨7
四八師四八團九連	〃	龔瑞棠	父龔〔?〕香		遂川五江鄉十保六甲	〃	1397〤7
五八師八五八團六連	一等兵	葉永棟	母陳氏		遂川五江鄉八保上水坡	〃	193260
第六預備師二六團八連	一等兵	彭永發	母李氏		遂川五江鄉三保	〃	8〤9〤3

十五

遂川縣政府

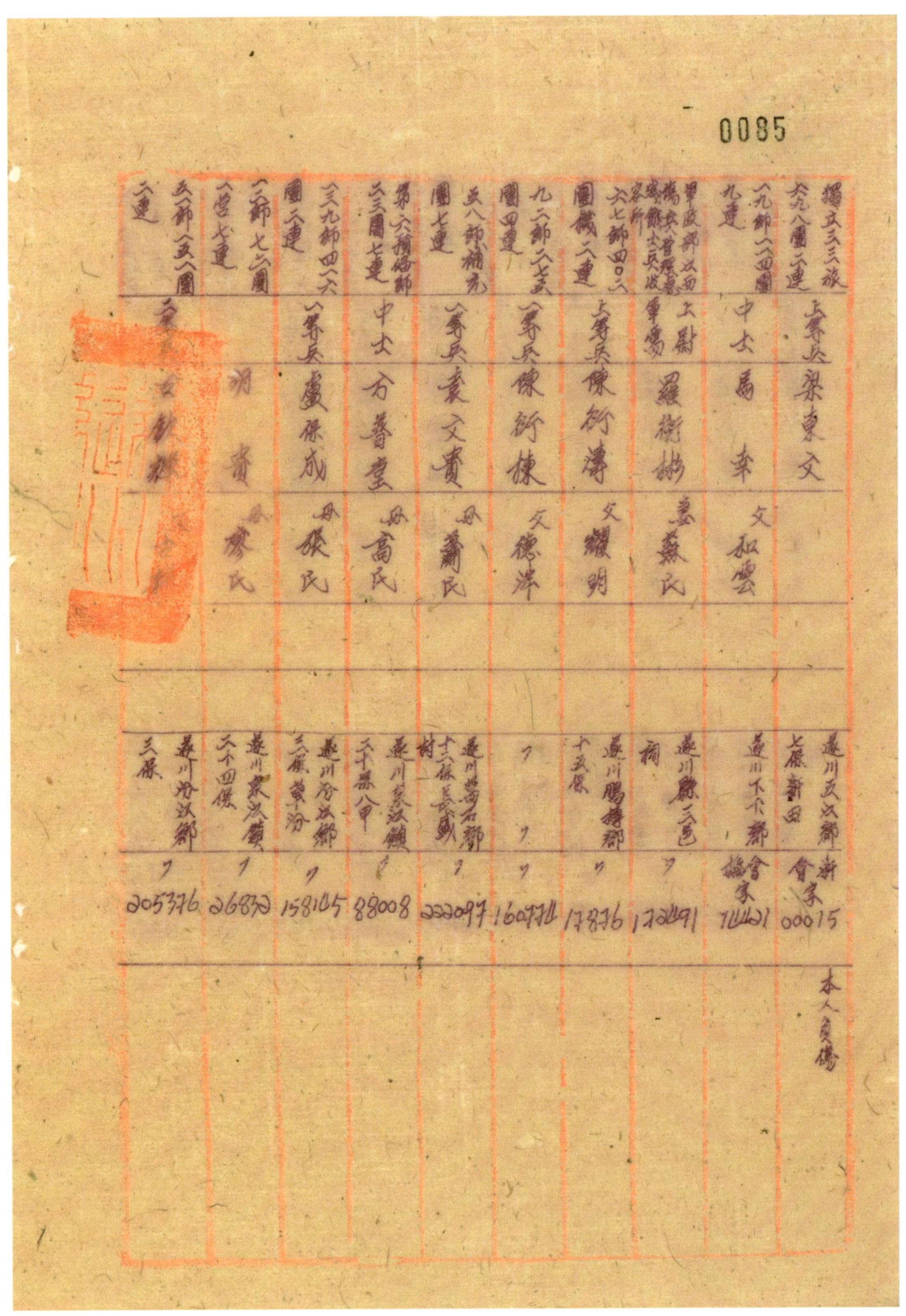

0085

部别	级职	姓名	遗族		籍贯住址	证号	备考
独立三三旅六九八团二连	上等兵	梁东文			遂川五江乡七保新田	新会家00015	本人负伤
一九师一一四团九连	中士	马幸	父 拟云		遂川下七乡	协会家71121	
军政部第二十四后方医院残废士兵收容所	上尉军需	罗卫彬	妻 苏氏		遂川县三区祠	〃172491	
六七师四〇一团铁一连	上等兵	陈衍涛	父 耀明		遂川鹏[illegible]乡十五保	〃17876	
九二师一七五团四连	一等兵	陈衍棣	父 德洋		〃	〃160711	
五八师补充团七连	一等兵	袁文贵	母 萧氏		遂川[illegible]石乡十六保长岗村	〃222097	
第六预备师三三团七连	中士	方晋堂	母 高氏		遂川泉江镇六十保八甲	〃88008	
一三九师四一六团二连	一等兵	卢保成	母 张氏		遂川瑶江乡三保黄沙	〃158105	
一三一师七六一团一营七连		胡贵	母 廖氏		遂川泉江镇六十四保	〃26832	
五八师一五八团二连	一等兵	[illegible]秋林			遂川瑶江乡三保	〃205376	

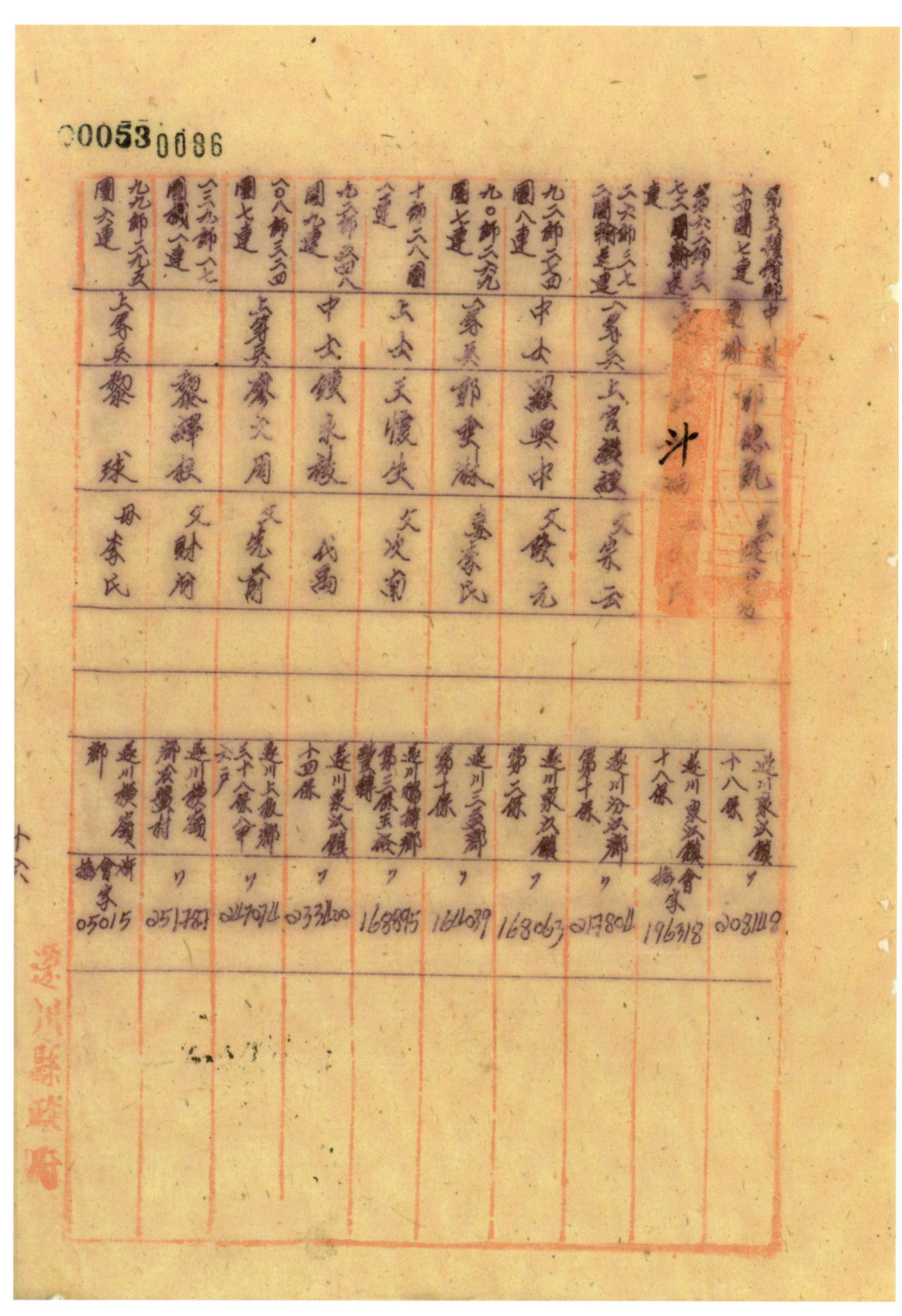

000530086

第[illegible]縱隊[illegible]部中[illegible]十四團七連	副排	[illegible]總亂	[illegible]			遂川泉江鎮十八保	〃 208119
第二六八師三[illegible]七八團輸送連	[illegible]	[illegible]	[illegible]			遂川東江鎮十八保	會擒家 196318
二六六師三八七二團輸送連	一等兵	上官[illegible]殺	父[illegible]云			遂川汾水鄉第十保	〃 217804
九六八師二六四團八連	中士	羅興中	父陸元			遂川泉江鎮第二保	〃 168063
九〇師二六九團七連	一等兵	鄧重[illegible]	妻李氏			遂川三[illegible]鄉第十保	〃 161039
十[illegible]師二八八團八連	上士	吳懷安	父次南			遂川[illegible]鄉第三保[illegible]	〃 168895
九六師二四八團九連	中士	鐘永[illegible]	代[illegible]			遂川泉江鎮十四保	〃 233100
八〇八師三二四團七連	上等兵	[illegible]文周	父[illegible]前			遂川大[illegible]鄉三十八保[illegible]公戶	〃 247074
八三九師八七[illegible]團八連		黎擇[illegible]	父財[illegible]			遂川[illegible]鄉[illegible]村	〃 251787
九九師二九[illegible]團六連	上等兵	黎球	母李氏			遂川[illegible]鄉	[illegible]會家 05015

汁

十八

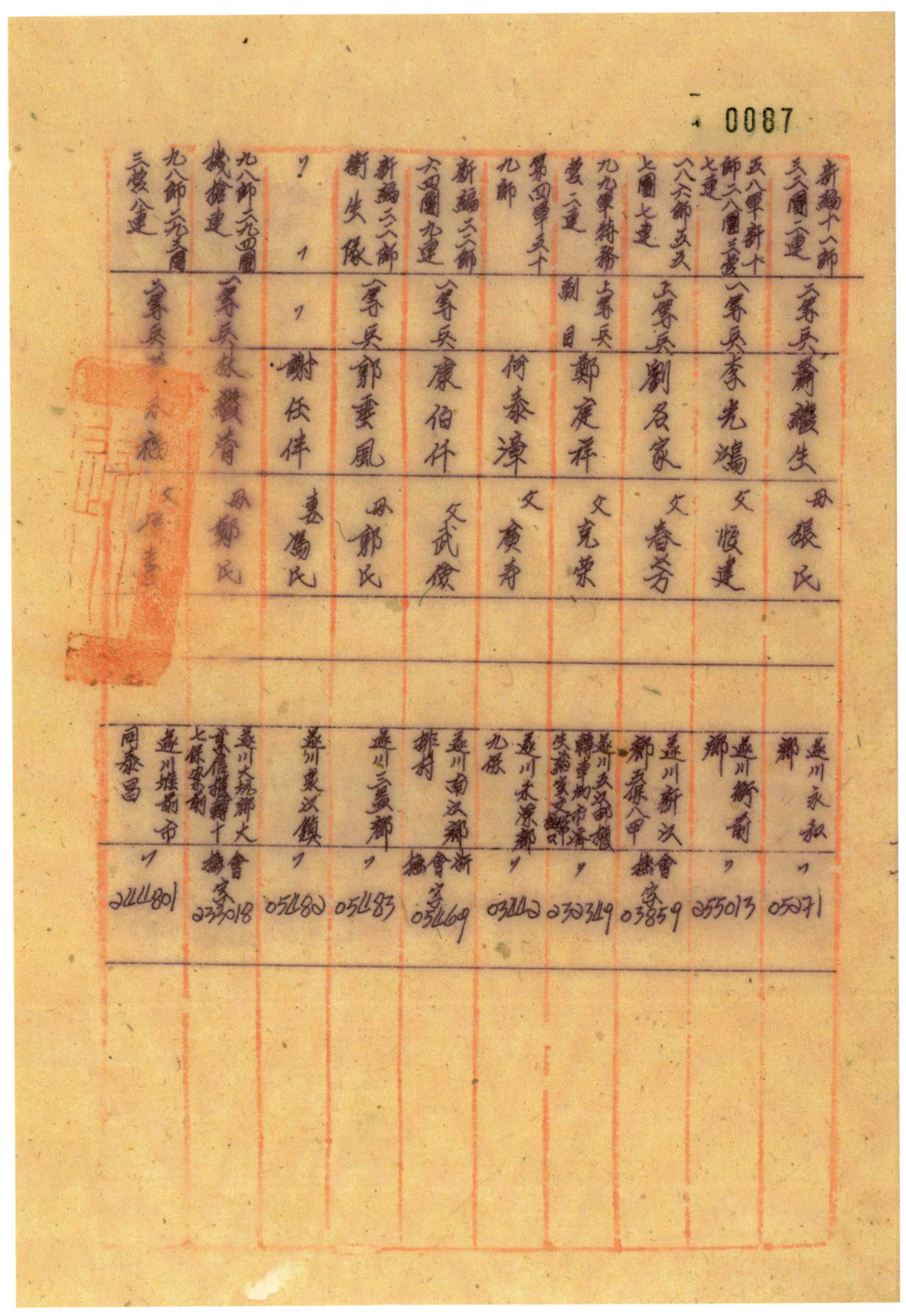

0087

部別	階級	姓名	遺族	籍貫	證號
新編十八師五二團二連	上等兵	蕭讓生	母張氏	遂川永和鄉	〃 05271
五八軍新十師二八團三營七連	一等兵	李光鴻	父順建	遂川衙前鄉	〃 255013
八八六師五五七團七連	上等兵	劉啟家	父春芳	遂川新江鄉五保八甲	撫會字 03859
九九軍特務營二連	上等兵副目	鄭庭祥	父克榮	遂川五江鄉[illegible]	〃 232349
第四軍五十九師		何泰濂	父廣壽	遂川禾源鄉九保	〃 03442
新編二二八師六四團九連	一等兵	康伯仟	父武俊	遂川南江鄉排村	撫會字 05469
新編二二八師衛生隊	一等兵	郭雲風	母郭氏	遂川三益鄉	〃 05483
〃	〃	謝佐伴	妻馮氏	遂川泉江鎮	〃 05482
九八師二九四團機槍連	一等兵	林發有	母鄭氏	遂川大坑鄉大[illegible]十七保[illegible]	撫會字 233018
九八師二九三團三營八連	上等兵	[illegible]稳	父[illegible]喜	遂川堆前市同泰昌	〃 244801

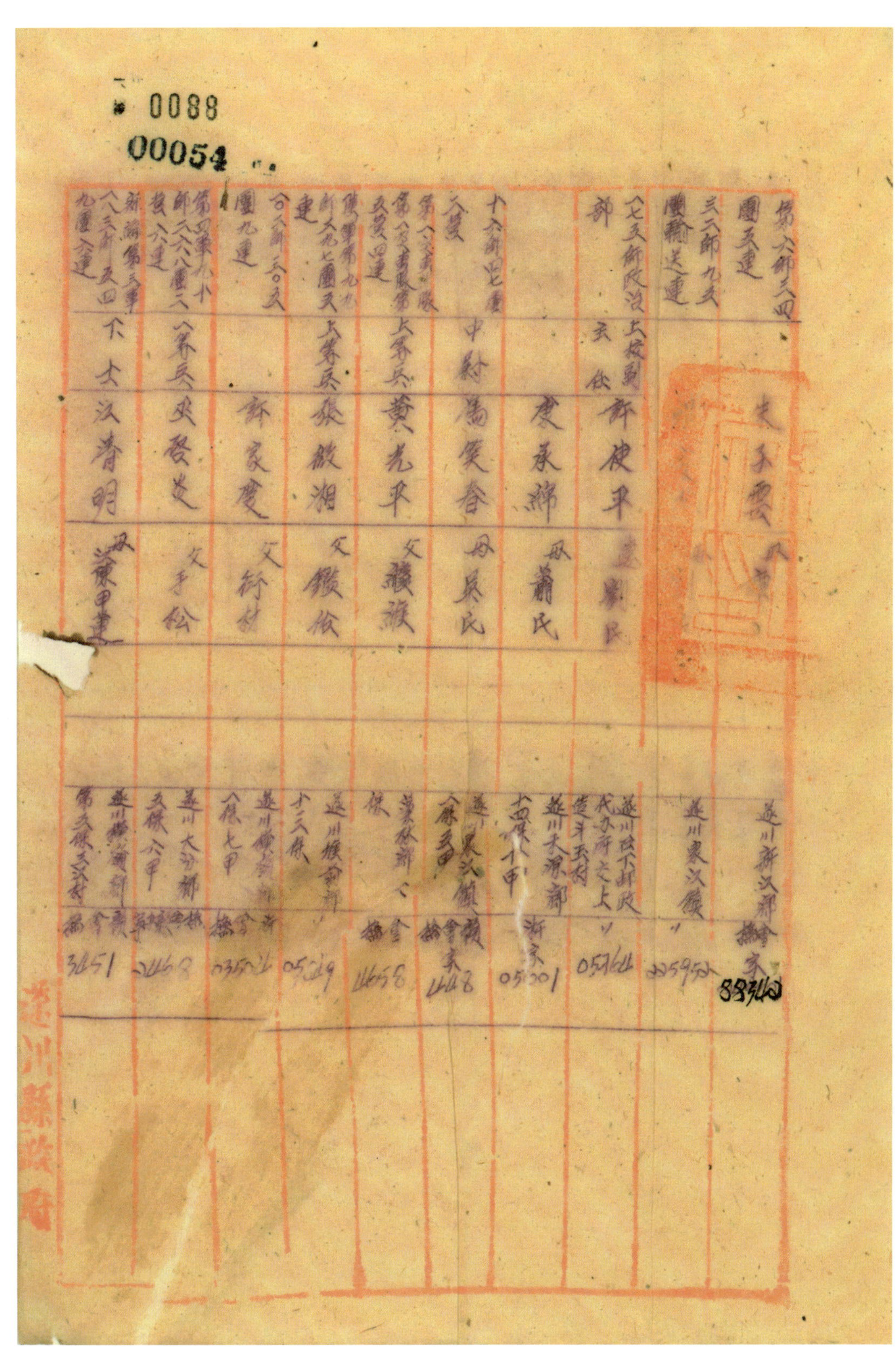

0088

00054

部隊	級職	姓名	家屬	住址	號數
第六師三八四團五連		朱子雲	[illegible]	遂川新江鄉	家
三六師九五團輸送連		[illegible]		遂川東江鎮 〃	225952
一七五師政治部	上校團云依	許庚平	母 劉氏	遂川政下鄉民代办所之上 〃	05164
		康承錦	母 蕭氏	遂川禾源鄉十四保八甲 湖家	05201
十六師四七團八營	中尉	馮雲喬	母 吳氏	遂川東江鎮八保多田 錢會家	448
第八三軍第八十團第五營四連	上等兵	黃光平	父 藤旗	崇林鄉六保 錢會	4458
第四軍第九十九師六九七團五連	上等兵	蔡微湘	父 鐵依	遂川禾源鄉十三保	05629
六十六師五〇五團九連		許家慶	父 衍材	遂川禾源鄉八保七甲 錢會	03502
第四軍第九十師二六八團八營八連	八等兵	史啓忠	父 手鈴	遂川大汾鄉六保八甲 錢會	2469
新編第三軍第八三師五〇四團九連	下士	王汶清明	母 蕭甲建	遂川禾源鄉第三保三江村 錢會	3651

88340

遂川縣政府

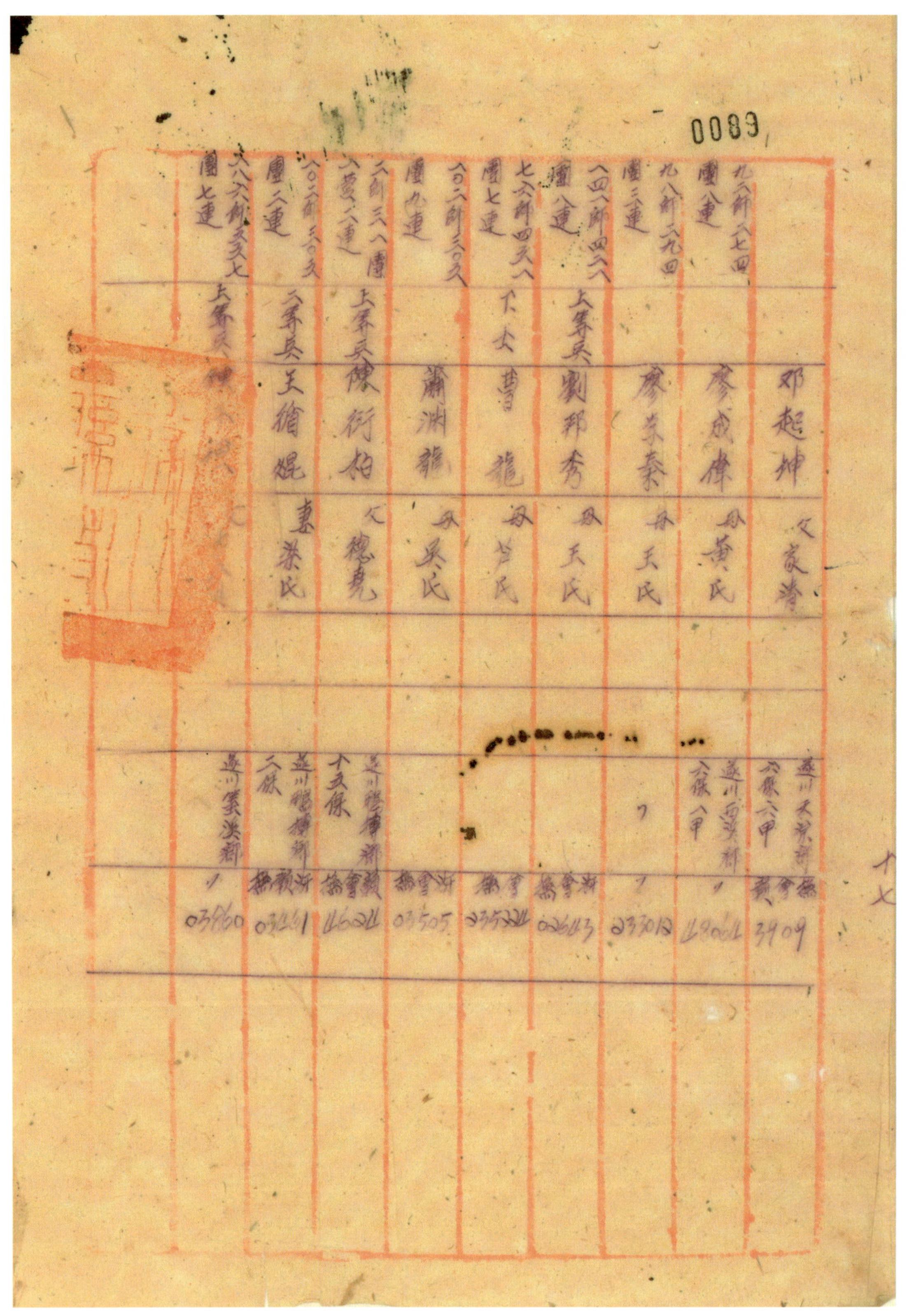

0089

部别	阶级	姓名	遗族			籍贯	编号
		邓超坤	父家???			遂川大??乡六保六甲	黄??03409
九六师二七四团八连		廖成律	母黄氏			遂川西溪乡六保八甲	〃 118064
九八师二九四团三连		廖荣桑	母天氏			〃	〃 233012
八四师四二八团八连	上等兵	刘邦秀	母天氏				赣雩渐 026413
七六师四六八团七连	下士	曹龙	母芦氏				赣雩 235336
八十八师三六八团九连		萧洲龙	母吴氏				赣雩渐 03505
八师三八团六连	上等兵	陈衍柏	父魏光			遂川??塘乡十五保	赣雩赣 116021
八十二师二八六团八连	二等兵	吴循焜	妻??氏			遂川??塘乡八保	赣赣渐 03241
八八六师八八七团七连	上等兵	[illegible]				遂川??溪乡	〃 03860

十七